A HISTORY OF THE ISRAEL

이스라엘 역사

독자 여러분들께 알립니다!

'CH북스'는 기존 **'크리스천다이제스트'**의 영문명 앞 2글자와
도서를 의미하는 **'북스'**를 결합한 출판사의 새로운 이름입니다.

이스라엘 역사

1판 1쇄 발행 1993년 6월 25일
1판 중쇄 발행 2023년 3월 2일

발행인 박명곤 **CEO** 박지성 **CFO** 김영은
기획편집 채대광, 김준원, 박일귀, 이승미, 이은빈, 이지은, 성도원
디자인 구경표, 임지선
마케팅 임우열, 김은지, 이호, 최고은
펴낸곳 CH북스
출판등록 제406-1999-000038호
전화 070-4917-2074 **팩스** 0303-3444-2136
주소 서울시 강서구 마곡중앙6로 40, 장흥빌딩 10층
홈페이지 www.hdjisung.com **이메일** main@hdjisung.com
제작처 영신사

※ CH북스는 (주)현대지성의 기독교 출판 브랜드입니다.

A HISTORY OF THE ISRAEL

이스라엘 역사

존 브라이트 | 박문재 옮김

CH북스
크리스천 다이제스트

A HISTORY OF ISRAEL

Third Edition

JOHN BRIGHT

WESTMINSTER PRESS
PHILADELPHIA

• 본서의 대본
John Bright, *A History of Israel*, Third Edition(Philadelphia : The Westminster Press, 1981)

차 례

제3부

이스라엘의 왕정 시대: 민족 자결의 시대

제4부

이스라엘의 왕정(계속): 위기와 몰락

제5부

비극과 그 극복: 포로기와 그 이후 시대

제6부

유대교의 형성기

제3판 머리말

이 책의 제2판이 나온 지 십 년이 조금 못되었지만 추가로 개정하지 않으면 안 된다는 것이 그동안 내게는 분명해졌다. 최근에 고고학적 발견이 급속하게 진척되었고 새로운 통찰들도 수없이 생겨났기 때문에 이 책의 유용성을 그대로 유지하기 위해서는 그러한 발견 및 통찰들과 보조를 맞추지 않으면 안되게 되었다. 하지만 이보다 더 중요했던 것은 특히 가장 초기 시대와 관련하여 거의 모든 것이 다시 한번 의문시되었다는 것이다. 수 년 전만 해도 거의 정설에 가까울 정도로 말할 수 있었던 많은 사항들이 이제는 서로 대립되는 학설들로 이전투구(泥田鬪狗)의 혼란한 모습을 보여주고 있는 형편이다. 왕정의 등장 이전 이스라엘의 지파체제의 성격, 이스라엘이 팔레스타인을 장악하게 된 방식 및 그러한 일이 일어난 시기, 이스라엘의 선조들의 북쪽으로부터의 이주의 성격 및 시기(그리고 그 사실성〔史實性〕) 등등이 이러한 맥락에서 거론되고 있다. 이 책이 시대에 뒤떨어지지 않으려면 이 모든 것들이 고려되어야 했다. 그리고 물론 각주도 가급적 좀더 최근의 문헌들을 수록할 수 있도록 개정되지 않으면 안되었다.

사정이 이렇다고 할지라도 나는 처음 몇 장(章)과 관련해서는 개정하기에는 시기가 무르익지 않았다고 생각한다. 새로이 발견된 에블라 문서가 공간(公刊)되고 전문가들에 의해 연구될 때까지 기다릴 수 없었다는 것이 못내 아쉽다. 왜냐하면, 이 문서는 확실히 이스라엘의 선조들의 배경과 기원, 그리고 아마도(혹시 누가 알겠는가?) 바로 족장들에 대해서도 많은 이해의 빛을 던져줄 것이기 때문이다. 그러나 이러한 기대가 이루어지려면 너무도 많은 세월이 걸려야 하는데, 내 경우에 그렇게 오래 기다리는 것은 불가능했다. 그래서 나는 언젠가는 활용할 수 있게 될 증거를 갖추지 못한 채 앞의 몇 장(章)에 서술되어 있는 많은 사항들이 보다 충분한 지식에 비추어 개정되어야 할 것임을 충분히 인식한 가운데 개정 작업을 진행해나가기로 하였다. 그러나 이것은 어쩔 수 없는 일이었다.

제3판은 초판과 제2판과 동일한 체제, 동일한 접근방식과 관점을 따르고 있다. 그럼에도 불구하고 개정된 내용은 적지 않다. 특히 제4장은 상당 부분 개정을 했다(그 이후의 장에는 손을 본 내용이 상당히 적다). 수많은 대목에서 새로운 증거에 비추어 말을 다듬거나 완전히 바꾸었다. 몇몇 경우에는 단락이나 단원 전체를 완전히 새로 썼고, 새로운 단원들을 추가한 곳도 있다. 그러나 나는 제작비용을 낮추기 위하여 책의 부피가 너무 커지는 것을 막고자 안간힘을 썼다. 내용이 추가되는 곳에서는 그만한 분량을 삭제하려고 노력하였다(물론 언제나 성공했다고는 말할 수 없지만). 또한 바로 이러한 이유로 제2판에 있었던 〔추가 독서를 위한 제안〕이라는 단원을 생략하였다. 이것은 아쉽기는 하지만, 나는 독자들이 각주를 충실히 따라가면 이와 관련된 문헌의 상당량을 접할 수 있게 되리라고 믿는다.

이스라엘의 역사는 논란이 심한 주제이고 또 언제나 그래왔다. 나는 모든 독자들이 이 책에 씌어진 모든 내용과 의견을 같이할 것으로는 기대하지 않는다(적어도 몇몇 대목에서는 나 자신도 스스로 만족스럽지가 않다). 많은 사항들이 불명확하고 의심할 여지 없이 언제나 그렇게 남아있을 것이며, 많은 대목에서 우리는 가장 개연성이 있다고 생각되는 것 이상으로 나아갈 수 없었다. 나는 내가 믿기로 활용 가능한 증거를 정당하게 다루는 가운데 포괄적이고 명확한 방식으로 내게 펼쳐지고 있다고 여겨지는 대로 이스라엘의 이야기를 추적해 나가려고 애를 썼다. 이 책이 계속해서 학생들, 특히 처음으로 이스라엘 역사를 접하는 신학생들에게 도움이 될 것을 소망한다.

여기서 한결같이 도움을 베풀어주었던 분들께 감사를 표하는 것이 관례일 것 같다. 이 책의 경우에 나는 특히 내 아내를 언급하지 않을 수 없다. 이 책의 원고를 준비하는 데 있어서 직접적으로 나를 도와준 사람은 내 아내 한 사람뿐이기 때문이다. 내 아내는 개정된 모든 내용들을 타자해 주었고, 그것들을 이전 판에 잘라서 붙이는 것을 도와주었으며, 각 페이지를 복사하여 발행인에게 읽을 수 있는 형태로 보내주는 일을 해주었다. 또한 내 아내는 증거자료를 검토하는 것도 도왔다. 아내의 도움이 없었더라면 내가 이 일을 끝낼 수 있었을까 의심될 정도이다. 내 아내에게 심심한 감사를 충심으로 표하는 바이다. 또한 마지막 순간에 부담스러운 색인 작업을 맡아준 나의 동료이자 예전의 제자였던 마틴 왕(Martin C. Wang) 박사께 감사를 드린다.

버지니아주 리치몬드

J.B.

초판 머리말

이스라엘의 역사를 서술하는 것이 왜 정당한가를 구태여 밝힐 필요는 없다. 구약의 메시지는 역사상의 사건들과 밀접한 관련이 있기 때문에, 그 사건들을 적절하게 이해하는 데에는 이스라엘의 역사에 관한 지식이 꼭 필요하다. 수년 전에 본서 저술에 착수했었을 때 만족할 만한 이스라엘의 역사가 영어로 된 것은 하나도 없었고, 이 주제에 관한 표준적인 논술들은 모두 25년 이상 된 것들이었으며, 보다 최근의 여러 입문서들도 관점에 있어서 다소 시대에 뒤떨어져 있거나 진지한 성경학도들의 요구를 충족시킬 만큼 포괄적이지 못하였다. 내가 착수한 이 일을 시작할 때에 내게 있었던 오직 한 가지 생각은 그런 필요를 충족시켜보자는 바람이었다.

그러나 그 동안에 여러 권의 저작들이 번역되어 이용할 수 있게 되었다는 사실(특히 마르틴 노트의 해박한 논저)로 인해 나는 이 시도를 포기해야 하는 것이 아닌가 생각도 한두 번 했던 것이 아니었다. 내가 이 작업을 계속할 결심을 하게 된 것은 본서가 여러 가지 점에서 마르틴 노트의 논저와는 그 접근방법이 두드러지게 다르기 때문이었다. 독자는 내가 마르틴 노트에게서 얼마나 많이 배웠는가를 각주들을 통해서 쉽사리 알아보겠지만, 특히 이스라엘의 초기 전승들과 역사를 다룸에 있어서 그의 책과 이 책 사이에 근본적인 차이가 있음을 보게 될 것이다.

이 책의 범위는 한편으로는 지면을 고려하기도 하고 또 한편으로는 주제의 성격을 고려하여 결정하였다. 이스라엘의 역사는 어떤 시기에 여호와와의 언약을 통해 연합하게 된 지파동맹으로서 출현한 한 민족의 역사이다. 이 민족은 이어서 한 국가로, 그다음에는 두 국가로 갈라져서, 그리고 마침내는 하나의 종교 공동체로서 존속하였으나 항상 그 주변환경과는 동떨어져 있었던 독특한 문화적 실체로서 존재하였다. 이스라엘을 이렇듯 특이한 민족으로 만든 것, 즉 이스라엘이라는 사회를 창출하고 그 역사의 지배적 요인이 된 독특한 요소는 물론 이스라엘의 종교였다. 사정이 이러하기 때문에 이스라엘의 역사는 이스라엘의 종교사와 떨어질 수 없는 주제이다. 지면이 허용하는 한, 정치적 사건들 안에서 또 정치적 사건들과 나란히 종교적 요소들에 대하여 그 적절한 비중을 부여하려고 시도한 것은 바로 이러한 이유 때문이다. 이스라엘의 역사는 정확히 말하면 주전 13세기 이스라엘 민족의 형성과 더불어 시작된다고 하더라도, 우리는 마르틴 노트와는 달리 본서의 다른 곳에서 밝힌 몇 가지 이유 때문에 그보다 몇 세기 더 거슬러 올라가 이스라엘 선조들의 이주로부터 이야기를 시작하기로 하였다.

이것은 어떤 민족의 전사(前史)는 그것이 복원될 수 있는 한에서는 실제로 그 역사의 일부라고 믿어지기 때문이다. 그러나 이 책의 서론은 이스라엘 역사의 일부가 아니며, 나의 경험에 비추어 흔히 학생들에게 결여되기 쉬운 안목을 마련해 주기 위해 덧붙인 것이었다. 결어(Epilogue)에서 자세히 설명한 이유들 때문에 구약시대 말기로써 본서를 끝맺기로 하였다. 이러한 결정을 내리게 된 것은 한편으로 지면의 제한 때문이고 또 한편으로는 대략적으로 이스라엘의 신앙이 유대교(Judaism)라는 종교의 형식으로 귀결되는 즈음에서 이야기를 마무리할 수 있다는 사실 때문이기도 했다. 그후로는 이스라엘의 역사는 실제적으로 유대인의 역사가 되고 또 유대인 역사는 오늘날까지 이어져 오고 있기 때문에, 유대교로의 이행은 일단락을 지을 수 있는 하나의 지점을 제공해 준다고 믿어지기 때문이다.

교회나 학교에서 개인적으로든 그룹으로든 강의에서든 진지하게 성경을 연구하는 학도들을 포함한 폭넓은 독자들에게 이 책이 유용하게 쓰이기를 바란다. 더욱이 본서는 신학생들의 필요를 특별히 염두에 두고 준비되었다. 성경에 기록된 역사의 세부적인 내용이나 고대 근동의 일반적인 역사에 관한 특별한 예비지식을 전제로 하여 본서를 집필하지는 않았다. 본서의 목표는 지나친 단순화로 흐르지 않는 범위 내에서 가급적 명료하게 서술하는 것이었다. 비록 그랬을지라도 엄격하게 제한된 지면 안에서 많은 내용을 개괄하려고 할 때 불가피한 일이겠지만, 길게 논의하는 것이 바람직한 복잡한 문제들을 개괄적으로 처리했다는 것을 깨닫고는 나 자신이 괴로워한 적이 한두 번이 아니었다. 이러한 유의 저작에서는 다른 방법이 없다는 것을 나는 알고 있다.

본문에서 성경을 전거로 많이 든 것은 독자가 성경을 끊임없이 참조하기를 바라는 마음에서였다. 이스라엘의 역사는 성경을 읽는 일을 대신할 수 있는 것이 아니라 그 보조수단이 되어야 한다. 문헌목록에는 영어판들만을 수록하였는데, 깊은 학습을 하려는 독자들에게 도움이 될 만한 것들을 선택하였다. 외국어들로 씌어진 관련 저작들에 대해서는 각주들을 참고해야 할 것이다. 각주는 상세한 증거자료를 제공하려고 한 것이 아니라 보다 높은 수준으로 나아가는 독자에게 더 많은 문헌을 소개해주고 또 긍정적이거나 부정적이거나 내 자신의 사고에 도움을 주어온 저작들을 보여준다는 두 가지 목적을 갖고 있다. 의심할 여지 없이 독자는 각주에서 다른 어느 학자의 저작보다도 올브라이트(W.F. Albright) 교수의 저작들을 더 많이 참고하고 있음을 알게 될 것이다. 그것은 당연하다. 나는 어느 누구보다도 그분에게 많은 신세를 졌으며, 내가 여기에 쓴 것이 그분을 난처하게 하지 않기를 바라면서 나는 기꺼이 그 사실을 인정한다.

독자는 성경 지도를 갖고 있고 또 그것을 이용하리라고 생각한다. 특히 *The Westminster Historical Atlas to the Bible*은 추천할 만하다. 그러므로 성경에 나오는 지방들에 관한 통상적인 묘사는 본서에서 생략했고, 또한 현재 논의 가운데 있는 어떤 논점 때문에 중요한 지방을 제외하고는 장소들의 위치에 관한 논의도 모두 생략했다. 성경 본문의 인용은 보통 RSV(Revised Standard Version)를 따랐다. 장절의 인용은 히브리어 성서를 따르지 않고 영어판 성서를 따랐다. 히브리어 성서의 장절은 다르기 때문이다. 각주에서는 해당 저서가 앞 장에서 이미 인용되었다고 하더라도 각 장마다 제일 먼저 소개해야 할 경우 그 저서를 온전한 형태로 인용하는 방침을 취했다; 'op. cit.'는 언제나 같은 장에서 먼저 인용된 저작을 가리킨다(한 저자에 의한 하나 이상의 저작을 인용하는 경우에는 생략 형태로 인용하였다). 성경에 나오는 인물들의 이름은 극소수의 예외를 제외하고는 RSV의 표기를 따랐다; 그리고 성경에 나오는 지명들은 대부분 *The Westminster Historical Atlas to the Bible*의 표기를 따랐다.

나는 여기서 본서를 집필하는 데 나를 도와준 분들에게 감사를 표해야 하겠다. 특히 많은 분량의 원고를 읽고 여러가지 가치있는 비판을 해주신 올브라이트 교수에게 감사하지 않을 수 없다. 그분의 관심과 격려가 없었더라면 아마 나는 본서의 집필을 포기했을 것이라는 생각이 든다. 또 나는 어니스트 라이트(G. Ernest Wright) 교수와 도릴 도다슨(Thorir Thordarson) 박사에게도 감사를 표해야 하겠다. 이분들도 원고의 여러 부분을 읽고 내게 도움이 된 많은 제안을 해주었다.

본서에 틀린 점들이 있다면 그것은 전적으로 나 자신의 책임이다; 그러나 앞에서 말한 분들과 그밖의 여러 분들의 도움이 없었더라면, 틀린 점들이 훨씬 더 많았을 것은 두말할 필요도 없을 것이다! 또 나는 클라크 여사에게도 감사하지 않을 수 없다. 여사가 원고의 타자를 맡아 비상한 솜씨로 기꺼이 나를 도와준 덕분에 수정작업이 거의 필요없었다. 또 여사는 색인들을 준비하는 일도 도와주었다. 끝으로, 나의 아내는 모든 원고를 점검해 주고 색인들을 마련하는 일을 도와 주었으며, 더구나 이 어려운 일 전체를 끝낼 동안 내게 정성을 다해주었다.

약어표

AASOR	*Annual of the American Schools of Oriental Research*
AB	The Anchor Bible, W.F. Albright (†) and D.N. Freedman, eds., (New York: Doubleday)
AJA	*American Journal of Archaeology*
AJSL	*American Journal of Semitic Languages and Literatures*
ANEH	W.W. Hallo and W.K. Simpson, *The Ancient Near East: A History* (New York: Harcourt Brace Jovanovich, 1971)
ANEP	J.B. Pritchard, ed., *The Ancient Near East in Pictures* (Princeton University Press, 1954)
ANET	J.B. Pritchard, ed., *Ancient Near Eastern Texts Relating to the Old Testament* (Princeton University Press, 1950)
ANE Suppl.	J.B. Pritchard, ed., *The Ancient Near East: Supplementary Texts and Pictures Relating to the Old Testament* (Princeton Univ. Press, 1969)
AOTS	D. Winton Thomas, ed., *Archaeology and Old Testament Study* (Oxford: Clarendon Press, 1967)
AP	W.F. Albright, *The Archaeology of Palestine* (Penguin Books, 1949; rev. ed., 1960)
ARI	W.F. Albright, *Archaeology and the Religion of Israel* (5th ed., Doubleday Anchor Book, 1969)
ASTI	*Annual of the Swedish Theological Institute*
ASV	American Standard Version of the Bible, (1901)
ATD	Das Alte Testament Deutsch, V. Herntrich (†) and A. Weiser, eds. (Göttingen: Vandenhoeck & Ruprecht)
AVAA	A. Scharff and A. Moorgat, *Ägypten und Vorderasien in Altertum* (Munich: F. Bruckmann, 1950)
BA	*The Biblical Archaeologist*
BANE	G.E. Wright, ed., *The Bible and the Acient Near East* (New York: Doubleday, 1961)
BAR	G.E. Wright, *Biblical Archaeology* (Philadelphia: Westminster Press; London: Gerald Duckworth, 1962)
BARev.	*Biblical Archaeology Review*
BASOR	*Bulletin of the American Schools of Oriental Research*
BJRL	*Bulletin of the John Rylands Library*
BKAT	Biblischer Kommentar, Altes Testament, M. Noth (†), S. Herrmann and H.W. Wolff, eds. (Neukirchener Verlag)
BP	W.F. Albright, *The Biblical Period from Abraham to Ezra* (rev. ed., Harper Torchbook, 1963)

BWANT	Beiträge zur Wissenschaft vom Alten und Neuen Testament (Stuttgart: W. Kohlhammer)
BZAW	Beihefte zur *Zeitschrift für die alttestamentliche Wissenschaft*
CAH	I.E.S. Edwards, C.J. Gadd, and N.G.L. Hammond, eds., *The Cambridge Ancient History* (rev. ed., Cambridge University Press)
CBQ	*The Catholic Biblical Quarterly*
EB	Early Bronze Age
EHI	R. de Vaux, *Early History of Israel* (Eng. tr., London: Darton, Longman & Todd; Philadelphia: Westminster Press, 1978)
ET	*The Expository Times*
EvTh	*Evangelische Theologie*
FRLANT	Forschungen zur Religion und Literatur des Alten und Neuen Testaments (Göttingen: Vandenhoeck & Ruprecht)
FSAC	W.F. Albright, *From the Stone Age to Christianity* (2nd ed., Doubleday Anchor Book, 1957)
GVI	R. Kittel, *Geschichte des Volkes Israel* (Stuttgart: W. Kohlhammer, I, 7th ed., 1932; II, 7th ed., 1925; III, 1st and 2nd eds., 1927-1929)
HAT	Handbuch zum Alten Testament, O. Eissfeldt, ed. (Tübingen: J.C.B. Mohr)
HI	M. Noth, *The History of Israel* (Eng. tr., 2nd ed., London: A. & C. Black; New York: Harper & Brothers, 1960)
HO	B. Spuler, ed., *Handbuch der Orientalistik* (Leiden: E.J. Brill)
HTR	*Harvard Theological Review*
HUCA	*The Hebrew Union College Annual*
IB	*The Interpreter's Bible,* G.A. Buttrick, ed. (Nashville: Abingdon Press, 1951-1957)
ICC	The International Critical Commentary (Edinburgh: T. & T. Clark; New York: Charles Scribner's Sons)
IDB	*The Interpreter's Dictionary of the Bible,* G.A. Buttrick, ed., (Nashville: Abingdon Press, 1962)
IDB Suppl.	Supplementary volume to the foregoing, K. Crim, ed. (Nashville: Abingdon Press, 1976)
IEJ	*Israel Exploration Journal*
IJH	J.H. Hayes and J.M. Miller, eds., *Israelite and Judaean History* (OTL, 1977)
JAOS	*Journal of the American Oriental Society*
JBL	*Journal of Biblical Literature*
JBR	*Journal of Bible and Religion*
JCS	*Journal of Cuneiform Studies*
JEA	*Journal of Egyptian Archaeology*
JNES	*Journal of Near Eastern Studies*
JPOS	*Journal of the Palestine Oriental Society*

JQR	*Jewish Quarterly Review*
JSOT	*Journal for the Study of the Old Testament*
JSS	*Journal of Semitic Studies*
JTS	*Journal of Theological Studies*
KJV	The King James (=Authorized) Version of the Bible (1611)
KS	A. Alt, *Kleine Schriften zur Geschichte des Volkes Israel* (Munich: C.H. Beck'sche Verlagsbuchhandlung; I and II, 1953; III, 1959)
LB	Late Bronze Age
LOB	Y. Aharoni, *The Land of the Bible: A Historical Geography* (Eng. tr., London: Burns & Oates; Philadelphia: Westminster Press, 1967)
LXX	The Septuagint [=70], the Greek version of the Old Testament
Mag.Dei	F.M. Cross, W.E. Lemke and P.D. Miller, eds., *Magnalia Dei: Essays on the Bible and Archaeology in Memory of G. Ernest Wright* (New York: Doubleday, 1976)
MB	Middle Bronze Age
MT	Massoretic Text of the Old Testament
NEB	New English Bible (1970)
OTL	The Old Testament Library, P.R. Ackroyd, J. Barr, B.W. Anderson, J. Bright, eds. (Philadelphia: Westminster Press; London: SCM Press)
OTMS	H.H. Rowley, ed., *The Old Testament and Modern Study* (Oxford: Clarendon Press, 1951)
PEQ	*Palestine Exploration Quarterly*
POTT	D.J. Wiseman, ed., *Peoples of Old Testament Times* (Oxford: Clarendon Press, 1973)
PJB	*Palästinajahrbuch*
RA	*Revue d'Assyriologie*
RB	*Revue Biblique*
RHR	*Revue de l'histoire des religions*
RSV	Revised Standard Version of the Bible (1946)
ThLZ	*Theologische Literaturzeitung*
ThZ	*Theologische Zeitschrift*
VT	*Vetus Testamentum*
WMANT	Wissenschaftliche Monographien zum Alten und Neuen Testament (Neukirchener Verlag)
YGC	W.F. Albright, *Yahweh and the Gods of Canaan* (University of London: The Athlone Press; New York: Doubleday, 1968)
ZAW	*Zeitschrift für die alttestamentliche Wissenschaft*
ZDMG	*Zeitschrift der Deutschen Morgenländischen Gesellschaft*
ZDPV	*Zeitschrift des Deutschen Palästina-Vereins*
ZNW	*Zeitschrift für die neutestamentliche Wissenschaft*
ZThK	*Zeitschrift für Theologie und Kirche*

서 론

주전 2000년경 이전의 고대 오리엔트

성경에 묘사되어 있는 바와 같이 이스라엘의 역사는 히브리인의 족장들이 메소포타미아로부터 팔레스타인의 새로운 본향으로 이주하면서 시작되었다. 정확하게 말해서 이것은 실제로 이스라엘 역사의 시작이 아니었지만 적어도 이스라엘의 전사(前史)의 시작이었다. 왜냐하면 이스라엘의 조상들이 바로 이 이주에서 역사적 사건들의 무대에 처음으로 등장하였기 때문이다. 앞으로 살펴보겠지만 이 이주는 주전 2000년의 전반기에 속하는 어느 시기에 일어났던 것으로 보이기 때문에 우리 이야기의 출발점도 당연히 그 시점으로부터 잡아야 한다. 그렇지만 그 이전에는 아무 일도 일어나지 않았다는 듯이 주전 2000년부터 바로 이야기를 시작한다면 그것은 어리석은 짓이 될 것이다. 성경이 보여 주고 있고 또 최근의 고고학적 발굴들이 분명히 해주고 있는 것처럼 실제로 많은 일들이 그 이전에도 일어났다. 그것이 우리가 다룰 주제의 일부인 것은 아니기 때문에 상세하게 살펴볼 필요는 없는 것이지만, 먼저 주전 2000년 이전의 인류 역사의 경과에 대해 약간의 설명을 해두는 것이 좋을 듯하다. 이렇게 함으로써 우리는 앞으로 전개될 우리 이야기를 위한 무대도 마련할 수 있고 또 그에 필요한 역사적 전망을 얻어서 바라건대 이스라엘의 기원 시대에 관한 그릇된 개념을 피할 수 있을 것이다.

오늘날에 살고 있는 우리에게는 주전 2000년은 정말 까마득한 옛날로 느껴질 것이다. 우리는 그 시대를 인간이 미개 상태에서 역사의 빛 속으로 등장하기 위하여 처음으로 고군 분투하던 시간의 여명기에 가깝다고 생각하는 경향이 있어서 이 시대의 문화적 업적들을 과소 평가하기 쉽다. 나아가 우리는 히브리인의 조상들을 가장 원시적인 유목민으로서 그들의 생활 양식이 당시의 문화로부터 단절되어 있었고 정령숭배(精靈崇拜, animism) 또는 다령숭배(多靈崇拜, polydaemonism)라는 가장 조잡한 형태의 종교를 가지고 있었던 장막에 거주하던 유랑민으로 묘사하기 쉽다. 사실 이전의 여러 해설서들 가운데 상당수는 히브리인의 조상들을 그렇게 묘사하였다. 하지만 그것은 잘못된 개념으로서 역사적 조망을 제대로 갖추지 못했음을 보여 주는 증거이다. 즉, 그것은 고대 오리엔트에 대해 직접적으로 거의 알려진 것이 없었던 시대로부터 물려받은 것이다. 그러므로 묘사의 초점을 맞출 필요가 있다.

역사적 시야는 이전 세대에 놀랄 정도로 넓어졌다. 이스라엘의 기원에 관하여 무엇을 말하든 이스라엘의 기원은 역사의 여명기와 가까운 시기에 있지 않다는 것을 충분히 알고 말하지 않으면 안 된다. 이집트와 메소포타미아에서 발굴된 판독할 수 있는 명문(銘文)들 가운데서 가장 오래된 것들은 주전 3000년의 처음 몇 세기, 그러니까 아브라함 시대보다 약 1000년, 모세 시대보다 약 1500년 이전으로 거슬러 올라간다. 정확히 말해서 역사는 거기서부터 시작된다. 더욱이 지난 수십 년 동안 성경의 무대를 이루고 있는 모든 지역과 그 이외의 지역에서 진행된 고고학적 발굴들은 주전 4000년, 5000년, 6000년, 7000년, 많은 경우에는 그 이전으로 거슬러 올라가는 일련의 문화들을 밝혀 내었다. 사실 히브리인은 역사의 무대에 뒤늦게 등장하였다. 성경의 무대를 이루고 있는 모든 지역에 걸쳐, 아브라함이 태어나기 이전에 이미 문화들이 발생하여 고전적인 형태를 갖추고 수백 년 또는 수천 년 동안 발달해 왔던 것이다. 우리가 실감하기는 어렵겠지만, 근동에서 문명의 시작으로부터 이스라엘의 기원까지 시간적 간격은 이스라엘의 기원으로부터 우리 시대까지 시간적 간격보다 실제로 더 멀다.

A. 선사시대 : 고대 오리엔트의 문명의 토대들

1. 석기 시대의 가장 초기의 촌락

우리에게 알려진 가장 초기의 촌락은 주전 7000년 또는 8000년까지 거슬러 올라가는 석기 시대 말기에 등장하였다. 그 이전에는 사람들은 대부분 동굴 속에서 살았다.

a. 정착 생활로 이행.

석기 시대의 인간에 관한 이야기는 우리의 관심사가 아니다.[1] 나일강 유역의 구릉지대로부터 북부 이라크의 고원지대에 걸쳐 발견되는 특이한 부싯돌들이 구석기 시대 전기(前期), 아마도(누가 자신있게 말할 수 있을까?) 20만 년 전에 인류가 존재했다는 것을 증명해 주고 있다고 말해 두는 것으로 충분하리라. 이어지는 구석기 시대 중기(특히 팔레스타인에서 발굴된 해골 파편들에 의해 풍부하게 입증되고 있는)와 구석기 시대 후기에 걸쳐 인류는 오랜 세월 동안 동굴 생활을 하였다. 이 시기에 인류는 전적으로 수렵과 식량 채취에 의해 살았다. 인류가 식량을 생산하는 경제적 단계로 첫발을 디딜 수 있었던 것은 겨우 빙하 시대 말기(온대 지방에서는 우기 시대의 말기)가 끝나고 혹독한 기후가 누그러졌던 대략 주전 9000년경이었다. 이때에 와서야 인류는 야생 곡물들을 경작할 수 있고 짐승들을 식용으로 사육할 수 있다는 것을 알게 되었다. 이러한 이행은 이른바 중석기 시대(주전 8000년경 이전)에 시작되었다. 팔레스타인의 나투프(Natufian) 문화(이 이름은 그 유적이 처음 발견된 와디 엔 나투프〈Wadi en-Natuf〉의 동굴들로부터 기원하였다)는 이를 보여 주는 한 예이다. 이 문화에서 우리는 사람들이 여전히 동굴 속에서 살고 있었지만 계절에 따라 또는 지속적으로 거주하기 위하여 조잡한 촌락을 이루기 시작했음을 볼 수 있다. 여리고의 가장 초기의 촌락은 이 시대에 속하며, 그 촌락은 늦어도 주전 8000년경에는 존재하고 있었다.[2] 나투프인은 주로 수렵, 식량 채취, 고기잡이에 의해 살았지만, 낫, 맷돌, 절구, 절구공이가 발굴되는 것으로 보아 그들은 야생 곡물

---

1) 이 절과 다음 절들에 대해서는 G. E. Wright, *BANE*, pp. 73-88를 보라; R. W. Ehrich, ed., *Chronologies in Old World Archaeology* (The University of Chicago Press, 1965); 또한 *CAH*에 나오는 관계 장(章)들, 특히 R. de Vaux, "Palestine During the Neolithic and Chalcolithic Periods"(I: 9b, 1966); J. Mellaart, "The Earliest Settlements in Western Asia"(I:7, pars. 1-10 〔1967〕). 다소 대중적으로 다룬 것들로는 E. Anati, *Palestine Before the Hebrews* (London: Jonathan Cape, 1963); J. Mellaart, *The Neolithic of the Near East*(London: Thames and Hudson, 1975).

2) 방사성탄소 연대측정법으로 여리고의 나투프 유적의 연대를 측정한 결과 주전 7800년에서 9216년까지 그 연대가 나왔다; cf. Patty Jo Watson in R. W. Ehrich, ed., *op. cit.*, p.84; 또한 Mellaart, *Neolithic*, p. 36도 참조하라. 그러나 Miss Watson이 올바르게 말한 바와 같이, 이 연대는 극히 신중하게 사용되어야 한다.

들을 식용으로 추수하고 조리하는 법을 알고 있었다. 또 몇몇 짐승들을 길들이는 것도 행해졌던 것 같다. 다른 곳, 특히 북부 이라크의 고원지대에서도 이와 비슷한 발전들이 있었음을 보여 주는 증거들이 있다. 자르지(Zarzi) 동굴과 샤니다르(Shanidar) 동굴은 사람들이 순전히 식량을 채취하는 단계의 말기에 있었음을 보여 주고 있고, 자위 케미(Zawi Chemi), 카림 샤히르(Karim Shahir), 그 밖의 다른 곳에 있는 가장 초기의 촌락들은 사람들이 식량을 생산하는 최초의 시험적인 단계를 나아갔음을 보여 준다.[3] 그러나 동물 생활에서 정착 생활로, 식량 채취 경제에서 식량 생산 경제로 이행이 완성되고 정착 촌락들이 계속적으로 건설되기 시작한 때는 신석기 시대였다. 촌락이 없이는 그 어떠한 문화도 있을 수 없기 때문에 우리는 촌락의 건설과 더불어 문화가 발달하기 시작했다고 말할 수 있다.

b. 신석기 시대의 여리고.[4]

가장 오래된 정착 촌락으로 알려진 것들 가운데서 가장 성경학도의 흥미를 끄는 것은 여리고 유적의 하부 지층들에서 발견된 주거지이다. 이미 말했듯이 여리고는 적어도 주전 8000년경에 처음으로 촌락을 이루고 있었다. 그러나 여러 세기 동안 거기에는 계절에 따른 야영지로 사용하기 위하여 줄지어 지어진 보잘것없는 오두막들 외에는 별로 없었다. 하지만 마침내 정착 성읍이 그 뒤를 이어 형성되었는데, 이 성읍은 여러 지층에 걸쳐 있고, 그 건조물은 서로 다른 차이를 보여 주는 두 가지 단계로 구분되는데, 이는 토기류가 발명되기 이전의 신석기 시대의 두 가지 연속적인 문화를 보여 준다. 이 유적이 아주 깊이 있다는 것(45피트)으로 미루어 보아 이 문화들은 주전 8000년대 말 이전부터 시작해서 적어도 주전 7000년대 말에 이르기까지 수 세기 동안 존속했던 것이 분명하다.[5] 이 문화들은 결코 원시적이라고 할 수 없다. 이 성읍은 그 존속 기간 중 많은 세월 동안 돌로 만든 많은 요새에 의해 방어

3) 방사성탄소 연대 측정법에 의하면 자르지 문화의 연대는 주전 10,050년에서 8650년 사이, 그리고 자위 케미의 가장 초기의 취락의 연대는 주전 8920년으로 추정되었다; 이 연대들과 그외의 다른 연대들에 대해서는 Waton, *ibid.*를 참조하라.

4) Cf. Kathleen M. Kenyon, *Digging Up Jericho* (London: Ernest Benn; New York: Frederick A. Praeger, 1957).

5) 최초의 방사성탄소 연대 측정법으로는 주전 7000년대와 주전 6000년대로 추정되었다; cf. Kenyon, *Digging*, p. 74. 여기서는 5850년, 6250년, 6800년으로 추정하고 있다. 그후의 연대 측정에서는 훨씬 이전의 연대가 나왔다; cf. Watson, in R. W. Ehrich, ed., *op. cit.*, pp.85f.; de Vaux, *loc. cit.*, pp.14f. 여기서는 7705년, 7825년으로 연대를 추정하고 있으며, 8230년, 8350년까지로도 추정하고 있다. 이렇게 편차가 심하므로 연대 추정에는 신중해야 한다.

되었다. 집들은 위에서 말한 두 단계의 거주 사실에 걸맞게 서로 다른 두 가지 진흙 벽돌로 지어졌다. 이 두 단계 가운데 후기에는 집의 바닥과 벽은 석회로 칠하고 윤기를 냈으며 색칠을 한 경우도 흔했다. 그리고 갈대 돗자리를 바닥에 깔았던 흔적들도 발견되었다. 진흙으로 만든 작은 여인상과 가축상은 풍산제의(豊産祭儀)의 관습이 있었음을 시사해 준다. 몇 년 전에 발굴된 갈대를 뼈대로 삼아 거기에 진흙을 바른 독특한 상(像)들은 신석기 시대의 여리고에서 고등신들이 숭배되었음을 암시해 준다. 이 상(像)들은 세 개가 한 조(組)를 이루고 있는데, 이는 고대의 삼각 구도, 즉 아버지, 어머니, 아들로 이루어진 신의 가족을 나타내는 것 같다. 진흙으로 얼굴을 만들어서 눈 대신에 조개 껍질을 박은 사람의 두개골들(몸뚱이들은 다른 곳, 대개 집의 방바닥 아래에 매장되었다)도 역시 흥미롭다.[6] 이 두개골들은 어떤 제의적 목적으로 사용되었을 것인데(아마도 일종의 조상숭배) 확실히 뛰어난 예술적 능력을 보여 주고 있다. 개, 염소, 돼지, 양, 소의 뼈들은 사람들이 짐승들을 길렀음을 보여 주고 있고, 한편 낫, 맷돌, 절구들은 곡물들의 경작을 입증해 준다. 성읍의 규모와 그 주변에 천연적인 경작지가 적다는 점으로 보아, 관개 체계도 발전되었음에 틀림없다고 추론되어 왔다. 흑요석(아마도 아나톨리아산) 도구들, 터어키 옥들(아마도 시내산), 아름다운 조개〔개오지〕 껍질들(해변에서 나오는)이 출토된다는 것은 직접적이든 간접적이든 상당히 멀리 떨어진 지역들과의 교역 관계를 보여 준다.[7] 신석기 시대의 여리고는 참으로 우리를 놀라게 한다. 그 주민은 — 그들이 누구였든 — 아브라함 시대보다 이미 5000년 전에 문명을 향한 행진의 선구자였다(누가 이것을 믿을까?)!

이 주목할 만한 현상은 결국 끝이 나고 상당한 공백기를 거친 후에 토기를 사용하게 된 신석기 문화로 대체되었는데, 이 신석기 문화는 아마도 주전 5000년에 이르기까지 계속되었던 것 같다. 그러나 새로 이주해 온 사람들이 가져온 것이 분명한 이 문화는 결정적인 퇴보를 보여 주고 있다.

c. 다른 곳의 신석기 문화들

---

6) 동일한 시기의 것인 이와 비슷한 두개골들이 이제 다른 곳(훌레 호수 부근의 Beisamoun)에서도 발견되었다; cf. M. Lechevallier and J. Perrot, *IEJ*, 23 (1973), pp. 107f.와 Pl. 24.

7) 소금, 유황, 역청(모두 사해 지역에 풍부하다)의 교역이 실제로 여리고 경제의 기반이 되었다고 그럴듯하게 주장되어 왔다; cf. Anati, *op. cit.*, pp.241-250; idem, *BASOR*, 167 (1962), pp.25-31; Mellaart, *Neolithic*, p.51는 좀더 신중하다.

신석기 시대의 여리고가 주목할 만하다고 하지만 그곳이 다른 곳들과는 고립되어 홀로 발달했다고는 더 이상 생각할 수 없게 되었다. 왜냐하면 최근의 고고학적 발굴을 통하여 주전 7000년 대에는 이미 성경의 무대를 이루고 있는 모든 지역에 걸쳐 이미 정착 촌락들이 세워져 있었음이 밝혀졌기 때문이다.[8] 이런 현상은 의심할 여지 없이 정착 생활의 기반이 된 곡물 재배 기술과 짐승들의 사육 기술이 서아시아의 여러 지역에서 독자적으로 개발됨에 따라 일어났다. 메소포타미아 지방에서 농경 생활로의 이행을 보여 주는 가장 좋은 예는 북부 이라크의 고원지대에 있는 야르모(Jarmo) 유적의 하부 지층들에서 찾아볼 수 있다. 여기서도 다시 한번 우리는 토기 발명 이전의 신석기 문화를 보게 된다. 여기서 출토된 도구들과 그릇들은 돌로 만들어진 것이었다. 그러나 비록 야르모가 보잘것없는 촌락이고 그 집들은 짓이긴 진흙으로 조잡하게 지어졌다고 하지만 야르모는 하나의 정착 농경사회였다. 방사성 탄소 연대 측정법은 이 유적의 토기가 나오기 전의 지층들은 여리고의 동일한 지층들만큼이나 아주 오래된 것임을 보여 주고 있다. 지중해 연안 지역에서도 방사성 탄소 연대 측정법을 사용한 결과 라스 샴라(Ras Shamra)의 가장 초기의 주거지(여기서도 토기는 발견되지 않았다)는 주전 7000년까지 거슬러 올라간다. 팔레스타인에서도 토기가 발명되기 이전의 신석기 시대 촌락의 유적들이 여러 곳에서 발견되었는데, 적어도 그 가운데 한곳(요단 동편의 베이다〈Beida〉)은 방사성 탄소 연대 측정법을 통해 주전 7000년대 초기의 것으로 추정되고 있다. 지금까지 이러한 가장 초기의 촌락들 가운데 가장 주목할 만한 곳은 보통 문화적으로 뒤떨어진 지역으로 생각되어 온 아나톨리아의 하실라르(Hacilar)와 사탈 휘윅(Çatal Hüyük)에서 발굴된 촌락들이다. 사탈 휘윅의 촌락은 근동 지방에서 지금까지 알려진 가장 큰 신석기 시대 촌락으로서 그 규모가 여리고의 촌락보다 서너 배 더 크고 경제적으로도 좀더 진보되어 있다. 방사성 탄소 연대 측정법(이 가운데 삼십 번 가량)은 이곳이 주전 7000년대 및 6000년대 전반기에 걸쳐 정착지였음을 보여 준다.

촌락 생활은 주전 6000년대를 거쳐 주전 5000년대까지 발전을 계속하였는데, 주전 5000년대에는 거의 모든 곳에 촌락과 성읍들이 세워졌다. 이 시기 동안에 토기 사용이 일반화되었다(아나톨리아의 사탈 휘윅에서는 이미 토기를 알고 있었다). 토

8) 이 단락에 대해서는 주1에 나와 있는 저작들을 보라. 방사성탄소 연대 측정법에 의한 연대 추정은 R. W. Ehrich, ed., *op. cit.*에 나오는 여러 논문에서 찾아볼 수 있다. 아나톨리아에서 이루어진 최근의 발굴 결과에 대해서는 J. Mellaart, "Anatolia Before ca. 4000 B.C."(*CAH*, I:7, pars. 11-14 1964)도 참조하라.

기를 알고 있었던 촌락들은 지중해 연안의 여러 곳(라스 샴라, 비블로스〈Byblos〉), 길리기아와 북부 수리아(메르신〈Mersin〉, 텔 에이 유데이데〈Tel ej-Judeideh〉), 구브로(이곳에서 가장 초기의 문화인 키로키티아〈Khirokitia〉에는 토기가 발견되지 않았다), 아나톨리아 등지에 산재하고 있었다. 메소포타미아에서는 하수나(Hassuna) 문화가 꽃피었는데, 이 문화는 처음 확인된 곳(모술〈Mosul〉 부근)의 이름을 따서 하수나 문화로 부르고 있지만, 티그리스강 상류 지대의 여러 곳에서 그 흔적들이 발견되었다(니느웨〈Nineveh〉는 이 시기에 처음으로 건설되었다).

그 동안 이집트에서도 정착 생활이 시작되었다. 이집트에 인류가 거주하였다는 것을 보여 주는 흔적은 구석기 시대 초기까지 거슬러 올라가는데, 이 무렵 나일강의 삼각주는 바다 밑에 있었고, 그 유역은 야생 동물들이 서식하는 질펀한 밀림이었다. 사람들은 그때부터 그 유역 주변에 살면서 물고기를 잡고 사냥을 하기 위해 강 유역으로 들어가는 길을 개척하였고, 이어서 거기에 정착하게 된 것으로 추측된다. 이집트의 지형(地形)이 대체적으로 오늘날과 같은 모습이 된 신석기 시대 무렵에 처음에는 일시적인 촌락들이, 그 다음에는 정착 촌락들이 세워지기 시작했다고 할 수 있을 것이다.

그러나 이집트에서는 서아시아의 경우와는 달리 정착 생활로 이행한 증거를 찾아볼 수는 없다. 가장 초기의 정착 촌락들은 아마도 나일강의 진흙으로 된 깊은 지층 아래 묻혀 있을 것이다. 지금까지 우리에게 알려진 가장 초기의 촌락 문화는 파윰(Fayum A) 문화이고, 이보다 약간 후대의 것이 서부 삼각주에 있는 메림데(Merimde)에서 발견되었다. 이들 문화는 토기가 발명된 이후의 신석기 문화로서 서아시아의 토기 신석기 문화와 어느 정도 유사하다. 방사성 탄소 연대 측정법에 의하면 파윰 문화의 연대를 주전 5000년대 후반으로 추정할 수 있을 것 같다.[9] 이 시기에는 비록 농업이 발달하기 시작했다고는 하지만, 틀림없이 나일강의 물은 아직 다스려지지 못했고, 나일강 유역은 대부분이 습지로서 극히 드물게 띄엄띄엄 촌락들이 있었을 것이다. 그렇지만 다른 곳에서와 같이 이집트에서도 문명은 시작되었음이 분명하다. 이는 아브라함 시대보다 대략 2500년 전이다.

---

9) 방사성탄소 연대 측정법에 의해 주전 4441년과 4145년 사이로 연대가 추정되었다. 그러나 오염된 표본들로 측정을 했기 때문에 그 연대들이 너무 적게 나왔다는 의견이 있었다; cf. Helene J. Kantor, in R. W. Ehrich, ed., *op. cit.*, p. 5; W. C. Hayes, *JNES*, XXIII (1964), pp. 218, 229f. 이 주제 전체에 대해서는 J. M. Derricourt, *JNES*, XXX (19671), pp. 271-292를 보라.

2. 메소포타미아에서 문화의 발달

금속이 도입되면서 신석기 시대는 끝이 나고 이른바 동석기(銅石器) 병용 시대가 시작된다. 정확히 이러한 이행이 언제 일어났느냐 하는 것은 논란이 많은 문제이기 때문에(점진적으로 일어났을 것이다) 우리는 이 문제 때문에 지체할 수는 없다. 그러나 메소포타미아에서는 최초로 유적이 발굴된 곳의 지명을 따라 이름 붙여진 일련의 문화들이 별로 큰 공백기 없이 주전 5000년대와 4000년대를 거쳐 역사 시대의 문턱인 3000년대에 이르는 동석기 병용 시대의 전시기가 존재했음을 입증해 준다.[10] 이 시기는 놀라울 정도로 문화가 꽃핀 시대였다. 크게 개량되고 확대된 농업은 식생활을 향상시키고 또 늘어나는 인구 밀도에 비례해서 필요한 식량을 공급할 수 있게 해주었다. 앞으로 수천 년 동안 메소포타미아의 역사에서 중요한 역할을 하게 될 성읍들은 대부분 이 시기에 건설되었다. 배수 공사와 관개 공사도 착수되었고, 이러한 공사들이 더욱 정교해지고 지속적인 유지와 규제가 필요하게 됨과 아울러 상업과 경제 생활도 발전함에 따라 최초의 도시 국가들이 생겨났다. 모든 분야에서 괄목할 만한 기술적 또는 문화적 진보가 이루어졌는데, 이 가운데 빼놓지 않아야 할 것은 문자의 발명이었다. 사실 주전 4000년대 말에 메소포타미아 문명은 그후 수천 년동안 자신의 문명의 특색을 이루게 될 양식의 본질적 요소들을 이미 갖추고 있었다.

a. 초기 채색토기 문화

메소포타미아의 강 하류는 아직 정착민들도 없는 습지였지만 상부 메소포타미아에서는 일찍부터 문화가 꽃피기 시작하였다. 이미 주전 6000년대에 앞에서 언급한 하수나(Hassuna) 문화가 등장했다. 이 문화는 신석기 시대에서 동석기 병용 시대로 이행해 가는 과도기에 서 있던 촌락 문화로서 소규모의 농업을 기반으로 하고 있

---

10) 좀더 자세한 것은 Ann L. Perkins, *The Comparative Archaeology of Mesopotamia*(The University of Chicago Press, 1949); A. Moortgat, *Die Entstehung der sumerischen Hochkultur* (Leipzig: J. C. Hinrichs, 1945); A. Parrot, *Arch ologie mesopotamienne*, Vol. II.(Paris:A. Michel, 1953)을 보라; 좀더 최근의 것으로는 R. W. Ehrich, ed., *op. cit.*에 나오는 관련 논문들과 *CAH*의 관련 장(章)들을 보라. 다소 대중적인 설명은 M. E. L. Mallowan, *Early Mesopotamia and Iran* (Lodon: Thames and Hudson, Ltd., 1965); A. Falkenstein in, J. Bottéro, E. Cassin, J. Vercoutter, eds., The Near East: *The Early Civilizations*(Eng. tr., London: George Weidenfeld & Nicolson, 1967), pp. 1-51를 참조하라.

였으나 공예 기술이 점차로 발달하고 있었다. 금속은 아직 알려지지 않고 있었으나 일정한 유형의 채색토기(동석기 병용 시대 특유의 물건)가 등장하기 시작하였다. 그 가운데서도 이 시대의 후기에 나타난 이른바 사마라(Samarra) 토기는 특히 훌륭하였는데, 이 토기는 기하학적 도형의 단색 동물상과 인물상을 매우 뛰어난 예술적 솜씨로 그려 넣은 토기다. 하지만 예술적 솜씨는 그 뒤를 이어 일어난 할라프(Halaf) 문화(주전 5000년 중반까지)에서 더욱 높은 수준에 도달하였다. 이 문화는 처음 발굴된 카불(Khabur) 계곡의 지명을 따라 명명되었지만 그 중심지는 티그리스강 상류에 있었다. 그러나 이 문화의 특유한 토기는 수리아-길리기아(Syro-Cilician) 해안 그리고 북으로는 반(Van) 호, 남으로는 키르쿠크(Kirkuk)에 이르기까지 상부 메소포타미아 전역에 걸쳐서 발굴되었다.

이 무렵에는 상부 메소포타미아의 강 유역들에는 아마도 사람들이 꽤 조밀하게 정착하고 있었을 것이다. 촌락들은 당시에 그랬듯이 잘 이긴 찰흙 또는 거친 벽돌로 지은 직사각형의 집들로 이루어져 있었다. 낮고 둥근 지붕을 가진 비교적 큰 원형의 건물들(*tholoi*)은 성격을 알 수 없는 어떤 목적을 위해 사용되었다. 진흙으로 만든 수많은 동물상과 여인상들 — 흔히 아기를 낳는 자세로 되어 있다 — 은 모신숭배(母神崇拜)가 행해지고 있었음을 강력히 시사해 주고 있다. 하지만 특히 주목할 만한 것은 훌륭한 토기이다. 가마에 구웠으나 녹로를 사용하지 않고 손으로 빚어 만든 이 토기는 여러 가지 빛깔의 기하학적 도형과 꽃 무늬를 그려 넣은 것이 특징인데, 이에 비할 만한 것을 거의 찾아볼 수 없을 정도로 뛰어난 예술성과 아름다움을 지니고 있다. 이 사람들이 누구였는지 우리는 모른다. 그들이 어떤 언어를 사용했는지 말해 주는 글도 하나도 남아 있지 않다. 문자가 아직 발명되지 않았기 때문이다. 그러나 그들은 아브라함 시대보다 2000여 년 전에 이미 상부 메소포타미아에서 문명이 눈부시게 발달하고 있었다는 사실을 증언해 주고 있다.

b. 하부 메소포타미아에서 왕조 이전 문화들의 흥망(興亡)

그러나 메소포타미아에서 문명의 개화가 절정에 도달한 것은 주전 4000년대의 후반기였다. 하부 메소포타미아에 사람들이 정착하고 그곳에 대도시들이 세워지고 최초의 도시 국가들이 조직됨으로써 놀라운 문화적 및 기술적 진보의 길이 열렸다. 하부 메소포타미아의 일련의 문화들은 주전 5000년대 후반부터 역사 시대가 개막된 주전 3000년대까지 흥망을 거듭하였다. 관례적으로 이 문화들은 그 유적이 처음으로 발굴된 지명을 따라 시대순으로 오베이드(Obeid) 문화(주전 4300년경부터 3500년 이후까지), 와르카(Warka) 문화(주전 31세기경까지), 엠뎃 나스르(Jemdet Nasr) 문화(주전 31세기경부터 29세기경까지)로 부르고 있다. 그러나 와르카 문화를 대략 문자가 발명된 시기(주전 3300년경?)를 분수령으로 둘로 나눠서 그 후반부를 '원시문자 시대' 또는 그런 비슷한 제목 아래 엠뎃 나스르 문화에 포함시키는 것이 더 타당할 것이다.[11]

상류에서 문명이 이미 수백 년 동안 발달하고 난 후에 하부 메소포타미아에서 비교적 뒤늦게 문명이 발달하기 시작하였다.[12] 그 이유들을 이해하기란 쉽다. 하부 메소포타미아는 전반적으로 강우량이 농업을 할 만큼 넉넉하지가 못해서 이에 필요한 물을 페르시아만을 향해 이 지역을 흘러가고 있는 큰 강들에 의존하지 않으면 안된다. 그러나 이 강들은 주기적으로 홍수가 났고, 또 치수 사업이 제대로 되지 않았으므로 심심치 않게 물의 흐름이 바뀌어서 평야에 범람하여 쓸모 있는 것은 아무것도 자랄 수 없는 넓은 늪이나 개펄을 이루었다. 그러므로 제방과 운하를 만드는 데 필요한 기술을 익힐 때까지는 이 지역에서 집약적 경작을 하기는 불가능하였다. 그리고 이러한 기술을 익히는 것은 확실히 하루 아침에 이루어지지는 않았다. 물을 빼고 땅을 일구고 도시들을 건설하는 일이 여러 세기에 걸쳐 계속되어야 했다. 한편 매우 비옥한 강 유역의 저지대가 개척되기 시작하자 인구가 점진적으로 늘어났던 것으로 보인다. 이러한 정착 및 건설 과정은 이미 오베이드 시대에 꽤 진척되고 있었다. 이들이 누구였으며 또 어디서 왔는지는 수메르인의 기원이라는 당혹스러운 문제와 함께 미해결의 과제로 남아 있다. 그러나 그들이 누구였든지 상관없이 그들은 하부 메소포타미아의 문명의 창시자들이었다. 그들의 문화는 별로 웅장하지는 않았지만, 예를 들면 에리두(Eridu)에 있는 일련의 신전들과 같은 대단한 규모의 건물들

---

11) 이렇게 두 시기로 나누는 시점과 새로이 구분된 시기의 이름은 논란되고 있다. Cf. Perkins, *op. cit.*, pp. 97-161. 그는 와르카 시대를 초기 원시문자시대(Protoliterate A-B)라 부르고, 엠뎃 나스르 시대를 후기 원시문자시대(Protoliterate C-D)라 지칭하고 있다; Parrot(*op. cit.*, pp. 272-278)은 "왕조 이전", Moortgat(*op. cit.*, pp. 59-94)는 "초기 유사(有史)"라는 말을 선호한다. 그러나 관례적으로 사용되어 온 용어를 강력히 주장하고 있는 M. E. L. Mallowan, *CAH*, I:8 (1967), Part I, pp. 3-6를 참조하라.

12) 통상적으로 하부 메소포타미아에는 주전 5000년대 후반에 처음으로 사람들이 정착하였다고 생각되어 왔다. 그러나 이보다 더 이른 시기에 정착했을 것이다. 그리고 땅의 점진적인 침강 때문에 가장 초기의 촌락들은 지하 수면 아래 묻혀 있을 것이다; cf. S.N. Kramer, *The Sumerians*(The University of Chicago Press, 1963), pp. 39f와 거기에서 인용되고 있는 G. M. Lees와 N. L. Falcon의 논문(*Geographical Journal*, 118 〔1952〕, pp. 24-39). 어쨌든 오베이드시대보다 어느 정도 이전에 정착생활이 시작되었다.

이 건립되었다. 그들이 사용한 토기는 할라프(Halaf)의 토기보다 예술적으로는 뒤지지만 기술적으로는 어느 정도 숙달된 면모를 보여 준다. 이 토기가 상부 메소포타미아 전지역과 그 너머까지 산재해 있다는 것은 이 문화가 아주 멀리까지 영향을 미치고 있었음을 보여 준다.

c. 원시문자 시대

다음 단계인 와르카 문화는 다소 짧았던 것 같다(주전 3300년경 혹은 그 얼마 후까지). 이 문화가 오베이드 문화에서 파생되어 나온 것인지 아니면 외부에서 새로 이주해 온 사람들이 가져온 것인지 하는 문제는 여기서 길게 논할 수 없는 문제이다. 그러나 다음에 이어진 원시문자 시대(주전 33세기부터 29세기까지)는 세계사에서 찾아보기 힘들 정도로 급속도로 발달하였다. 이 시대는 큰 도시들이 발달한 시대였는데, 이 과정에서 메소포타미아 문명의 표준적인 형태가 이루어졌다. 충적 평야에서 집약적 경작을 가능케 한 제방과 운하의 체계가 이때에는 충분히 발달되어 있었다. 인구가 급속히 늘어나고 도처에 큰 도시들이 생겨났다. 그리고 이전에 없었던 도시 국가들이 발달하였다. 홍수 때의 수면보다 높이 있는 대지 위에 진흙 벽돌로 신전들을 지었는데, 와르카(에렉)에 있는 일련의 큰 신전들은 이후의 모든 세기에 걸쳐 메소포타미아의 신전 건축의 특징이 된 특성들을 보여 준다. 모든 면에서 새로운 기술들이 눈에 띄게 발달하였다. 녹로, 토기를 굽는 가마들이 사용됨으로써 기술적으로 매우 뛰어난 제품을 만들 수 있었다. 구리를 두들겨서 녹여 붓는 공정(工程)도 발달하였다. 이전의 각인(刻印) 대신 쓰이게 된 정교한 원통형 인장은 보기 드문 예술적 진보를 입증해 주고 있다.

그러나 문자의 발명보다도 더 획기적인 진보는 없었다. 어느 곳에서나 우리에게 알려진 가장 오래된 글들은 주전 4000년대의 마지막 세기들에 쓴 것이다. 이 글들은 아직까지 자신있게 해독되고 있지는 못하지만 주로 재산 목록이나 상용(商用) 문서들로 보인다. 따라서 이 문서들은 경제 생활이 점차 복잡해졌음을 말해 준다. 경제 생활은 신전을 중심으로 영위되었기 때문에 주전 3000년대부터 널리 알려진 성소(聖所)를 중심으로 한 도시 국가의 특색 있는 조직이 이미 발달하고 있었던 것으로 추측할 수 있다. 어쨌든 이스라엘이 하나의 민족으로 출현하기 약 2000년 전에 이미 문자 활동의 초보 단계를 넘어서고 있었다고 우리는 기록해 둘 수 있다. 그리고 이 문화적 개화가 한쪽 구석에서 일어난 일이고 메소포타미아의 테두리를 벗어난 지역에는 아무런 영향도 미치지 못했다고 상상해서는 안 된다. 오히려 이와는 반대로 잠시 후에 살펴보는 바와 같이 이 시기가 끝나기 전에 팔레스타인 및 왕조 이전의 이집트와 교역 및 문화적 교류가 있었다는 명백한 증거가 있다.

d. 수메르인

하부 메소포타미아에서 문명을 창시한 사람들은 수메르인이었는데, 이 민족은 인류사의 주요한 수수께끼들 가운데 하나다. 그들이 어떤 인종이었으며 어디서 왔는지에 대해서는 다만 추측만이 가능할 뿐이다. 비문(碑文)들은 그들을 수염을 깨끗이 깎고 땅딸막하고 넓은 머리를 가진 민족으로 묘사하고 있지만, 두개골을 조사해 본 결과 반드시 머리가 넓었다고 할 수는 없는 것으로 판명되었다. 교착어(膠着語)인 그들의 언어는 현존하는 언어이건 사어(死語)이건 우리가 알고 있는 다른 어떤 언어와도 관계가 없다. 그들이 이 지역에 도달한 시기와 경로 — 그들이 가장 오래된 오베이드 문화의 창시자들이든 아니면 나중에 이주해 와서 다른 종족이 세워 놓은 기초 위에 그 문화를 건설하였든 — 는 학자들의 의견이 분분한 논점이다.[13] 그렇지만 수메르인이 주전 4000년대 중반에 하부 메소포타미아에서 살았다는 것은 분명하다. 우리에게 알려진 가장 오래된 글들은 수메르어로 되어 있기 때문에 문자를 도입한 것은 수메르인이었다고 추론할 수밖에 없다. 원시문자 시대에 그들은 주전 3000년대에 가서 그 고전적 형태를 이루게 된 저 찬란한 문화의 기틀을 잡았던 것이다.

3. 주전 4000년대의 이집트와 팔레스타인

여기서는 조금 개괄적으로 이야기를 진행시켜 나갈 것이다. 왜냐하면 이 시기에 이집트와 팔레스타인은 왕조 출현 이전 메소포타미아의 놀라운 문명에 비할 만한 것을 하나도 보여 주고 있지 않기 때문이다. 그렇지만 이 두 지역에서도 석기 시대부터 주전 4000년대를 거쳐 3000년대에 이르기까지 일련의 문화적 자취들을 더듬어

13) 논의에 대해서는 주9에 나와 있는 저작들 외에도 E. A. Speiser, *Mesopotamian Origins* (University of Pennsylvania Press, 1930); *idem*, "The Sumerian Problem Reviewd" (HUCA, XXIII, Part I 〔1950 1951〕, pp. 339-355); H. Frankfort, *Archaeology and the Sumerian Problem* (The University of Chicago Press, 1932); S. N. Kramer, "New Light on the Early History of the Ancient Near East" (*AJA*, LII 〔1948〕, pp. 156-164); *idem.*, *op. cit.* (주12에 있다); W. F. Albright and T.O. Lambdin, *CAH*, I:4 (1966), pp. 26-33를 보라.

볼 수 있다.

a. 팔레스타인의 동석기 병용 문화들

팔레스타인에서 주전 4000년대는 여러 가지 점에서 모호한 채로 남아 있지만 이 지역의 여러 곳에서 촌락 생활이 발달하였고 그 가운데 많은 곳에서는 사람들이 최초로 정착하였음을 보여 주고 있다는 것은 분명하다.[14] 이 시기에 팔레스타인은 두 개의 문화권으로 나뉘어 있었던 듯한데, 한곳은 북부 및 중앙 지역이고 다른 한곳은 남부 지역이다. 동석기 병용 문화의 가장 두드러진 예는 가술(Ghassulian) 문화다. 이 명칭은 이 유적지가 처음으로 발굴된 요단 계곡의 툴레일랏 엘 가술(Tuleilat el-Ghassul)을 따라 붙여졌지만 그곳뿐만 아니라 팔레스타인의 여러 곳, 특히 브엘세바(Beersheba) 부근과 북부 네게브(Negeb) 지방에서도 동석기 병용 문화의 흔적은 발견되었다. 방사성 탄소 연대 측정법의 연대 추정에 의하면 가술 문화는 주전 3500년 전후의 수세기에 걸쳐 번성했음을 보여 준다. 이 문화는 물질적으로는 크게 자랑할 만한 것이 없는 일종의 촌락 문화이지만 예술적이고 기술적으로는 상당히 진보했음을 입증해 주고 있다. 석기 도구들이 여전히 만들어지고 있었으나 구리도 사용되었다. 토기는 예술적 관점에서 보면 메소포타미아의 채색 토기와 비할 바는 못되지만 우수한 기술을 보여 주고 있다. 집들은 흔히 돌을 기초로 하여 그 위에 손으로 만들어 햇볕에 말린 벽돌로 지어졌다. 집들 가운데는 회칠을 한 벽 위에 여러 가지 색채의 정교한 프레스코 벽화를 안팎으로 그려서 장식한 것들도 많았다. 팔각(八角)의 별, 새, 여러 가지 기하학적인 무늬 같은 도안들이 눈에 띈다. 많이 훼손되기는 했지만 어떤 그림은 앉아 있는 인물군(人物群)을 그렸는데 아마도 신들의 모습인 듯하다. 코끼리 모양의 이상한 가면들은 어떤 이름 없는 제의에 쓰였고, 한편 죽은 사람들을 음식이나 기구들과 함께 묻었다는 사실은 어떤 유의 내세의 존재를 믿고 있었음을 강력히 시사해 준다. 이 동석기 병용 문화에는 웅장한 면이 조금도 없었다. 그러나 이 지역의 정착 생활이 이 무렵에는 상당히 널리 퍼져 있었다는 것은 분명하다.

---

14) 이 시기에 대해서는 Albright, *AP*, pp. 65-72; *idem.*, in R. W. Ehrich, ed., *op. cit.*, pp. 47-57; G. E. Wright, *The Pottery of Palestine from the Earliest Times to the End of the Early Bronze Age*(American Schools of Oriental Research, 1937); *idem.*, *Eretz Israel*, V(1958), pp. 37-45를 참조하라; 또한 주1에 인용된 Wright와 de Vaux의 저작도 참조하라.

b. 이집트의 왕조 이전 시대의 문화들

앞에서 말했듯이 우리에게 알려진 이집트의 가장 초기의 촌락 문화는 주전 5000년대 후반으로 추정되는 신석기 시대의 파윰(Fayum A) 문화이다. 그후 상부 이집트와 하부 이집트 두 지역에서 모두 일련의 문화들이 잇따라 일어나 주전 4000년대 전기간을 거쳐 3000년대 역사 시대의 문턱까지 이어진다. 상부 이집트에서는 시대순으로 바다리(Badarian) 문화, 암라트(Amratian) 문화, 게르제(Gerzean) 문화의 순서로 흥기하였는데, 그 명칭들은 그 유적이 처음으로 발굴된 곳의 지명에 따라 붙여졌다. 북부에서도 동일하지는 않지만 이와 비슷한 발달 과정을 찾아볼 수 있다. 여기서 이 문화들을 자세하게 설명할 필요는 없을 것이다.[15] 어쨌든 이 문화들은 메소포타미아의 동석기 병용 시대와 비교해 볼 때 빈약한 양상을 보여 준다 — 물론 부분적으로는 이에 대한 우리의 지식이 부족한 데에 그 이유가 있겠지만 말이다. 메소포타미아와는 달리 왕조 출현 이전의 이집트는 본질적으로 그 지리적 위치로 말미암아 두드러지게 고립되어 있었다. 사막과 바다에 의해 아시아와 차단되어 있었기 때문에 뱀 모양의 긴 나일강 유역은 이 나라 안에서 결정적인 영향을 미쳤다. 그래서 지방에 따라 문화적 편차가 상당히 컸고 특히 상부 이집트와 하부 이집트는 뚜렷한 차이를 보여 준다. 그러나 어느 단계에서나 이집트의 동석기 병용 시대는 결코 웅장하다고는 할 수 없다. 토기는 알려져 있었지만 예술적으로나 기술적으로 같은 시대의 메소포타미아의 토기와 비할 만한 점은 하나도 없었다. 집들은 얼기설기 얽은 갈대나 말린 진흙을 이용하여 지었고, 거대한 건물은 지금까지 하나도 알려진 바가 없다. 요컨대 이 문화들은 정신적인 커다란 업적을 거의 남길 수 없었던 빈약한 촌락 문화였던 것이다. 이집트 문화는 나중에 가서야 개화하였다.

그렇지만 문명의 기초들이 놓여진 것은 바로 이때였다. 왕조 출현 이전의 이집트인들은 아마도 역사 시대의 이집트인들의 조상들, 그러니까 함족(Hamitic), 셈족(Semitic), 그리고 (특히 남부 지역에서는) 니그로(Negroid)의 혼혈이었던 것 같다. 그들은 농업에서 장족의 진보를 보여 온갖 종류의 곡물, 과실, 야채, 그리고 아마(亞麻)까지 재배하였다. 이는 메소포타미아와 마찬가지로 점차로 조밀해지는 인구

15) 좀더 자세한 것은 Kantor, in R.W. Ehrich, ed., *op. cit.*; W.C. Hayes, "Most Ancient Egypt"(*JNES*, XXIII〔1964〕, pp.217-274); Elise J. Baumgartel, "Predynastic Egypt"(*CAH*, I:9a〔1965〕); 또한 J. Vandier, *Manuel d'arch ologie gyptienne,* Vol. I(Paris: A. et J. Picard, 1952)을 참조하라. 좀더 대중적인 것으로는 J. Vercoutter, in Bottéro, Cassin, Vercoutter, eds., *op. cit.*, pp.232-257를 참조하라.

를 먹여 살릴 수 있었다는 것을 의미했다. 배수 및 관개 사업도 점차로 수행되었는데, 이 사업은 (역시 메소포타미아와 마찬가지로) 촌락간의 협동적인 노력을 필요로 했을 것이기 때문에 어떤 유의 지방 통치 기관들이 존재하였을 것임을 추론할 수 있다.[16] 구리도 사용되고 있었는데, 구리의 산지(産地)는 아마 시내 반도였을 것이고 거기에서 광산의 채굴도 이미 시작되고 있었음에 틀림없다. 배들이 교역을 위해 나일강을 오르내림에 따라 지역적 고립성은 줄어들었다. 아마도 주전 4000년대 말에는 지방의 여러 군소 국가들이 상당히 큰 두 왕국, 곧 상부 이집트와 하부 이집트의 왕국으로 각각 통일되었을 것이다. 마침내 (역시 메소포타미아와 마찬가지로) 상형문자가 발명되었다. 이 문자는 제1왕조 때에는 그 원시적 형태를 넘어서 이미 상당히 발달하였다.

c. 역사의 여명기 이전의 국제적 접촉

왕조 출현 이전 시대의 대부분을 이집트 문화는 외부 세계와 접촉한 흔적이 거의 없이 발전해 왔다. 하지만 메소포타미아에서 원시문자 시대의 문화가 꽃피고 팔레스타인에서 동석기 병용 시대가 끝나고 초기 제1청동기 시대로 접어든 주전 4000년대 후반에는 활발한 문화적 교류가 있었다는 증거가 있다.[17] 이집트에서 발견된 팔레스타인 식의 토기는 두 지역간에 교류가 있었음을 보여 주고 있고, 한편 이와 비슷한 증거물은 이집트가 비블로스(Byblos)의 목재 수출 항구와도 접촉이 있었음을 강력히 시사해 주고 있다. 더욱 놀라운 일은 후기 게르제(Gerzean) 시대에 이집트가 메소포타미아의 원시문자 시대 문화와 접촉을 가지고 거기서 많은 것을 빌려 왔다는 것을 보여 주는 증거가 있다는 것이다. 토기의 모양은 그만두고라도 원통형 인장, 갖가지 예술의 소재들, 건축의 특징 등의 분야에서 이와 같은 차용의 흔적이 보인다. 문자도 메소포타미아의 영향을 받고 발달하게 되었다고 생각하는 학자들도 있다. 이러한 접촉(남부 이집트에서 가장 두드러진다)이 어떻게 이루어졌는지는 알려져 있지 않다. 그러나 므깃도(Megiddo)와 비블로스 같은 곳에서 옘뎃 나스르

16) 그러나 관개 사업이 가장 초기의 중앙집권화된 나라들의 형성을 설명하는 데 그 자체로 충분한지는 의문이다; C.H. Kraeling and R.M. Adams, eds., *City Invincible*(The University of Chicago Press, 1960), pp. 129-131, 279-282, *et passim.*에 나오는 논의를 참조하라.

17) Cf. W. Helck, *Die Beziehungen gyptens zu Vorderasien im 3. und 2. Jahrtausend v. Chr.*(Wiesbaden: O. Harrassowitz, 1962); 또한 Kantor, in R. W. Ehrich, ed., *op. cit.*; *idem.*, *JNES*, I(1942), pp. 174-213; *ibid.*, XI(1952), pp. 239-250; H. Frankfort, *The Birth of Civilization in the Near East*(Indiana University Press, 1951), pp. 100-111.

(Jemdet Nasr) 식의 도장과 동일한 유형의 도장을 찍은 것들이 발견된 것은 교류의 주요 통로가 팔레스타인과 수리아를 통과했음을 보여 준다. 어쨌든 역사의 태양이 떠오르기 전에 이미 성경의 배경을 이루고 있는 세계의 양쪽 끝 지역 사이에 국제적 접촉과 문화적 교류가 이루어진 시대가 있었다는 증거를 우리는 갖고 있다. 메소포타미아와의 접촉은 제1왕조 시대(주전 29세기 또는 그 이전)에는 사실상 중단되었던 것으로 보이지만 이집트는 이후의 여러 세기에 걸쳐 팔레스타인 및 페니키아와 끊임없는 접촉을 가졌다.

B. 주전 3000년대의 고대 오리엔트

1. 역사 시대 초기의 메소포타미아

정확하게 말해서 주전 3000년대 초에 역사는 시작된다. 즉, 이미 앞에서 말한 바 있는 이전 시대의 글들과는 달리 해독이 가능한 당시의 명문(銘文)들에 의해 고증되는 시대로 비로소 접어들게 된다는 말이다. 이 시기의 초기에 쓴 고풍스런 글들은 여전히 해독하기가 어렵지만 그후에 이어지는 세기들에서는 전문가들에게는 대부분 이해될 수 있는 풍부한 자료를 제공하고 있다.

a. 고전 수메르(초기 왕조) 시대(주전 2850-2360년경)

역사의 여명기는 고전적 형태로 굳어진 수메르 문명을 알려준다.[18] 이 지역은 대부분 극히 작은 도시 국가들의 체제로 구성되어 있었고, 그 가운데 열두 개 가량의 국가만이 우리에게 그 이름이 알려져 있다. 어떤 때는 이 도시 국가가, 다른 때는 저 도시 국가가 이웃 도시 국가들에 대하여 지배권을 행사할 수 있었긴 했지만, 이 지역의 영속적이고 완전한 통일은 한번도 이루어진 적이 없었다. 통일을 향한 노

18) 이 시기에 대해서는, C.J. Gadd, *CAH*, I:13(1962); M.E.L. Mallowan, *ibid.*, I:16 (1968); D.O. Edzard, in Bott ro, Cassin, Vercoutter, eds., *op. cit.*, pp.52-90; 또한 주12에서 인용한 S.N. Kramer의 저작도 참조하라. 또 W. W. Hallo and W. K. Simpson, *ANEH*, Ch.II도 보라.

력은 명백하게 전통과 정서에 정면으로 배치되고 신들에게 거역하는 죄로 여겼다. 도시 국가는 신에 의해 다스려지는 하나의 신정(神政)이었다.[19] 성읍과 거기에 딸린 토지는 신의 영지였고, 신전은 영주인 신(神)의 저택이었다. 신전 둘레에 정원과 들과 곳간들이 있었고, 경제 생활은 이 신전을 중심으로 조직되어 있었다. 주민은 각자의 신분에 따라 신의 가신이요 그 영지의 일꾼이었다. 국가의 세속적 우두머리는 '루갈' (lugal, "위대한 사람") 곧 왕이거나 또는 '엔시' (ensi) 곧 신의 대리자, 신의 영지의 관리자로서 다스리던 지방 신전의 제사장들이었다. 이 후자의 인물은 어떤 독립 도시의 군주이거나 다른 도시의 '루갈'의 봉신(封臣)이었을 것이다. 왕권은 실제로는 어떠했든간에 이론상으로는 절대적이지 않았다. 신의 선택이라는 재가(裁可)를 통해 권력이 부여되었다. 왕권이 태초에 하늘로부터 내려왔다고 생각하는 전승에도 불구하고 원래는 일종의 시의회에 의해 통치되었고 왕권은 여기서부터 처음에는 긴급조치로서, 후에는 항구적인 제도로서 발전되었다는 것을 보여 주는 증거가 있다.[20]

이러한 체제가 정치적 안정을 가져오는 데는 부족한 점이 있었다고 할지라도 어느 정도의 번영은 가능하게 하였다. 도시생활과 농경생활이 밀접하게 통합되어 있어서 뚜렷한 경제적 안정을 이룩할 수 있었다. 전쟁은 의심할 여지없이 자주 그리고 참혹하게 벌어졌지만 산발적이고 국지적이었다. 어쨌든 본질적으로 경제적 삶이 윤택할 수 있었던 평화로운 시대였다. 개량된 농업은 증가된 인구의 식량을 공급할 수 있게 해주었고, 도시생활은 예술과 공예를 더욱 전문화시키는 역할을 하였다. 도시들은 오늘날의 기준에 의하면 작았다고 하겠지만 고대의 기준으로는 매우 규모가 컸었다. 대부분의 집들은 초라하였지만 웅장한 신전들과 궁전들이 많았다. 금속 세공술과 보석 연마술이 유례없이 뛰어난 수준에 도달해 있었다. 소나 당나귀가 끄는 견고한 바퀴를 단 기구들이 군사용이나 평화적 용도로 사용되었다. 교역 및 문화적 접촉도 광범위하게 이루어지고 있었다. 신전 둘레에는 서당(書堂)들이 흥왕하여 방대한 양의 문헌을 산출해 냈다. 후대의 사본들을 통해 우리가 알게 된 서사시와 신화의 대부분은 이전에 여러 세기에 걸쳐 구전으로 전해져 왔겠지만 이 시기에 글로 씌었다.

---

19) Frankfort, *Birth of Civilzation* (주17에 있다), pp. 49-77; *idem.*, *Kingship and the Gods*(The University of Chicago Press, 1948), pp. 215-230를 보라.

20) Cf. Jacobsen, "Primitive Democracy in Ancient Mesopotamia" (*JNES*, II〔1943〕, pp. 159-172); G. Evans, *JAOS*, 78(1958), pp. 1-11.

b. 수메르인의 종교[21)]

수메르인의 종교는 고도로 발달된 다신교(多神教)였다. 그 신들은 — 비록 성별과 기능에서는 상당한 유동성이 있었지만 — 비교적 안정되어 있었던 복잡한 만신전(pantheon)에 아주 초기부터 이미 안치되어 있었다. 만신전의 우두머리는 폭풍의 신(神)인 엔릴(Enlil)이었다. 여러 신들의 제의(祭儀)는 각각의 신들이 자리잡고 있다고 생각된 도시들에서 거행되었다. 엔릴 제의의 중심지인 니푸르(Nippur)는 중립적인 입장을 지키면서 모든 지방으로부터 사은의 봉헌물을 받았지만 결코 왕조의 중심지가 되지는 않았다. 어떤 신의 명성(名聲)은 그 신이 자리잡고 있는 도시의 명성과 더불어 높아지기도 하고 기울기도 했지만, 이 신들은 지방의 신들이 아니라 기능에 있어서 우주적인 존재들로 생각되어 보편적인 영지가 부여되어 있었다.

신들의 조직은 일종의 시의회와 비슷한 형태를 따른 천상의 나라로 생각되었다. 그리하여 지상의 조직의 평화는 언제라도 뒤집힐 수 있는 신들의 상반된 의지간의 위태위태한 균형에 의존하고 있었다. 지상의 세력 싸움도 신들의 나라의 소송 사건으로 생각되었다. 한 도시가 다른 도시에 승리하면 이것은 신들의 왕인 엔릴이 그 도시가 요구하는 권리를 승인했음을 나타내는 것이었다. 지상의 재난은 어떤 모욕에 대한 신들의 분노를 반영하는 것이었다. 신들을 섬기고 신들의 노여움을 달램으로써 평화와 안정을 유지하는 것이 바로 제의의 기능이었다. 수메르인들은 옳고 그름에 관해 상당히 발달된 의식을 갖고 있었다. 지상의 법률은 신의 법률의 반영으로 생각되었다. 지금까지 알려져 있는 법전 가운데는 그렇게 오래된 것이 하나도 없지만 라가쉬(Lagash)의 우루카기나(Urukagina)의 개혁(주전 24세기경)은 법이라는 개념이 아주 오래되었음을 보여 준다. 우루카기나는 가난한 자들에 대한 착취를 포함한 온갖 비행(非行)을 막기 위해 제정된 '닝기르수(Ningirsu)의 의로운 법률'에 따라 여러 가지 조처를 취했다. 그렇지만 모든 이교(異敎)가 그렇듯이 수메르인들은 도덕적인 죄와 순전히 제의적인 죄를 거의 구별하지 않았음을 알아야 한다.

---

21) J. Bottéro, *La religion babylonienne*(Paris: Presses Universitaires de France, 1952); E. Dhorme, *Les religions de Babylonie et d'Assyrie*(same pub., 1949); S.H. Hooke, *Babylonian and Assyrian Religion*(London: Hutchinson's University Library, 1953); Albright, *FSAC*, pp.189-199를 보라; 그리고 이제는 T. Jacobsen, *Treasures of Darkness: A History of Mesopotamia*(Yale University Press, 1976)를 보라; 그러나 또한 A. L. Oppenheim, *Ancient Mesopotamia*(The University of Chicago Press, 1964), Ch.IV과 거기에 나오는 "Why a 'Mesopotamian Religion' Should Not Be Written"이라는 단원도 보라.

c. 메소포타미아의 셈족: 아카드인들

수메르인의 여러 도시 국가의 운명은 우리의 관심사가 아니다. 라가쉬의 에아나툼(Eannatum, 주전 25세기)이나 에렉(Erech)의 루갈자기시(Lugalzaggisi, 주전 24세기) 같은 지방 군주가 이따금 수메르의 대부분의 지역에 대한 단기간의 지배권을 행사하였는지는 모르나(루갈자기시는 페르시아만에서 지중해에 이르기까지 정복사업을 펼쳤다고 주장하고 있다),[22] 그들 가운데 누구도 수메르 전지역을 영속적으로 통일할 수는 없었다.

하지만 수메르인들이 메소포타미아 지역에 살고 있던 유일한 민족은 아니었다. 거기에는 셈족 계열의 주민들도 있었다. 이 셈족은 그들이 세운 최초의 제국의 도읍지의 이름을 따라 아카드인으로 알려져 있다. 그들이 티그리스-유프라테스 평야에 수메르인들보다 먼저 정착했다는 증거는 없지만, 그들은 결코 이 지역에 새로 들어온 이주자들은 아니었다. 의심할 여지없이 그들은 아주 일찍부터 수메르의 서북쪽 지역에서 살아온 반유목민이었는데 인구가 불어나면서 주전 4000년대부터 수메르 지역으로 밀려온 것이었다. 주전 3000년대 중반에는 수메르 인구 가운데서 그들은 상당한 부분을 차지하고 있었고, 특히 북부 수메르에서는 우세한 분포를 보였다. 이 셈족은 수메르 문화의 본질적 요소들을 모두 이어받아 그것들을 자기식으로 변용하였다. 비록 그들은 수메르어와는 완전히 다른 셈어(아카드어)를 사용했지만 그 언어를 표기하기 위하여 쐐기 음절문자를 이용했다. 아카드어로 쓴 문서들은 주전 3000년대 중반에까지 거슬러 올라간다. 또한 그들은 수메르인의 만신전을 나름대로 변용하여 거기에 자기네 신들을 첨가하고 다른 신들에게는 셈어식의 이름을 붙였다. 이러한 변용 작업은 너무나 완벽하게 이루어졌기 때문에 메소포타미아 종교에서 수메르적 요소와 셈족의 요소를 뚜렷이 구별하기란 불가능하다. 이 두 계열의 주민들 사이에 어떠한 긴장이 있었는지는 모르지만 어쨌든 인종적 또는 문화적 갈등이 있었다는 증거는 하나도 없다.[23] 점차로 두 인종이 뒤섞여 갔다는 것은 의심할 수 없을 것이다.

d. 아카드 제국(주전 2360-2180년경)

주전 24세기에 셈족 지배자들로 이루어진 한 왕조가 세력을 장악하고 세계 역사

---

22) 그것이 어떻게 매개되었든, 에블라 문서(아래)가 명확히 보여 주는 바와 같이 서방에 대한 수메르의 영향력은 확실히 깊었고 주전 3000년대 훨씬 이전부터 그래 왔다.

23) 특히 T. Jacobsen, *JAOS*, 59(1939), pp. 485-495를 보라.

에서 최초의 본격적인 제국을 창건하였다.[24] 창건자는 사르곤(Sargon)이라는 인물이었는데, 그의 출생 내력은 신화의 베일에 가려 있다. 그는 키쉬(Kish)에서 정권을 잡은 뒤 에렉의 루갈자기시를 무너뜨리고 페르시아만에 이르기까지의 수메르 전 지역을 복속시켰다. 그런 다음 본거지를 아카드(위치는 알려져 있지 않으나 후대의 바벨론 부근)로 옮기고 전설이 되어 전해지는 일련의 정복 사업에 착수하였다. 두 아들이 사르곤의 뒤를 이었고, 그 다음에는 손자 나람신(Naramsin)이 왕위를 계승하였는데, 나람신은 사르곤만큼이나 눈부신 위업을 자랑할 수 있었다. 누지(Nuzi), 니느웨, 샤가르-바자르(Chagar-bazar), 텔 입라크(Tell Ibraq)에서 나온 명문(銘文)들과 상용(商用) 문서들이 보여 주듯이 아카드의 왕들은 수메르 외에도 상부 메소포타미아 전지역을 지배하였다. 그러나 그들의 지배권은 적어도 가끔씩 엘람(Elam)에서 지중해에 이르기까지 확대되었고, 한편으로 군사적 원정은 소아시아의 고원지대, 동남 아라비아와 아마 그보다 먼 지역까지 미쳤을 것이다. 교역은 인더스강 유역에까지 이르렀다.[25]

아카드의 왕들은 수메르 문화에 도시 국가의 테두리를 훨씬 뛰어넘는 정치적 의의를 부여하였다. 그들은 권력이 엔릴(Enlil)로부터 얻어진다는 전승을 보존하였지만 왕권에 관해 뭔가 좀 다른 이론이 등장했던 것 같다. 국가는 과거의 도시 국가와는 달리 신의 신전이 아니라 왕궁을 중심으로 삼게 되었다. 아카드의 왕들이 스스로에게 신적 대권을 부여했다는 것을 보여 주는 몇몇 증거들이 있다. 나람신(Naramsin)은 신들의 뿔 달린 삼중관(三重冠)을 쓴 거대한 풍모를 가진 것으로 묘사되었고, 한편 그의 이름은 신에게 붙이는 한정사(限定詞)를 지닌 형태로 나온다.[26] 아카드의 승리는 아카드어의 보급을 촉진시켰다. 왕의 명문(銘文)들은 아카드어로 썼고, 이 언어를 사용한 문학 활동도 상당히 활발했다. 아마도 이른바 찬양-서사시

---

24) 이 시기에 대해서는 C.J. Gadd, *CAH*, I:19(1963)을 참조하라; 또한 J. Bottéro, in Bottéro, Cassin, Vercoutter, eds., *op. cit.*, pp. 91-132도 참조하라.

25) 나람신은 마간(Magan)(후대 문서들에서는 이집트를 가리키는 이름)을 정복했고, 멜루하(Meluhha)(후대에는 Nubia)와 교역을 하였다. 몇몇 학자들은 그가 이집트를 정복하였다고 생각한다(cf. Scharff-Moortgat, *AVAA*, pp. 77, 262f., 두 저자의 견해는 서로 다르다). 그러나 마간은 아마 동남 아라비아(Oman)에 위치해 있었을 것이고, 한편 멜루하는 인더스강 유역에 있었던 것 같다. 주전 3000년대에 지역과의 교역에 대해서는 A.L. Oppenhein, *JAOS*, 74(1954), pp. 6-17를 참조하라. 좀더 최근의 것으로는 G.F. Dales, *JAOS*, 88(1968), pp. 14-23를 참조하라. 거기에는(주7) 더 자세한 문헌이 나와 있다.

26) Cf. Frankfort, *Kingship and the Gods*, pp. 224- 226. 나람신의 석비에 대해서는 Pritchard, *ANEP*, plate 309를 참조하라.

를 위한 언어도 이 시기에 생겨난 듯하다. 아울러 예술도 표준화할 수메르의 규범을 벗어나 주목할 만한 부흥을 누렸다. 아카드의 권세는 역사의 척도로 잰다면 짧은 기간이겠지만 백 년 이상이나 계속되었다.

최근에 에블라(Ebla, 알레포의 남쪽 북부 수리아에 있는 텔 마르디크)에서 발견된 문서들이 간행되고 전문가들에 의해 연구되면서 이 시기에 관한 우리의 지식은 엄청나게 확대되었다.[27] 이 문서들은 수적으로 16,000종이 넘는다 — 물론 이것들을 연구하고 조각들을 서로 맞추어 보았을 때 완전하거나 부분적으로 완전한 서판(書板)들은 절반 정도도 안 되었지만 말이다. 이 문서들은 대부분 수메르어로 씌어 있지만 다수는 우가리트어(Ugaritic) 및 후대의 페니키아어(그리고 히브리어)와 유사점들을 지닌 북서부 셈어 — 어떤 이들은 이를 (아마도 섣불리) '팔레스타인-가나안어'로 불러 왔다 — 로 되어 있다. 이 문서들은 주로 경제 및 상업 문제들을 다루고 있는 것으로 알려져 있다; 그러나 법률 문서, 음절 문자표, 종교 문서들(어떤 것들은 수메르와 서부 셈족의 여러 신들을, 어떤 것들은 창조 설화와 홍수 설화를 언급하고 있다)과 마찬가지로 공식적인 성격의 문서들(왕의 칙령, 교서, 조약)도 포함되어 있다. 이 문서들은 족장설화과 관계된 다른 증거와 아울러 이스라엘인들과 그들의 조상들에게서 발견되는 이름들과 일치하는 많은 인명(人名)들을 담고 있다. 이에 대해서는 나중에 언급할 것이다.

이전에는 이름 외에는 거의 알려진 것이 없었던 에블라는 당시의 세계에서 권력의 중심지였음이 분명해졌다. 문서들의 정확한 연대는 논란되고 있지만, 에블라는 주전 3000년대 중반에 전성기를 맞이하였고 그 권력은 마침내 아카드와 비등하게 되었던 것으로 보인다. 교역과 외교 관계는 동쪽으로는 메소포타미아를 넘어 앗수르(앗시리아)와 엘람(Elam), 북서쪽으로는 아나톨리아(Anatolia), 서쪽으로는 구브로(Cyprus), 남쪽으로는 수리아와 팔레스타인을 거쳐 이집트 변경까지 미쳤다. 수세기 이후의 문서들에서도 이전까지 나오지 않았던 여러 지명들(예루살렘, 하솔, 므깃도, 돌, 아스돗, 가사 등)이 언급되어 있다고 한다.[28] 에블라의 야심은 결국 아카드와의 충돌을 가져왔다. 사르곤으로 하여금 서방에서 공격적 행동을 취하도록 도발하였던 것은 바로 이것이었던 것으로 보이는데, 이 과정에서 에블라는 패배하고 복

27) 현재로서는 발굴자들의 예비적인 보고들을 토대로 잠정적인 서술만을 할 수 있을 따름이다; cf. G. Pettinato, *BA*, XXXIX(1976), pp.44-52; P. Matthiae, *ibid.*, pp.94-113.

28) 하지만 이 지명들 가운데 몇몇에 대한 독해는 이제 의문시되고 있는 것으로 보인다는 점을 말하지 않을 수 없다; 제2장과 주37을 참조하라.

속되었던 것 같다. 그러나 나중에 — 아마도 사르곤의 두 후계자들의 치세 동안에 — 에블라는 다시 재기하여 마리(Mari)를 취하고 한동안 아카드보다 우세를 점했던 것으로 보인다. 이 상황을 완전히 역전시켜서 에블라를 취하여 멸망시키고 그 권력을 끝장낸 것은 아마도 나람신이었던 것 같다. 에블라의 서판들은 놀라울 정도로 풍부한 양의 정보를 밝혀 줄 것으로 기대된다. 그러나 독자들은 여기서 방금 말한 내용은 잠정적인 것으로서 앞으로의 연구가 진척되는 대로 수정될 수도 있음을 유의해야 한다.[29]

2. 주전 3000년대의 이집트와 서아시아

메소포타미아에서 해독 가능한 가장 오래된 문서들이 기록된 것과 거의 때를 같이 해서 이집트는 하나의 통일 국가로서 역사에 등장하였다. 왕조 출현 이전의 상부 이집트와 하부 이집트 두 왕국이 정확히 어떻게 통일되었는가 — 그 이전에 있었던 잠정적인 통일의 시도가 실패한 뒤였는지 아닌지 — 하는 문제는 여전히 논란중에 있다. 그러나 주전 29세기에는 상부 이집트의 왕들이 득세하여 전국토를 장악하였다. 나르메르(Narmer) 왕(제1왕조)은 남부 왕국의 흰 왕관과 북부 왕국의 붉은 왕관을 쓴 모습으로 묘사되고, 또 거대한 풍모 — 신에게나 어울리는 — 로 그려져 있다.[30] 국가의 이원적(二元的) 기원에 관한 기억은 결코 사라지지 않았다고 할 수 있는데, 그 기억은 이후 모든 시대에 걸쳐 왕의 문장(紋章)이나 칭호에 영속적으로 남아 있었다.

a. 고왕조(주전 29세기부터 23세기까지)

고왕조의 기초는 제1왕조 및 제2왕조(주전 29세기부터 27세기까지)의 파라오들에 의해 놓였다.[31] 제3왕조(주전 2600년경)가 일어나면서 이집트는 고전적 개화기로 접어들게 되는데, 이 시기에 이집트 문화의 모든 중요한 특징들이 형성되어 그 이후에 있어서 표준이 되었다. 이 시대가 피라미드 시대이다. 피라미드 가운데 가장 오래된 것은 제3왕조의 조세르(Zoser)가 멤피스(Memphis)에 세운 계단식 피라미드

29) Pettinato의 결론들 가운데 몇몇은 이제 의문시되고 있다: cf. R. Biggs, *BA*, XLIII(1980), pp. 76-87; 또한 *BARev.*, VI(1980), pp. 48-59에 나오는 논문들도 참조하라.

30) '나르메르의 팔레트'를 보라. Pritchard, *ANEP*, plates 296-297.

다. 기층부(基層部)에 시체를 안치한 신전이 있는 이 피라미드는 잘라서 다듬은 돌로 세운 건축물로서는 가장 오래된 것이다. 하지만 훨씬 더 놀라운 것은 역시 멤피스에 세워진 제4왕조(주전 26세기부터 25세기까지)의 케오프스(Cheops), 케프렌(Chefren), 미케리누스(Mycerinus)의 피라미드들이다. 높이가 481피트이고 한 변의 길이가 755피트인 정사각형으로 된 기층부를 갖고 있는 대피라미드는 한 개의 평균 무게가 2.5톤인 잘라서 다듬은 돌 약 이백삼십만 장으로 건조되었다. 이 돌들은 기계의 도움 없이 순전히 인력으로, 그러면서도 최대 오차가 사실상 영이나 다름없이 정확하게 각각 제자리로 끌어올려졌다.[32] 이것은 확실히 이스라엘이 탄생하기 천 년 전의 고대 이집트의 기술적 능력이 대단히 존경할 만했다는 것을 우리에게 가르쳐 준다. 또한 이것은 신왕(the god-king)의 마지막 안식처를 마련하기 위해 국가의 온 자원이 동원된 장엄한 광경을 우리에게 보여 준다. 피라미드는 제5왕조와 제6왕조(주전 25세기부터 23세기까지)의 바로(파라오)들에 의해서도 건설되었다. 이 피라미드들은 훨씬 덜 웅장하지만 바로 이것들 안에서 이른바 피라미드 문서들이 발견되었다. 바로가 신들의 세계로 안전하게 건너가는 것을 보장하기 위해 만들어진 주문(呪文)과 축문(祝文)으로 되어 있는 이 문서들은 이집트에서 출토된 것들 가운데서 우리에게 알려진 종교적 문서로서는 가장 오래된 것들이다. 이 문서들은 고왕조 시대 후기에 씌어졌지만 그 실질적 내용은 왕조 이전 시대부터 있었던 것들이다.

고왕조 시대 내내 이집트는 아시아와 접촉하고 있었다. 메소포타미아의 영향을 받은 흔적이 왕조 시대의 개시 이후에는 실질적으로 그치고 있지만, 페니키아, 팔레스타인 및 인접 지역들과의 관계는 거의 끊이지 않고 계속되었다. 왕조 이전 시대부터 개발되어 있었던 시내 반도의 구리 광산이 본격적으로 개발되었다. 가나안 지역과의 접촉은 가나안의 용어들이 이집트어에 흘러들어 온 것만이 아니라 토기의 형태와 그 밖의 다른 물건들의 교역에 의해서도 입증된다. 어떤 바로들이 아시아에서 정복사업을 벌였던 것일 수 있다. 이 증거가 반드시 이러한 결론을 요구하는 것은 아

---

31) 여기서는 본질적인 부분에서 일치하고 있는 A. Scharf(Schaff-Moortgat, *AVAA*)와 H. Stock(*Studia Aegyptiaca II* 〔*Analecta Orientalia* 31; Rome: Pontifical Biblical Institute, 1949〕)의 연대표를 따르기로 한다(cf. Albright, in R. W. Ehrich, ed., *op. cit.*, p.50). 그러나 많은 학자들은 이집트 제1왕조의 시작을 주전 3100년경으로 잡고 있는데, 이것이 더 좋을지도 모른다. Cf. W. C. Hayes, *CAH* I:1(3rd ed., 1970), pp.173-193; 또한 W. K. Simpson in Hallo and Simpson, *ANEH*, p.299.

32) Cf. J.A. Willson, *The Burden of Egypt*(The University of Chicago Press, 1951), pp. 54f. 면적의 오차는 0.09퍼센트를 넘지 않고, 수직 편차는 0.004 퍼센트다.

니며 단지 교역 관계만을 보여 준다고 할 수도 있지만 이집트가 때로 팔레스타인에서의 자신의 권익을 군사력을 통해 수호할 용의가 있었다는 것을 말해 주는 것이라고 할 수도 있다.[33] 하지만 비블로스(Byblos)는 이집트의 힘이 강성했던 시대에는 언제나 그랬듯이 사실상 하나의 식민지였다. 이집트에는 나무가 거의 없었으므로 비블로스 — 레바논 목재의 집산지 — 는 언제나 이집트에게 대단히 중요하였다. 여러 바로들의 봉헌 명문(銘文)들 및 다른 유물들은 고왕조 시대 내내 이집트의 영향력이 이곳에 미쳤음을 입증해 준다. 주전 3000년대가 끝나기 전에 비블로스에 살던 가나안 사람들은 이집트의 상형문자를 본뜬 음절문자를 개발하였다.

b. 이집트의 국가와 종교

이집트의 국가 조직은 동시대의 메소포타미아와는 크게 달랐다. 바로는 신의 선택에 의해 다스리는 신의 대리자로 신격화한 인물도 아니었다. 바로는 곧 신(神) — 자기 백성 가운데 눈에 보이게 나타난 매의 모습을 한 태양신인 호루스(Horus) — 이었다. 이론상으로 온 이집트는 그의 소유였고, 이집트의 모든 자원은 그의 계획대로 자유롭게 처분할 수 있었다. 비록 국토가 실제로는 총리를 우두머리로 하는 복잡한 관료제도에 의해 다스려졌지만 이 관료제도도 신왕(神王)을 보좌하는 것에 지나지 않았다. 아직까지 고대 이집트의 법전은 하나도 발견되지 않고 있다. 법전이 아예 존재하지 않았다고 딱 잘라서 말할 수는 없지만 법전의 필요성을 느끼지 않았기 때문에, 즉 신왕의 칙령만으로도 충분했기 때문에 법전이 발달하지 않았을 가능성이 있다.[34] 물론 법률이라는 개념이 없었던 것은 아니었다. 어떠한 국가도 법률 없이는 제대로 존립할 수 없기 때문이다. 바로의 권력이 이론상으로는 절대적이었다고 할지라도 널리 인정받는 규범들을 존중하지 않고서는 통치를 할 수 없었다. '마아트' (ma' at, 정의)를 지키는 것이 신왕(神王)으로서 그의 의무였기 때문이다. 그리고 정치 체제는 어떠한 이집트 사람도 이론상으로는 자유롭지 못한 전제주의(專制主義)였으며 농부의 운명은 믿을 수 없을 정도로 가혹했음에 틀림없지만, 운이 좋다면 가장 미천한 출신의 사람들이 가장 높은 지위까지 출세하는 것을 가로막는 엄격한

33) 몇몇 학자들은 이 증거가 나르메르(Narmer) 때부터 군사적 개입이 시작되었음을 보여 주는 것이라고 믿고 있다; cf. Y. Yadin, *IEJ*, 5(1955), pp. 1-16; S. Yeivin, *IEJ*, 10(1960), pp. 193-203 등등. 어떤 학자들은 그것이 활발한 교역 관계를 보여 주는 것에 지나지 않는 것으로 믿는다; 예를 들면, Ruth Amiran, *IEJ*, 24(1974) pp. 4-12.

34) Cf. J.A. Wilson, in "*Authority and Law in the Ancient Orient*" (*JAOS*, Suppl. 17 〔1954〕), pp. 1-7.

제도적 장애물들은 하나도 존재하지 않았다.

이러한 정치 체제는 이집트 사람들의 눈에는 국토의 평화와 안전을 유지하는 은혜로운 수단으로 보였다. 이집트 사람들은 자신들의 세계를 메소포타미아 사람들과는 달리 불안정하게 균형을 이루고 있고 문제를 안고 있는 것으로 보지 않고 창조 때에 확립된 변치 않는 질서로서 나일강의 홍수처럼 주기적으로 순환하는 것으로 보았다. 이 변치 않는 질서의 주춧돌이 신왕(神王)이었다. 그는 이 세상에 살아 있는 동안에는 자기 백성을 보호했고, 죽어서는 역시 신(神)인 자기 아들에게 왕위를 물려주고 신들의 세계에서 계속 살았다. 신왕을 우두머리로 한 사회는 이와같이 우주의 순환 질서에 안전하게 닻을 내리고 있었다. 우리가 생각하기에는 바로의 무덤을 마련하기 위하여 국가가 자원들을 고갈시킨 장엄한 광경은 미친 짓으로밖에 볼 수 없고, 바로 자신의 입장에서도 백성의 복리(福利)를 무시하는 이기주의적인 처사로 여겨진다. 그러나 이집트 사람들은 거의 그렇게 보지 않았다. 비록 절대 국가가 너무 무거운 짐이어서 영속적으로 견디어낼 수 없다는 것이 입증되고 그래서 모종의 수정들이 행해지기도 했지만 이집트 사람들은 — 적어도 이론상으로는 — 결코 이러한 정치 체제를 거부하지 않았다.

이집트의 종교는 메소포타미아의 경우와 마찬가지로 고도로 발달된 다신교였다.[35] 물론 이집트의 종교는 대단한 난맥상을 보여 준다. 아주 초기에 체계화하려는 여러 가지 시도들(헬리오폴리스와 헤르모폴리스의 우주론, 멤피스 신학)이 있었는데도 어떤 질서정연한 만신전이나 조리정연한 우주론은 발달하지 않았다. 사고(思考)의 유동성은 이집트적 사고의 철저한 특징이었다. 그렇지만 이집트의 종교를 원시적이라고 할 수는 없다. 이집트의 신들 가운데 많은 신들이 동물의 모습으로 묘사되었지만, 토템신앙(totemism)의 본질적 특징들은 결여되어 있었다. 동물은 신비로운 신(神)의 힘이 나타나는 모습을 표현하는 것이었다. 그리고 어떤 신의 위세는 그 신의 제의를 거행하는 도시의 위세에 따라 기복이 있었지만, 서열이 높은 이집트의 신들은 지방신들이 아니라 나라 전체에 걸쳐 숭배되었으며 우주적 통치권이 부여되었다.

---

35) H. Frankfort, *Ancient Egyptian Religion*(Columbia University Press, 1948) ; 또한 J. Vandier, *La religion gyptienne*(Paris: Presses Universitaires de France, 1944) ; Wilson, *op. cit.* ; J. Cerny, *Ancient Egyptian Religion*(London: Hutchinson's University Library, 1952) ; S. Morenz, *Egyptian Religion*(Eng. tr., Ithaca, N.Y.: Cornell University Press, 1973) ; Albright, *FSAC*, pp. 178-189를 보라.

c. 초기 청동기 시대의 팔레스타인

팔레스타인에서 주전 3000년대의 대부분은 고고학자들에 의해 초기 청동기 시대로 알려진 시대에 해당된다. 이 시대 — 또는 이 시대로 접어드는 과도기적 단계 — 는 메소포타미아에서는 원시문자 시대의 문화가, 이집트에서는 게르제 문화가 번성했던 주전 4000년대 후반에 시작되어 주전 3000년대의 마지막 수 세기까지 계속되었다.[36] 비록 팔레스타인에서는 유프라테스강 유역이나 나일강 유역의 문화에 조금이라도 비길 만한 문화가 발달하지는 못했지만, 주전 3000년대에는 이 지역에서도 주목할 만한 진전을 보여 주었다. 이 시기는 대체로 에블라의 전성기와 일치하였기 때문에 이 둘 사이의 연관성은 모든 점에서 발견된다. 이 시기는 도시가 크게 발전한 시대로서 인구가 증가했고 도시들이 건설되었으며 아마도 도시 국가들이 세워진 듯하다. 고고학적 발굴에 의하면 나중에 성경에 나타나는 도시들 가운데 다수는 이 시기에 이미 존재했던 것으로 알려져 있다: 여리고(오랜 폐허 후에 재건설되었다), 므깃도, 벧산, 아이, 게셀 등(에블라 문서는 예루살렘을 비롯한 다른 도시들도 언급하고 있다고 한다). 이 도시들은 별로 웅장하지는 않았지만 고고학적 발굴이 보여 주는 바와 같이 놀라울 정도로 잘 지어졌고 견고하게 요새화되어 있었다.[37]

이 시기의 팔레스타인과 페니키아의 주민은 가나안 사람들 — 이 민족에 대해서

---

36) 이 시대에 대해서는 Wright, *BANE*, pp. 81-88; Albright, in R. W. Ehrich, ed., *op. cit.*, pp. 50-57; R. de Vaux, *CAH*, I:15(1966)을 참조하라; 또한 Kenyon, *Digging*, Chs. VI-VIII; Anati, *op. cit.*, pp. 317-373도 참조하라. 이 시대의 범위와 거기에 붙여진 명칭도 토론 가운데 있다. Wright는 이 시대가 주전 3300년경 이후에 시작되었다고 하고, 다른 사람들은 이보다 1, 2세기 뒤에 시작되었으리라 말한다. Miss Kenyon은 주전 3200년경부터 2900년경까지(통칭 EB I)를 "원시 도시"(Proto-Urban)시대라 부르고, 주전 2300년경부터 1900년경까지(통칭 EB IV와 MB I)를 "초기 청동기와 중기 청동기의 중간시대"라 부르고, '초기 청동기'란 용어를 이 중간시대에 대해서만 사용하고 있다. 이 문제에 대해서 자세한 것은 E. D. Oren, *BASOR*, 210 (1973) pp. 20-37; W. G. Dever, *ibid.*, pp. 37-63를 보라.

37) 도시의 성벽은 두께가 25피트에서 30피트이며 그 이상일 때도 있다. 한때 여호수아 앞에서 무너진 것으로 생각되었던 여리고의 거대한 이중 성벽(실제로는 서로 분리된 두 개의 성벽)은 이 시대의 것이다. Kenyon, *ibid.*

38) 몇몇 학자들은 이 사람들을 "가나안 사람들"이라 부르는 것에 의문을 제기해 왔다; 예를 들면, S. Moscati, *The Semites in Ancient History*(Cardiff: Universtiy of Wales Press, 1959), pp. 76-103. 그러나 그렇게 부르는 것이 극히 타당한 듯하다; cf. R. de Vaux, *RB*, LXV (1958), pp. 125-128; *idem.*, *CAH*, I:15(1966), pp. 27-31; Albright, *YGC*, pp. 96-98. 일반적으로 가나안 사람들에 대해서는 *idem.*, "The Role of the Canaanites in the History of Civilization"(rev. ed., *BANE*, pp. 328-362)을 참조하라.

는 나중에 더 말할 것이 있다[38] — 이었는데, 적어도 수적으로 우세했다고 말할 수 있다. 아마도 그들의 언어는 이스라엘 시대의 가나안 사람들이 사용한 언어의 선구인 듯한데, 성경 히브리어는 그 방언이었다. 에블라의 언어는 이 유형에 속했던 것으로 보이며, 팔레스타인과 수리아 전지역에 걸쳐서 여러 가지 방언으로 말해졌던 것 같다. 어쨌든 우리에게 알려진 가장 오래된 도시들의 이름은 한결같이 셈어로 되어 있다. 라스 샴라(Ras Shamra) 문서(주전 14세기)에 나오는 신화들의 원형(原型)은 이 시기까지 거슬러 올라가는 것 같고, 당시의 가나안 사람들의 종교도 이미 그 모든 본질적 특징에 있어서 라스 샴라 문서 및 나중에 성경에서 볼 수 있는 가나안 종교와 같았던 듯하다.[39] 비록 팔레스타인에서 주전 3000년대의 명문(銘文)들은 출토되지 않았지만, 앞에서 말한 바와 같이 비블로스의 가나안 사람들은 이집트의 문자를 본뜬 음절문자를 발전시킨 바 있다.

3. 족장 시대 전야의 고대 오리엔트

주전 3000년대의 마지막 세기들에 접어들면서 우리는 이스라엘의 이야기가 시작되는 시대의 문턱으로 다가서게 된다. 이 시기는 성경의 배경을 이루고 있는 전지역에 걸쳐 기존 체제들을 뒤엎은 갖가지 변동, 민족 이동, 침략이 잇달았던 어지러운 세기들이었다. 메소포타미아에서는 수메르 문화의 오랜 역사도 끝이 났고, 이집트에서는 분열과 혼란의 시기였고, 팔레스타인에서는 엄청난 파괴가 있었다.

a. 메소포타미아: 아카드의 몰락과 수메르인의 부흥

우리는 주전 24세기에 세력이 수메르 도시 국가들로부터 대제국을 창건한 아카드의 셈족계의 왕들에게로 넘어갔다는 것을 이미 살펴보았다. 그러나 나람신(Naramsin)의 몇몇 정복 사업 이후에 아카드의 세력은 급속도로 쇠퇴하여 주전 2200년 직후에 구티족(Guti)이라 불린 야만족의 습격으로 멸망당했다. 자그로스(Zagros) 산맥을 본거지로 하였던 이 민족은 백여 년 동안 이 지역을 지배하였다. 이로 말미암아 얼마 동안 암흑시대가 있었는데, 이 시대에 관한 기록은 거의 남아 있지 않다. 이 시기에 후리족(Hurrians)은 동부 티그리스 지역으로 침투해 들어왔고, 한편 아모리족(Amorites)은 상부 메소포타미아 일대에서 그 지반을 더욱 견고히 굳히고 있었다(이 민족들에 관해서는 뒤에 더 언급할 것이다). 그러나 구티족의 통치가 느슨하였기 때문에, 수메르인의 도시들은 남부에서 반(半)독립적인 지위를 유지할 수 있었던 것 같다.

사실 구티족은 아카드의 세력을 멸망시킴으로써 수메르 문화가 부흥할 수 있는 길을 열어 주어 우르 제3왕조(Ur III: 주전 2060-1950년경) 아래에서 꽃피게 되었다. 실제로 구티족의 세력 장악은 에렉(Erech)의 왕 우투 헤갈(Utu-hegal)에 의해 꺾였고, 그 땅은 해방되었다. 그러나 우투 헤갈은 우르 제3왕조의 창건자인 우르 남무(Ur-nammu)에 의해 즉시 타도되었다. 우르의 왕들은 전쟁에 관해 거의 말하지 않고 있으나, 그들은 아마 메소포타미아 평원의 대부분을 지배할 수 있었을 것이고, 그보다 멀리 있는 나라의 통치자들도 적어도 명목상으로는 그들의 권위를 인정했던 것 같다.[40] 그들은 "수메르와 아카드의 왕들" 또는 "온 세상의 왕들"로 자처하면서, 자기들은 사르곤 제국과 수메르 문화를 영속적인 계승자들이라고 주장하였다. 아카드의 왕들이 그랬듯이 그들이 스스로 신적 대권을 주장했는지, 주장했다면 어느 정도까지 했는지는 논란중에 있다. 그들 가운데 몇몇은 자기 이름을 신에게 붙이는 한정사를 덧붙여 썼고 "그의 나라의 신"이라는 호칭을 사용하였다. 그러나 이것은 당시의 관습적인 어법에 지나지 않았던지도 모른다. 왜냐하면 여전히 왕권신수설(王權神授說)이 존속되었기 때문이다. 이론상으로 왕은 전제군주고 여러 도시의 통치자들은 왕의 대리자였지만, 후자는 실제로 지방 행정에 있어서 상당한 자유를 누렸다.

우르 제3왕조의 왕들 아래에서 수메르 문화는 꽃을 피웠다. 이 왕조의 창건자인 우르 남무는 그가 세운 많은 건축물과 그의 치세의 특징을 이루었던 문학적 활동뿐만이 아니라 무엇보다도 이제까지 알려져 있는 법전들 가운데 가장 오래된 그의 법전으로 유명하다.[41] 하지만 이 부흥기를 보여 주는 가장 좋은 증거는 라가쉬(Lagash)에서 찾아볼 수 있다. 이곳의 '태수'(ensi)는 구데아(Gudea)라는 사람이었다. 이 통치자와 관련된 정확한 연대 추정은 논란중에 있는 문제로서 여기서 거론

39) 우가리트 문서와 성경에 나오는 El, Dagan(Dagon), Reshef, Adad(Hadad) 등과 같은 신들이 주전 3000년대에 에블라에서 숭배되었다고 한다.

40) 주전 2000년대의 비블로스의 한 군주가 '엔시'(*ensi*, 태수)라는 칭호를 받았다는 사실은 정치적 영향력이 지중해 연안까지 미쳤음을 보여 준다; cf. Albright, *YGC*, p.99와 거기에 나오는 참고 문헌들. 그러나 이 지역에 대한 지배가 실제로 효력을 발휘했는지 아니면 단지 명목상이었는지는 알 수 없다. 이 시대 전반에 대해서는 C.J. Gadd, *CAH*, I:22(1965); D.O. Edzard, in Bottéro, Cassin, Vercoutter, eds., *op. cit.*, pp.138-161; Kramer, *op. cit.*(주12)를 참조하라.

41) 이 법전은 보존이 제대로 안 된 후대의 사본들을 통해서만 알려져 있다; 번역문과 참고 문헌들에 대해서는 Pritchard, *ANE Suppl.*, pp.523-525를 참조하라.

할 성질의 것이 못된다.[42] 그는 우리에게 많은 명문(銘文)들과 기념물들을 남겨 놓았다. 라가쉬에서 "닝기르수(Ningirsu)의 목자"로서 통치한 그는 개혁자 우루카기나(Urukagina)의 전통을 따라 옛 수메르인의 방식을 따른 '태수'(ensi)였다. 그의 치세 기간에 만들어진 정교한 조상(彫像)들 및 예술 작품들은 수메르인들의 예술적 솜씨를 가장 뚜렷하게 보여 준다.

그러나 이 부흥은 찬란하긴 했지만 마지막 부흥이었다. 수메르 문화는 그 길의 막바지에 다다랐던 것이다. 수메르어마저도 죽어가고 있었다. 우르 제3왕조의 명문(銘文)들은 수메르어로 씌어 있지만, 아카드인들은 자기 고유의 언어를 사용함으로써 수메르어를 밀어내고 있었다. 주전 18세기에는 수메르어는 일상회화에서 전혀 사용되지 않게 되었다. 하지만 학문이나 전례의 용어로는(라틴어와 마찬가지로) 그후에도 아주 오랜 세월 동안 남아 있었다. 수메르인과 셈족은 이 무렵에 완전히 뒤섞이고 후자의 세력이 우세를 차지하게 되었다. 우르의 몇몇 왕들(슈신〈Shu-sin〉, 입비신〈Ibbi-sin〉)도 수메르계 출신이지만 셈어 이름을 가졌고 또 의심할 여지없이 셈족의 혈통도 지니고 있었을 것이다. 이스라엘이 기원한 시대에 즈음해서 메소포타미아에서는 문화의 전체 조류가 밀려왔다가 완전히 빠져나갔다. 수메르 문화는 발상이래 1500년이 넘게 도도한 흐름을 계속하다가 마침내 자신의 역할을 마감하였다. 이스라엘은 이미 이렇게 오랜 역사를 지닌 세계에 탄생하였다.

b. 이집트: 제1중간기(주전 22세기부터 21세기경까지)

그 동안에 이집트에서는 고왕조의 영광이 퇴색되었다. 제6왕조가 끝나기 전에 실권이 바로의 손에서 세습적인 지방 귀족들의 손으로 점진적으로 넘어감에 따라 국가의 통일적인 권력은 점차 붕괴하기 시작하였다. 구티족이 아카드의 세력을 멸망시키고 있던 주전 22세기 무렵에는 이집트는 제1중간기로 알려져 있는 무질서와 침체의 시대로 접어들었다. 서로 자기가 왕이라고 주장하며 경쟁하는 바로들로 인해 내분이 있었다. 왕권의 통제를 받지 않은 지방의 행정관들은 봉건적 권위를 행사하여 사실상 지방의 왕이 되었다. 하부 이집트의 일부 도시들은 시의회를 갖추고 실질적

42) 추측대로 만약 우르 남무에게 살해된 라가쉬의 남마크니(Nammakhni)가 구데아의 전임자였다면, 이 구데아는 우르의 슈신(Shu-sin)의 치세 때에 그런 이름으로 불렸던 '엔시'와 동일 인물일 것이다; cf. Albright, *ARI*, p.228. 그러나 만약 남마크니가 후임자였다면, 이 구데아는 구티족의 통치 시대의 말기에 활약하였음에 틀림없다; cf. Edzard, in Bottéro, Cassin, Vercoutter, eds., *op. cit.*, pp. 100, 122-125; Kramer, *op. cit.* pp.66-68; C.J. Gadd, *CAH*, I:19(1963), pp.44f.

으로 독립하고 있었다. 아시아의 반(半)유목민들이 나일강 삼각주로 침입해 들어옴으로써 사태는 더욱 나빠졌다. 혼란은 극심했고 법과 질서는 파괴되었으며 교역은 부진해졌다. 국토의 생명이 걸려 있는 관개(灌漑) 체계도 정상적으로 유지될 수 없었을 것이기 때문에 의심할 여지없이 곤궁과 기아가 만연되었을 것이다.

심각한 침체의 시대였다. 그리고 이러한 침체는 분명히 이집트인들의 영혼 속에까지 파고들었다. 이 시대 또는 이보다 약간 후대에 생산된 풍부한 내용을 지닌 매우 호소력 있는 문학은 이 시대의 분위기를 여실히 반영하고 있다. 사회 정의에 대한 관심(예를 들면, 말 잘하는 농부)은 그만두고라도 우리는 거기서 심각한 당혹감과 염세주의, 그리고 세태가 뒤죽박죽이었다는 인상을 감지하게 된다(예를 들면, 어느 염세주의자와 자기 영혼과의 대화, 하아프 연주자의 노래).[43] 역경에 시달려 지칠대로 지친 많은 이집트 사람들에게는 그들이 알고 믿어 왔던 모든 것이 그들의 기대를 저버렸고, 문화도 천년이나 끊임없이 진보해 온 끝에 마침내 마지막에 다다른 것처럼 보였을 것임에 틀림없다. 이것은 이스라엘이 탄생하기 수 세기 전이었다! 물론 그들이 이렇게 생각했다면 그들의 생각은 틀린 것이었다. 주전 21세기 중반, 그러니까 대략 수메르 문화가 우르 왕조의 왕들의 치세 아래에서 부흥하고 있었을 무렵, 테베 출신의 어느 가문 — 제11왕조 — 이 나라를 다시 통일하고 오랜 혼돈에 종지부를 찍을 수 있었다. 주전 2000년대가 시작되었을 때 이집트는 중왕조 시대 바로들 아래에서 제2의 번영과 안정의 시대로 접어들었다.

c. 팔레스타인: 유목민 침입자들

초기 청동기 시대 마지막 단계에서 중기 청동기 시대의 첫 단계로 건너가는 — 또는 두 시대 사이의 과도기로 접어드는 — 주전 3000년대 후반(대략 주전 23세기부터 20세기까지)에 우리는 팔레스타인의 삶은 이 땅으로 밀려오고 있었던 유목민 침입자들의 손에 상당히 붕괴되었음을 보여 주는 풍부한 증거들을 대하게 된다. 도시들이 차례로 파괴되었고(알려져 있는 한에서는 '모든' 주요 도시들이 파괴되었다), 어떤 도시들은 믿을 수 없을 정도로 파괴되었으며, 이 지역의 초기 청동기 문화는 끝장이 났다. 이와 비슷한 붕괴가 수리아에서도 일어났던 것으로 보인다. 이 새로운 침입자들은 자신들이 파괴한 도시들을 점령하여 재건하지 않았다. 그보다는

43) Cf. Albright, *FSAC*, pp. 183-189. "Ipu-wer의 권고"도 보통 이 시기의 것으로 추정되고 있는데, 아마 정확할 것이다. 그러나 최근에 이 작품을 제2중간기의 것으로 보려는 강력한 논증들이 제기되었다; cf. J. Van Seters, The Hyksos(Yale University Press, 1966), pp. 103-120.

오히려 그들(또는 초기 청동기 문화의 생존자들)은 한동안 변두리에서 유목민의 삶을 추구하였던 것으로 보인다. 아주 점진적으로 그들은 촌락들을 건설하고 정착하기 시작하였다. 주전 3000년대 말에 와서 이러한 촌락들은 특히 요단 계곡의 요단 동편, 그리고 남으로는 네게브 지방에 존재했던 것으로 알려지고 있다. 그러나 이 촌락들은 규모가 작았고 빈약하게 세워져서 물질적으로는 볼 만한 것이 없었다. 새롭고 활기찬 문화적 영향력이 이 지역에 널리 퍼지게 된 주전 19세기 무렵에 이르러서야 도시 생활은 재개되었다고 할 수 있다.

이 새로 이주해 온 유목민들이 스스로를 무엇이라고 불렀는지 우리는 모른다. 의심할 여지없이 그들은 여러 부족 집단들에 속해 있었고 여러 가지 서로 다른 이름으로 통했을 것이다. 그러나 모든 점에서 그들은 그 당시 '비옥한 초승달 지대'(the Fertile Crescent) 전지역으로 밀어닥쳐 오고 있었던 아모리족으로 알려진 서북셈족계 민족들이라는 대집단의 일부였던 것 같다.[44] 제1중간기에 이집트에 침입했던 셈족도 아마도 같은 종족이었을 것이다. 이 민족에 대해서는 나중에 더 언급하게 될 것이다. 아마 어느 정도 눈썰미가 있다면, 우리는 그들 — 또는 동일한 민족 이동의 일부로서 그들의 뒤를 따라온 사람들 — 가운데서 아브라함, 이삭, 야곱과 같은 인물들의 모습을 식별할 수 있을 것이다.

그러니까 이스라엘의 선조들이 곧 등장하게 될 세계 역사의 무대는 이러했다.[45] 우리가 지나칠 정도로 주의를 기울여 그 무대를 마련했다면, 그것은 이스라엘의 초창기를 보여 주기 위하여 그 배경이 되는 무대를 생생하게 바라볼 수 있도록 하기 위한 것이 아니라 이스라엘의 초창기 이전에 이미 수많은 세월과 문화들이 흘러 지나갔음을 보여 주기 위한 것이다.

---

44) 이 종족을 "아모리인"이라 부르는 것에 대하여 의문이 제기되어 왔다; cf. Moscati, *op. cit.* 그러나 모든 증거에 비추어 이것이 그들에게 가장 적합한 명칭인 것으로 보인다; cf. 주 33에 나오는 de Vaux에 대한 언급들을 참조하라; 또한 Kathleen M. Kenyon, *Amorites and Canaanites* (London: Oxford University Press, 1966)도 참조하라. Miss Kenyon은 그 종족을 아모리인이라 부르는 데는 동의하지만 중기 청동기시대에 출현한 문화에 대해서는 "가나안족"이라는 용어를 사용하고 있다.

45) 에블라 문서로 인해 몇몇 학자들은 아브라함의 생존 연대가 방금 논의한 시기(초기 청동기시대)로 추정되어야 한다고 주장하게 되었다; cf. D. N. Freedman, *BA*, XLI(1978), pp. 143-164. 이것이 올바른 것으로 밝혀질 '수도 있다'. 그러나(cf. 보록(補錄), *ibid.*, p. 143) 이 문서가 공간(公刊)되고 연구가 완료될 때까지는 어떤 결론을 내리는 것은 시기 상조인 듯하다.

제 1 부

이스라엘의 전사(前史)와 초창기

족장 시대

제 1 장
이스라엘이 기원한 세계

주전 2000년대 전반(대략 2000-1550년)을 이스라엘의 기원 시대라고 할 수 있다. 성조(聖祖) 아브라함이 하나님께서 자기에게 보여 주시는 곳에서 땅과 자손을 얻기 위해 가족과 종들과 짐승떼를 거느리고 하란을 출발한 것은 아마 이 세기들 동안이었을 것이다.[1] 또는 이를 다른 식으로 표현하자면, 반유목의 민족들이 팔레스타인으로 이주한 사건이 발생했고 그 가운데에 이스라엘의 선조들도 끼어 있었다고 말할 수 있다. 이 이주와 더불어 우리가 이스라엘의 역사라고 부르는 세계 역사상 경이적인 일련의 구속(救贖)의 사건들 — 아마 믿는 사람들은 하나님에 의해 인도하심을 받았다고 말할 것이다 — 이 시작되었다.

물론 이스라엘의 역사가 이토록 일찍부터 시작되었다고 하는 것은 아주 대담하고 "역사"란 단어를 엉성하게 사용하는 것이라고 반대할 수도 있다. 이런 반대는 만약 제기된다면 어느 정도의 타당성을 지닌다. 사실 아직 이스라엘이라는 민족은 존재하지 않았으니까 이스라엘의 역사가 그렇게 일찍부터 시작될 수는 없다. 사실 정확하게 말해서 주전 13세기 — 이때부터 이스라엘이라 부르는 한 민족이 팔레스타인에 정착했다는 사실이 고고학적 자료나 당시의 기록들에 의해 입증된다 — 에 이르러서야 비로소 이스라엘의 역사는 시작되었다고 할 수 있다. 그 이전에는 단지 반유목민 유랑자들이 정처없이 오랜 세월 떠돌아다니고 있었음을 알 뿐, 이들에 대해서는 당시의 기록에도 없고 또 그들의 옮겨 다닌 흔적을 더듬어 볼 만한 자취도 남아 있지 않다. 이스라엘의 선조들인 이 유랑자들은 이스라엘의 역사가 아니라 그 전사

1) 그러나 앞의 주45를 참조하라.

(前史)에 속한다.

그럼에도 불구하고 한 민족의 전사(前史)라는 것도 우리가 알 수 있는 한에서는 그 민족의 역사의 일부이기 때문에 우리는 거기로부터 시작해야 한다. 더구나 이스라엘은 사실 팔레스타인의 원주민이 아니었다. 이스라엘은 다른 지역에서 왔고 이 사실을 잘 알고 있었다. 고대 세계에서 그 유례를 찾아볼 수 없는 한 무리의 성스러운 전승들을 통하여 이스라엘은 자기들의 땅을 정복한 과정, 이 땅으로 오기까지 사막에서 한 오랜 행진, 그에 수반된 경이로운 경험들, 그리고 그 이전 이집트에서 오랜 세월의 고된 종살이를 기억하고 있었다. 또한 이스라엘은 어떻게 그보다 수 세기 이전에 그 선조들이 머나먼 메소포타미아에서 와서 그들이 지금 자기의 것이라고 부르게 된 땅에서 유랑하게 되었는지도 기억하고 있었다. 이러한 전승들을 사료(史料)로 사용하게 되면 불가피하게 심각한 문제점들이 생겨난다고 하더라도 이 전승들은 반드시 진지하게 고려되어야 한다. 우리는 그 전승들이 가리키고 있는 시대로부터 시작하여 그 전승들을 다른 이용 가능한 자료들에 비추어 평가한 다음 우리가 이스라엘의 기원에 관하여 아는 것을 말해야 한다.

우리의 최초의 과제는 우리 스스로가 올바른 전망을 가질 수 있도록 당시의 세계를 서술하는 일이다. 이것은 쉬운 일이 아니다. 왜냐하면 당시는 극히 혼란스러운 난세였기 때문이다 — 사실 그 무대는 여러 연기자들로 너무 북적거렸기 때문에 그 행위를 더듬어 나가기가 어렵다. 그런데도 우리는 그 시도를 해야 한다 — 간결하고 명료하게 서술해 보기로 하자.

A. 주전 2000-1750년경의 고대 오리엔트

1. 주전 2000-1750년경의 메소포타미아.[2]

2) 이 시기에 대해서는 W.F. Albright와 F. Cornelius가 각자 별도로 "후대로 낮추어" 개발한 연대표를 따르기로 한다 — 이 연대표는 함무라비의 생존 연대를 주전 1728-1686년, 바벨론 제1왕조를 주전 1830-1530년경으로 추정하고 있다. Cf. Albright, *BASOR*, 88(1942), pp. 28-33과 그 이후에 계속 발표된 많은 논문들(가장 최근의 것으로는 *ibid.*, 176 〔1964〕, pp. 38-46; *ibid.*, 179 〔1965〕, pp. 38-43; 또한 *YGC*, pp. 53, 232f.); Cornelius, *Klio*, XXXV(1942), p. 7; 좀더

주전 2000년대는 메소포타미아 평원의 대부분을 평정하고 수메르 문화를 마지막으로 찬연하게 부흥시킨 우르 제3왕조(주전 2060-1950년경)와 함께 시작되었다. 그러나 이 행복한 상태는 오래 지속될 수 없었다. 50년도 안 되어 우르의 세력은 끝장이 났고 어떠한 후계자도 나타나지 않았다. 서로 경쟁하는 군주들이 각축하는 가운데 쇠퇴와 불안정의 시대가 이어졌다.[3]

a. 우르 제3왕조의 몰락: 아모리족

우르의 권력은 결코 엄격하게 중앙집권적인 적이 없었다. 지방의 군주들은 수메르 도시 국가의 오랜 전통에 따라 상당한 정도의 자치권이 있었다. 중앙의 권력이 약화되자 지방의 군주들은 하나씩 이탈했고, 우르 제3왕조의 마지막 왕인 입비 신(Ibbi-sin)은 거의 일개 지방 군주에 지나지 않게 되었다. 가장 먼저 자유를 얻은 것은 변경 지방에 있던 도시 국가들이었다: 동부의 엘람(Elam), 티그리스강 상류의 앗수르(앗시리아), 유프라테스강 중류의 마리(Mari). 마리 출신의 군관(軍官) 이쉬비 이라(Ishbi-irra)가 이신(Isin)에서 통치자로 자처하며 점차 북부 수메르의 많은 지방에 대한 자신의 지배권을 확장해 나갔을 때 우르의 붕괴는 시작되었다. 입비 신(Ibbi-sin)은 흉작으로 인하여 또는 유목민의 습격에 의한 농사의 중단으로 인하여 수도에서 심각한 식량 부족에 직면해 있었으므로 이쉬비 이라를 저지하기 위하여 그 어떤 조치도 할 수가 없었다. 수 년 후(주전 1950년경) 엘람인들이 이 땅에 침입하여 우르를 점령하고 초토화한 후 입비 신을 포로로 끌고 갔을 때 종말이 왔다. 우르

최근의 것으로는 *idem.*, *Geistesgeschichte der Fr hzeit*, II: 1(Leiden: E.J. Brill, 1962), pp. 165-176. 이 연대표는 많은 지지를 받고 널리 채택되어 왔다; 예를 들면, R.T. O'Callaghan, *Aram Naharaim*(Rome: Pontifical Biblical Institute, 1948); A. Moortgat in *AVAA*; H. Schmökel, *Geschichte des Alten Vorderasiens*(HO, II: 3 〔1957〕) W. Helck, *Die Bezichungen gyptens zu Vorderasien im 3. und 2. Jahrtausend v. Chr.*(Wiesbaden: O. Harrassowitz, 1962). 그러나 연대를 약간 올려 잡아 함무라비의 생존 연대를 주전 1792-1750년으로 잡고 있는 S. Smith의 연대표(*Alalakh and Chronology* 〔London: Luzac, 1940〕)도 마찬가지로 많은 학자들이 지지하고 있으며 *CAH*의 개정판에서도 채택되었다. 그외에도 앞의 연대표들보다 연대를 더 이전 또는 더 이후로 잡고 있는 연대표들도 제안되어 왔다; 이에 대해서는 E.F. Campbell, *BANE*, pp. 217f.를 참조하라.

3) 이 시기에 대해서는 D. O. Edzard, Die *"zweite Zwischenzeit" Babyloniens*(Wiesbaden: O. Harrassowitz, 1957); C. J. Gadd, *CAH*, I:22(1965)를 참조하라; 또한 이 시기와 그다음 시기에 대해서는 Edzard, in J. Bott , E. Cassin, J. Vercoutter, eds., *The Near East: The Early Civilizations*(Eng. tr., London: George Weidenfeld & Nicolson, 1967), pp. 157-231을 참조하라.

는 두번 다시 강대국이 될 수 없었다.

가장 흥미로운 것은 이 사건들에서 아모리족(성경 독자들에게 이 이름으로 알려져 있는 족속은 좀 협의로 쓰인다)이라 불린 사람들이 수행한 역할이다. 수 세기 동안 서북 메소포타미아와 북부 수리아의 민족은 설형문자로 된 문헌들에서 아무루(Amurru), 즉 "서부인들"로 지칭되어 왔다. 이 명칭은 분명히 나중에 히브리인들과 아람인들을 파생시킨 민족들을 포함하여 이 지역에서 발견되는 서북 셈족계의 갖가지 방언들을 사용한 민족들을 가리키는 일반적인 용어가 되었다. 주전 3000년대 말기부터 서북 셈족의 반유목민들은 비옥한 초승달 지대 전지역으로 밀려 들어오면서 팔레스타인을 유린하고 상부 메소포타미아를 실질적으로 "아모리족"의 땅으로 바꾸어 놓았다. 한때 우르 왕조의 속국이었던 마리는 아모리족 왕에 의해 통치되었고, 그 주민은 주로 아모리족이었다. 우르의 몰락과 함께 아모리족은 메소포타미아 전지역으로 물밀듯이 밀려 들어왔다. 도시 국가들은 차례차례 아모리족의 수중에 들어갔다. 주전 18세기에는 실질적으로 메소포타미아의 모든 도시 국가는 아모리족 군주들에 의해 통치되었다. 아모리족은 수메르와 아카드의 문화를 채용하였고 그 종교도 상당 정도 받아들였으며 문자도 아카드어를 사용했지만, 그들의 이름을 비롯한 그 밖의 다른 언어상의 증거는 그들이 도처에 존재했음을 보여 준다.[4)]

b. 주전 18세기 중엽까지 하부 메소포타미아에서 경쟁한 왕조들

우르 제3왕조의 유산은 서로 경쟁하던 많은 군소 국가들이 이어받았다. 하부 메소포타미아에 있던 군소 국가들 가운데 가장 세력이 강했던 것은 이신(Isin)과 라르사(Larsa)였는데, 두 나라 다 아모리족 군주가 다스렸고, 전자는 앞에서 말한 마리의 이쉬비 이라에 의해 창건되었으며 후자는 나플라눔(Naplanum)이라는 사람에 의해 창건되었다. 이 두 나라는 오랫동안 서로 경쟁하였지만 그 자세한 내용은 우리가 관심을 가질 일이 아니다. 두 왕조는 200여 년 동안 유지될 수 있었고 또한 이신의 통치자들은 스스로를 "수메르와 아카드의 왕"이라 부르며 우르 제3왕조의 세력을 항구적으로 계승하고 있다고 주장하였지만, 이 두 왕조 가운데 어느쪽도 하부 메소포타미아에 안정을 가져올 수 없었다.

이 두 나라가 서로 경쟁하는 가운데 약화되자 오래지 않아 다른 경쟁 국가들은

---

4) 이 종족들에 관한 최근의 논의들로는 G. Buccellati, *The Amorites of the Ur III Period* (Instituto Orientale di Napoli, 1966); A. Haldar, *Who Were the Amorites?*(Leiden: E. J. Brill, 1971); M. Liverani, "The Amorites"(*POTT*, pp. 100-133) 등이 있다.

국력을 튼튼히 할 수 있게 되었다. 이 경쟁 국가들 가운데 두드러진 나라는 이전에는 거의 알려지지 않았던 바빌로니아(Babylon)였다. 혼란한 정세를 이용하여 한 아모리족 왕조(바빌로니아 제1왕조)가 주전 1830년경 수무 아붐(Sumu-abum)이란 인물의 영도 아래 그곳에 나라를 세우고 곧 인접 국가들, 특히 이신(Isin)과 간헐적인 충돌을 하였다. 그러나 이러한 경쟁들은 결판이 나지 않는 것이었고 또 분명히 대수롭지 것들이었다. 왜냐하면 이런 군소 국가들 가운데 그 어느 것도 전면적인 정복 전쟁을 수행할 정도로 강력하지 않았기 때문이다. 실제로 야무트발(Yamutbal, 엘람의 변경지대인 티그리스강 동부 지역에 있던 한 지방으로서 같은 이름의 한 아모리 부족이 살고 있었다)의 군주 구둘 마북(Kudur-mabuk)이 라르사(Larsa)에 침입하여 그 도시를 장악하고 그의 아들 와랏 신(Warad-sin)을 그곳의 통치자로 세웠을 때 라르사의 왕가(王家)는 마침내 무너지고 말았다. 구둘 마북은 엘람계의 이름을 가지고 있었지만(그의 아버지와 마찬가지로), 그는 자신의 가문이 엘람족을 섬겼던 서북 셈족 계열의 한 추장이었을 것이다(그는 "야무트발의 아버지, 아무루의 아버지"라 불린다). 그러나 그의 아들들의 이름인 와라드 신과 림 신(Rim-sin)은 둘다 아카드어다.

우리는 이러한 정정(政情)의 불안은 경제적 불황을 가져왔을 것으로 짐작할 수 있다. 상용(商用) 문서의 수가 눈에 띄게 줄어든 사실이 입증하듯이 실제로 그랬다. 그렇지만 문명의 빛은 결코 꺼지지 않았다. 서당(書堂)들이 니푸르(Nippur)를 비롯한 여러 지방에서 번창하여 부지런히 옛 수메르 문헌들을 필사해서 후손들에게 전해주었다. 또한 이 시기에 두 개의 법전이 나왔는데 둘다 최근에 발견되었다. 하나는 수메르어로 된 것으로서 이신(Isin)의 리피트 이쉬타르(Lipit-Ishtar)에 의해 공포되었고(주전 1870년경), 다른 하나는 아카드어로 된 것으로서 에쉬눈나(Eshnunna) 왕국에서 나온 것이다(연대는 미상이지만 주전 18세기보다 더 후대의 것은 아니다).[5] 이 두 법전은 저 유명한 함무라비 법전보다 시기적으로 앞서 있으며, 의심할 여지없이 후자는 당시에 널리 퍼져 있던 우르 남무(Ur-nammu) 또는 우르의 법전 — 그리고 그 이전 — 까지 거슬러 올라가는 옛 법률 전승에 의거하였다는 것을 알려준다. 함무라비 법전과 마찬가지로 이 두 법전은 성경의 언약 법전(출 21-23장)과 주목할 만한 유사점들을 보여 주고 있어 이스라엘의 법률 전승이 이

---

5) Cf. F. R. Steele, "The Code of Lipit-Ishtar"(AJA, 52〔1948〕, pp. 425-450); A. Goetze, *The Laws of Eshnunna*(*AASOR*, XXXI 〔1956〕); 두 법전의 번역문에 대해서는 Pritchard, *ANET*, pp. 159-163.

와 비슷한 배경으로부터 발전해 나왔음을 보여 준다.

c. 상부 메소포타미아의 경쟁 국가들

그 동안에 상부 메소포타미아에서는 전에 우르의 속국이었던 나라들이 유력한 국가로 이미 자리를 잡고 있었다. 이들 가운데 마리와 앗시리아가 특히 관심을 끈다. 이미 말했듯이 마리는 우르의 전복(顚覆)을 도왔던 이쉬비 이라(Ishbi-irra)의 고향이었다. 유프라테스강 중류에 위치한 마리는 주전 3000년대 내내 중요한 고장이었던 유서깊은 성읍이었다. 주전 2000년대에는 이스라엘의 선조들과 동일한 종족인 서북 셈족(아모리족)이 그 주요한 주민이었다. 주전 18세기, 즉 야기드 림(Yagid-lim) 왕조 치하에서의 황금 시대와 그곳에서 발견된 이스라엘의 기원을 이해하는 데 아주 중요한 문헌들에 관해서는 나중에 이야기하게 될 것이다.

티그리스강 상류에 있는 앗슈르(Asshur)라는 도시(와 그 민족신)의 이름을 따라 불리는 앗시리아는 그때까지 아직 아모리족 군주들에 의해 통치되지 않고 있던 몇 안 되는 메소포타미아의 국가들 가운데 하나였다. 앗시리아인들은 언어, 문화, 종교는 아카드적이었지만, 그 혈통은 혼혈, 즉 옛 아카드족과 후리족, 서북 셈족, 그 밖의 다른 종족들과의 결합에서 기원한 것 같다. 가장 초기의 앗시리아의 왕들은 "장막 거주자들", 즉 반유목민이었고 분명히 서북 셈족이었다. 그러나 주전 2000년대 초에 앗시리아 왕들은 아카드족의 이름들을 지녔고(예를 들면, 아카드의 위대한 왕들을 본따 사르곤이나 나람신 같은 이름을 쓰기도 했다) 수메르-아카드 문화의 진정한 영구적 계승자들로 자처하였다. 그들 가운데 한 왕(일루 슈마〔Ilu-shuma〕)은 잠깐 바빌로니아를 침략하였을 때, 자기는 아카드인들을 해방하러(즉, 아모리족과 엘람인 지배자들로부터) 왔다고 뽐내었다.

분명히 우르 제3왕조의 몰락 이전부터 시작해서 주전 19세기 내내 앗시리아는 북부와 서북부 지역에 대하여 활발한 통상 확대 정책을 추구하였다. 우리는 갑바도기아 문서(the Cappadocian texts) — 소아시아의 가니시(Kanish〈Kültepe〉)에서 발견된 고대 앗시리아어로 된 수천 장의 서판 — 를 통해 이러한 것을 알게 되었다. 이 서판들은 성읍들 바깥에 있는 자신들의 거류지에 살면서 그 지방 주민들과 거래를 하며 앗시리아 상품들을 그 지방 토산품과 교역하던 앗시리아 상인들의 조계(租界)들의 모습을 우리에게 보여 준다. 이것은 물론 군사적 정복을 나타내지는 않았다. 앗시리아 상인들은 어떤 치외법권을 누리긴 했지만, 그들도 지방 통치자들에게 몇 가지 종류의 조세를 바쳤다. 짐작하건대, 우르 제3왕조의 몰락에 이은 혼란시대에 바빌로니아로부터 유프라테스강 유역을 거쳐 서북 지방에 이르는 통상적인 길이 약탈을 일삼는 유목민의 무리들로 인해 불안해졌을 때 앗시리아인들은 티그리스강 윗쪽으로 더 북쪽의 길을 통해 메소포타미아를 횡단하여 헷족의 땅으로 들어가는 새로운 길을 개척할 기회를 잡았다. 이 사업은 주전 18세기 초 분명치 않은 몇몇 이유로 중단되었다가 같은 세기 중엽에 잠깐 동안 다시 추진되었으나 재차 포기되었다.[6] 갑바도기아 문서는 이보다 약간 후대의 마리 문서와 마찬가지로 족장 시대를 이해하는 데 유익한 빛을 던져 준다.

앗시리아, 마리, 바빌로니아를 비롯한 여러 나라들의 야망은 불가피하게 충돌하지 않을 수 없었다. 곧 들끓게 될 세력 다툼이 가열되고 있었다.

2. 주전 2000-1750년경의 이집트와 팔레스타인.

메소포타미아에서 벌어진 정치적 혼란과는 극히 대조적으로 족장시대 초기의 이집트는 눈에 띄게 안정된 모습을 보여 주었다. 우리는 주전 3000년대 말 제1중간기라 불리는 저 혼란과 불황의 시대에 고왕조의 세력이 어떻게 끝장이 났는지를 살펴본 바 있다. 그러나 주전 2000년대가 시작되자 이집트는 스스로를 추스려서 중왕조의 바로들 아래에서 새로운 번영의 시대 — 아마 이집트의 역사를 통해 가장 번영한 시대 — 로 접어들 채비를 하고 있었다.

a. 제12왕조(주전 1991-1786년).[7]

제1중간기의 혼돈이 끝나고, 주전 21세기 중엽에 테베 한 가문 출신 군주인 멘투호텝(Mentuhotep)이라는 사람의 승리와 함께 이집트는 재통일되었다(제11왕조). 이때부터 중왕조 시대가 시작한다. 제11왕조가 이집트 전체를 통치한 기간은

---

6) 이 식민지들에 관한 더욱 자세한 논의에 대해서는 J. Mellaart, *CAH*, I:24, pars I-6(1964), pp. 41ff.; Hildegard Lewy, *CAH*, I: 24, pars, 7-10(1965); *idem.*, *CAH*, I:25(1966), pp. 26ff.; A. Goetze, *Kleinasien*(Munich: C.H. Beck, 1957), pp. 64-81를 참조하라. 또한 M. T. Larsen, *JAOS* 94(1974), pp.468-475에 나오는 개략적인 논의도 보라.

7) 이 연대들은 R. A. Parker(*The Calendars of Ancient Egypt* [The University of Chicago Press, 1950], pp. 63-69)의 것들이다. 이 연대들은 오늘날 아주 폭넓게 받아들여지고 있다; 예를 들면, W. C. Hayes, *CAH*, I:20(1964); W. Helck, *Geschichte des Alten gypten*(*HO*, I: 3[1968]); E.F. Campbell, *BANE*, pp. 220f. etc.

짧았고(대략 주전 2040-1991년)[8] 다시 혼란기를 맞아 끝장이 났지만, 그 통치권이 총리였던 아메넴헷(Amenemhet)에게 넘어감으로써 제12왕조가 시작되었다.

많은 점에서 이집트의 역대 왕조들 가운데 가장 강력하였던 이 왕조의 역사를 살펴보는 것은 우리의 과제가 아니다.[9] 이 왕조는 수도를 테베로부터 멤피스로 옮기고 200년 이상이나 통치를 계속하였다. 이 왕조 아래에서 이집트는 그 전체 역사를 통해 가장 두드러지게 안정된 한 시대를 보냈다. 모두 아메넴메스(Amenemmes, 아메넴헷〈Amenemhet〉) 또는 세소스트리스(Sesostris, 세누스렛〈Senusret〉)이라 불린 여섯 명의 왕들의 평균 통치기간은 약 30년이었다. 대다수의 왕들에 의해 실시된 왕세자 섭정제도, 즉 부왕(父王)이 죽기 전에 왕세자가 부왕과 함께 왕권에 참여하는 제도에 의해 안정은 더욱더 굳게 보장되었다. 봉건적 자치라는 혼돈 상태는 끝이 났고, 비록 고왕조의 단일한 전제 정치로 되돌아가지는 못했지만, 모든 권력은 다시 한번 왕권으로 집중되었고 나라는 왕을 중심으로 한 관료제도에 의해 경영되었다.

하지만 이집트는 어떤 내적인 변화 없이 고왕조에서 중왕조로 이행된 것은 아니었다. 고왕조의 붕괴, 봉건 귀족의 발흥과 뒤이은 억압은 의심할 여지없이 사회 구조의 전복을 가져왔고 새로운 계층이 높은 지위에 오를 수 있게 하였다. 더구나 옛 전제 정치의 약화는 왕의 대권들의 민주화를 가져왔다. 우리는 이것을 내세(來世)에 관한 신앙 속에서 아주 분명하게 알 수 있다. 고왕조에서는 내세는 바로만을 위한 문제였던 것으로 보이는 데 반해, 중왕조에서는 (관 문서들〈the Coffin Texts〉이 보여 주듯이) 귀족들 — 그리고 해당 장례 의식을 치를 만한 돈을 가진 사람은 누구나 — 은 내세에 오시리스(Osiris)신 앞에서 의롭다고 인정받을 것을 기대할 수 있었다. 또한 제12왕조의 발흥과 함께 이전에는 거의 알려지지 않았던 아문(Amun)신이 최고의 지위로 올라서 아문-레(Amun-Re')라 불리며 레(Re')신과 동일시되었다.

제12왕조의 바로들은 국가의 번영을 촉진시킬 목적으로 많은 야심적인 사업들

---

8) 이 연대들에 대해서는 H. Stock, *Studia Aegyptiaca II: Die erste Zwischenzeit gyptens*(Rome: Pontifical Biblical Institute, 1949)를 참조하라; cf. p. 103; 또한 Hayes, *ibid.*, p. 18도 참조하라.

9) 일반적인 저작들 외에도 H. E. Winlock, *The Rise and Fall of the Middle Kingdom in Thebes*(Toronto: The Macmillan, 1947); Hayes, *ibid.*; J. Vercoutter, in Bottéro, Cassin, Vercoutter, eds., *op. cit.*, pp. 347-382 를 보라.

에 착수하였다. 정교한 운하 체계는 파윰(Fayum) 호수를 나일강의 홍수를 잡아 두는 저수지로 바꾸어 놓았고 광활한 땅을 개간하여 경작할 수 있게 하였다. 수에즈의 이스트무스(Isthmus)를 가로질러 있는 일련의 요새들은 셈족의 무리들의 침입으로부터 나라를 지켰다. 시내 반도의 구리 광산들은 다시 열려서 채굴되었다. 교역은 나일강을 거슬러 올라가 누비아(Nubia)까지, 와디 함마맛(Wadi Hammamat)을 거쳐 홍해로 내려가 푼트(Punt, 소말리란드〈Somaliland〉)까지, 바다를 건너 뵈니게와 그레데, 심지어 바빌로니아까지 미쳤다 — 우르 제3왕조와 그 이전의 양식에 속하는 물건들을 풍부하게 간직하고 있는 이른바 토드(tôd) 퇴적지가 보여 주듯이.[10] 요컨대 이집트는 자신의 긴 역사를 통해 거의 유례를 찾아볼 수 없는 번영을 누렸던 것이다. 이와 더불어 평시의 학예(學藝)도 번성하였다. 의술과 수학은 그 발달의 절정에 이르렀다. 교훈적인 저술("메리카레〈Merikare〉의 교훈", "아메넴헷〈Amenemhet〉의 교훈" 등), 설화들과 자전적인 이야기("조난당한 선원", "시누헤의 이야기"), 시와 예언서들("네페레후〈Neferrehu〉의 예언")을 비롯하여 온갖 종류의 문학 작품들이 생산되었다. 이집트 문화의 황금 시대였다.

b. 아시아에서 이집트

중왕조는 본질적으로 평화의 시대였지만, 중왕조의 바로들은 평화적인 활동만을 한 것은 아니었다. 그들은 제2폭포에 이르는 나일강 유역을 장악하였고, 또한 누비아 너머까지 원정하였으며, 서쪽으로는 리비아인들을 제압하였고, 동쪽으로는 시내 반도의 광산에 이르는 길을 확보하고 있었다. 게다가 이집트의 지배권이 팔레스타인, 뵈니게, 남부 수리아의 대부분까지 미치고 있었다는 증거가 있다.[11] 물론 이 지배권이 얼마나 효력이 있었는지(느슨했을 것이다)는 말하기 어렵다. 그러나 우리는 딱히 오직 한번의 군사적 원정에 대해서만 알고 있지만(세소스트리스 3세에 의한 원정, 이 과정에서 세겜이 점령당했다).[12] 이집트가 이 지역들에서 주도권을 쥐고 있었다는 사실을 의심할 이유는 하나도 없다. 비블로스는 식민지적인 속령(屬領)이었고,

10) 이 유적은 아메넴헷 2세(주전 1929-1895) 때의 것이다; cf. Albright, *BASOR*, 127(1952), p. 30; A. Scharff in *AVAA*, pp. 107f.

11) 이 견해는 자주 부정되고 있다. 그러나 특히 Albright, *BASOR*, 83(1941), pp. 30-36; 127(1952), pp. 29f.; 가장 최근의 것으로는 *YGC*, pp. 54f.를 보라. 또한 G. Posener, *CAH*, I: 21(1965), pars. 1-3의 논리 정연한 논문도 보라.

12) Cf. Pritchard, *ANET*, p. 230. "세겜"이라는 이름은 의문시되어 왔으나 어쨌든 주문 문서들(아래)에 나온다.

이 시기의 많은 기간을 토착 군주들이 아니라 직접 이집트에 의해 통치되었을 것이다.[13] 팔레스타인의 여러 곳(게셀, 므깃도 등)에서 발견되는 이집트산(産)의 수많은 물건들은 이 지방에서의 이집트의 영향력을 입증해 준다. 카트나(Qatna), 라스 샤라(Ras Shamra) 등지에서 나온 이와 비슷한 물건들은 이집트의 외교적 및 상업적 관심이 수리아 전역에 미쳤음을 보여 준다.

아시아에서 이집트의 지배권이 미친 정도는 주문(呪文) 문서들을 통해 가장 잘 추론될 수 있다. 오랫동안 두 부류의 주문 문서들만 알려져 왔지만 이제 세번째의 부류가 더해졌다. 이 주문 문서들의 연대는 주전 2000년대 초기의 세기들로서[14] 바로들이 자기 권위에 도전하는 현실적 또는 잠재적 반역자들을 제압하기 위해 어떻게 주술의 힘을 이용하고자 했는지를 보여 준다. 첫번째 부류의 문서에서는 여러 원수들에 대한 저주 문구들을 항아리나 사발에 쓴 다음 그것들을 박살냈다. 그래야 그 저주가 효력이 있었다. 두번째 부류의 문서에서는 포박된 포로들을 나타내는 토우(土偶)들에 저주 문구들이 씌었다(세번째 부류의 문서에서는 두 가지 유형을 모두 사용하고 있다고 한다). 거기에 나오는 지명들은 이집트의 세력권에 서부 팔레스타인, 비블로스 북쪽의 뵈니게, 남부 수리아가 포함되어 있었음을 보여 준다. "시누헤의 이야기"(주전 20세기)[15]는 이러한 결론을 밑받침해 준다. 왜냐하면 시누헤 — 바로의 미움을 샀던 이집트의 한 관리 — 는 바로의 영향력이 미치는 곳으로부터 벗어나기 위하여 비블로스를 떠나 동쪽의 케뎀(Qedem) 땅으로 도망해야 했기 때문이다.

c. 주전 2000-1750년경의 팔레스타인.[16]

---

13) 이것은 다른 여러 것들 가운데서도 주문 문서들이 비블로스의 군주를 언급하지 않고 단지 "씨족들"만 언급하고 있는 사실에서 추론된다; cf. Albright, *BASOR*, 176(1964), pp. 42f.; *ibid.*, 184(1966), pp. 28f. 그러나 다른 학자들은 통치자가 언급되어 있지 않은 것은 그가 충성스러운 신하였기 때문이고, 그 저주는 그의 영토 내의 반역자들을 향해진 것이라고 믿는다; 예를 들면, M. Noth, *AOTS*, p. 26.

14) 이 문서들의 연대는 보통 주전 19세기와 18세기로 추정되고 있다. 그러나 Albright는 제1군(1926년 K. Sethe에 의해 공간된)을 주전 20세기 후반의 것으로, 제2군(1940년에 G. Posener에 의해 공간된)을 주전 19세기 후반으로, 새로운 부류(Nubia의 Mirgissa에서 발견된)를 그 중간 시기의 것으로 추정하고자 한다; cf. *JAOS*, 74(1954), pp. 223-225; *BASOR*, 83(1941), pp. 30--36; 좀더 최근의 것으로는 *BASOR*, 184(1966), p. 28; *YGC*, pp. 47f.; 본문과 그에 대한 논의에 대해서는 Pritchard, *ANET*, pp. 328f.를 참조하라.

15) 본문에 대해서 Pritchard, *ANET*, pp. 18-22를 참조하라.

팔레스타인에서 주전 2000년대 초기의 세기들은 앞 장에서 서술한 격변과 혼란의 시대를 벗어나 점차 회복을 찾아가는 시대였다. 주전 3000년대 후반에 팔레스타인에서는 유목민 침입자들이 이 지역으로 밀려오면서 커다란 붕괴를 겪었는데, 성읍들은 차례차례 파괴되어 버려지고 초기 청동기 문화는 끝장이 났다는 것을 상기해야 할 것이다. 이미 말했듯이, 이 새로운 침입자들은 초기 청동기 문화의 생존자들과 더불어 반유목민적인 삶을 그대로 추구하다가 상당한 기간이 지나서야 점차로 요새화되지 않은 작은 촌락들에 정착하기 시작하였다. 주전 3000년대 말에는 이러한 촌락들이 팔레스타인 곳곳에, 특히 요단강 동부 지역과 네게브에 산재하게 되었다. 그러나 변경 지방에서는 이러한 부락들이 오래 지속되지 못했다. 북부 요단 동편에서는 그후의 여러 세기 내내 정착생활을 하는 주민들이 있었고 남부 요단 동편에서는 중기 청동기 시대 제1기가 끝난 후(대략 주전 19세기)에 정착생활은 실질적으로 사라지고 주전 13세기까지 아주 드물게 잔존해 있었던 것으로 보인다.[17] 네게브에서도 상황은 비슷했다(이곳에서는 주전 10세기까지 정착 부락이 거의 없었던 것으로 보인다).[18] 하지만 주전 19세기가 시작되면서 서부 팔레스타인은 팔레스타인과 수리아 전지역에 파급되고 있었던 새롭고 활기찬 문화적 영향에 자극되어 두드러지게 회복세를 보였다. 강력한 도시들이 다시 건설되고 도시 생활이 번창하기 시작했다. 아마

---

16) Albright의 시대 구분(cf. *AP*, pp. 80-96)에 따르면, 이 시기는 중기 청동기 제1기 및 제2A기에 해당한다; Miss Kenyon의 시대 구분(앞 장 주 36을 보라)에 의하면 초기 청동기시대와 중기 청동기시대 사이의 중간기 및 중기 청동기 제1기(여기에 중기 청동기 제2기의 처음도 더해진다)에 해당한다. 이들 시기들의 연대와 상호 관계는 논란이 심한 주제이다; 특히 W. G. Dever, "The Beginning of the Middle Bronze Age in Syria-Palestine" *Mag. Dei*, pp. 3-38; *idem*, IJH, pp. 79-86를 참조하라(더욱 자세한 문헌 목록은 여기에 열거되어 있다).

17) Cf. N. Glueck, *AASOR*, XVIII-XIX(1939); 그러나 또한 *idem.*, *The Other Side of the Jordan*(American Schools of Oriental Research, rev. ed., 1970), pp. 138-191도 참조하라. 이후의 발견들(Amman에서 중기 청동기 시대의 분묘들, 부근에서의 후기 청동기시대의 작은 신당)로 인해 Glueck의 결론들은 어느 정도 수정되지 않으면 안 되게 되었으나 남부 요단 동편과 관련해서는 근본적으로 수정할 필요는 없을 것이다; cf. Glueck, *AOTS*, pp. 443f.; 또한 R. de Vaux, *RB*, LXXIX(1972), pp. 436f. 이 시기의 북부 요단 동편에 대해서는 S. Mittmann, *Beitr ge zur Siedlungs- und Territorialgeschichte des n rdlichen Ostjordanlandes* (Wiesbaden: Otto Harrassowitz, 1970).

18) 네게브 지방의 점유의 역사에 대해서는 Y. Aharoni, *AOTS*, pp. 384-403를 참조하는 것이 편리하다; 또한 N. Glueck, *Rivers in the Desert*(3d ed., W. W. Norton, 1968)도 보라. Glueck의 자세한 보고들에 대해서는 1953년과 1960년 사이의 *BASOR*철을 조사해야 한다. 좀더 최근의 것으로는 179(1965), pp. 6-29를 참조하라.

새로운 이주자의 무리들이 도착하고 또한 점차로 많은 수의 반유목민들이 정착하게 됨에 따라 그렇게 되었을 것이다. 이 재정착(再定着)의 과정은 고고학적 증거만이 아니라 앞에서 말한 주문 문서에 의해서도 입증되고 있다. 이 주문 문서들 가운데 가장 초기의 것들(세데〈Sethe〉군)은 수많은 유목민 씨족들과 그 추장들은 열거하면서도 성읍들은 거의 언급하지 않고 있다(남부 팔레스타인에서는 오직 예루살렘과 아스글론만을 확실하게 확인할 수 있다). 그러나 후대의 주문 문서들(포세너〈Posener〉군)은 특히 뵈니게, 남부 수리아, 북부 팔레스타인의 상당히 많은 성읍들의 이름을 열거하고 있다. 이것은 기껏해야 2, 3세대밖에 안 되는 짧은 기간 안에 정착 생활이 발달했다는 사실을 정확히 반영하고 있는 것 같다. 그런데도 그 밖의 넓은 지역들, 특히 중앙 및 남부 고원지대(세겜과 예루살렘만이 유일하게 확인될 수 있는 이름들이다)에서는 정착 인구가 계속 희박하였다.

이 새로운 이주자들이 "아모리인들", 즉 우리가 메소포타미아에서 만난 민족들과 같은 서북 셈족이었다는 것은 거의 확실한 듯하다. 우리가 알고 있는 한에 있어서 그들의 이름들은 한결같이 이러한 방향으로의 결론을 보여 준다.[19] 그들의 생활양식은 "시누헤의 이야기"에 의해서 훌륭히 예시되고 있지만, 특히 창세기의 이야기들에 의해서도 예시된다. 이스라엘 선조들의 이주는 바로 이 민족 이동의 일부였다는 것이 옳다면 말이다. 이 민족들은 팔레스타인에 인종상의 근본적인 변화는 가져오지 않았다. 그들은 자기네들에 앞서 이주해 온 사람들과 같은 서북 셈족에 속하였기 때문이다. 더욱이 그들은 정착하면서 가나안의 언어에 동화되어 가나안의 중기 청동기 문화의 일익을 담당하였다. 그래서 이스라엘이 가나안을 점령할 즈음(주전 13세기)에는 아모리인과 가나안인을 뚜렷이 구별할 수 없게 된다.[20]

d. 중왕조의 종말.

아메넴헷 3세(주전 1842-1797년)의 치세 후에 제12왕조는 약화되어 수년 내에

---

19) 특히 주문 문서들로부터; 또한 Albright, "Northwest-Semitic Names in a List of Egyptian Slaves from the Eighteenth Century B.C."(*JAOS.* 74 〔1954〕, pp. 222-233도 참조하라.

20) "가나안인"과 "아모리인"이라는 용어에 대해서는 앞 장 주 38과 44를 보라. 또한 M. Liverani, *POTT*, pp.100ff.; A. R. Millard, *ibid.*, pp.29ff. Miss Kenyon(cf. *Amorites and Canaanites* 〔London: Oxford University Press, 1966〕)은 "가나안인"의 중기 청동기 문명은 초기 청동기 문화와 다시 활기를 불러일으킨 "아모리인" 침입자들의 영향이 합쳐져서 발전하였다고 믿고 있다. 그녀는 이 새로운 문화의 발상지를 비블로스 지역으로 본다.

종말을 맞이했다. 이것이 단순히 대를 이을 강력한 후계자를 발견하지 못하였기 때문인지, 아니면 오랫동안 왕권에 의해 억압되었던 봉건 귀족들이 다시 한번 자신들의 권리를 주장하고 나섰기 때문인지, 또는 마침내 이집트를 무릎 꿇게 하였던 이방 민족들의 압력이 이미 시작되었기 때문인지는 한켠으로 제쳐놓아도 되는 문제이다. 제12왕조의 뒤를 제13왕조가 이었다. 이 왕조는 테베 왕조의 전통을 계승하였으므로 중왕조에 속한 것으로 보기도 하지만, 이집트의 세력은 급속히 쇠퇴해 가고 있었다. 물론 거의 알려져 있지 않은 일련의 통치자들이 지나간 뒤에 네페르호텝(Neferhotep) 1세(1740-1730년경)와 그의 후계자 아래에서 잠시 부흥의 시기가 있었는데, 이들은 당시 "아모리족"의 이름을 가진 군주들에 의해 다스려지고 있었던 비블로스에서 이집트의 권위를 다시 주장할 수 있었다. 이집트어로 "엔틴"(Entin, 즉 Yantin)이라 불린 이 군주들 가운데 한 사람은 마리 문서에 나오는 얀틴-암무(Yantin-'ammu)인 듯하다. 만약 이것이 옳다면 이집트와 메소포타미아간의 귀중한 연대 대조표(synchronism)가 마련된다.[21] 그러나 이집트의 붕괴는 막을 수 없었다. 팔레스타인과 수리아의 여러 부족의 족장들 — 이 무렵에는 이미 정착하여 성읍들을 건설하고 작은 왕들이 되어 있었다 — 은 이젠 명목상으로도 이집트의 지배권에 복종하지 않았다. 국내적으로도 힘이 약화되어 있었다. 제13왕조가 시작된 이래로, 서부 삼각주의 여러 지방들이 이른바 제14왕조의 영도 아래 독립했고, 시간이 지남에 따라 아시아 민족들이 북부 이집트 전지역에 침투해서 기반을 굳혀 가면서 그 지역에 대한 바로의 지배권은 점차 미약해졌다. 곧 이집트는 이방인이 통치하는 암흑시대로 빠져들 것이었다.

B. 주전 1750-1550년경의 고대 오리엔트

21) 사실 이 시기의 메소포타미아 연대를 "좀더 후대로" 낮추어 잡는 연대표를 채택하는 것이 논거가 강력하다(앞의 주 2를 참조하라). 왜냐하면 그것은 "마리 시대" — 따라서 함무라비 — 가 주전 18세기 후반으로 추정되어야 한다는 것을 보여 주기 때문이다. 비블로스에 관한 증거에 대해서는 Albright, *BASOR*, 99(1945), pp. 9-18; 176(1964), pp. 38-46; 179(1965), pp. 38-43; 184(1966), pp. 26-35를 참조하라.

1. 주전 18세기 메소포타미아의 세력 다툼

이집트에서 중왕조가 붕괴하고 있을 무렵, 메소포타미아에서는 결국은 저 위대한 함무라비의 영도 아래 바빌로니아의 승리로 끝났던 세력 다툼이 일어나고 있었다. 이 드라마에 나오는 주요 배우들은 바빌로니아 외에도 라르사(Larsa), 앗시리아(Assyria), 마리(Mari)였다.

a. 라르사와 앗시리아의 팽창

우르 제3왕조의 몰락 후, 메소포타미아는 200년 동안 계속 서로 경쟁하는 군소 왕조들의 각축 무대로 남아 있었다. 주전 18세기가 시작되었을 때 남부 지역에서 이런 경쟁 왕조들 가운데 이신(Isin), 라르사, 바빌로니아 — 모두 아모리족 왕조들에 의해 통치되었다 — 이 가장 두드러졌다. 하지만 야무트발(Yamutbal)의 군주 구둘 마북(Kudur-mabuk)이 (주전 1770년경에) 어떻게 라르사의 왕조를 무너뜨리고 자기 아들 와라드 신(Warad-sin)을 그곳의 통치자로 세웠는지는 이미 살펴보았다. 와라드 신의 뒤를 이은 사람은 그의 형제 림 신(Rim-sin)이었는데, 그는 무려 60년간(주전 1758-1698년)이나 왕위에 있었다. 선왕(先王)인 와라드 신과 마찬가지로 림 신도 자기 자신을 "수메르와 아카드의 왕"이라 부르면서 우르 제3왕조의 전통을 영구적으로 계승하는 자로 자처하였다. 자신의 긴 치세 동안 그는 건축 및 공공 분야에서 활발한 사업들을 펼쳤을 뿐만 아니라, 남부 바빌로니아의 대부분을 복속시킨 침략 정책도 채택하였다. 그의 치세 기간의 중반에 그가 라르사의 오랜 경쟁국이었던 이신을 물리치고 정복하였을 때 그의 권세는 절정에 달했다. 이 정복을 통해 림 신의 지배권은 북쪽으로 함무라비의 아버지 신 무발릿(Sin-muballit, 주전 1748-1729년)이 통치자로 있었던 바빌로니아 국경 지방까지 확장되었다. 함무라비가 왕위에 올랐을 때, 그는 심각한 위기에 직면해 있었던 작은 영토를 물려받았던 것이다.

한편, 상부 메소포타미아에서 가장 유력했던 두 나라는 마리와 앗시리아였는데, 전자는 그 주민이 아모리족이었고 야기드 림(Yagid-lim)이라는 사람의 왕조에 의해 통치되고 있었으며, 후자는 아카드족 이름을 가진 왕들에 의해 통치되고 있었다. 그러나 앗시리아는 아모리족의 압력에 저항할 수 없었다. 왜냐하면 주전 18세기 중엽에는 원주민의 왕통이 무너지고 아모리족 통치자들로 대체되었기 때문이다. 이들 가운데 첫번째 통치자는 삼시 아닷 1세(Shamshi-adad I, 주전 1750-1718년)이었는데, 그는 왕위에 오르자 과감한 정책을 실시하여 잠시 앗시리아를 상부 메소포타미아에서 가장 유력한 국가로 만들었다. 그의 정복 사업의 자세한 내용은 아주 분명하게 알려져 있지는 않지만, 그는 자그로스(Zagros) 산맥과 북부 수리아 사이의 영토 대부분을 복속시킬 수 있었고 지중해까지 이르러 거기에 석비(石碑)를 세웠다. 또한 그는 앗시리아가 주전 19세기 내내 유지해 왔던 갑바도기아의 가니시(Kanish)에 있는 통상을 위한 조계(租界)를 짧은 기간 재건할 수 있었다. 샴쉬 아닷은 자기 자신을 "세상의 왕"(Sar kissati)이라 불렀는데, 그는 이 호칭을 사용한 최초의 앗시리아 통치자였다. 그러나 그가 정복한 나라들 가운데 가장 중요한 나라는 마리(Mari)였다. 그는 마리를 점령한 후 합법적 계승자인 지므리 림(Zimri-lim)을 추방하고 자기 아들 야스마흐 아닷(Yasmah-adad)을 자신의 대리자로 세웠다. 나아가 그는 자기 아들을 중앙 수리아의 유력한 나라인 카트나(Qatna)의 공주와 혼인시키기 위해 협상함으로써 자신의 지위를 강화하였다.[22] 이와 아울러 그는 남부 지역에 대하여도 압력을 가함으로써 림 신(Rim-sin)과 마찬가지로 바빌로니아에 대해 커다란 위협이 되었다.

b. "마리시대"(주전 1750-1697년경)

그러나 앗시리아는 자신의 전과(戰果)를 유지할 수 없었다. 수 년 내에 형세는 역전되었고, 마리(Mari)가 그뒤를 이어 — 역시 짧은 기간 — 상부 메소포타미아에서 가장 유력한 국가가 되었다.

이 시대의 역사는 제2차 세계대전 전후에 걸쳐 마리에서 발굴된 유물들을 통해 상세하게 밝혀졌다.[23] 이 발굴로 규모가 크고 부유했던 한 도시만이 아니라 고대 아카드어로 된 20,000점 이상의 서판(書板)들과 단편들이 빛을 보게 되었다. 이 가운데 5,000여점은 공용(公用) 서신이고 나머지는 주로 상업 및 경제 관계의 문서들이다. 이 문서들이 이스라엘의 기원을 밝히는 데 어떤 도움을 줄 수 있는가 하는 것은 나중에 살펴보겠다. 샴쉬 아닷의 아들인 야스마흐 아닷이 약 16년간 앗시리아를 통치한 후, 토착 왕조 출신인 지므리 림은 침략자들을 추방하고 독립 왕국을 재건할

22) 수리아의 정세에 대해서는 Albright, *BASOR*, 77(1940), pp. 20-32; 78(1940), pp. 23-31; 144(1956), pp. 26-30; 146(1957), pp. 26-34; 또한 J. R. Kupper, *CAH*, II:1(1963)을 참조하라.

23) A. Parrot, *AOTS*, pp. 136-144; A. Malamat, "Mari"(*BA*, XXXIV 〔1971〕, pp. 2-22)를 참조하는 것이 편리하다. 자세한 문헌 목록은 이 두 논문에 나와 있다.

수 있었던 것으로 보인다. 지므리 림(주전 1730-1697년경) 아래에서 마리는 전성기를 맞이하여, 잠시 당시의 강대국들 가운데 하나로 행세하였다. 마리의 영토는 바빌로니아의 국경 지대로부터 갈그미스(Carchemish)에서 멀지 않은 곳까지 걸쳐 있었다. 바빌로니아(방위 동맹을 맺고 있었다) 및 수리아의 여러 나라들과 외교 관계도 유지되었다. 흥미롭게도 마리 서신들 가운데 하나는 당시의 주요 강대국들은 마리 이외에 바빌로니아, 라르사, 에쉬눈나(Eshnunna), 카트나, 알레포(Aleppo, Yamkhad)이었음을 우리에게 알려주는데, 라르사의 림 신만을 빼놓고는 이 모든 나라의 왕들은 아모리족의 이름을 갖고 있었다! 마리는 적어도 제한된 범위에서나마 말이 끄는 병거를 사용한 기동성 있는 군대를 자랑하였다. 파성퇴(破城槌)를 비롯하여 상당히 발달된 성 공략 기법들도 알고 있었던 것으로 보인다.[24] 봉화(烽火) 체계는 신속한 연락을 가능하게 만들었다. 이것은 어느 시대나 공격적인 이웃 나라들이나 반유목민 집단에 의해 위협을 받고 있는 나라에서는 필수불가결한 것이다.

마리는 큰 도시였다. 면적이 수 에이커나 되었고(가장 규모가 컸을 때에는 약 200m x 120m), 방이 무려 300개나 있었던(거실, 주방, 창고, 교실, 화장실, 하수 시설 등을 비롯하여) 마리의 궁전은 당시 세계의 불가사의 가운데 하나였을 것임에 틀림없다. 마리에서 발견된 풍부한 행정 및 상업 문서들은 경제 생활이 고도로 조직화되어 있었음을 보여 준다. 먼 나라들과도 자유롭게 교역이 행해졌다: 해안지대의 비블로스와 우가리트(라스 샴라), 바다 건너 구브로와 그레데, 그리고 아나톨리아까지. 그러나 마리는 팔레스타인의 하솔(Hazor)과도 접촉하였지만, 마리 문서들은 이집트에 관해서는 아무런 언급도 없다. 이때 이집트는 중왕조의 붕괴에 이어 혼란기에 있었다. 마리의 사관(史官)들은 아카드어로 글을 썼지만, 마리의 주민들은 서북 셈족(아모리족)이 압도적으로 많았고 거기에 아카드족과 후리족이 소수 섞여 있었다. 우리가 짐작할 수 있듯이, 종교는 서북 셈족과 메소포타미아인의 특징들이 혼합된 것이었고, 두 지역의 신들이 함께 만신전에 안치되어 있었다. 요컨대, 이곳 주민들은 서북 셈족으로서 원래 반유목민 출신이었으며, 그들은 아카드 문화를 받아들였고, 이스라엘의 선조들이 사용한 것과 비슷한 언어를 사용하였다. 이에 대해서는 나중에 더 자세히 살펴보고자 한다.

---

24) 파성퇴에 대해서는 다음의 주 38을 보라. 일반적으로 이 시기의 병기들과 전술에 대해서는 Y. Yadin, *The Art of Warfare in Biblical Lands*(McGraw-Hill, 1963), Vol. I, pp. 58-75를 참조하라.

c. 바빌로니아의 승리: 함무라비(주전 1728-1686년)

그러나 이 세력 다툼에서 승리는 마리나 앗시리아 또는 라르사에게가 아니라 바빌로니아에게로 돌아갔다. 이 승리의 구축자(architect)는 위대한 함무라비였다.[25] 함무라비가 왕위에 올랐을 때, 바빌로니아는 북쪽으로는 앗시리아에게, 남쪽으로는 라르사에게 위협을 받으며, 서북쪽으로는 마리와 경쟁을 해야 하는 위태한 처지에 있었다. 그러나 함무라비는 열정적인 노력과 일련의 능수 능란한 조치들을 통하여 — 자기가 맺었던 조약들을 극히 냉소적으로 일축해 버리는 처사를 비롯하여 — 상황을 역전시켜 바빌로니아를 세력의 정점으로 밀어올렸다. 여기서 그 자세한 내용을 살펴볼 수는 없다. 다만 함무라비가 동맹을 맺은 바 있었던 림 신(Rim-sin)은 제압당하여 이신(Isin)에서 쫓겨나 남쪽의 라르사에 틀어박혀 있을 수밖에 없게 되었고, 그후 다시 거기서도 쫓겨나 추격을 당해 붙잡혀서 포로가 되었다는 말만 하여도 충분할 것이다. 한편 함무라비는 앗시리아에 결정타를 날려서 그 나라의 위협을 완전히 종식시키고 결국 복속시키기에 이르렀다. 마침내 하부 메소포타미아의 대부분을 확고하게 장악한 그는 이전에 역시 동맹 관계에 있었던 마리의 지므리 림(Zimri-lim)에게로 눈을 돌렸다. 그의 재위 제32년(주전 1697년)에 마리는 점령되었고, 수년 후에 완전히 멸망하였다 — 아마 반란으로 인하여. 마침내 함무라비는 자그로스 산맥과 사막 사이의 강 유역의 대부분과 남으로는 페르시아 만, 그리고 엘람의 일부를 포괄하는 상당히 큰 제국의 지배자가 되었다. 그의 지배권은 북쪽으로 니느웨, 서북쪽으로 유프라테스강 중류의 마리까지 미쳤다. 그러나 이 지역들을 넘어서 어느 정도 멀리까지 그의 원정이 수행되었는지는 불확실하다.[26]

함무라비 아래에서 바빌로니아는 괄목할 만한 문화적 번영을 누렸다. 제1왕조 이전에는 보잘것없는 곳이었던 바벨론은 이제 큰 도시가 되었다. 그 건물들은 비록 오늘날에는 수면 아래 있어서 복원할 수는 없지만 아마 마리의 건물들보다도 더 인상적이었을 것이다. 바빌로니아의 발흥과 함께 마르둑(Marduk)신은 만신전에서 최

---

25) 일반적인 저작들 외에 F .M. T .de L. Böhl, "King Hammurabi of Babylon" (*Opera Minora* 〔Groningen: J.B. Wolters, 1953〕, pp. 339-363 〔1946년에 처음으로 간행되었다〕); 또한 C. J. Gadd, *CAH*, II: 5(1965).

26) 우리는 그가 북부 수리아로 원정을 했는지에 대해서는 알지 못한다. *ASOR*의 1974년 4월 회보는 Alalakh에서 발견된 봉인(封印)에 관하여 말해 주고 있는데, 거기를 보면 그 도시의 통치자는 스스로를 "함무라비의 종"이라고 부르고 있다. 그러나 이것은 군사적인 정복을 가리키는 것일 수도 있고 아닐 수도 있다.

고의 지위로 높여졌고, 에테메난키(Etemenanki) 신전은 당시 세계의 불가사의 가운데 하나였다. 문학과 온갖 형태의 학문이 고대에서 거의 유례를 찾아볼 수 없을 정도로 흥왕하였다. 풍부한 문헌들이 대략 이 시대에 산출되었다: 여러 편의 고대 서사시들(예를 들면, 바빌로니아의 창조 설화와 홍수 설화), 단어집들, 사전류, 고대 세계에서는 비할 바 없이 훌륭한 문법서들, 그리스인들조차도 능가할 수 없을 정도의 대수학의 발달을 보여 주는 수학 논저들, 천문서들, 온갖 종류의 지식의 편집물과 분류서들. 이와 더불어 — 이때는 아직 과학적 방법을 사용한 시대는 아니었기 때문에 — 점성술, 주술, 간(肝) 관찰법 등과 같은 온갖 의사(擬似)과학에도 관심을 기울였다.

그러나 함무라비의 모든 업적들 가운데 무엇보다도 가장 중요한 것은 그의 치세 말기에 공표된 유명한 법전이었다.[27] 물론 이것은 현대적 의미에서의 법전은 아니었지만, 이미 말했던 그 기원이 주전 3000년대까지 소급하는 우르 남무(Ur-nammu) 법전, 리피트 이쉬타르(Lipit-Ishtar) 법전, 에쉬눈나(Eshnunna)법으로 표현되는 법률 전승을 새롭게 체계화한 것이었다. 후대의 앗시리아 법들은 성경의 언약의 책(출 21-23장)과 마찬가지로 이와 동일하거나 비슷한 전승을 체계화한 것들이다. 그러므로 함무라비 법전은 다른 모든 법 절차를 대체하기 위한 새로운 입법이 아니라 오히려 표준이라고 여겨진 법률 전승을 공식적으로 명문화하여 왕국의 여러 도시들과 변경 지방에서 통용되고 있었던 갖가지 법률 전승들간의 조정자 역할을 할 수 있게 하려는 국가적 노력이었다. 어쨌든 이 법전은 당시의 사회 구성을 밝혀 주고 또한 오경의 율법들과 유사한 규정들이 많다는 점에서 지대한 관심을 불러일으키는 문헌이다.

2. 고대 오리엔트의 혼란기

족장 시대의 후반은 혼란기였다. 함무라비가 바빌로니아를 전성기로 끌어올렸을 때, 고대 세계에는 암흑기가 드리워지기 시작하였다. 메소포타미아, 수리아, 팔레스타인의 전지역에 걸쳐 민족 이동이 일어났음을 보여 주는 증거가 있다. 이집트는 이방 민족의 지배기를 맞이하였는데, 이 시기에는 실질적으로 당대의 이집트 고유의

27) 번역문에 대해서는 Pritchard, *ANET*, pp. 163-180를 참조하라.

명문(銘文)들은 자취를 감추었다. 한편 바빌로니아에서는 함무라비의 영화는 급속히 사라져 버렸다.

a. 이집트: 힉소스족

주전 18세기에 중왕조의 세력이 어떻게 기울었는지에 대해서는 이미 앞에서 살펴보았다. 중앙의 권력이 약화되자 아시아에서 이집트의 지위는 더 이상 유지될 수 없었고, 아시아 민족들이 삼각주 지대로 침입할 길이 놓여져서 마침내 힉소스족으로 부르는 이방 통치자들이 이집트 전체를 정복할 수 있게 되었다. 힉소스족이 어떤 민족이었으며 어떻게 그들이 이집트를 지배하게 되었는지에 대해서는 많은 논란이 있다.[28] 흔히 그들은 북방으로부터 엄습하여 홍수처럼 수리아와 이집트를 삼켜버린 야만적인 침략자들로 묘사되고 있다. 그러나 이 묘사는 수정이 필요한 듯하다. "힉소스"는 "이방의 수장(首長)들"을 뜻하는 말로서 중왕조의 바로들이 아시아의 군주들을 가리키는 말로 썼다. 아마도 정복자들이 이 명칭을 그대로 채택한 것 같은데, 나중에 이 명칭은 침략자 무리 전체를 가리키는 명칭으로 되었다. 가장 초기의 통치자들의 이름들은 우리가 알고 있는 한에서는 가나안인 또는 아모리인이었던 것 같기 때문에,[29] 힉소스족은 비록 다른 종족들도 포함되었을 가능성이 없지는 않지만 기본적으로 서북 셈족에 속했을 것이다. 그들은 가나안의 신들을 예배했고, 주신(主神) 바알(Ba'al)은 이집트의 셋(Seth)신과 동일시되었다. 가장 초기의 힉소스 통치자들은 주문(呪文) 문서들에 나오는 팔레스타인과 남부 수리아 출신의 가나안인 또는 아모리족 군주들이던 것으로 보이는데, 그들은 이집트의 약화를 틈타 그 땅으로 침입해서 자리를 잡았던 것이다. 따라서 그들은 우리가 메소포타미아에서 그 내력을 살펴본 바 있는 아모리족 군주들과 어느 정도 유사한 것으로 볼 수 있다. 그러나 후대

---

28) 중요한 논저로는 J. Van Seters, *The Hyksos*(Yale University Press, 1966); J. von Beckerath, *Untersuchungen zur politischen Geschichte der zweiten Zweschenzeit in gypten*(Glückstadt: J. J. Augustin, 1964); W.C. Hayes, *CAH*, II:2(1962); A Alt, "Die Herkunft der Hylsos in neuer Sicht"(1954; reprinted *KS*, III, pp. 72-98); T. Säve-S öderbergh, "The Hyksos in Egypt"(*JEA*, 37(1951], pp. 53-71); H. Stock, *Studien zur Geschichte und Arch eologie der 13 bis 17 Dynastie Agyptens*(Glückstadt-Hamburg: J. J. Augustin, 1942) 등이 있다.

29) *'Anat-hr*이나 *Ya'qub(Jacob)-hr*이란 이름이 나온다. Albright가 지적한 대로(cf. *YGC*, p. 50), 이 이름들의 마지막 구성 부분(hr 또는 'r)은 'Al(또는 'Ali, 'Eli)이라고 읽어야 하는데, 이것은 성경에서 하나의 신의 이름으로 나오며, 또 우가리트 문서에서는 바알에 대한 호칭("높이 되신 분")으로 나온다.

의 통치자들의 이름들로 미루어 판단해 보면 — 이 이름들은 몇몇 이집트계 이름들(예를 들면, 아포피스〈Apophis〉)을 제외하고는 일부는 인도-아리안계인 듯하고, 대부분은 그 유래가 불확실하다 — 이집트 역사에서 이 삽화적 사건은 우리가 잠시 후에 이야기하게 될 인도-아리안족과 후리족의 민족 이동과 무관하지 않은 듯하다.[30] 힉소스족의 이집트 정복은 두 단계로 일어났던 것으로 보인다. 주전 18세기가 끝나기 전에 아시아의 군주들은 삼각주 지대로 침입하여 거기에 기반을 굳히고 하부 이집트로 세력을 뻗치기 시작하였다. 그런 다음 주전 17세기 중엽에 훌륭하게 조직된 새로운 군사들이 아시아로부터 와서 세력을 잡았는데, 이들은 혼성 부대였음이 분명하다. 이 집단의 지도자들이 이른바 제15왕조의 창건자들이 되었는데, 그들은 급속히 지배권을 확장하여 마침내 이집트 전지역을 지배하였다. 힉소스족은 동북 국경지대에서 가까운 도시인 아바리스(Avaris)를 수도로 삼았는데, 이 도시는 그들이 처음으로 건설한 했음이 분명하며, 여기에서 약 100년 동안(대략 주전 1650-1542년경) 이집트를 통치하였다.[31] 많은 학자들의 견해에 의하면, 이스라엘의 선조들은 이 시기에 이집트로 들어갔다고 한다.

힉소스족의 지배권은 아시아에도 미쳤다 — 그들이 아시아를 통치할 수 있었던 곳에 수도를 정한 이유도 의심할 여지없이 여기에 있었다. 팔레스타인에서 발견된 수천 점의 갑충석(甲蟲石, scarab)과 그 밖의 다른 물건들이 보여 주듯이, 팔레스타인은 그들의 권위를 인정하였음이 확실하다. 이런 지배권이 북쪽으로 더 멀리까지 미쳤는지 아닌지는 논란중에 있다. 어떤 학자들은 힉소스족의 지배권이 북부 수리아를 거쳐 유프라테스강까지 미쳤다고 믿고 있다. 이것은 그 자체로 불가능한 이야기는 아니다. 왜냐하면 당시에 힉소스족을 가로막을 만한 강대국이 없었기 때문이다. 힉소스족과 관련이 있는 유형의 요새가 다음에 살펴보는 바와 같이 팔레스타인과 수

30) 학자들 사이에서 논란이 되고 있긴 하지만(예를 들면, Van Seters, *op. cit.*, pp. 181-190; von Beckerath, *op. cit.*, pp. 114ff.; 또한 R. de Vaux, *RB*, LXXIV 〔1967〕, pp. 481-503), 힉소스족에는 후리족과 그 밖의 비(非)셈계의 종족들이 포함되어 있었던 것으로 보인다; cf. Helck, *Beziehungen*(주 2에서); *Geschichte*(주7); 또한 Albright, *YGC*, pp. 50f. Albright는 제15왕조의 창건자인 Salatis가 Alalakh 문서에 언급되어 있는 Manka 추장인 Za'aluti(Zayaluti)와 동일한(인도-아리안) 이름을 갖고 있었다고 주장한다; cf. *BASOR*, 146 (1957), pp. 30-32.

31) 이 연대들은 Helck, *Geschichte*, pp. 131-143에 나와 있는 것들이다. 이것들은 제18왕조의 연대를 "좀더 후대로" 낮추어 잡은 연대표를 바탕으로 하고 있다(cf. R.A. Parker, *JNES*, XVI 〔1957〕, pp. 39-43). M. D. Rowton의 "좀더 이전으로" 당겨 잡은 연대표를 따른다면(*JNES*, XIX 〔1960〕, pp. 15-22) 연대들은 대략 25년 정도씩 더 올라가야 한다.

리아는 물론이고 갈그미스에 이르는 전지역에서 발견되었기 때문이다. 그러나 힉소스족의 바로들의 세력이 이 모든 지역까지 미쳤는지는 어떤지는 또 다른 문제다. 물론 힉소스족 출신의 왕인 카야나(Khayana)에게 헌정된 유물들이 그레데와 메소포타미아 같이 아주 먼 지역에서도 출토되었다. 그러나 이것은 힉소스족 출신의 바로들이 당시 세계에서 영향력 있는 위치를 차지하고 있었음을 알려주는 줌과 동시에 광범위한 교역을 하고 있었음을 보여 주는 증거에 지나지 않는다. 힉소스족이 아시아를 어느 정도 장악하고 있었는지는 미지수다.

백성들에게서 미움을 받던 침략자로부터 이집트를 해방시키려는 투쟁이 일어난 것은 힉소스족이 한 세기 동안 통치한 뒤였다. 힉소스족은 상부 이집트에 대해서는 단지 간접적인 지배권만을 행사하여 왔다. 거의 힉소스족의 통치 초기이래로 테베 명문 출신의 군주들(이른바 제17왕조)이 힉소스족의 봉신(封臣)으로서 이집트 최남부의 영지들을 다스려 왔다. 바로 이 가문의 영도 아래 자유를 위한 투쟁이 시작되었다. 그것은 분명히 쓰라린 투쟁이었다. 이 투쟁의 최초의 지도자였던 세퀘넨 레(Seqenen-re')는 그의 미이라로 미루어 판단해 보건대 심하게 부상을 당한 채 아마 싸움터에서 전사한 듯하다. 그러나 그의 아들 카모세(Kamose)는 각고의 노력으로 자기 백성들을 규합해서 투쟁을 계속할 수 있었다. 그러나 해방자는 카모세의 형제인 아모시스(Amosis, 주전 1552-1527년경)였는데, 그는 제18왕조의 창건자로 여겨지고 있다. 아모시스는 힉소스족을 거듭 공격하여 마침내 동북 국경지대 부근에 있는 그들의 수도 아바리스로 몰아내었다. 드디어 (주전 1540년경 또는 그 이후) 아바리스도 점령되었고 침략자들은 이집트로부터 추방되었다. 그런 다음 아모시스는 그들을 팔레스타인까지 추격하여 거기서 3년 동안의 전투 끝에 그 땅의 남쪽 국경지대에 있는 샤루헨(Sharuhen) 요새를 함락시켰다. 이집트가 당시 세계에서 확고 부동하게 최강대국으로 된 이집트의 제국시대가 눈앞에 다가왔다.

b. 메소포타미아에서 민족 이동: 주전 17세기와 16세기

힉소스족의 이집트 침입과 때를 같이 하여 비옥한 초승달 지대 전지역에 걸쳐 새로운 민족들이 커다란 압박을 가해 왔다. 이들 가운데는 후리족(Hurrians)도 끼어 있었는데,[32] 이 족속의 고향은 아르메니아의 산악지대이었던 것 같고, 그 언어는 후대의 우라르투(Urartu) 왕국의 언어와 비슷하였다. 주전 24세기경의 설형문자 문서들에서 처음으로 언급되고 있는 이 족속은 이미 말했듯이 그들 가운데 상당수가 북부 메소포타미아, 특히 동부 티그리스 지역으로 밀려 들어왔는데, 이때가 구티족이 아카드 제국을 멸망시킨 무렵이었다. 그러나 비록 마리(Mari) 등지에서 나온 문서들이 후리족의 존재를 보여 주기는 하지만, 주전 18세기 상부 메소포타미아의 주민 가운데서는 여전히 아모리족들이 우세하였다. 하지만 주전 17세기와 16세기에 들어와서는 비옥한 초승달 지대 전지역, 곧 동부 티그리스 지역, 상부 메소포타미아 너머 남부 및 서남 지역, 북부 수리아, 심지어 남쪽으로는 팔레스타인까지도 후리족들의 대거 유입이 있었다.

헷 지방도 마찬가지였다. 주전 2000년대 중엽에는 상부 메소포타미아와 북부 수리아는 후리족으로 들어 차 있었다. 동부 티그리스 지역에 있는 누지(Nuzi)의 주민은 (주전 15세기의 문서들이 보여 주듯이) 거의 대부분 후리족이었다. 북부 수리아의 알라라크(Alalakh)는 주전 17세기에도[33] 이미 상당히 많은 후리족들이 있었는데 이제는 (주전 15세기 문서들이 보여 주듯이) 압도적이 되었다. 후리족과 함께 인도-아리안족이 밀려 들어왔고 일부는 후리족과 함께 이동하고 있었다. 이것은 아마 인도-아리안계가 이란과 인도에 정착하는 결과를 가져왔던 저 민족 대이동의 일부였을 것이다. 알라라크와 다른 곳에 나오는 움만 만다(Umman-manda)는 이 무리였음에 틀림없다.[34] 이 민족에 대해서는 나중에 좀더 이야기하고자 한다. 그들은 빠른 병거들을 이용하여 광범위한 지역에 걸쳐 여러 나라의 간담을 서늘케 하였음에 틀림없다. 주전 15세기가 되기 전에 암흑시대가 걷히면서 상부 메소포타미아 에 걸쳐 미타니(Mitanni) 왕국이 수립되었다. 그 통치자들은 인도-아리안인이었지만 주민은 기본적으로 후리족이었다.

위에서 말한 민족 이동은 왜 함무라비가 자신의 원정을 좀더 북쪽과 서쪽으로

32) 후리족에 대해서는 O'Callaghan, *op. cit.*, pp. 37-74; Goetze, *Hethiter, Churriter und Assyrer*(Oslo: H. Aschehoug, 1936); I. J. Gelb, *Hurrians and Subareans* (The University of Chicago Press, 1944); E. A. Speiser, *Hurrians and Subareans*(*JAOS*, 68 〔1948〕, pp. 1-13)을 보라; cf. *idem.*, *AASOR*, XIII(1931 1932), pp. 13-54; *idem.*, *Mesopotamians Origins*(University of Pennsylvania Press, 1930), pp. 120-163; 또한 J. R. Kupper, *CAH*, II:1(1963).

33) D. J. Wiseman, *The Alalakh Tablets*(London: British Institute of Archaeology at Ankara, 1953)을 보라; cf. E. A. Speiser, *JAOS*, 74(1954), pp. 18-25. 더 오래된 일단의 문서들이 발견된 제7지층(Level VII)은 주전 18세기보다는 17세기의 것으로 추정되어야 할 것 같다; cf. Albright, *BASOR*, 144(1956), pp. 26-30; 146(157), pp. 26-34; R. de Vaux, *RB*. LXIV(1957), pp. 415f.

34) Cf. Albright, *BASOR*, 146(1957), pp. 31f.; 또한 *ibid.*, 78(1940), pp. 30f.; 그러나 Kupper, *CAH*, II:1(1963), pp. 40f.도 참조하라.

확대시킬 수 없었는지, 또 왜 그가 건설한 제국이 지속될 수 없었는지를 설명하는데 의심할 여지없이 도움이 된다. 확실히 그의 제국은 오래 지속되지 못했다. 그의 후계자 삼수 일루나(Samsu-iluna, 주전 1685-1648년) 때에 그 제국은 이미 무너졌으며, 그 왕조는 150년 가량 이럭저럭 명맥을 유지할 수는 있었지만 결코 세력을 되찾을 수는 없었다. 이것은 정복당한 나라들이 그들의 독립을 다시 천명하고 나섬으로써 내부 분열이 생긴 데에 일부 그 원인이 있다. 함무라비가 죽은 직후에 이신(Isin) 왕가의 자손인 일루 마 일루(Ilu-ma-ilu)란 사람이 반란을 일으켜 남부에 한 왕조를 창건하였다(the Dynasty of the Sea Land). 온갖 노력에도 불구하고 바빌로니아는 이 경쟁자를 항복시킬 수 없었으므로 국토는 항구적으로 둘로 갈라지고 말았다. 또한 바빌로니아는 외부로부터 오는 새로운 민족들의 압력에서 면제될 수 없었다. 함무라비의 후계자의 치세 동안에 카시족(Kassites, Cossaeans)이라 불린 민족이 이 땅에 나타나기 시작했다. 이란의 고원 지대에서 왔다는 것을 제외하고는 이 민족의 기원에 관해서는 알려진 것이 아무것도 없다. 아마 그들은 인도-아리안족의 압력에 쫓기어, 전에 구티족과 마찬가지로 산악지대에서 쏟아져 내려와, 차츰 메소포타미아 평원의 인접 지방들을 장악하기 시작했으리라. 그들의 세력은 곧 바빌로니아와 경쟁하게 되어 점점 더 바빌로니아의 존립 자체를 위태롭게 하였다.

c. 힉소스 시대의 팔레스타인

물론 팔레스타인도 이러한 흥망 성쇠를 피하지 못했다. 더욱이 팔레스타인은 힉소스 제국의 일부였고, 힉소스족은 상당수 이 지역과 남부 수리아에서 옮겨갔음이 분명하다. 이에 더하여 이 시기의 팔레스타인[35]에는 어떤 새로운 귀족 계급과 아울러 북쪽에서 온 무리들이 유입해 들어왔음을 보여 주는 풍부한 증거가 있다. 이전의 문헌들에서는 팔레스타인 출신의 거의 모든 이름이 셈족 계열이었던 반면에, 주전 15세기와 14세기의 기록들에서는 비록 셈족 계열의 이름이 여전히 수적으로는 우세하긴 해도 후리족과 인도-아리안족의 이름도 많이 나타난다. 다음 시대의 이집트 바로들은 팔레스타인을 후루(Huru)로 알고 있었으며, 성경은 팔레스타인에 정착한 후리족(호리족, Horites)을 언급하고 있다.[36] 그러므로 위에서 말한 인도-아리안족과 후리족의 돌격은 팔레스타인까지 미치지 못하고 지쳐 버린 것이 아님이 분명한 듯하

---

35) Albright의 시대 구분에 의하면 중기 청동기 제2기 B-C이고, Miss Kenyon의 시대 구분에 의하면 중기 청동기 제2기이다. 앞의 주16을 보라.

다. 아마 이 민족 가운데 어떤 인도-아리안계 귀족 계급이 후리족인 하층 계급과 평민 그리고 때로는 그 상류층도 장악하고 있었을 것이다. 후기의 힉소스 통치자들 가운데 몇 사람은 바로 이러한 또는 비슷한 셈족 이외의 배경을 가진 사람들이었던 것으로 보인다.

이 새로운 이주자들은 무서운 신무기와 군사 기술을 갖고 왔다. 그들이 소유하고 있었던 말이 끄는 병거와 복합식 활[37]은 당시 세계에서는 아무도 당할 수 없는 기동력과 화력을 그들에게 주었다. 병거는 서아시아에서는 훨씬 이전부터 알려져 있었지만 인도-아리안족 사이에서 개량되어 이전과는 비교도 되지 않는 효율적인 전술무기로 사용되었다. 이의를 제기하는 학자들도 있긴 하지만, 힉소스족은 아마도 이 새로운 무기들과 기술을 잘 알고 있었고, 이러한 것들을 알지 못하고 있었던 이집트를 장악하는 데 활용하였다. 또한 이 시대에 특징적인 유형의 요새도 등장하였다. 처음에 이 요새는 성벽 아래에 있는 둔덕의 비탈진 곳에 쌓인 비스듬한 제방으로 이루어져 있었는데, 이 제방은 이긴 흙, 진흙, 자갈을 층층이 쌓은 다음 그 위에 회반죽을 입힌 것이었다. 후에는 이긴 흙 대신에 돌이 사용됨으로써 제방은 인공 둔덕을 덮씌운 거대한 경사진 방벽(防壁)으로 바뀌었다. 이것은 아마 이 때에 널리 사용되고 있었던 파성퇴(破城槌)에 대한 방어용으로 고안되었을 것이다.[38]

팔레스타인의 거의 모든 대도시는 이런 종류의 요새를 갖추고 있었다. 그외에도 여러 곳에서 거대한 직사각형의 구역들이 발견되었다. 이 구역은 보통 둔덕 위에 있는 성벽으로 둘러쳐진 도시에 인접한 평지에 위치했는데, 이긴 흙으로 쌓아 올린 높은 누벽(樓壁)으로 둘러싸여 있었으며, 바깥의 밑둘레에는 호(濠)가 파져 있었다.

---

36) Cf. W.F. Albright, "The Horites in Palestine" (*From the Pyramids to Paul*, L. G. Leary ed., 〔New York: Nelson, 1935〕, pp. 9-26). 성경에 언급되어 있는 다른 정체 불명의 몇몇 족속들(히위족, 브리스족, 기르가스족 등)도 아마 후리족이었을 것이다; cf. E. A. Speiser, "Hurrians", *IDB*, II, pp. 664-666. 그러나 R. de Vaux, "Les Hurrites de l'histoire et les Horites de la Bible" (*RB*, LXXIV 〔1967〕, pp. 481-503)을 참조하라. 그는 호리족과 후리족 사이에 어떤 관련성이 있음을 의문시한다(그리고 후리족이 이 시기 후까지도 도착했다고 믿지 않는다).

37) 복합식 활은 일찍이 아카드 제국시대에도 이미 알려져 있었던 것으로 보이지만, 주전 2000년대의 초기 세기들에서는 거의 사용되지 않았다는 것이 분명하다; cf. Yadin, *op. cit.*, Vol. I, pp. 47f., 62-64; 또한 *idem*, *IEJ*, 22 (1972), pp. 89-94.

38) Cf. Y. Yadin, "Hyksos Fortification and the Battering Ram" (*BASOR*, 137 〔1955〕, pp. 23-32). 초기 청동기시대와 관련있는 이와 비슷한 요새들에 대해서는 J. D. Segar and O. Borowski, *BA*, LX (1977), 특히 pp. 158-160를 참조하라.

이런 구역은 이집트, 팔레스타인과 수리아 일대(예를 들면, 하솔〈Hazor〉, 카트나〈Qatna〉), 유프라테스강 유역의 갈그미스에까지도 알려져 있었다. 이 구역은 힉소스족의 병거, 군마, 군사들의 다른 보급품들을 넣어 두는 방어진지로 건설되었다고 오랫동안 생각되어 왔다. 그러나 그 구역의 원래의 목적이 무엇이었든 그 구역 안에 곧 여러 종류의 건물들이 들어서서 사실상 도시의 외곽 거주 지역이 되었고 원래의 도성(都城) 내에 수용될 수 없었던 사람들 — 의심할 여지없이 군대와 군무원들의 수가 늘어나 — 이 거주했음을 보여 주는 증거가 있다.[39]

또한 이때쯤 해서 족장을 중심으로 한 아모리족의 반유목민적인 소박한 삶은 거의 자취를 감추었다. 도시들이 많이 생겼고 훌륭하게 건설되었으며 앞에서 살펴본 대로 견고하게 요새화되었다. 물질 문명의 두드러진 발달과 아울러 인구도 전반적으로 증가했다. 이스라엘의 정복 이전까지 팔레스타인의 특징이었던 도시 국가 조직이 이때부터 발전해 왔던 것으로 보인다. 즉, 팔레스타인은 여러 소왕국 또는 속주로 나뉘어 각각 통치자를 갖고 있었다. 이들은 의심할 여지없이 외부의 더 높은 지배권에 복종하고 있었다. 사회의 구조는 봉건적이었고, 부의 분배는 극히 고르지 못하였다. 귀족들의 호화로운 저택들 옆에 별로 자유가 없었던 농노(農奴)들의 오두막집들이 나란히 있었다. 그런데도 당시의 도시들은 고대 팔레스타인에서는 거의 찾아볼 수 없었던 번영을 누렸다는 것을 보여 준다.

d. 헷족의 고왕국과 바빌로니아의 몰락

이미 말한 바와 같이, 이집트의 암흑기는 주전 1540년경 힉소스족을 추방하고 제18왕조가 출현하면서 끝났다. 그러나 바빌로니아는 그렇게 운이 좋지 않았다. 바빌로니아의 암흑기는 더욱 깊어졌기 때문이다. 이미 내적으로 약화되고 카시족의 침입으로 시달리고 있었던 바빌로니아는 주전 1530년경 멸망하였고 바빌로니아 제1왕

---

39) 이런 유형의 요새에 관한 묘사를 보려면 Yadin, *op. cit.*, Vol. I, pp. 67f.를 참조하라; 댐으로 에워싸인 "고립 지역"의 면적이 175에이커 이상 되었던 하솔에 대해서는 *idem. Hazor*(London: Oxford University Press, 1972), 특히 제2부를 참조하라. 이 구축물들을 다르게 이해하고 있는 것에 대해서는 *ZDPV*, 84(1968)에 실려 있는 G. R. H. Wright와 P. Parr의 논문들을 참조하라.

40) O. R. Gurney, *The Hittites*(Penguin Books, Inc., 1952)를 참조하는 것이 편리하다; 또한 K. Bittel, *Grundz ge der Vor-und Fr hgeschichte Kleinasiens*(Tübingen: Ernst Wasmuth, 2nd ed., 1950); A. Goetze, *opera.*(주6과 32): 좀더 최근의 것으로는 J. Mellaart, *CAH*, I:24(1964), pars. 1-6; *ibid.*, II: 6(1962); H. A. Hoffner, *POTT*, pp.197-228를 참조하라.

조는 끝장이 났다. 그러나 '최후의 일격' (*coup de gr ce*)은 카시족이나 이웃의 경쟁 국가가 아니라 먼 아나톨리아(Anatolia)에서 온 헷족의 침입을 통해 왔다.

여기서 헷족의 기원이라는 골치아픈 문제를 가지고 지체할 수는 없다.[40] 헷족이라는 이름은 지금까지 알려져 있는 어느 어족(語族)과도 상관이 없는 언어를 사용했던 하티(Hatti)라 불린 어느 비(非)인도-유럽계 민족으로부터 유래하였다. 이 민족에 대해서는 알려져 있는 것이 거의 없다. 그러나 주전 3000년대에 그들은 북부 중앙 소아시아, 나중에 헷 제국의 수도가 된 하투사스(Hattusas, Boghazky) 지역에 자리를 잡았는데, 그들은 이 지역에 자기들의 이름을 붙였거나 이 지역의 이름을 자기들의 이름으로 삼았을 것이다. 하티(Hatti)라는 말은 어원학상으로 영어의 "힛타이트"(Hittite)와 동일하지만, 후대의 역사에서 바로 이 헷(힛타이트)이란 이름으로 부르게 된 민족과의 혼동을 피하기 위하여 이 민족은 보통 하티족(Hattians) 또는 원(原)헷족이라 부른다. 그러나 주전 3000년대를 지나는 동안에 소아시아에는 서로 밀접한 관계가 있는 인도-유럽어들(Luvian, Nesian, Palaic)을 사용하는 여러 종족들이 북방으로부터 이 지역으로 이주해 와서 정착함에 따라 새로운 주민들이 생겨났다. 이 새로운 이주자들은 이전의 주민들과 뒤섞였다. 결국 하티어는 하티어가 생겨났던 바로 그 땅에서 네시안어로 대체되었고, 그 결과 네시안어는 헷어로, 그리고 이 언어를 사용하는 사람들은 헷족으로 알려지게 되었다. 헷족은 자신들의 언어(네시안어뿐만 아니라 루비안어도)를 설형문자로 기록하였는데, 이것은 메소포타미아에서 빌려 온 것이었다 — 하지만 루비안어의 방언을 기록하기 위한 상형문자도 발달되었다.

주전 2000년대가 시작되었을 때, 헷 지방(주전 19세기의 갑바도기아 문서가 알려주듯이)은 쿳사라(Kussara), 네사(Nesa), 잘파(Zalpa), 하투사스(Hattusas) 등 도시 국가 체제로 구성되어 있었다. 주전 17세기 초에는 쿳사라 왕들의 치세 아래에서 어느 정도 통일이 이루었졌던 것으로 보이긴 하지만, 헷족이 세력을 떨친 최초의 시기는 이른바 고왕국(the Old Kingdom)이 창건되기 시작한 때였다. 고왕국이 창건된 것은 전승에 의하면 라바르나스(Labarnas)의 공이라고 하고 있으나(주전 17세기 후반?), 그 시원(始原)은 좀더 거슬러 올라가는 것으로 보인다.[41] 어쨌든 주전 16세기 중엽 이전에 강력한 헷족 왕국이 동부 및 중앙 소아시아에 존재하고 있었

41) Alalakh의 서판들은 라바르나스보다 몇 세대 전의 어느 헷 왕이 알레포(Aleppo)와 싸웠음을 알려주는 것으로 보인다: cf. Albright, *BASOR*, 146(1957), pp. 30f.

다. 왜냐하면 우리는 라바르나스의 후계자인 하투실리스(Hattusilis) 1세가 수리아로 남진하여 ― 헷족의 왕들이 가능할 때는 언제나 그렇게 하였듯이 ― 얌카드(Yamkhad, Aleppo)를 공격하였다는 것을 알고 있기 때문이다. 알레포는 마침내 그의 후계자인 무르실리스(Mursilis) 1세에게 함락당했다. 그런 다음(주전 1530년경) 무르실리스 1세는 후리족의 영토를 거쳐 유프라테스강을 따라 내려가 바벨론까지 대담한 공격을 감행하였다. 이 원정은 성공하였다. 바벨론은 점령되고 약탈되었으며, 300년 동안 지속되었던 제1왕조의 통치는 끝이 났다.

그러나 이것은 메소포타미아 전지역이 헷족의 수중에 들어갔음을 뜻하지는 않았다. 무르실리스의 장기는 기습 공격이었다. 그 이상은 아니었다. 그는 유프라테스강 유역을 자신의 제국에 결코 병합하지 못했다. 이와는 반대로, 동쪽으로부터 후리족의 압력에 시달리고 또 폭력 없이 왕권을 계승하는 데 만성적으로 무능했던(무르실리스도 살해되었다) 헷족의 고왕국은 급속히 쇠퇴하였다. 역사의 무대에서 별로 중요치 않은 다음 1세기 이상 헷족의 세력은 소아시아 안으로 물러가 있었다. 그 동안에 바빌로니아에서는 카시족(Kassites)이 잠시 남부 왕조(the Sea Land)의 왕들과 경쟁하다가 지배권을 이어받았다. 한 카시족 왕조는 400여 년 동안(주전 12세기까지) 세력을 잡고 있었다. 바빌로니아로서는 다시는 우월한 지위를 차지할 수 없었던 암흑기였다. 평시의 예술들은 쇠퇴하였고, 상업은 1세기 이상이나 정상 상태를 회복하지 못했다. 이와 동시에 이웃 나라들에 의해 심하게 압박을 받았던 앗시리아는 소국으로 전락하여 간신히 명맥만을 유지할 수 있었다. 따라서 족장시대 전체를 통하여 메소포타미아에는 지속적인 정치적 안정이 이루어진 적이 없었음을 알 수 있다.

이집트가 부흥하고 메소포타미아는 혼란에 빠진 이 시점에서 우리의 이야기를 잠시 중단해야 하겠다. 이스라엘의 선조들이 이 시기에 이미 이집트에 들어가 있었느냐 하는 것이 우리가 살펴보아야 할 문제이다. 그러나 창세기 12-50장에 나오는 여러 설화들은 방금 위에서 묘사한 시대들을 배경으로 고찰되어야 할 것이다.

제 2 장

족장시대

족장들에 관한 이야기들(창 12-50장)은 성경의 처음 여섯 권에 나오는 이스라엘의 기원에 관한 저 위대한 신학적 역사의 최초의 장(章)을 이루고 있다. 이 이야기들은 우리들에게 이스라엘이 가나안을 차지하기 수 세기 전에 선조들이 먼 메소포타미아를 떠나 와서, 가나안 땅이 언젠가는 그들 자손들의 소유가 되리라고 한 그들의 하나님의 약속을 의지하여 반유목민이 되어 그 땅을 유랑하였다는 것을 알려준다. 사실상 이스라엘의 기원 및 이스라엘이 팔레스타인에서 한 민족으로서 생활을 시작하기 이전의 그 전사에 관해 우리가 알고 있는 모든 것은 이스라엘 스스로가 기억해 온 대로 이 사건들에 대한 민족 전승을 보존하고 있는 육경(Hexateuch)의 설화에서 나온다. 다른 어느 고대 민족도 이에 비할 만한 전승들을 갖고 있지 않았다. 실로 내용의 풍부함, 문학적 아름다움 그리고 신학적 깊이에서 모세 육경은 인류 역사를 통틀어 같은 유형의 문헌들 가운데서 그 유례를 찾아볼 수 없다. 새로운 증거(예를 들면 에블라에서 나온 것과 같은)로 인해 여기에 서술된 내용을 개정하지 않을 수 없게 되었고 또한 어쨌든 족장들의 정확한 연대를 추정할 수 없는 사정이 있긴 하지만 족장들에 관한 이야기들은 대체적으로 앞 장에서 서술한 세기들의 맥락 안에 가장 잘 들어맞는 듯하다.

이 모든 것을 고려하면, 이스라엘의 기원에 관한 이야기는 물론이고 족장들의 생애를 서술하는 것이 쉬운 듯이 보일는지 모른다. 그러나 사실은 그렇지 않다. 성경의 설화들은 같은 시대 역사의 다른 사건들과 대략적으로나마 서로 관련시킬 수 없을 뿐만 아니라, 그 설화들 자체가 이스라엘 역사를 서술할 때 주요한 문제가 되고 있다. 그 문제란 한마디로 말하면, 이 초기 전승들을 역사적 사건들을 재구성하는 토대로서 어느 정도까지 이용할 수 있느냐 하는 점이다. 이것은 회피할 수 없는 문제다. 이 문제를 제기하는 것이 성경 본문을 아무런 의문 없이 받아들이고 싶어하는 사람들을 불안하게 만든다고 한다면, 이 문제를 회피하는 것은 반대 의견을 가진 사람들에게 문제를 회피한다는 인상을 주게 될 것이고, 이렇게 되면 우리의 토론은 무가치하게 되고 말 것이다. 그러므로 여기서 이 문제의 성격과 이에 대한 연구 방법에 관해 몇 마디 해두는 것이 좋을 듯하다.[1)]

A. 족장 설화: 문제점과 연구 방법

1. 자료의 성격

이스라엘의 기원을 서술할 때 문제점은 우리가 이용할 자료의 성격 자체에서 비롯하고 있다. 역사는 당시의 사료(史料)들을 토대로 해서만 신빙성 있게 쓸 수 있다고 말하는 것이 옳다면, 이스라엘의 기원을 서술할 때 문제점을 쉽게 납득할 수 있다. 왜냐하면 족장설화들은 분명히 그 안에서 이야기되고 있는 사건들과 같은 시대의 역사적 기록들이 아니기 때문이다. 많은 사람들은 신적 영감이 그것들의 역사적 정확성을 보증한다고 생각할 수도 있겠지만, 교의(dogma)에 호소하여 이 문제를 얼버무리는 것은 현명하지 못할 것이다. 분명히 성경은 엄격한 역사학적 방법으로부터 면죄부를 주장하지 않을 것이며, 오히려 성경도 다른 역사 기록들에 적용되는 엄밀한 조사를 감당해 낼 수 있다고 믿는 것이 좋을 것이다.

---

1) 나의 연구서인 *Early Israel in Recent History Writing: A Study in Method*(London: SCM Press, 1956)를 참조하라. 방법론적 문제에 대한 논의는 계속되고 있다: 예를 들면, G. E. Wright, "Old Testament Scholarship in Prospect"(*JBR*, XXVIII 〔1960〕, pp. 182-193); *idem.*, "Modern Issues in Biblical Studies: History and the Patriarchs"(*ET*, lxxi 〔1960〕, PP. 292-296; G. von Rad, "History and the Patriarichs"(*ET*, LXXII 〔1961〕, pp. 213-216); M. Noth, "Der Beitrag der Archäeologie zur Geschichte Israels"(*VT*, Suppl., Vol. VII 〔1960〕, pp. 262-282; G. E. Mendenhall, "Biblical History in Transition"(*BANE*, pp. 32-53); R. de Vaux, "Method in the Study of Early Hebrew History"(*The Bible in Modern Scholarship*, J. P. Hyatt, ed. 〔Abingdon Press, 1965〕, pp. 15-29. 자세한 것은 주12와 13을 보라.

a. 자료 가설(the Documentary Hypothesis)과 족장 설화의 문제점

족장 설화는 전승에 의해서도 모세(여러 세기 후에 등장한)에 의해 기록되었다고 생각되어 왔기 때문에, 족장 설화는 어떤 이론 아래에서도 사건 당시의 역사적 기록들이 아니다. 그럼에도 불구하고 19세기 후반에 성경 비평이 큰 성과를 거두고 현대적인 역사학 방법론을 성경에 적용하였을 때에야 비로소 이 문제가 처음으로 분명하게 떠올랐다. 육경(Hexateuch)은 네 가지의 주요 자료(J, E, D, P) (와 그 밖의 소자료들)로 구성되었으며, 그 가운데 가장 초기의 자료(J)는 9세기, 가장 후기의 자료(P)는 바벨론 포수(捕囚) 이후의 것으로 추정된다는 가설이 제기되었고 점차로 학문적인 합의를 얻게 되었다. 이 가설로 말미암아 성경 비평가들은 이스라엘의 초기 전승들을 회의적인 눈으로 바라보게 되었다는 것은 충분히 이해할 수 있는 일이다. 그 전승들 가운데 어느 것도 그 속에 서술된 사건들과 조금치라도 엇비슷한 시대의 것으로 생각될 수 없었고 또한 학문상의 전제들로 말미암아 사실적(事實的) 정확성을 보증하는 것으로서 성경에 관한 교리에 호소할 수 없게 되었기 때문에, 극히 부정적인 평가가 나올 수밖에 없었다.

그 전승들이 역사상의 회고담을 포함하고 있다는 것은 인정되었지만, 그 누구도 이 회고담이 역사상의 사건들을 어느 정도 반영하고 있는지를 확신을 갖고 말할 수는 없었다. 그래서 사람들은 이스라엘의 기원에 관한 이야기를 재구성할 때 그 전승들을 무게 있게 다루기를 주저하였다. 족장 설화들에 관한 한, 그 설화들이 여러 자료들이 씌어진 당시의 신앙과 풍습을 밝혀 주는 것으로는 소중하게 평가되었지만, 이스라엘의 전사(前史)에 관한 사료의 가치는 전무(全無)는 아니더라도 극히 적은 것으로 여겨졌다.[2] 아브라함, 이삭, 야곱은 흔히 씨족들의 명칭의 유래와 관련된 시조(始祖)들 또는 심지어 신화의 인물들로 설명되었고, 그들이 실제로 생존했느냐 하는 것도 이따금 의문시되곤 하였다. 창세기에 묘사된 족장들의 신앙은 후대의 신앙을 과거에 투영한 것으로 생각되었다. 당시에 유행했던 진화론들과 보조를 같이 하여, 유목 생활을 하던 이스라엘 선조들의 신앙은 실제로 정령숭배(animism) 또는 다령숭배(polydaemonism)였던 것으로 서술되었다.

오늘날조차, 위의 그러한 판단이 지나치게 가혹했다는 인식이 널리 확산되어 있음에도 불구하고 이 문제는 아직 해결되지 않고 있다. 자료 가설은 여전히 일반적으

2) 고전적으로 J. Wellhausen, *Prolegomena to the History of Israel*(Eng. tr., Black and Menzies 〔Edinburgh: A. and C. Black, 1885〕, pp. 318f.가 그렇다.

로 받아들여지고 있고, 어떤 논의에서나 출발점이 되고 있다. 벨하우젠(Wellhausen)과 그의 추종자들에 의해 전개된 이스라엘의 역사와 종교의 재구성을 옹호하는 사람은 오늘날 거의 없고 또한 그 자료들도 대부분 완전히 새로운 견지에서 고찰되기에 이르렀지만, 자료 가설 자체가 전반적으로 포기된 것은 아니다.[3] 구전 전승의 연구 방법을 채택하고 문헌 비평의 방법을 포기할 것을 선언한 학자들조차도 J, E, D, P라는 약호로 지칭되고 있는 것과 대체로 일치하는 자료군(資料群)을 전제하고 작업하지 않을 수 없다고 여전히 생각하고 있다.[4] 그러므로 성경 비평의 창시자들이 제기한 문제는 여전히 힘을 발휘하고 있다. 현재에 이르기까지 이스라엘의 역사에 관한 논술들은 그 초기 전승들을 부정적으로 평가를 하는 경향을 보여 왔으며 그 결과 그것들을 사료로서 의존하기를 꺼리고 있다.

b. 족장 전승들에 대한 새로운 조명.

그럼에도 불구하고, 비록 문제의 중대성이 줄어든 것은 아니지만 전승들에 대한 새롭고 좀더 동정적인 평가가 요구된다는 것이 점차 분명해졌다. 이러한 결론은 교의상의 이유에서가 아니라 여러 갈래의 객관적인 연구에 의해서 내려졌다. 이 문제와 관련하여 진행되어 왔던 이러한 연구들은 이전에 지녀 온 개념의 수정을 불가피하게 만들었다. 이러한 연구들 가운데서 가장 중요한 것은 이스라엘이 기원한 시대를 비춰 준 고고학적 연구였다. 자료 가설이 제기되었던 당시에는 고대 오리엔트에 관해 직접적으로 알려진 것이라곤 거의 없었다는 사실을 깨달아야 한다. 그 문명이 참으로 오래된 것임을 짐작조차 하지 못했고, 그 여러 가지 문화들의 특성도 거의 이해하지 못하고 있었다. 그러므로 그 전승들을 평가하는 데 필요한 객관적인 준거틀이 없었기 때문에, 스스로 서술하고 있는 사건들과 시간적으로 너무도 멀리 동떨어진 때에 기록된 문서들의 역사적 가치를 의심하고 또한 이스라엘을 주변 배경과 격리시켜 관찰함으로써 이스라엘 초창기의 신앙이나 관습을 매우 조잡했던 것으로 단정하기가 쉬웠다.

---

3) 자료 가설은 그 관례적인 형태로써 공격을 받고 있다: cf. R. Rendtorff, *Das berlieferungsgeschichtliche Problem des Pentateuch*(BZAW, 147[1977]); H. H. Schmid, *Der sogenannte Jahwist: Beobachtungen und Fragen zur Pentateuchforschung*(Zürich: Theologischer Verlag, 1976). 또한 *JSOT*, 3(1977)에 나오는 여러 학자들의 논의를 보라. 물론 이들 가운데 그 누구도 전통적인 입장으로 되돌아가는 모습을 보여 주지 않고 있다.

4) C. R. North in *OTMS*, pp. 48-83을 보라. 특히 웁살라(Uppsala)학파의 업적에 관한 그의 논평을 보라.

이러한 상황이 근본적으로 변화했다는 것은 말할 필요도 없다. 수많은 유적들이 발굴되었고, 자료와 명문(銘文)과 같은 유물들이 빛을 보게 되어 그 내용이 분석됨에 따라 족장시대는 믿을 수 없을 정도로 자세하게 밝혀졌다. 오늘날 우리는 이스라엘의 기원 시대와 동일한 시기의 문헌들을 문자 그대로 수만 점이나 갖고 있다. 이 가운데 중요한 것들로는 다음과 같은 것들이 있다: 주전 18세기의 마리 문서(the Mari texts, 약 25,000점), 주전 19세기의 갑바도기아 문서(the Cappadocian texts, 수천 점), 바빌로니아 제1왕조의 수천 점의 문헌들(주전 19세기부터 16세기까지), 주전 15세기의 누지 문서(the Nuzi texts, 수천 점), 주전 17세기와 15세기의 알라라크 서판들(the Alalakh tables), 라스 샴라 서판들(the Ras Shamra tablets, 주전 14세기경의 서판들이지만 더욱 이른 시대의 자료도 포함하고 있다), 이집트 중왕조 시대의 주문(呪文) 문서(the Execration Texts)와 그 밖의 문헌들(주전 20세기부터 18세기까지), 이외에도 많은 자료들이 있다.

그리고 이제는 여기에다 더 이른 시기(주전 3000년대 중반)에 산출되었고 아직 공표되거나 분석되지 않았지만 의심할 여지없이 이스라엘의 기원에 관한 문제에 많은 빛을 던져 줄 북부 시리아에서 새로이 발견된 에블라 문서(the Ebla texts)가 추가되어야 한다. 중기 청동기 시대(주전 2000년대 초)가 상세하게 밝혀짐에 따라 족장 설화들은 왕조 시대의 문학적 창작물이기는커녕 이스라엘이 하나의 민족으로 탄생하기 훨씬 이전의 그 까마득한 시대를 많은 부분 정확하게 반영하고 있다는 것이 분명해졌다. 아래에서 우리는 이러한 증거를 몇 가지 살펴볼 것이다. 여기서 가장 합리적인 결론은 그 전승들은 그 역사적 진실성이야 어떻든간에 참으로 매우 오래된 것이라는 사실이다.

물론 이러한 사실을 알게 되었다고 해서 학자들이 자료 가설을 완전히 포기하지 않을 수 없게 된 것은 아니었다. 하지만 이것은 자료 가설의 전면적인 수정을 가져왔고 성경 전승들의 성격을 새롭게 평가하게 하였다. 오늘날에는 성경의 모든 자료들이 그 저작 연대와는 관계없이 아주 오래된 내용 자료를 포함하고 있다는 것이 잘 알려져 있다. 자료의 저자들은 그 오래된 내용 자료를 형상화하여 거기에 저자 자신의 특성을 각인해 넣었지만 — 일일이 입증할 수는 없을지라도 — 그 저자들 가운데 그 누구도 내용을 '새로이' (*de novo*) 꾸며냈을 것 같지는 않다. 이것은 자료들의 저작 연대는 대체적으로 추정될 수 있지만, 그 자료들 안에 내용은 앞뒤가 들어맞게 연대순으로 배열시킬 수 없다는 것을 의미한다. 초기의 자료들을 후대의 자료들보다 선호해야 한다거나 어느 자료의 저작 연대를 추정하는 것이 곧 그 내용의 시기와 역사적 가치에 대한 판단을 공언하는 것이라고 생각할 수 없다. 이 판단은 각각의 개별적인 전승 단위를 독립적으로 연구하여 거기에 의거해서 내려져야 한다.

그러므로 최근에 양식 비평적 방법과 자료의 비교 연구를 통해 더욱 짧은 전승 단위들을 고찰하는 데에 관심이 점차 높아진 것은 별로 놀라운 일이 아니다. 아직 일치된 결과를 말할 수는 없는 형편이지만, 이러한 연구들은 양적으로 풍성했고 또 성과도 풍부했다. 이 연구들의 개요를 이 장과 다음 장에 걸쳐 살펴볼 것이다. 그 결과 수많은 시, 목록, 법률, 설화들이 가장 늦게 기록된 자료들 안에 있는 것일지라도 먼 고대로부터 유래하였으며 커다란 역사적 가치를 지니고 있을 개연성이 높은 것으로 밝혀졌다. 이것은 가장 초기의 이스라엘에 관한 훨씬 더 단정적인 묘사가 가능하게 되었음을 의미한다.

게다가 그 자료들이 비록 시기적으로는 여러 세기 후에 쓰이긴 했지만 훨씬 이전의 시기를 믿을 만하게 정확히 반영하고 있다는 사실로 인해 내용 자료의 전달에서 구전 전승의 역할을 점차 높이 평가하게 되었다. 고대 세계의 문학 가운데 다수 — 서사시적 이야기들, 민간 전승, 법률 및 전례 자료 — 가 구전으로 전해져 왔다는 것은 널리 인정되고 있다. 최근까지도 글로 기록된 자료가 드물고 문맹률이 높은 사회들에서는 온갖 전통 문학이 구두로 여러 세대에 걸쳐, 아니 여러 세기에 걸쳐 전해져 왔다는 것이 알려진 바 있다. 그런 내용들이 글로 기록되었을 때에도 구전 전승이 반드시 중단되는 것은 아니고 문서 전승과 나란히 나름대로 기능을 계속 발휘하는데, 이때 후자는 전자를 대신하는 것이 아니라 전자를 통제하는 역할을 하게 된다.[5] 구전 전승의 지속력은 때와 환경에 따라 변하므로 과장되어서도 무시되어서도 안 된다. 운문은 산문보다 더 쉽게 기억되기 때문에, 운문으로 된 내용이나 흔히 법률 자료와 같이 정형어구들로 된 내용은 다른 강화(講話) 형태들보다 훨씬 더 정확하게 전달될 것이라고 생각하는 것은 타당하다.

더욱이 구전 전승은 내용을 관습적인 형식들로 정형화하고 형상화하여 재편성하고 걸러내어 흔히 거기에 교훈적 목적을 부여하는 경향을 띠고 있다는 것을 언제나

5) Albright, *FSAC*, pp. 64-81를 보라. 이 주제에 관한 문헌은 아주 방대해서 여기에 다 열거할 수 없다; R. C. Culley, ed., *Oral Tradition and Old Testament Studies*(Missoula, Mont.: Scholars Press, 1976)에 나오는 논의를 참조하라. 비교적 현대에 있어서 구전이 어떻게 작용하는가를 보여 주는 예들에 대해서는 T. Boman, *Die Jesus- berlieferung im Lichte der nereren Volkskunde*(Güttingen: Vandenhoeck & Ruprecht, 1967), pp. 9-28를 참조하라.

고려해야 한다. 한편, 문자가 존재하고 문자가 상상의 변덕에 대한 제동 장치 역할을 할 수 있으며 종족 조직이 조상의 전승들에 대한 관심을 생생하게 유지하고 있는 곳에서는 구두 전달이 더 지속력을 갖는 경향을 보여 준다. 이러한 조건들은 히브리인의 전승들이 형성되고 있었던 시기에 그들 사이에서 잘 갖추어져 있었다고 할 수 있다. 왜냐하면 히브리인들은 종족과 제의(祭儀)의 연대감이 특히 강했고 또한 그들의 역사의 모든 시기에 걸쳐 널리 글이 사용되고 있었기 때문이다. 그러므로 우리는 현재의 오경의 자료들과 그 자료들이 말해 주고 있는 사건들과의 사이에는 비록 복잡하기는 하지만 면면히 이어져 온 생생한 전승의 흐름이 있다고 추론할 수 있다. 또한 우리는 글로 기록되는 과정이 시작된 후에도 구전 전승은 그 내용을 형성하고 걸러내고 보충하는 자신의 역할을 계속하였다고 추론할 수 있다.

c. 자료들의 배후: 전승의 형성

족장들에 관한 전승들이 여러 자료들 안에 수록되기 이전의 역사는 단지 부분적으로만, 그것도 추론에 의해서 더듬어 볼 수 있을 따름이다. D자료는 여기서 고찰할 수 없고 P자료는 연대기적 및 계보적 틀을 제공해 주긴 하지만 설화에는 별로 보탤 만한 것이 없기 때문에, 내용의 대다수는 J자료와 E자료에 포함되어 있는 셈이다.[6] 이 두 자료는 수많은 차이점에도 불구하고 개요에서 현저한 동질성을 갖고 있으며 근본적으로 동일한 이야기를 하고 있다. 사실 이 두 자료의 실제적인 차이점들은 겉으로 드러나 보이는 것보다도 적은 듯하다. 왜냐하면 이 자료들이 단일한 설화(JE)로 편집되었을 때(아마도 주전 721년 이후), 한쪽의 줄거리(보통 J)를 토대로 하여 다른 쪽은 그것을 보충하는 데 사용하였던 것 같기 때문이다. 그 결과 두 자료의 내용이 비슷할 때에는 그 가운데 하나는 생략하는 경향을 보여 주었고 두 자료가 서로 다른 경우에만 두 가지 이야기를 다 수록하였다.[7] 이것이 사실이라면, 관찰 가능한 차이점들은 두 자료의 최소의 차이가 아니라 최대의 차이를 나타내는 것이다.

J자료와 E자료가 공통의 옛 전승군(傳承群)에서 뽑아낸 내용을 전하고 있다는 것은 어느 모로 보나 거의 그런 것 같다. 두 자료간에 차이점들이 있는 것으로 보아 E자료가 전적으로 J자료에만 의존하고 있다고 믿기는 어렵고, 또 한편으로 서로간에 유사점들이 있는 것으로 보아 두 자료가 서로 전혀 관계가 없다는 것도 마찬가지

---

6) 특히 M. Noth, *A History of Pentateuchal Traditions*(1948; Eng. trs., Englewood Cliffs, N.J.: Prentice-Hall, 1972), pp.1-41를 보라.

7) Cf. Albright, *FSAC*, pp.80f; Noth, *Pentateuch Traditions*, pp.25-28.

로 믿기 어렵다. 두 자료는 팔레스타인의 여러 지방에서 구성되어 전해져 온 오랜 민족 서사시, 즉 민족 전승군을 서로 비슷하게 개정한 것이라고 보는 것이 어느 모로 보나 합리적이다.[8] E자료가 너무 단편적이라서 이 공통의 원자료의 대강을 재구성할 수는 없지만, 적어도 이 두 자료의 내용이 유사한 대목들에서는 그 배후에 그와 같은 공통의 원자료가 있는 것으로 추정할 수 있다.

이와는 달리 E자료는 J자료를 다시 개정한 것으로서 왕정이 분열된 후 북부 이스라엘에서 편집되었다는·설도 주장되어 왔다. 즉, E자료는 J자료에서 뽑은 내용을 자기 나름대로 독특한 양식으로 개작하여 수정하였으나, 또한 J자료에는 포함되어 있지 않았던 다른 옛전승들도 수록하였다는 것이다.[9] 이 문제는 E자료가 단편적이라는 성격으로 인하여 해결하기가 어렵다고 하겠다.[10] 그러나 오경 설화의 주요한 주제들은 이 두 자료 모두에 나타나며, 아마도 이 두 자료의 출처가 되었던 전승군에도 있었을 것이다. 오늘날 J자료는 일반적으로 주전 10세기에 편집된 것으로 추정되고 있기 때문에, 이것은 이 전승들이 이미 사사 시대에는 고정된 형태로 존재하고 있었음에 틀림없다는 것을 의미한다.

J자료와 E자료의 출처가 된 전승군이 구전되었는지 문서로 전해졌는지 아니면 그 두 가지 모두로 전해졌는지 우리는 알지 못한다. 또한 우리는 그 내용이 서사시 형태로 전해졌는지, 산문 기사(記事) 형태로 전해졌는지 아니면 그 두 가지 모두로 전해졌는지도 알지 못한다. 그러나 오랜 세월에 걸친 전승에는 시적인 형태가 더 적합하다는 이유만으로, 그 원문이 시로 되어 있었다고 가정하는 것이 그럴듯하다.[11] 어쨌든 거기에는 오랜 세월의 전승의 역사가 분명히 있었다. 그러나 그 역사의 자세한 내용 — 갖가지 전승들이 생겨나고 발전되어 온 정확한 정황 — 은 우리의 지식 밖에 있고 아마 앞으로도 영원히 그럴 것이다. 하나의 완벽한 전승사를 재구성해 보

---

8) Kittel, *GVI*, I, pp. 249-259; Albright, *FSAC*, p. 241; Noth, *Pentateuch Traditions*, pp. 40-44.

9) 이것은 W. F. Albright가 현재 취하고 있는 입장이다; cf. *CBQ*, XXV(1963), pp. 1-11; *YGC*, pp. 25-37. 그의 이전의 입장에 대해서는 앞의 주를 보라.

10) E자료는 현재 그 단편들만이 남아 있음에도 불구하고 원래 나름대로 독특한 관점과 관심을 가진 일관성 있는 저작임을 보여 준다; cf. H. W. Wolff, "Zur Thematik der elohistischen Fragmente im Pentateuch" (*EvTh*, 27 〔1969〕, pp. 59-72.

11) 몇몇 학자들(예를 들면, E. Sievers)은 창세기의 현재의 본문 배후에 운문으로 된 원문이 식별된다고 주장하기까지 했다; cf. Kittel, *GVI*, I, pp. 251f. ; Albright, *FSAC*, p. 241; 그리고 이제 *idem*, *YGC*, pp. 1-40를 보라; 또한 F. M. Cross, *Canaanite Myth and Hebrew Epic* (Harvard University Press, 1973), p. 124 *et passim*.

려는 시도들은 너무나 사변적이고 거의 객관적 증거를 토대로 한 것이 아니기 때문에 신뢰할 수 없다. 우리는 다만 전승들이 스스로 이야기하고 있는 사건들과 관련해서 따로따로, 의심할 여지 없이 대부분 영웅시의 형태(드보라의 노래처럼)로 생겨났다고 가정할 수 있을 따름이다. 더 나아가 우리는 세월이 흐름에 따라 여러 개인들 — 아브라함, 이삭, 야곱 — 에 관한 전승들은 좀더 큰 전승군으로 묶어졌고, 이어서 이것들은 선조들에 관한 일종의 서사시의 형태를 띠게 되었다고 가정할 수 있을 것이다. 그후에 이 서사시는 출애굽, 시내 반도, 가나안 정복에 관한 전승들과 결합되어 이스라엘의 기원에 관한 장대한 서사시적 역사를 형성하기에 이르렀다.

이런 과정 속에서 전승들은 틀림없이 선별과 굴절과 규범화의 과정을 거쳤을 것이다. 그 내용은 관습적인 주제들의 틀 안에서 정형화되었고, 적합하지 않거나 일반적인 관심사가 아닌 전승들은 제쳐놓게 되고 잊혀졌다. 그리고 모든 전승, 심지어 원래는 작은 집단들에 관한 전승들이었던 것까지도 이스라엘 민족의 규범적 전승으로서 민족적 준거틀 안에서 도식화되었다. 이와 아울러 이전의 자료들 또는 그것들의 공통 원자료에서는 빠졌던 기타 전승들도 다른 경로로 전해져 내려와서 어떤 것들은 오경 안에 개별적으로 수록되었고(예를 들면, 창 14장), 또 어떤 것들은 후대의 자료들 중의 하나를 거쳐 수록되기도 하였다. 그러나 이 과정의 자세한 경위를 되짚어볼 수는 없다. 우리가 확신 있게 말할 수 있는 것은 전승의 흐름은 족장 시대까지 거슬러 올라간다는 것과 여러 부족들 사이에서 암송되며 전해져 내려온 전승들은 이스라엘이 팔레스타인에서 정착 생활을 시작한 아주 초기에 이미 이스라엘의 기원에 관한 장엄한 서사시적 설화의 일부로서 규범적 형태를 갖추고 있었다는 것뿐이다.

오늘날 널리 받아들여지고 있는 위에서 말한 입장은 최근에 족장 설화들은 훨씬 후대(왕정 초기 또는 포로기)에 많든 적든 상상에 의해 쓴 문학적 창작물들로서 그것들 배후에서 그 어떠한 구전 전승의 흐름도 식별할 수 없으며 현실적인 역사학적 연구의 의도나 역사적 가치도 없는 것이라고 주장하는 몇몇 학자들에 의해 격렬한

---

12) T. L. Thompson, *The Historicity of the Patriarchal Narratives*(*BZAW* 133〔1974〕)은 J자료의 편집 연대를 왕정 초기로 추정하고 있지만, 그 기자는 먼 과거의 생생한 전승을 마음대로 활용할 수 없었을 뿐만 아니라 역사상의 사건들을 기록하는 데에는 거의 관심을 가지고 있지 않았다고 믿고 있다. J. Van Seters, *Abraham in History and Tradition*(Yale University Press, 1975)는 J자료의 편집 연대를 포로기 후반으로 추정하고 J자료는 이스라엘의 기원 시대가 아니라 그 시기의 정황을 반영하고 있는 것으로 믿고 있다. 두 학자 가운데 어느 누구도 설화들 속에서 진정한 역사적 회고들을 발견하지 못한다.

이의(異意)가 제기되었다는 것은 사실이다.[12] 이에 대해 여기서 길게 논의하는 것은 논지를 벗어나는 일이다. 그러나 이 학자들이 자신들의 논증을 학문적이고 전문적으로 제시하고 있긴 하지만, 그들의 입장이 일반적이거나 지속적으로 받아들여질지는 의문이다.[13]

J자료의 편집 연대를 포로기로 추정한 것은 어쨌든 몇 가지 이유로 거의 가능성이 없다. 그 가운데 하나는 족장들은 당시에 이스라엘의 율법에서 금지되어 있고 아마도 당시의 경건한 민족에게 범죄로 여겨졌던 행위들을 행한 것으로 흔히 묘사되고 있다는 사실이다. 예를 들면, 아브라함은 이복 누이와 결혼한다(창 20:12, 이를 신 18:9, 11; 신 27:22과 비교해 보라); 야곱은 동시에 두 자매의 남편이다(창 29장 등; 이를 레 18:18과 비교해 보라); 아브라함은 신성한 나무를 심고(창 21:33; 이를 신 16:21과 비교해 보라) 야곱은 신성한 기둥들을 세운다(창 28:22 등).[14] 저자가 포로기 때의 사람이라면 독자들이 그것들을 충격으로 받아들일 줄 뻔히 알면서 존경하는 선조들이 이런 식의 행위들을 행하는 것으로 묘사할 수 있었을까? 이제까지 믿었던 모든 것들이 허망하게 무너져 버린 것처럼 보였던 포로기에 하나님의 확실하고 영원한 약속들을 강조하고 있는 족장 이야기들은 새롭게 현실로 다가왔을 것임은 이해할 수 있으나 그 이야기들이 그처럼 늦은 시기에 최초로 쓰였을 것이라는 말은 도저히 믿어지지 않는다.

물론 족장 이야기들이 왕정 초기(흔히 J자료의 저작 연대로 추정되는)에 문학적 형태를 띠게 되었으므로 그러한 사실의 자취들이 남아 있었을 것이라는 점은 널리 의견의 일치를 보이고 있다. 그러나 족장 이야기들이 많은 사람들의 생각에 들어 있는 이미 오래된 전승들과 일치하지 않았다면 주전 10세기의 저자가 그 이야기들을 사용했을 가능성은 거의 없다 — 하물며 그 이야기들이 받아들여지거나 믿어졌을 리는 더욱 만무하다. 족장 설화들이 고대의 전승을 전개하고 있다는 것은 선험적이긴 하지만 거의 확실한 것으로서 여러 갈래의 증거에 의해 밑받침되고 있다. 이 가운데 약간을 아래에서 언급하고자 한다.

---

13) Cf. J. T. Luke, "Abraham and the Iron Age: Reflections on the New Patriarchal Studies"(*JSOT* 4〔1977〕, pp. 35-47). 내 소견으로는 그의 비평들은 잘 짜여져 있고 탁월하다; 또한 H. Cazelles *VT*, XXVIII(1978), pp. 241-255에 나오는 Van Seters에 대한 비평을 참조하라.

14) Van Seters의 입장에 대한 이것들을 비롯한 그 밖의 비평들에 대해서는 N. M. Sarna, *BARev.*, III(1977) pp. 5-9를 참조하라.

2. 사료로서 전승들에 대한 평가

그러나 족장 설화들의 배후에 있는 전승이 아주 오래된 것이라는 사실이 인정된다고 할지라도, 이것이 그 자체로 그 전승들을 신빙성 있는 사료로서 확증해 주지는 않는다. 그렇다면 우리는 그 전승들을 어떻게 평가하고 또한 이스라엘의 기원을 재구성할 때 그것들을 어떻게 이용해야 하는가? 우리가 이와 관련된 문제를 축소시켜서는 안 된다는 것은 확실하다. 전승들을 무시하거나 또는 그것들 가운데서 우리에게 합리적인 것으로 여겨지는 것들만 선택하는 것은 결코 학문적으로 정당한 방법이 아니고, 또 한편으로 그 증거 자료의 성격과 한계들을 인정하기를 거부하는 태도도 역시 마찬가지다.

a. 증거의 한계들

솔직히 말해서 고고학이나 성경 자체에서 나오는 증거 자료가 지닌 여러 가지 한계 때문에도 엄격한 의미에서 이스라엘의 기원에 관한 '역사'를 서술한다는 것은 불가능하다. 우리가 성경의 기사(記事)를 액면 그대로 받아들인다고 할지라도 이스라엘의 기원의 역사를 재구성하는 것은 불가능하다. 모르는 것이 너무 많다. 창세기의 설화는 간소한 화판(畵板) 위에 원근법을 사용하지 않고 흑백으로 그려진 그림과 같다. 그것은 그들의 세계를 떠돌아다니는 어떤 인물들과 그 가족들을 마치 그때 세상에는 거의 자기들만 있었던 것처럼 묘사하고 있다. 당시의 대제국들은 물론이고 가나안의 소수 민족들까지도 그들이 소개되고 있다고 하더라도 거의 무대 뒤에서 들려오는 소리들에 지나지 않는다. 이집트의 바로들은 나름대로 적절한 역할을 하고 있지만 그들의 이름은 밝혀져 있지 않다. 그들이 어떤 인물들이었는지 우리는 알 수 없는 것이다. 창세기의 모든 설화 속에는 적어도 아직까지는 다른 문헌에서 그 이름을 확인할 수 있는 역사상의 인물은 단 한 사람도 없다. 또한 당시의 그 어떤 명문(銘文)에도 누구라고 뚜렷이 알아볼 수 있게 히브리인 선조에 관해 언급한 말은 전혀 없다. 그들은 대수롭지 않은 유목민들이었기 때문에, 그들에 관해 언급한 명문(銘文)은 앞으로도 발견될 것 같지 않다. 그러므로 아브라함, 이삭, 야곱이 실제로 어느 세기에 생존했는지도 말하기가 불가능하다. 이 사실만으로도 만족할 만한 역사 기록을 가로막기에 충분할 것이다.

또한 우리는 고고학적 증거를 과대 평가해서는 안 된다. 고고학이 족장시대에 관해 많은 사실을 밝혀 주고 또 전승의 고대성과 신빙성을 입증하는 데에 큰 기여를 했음에도 불구하고, 족장들의 이야기가 성경이 이야기하고 있는 대로 일어났는지의 여부를 입증하지 못하고 있다는 사실은 아무리 강조해도 지나칠 수 없다. 사안(事案)의 성격상 고고학이 이를 입증할 수 없는 것은 당연하다. 이와 동시에 고고학의 어떤 증거 자료도 전승과 어긋나는 사실을 밝혀 내지 못했다는 것도 똑같이 강조해 두어야 한다. 고고학의 증언은 간접적이다. 그것은 창세기에 그려진 이스라엘의 기원에 관한 묘사가 좀더 개연성이 있다는 기미를 더해 주었고 또한 그 묘사를 이해하는 데 도움이 되는 배경을 제공해 주었지만, 그 이야기들이 세세한 점에 이르기까지 모두 사실인지는 입증하지 못했고 또 입증할 수도 없다. 우리는 아브라함, 이삭, 야곱의 생애에 관해 성서가 이야기해 주는 것 외에는 아무것도 모르며, 그 자세한 내용은 고고학적 자료가 밝혀 낼 수 있는 범위 밖에 있다.

b. 내용의 특성에 내재해 있는 한계들

모든 문학은 그것에 해당되는 유형에 비추어 해석되어야 한다. 이것은 성경의 문학에도 그대로 적용된다. 그러므로 족장 설화들은 그 자체의 성격에 따라 평가되어야 한다. 우선 그 설화들은 육경 전체에 걸쳐 이스라엘의 기원에 얽힌 일들을 성스러운 전승 속에서 기억된 대로 기록할 뿐만 아니라 그런 일들을 통해 자기 백성을 위한 하나님의 구속 행위들을 예시하고자 한 하나의 장엄한 신학적 역사의 일부를 이루고 있다. 이것은 분명히 단점이 아니다! 사실 그 설화에 하나님의 말씀으로서 영원한 타당성을 부여하고 있는 것은 바로 그것이다. 이스라엘의 역사가 신앙의 역사가 아니라면 그 역사는 거의 우리의 관심을 끌 수 없을 것이다. 그러나 이것은 역사상의 사건 자체와 그 신학적 해석을 혼동해서는 안 된다는 것을 의미한다. 역사가는 한갓 인간에 지나지 않으므로 하나님의 편에서 역사를 서술할 수는 없다. 그가 이스라엘의 역사는 성경이 말하고 있는 대로 하나님에 의해 인도되었다고 실제로 믿는다고 할지라도(그리고 그러는 것이 좋을 것이다!), 그가 서술해야 하는 것은 인간적 사건들이다. 따라서 역사가는 그 인간적 사건들을 신학적으로 해석하고 있는 성경 자료들의 배후에서 최선을 다하여 그 사건들 자체를 찾아내어야 한다.

그뿐 아니라, 전승들을 날라 온 구전(口傳)의 장구한 흐름과 그 전승들의 양식도 고찰되어야 한다. 이렇게 말한다고 해서 그 내용의 본질적인 사실성(史實性)을 의심하는 것은 결코 아니다. 영웅시, 서사시적 또는 산문적 민담(民譚, Saga)은 모두 역사를 서술하는 양식들이다. 아마 그 시대와 그 장소에서 그것들은 비록 유일한 것은 아니라 할지라도 이용 가능한 최선의 양식들이었을 것이다. 분명히 오경의 신학을 위해서는 그것들이 우리의 현학적인 역사 서술 방식이 할 수 있었던 것보다 훨씬 나은 양식들이었다. 내용이 어떤 유형으로 되어 있느냐 하는 것으로 사실성(史實性)의 문제가 판가름날 수 있는 것이 아니므로 사실성(史實性)이 극히 희박하다고 볼 필요는 전혀 없다. 특히 오경과 같이 독특한 전승들의 경우에는 더욱 그러하다. 족장들의 이야기가 역사적 연보(年譜)의 양식으로 전해지지 않았다고 하여 그것들이 역사 서술의 의도를 지니고 있지 않다거나 그것들이 담고 있는 역사적 정보를 캐내기 위해 그것들을 검토하는 것이 부적합하다는 것을 의미하는 것은 분명 아니다.[15] 그렇지만 족장 이야기들이 두드러지게 역사에 대한 좋은 기억력을 구체화하고 있는 듯이 보인다는 사실에도 불구하고 내용의 성격상 우리는 그 내용을 토대로 하여 사건들을 시대순으로 배치하거나 족장들의 이주(移住)의 역사 — 족장들 자신의 전기(傳記)는 말할 것도 없고 — 를 재구성하려고 시도할 수는 없다.[16]

우리는 무엇보다도 그 사건들이 성경의 설화가 보여 주고 있는 것보다 훨씬 더 복잡하였다는 것을 깨달아야 한다. 그 이야기들은 민족 전승으로 규범화하여 온 것이지 원래 그런 내용이었던 것은 아니다. 왜냐하면 그 이야기들은 하나의 민족이 존재하기 이전에 생겨났기 때문이다. 더욱이 그 이야기들은 개개인의 행적들 배후에 있는 복잡한 집단의 움직임들을 은폐하는 서사시의 경향성을 보여 준다. 단순하고 도식화된 창세기의 설화 배후에는 씨족의 대이동이라는 사실이 놓여 있으며, 이를 보여 주는 암시들이 설화 자체에서도 얼마간 엿볼 수 있다. 표면상으로는 우리는 아브라함이 자기 아내, 롯과 그의 아내 그리고 몇 명의 하인들만을 거느리고 하란을 떠난 것으로(창 12:5) 생각할 수 있다. 그러나 롯과 아브라함은 큰 씨족들의 우두머리라는 것이 곧 분명해진다(아브라함은 아직 아이가 없는데도!) (창 13:1-13). 아브라함이 318명의 전사(戰士)를 전장(戰場)에 투입할 수 있었다는 사실(창 14:14)은 그의 씨족이 실제로 상당히 큰 씨족이었음을 입증해 준다! 그리고 시므온과 레위가 세겜을 전멸시킨 것(창 34장)도 두 명의 개인의 행위가 아니라 두 씨족의 행위였음이 분명하다(참조. 창 49:5-7).

어쨌든 이스라엘의 기원은 실제로는 그렇게 단순하지 않았다. 신학적으로는 모

---

15) Thompson, *op. cit.*이 이렇게 제안하고 있다. Luke, *art. cit.*, 특히 pp.35-38의 비평들을 보라.

16) 어느 정도는 복음서들의 경우와 마찬가지로; 이것들은 여전히 역사적 예수에 대한 우리의 일차적인 정보원이지만, 이 자료를 가지고 예수의 전기를 쓰는 것은 결코 한번도 성공해 보지 못했던 작업이다 — 그리고 아마 앞으로도 결코 성공하지 못할 것이다.

든 이스라엘인이 아브라함의 후손이었지만, 실제로는 그들은 서로 다른 여러 종족의 후예들이었다. 같은 혈족에서 갈라져 나온 여러 씨족들 — 이 가운데 많은 씨족은 후에 이스라엘의 혈통을 형성하는 데 기여했다 — 이 주전 2000년대에 수십 명씩 무리를 지어 팔레스타인으로 이주해 와서, 세월이 흐름에 따라 거기서 서로 뒤섞이고 인구가 늘어갔다는 것은 의심할 수 없다. 의심할 여지없이 각각의 씨족은 자신의 이주 전승을 갖고 있었다. 그러나 그 궁극적인 기원이 아브라함에게까지 거슬러 올라가는 하나의 신앙 아래 이스라엘의 부족 동맹이 형성됨으로써, 전승들은 민족 전승으로 규범화되거나 억제되었다. 이렇듯 이스라엘의 기원은 상당히 복잡하기 때문에, 우리는 어떠한 경우에도 그것을 지나치게 단순화해서는 안 된다.

c. 연구 방법

이스라엘의 기원을 논할 때 우리는 가능한 한 엄밀하게 객관적인 방법만을 사용하는 것이 좋을 것이다. 성경의 이야기를 단순히 되풀이하는 것은 무의미하다고 하겠다. 성경의 이야기는 독자들이 스스로 더 잘 음미할 수 있기 때문이다. 성경의 세부적인 내용의 대부분의 사실성(史實性)에 관해서는 고고학상의 외적 증거가 결코 찬반(贊反) 어느 쪽으로 결정을 내려 주지 않는다는 것을 거듭 지적해야 하겠다. 그러므로 전승들 가운데서 어떤 것은 사실성이 있다고 하고 또 어떤 것은 사실성이 없다고 부정하며 취사 선택하는 것은 단지 자신의 선호를 반영하는 매우 주관적인 연구 방법이다. 또한 전승들의 역사를 더듬어 보거나 전승 자체를 고찰함으로써 그 역사적 가치를 평가할 수 있는 객관적 방법은 없다. 양식비평이 전승들을 이해하고 해석하는 데에 없어서는 안 되는 것이라 하더라도 사안(事案)의 성격상 외적 증거 없이 사실성(史實性)에 대한 판단을 내릴 수 없다는 것은 당연하다.

유일하게 안전하고 타당한 길은 당시 세계의 시대적 배경과 대조하여 전승들을 균형있게 고찰하고, 이 고찰에 비추어 증거가 허용하는 한도 내에서 긍정적인 논술을 하는 것이다. 가설적인 재구성은 비록 그럴듯해 보이더라도 피하는 것이 좋다. 여전히 많은 것들이 모호한 채로 남아 있음에 틀림없다. 그러나 족장 설화들이 역사 안에 굳건히 닻을 내리고 있다는 것만은 자신있게 말할 수 있다.

B. 족장 설화들의 역사적 배경

1. 주전 2000년대 초반의 상황과 족장들

전승들을 증거에 비추어 검토할 때 먼저 단언할 수 있는 것은 앞에서 이미 말했던 것, 즉 족장들의 이야기들은 주전 2000년대, 특히 앞 장에서 개략적으로 이야기한 세기들의 시대적 환경에 꼭 들어맞는 것이 분명하며, 결코 그보다 후대의 어느 시기에도 들어맞지 않는다는 것이다. 그 증거는 아주 방대하고 다각적이기 때문에, 그것들 모두를 여기서 살펴볼 수는 없다.[17]

a. 주전 2000년대의 시대적 배경에 비추어 본 초기 히브리인의 이름들

먼저 족장 설화들에 나오는 이름들은 주전 2000년대에 메소포타미아와 팔레스타인의 두 지역에서 통용되었던 것으로 알려진 계층, 특히 아모리족 주민들의 이름과 완전히 일치한다.[18] 예를 들면 족장들 자신의 이름들 가운데서 "야곱"은 상부 메소포타미아의 샤가르 바자르(Chagar-bazar)에서 나온 주전 18세기의 어느 문서에 나오며(Ya' qub-el), 그외에도 힉소스족(Hyksos)의 한 추장의 이름으로(Ya' qub-' al), 주전 15세기 투트모시스(Thutmosis) 3세의 어떤 목록에는 팔레스타인의 한 지명으로 나온다. 그리고 동일한 어근을 지닌 이름들은 주전 18세기의 이집트의 한 목록, 마리(Mari) 문서 등에서도 예증된다. "아브람"(Abram)이라는 이름은 바빌로니아 제1왕조의 문서들에 나오며, 아마 주문(呪文) 문서에도 나오는 듯하다.[19]

---

17) Cf. Albright, *YGC*, pp. 47-95; 또한 *BA*, XXXVI(1973); H. H. Rowley, "Recent Discovery and the Patriarchal Age" (*The Servant of the Lord and Other Essays* 〔rev. ed., Oxford: Basil Blackwell, 1965〕, pp. 283-318; Wright, *BAR*, Ch. III; A. Parrot, *Abraham and His Times*(1962; Eng, tr., Fortress Press, 1968); H. Cazelles, "Patriarches: (H. Cazelles and A. Feuillet, eds., *Suppl ment au Dictionnaire de la Bible*, Vol. VII, Fasc. XXXVI〔Paris: Letouzey et Ané, 1961〕, cols. 81-156); R. de Vaux, *EHI*, I, Part I, "The Patriarchal Traditions".

18) W. F. Albright, "Northwest-Semitic Names in a List of Egyptian Slaves from the Eighteenth Century B.C." (*JAOS*, 74 〔1954〕, pp. 222-233); M. Noth, *Die israelitischen Personennamen im Rahmen der gemeinsemitischen Namengebung* (BWANT, III: 10 〔1928〕; *idem.*, *ZDPV*, 65(1942), pp. 9-67(또한 pp. 144-164); *idem*, "Mari und Israel" (*Geschichte und Altes Testament*, G. Ebeling, ed. 〔Tübingen: J. C. B. Mohr, 1953〕, pp. 127-152); *idem.*, *JSS*, I(1956), pp. 322-333를 보라. 그리고 이제 H. B. Huffmon의 중요한 저작인 *Amorite Personal Names in the Mari Texts*(The Johns Hopkins Press, 1965)를 보라.

19) Cf. Albright, *BASOR*, 83(1941), p. 34; 88(1942), p. 36; *JBL*, LIV(1935), pp. 193-203.

그리고 동일한 철자를 포함하고 있는 이름들은 마리 문서에서도 역시 찾아볼 수 있다. "이삭"(Isaac)이라는 이름은 아무 데도 나오지 않고, "요셉"(Joseph)이라는 이름도 분명하게 나오는 것은 아니지만, 둘다 대단히 특징 있는 초기의 유형들이다. 나아가, "나홀"(Nahor)은 마리 문서에 하란(Haran) 부근에 있는 한 성읍(Nakhur)의 이름으로 나온다(창 24:10에서와 같이). 후대의 앗시리아 문서들("Nakhur"가 "Til-nakhiri"로 되어 있다)에는 "틸 투라키"(Til-turakhi, 데라), "사루기"(Sarugi, 스룩)라는 이름으로 나온다. 야곱의 아들들의 이름 가운데 "베냐민"(Benjamin)은 마리 문서에서 큰 부족 동맹의 이름으로 나온다. "스불론"(Zebulun)이라는 이름은 주문(呪文) 문서에 나오고, 갓(Gad)이나 단(Dan)과 동일한 어근으로 된 이름들이 마리 문서에 나온다. "이스마엘" 그리고 "레위"도 마리 문서에 나오고, "아셀"(Asher)이나 "잇사갈"(Issachar)과 비슷한 이름들이 주전 18세기의 어느 이집트 목록에서 발견된다.[20]

이제 여기에 연대적으로 앞선 에블라 문서를 추가해야 할 것이다. 거기에는 — 우리가 듣기에[21] — 성경을 통해 우리에게 낯익은 수많은 인명들이 발견된다: 아브람, 에벨(참조. 창 10:21ff.; 11:14ff.), 이스마엘, 에서, 사울, 다윗, 이스라엘 등등. 또한 이스라엘의 선조들의 몇몇 이름들을 지닌 성읍들(참조. 창 11:10-26)도 언급되어 있다고 한다: 팔리가(Phaliga, 벨렉), 사루기(Sarugi, 스룩), 틸 투라키(Til-turakhi, 데라), 나쿠르(Nakhur, 나홀), 하란(Haran).

물론 이 가운데 어느 경우도 아마 성경의 족장들 자신에 관해 언급하고 있는 부분은 없다. 그러나 이러한 이름들이 당시의 문서들에 풍부하게 나온다는 것은 중기 청동기 시대와 그 이전 세기들에 상부 메소포타미아와 북부 시리아에는 이스라엘의 선조들과 유사한 주민들이 살고 있었다는 것을 분명히 보여 주는 것이다. 이것은 전승이 오래되었다는 것에 신빙성을 더해 주며 아울러 이스라엘의 선조들이 이 지역으로부터 이주하였다는 성경의 주장에 진실성을 더해 준다. 이러한 이름들 가운데 몇몇의 예들이 주전 1000년대의 문서들에서 찾아볼 수 있다고 해서 결코 이러한 인상을 지울 수는 없다. 이 이름들은 초기의 유형에 속하며, 이스라엘의 후대의 작명법

20) Cf. Albright, *JAOS*, 74(1954), pp. 227-231. "욥"이라는 이름도 이 목록과 주문 문서, 그 밖의 문헌에 나온다.

21) Cf. G. Pettinato, *BA*, XXXIX(1976), pp. 42-52; D. N. Freedman, *BA*, XL(1977), pp. 2-4; P. C. Maloney, *BARev.*, IV(1978), pp. 4-10. 그러나 서론 p. 38과 주 29에서 말한 주의사항을 참조하라.

(作名法)의 특징을 가지고 있지 않는 것이 확실하다. 실제로 몇몇 경우에서 그 이름들의 의미는 성경 기자들에게 더 이상 이해되지 않았던 것으로 보인다. 그들은 그 이름들을 설명하기 위하여 거듭거듭 통속적인 어원들에 의거하였다.[22] 족장들 자신의 이름들 가운데 그 어느 것도 성경 시대 전체를 통하여 다시는 이스라엘에서 고유명사로 등장하지 않으며 족장들과 관련된 자들의 이름들도 거의 그러하다. 그러므로 족장 설화는 이 점에서 매우 신뢰할 만하다고 하겠다.

b. 주전 2000년의 시대적 배경에 비추어 본 족장들의 관습들

창세기 설화에 나오는 수많은 사건들은 주전 2000년대에 통용되던 여러 관습들에 비추어 해명되어 왔다. 주전 15세기 동부 티그리스 지역에서 우세한 주민이었던 후리족(Hurrian)의 관습법을 반영하고 있는 누지(Nuzi) 문서는 특히 여기에 많은 도움을 주었다. 이 문서는 다소 후대의 세기의 것으로 추정되고 또한 히브리인 족장들이 결코 유랑한 적이 없었던 지역에서 나온 것이긴 하지만 당시 널리 통용되고 있었던 오래된 법률 전승을 구체화하고 있음에 틀림없다. 이미 주전 18세기에 비옥한 초승달 지대 상부 지역의 셈족 주민들은 후리족과 상당히 뒤섞여 있었으며 수 세기 후에는 후리족이 거기에서 수적으로 우세한 주민이었다는 사실을 상기해야 한다. 따라서 만약 후리족의 관습이 이 지역의 "아모리족" 주민들에게 알려져 있지 않았다고 한다면 그야말로 놀랄 일일 것이다. 사실 후리족은 그 관습들 가운데 몇몇을 아모리족으로부터 가져왔을 것이다.

어쨌든 누지 문서는 다른 방법으로 해명할 수 없었던 여러 가지 사건들을 밝혀주고 있다.[23] 예를 들면, 아브라함이 자기 종 엘리에셀(Eliezer)이 자기 상속인이 될 것을 걱정했던 일(창 15:1-4)은 누지에서 행해졌던 종을 양자로 삼던 관습에 비추어 보면 이해할 수 있게 된다. 당시에는 아이 없는 부부는 양자를 들여서 자기들이 살아 있는 동안에 자기들을 부양케 하고 자기들이 죽으면 유산을 상속하게 하였다. 그러나 아들이 태어나면 양자는 상속권을 양보해야 했다. 또한, 사라(Sarah)가 자신의 여종 하갈(Hagar)을 아브라함에게 첩으로 준 것처럼(16:1-4), 누지에서는 혼인

---

22) Cf. de Vaux, *EHI*, I, pp. 199f.

23) 주 17에 열거된 저작들 외에 C. H. Gordon, "Biblical Customs and the Nuzi Tablets" (*BA*, III〔1940〕, pp. 1-12); *idem*, *The World of the Old Testament* (Doubleday, 1958), pp. 113-133; R. T. O'Callaghan, *CBQ*, VI (1944), pp. 391-405를 참조하라; 그리고 특히 E. A. Speiser, *Genesis* (AB, 1964), *passim*.에서는 약 20가지의 유사점을 논의하고 있다.

계약을 통해 만약 부부 사이에 아이가 없으면 아내가 남편에게 자기를 대신할 첩을 얻어 줄 의무가 있었다. 이런 결합을 통해 아들이 태어나면 여종 출신의 아내와 그 아들을 추방하는 것은 금지되어 있었다. 이것은 아브라함이 하갈과 이스마엘을 내보내기를 꺼려한 사실을 해명해 준다(21:10f.). 특히 라반(Laban)과 야곱 이야기의 경우에서도 누지 문서는 특히 많은 사실을 밝혀준다. 야곱이 라반의 집에 양자로 들어간 일(31:43에 암시되어 있다), 라반의 딸들 이외의 다른 아내를 얻어서는 안 된다는 조건을 야곱에게 부과한 것(31:50), 라반의 처사에 대한 레아(Leah)와 라헬(Rachel)의 분개(31:14f.), 끝으로 라헬이 라반의 신상들을 훔친 일[24] 등은 모두 누지인들의 관습에서 볼 수 있는 것들이다. 이밖에도 예들은 더 있다.

이러한 유사점들은 누지 문서에 국한된 것이 아니다. 왜냐하면 혼인, 양자삼음, 상속 등과 관련된 이와 비슷한 관습들이 주전 2000년대의 비옥한 초승달 지대 도처에서 행해지고 있었다는 증거가 있기 때문이다. 예를 들면, 북부 시리아의 알라라크(Alalakh, 이 지방은 오래 전부터 후리족이 주민의 대다수를 차지하고 있었다)에서 나온 주전 15세기의 혼인 계약서는 아버지가 장자 상속에 관한 법을 무시하고 "장자"가 될 아들을 따로 지명할 수 있다는 것을 보여 준다. 여기서 남편은 만약 자기 아내가 아들을 낳지 못하면 자기 조카딸(종이 아니라)과 혼인할 수 있지만 뒤에 첫번째 아내가 아들을 갖게 되면 비록 다른 아들들이 자기의 다른 아내(아내들)을 통해 그전에 생겼다 하더라도 첫번째 아내의 아들이 "장자"가 된다는 약정을 한다. 여기서 우리는 다시 한번 위에서 언급한 사라와 하갈 사이의 사건을 상기하게 된다. 또한 야곱이 요셉의 맏아들 므낫세(Manasseh) 대신에 에브라임(Ephraim)을 "장자"로 선택하고(창 48:8-20), 자기가 총애하던 아내 라헬의 아들인 요셉을 아껴서 자신의 맏아들인 르우벤(Reuben)을 내친 일(창 48:22; 49:3f.; 참조. 대상 5:1f.)을 상기하게 된다.[25] 족장 시대에 널리 행해지고 있었던 것으로 보이는 이러한 관습은 후대의 이스라엘 율법에서는 명백히 금지되었다(신 21:15-17). 그 밖의 다른 예

---

24) 신상들의 소유의 의미에 대해서는 논란 가운데 있다. 그것은 아마 유업과는 상관이 없고(Speiser, *op. cit.*, pp. 250f.; Anne E. Draffkorn, *JBL*, LXXVI〔1957〕, pp. 391-405) 가장(家長)으로서의 권한을 나타내는 것이었을 것이다; cf. M. Greenberg, *JBL*, LXXXI(1962), pp. 239-248. 신상들은 그것들의 본래의 가치를 넘어서는 중요성을 지니고 있었음이 확실하다. 왜냐하면 라반은 자기 재산이나 딸을 잃은 것보다도 자기 신상들을 잃은 것에 대하여 더 따졌던 것으로 보이기 때문이다.

25) Cf. I. Mendelsohn, *BASOR*, 156(1959), pp. 38-40; D. J. Wiseman, *AOTS*, pp. 127f.

들도 더 들 수는 있으나 그렇게 할 만한 지면이 없다.

물론 이러한 유사점들 및 그 밖에 제기되어 왔던 다른 유사점들의 의미는 과장되어서는 안 된다. 이 유사점들은 그 자체로 족장 전승들이 주전 2000년대로 소급된다는 것을 입증하지 못할 뿐만 아니라 족장들의 생존 연대를 특정한 어느 세기에 못 박을 수 있게 하지도 못한다. 이 유사점들의 가치는 사실 서로 다르다. 어떤 경우들에 있어서 이 유사점들은 밀접하고 놀라운 것이지만 또 다른 경우들에서는 이 유사점들은 생각했던 것보다 덜 정확하다. 그리고 어떤 경우들에서는 좀더 나은 유사점들이 후대의 세기들에서 찾아져 왔다.[26] 이렇게 광범위한 지역에 걸쳐 행해지는 가운데 세월의 흐름에 따라 단지 서서히 변해온 관습들은 비교적 후대에 와서 족장 전승들을 윤색하였을 것이고, 따라서 먼 옛날부터 전해져 온 순전히 고풍스러운 특징들만을 나타내는 것은 아니라고 주장할 수 있다.[27] 그렇지만 이 유사점들은 그것들이 타당한 한에 있어서 족장 전승들이 오래되었음을 입증해 주지는 못하지만 어느 모로나 거기에 배치되지는 않으며 나아가 다른 증거와 함께 고찰하게 되면 그러한 사실을 밑받침해 주는 경향이 있다. 어쨌든 성경의 이야기와 이러한 관습들과의 밀접한 유사점들이 후대의 이야기들에서가 아니라 오직 족장들의 이야기들에서만 발견된다는 것은 사실이다. 더욱이 이러한 관습들은 후대의 이스라엘 율법에서는 고려되고 있지 않을 뿐만 아니라 오경의 기사(記事)가 최초로 글로 기록된 주전 10세기에 와서는 그 관습들 가운데 많은 것들의 의미가 더 이상 이해되지 않았던 것 같다. (예를 들면, 창세기 31장은 라헬이 라반의 신상들을 훔쳐서 숨긴 사건의 해학적인 면만을 묘사할 뿐 이 사건이 지니고 있었을 법률적인 의미에 대해서는 몰랐던 것으로 보인다.) 여기서 족장 설화들은 주전 2000년대에 행해지던 사회적 관습을 충실하게 반영하고 있다는 우리의 확신은 굳어진다.

c. 주전 2000년대의 시대적 배경에 비추어 본 족장들의 유랑과 생활 양식

앞에서 말한 것들 외에도 족장들의 생활 양식과 창세기에 묘사되어 있는 그들의 유랑의 성격도 주전 2000년대 초기의 문화적, 정치적 상황과 잘 들어맞는다는 것이 이제 와서 아주 분명해졌다.

족장들은 장막 생활을 하며 계절에 따라 가축떼를 먹일 목초지를 찾아 팔레스타

---

26) de Vaux, *EHI*, pp. 241-256의 주의깊고 균형잡힌 평가를 보라.

27) 특히 주 12에 인용되어 있는 Van Seters와 Thompson의 저작들을 보라.

인과 그 변경 지방을 오르내리며 유랑하고 때로 메소포타미아나 이집트로 더욱더 먼 여행도 하는 반(半)유목민으로 묘사되어 있다. 그들은 진짜배기 유목민은 아니었다. 그들은 사막을 떠돌아다니지 않았고 물을 적절하게 공급받을 수 있는 길들(예를 들면, 이집트로 가는 길)을 제외하고는 사막으로 들어가려고 하지 않았기 때문이다. 그들은 흔히 성읍들 근처에서 야영을 했고 대체로 성읍의 주민들과 우호적인 관계를 가졌던 것으로 보인다. 때로 그들은 한정된 방식으로긴 해도 오랫동안 머물면서 땅을 경작하기도 하였다(예를 들면, 창 26:12). 그러나 그들은 도시들에 영속적으로 정착하지도 않았고(롯을 제외하고는), 도시의 주민들과 동화되지도 않았으며, 그들의 시체를 매장하기 위해 사들인 약간의 땅뙈기 외에는 토지를 소유하지 않았다(23장; 33:19; 50:5). 요컨대, 족장들은 후대 또는 오늘날의 유목민들처럼 낙타를 이용한 유목민이 아니라 계절에 따라 목초지를 찾을 수 있는 정착지와 그 주변 지방만을 짐을 나귀에 싣고 떠돌아다니면서 양과 다른 작은 가축떼를 기르는 반(半)유목민으로 묘사되고 있다. 몇 군데에서 낙타를 언급하고 있는 것(예를 들면, 12:16; 24장)은 후대의 청중들에게 이야기들을 더욱 생생하게 들려주기 위한 목적으로 도입된 시대착오적인 가필(加筆)에 지나지 않는 것 같다.[28] 본격적인 낙타를 이용한 유목민은 창세기의 이야기에는 나오지 않는다.

이것은 당연하다. 물론 낙타는 아주 먼 옛날부터 알려져 있었고 따라서 어느 시대에나 낙타를 길들이는 경우가 드문드문 있었다 할지라도(유목민은 낙타의 젖과 털과 가죽을 얻기 위하여 낙타떼를 반(半)야생 상태로 두었을 것이다), 이 짐승을 수송 수단으로 이용하기 위해 효과적으로 길들이게 된 것은 주전 15세기와 13세기 사이에 아라비아 오지(奧地)에서였던 것으로 보인다. 성경에서 낙타를 이용한 유목민은 기드온(Gideon) 시대에야 비로소 등장한다(삿 6-8장). 주전 2000년대의 목축 유목민들을 사막에서 물밀듯이 몰려와서 끊임없이 정착지를 습격하고 촌락민들을 괴롭히는 존재로 생각하지 않아야 한다. 이와는 반대로 목자들과 농사를 짓는 촌락민들은 "이원적인"(dimorphic) 사회의 두 구성원으로서 서로의 직업이 상대방을 보충하

28) 몇몇 학자들의 반론에도 불구하고(예를 들면, J.P. Free, *JNES*, III〔1944〕, pp.187-193; 최근의 것으로는 Kichen, *op. cit.*, pp.79f.) 당시의 문헌들에는 길들여진 낙타에 관한 확실한 언급은 없었던 것으로 보인다; cf. W. G. Lambert, *BASOR*, 160(1960), pp.42f. 낙타를 길들인 것에 대해서는 R. Walx, *ZDMG*, 101(1951), pp.29-51; *ibid.*, 104(1954), pp.45-87; Albright, *YGC*, pp.62-64, 156; *idem.*, "Midianite Donkey Caravans"(H.T. Frank and W.L. Reed, eds., *Translating and Understanding the Old Testament*〔Abingdon Press, 1970〕, pp.197-205, 특히 pp.201f.)를 참조하라.

는 가운데 사이좋게 사는 것이 보통이었다.[29] 두 집단의 교류는 흔한 일이어서 동일한 주민이 양쪽 모두에서 발견되는 일이 흔했다. 갈등이 존재했다고 한다면 그 갈등은 목자들과 촌락민들 사이에서가 아니라 이 둘과 도시 군주들의 중앙 권력 사이에서 더 많이 벌어졌다. 그러므로 족장들은 "시누헤(Sinuhe)의 이야기"(주전 20세기)나 마리 문서에 나오는 반(半)유목 생활을 하는 목축업자들로 등장한다. 거기에는 낙타에 관한 언급은 전혀 없고, 조약들은 흔히 나귀를 죽임으로써 조인되었다.[30] 사실 마리 문서는 족장들이 좇았을 것으로 생각되는 유목 생활과 가장 비슷한 유용한 모습을 우리에게 제공해 준다.[31] 족장들의 모습은 아마 이집트의 베니 하산(Beni-Hasan)에 있는 주전 19세기의 한 무덤 벽에 그려져 있는 유랑민들 — 여러 빛깔의 옷들을 걸치고 나귀에 짐과 아이들을 싣고 도보로 옮겨 다니는 — 의 모습을 닮았을 것이다.[32]

또한 족장들의 유랑은 주전 2000년대 초기의 시대적 상황과 잘 들어맞는다. 물론 약간의 시대착오적인 면도 있다. 창세기 14:14에 나오는 단(Dan)에 관한 언급(참조. 삿 18:29), 창세기 21:32-34 및 26장에 나오는 블레셋인들에 관한 언급이 그 예다(이 시기에 줄곧 에게해 도서(島嶼) 지역과의 접촉이 있었지만, 블레셋인들 자신은 훨씬 후대에 가서야 팔레스타인에 정착하였다). 우리는 이 이야기들이 여러 세기에 걸쳐 전해 내려오면서 시대의 추이에 맞춰 현대화하고자 한 가필로 수식되었을 것으로 추측할 수 있다. 그럼에도 불구하고 묘사는 전체적으로 여전히 신빙성이 있다. 족장들이 메소포타미아에서 팔레스타인으로 또 그 반대의 여정을 쉽게 유랑한 것은 마리 문서에서 볼 수 있는 시대적 상황과 잘 어울린다. 이 문서는 비옥한 초승달 지대 전지역을 현실적인 장애물에 의해 방해를 받지 않고 자유로이 왕래할 수 있었다는 것을 보여 준다. 팔레스타인에서의 족장들의 유랑도 주문(呪文) 문서들이 알려 주는 당시의 상황과 완전히 부합한다. 이 시기에 팔레스타인은 이집트의 힘이 느

---

29) 특히 N. K. Gottwald, "Where the Early Israelites Pastoral Nomads?" (J. J. Jackson and M. Kessler, eds., *Rhetorical Criticism: Essays in Honor of James Muilenburg* [Pittsburg: Pickwick Press, 1974], pp. 223-255); *idem*, *BARev.*, IV(1978), pp. 2-7; W. G. Dever, *IJH*, pp. 102-120(이 책에 자세한 문헌 목록이 나온다)를 보라.

30) Cf. F. M. Cross, *Canaanite Myth and Hebrew Epic*, pp. 265f. 세겜의 족속은 "브네 하몰"(b^{e}ne hamôr 나귀[즉, 언약]의 아들들)로 불리었다; 그들의 신은 "바알 브릿"(Ba'al hamôr, 언약의 주)이었다; cf. 창 34장: 수 24:32: 삿 9:4.

31) Dever, *ibid.*와 특히 거기에 열거된 J. R. Kupper와 A. Malamat의 저작들을 참조하라.

32) Cf. Pritchard, *ANEP*, pl. 3.

슨하게 미치고 있었거나 전혀 미치지 못하고 있었으며 정착 생활을 하는 사람들이 아직 드물었다(특히 중앙과 남부의 산악지대에는). 베니 하산의 벽화는 사람들이 무리지어 아시아에서 이집트로 수월하게 이동할 수 있었음을 예증해 주고 있고, "시누헤의 이야기"는 이집트와 팔레스타인-시리아간의 왕래가 쉬웠음을 보여 준다.

족장들의 유랑에 관한 이야기의 상세한 내용도 신빙성을 지니고 있다. 족장들은 세겜 지방에서 남쪽의 네게브에 걸친 팔레스타인의 중앙 산악지대, 네게브 지방 그리고 요단 동쪽 지방을 떠돌아다닌 것으로 묘사되어 있다. 그러나 그들은 북부 팔레스타인, 요단 계곡, 에스드렐론(Esdraelon) 평야, 해안의 평야(먼 남부 평야는 제외하고)를 떠돌아다니지는 않았다. 이것은 고고학과 주문(呪文) 문서들을 통해 알려진 이집트 중왕조 시대 치하의 팔레스타인의 상황과 부합한다. 당시에 중앙 산악지대는 인구가 희박했고 많은 부분이 삼림으로 덮여 있었으나(참조. 수 17:18), 유목민이 가축떼에 목초를 먹일 수 있는 목축에 적합한 지역이었다. 그러므로 족장들은 목자들이 왕정 시대에 떠돌아다닌 곳이 아니라 주전 2000년대에 떠돌아다녔을 것으로 생각되는 곳을 유랑하였다. 이제까지 확인된 것에 의하면 족장들의 이야기들에 나오는 성읍들 — 세겜, 벧엘, 예루살렘, 헤브론 — 은 중기 청동기 시대에 실제로 존재했다는 것을 부언해야 하겠다.[33] 적어도 이 점에서 이 이야기들은 시대착오적이 아니다.

물론 이제까지 말한 것들 가운데 그 어느 것도 족장 설화들이 주전 2000년대 초기로 거슬러 올라가는 전승들에 의거하고 있다는 '증거'가 되지는 못한다. 그러나 이 증거들은 전체적으로 볼 때 족장 설화들이 그 시대의 상황들과 잘 들어맞는다는 것을 분명히 보여 주며 그 설화들이 역사에 관한 오래되고 확실한 기억을 보존하고 있다는 우리의 확신을 강화시켜 준다.

2. 족장 시대의 연대

33) 브엘세바를 자주 거론하고 있지만 그 성읍은 이스라엘 시대까지 세워지지 않았던 것으로 보인다. 그러나 이 이야기들은 브엘세바에 있는 성읍(이 곳의 후대의 이름을 설명하고 있는 창세기 26:33의 부연설명을 제외하고는) 또는 그 거민들에 대해서는 아무런 언급이 없고 단지 우물과 성소에 대해서만 말하고 있음을 유의해야 한다. 그곳의 언덕에 판 커다란 우물은 족장들과 관련이 있으며 따라서 Y. Aharoni가 믿고 있듯이 그에 관한 전승들이 주전 12세기에 연원했음에 틀림없는 바로 그 우물이라고 반드시 말할 필요는 없다; cf. *BA*, XXXIX(1976), pp.55-76.

위에서 말한 내용을 받아들인다고 한다면, 그 증거들에 의거해서 우리는 족장들의 연대를 아주 정확하게 확정할 수 있는가? 불행하게 그렇지가 못하다. 우리가 기껏 말할 수 있는 것은, 실망스러운 이야기이긴 하지만, 창세기 12-50장에 반영된 사건들은 대체적으로 이미 앞에서 묘사한 시기, 즉 대략 주전 20세기부터 17세기까지의 시기(MB II)와 가장 잘 부합한다는 것뿐이다. 그러나 족장시대를 특정한 세기 또는 세기들에 해당하는 것으로 확정하기 위한 증거는 부족하며, 더욱이 우리는 족장 이야기들이 폭넓은 시간대에 걸쳐 일어났던 사건들에 대한 기억을 결합해 놓고 있을 가능성을 생각해야 한다.

a. 증거의 한계

성경 자체의 연대기를 따른다면, 족장시대는 위에서 제시한 시기로 정확하게 확정될 수 있다고 해도 좋을 것이다. 어셔(Ussher) 대주교가 아브라함의 출생을 주전 1996년으로, 그리고 요셉이 이집트로 내려간 것을 주전 1728년으로 추산한 것은 흥미롭다. 이것은 여기서 우리가 취하고 있는 입장과 너무나 놀라울 정도로 일치한다.[34] 그러나 실제로 문제는 그렇게 단순하지 않다. 이 옛시대에 관한 성경의 연대기에 그런 정확성을 부여할 수 없다는 것은 그만두고라도(만약 그럴 수 있다면, 하나님의 천지 창조를 주전 4004년으로 추정할 수 있으리라!), 그 연대기 자체가 극히 모호하다. 예를 들면, 출애굽기 12:40은 이스라엘이 이집트에 머문 기간을 430년이라고 하고 있는 반면 칠십인역(Septuagint)은 같은 곳에서 족장들이 팔레스타인에 머문 기간도 이 430년 안에 포함시키고 있다. 창세기의 연대기에 의하면 족장들이 팔레스타인에 머문 기간이 215년이므로(참조. 창 12:4; 21:5; 25:26; 47:9), 이집트에서 보낸 기간은 절반으로 줄어든다. 이집트에 머문 기간을 불과 2,3 세대로 줄여서 계산한 듯한 다른 언급들 — 예를 들면, 출 6:16-20에서는 모세를 야곱과 함께 이집트로 들어간 레위의 아들 고핫(Kohath)의 손자라고 하고 있다(창 46:11) — 은 아마도 완전한 족보들이 보존되지 않았다는 것을 의미할 뿐이겠지만,[35] 우리가 성경의 연대기로부터 족장들의 수명을 근거로 그들의 생존 연대를 확정할 수 없다는

34) Cf. James Ussher, *Annales Veteris Testamenti*(London, 1650), pp. 1, 6, 14.

35) Cf. D.N. Freedman, *BANE*, pp. 204-207. 그는 예전의 족보들은 보통 아버지의 이름으로부터 씨족의 이름으로 건너뛴다는 점을 지적하고 있다; 그렇다면 출애굽기 6:16-20은 모세가 레위 지파의 고핫 자손에 속하는 아므람 가문의 출신이었음을 의미한다. 또한 K. A. Kitchen, *Ancient Orient and Old Testament*(Inter Varsity Press, 1966) pp. 53-56; A. Malamat, *JAOS*, 88(1968), p. 170; 또한 이 점에 대해서는 Albright, *BP*, p. 9도 참조하라.

것은 분명하다.

또한 성경 외의 증거로도 문제를 해결할 수 없다. 그 증거는 간접적이고 수 세기에 걸친 문헌들로부터 나온 것일 뿐만 아니라 창세기 12-50장에 나오는 인물이나 사건 가운데 그 어느 하나도 다른 문헌을 통해 알 수 있는 인물이나 사건과 연관지어서 대조식(對照式) 연대표를 만들 수 없기 때문이다. 창세기 14장은 오랫동안 이러한 말에 해당되지 않는 예외로 생각되어 왔는데, 아직도 여전히 수수께끼로 남아 있다. 시날(Shinar) 왕 아므라벨(Amraphel)이 함무라비와 동일 인물임을 증명하려는 노력 — 만약 이것이 옳다면 아브라함의 생존 연대를 주전 1728년과 1686년 사이로 추정할 수 있을 것이다 — 은 포기해야 한다. 함무라비가 서방으로 원정을 한 적이 있었다는 증거가 전혀 없을 뿐만 아니라 이 두 이름이 서로 같다는 것도 증명될 수 없다.[36] 물론 이 이야기 — 현재의 형태는 아마 후대에 이루어진 것이리라 — 는 옛전승으로부터 가져온 듯이 보인다. 왜냐하면 이 이야기는 지형학상으로 가능성이 있을 뿐만 아니라 침공해 온 왕들의 이름들이 청동기 시대의 작명법(作名法)과 잘 부합하기 때문이다. "아리옥"(Arriwuk)이란 이름은 마리 문서에서 찾아볼 수 있다. "투달리아스"(Thudhalias)와 동일한 이름인 "디달"은 주전 17세기의 한 왕을 비롯한 몇몇 헷 족속의 왕들의 이름이었다. 그리고 "그돌라오멜"은 다른 문헌에는 나오지 않지만 엘람인의 이름이다. 이밖에도 아브라함의 종자들(hanikim)을 가리키는 단어는 성경의 다른 곳에서는 발견되지 않는데 분명히 이집트어에서 온 것으로서 팔레스타인의 다아낙(Taanach)에서 나온 주전 15세기의 한 서간과 주문(呪文) 문서에 나온다. 그러나 이 사건은 신빙성이 있기는 하지만 현재로서는 우리에게 알려져 있는 중기 청동기 시대의 사건들에 비추어 명확하게 해명될 수는 없다.

에블라 문서는 이 사건에 빛을 던져 줄 수 있을지도 모른다. 어떤 결론을 내린다는 것은 현재로서는 성급한 것이기는 하지만 말이다. 우선 그 평원의 다섯 도시들(창 14:2) — 소돔, 고모라, 아드마, 스보임, 벨라 — 이 모두 에블라 문서에 속한 상용(商用) 서판에 열거되어 있으며 그것도 성경에 나와 있는 것과 동일한 순서로 열거되어 있다고 한다(이것은 이 도시들이 실제로 존재하였으며 당시에 서로 밀접한

---

36) 그러나 F. Cornelius, ZAW, 72(1960), pp.1-7; *idem.*, *Geistesgeschichte der Fr hzeit,* II: 2 (Leiden: E.J. Brill, 1967), pp.87f.를 참조하라. 그는 동일인물임을 주장하고 이 사건을 힉소스족의 이집트 침공과 결부시키고 있다. Albright는 "아므라펠"을 야무트발(엘람 국경지대의 한 지역)과 결부시키고 이 사건을 아마도 제12왕조의 몰락과 관련이 있는 이집트에 대한 어떤 침공과 연관이 있는 것으로 본다; cf. *BASOR*, 163(1961), pp.49f.; *YGC*, pp.60f.

관계에 있었다는 증거가 될 것이다). 그러나 이것은 죽 의문이 제기되어 왔다.[37] 몇몇 학자들은 소돔과 고모라가 언급되어 있다고 믿고 있지만, 이것은 다른 학자들에 의해 반박되고 있으며, 다른 이름들에 대한 독해도 모두 의문시되어 왔다(그리고 그 이름들은 어쨌든 동일한 서판에 나오는 것은 아닌 듯하다). 에블라 사본에 언급되어 있다고 하는 다른 팔레스타인의 지명들도 마찬가지로 논란중에 있다. 에블라 서판들이 장래에 어떠한 사실을 밝혀 주든간에 창세기 14장의 사건은 현재로서는 그 서판들을 통해 해명될 수 없다. 에블라가 엘람인의 영토(하마지〈Hamazi〉)와 관련을 맺었다고 하지만, 우리는 엘람인의 영도 아래 서방을 침공한 사건을 알지 못한다. 물론 이것은 아무런 일도 일어나지 않았다고 말하는 것은 결코 아니지만 그 시기에 관해 우리가 알고 있는 것은 너무 불완전하다. 하지만 이 평원의 도시들은 초기 청동기 시대 말기 이후에는 존재하지 않았던 것으로 보이기 때문에 이 이야기 배후에 있는 사건은 주전 3000년대에 일어났음에 틀림없는 것처럼 보인다.[38] 그러나 그렇다고 할지라도 아브라함의 생존 연대를 반드시 주전 3000년대로 추정해야 하는 것은 아니다. 물론 이후의 발견 여부에 따라 바로 그 시기로 추정하지 않으면 안 되는 상황이 올지도 모르지만 말이다. 우리는 창세기 설화가 몇몇 개인의 이름들 아래에서 성경을 통상적으로 읽을 때 생각되는 것보다 훨씬 오랜 세월에 걸쳐 일어났던 사건들의 기억을 압축하고 있을 가능성도 고려하여야 한다.

b. 족장들과 중기 청동기 시대

그러나 비록 우리가 족장시대의 연대를 정확하게 추정할 수 없고 또 이후의 발견들로 인해 여기서 제시된 내용을 다시 이끌어 올 수밖에 없게 된다고 할지라도, 현재 우리가 이용할 수 있는 증거들은 족장 전승들은 대부분 주전 2000년대의 초기 세기들의 시대적 상황과 아주 잘 부합한다는 것을 보여 준다. 이미 말했듯이 이 이야기들에 나오는 작명법은 그 시기의 문헌들에 나오는 이름들과 밀접한 유사성들을 보여 줄 뿐만 아니라 족장들의 이주 연대를 주전 2000년경 이후의 세기들로 추정하는 것은 고고학적 증거 및 다른 성경 외적 증거와 더할 나위없이 부합하기 때문이

---

37) 이 단락에 대해서는 D. N. Freedman, *BA*, LXI(1978), pp.143-164를 참조하라. 그리고 p.143에 있는 보록(補錄)을 유의하라; 좀더 최근의 것으로는 *BARev.*, V(1979), pp.52f.

38) 아마도 그 도시들은 사해 남단 가까이에 있었을 것이다; cf. *BARev.*, VI(1980), pp.27-36. 아마 그 도시들과 관련이 있는 것으로 보이는 Bab edh-Dhra 부근의 대규모의 주거지 및 묘지는 초기 청동기시대 제4기 무렵에는 사용되지 않게 되었다.

다.[39] 주전 3000년대 후반에 초기 청동기 문명이 끝났다는 사실을 상기해야 할 것이다. 도시들은 파괴되고 버려졌으며, 반(半)정착 시대가 이어졌다(EB와 MBI의 끝). 오랜 세월이 흐른 뒤에야 도시들은 다시 건설되기 시작하였고 도시 생활은 재개되었다(MBIIA). 이 파괴의 주역은 누구였으며, 그에 이어 재건의 주역은 누구였는지는 논란중에 있다. 그러나 우리는 그들이 새로운 이주자들이었다고 추정해야 한다.[40] 십중팔구 이 새로운 이주자들은 이미 우리가 들은 바 있는 아모리족으로서 긴 세월에 걸쳐 팔레스타인으로 밀려들어왔던 것으로 보인다.[41] 이미 살펴보았듯이 아모리족 및 다른 이와 비슷한 집단들이 주전 2000년대가 시작되면서 비옥한 초승달 지대의 도처로 밀려들어왔다. 그들은 메소포타미아에서 우르 제3왕조의 세력을 끝장내는 데 기여하였고, 제1중간기로 알려진 이집트의 혼란기에 중요한 역할을 했음이 분명하다. 우르의 왕들과 이집트의 바로들은 거의 동일한 시기(주전 20세기 초)에 이들에 대해 방어적인 조치들을 취했고, 시리아와 팔레스타인은 의심할 여지없이 아모리족의 일부를 받아들였을 것이다. 바로 그들 가운데는 나중에 이스라엘 민족의 구성원이 된 자들의 여러 가지 유의 선조들도 있었다고 생각하는 것이 합리적이다.

족장 이야기들의 배경을 이루고 있던 세계는 일반적으로 중기 청동기 시대다. 이 시대는 상부 메소포타미아에서 아모리족이 후리족과 점차로 섞이면서 우세한 인구 분포를 차지하고 있었고 대제국들이 없었으며 모든 방향으로 자유로운 왕래가 가능하였던(마리 문서에서 볼 수 있듯이) 시기였다. 이러한 상황은 이어지는 시대(후기 청동기 시대)에 관하여 알려진 것과 잘 부합하지 않는다. 왜냐하면 앞으로 살펴보겠지만 그때에는 상부 메소포타미아는 처음으로 미타니(Mitannian) 왕국의 소재지였

---

39) 이 증거에 관한 뛰어난 개관을 보려면 W. G. Dever, *IJH*, pp. 70-120를 참조하라. Dever는 이 전승들이 전혀 사실성(史實性)을 갖고 있지 않다면(우리는 그렇다고 강력히 믿고 있다) 그것들은 중기 청동기시대(특히 중기 청동기시대 제2A기와 제2B기 초〔그의 연대 추정으로는 주전 2000-1800년〕)에 가장 잘 들어맞는다고 결론을 내린다(pp. 117-120). 이에 대한 개관으로는 J. Heusman, *CBQ*, XXXVII(1975), pp. 1-16를 참조하는 것이 편리하다.

40) 이것은 T. L. Thompson, *op. cit.*, esp. Ch. 7에 의해 부인되고 있다. 그러나 초기 청동기시대가 대량 살상의 전쟁만을 통하여 그토록 철저하게 "자멸되었다"고는 믿기 어렵다. 더욱이 중기 청동기시대 제2기의 초기에 일어났던 것으로 보이는 다소 첨예한 문화적 단절을 염두에 두어야 한다; cf. Dever, *ibid.*

41) 이것이 Dever(*ibid.*), de Vaux(*EHI*, I, pp. 264-266)를 비롯한 그 밖의 아주 많은 학자들의 입장이다. 초기 청동기시대의 문화를 파괴한 자들은 북방(결국 중앙아시아)에서 내려온 침입자들이었다는 P. W. Lapp의 견해(*Biblical Archaeology and History* 〔New York and Cleveland: World Pub. Co., 1969〕 pp. 96-107)는 별로 지지를 얻지 못했다.

고 팔레스타인과 시리아는 이집트의 속령(屬領)이었기 때문이다. 그리고 나중에 북부 시리아는 헷족의 수중에 들어감으로써 상부 메소포타미아는 헷족과 다시 재기한 앗시리아의 분쟁의 불씨가 되었다.

또한 창세기 설화들에 나오는 팔레스타인은 중기 청동기 시대의 팔레스타인이다. 족장들은 요단 동편, 중앙 산악지대, 네게브지방을 유랑한다. 그들은 요단 평원의 왕들을 제외하고는(창 14장), 예루살렘의 멜기세덱과 해안 평야의 해변에 있는 그랄(Gerar) 왕 외에는(20장, 26장) 도시의 왕들과 전혀 마주치지 않는다. 헤브론(23장)과 세겜(33:18~20:34)은 부족 동맹들의 수중에 있었던 것으로 보인다. 이것은 주문(呪文) 문서(주전 19세기경)에 나타난 상황과 잘 부합한다. 이때에 여러 부족 집단들이 인구가 희박한 팔레스타인 내륙 지방에 점차 모여들어 정착하기 시작했다. 이것은 팔레스타인 — 이집트의 기록 문서들과 성경을 통해 알 수 있는 — 이 봉건적인 도시 국가들의 체제로 조직되었고 이집트 제국의 속령이었던 후기 청동기 시대와는 부합하지 않는다. 족장들은 팔레스타인 지방에서 이집트인들을 만난 적이 없다. 실제로 이 지역에 이집트의 통치가 미치고 있었다는 것을 보여 주는 암시는 전혀 없다. 소란했던 아마르나(Amarna) 시대(주전 14세기)도 이에 잘 부합하지 않는다. 앞으로 살펴보겠지만, 이때에는 지방 군주들이 아피루('Apiru)라고 불린 무법(無法)의 무리들의 지원을 받아 인근 부족들을 희생시켜 가며 자기 이익을 도모하거나 바로의 멍에를 완전히 벗어 버리려고 애쓰고 있었다. 끊임없이 소란했던 시대였다. 그러나 창세기 설화에서는 이러한 소란의 자취를 거의 찾아볼 수 없다. 도시 국가의 왕들 또는 그들의 신하들도 눈에 띄지 않는다. 그 모습은 소란으로 들끓고 있는 지방의 모습이 아니다. 극히 드문 예외들을 제외한다면 족장들은 아주 평온한 지역을 이리저리 이동한다.

c. 족장시대의 마감

위에서 말한 것은 창세기 12-50장의 이야기들 가운데 그 어느 것도 주전 16세기 이후에 일어난 사건들에 관한 기억을 보존하고 있지 않고 있다는 것을 의미하지는 않는다. 오히려 어느 정도 그럴 가능성이 충분히 있다. 예를 들면, 창세기 34장은 이스라엘의 가나안 점령 초기 단계, 즉 시므온 지파와 레위 지파가 세겜 지방을 무자비하게 정복했으나 결국 쫓겨나 뿔뿔이 흩어지고 만(참조. 49:5-7) 사건을 반영하고 있는데, 이것은 후기 청동기 시대의 사건들을 언급하고 있는 것으로 보는 것이 좋을 것이다. 또한 유다 지파의 내부 사정을 다루고 있는 창세기 38장도 이 지파의 구성원들이 남부 팔레스타인으로 침투하고 있었던 가나안 점령 초기의 단계를 보여 주고 있다고 보아야 한다. 무엇보다도 라반과 야곱의 이야기에 아람인들이 거듭 언급되고 있는 것은 시대착오적인 것이 아니라면(아래를 보라) 이 이야기가 후기 청동기 시대에 이스라엘의 선조들의 일부가 북방으로부터 추가로 이주해 온 사실을 반영하고 있다는 것을 보여 준다. 왜냐하면 아람인들은 주전 12세기 이전에는 앗시리아 문헌들에 분명히 나타나지 않기 때문이다(그렇지만 그 이전부터 존재하고 있었을 것이다). 이스라엘의 선조들이 팔레스타인으로 이주해 오게 된 계기가 되는 민족 이동은 의심할 여지없이 수 세기에 걸쳐 지속된 기나긴 과정이었다.

또한 우리는 이스라엘이 언제 이집트로 내려갔는지를 확실하게 말할 수 없다. 요셉을 돌봐준 바로는 "요셉을 몰랐던" 바로와 마찬가지로 도대체 그가 누구였는지를 확인할 수가 없다. 그리고 앞에서 살펴보았듯이, 성경 자체 안에서도 이스라엘의 이집트 체류 기간에 관하여 일치하지 않고 있기 때문에, 출애굽의 추정 연대를 기점으로 과거로 소급해 계산함으로써 이 문제를 해결할 수도 없다. 요셉 당시의 바로를 초기의 힉소스족 왕들 가운데 한 사람 — 자기가 셈족이었기 때문에 다른 셈족들에게도 호의적이었을 것으로 짐작되는 그런 왕 — 으로 보고, 또한 "요셉을 몰랐던" 바로를 이집트 제국 시대의 통치자들 가운데서 찾아보고 싶은 마음도 들지만, 이를 보여 주는 증거는 없다.

성경과 이집트의 기록 문서들이 보여 주는 바와 같이 우리는 셈족들이 어느 시대에나 이집트에 접근할 수 있었다는 것을 잊어서는 안 된다. 따라서 이스라엘이 언제 이집트로 내려갔느냐고 묻는 것은 문제를 잘못 제기하고 있는 것일 수 있다. 그 때에 이스라엘 민족은 아직 존재하지 않았기 때문이다. 성경의 단순화된 설화는 매우 복잡한 사건들을 은폐하고 있다. 그러므로 우리는 출애굽을 통해 이집트에서 나온 모든 사람들의 조상들이 같은 시기에 이집트로 들어갔다고 생각할 필요는 없다. 성경 전승이 서로 불일치하고 있는 것은 바로 이런 사실을 반영하는 것일 수 있다. 그러므로 이스라엘이 이집트로 내려간 정확한 연대를 산출하는 것은 불가능하며, 이에 따라 족장시대의 끝을 확정하는 것도 또한 불가능하다. 그러나 족장 설화들의 대부분은 중기 청동기 시대(어떤 부분은 이보다 이전; 창 14장?)에 가장 잘 들어맞으며, 그 가운데 일부는 그 뒤에 이어진 후기 청동기 시대의 것으로 분명히 볼 수 있다. 후기 청동기 시대 무렵에는 나중에 이스라엘을 구성하게 된 구성원들의 대다수가 팔레스타인에 있었고 그 가운데 다수는 나중에 각 지파의 영토가 된 지역들에 정착해 있었다. 그리고 거기에서 그들 중의 얼마가 이집트로 내려갔다.

C. 히브리인의 선조들과 역사

1. 족장들의 이주

그러므로 족장 설화들이 사실(史實)을 아주 높게 반영하고 있다는 체취를 풍긴다는 것에 동의한다면, 거기서 좀더 긍정적인 어떤 결론들을 끌어낼 수 있는 것일까? 첫째, 이스라엘의 선조들은 원래 상부 메소포타미아로부터 왔으며, 이 지역의 반(半)유목민과 친밀한 혈연 관계를 느끼고 있었다는 성경 전승의 사실성(史實性)은 더 이상 부정되어서는 안 된다는 것이다.

a. 성경의 전승

성경 전승은 이 점에 관해서 일치를 보이고 있다. 성경의 자료들 가운데 두 가지는 하란(Haran)이 아브라함의 여정의 출발점이며(창 11:32; 12:5〈P〉), 그리고 이어서 아브라함의 친척 라반의 고향이라고(예를 들면, 27:43; 28:10; 29:4〈J〉) 분명하게 언급하고 있다. 다른 곳에서는 라반이 밧단 아람(Paddan-aram)(25:20; 28:1-7; 31:18 〈P〉) — 동일 장소가 아니더라도 같은 지방을 가리키는 또 하나의 이름이다 — 에 살고 있었다고 하며,[42] 또 다른 곳(24:10 〈J〉)에서는 아람 나하라임(Aram-naharaim, 메소포타미아)의 나홀(Nakhur, 하란 부근의 발리크(Balikh) 계곡에 있음)이라는 도시라고 하고 있다. E자료만이 하란 지방에 관해 명확한 언급을 하지 않고 있지만 — 아마 이 자료가 단편적이기 때문이리라 — 이 자료도 라반의 고향이 유프라테스강 건너편이었다는 것은 알고 있었다(31:21). 이밖에도 이러한 전승은 여호수아 24:2 이하에 의해서도 밑받침되는데, 이 구절은 보통 E자료 또는 D자료로 분류되고 있으나 이 두 자료보다도 훨씬 오래된 전승에 속한다.

그런데 몇몇 학자들[43]은 전승의 원형에는 라반의 고향이 길르앗(Gilead)의 변경

---

42) 밧단아람은 "아람의 통로(아카드어로 paddânu)"를 의미할 것이다: cf. R.T. O'Callaghan, *Aram Naharaim*(Rome: Pontifical Biblical Institute, 1948), p. 96. 또한 하란(아카드어로 harrânu)도 "통로"를 의미한다(cf. E. Dhorme, *Recueil douard Dhorme*〔Paris: Imprimerie Nationale, 1951〕, p.218). 하지만 다른 학자들은 "아람의 평야(아람어로 paddânâ)"(cf. 호 12:12)를 제시하고 있다: cf. Albright, *FSAC*, p.237; R. de Vaux, *RB*, LV(1948), p.323.

에 있었는데(창 31:43-55의 현장), 그 뒤에 동부 시리아로 옮겨졌고 — 여기에 (참조 "시누헤의 이야기") 케뎀(참조. 29:1, "동방 사람"〈Ben Qedem〉) 땅이 있었던 것으로 보인다 — 그후, 하란이 아람인 대상(隊商)들의 중심지로 떠오르게 되자 메소포타미아로 옮겨졌다고 주장해 왔다. 그러나, 물론 이스라엘의 선조들은 의심할 여지없이 원래 다양한 지역들로부터 온 것은 사실이겠지만, 앞의 해석은 이토록 강력한 전승에 관한 설명으로서는 설득력이 거의 없다고 하겠다. 더구나 문제가 된 구절들에서 과연 그러한 결론들을 이끌어 낼 수 있는 것인지는 의문이다. 라반과 베네 케뎀은 둘 다 아주 광범위한 지역을 떠돌아 다녔을 것으로 짐작되는 비(非)정착민이었다. 마리 문서에 나오는 베냐민 사람들("남방 사람들")이 그러했듯이. 라반이 길르앗 부근에 살았다고 하는 전승은 그 자체로 신빙성도 없고, 또한 이스라엘의 선조들이 메소포타미아 출신이라는, 매우 오래되고 서로 일치하는 전승에 배치된다.

b. 증거에 비추어 본 전승

이렇게 서로 일치하는 전승은 어쨌든 타당한 이유 없이 무시되어서는 안 되며, 증거를 고려해 볼 때 그렇게 무시하는 것은 주관적인 처사가 될 뿐이다. 그 증거에 관해서는 이미 많이 언급해 왔고 여기서 다시 되풀이할 필요는 없다고 본다: 예를 들면, 주전 2000년대 전반기에 히브리인들과 유사한 주민들이 실제로 거기에 살고 있었다는 것을 보여 주는 북부 메소포타미아 전지역에 걸쳐 출토된 증거들; 또는 족장들의 여러 관습들이 거의 같은 시대, 같은 지역의 주민들 사이에 널리 행해졌다는 사실 등등. 이러한 것들은 역사적 사실들로서 그렇게 간주되어야 마땅하다.

---

43) Cf. Noth, *Pentateuchal Traditions*, pp.100, 199f.; 또한 HI, pp.83f. 그러나 Noth는 그의 후기 저작들에서는 이스라엘 선조들이 메소포타미아에서 기원했을 가능성을 인정하려고 했다; cf. "Die Urspr nge des alten Israel im Lichte neuer Quellen" (***Arbeitsgemeinschaft für Forschung des Landes Nordrhei-Westfalen***, Heft 94 〔1961〕, 특히 pp. 31-33).

44) 이 자료에 관한 가장 포괄적인 조사 연구로는 F. Ellermeier, *Prophetie in Mari und Israel* (Herzberg am Harz: Verlag Erwin Jungfer, 1968)이 있다. 탁월한 지침서로는 H. B. Huffmon, *Mag. Dei*, Ch.8이 있다. 가장 최근에 공간된 마리 문서들에 비추어 행해진 그 밖의 논의들로는 A.Malamat, "Prophetic Revelations in New Documents from Mari and the Bible" (*VT*, Suppl., Vol. XV 〔1966〕, pp. 207-227); J.G. Heintz, "Oracles proph tiques et 'guerre sainte' selon les archives royales de Mari etl' Ancient Testament" (*VT*, Suppl., Vol. XVII 〔1969〕, pp. 112-138); W.L. Moran, "New Evidence from Mari an the History of Prophecy" (*Biblica*, 50〔1969〕, pp. 15-56); J.E. Ross, "Prophecy in Hamath, Israel, and Mari" (*HTR*, LXIII〔1970〕, pp.1-28) 등이 있다.

그 자체로 설득력이 있는 이러한 일련의 증거들 외에도 몇 가지 증거들을 추가할 수 있다. 우선 한 가지 예를 든다면, 성경에서 볼 수 있는 예언 현상과 거의 유사한 현상들이 마리 문서에도 나온다는 것이다. 하지만 여기서 그것에 대해 자세하게 논의하는 것은 논지를 벗어나는 일이다.[44] 그러나, 이런 문헌들에서 만나게 되는 사람들의 관습과 제도들이 이스라엘 선조들의 관습과 제도들과 유사한 점들이 수없이 많다는 사실을 고려할 때, 이 둘 사이의 어떤 연관성을 생각하지 않을 수 없다. 이스라엘 안에서 발전한 것과 같은 예언은 고대 세계에서 독특한 현상이었고 뚜렷하게 이스라엘적인 것이었지만, 마리 문서는 그 전사(前史)와도 같은 어떤 것을 우리에게 보여 준다. 예언 제도는 이스라엘에서 적어도 사사 시대(드보라, 사무엘 등)에는 이미 확립되어 있었고, 처음부터 이스라엘 종교 생활의 한 특징이었던 것으로 보이기 때문에, 마리 문서와의 이러한 유사점들은 예언이 비슷한 문화적 환경으로부터 이주해 온 선조들에 의해서 이스라엘에 전해졌다는 가정을 통해서 가장 잘 설명이 된다.

그외에도 계약 법전(출 21-23장)으로 알려진 이스라엘의 판례법이 특히 에쉬눈나(Eshnunna) 법전과 함무라비 법전을 통해 잘 드러나는 메소포타미아의 법률 전승과 극히 밀접한 유사점들을 지니고 있다는 것도 잘 알려져 있는 사실이다. 이와 비슷한 법률 전승이 가나안인들 가운데도 존재했는지의 여부에 대해서는 우리는 알고 있지 않다. 물론 팔레스타인이나 시리아에서는 아직까지 어떤 법전도 발견되지 않았다고 해야 한다. 오늘날에는 언약 법전은 이스라엘인들이 하나의 민족을 이루고 살던 가장 초기의 법률 관행을 반영하고 있다는 데는 대체로 의견의 일치를 보고 있다. 이 무렵 이스라엘은 우리가 알고 있는 한에서는 메소포타미아와 접촉이 전혀 없었다. 그러나 이 법률 전승이 매우 오래된 것이고 — 아무리 가나안의 상황에 맞게 윤색되었다고 할지라도 — 가나안인들로부터 기원한 것이라고는 말할 수 없다면, 주전 2000년대 동안에 메소포타미아의 사법 전승들을 알고 있었던 지방에서 이주해 온 집단들이 그 법률 전승을 팔레스타인으로 가져왔다고 추론하는 것이 가장 합리적이다.

창세기 2장의 창조 설화와 6-9장의 홍수 이야기에 관해서도 마찬가지로 말할 수 있다. 잘 알고 있듯이, 이 이야기들은 메소포타미아에서 나온 비슷한 자료와 놀라울 정도의 유사성을 보여 주고 있는 반면에 — 지나치게 과장되어서는 안 되겠지만 — 이제까지 알려진 한도 내에서는 가나안이나 이집트의 문헌과는 거의 유사성이 없다. 적어도 표면상으로는. 에덴 동산, 바벨탑을 비롯하여 창세기 1-11장에 수록된 여러 이야기들은 한결같이 메소포타미아를 배경으로 하고 있다.[45] 그러나 이 이야기들이 적어도 주전 10세기(흔히 J자료가 편찬된 연대로 추정되는)에는 이미 어떤 형식으로든 히브리인들 가운데 알려져 있었고, 또 이스라엘은 팔레스타인에 등장한 때부터 왕정이 시작된 시대까지 우리가 알고 있는 한 메소포타미아와 접촉이 전혀 없었으며, 그리고 적어도 홍수 이야기의 바빌로니아판(版)이 이스라엘 이전 시대에 팔레스타인에서 알려져 있었다는 증거가 있기 때문에(길가메쉬 서사시의 한 단편이 주전 14세기의 므깃도에서 발견되었다), 창세기의 시원사(始原史) 배후에 있는 전승들은 주전 2000년대 전반에 이주해 온 집단들이 메소포타미아에서 가져왔다고 보는 것이 논리적이다. 이를 입증할 방법은 없지만, 이스라엘의 선조들도 끼어 있었던 일부 "아모리인"들이 주로 그 역할을 했을 가능성이 어느 모로 보나 크다고 하겠다. 어쨌든 그보다 후대의 시대에 빌려왔을 가능성은 거의 없는 듯하다.

앞에서 말한 증거들은 다각적인 동시에 설득력이 있다. 물론 이스라엘의 여러 선조들이 모두 원래 어느 한 지방으로부터 이주해 왔다고 생각할 필요는 없지만, 우리는 적어도 그들 가운데 중요한 구성원들은 실제로 메소포타미아 출신이었다고 결론을 내리지 않을 수 없다. 그러므로 족장들이 그 지역으로부터 이주해 왔다는 성경 전승은 본질적으로 사실성(史實性)이 부여되어야 한다.

c. 갈대아(the Chaldees) 우르

아브라함의 아버지 데라(Terah)가 갈대아 우르에서 하란으로 이주해 왔다는 전승(창 11:28, 31; 15:7)은 별로 확실한 것이 아니다. 물론 전혀 개연성이 없는 것은 아니다. 우르와 하란은 교역과 종교상의 유대로 연결되어 있었다. 두 곳이 모두 달의 신을 숭배하는 제의의 중심지였기 때문이다. 이 제의와 관련된 이름들이 히브리인 선조들 사이에도 알려져 있었다는 사실로 미루어 보아(예를 들면, 데라, 라반, 사라, 밀가), 이 전승이 역사적 정황들과 관련되어 있다는 것을 부정한다면 경솔한 짓이 될 것이다.[46] 어떤 서북 셈계 씨족들이 남부 메소포타미아로 침투하였다가 이후에 — 아마 우르 제3왕조가 몰락한 후 혼란한 시기에 — 북쪽의 하란으로 이주하였다는 것도 불가능한 일은 아니다. 우리가 알고 있기로는 아람족의 하나인 갈대아

---

45) Cf. Albright, *YGC*, pp. 79-87; *idem*, *BA*, XXXVI(1973), pp. 22-26; Wright, *BAR*, pp. 44f. 에덴 동산을 상기시키는 특징들(여신들이 받쳐든 단지들에서 뿜어 나오는 네 줄기의 우주적 물줄기, 두 그루의 나무, 그룹들)을 지니고 있는 마리의 프레스코 벽화에 관한 설명으로는 A. Parrot, *AOTS*, p. 139를 보는 것이 편리하다.

46) Cf. E. Dhorme, *op. cit.*, pp. 205-245; 좀더 최근의 것으로는 de Vaux, *EHI*, I, pp. 187-192; Albright, *BASOR*, 163(1961), pp. 44-46.

인들이 대거 이 지역에 등장한 주전 11세기 이전에는 바빌로니아는 갈대아로 불리지 않았다는 것이 사실이라 할지라도, 이것은 자연스런 연대 착오로 보아야 할 것이다.

그렇지만 신중한 것이 좋다. 칠십인역은 단지 "갈대아인의 땅"이라고만 하고 있을 뿐 우르에 관한 언급을 아예 하지 않고 있을 뿐만 아니라, 다른 구절들(24:4, 7)은 아브라함의 출생지를 상부 메소포타미아로 보고 있는 듯하다. 칠십인역의 읽기는 본문의 훼손으로 인한 것일 수도 있겠지만,[47] 히브리인 선조들의 원래의 고향은 먼 북방의 어느 곳이었을 가능성도 있다.[48] 하지만 확실하게 알 수는 없다. 어쨌든 족장 전승들은 남부 메소포타미아의 영향을 받았다는 증거는 거의 보여 주지 않고 있다.

d. 히브리인 선조들과 아람인들

이스라엘의 선조들은 주로 서북 셈족 출신이었지만 여러 종족이 뒤섞여 있었다는 것도 사실이다. 이 사실을 알고 있었다는 것은 성경 자체에도 나타나 있다. 성경은 이스라엘이 모압, 암몬, 에돔(창 19:30-38; 36장)만이 아니라, 미디안을 비롯한 수많은 아라비아 부족들(25:1-5, 12-18)과도 혈연 관계에 있음을 강조하고 있다. 하지만 히브리인들은 아람인들에 대해 특히 강한 혈연 의식을 갖고 있었다. 그들의 메소포타미아 친척들의 고향은 아람 나하라임(Aram-naharaim)이나 밧단 아람(Paddan-aram)에 위치해 있을 뿐만 아니라, 라반은 거듭 아람인이라 불리고 있다(25:20; 28:1-7 〈P〉; 31:20, 24 〈JE〉). 이러한 혈연 관계가 성경의 족보들 안에서 여러 가지로 설명되고 있음은 물론이다. 창세기 10:21-31에는 전통적으로 히브리인들의 선조로 알려져 있는 에벨의 족보와 나란히 아람인들이 셈의 후손으로 나와 있고, 22:20-24에는 아람인과 갈대아인이 아브라함의 형제인 나홀의 후손으로 나와 있다. 그러나 이 전승은 굳게 확증된 것이다. 이스라엘인들은 후대에 "내 조상은 유리하는 아람 사람으로서 …… "(신 26:5)라는 말로 시작되는 신앙고백을 암송하였다.

이토록 뿌리 깊은 전승이 근거없는 것일 리는 없다. 물론 우리는 주전 12세기 후반과 그 이후의 문헌들에서 비로소 아람인들이라고 불리는 한 민족을 만나게 되는

---

47) 성경 본문의 서로 다른 것에 대한 Albright의 설명(*BP*, p.97)은 그럴듯하다.

48) C. H. Gordon은 아브라함의 우르는 남부의 유명한 도시 중심이 아니었다고 주장하여 왔다; cf. *BARev.*, III(1977), pp.20f., 52. 에블라 문서는 하란 부근에 있는 우르를 언급하고 있다고 한다; cf. P. C. Maloney, *BARev.*, IV(1978), p.8. 물론 이것은 앞으로 좀더 확증되어야 할 것이다.

데, 이 문헌들은 유프라테스강 유역의 여러 지방과 시리아 사막에서 앗시리아 왕들이 아람인들과 싸운 것에 관하여 말해 준다. 그뒤부터는 시리아와 상부 메소포타미아 전 지역에서 아람인들을 찾아볼 수 있는데, 그들의 언어는 이전에 이 지역들에서 사용되었던 언어들을 놀라운 속도로 대체해 버렸다(결국 수 세기 후에 아람어는 서남 아시아의 통용어가 되었다). 그러나 아직까지는, 아람인들이 좀더 이른 시기에 메소포타미아에 존재했음을 보여 주는 뚜렷한 증거는 없다.[49] "아람"이라는 이름이 마리 문서(주전 18세기)는 물론이고 주전 2000년경 또는 더 이전의 다른 문헌들에 나타나는 것은 사실이지만, 이것들이 아람 민족과 어떤 관계가 있는지는 의심스럽다. 때때로 아람인들과 결부시켜 말하는 알라무(Ahlamu)족에 대해서도 마찬가지로 말할 수 있다. 이들은 그후의 세기들의 문헌에 자주 나타난다. 그러나 "알라무"라는 말이 마리 문서에서 인명으로 나온다는 사실은 아람족 또는 알라무족이 그렇게 이른 시기에 그 지역에 있었다는 것을 증명하기에는 별로 충분치 않다. 한편 주전 2000년대 후반 아람인들의 출현이 사막 유목민의 새로운 침입을 보여 주는 것 같지는 않다. 왜냐하면 가장 초기의 아람인들은 시리아의 정착지대 변두리의 사막에서 이미 오래전부터 살아온 혼혈 반(半)유목민으로 구성되어 있을 것이기 때문이다.

아람어도 아마 동부 시리아나 서북 메소포타미아에서 국지적으로 발달했던 방언에서 생겨나서, 비옥한 초승달 지대의 여러 지역과 그 변두리에 살던 종족들이 이 언어의 사용자들과 동맹을 맺거나 아람족의 영향 아래 들어옴에 따라 점차 광범위한 지역으로 퍼져 나갔던 것으로 보인다. 아람어를 채택한 — 그래서 아람인이 "된" — 종족들 가운데에는 유프라테스강 상류와 그 지류에 살고 있었던 이전의 "아모리족" 주민의 구성원들도 있었다. 이러한 과정은 의심할 여지없이 아람어와 그들의 언어가 비교적 밀접한 관계에 있었기 때문에 촉진되었던 것 같다. 앞에서 말한 바와 같이, "아모리족"이라는 말은 "서부인"을 의미하는 아카드어로서 족장시대와 그 이전부터 상부 메소포타미아와 시리아의 온갖 다양한 서북 셈족들을 가리키는 명칭으로 사용되었다. 그러므로 거기에는 그 후손들이 나중에 아람어를 사용하게 된 종족들과 이스라엘의 선조들이 포함되어 있었을 것이다. 달리 말하면, 이스라엘의 선조들과 후대 아람족의 선조들은 동일한 종족과 언어군에 속한 사람들이었던 것이다. 그러므로

49) 아마 아람족에 대하여 언급되고 있는 것은 주전 14세기까지 거슬러 올라가는 듯하지만 분명히 그 이상으로는 거슬러 올라가지 않는다. 이 증거에 대한 분별력 있는 개관으로는 R. de Vaux, *EHI*, I, pp. 200-209를 참조하라; 또한 A. Malamat, *POTT*, pp. 134-401; W. F. Albright, *CAH*, II:23(1966), pp. 46-53.

이스라엘이 자신의 유래지를 "아람 평원"으로 기억하고 있고 또한 자신의 조상을 "유리하던 아람인"이라고 말할 수 있었던 것은 결코 이유없는 것이 아니었다.

이스라엘의 선조들의 내력을 이루었던 것은 바로 이러한 배경이었다. 어떤 학자들은 대담하게도 이들을 "원아람인"이라 불러왔다.[50] 우리가 알지 못하는 여러 이유로 인해 그들은 아마 주전 2000년대 초에 갈라져 나와서, 우리가 전혀 모르는 다른 무리들과 함께 팔레스타인으로 이주해 새로운 주민으로서 그 땅에 정착했을 것이다. 그들이 메소포타미아와 계속 접촉을 가졌고, 또 거기로부터 새로운 집단들이 도착했다고 성경이 묘사하고 있는 것으로 보아(이삭과 야곱의 이야기들), 우리는 이스라엘의 선조들이 상당한 기간에 걸쳐(아마도 후기 청동기 시대에 이르기까지) 여러 차례의 이동을 통해 팔레스타인에 이르렀다고 생각해도 좋을 것 같다. 그러나 그 자세한 내용은 우리가 알 방도가 없다. 족장들의 언어는 마리(Mari)에서 사용되던 것과 크게 다르지 않은 서북 셈어의 일종이었을 것이다. 그러나 고향과 유대가 점차 약화됨에 따라 족장들은 가나안어에 동화되었다. 히브리어는 바로 이 가나안어의 방언에 지나지 않는다(이것은 메소포타미아에 사는 족장들의 친족들이 결국 아람어를 채택하게 된 것과 마찬가지다). 팔레스타인에서 이스라엘의 선조들은 친족 의식을 갖고 있었던 비슷한 혈통의 다른 부족들과 접촉했다. 그런 후에 그들은 성경의 설화가 보여 주는 것보다 훨씬 복잡한 과정을 거쳐 서로 통혼(通婚)하기도 하고 갈라지기도 하면서 인구가 불어났다. 그렇지만 성경의 설화는 이러한 사정을 정확히 반영하고 있다(예를 들면, 롯, 이스마엘, 에서의 이야기들).

2. 역사상의 인물들로서 족장들.

이제까지 인용한 증거들은 어느 모로나 족장 설화들이 역사에 굳건하게 토대를 두고 있다고 단언할 수 있게 해준다. 그러나 우리는 그렇게 말하는 데서 그쳐야 하는가? 족장들을 단지 비인격적인 씨족 이동을 반영하는 것으로만 보아야 하는가? 결코 그렇지 않다! 아브라함, 이삭, 야곱의 생애를 재구성하려는 시도를 할 수는 없지

---

50) 예를 들면, Noth, "Die Ursprünge des alten Israel"(주 43을 보라), 특히 pp. 29-31; de Vaux, *EHI*, I, pp. 207-209. 그러나 신중해야 한다. 마리의 언어를 아람어, 가나안어 등과 관련하여 어떻게 분류해야 하는가는 논란이 많은 주제이다; W. L. Moran, *BANE*, pp. 56f.와 거기에 나오는 전거들을 보는 것이 편리하다.

만, 우리는 그들이 역사상의 실존 인물들이었다고 확신할 수 있다.

a. 반(半)유목민 씨족들의 추장들

위에서 한 말은 오늘날 폭넓게 받아들여지고 있다. 족장들을 멋대로 꾸며낸 전설상의 인물들, 씨족들의 동명(同名)의 시조들, 혹은 신들의 잔재에 지나지 않는 것으로 보려는 이전의 시도들은 아무 이의없이 거의 다 폐기되었다. 족장 이야기들에서 풍겨나오는 신빙성은 우리로 하여금 족장들을 전설상의 인물들로 처리해 버리지 못하게 하고, 거기에 묘사된 그들의 모습은 조금도 신화적이지 않다. 물론 족장 이야기들 속에는 민담(民譚)적인 소재들이 있다. 그러나 그러한 것들은 중심적인 인물들 — 이들은 매우 사실적으로 묘사되어 있다 — 에 관련된 것이 아니라 설화가 발전해 오면서 생겨난 것들이다. 그것들은 단지 고대의 모든 문학이 관습적인 양식에 스스로를 맞추려고 했던 경향을 보여 주는 예일 따름이다. 족장들을 신으로 숭배된 씨족의 동명(同名) 시조로서 설명하려는 시도는 어쨌든 증거 자료를 상당히 오해한 데서 나온 것이었다. 예를 들면, 데라(Terah)가 라스 샤므라(Ras Shamra) 문서에 달의 신으로 나오는 것 같다는 잘못된 인상[51] 또는 야곱(Ya' qub-el)을 "야곱은 신이다"[52]로 푸는 것(실제로 야곱은 "하나님이 보호하시기를"이라는 뜻이다)과 같이 이름들을 그릇되게 설명하는 것 등이 그러하다. 그러나 족장들을 단지 정체 불명의 동명의 씨족의 시조로 격하시키려는 노력은 특히 아래에 인용되고 있는 그들의 종교의 성격에 관한 증거, 즉 족장들을 역사상의 실존 인물로 보지 않을 수 없게 만드는 증거에 부닥치면 무너지고 만다.

앞에서 말했듯이 족장들은 단지 고독한 개별 인물들이 아니라 꽤 규모가 큰 씨족들의 추장들이었다. 단순화된 족장 이야기들은 복잡한 씨족 이동을 은폐하고 있다. 그 이야기들 안에서 개인은 집단과 뒤섞여 있으며 개인의 행적은 집단의 행적을 반영하고 있다. 그러나 족장들을 동명의 씨족의 시조들일 뿐이라고 치부해 버려서는 안된다. 말하자면 주전 2000년대 초반의 팔레스타인은 반유목민 씨족들로 우글거리고 있었고, 그 씨족들은 각각 그 이름을 알 수는 없다고 할지라도 어떤 실존 인물이 이끌고 있었다. 어느 모로나 믿을 만한 이유가 있는 바와 같이, 족장들이 이와 비슷

51) 전거들에 대해서는 H.H. Rowley, *The Servant of the Lord*(주17을 보라), pp. 307-309.
52) Oesterley and Robinson, *History of Israel*(Oxford: Clarendon Press, 1932), Vol. I, pp. 52f., 91; A. T. Olmstead, *History of Palestine and Syria*(Charles Scribner's Sons, 1931), p. 106.

한 집단들을 대표하고 있다면, 이 집단들의 지도자들이 실존 인물들이었다는 것, 즉 아브라함, 이삭, 야곱은 주전 2000년대에 실제로 생존했던 씨족 추장들이었다는 것을 부정한다는 것은 부질없는 짓이다.

물론 유감스럽긴 하지만 외적 증거에 의거해서 우리가 말할 수 있는 것은 이것이 전부다. 성경이 우리에게 말해 주는 것 외에는 아브라함, 이삭, 야곱에 관해 우리는 아무것도 모르며, 성경의 설화의 자세한 내용을 정밀하게 검토할 수 있는 수단이 우리에게는 없다. 그리고 우리는 족장 시대의 연대를 좀더 정확하게 확정할 수조차 없다. 우리는 성경의 이야기 전체 또는 그 일부에 의문을 제기할 수도 있고 또한 마음내키는 대로 그 사건들을 재배치할 수도 있지만, 그렇게 하는 것은 객관적 증거의 테두리를 벗어난다는 것을 기억해야 한다. 우리는 그 실제 사건들이 성경이 보여주는 것보다 훨씬 복잡했다는 것을 확신할 수 있다. 이를테면, 수많은 씨족 집단들의 동맹, 인구 증가, 분열이라는 얼키고설킨 상태. 그러나 자료의 성격이 그렇고, 우리가 알 수 있는 것의 한계도 이 정도이기 때문에, 어떤 재구성을 시도하는 것은 아무 유익도 없는 공리 공론일 뿐이다. 하물며 객관적인 증거가 없는 상태에서 가설을 세워 전승들의 역사를 추적하고 이에 의거해서 전승들에 대해 판단을 내리는 것은 건전한 방법이라고 할 수 없다. 성경의 설화는 그 설화가 이야기하고 있는 시대들을 정확히 반영하고 있다. 그러나 족장들의 생애에 관하여 성경이 말하고 있는 내용에 우리는 아무것도 더할 수 없다.

b. 아피루('Apiru)

성경은 족장들을 평화로운 인물들로, 곧 어떻게 해서라도 이웃 종족들과 알력을 피하려고 하는(예를 들면, 창 26장) 인물들로 묘사하고 있다. 분명히 이것은 그들이 더 강력한 추장들의 비위를 거슬려도 괜찮을 정도로 수가 많거나 강하지 않았기 때문이었다(예를 들면, 34:30). 하지만 때대로 그들은 폭력을 사용한 것으로 묘사된다. 시므온과 레위가 세겜을 기만하고 느닷없이 습격한 사건(34장)이라든가 야곱이 세겜 부근의 땅을 무력으로 빼앗았다는 전승(48:22)을 생각해 보라.[53] 그러나 전형적인 예는 창세기 14장에 나온다. 거기를 보면 아브라함은 318명의 종자들을 이끌고 롯과 그의 가족을 구출하기 위해 침략자 왕들을 추격한다. 이곳(13절)에서만 아

53) 창세기 33:19에서는 야곱이 땅을 구입했고 말하고 있다. 두 절 다 보통 E자료로 보고 있지만, 둘 다 동일한 땅을 가리키고 있는 듯하다(48:22에 나오는 "세겜"에 대한 언어 유희를 유의하라); cf. Noth, *Pentateuchal Traditions*, p.83.

브라함이 "히브리인"으로 불리고 있는 것은 흥미롭다. 사실 창세기의 설화에서 오직 이곳과 요셉 이야기에서만 히브리인이라는 말이 사용되고 있다. 우리는 이스라엘인들(그리고 오늘날의 유대인들)을 히브리인으로 부르는 데 습관이 되어 있지만, 그들은 통상적으로 자기 자신들을 그렇게 부르지 않았고 이스라엘인들(Ben Yisra' el)이라 불렀다는 것을 알아야 한다. 실제로 "히브리인"이라는 이름은 구약성경에서 가장 초기의 설화들밖에는 나오지 않으며,[54] 거기에서도 주로 이방인이 이스라엘인들에 관해 말할 때(예를 들면, 창 39:14,17; 출 2:6; 삼상 4:6,9)나 이스라엘인 자신이 이방인에게 자신의 신원을 밝히고자 했을 때(예를 들면, 창 40:15; 출 3:18; 5:3) 사용되었다. 블레셋인들과의 전쟁 이후로 히브리인이라는 말은 일반적인 용도로 사용되지 않게 되었음이 분명하다.

이것은 히브리인들이 성경에 "히브리인"이라는 말이 등장하는 때와 거의 같은 시기의 문헌들에 나오는 아피루('Apiru), 하피루(Hapiru), 하비루(Habiru)[55]로 알려진 무리들과 어떤 관계가 있느냐 하는 문제를 제기한다. 이것은 수없이 논의되어 왔던 문제이다.[56] "히브리인"('ibrî)이라는 말 — 분명히 이스라엘 선조의 한 사람인 에벨(Eber)이라는 이름(창 11:14-17)에서 대중적으로 파생한 — 과 아피루(하피루)라는 말은 신기할 정도로 비슷하다. 중요한 학자들은 이 두 이름이 어원학적으로 동일할 수 없다고 하지만,[57] 둘 사이의 어떤 연관성은 최소한 가능한 듯이 보인다. 그러나 그렇다고 할지라도 단순하게 히브리인과 아피루를 동일하다고 할 수는 없다. 이 둘이 서로 동일하다고 하기에는 아피루는 훨씬 먼 지역에 걸쳐 산재해 있었다. 예를 들면, 메소포타미아에서 그들은 우르 제3왕조, 바빌로니아 제1왕조 시대 및 그 이후에도 등장한다. 누지 문서(주전 15세기)에서 그들은 특히 두드러진 역할을 하고

54) 오직 신명기 15:12; 예레미야 34:9, 14만은 옛 율법(출 21:2)을 가리킨다; 그리고 고풍스러운 요나서 1:9도 예외이다.

55) 라스 샴라 문서의 증거에 의하면 아피루라는 말은 서부 셈어식의 이름인 듯하다; 이전에는 하비루(Habiru)라 읽혔던 하피루(Hapiru)라는 말은 설형문자이다. 자주 나오는 표의문자 SA.GAZ는 서로 호환하여 사용된다.

56) 특히 M. Greenberg, *The Hab/piru*(American Oriental Society, 1955); J. Bottéro, *Le probl me des Habiru la 4 me rencontre assyriologique internationale(Cahiers de la Soci t Asiatique*, XII[1954])를 보라. 이 두 책은 저술 당시까지 이 문제에 관한 논의를 탁월하게 요약하고 있다. 논의는 계속되어 왔다; cf. R. de Vaux, "Le problème des Hapiru après quinze années" (*JNES*, XXVII〔1968〕, pp. 221-228. 이 책에서는 좀더 최근의 문헌이 나와 있다; 또한 H. Cazelles, *POTT*, pp. 1-28.

57) 이 문제의 논쟁사에 대해서는 Greenberg, *op. cit.*, pp. 3-12.

있으며, 마리(주전 18세기)와 알라라크(주전 17세기와 15세기)에서 출토된 문서들은 그들이 족장시대 내내 상부 메소포타미아에 있었음을 증언하고 있다. 아나톨리아에서도 갑바도기아 문서(주전 19세기)에 그들이 언급되어 있고, 보가즈쾨이(Boghazköy) 문서(주전 14세기)도 역시 그렇다. 마찬가지로 그들은 라스 샴라 문서(주전 14세기)에도 나온다. 제국 시대의 이집트 문서들(주전 15세기부터 12세기까지)도 그들을 아시아에서의 적대자 및 모반자들로 또는 이집트의 노예들로 언급하고 있다. 그들이 팔레스타인과 그 인근에서 평화의 교란시키는 자로 등장하는 아마르나 서간들(주전 14세기)은 그들에 관한 가장 훌륭한 증언이다. 주전 3000년대 말부터 주전 11세기경까지 서아시아 전지역에 걸쳐 산재해 있었던 한 종족을 경솔하게 이스라엘의 선조들과 동일시할 수 없다는 것은 분명하다!

하지만 "아피루 / 하피루"라는 말은 어디에서 그 말이 나왔든간에 (그리고 이것은 미해결의 문제이다)[58] 원래 일단의 종족이 아니라 사회의 한 계층을 가리켰던 것으로 보인다. 이러한 것은 그들이 지리적으로 광범위하게 분포되어 있었다는 점뿐만이 아니라 그들의 이름들이 이제까지 알려진 한에서는 어떤 하나의 언어권에 속한 것이 아니고 지역에 따라 다 달랐다는 사실에서도 입증된다고 하겠다. 종족과 언어를 달리하는 잡다한 사람들이 아피루일 수 있다. 이 말은 기존 사회 체제 속에서 뿌리나 기반도 없이 소외되어 살아가던 시민권 없는 계층의 사람들을 의미했던 것이 분명하다. 그들은 유목민의 생존 방식을 따라 때로는 평화롭게 때로는 약탈을 하면서 살아가다가 기회가 되면 성읍들에 정착하기도 했다. 그들은 소란한 시대에 어떤 이득을 얻을 수 있다고 생각되면 (아마르나 서간에 나오듯이) 용병으로 고용되거나 정규군 내에서 단위 부대를 이루기도 했다. 또한 궁핍한 경우에는 지위가 높은 사람들의 식객으로 처신하거나 (누지 문서에 나오듯이) 스스로를 노예로 팔기도 하였다. 이집트에서 그들 가운데 많은 사람들이 왕실의 여러 사업에 노동자로 징용되었다. 하지만 때때로 그들 가운데 어떤 이들 — 요셉과 같이 — 은 높은 지위에 오르기도 하였다.[59]

---

58) Albright, *BASOR*, 163〔1961〕, pp.36-54; *CAH*, II:20〔1966〕, pp. 14-20.는 자기 앞의 다른 학자들과 마찬가지로 이 말이 ʿpr이라는 어근에서 파생했으며 그 원뜻은 "먼지투성이의 사람들"이라고 본다; 그는 이것을 히브리인들(ʿApiru)이 원래 나귀를 타고 다닌 대상(隊商)들이었는데 더이상 교역으로는 생계를 유지할 수 없게 되자 다른 직업들(산적행위를 비롯하여)로 전환했다는 자신의 주장과 결부시키고 있다. 그는 아브라함이 그러한 대상 무역에 종사했던 인물이라고 믿는다.

59) 주전 12세기와 11세기의 바벨론 문헌들에서 그렇다: cf. Greengerg, *op. cit.*, pp.53f.

이러한 점을 비추어 보면, 비록 우리가 경솔하게 히브리인 선조들을 아피루(특히 아마르나의 아피루들)와 동일시할 수는 없겠지만, 그들을 이 계층에 속하는 것으로 생각하는 것은 옳다. 다른 사람들은 그들을 그렇게 생각했을 것이고, 그들 자신도 때때로 자기들을 그렇게 생각했다. 우리가 그들을 정확히 식별해 낼 수는 없지만, 앞으로 살펴보는 바와 같이 라암세스 2세(Ramesses II) 치하의 이집트에서 종살이를 했던 아피루 가운데에 이스라엘의 구성원들이 끼어 있었으리라는 것은 거의 의심할 수 없다. 아피루가 협정이나 조약을 맺을 때 가끔 "아피루의 신들"[60] — 이 표현은 출 3:18; 5:3; 7:16에 나오는 "히브리 사람의 하나님"과 정확하게 병행된다 — 을 두고 맹세한 것은 흥미롭다.

c. 족장들과 역사: 요약

이제 우리는 족장들이 역사상의 인물들이었다는 것, 즉 주전 2000년대 초에 팔레스타인에 새로운 주민을 유입시킨 서북 셈족(아모리족)의 이주민들 가운데 일부였다고 결론을 내리게 된다. 이들은 주문(呪文) 문서들과 그 밖의 다른 문헌들에서 찾아볼 수 있는 사람들이었다. 그들 가운데 좀더 힘있는 사람들은 정착하여 일종의 봉건 체제를 갖춘 도시 국가들을 이루기 시작하였다. 아마도 힉소스족의 귀족 계급에 속한 많은 사람들은 그들의 귀족 계급 출신이었을 것이다. 그러나 이러한 민족 이동은 의심할 여지없이 아주 오랜 세월에 걸쳐 계속된 복잡한 것이었다. 그 대열 가운데에는 새로이 출현한 도시 국가들의 체제 안에서 아무런 역할도 못했던 사람들도 있었다. 이들 가운데 대부분은 의심할 여지없이 여러 세대 동안 가축떼를 먹일 목초를 찾아 계절마다 주로 남부와 중앙 산악지대, 네게브의 비정착지들을 떠돌면서 반유목민의 목축 생활을 계속하였을 것이다. 또 어떤 이들은 정착해서 소농(小農)들이 되었고, 많은 경우에 공격적인 도시 국가의 군주들의 지배 아래 들어갔음이 분명하다. 그리고 땅도 없고 뿌리도 없는 이들은 기존 체제 안에서 기반을 잡지 못하고 무법자와 도적떼(아피루)로 쉽게 전락해 버렸다.

이 사람들 가운데 다수가 궁극적으로는 이스라엘의 혈통을 이루게 되었고 또 분명히 오랜 세월과 여러 방면에 걸쳐 팔레스타인으로 유입되었기 때문에, 우리는 이스라엘의 기원이 실제로 대단히 복잡했다는 것을 유의해야 한다. 그럼에도 불구하

60) 특히 헷 문헌에 자주 나온다: cf. Greenberg, *op. cit.*, pp. 51f. 또한 앗시리아의 어떤 목록(아마 다른 곳에도)에는 "하피루 신(神)"에 대한 수수께끼 같은 언급이 나온다: cf. Albright, *BASOR*, 81(1941), p. 20; 전거에 대해서는 Greenberg, *op. cit.*, pp. 53.

고, 이스라엘의 선조들이 메소포타미아에서 왔다는 전승은 증거에 비추어 볼 때 부정될 수 없다. 이 사람들 가운데, 비록 당시의 어느 문헌도 언급은 하지 않고 있지만, 꽤 큰 씨족들의 추장들인 아브라함, 이삭, 야곱이 끼어 있었을 것으로 우리는 생각할 수 있다. 그 후손들은 자기들의 고향이 하란 부근의 "아람 평원"에 있었다고 기억하고 있었다. 우리는 이러한 과정 속에서 족장들 가운데 그 누구를 확인해 낼 수는 없지만, 이스라엘의 선조들 가운데 최초의 인물들은 중기 청동기 시대(또는 그 이전?) 초기에 팔레스타인으로 왔고 세월이 흐름에 따라 다른 사람들이 그 뒤를 이었으리라고 본다. 또한 후기 청동기 시대 말기 이전에 이스라엘의 구성원 가운데 대부분이 팔레스타인에 들어와 있었으며 또 그들 가운데 다수는 역사 시대에서 지파들의 영토들이었던 곳을 차지하고 있었을 것이다. 아마 힉소스 시대에 이미 그들 가운데 몇몇(예를 들면, 요셉)이 이집트로 들어갔고, 이어서 다른 무리들도 궁핍을 견디다 못해 뒤따라 들어갔을 것이다. 그리고 거기서 그들은 결국 국가의 노예가 되었던 것이다.

3. 족장들의 종교

그러나 우리는 단지 족장들이 주전 2000년대의 역사상의 실존 인물들이었음을 증명하는 것으로 만족할 수 없다. 우리는 종교의 역사, 특히 이스라엘의 종교의 역사에서 그들의 위치를 물어야 한다. 사실 그들에 대한 우리의 주요 관심사는 바로 여기에 있다. 이것이 아니라면, 오랜 옛날에 그 세계를 떠돌던 다른 이름 모를 반(半)유목민들과 마찬가지로 그들도 우리의 관심을 끌지는 못할 것이다. 물론 성경은 모세를 이스라엘 종교의 창시자로 보고 있으며 또 사실이 그렇다. 그러나 성경은 이스라엘의 역사와 신앙이 아브라함으로부터 시작되었다고도 한다. 사실 구약과 신약을 통틀어 성경의 중심 주제인 구속사(救贖史)는 아브라함으로부터 시작되었다. 아브라함은 그에게 보여 줄 곳에서 땅과 자손을 얻게 될 것이라는 약속을 받고 그의 하나님의 명령으로 하란을 떠났다고 한다(창 12:1-3). 거듭 갱신되고(15:5, 13-16; 18:18f. 등) 언약에 의해 보증되는(15:7-12, 17-21 등) 이 약속은 이삭(26:2-4)과 야곱(28:13-15; 35:11f. 등)에게도 주어졌고, 모세에게도 다시 주어졌다(출 3:6-8; 6:2-8 등). 약속의 땅이 주어짐으로써 — 결코 완전한 성취는 아닐지라도 — 이 약속은 실현되기 시작하였다. 이렇게 보면 아브라함은 이스라엘 신앙의 궁극적인 선조로 서게 된다.

그러나 과연 이것은 실제 사실들과 일치하는 것인가 아니면 이전의 학자들이 추측했던 것처럼 후대의 신앙을 과거로 투영시킨 것에 지나지 않는 것일까? 우리는 이와 관련된 문제들을 결코 경시할 수는 없다고 할지라도, 그 대답은 창세기에 묘사된 족장들의 종교는 시대 착오적인 것이 아니라 역사상의 실제 현상을 표현한 것이라고 하지 않으면 안 된다.[61)]

a. 문제의 성격

창세기 설화에서 족장들의 종교의 성격을 추론해 내는 것은 쉽지 않다. 자료들 가운데 하나(J)에 의하면, 족장들의 하나님은 다름아닌 바로 여호와(Yahweh)였다. 여호와는 아브라함을 하란으로부터 불러내었고(창 12:1) 모든 족장들과 대화를 하였을 뿐만 아니라, 태초부터 사람들에 의해 숭배를 받아왔다(4:26). 그러나 다른 곳(출 6:2f.)을 보면, 족장들에게 나타난 분은 실제로 여호와였지만 그러한 이름으로 족장들에게 알려져 있었던 것은 아니었다고 명백하게 말하고 있다. 그러므로 창세기 설화의 다른 자료들(E와 P)은 모세가 등장하기까지는 여호와의 이름을 고의적으로 피하고 족장들의 신을 단순히 "하나님"(Elohim)이라고만 말하고 있다. 하지만 성경의 모든 기사(記事)들은 족장들이 여러 가지 이름으로 하나님을 예배했다는 점에서는 일치하고 있다: 엘 샷다이(El Shaddai, "전능의 하나님", 출 6:3; 창 17:1; 43:14 등); 엘 엘리온(El 'Elyon, "지극히 높으신 하나님", 창 14:18-24); 엘 올람(El 'Olam, "영생하시는 하나님", 창 21:33); 엘 로이(El Ro'i, "감찰하시는 하나님", 창 16:13; 참조. "여호와 이레", 창 22:14); 엘 벧엘(El Bethel, "벧엘 하나님", 창 31:13; 35:7).

신학적으로 말하면 여기에는 실제로 아무런 모순도 없다. 모든 족장 설화들은 여호와를 예배했던 사람들에 의해 여호와주의자의 신학이라는 관점에서 썼다. 그들이 여호와라는 이름을 사용했든 안했든, 그들은 족장들의 하나님이 실제로 여호와,

---

61) 특히 A. Alt, "The God of the Fathers"(1929; *Essays on Old Testament History and Religion*〔Eng. tr., Oxford: Blackwell, 1966〕, pp. 1-77)을 보라; 좀더 최근의 것으로는 F. M. Cross, *HTR*, LV(1962), pp. 225-259와 특히 *Canaanite Myth and Hebrew Epic,* Ch.I; 또한 Albright, *FAAC,* pp. 236-249, R. de Vaux, "El et Baal, le dieu des pères et Yahweh"(*Ugaritica*, VI〔Paris: Librairie Paul Geuthner, 1969〕, pp.501-507). 논쟁사에 대해서는 H. Weidmann, *Die Patriarchen und ihre Religion im Licht der Forschung seit Julius Welhausen*(*FRLANT*, 〔1968〕)을 참조하라.

이스라엘의 하나님이라는 사실을 의심하지 않았다. 족장들은 의식적이든 무의식적이든 그분을 예배하였다. 그럼에도 불구하고 우리는 후대의 이스라엘의 신앙을 족장들에게 덧씌울 수는 없다. 그렇게 하는 것이 비록 신학적으로는 정당하다고 할지라도, 족장들의 하나님이 여호와였다고 말하는 것은 역사적으로는 정확하지 않다. 성경이 분명히 말하고 있고(출 6:2f.) 모든 증거가 한결같이 증언하고 있듯이 여호와 신앙은 모세로부터 시작되었다. 여호와 예배의 기원이 어찌되었든 우리는 그 자취를 모세 이전 시대에서는 발견할 수 없다. 그러므로 우리는 규범적인 여호와 신앙 또는 원시적인 여호와 신앙조차도 족장들에게 소급시켜 거론할 수는 없다.

한편 족장들의 종교에 관한 성경의 묘사를 시대 착오적인 것으로 보고 무시하는 것은 아주 잘못된 것이다. 이전의 학자들은 그렇게 생각하는 데 익숙해져 있었다. 족장 전승들 자체가 사실(史實)로서 가치가 거의 없다고 보고, 그들은 거기에 묘사된 약속이나 언약의 양식을 후대의 신앙을 과거로 투영한 것으로 여기고 이스라엘 선조들의 종교를 후대의 이스라엘에도 남아 있었던 여호와 신앙 이전의 종교적 특징들에 비추어서 또는 이슬람교 이전 아랍인들의 신앙과 관습들에 비추어서 이해하려고 하였다. 히브리인 선조들의 종교는 일종의 정령숭배, 특히 다령신앙(多靈崇拜)으로 묘사되는 것이 보통이었다. 하지만 이것은 극히 잘못된 것이다. 이와 관련된 방법론의 문제점은 그만두고라도, 지금까지 알려져 있는 모든 사실에 비추어 볼 때 역사 시대에 들어와서 고대 오리엔트에 그러한 유형의 종교가 존재한 적이 있었는지가 의심스럽다. '아마도' 석기 시대의 유습으로 잔존하였던 것을 제외하고(우리가 거슬러 올라갈 수 있는 아득한 옛날부터 고등신들이 숭배되었다!). 주전 2000년대의 종교들에는 그러한 유의 것들은 없었음이 분명하다.

족장들의 종교에 관한 묘사는 주전 2000년대 초기의 종교, 특히 이스라엘의 선조들이 기원한 서북 셈족 구성원들의 종교에 관하여 우리에게 알려져 있는 것에 비추어서 전승들 전체로 고찰되어야 한다. 증거 자료는 우리가 바라는 것만큼은 충분치 않지만 그래도 상당히 있다. 이 증거 자료는 족장들의 종교가 메소포타미아의 공식적인 이교(異教)나 가나안의 풍산제의(豊産祭儀)와는 완전히 다르고 개설서들에서 말하는 다령숭배와는 너무나 먼 독특한 유형의 것이었음을 알게 해준다. 창세기에 기록된 족장들의 종교에 관한 묘사는 시대 착오적인 특징들에도 불구하고 후대의 여호와 신앙을 단순히 과거로 투영한 것임이 아님은 분명하다.

b. 족장들의 하나님

창세기 설화에서 각각의 족장들은 자유롭고 개인적인 선택에 의해 자신의 하나님을 예배하며 자기 자신을 그 하나님에게 의탁한 것으로 묘사되어 있다. 이러한 특징이 결코 시대 착오적이 아니라는 것은 특히 설화들 속에 나오는 신에 대한 고풍스러운 명칭들에 의해 입증된다. 이 명칭들은 씨족의 우두머리와 그의 하나님과 밀접한 개인적 유대를 보여 준다: 아브라함의 하나님('elohê 'abraham: 예를 들면, 창 28:13; 31:42, 53);[62] 이삭의 "경외하는 이"(paḥad yiṣḥaq: 31:42, 53);[63] 야곱의 전능자('abir ya'qob: 49:24). 그 하나님은 씨족의 수호신이었다. 이것은 창세기 31:36-55을 통해 훌륭하게 예증된다. 이에 의하면(53절) 야곱은 이삭의 "경외하는 이"를 두고 맹세하고 라반은 나홀의 하나님을 두고 맹세한다. 즉, 각자는 자기 조상의 씨족의 신을 두고 맹세하고 있다. 기독교의 이른 세기들의 아람인과 아랍인 사회들[64]과 갑바도기아 문서, 족장 시대 및 그 이후의 다른 문헌들[65]에서 찾아볼 수 있는 유사점들은 씨족의 우두머리와 씨족의 신 사이에 개인적인 계약상의 관계를 맺는 것이 셈족 유목민들 사이에 널리 퍼져 있던 오래된 현상이었음을 거의 확실하게 해준다.[66] 이 점에서 족장들의 언약에 관한 묘사는 매우 신빙성 있는 것으로 보인다. 어쨌든 그것이 시내산 언약을 단순히 과거로 투영한 것이 아님은 잠시 후에 언급하게 될 그 둘 사이의 상이점들에 의해 입증된다. 그리고 설화들에 자주 나오는 "언약

62) 몇몇 학자들(예를 들면, J. P. Hyatt, *VT*, V〔1955〕, p. 130)은 이 이름이 "아브라함의 방패"(cf. 창 15:1)였다고 주장한다; 또 다른 학자들(M. Dahood을 따르고 있는 F. M. Cross)은 "아브라함의 은인"(cf. *Canaanite Myth and Epic*, p. 4)을 더 선호한다.

63) "파핫"(pahad)은 "친척"을 의미한다는 Albright의 주장(*FSAC*, p. 248)은 널리 받아들여져 왔다; 그러나 이 주장은 D. R. Hillers(*JBL*, XCI 〔1972〕 pp. 90-92)에 의해 이의가 제기되었는데, 그는 "두려움"("예배의 대상"이라는 의미에서)이라는 해석이 견지되어야 한다고 주장한다.

64) Alt에 의해 정리되었다. 그의 저작(주 61)은 이어지는 논의의 기초가 되어 왔다.

65) Cf. J. Lewy, "Les textes pal o-assyriens et l'Ancien Testament"(RHR, CX〔1934〕, pp. 29-65). Alt는 Lewy이 지적한 유사점들을 받아들이지 않고 있지만, 그 유사점들은 타당한 듯하다; 이제 Cross, *ibid.*, pp. 9-11를 보라. 족장의 신들은 익명의 소(小) 수호신들은 아니었다.

66) 고대 수메르에서 보통 사람들은 의심할 여지없이 고등신들은 자기와 멀리 떨어져 있고 접근할 수 없는 것으로 느꼈기 때문에 흔히 자신의 이익을 지켜 줄 어떤 개인적인 신, 보통 만신전의 어떤 소(小)신상에 섬겼다;cf. T. Jacobsen, in H. Frankfort, *et al.*, *The Intellectual Adventure of Ancient Man*(The University of Chicago Press, 1946), pp. 202-204. 아마 족장들의 가족신들은 "아모리인들" 사이에 있었던 어떤 유사한 개념을 나타냈을 것이다; cf. G. E. Wright, *Interpretation*, XVI(1962), pp. 4-6.

67) Cf. Albright, *BASOR*, 121(1951), pp. 21f. 고대 셈족 세계에서 언약을 맺는 것과 관련된 용어 및 관행에 대해서는 Cross, *ibid.*, pp. 265-273를 참조하라.

을 세우다"(to cut a covenant, 예를 들면 15:18)라는 특이한 관용구는 카트나(Qatna)에서 나온 주전 15세기경의 문서들에서 예증되고 있음을 덧붙일 수 있다.[67]

개인과 수호신과의 사사로운 관계를 보여 주는 또 다른 예는 가장 초기의 이스라엘과 인근 서북 셈족 종족들 가운데 통용되던 어떤 이름들에서 찾아볼 수 있다. 특히 'ab("아버지"), 'aḥ("형제"), ʿamm("백성", "가족")이 들어가는 한 부류의 이름들이 특히 이 사실을 보여 준다. 성경은 이런 유의 이름들을 상당히 많이 보여 주는데, 그 이름들은 주전 10세기경까지는 아주 흔하다가 그 이후에는 매우 드물어진 점으로 보아 분명히 옛 유형에 속하는 것들이다.[68] 이와 같은 유형의 이름들은 족장 시대의 주민 중 아모리족 구성원들 사이에서 많이 실증되는 것으로 보아 당시의 특징적인 이름이었다고 할 수 있을 것이다.[69] 셈족 사람들의 이름은 대부분 신학적 의미를 지니고 있고 또한 'ab, 'aḥ, ʿamm이라는 음절들은 신의 이름으로 대체될 수도 있었기 때문에(예를 들면, Abiezer-Eliezer, Abimelech-Elimelech, Abiram-Jehoram), 이런 이름들은 그들의 신앙을 밝혀 내는 데 중요하다. 따라서 예를 들면, 아비람/아히람(Abiram/Ahiram)은 "나의 (하나님) 아버지/형제는 존귀하다"를 뜻하고, 아비에셀/아히에셀(Abiezer/Ahiezer)은 "나의 (하나님) 아버지/형제는 (나에게) 도움이다", 엘리압(Eliab)은 "나의 하나님은 (나에게) 아버지이다", 아비멜렉/아히멜렉(Abimelech/Ahimelech)은 "나의 (하나님) 아버지/형제는 (나의) 왕이다", 암미엘(Ammiel)은 "내 백성(의 하나님)은 (나에게) 하나님이다"를 뜻한다. 이외에도 마찬가지다. 이러한 이름들은 씨족과 신의 혈연 관계에 대한 고대 유목민의 예민한 감성을 훌륭하게 예시해 준다. 하나님은 보이지 않는 가장(家長)이며, 그 집의 구성원들은 그 하나님의 가정의 식구들이다.

사람이나 신을 나타내는 다른 이름들도 마찬가지로 시사해 주는 바가 많다. 이런 이름들은 히브리인 선조들이 "엘"(El)이란 이름의 하나님을 섬겼다는 것을 풍부하게 입증해 준다. 이스마엘(Ishmael, "엘〈하나님〉은 들어주소서"), 야곱-엘(Jacob-el, 여러 본문들에서: "엘〈하나님〉은 보호하소서")과 같은 이름들만이 아니

---

68) 예를 들면, Abiram, Ahiram, Eliab, Abimelech, Ahimelech, Abiezer, Ahiezer, Abinoam, Ahinoam, Ammiel, Ammihur, Ammishaddai. 이러한 예들은 얼마든지 더 들 수 있다.

69) 예를 들면, Hammurabi, Ammi-saduqa, Ammi-ditana, Abieshuh와 같은 바벨론 제1왕조의 왕들; Yantin-ʾammu, Abi-shemu와 같은 비블로스의 군주들. 이와 유사한 것들은 마리 문서(주 18에 인용된 Noth와 Huffmon의 저작들을 보라)와 주문 문서들(Albright, *BASOR*, 83 〔1941〕, p. 34)을 비롯한 그 밖의 문헌들에 많이 나온다.

라 이미 언급한 다음과 같은 하나님의 이름들도 있다: 엘 샷다이(El Shaddai), 엘 엘욘(El 'Elyon), 엘 올람(El 'Olam), 엘 로이(El Ro'i) 등. 이 나중의 이름들은 통상적으로 옛 성소들과 관련하여 등장하고(예를 들면, 엘 올람은 브엘세바와 관련하여〈창 21:33〉, 엘 엘욘은 예루살렘과 관련하여〈14:17-24〉) 또한 그 가운데 어떤 것들은 옛 문헌들에서 신의 호칭이라는 것이 증명되는 것으로 보아, 그 이름들이 이스라엘 이전부터 기원하였음이 확실하다. 히브리인 선조들이 팔레스타인으로 옮겨 왔을 때 그들의 씨족신들 — 그 이름이 무엇이었든 — 은 공통적인 특징으로 인하여 국지적으로 이런 이름들로 숭배되었던 "엘"과 곧 동일시되기에 이르렀다고 할 수 있으리라.[70] 불행하게도 그 이름들 가운데 어느 것도 그 신의 정체를 우리에게 아주 확실하게 밝혀주지 않는다. 한편 "엘"은 가나안 만신전(pantheon)의 주신(主神)의 이름(비록 가나안인들의 사고 속에서 엘의 지위는 급속히 폭풍의 신 바알 하닷〈Baal-Hadad〉에 의해 대체되긴 했지만)이며, 다른 여러 '엘림'('elîm)은 엘이 현현한 양태들일 뿐이라고 주장할 수도 있다.

한편 엘은 "신"을 뜻하는 셈어의 보통명사이기도 하기 때문에, 단지 어떤 다른 신의 이름을 나타내는 대용어(代用語)였을 수도 있다. 따라서 우리는 이 이름들이 반드시 언제나 아버지 하나님인 엘을 가리키는 것이 틀림없다고 무비판적으로 추정할 수 없다. 그러나 올람('ôlam)은 성경 본문들에서 "창조주"(창 14:18-20의 엘 엘욘과 마찬가지로)로 알려져 있기도 한 엘의 한 호칭이었음이 분명한 듯이 보이기 때문에, 족장들은 그들 조상의 신들을 엘과 동일하게 여기고 예배한 듯 하다. 더구나 이 점은 "엘, 이스라엘의(즉, 야곱의) 하나님"으로 번역하는 것이 가장 자연스러운 창세기 33:20(참조. 46:3)의 '엘 엘로헤 이스라엘'('el 'elohê yisra'el)과 같은 호칭에 의해서도 밑받침된다. 한편, 이런 이름들 가운데서 가장 흔하게 사용되었던 "산(山)과 같은 분"(즉, 우주적 산과 같은 분)이라는 뜻을 갖고 있는 듯이 보이는 샷다이(Shaddai)[71]는 성경 본문들에서 엘의 한 호칭으로 나오지 않는 것이 분명하고, 더욱이 창세기 설화에서 어떤 특정한 성소와도 결부되어 있지 않다. 따라서 이것은

---

70) 이 단락에 대해서는 특히 주 61에 인용된 Cross의 저작들을 보라. 그 밖의 논의들로는 O. Eissfeldt, "El and Yahweh"(JSS, I〔1956〕, pp. 25-37); M. Haran, "The Religion of the Patriarchs"(*ASTI*, IV〔1965〕, pp. 30-55); de Vaux, *op. cit.* (주61) 등이 있다.

71) Shaddai는 초기 인명들의 구성 음절로 자주 나온다; 예를 들면, Shaddai-'or Shaddai-'ammi, 'Ammi-shaddai; 또한 sur("바위", "산")라는 구성 음절을 가진 이름들: Pedasur, Elisur 등. Shaddai에 관해서는 Albright, *JBL*, LIV(1935), pp. 180-193; Cross, *ibid.*, pp. 52-60를 참조하라.

아모리족에서 기원한 옛 족장들의 신의 호칭이었는데, 히브리인 선조들에 의해 팔레스타인에 소개되고 거기서 (우주적 산과도 관련이 있는) 엘과 동일시되어 엘 샷다이로 예배되었을 것이라고 보는 것이 좋을 듯하다.[72] 어쨌든 족장들의 신들은 결코 단순한 지방 수호신들(local numina)은 아니었다. 왜냐하면 이 이름들은 지극히 고귀하며 그 권능이 영원하며 또한 자기 백성의 일들을 감찰하는 하나님에 대한 신앙을 보여 주고 있기 때문이다. 엘, 올람, 엘욘, 샷다이는 후대의 이스라엘에서 언제나 여호와에게 알맞는 이름 또는 호칭으로 여겨졌다. 반면에 바알은 두드러지게 그렇게 여겨지지 않았다.

c. 족장들의 종교의 성격

우리가 알고 있는 것이 부족하기 때문에 족장들의 종교를 자세하게 서술할 수는 없지만, 그 종교는 당시 세계에서 토착적인 유형에 속한 것이었음은 분명하다. 족장들이 어떠한 개인적인 종교적 체험을 가졌느냐 하는 것과 관련해서 우리는 물론 성경이 우리에게 말해 주는 것에 아무것도 더 보탤 수 없다. 이스라엘의 조상들이 한때 이교도들이었다는 것은 선험적으로도 확실하고 성경 자체에 의해서도(수 24:2, 14) 확증된다. 그들이 어떤 신들을 숭배했는지 우리는 단지 추측만 할 수 있을 따름이다. 비록 우르와 하란(위에서 말했듯이 이 두 곳은 달의 신 제의의 중심지였다)의 전승 및 "데라"(Terah), "라반"(Laban) 등과 같은 몇몇 인명들로 미루어 보아 아브라함의 가문이 한때 신(Sin)의 신봉자들이었다고 생각해 볼 수는 있지만 말이다. 그러나 우리는 이를 잘 모르므로 어쨌든 그것을 일반화하는 것은 위험하다. 왜냐하면 후대 이스라엘의 여러 구성원들의 출신 배경은 아주 다양했기 때문이다. 또한 어떤 영적인 체험을 통해 아브라함 같은 사람이 자기에게 말씀하신 "새로운" 하나님의 목소리에 주목하고 자기 조상들의 제의들을 거부한 채 그 하나님의 명령에 따라 낯선 땅으로 떠나갔는지를 우리는 모른다. 의심할 여지없이 경제적인 요인들도 개입되어 있었겠지만, 족장들의 종교의 개인적 성격에 비추어 볼 때 우리는 종교적 체험이 모종의 역할을 했을 것이라고 확신할 수 있다. 족장들의 이주는 시대에 의해 규정된

---

72) 이 견해는 Cross(*ibid.*)에 의해 하나의 가능성으로서 허용되고 있고, L. R. Bailey(*JBL*, LXXXVII〔1968〕, pp. 434-438)에 의해 강력하게 옹호되고 있다. Bailey는 고대 바벨론 문헌에서 "벨 사데"(bél sadê)가 아모리인들의 주신(主神)으로 언급되고 있음을 지적한다; 또한 J. Ouellette, *JBL*, LXXXVIII(1969), pp. 470f.도 참조하라.

73) W. Eichrodt, *Religionsgeschichte Israels*(Bern: Francke Verlag, 1969), p. 10는 이것을 일종의 헤지라(Hejira)로 부른다.

것이긴 하지만 실질적 의미에서 하나의 신앙 행위였다.[73]

어쨌든 족장들의 사사로운 체험이 어떤 것이었든, 각각의 족장들은 자기에게 말씀하신 하나님을 자기 개인의 하나님인 동시에 자기 씨족의 수호신이라고 주장하였다. 약속에 의해 밑받침되고 언약에 의해 보증되고 있는 개인(個人)과 그의 하나님과의 개인적인 관계에 대한 창세기의 묘사는 매우 신빙성이 있다. 하나님의 약속에 대한 신앙은 사실 이스라엘의 반유목민 선조들의 신앙에 있었던 원래의 요소인 것으로 보인다.[74] 창세기(15장 등)에 묘사되어 있듯이, 약속은 주로 땅과 수많은 자손을 갖게 되리라는 것이었다. 목축업자들로서는 그 이상 더 바랄 것이 없다. 족장들이 자기들의 하나님을 따랐다면, 즉 그들이 하나님이 자기들에게 무엇인가를 약속했다고 믿었다면(그리고 그들은 틀림없이 그렇게 믿었을 것이며, 그렇지 않았다면 하나님을 따르지 않았을 것이다), 땅과 자손은 그 약속의 핵심이라고 생각했을 것이다. 또한 언약(즉, 예배자와 신과의 일종의 계약적인 관계)에 관한 묘사도 시대 착오적이지 않다. 그것은 이전에 흔히 생각되었던 것과는 달리 시내산 언약을 과거로 투영시킨 것이 아니다. 왜냐하면 두 언약 사이에는 중요한 차이들이 있기 때문이다. 물론 두 언약이 모두 하나님이 주도한 것으로 묘사된다. 그러나 시내산 언약이 이미 성취된 은혜의 행위에 토대를 두었고 따라서 엄한 규정들로 되어 있었던 반면에, 족장들의 언약은 단지 하나님의 약속에만 의거했고 예배자에게는 오로지 하나님을 신뢰할 것만을 요구하고 있다(예를 들면, 15:6).[75]

그러므로 족장들의 종교는 씨족을 정말로 수호신의 가족으로 여겼던 일종의 씨족 종교였다. 씨족 안에서 실제로는 다른 신들을 배척하지는 않았다고 할지라도 수호신은 어느 신보다도 높이 숭배되었다는 것을 짐작할 수 있지만, 이런 유형의 종교를 유일신교(monotheism)라고 부르는 것은 잘못이리라. 또한 우리는 그 종교가 성상(聖像)들이 없는 종교였는지에 대해서도 알지 못한다. 라반의 종교가 그렇지 않았

---

74) 특히 Alt, *op. cit.*, pp. 45-66을 보라. 이에 동의하지 않는 J. Hoftijzer, *Die Verheissung and die drei Erzw ter*(Leiden: E. J. Brill, 1956)를 비평하고 있는 M. Noth, *VT*, VII(1957), pp. 430-493를 참조하라. 또한 R. E. Clements, *Abraham and David*(London: SCM Press, 1967), pp. 23-34도 참조하라.

75) 특히 이스라엘의 언약의 유형들에 대해서는 G.E. Mendenhall, *BA*, XVII(1954), pp. 26-46, 50-76(repr., *BA Reader*, 3 〔1970〕, pp. 3-53)를 참조하라. M. Weinfeld(*JAOS*, 90 〔1970〕, pp. 184-203)는 주군이 충성스런 봉신에게 땅과 왕조의 지속성을 약속하는 "왕의 하사(下賜)"와 족장들(과 다윗)의 언약 사이에 유사점들이 있다고 본다; 또한 J. D. Levenson, *CBQ*, XXXVIII(1976), pp. 511-514도 참조하라.

음은 확실하다(창 31:17-35). 그러나 그 종교는 메소포타미아의 공식적인 다신교나 가나안의 풍산제의(豊産祭儀)를 닮지는 않았다. 거기에서 볼 수 있는 광란의 제의를 창세기 설화에서는 그 흔적도 찾아볼 수 없기 때문이다. 사실 우리는 그런 풍산제의가 아브라함, 이삭, 야곱과 같은 소박한 유목민들의 비위에 거슬렸을 것이라고 추측할 수 있다. 어쨌든 이 이야기들에 나오는 "엘"이란 말이 들어가는 신의 이름들 가운데서 "바알"(Baal)이란 말과 복합어를 이루는 이름이 발견되지 않는다는 것은 흥미롭다. 또한 이삭이 희생제물이 될 뻔한 이야기(창 22장) — 그것이 현재의 문맥에서 무엇을 가르치고자 하든 — 는 자기 선조들은 인근 종족들 사이에서 행해졌던 사람을 희생제물로 삼던 관습에 결코 빠지지 않았다는 이스라엘의 신념 — 신념이라고 하는 것이 분명 정확하리라 — 을 반영하고 있을 수 있다. 족장들의 제의는 사람들이 기대하듯이 극히 단순한 것으로 묘사되어 있다. 모든 셈족 사이에서와 마찬가지로 그 제의의 중심은 짐승을 바치는 희생 제사였다. 그러나 이러한 희생 제사는 어디에서나 조직된 제사장 계급이 없이 씨족의 족장의 손으로 거행되었다. 족장들이 팔레스타인으로 이동해 왔을 때, 그들은 세겜, 벧엘, 브엘세바 등과 같은 여러 성소들과 접하게 되었다. 의심할 여지없이 거기서 그들의 제의는 행해졌고 그 곳들에서 이미 토착화되어 있던 제의들과 동일시되어 항구적으로 자리잡게 되었다. 그러나 족장들의 제의는 결코 그 지방의 제의가 아니라 언제나 조상 전래의 씨족신 제의였다.

d. 족장들과 이스라엘의 신앙

족장들과 관련된 씨족들이 이스라엘의 혈통으로 들어가고, 그들의 제의들이 여호와 제의 아래 포섭되었을 때 — 신학적으로는 아주 적법한 과정 — 의심할 여지없이 이스라엘의 체계와 신앙은 우리가 알고 있는 것보다도 훨씬 심오하게 형성되었을 것이다. 이스라엘의 법률 전승은 엄밀하게 가나안적인 중개를 통해서라기보다도 주전 2000년대 초 이래로 팔레스타인에 정착해 있었던 이스라엘의 반유목민 선조들에 의해 전해졌음이 틀림없다는 것은 이미 살펴보았다. 여호와 신앙의 정신에 입각해서 형성되고 나서 역사에 대한 이스라엘의 독특한 신학을 싣는 도구들이 되었던 선조들의 이주에 관한 전승들은 말할 것도 없고 초기의 아주 오래된 전승들에 대해서도 마찬가지로 말할 수 있다. 무엇보다도 이스라엘의 유산 속에는 부족의 연대감, 즉 백성과 하나님의 연대감이 있었는데, 이것은 이후의 모든 시대에 걸쳐 두드러진 특징을 이루게 된 강력한 민족 의식을 형성하는 데 우리가 추측하는 것 이상으로 기여하였음에 틀림없다.

이를 넘어서, 약속과 언약이라는 양식(pattern)이 이스라엘 사람들의 마음속에 새겨졌다. 나중에 이스라엘에 통합된 몇몇 족속들이 팔레스타인에 정착하여 인구가 늘어감에 따라, 그들은 땅과 자손에 관한 약속이 실현된 것으로 여겼을 것이다. 따라서 이제 지방의 성소들에서 거행되게 된 조상 전래의 제의들은 매우 큰 위세를 얻었다. 그러나 마찬가지로 나중에 이스라엘의 한 부분이 된 다른 족속들은 그렇게 일찍부터 정착하지 않고 반유목민적인 삶을 계속하였으며, 또 다른 족속들 — 바로 후대의 이스라엘의 핵심을 이룬 족속들 — 은 이집트로 들어갔다. 그러므로 그들의 종교 유형에 내재해 있던 약속은 성취되지 않은 채 남아 있었다. 여호와 신앙의 주도 아래 팔레스타인에 침공할 때까지는 그 약속은 아무에게도 성취된 것이 아니었기 때문에, 정통적인 히브리 신앙 — 당연히 — 이 마지막 사건, 즉 팔레스타인 침공을 선조들에게 주어진 약속의 성취로 보았다. 그러나 그뒤에도 하나님의 무조건적인 약속들에 의해 밑받침된 언약이라는 개념이 좋든 나쁘든 히브리인들의 마음속에 계속 살아서, 앞으로 살펴보는 바와 같이 민족의 소망을 강력하게 형성시켜 나갔다.

이제 우리의 논의를 끝내야 하겠다. 미흡한 점들이 많이 남아 있지만, 족장들에 대한 성경의 묘사가 역사에 깊이 뿌리박고 있다는 확신을 굳건히 할 정도로는 충분히 이야기해 왔다. 아브라함, 이삭, 야곱은 가장 진정한 의미에서 이스라엘의 역사와 신앙의 시작에 서 있다. 그들은 이스라엘의 구성원들을 팔레스타인으로 이끌어 온 저 민족 이동을 대표할 뿐만 아니라, 그들의 독특한 믿음들은 나중에 이루어진 이스라엘의 신앙을 형성하는 데 도움이 되었다.[76] 또한 그들과 더불어 약속의 성취에 대한 저 끊임없는 탐구가 시작되었다. 이 약속은 땅과 자손들이 주어짐으로써 실현되긴 했지만 그러한 선물만으로는 결코 만족될 수 없었고, 구약 전체를 통해 하나의 지표(指標)와도 같이 "하나님의 경영하시고 지으실 터가 있는"(히 11:10) 도성으로 인도하는 역할을 하지 않으면 안 되었다. 아브라함과 더불어, 그 자신이 알고 있었던 것보다 훨씬 많은 일들이 시작되었다. 그러므로 기독교인과 유대인이 똑같이 아브라함을 모든 신앙의 아버지라고 환호하는 것은 타당한 역사상의 이유가 없지 않은 것이다(창 15:6; 롬 4:3; 히 11:8-10).

76) Alt(*op. cit.*, pp. 62)는 족장들의 신(들)을 이스라엘의 하나님 여호와에게로 나아가게 하는 "파이다고고이"(paidagōgoi, 교육자)라고 멋지게 이름 붙이고 있다.

제 2 부

이스라엘의 형성기

제 3 장

출애굽과 가나안 정복

이스라엘 민족의 형성

이스라엘의 구성원들은 주전 2000년대 전반기나 그 이전에 등장하기는 했지만, 이스라엘이 민족을 이루게 된 것은 좀더 후대였다. 이 점에서는 외적 증거와 성경이 일치하고 있다. 성경은 야곱의 자손들이 이집트로 내려가서 오랫동안 그곳에 머물러 살다가 그후 모세의 인도를 받아 시내산으로 가서 거기서 그들을 독특한 민족으로 만든 저 언약과 율법을 받은 경위를 말해 준다. 그에 이어서 한동안의 유랑 끝에 그들은 팔레스타인으로 들어가 그 땅을 점령하였다. 이것은 출애굽기로부터 여호수아까지에서 읽을 수 있는 잘 알려진 이야기들이다. 연대상의 문제점들이 있긴 하지만, 아래에서 인용될 증거를 보면 이 이야기들이 말하고 있는 일련의 사건들이 주전 13세기 말이나 그 직후에는 끝났다는 것이 분명해진다. 그후에 우리는 이스라엘 민족이 그 땅에 정착하였고 이후의 여러 세기에 걸쳐 그들의 땅이 되었음을 본다.

그러나 이스라엘이 한 민족으로서 존재하게 된 경위를 서술하기는 쉽지 않은데, 그것은 주로 이에 관한 우리의 정보의 상당량을 의존하고 있는 성경의 전승들에 대하여 족장들의 이야기들과 마찬가지로 평가하기가 어렵기 때문이다. 그 전승들을 극히 회의적인 눈으로 바라보는 학자들이 많다. 단순히 성경의 이야기를 되풀이함을 통하여 이 문제를 무시해 버리거나 혹은 사건들에 대한 가설적인 재구성을 내세우는 것은 둘다 똑같이 무의미한 짓이 될 것이다. 그러므로 우리는 이미 앞에서 채택했던 방식, 즉 이용할 수 있는 증거에 비추어서 성경의 전승들을 검토한 다음 그 증거에 의해 정당하다고 생각되는 한도 내에서 적극적인 서술을 하는 방식을 따르고자 한다. 이집트에서의 종살이, 출애굽, 가나안 정복이라는 일련의 사건들은 해석을 어떻게 하든 이집트 제국시대 — 즉, 후기 청동기 시대(주전 1550-1200년경) — 에 일어났음이 틀림없기 때문에, 우리의 첫번째 일은 가능한 한 간략하게 꼭 필요한 시대적 배경을 마련해 보는 것이다. 우리는 여기서 어느 정도 요약적으로 전개해 나갈 수 있다. 족장들의 이주를 살펴볼 때는 중기 청동기시대의 서아시아 전지역이 관련되었지만, 후기 청동기시대에는 후대의 이스라엘의 모든 구성원들은 이집트 제국의 테두리, 즉 팔레스타인과 그 인접 지역 또는 이집트 안에 있었다. 그러므로 우리는 이집트를 중심으로 하고 필요한 경우에만 다른 나라들을 포함시켜 가면서 우리의 이야기를 전개해 나가도 될 것이다.

A. 후기 청동기 시대의 서부 아시아: 이집트 제국[1]

1. 제18왕조와 이집트 제국의 발흥

후기 청동기시대에 이집트는 의심할 여지없이 세계를 지배하는 국가가 되었던 시기인 제국시대로 접어들었다.[2] 이 제국을 건설한 사람들은 제18왕조의 바로들이었다. 이 왕조는 힉소스족이 이집트에서 추방되면서 창건되었고, 이후 250여 년 동안

---

1) 제18왕조와 제19왕조의 연대는 W. Helck, *Geschichte des alten gypten*(*HO*, I:3 〔1968〕), pp. 141-192)에 나오는 것을 약간 수정한 것들이다; E. Hornung(*Untersuchungen zur Chronologie und Geschichte des Neuen Reiches* 〔Wiesbaden: O. Harrassowitz, 1964〕)의 연대들은 아주 조금 다르다. 그러나, 라므세스 2세의 즉위를 주전 1290년이 아니라 1304년으로 추정하는 M. B. Rowton이 올바르다면(cf. *JNES*, XIX 〔1960〕, pp. 15-22; *ibid*, XXV 〔1966〕, pp. 240-258; 또한 W.F. Albright, *CAH*, II: 33 〔1966〕, pp. 31f,; *YGC*, pp. 235f.), 이 시기의 후반부에 대한 연대들은 대략 15년 정도씩 올려 잡아야 될 것이다. 헷 왕들의 연대는 O.R. Gurney, *The Hittites*(Penguin Books, Inc., 1952), pp. 216f.에 나오는 것들이다. 앗시리아 왕들의 연대는 H. Schmökel, *Geschichte des alten Vorderasien*(*HO*, II: 3 〔1957〕), pp. 187-195에 나오는 것들을 따른다.

2) 이 시기에 대해서는 G. Steindorff and K. C. Seele, *When Egypt Ruled the East*(The University of Chicago Press, 1942); 또한 T.G.H. James, *CAH*, II: 8(1965); W.C. Hayes, *CAH*, II: 9(1962)를 참조하라.

(주전 1552-1306년경) 세력를 잡고 그 유구한 역사 전체를 통틀어 유례가 없을 정도로 막강한 국력과 위세를 이집트에 가져다 주었다.

a. 이집트의 아시아 진출

우리는 이미 과감한 아모시스(Amosis)가 어떻게(주전 1540년경) 힉소스족을 이집트로부터 몰아낸 다음 팔레스타인까지 그들을 추격함으로써 아시아로 진출하는 길을 열어놓았는가를 서술하였다. 그의 후계자들은 모두 아메노피스(Amenophis) 또는 투트모시스(Thutmosis)라는 이름을 가지고 있었는데 한결같이 정력적이고 군사적 수완이 뛰어난 인물들인데다가 힉소스족으로 인한 재난이 다시는 일어나지 않게 하려는 결의(決意)로 불탔던 것으로 보인다. 그래서 그들은 가능한 한 아시아로 깊숙이 진출함으로써 이집트의 국경선을 방어하려고 했을 것이다. 새로이 개량된 병기들, 즉 말이 끄는 빠른 병거와 복합식 활은 군사 전술에 혁명을 일으켰고, 이집트 군대로 하여금 이전에는 갖추어 본 적이 없었던 기동력과 화력을 갖추게 하였다. 이집트 군대는 믿을 수 없을 정도로 난폭하게 팔레스타인을 휩쓸면서 성읍들을 차례차례로 황폐하게 만들어 버림받게 버려지게 하였다. 놀라울 정도로 짧은 기간에 — 투트모시스 1세 치세 아래에서(주전 1507-1494년경) — 이집트 군대는 북으로 유프라테스강에까지 휩쓸었다. 그렇지만 한편으로 저항이 완강하였고, 또 한편으로는 정복 후에 효과적인 조직이 따라주지 못한 가운데 정복 사업은 계속되어야 했기 때문에, 바로들은 아시아에서 끊임없이 거듭거듭 출정하지 않으면 안 되었다. 바로들 가운데 가장 유능한 전술가였던 투트모시스 3세(주전 1490-1436년경)는 주로 그 증오스러운 힉소스족의 잔존자들을 치기 위하여 무려 열두 차례 이상이나 그런 출정을 하였다. 이 잔존자들은 오론테스강 유역의 가데스(Kadesh)를 중심으로 동맹 세력을 만들어 남으로 팔레스타인까지 넘나들며 이집트인들을 괴롭히고 있었기 때문이다.[3] 투트모시스 3세는 마침내 그들을 분쇄한 뒤 역시 유프라테스강까지 이르렀다. 투트모시스 3세는 이집트에 전성기를 가져왔는데, 이때에 이집트 제국의 판도는 북으로는 거의 유프라테스강에서 오론테스강 어귀에 이르는 선까지 미쳤고, 남으로는 누비아에 있는 나일강 제4폭포까지 미쳤다.

b. 미타니(Mitanni) 왕국

3) 주전 1468년경의 므깃도 전투에 대한 생생한 설명은 Pritchard, *ANET*, pp. 234-238를 보라.

이집트가 북쪽으로 침공해 올라갔을 때 헷족으로부터 아무런 저항도 받지 않았다. 헷족은 무르실리스(Mursilis)의 바빌로니아 습격(주전 1530년경) 이후에 불안정과 쇠퇴의 시기를 맞고 있었다. 그 대신에 이집트인들은 미타니 왕국이 와슈가니(Wasshugani, 위치는 미상이나 아마 카불〈Khabr〉강 상류 연안인 듯하다)를 수도로 삼고 상부 메소포타미아 전지역으로 세력을 뻗치고 있음을 발견하였다. 주전 16세기 말에 창건된 이 나라의 주민은 후리족(Hurrian)이 다수를 차지하고 있었다. 그러나 그 통치자들은 그 이름들(Shuttarna, Saushsatar, Artatama, Tushuratta)이 보여 주듯이 인도-아리안인들이었다. 그들은 베다신들(Indra, Mithra, Varuna)을 숭배했고, '마리야(누)' (marya〈nnu〉)로 알려진 귀족 출신의 병거 용사들의 호위를 받았다. 우리는 이미 주전 17세기와 16세기에 힉소스족의 이집트 침입과 무관하지 않게 후리족들이 인도-아리안족과 함께 비옥한 초승달 지대 전지역에 남으로 멀리 팔레스타인까지 상당한 압박을 가한 경위를 이미 살펴보았다. 당시의 군대가 말이 끄는 병거를 전술 무기로 처음 효과적으로 사용하게 된 것은 분명히 이 인도-아리안족으로 말미암았다. 후리족의 힘이 집중되어 있었던 미타니에서 후리족 사람들과 아리안인들은 공생(共生)에 가까운 '생활 양식' (*modus vivendi*)에 도달해 있었다. 두 종족 사이에는 통혼(通婚)이 있었고, 후리족 사람들도 지배계급에 끼어 있었다. 미타니 왕국은 투트모시스 3세와 동시대인인 사우시사타르(Saushsatar) 아래에서(주전 1450년경) 전성기에 도달했던 것으로 보인다. 이 무렵 미타니 왕국의 영토는 동부 티그리스 지역(Nuzi)으로부터 서쪽으로 북부 수리아까지, 어쩌면 지중해 연안까지도 닿아 있었을 것이다. 앗시리아는 속국의 하나였다. 미타니의 왕들은 앗시리아로부터 많은 노획물을 자기 수도로 가져왔다.

이집트의 아시아 진출이 이집트와 미타니의 충돌을 가져온 것은 당연하였는데, 미타니의 왕들은 아마 이집트에 맞서 가데스의 동맹 세력을 후원하였을 것이다. 투트모시스 3세의 여러 차례의 승리에도 불구하고 미타니는 나가자빠지기는커녕 50여 년 동안이나 계속해서 수리아에 대한 자기들의 주도권을 되찾으려고 하였다. 전쟁은 투트모시스 4세의 통치 기간(주전 1412-1403년경)까지 거의 끊이지 않았는데, 이때 미타니의 왕이 딸을 바로에게 주어 결혼하게 한다는 조건으로 두 나라 사이에 평화조약이 체결되었다. 이러한 관행은 수 세대에 걸쳐(아메노피스 4세 때까지) 되풀이되었고, 그 동안에 두 나라 사이의 관계는 우호적이었다. 바로는 미타니의 왕을 자기와 동등한 상대로 여기지는 않았을지라도(바로는 답례로 자기 딸을 미타니 왕에게 내주지는 않았다), 이 조약은 서로에게 유익했다. 특히 주전 1400년 직전에 헷족이 약세에서 벗어나 힘을 되찾고 다시 한번 북부 수리아에 압력을 가하기 시작했기 때문에. 이집트와 미타니 그 어느 쪽도 두 개의 전선에서 싸우기를 원치 않았을 것이라고 우리는 생각해 볼 수 있다. 한편 이 조약은 쌍방의 국경선과 세력권을 규정해 놓았을 것이 틀림없으므로, 이집트는 아무런 방해도 받지 않고 아시아에서 자신의 지위를 공고히 할 수 있었다.

2. 아마르나 시대와 제18왕조의 종말

이집트 제국은 주전 14세기까지 그대로 유지되다가 이때에 와서 제국을 갈갈이 찢어놓을 것 같은 놀라운 혁명이 일어났다. 이 혼란기를 잠시 동안 제국의 수도였던 아크타텐(Akhetaten, Tell el-Amarna)의 이름을 따라 아마르나 시대라 부른다. 바로 이곳에서 저 유명한 아마르나 서간이 발견되었다.

a. 아메노피스 4세(Amenophis IV, Akhenaten)와 아텐(Aten) 숭배의 이단

이야기의 주인공 — 또는 악역 — 은 아메노피스 3세와 왕비 테예(Teye) 사이에 난 아들인 아메노피스 4세(주전 1364-1347년경)였다. 이 젊은 왕은 아텐(일륜상 〈日輪像〉) 제의의 옹호자였다. 그는 아텐을 유일한 신이라고 선언하고 그 신을 기리기 위하여 자기 이름을 아크나텐(아텐의 광휘)으로 바꾸었다. 통치 초기에 이집트의 최고신인 아문(Amun)의 유력한 제사장들과 공공연히 충돌하게 되자 그는 잠시 테베(Thebes)를 떠나 자신의 명령으로 설계되고 건설된 새로운 수도(Akhetaten)로 물러났다. 이 싸움의 원인에 관한 많은 문제들을 여기서 다 다룰 수는 없다. 그러나 아크나텐이 착수한 개혁과 이 개혁이 몰고 온 위기에 대한 책임이 그에게만 있었다고는 생각할 수 없다. 왜냐하면 아텐에 관한 교리의 흔적이 이러한 위기의 전조(前兆)들과 더불어 이 젊은 바로가 태어나기 한 세대 또는 그 이전부터 엿보이기 때문이다. 경제적 요인들 및 특히 아문의 제사장들의 점증하는 세력에 대한 경각심이 종교적 열정에 못지않게 개혁에 있어서 커다란 역할을 했던 것 같다.[4] 아마 왕위의 막후에 강력한 인물들 — 왕의 모후인 테예든, 왕비인 노프레테테(Nofretete)든, 왕을

---

4) Cf. H. Kees, *Das Priestertum im gyptischen Staat*(Leiden: E.J. Brill, 1953), pp. 79-88.

교육시켰던 헬리오폴리스(Heliopolis)의 제사장들이든 — 이 있었고, 이들이 왕실의 정책을 주도했던 것 같다.

어쨌든 우리는 모세보다 거의 1세기 전에 이미 이집트에서 유일신적인 성격을 띤 종교가 출현했다는 사실을 기록하지 않으면 안 된다. 그것이 참으로 그랬느냐 하는 것은 논란을 불러일으켜 왔다.[5] 바로 자신이 신으로 여겨졌고, 또한 다른 신들의 지위 및 그들의 존재 혹은 비존재의 문제가 공식적으로 해명되지는 않았기 때문이다. 그렇지만 아텐이 그외에는 (또는 그와 비슷한) 다른 신은 있을 수 없다는 유일신이자 만물의 창조주로서 찬양되었다는 점에서[6], 우리는 아텐 제의가 적어도 유일신교에 매우 가까운 것이었다고 말하지 않을 수 없다. 어쨌든 우리는 유일신교적 방향의 경향들이 주전 2000년대에 전혀 알려지지 않은 것은 아니었다는 것에 유의해야 한다.

b. 아마르나 시대의 이집트 제국

바로들은 미타니 왕국과 평화로운 관계가 되면서부터는 거의 대규모의 원정군을 아시아로 보내지 않았다. 아메노피스 3세는 통치 말년에 건강이 나빠져서 활동이 비교적 활발하지 못했고, 또한 그의 아들 아크나텐은 내정(內政)에 몰두했기 때문에 제국의 대외적 문제에는 많은 주의를 기울일 수 없었다. 그 결과 아시아에서 이집트의 지위는 눈에 띄게 약화되었다.[7] 아마르나 서간은 이러한 상황을 분명하게 밝혀 준다. 당시의 외교어였던 아카드어로 쓴 이 서간들은 아크나텐 및 그의 부왕 아메노피스 3세의 궁정에 보낸 공문서이다. 이 서간들은 대부분 팔레스타인과 뵈니게에 있던 바로의 봉신(封臣)들이 보낸 것이지만, 멀리 미타니와 바빌로니아의 궁정에서 보내온 서간들도 포함되어 있다.[8] 이 서간들은 팔레스타인과 그 인접 지역들이 소란한 상태에 있었음을 우리에게 보여 준다. 도시 국가의 왕들은 서로 상대방이 바로에게

---

5) 예를 들면, J.A. Wilson, *The Burden of Egypt*(The University of Chicago Press, 1951), pp. 221-228를 참조하라.

6) 아텐 찬미가를 보라: Pritchard, *ANET*, pp. 369-371.

7) 그러나 E. F. Campbell, *Mag. Dei*, ch.2(특히 p.45)을 참조하라. 그는 이것은 과장되었으며 또 아마르나 서간들은 상당히 정상적인 상황을 묘사하고 있다고 주장한다.

8) 팔레스타인에서 발굴된 것들까지 포함하면 모두 350통 이상이다; 그 서신들 가운데 일부를 선별해 놓은 것을 보려면 Pritchard, *ANET*, pp.483-490를 참조하라. 이 주제에 관한 문헌은 방대하다; 훌륭한 지침서로는 E.F. Campbell, "The Amarna Letters, and the Amarna Period"(*BA*, XXIII 〔1960〕, pp. 2-22)를 참조하라; 좀더 최근의 것으로는 W.F. Albright, "The Amarna Letters from Palestine"(*CAH*, II: 20 〔1966〕).

불충성하다고 고발하면서 이웃 도시 국가들을 희생시켜 자기 이익을 추구하고 있다. 충성스러운 봉신들은 최소한 자신들의 지위를 유지할 수 있을 정도의 명목상의 원조를 보내 달라고 바로에게 간청하고 있으며, 한편 다른 봉신들은 형식적으로는 자신들의 충성을 주장하면서 바로의 권위에 대한 모반을 겨우 숨기고 있다. 말썽꾸러기들 가운데에서도 두드러진 것은 이미 위에서 말한 바 있는 아피루('Apiru 또는 SA.GAZ)이다. 이들은 흔히 생각하듯이 사막으로부터 새로이 침입해 온 유목민들이 아니다.[9] 오히려 그들은 자기들에게 이익을 얻을 희망을 주는 군주나 족장이면 누구를 막론하고 그를 지지하고 나설 용의가 있었던 사회의 부랑인(浮浪人)들로 이루어진 무법자들의 무리였던 것으로 보인다. 기존 질서 안에서 자리를 잡지 못하고 정처없이 떠돌아다니는 무리들로서 그 수는 도망한 노예들과 제대로 급료를 받지 못한 용병들, 그리고 온갖 불평분자들로 인해 증가하였다. 세겜을 중심으로 중앙 팔레스타인의 넓은 지역을 그들이 차지하였다. 이 사건들을 여호수아서에 나오는 사건들과 결부시킬 수는 없겠지만, 앞으로 살펴보는 바와 같이 이 사건들은 히브리인들의 팔레스타인 점령의 한 단계를 나타내는 듯하다.

이집트의 지위는 북쪽에서 헷족의 세력이 다시 강대해지자 더욱 위태로워졌다. 미타니와의 동맹이 적어도 부분적으로는 북쪽 방면으로부터의 침략에 대한 상호 보장이라는 목적을 갖고 있었음은 이미 살펴보았다. 이집트가 강성했던 동안은 이 동맹은 그 목적에 맞는 구실을 하였다. 그러나 이집트에게는 불행이지만 이집트의 세력의 약화는 위대한 슈필룰리우마(Shuppiluliuma, 주전 1375-1335년경)의 영도 아래 헷 제국의 발흥과 때를 같이 하였다.[10] 이 왕은 이집트의 곤경을 틈타서 남쪽으로 레바논까지 밀고 내려와 수리아와 북부 뵈니게의 대부분을 이집트의 지배로부터 해방시켰다. 아마 팔레스타인을 시끄럽게 했던 소란의 배후에 그가 있었는지도 모른다. 한편 미타니는 곤혹스러운 처지에 있었다. 미타니 왕국 최후의 자주적인 왕 투슈라타(Tushuratta)는 나라가 친이집트파와 친헷파로 갈라져 내분이 심해지자 이집트 왕실에 도와달라고 애걸복걸하였으나 소용없었다. 홀로 헷족과 대결하지 않을

---

9) 적어도 이 서간들 자체는 그런 인상을 주지 않는다; 오히려 그 서간들은 "아피루가 되었던 노예들" 또는 "아피루가 되어 있는" 도시들이나 지방들(즉, 바로의 권위에 반역하는 자들)에 관하여 말하고 있다. Cf. Campbell, *ibid.*, p.15; G.E. Menenhall, *BA*, XXV(1962), pp. 72f., 77f.

10) 이 사건들에 대해서는 A. Goetze, "The Struggle for the Domination of Syria(1400-1300 B.C.)"(*CAH*, II: 17 〔1965〕)를 참조하라; 또한 K.A. Kitchen, *Suyppiluliuma and the Amarna Pharaohs*(Liverpool University Press, 1962).

수 없었던 그는 곧 왕위와 생명을 모두 잃고 말았다. 그의 아들 마티와자(Mattiwaza)는 헷족의 보호를 자청하여 그들의 봉신으로서 왕권을 지니고 있었다. 미타니는 결코 독립 국가가 되지 못하였다. 한편 동쪽에서는 미타니 왕국의 지배에서 벗어난 앗시리아가 아슈르 우발릿(Asshur-uballit, 주전 1356-1321년경) 1세 아래에서 새로운 세력의 전성기로 접어들고 있었다.

c. 제18왕조의 종말

아크나텐의 종교개혁은 대중화되지 못했고 또 오래 지속되지도 못했다. 왕비 노프레테테(Nofretete)와 결별하고 또 그외에 다소 분명치 않은 음모들이 있은 후 아크나텐이 죽자, 개혁은 재빨리 한쪽으로 치워져 버렸다. 아크나텐의 왕위는 그의 사위 투트 안크 아텐(Tut-ankh-aten, 주전 1347-1338년경)에 의해 계승되었는데, 그의 웅장한 무덤이 1922년에 발견되었다. 다음으로 왕위를 계승한 사람은 아야(Aya, 주전 1337-1333년경)라는 나이든 관리였다. 이때 아텐 제의를 중단했음을 보여 주는 증거는 투트 안크 아텐이 자기 이름을 투트 안크 아문(Tut-ankh-amun)으로 바꾸고 왕실을 아크타텐(Akhetaten)에서 멤피스(Memphis)로 옮긴 사실에서 엿볼 수 있다. 이때 헷족과의 전쟁은 간신히 피할 수 있었다. 그리고 투트 안크 아문이 죽자 왕비[11]는 헷족에게 전례 없는 요청을 했는데, 이는 이집트의 비참한 곤경을 보여 주는 것이었다. 왕비는 헷족의 슈필룰리우마왕에게 그의 아들들 가운데 한 명을 자신의 배우자로 달라고 청했던 것이다. 그런데 슈필룰리우마가 마지못해 그 요청에 동의하긴 했으나 그 젊은 헷의 왕자는 이집트로 오는 도중에 반대파의 이집트인들에게 살해되었다. 두 나라 사이에 전면전이 일어나지 않은 것은 부분적으로 이 무렵 헷 땅을 휩쓸었던 전염병 때문이었을 것이다. 그러나 또한 의심할 여지없이 이때 바빌로니아를 지배하고 또 동부 미타니에 중대한 위협을 가할 수 있을 정도로 앗시리아의 세력이 상승세를 타고 있었으므로 헷족이 남쪽으로 깊이 침투하게 되면 측면의 허점이 노출될 수밖에 없었기 때문이기도 했다. 이것은 이집트를 위해 다행이었다. 왜냐하면 이때 전쟁이 일어났다면 이집트는 아시아에서 완전히 쫓겨났을 것이기 때문이다.

이집트 제국이 아마르나 시대에 끝장이 나지 않은 것은 주로 아야(Aya)의 사후

11) 이 왕비가 노프레테테였는지 투트 안크 아문의 미망인 안크 에스 엔 아문이었는지에 대해서는 의견이 일치하지 않고 있는 듯하다; 예를 들면, Scharff and Moortgat, *AVAA*, pp. 146f., 356는 앞의 두 사람 가운데 서로 다른 쪽을 취하고 있다.

에 권력을 잡은 장군 하렘합(Haremhab, 주전 1333-1306년경) 덕분이라 할 수 있다. 혼란을 종식시키고 이집트에 다시 한번 강력한 발판을 마련한 것은 바로 이 하렘합이었기 때문에, 흔히 그는 다음 제19왕조에 속하는 것으로 간주되고 있다. 그러나 그는 자기 뒤를 이은 바로와 아무런 혈연 관계도 없었고 또한 그는 자기가 아메노피스 3세의 합법적인 후계자라고 주장하였기 때문에, 그를 그의 전임자들과 같은 계열로 보는 것이 더 좋다고 하겠다. 어쨌든 그와 더불어 아텐 숭배의 이단의 모든 흔적들은 사라지고 말았다. 개인적인 소신에서이건 아텐 제의가 이집트에 끼친 영향을 증오했기 때문이건, 또는 이 두 가지 이유 모두로 인해서이건, 그는 유례없이 무자비하게 그에게 저주받은 일로 여겨졌던 종교개혁의 모든 자취를 깡그리 말살해 버리려고 들었다. 또한 그는 이집트의 행정 조직과 사법 조직에서 부정 부패를 척결하는 조치들도 취했다. 그러자 그의 개혁들이 완수되었을 때 그는 아시아에서 다시 공세를 취할 수 있었다.

3. 주전 13세기의 서아시아: 제19왕조

하렘합의 뒤를 이어 라므세스(Ramesses)라는 또 다른 장군이 왕위를 계승하였는데, 그는 옛 힉소스족의 수도 아바리스(Avaris) 출신으로서 그의 가문은 힉소스족 왕들의 혈통을 이어받고 있었다. 라므세스(1세)는 단지 짧은 기간(주전 1306-1305년경) 통치하였음에도 권력을 자기 아들 세토스(Sethos) 1세에게 넘겨줌으로써 제19왕조의 창건자가 되었다. 이 왕조의 바로들은 아시아에서 이집트의 손실들을 되찾는 일을 착수하였다. 그들이 이렇게 나오자, 오래 전부터 고조되어 온 헷족과 전쟁하는 것이 불가피하게 되었다.[12]

a. 헷전쟁(the Hittite War): 라므세스 2세

세토스 1세(주전 1305-1290년경)는 동요하고 있던 아시아에서 이집트의 지배권을 회복하는 사업을 일찍부터 시작하였다. 재위 첫해에 그는 북부 팔레스타인의 벧산(Beth-shan)을 점령했는데, 거기서 발견된 돌비가 이를 보여 준다. 그리고 곧 우

12) 이 시기에 대해서는 R.O. Faualkner, "Egypt: From the Inception of the Nineteenth Dynasty to the Death of Ramesses III"(*CAH*, II:23 〔1966〕; A. Goetze, "The Hittites and Syria(1300-1200 B.C.)"(*CAH*, 24〔1965〕); Helck, *op. cit.*, pp.179-192를 참조하라.

리가 짐작하는 대로 그는 팔레스타인 전지역을 확고하게 장악하였다. 얼마 뒤에 그는 벧산 근처에서 아피루(ʽApiru)와 충돌하였다. 이들은 아마 아마르나 서간에 등장하는 바로 그 무리들이 틀림없을 것이다.[13] 또한 그는 북쪽으로 가데스까지 밀고 올라갔는데, 이는 의심할 여지없이 중앙 수리아를 헷의 지배권으로부터 빼앗고자 했을 것이다.

두 강대국간의 전쟁은 불가피했다. 세토스의 아들이자 후계자인 라므세스 2세(주전 1290-1224년경) 아래에서 실제로 전쟁이 발발했다. 라므세스 2세와 헷 왕 무와탈리스(Muwattalis, 주전 1306-1282년경)는 당시로서는 엄청난 대군을 집결시켰다(헷족의 병력은 무려 3만명이었던 것 같다). 양측은 자국 군대와 아울러 용병을 자유롭게 활용했는데, 이집트인들은 사르디나(Shardina)의 분견대를 고용했고, 헷족은 다르다나(Dardana)와 루카(Luka)를 비롯한 분견대들을 고용하였다. 이 민족들에 대해서는 나중에 더 자세하게 얘기하고자 한다. 커다란 충돌은 라므세스의 재위 제5년에 일어났다. 이 해에 라므세스의 군대는 산개대형(散開隊形)으로 북진하여 수리아로 진입하였으나 가데스 부근에서 복병들의 습격을 받아 거의 산산이 격파되고 말았다. 라므세스는 별로 겸손한 빛도 없이 어떻게 자신의 개인적인 용맹으로 그 날의 위기를 넘기고 패배를 결정적인 승리로 전환시켰는가를 이야기하고 있다.[14] 그러나 사실은 전연 달랐다! 이집트 군대는 전멸은 면했지만 남으로 후퇴할 수밖에 없었으며, 그뒤를 헷족이 다메섹 지역까지 추격해 왔다. 패주한 이집트인들의 꼴을 보고 멀리 남쪽의 아스글론(Ashkelon)에 이르기까지 폭동들이 일어났는데, 이는 의심할 여지없이 헷족의 선동에 의한 것이었다. 라므세스가 이러한 상황을 진정시키고 베이루트 북쪽의 뵈니게 해안으로부터 동쪽으로 뻗은 선을 따라 자신의 북쪽 국경선을 구축하는 데는 5년간의 악전고투를 해야 했다.

전쟁은 10년 이상이나 끌었지만 어느 쪽에서도 결정적인 타격을 가하지는 못했던 것이 분명하다. 무와탈리스의 형제인 하투실리스 3세(Hattusilis III, 주전 1275-1250년경)가 무와탈리스의 아들이자 계승자를 내쫓고 헷 제국의 왕위를 차지했을 때 비로소 평화로운 시대가 도래하였다. 이때 조약이 체결되었는데, 그 사본들

---

13) 이것들과 세토스의 다른 명문(銘文)들에 대해서는 Pritchard, *ANET*, pp. 253-255를 참조하라. 아피루를 언급하고 있는 벧산의 좀더 작은 석비에 대해서는 W.F. Albright, *BASOR*, 125 (1952), pp. 24-32를 참조하라.

14) 헷 전쟁과 관련된 이것 및 그 밖의 문헌들에 대해서는 Pritchard, *ANET*, pp. 255-258를 참조하라.

이 이집트와 보가즈쾨이(Boghazköy)에서 발견되었다. 이 조약의 효력은 헷 제국이 존속하는 동안 지속되었다. 의심할 여지없이 이 조약은 양측이 다 지쳐 버렸기 때문에 가능했다. 그러나 헷족에게는 그와 같은 것을 원했던 좀더 긴급한 사정들이 있었다. 그들의 동쪽에서 앗시리아가 아슈르 우발릿의 후계자들인 아닷 니라리 1세(Adad-nirari I, 주전 1297-1266년경)와 살만에셀 1세(Shalmaneser I, 주전 1265-1235년경) 아래에서 점차로 위협적인 존재로 되면서 끊임없이 미타니 땅을 헷 제국의 지배로부터 빼앗으려고 했던 것이다. 측면에서 이러한 위협을 받고 있었던 헷족은 이집트와 전쟁을 계속할 수가 없었다. 실제로 이 일 직후에 앗시리아는 미타니를 유린하여 합병해 버렸다.

라므세스의 오랜 통치 기간의 후반기는 이집트에 평화와 이집트 역사상 건설 활동이 가장 활발하게 일어난 시기들 가운데 한 시기를 가져다 주었다. 우리에게 가장 흥미로운 것은 이제 다시 수도가 된 아바리스의 재건이었다. 이 일은 세토스 1세에 의해 시작되었고 다시 라므세스에 의해 계승되었다. 라므세스는 아바리스를 "라므세스의 집"이라 불렀다. 이 시기의 문헌들에는 아피루가 왕실의 건설 사업에 동원되어 일하는 국가 노예로 거듭 등장하고 있다. 또 흥미로운 것은 이집트가 자신의 역사의 몇몇 시기에는 아시아로부터의 영향에 좀더 개방적이었다는 사실이다. 이집트의 아시아에 대한 관심, 수많은 셈족의 이집트 거주, 국경지대에 위치해 있는 수도(한때 힉소스족의 수도였던), 왕가 스스로 힉소스족의 혈통을 주장한 사실 등을 고려한다면 이것은 놀라운 일은 아니다. 수백 가지의 셈어 단어들이 이집트어에 흘러들어갔고, 가나안의 신들이 이집트의 만신전에 받아들여져 토착신들과 동일시되었다. 이런 신들 가운데 바알(Ba'al: 셋〈Seth〉과 동일시되었다), 하우론(Hauron: 호루스〈Horus〉와 동일시되었다), 레쉐프(Reshef), 아스다롯(Astarte), 아낫(Anat) 등등이 있었다. 이집트에서 이스라엘의 종살이를 위한 배경으로서 이러한 것들은 중요한데, 이에 대해서는 나중에 다시 살펴볼 것이다.

b. 제19왕조의 종말

라므세스 2세가 오랫동안의 영화로운 통치 후에 죽자 그의 후계자는 이미 중년기를 넘긴 그의 열셋째 아들 마르닙타(Marniptah)였다. 마르닙타는 자신의 짧은 치세(주전 1224-1211년경) 동안마저도 평화롭게 살아가지 못할 처지였다. 서아시아 전지역을 격동으로 몰고 가고 제19왕조가 살아 남지 못하게 만든 혼란기가 시작되고 있었던 것이다.

마르넵타의 재위 제5년(주전 1220년경)에 세워진 돌비에서 알 수 있는 바와 같이, 마르넵타는 선왕(先王)들과 마찬가지로 팔레스타인에서 정복사업을 수행하였다.[15] 그는 거기서 격파한 적들의 명단 속에 이스라엘 민족도 들고 있다. 이것은 당시의 명문(銘文) 속에서 이스라엘을 언급하고 있는 최초의 것으로서 이스라엘이 그 당시에 그 땅에 존재하고 있었음을 보여 준다. 분명히 이것은 이스라엘의 가나안 정복 연대와 관련이 있다. 그러나 불행히도 우리는 이 이스라엘이 이집트로부터 나온 무리의 일부였는지를 확인할 수 없다. 왜냐하면 이스라엘이라 불린 부족 집단이 이미 모세 시대 이전에 팔레스타인에 존재하였을 가능성이 있기 때문이다(물론 이를 입증해주는 증거는 하나도 없다). 또한 마르넵타가 리비아인들(Libyans)과 해양 민족들의 침입에 직면해야 했던 것도 바로 그의 재위 제5년의 일이었다. 이들은 거대한 무리를 이루어 서쪽으로부터 해안을 따라 이집트로 이동하고 있었다. 마르넵타는 엄청난 힘을 들여서 무시무시한 전투를 치르고서야 그들을 물리칠 수 있었다. 마르넵타는 이 해양 민족들의 명단에 사르디나(Shardina), 아퀴와샤(' Aqiwasha), 투루샤(Turusha), 루카(Ruka, Luka), 샤카루샤(Shakarusha)를 열거하고 있다. 이 가운데 일부(루카, 사르디나)는 가데스 전투에서 용병으로 등장했다는 것은 살펴보았지만, 이 민족들은 그 이름들이 보여 주는 바와 같이 에게(Aegean)해 출신들이었다: 예를 들면, 루카는 리시아인(Lycians)이고, 아퀴와샤(또한 서부의 소아시아의 아히야와〈Ahhiyawa〉도)는 아마 아가야인(Achaeans)인 듯하다. 그리고 사르디나는 뒤에 사르디니아인(Sardinia)에게 이름을 물려주었을 것이고, 투루샤는 나중에 이탈리아의 티르세니아(에트루스카)인으로 등장한다.[16] 여기서 우리는 트로이 전쟁 직전이나 그 와중에서 미케아 동맹의 붕괴를 가져온 사건들 — 요컨대 일리아드(Iliad)와 오딧세이(Odyssey)에 나타나 있는 사건들의 한 국면 — 을 다루고 있는 것 같다.

마르넵타는 이 사태를 진정시키기는 했지만, 그의 승리는 오래 가지 못했다. 그 이후 별로 중요치 않은 몇 사람의 통치자를 거친 뒤에 알려진 바가 별로 없는 혼란기에 이 왕조는 종말을 고했다(주전 1200년경 또는 이보다 얼마 후에). 이 혼란기

---

15) 이에 관한 문헌은 Pritchard, *ANET*, pp. 276-378를 보라.

16) 특히 W. F. Abright, "Some Oriental Glosses ofn the Homeric Problem" (AJA, LIV 〔1950〕, pp. 162-176)을 참조하라; 좀더 최근의 것으로는 A. Strobel, *Der sp tbronzezeitliche Seev lkerstr m* (*BZAW*, 145〔1975〕). 해양 민족들에 관한 자세한 내용은 174페이지 이하에서 말할 것이다.

동안에 팔레스타인에 대한 이집트의 지배권은 사실상 상실되었음은 거의 의심할 수 없다. 이러한 상황은 이스라엘이 팔레스타인에서 기반을 공고히 하는 데 도움이 되었음에 틀림없다.

c. 헷 제국의 몰락

이집트가 역경의 시기를 보내고 있는 동안, 헷 제국은 모진 재난을 겪었다. 헷 제국만큼 급속하게 또는 철저하게 붕괴한 강대국은 거의 없었다.[17] 헷족은 주전 13세기 초에는 서아시아에 대한 지배권을 놓고 이집트와 경쟁을 벌였지만, 중엽에 와서는 서부 소아시아의 에게해 민족들의 연합 세력에 대항해서 자신의 지위를 유지하기가 점차 어려워졌다. 일시적인 몇 번의 성공에도 불구하고 그들은 파국을 피할 수 없었다. 주전 1240년 이후 2,30년 동안에 헷족은 민족 이동의 조류에 휩쓸렸는데, 이로 인해 헷족의 허약한 국가 조직은 뿌리째 뽑히어 역사의 지도에서 영원히 휩쓸려 내려갔다. 주전 13세기 말에는 명문(銘文)들이 보이지 않는 것으로 보아, 헷족은 이미 멸망하였음이 분명하다. 이 파국을 가져 온 장본인들은 이집트인들이 해양 민족이라 불렀던 바로 그 무리들 가운데 대표적인 족속들이었음에 틀림없다. 앞으로 살펴보겠지만, 주전 12세기 초에 그들은 수리아의 해안 지방으로 쇄도하여 마구 파괴를 자행하면서 다시 한번 이집트의 문전을 강타하였다.

헷족이 붕괴하고 이집트가 쇠퇴하자, 이전에 세력을 서로 경쟁하던 세 강대국 가운데 한 나라만이 남아서 기반을 잡고 있었다. 그 나라는 바로 앗시리아였다. 앗시리아는 투쿨티 니눌다 1세(Tukulti-ninurta I, 주전 1234-1197년경) 아래에서 초기 팽창의 전성기에 이르러 바빌로니아를 정복하고 약탈했으며 또 유프라테스강을 건너 멀리 지중해 연안까지 헷 제국의 영토를 침공하기도 했다. 그러나 앞으로 살펴보겠지만, 이 나라도 오래 지속될 수는 없었다. 후기 청동기시대의 세력 다툼은 모든 경쟁 국가들의 멸망이나 쇠진으로 끝장이 났다.

4. 주전 13세기의 가나안

---

17) 헷 제국의 몰락에 관해서는 Albright, *ibid.*; Gurney, *op. cit.*, pp.38-58; K. Bittel, *Grundz ge der Vor- und Fr hgeschichte Kleinasiens*(Tübingen: Ernst Wasmuth, 2d ed., 1950), pp. 73-86; R. Dussaud, *Pr lydiens, Hittites et Ach ens*(Paris: Paul Geuthner, 1953) pp. 61-88를 보라.

우리의 개략적인 묘사는 주전 12세기 초까지 이르렀다. 짐작컨대 이 무렵에는 이스라엘이 팔레스타인에 정착하였을 것이다. 그러나 성경의 기록을 평가하기에 앞서 먼저 이스라엘이 등장하기 전의 가나안에 눈을 돌려보는 것이 좋을 것이다.

a. 가나안의 주민

성경은 보통 이스라엘 시대 이전의 팔레스타인 주민을 가나안인 또는 아모리족이라 부르고 있다. 이 두 가지 용어를 혼용하는 것이 적절하지는 않지만, 성경이 사용하는 이 두 이름을 뚜렷하게 구별하는 것은 어렵다. 그 이름이 무엇으로부터 유래하였든[18] 이집트 제국시대에 "가나안"이라는 말은 (요단 동편을 제외한) 서부 팔레스타인, 뵈니게의 대부분, 남부 수리아를 포괄하는 지방 또는 구역을 가리키는 공식 명칭이었다. 따라서 "가나안인"은 이 지방 주민의 다수를 차지하고 있었던 서북 셈족을 가리키는 명칭이었을 것이다. 이들은 해안지대, 에스드렐론(Esdraelon) 평야, 요단 계곡에 밀집해 있었고, 산악지대에는 드문드문 살고 있었다. 이들의 문화는 지중해 동부 연안을 본거지로 수 세기 동안 형성되어 온 옛전통에서 생겨났다. 한편 "아모리족"이라는 말은 이미 살펴본 바와 같이 "서부인"을 뜻하는 아카드어로서 족장시대와 그 이전에 상부 메소포타미아와 수리아의 서북 셈족계의 여러 민족들을 가리키는 일반적인 명칭으로 사용되었으며, 바로 이 민족들 가운데서 이스라엘의 선조들이 나온 것이었다. 이런 의미에서, 초기 청동기시대 말기에 팔레스타인으로 침투해 들어와서 유랑하다가 특히 산악의 오지(奧地)에 정착한 이들 유목민들이 바로 아모리족이었던 것이다. 이집트 제국시대에 수리아에 아무루(Amurru) 왕국이 있었고, 나중에 살펴보겠지만 얼마 후에 요단 동편에 아모리족의 국가들이 세워졌다. 그러나 성경은 가나안인과 아모리족을 구별하고 있는 듯한 구절들이 있긴 하지만(예를 들면, 민 13:29; 신 1:7, 이 구절들에서는 아모리족은 산악지대에 살고 가나안인들은 해변가에 사는 것으로 되어 있다), 대부분 이 두 용어를 동의어는 아니더라도 막

---

18) 몇몇 학자들은 그것이 "상인", "자주빛 염료 장수"를 뜻하는 말에서 유래했다고 믿고 있다; 이 말은 처음에 자주빛 염료와 직물 산업의 중심지였던 뵈니게에 적용되었고("뵈니게인"〔Gr. phoinix〕이라는 말도 "자주빛"이라는 말에서 나왔다), 그 다음에는 그 동쪽과 남쪽의 지방을 포함한 지명으로 확대되어 사용되었다고 한다; cf. B. Maisler(Mazar), *BASOR*, 102(1946), pp. 7-12; Albright, *BANE*, p.356; *idem.*, *CAH*, II: 33(1966), p. 37. 또 어떤 학자들은 "가나안"이라는 말이 원래는 지리학상의 용어였는데 이차적으로 그 지방의 산물을 가리키게 되었다고 주장한다; cf. R. de Vaux, "Le pays de Canaan"(*JAOS*, 88 〔1968〕, pp. 23-30).

19) 아모리족과 가나안족에 대해서는 각각 A. R. Millard and M. Liverani, *POTT*, pp.1-28와 100-133를 참조하라.

연하게 거의 비슷한 뜻으로 사용하고 있다.[19] 이스라엘의 가나안 정복시대에는 "아모리족"은 벌써 수 세기 동안 그 땅에 존재하고 있으면서 가나안의 언어, 사회 조직, 문화에 철저히 동화되었기 때문에 이 두 종족을 거의 구별할 수 없게 되었다는 점에서 이것은 정당하다고 하겠다. 그러므로 이스라엘 시대 이전에 가나안에서 우세했던 주민은 인종과 언어상으로 이스라엘과 다르지 않았다.

또한 팔레스타인에는 다른 종족들도 살고 있었는데, 이미 살펴본 바와 같이 힉소스 시대에 이곳에 도달했던 인도-아리안인들과 후리족(Hurrians)이 특히 두드러졌다. 성경이 이스라엘 시대 이전의 가나안 거주민으로 열거하고 있는 민족들(헷족, 히위족, 호리족, 여부스족, 기르가스족, 브리스족 등등) 가운데 다수는 비록 그 대부분의 유래를 확실하게 밝힐 수는 없지만 틀림없이 가나안 주민들 가운데 비셈족계 종족들이다. 후리족(인도-아리안계 종족들과 더불어)도 팔레스타인에 있었음이 분명하고, 이 시기의 이집트인들이 팔레스타인을 후루(Huru)로 지칭하고 있는 것으로 보아 그들의 수는 상당히 많았음에 틀림없다. 성경에 나오는 호리족(Horites)을 후리족(Hurrians)과 결부시키고자 하는 유혹이 있고, 실제로 많은 학자들이 그렇게 하고 있다(이 두 이름이 일치하기 때문에).[20] 물론 성경은 호리족이 에돔에만 있었던 것으로 말하고 있는데(예를 들면, 창 14:6; 36:20-30), 거기에는 후리족들이 전혀 없었던 것으로 알려져 있다. '호르'(hor)라는 말이 히브리어로 "동굴"을 뜻하기 때문에, 몇몇 학자들은 호리족을 에돔족 이전의 주민, 즉 그 지역의 혈거민(穴居民)으로 본다. 그러나 히위족(Hivites)이 호리족(즉, 후리족)이었을 가능성은 있다. 이 두 이름이 히브리어로는 아주 비슷하고, 칠십인역(창 34:2; 수 9:7)에서는 두 이름을 이따금씩 혼용해서 쓰고 있기 때문이다.[21] 만약 그렇다면, 기브온(수 9장), 세겜(창 34:2), 레바논 지역(수 11:3; 삿 3:3)을 비롯하여 의심할 여지없이 그 밖의 지방에서도 후리족의 거류지(居留地, enclave)가 있었을 것이다. 주로 헤브론 주위에서 살고 있었던 것으로 되어 있는 헷족(창 23:10; 25:9 등등)은 하나의 수수께끼이다. 왜냐하면 헷의 지배권이 남으로 그렇게 멀리 미친 적이 결코 없었기 때문이

20) 하지만 이것은 R. de Vaux, "Les Hurrites de l'histoire et les Horites de la Bible" (*RB*, LXXIV〔1967〕, pp. 481-503)에 의해 강력히 논박되고 있다.

21) 또한 히위 사람 시브온(창 36:2)이 몇 절 뒤에서는 호리 사람으로 불리고 있다(20절)는 것도 유의하라. 히위족이 호리족(후리족)이었고, 한편 에돔의 호리족은 그 지방의 에돔족 이전의(후리족이 아닌) 거민들이었다는 견해가 제기되어 왔다; cf. E.A. Speiser, *IDB*, II, p.645, 664-66. 하지만 G. E. Mendenhall은 히위족이 원래 길리기아(*qu-we hu-we*)에서 기원하였다고 주장한다; cf. *The Tenth Generation* (Baltimore: Johns Hopkins Press, 1973), pp.154-163.

다. 그러나 해양 민족들의 이주와 헷 제국의 붕괴와 동시대인 후기 청동기시대에 아나톨리아와 다른 헷족의 땅으로부터 남으로 수리아와 팔레스타인으로 민족들이 광범위하게 이동이 있었음을 보여 주는 증거가 있다.[22] 그리고 이러한 사정은 분명히 많은 종족들이 섞여 있었던 이스라엘 시대 이전의 팔레스타인의 거주민들 가운데 헷족이 언급되고 있는 것을 해명해 줄 수 있을 것이다. 그러나 이 모든 민족들은 서북셈족계의 종족이 우세했든 출신지가 다른 종족들이 뒤섞여 있었든 가나안 문화의 일부가 되었다.

b. 가나안의 문화와 종교

후기 청동기시대의 팔레스타인은 뵈니게와 비교해서는 약간 진보가 늦기는 하지만 그럼에도 이집트의 국경지대로부터 북으로는 멀리 라스 샴라(Rea Shamra)에까지 걸친 큰 문화권의 일부였다.[23] 이 지역은 힉소스 시대 이래 의심할 여지없이 이집트의 그릇된 통치 때문에 부(富)에 있어서는 눈에 띄게 쇠퇴하였지만, 그 물질 문명은 여전히 인상적이었다. 도시들은 훌륭하게 건설되어 견고한 요새와 배수 시설을 갖추었고, 어떤 곳에서는(예를 들면, 예루살렘) 포위당했을 때 물을 공급할 목적으로 바위에 터널을 파서 성 아래에 있는 샘들과 연결되는 급수로를 만들어 놓기도 했다. 농노들의 오두막집들에 둘러싸여 있는 귀족들의 훌륭한 저택들은 당시 사회의 봉건적인 성격을 예증해 준다. 가나안인들은 통상을 잘하는 사람들, 목재의 대수출가들, 직물공업과 염색공업의 선도자들이었다. 그들은 이집트나 메소포타미아와 접촉했을 뿐만 아니라 에게해 섬들과도 교역했다. 이것은 특히 주전 14세기와 13세기의 팔레스타인과 수리아 전지역에서 출토된 수많은 미케네의 토기들과 그 이전 시대에 미노아에서 수입해 온 물건들을 통해서 입증된다. 마리 문서(주전 18세기)를 통해 알려진 "갑돌"(Caphtor, Crete)이라는 이름은 라스 샴라 문서(주전 14세기)에서도 실증된다.

그러나 가나안의 최고의 업적은 물질 문명이 아니라 문자에 있다. 주전 3000년대가 끝나기 전에 비블로스(Byblos)의 가나안인들은 이집트어를 본뜬 음절문자를

22) 특히 Mendenhall, *ibid.*, Ch. VI을 참조하라. 이스라엘 이전 시대에 있어서 이집트의 지배 지역에서 헷족이 정착해 살았음을 보여 주는 그 밖의 증거에 대해서는 A. Kempinski, *BARev*, V (1979), pp. 21-45를 참조하라.

23) 가나안족의 문화와 역사에 대해서는 특히 Albright, "The Role of the Canaanites in the History of Civilization" (rev. ed., *BANE*, pp. 328-362)을 보라.

개발하였다. 후기 청동기시대에 가나안의 서기관들은 주로 아카드어로, 때로는 이집트어를 비롯한 다른 언어로 글을 썼을 뿐만 아니라, 가나안 사람들이 글을 쓰는 데 필요한 몇 가지 다른 문자도 개발하였다. 이 문자들 가운데 선형(線形) 알파벳은 그 창안의 공로를 가나안인들에게 돌리지 않으면 안 된다. 이 문자는 뵈니게로부터 그리스로 전해지면서 바로 우리의 알파벳의 선구가 되었다.[24] 이와 마찬가지로 유명한 것은 라스 샴라 문서(주전 14세기)인데, 이 문서는 여러 가지 언어로 된 잡다한 문헌들 외에도 설형문자로 만들어진 알파벳으로 된 가나안어의 문헌들을 포함하고 있다. 거기에서 우리는 가장 초기의 히브리어 시와 많은 유사성을 갖고 있는 훌륭한 시적 문체로 된 가나안의 신화와 서사시를 발견하였다. 이 자료는 히브리어 시보다 수 세기 앞선 것으로서 가나안의 종교와 제의에 대한 비할 데 없이 귀중한 통찰을 제공해 준다.[25] 이스라엘이 기원한 시대는 널리 문자를 사용할 수 있게 된 시기였음이 거듭거듭 강조되어야 한다.

하지만 가나안 종교는 우리에게 아름다운 모습을 보여 주지는 않는다.[26] 사실 그 종교는 엄청나게 타락한 형태의 이교(異教), 특히 풍산제의였다. 명목상으로 만신전의 최고신은 부신(父神) 엘(El)이었지만, 이 신은 별로 적극적인 역할을 하지 못했다. 가장 주요하게 활동했던 신은 바알(Ba'al, 주)이었는데, 그는 북방의 높은 산에서 신들의 왕으로 군림하였던 고대 셈족의 폭풍의 신 하닷(Hadad)의 칭호였다. 여신들로는 아세라(Asherah: 성경에서는 나무로 만든 숭배물의 이름이기도 하다. 삿 6:25f. 등등), 아스다롯(Astarte: 성경에는 아스다롯〈Ashtaroth〉이나 아스도렛〈Ashtoreth〉이라는 이름으로 나온다), 아낫(Anat: 라스 샴라 문서에서는 바알의 배우자로 나오지만, 성경에서는 지명들에만 나온다. 예를 들면, 벧 아낫)이 있

24) 원시 가나안 문자의 발달에 대해서는 F.M. Cross, *BASOR*, 134(1954), pp.15-24와 거기에 인용된 저작들; 또한 F.M. Cross and T.O. Lambdin의 *BASOR*, 160(1960), pp. 21-26도 참조하라. 주전 15550-1450년경의 원시 시내 지방의 명문(銘文)에 대해서는 W.F. Albright, *The Proto-Sinaitc Inscriptions and Their Decipherment*(Harvard University Press, 1966)를 참조하라. 좀더 개괄적인 저작들로는 D. Diringer, *The Alphabet*(London: Hutchinson's Scientific & Technical Publications, 2d ed., 1949); I.J. Gelb, *A Study of Writing* (The University of Chicago Press, rev. ed., 1963)이 있다.

25) 번역문에 대해서는 C. H. Gordon, *Ugaritic Literature*(Rome: Pontifical Biblical Institut, 1949); Pritchard, *ANET*, pp. 129-155(by H. L. Ginsberg)를 보라.

26) 간략하게 개관한 것으로는 Albright, *ARI*, pp. 67-92를 보라; 보다 최근의 것으로는 *YGC*, pp. 96-132; 또한 J. Gray, *The Legacy of Canaan*(*VT*, Suppl., Vol. V 〔rev. ed., 1965〕); Wright, *BAR*, Ch. VII.

다. 이 여신들은 그 성격과 기능에 있어서 유동적이긴 했지만 풍산제의에서 여성 주인공이었다. 그들은 성창(聖娼), 임신부, 그리고 이와는 놀라울 정도로 대극적으로 피에 굶주린 전쟁의 여신으로 묘사되어 있다. 가나안의 신화에서 중요한 것은 바알의 죽음과 부활이었는데, 이는 일년 주기의 자연계의 죽음과 소생에 일치하는 것이었다. 이 신화가 이를 본뜬 의식을 통해 재현될 때 자연계의 갖가지 힘은 다시 활동하게 되고, 이로 인해 토지와 짐승과 사람의 생식력이 확보된다고 생각되었다. 이런 류의 모든 종교에서 그렇듯이, 제의적 매음, 동성애, 갖가지 주신제의(酒神祭儀) 등을 비롯한 수많은 퇴폐적인 관습들이 성행하였다. 이스라엘이 가나안의 문화로부터 아무리 많은 것을 빌려왔다고 할지라도 양심상 이런 유의 종교와는 결코 화해할 수가 없었다.[27]

c. 가나안의 정세.

가나안은 하나의 문화권이었지만 정치적으로는 동질성이 없었다. 가나안 땅이 이집트 제국에 병합되자 거기에 산재해 있었던 온갖 군소 국가들은 이집트 왕권의 지배 아래 들어갔고 그 왕들은 바로의 봉신(封臣)이 되었다. 팔레스타인은 이런 군소 국가들이 잡다하게 뒤섞여 있었고 규모가 큰 국가는 하나도 없었다. 이집트인들은 일정하게 책정된 조공을 바칠 의무를 지고 있었던 도시 국가의 왕들을 통해 지배권을 유지해 나갔다. 또한 이집트인들은 팔레스타인 전 지역의 전략 요충지들에 그들 자신의 판무관(辦務官)과 수비대를 배치하였다. 착취를 일삼을 뿐만 아니라 때로 파견된 군사들에게 보급품을 보내지 않아 그들로 하여금 생존하기 위하여 약탈하지 않을 수 없게 하는 등 악명 높을 정도로 부패하였던 이집트의 행정 아래에서, 위에서 말한 대로 팔레스타인의 부는 철저히 쇠미하였다. 봉건적인 가나안 사회에는 중산층이 없었기 때문에 이러한 사태는 촉진되었음에 틀림없다.

도시 국가들은 거의 전부가 평야에 몰려 있었고, 내륙의 산악지대는 여전히 삼림들이 우거졌으며 정착 생활을 하는 인구도 드물었다. 그러나 아마르나 시대와 이스라엘의 가나안 정복 시대 사이에 도시 국가의 수는 거의 2배로 늘어난 것으로 보이며, 이에 상응해서 개개 도시 국가의 세력은 약화되었다.[28] 아마 이집트인들은 큰 도시 국가들보다 작은 도시 국가들이 더 다루기 쉽다고 생각하고 이를 부추겼던 것

27) 가나안의 종교가 전적으로 풍산 제의에만 몰두해 있었고 사회적 관심은 없었다고 추측하는 것에 대한 경고로는 J. Gray, "Social Aspects of Canaanite Religion"(*VT*, Suppl., Vol. XV 〔1966〕, pp. 170-192)을 참조하라. 그러나 가나안 종교의 전체적인 모습은 여전히 다소 추악하다.

같다. 또한 구멍이 많은 바위에 판 저수구(貯水口) 안에 바르는 석회 도료의 사용법이 널리 퍼져서 물이 나오지 않아 정착하지 못했던 곳에도 정착을 용이하게 하였다.[29] 이집트의 세력이 약해진 시기에는 언제나(주전 13세기 말엽이 그러했다) 이 도시국가들은 무질서해져서 걷잡을 수 없는 혼란에 빠지곤 했다. 인간적 견지에서 말하자면 이스라엘의 가나안 정복을 가능케 하였던 것은 바로 이 점이었다.

요단강의 동쪽은 상황이 약간 달랐다. 앞에서 우리는 중앙과 남부 요단 동편 지역에는 주전 2000년대 초에 정착 주민이 없는 공백기가 있었다는 것을 살펴보았다. 실제로 얍복강 남쪽으로는(그리고 실질적으로 아르논강 남쪽에도) 후기 청동기시대 말기까지 정착민이 있었다는 징표들이 거의 없다(물론 앞으로의 발굴을 통해 더 많은 것이 밝혀지겠지만).[29a] 그러나 이 시기 이후에 새로운 민족들이 이 지역에 출현하기 시작하면서 파고(波高)가 치기 시작하였는데, 이들은 이스라엘의 역사 전체를 통하여 이웃 민족으로 존속하게 된다. 이들이 바로 에돔족과 모압족이었다. 에돔족은 사해 남쪽 끝과 아카바만 사이의 아라바(Arabah)의 동쪽 고원지대에 정착하였고, 모압족은 에돔의 북쪽, 즉 사해의 동쪽에 자리를 잡았다. 이 두 민족이 역사의 무대에 처음으로 출현하였을 때는 두 민족 다 왕들에 의해 통치되고 있었다(창 36:31-39; 민 20:14; 22:4). 그러나 이 두 나라가 어떻게 생겨났는지에 대해서는 우리는 모른다. 아마 이 두 민족은 주전 13세기 동안에 이 지역에서 출현하였을 것이다. 왜냐하면 이 둘은 이스라엘과 마찬가지로 제19왕조의 문서들 속에 처음으로 언급되고 있기 때문이다. 그러나 주전 12세기까지 그 땅에서 정착 생활을 했다는 것을 보여 주는 징표들이 거의 없는 것으로 보아 이 두 민족이 국가로 등장하게 된 것은 아마도 약간 후대의 일인 듯하다. 세번째 민족인 암몬족은 더욱더 늦게 출현하였을 것이지만(에돔과 모압이 등장하는 몇몇 초기의 시가(詩歌)에서 이들에 대한 언급

---

28) Cf. Albright, *BASOR*, 87(1942), pp. 37f. 증거는 나중에 유다 왕국이 들어선 지역에서 주전 14세기에는 요새화된 성읍들(어떤 것들은 규모가 아주 작았다)이 스무 군데 정도밖에 되지않았음을 보여 준다. 이 지역의 전체 인구는(유목민들을 포함하여) 25,000을 넘지 못했을 것으로 추산되어 왔다; 이 무렵의 팔레스타인의 전체 인구는 약 20만 또는 그보다 약간 많았을 것으로 추산된다; Algrith, *CAH*, II: 20(1966), pp. 11f.

29) 그러한 회반죽의 예들은 저 멀리 초기 청동기시대에서도 알려져 있었다; cf. P. W. Lapp, *BASOR*, 195 〔1969〕, p.113(Albright, *AP*, p.113에 의거하여). 그러나 후기 청동기시대에 들어와서 그것을 일반적으로 널리 사용하게 된 것으로 보인다.

29[a]) 후기 청동기시대의 도기(陶器) 조각들은 이제 모압에 있는 다섯 군데의 유적지에서 나온 것으로 보인다; 초기 청동기시대의 도기 조각들도 세 군데의 유적지에서 확인되었다; cf. J. M. Miller, *BASOR*, 234(1979), pp.43ff.

이 없다〈출 15:15; 민 24:17f.〉), 사사시대에 와서는 그 땅에(사막 언저리에 있는 얍복강의 원류를 따라) 정착하고 있었다(삿 11장). 게다가 아모리족의 두 국가가 주전 13세기 동안에 요단 동편에 건설되었었다(민 21:21-35). 그 가운데 하나는 헤스본(Heshbon)을 중심으로 남부 길르앗의 많은 지역을 장악하고 있었고, 이스라엘이 도착하기 전에는 모압을 쳐서 남으로 아르논강까지 세력을 뻗치고 있었다. 다른 한 나라는 바산(Bashan)의 야르묵강 원류를 따라 자리잡고 있었지만, 그 크기와 역사에 관해서는 아무것도 알려져 있지 않다.

이상이 이스라엘이 한 민족으로서 자신의 삶을 시작하기 위하여 곧 밟게 될 무대다. 이집트에서 종살이, 출애굽, 가나안 정복에 관한 성경의 이야기들은 방금 대체적으로 묘사된 시대를 배경으로 이해하여야 한다.

B. 증거에 비추어 본 성경의 전승들

출애굽과 가나안 정복에 관한 설화에서 우리는 족장 전승들에 의해 제기된 것과 본질적으로 동일한 문제에 부딪치게 된다. 사건이 일어난 때와 글로 기록된 때까지 시간적 간격이 좀 좁기는 하지만 말이다. 그러므로 이미 말한 것을 되풀이하지 않는 가운데 앞 장에서 채택했던 고찰 순서를 따르기로 하자. 먼저 이용 가능한 증거에 비추어 성경의 전승을 검토한 다음 입증되는 듯한 결론들을 도출해 내고자 한다. 다시 한번 우리는 성경에 나오는 설화의 세부적인 내용을 검토해 볼 수단이 전혀 없다는 것을 명심하여야 한다. 그러나 실제의 사건들이 성경을 읽고 통상적으로 느끼는 것보다 훨씬 더 복잡했다고 하더라도, 성경의 기사가 역사상의 사건들에 뿌리를 두고 있다는 단정이 정당하다는 것은 충분히 입증할 수 있다.

1. 증거에 비추어 본 이집트의 종살이와 출애굽.

이스라엘의 선조들이 이집트에서 종이 되었다가 어떤 경이로운 방법으로 탈출해 나왔다는 것은 실제로 의문의 여지가 거의 없다. 오늘날에는 거의 아무도 이를 의문시하지 않을 것이다.

a. 이집트에서 이스라엘

이집트의 기록에는 이스라엘이 이집트에 있었음을 직접적으로 증언하는 언급이 전혀 없지만, 성경의 전승은 선험적으로 이를 믿게 만든다. 왜냐하면 그것은 어떤 민족이 창안해 낼 수 있는 그런 유의 전승이 아니기 때문이다! 거기에는 이주와 관련된 영웅 서사시 같은 것이라고는 없고, 오직 하나님의 권능만이 구원해 줄 수 있었던 수치스러운 종살이에 관한 회상이 있을 뿐이다. 여러 요소들이 이를 객관적으로 밑받침해 준다. 초기 이스라엘, 특히 레위 지파 가운데 널리 퍼져 있던 이집트식 이름들은 이집트와 어떤 관련성을 알려주고 있음이 확실하다. 이런 이름들 가운데 모세는 물론이고 홉니(Hophni), 비느하스(Phinehas), 므라리(Merari) 등이 포함되고, 아마 아론을 비롯한 그 밖의 이름들도 그럴 것이다.[30] 이런 증거는 무시되어서는 안 된다. 수많은 셈족 사람들이 이 시대 전체에 걸쳐 이집트에 있었던 것이 확실하다. 특히 동부 삼각주 지대는 셈족 사람들로 들어차 있었던 것으로 보인다. 위에서 말한 바와 같이, 수 백의 셈어 단어들이 이집트어에 유입되었고, 또 가나안의 신들도 이집트화하여 그에 상응하는 이집트의 신들과 동일시되어 숭배되었다. 더욱이 주전 15세기 이래의 수많은 문헌들은 이집트에서의 아피루(ʿApiru)의 존재를 입증해 준다. 아피루는 이미 아메노피스 2세 때(주전 1438-1412년경) — 그 이전이 아니라면 — 이집트에 포로로 끌려왔고, 제19왕조와 제20왕조의 문서들 속에 그들은 국가 노예로 여러 번 등장한다. 우리는 그들 가운데에 후대의 이스라엘의 구성원들이 있었음을 거의 의심할 수 없다.

우리는 성경에서 히브리인들이 비돔(Pithom)과 라암셋(Raamses)의 건설 현장에서 강제 노역을 해야 했다는 말을 듣는다(출 1:11). 비돔은 동북 이집트에 있는 팀사(Timsâh)호 서쪽의 텔 에르 레타베(Tell er-Retâbeh)에 있고, 라암셋은 다름 아닌 옛 힉소스족의 수도인 아바리스(Avaris)로서 세토스 1세와 라므세스 2세에 의해 재건되어 다시 도읍지가 되면서 라므세스 2세에 의해 "라므세스의 집"으로 불렸

---

30) Cf. T.J. Meek, *AJSL*, LVI(1939), pp.113-120; W.F. Albrith, *YGC*, pp. 143f. 모세에 관해서는 J.G. Griffiths, *JNES*, XII(1953), pp.225-231를 참조하라. "모세"라는 말("낳다"를 의미하는 동사에서 온)은 투트모시스(Thutmosis), 라므세스(Ramesses) 등과 같은 이름을 구성하는 한 요소이지만, 신의 이름에서는 빠져 있다. 두 산파의 이름 십브라와 부아(출 1:15)는 매우 오래된 유형의 이름으로서 이에 관해서는 Albright, *JAOS*, 74(1954), p. 229를 참조하라.

다.[31] 출애굽기 1:11이 이것을 가리키고 있다는 것은 확실한 것으로 보인다. 이 수도가 주전 11세기까지만 통상적으로 "라므세스의 집"이라 불렸고 그 이후에는 그 이름은 일반적으로 사용되지 않게 되고 그 대신 타니스(Tanis)라는 이름으로 불린 것은 흥미롭다.[32] 하렘합(Haremhab)의 치세 때(주전 1333-1306년경) 이 도시의 창건 4백 주년을 경축하였고, 나중에 라므세스 2세는 이곳에 기념비를 세웠다. 이것과 이스라엘의 이집트 거주 기간이 430년이라는 전승(출 12:40) 사이에 어떤 연관이 있는지 여부(창세기 15:13에는 400년으로 되어 있다)와 또 이것을 근거로 이스라엘 사람들이 힉소스시대에 이집트로 들어왔다고 할 수 있는지의 여부는 분명치 않으므로 그러한 것들이 강조되어서는 안 된다. 그러나 숫자가 일치하는 것은 물론이고 게다가 헤브론이 소안(Zoan, 아바리스)보다 7년 앞서 건설되었다는 성경의 말(민 13:22)로 미루어 볼 때, 히브리인들이 아바리스시대를 알고 있지 않았는가 하는 의구심은 남는다. 어쨌든 이집트의 종살이에 관한 전승은 확고부동하다.

b. 출애굽

출애굽 사건과 관련하여 우리는 성경 이외의 증거를 가지고 있지 않다. 그러나 성경 자체의 증언이 너무도 인상적이기 때문에 그런 눈에 띄는 구원 사건이 일어났었다는 것은 거의 의심의 여지가 없다. 이스라엘은 이 출애굽을 이후의 모든 시대에서 이스라엘을 하나의 민족으로 탄생시킨 창시적 사건으로 회고하였다. 이스라엘의 가장 초기의 옛 시가들(출 15:1-8), 마찬가지로 아주 오래된 신앙고백 유형의 단편들(신 6:20-25; 26:5-10; 수 24:2-13), 성경 시대의 말 — 그 이후에 — 에 이르기까지 열거하기 힘들 정도로 수많은 그 밖의 문헌들에 의해 증언되고 있듯이, 출애굽 사건은 민족의 초창기부터 신앙의 중심에 서 있었다. 이 신앙은 그토록 오래되고 또 확고한 것이기 때문에 실제로 이스라엘이 이집트에서 탈출하였을 때 너무나 엄청나서 그들의 기억에 영원히 새겨진 사건들을 겪었다는 것 말고는 다른 설명이

31) 아바리스(라므세스의 집)가 Sân el-Hagar에 위치해 있었는지 남쪽으로 수마일 떨어진 Qantir에 위치해 있었는지에 대해서는 논란이 많다. 여기서 이 문제를 살펴볼 수는 없다. 이와 관련된 논의와 찬반양론의 문헌들을 보려면 J. Van Seters, *The Hyksos*(Yale University Press, 1966), pp. 127-151를 참조하라.

32) "라므세스의 집"이라는 이름을 개별적으로 사용하고 있는 예들은 아주 후대에 와서도 찾아볼 수 있다는 것은 사실이다; cf. D. B. Redford, *VT*, XIII(1963), p.409. 그러나 그러한 예들은 극히 드물며 또한 그 이름이 일반적으로 사용된 것은 아니었음을 보여 준다. 후대의 세기들에서 이스라엘 사람들이 그 도시를 라암셋으로 알았을지는 의문이다.

용납되지 않을 것이다.

물론 이 사건들과 관련하여 우리는 성경이 우리에게 말해 주는 것에 아무것도 더할 수 없다. 히브리인들은 탈출을 시도하다가 바다와 이집트 군대 사이에 갇혔다가 바람이 불어 바닷물이 빠졌을 때 무사히 건너서 구출된 것으로 보인다(출 14:21, 27). 추격해 오던 이집트인들은 물이 다시 차면서 익사했다고 한다. 이스라엘이 이 사건에서 하나님의 손길을 보았다면, 확실히 역사학자는 이 주장을 반박할 만한 증거를 갖고 있지 않다! 이집트의 기록들이 이 일을 언급하지 않고 있다는 것은 놀랄 일이 아니다. 바로들은 자기들의 실패를 기념하는 데 익숙하지 않았을 뿐만 아니라 단지 한 무리의 도망 노예들에 관한 사건은 그들에게 극히 사소한 일이었을 것이다. 우리는 로마 황제의 연대기에서 수난 주간에 관한 기술을 기대하지 않는 것처럼 이집트의 연대기에서 출애굽에 관한 기사를 기대해서는 안 될 것이다. 로마 황제에게 수난 사건은 전혀 중요치 않았다.

이 사건에 나오는 장소들 가운데 다수는 확인하기 어렵기 때문에, 출애굽의 정확한 위치는 분명치 않다.[33] 이스라엘이 홍해(수에즈만)의 끝부분을 건넜을 것 같지는 않다. 그곳은 남으로 너무 멀리 떨어져 있어서 이스라엘 사람들이 거기에 당도하기 훨씬 전에 이집트의 기병대가 틀림없이 그들을 따라잡았을 것이기 때문이다. 우리는 당시에 홍해가 현재의 해안선 북쪽으로 뻗어 나가 비터(Bitter)호와 연결되어 있었다고 추측할 수는 없다. 왜냐하면 그렇지 않았음을 보여 주는 증거가 오늘날 있기 때문이다.[34] 더욱이 성경에서 말하고 있는 바다(yam sûf)는 "갈대바다"지 홍해가 아니다(홍해에는 갈대가 없다). 히브리인들은 고센(Goshen) 또는 "라암세스의 땅"(창 47:11) 또는 소안(Zoan)의 들(시편 78:12, 43)로 부른 아바리스 주변 지역에 정착해 있었고, 또한 출애굽과 관련된 다른 장소들도 이 지역에 위치해 있었을 것으로 볼 수 있을 것이기 때문에, 아마 갈대바다는 아바리스의 동쪽에 있던 호수

33) 중요한 논의들로는 H. Cazelles, "Les Localisations de l'Exode et la critique litteraire" (*RB*, LXII [1955], pp. 321-364); O. Eissfeldt, *Baal Zaphon, Zeus Kasios und der Durchzug der Israeliten durchs Meer*(Halle: M. Niemeyer, 1932); M. Noth, "Der Schaupltz des Meereswunders" (*Festschrift Otto Eissfeldt*, J. Fück, ed. [Halle: M. Niemeyer, 1947], pp. 181-190); Albright, "Baal-Zephon" (*Festschrift Alfred Bertholet* [Tübingen: J. C. B. Mohr, 1950], pp. 1-14; J. Finegan, *Let My people Go* (Harper & Row, 1963, pp. 77-89) 등이 있다; 이에 대한 개괄과 자세한 문헌 목록은 Wright, *BAR*, pp. 60-62, 67f.를 참조하라.

34) Albright, *BASOR*, 109(1948), pp. 14f.

— 아마 멘잘레(Menzaleh)호의 하구 — 였던 것 같으며, 따라서 바다 사이로 건넌 곳은 수에즈 운하 연안의 오늘날의 엘 콴타라(El-Qantara)에서 멀지 않은 곳이었던 것 같다. 하지만 확실하지는 않다. 또한 어떤 의미에서 이것은 크게 중요치도 않다. 예수의 무덤의 정확한 위치가 기독교의 핵심이 아닌 것과 마찬가지로, 출애굽의 정확한 위치가 이스라엘의 신앙에 핵심적인 것은 아니었다.

c. 출애굽의 연대

이 문제는 가나안 정복의 연대와 결부되어 많이 논란되어 왔다.[35] 그러나 이 두 사건의 연대를 정확하게 추정할 수는 없지만, 우리는 출애굽이 주전 13세기보다 이르지 않은 시기에 일어났다고 확신해도 괜찮을 것이다. 물론 성경에서는 출애굽으로부터 솔로몬 제4년(주전 958년경)까지가 480년이라고 못박아 말하고 있다(왕상 6:1). 이것은 출애굽을 주전 15세기로 확정하는 것으로서 가나안 정복이 아마르나시대에 수행되었다는 견해를 밑받침해 주는 것으로 보인다. 그러나 이 견해는 오늘날 거의 일반적으로 폐기되었다.[36] 이는 주로 이 문제와 관련된 다른 증거와 조화되기가 어렵기 때문인데, 이 증거의 일부에 대해서는 아래에서 말하고자 한다. 그러나, 40이라는 숫자는 어림잡아 말할 때 자주 사용된 수치로서 흔히 한 세대를 나타내는 데 사용했기 때문에(광야의 유랑 기간을 40년이라고 한 것과 같이), 480년도 12세대를 어림잡아 나타내는 수치일 가능성이 있다.[37] 실제로 한 세대(아버지의 출생으로부터 아들의 출생까지)는 대략 25년일 것 같으므로, 이렇게 계산하면 12세대는 480년이 아니라 약 300년이 되고, 출애굽의 연대는 주전 13세기 중반이 될 것이다. 이 수치 — 정확한 수치가 아니다 — 는 강요되어서는 안 되겠지만, 거의 근사치에 가까운 것으로 보인다.

어쨌든 출애굽의 연대를 주전 13세기로 추정하는 것은 널리 받아들여지고 있

---

35) 이전의 견해에 대한 개관을 위해서는 H.H. Rowley, *From Joseph to Joshua*(London: Oxford University Press, 1950)를 참조하라; 팔레스타인 정복과 관련된 증거 및 문제점들을 좀 더 최근에 개괄한 글로는 J. M. Miller, *IJH*, pp. 213-284를 참조하라.

36) 하지만 그것은 최근에 J. J. Bimson, *Reading the Exodus and Conquest*(*JSOT*, Suppl. Series 5〔1978〕)에 의해 옹호되어 왔다. Bimson은 논거들은 잘 제시하고 있긴 하지만, 그 논거들은 상당 부분 중기 청동기시대의 말을 대략 한 세기 정도 낮추어 잡은 연대 추정에 의존하고 있기 때문에 의심스러운 것으로 보인다.

37) 뵈니게인들과 카르타고인들은 둘다 고정된 문서 전승이 없었기 때문에 한 세대를 40년으로 잡고 시대 계산을 하였다; cf. Albright, *CAH*, II: 33(1966), p. 39.

다. 히브리인들이 아바리스에서 노역을 했다면, 그들은 적어도 세토스 1세의 치세 때(주전 1305-1290년경) 이집트에 있었음에 틀림없으며, 그리고 아마 그 도시의 재건이 완료되었던 라므세스 2세의 치세 때(주전 1290-1224년경)에도 있었음에 틀림없다. 한편 많은 학자들이 믿고 있듯이 주전 13세기 말 팔레스타인의 여러 도시들이 파괴된 것(아래를 보라)이 이스라엘의 가나안 정복과 관련되어 있다면, 이집트로부터의 탈출은 아마 그보다 한 세대 이전에 일어났음에 틀림없다. 마르넵타에 의해 그의 재위 제5년(주전 1220년경)에 패한 이스라엘이 이집트에서 나온 집단의 일부인 것이 확실하다면, 우리는 거의 확정적인 연대를 알고 이에 의거하여 연구를 진행해 나갈 수 있을 것이다. 그러나 불행히도 그것은 확실치 않다. 더욱이, 이스라엘이 에돔족 및 모압족과 마주친 것(민 20장, 21장) — 우리가 이 전승을 비역사적인 것으로 단정하지 않는다면 — 으로 미루어 이스라엘이 주전 13세기(이 두 민족은 이 당시의 문헌들에 처음으로 나타난다) 이전에 가나안에 도달했다고 추정할 수 없고, 이 지역들에서 그 이전에 정착민이 있었던 것 같지 않기 때문에 오히려 주전 12세기로 연대를 추정하는 것이 좋을 것이다. 우리는 출애굽의 연대를 확정할 수 없고, 또 어느 바로의 치세 동안에 출애굽이 일어났는지도 확실히 알 수 없다. 그러나 출애굽의 연대를 주전 13세기, 곧 라므세스 2세의 치세 후반[38]으로 추정하는 것이 좋을 듯하다.[39]

2. 증거에 비추어 본 광야의 유랑생활

우리는 사막에서 이스라엘의 유랑생활에 관한 상세한 내용을 재구성하려는 시도를 할 수 없다. 한편으로 실제의 사건들은 의심할 여지없이 성경의 설화가 보여 주는 것보다 훨씬 더 복잡했을 것이기 때문이고, 다른 한편으로는 성경에서 언급된 장

38) 하지만 D. N. Freedman은 출애굽의 연대를 여전히 늦은 시기로, 즉 라므세스 3세의 치세 기간(주전 12세기 초)으로 추정하는 흥미로운 논거들을 제시하고 있다. cf. "Early Israelite History in the Light of Early Israelite Poetry"(H. Goedicke and J. J. M. Roberts, eds., *Unity and Diversity: Essays in the History, Literature, and Religion of the Ancient Near East* 〔Baltimore: Johns Hopkins University Press, 1975〕 pp. 3-35).

39) 몇몇 학자들은 이집트인들이 가데스에서 패한 뒤 팔레스타인을 뒤흔든 폭동들이 이스라엘 사람들의 탈출을 가능케 한 소동을 점화했을 것이라고 주장한다; cf. Albright, *YGC*, pp. 137f.; 또한 Aharoni, *LOB*, p. 178.

소들의 거의 전부가 확실하게 확인될 수 없기 때문이다. 그러나 이스라엘이 자신의 독특한 신앙을 받아서 하나의 민족이 된 것이 바로 이 시기였다는 것만은 거의 의심할 수 없다.

a. 시내산으로의 노정(路程)

성경에 따르면, 이 사건은 이스라엘이 이집트를 떠난 뒤 찾아간 시내산(또는 호렙산이라고도 불린다)에서 일어났다. 불행히도 시내산의 위치는 확실치 않다. 전승에 의하면 시내산의 위치는 시내 반도의 남쪽 끝에 가까운 예벨 무사(Jebel Mûsa)이다. 하지만 일부 학자들은 출애굽기 19:16-19의 말이 화산의 분출을 시사하는 것이라고 믿고, 사화산들이 발견되고 있는 서북 아라비아(미디안)의 아카바만 동쪽의 어느 지점일 것이라고 본다. 그러나 성경의 설화는 시내산이 이집트에서 그토록 멀리 떨어진 곳에 있었던 것으로 생각케 할 만한 인상을 주지 않을 뿐만 아니라, 출애굽기 19:16-19는 산악의 맹렬한 폭풍을 시사한다고 보는 것도 좋다. 성경의 화자(話者)는 아마 여호와 현현(顯現)의 두려운 위엄을 묘사하기 위하여 그러한 무시무시한 자연 현상의 표상(表象)을 이끌어 왔을 수도 있다. 미디안 사람들이 시내산 가까이 있었다는 사실(출 3:1; 18:1)은 놀라운 일이 아니다. 왜냐하면 미디안족은 실제로 당시에 남부 요단 동편, 네게브, 시내 반도에 걸친 교역로를 장악하고 있었던 부족들의 광범위하고 느슨한 연맹체였다고 믿을 만한 이유가 있기 때문이다.[40] 그 부족들 가운데에는 직업상 광범위한 지역을 떠돌아다녔을 유랑 땜장이들인 겐족(Kenites, 대장장이들)도 있었는데, 그들은 의심할 여지없이 자기들이 사용하는 금속을 시내 반도와 아라바(Arabah)에 있는 동(銅) 광산에서 얻었을 것이다.[41]

시내 반도의 북부 지역에 있는 어느 지점일 것이라는 주장도 있다. 이 견해는 이스라엘이 그 부근에서 아말렉 — 그밖에 네게브 및 가데스 서쪽의 술(Shur) 광야에서 발견되는 민족(민 14:43-45; 삼상 15:7; 27:8) — 과 전투를 했다는 전승(출 17:8-16)을 통해 밑받침된다고 주장할는지 모른다. 더욱이, 성경의 몇몇 구절들은 이스라엘이 이집트에서 곧장 가데스로 갔음을 시사하고 있다(출 15:22; 삿 11:

40) Cf. O. Eissfeldt, *JBL*. LXXXVII 〔1968〕, pp. 383-393); Albright, "Midiabite Donkey Caravaneers" (H.T. Frank and W.L. Reed, eds., *Transtating and Understanding the Old Testament* 〔Abingdon Press, 1970〕, pp. 197-205); W. J. Dumbrell, "Midian-A Land or a League?" (*VT*, XXV 〔1975〕 pp. 323-327).

41) 이 무렵에 번성했던 아라바 만의 팀나에 있는 광산들에 대해서는 B. Rothenberg, *Timna* (London; Thames and Hudson, 1972)를 참조하라.

16). 성경이 이집트에서 도망쳐 나온 여러 집단의 전승들을 결합시켰을 것은 당연하고, 적어도 그 가운데 일부 집단은 실제로 가데스로 곧장 갔을 것이다. 사실 메추라기떼가 쏟아진 사건(민 11:31f.)은 이러한 철새가 정기적으로 날아오는 지중해 연안 부근에서 그들이 유랑 생활을 했음을 시사해 준다. 그러나 이러한 논거들 가운데 그 어느 것도 시내산이 북쪽에 위치해 있었음을 결정적으로 입증하지는 못한다. 아말렉족은 광범위한 지역에 걸쳐 떠돌아 다녔을 유목민이었을 뿐만 아니라, 시내산이 가데스를 넘어서 상당히 먼 거리에 있었다고 추정하게 만드는 전승들도 있다(민 33:2-49; 신 1:2).[42] 실제로 시내산이 가데스 부근 — 즉, 유다 지파가 자기네 영지로 주장한 땅의 변두리에 있으면서(수 15:3) 이스라엘이 강성했던 시기에는 언제나 이스라엘의 지배 아래 있었던 지역 — 에 있었다면, 그곳이 이스라엘의 후대 역사에서 계속해서 제의 장소로서 역할을 하지 않았다는 것은 이상한 일이다.

반면에, 그 위치를 남쪽으로 잡는 것은 기독교의 초기 세기들 그리고 그보다 훨씬 과거로 거슬러 올라가는 전승의 밑받침을 받을 수 있다고 주장할 수 있다. 그리고 이 견해는 성경의 자료들과도 그럭저럭 합치한다. 그 근처에는 세라빗 엘 카딤(Serãbît el-Khâdim)이라는 유명한 이집트인의 구리 광산이 있었다. 이것은 겐족(대장장이들)이라고도 불린(삿 1:16) 모세의 친척들이 이 지역에 살고 있었다는 전승과도 잘 들어맞는다. 의심할 여지없이 이 광산들은 그들의 일에 사용된 금속을 그들에게 공급했을 것이다. 이 방향으로 행진해 갔다면 히브리인들이 이집트 군대와 충돌하게 되었을 것이라고 추측할 필요는 없다. 왜냐하면 이집트인들은 광산들에 상주하는 수비대를 두지는 않았기 때문이다. 간헐적으로 광부들이 일을 하는 기간을 제외하고는 히브리인들은 방해를 받지 않고 통과할 수 있었을 것이다. 그러므로 이 모든 것들을 고려하면, 시내산의 위치를 대체적으로 전승에 의한 지점으로 추정하는 것이 바람직한 것으로 보인다. 그러나 정확히 알 수는 없음을 인정해야 한다. 또한 이것은 이스라엘의 역사에서 결정적으로 중요한 문제도 아니다.

b. 모세와 여호와 신앙의 기원

시내산의 위치는 확실치 않지만, 이스라엘을 하나의 민족으로 형성시킨 율법과 언약을 이스라엘이 받은 것은 바로 그곳이었음은 의심할 이유가 없다. 다음 장에서

42) 몇몇 학자는 민수기 33장은 고대의 순례길을 토대로 하고 있다고 생각한다: cf. Noth, *PJB*, 36 (1940), pp. 5-28. 열왕기상 19:8의 "40일"이라는 말은 매우 긴 여행을 나타내는 어림숫자에 지나지 않지만, 브엘세바로부터 가데스까지 50마일 이상 되는 거리를 함축하는 것이기도 하다.

우리는 이스라엘 신앙의 성격에 관해 말할 것이다. 그러나 그 신앙이 사막에서 기원했으며 이스라엘에 의해 팔레스타인으로 옮겨왔다는 것은 확실한 사실로 볼 수 있다. 한편 이스라엘은 그 땅에서 자신의 역사를 시작하면서부터 여호와를 예배하였다. 반면에, 그 이전에는 팔레스타인에서나 그 외의 어느 곳에서도 이스라엘의 신앙의 흔적은 없으며, 또한 "여호와"(Yahweh)라는 하나님의 이름이 그 이전 시대의 문헌들에서 뚜렷이 발견되지도 않고 있다.[43] 초기에서나 후기에서나 이스라엘이 사막에서 기원한 것으로 기억해 온 성경의 한결같은 전승은 이러한 사실과 일치한다. 우리에게 있는 가장 초기의 시가들 가운데 몇몇 편에서 여호와는 "시내산의 그분"으로 지칭되고 있다(삿 5:4f.; 시 68:8; 참조. 신 33:2). 전승이 이토록 한결같고 오래되었다면 그것은 역사상의 사건들에 근거를 둔 것이라고 추론하지 않을 수 없다.

물론 일부 학자들은 고대의 것으로 추정되는 몇몇 신조들(신 6:20-25; 26:5-10; 수 24:2-13)이 시내산에 대하여 아무런 언급도 하지 않고 있는 점에 주목하여 출애굽 사건과 시내산 사건을 분리시키고, 이 두 사건은 서로 다른 시기에 다른 집단들에 속하는 것으로서 이 두 전승은 아마도 팔레스타인에 정착한 이후에 결합된 것으로 가정하고 있다.[44] 그러나 이 견해는 전승사와 관련된 의심스러운 몇몇 이론들을 토대로 하고 있음으로써 일반적으로 인정을 받지 못해 왔다.[45] 이러한 여러 사건들이 성경이 우리에게 제시해 주는 아주 오래된 몇몇 시가들 속에서 이미 결합되어 있었던 것으로 보인다는 이유만으로 이 사건들의 결합이 전승사에 있어서 이

---

43) 여호와라는 말은 마리(Mari)와 그 밖의 지방에서 나온 수많은 아모리인들의 인명의 구성 부분이다(Yahwi-'il 등등); 그러나 이런 것들은 몇몇 학자들이 생각해온 바와 같이 "여호와는 하나님이시다"를 의미하는 것이 아니라 "신은 -을 창조한다. 산출한다"(또는 "신은 -하소서")를 의미한다. 또한 yhw'가 주전 14-13세기의 이집트의 목록들에서 지명들로 나온다는 사실도 모세시대 이전에 여호와라는 신이 알려져 있었다는 것을 입증하기에는 충분치 않다 — 앞으로 살펴보는 바와 같이 불가능한 것은 분명히 아니지만. 이 주제에 대해서는 Albright, *YGC*, pp. 146-149; F.M. Cross, *Canaanite Myth and Hebrew Epic*(Harvard University Press, 1973), Ch.1(cf. pp. 44ff., 60ff.). 몇몇 학자들은 주전 3000년대의 에블라 문서에서 이것의 축약형(ya)이 고유명사들로 나오는 것을 찾아볼 수 있다고 한다; cf. G. Pettinato, *BA*, XXXIX(1976), pp.44-52. 그러나 그러한 주장은 확실한 것은 아니며 이에 대한 이의가 제기되고 있다; 짤막한 논의를 보려면 P. C. Maloney, *BARev*, IV(1978), p.9를 참조하라.

44) 특히 M. Noth, *A History of Pentateuchal Traditions*(Eng. tr., Englewood Cliffs, N. J.: Prentice-Hall, 1972); *idem, HI*, pp.126-137; G. von Rad, "The Form-critical Problem of the Hexateuch"(*The Problem of the Hexateuch and Other Essays* [Eng. tr., Edinburgh and London: Oliver & Boyd; New York: McGraw-Hill, 1966]), pp. 1-78).

차적인 단계를 나타내 보이고 있는 것은 아닌가 하고 의심할지도 모른다. 미리암의 노래(출 15:1-18; 주전 12세기)에 의하면 하나님은 자기 백성들을 자신의 "성결한 처소"(13절), "주의 기업의 산", "주의 처소"(17절) — 아마도 약속의 땅에 있는 여호와의 성소(시온산)가 아니라 시내산을 가리키는 표현인 듯하다 — 로 인도하기 위하여 그들로 하여금 바다를 지나게 하셨다고 하고 있다.[46] 그리고 드보라의 노래(주전 12세기 후반)에서는 시내산은 약속의 땅을 향한 행진과 결부되어 있다(삿 5:4f.). 이 시가들은 한 세기 안에 일어난 사건들인 듯이 보이기 때문에, 우리는 출애굽 사건, 시내산 사건을 비롯한 그 밖의 전승들이 애초에 따로따로 존재해 있었던 것이 아닌가 하는 의구심을 가질 수 있다. 우리는 출애굽을 감행한 집단은 시내산 앞에 섰다가 이어서 약속의 땅으로 이동해 갔던 집단과 동일하였다는 것을 확신할 수 있다.

이 모든 사건들 위로 모세라는 인물이 우뚝 솟아 있다. 우리는 성경이 말해 주는 것 외에는 그의 생애에 대해 아무것도 모르며 또 성경의 상세한 내용을 조사할 방법도 없지만, 성경이 그를 묘사하고 있는 대로 그가 이스라엘 신앙의 위대한 창시자였다는 것은 의심할 수 없다. 그를 격하시키려는 시도들은 도무지 납득이 가지 않는 일이다.[47] 출애굽 사건과 시내산 사건의 배후에는 어떤 위대한 인물이 있어야 한다. 그리고 이스라엘의 신앙처럼 독특한 신앙은 기독교가 그러하듯이 — 또는 이 점에 있어서는 이슬람교도 마찬가지다 — 확실히 창시자가 요구된다. 창시자로서 모세의 역할을 부정한다면, 우리는 그와 동일한 이름을 가진 또 다른 인물을 상정하지 않으면 안 될 것이다!

여호와가 모세 이전에 예배되었느냐 하는 여부는 답변할 수 없는 문제이다. 많은 학자들은 여호와가 시내 반도의 미디안족(Midianite, 겐족)의 씨족들 사이에 알려져 있었고 또 모세는 자신의 장인 이드로(Jethro)에게서 여호와에 대해 알게 되었

---

45) 예를 들면 A. Weiser, *The Old Testament: Its Formation and Development*(Eng. tr., Association Press, 1961), pp. 81-99; W. Beyerlin, *Origins and History of the Oldest Sinaitic Traditions*(Eng. tr., Oxford: Blackwell, 1965); 또한 H.B. Huffmon, "The Exodus, Sinai and Credo"(*CBQ*, XXVII 〔1965〕, pp. 101-113). 또한 이러한 전승들이 어떻게 다루어지고 있는지에 대해서는 S. Herrmann, *A History of Israel in Old Testament Times*(Eng. tr., London: SCM Press, and Philadelphia: Fortress Press, 1975)를 보라.

46) Cf. D. N. Freedman, *art. cit.*(주 38), pp.5-7; 또한 E. F. Campbell, *Interpretation,* XXIX(1975), pp.143f.

47) 두드러지는 것은 Noth, *op. cit.*, pp.156-175; *idem, HI,* pp.134f.의 시도이다.

다는 견해를 지지하고 있다.[48] 이 견해는 개연성이 없지 않다. 제사장으로 언급되고 있는 이드로(출 3:1)가 지혜로운 조언을 통해 모세를 도왔을 뿐만 아니라(출 18:13-27), 여호와 앞에서 희생제사와 성찬을 주재한 일도 한 번 있었다(출 18:10-12). 이로 보아 이드로가 그때 이미 여호와를 예배하는 사람이었다는 것을 의미한다고 보는 것이 합리적일 수도 있다. 그렇지만 이 구절을 반드시 그런 식으로 해석할 필요는 없다는 점을 지적하지 않을 수 없고, 또 실제로 많은 학자들은 이 구절이 그렇게 해석되어서는 안 된다고 주장한다.[49] 그럼에도 불구하고 이스라엘의 종교와 미디안족의 종교는 관련이 있는 듯이 보이는데, 최근에 사해 남쪽 아라바(Arabah)에 있는 팀나(Timna)의 구리 광산에서 출토된 유물들에 비추어 볼 때 더욱 그러하다.

이집트의 제19왕조와 제20왕조 동안에 이 광산들은 이집트인들에 의해 채굴되었는데, 이때 그들은 미디안족(겐족?)의 노동력을 활용했을 것이다. 거기에는 하돌(Hathor) 신전이 세워졌다. 이집트의 광부들이 채굴을 위해 오는 것을 중단하자(주전 12세기 중엽) 미디안족은 한동안 광산 작업을 스스로의 힘으로 계속하였다. 그들은 하돌 신전을 그들의 신당으로 대체하였다. 이것은 장막으로 된 신당이었던 것으로 보인다(장대 구멍들과 수많은 붉고 노란 천이 발견되었다). 하돌 신상(神像)은 뽑혀지거나 훼손되었다. 우리는 광야에서 이스라엘의 성막과 애초부터 이스라엘의 신앙을 특징적으로 나타내는 상(像)들을 만들지 말라는 금령을 기억한다. 또한 이 신당에서는 구리로 도금하여 만든 뱀의 상(像)이 발견되었다. 이것은 우리에게 모세가 들어올렸다고 전해지는 놋뱀(민 21:4-9)과 수 세기 후에 성전에서 여전히 볼 수 있었던 느후스단(Nehushtan)(왕하 18:4)을 상기시킨다.[50] 이 모든 것들은 이스라엘의 종교와 미디안족의 종교가 어떤 식으로든 연관되어 있다는 것을 강력히 보여준다. 몇몇 학자들이 추측하듯이 여호와는 주전 13세기와 그 이전에 팔레스타인의 남부에 있던 꽤 규모가 컸던 부족 연맹체의 하나님이었다.

여전히 우리는 이스라엘이 여호와 예배를 미디안족으로부터 빌려 왔는지 그 여

---

48) 이 견해는 특히 K. Budde: *Religion of Israel to the Exite*(G.P.Putnam's Sons, 1899), Ch. I에 의해 널리 알려지게 되었다. 이 견해에 대한 옹호와 문헌 목록은 Rowley, *op. cit.*, pp. 149-160를 참조하라.

49) 예를 들면, R. de Vaux, "Sur l'origine kénite ou madianite du Yahvisme" (*Albright Volume; Eretz Israel*, IX 〔1969〕, pp. 28-32. 그는 그 기사를 이드로가 여호와 신앙으로 개종한 이야기로 보는 것이 좋다고 믿는다.

50) 위에서 말한 논점들에 대해서는 B. Rothenberg, *Timna*를 참조하라. 자세한 내용과 그림들은 그의 색인을 참고하라.

부를 알지 못하고 있음을 인정하지 않으면 안 된다. 여호와가 모세 자신의 선조들 사이에서 — 아마 그의 외가에서(확실치는 않지만, "요게벳"(Jochebed)이라는 이름이 여호와란 말과 결합된 것이라면) — 숭배되었을 가능성이 있다.[51] 또는 "여호와"라는 말이 모세의 조상들의 수호신에 적용되어 왔던 예전상의 문구였는데, 이것을 모세가 이스라엘의 하나님의 공식 명칭으로 채택했을 것이라고 추측해 볼 수도 있다.[52] 그러나 이러한 것들은 추측과 추론에 속할 뿐이다. 여호와라고 불린 신이 모세 이전에 예배되었는지 그 여부에 대해서는 우리는 정말 알지 못한다. 그러나 예배된 것이 사실이라고 하더라도, 우리는 모세의 활동을 통해 여호와 신앙은 철저하게 변형되고 새로운 내용이 부여되었다고 확신할 수 있다. 이스라엘의 독특한 신앙은 바로 모세로부터 시작하였다.

c. 계속된 광야 유랑생활

민수기에 따르면, 이스라엘은 시내산을 떠난 뒤 브엘세바(Beer-sheba)에서 남쪽으로 50마일 가량 되는 지점에 있는 큰 오아시스인 가데스를 얼마 동안 거점으로 삼았다. 그런 다음, 남부에서 팔레스타인을 공격하는 데 실패하자 사막에서 유랑생활을 계속하다가 크게 우회하여 요단 동편으로 나아갔는데, 이것은 헤스본(Heshbon)의 아모리족 왕국의 정복으로 그 절정에 이르렀다. 외적인 증거는 이러한 전승들을 설명하는 데 거의 도움을 주지 못한다. 이스라엘의 광야 유랑을 상세하게 밝힐 수 없는 데에는 두 가지 이유가 있다. 하나는 성경에 언급된 장소들은 대부분 위치가 알려져 있지 않기 때문이고, 다른 하나는 전승들 자체가 때때로 서로 조화되기 어렵기 때문이다. 아마 여러 집단들의 유랑생활이 현재 형태의 전승 안에 결합되었을 것이다.

그럼에도 불구하고 성경의 묘사는 신빙성 있는 것이라고 할 수 있다. 이스라엘 사람들이 남부로부터 팔레스타인에 침투할 수 없었다는 사실, 에돔과 모압 지역으로 많이 우회하였다는 사실은 농경지의 주변들이 남부는 아말렉족을 비롯한 다른 종족

---

51) Cf. J.P. Hyatt, "Yahweh as 'the God of My Father'" (*VT*, V 〔1955〕, pp. 130-136); *idem.*, "The Origin of Mosaic Yahwism" (*The Teacher's Yoke: Studies in Memory of Henry Trantham* 〔Baylor University Press, 1964〕, Part II, pp. 85-93).

52) Cf. Albright, *JBL*. LXVII(1948), pp. 377-381; *YGC*, pp. 29f., 146-149;D. N. Freedman, *JBL*, LXXIX(1960), pp. 151-156; F.M. Cross, *HTR*, LV(1962), pp. 225-259. Cross(p.256)는 *du yahwi*는 엘(El)신의 별명("창조하는 엘")이 아니었을까 하고 묻고 있다.

들에 의해, 동부는 에돔과 모압에 의해 점령되어 있었던 기간에 이 집단이 이를 돌파하는 데 어려움이 있었음을 정확하게 반영하고 있다. 그러나 우리가 이러한 사건들과 관련하여 가정하지 않을 수 없는 정확한 연대는 문제점으로 남는다. 증거가 모호하기(불완전하기도 하다) 때문에 현재로서는 확실한 대답이 불가능하다. 한편 이 이야기들 속에 낙타가 그 어느 곳에서도 언급되고 있지 않고 심지어 미디안족과 관련해서도 그런 것을 보면 이 이야기들은 비교적 초기 시대(주전 13세기?)를 반영하고 있다고 해야 한다. 그 이전에는 동물이 수송 수단으로 사용되지 않았기 때문이다.[53] 또 한편 요단 동편에서 행해진 지면 탐사들은 이 지역에서 주전 12세기와 그 이후에 가서야 정착민이 증가하였음을 보여 준다. 이것이 옳다면, 우리는 이스라엘이 이 지역에 도달한 연대를 주전 1200년대 이후로 잡지 않을 수 없게 된다. 에돔족과 모압족이 당시에 여전히 정착해 있지 않았고 또 그들의 "왕들"이라는 것이 유목민적인 추장들에 지나지 않았다고 하지 않는다면 말이다(이것도 불가능한 얘기는 아니다). 이것은 다음 단락에서 우리의 관심을 끄는 문제 가운데 일부이다. 어쨌든 요단 동편을 통과했다는 전승은 아주 오래된 것으로서, 이는 성경에 나오는 가장 초기의 몇몇 시가들(삿 5:4f.; 신 33:2; 민 23:24)에서 증언되고 있다.[54] 이 사건들의 전말을 상세하게 재구성할 수는 없지만, 이 전승은 역사적으로 일어난 사건들에 대한 기억에 의거한 것임은 확실하다.

3. 증거에 비추어 본 팔레스타인 정복

이스라엘의 팔레스타인 정복에 관한 설화들에 이르게 되면, 우리가 자유롭게 이용할 수 있는 외적인 증거들은 상당히 많은 편이다. 이 증거들은 인상적이긴 하지만 모호하고 당혹스러운 점들이 적지 않아서 그것들을 성경의 설화와 서로 연관시키는 것이 언제나 쉬운 일은 아니라는 점을 말해 두어야 하겠다.

a. 성경의 전승

53) 주 40에 인용된 Eissfeld와 Albright의 논문들을 참조하라. 미디안족은 주전 12세기 후반에 낙타를 사용하였고(cf. 삿 6-8장), 그들은 진기하고 무시무시한 모습이었던 것으로 보인다.

54) 아주 이른 시기의 정황을 반영하고 있는 발람(Balaam)의 시가들(민 23; 24장)에 나타나 있는 사실(史實)에 대한 암시에 관해서는 Albright, *JBL*, LXIII(1944), pp. 207-233를 참조하라.

문제점의 일부는 성경 자체에서 생겨난다. 왜냐하면 성경은 팔레스타인 정복에 관한 단일하고도 일관성 있는 기사를 우리에게 제시해 주는 것이 아니기 때문이다. 주요 기사(수 1-12장)에 의하면, 팔레스타인 정복은 온 이스라엘이 단합된 노력으로 이루어졌고, 불시의 혈전 끝에 완수되었다. 기적적으로 요단강을 건너고 여리고 성벽을 무너뜨린 후에 세 번의 전격적인 작전 — 팔레스타인의 중부를 거쳐(7-9장) 남부(10장)와 북부로(11장) — 을 통해 이스라엘은 팔레스타인 전지역을 장악하였다(참조. 11:16-23). 이 지역의 거주민들이 다 학살된 다음 그 땅은 지파들간에 분할되었다(13-21장). 그러나 이러한 기사와 나란히, 성경은 팔레스타인 점령에 관한 또 다른 묘사를 보여 준다. 이에 따르면 분명히 팔레스타인의 점령은 개개 지파들의 노력에 의해 달성되었음은 물론이고 그나마 부분적인 성공만을 거둔 오랜 세월에 걸친 과정이었다. 이것은 사사기 1장에서 가장 잘 볼 수 있고, 여호수아에 나오는 구절들도 이와 같은 것을 알고 있었던 것을 보여 준다. 여기서 우리는 이스라엘의 팔레스타인 점령이 실제로는 완벽한 성공과는 얼마나 거리가 멀었는지를 분명히 알 수 있다. 더구나 여호수아와 온 이스라엘에 의해 점령되었다고 하는 도시들(예를 들면, 헤브론, 드빌: 수 10:36-39)이 사사기 1장에서는 개개인의 활동으로 점령되고 있다(삿 1:9-15).

여호수아서의 묘사를 무시하고 사사기의 묘사를 신뢰하는 것이 오랫동안 학계의 통례였다. 여호수아서의 설화는 아마 주전 7세기 후반에 편찬된 신명기와 열왕기를 포괄하는 모세로부터 바벨론 포수까지 이스라엘의 대역사서의 일부다. 많은 학자들은 일사분란하게 팔레스타인을 침공한 것으로 묘사한 성경의 기사는 저자가 역사를 이상화한 것으로 생각한다. 그들은 이 설화들을 따로따로 이루어진 전승들, 곧 주로 인과론적 성격을 띤 전승들(즉, 어떤 관습이나 지계표(地界標)의 기원을 설명할 목적으로 발전된 전승들)과 최소한도의 역사적 가치를 지닌 전승들을 한 줄거리로 묶은 것으로 보인다. 이 전승들은 원래 서로 관계가 없었고 또 대부분 여호수아와도 관계가 없었다. 여호수아는 에브라임 지파의 영웅이었는데 후대에 통일 이스라엘의 지도자로 세워졌다고 한다.[55] 그들은 대대적인 침공을 통한 정복은 없었고, 이스라엘

55) 이것은 A. Alt, M. Noth와 그 추종자들의 견해이다; 예를 들면, Alt, "The Settlement of the Israelites in Palestine" (*Essays on Old Testament History and Religion* 〔Eng, tr., Oxford: Blackwell, 1966〕, pp. 133-169); Noth, HI, pp. 68-84. 이에 관한 논의에 대한 개관으로는 M. Weippert, *The Settlement of the Israelite Tribes in Palestine*(Eng. tr., London: SCM Press, 1971)을 보라.

의 각 지파들이 단계적으로, 그것도 대부분 평화적인 침투 과정을 거쳐 팔레스타인을 점령했다고 주장한다. 그러나 이 문제를 이런 식으로 이해하는 것은 팔레스타인의 정복을 단일하고 조직적인 대규모의 군사 작전으로 본 관례적이고 일방적인 견해인 것으로 보인다. 두 견해는 모두 일말의 진실을 담고 있다. 그러나 이스라엘이 팔레스타인의 토양에 자리를 잡게 된 실제의 사건들은 이 두 견해가 제시하는 단순화된 묘사보다 훨씬 더 복잡하였음이 분명하다.

b. 고고학적 증거.[56]

우리에게는 여호수아서의 설화의 상세한 내용의 진정성을 조사할 수단이 없지만, 고고학적 증거는 후기 청동기시대가 끝나갈 무렵 한 차례의 소용돌이가 팔레스타인을 휩쓸었음을 분명하게 보여 준다. 수많은 성읍들이 실제로 이때에 파괴되었는데, 이 성읍들 가운데 상당수는 이스라엘에 의해 점령되었다고 성경은 말하고 있다. 많은 학자들(아마도 대다수?)은 이러한 증거에 의거해서 이스라엘의 팔레스타인 정복이 주전 13세기 후반에 일어났다고 보아 왔다.

물론 이 증거는 결코 명백한 증거는 아니다. 특히 여리고는 언제나 그러한 견해에 부합되기 어려운 예로 거론되어 왔다. 가장 최근의 발굴들에 비추어 보았을 때 특히 그러하다.[57] 사실 후기 청동기시대의 여리고에 대해서는 거의 알려진 바가 없다. 그곳에 성읍이 있었지만, 그 터는 비바람에 깎여 나가 성읍의 자취는 거의 사라졌다. 작은 마을이 있었던 것 같긴 하지만, 도시의 성벽이 있었다는 자취는 전혀 찾아볼 수 없었다(후기 청동기시대의 팔레스타인의 다른 지역에서 그랬던 것처럼, 중기 청동기시대의 대규모의 요새들은 복원되어 다시 이용되었을 것 같은데도 말이다.).[58] 토기류의 증거도 너무 적어서 팔레스타인 점령이 정확히 언제 끝났는지를 말하기가 어렵다.[59] 그러나 여리고의 멸망을 주전 13세기로 추정하는 것이 고고학적 증거에 의해 배제되지 않는다고 하더라도, 그러한 파괴의 흔적이 전혀 남아 있지 않

56) 이 증거에 관한 최근의 개괄로는 J. M. Miller, *IJH*, Ch.IV, esp. pp.252-262를 참조하라; 조금 이전의 것으로는 P.W. Lapp, "The Conquest of Palestine in the Light of Archaeology" (*Concordia Theological Monthly*, XXXVIII 〔1967〕, pp. 283-300); 또한 W. F. Albright, *BAR*, Ch.V.

57) Kathleen M. Kenyon, *Digging Up Jericho*(London: Ernest Benn; New York: Frederick A. Praeger, 1957), Ch.XI.를 참조하는 것이 편리하다.

58) Cf. Albright, *BP*, pp. 28f.; *AOTS*, pp. 214f.; Y. Yadin, *The Art of Warfare in Biblical Lands*(McGraw-Hill, 1963), Vol. I, p.90.

다는 점은 지적하지 않을 수 없다(온갖 노력을 기울여 보았으나 거의 아무것도 발견할 수 없었다). 고고학적 증거가 불충분하다는 것을 고려하여, 우리는 현재로서는 최종적인 판단을 미루지 않을 수 없다.

아이(Ai)도 문제점이 있다. 이 유적지(벧엘 부근의 에트 텔〈et-Tell〉)의 발굴을 통해 이 성읍이 주전 3000년대 중엽에 파괴되었으며 또 주전 12세기까지는 다시 사람들이 거주한 적이 없다는 것이 밝혀졌다.[60] 그러므로 주전 13세기에 이곳이 이스라엘에 의해 파괴되었을 리 없다. 그러자 어떤 학자들은 그 위치에 의문을 제기하게 되었고[61], 어떤 학자들은 이 이야기를 전설로 여기게 되었으며, 그 밖의 학자들은 다른 해석 방식을 채택하게 되었다. 그 가운데서 가장 그럴듯한 주장은 여호수아서 8장의 이야기가 원래 벧엘(Bethel)의 점령과 관련이 있다고 보는 견해이다. 이 벧엘의 점령에 관해서는 사사기 1:22-26에는 나와 있지만, 여호수아서에는 전혀 언급되고 있지 않다. 아마도 이 이야기는 아이 성이 벧엘보다 먼저 생긴 가나안인의 성읍이었고 또 여호수아에 의해 파괴되었다는 인상 때문에(이 두 곳은 1마일 정도밖에 떨어져 있지 않다) 후대에 아이 성과 결부된 것으로 보인다.[62] 사정이 어찌되었든, 벧엘은 주전 13세기의 후반기에 무시무시한 화재에 의해 파괴된 것으로 알려져 있는데, 이 화재는 수 피트 깊이의 재와 잔해들이 쌓인 지층을 남겨놓았다.[63] 이 재난을 겪기 전에는 훌륭하게 지어졌던 이 가나안인의 성읍이 있던 자리에는 그후 이스라엘

---

59) Miss Kenyon은 후기 청동기시대의 여리고 유적지에는 주전 13세기의 특징을 보여 주는 것이 아무것도 없다고 말한다(cf. *AOTS*, p.273f.). 그러나 증거가 거의 남아 있지 않다는 사실에 비추어 볼 때(여리고 언덕의 꼭대기에는 주전 3000년대보다 후대의 것은 거의 아무것도 남아 있지 않다), 후기 청동기시대의 점유가 언제 끝났는지를 확실히 알 수 없다.

60) 아이(Ai)에서 한 최근의 발굴조사는 이전의 Mme, Krause-Marquet의 결론들을 폭넓게 확증해 주었다; cf. J.A. Callaway, *BASOR*, 178(1965), pp. 13-40, 196(1969), pp. 2-16; 198(1970), pp. 7-31; 또한 *JBL*, LXXXVII(1968), pp. 312-320.

61) 그러나 et-Tell은 이 지역에서 유일하게 아이(Ai)의 소재지로 볼 수 있는 곳이다. 몇몇 학자들이 아이가 위치했다고 보려고 하는 Khirbet Haiyân은 이제까지 로마 시대 이전에는 점령된 적이 없었던 것으로 알려져 있다; cf. J.A. Callaway and M.B. Nicol, *BASOR*, 183(1966), pp. 12-19. 그밖에 제안된 몇몇 장소도 역시 제외되어야 할 것 같다. cf. Callaway, *BASOR*, 198(1970), pp. 10-12.

62) Cf. Albright, *BASOR*, 74(1939), pp. 11-23; *BP*, p. 29f. 아이(Ai, 폐허)라는 말은 이 곳의 원래 이름이 아니었을 것이다; 아마 원래 이름은 Beth- ôn(Beth-aven)이었을 것이다: cf. 수 7:2; 18:12; 삼상 13:5.

63) Cf. J.L. Kelso, W.F. Albright, *et al.*, *The Excavation of Bethel, AASOR*, XXXIX(1968), 특히 pp. 31f.

인들이 세운 것으로 보이는 극히 초라한 마을이 생겨났다(동일한 문화 양식을 지닌 세 개의 성읍이 주전 12세기부터 11세기에 걸쳐 연이어 세워졌다).

이외에도 이스라엘에 의해 점령되었다고 되어 있는 남부 팔레스타인의 여러 지방들이 주전 13세기의 후반기에 파괴되었던 것으로 알려져 있다. 이런 지방들 가운데는 드빌(Debir) 또는 기럇 세벨(Kirjath-sepher)(수 10:38f.)과 라기스(Lachish)(31절 이하)도 들어 있다. 드빌(이곳이 유다의 서남부에 있는 텔 베이트 미르심〈Tell Beit Mirsim〉이라면)은 맹렬한 화재로 완전히 파괴되었고, 그후에 생겨난 촌락은 전형적으로 초기 이스라엘에 속하는 것이다. 라기스(텔 에드 두베이르〈Tell ed-Duweir〉)도 역시 파괴되고 분명히 그후 2세기에 걸쳐 버려져 있었다. 이 폐허에서 발견된 한 사발에는 어느 바로의 재위 제4년에 쓴 글들이 새겨져 있다. 만약 이 바로가 마르넵타였다면 — 그러면 기막히게 앞뒤가 잘 맞을 것이다 — 라기스는 주전 1220년 직후에 무너졌음에 틀림없다. 어쨌든 그 시기로부터 별로 멀지 않은 연대가 시사되고 있다.[64] 이것들 외에도 에글론(Eglon)(34절 이하)도, 가능한 일이지만 만약 이곳이 오늘날의 텔 엘 헤시(Tell el-Hesi)라면, 주전 13세기 후반에 파괴되었다고 보아야 한다. 그렇지만 이 경우에는 좀더 정확하게 말할 수는 없다. 또한 여호수아는 갈릴리의 주요 도시인 하솔(Hazor)(수 11:10)을 멸망시켰다고 하는데, 이 도시의 위치는 갈릴리 호수의 북쪽에 있는 오늘날의 텔 엘 퀘다(Tell el-Qedah)이다. 최근에 그곳에서 행한 발굴을 통하여 당시 팔레스타인에서 가장 큰 도시였던 하솔도 주전 13세기의 후반기에 파괴되었음이 밝혀졌다. 위에서 말한 바 있는 이 저지대의 대도시는 그후 재건된 적이 없었다. 그러나 주전 12세기에 당시의 상부 갈릴리에 있던 다른 이스라엘 촌락들과 비슷한 초라한 촌락이 그 언덕의 꼭대기에 한동안 세워져 있었다.[65]

위에서 말한 고고학적 증거는 인상적이다. 그리고 이것은 이스라엘의 팔레스타

---

64) 라기스에서의 발굴 조사에 대해서는 Olga Tufnell, *AOTS*, pp. 296-308을 보는 것이 편리하다. R. de Vaux(*RB*, LXXV〔1968〕, p. 432)가 지적하는 바와같이, 이 도시가 이스라엘에 의해 파괴되었을 리가 없다고 주장하는 Miss Tufnell의 논지(*ibid.*, p. 302)는 타당하지 않다. 그녀는 여호수아 11:13(이 구절은 갈릴리에 있는 성읍들만을 언급하고 있을 뿐이다)을 잘못 해석하고 또 그 유적지의 지표면에서 발견된 라므세스 3세의 갑충석(scarab)은 연대 추정에 결정적인 증거가 될 수 없기 때문이다. 더욱이 Albright가 지적하듯이, 그 갑충석에 새겨진 이름은 라므세스 2세에 의해서도 사용되었다: cf. Wright, *BAR*, p. 83.

65) 하솔의 발굴조사에 관해서는 Y. Yadin, *AOTS*, pp. 243-263과 거기에 나오는 전거들을 보는 것이 편리하다; 또한 F. Maass, "Hazor und das Problem der Landnahme"(*Von Ugarit nach Qumran*〔*BZAW*, 77, 1958〕, pp 105-117).

인 정복이 격렬한 것이었으며 또 주전 13세기 후반기에 일어났다는 널리 주장되는 학설을 밑받침하는 데 기여해 왔다. 물론 우리는 이 성읍들을 파괴한 장본인들이 실제로 이스라엘이었다는 것을 보여 주는 증거를 가지고 있지 않지만(고고학은 그러한 증거를 거의 제공해 주지 못하고 있다), 이러한 가정은 그 자체로 결코 얼토당토않은 얘기는 아니다. 그렇지만 이 견해에 쉽사리 부합하지 않는 다른 증거들이 있다는 것을 지적해 두지 않으면 안 된다. 왜냐하면 성경의 설화에서 다소 두드러지는 몇몇 다른 성읍들은 아예 존재하지 않았거나(또는 거의 중요치 않았거나) 존재했다고 하더라도 후기 청동기시대 말에 파괴된 적이 없었던 것으로 보이기 때문이다. 이미 말한 여리고와 아이 성 외에도 이러한 성읍들에 속하는 것들이 몇몇 있다. 기브온(Gibeon)은 "왕도와 같은 큰 성"(수 10:2)이었다고 하고 있지만, 그곳은 주전 13세기에 기껏해야 보잘것없는 지역이었던 것으로 보인다. 헤브론(수 10:36f.)에서는 지금까지 후기 청동기시대의 유물이 발견되지 않고 있다. 아랏(Arad)과 호르마(Hormah)도 마찬가지로 그 당시에 존재하지 않았던 것으로 보인다. 더욱이 현재 많은 학자들이 믿는 바와 같이 드빌의 위치가 텔 베이트 미르심이 아니라 기르벧 라붓(Khirbet Rabud)이라면,[66] 그곳은 후기 청동기시대 말에 존재하기는 했지만 파괴당한 적은 없었음이 분명하다.

물론 앞에서 말한 그 어느 것으로도 주전 13세기에 팔레스타인 정복이 일어났다는 학설을 명쾌하게 반박할 수는 없다. 몇몇 경우들(예를 들면, 아이 성, 드빌)에 있어서 그 위치를 확정하는 것이 논란중에 있기 때문에 우리가 실제로 성경에서 말하고 있는 성읍을 다루고 있는지를 확신할 수 없다. 또 다른 경우들(기브온, 헤브론, 기르벧 라붓)에 있어서는 발굴이 일부만 진행된 상태이기 때문에 앞으로 발굴 여하에 따라 사정이 달라질 수 있다. 더욱이 파괴 기층이 존재하지 않는다는 것이 반드시 해당 도시가 이스라엘에 의해 점령되지 않았음을 입증하는 것은 아니다. 왜냐하면 아래에서 제시하는 바와 같이 그 정복이 상당 부분 내부의 반란이었다면, 성읍들의 파괴는 통상적인 사건이 아니라 이례적인 사건이었다고 보는 것이 좋을 것이기 때문이다. 자신들을 압제하였던 지배 계급으로부터 방금 해방된 백성들이 무슨 이유로 그들이 살 성읍을 마구잡이로 불태울 리가 있겠는가?

여전히 우리는 몇몇 경우들에서 성경 전승에 사건들을 중간중간에 끼어 넣었을 가능성도 고려하여야 한다. 이스라엘의 팔레스타인 "정복"은 실제로 오랜 세월에 걸

66) Cf. M. Kochavi, *IDB Suppl.* p. 222.

친 일이었다. 이 정복은 저 멀리 청동기시대로 거슬러 올라가는 족장들의 이주로부터 시작되었고, 다윗 시대에 이르러서야 최종적으로 완결되었다. 이렇게 출현한 이스라엘은 그 체제 안에 극히 이질적인 출신 배경을 가진 여러 집단들을 끌어안고 있었다. 이 집단들 가운데 다수는 그 조상들이 팔레스타인 땅에 들어오면서 행한 정복들에 관한 전승들을 보전하고 있었을 것이며, 팔레스타인 정복에 관한 표준적인 전승이 형성됨에 따라 시기적으로 멀리 떨어져서 일어난 사건들이 그 안에서 결합되었으리라는 것 — "정복"이라는 표제 아래 — 을 충분히 알 수 있다.[67]

이 모든 것을 말한다고 해도 이스라엘의 팔레스타인 정복의 본격적인 단계의 정확한 연대는 현재로서는 확실치 않다. 주전 13세기로 연대를 추정하는 설이 여전히 많은 학자들의 지지를 받고 있으며 의심할 여지없이 앞으로도 계속해서 옹호될 것이다. 그러나 고고학과 다른 근거들을 토대로 그 연대를 주전 12세기로 낮추어 보는 학자들의 수도 늘어가고 있다.[68] 과연 그들의 견해가 옳다는 것이 입증될 수 있을지 의구심을 품을 수도 있다. 이 문제는 현재로서는 재판관 앞에(*sub judice*) 남아 있음에 틀림없다. 그러나 팔레스타인 정복의 본격적인 단계가 대략 후기 청동기시대에서 철기시대로 이행해 가는 시기에(그 직전 또는 더 가능성이 있는 것은 주전 1200년대 직후) 일어났으며 또 대체로 유목민적인 목자들의 평화로운 침투와는 거리가 멀고 격렬한 전투와 대규모의 정치적 사회 경제적 동요를 수반하였다는 것은 거의 의심의 여지가 없다.

C. 이스라엘 민족의 형성

67) Y. Aharoni는 아랏과 호르마를 취했다는 전승(민 21:1-4; 수 12:14)-이것은 후기 청동기시대에 존재했던 것으로 보이지는 않는다-은 실제로 대략 힉소스족이 이집트로부터 쫓겨났을 무렵인 중기 청동기시대 말에 이 곳들이 파괴되었음을 반영하고 있다는 흥미로운 가설을 제시하고 있다; cf. "Nothing Early and Nothing Late: Re-Writing Israel's Conquest"(*BA*, XXXIX〔1976〕, pp.55-76).

68) Cf. G. E. Mendenhall, *The Tenth Generation*, Ch.VI; J. A. Callaway, *JBL*, LXXXVII(1968), pp.112-130; *idem*, *BASOR*, 196(1969), pp.2-16; *ibid.*, 198(1970), pp.7-31; E. F. Campbell, *Interpretation*, XXIX(1975), pp.151-154; 또한 D. N. Freedman, *art. cit.*(주38). 라기스(와 아마도 다른 도시들도)는 거기에서 발견된 라므세스 3세의 갑충석이 시사하고 있는 대로 주전 12세기 초에 실제로 멸망했는가?(주 64를 보라).

1. 이스라엘 기원의 복잡성

지금까지 인용한 고고학적 증거는 이스라엘 민족이 어떻게 존재하게 되었는지를 서술하려고 시도할 때 우리는 무슨 일이 있더라도 지나친 단순화를 피해야 한다는 것을 분명히 해준다. 우리는 성경에서 이스라엘이 단일한 족보상의 발전 과정을 거쳐 출현하였다는 인상을 받을지도 모른다. 즉, 야곱의 열두 아들과 그들의 가족들로 이루어진 모두 70명의 사람들(창 46:27)이 이집트로 내려갔고, 거기서 큰 무리로 늘어나서 모두 탈출해 나왔고, 한 덩어리가 되어 광야를 유랑하다가 팔레스타인을 침공하여 점령했다는 식으로 말이다. 그러나 실상은 그렇게 단순하지 않았다. 성경도 이스라엘 민족이 복잡한 과정을 거쳐 형성되었고 또 극히 잡다한 출신 배경을 가진 구성원들을 포괄하였다는 증거를 보여 준다.

a. 출애굽과 광야생활에 관한 설화들에서 나오는 증거들

후대 이스라엘의 선조들 모두가 출애굽에 참여했던 것은 아닐 것이다. 왜냐하면 출애굽에 참여한 사람의 수가 그렇게 많았을 리가 없기 때문이다. 물론 성경(예를 들면, 민 1:46; 26:51)에서는 대열을 이룬 이스라엘은 약 60만 명의 장정을 소집할 수 있었다고 하고 있다. 이것은 여자들과 아이들을 합산하면 모두 해서 약 2,3백만이 되었다는 것을 의미한다. 그러나 왕정 시대의 이스라엘 인구보다도 더 많은 이 숫자는 출애굽 당시에는 터무니없는 것이다. 70명의 사람들이 성경에서 말하는 기간 동안에 거의 그렇게 많은 숫자로 불어날 수 없었을 뿐만 아니라, 그처럼 많은 무리가 밀집 대형으로(실제로는 그렇지 않았지만) 행진하였다고 할지라도 이집트에서 시내 반도까지 이르고 다시 돌아오고도 남았을 것이다![69] 그렇다면, 이집트 군대를 두려워할 필요도 전혀 없었을 것이다! "천(千)"(ʾelef)을 한 지파의 소부대를 가리키는

69) Cf. A. Lucas(*PEQ*, 1944, pp. 164-168). Lucas는 오늘날의 이집트의 인구 증가율을 토대로 70명의 사람들은 430년 동안에 10,363명의 자손을 낳게 되었을 것이라고 추산한다. 독자는 250만의 사람들이 구식의 사열 종대로 행진한다면 그 대열의 길이가 약 350 마일이나 뻗치리라는 것을 상상할 수 있으리라!

70) G.E. Mendenhall, "The Census Lists of Numbers 1 and 26"(*JBL*, LXXVII [1958], pp. 52-66)은 그 숫자들은 사사들 아래에서 각 지파들에게 부과된 할당량을 가리키는 것으로서 총수는 5,500명에서 6,000명 사이라고 설득력있게 주장한다(이제 그는 사울의 치세 또는 다윗의 치세의 초기를 선호한다; cf. *Mag. Dei*, p.146). 어떤 학자들은 이 숫자들을 다윗의 인구 조사 목록과 관련시킨다; cf. Albgirht, *FSAC*, pp. 290f.

말로 이해함으로써 전체 인원을 대폭 줄여 볼 수도 있겠지만, 그래도 여전히 이 목록들은 이스라엘 역사의 후대 상황을 반영하고 있다.[70] 물론 거기에는 마치 이후에 이스라엘인이 될 모든 사람이 '거기에' 있었던 것처럼 말하기나 하려는 듯한 모종의 신학적 수정이 깃들여 있다! 또한 출애굽 집단이 바로 이스라엘 '이었다' 고 말할 수도 있다. 이 집단이 없었더라면 이스라엘이라는 민족이 결코 존재하지 않았을 것이기 때문이다. 그러나 그 수치를 액면 그대로 받아들여서는 안 된다. 성경 자체에도 훨씬 더 작은 집단을 보여 준다. 즉, 두 명의 산파가 이 집단의 필요를 살필 수 있었고(출 1:15-22), 또 이 집단은 단 하룻밤에 홍해를 건너고, 자기들보다 수가 많은 적 앞에서는 움츠러든다. 출애굽에 참여한 인원은 기껏해야 2,3천명을 넘지 못했을 것이고, 또 후대의 이스라엘이 모두 혈통상으로 그들의 자손은 아니었을 것이다.

더구나 그들 자체가 잡다한 종족으로 이루어진 집단이었고, 그들 모두가 야곱의 자손이었던 것은 결코 아니었다. 그들 가운데에는 "중다한 잡족"과 "섞여 사는 무리"가 있었으며(출 12:38; 민 11:4), 성경 구절이 암시하는 바에 의하면 그 수도 상당했던 것으로 보인다. 아마도 이들도 도망 노예들이었을 것이고 그 가운데는 아피루('Apiru)나 심지어 이집트인들도 있었을 것이다(레 24:10). 위에서 언급한 이집트식 이름들은 이스라엘 안에 이집트인의 피가 섞였음을 강력히 시사해 준다. 또한 미디안족의 피도 섞여 있었다. 모세의 장인은 미디안족이었고, 그의 씨족은 광야에서 이스라엘의 대열에 합류했다고 한다(민 10:29-32). 나중에 우리는 그들의 자손들을 이스라엘 가운데에서도 발견하고(삿 1:16; 4:11) 네게브의 아말렉족 가운데에서도 발견한다(삼상 15:6). 더욱이 전승에서 뛰어난 인물로 부각되어 있고 나중에 그 일족이 헤브론 지역에 정착한 바 있는 갈렙(Caleb)(예를 들면, 수 14:13f.; 삿 1:10-20)은 드빌을 점령한 옷니엘(Othniel)과 마찬가지로(예를 들면, 수 15:16-19; 삿 1:11-15) 그나스족(Kenizzite)이다. 즉, 에돔의 한 씨족 출신이었다(참조. 창 36:11, 15). 갈렙족은 유다 지파는 아니었지만 그 안에 정착하였기 때문에 유다 지파에 속하는 것으로 여겨졌다(수 15:13). 이외에도 증거는 많다. 그러나 이 정도로도 이스라엘이 광야에서조차도 잡다한 혈통의 종족들을 합류시켰고, 그들 가운데는 분명히 이집트나 시내 반도에도 없었던 이를테면 개종자로서 합류한 자들도 있었다는 것을 보여 주기에 충분하다.

b. 정복 설화들에서 나오는 증거들

성경은 이스라엘의 가나안 정복이 복잡 다단한 일이었으며, 또 이스라엘 자체도 잡다한 종족들로 구성되었다는 많은 암시들을 제공하고 있다. 우리는 이미 사사기 1장에 나오는 묘사를 언급한 바 있다. 이 장의 자료들은 잡다하며, 의심할 여지없이 그 일부는 이스라엘이 가나안을 점령하려고 싸울 당시에 일어난 사건들을 묘사하고 있지만, 또 일부는 이스라엘이 왕정 아래에서 가나안 주민들을 강제 노역시켰던 훨씬 후대의 상황을 묘사하고 있다. 하지만 정복 사업이 완성되지 못한 것은 분명하다. 이스라엘은 해안 평야 또는 에스드렐론(Esdraelon) 평야를 점령할 수 없었으며, 가나안인들의 거류지도 산악지대에 남아 있었다. 예루살렘(삿 1:21)은 다윗시대에 이르러서야 점령할 수 있었다(삼하 5:6-10). 하지만 이 지역들도 모두 결국 이스라엘에 병합되었기 때문에, 이것은 자기 선조들이 정복사업에 참여하지 않았을 뿐만 아니라 오히려 이에 적극적으로 저항했던 민족들을 이스라엘이 나중에 포섭하게 되었음을 의미한다!

그러나 비(非)이스라엘계의 주민들을 체제 안에 흡수했다는 것을 입증하는 좀더 직접적인 증거가 있다. 물론 현명하게도 이스라엘과 조약을 맺었기 때문에 살아 남게 된 기브온 동맹의 종족들도 있었다(수 9장). 그들은 노예가 되었다고 기록되어 있고 또 그들은 한동안 이스라엘 안에서 이질적인 집단으로 남아 있었지만(삼하 21:1-9) 결국 이스라엘에 흡수되었음이 확실하다. 기브온의 큰 성소는 후대에 많은 사람들이 참배하였다(왕상 3:4-15). 한 전승에 의하면(대하 16:39), 성막도 마침내 거기로 옮겨졌다. 하지만 이 예는 유별난 것이 아니다. 므낫세 지파의 씨족들로 헤벨(Hepher), 디르사(Tirzah), 세겜(Shechem)이 열거되고 있다(수 17:2f.). 그렇지만 처음 두 이름은 이스라엘에 의해 정복된 가나안족 도시들로 기록되어 있고(수 12:17, 24), 한편 세겜도 가나안족(아모리족)의 도시로서(창 34장) 주전 14세기에 아피루(ʿApiru)의 지배 아래 놓인 적이 있었고 사사시대에도 엘 브릿(El-berith, 또는 바알 브릿〈Baal-berith〉; 참조. 삿 9:4, 46) 신전을 갖춘 이스라엘 안의 거류지(enclave)로 존속하였다. 이 성읍들은 이스라엘로 흡수되어 므낫세 지파 조직에 병합되었다.

나중에 이스라엘의 구성원들이 되었던 종족들이 가나안 정복이 전개되기 전부터 이미 팔레스타인에 있었다는 또 다른 증거가 있다. 몇몇 오래된 시가들에서 단 지파와 아셀 지파(삿 5:17)만이 아니라 스불론 지파와 잇사갈 지파(신 33:18f.; 창 49:13)도 바다 및 해상 교역과 결부되어 있다는 것은 주목할 만하다. 그런데 후대에 이 지파들 가운데 아셀 지파를 제외하고는 그 어느 지파도 실제로 해안 가까이에서 살지 않았기 때문이다.[71] 이것은 주전 13세기 이전 이 지파들의 전사(前史)를 보여 주는 것 같다. 그때에 이 지파들은 실제로 바다 가까이 정착하여 살았기 때문이다. 더욱이 표준적인 지파 조직에서 르우벤, 시므온, 레위는 형들이다. 이는 이 지파들이 한때 강성한 씨족들이었음을 함축한다. 그런데 가나안 정복 후에는 사정이 달라졌다. 르우벤 지파는 요단강 동편에 자리잡고 있었는데 모압족의 약탈에 시달리다가 주전 11세기경에는 실질적으로 역사의 무대에서 사라져 버렸다. 시므온 지파는 일찍이 독자적인 생존력을 잃고 유다 지파에 흡수되었다(수 19:1-9). 레위 지파는 세속적인 지파가 되기를 그만두었다. 그러나 우리는 시므온 지파와 레위 지파가 한때는 호전적인 씨족들로서 세겜을 기만적으로 습격하여 점령했다가 얼마 되지 않아 쫓겨나서 흩어지게 되었다는 것을 알고 있다(창 34장; 49:5-7). 확신할 수는 없지만, 이 사건을 저 아마르나(Amarna) 서간에 나오는 사건들과 결부시키고자 하는 유혹이 생긴다. 이를 통해 우리는 주전 14세기에 아피루('Apiru)의 추장 랍아유(Lab'ayu)는 세겜을 장악하고 자기 아들들 및 동맹자들과 함께 지중해 해안으로부터 길르앗(Gilead)에 이르기까지, 그리고 에스드렐론(Esdraelon) 평야로부터 남으로 예루살렘의 영토에 이르는 광활한 지역을 다스렸음을 알게 된다.[72]

이 작은 제국은 아마 짧은 기간 존속하였던 것 같지만, 아피루는 이 지역에서 활동을 계속하였다(위에서 말한 대로, 이집트의 세토스 1세는 출애굽 사건 직전에 벧산〈Beth-shan〉 부근의 산악지대에서 아피루와 격돌하였다). 그들이 이스라엘의 가나안 정복 시기까지 세겜에서 우세하였다는 것을 의심할 이유는 아무것도 없다. 여호수아서가 중부 팔레스타인의 정복에 관한 설화 기사를 전혀 포함하고 있지 않다는 것은 흥미롭다(12장에 목록만이 있을 뿐이고, 거기에도 세겜은 나오지 않는다). 그리고 마찬가지로 흥미로운 것은 발굴 결과 세겜이 이 시기에 파괴된 흔적이 전혀 없었다는 것이다.[73] 그렇지만 이스라엘은 분명히 이 지역을 차지하고 있었다. 왜냐

---

71) 단 지파의 영토는 이상적으로는 바다까지 닿아 있었지만, 단 지파는 거기까지 미칠 수는 없어서 요단강 상류에 있는 새로운 땅을 찾지 않을 수 없었다고 한다(수 19:40-48; 참조 삿 18장). 몇몇 학자들은 단 지파를 해양 민족 가운데 하나인 다누나(Danuna)와 결부시키고 있다. 이것은 입증될 수 없는 것이긴 하지만 전혀 불가능한 일은 아니다; cf. F. A. Spina, *JSOT*, 4(1977), pp. 60-71.

72) Cf. G. E. Wright, *Shechem*(McGraw-Hill, 1965), Appendix 2(by E. F. Campbell), "Shechem in the Amarna Archive"; 또한 Campbell, *Mag. Dei*, pp. 39-45.

73) 발굴조사들에 관한 설명으로는 Wright, *ibid.*를 참조하라; 더욱 간략하게 되어 있는 것으로는 *idem. AOTS*, pp. 355-370. 처음 네 번의 전투에 관한 상세한 보도는 이 저작들의 첫번째의 pp. 247f에서 찾아볼 수 있다. 그후의 전투들에 관한 보고는 Wright, *et al.*, *BASOR*, 180(1965), pp. 7-41; R. J. Bull and E. F. Campbell, *BASOR*, 190(1968), pp. 2-41를 참조하라.

하면 이스라엘 지파동맹의 중심지가 거기에 있었기 때문이다. 단지 우리는 그곳에 정착한 아피루(히브리) 족속들이 그들과 동맹을 맺었을지도 모르는 가나안 사람들(아모리족)과 함께 이스라엘에 협력하고 그 체제 안에 흡수되었다는 결론만을 내릴 수 있을 뿐이다. 이미 말했듯이 실제로 "이스라엘"이라 불린 지파 연합이 주전 13세기와 그 이전에 중부 팔레스타인에 이미 존재했을 가능성(개연성?)이 있다(이 명칭은 모세 이전의 것이며 여호와 신앙과 관련이 없었다). 이들은 가나안 정복 후에 여호와 신앙을 채택하면서 집단적으로 이스라엘의 지파동맹에 들어갔다. 이때 이 명칭이 출현하였다.[74]

이외에도 여러 집단들이 이스라엘의 본격적인 가나안 정복과는 별도로 팔레스타인으로 들어와서 마찬가지로 이스라엘에 흡수되었음을 보여 주는 증거가 있다. 팔레스타인의 남부 지역은 그 가장 좋은 예다. 이곳에서 우리는 유다 지파와 시므온 지파(유다 지파에 흡수됨) 외에도 겐족(Kenites), 그니스족(Kenizzites), 여라무엘족(Jerahmeelites)(삼상 27:10; 30:29) 등등을 발견하게 된다. 아마 이들 종족의 대부분은 남부로부터 직접 침투해 들어왔을 것이다. 이스라엘이 그 방면으로부터 가나안으로 들어가려고 시도했다가 호르마(Hormah)에서 대패하여 물러나지 않을 수 없었다는 것을 우리는 알고 있다(민 14:44f.). 그러나 또 다른 기사(민 21:1-3)는 동일한 장소에서의 큰 승리를 거두었다고 말한다. 나중에 우리는 겐족 및 다른 종족들이 이 지역을 차지하고 있음을 보게 된다(삿 1:16f.). 이것은 아마 여러 집단들이 가데스 부근의 광야로부터 직접 이 지역으로 들어온 사실을 반영하고 있을 것이다. 이와 같은 집단들은 결국 유다 지파의 조직 안에 흡수되었다. 또한 가나안족의 피도 섞이게 되었다. 유다와 한 가나안 여인 사이에 태어난 아들인 셀라(Shelah)가 이를 입증해 주지만(창 38:5), 이것은 나중에 마레사(Mareshah)를 비롯한 여러 성읍에 거주한 유다 지파의 한 씨족 이름이 되었다(대상 4:21).[75]

이외에도 증거는 많다. 그러나 우리가 다루고 있는 문제의 복잡성을 지적하고 지나친 단순화를 경계해야 한다는 것을 말하기에는 이 정도로 충분할 것이다. 이스라엘은 극히 복잡한 과정을 거쳐 생겨났다. 그 지파 체계는 여러 가지 출신 배경을 가진 종족들로 메워졌으며, 의심할 여지없이 이스라엘이 팔레스타인에 정착하여 생

74) 특히 D. N. Freedman, *art. cit.*(주38), p. 10를 참조하라.
75) Cf. R. de Vaux, "The Settlement of the Israelites in Southern Palestine and the Origins of the Tribe of Judah"(Frank and Reed, eds., *op. cit.*〔주40〕, pp. 108-134); 또한 Aharoni, *LOB*, pp. 224-227.

활을 시작한 후에야 비로소 표준적 형태를 갖추게 되었다.

2. 이스라엘의 가나안 점령: 요약과 재구성

여러 증거들을 끌어 모아 하나의 일관된 줄거리를 세워 보려고 시도할 때, 사건들을 너무 정확하게 재구성하는 일은 피하는 것이 현명할 것이다. 그러므로 우리는 이 주제에 관해서 무엇을 말하든 어느 정도는 가설이며 앞으로 있을 연구 성과에 따라 수정되어야 한다는 것을 충분히 인식하는 가운데 어느 정도 개괄적으로 말하는 데 만족하기로 한다.[76]

a. 정복의 배경: 팔레스타인

성경의 전승에 대해서는 말할 것도 없고 위에서 인용한 증거에 비추어 보아도, 이스라엘의 팔레스타인 점령은 유목민 씨족들이 아무도 살지 않는 지역들에 점차로 정착하게 되었다가 나중에야 비로소 — 만약 무슨 일이 있었다고 한다면 — 이웃 가나안 사람들과 이따금 충돌하게 된 일종의 평화적인 침투에 지나지 않는 것으로 간주될 수 없다. 이와 동시에, 성경 자체의 증거와 있음직한 사정들을 고려하면, 이스라엘 사람들이 수만의 병력으로 대대적인 침공을 벌여 사막으로부터 기습적으로 난입해서 단기간의 군사 작전을 통해 가나안을 초토화시켰다고 생각할 수도 없다. 이미 위에서 말했듯이, 이집트에서 탈출해 나왔던 무리는 그렇게 많았을 수가 없다. 그리고 이 무리가 동부 팔레스타인의 문을 두드렸을 무렵에는 그 수가 크게 불어났음에 틀림없다고 하더라도, 그 집단의 규모는 여전히 비교적 작았을 것이다(팔레스타인의 인구에 비해서 확실히 작았을 것이다). 이렇게 (비교적) 작은 집단이 빈약한 무장으로 포위 기술에 관한 지식도 없이 많은 경우 훈련받은 직업 군인들에 의해 방

---

76) 여기에 제시된 나의 견해는 본질적으로 G. E. Mendenhall의 견해를 따르고 있는데, 이하의 서술 가운데 많은 부분은 그에게 힘입은 바가 크다. Mendenhall은 중요한 논문인 "Hebrew Conquest of Palestine"(*BA*, XXV 〔1962〕, pp. 66-87)에서 팔레스타인 정복과 관련한 자신의 견해를 처음으로 제시하였고, 그 이후로 그 견해를 여러 저작들 속에서 발전시켜 왔다; cf. *The Tenth Generation*(1973), *passim*; *Mag. Dei*, Ch. 6; *BA*, XXXIX(1976), pp. 152-157 등. 그것은 예측대로 뜨거운 논쟁을 불러일으켰다; 예를 들면 *JSOT*, 7(1978)을 보라. 거기에서 Mendenhall의 입장은 A. J. Hauser와 T. L. Thompson에 의해 공격을 받고 있고, Mendenhall 자신과 N. K. Gottwald(약간의 제한 조건들과 함께)에 의해 옹호되고 있다.

어되고 있었던 성벽을 갖춘 도시들을 어떻게 정복할 수 있었을까? (성경이 답변하듯이) 하나님이 그들을 도왔고 성전(聖戰)이라는 열광에 사로잡힌 그들이 불가능한 일을 해낼 수 있었다고 대답한다고 하더라도, 가나안 정복 이후에 출현해서 요단강 동부와 서부에 정착한 이스라엘은 그들의 수보다 수십 배나 되었다는 사실은 여전히 미지수로 남는다. 이 모든 이스라엘 사람들이 사막을 행군하여 온 것이 아니라면 도대체 어디에서 왔을까? 인간적인 견지에서 말하면, 어떻게 팔레스타인의 정복이 가능했는가? 이에 대한 대답은 다음과 같을 수밖에 없다: 팔레스타인 정복은 어느 정도(그 정도가 얼마인지 우리는 아마 결코 알지 못할 것 같다) 일종의 "내부 사건"이었다! 많은 수의 히브리인들은 이미 오랫동안 팔레스타인에 정착해 있었고, 이들이 사막으로부터 온 히브리인들과 합류했던 것이다. 그들의 합류는 불꽃을 일으켜 팔레스타인에 불을 붙였다. 또한 이 두 계열이 합류함으로써 이스라엘의 지파 동맹의 표준적 형태가 출현하게 된 것이다.

앞에서 우리는 이스라엘의 선조들이 팔레스타인에 정착하는 계기가 된 민족 이동이 적어도 중기 청동기시대로부터 시작되었다는 것을 살펴보았다. 우리는 주전 13세기, 곧 후기 청동기시대가 끝나기 전에 그 자손들이 후대에 이스라엘의 구성원들이 된 바 있는 여러 종족들이 팔레스타인에 있었고 성읍들과 촌락들을 이루어 정착하거나 그 주변에서 목자들로서 생활하였다고 생각할 수 있다. 좀더 후대로부터 우리에게 알려진 지파의 이름들 가운데 다수는 이미 모세 이전 시대에 팔레스타인의 여러 구역들에 붙여져 있었을 가능성이 있다. 이 종족들은 모두 가나안의 언어와 문화 — 그리고 적어도 어느 정도는 그 종교까지 — 를 받아들이기는 했지만, 그 종족들 가운데 다수는 그들 족장의 전승들을 보존하였고 그들의 조상 전래의 신들의 제의를 계승하였다(세겜의 엘 브릿(El-berith), 예루살렘의 엘 엘리욘(El-'Elyon)이 그런 류에 속하는 듯하다). 따라서 팔레스타인의 거민들 가운데 일부는 배경이나 전통에 있어서 본질적으로 이스라엘과 전혀 다르지 않았다. 또한 우리는 주전 17세기와 16세기에 이집트를 지배했던 힉소스족이 기본적으로 서북 셈족 계열의 종족이었다는 것을 살펴보았다. 이스라엘과 같은 혈통을 가진 많은 사람들이 당시 이집트에 있었던 셈이다. 왜냐하면 수많은 셈족 사람들이 거기에 살았기 때문이다. 아마 야곱 일족의 구성원들(요셉 이야기)도 그들 가운데 있었을 것이다. 그러나 바로 이들과 같은 종족 가운데는 팔레스타인에 그대로 머물러 있었던 사람들이 훨씬 더 많은데, 이들은 이집트에 살아 본 적이 없는 사람들이었다. 그리고 이집트에 있었던 사람들 가운데 다수는 힉소스족이 축출되자 팔레스타인으로 돌아왔다.

이미 살펴본 대로, 이집트 제국시대에 팔레스타인은 비교적 작은 많은 도시 국가들로 분할되어 각각 바로의 봉신으로 자기 영토의 외딴 성읍들과 촌락들에 대해 지배권을 행사하고 있었던 왕들에 의해 통치되고 있었다. 사회 구조는 봉건적이었으며, 세습적인 귀족 계급, 반박에 자유가 없었던 농노계급, 수많은 노예들로 구성되고 있었고, 분명히 중산계급은 극소수였을 것이다. 이러한 체제 아래에서 가난한 자들의 운명은 고역이었고, 수 세기에 걸친 이집트의 징세와 그릇된 통치로 인해 팔레스타인의 부가 고갈되었기 때문에 그 사정은 거의 나아지지 않았다. 더욱이, 도시의 군주들 사이에 끊이지 않았던 싸움은 가난한 촌민들에게 재난이었음에 틀림없는데, 촌민들은 들에서 일을 할 수 없을 때가 자주 있었고 또 세금을 부담하거나 징집당하기도 했지만, 이집트는 흔히 수수 방관하는 자세를 취하였다. 아마르나 서간은 우리에게 당시의 상황을 분명하게 알게 해준다. 또 이 서간은 아피루가 팔레스타인 도처에서 말썽을 일으켰다는 것도 우리에게 보여 준다.

이미 말했듯이, 이 아피루는 사막으로부터 밀려 들어온 새로운 이주자들이 아니었다. 도리어, 그들은 기존 사회에서 자리를 잡지 못한 뿌리 없는 부랑민들로서 사회에서 소외되었거나 사회 안에 통합되지 못하여 변두리의 외딴 지역에서 근근이 생존하고 있었다. 그들은 쉽사리 해적이나 산적으로 변했다. 노예들, 혹사당하던 농노들, 그리고 급료가 형편없었던 용병들은 도망해서 그 무리에 합류하고 싶은 — 즉, "히브리인이 되고자 하는" — 충동을 느꼈을 것이다. 이따금 지방 전체가 그들의 수중으로 넘어가기도 했다. 우리는 이미 그들이 세겜을 중심으로 상당한 영토를 장악하는 데 어떻게 성공했는지를 살펴보았다. 도시의 군주들은 이 족속들을 두려워하여 그들을 막아 줄 것을 이집트 바로에게 탄원했고, 서로 상대방이 그들과 손을 잡고 있다고 비난하기도 했다. 그들의 두려움은 근거가 있는 것이었다. 그들이 속해 있는 기존 체제가 위협당하고 있었기 때문이다.

아마르나 시대와 이스라엘의 가나안 정복 사이에 팔레스타인에서 무슨 일이 일어났는지에 대해서 우리는 아는 바가 거의 없다. 아마 제19왕조의 바로들이 아시아에서 이집트의 세력을 회복하자, 팔레스타인의 상황은 안정되었고 반란 활동은 진압되었을 것이다. 그러나 가혹한 체제와 그 고질적인 부정 부패는 계속되었고 따라서 여전히 불안정했으리라고 생각된다. 도시 국가의 작은 왕들이 그들의 신하들 가운데 다수로부터 많은 충성을 기대할 수 있었는지는 의심스럽다. 앞에서 살펴본 대로, 아피루는 이 시대 내내 활동을 계속하였다. 분명히 그들은 세겜을 계속해서 장악하였고, 또한 의심할 여지없이 팔레스타인의 다른 곳에서도 동일 종족인 듯한 생존 방식을 견지하였다. 도시국가들에도 이집트에서 탈출해 나온 히브리인들과 동일한 혈통 및 배경을 가진 히브리인 주민들이 상당히 있었음에 틀림없고, 그들은 점차 봉건사회에서 소외되어, 그들에게 대안을 제시하는 자가 있다면 누구에게라도 기꺼이 협력하고자 했을 것이다. 봉건사회는 사실 내부로부터 썩어 있었다. 주전 13세기 말 이집트의 세력이 약화되자 많은 도시 군주들은 스스로 지탱할 수 없는 처지에 놓이게 되었을 것이다.

b. 배경: 이집트에서의 종살이와 출애굽

한편 나중에 이스라엘의 알맹이를 이루게 될 사람들은 이집트에서 종살이를 하고 있었다. 이스라엘의 선조들이 힉소스시대에 이집트에 들어간 것이 확실하다고 하더라도, 그외의 다른 히브리인(아피루)들은 각기 다른 시기에 이집트로 들어갔거나 끌려왔다. 아메노피스 2세(Amenophis II, 주전 1438-1412년경)는 자신의 전쟁포로들 가운데 끼어 있던 히브리인 3,600명을 끌어왔다.[77] 다른 바로들이 아시아 원정에서 얼마나 많은 사람들을 사로잡았는지는 말할 수 없다. 이스라엘이 이집트로 내려간 연대를 추정하는 데 신중을 기해야 하는 이유가 바로 여기에 있다. 그때에는 아직 이스라엘이라는 민족은 없었고, 나중에 이스라엘의 구성원들이 된 여러 종족들은 각기 다른 시대에 이집트에 도달했음에 틀림없다.

모세의 할아버지가 이집트로 들어간 사람들 가운데 끼어 있었다는 말(출 6:18-20)은 여러 세대가 명단에서 누락되었다는 가정(십중팔구 옳을 것이다!) 아래에서 출애굽기 12:40의 430년과 조화될 수도 있겠지만, 그렇게 조화시키려고 하지 않는 것이 더 좋을 것이다. 아마도 이 이야기는 이스라엘의 몇몇 선조들은 힉소스시대 이래로 이집트에서 살아온 반면에 어떤 선조들은 이보다 훨씬 후대에 이집트로 들어왔다는 사실을 반영하고 있다고 보아야 할 것이다. 히브리인들은 각기 다른 시대에, 그리고 우리에게 전혀 알려지지 않은 경로들을 통해서 이집트로 들어오기도 하고 떠나기도 했음에 틀림없다. 이렇게 이집트의 거류에 관한 기억은 자기 조상들이 출애굽에 참여하지 않았던 후대 이스라엘의 많은 사람들의 뇌리에도 새겨졌을 것이다.

그러나 많은 히브리인들, 즉 힉소스족의 지배가 끝난 뒤에도 남아서 살고 있던 사람들과 제국시대의 바로들에 의해 포로로 끌려온 사람들이 제19왕조 때에도 여전히 이집트에 있었고, 이들은 세토스 1세와 라므세스 2세의 건설 사업에 따라 강제노역에 동원되었다. 이들 가운데 일부(그러나 전부는 아니다. 왜냐하면 제20왕조 때

77) Pritchard, *ANET*, p. 247.

까지도 아피루는 이집트에서 발견되기 때문이다.)와 온갖 노예들을 비롯한 어중이떠중이들이(출 12:38)이 주전 13세기에 출애굽을 감행한 집단을 이루었는데, 이들 가운데는 족장의 전승을 간직하고 있었던 사람들도 있었고 그렇지 않은 사람들도 있었다. 이 집단은 모세의 인도로 시내산으로 향했고, 거기서 엄숙한 언약을 맺고 스스로 여호와의 백성이 되었다. 이 언약에 대해서는 다음 장에서 더욱 자세하게 말할 것이다. 그러나 이렇게 형성된 공동체가 바로 이스라엘의 알맹이를 이루게 될 것이었다. 왜냐하면 이 공동체가 받은 새로운 신앙이 이스라엘을 이루게 하였기 때문이다.

위에서 말한 것들을 고려하면, 이스라엘 열두 지파 가운데 어느 지파가 이집트에 살다가 출애굽에 참여하였느냐고 묻는 것은 쓸데없는 짓이다. 후대의 이스라엘의 모든 사람들이 이집트에 있지 않았다고 하더라도, 이 또는 저 지파는 없었고 어떤 지파들은 있었다고 함으로써 어느 지파들이 출애굽에 참여했는지는 가려낼 수 없을 것이다. 사실 우리는 이집트에 있었던 지파들이라고 말해서는 안 된다. 왜냐하면 이집트에서는 지파 체제라는 것이 없었기 때문이다. 단지 여러 부족들을 배경으로 가진 노예들의 혼성 집단만이 있었다. 물론 성경은 요셉 및 레아(Leah)의 일족인 레위 지파가 가장 큰 역할을 한 것으로 묘사하고 있다(그리고 이미 언급한 모세 일족의 이집트식 이름들을 주목하라!). 그러므로 레아와 라헬(Rachel)의 일족들이 이집트에 있었다는 것을 부정하는 것은 억지라고 하겠다.

우리는 요셉 일족의 구성원들이 오랫동안 이집트에서 살아오다가 나중에, 아마 여러 시기에 걸쳐 레아 일족의 구성원들과 합류하였을 것이라고 추측할 수 있다(요셉과 그의 형제들에 관한 이야기에서처럼). 그러나 이에 대한 확실한 증거는 없다. 아마도 나중에 열두 지파에 속하게 된 종족들이 다 이집트에 있었을 수도 있다. 왜냐하면 이 히브리 노예들은 팔레스타인의 여러 곳에서 왔을 것임에 틀림없고, 또 그들 가운데 다수는 팔레스타인에 있는 친척들과 유대 관계도 상기할 수 있었을 것이므로 그들의 가족은 당연히 고향으로 돌아가기로 결정했을 것이기 때문이다. 그러나 이스라엘의 전형적 지파 체제는 아직 형성되지 않고 있었다.

앞으로 보겠지만, 이스라엘의 독특한 구조가 시내산에서 기원했다고 하더라도, 팔레스타인 땅에서 그 구조가 표준적인 형태를 갖추게 된 것이었다. 그럼에도 불구하고, 출애굽과 시내산 사건을 체험한 집단이 이스라엘의 진정한 알맹이를 이루고 또 이스라엘을 구성하였기 때문에, 온 이스라엘이 이집트에 있었다는 성경의 주장은 깊은 의미에서 옳다고 하겠다. 또한 후대 이스라엘의 모든 씨족들 가운데는 실제로 출애굽과 시내산 사건까지 거슬러 올라가는 족보를 자랑으로 삼는 가문들이 끼어 있었을 것이다.

c. 정복과 병합

성경에 의하면, 시내산에서의 언약을 통해 형성된 집단은 가데스(Kadesh)로 이동하였고, 그곳의 큰 오아시스에서 상당 기간을 지냈다. 이 집단은 그 지역에 출몰하는 다른 집단들과 접촉했을 것임에 틀림없으며, 아마 그 가운데에는 모세의 가문에서 소중히 간직해 온 것들 — 우리는 앞에서 이렇게 추측하였다 — 과 비슷한 조상 전래의 제의 전승들을 가지고 있었던 사람들을 비롯하여 여러 경로로 이집트에서 도망해 나온 히브리인들도 있었을 것이다. 여호와 신앙(Yahwism)은 이러한 도망 노예들과 그 밖의 뿌리없는 부랑민들에게 강력한 매력을 주었음에 틀림없다. 이 신앙은 그들에게 이전에 결코 가져본 적이 없었던 공동체와 정체성(identity)을 제공해 주었다.

뿐만 아니라 이 신앙은 여호와를 그들의 조상들에게 약속했던 그 땅으로 그들을 인도하기 위해 그들을 구원한 하나님이라고 선언하였다. 우리는 이 새로운 신앙으로 개종하는 사람들이 속출하였을 것으로 추측할 수 있다. 그렇지만 아직도 히브리인들은 팔레스타인을 공략해 들어갈 만큼 강력하지는 못했다. 성경에서는(민 14:39-45) 그들이 네게브를 거쳐 곧장 남쪽으로부터 공략하려고 하였지만 아무런 발판도 얻지 못하고 일순간에 격퇴당했다고 기록하고 있다. 그런 다음 여러 해 동안 사막을 유랑했고, 그러는 동안에 히브리인들의 수는 점차 불어났을 뿐만 아니라 힘도 강해졌을 것으로 우리는 추측할 수 있다. 마침내 전형적인 유목민의 무리가 아니라 비전투 요원들을 거느린 비정규군을 닮게 되었으리라.

마침내 그들은 우리가 자세히 그 경로를 추적해 볼 수는 없는 우회로의 긴 여행을 한 후에 동부 팔레스타인의 고원지대에 나타났고, 거기서 에돔 및 모압과 충돌하는 것을 조심스럽게 피하여 헤스본(Heshbon) 왕국을 쳐서 멸망시켰다(민 21: 21-32). 약속의 땅을 향한 발판이 마련되었던 것이다.

이 최초의 승리가 어떻게 얻어졌는지 우리는 정확히 알지 못한다. 성경은 우리에게 단지 시혼(Sihon)왕이 전투에서 이스라엘에게 패배당하고 자기 자신도 목숨을 잃었으며 또 그런 후에 이스라엘 사람들이 그의 영토와 도시들을 점령하였다는 것만을 말해 주고 있다. 이 도시들을 방어하려는 어떤 시도가 있었는지 또는 주민들의 이후의 저항은 있었는지에 관해서는 아무런 언급도 없다. 또한 민수기의 기사에도 이스라엘 사람들에 의한 주민들의 대량 학살에 관한 언급이 전혀 없다. 이 아모리족 왕국은 한 세대 가량 이전에 수리아에서 내려왔던 원정대에 의해 수립되었던 것으로 보인다. 그러나 이 원정대가 지배한 주민은 주로 히브리인 농부들과 목자들로 구성되어 있었으며, 이들은 서부 팔레스타인에서부터 틀림없이 자유와 행운을 찾아 이주해 왔고(참조. 삿 12:4, 이 구절에서 길르앗 사람들은 에브라임에서 도망해 온 자들이라고 놀림을 받는다), 또 그들은 아마 그들의 왕과 그 왕을 에워싸고 있는 군벌에 대해 거의 호감을 갖고 있지 않았다고 믿을 만한 몇몇 이유들이 있다.[78)]

이스라엘 사람들이 그들의 인근 지방에 나타났을 때, 이 히브리인들은 분명히 이전부터 들어왔던 그 새로운 신앙에 의해 활기를 띠고 새로운 이주자들을 해방자들로 환영하며 시혼왕을 버렸을 것이고 왕의 주위에는 그를 지지하는 소수의 직업 군인들만 남았을 것으로 생각된다. 이 직업 군인들이 처리된 뒤에 그들은 그 땅을 이스라엘에게 개방하였다. 실제로 그들 스스로가 이스라엘 사람들이 되었다.[79)] 어쨌든 이 승리로 말미암아 이스라엘 사람들은 아르논(Arnon)강과 얍복(Jabbok)강 사이에 있는 가장 좋은 땅을 소유하게 되었고(민 21:24), 그후로도 아마 동일한 방식으로 정복 사업을 계속하여 그들의 점령지를 북으로 바산(Bashan)까지 넓혀 나갔다(민 21: 33-35).

발람(Balaam) 이야기와 시가들(민 22-24장)은 의심할 여지없이 이러한 승리들이 가져온 경악을 정확히 반영하고 있다. 씨족들과 촌락들이 집단적으로 여호와 신앙으로 개종함으로써 이스라엘의 조직은 방대해지고 군사적 잠재력도 크게 증강되었을 것임에 틀림없다. 지파 동맹의 중심지가 요단강의 동쪽에 있었다는 기억이 초기

78) 이 문제의 재구성에 대해서는 Mendenhall, "The Hebrew Conquest of Palestine"을 참조하라. Mendenhall이 말하고 있듯이, 한 '아모리인' 왕의 승리를 기리는 노래(민 21:27-30)가 히브리 전승에 보전되어 있는 것은 이상한 일이다; 그러나 이스라엘이 도착하기 전에 히브리 군대가 모압과싸운 이 전투에 참여하였다고 추론한다면 그것은 설명이 가능해진다. 이렇게 되면 그 노래는 '히브리인들의' 전승이라 할 수 있을 것이다. 르우벤 지파와 서부 팔레스타인의 연관에 대해서는 Noth, *HI*, pp. 63-65를 참조하라.

79) 사막에서 온 종족은 여기서 이스라엘 사람들로 불렸다. 하지만 그들이 그러한 이름으로 통용되었는지는 확실치 않다. 아마도 우리는 출애굽기 15:1-18의 옛시가에서처럼 그들을 단지 "여호와의 백성"(즉, 여호와 예배자들)로 지칭하여야 할 것이다. 이스라엘이라는 이름은 이미 팔레스타인에 정착하고 있었던 지파 동맹으로부터 취해졌을 것이다. 사막으로부터 온 새로운 이주자들은 바로 이 지파 동맹에 합류하여 자신의 여호와 신앙을 전하였다. 그럴지라도 애굽을 탈출한 집단의 구성원들이 이미 이 이스라엘에 친족적인 유대감을 느꼈을 것이고 그들 스스로를 이스라엘 사람들로 불렀을지도 모른다. 이 점에 대해서는 Freedman, *art. cit.*(주38), 특히 pp.10f., 20-22를 참조하라.

의 시가들(민 23장, 24장)에 보존되어 있고 또 신명기의 역사 배후에 있는 전승(신 1-4장)에도 반영되어 있다.

사막에서 일어난 일과 그 새로운 신앙에 관한 소식이 서부 팔레스타인에 전해지는 데는 오랜 시간이 걸리지 않았다. 그 소식은 엄청난 흥분을 불러일으켰음에 틀림없다. 특히 히브리 주민들 가운데 불만을 품고 있던 족속들은 그들도 자신들의 혐오스러운 군주들로부터 자유롭게 될 수 있지 않을까 하는 생각을 하기 시작했을 것이 틀림없다. 큰 전란(戰亂)이 휩쓸고 지나가게 될 것은 필연적이었다. 이 전란은 대략 주전 13세기에서 12세기로 넘어갈 무렵에 일어났고(이미 살펴본 대로 그 정확한 연대는 추정할 수 없다), 이때 이스라엘은 서부 팔레스타인을 장악하고 있었다. 실제로 개별 부족 또는 몇몇 부족들이 연합해서 도시 군주들에 대항하여 폭동을 일으킨 일은 여호와 신앙이 도래하기 전에도 있었을 것이다.[80] 그러나 이 새로운 신앙은 그러한 전란을 걷잡을 수 없을 정도로 몰고 갔고 이스라엘로 하여금 하나의 민족으로 형성케 한 촉매제 역할을 하였다. 이러한 일이 일어난 경위는 복잡하였고 의심할 여지없이 오랜 세월에 걸친 것이었다. 증거의 성격에 비추어 볼 때, 우리는 그 경위를 상세하게 재구성하려는 시도를 할 수 없다.

그러나 성경이 묘사하고 있는 대로 그것이 피비린내나고 잔인한 일이었다는 것을 의심할 이유는 전혀 없다. 그것은 여호와가 자기 백성에게 약속의 땅을 주고자 하는 여호와의 성전(聖戰)이었다.[81] 이와 동시에, '헤렘'(herem)은 이에 저항하였던 일부 가나안인 도시들의 경우에만 적용되었다는 것을 기억하지 않으면 안 된다. 팔레스타인의 거민들은 결코 전멸당하지 않았다. 실제로 그 주민의 상당수 — 특히 히브리인들, 그러나 다른 족속들도 — 는 이스라엘 사람들에게 협력하고 기꺼이 그들을 도와주었다고 믿을 만한 충분한 이유가 있다.

모세가 인도한 이스라엘 사람들이 새로운 신앙을 지니고 서부 팔레스타인에 들어왔을 때, 수많은 성읍들과 촌락들은 이미 그들편으로 넘어갈 준비가 되어 있었다.

---

80) Cf. Freedman, *ibid*, p.21. 그는 사사기 1장과 여호수아서에 나오는 이야기들 가운데 몇몇은 이런 유의 사건들과 관련되어 있을 것이라고 주장한다.

81) G. von Rad가 생각하듯이, 성전(聖戰)은 필연적으로 순전히 방어적이었다고 추론하는 것은 정당화될 수 없다: *Der heilige Krieg im alten Israel*(Zürich: Zwingli-Verlag, 1951). Cf. F. M. Cross, "The Divine Warrior"(*Biblical Motifs*, A. Altmann, ed. 〔Harvard University Press, 1966〕, pp. 11-30, 특히 pp. 17-19); 또한 R. de Vaux, *Ancient Israel* (Eng. tr., London: Darton, Longman & Todd; New York: McGraw-Hill, 1961), pp. 261f.

어떤 경우에는 자유로이 자진해서 이스라엘에 가담하기도 했다. 세겜의 경우에는 정복된 것이 아니라 분명히 처음부터 이스라엘편이었던 것과 마찬가지로. 또 어떤 경우에는 두려움 때문에 이스라엘편으로 넘어오기도 했다(예를 들면, 기브온). 또 다른 경우에는 그 지역 주민들이 그들의 통치자들 및 그 지지자들에 대항하여 봉기하였으므로 중대한 전투나 전면적인 유혈사태 없이 쉽사리 장악하기도 했을 것이다. 위에서 말한 대로 중부 팔레스타인의 몇몇 성읍들이 이스라엘에 의해 정복된 것으로 열거되어 있으면서도 군사 행동에 관한 이야기 기사가 전혀 보존되지 않은(그리고 몇몇 경우에는 파괴에 관한 고고학적 증거를 볼 수 없는) 이유가 바로 여기에 있다. 이스라엘은 안으로부터 정복했던 것이다!

그러나 이 팔레스타인 정복 사업은 단순히 국지적 폭동 같은 것이 아니었다. 이와 아울러 더욱 대규모의 군사 작전들도 있었다. (그리고 우리가 여호수아의 업적을 재구성할 수는 없지만, 성경이 말하는 대로 그가 이러한 군사 작전에서 지도적인 역할을 행했다는 것을 의심할 이유는 전혀 없다.) 우리는 가나안 도시 국가의 왕들은 촌락들과 성읍들이 이탈하자 외진 지역들은 더 이상 지배할 수 없게 되었으므로 폭동을 진압하기 위해 서로 손을 잡고 단결하였을 것이라고 추측할 수 있다. 이집트의 마르넵타(Marniptah)가 이스라엘을 패배시켰다고 주장하는 그 원정은 도시 국가의 왕들의 호소에 따라 이루어졌을 것이다. 팔레스타인 정복사업은 수 년에 걸친 일진일퇴의 싸움이었을 것이다(아마 그것은 모세가 인도하는 집단이 도래하기 전에 개별적인 폭동과 게릴라전으로 시작되었다가 그 집단의 도래와 함께 강화되었을 것이다).

이 와중에서, 성경이 우리에게 말해 주지 않고 있지만, 이스라엘 사람들도 쓰라린 역전패를 겪었을 것이고 또 어떤 지역에서는 한 번이 아니라 여러 차례의 격전을 벌였을 것이다. 그러나 사태는 걷잡을 수 없었다. 이스라엘 사람들은 도시 국가의 왕들의 연합전선을 쳐부수었고 — 의심할 바 없이 자주 적군 내부의 불평 분자들의 모반의 도움을 받아서(벧엘의 경우에서 회고되고 있듯이: 삿 1:22-26) — 요새화된 도시들을 함락시켜서 재로 만들어 버릴 수 있었다. 가나안인들의 거류지(enclave)들이 그들 가운데에 남아 있어서 싸움과 알력은 수 년 동안 계속되긴 했어도, 마침내

82) 일종의 시조신이었고 창세기 33:20에서 "엘 엘로헤 이스라엘"("El-Eloh-Israel", 즉 〔족장〕 이스라엘〔야곱〕의 하나님 엘)이라 불린 세겜 성소의 신은 이스라엘 〔백성〕의 하나님 여호와와 동일시되었던 것 같다. 세겜 성소와 성경의 전승에 대해서는 Wright, *op. cit.*(주 77), pp.123-138를 참조하라.

이스라엘 사람들은 이후 오랜 세기에 걸쳐 차지하게 될 팔레스타인 땅을 점령하였다.

정복 사업이 마무리된 직후, 이스라엘의 모든 지파의 대표자들 — 사막에서 여호와를 예배해 온 지파들과 새로이 그들과 합류한 팔레스타인의 히브리인들 모두 — 은 세겜에서 모임을 갖고, 엄숙한 언약을 통해 여호와의 백성이 되고 오직 그분만을 예배하기로 서약하였다.[82] 여호수아 24장은 그 전승의 역사가 어떻게 되었든 바로 이 사건의 기록이다. 이 사건을 계기로 이스라엘의 지파 체제는 표준적 형태를 갖추게 되었으므로 하나의 민족으로서의 이스라엘의 역사가 비로소 시작되었다고 말할 수 있을 것이다.

제 4 장

초기 이스라엘의 체제와 신앙 지파 동맹

앞 장에서 우리는 어떻게 이스라엘이 자기 영토를 장악하여 거기서 하나의 민족으로서 삶을 시작하게 되었는가를 살펴보았다. 이것은 그 자체로 결코 유일 무이한 사건이 아니었으며, 이 민족이 고대 세계에서 유례 없는 독특한 신앙을 역사의 무대에 들어오지 않았더라면 역사에서 거의 눈에 띄지도 않았을 사건이었다. 이스라엘의 역사는 그 종교를 고찰함이 없이는 전개해 나갈 수가 없다. 왜냐하면 바로 이 종교야말로 이스라엘을 주변의 다른 민족들과 달리 돋보이게 하였고 또 이스라엘을 독특하고 창조적인 현상이 되게 하였기 때문이다. 이 종교를 제외해 버린다면, 이스라엘의 역사는 설명할 수도 없고, 또한 한마디 더한다면 특별히 의미있는 것이 되지도 못할 것이다. 그러므로 어느 정도 개괄적으로 다룰 수밖에 없긴 하지만 여기서 잠시 이스라엘 종교의 성격과 이스라엘의 초창기에서 이 종교의 외적 표현인 그 특색있는 제도들에 관해 몇 마디 해둘 필요가 있다.

그러나 이렇게 하자면 우리는 곧장 초기 이스라엘의 지파 조직을 고찰하지 않으면 안 된다. 이스라엘의 종교는 마치 그것이 모든 이스라엘 사람들이 동의한 것으로 생각되는 하나님, 세계, 합당한 삶의 행실에 관한 일단의 신념들로 이루어진 양 추상적으로 논의될 수 있는 것이 아니다. 이스라엘의 종교를 그런 식으로 서술한다면, 그것은 이스라엘의 종교를 잘못 보는 것이다. 이스라엘의 종교는 추상적인 신념들로 이루어졌던 것이 아니라 도리어 하나님과 백성 사이에 존재하는 것으로 믿는 어떤 관계에 대한 강렬한 인식, 즉 여호와가 이스라엘을 자신의 특별한 호의의 대상으로 선택하였으며 또 이스라엘은 여호와에게 그의 백성으로 스스로를 헌신하였다는 믿음을 중심으로 삼았다. 이러한 믿음은 초기 이스라엘의 지파 조직을 탄생시켰을 뿐만 아니라 그 조직에 독특한 성격을 부여하였다. 바로 이러한 지파 구조라는 틀 안에서 이스라엘의 성스러운 전승들, 신념들, 제도들이 발전하였고 표준적인 형태를 획득하였기 때문에, 이 지파 구조는 우리의 논의에서 중요한 위치가 부여되어야 한다.

A. 문제점과 접근 방법

초기 이스라엘의 종교 및 외적인 구조와 관련하여서 그 대부분이 학자들 사이에 거의 의견의 일치를 보지 못하고 있다. 그 주된 이유는 이러한 것들을 우리에게 말해주는 문헌들(극소수의 예외를 제외하고는)이 후대의 세기들의 산물들이라는 견해가 오랫동안 통설로 되어 왔기 때문이다. 이스라엘의 초창기에 관한 문헌들의 서술에서 어떤 특징들이 아주 오래된 것이며 또 후대의 신앙을 반영하고 있는 것은 어떤 것들인가를 어떻게 확인할 수 있을까? 이 문제는 현실적인 것으로서 가볍게 넘겨 버려서는 안 된다.

1. 초기 이스라엘의 종교는 어떻게 서술해야 하는가?

과거의 개론서들은 보통 이스라엘의 종교를 저급한 형태에서 점차 고급의 형태로 진화·발전해 왔다는 견지에서 묘사하였다. 오경의 문헌들이 이스라엘 초창기의 실제 신앙에 관해 대체로 신빙성 있는 정보를 제공하고 있는지 의문시되었다. 모세의 종교에 관한 성경의 서술에 나타나는 고상한 신관(神觀)과 강한 윤리적 요소, 또 언약 개념 자체는 후대의 신앙을 과거에 투영(retrojection)한 것으로 널리 받아들여졌다. 더욱이 이스라엘은 왕정의 시작으로 비로소 통일을 획득하였으며 또 법전들과 공식적인 제의는 외적인 통일이 어느 정도 이루어졌을 때에야 비로소 발전할 수 있다고 생각되었기 때문에, 그 법전들과 제의도 역시 후대의 정황'을 반영하는 것으로 받아들여졌다. 그 결과 초기 이스라엘의 종교는 그 내용성을 박탈당해 버렸다. 관례적으로 그 종교는 단일신교(henotheism), 즉 다른 민족들의 수호신들의 실재(實在)를 부정하지 않는 가운데 하나의 부족신 내지 민족신을 배타적으로 섬기는 것으로 서술되었다.[1] 윤리적 유일신교는 선지자들의 활동의 결과로 포로기와 그 이후에야 출현한 것으로 믿었다.

오늘날에는 이스라엘의 종교를 그런 식으로 서술하려는 사람은 거의 없을 것이다. 어떤 종교의 역사든 단순히 진화론적 발전으로 보거나 성경의 내용 자료에 나타나는 사상들과 제도들을 정교하게 분류하여 그것들을 연대순으로 배열할 수 없다는 사실을 인식했다는 것은 그만두고라도, 우리는 명확한 증거로 인하여 이러한 접근방식에 의문을 제기하지 않을 수 없게 되었다. 우선 한 예를 든다면, 고대의 종교들에 관한 현재의 지식에 비추어 볼 때 관습적인 의미에서 단일신교가 고대 오리엔트에 존재한 적이 있었느냐 하는 것은 극히 의문시된다. 고대의 종교들은 모두 상당히 발달된 다신교(polytheism)로서 그 고등신(高等神)들은 우주적인 통치 범위가 부여되어 있었고, 이스라엘이 섬긴 것으로 가정된 부족신 또는 민족신보다 훨씬 품격이 높은 신들이었다. 군주제적 또는 유일신적 방향으로 움직인 경향성들이 널리 퍼져 있었고,[2] 한 경우(예를 들면, 아텐〈Aten〉 제의)에는 적어도 유일신교와 경계를 이루는 종교가 출현하기도 했었다. 이스라엘의 신앙이 단일신교였다면, 다른 종교들과 비교할 때 그토록 원시적인 종교가 그와같이 유례없이 높은 수준까지 도달한 종교가 되었던 이유를 설명하기가 참으로 어려울 것이다. 따라서 초기 이스라엘의 신앙을 단일신교로 서술하는 것은 불충분하다는 것이 분명해진다.

이외에도 개개의 전승 단위들에 대한 연구를 통해 모든 문서들이 그 문서들 자체보다 훨씬 더 오래된 내용 자료를 포함하고 있음이 밝혀짐에 따라, 과거에 추측했던 것과는 달리 초기 이스라엘의 신앙에 대한 직접적인 증언이 없는 것은 결코 아니라는 것이 분명해졌다. 초기 이스라엘의 지파 조직이 아래에서 서술하는 대로 있었다면, 이스라엘의 통일은 왕정보다 훨씬 앞서 이루어졌음이 분명하다. 이스라엘의 성스러운 전승들과 독특한 제도들은 팔레스타인에 정착한 초창기에 이미 표준적인

1) Cf. *New Standard Dictionary of the English Language*(Funk & Wagnalls Co., 1955). 적어도 대중적으로는 이 말은 "일신숭배"(monolarty)와 동의어가 된다: 예를 들면, *Webster's New World Dictionary*(The World Publishing Company, 1953)에는 "belief in one god, without denying the existence of others"("다른 신들의 존재를 부정함이 없이 한 신을 믿음")으로 풀이되어 있다.

2) 증거에 관한 개관으로는 Albright, *FSAC*, pp. 209-236를 참조하라.

형태를 갖추었다고 할 수 있다. 그러므로 반드시 초기 이스라엘의 종교를 좀더 명확하게 묘사할 필요가 있다.

2. 주요한 사료들

그럼에도 불구하고 초기 이스라엘의 신앙과 제도를 서술할 때 시대 착오(anachronism)의 잘못을 범하지 않도록 경계하지 않으면 안 된다. 그러므로 가능한 한 이스라엘이 하나의 민족으로서 삶을 시작한 초창기(주전 10세기와 그 이전)부터 유래했을 합리적인 개연성을 갖는 것으로 밝혀진 자료를 우리의 논의의 토대로 삼을 것이다. 이러한 자료는 양적으로 결코 적지 않다.

오경의 법률 자료들 가운데 상당량이 이스라엘의 초창기까지 거슬러 올라간다는 것은 오늘날 널리 받아들여지고 있다. 언약의 책(출 21-23장; 참조. 34장)은 비평학자들의 통설과는 달리 주전 9세기의 것이기는커녕 아주 초기에 생겨난 것으로서 사사시대의 사법 절차를 반영하고 있음이 확실하다.[3] 그 밖의 법전들(D와 H)의 많은 내용 자료도 마찬가지로 훨씬 고대에 생겨난 것들이다.[4] 십계명만 하더라도, 그것은 이스라엘을 하나의 민족으로 탄생시킨 언약의 중심 요소를 보여 준다. 따라서 출애굽기 20장과 신명기 5장의 두 병행문 배후에 있는 형태(또는 아마도 좀더 오래된 형태)가 모세로부터 비롯되었다고 할 수 있겠다.[5] 더욱이, J자료(아마 주전 10세기에 편찬되었을 것이다)와 E자료를 비교해 보면 오경 전승의 기본적인 요소들과 그 신학

---

3) 언약의 책은 왕정 초기에 수집되었을 것이지만, 율법 내용 자체는 좀더 오래된 것이다. H. Cazelles, *tudes sur le Code de l'Alliance*(Paris: Letouzey et Ané, 1946)은 언약의 책 가운데 많은 부분의 연대를 모세의 세대까지도 소급시킨다. 다음에서 살펴보겠지만, 율법들 가운데 많은 부분은 모세 이전에 기원한 것들이다.

4) Cf. G. von Rad, *Studies in Deuteronomy*(Eng. tr, London: SCM Press, 1953); G.E. Wright, *IB*, II(1953), pp. 323-326. 예를 들면 H에 나오는 내용에 대해서는 K. Elliger, *ZAW*, 67(1955), pp. 1-25를 보라; 또한 H. Graf Reventlow, *Das Heiligkeitsgesetz*(WMANT, 6 〔1961〕).

5) 십계명이 모세로부터 기원했다는 설은 흔히 최근에 옹호되어 왔다(그리고 아마 흔히 부인되기도 하였다); 이에 관한 문헌은 너무나 방대해서 여기에 다 열거할 수가 없다. 현재 형태의 십계명이 무엇으로부터 기원했든지 여러 계명들이 매우 오래되었다는 것에 의문을 제기할 이유는 전혀 없다. 실제로 언약이 이하에서 서술하는 바와 같다고 한다면, 이런 유의 계명들은 우리가 예상할 수 있는 그런 것이다.

의 주요 주제들이 이미 사사시대에 이 두 자료의 원류였던 더욱 오래된 일단의 전승들의 형태로 표준화되어 있었음을 알 수 있다.[6] 이외에도 초기 이스라엘의 신앙과 관습에 대한 소중한 통찰들은 사사기의 이야기들을 비롯한 그 밖의 고대 설화들에서 얻을 수 있다. 물론 이 설화들은 훨씬 후대에 편집된 책들에 수록되었지만 그 내용은 초창기부터 구전 또는 문서 전승으로 전해 내려왔다.

또한 이와 관련하여 극히 중요한 것은 많은 시가들인데, 초기 히브리 운문에 대한 최근의 연구성과에 비추어 이 시가들의 실질적인 내용은 현재 형태 그대로 이스라엘 역사의 초창기(주전 12-10세기)에 연유했던 것으로 보인다.[7] 이런 시가들에는 미리암의 노래(출 15:1-18; 주전 12세기 초)[8], 드보라의 노래(삿 5장; 주전 12세기 후반),[9] 발람의 신탁(민 23장; 24장)[10], 모세의 축복(신 33장),[11] 모세의 노래(신 32장),[12] 야곱의 축복(창 49장)[13], 하박국 시편의 일부(합 3장)[14], 시편 29편,[15] 68편[16]

---

6) Cf. Noth, *A History of Pentateuchal Traditions*(1948; Eng. tr., Englewood Cliffs, N. J.: Prentice-Hall, 1972), pp. 38-41.

7) 이 접근 방법은 W. F. Albright의 학문적 이력의 전 범위에 걸치는 일련의 저술들에서 전개되었다; cf. 가장 최근의 것으로는 *YGC*, pp. 1-52; 또한 F. M. Cross and D. N. Freedman, *Studies in Ancient Yahwistic Poetry*(Baltimore: Johns Hopkins Press, 1950). 이 시가들 가운데 몇몇의 연대에 관한 최근의 논의들에 대해서는 Albright, *ibid.*; D. A. Robertson, *Linguistic Evidence in Dating Early Hebrew Poetry*(Missoula, Mont.: SBL Dissertation Series, 3 〔1972〕; 그리고 특히 D. N. Freedman, "Divine Names and Titles in Early Hebrew Poetry" (*Mag. Dei*, ch. 3). 이러한 학자들 사이에 불일치의 범위가 얼마나 작은가 하는 것은 주목할 만하다.

8) Cf. Cross and Freedman, "The Song of Miriam" (*JNES*, XIV 〔1955〕, pp. 237-250); Cross, *Canaanite Myth and Hebrew Epic*(Harvard University Press, 1973) pp. 112-144; Freedman, "Strophe and Meter in Exodus 15" (H. N. Bream, R. D. Heim, C. A. Moore, eds., *A Light Unto My Path: Old Testament Studies in Honor of Jacob M. Meyers* 〔Philadelphia: Temple University Press, 1974〕 pp. 163-203).

9) 수없이 많은 논의들이 있어 왔다; 최근에는 R. G. Boiling, *Judges*(*AB*, 1975) pp. 101-120.

10) Cf. Albright, "The Oracles of Balaam" (*JBL*, LXIII〔1944〕, pp. 207-233).

11) Cf. Cross and Freedman, "The Blessing of Moses" (*JBL*, LXVII 〔1948〕, pp. 191-210).

12) O. Eissfeldt, *Das Lied Moses Deuteronomium 32:1-43 und das Lehrgedicht Asaphs Psalm 78 samt einer Analyse der Umgebung des Mose-Liedes*(Berlin: Akademie-Verlag, 1958)는 이 시가를 주전 11세기의 것으로 추정하고 있다; Albright, *VT*, IX(1959), pp. 339-346; G. E. Mendenhall, "Samuel's 'Broken Rib': Deuteronomy 32" (*No Famine in the Land: Studies in Honor of John L. McKenzie*, J. W. Flanagan and Anita W. Robinson, eds. 〔Missoula, Mont.: Scholars Press, 1975〕, pp. 63-74)도 마찬가지다. 후자는 현재 형태의 이 작품의 연대를 주전 9세기로 추정하고 있는 G. E. Wright, "The Lawsuit of God: A Form-Critical Study of Deuteronomy 32" (B. W. Anderson and W. Harrelson,

같은 시들 등등. 이렇게 우리는 주전 12세기부터 10세기 사이의 이스라엘의 신앙에 대한 직접적인 증거를 제시해 주는 상당한 양의 자료들을 가지고 있다. 물론 모세의 두드러진 공헌과 광야 시대의 신앙을 팔레스타인에 정착한 이후에 발전한 특징들로부터 가려내기는 어려울 뿐만 아니라 불가능한 경우도 자주 있다. 그러나 이스라엘의 신앙의 모습이 팔레스타인에 정착하면서 근본적으로 변질되었다고 추론할 만한 이유는 전혀 없다. 이와는 반대로 이용 가능한 증거로 미루어 볼 때, 이스라엘 신앙의 모든 본질적인 특징들은 광야 시대와 모세 — 성경이 묘사하는 대로 이스라엘의 위대한 창건자로 우뚝 서 있다 — 까지 거슬러 올라간다고 하지 않을 수 없다.

B. 초기 이스라엘의 신앙

1. 여호와의 백성 이스라엘: 언약 사회

이스라엘의 하나님은 그 역사의 처음부터 여호와(Yahweh)였다. 이스라엘이 여

---

eds., *Israel's Prophetic Heritage: Essays in Honor of James Muilenburg* 〔New York: Harper & Brothers; London: SCM Press〕를 반박하고 있다.)

13) Cf. B. Vawter, "The Canaanite Background of Genesis 49" (*CBQ*, XVII〔1955〕, pp. 1-18); J. Coppens, "La bénediction de Jacob" (*VT*, Suppl., Vol.IV〔1957〕, pp.97-115); O. Eissfeldt, "Sillo und Jerusalem" (*op. cit.*, pp.138-147);E.A. Speiser, Genesis(AB, 1964), pp. 361-372; H. J. Zobel, *Stammesspruch und Geschichte*(*BZAW*, 95〔1965〕).

14) Cf. Albright, "The Psalm of Habakkuk" (H.H. Rowley, ed., *Studeis in Old Testament Prophecy*〔Edinburgh: T. & T. Clark, 1950〕, pp.1-18).

15) Cf. P.C.Craigie, *VT*, XXII(1972) pp.143-151; D. N. Freedman and C. F. Hyland, *HTR*, LXVI(1973) pp.237-256; 또한 F. C. Fensham "Psalm 29 and Ugarit" (*Studies in the Psalms: Papers Read at the 6th Meeting of Die Ou-Testamentiese Werkgemeenskap in Suid Afrika* 〔Potchefstroom: Pro Rege-Pers Beperk, 1963〕, pp. 84-99).

16) Cf. Albright, "A Catalogue of Early Hebrew Lyric Poemx" (*HUCA*, XXIII〔1950/1951〕, Part I, pp. 1-39). Albright는 이 시편을 주전 13-10세기, 즉 솔로몬 시대의 여러 시가들의 첫 머리(incipit)들을 수집한 것으로 본다. 또한 S. Iwry, *JBL*, LXXI(1952), pp. 161-165도 참조하라. S. Mowinckel(*Der achtundsechzigste Psalm* 〔Oslo: J. Dybwad, 1953〕)은 완전히 다른 해석을 하고 있으나 이 시편의 원형은 사울 시대의 것으로 추정하고 있다.

호와 예배를 사막에서 갖고 들어왔다는 것은 확실한 듯하다. 왜냐하면 이미 살펴본 대로 이스라엘이 출현하기 전에는 팔레스타인에서 여호와 예배의 흔적을 찾아볼 수 없기 때문이다. 이스라엘의 신앙이 사막에서 어떤 위대한 종교적 인물, 즉 모세에 의해 이스라엘에게 전달되었다는 것을 의심할 이유는 전혀 없다. 이스라엘의 신(神) 개념은 고대 세계에서 독특한 것이었고, 또 합리적으로 설명을 할 수 없는 현상이었긴 해도, 이스라엘의 신앙을 신관(神觀)의 견지에서 이해하려고 하는 것은 근본적으로 잘못된 것이다. 이스라엘의 종교는 어떤 종교적 개념이나 윤리적 원칙들로 이루어진 것이 아니라 신앙으로 해석되고 또 신앙으로 응답된 역사적 체험에 대한 기억에 의거하고 있다. 이스라엘 사람들은 자기의 하나님 여호와가 권능 있는 역사(役事)를 통해 자기들을 이집트에서 구하였으며 언약을 통해 그의 백성으로 삼았다고 믿었던 것이다.

a. 여호와의 호의와 이스라엘의 응답: 선택과 언약

선택과 언약이라는 개념은 초기 이스라엘에서 공식적인 진술로 나타나지 않았다는 것은 사실이다. 그러나 이 둘은 처음부터 이스라엘 사람들이 자기 자신과 그들의 하나님을 이해하는 데 근본이 되었다.

선택에 관해 말해 본다면, 우리는 이스라엘의 역사에서 자기들이 여호와의 택함받은 백성이며[17] 또 출애굽의 구원에서 여호와의 은혜로운 역사(役事)는 이스라엘을 그의 백성으로 부르려는 전조였다는 것을 그들이 믿지 않았던 시대를 찾아볼 수 없다. 후대의 여러 시기에서 그러한 진술은 너무도 명백해서 새삼 강조할 필요도 없다. 우리는 단지 후대의 성경의 문학이 실질적으로 일치된 증언을 하고 있는 것은 말할 것도 없고 얼마나 선지자들과 신명기 계열의 기자(記者)들이 여호와가 한 민족을 불러내어 자기 백성으로 삼은 그 권능과 은혜를 보여 주는 잊을 수 없는 예로 끊임없이 출애굽을 언급하고 있는지를 떠올리기만 하면 된다. 그러나 비록 선택 사상은 주전 7세기와 6세기의 문학에서 가장 분명하게 표현되고 특징적인 어휘로 나타나

---

17) 선택 개념에 대해서는 H.H. Rowley, *The Biblical Doctrine of Election*(London: Lutterworth Press, 1950); G.E. Wright, *The Old Testament Against Its Environment*(London: SCM Press, 1950)를 보라; 또한 G.E. Mendenhall, *IDB*, II, pp. 76-82.

18) Th. C. Vriezen, *Die Erw hlung Israels nach dem Alten Testament*(Zürich: Zwingli-Verlag, 1953); 또한 시편 가운데 나오는 동일한 용어에 관해서는 K. Koch, *ZAW*, 67(1955), pp. 205-226를 참조하라.

긴 하지만[18], 그 개념은 처음부터 이스라엘 신앙에 확고하게 자리를 잡고 있었다. 선택 사상은 아브라함이 여호와의 부르심에 관하여 말하는 가운데 그에게 준 여호와의 약속들이 출애굽과 가나안 정복을 통해 성취되었다고 보고 있는 J자료 기자(Yahwist, 주전 10세기)의 신학에서 중심이 되어 있다. E자료 기자(Elohist)도 마찬가지로 족장들이 여호와의 부르심을 받은 것에 관하여 말하고 있고, 이스라엘을 열국 가운데서 하나님 "자신의〔내〕 소유"라고 말하고 있다(출 19:3-6).[19]

이미 말한 대로, J자료 기자와 E자료 기자는 모두 이러한 주제들이 그들이 다루었던 전승들에 이미 나타나 있음을 알았던 것이다. 그리고 이외에도 성경에 나오는 가장 오래된 시가(출 15:1-18)는 이스라엘을 이스라엘이라는 이름으로 지칭하는 것이 아니라 단순히 여호와의 백성, "구속하신"(13절) 백성, 주의 "사신"(아마도 "지으신"이 더 좋을 듯하다; 16절) 백성이라고만 하고 있다. 비슷한 주제들이 이것 및 다른 옛 시가들에 반복해서 나온다. 이스라엘은 하나님의 은혜로운 호의로 이집트에서 구출되어 하나님의 "성결한 처소"(15:13)로 인도되었다. 그리고 이스라엘은 구별된 민족으로서 여호와에 의해 자기의 것으로 주장되었으며(민 23:9; 신 33:28f.; 참조. 32:8ff.), 여호와의 권능 있는 역사(役事)를 통해 지속적으로 안전하게 보호를 받고 있다(삿 5:11; 시 68:19ff.). 이 모든 점을 고려할 때, 이스라엘은 초창기부터 스스로를 여호와께 택함받은 백성이요 그분의 특별한 호의의 대상으로 보았음이 분명하다. 여기에 덧붙여 말해야 할 것은 이 문학 가운데 그 어디에서도(가장 오래된 설화 전승들이 얼마나 한결같이 이스라엘을 비겁하고 배은망덕하며 반역하는 것으로 묘사하고 있는지를 주목하라) 선택이 이스라엘의 공로로 돌린 경우는 하나도 없고, 공로 없이 받은 여호와의 은혜로만 돌리고 있다는 점이다.

성경에 따르면, 이스라엘은 여호와의 은혜에 응답하여 여호와와 언약을 맺어 그의 백성이 되고 그의 계명들에 따라 살기로 하였다. 달리 말하면, 언약을 통하여 이스라엘은 여호와의 백성이 되었다. 물론 이를 부인하고 언약이라는 개념 자체는 비교적 후대에 이스라엘에 들어왔다고 주장하는 학자들도 있다. 이에 대해서는 아래에서 살펴보고자 한다. 그러나 표면상으로 이러한 판단은 받아들이기 어렵다고 하겠

19) 이 구절 및 언약에 관한 이와 비슷한 정형 어구들에 대해서는 Muilenburg, *VT*, IX(1959), pp. 347-365를 참조하라. "내 것"(segullah)으로 번역된 단어는 우가리트의 한 서간에 나오는데, 거기서는 이 말은 우가리트의 왕을 자신의 "사유재산"으로 서술하기 위하여 종주국인 헷의 왕에 의해 사용되고 있음이 분명하다: cf. D.R. Hillers, *Covenant: The History of a Biblical Idea*(The Johns Hopkins Press, 1969), p.151

다. 언약 사상은 오경의 가장 초기의 전승 층에서도 아주 두드러지기 때문에 비평학적 수술을 통해 제거해 버릴 수 없을 뿐만 아니라, 구약의 아주 많은 부분이 이 언약 사상을 도외시하고는 설명되지 않는다. 특히 이스라엘 초창기의 지파 체제는 일종의 언약 체제로 이해하는 것이 가장 좋다는 사실이다(이것은 논란되는 주제로서 나중에 다시 살펴보겠다). 이미 살펴본 대로, 이스라엘은 극히 이질적인 혈통을 지닌 여러 종족들로 이루어졌고, 또 중앙 정부나 국가 기구를 통해 결합되지 않았는데도 200여 년 동안이나 믿기 어려운 강인성을 가지고 대단한 역경에서도 용케 살아남아서 한 민족의 정체성을 유지하였다. 이스라엘의 여러 종족들이 하나님 앞에서 맺은 엄숙한 협약 또는 조약(즉, 언약)의 응집력으로써 서로 결합되어 있지 않았다면, 어떻게 그럴 수 있었을지 이해하기 어렵다. 그러한 일은 당시의 세계에서는 정말 변칙적 현상이었을 것이다.

이러한 언약에 관한 이야기는 여호수아 24:1-28에 나온다. 여기서 여호수아는 지파 사람들이 다 모인 자리에서 아브라함의 부르심으로부터 이 땅을 주시기까지 하나님의 권능 있는 역사(役事)를 여호와의 이름으로 이야기하면서 이를 토대로 해서 백성들에게 여호와를 섬길 것인지 다른 신을 섬길 것인지를 선택하라고 하고는 자기 자신은 이미 선택을 하였음을 밝힌다. 백성들이 여호와를 선택하겠다고 밝히자, 여호수아는 그들에게 그들의 선택이 엄중하다는 것을 상기시킴과 아울러 모든 다른 신들을 버리도록 경고한 후에 오직 여호와만을 섬기겠다는 언약을 그들과 맺는다. 이와 비슷한 언약 문구들이 그러하듯이, 여기서도 언약은 이미 받은 은혜로운 호의에 대한 응답으로 맺어진다.

이 구절은 이른바 신명기 역사서(여호수아서부터 열왕기하까지) 안에서 우리에게 전달되었지만, 그것은 신명기 사가의 자유로운 창작으로 여겨져서는 안 되고 고대의 전승에 의거하고 있는 것으로 추측될 수 있다. 꽤 많은 학자들이 생각하여 왔듯이 그 구절은 팔레스타인 땅에서 이스라엘 지파 동맹의 형성에 관한 기억을 보존하고 있다고 볼 수 있다. 어쨌든 이 구절은 이전에 여호와를 예배하는 자들이 아니었던 종족들이 엄숙한 언약을 통해 이스라엘의 지파 구조로 들어온 몇몇 경우까지 거슬러 올라감에 틀림없다.

따라서 한 민족으로서 이스라엘의 존재는 궁극적으로 거기에 참여하였고 또 이스라엘의 핵(核)이었던 사람들에 의해 전해져 온 하나의 공동 체험에 관한 기억을 근거로 하고 있었다. 성경 설화의 상세한 내용을 일일이 검토할 수는 없지만, 그것은 의심할 여지없이 역사에 뿌리를 두고 있다. 히브리 노예들이 놀라운 방법으로 이집트에서(모세의 영도 아래!) 탈출해 나왔고, 또 그들은 이 구출 사건을 모세에게 여호와라는 이름으로 나타난 "새로운" 하나님의 자비로운 개입으로 해석했다는 것을 의심할 만한 객관적인 이유는 전혀 없다. 또한 바로 이 백성이 그런 후에 시내산으로 옮겨가서 거기서 여호와와 언약을 맺고 그분의 백성이 되었다는 것을 의심할 객관적인 이유도 전혀 없다. 이 언약을 계기로 이전에는 존재한 적이 없었던 새로운 사회가 세워졌는데, 이 사회는 혈통이 아니라 역사적 체험과 도덕적 결단을 바탕으로 하였다. 이 사건들을 체험한 집단이 그러한 기억을 지닌 채 팔레스타인으로 들어오고, 또 여호와에 대한 신앙을 중심으로 — 다시 언약을 통해 — 지파 동맹이 결성되자 출애굽과 시내산 사건은 온 이스라엘의 표준적 전승이 되었다: 우리 모두의 선조들은 여호와의 인도로 바다를 건넜고 시내산에서 엄숙한 언약을 통해 그분의 백성이 되었다. 그리고 약속의 땅에서 우리는 그 언약을 재천명하였고 또 끊임없이 재천명할 것이다.

b. 언약의 양식

시내산 단화(單話), 여호수아 24장, 신명기, 그 밖의 성경의 다른 곳에서 볼 수 있는 언약의 양식은 헷 제국의 종주권 조약들(즉, 종주국의 대왕과 그의 봉신들 사이에 맺어진 조약들)과 상당히 유사하다는 것이 밝혀졌다.[20] 물론 이스라엘의 언약이 헷 제국의 조약들을 직접적으로 받아들여 변용했을 리는 없다. 왜냐하면 헷 제국의 종주권 조약들은 특별히 헷족에서 기원했다기보다도 주전 2000년대에 고대 오리엔트에서 널리 사용되었던 조약 양식을 보여 주는 것이라고 해야 할 것이기 때문이다. 그러나 우연히도 이 양식은 그 당시에 헷 제국의 문서들만을 통하여 우리에게 알려지게 되었다.[21] 더욱이 후기 청동기시대가 끝나면서 팔레스타인과 그 인근지역은 북

20) 이러한 것들은 25년전에 G. E. Mendenhall, "Ancient Oriental and Blblical Law" and "Covenant Forms in Israelite Tradition"(*BA*, XVII 〔1954〕, pp. 26-46, 49-76; rept., *Biblical Archaeologist Reader*, 3, E. F. Campbell and D. N. Freedman, eds. 〔New York: Doubleday & Co., Inc., 1970〕 pp. 3-53)에 의해 지적되었다. 이와 유사한 점들은 K. Baltzer, *The Covenant Formulary*(Eng. tr. of the 2nd ed., Oxford: Blackwell, 1971)에 의해 독자적으로 관찰되었다. 대중적인 유용한 서술로는 Hillers, *op. cit.*를 참조하라.

21) 예를 들면 이집트에서 나온 조약 관련 문서들은 없지만 아마르나 서간들은 바로와 그의 봉신들 사이에 그와 같은 공식적인 협약이 존재했음을 시사해 준다; cf. E. F. Campbell, "Two Amarna Notes"(*Mag. Dei,* ch. 2, 특히 pp. 45-52).

22) Cf. Mendenhall, *The Tenth Generation*(Baltimore: Johns Hopkins University Press, 1973), Ch. VI.

방으로부터 이동해온 종족들(아나톨리아와 한때 헷 제국의 영토였던 땅들)에 의해 깊이 영향을 받았다는 풍부한 증거가 있다.[22] 그러므로 방금 말한 이 조약 양식이 특별히 헷족에게서 기원하였다고 할지라도(아마 그렇지 않았을 것이다), 선험적으로 판단컨대 그 양식이 이스라엘의 창건자들에게 알려지지 않았을 이유는 하나도 없다.

문제의 조약들은 전형적으로 종주국의 대왕이 자기 이름과 칭호들과 부왕의 이름을 들고 자기가 누구인지를 밝히는 전문(前文)으로 시작된다("이는 …… 의 말이니라"). 그런 다음 흔히 아주 긴 서문(序文)이 나오는데, 여기서 대왕은 자기와 봉신과의 이전의 관계를 회고하고 자기의 호의적인 행위들을 들면서 영구적으로 이 은혜에 감사해야 할 의무가 봉신에게 있음을 강조한다. 이 서문은 대왕이 자기의 봉신에게 직접 말하는 것처럼 "나-그대"의 발언 양식으로 되어 있다. 다음에는 약정 사항들이 나오는데, 여기에서는 봉신에게 부과되고 봉신으로서 받아들여야 하는 의무들이 상세하게 진술된다. 전형적으로 이 약정 사항들에서는 헷 제국 외의 다른 나라들과 외교 관계를 맺는 것과 다른 봉신들에게 적대하는 것이 금지된다.

봉신은 군대 동원령에 응해야 하며 그것도 성심껏(문자 그대로 "그대의 온 마음을 다하여") 응해야 한다. 이를 어기면 조약을 파기하는 것이 된다. 봉신은 대왕을 무제한 신뢰해야 하며 또 대왕에 대하여 비우호적인 말을 하거나 다른 사람이 그렇게 말하는 것을 용인해서는 안 된다. 봉신은 매년 규정된 공물을 갖고 대왕을 배알해야 하며, 다른 봉신들과 모든 분쟁에서는 대왕의 판결을 받도록 해야 한다. 이 약정 사항들에 이어서 조약의 사본을 봉신의 신전에 보관하고 일정한 간격을 두고 정기적으로 공중 앞에서 낭독해야 한다는 규정이 때로 나오기도 한다. 이 규정은 아마 봉신에게 그가 떠맡은 의무들과 서약한 충성의 엄숙한 맹세를 상기시키려는 목적이 있을 것이다. 다른 것들(산, 강, 하늘, 땅 등)과 아울러 헷 지방들과 봉신의 본국의 여러 신들을 이 조약의 증인들로 초치하고, 그 이름들을 열거하고 있다. 상벌 규정은 봉신이 순종했을 경우와 순종하지 않았을 경우에 신들이 내리는 일련의 축복과 저주의 형식으로 갖추어져 있다.

헷 제국의 종주권 조약과 성경에서 볼 수 있는 언약 양식과의 유사점들은 곧 눈에 들어온다. 하지만 여기서 그것들을 모두 논의할 수는 없다. 성경의 경우에도 언약의 주(主)가 누구인지를 밝히는 전문(前文)이 있다(참조. "나는 너의 하나님 여호와로라", 출 20:2; 또는, "이스라엘 하나님 여호와의 말씀에", 수 24:2). 역사적 실제를 담고 있는 서문도 그 전형적인 특징을 보여 주는데, 그 길이는 아주 짧기도 하고(참조. "너를 애굽 땅 종 되었던 집에서 인도하여 낸", 출 20:2) 아주 길기도 하다(참조. 수 24:2b-13에서는 여호와의 자비로운 역사를 길게 재연하고 있다). 또한 헷족의 종주권 조약의 약정 사항들도 이스라엘의 언약에 나오는 약정 사항들과 비슷하다. 대왕의 봉신들이 헷 제국 이외의 나라들과 동맹을 맺는 것을 금한 것과 마찬가지로, 이스라엘 사람들도 여호와 이외의 다른 신을 종주신(宗主神)으로 섬기는 것이 금지되어 있다. 헷 제국의 봉신들이 다른 봉신들과 적대해서는 안 되고 모든 분쟁은 대왕의 판결에 따라야 했던 것과 마찬가지로, 십계명의 규정들도 같은 동포인 이스라엘 사람들의 권리를 침해하거나 그 공동체의 평화를 파괴하는 행위를 금하고 있다. 군대 동원에 응해야 한다는 것은 이스라엘 지파 동맹 안에서 의무적인 것으로 인식되어 있었음이 분명하다(참조. 삿 5:14-18, 23; 21:8-12). 헷 제국의 봉신이 규정된 공물을 갖고 대왕을 배알해야 했던 것과 마찬가지로, 이스라엘 사람들도 정기적으로 여호와 앞에 나아가야 했다. 이때 "빈손으로" 나아가서는 안 되었다(출 23:14-17; 34:18-20). 조약의 사본을 신전에 보관하고 주기적으로 그것을 공중 앞에서 낭독해야 한다는 규정도 이스라엘의 경우와 같다(예를 들면, 신 10:5; 31:9-13).[23]

물론 여러 신들을 증인으로 초치한 것은 성경의 언약에는 나오지 않는다(그러나 여호수아 24:22, 27을 보라. 거기에는 처음에 백성들, 다음으로는 성스러운 돌이 증인으로 불려지고 있다). 그렇지만 이러한 특징을 상기시키는 것들은 예언서들에 나오는 몇몇 "소송 논고(論考)들"(예를 들면, 사 1:2f.; 미 6:1f.)과 아주 오래된 모세의 노래(신 32:1)에서 찾아볼 수 있다. 거기에서는 하늘과 땅, 산들과 언덕들이 백성들의 의무 태만을 증거하도록 초치되고 있다.[24] 축복과 저주의 말은 특히 신명기에서 두드러진 비중을 차지하고 있지만(참조. 27-28장) 그것들은 가장 초기의 선지자들의 설교에도 이 특징을 상기시키는 흔적이 남아 있다는 것에서 입증되듯이 훨씬 이전부터 알려졌음에 틀림없다.[25] 실제로 사사기 5:23은 언약상의 의무를 이행하지 않은 사람들에게 저주를 내리도록 신에게 기원하는 관습이 초창기부터 있었다는 것

---

23) 여호수아가 한 책에 나오는 언약의 말씀들을 기록하였다고 하는 사실(수 24:26)은 언약 문서가 세겜에 있는 성소에 보관되었음을 시사해준다; cf. Hillers, *Covenant*, p. 64.

24) 이 발화(發話)들에 관하여는 상당한 양의 문헌이 있다; cf. J. Harvey, *Le Plaidoyer proph tique contre Isra l apr s la rupture de l'alliance* (Bruges and Paris: Desclée de Brouwer; Montreal: Les Éditions Bellarmin, 1967); 그 밖의 저작들은 거기에 나오는 문헌 목록에 열거되어 있다.

25) 이 특징은 아마 예레미야를 제외한 다른 어떤 선지자보다 호세아에게서 두드러진다; cf. D.R. Hillers, *Treaty Curses and the Old Testament Prophets*(Rome: Pontifical Biblical Institute, 1964).

을 보여 주고 있는 듯하다.

c. 이스라엘의 오래된 언약 양식

위에서 말한 유사점들은 매우 두드러진 것으로서 이스라엘의 언약이 극히 오래되었고 또 이스라엘의 공동체 생활에서 핵심적인 중요성을 지니고 있었음을 강력하게 입증해 주는 듯이 보인다. 그러나 꽤 많은 학자들은 이렇게 믿지 않고 도리어 이스라엘이 자신의 역사의 비교적 후대에 이 조약 양식을 하나님과 그들의 관계를 표현하는 수단으로 받아들였다고 주장하고 있다는 점을 지적해 두지 않으면 안 된다.[26] 학자들의 이러한 견해는 근거가 없는 것이 아니고, 그들의 논거들은 전적으로 쓸모없는 것으로 취급하여 제쳐놓아서는 안 된다. 무엇보다도 먼저 지금까지 우리가 묘사한 조약 양식이 주전 13세기 헷 제국의 몰락과 함께 사라지지 않았다는 것은 분명히 사실이다. 왜냐하면 그 양식의 본질적 특징들 가운데 다수가 주전 8세기와 7세기의 아람과 앗시리아의 조약들에서도 계속해서 나타나기 때문이다. 따라서 이스라엘이 자신의 역사 초기에서가 아니라 아마도 분열 왕국시대에 이 조약 양식을 배워서 자신의 목적에 따라 변용하여 활용하였을 가능성도 배제할 수 없다.

이에 덧붙여 성경에 나오는 언약은 신명기(그 기록 연대를 보통 주전 7세기로 추정한다)에서 가장 분명하게 공식적으로 표현되고 있다는 사실이다. 신명기는 시내산에서 일어난 사건들에 대해 말하고 있는 출애굽기의 그러한 대목들보다 훨씬 더 그것을 분명하게 표현하고 있는데, 출애굽기에서는 여기저기 흩어져 나오는 단편들을 모아야 비로소 이 언약 양식을 재현할 수 있다. 그리고 마지막으로 주전 7세기 이전의 것임이 확실한 문학에서는 "언약"(berit)이라는 말이 상대적으로 드물게 나온다는 사실이다. (그 시기 이전의 예언서들 가운데서 호세아서만이 이 단어를 신학적인 의미로 사용하고 있는데 그것도 두세 번에 지나지 않는다.) 이러한 것들을 고려해서 많은 학자들은 이스라엘이 비교적 후대에 이 조약 양식을 가져와서 자신의

26) 이에 관한 문헌은 방대하다. 그 밖의 문헌과 아울러 논의를 개관하고 있는 것으로는 D.J. McCarthy의 여러 저작들이 있다; 가장 최근의 것으로는 *Treaty and Covenant: A Study in Form in the Ancient Oriental Documents and in the Old Testament*(Rome: Biblical Institute Press, 1978). McCarthy는 시내산 체험은 언제나 언약과 관련하여 이해되었다고 믿고 있지만, 그것이 원래 조약 양식에 따라 인식되었다는 데 대해서는 의문을 표시하고 있다.

27) 예를 들면, L.Perlitt, *Bundestheologie im Alten Testament*(*WMANT*, 36, 1969); E. Kutsch, *Verheissung und Gesetz: Untersuchungen zum sogenannten "Bund" im Alten Testament*(*BZAW*, 131, 1973).

목적에 따라 그것을 변용하여 활용하였다고 믿게 되었다. 몇몇 학자들은 언약이라는 개념 자체가 주전 7세기의 신명기 계열의 기자들 이전에는 이스라엘의 사고에서 거의 역할을 하지 못했다고 주장하기까지 하였다.[27]

그러나 이러한 고려 사항들이 무게가 있긴 하지만 그것들이 표면상으로 보이는 것과는 달리 설득력 있다고 믿기 어렵다. 한 가지 예를 든다면, 논의중에 있는 조약 양식이 앗시리아 시대까지 남아 있었다고 하더라도, 그것은 간과되어서는 안 되는 중요한 수정들이 행해진 상태로 남아 있었다.[28] 이 수정들 가운데 가장 중요한 것은 헷족의 종주권 조약과 성경의 모든 고전적인 언약 양식들(예를 들면, 출 19:3-6; 수 24장; 참조. 삼상 12장)에서 표준적인 특징의 하나였던 주군과 봉신 사이의 과거의 관계를 개괄하는 사실적(史實的) 서문이 우리에게 알려져 있는 주전 1000년대의 조약들에는 없는 반면에[29], 한편 조약을 강화시키는 저주의 말들은 훨씬 더 정교하고 무시무시하게 되었고 축복의 말은 사라지는 경향을 보이고 있다는 것이다.

또 주군과 봉신의 관계에 대한 개념도 은혜로운 호의와 설득보다도 위협과 노골적인 힘의 과시를 근거로 하는 것으로 달라졌는데, 이것은 아마도 정신적으로 성경의 언약과는 다른 것이었을 것이다. 이스라엘의 언약 개념이 이들과 같은 조약들로부터 나왔다고 믿기란 어렵다. 의심할 여지없이 앗시리아 조약들은 주전 7세기의 이스라엘의 사고에 영향을 미쳤다. 그러나 이스라엘이 이미 스스로를 앗시리아의 왕들보다 훨씬 더 인자한 주군의 봉신된 백성으로 인식하고 있었다면, 이것은 사실이 아닐 가능성이 크다. 물론 이것은 이스라엘이 초기부터 이 조약을 알고 있었다는 증거가 되는 것과는 거리가 멀다. 그러나 적어도 성경의 언약이 형식적으로나 정신적으로 우리에게 현재 알려져 있는 후대의 조약들보다도 주전 1000년대의 헷족의 조약들에 훨씬 더 가깝다는 것은 말할 수 있다.

---

28) Cf. H.B. Huffmon, "The Exodus, Sinai and Credo" (*CBQ*, XXVII〔1965〕, pp. 11-113); K. A. Kitchen, *Ancient Orient and Old Testament*(Inter-Varsity Press, 1966), pp. 90-102. 이러한 조약들 가운데 일부에 대해서는 Pritchard, *ANET*, pp. 203-206; *ANE Suppl.*, pp. 529-541를 참조하라. 주전 8세기의 아람족 조약들에 대해서는 J.A. Fitzmyer, *The Aramaic Inscriptions of Sefre*(Rome: Pontifical Biblical Institute, 1967)를 참조하라.

29) 아슈르바나팔(Asshurbanapal)과 게달(Qedar)의 주민들 사이에 맺은 조약의 훼손된 한 단편은 양자의 과거의 관계를 간략하게 암시하는 대목이 들어 있는 듯한데, 이것은 예외적인 경우라고 할 수 있겠다; cf. K. Deller and S. Parpola, *Orientalia*, 37(1968), pp. 464-466. 그러나 대왕의 과거의 은혜를 회고하는 장황한 서문은 우리에게 알려져 있는 앗시리아의 조약들의 특징이 아님은 확실하다.

시내산 단화(單話)를 비롯한 다른 곳에서는 여기저기 떨어진 형태로 표현되어 있기는 하지만 언약의 양식이 신명기에서 가장 극명하게 표현되고 있다는 사실은 결정적으로 중요한 것도 아니고 놀라운 일도 아니다. 성경의 그 어디에도 원래 형태의 언약-조약 문서는 나오지 않는다. 단지 언약들을 맺고 또 그것들을 제의를 통해 재연(再演)하는 것에 관한 이야기 기사들만이 나올 뿐이다. 이것은 이스라엘의 신앙이 그것에 주입시킨 새로운 내용성과 더불어 그 자체로 언약 양식을 어느 정도 깨지 않으면 안 되게 하였을 것이다. 또한 우리는 성경에 나와 있는 그대로 시내산 단화(單話)가 극히 오랜 세월의 복잡한 전승과 개작의 과정을 거쳐 나온 최종적인 산물임을 기억하여야 한다. 이 과정에서 내용 자료가 원래의 문맥과 다르게 배치되었고 그럼으로써 그 내용 자료를 활용한 제의의 틀도 없어졌다고 보아야 한다. 이러한 상황 아래에서 원래의 양식이 그대로 보존되었기를 바라는 것은 거의 기대할 수 없을 것이다. 그럼에도 불구하고 시내산 단화에서조차도 조약 양식의 표준적인 특징들은 아주 오래된 전승에 의거하고 있음이 분명한 여호수아 24장에 나오는 언약에 관한 기사에서 분명하게 또는 추론을 통해 찾아낼 수 있다.[30] 언약이 신명기에서 가장 극명하게 표현되어 있다는 사실은 이 개념이 훨씬 이전의 시기에는 알려져 있지 않았다는 증거로 취해질 수 없다.

주전 7세기 이전에는 "언약"(berit)이라는 단어가 비교적 한정적으로 등장한다는 사실이 결정적으로 중요치 않다는 것은 말할 필요도 없다. 먼저 우리가 하나님과 백성간의 언약에 관하여 말하고 있는 몇몇 주요 구절들(예를 들면, 창 15:8; 출 19:3-6; 24:7f.; 34:10, 27f.; 수 24장; 또한 삼하 23:5; 시 89편 등)을 신명기 계열의 것 또는 후대의 것이라고 단정하지 않는다면(이는 근거가 별로 없는 주장이다), 이 단어는 결코 그렇게 한정적으로 나오는 것이 아니다. 더욱이 개념이라는 것은 그것을 표현하기 위한 확정된 용어가 발전하기 오래 전부터 있었다고 보는 것이 당연하다. 예를 들면, 우리가 위에서 보았듯이 선택이라는 개념을 표현하기 위한 표준적인 용어는 주전 7세기와 그 이후에 확정되었던 것으로 보인다. 그런데 이스라엘은 스스로를 애초부터 특별한 호의를 통해 여호와에 의해 구별된 여호와의 백성으로 여겼음이 확실한 듯하다. 언약이라는 개념도 마찬가지라고 할 수 있다. 어쨌든 초기이건 후대이건 하나님과 백성의 관계와 결부된 수많은 용어들은 주군과 봉

30) 이 점 및 이 단원에서 지적된 다른 점들에 대해서는 E. F. Campbell, *Interpretation* XXIX (1975), pp. 148-151를 참조하라.

신의 관계를 다루는 후기 청동기시대까지 거슬러 올라가는 고대 오리엔트의 문헌들에서 널리 예증된다는 것은 확실하다. 이 문헌들 가운데 몇몇은 팔레스타인으로부터 연원하기 때문에(아마르나 서신), 이스라엘 사람들이 이 용어 및 그 용어가 함축하고 있는 조약 관계를 처음부터 알고 있었던 것이 아니었다고 믿을 만한 이유는 전혀 없다.[31]

이스라엘의 언약 양식이 오래되었다는 것을 입증할 수 없다는 것은 인정하지 않을 수 없다. 우리가 활용할 수 있는 증거로는 이를 입증했다고 말할 수 없다. 그렇지만 이러한 증거는 우리에게 초창기부터 이스라엘은 여호와와의 유대를 알고 있었고 그 유대의 본질적 특징들은 적어도 주군과 봉신간의 조약을 생각나게 하는 것이었다고 믿을 만한 근거를 충분히 제공해 주고 있다. 그것은 자기 백성을 종살이로부터 구출하여 그들에게 땅을 준 주군이신 하나님의 은혜로운 호의에 토대를 둔 유대였고, 이로 인하여 백성들은 영속적으로 은혜에 감사하면서 오직 그분만을 섬기며 그분의 계명들에 순종하는 가운데 살아가지 않으면 안 되는 — 불순종할 경우 대단히 분노할 것이라는 위협과 함께 — 의무를 지게 되었다. 이러한 언약 개념은 족장 설화들에 나오는 언약과는 그 강조점이 두드러지게 다르다는 것을 알 수 있을 것이다. 거기에서는 언약은 미래의 무조건적인 약속들로 이루어져 있으며, 그 약속을 받은 자는 단지 믿기만 하면 되었다. 이와는 반대로 여기에서는 언약은 이미 행해진 은혜로운 행위들에 토대를 두고 있으며 그 결과로 의무가 부과된다. 앞으로 보겠지만 이 두 개념은 나중에 어떤 긴장 관계에 있게 될 것이었다.

d. 언약: 여호와의 왕권

이미 우리가 주장했듯이 이스라엘이 하나의 민족으로 탄생한 그 처음부터 하나님과 자신의 관계를 군주에 대한 봉신의 관계로서 종주권 조약의 양식과 유사한 것으로 인식하였다면, 이는 깊은 신학적 의의를 갖는다. 하나님이 자기 백성을 다스린다는 개념, 즉 구약과 신약의 중심 사상인 하나님 나라라는 개념은 바로 여기에서부터 비롯하였다.[32] 이러한 언약 사상은 세월이 흐르면서 많은 변천을 겪었지만, 왕정

31) "말씀을 듣다(즉, 순종하다)", "사랑하다", "미워하다", "두려워하다", "알다(즉, 깨닫다)", "절하다", "호의를 보이다" 등과 같은 말들이 포함된다. 이 주제에 관한 문헌은 산재해 있다; 간단한 개관은 Campbell, *ibid.*를 참조하라. 아마르나 서간에 나오는 이런 유의 용어에 대해서는 Campbell, *Mag. Dei,* pp.45-52를 참조하라.

32) 이것은 수 년 전에 W.Eichrodt, *Theology of the Old Testament,* Vol.I(Eng.tr., of 6th ed., *OTL,* 1961), pp.39-41에 의해 올바르게 감지되었다.

이 수립된 후에 발전한 후대의 개념은 결코 아니다. 왜냐하면 이스라엘의 지파 조직 자체가 여호와의 왕권 아래의 신정 체제였기 때문이다.[33] 이스라엘의 초기 제의의 상징물들은 바로 이 여호와의 왕권을 상징한 것들이었다: 언약궤는 여호와의 보좌였고 (참조. 민 10:35f.)[34], 모세의 지팡이는 여호와의 홀(笏)이었으며, 성스러운 제비는 여호와의 뜻을 알리는 서판(書板)이었다. 초창기의 시가들은 이따금 여호와를 왕으로 부르고 있다(출 15:18; 민 23:21; 신 33:5; 시 29:10f.; 68:24). 이와 같은 믿음이 지파 동맹 '내부에서' 발전했을 리는 없고 도리어 그런 믿음이 그 동맹을 구성하게 하였다고 보아야 한다! 그러므로 그 기원을 사막, 우리가 믿기로는 모세 자신의 사역(事役)에서 찾아야 한다.

따라서 언약은 어떤 의미로든 동등한 당사자 사이의 협약이 아니라 봉신이 주군인 여호와가 제시한 조건들을 그대로 받아들이는 것이었다. 그러므로 언약은 선택을 조건으로 하고 있었고, 또 선민(選民)이라는 이스라엘의 자기 이해에 아무리 잊고자 해도 결코 잊을 수 없는 도덕적 특질을 주입하였다. 이스라엘은 그럴 만한 자격이 있어서 호의를 입은 우수한 백성이 아니라 아무런 공로도 없이 은혜를 입은 보잘것 없는 백성이었다. 이스라엘의 왕이신 하나님(God-King)은 혈통과 제의상의 유대로 이스라엘과 인연을 맺게 된 민족신(national genius)이 아니라 곤경에 처해 있던 이스라엘을 선택한 우주적 신이었으며, 또 이스라엘은 자유로운 도덕적 행위를 통해 그분을 섬기기로 선택했던 것이다. 따라서 이스라엘 사회는 자연적인 관계가 아니라 언약에 뿌리를 박고 있었다. 종교적 의무는 여호와의 선행하는 호의에 토대를 둔 것이기 때문에, 언약을 통하여 여호와가 이스라엘에게 미래의 빚을 질 이유가 없었다. 주군인 여호와가 요구한 조건들이 준행되는 동안에만 언약은 지속될 수 있었다. 언약이 유지되기 위해서는 각각의 세대는 자유로운 도덕적 결단을 통한 순종

---

33) "왕"이라는 칭호가 가장 초기의 문학에서는 아주 드물게 여호와에게 적용되고 있기 때문에, 오랫동안 이 개념은 왕정시대에 생겨난 것으로 생각되었다. 그러나 언약이 '정치적' 형태를 따른다는 인식은 이 논의를 다른 관점에서 보게 만들고 있다. 아마 '멜렉'(melek)이라는 단어가 당시의 팔레스타인에서 작은 도시 국가의 왕을 의미하였다는 사실로 인해 이스라엘 사람들은 이 단어를 신적 종주(宗主)인 여호와에게 적용하기에 적당치 않다고 생각하게 되었을 것이다. 이 주제에 대해서는 G.E. Wright, *The Old Testament and Theology*(Harper & Row, 1969), Ch. 4을 참조하라; 특히 G.E. Mendenhall, "Early Israel as the Kingdom of Yahweh"(*The Tenth Generation*, Ch. I).

34) Albright(*JBL*, LXVII[1948], pp. 387f.)는 언약궤의 이름은 "그룹들 위에 좌정하신 만군의 여호와(의 이름)"이었다고 주장한다(cf. 삼상 4:4). 이 상징에 대해서는 Eichrodt, *Theology of the Old Testament*, Vol. I, pp. 107ff.를 참조하라.

과 지속적인 갱신이 요구되었다. 언약의 주요한 규정들은 이스라엘이 자신의 왕이신 하나님(God-King)의 통치를 받아들이고 어떤 다른 신(神)인 왕과도 관계하지 않는다는 것, 또 그분의 지배 아래 있는 다른 신민들(즉, 언약상의 형제)과의 모든 교류에서 그분의 율법을 따라야 한다는 것이었다. 이와 같은 규정들은 후대의 예언자들이 이스라엘 민족의 죄를 공격할 때의 방향성 및 이스라엘 역사의 모든 시대에서 율법을 엄청나게 중요시하게 된 이유를 설명해 준다.

e. 언약과 약속

또한 초기 이스라엘 신앙의 특징으로 하나님의 약속에 대한 신뢰와 미래의 복된 일들에 대한 부푼 기대를 들 수 있다. 물론 이것을 일종의 종말론이라고 한다면 오해를 불러일으키게 될 것이다. 초기 이스라엘의 종교에서는 "마지막 일들"에 관한 교리를 찾아볼 수 없으며, 또 실제로 제한된 의미에서 종말론이라고 할 만한 역사 안에서 진행되는 사건들의 어떤 종착점에 관한 예견조차도 찾아볼 수 없다. 그럼에도 불구하고 언젠가는 충분히 발전된 종말론을 낳게 될 이스라엘의 미래에 대한 소망의 씨앗들이 그 초창기의 언약 신앙이라는 토양 가운데 있다. 언어와 표현 양식을 주변에서 얼마나 많이 빌려 왔는지는 모르겠지만, 구약의 종말론 자체를 이웃의 이교(異教)들로부터 빌려 온 것으로 볼 수는 없다. 이교들에는 역사에서 하나님의 목적에 대한 현실적 감각이 전혀 없었기 때문에, 이교들은 조금치라도 종말론을 닮은 사상을 발전시킬 수 없었다. 또한 구약의 종말론은 후대의 왕실 제의에서 기원한 것도 아니었고, 좌절된 민족적 야망들을 미래에 투영시킨 것은 더구나 아니었다. 물론 이러한 것들이 종말론의 발달에 크게 영향을 미쳤음은 확실하다. 종말론의 시초는 훨씬 더 거슬러 올라가서 이스라엘 초기 신앙의 구조 자체에 있다고 보아야 한다.[35]

이것은 거의 놀랄 일이 아니다. 이미 살펴본 대로, 약속이라는 요소는 족장의 종교에서 본래적인 요소였다. 이스라엘의 핵(核)이 된 종족들은 이런 배경에서 나왔기 때문에, 족장의 신들이 여호와와 동일시됨에 따라 이 약속의 요소도 이스라엘의 표준적인 신앙 속으로 흘러들어 왔을 것이라고 생각할 수 있다. 더욱이 여호와는 이집트에 살던 이스라엘에게 '현상'(*status quo*) 유지자로 온 것이 아니라 자기 백성을 무(無)에서 불러내어 새로운 미래와 소망을 준 하나님으로 왔다. 그리고 불순

35) 자세한 내용은 W. Eichrodt, *Theology of the Old Testament*, Vol. I, pp. 472-501를 보라; 또한 F.C. Fensham, "Covenant, Promise and Expectation in the Bible" (*ThZ*, 23 〔1967〕, pp. 305-322).

종하면 내쳐 버리겠다는 조건으로 그 규정들에 엄격히 순종할 것을 요구하였지만, 언약은 그 규정된 의무들을 준행하면 주군인 하나님의 은혜가 끝없이 지속될 것이라는 분명한 확증도 지니고 있다.

어쨌든 우리는 미래에 대한 대단한 신뢰가 이스라엘의 초창기 문학에 반영되어 있음을 볼 수 있다. 아주 오래된 시가들은 어떻게 여호와가 자기 백성을 구원하여 그의 "성결한 처소"로 인도한 다음 승승장구 약속의 땅으로 인도했는가를 말해 준다(출 15:13-17). 이 시가들은 이스라엘을 하나님으로부터 축복받은 백성(민 23:7-10,18-24), 곧 어떤 저주나 유혹도 해하지 못할 약속받은 백성(19절) 묘사하고 있다. 이스라엘에게는 물질적 풍요(민 24:3-9; 창 49:22-26; 신 33:13-17)와 모든 원수들에 대한 승리(신 33:25-29)가 있을 것이다. 이스라엘을 축복하는 자는 축복을 받고 이스라엘을 저주하는 자는 저주를 받을 것이다(민 24:9; 참조. 삿 5:31; 창 12:3). 따라서 초창기부터 이스라엘의 음유시인들과 선견자(先見者)들은 이 백성이 계속해서 자기 땅을 차지하고 하나님의 축복을 받을 것임을 약속하면서 그들을 격려하였음에 틀림없다. 이런 소망은 이 땅에 속한 것이라는 냄새를 풍기지만, 그래도 그것은 좀더 위대한 일들의 씨앗을 간직하고 있었다.

이러한 특징들 — 선택과 언약, 언약의 규정들, 그 위협과 약속들 — 은 처음부터 이스라엘 신앙의 구조에 속한 것들이었고, 또 이스라엘의 역사 전체를 통해 변함없이 그러했다. 세월이 흐름에 따라 많은 발전이 있었지만, 이스라엘의 신앙은 그 성격이 본질적으로 바뀌지 않았다.

2. 언약의 하나님

우리는 이스라엘의 신앙이 신관(神觀)을 중심으로 하지 않았다는 것을 다시 한 번 분명히 해두지 않으면 안 된다. 그럼에도 불구하고, 이스라엘의 신(神) 개념은 처음부터 너무나 두드러지고 또 고대 세계에서 유례를 찾아볼 수 없었기 때문에, 신 개념에 관한 어느 정도의 논의 없이는 이스라엘 신앙의 독특성을 제대로 평가하기가 불가능하다.

a. "여호와"(Yahweh)라는 이름

이미 말했듯이, 이스라엘의 하나님의 이름은 "여호와"였다. 이 이름의 의미에 관한 논의는 학자들 사이에 의견이 제각기이기 때문에 여기서는 논외로 하기로 한다. 하지만 마리(Mari)와 그 밖의 지방에서 나온 아모리인들의 몇몇 이름에서처럼 여호와라는 말은 "있다"라는 동사의 사역형인 것 같다[36](Yahwi-' Il 등등: 즉, "신은 창조한다/생산한다" 또는 "신은 --- 하시기를 기원합니다"). 여호와라는 말은 모세 이전 시대에 히브리인들 사이에 알려져 있었던 신, 아마 엘(El)의 제의상의 호칭이었는데, 이것을 모세가 이스라엘 하나님의 공식적인 이름으로 채택했을 것이라고 추측해 볼 수 있다. 따라서 출애굽기 3:14의 수수께끼 같은 정형어구("나는 '내가 있노라' 하는 이로다")의 삼인칭으로 된 원형은 엘(El) 대신에 여호와라는 이름을 쓴 "yahweh asher yahweh"("창조하는/탄생시키는 여호와")였을 것이다("창조하는 엘"이라는 정형 어구 — 다른 동사를 썼지만 — 가 라스 샴라 문서에 나온다).[37] 또는 "yahweh asher yihweh"("존재하게 된 것을 있게 하는 이는 그분이다")였을지도 모른다. 이집트 제국시대의 문헌들에 이와 유사한 문구들이 나오는데, 거기서는 이와 비슷한 정형어구들을 아문 레(Amun-Re')신과 아텐(Aten)신에게 적용하고 있다.[38]이것은 출애굽기 3장과 그 다음 장들의 문맥으로 보아 모세가 자기 하나님에게 이집트 만신전의 주신(主神)에 못지않은 칭호들과 대권들이 부여되어야 한다고 주장하고 있음을 시사하는지도 모른다. 어쨌든 우리는 이스라엘이 처음부터 어떤 지방의 자연신이 아니라 우주 전체를 다스리는 최고신을 예배하였다는 것에 유의해야 한다.

b. 여호와만이 하나님이다

처음부터 이스라엘의 신앙은 여호와 이외의 다른 어떤 신에 대한 예배도 금하였다. 제1계명에 고전적으로 표현되어 있는 이 금령(禁令)(여기서 "내 앞에서"라는 말은 "나 이외에"라는 뜻을 갖고 있다: 참조. RSV 난외주; 또한 출 22:20; 34:14)

---

36) 이 설명은 P. Haupt가 처음으로 제기하였고 Albright에 의해 거듭거듭 옹호되어 왔다: 예를 들면, *JBL*, XLIII(1924), pp. 370-378; *ibid.*, LXVII(1948), pp. 377-381; *FSAC*, pp. 259-261; *YGC*, pp. 168-172. 또한 D. N. Freedman, *JBL*, LXXIX(1960), pp. 151-156; 특히 F. M. Cross, *Canaanite Myth and Hebrew Epic*, pp. 60-75(자세한 문헌은 여기에 열거되어 있다)을 참조하라. 최근에 "그가 있게 하다"는 동사는 흔히 "그가 창조하다"라기보다는 "그가 어떤 것들을 일어나게 하다"(사건들 속에서의 여호와의 활동을 강조하는 가운데)라는 의미를 갖는 것으로 주장되어 왔다; cf. W. H. Brownlee, *BASOR*, 226(1977), pp. 39-45.

37) 이 설명은 Cross, *ibid.*에 의해 제기되고 있다.

38) Albgirht가 그렇다; 주 36에 열거된 저작들을 참조하라.

은 언약의 성격과 완전히 일치한다. 즉, 봉신은 오직 한 사람의 주군만을 섬길 수 있다. 구약이 풍부하게 분명히 하고 있듯이, 이스라엘 사람들은 거듭거듭 다른 신들을 숭배하긴 했지만, 이런 일이 변호되거나 허용된 적은 결코 없었다. 여호와는 어떠한 경쟁자라도 용납하지 않는 질투하는 하나님이기 때문이다(출 20:5). 또한 여호와에게 경쟁자가 있다고 생각되지도 않았다. 매개물이나 도움 없이 만물을 만든 창조주(창 2:4b-25〔J〕)인 여호와는 만신전도 갖고 있지 않았고, 배우자(히브리어에는 "여신"을 나타내는 단어조차 없다)나 자손도 없었다. 그 결과 이스라엘은 어떠한 신화도 발전시키지 못했고, 신화의 생명력을 박탈하기 위한 경우 외에는 그 어떠한 신화도 빌려온 적이 없었다.[39] 신화시(神話詩)적인 사고로부터 이와같이 해방된 것은 아주 초기부터였고, 이스라엘의 초창기 문학에서 이미 살펴볼 수 있다. 예를 들면, 출애굽기 15:1-18에서, 바다는 혼돈의 괴물, 얌(Yam)이나 티아맛(Tiamat)이 아니라 단지 바다일 따름이다. 또 여호와가 맞서 싸우는 원수는 어떤 우주적인 세력이 아니라 이집트의 바로다. 이집트의 신들로 말하자면 언급할 가치도 없는 것들로 생각되었다.

물론 여호와는 천군(天軍) 또는 회중 — 그분의 천사들이나 "거룩한 자들"(신 33:2; 시 29:1; 창 3:22; 11:7 등등) — 에 의해 호위를 받고 있는 것으로 생각되었다. 한 곳(시 82편)에서는 자기들의 잘못된 행실 때문에 죽을 운명에 처한 자들의 신분으로 강등된 열방의 신들이 이 회중의 구성원들로 묘사되어 있다. 하늘의 궁정이라는 이러한 개념은 이스라엘이 이교도들인 이웃 나라들과 공유하는 것이었다. 그러나 이런 존재들을 숭배하려는 유혹이 거듭거듭 있었지만, 그런 일은 언제나 비난의 대상이 되었다(예를 들면, 신 4:19; 왕하 23:4; 렘 8:2). 더욱이 하늘의 궁정은 초기보다 후대에서 가능한 한 더욱더 중요한 역할을 하고 있다(예를 들면, 왕상 22:19-23; 사 6장; 욥 1장, 2장; 사 40-48장의 여러 곳; 느 9:6). 이것은 그 자체로 유대교나 기독교의 신학에 나오는 천사, 마귀, 성도들이 그러하듯이 다신교(多神敎)임을 드러내는 증거는 아니다. 이스라엘의 표준적 신앙에서 여호와는 만신전의 여러 신들로 호위를 받거나 그 신들과 나란히 놓인 적이 결코 없었다. 실제로 여호와가

39) 이것은 결코 이스라엘 사람들의 제의와 사고 속에 신화적 배경을 가진 요소들이 있었음을 부정하는 것이 아니다. 그러나 이스라엘 사람들의 현실 이해는 신화시적이지 않았다. 이 주제에 대해서는 B. S. Childs, *Myth and Reality in the Old Testament*(London: SCM Press, 1960); F. M. Cross, "The Divine Warrior"(*Biblical Motifs*, A. Altmann, ed.,〔Harvard University Press, 1966〕, pp. 11-30)를 참조하라; 또한 *Canaanite Myth and Hebrew Epic*을 참조하라.

"엘로힘"(Elohim〔신〕, 복수형)으로 불리고 있는 사실은 여호와는 여러 가지 모습으로 나타나는 신들의 총체라는 주장을 만들어내는 것 같다.[40] 어쨌든 족장들의 신들은 여호와의 경쟁자 혹은 하위의 신들이 아니라 오직 여호와와 동일시됨으로써 살아남을 수 있었다.

c. 모세의 종교는 유일신교였는가?

이 물음은 자주 제기되는데, 이는 아마 당연한 일인지도 모른다.[41] 그러나 이러한 물음은 용어들을 제대로 정의할 때까지는 쓸데없는 질문이 된다. 이 물음을 제기할 때에 우리는 우리의 사고방식에 적합한 범주들을 통해 물음을 구성하면서 우리와 같은 범주들로 생각하지 않았던 고대의 한 민족에게 물음을 던지고 있다는 것을 기억하지 않으면 안 된다. 만약 우리가 존재론적 의미에서 유일신론을 말하고자 하고 또 이 용어를 오직 한 분의 하나님만이 존재한다는 것을 명백하게 단언하는 것으로 이해한다면, 우리는 초기 이스라엘의 신앙이 그런 명칭으로 불릴 만한 자격이 있는지의 여부에 의문을 제기할 수 있다. 이스라엘 사람들이 여호와 이외의 다른 신들을 숭배하는 것이 금지되었다고 하더라도, 그 초기 문학은 다른 신들의 존재를 분명하게 부정하지 않고 있다. 실제로 성경에는 다른 신들의 존재를 소박하게 가정하고 있는 듯이 보이는 구절들이 나온다(예를 들면, 출 18:11; 삿 11:24; 삼상 26:19). 물론 의심할 여지없이 이스라엘이 유일신교적 종교를 갖게 된 후대에 와서도 초기에서와 마찬가지로 이러한 구절들이 아주 흔히 나오지만(예를 들면, 신 4:19; 시 95:3; 97:9; 대하 2:5), 이것은 상당 부분 당시의 주변 상황에 맞추어 언어를 사용한 것이라는 점(우리가 콩고의 신들에 관해 말할 때와 같이)에 유의하지 않으면 안 된다. 한편 "유일신교"라는 용어를 피해야 한다고 한다면, 좀더 만족스러운 용어를 찾기도 어려울 것이다. 분명히 이스라엘의 신앙은 다신교가 아니었다. 또한 단일

---

40) 아마 엘(cf. El Shaddai, El Olam 등등)과 그 밖의 족장신들의 총체. 아마르나 서간(cf. Pritchard, *ANET*, pp. 483-490)에서는 봉신은 바로를 자주 "나의 신들, 나의 태양신"이라 부르고 있다: 즉, 바로가 자신의 만신전이라고 말하는 셈이다. Cf. Albright, *FSAC*, pp. 213f.; M. H. Pope, "El in the Ugaritic Texts" (*VT*, *Suppl.*, Vol. II〔1955〕), pp. 20f.

41) 모세의 일신교를 옹호한 고전적인 저작은 Albright의 글이다: *FSAC*, pp. 257-272. 이와 크게 의견을 달리하는 것으로는 T. J. Meek, *JBL*, LXI(1942), pp. 21-43; *idem.*, *JNES*, II(1943), pp. 122f.를 보라. 다른 학자들은 중도적인 입장을 취하고 있다: 예를 들면, H. H. Rowley, *ET*, LXI(1950), pp. 333-338; *ZAW*, 69(1957), pp. 1-21; Eichrodt, *Theology of the Old Testament*, Vol. I, pp. 220-227.

신교(henotheism)나 일신숭배(monolatry)도 아니었을 것이다. 왜냐하면 다른 신들의 존재가 명백하게는 부정되지 않았다고 하더라도, 신으로서 지위가 용인된 것은 아니었기 때문이다. 이러한 난점들 때문에 많은 학자들은 절충적인 단어를 찾는다: 초기적 유일신교, 함축적 유일신교, 실제적 유일신교 등등.

이미 말했듯이, 문제는 용어의 정의에 있다.[42] 초기 이스라엘의 신앙이 철학적 의미에서 유일신교가 아니었다고 하더라도, 아마도 그 신앙은 당시의 상황에서는 의미가 있었을 바로 그런 방식으로 이해된 유일신교였을 것이다. 이스라엘은 다른 신들의 존재를 부정하지 않았지만(고대 세계에서 신들은 현실적인 존재들이었고 어느 신전에서나 그들의 모습을 볼 수 있었다), 실질적으로는 그들의 '신'으로서 지위는 부정하였다. 이스라엘은 언약에 따라 오직 여호와만을 섬겨야 했고 또 여호와에게만 모든 권능과 권세를 돌렸기 때문에, 다른 신들을 신으로 인정하고 접근하는 것은 금지되었다(참조. 신 32:37f.). 봉신은 오직 한 사람의 주군만을 섬길 수 있다! 따라서 신들은 아무 상관도 없는 것으로 여겨져 신들의 세계에서 추방되었으며, 만신전에서 그들의 지위도 허용되지 않았다. 이스라엘에게는 오직 한 분 하나님 여호와만이 '신'이었다. 이분의 은혜로 이스라엘은 한 민족으로 태어났고, 또 그분의 최고의 종주권 아래에서 살아가기로 약속했기 때문이다. 다른 신들은 창조에서 아무런 역할도 하지 못했고, 우주에서 어떠한 기능도 하지 못했으며, 사건들을 좌우할 힘도 없고, 제의를 가질 자격도 없다고 보고, 그들을 신으로 만든 모든 것을 빼앗아 실재(實在)하지 않는 것으로 만들어 버렸다. 요컨대, 모든 다른 신들로부터 "신성을 박탈하였다". 완전한 의미에서 유일신교로 발전하기까지는 그후 여러 세기가 걸렸지만, 이러한 기능적 의미에서 이스라엘은 처음부터 오직 한 분 하나님만을 믿었다.

아텐(Aten) 제의가 모세의 종교에 영향을 미쳤다면 어떠한 영향을 미쳤을 것인가 하는 것은 대답할 수 없는 질문이다. 아텐 제의는 모세 시대 조금 전에 성행했고 또 그 몇몇 특징들은 이집트의 공식적인 종교에 남아 있었기 때문에, 어떤 영향을 받았을 가능성은 있다. 그러나 그랬다고 하더라도 그 영향은 간접적이었지 근본적이지는 않았다. 여호와 신앙은 그 본질적 구조에서 이집트의 종교와 닮는 것이 거의 불가능했기 때문이다.

42) Cf. G.E. Mendenhall, *BANE*, pp.40-42; Wright, *The Old Testament and Theology*, pp.107.; 또한 C.J. Labuschagne, *The Incomparability of Yahweh in the Old Testament*(Leiden: E.J. Brill, 1966), pp.142-149.

d. 성상(聖像)을 만들지 말라는 금령(禁令)

신상(神像)을 통해 그 신의 가시적인 임재를 나타냈던 이교들과는 뚜렷이 대조되는 것이 여호와 신앙에는 성상이 없다는 것이었다. 신을 눈에 보이게 나타내는 것들은 엄격하게 금지되었다. 이것은 제2계명에 고전적으로 진술되어 있는데, 그것은 확실히 이스라엘 신앙의 원초적 특징이었다. 그것은 구약의 전체 증언과 잘 어우러지고 있다. 구약은 이방신들의 우상을 만들었다는 이유로 이스라엘을 거듭거듭 비난하고 있지만, 여호와의 형상에 대해서는 그 어디에도 명확히 언급한 말이 없다.[43] 그 어떤 것도 만들어진 적이 없었다고 단언할 수는 없다고 하더라도, 아무튼 그런 일은 적어도 드물었을 것임에 틀림없다. 물론 모신상(母神像)들이 이스라엘의 성읍들에서 한결같이 발견되는데(팔레스타인 중부의 초창기 성읍들에서는 하나도 나오지 않았지만), 이러한 모신상들은 아마 미신적인 사람들이 출산(出産)에 도움을 받기 위해 사용한 부적에 지나지 않겠지만 이스라엘을 끊임없이 위협했던 종교적 혼합주의를 보여 주는 뚜렷한 증거이다. 그러나 지금까지 한 발굴에서 여호와의 형상이 단 하나도 나타나지 않았다는 것은 놀라운 일이다.[44] 이것은 확실히 여호와 신앙에서 형상을 만들지 않는 전통이 오래되었고 또 끈질긴 것이었다는 것을 강력히 시사해 준다. 이로 인해 이스라엘의 신앙이 예술 영역에서는 비창조적이었다고 할지라도, 그것은 이스라엘의 신앙을 신에 관한 감각적인 개념들을 넘어서는 높은 수준으로 끌어올렸고, 또 눈에 보이는 형상을 통하여 신의 힘을 개인적 목적을 위해 조종할 수 있다고 믿은 이교 사상으로부터 그 신앙을 보호하였다.

물론 초기 이스라엘은 자기 하나님을 정신적인 것으로 이해하거나 추상적으로 인식하지 않았다. 이와는 반대로 하나님을 철저히 인격적인 견지에서 생각했고, 때때로 하나님을 묘사하기 위하여 우리 느낌에 조악하지는 않더라도 소박한 신인동형론(神人同形論)을 채택하고 있다. 이러한 특징은 후대의 문학보다 초기의 문학에서 더 두드러지지만, 그 예를 어느 시대에서나 찾아볼 수 있다. 아마 그 어떤 종교도

43) 나중에 살펴보겠지만, 여로보암에 의해 세워진 금송아지들(왕상 12:28f.)은 여호와의 형상이 아니었다. 이스라엘 종교의 반우상적 성격에 대해서는 Albright, *ARI*, pp. 110-112를 참조하라; 좀더 최근의 것으로는 *YGC*, pp. 168-180를 참조하라.

44) 남신상은 어떤 종류든 거의 알려져 있지 않다. 주전 11세기 하솔에서 제의 대상으로 보이는 것 가운데서 발견된 한 남신상은 우상을 숭배한 이스라엘의 성소에 관한 최초의 예를 우리에게 보여 준다; cf. Y. Yadin, *Hazor*(London: Oxford University Press, 1972), pp. 132-134 and Pl. XXIV.

이스라엘 종교만큼 신을 인격적인 존재로 인식하는 가운데 신인동형론을 피할 수는 없었을 것이다. 그러나 이스라엘의 신앙은 이 모든 것들에도 불구하고 인간과 하나님의 거리를 모호하게 하지 않았다. 하나님은 언제나 거룩하고 지극히 존귀한 주님으로서 결코 스스럼없이 또는 가볍게 대할 수 없는 분이었다.

e. 이스라엘 하나님의 성격.

위에서 말한 모든 것 외에도 여호와는 그 본질적 성격에서 이방신들과 달랐다. 고대의 이교들은 자연 종교들로서 그 신들은 대부분 천체들, 또는 자연력들과 자연의 기능들과 동일시되었고, 따라서 자연과 마찬가지로 특별한 도덕적 성격이 없었다. 신들의 행위들은 신화에 묘사되어 있듯이 이 땅에 있는 인간 사회의 생활을 좌우하는 자연의 변함없는 주기적 현상을 반영한 것이었다. 신화의 재연(再演)과 우주적 권능을 새롭게 할 목적으로 거행된 제의 행위들을 통하여 그 신들은 '현상'(*status quo*)의 유지자로 받들어졌다. 그러한 행위가 인간 사회의 여러 사건들에서 작용을 하고 또 어떤 이유로 인해 그렇게 하는 것으로 인식되기는 했지만, 그러한 행위가 공동체에 의무를 지우는 근거나 미리 선언된 어떤 장기적인 목적을 가진 행위의 일부로는 여겨지지 않았다. 고대의 이교들에는 신이 목표를 향해 역사를 인도해 나간다는 의식이 전혀 없었다.[45]

이와는 반대로, 여호와는 전혀 다른 유형의 신이었다. 그분은 어떠한 자연력과도 동일시되지 않았고, 또 하늘이나 지상의 어떤 지점에 국한되지도 않았다. 여호와는 자연계의 요소들(삿 5:4f., 21)과 천체들(수 10:12f.)을 지배하고, 폭풍의 날개를 타고 다녔지만(시 29편) 태양신이나 달의 신이나 폭풍의 신은 아니었다. 그리고 그분은 풍산(豊産)의 축복을 베풀었지만(창 49:25f.; 신 33:13-16), 어떤 의미로도 풍산의 신은 아니었다. 여호와는 자연계 전체에 강력한 권능을 행사했지만, 자연의 그 어떤 측면도 다른 측면보다 그분의 특징을 더욱더 잘 보여 주는 것은 아니었다. 이

45) 이 점과 관련하여 이스라엘 신앙의 독특성은 반박을 받아 왔다. 특히 B. Albrektson, *History and the Gods*(Lund: C.W. Gleerup, 1967). 여기서 이 문제를 논의할 수는 없다; 그러나 이 대비를 너무 뚜렷이 부각시키는 것에 대한 반발로 이 둘 사이에 존재하는 명백한 차이점들을 흐리게 해서는 안 된다. 고대의 이교들 가운데에는 조금이나마 성경과 비교할 수 있을 만큼 역사 속에서 하나님의 활동을 이해한 것은 하나도 없었다는 것은 분명한 사실로 남는다; cf. *JSS*, XIV(1969), pp. 114-116에 나오는 B. S. Childs의 개관. H. Gese, "Geschichtliches Denken im Alten Testament"(*ZThK*, 55[1958], pp. 127-145)는 이러한 대비를 부정하기보다는 오히려 그것을 더욱 명확하게 밝혔다.

스라엘의 신앙에서 자연계는 생명 없는 것으로 생각되지는 않았지만 인격성이 박탈되어 "비신화화하였다."

사실 여호와의 권능은 주로 반복될 수 있는 자연계의 사건들과 결부되었던 것이 아니라 반복될 수 없는 역사상의 사건들과 결부되어 있었다. 그리고 이 역사상의 사건들 속에서 여호와는 목적을 갖고 활동하였다. 이집트에서 자기 백성을 이끌어냈을 때 그분은 자연계의 모든 권능들 — 전염병들, 바닷물, 바람, 지진, 폭풍 — 을 명하여 자신의 목적에 기여하도록 하여 자신의 구원 능력을 드러내 보였다. 더욱이 그분은 곤경에 빠져 있는 자기 백성에게 거듭 찾아온다(삿 5장). 그리고 여호와의 이런 권능 있는 역사(役事)들은 사람들에 의해 회상되고 제의를 통해 재연되면서 여호와에 대한 이스라엘의 의무의 근거가 되었다.[46] 이스라엘의 제의가 아무리 중요성을 띠고 있었고 또 그 제의가 아무리 기계적으로 수행되었다고 하더라도, 이스라엘은 제의를 하나님의 마음을 강제로 움직이는 어떤 기법으로 여길 수는 없었다. 또한 마술이 일반적적인 관습으로 남아 있었다고 할지라도 이스라엘은 마술이 끼어들 여지를 만들지 않았다(예를 들면, 출 20:7; 22:18). 여호와는 의식을 통해 누그러지는 자비로운 '현상'(*status quo*) 유지자가 아니라 자기 백성을 비참한 종살이라는 '현상'에서 불러내어 새로운 미래로 인도했고 또 그들에게 자신의 의로운 율법에 순종하기를 요구한 그런 신이었다. 따라서 이스라엘의 신앙은 역사상의 사건들에 뿌리를 박고 있었고, 고대 세계에서는 유일하게 역사 속에서 신의 목적과 부르심에 대한 민감한 의식을 갖추고 있었다.

C. 초기 이스라엘의 체제: 지파 동맹과 그 제도들

1. 이스라엘 지파 동맹

이스라엘이 팔레스타인에서 정착생활을 시작하면서부터 왕정의 발흥 때까지 약

46) 이스라엘 신학의 이 기본적 특징에 대해서는 G.E. Wright, *God Who Acts*(London: SCM Press, 1952)를 보라.

200여 년 동안 이스라엘은 느슨하게 조직된 지파 체제(전통적으로 열두 지파)로 있었다. 이 모든 기간을 통하여 이스라엘에는 중앙 정부나 국가 체제가 없었다. 그럼에도 불구하고 믿을 수 없는 강인함을 가지고 극심한 역경 가운데서 이스라엘은 주변의 이웃 나라들과는 분명하게 구별되게 스스로를 의식하는 존재로서 용케 살아 남았다. 이스라엘의 지파 체제는 이토록 오랫동안 유지되었고 또 그것은 이스라엘의 성스러운 전승들과 특색 있는 제도들이 표준적인 형태를 획득하는 틀을 제공해 주었기 때문에, 우리는 이 시점에서 이에 대하여 어느 정도 논의를 하는 것은 중요하다고 본다.

a. 지파 체제의 성격

이것은 많은 논란을 불러일으켜 왔던 주제이다. 50여 년 전 마틴 노트(Martin Noth)가 초기 이스라엘은 인보동맹(amphictyony), 즉 수 세기 후의 그리스, 소아시아, 이탈리아에 존재했던 조직들과 유사하게 여호와의 예배를 중심으로 하나로 뭉친 열두 지파의 성스러운 동맹으로 이해되어야 한다는 가설을 제기하였다.[47] 노트의 견해들은 아주 훌륭하고 설득력 있게 제시되었기 때문에 학자들 사이에서 널리 받아들여지게 되었고 한동안 거의 정설(定說)로 되어 있었다. 그러나 최근에 이 견해들은 여러 학자들로부터 다양한 관점에서 전면적인 비판을 받아 왔는데, 이 비판을 통하여 노트의 유비(類比)가 너무 억지였음이 드러났다.[48] 혼동을 피하기 위하여 초기 이스라엘과 관련하여 "인보동맹(隣保同盟)"이라는 말을 쓰지 않는 것이 가장 좋을 것이다. 유사한 예를 드는 것은 사실을 밝히는 데 도움을 주긴 하지만 정확하지 않으며 더욱이 후대의 다른 문화에서 끌어온 것임을 알아야 한다. 그렇지만 노트의 주장은 수정될 필요가 있긴 하지만, 우리는 너무 성급하게 그 주장을 모두 내버리지

---

47) M. Noth, *Das System der zw lf St mme Israels*(*BWANT*, IV: 1〔1930〕; reprinted, Darmstadt: *Wissenschaftliche Buchgesellschaft*, 1966).

48) 비판을 표명한 학자들로는 H. M. Orlinsky, "The Tribal System of Israel and Related roups in the Period of the Judges"(*Oriens Antiquus*, I 〔1962〕, pp. 11-20; G. Fohrer, "Altes Testament- 'Amphictyonie' und 'Bund'?"(*ThLZ*, 91〔1966〕, cols. 801-816, 893-904); G. W. Anderson, "Israel" Amphictyony: am; kahal; edah"(H.T.Frand and W. L. eds., *Translating and Understanding the Old Testament : Essays in Honor of Herbert G. May* 〔Abingdon Press, 1970〕, pp. 135-151); R. de Vaux, *EHI*, Ch.XXIII (Vol.II, pp.695-715); A.D.H.Mayes, *Israel in the Period of the Judges*(London: SCM Press, 1974); C.H.J.de Geus, *The Tribes of Israel*(Assen Amsterdam: van Gorcum, 1976) 등이 있다.

않는 것이 좋을 것이다.[49] 초기 이스라엘은 사실 여호와와 맺은 언약을 토대로 한 성스러운 지파 동맹으로 존재하였던 것으로 보인다. 이에 대해 이의가 제기되었고 의심할 여지없이 앞으로도 계속 그럴 테지만, 우리는 초기 이스라엘을 이보다 더 만족스럽게 설명할 대안이 아직 제기되지 않았음을 강하게 느낀다.

확실히 우리는 이스라엘이라 부르는 실체가 역경에 직면해서 배타적으로, 그것도 주로 혈통에 의한 친족 관계의 유대를 통하여 굳게 뭉쳤다고 생각해서는 안 된다.[50] 사실 성경은 모든 지파가 선조인 야곱(이스라엘)의 후손들인 것으로 말하고 있으며, 이것은 우리로 하여금 이스라엘이 실제로 하나의 친족 관계로 이루어진 통일체였다고 추측케 만든다. 그러나 성경에서는 실제로는 다른 요인들에서 생겨난 사회적 유대, 친밀감을 표현하기 위하여 친족 관계의 용어를 사용하는 일이 흔하다. 이스라엘의 역사 전체를 통하여 혈통에 의한 친족 관계나 공통의 인종과 언어는 좀더 큰 사회적 정치적 단위의 형성과 유지에 결정적인 요인인 적이 거의 없었다. 더 중요한 것은 이스라엘 사람들이 모두 사실상 혈통에 의해 서로 관련되어 있지 않았다는 풍부한 증거가 있다는 것이다. 앞 장에서 보았고 또 성경 자체에서도 분명히 드러나고 있듯이, 이스라엘 — 사막에서 왔던 족속들과 먼저 팔레스타인에 있다가 이스라엘의 구조에 들어온 족속들 양쪽 다 — 은 단일한 가계(家系)에서 파생되었다고 볼 수 없는 극히 이질적인 출신 배경을 가진 족속들을 포괄하고 있었다. 확실히 여러 지파들은 가계에 의한 단위들이 아니라 영토를 중심으로 한 단위들을 나타내었다고까지 할 수 있다(물론 당연히 통혼(通婚)에 의해 의심할 여지없이 실제의 친족 관계의 유대는 지파 내부에서 강력해졌을 것이다). 그리고 반면에 이스라엘을 가까운 이웃 종족들(가나안족, 모압족, 암몬족, 에돔족 등)로부터 구별한 것은 혈통, 인종, 언어가 결코 아니었고 도리어 이스라엘과 결부된 전승(또는 원한다면 이데올로기라고 해도 좋겠다)이었다. 신학적으로 말한다면 이스라엘은 한 가족이라고 말해도 정당할 것이다. 그러나 역사학적 관점에서 본다면 이스라엘의 최초의 출현이나 계속된 생존 그 어느 것도 혈통에 의한 친족 관계라는 견지에서 설명될 수 없다.

---

49) Cf. O.Bächli, *Amphiktyonie im Alten Testament* (Basel: Friedrich Reinhardt Verlag, 1977). 그는 더 좋은 대안을 발견하기 전에 결실 있는 가설을 버리는 것에 대하여 경고하고 있다 (cf. p.181).

50) 이 단락과 다음의 단락들에 대해서는 G.E.Mendenhall의 여러 저작들을 보라. 예를 들면, "Social Organization in Early Israel" (*Mag. Dei*, Ch.6); "Tribe and State in the Ancient World: The Nature of the Biblical Community" (*The Tenth Generation*, Ch. VII).

우리는 이스라엘 민족이 개별 지파들이 공통의 긴급사태가 있을 때마다 단합된 행동을 거듭거듭 취하지 않을 수 없게 되면서 세월이 흐름에 따라 점차로 태동하게 되었다는 말은 한층 더 믿을 수 없다. 이러한 긴급 사태들은 충분히 자주 생겼다. 서로 주고받은 도움에 대한 기억을 수 세대 동안 뇌리에서 어른거렸을 것이고 직접적으로 도움을 받은 지파들 사이에서 친밀감을 강화시키는 데 많은 역할을 했음에 틀림없다. 그러나 한 민족으로서 이스라엘이 형성되고 강인하게 살아 남을 수 있었던 사실은 이런 식으로 설명될 수 없다. 오늘날과 마찬가지로 고대에서도 군사적 동맹은 깨지기 쉬운 것으로 유명하다. 동맹을 맺게 한 위기들이 해결되고 난 후에 그 동맹은 해체되는 것이 상례였다. 이스라엘의 통일성이 단지 위기에 직면하여 단합된 행동을 취한 결과로서 창출되었다면, 그것은 가나안족 왕들이 이스라엘에 대항하기 위하여 형성한 연합 전선만큼 지속되기 어려웠을 것이다. 공통의 위기라는 끊임없는 위협이 이스라엘의 일체감을 강화시켜 주었음에 틀림없지만, 그것 자체가 이스라엘의 통일성을 만들어 내었을 수는 없다. 실제로 주전 12세기의 드보라의 노래(삿 5장)는 우리에게 이미 통일체로서 유대를 지니고 있었던 지파들이 아주 직접적으로 위협을 받았을 때 바로 그런 이유로 원조를 해야 할 의무가 있다고 느꼈음에도 불구하고 그렇게 하지 못한 한 경우를 말해 준다. 통일체라는 의식은 위기가 닥치기 전에 이미 존재해 있었고, 그 의식은 그 통일체에 속한 몇몇 지파들이 그들에게 기대된 것을 하지 못했다는 사실에도 불구하고 여전히 있었다. 한 민족으로서 이스라엘의 통일성은 사사시대의 위기들에 의해서 생겨난 것이 아니었다. 도리어 그 통일성은 그러한 위기들보다 선행하였고(사사기 5장은 분명히 그 위기들 가운데 하나에 관하여 말하고 있음에 틀림없다), 그 위기들에도 불구하고 살아 남았다고 말할 수 있을 것이다.

끝으로 우리는 공통의 종교에 의거해서 초기 이스라엘이라는 현상을 설명하고자 할 수도 없다. 마치 이스라엘을 구성하고 있었던 이질적인 족속들이 그들 모두가 여호와를 예배하는 자들이었다는 사실 하나로 독특한 민족이 되어 통일체를 이루고 살아 남을 수 있었던 것인 양 말이다. 이렇게 말한다고 하여 결코 여호와 신앙이 이스라엘의 형성에서 했던 역할을 극소화시키는 것은 아니다. 우리는 출애굽과 시내산의 체험들을 겪은 다음 새로운 신앙을 지닌 채 팔레스타인으로 진입해 들어온 한 무리의 히브리인들이 없었다면 이스라엘의 형성을 촉진시킨 촉매제는 존재하지 않았을 것이고 또 성경에서 볼 수 있는 이스라엘은 결코 존재하지 않았을 것이라고 믿을 수 있다. 그리고 여러 세기를 거치면서 이스라엘을 주변 민족들과는 구별되는 독특한 민족이 되게 하였던 것은 바로 이 여호와 신앙이었다. 그렇지만 우리는 단순히 공통의 종교에 의거해서 이스라엘의 존재를 충분히 설명할 수는 없다. 공통의 종교는 이스라엘의 역사 전체에 걸쳐 본질적으로 서로 다른 족속들을 더욱 큰 지속적인 사회적 정치적 단위들로 엮어 내었던 적은 거의 없으며 또 같은 종교인들끼리 서로 싸우는 것을 막지도 못했다. 이스라엘이 탄생한 시기의 세계에서 지파 집단들 사이의 관계는 그 종교적 신념이 무엇이었든간에 언제나 위태했다. 한 집단이 다른 집단을 침범한 경우에 어떤 공식적인 합의(조약, 언약)를 통해 서로 평화롭게 살 수 있게 되지 않는 한 전쟁이 일어날 것은 거의 확실했다. 이보다 더 중요하게 우리가 기억해야 할 것 — 만약 사건들이 앞 장에서 서술된 대로라고 한다면 — 은 이스라엘의 모든 구성원들이 처음부터 여호와를 섬기는 자들이었던 것은 아니었다는 사실이다. 여호와 신앙은 비교적 소규모의 집단이었음에 틀림없는 무리들에 의해 사막으로부터 가져온 것이었다. 그러나 이스라엘의 구성원이 된 사람들 가운데 거의 대다수는 오래전부터 팔레스타인에 정착하여 살고 있었고 또 그 땅이 정복된 후에 그들이 접한 새로운 신앙을 받아들이기까지는 여호와를 예배하는 자들이 아니었다. 또한 우리는 그들이 새로운 신앙을 받아들이는 일이 현대적 의미에서 전도 활동의 결과로서 개개인의 회심(回心)을 통하여 점차로 이루어졌다고 생각할 수 없다. 이에 대해 실제로 유일하게 만족스러운 설명은 그러한 일은 여호수아 24장에 묘사되어 있는 세겜에서 한 위대한 언약과 같은 "대규모의 회심"(mass conversion)을 가져온 어떤 엄숙한 의식(儀式)을 통해 일어났음에 틀림없다는 것이다.

잘 알다시피 여기서 취한 입장이 올바른 것인지는 입증할 수가 없다. 증거들은 우리가 이를 입증했다고 말하기에는 불충분하다. 그렇지만 이러한 입장은 우리가 갖고 있는 증거와 잘 부합하고, 더욱이 우리에게 초기 이스라엘의 현상에 대한 믿을 만한 설명을 제공해 준다. 우리는 어느 정도의 확신을 갖고 이스라엘은 여호와와 맺은 언약을 통해 하나가 된 지파들의 동맹으로서 팔레스타인에 탄생되었다고 믿을 수 있을 것이다.

b. 실제의 지파 체제

이미 말했던 바와 같이, 지파 동맹은 팔레스타인을 정복하기 위한 싸움이 끝난 직후에 형성되었던 것으로 보인다. 그 다음 시기에 우리는 지파들이, 적어도 그 대부분은 앞으로 수 세기 동안 그들의 것이 될 영유지들을 소유하고 있음을 보게 된다. 우리는 여호수아 13장부터 19장까지에 나오는 경계 목록들을 통해 꽤 정확하게 지파들의 영유지를 알고 있다. 이 목록은 아마 왕정 시대에 기록되었겠지만 왕정 이전 시대의 상황을 반영하고 있는 것으로 보인다.[51] 이에 대해서는 여기서 서술하지 않을 것이다. 독자들이 스스로 지도(지도 IV)를 연구해 보는 것이 더 좋을 것이다. 지파 동맹 내에서 지파들은 동등한 지위를 지니고 있었던 것 같다. 전통적인 족보(창 29:16-30:24; 35:16-20)가 모든 지파의 후손들이 그 조상 야곱에게서 나왔다고 하고 있긴 하지만 야곱의 부인인 레아와 라헬에서 나지 않고 두 명의 여종인 실바와 빌하에게서 난 자손들(갓, 아셀, 단, 납달리)을 포함하고 있다는 사실로 미루어 우리는 불평등이 존재한다고 느꼈을 것임을 추측하게 된다. 그러나 설화들에는 이를 밑받침하는 것이 아무것도 없다. 실제로 모든 후손들 가운데 어떤 지파들(시므온, 르우벤)은 일찍부터 의의를 상실했던 반면에 납달리와 단과 같은 첩으로부터 생겨난 지파들(삿 4:6; 13:2ff.)은 이스라엘에 지도자들을 배출하였다.

하지만 우리는 지파 동맹의 구성원들이 여러 시기를 통하여 변함없이 그대로 존속하였는지를 확인할 수 없고 또 이 동맹이 처음부터 고전적인 열두 지파로 이루어졌는지 아니면 원래 좀 소규모였다가 세월이 흐르면서 그 구조 내에 점차로 다른 지파들이 합류하게 되었는지에 대해서도 알 수가 없다. 드보라의 노래에서 므낫세 지파 — 또는 적어도 그 일부 — 가 "마길"(삿 5:14; 참조. 수 17:1 등)이라는 이름으로 부르고 있고, 길르앗의 고원지대의 거민 — 갓 지파와 요셉 지파의 혼혈(민 32장; 39장 이하; 수 13:24-31 등) — 은 단순히 "길르앗"(삿 5:17; 11:1f. 등)으로 부르고 있다는 사실은 아마도 확실하지는 않지만 지파 동맹의 구성원이 시간이 지남에 따라 변동이 있었다는 것을 보여 주는 듯하다. 더욱이 유다나 시므온이 드보라의 노래에서 언급되지 않고 있다는 사실은 많은 학자들이 믿고 있듯이 지파 동맹이 주전 12세기에 열 지파만으로 구성되었음을 보여 주는 것일지도 모른다.[52] 이러한 것들은 확실하게 대답할 수 없는 문제들이다. 그러나 고전적인 지파 동맹 체제는 적어

---

51) Cf. Albright, *ARI*, pp.119f. 우리는 성읍들의 목록들이 아니라 단지 경계선 목록들만을 가리킨다(13장과 19장에 나오는 자료와 아울러 수 15:1-12; 16:1-3, 5-8; 17:7-10; 18:11-20). 특히 A. Alt, "Das System der Stammesgrenzen im Buche Josua"(*KS*, I, pp. 193-202)를 참조하라; 또한 M. Noth, *Das Buch Josua*(*HAT*, 2nd. ed., 1953); 좀더 최근의 것으로는 Aharoni, *LOB*, pp.227-239.

52) 하지만 이것은 확실치 않다. 가나안 도시들에 둘러싸여 나머지 지파들로부터 격리된 유다 지파는 구원 부대를 보낼 수 없었고 따라서 책망을 받지 않았다고 알려져 있다; cf. R. Smend, *Jahwekrieg und St mmebund*(*FRLANT*, 84〔1963〕, pp.12f.; O. Eissfeldt, *CAH*, II: 34 (1965), pp. 15.

도 주전 12세기 말 이전에 안정적으로 되었던 것 같다. 왜냐하면 야곱의 축복(창 49장; 주전 11세기의 것으로 추정된다)에는 열두 지파가 모두 나오기 때문이다(그리고 유다 지파는 이보다 약간 이전의 것인 모세의 축복에 나온다; 신 33장).

지파 체제는 적어도 우리의 관점에서 볼 때 극히 느슨하였다. 초기 이스라엘은 국가 기구가 하나도 갖추어져 있지 않았다. 중앙 정부도 도성(都城)도 행정 기구도 관료 제도도 없었다. 오직 언약의 상벌 규정을 통하여 지파간의 평화는 유지되었고 단합된 행동이 확보되었다. 지파 사회는 족장을 중심으로 하고 있었는데, 가나안의 봉건 사회의 특색을 이루고 있었던 계층의 분화가 존재하지 않았다. 씨족들의 장로들은 그들의 지위를 활용하여 전통적인 절차에 따라 분쟁들을 판결하였고 또 그들의 조언의 지혜로 인하여 존경을 받긴 했어도, 조직된 정부와 비슷한 그 어떤 것도 없었다. 지파 동맹은 적어도 주전 12세기 말경에 실로에 안치된 언약궤가 있었던 성소를 구심점으로 하고 있었다. 각 지파의 사람들은 정해진 때에 여호와의 임재를 구하고 여호와에 대한 그들의 충성을 새롭게 하며 지파들간의 분쟁과 상호 이해가 걸린 문제들을 조정하기 위하여 실로로 모였을 것이다. 각 지파의 대표는 아마 "유사(有司)"(nasi)라 불린 그 우두머리였던 것 같은데, 그는 이러한 지위 덕분으로 하나님의 특별한 보호 아래 있었다(출 22:28).[53]

이 지파 체제는 아마 그렇게 독특한 것은 아니었을 것이다. 그리스의 인보(隣保)동맹과의 유비를 지나치게 견강부회해서는 안 되겠지만, 이런저런 유의 지파 동맹들은 당시 세계에서는 흔했던 것이었고 또 수 세기 동안 그러했다(예를 들면 마리 사본이 보여 주고 있듯이). 앞 장에서 말한 것과 같이,[54] 이스라엘이 사막에서 밀접하게 접촉한 바 있는 미디안족이 그러한 지파 동맹체로 존재하였을 가능성이 있다. 어떤 학자들은 암만(Amman) 부근과 세겜 위의 그리심(Gerizim)산의 산등성이에서 발견된 고립된 청동기 시대의 신전들을 이스라엘 이전의 지파 동맹들의 성소로 해석하여 왔다.[55] 앞에서 말했던 바와 같이 "이스라엘"이라 불린 소규모의 지파 동맹이 모세 이전 시대에 북부와 중부 팔레스타인에 걸쳐 존재했을지도 모른다. 또한 흔

---

53) nasi에 대해서는 Noth, *Das System*, excursus III을 참조하라. 이 직임의 성격에 대해서는 많은 논란이 있다; cf. E. A. Speiser, *CBQ*, XXV(1963), pp. 111-117; R. de Vaux, *EHI*, II, pp. 710-712; 특히 Mendenhall, *Mag. Dei*, Ch. 6(cf. pp. 136, 146).

54) 앞의 p. 124와 주40, 거기에 나오는 전거들을 참조하라; 또한 Mendenhall, *The Tenth Generation*, Ch. IV(cf. p. 108).

55) Cf. E. F. Campbell and G. E. Wright, *BA*, XXXII(1969), pp. 104-116.

히 제기되고 있는 바와 같이 아람족의 열두 부족(창 22:20-24), 이스마엘족의 열두 부족(25:13-16), 에돔족의 열두 부족(36:10-14) 그리고 아마도 그두라의 여섯 아들(25:2)의 명단들과 호리족의 명단(36:20-28)은 이와 비슷한 동맹들이 이스라엘의 인근 종족들 가운데 존재했다는 것을 보여 주는 것인지도 모른다. 불행히도 우리는 그러한 동맹들의 구조나 기능에 대하여 거의 또는 아무것도 알고 있지 않다. 그러나 추측컨대 이스라엘의 지파 동맹은 그 외적 형태라는 면보다도 그 이데올로기, 즉 이스라엘을 태동시킨 여호와와 맺은 언약이라는 면에서 그것들과는 달랐다고 하겠다.

이스라엘의 지파 동맹이 어떻게 운용되었는지는 사사기에서 가장 잘 알 수가 있다. 거기서 우리는 지파들이 대적들에 의해 둘러싸인 가운데 위태위태한 생존을 유지하고 있었지만 어떤 유의 조직된 정부가 없었다는 것을 알게 된다. 위기가 닥쳐왔을 경우에는 "여호와의 영"에 의해 능력을 덧입은 사사(shôphet)가 등장하여 씨족들을 소집해서 대적을 쫓아내었다. 이스라엘은 모종의 관습적인 군사 조직을 갖고 있었음에 틀림없지만, 상비군은 없었다. 전투력은 오로지 씨족들의 결집에 달려 있었다. 씨족들은 이에 응하지 않을 수 없었는데, 그들은 그렇게 할 의무가 있었고 또 그렇게 하지 않는다면 엄하게 저주를 받을 것이었다(삿 5:15-17, 23). 왜냐하면 군대 동원령은 주군인 여호와의 거룩한 전쟁을 수행하라는 부르심이었기 때문이었다. 사사는 승전들로 인하여 위세를 얻긴 했지만 어떤 의미로든 왕은 아니었다. 사사의 권세는 절대적이지도 않았고 영속적이지도 않았으며 어떤 경우에도 세습적이지 않았다. 그 권세는 오로지 여호와의 영이 그에게 있다는 것을 분명하게 증거해 준 지도력의 개인적 자질들(charisma)[56]에 달려 있었다. 실제로 기드온이 왕위를 단호하게 거절한 이야기(삿 8:22f.)와 요담의 신랄한 우화(9:7-21)가 보여 주고 있듯이, 왕정이라는 개념 자체가 부적합한 것으로 생각되어 거부되었다. 사사의 권세는 초기 이스라엘의 신앙과 체제를 완벽하게 표현해 주는 그런 것이었다: 자신의 영에 의해 지명된 대표를 통하여 자기 백성을 직접적으로 통치하는 왕이신 하나님.

c. 지파 체제의 기원

드보라의 노래를 통해(삿 5장) 이스라엘의 지파 동맹은 주전 12세기에 적어도 열 지파를 구성원으로 한 가운데 충분히 운용되고 있었다는 것을 분명히 알 수 있

---

56) 이 알맞은 명칭(원래 Max Weber의 것)은 A. Alt에 의해 훌륭하게 응용되고 발전적으로 적용되었다: cf. "The Formation of the Israelite State in Palestine"(1930; Eng. tr., *Essays on Old Testament History and Religion*〔Oxford: Blackwell, 1966〕, pp. 171-237).

다. 아마 지파 동맹은 팔레스타인을 정복하기 위한 최초의 싸움이 끝난 뒤 얼마 안 되어 팔레스타인 땅에 오래 전부터 정착해 살아 왔던 족속들이 도시 국가의 군주들에 대하여 승리를 거두도록 해준 여호와 하나님을 인정하고 새로운 이주자들의 신앙을 받아들여 엄숙한 언약을 통해 여호와의 백성이 될 것을 서약함에 따라 결성되었던 것 같다. 이미 말했듯이 세겜의 위대한 언약에 관한 기사(수 24장)는 이 사건 — 팔레스타인 땅에서 이스라엘 민족의 형성 — 또는 적어도 그러한 과정의 한 단계(아마 여럿 가운데 하나)를 묘사하고 있다고 할 수 있을 것이다. 그러나 이스라엘의 지파 체제는 팔레스타인에 들어와서야 비로소 표준적인 형태를 갖추었다고 하더라도, 우리는 이스라엘의 언약 사회가 팔레스타인에서 기원했다고 믿을 수는 없다. 이스라엘의 지파 동맹은 이스라엘의 하나님이 시내산에서 기원하였다는 것을 알고 있었을 뿐만 아니라(예를 들면, 삿 5:4f. ; 신 33:2), 이스라엘 지파 동맹의 성스러운 전승들은 거기서 그들과 맺어진 언약을 기억하였다. 만약 이스라엘 민족의 형성이 사막에서 시작되지 않았다고 한다면, 이런 것은 정말 이상한 일일 것이다. 실제로 이스라엘의 핵심적인 구성원들이 이미 여호와와 언약을 맺고 팔레스타인에 출현하여 거기에 있던 불평 분자들과 힘을 합쳐서 주목할 만한 전과(戰果)를 올린 것이 아니었다면, 어떤 이유로 그토록 잡다한 출신 배경을 가졌고 지리적으로 그토록 광범위하게 흩어져 있었던 집단들이 여호와의 통치 아래 동맹을 맺고 뭉칠 수 있었는지를 이해하기 어렵다. 그렇지만 이러한 일이 팔레스타인 정복 직후에 이루어졌다는 것은 거의 확실한 듯이 보인다.

그러므로 우리는 언약 동맹의 기원도 여호와 신앙(Yahwism) 자체의 기원과 마찬가지로 시내산까지 거슬러 올라간다고 추론하지 않을 수 없다. 사실 이 언약 동맹은 초창기 여호와 신앙의 외적인 표현이었다. 만약 여호와 신앙이 사막에서 기원했다면(확실히 그렇듯이), 우리는 언약 사회도 거기서 기원했다는 결론을 내려야 한다. 왜냐하면 여호와 신앙과 언약은 보조를 같이 하는 것이기 때문이다! 여호와 신앙은 하나의 추상적인 개념으로 팔레스타인에 들어왔다거나 하나의 자연종교로 들어와서 곧이어 그 성격이 변모되었다고 추론할 수 없다면, 그것은 여호와와 언약을 맺은 어떤 백성에 의해 들어오게 되었다고 하지 않으면 안 된다. 물론 시내 반도에서 형성된 공동체는 표준적 형태의 이스라엘 지파 동맹이 아니라 좀 작은 가문들의 연합체였다. 하지만 앞 장에서 묘사한 대로 이 핵심적인 족속들이 유랑하면서 나뉘고 그 수가 불어남에 따라 여호와 신앙으로 개종한 상당수의 사람들을 흡수하여 괄목할 만한 큰 씨족 동맹체로 성장하였다고 추측할 수 있다. 그런 다음 이 집단이 팔레스타인으로 침공해 들어오자 이미 그곳에 있었던 족속들이 그 집단의 신앙을 받아들이고 또 세겜에서 맺은 위대한 언약과 같은 의식(儀式)들을 통하여 그 구조 안에 이끌려 들어갔다. 세겜의 언약은 이전에 여호와를 예배하지 않았던 족속들 및 새로운 세대와 맺어졌다는 점에서 새로운 언약이었다(수 24:14f.). 그러나 또한 이 언약은 이스라엘의 존재 근거가 된 저 시내산 언약을 재확인하고 확대시킨 것이기도 했다.

2. 지파 동맹의 제도들

모든 사회에서와 마찬가지로 초기 이스라엘에서도 종교는 어떤 눈에 보이는 제도들을 통해 표현되었다. 그러한 제도들 가운데서도 지파 동맹의 중앙 성소, 제의와 그 성스러운 절기들, 그리고 무엇보다도 언약의 율법이 중요하였다. 이러한 제도들을 모두 공평하게 다룰 수는 없지만, 그것들에 관하여 몇 마디 해둘 필요는 있다.

a. 중앙 성소

이스라엘 지파 동맹의 구심점은 그 전역사를 통하여 눈으로 볼 수 없는 여호와의 보좌인 언약궤가 안치되어 있는 성소였다. 원래 성막(聖幕)이었던 이 성소는 그 이동성 및 고대와 현대의 수많은 유사한 것들이 보여 주듯이 언약궤와 마찬가지로 사막에서 기원한 것이었다.[57] 오경의 사료들은 사막의 성소를 "회막(會幕)"('ohel mô 'ed) — 즉, 여호와가 자기 백성과 만나 자신의 뜻을 알려주는 곳 — 또는 단지 "장막, 성막"(mishkan)으로 지칭하고 있는데, 이는 자기 백성 가운데서 "장막에 거하는" 여호와의 임재를 강조하는 것이었다.[58] 이 성소에 관한 우리의 설명(출 25-31장; 35-40장)의 출전은 제사장 자료(P)인데, 이 자료는 후대의 성전을 먼 과거로 거슬러 올라가 완벽하게 이상화하여 투사한 것으로 널리 생각되어 왔다. 하지만 그보다도 아마 이 제사장 자료의 설명은 다윗에 의해 세워진 성막(삼하 6:17)에 관한 전

57) 라스 샴라 문서에 나오는 엘(El)신의 이동 성소에 대해서는 Albright, *BASOR*, 91(1943), pp. 39-44; *ibid.*, 93(1944), pp. 23-25를 참조하라. 팀나에 있는 구리 광산 부근에서 발견된 미디안 족의 장막 성소의 흔적에 대해서는 앞의 제3장 p. 127와 거기에 나오는 전거들을 참조하라.

58) 성막(Tabernacle)에 대해서는 특히 F. M. Cross, *BA*, X(1947), pp. 45-68를 참조하라; 또한 R. de Vaux, "Arche d'alliance et tente de réunion"(*Bible et Orient*〔Paris: Les Éditions du Cerf, 1967〕, pp. 261-276); *idem*, *Ancient Israel*(Eng. tr., London: Darton, Longman & Todd; New York: McGraw-Hill 1961; paperbook, 1965), pp. 294-302.

승들에 의거하고 있는 것 같고, 이 성막은 지파 동맹의 성소를 계승한 것으로서 물론 더욱 정교하게 꾸며지긴 했지만 그것을 본떠서 만들어진 것으로 생각된다.[59] 이 성막은 사사시대가 끝나기 전에 항구적인 구조물로 바뀌었다는 몇몇 증거가 있다(참조. 삼상 1:9; 3:3). 그러나 그렇다고 하더라도 여호와의 거처는 본래 장막이었다는 인상은 지속되었다(삼하 7:6f.). 우리는 이동이 편리한 성막과 왕이신 하나님의 보좌(언약궤)는 둘다 이스라엘의 초창기 사막 시대의 신앙의 유산이었다는 것을 의심할 수 없을 것이다.

물론 중앙 성소는 독점적인 성소는 아니었다. 왜냐하면 다른 성소들도 존재하였고 또 너그럽게 묵인되었기 때문이다. 이러한 사실 및 사사시대 전체에 걸쳐 성막에 관한 언급이 거의 없다는 이유 때문에, 한때는 흔히 당시에 이스라엘에는 중앙의 제의가 없었다고 추론되기도 했다. 이것은 옳지 않다는 것은 거의 확실하다. 고대 오리엔트의 여러 나라들에서는 큰 순례 성소들이 통례였을 뿐만 아니라 이스라엘의 지파 조직 — 다른 곳들에서의 비슷한 조직들이 그러했듯이 — 은 중앙 성소를 마련하여 구심점으로 삼을 필요가 있었다. 다른 장소에서 드리는 예배가 배제되지는 않았다고 하더라도, 언약궤가 안치되어 있는 성소는 지파 동맹의 공식적인 성소이자 공동체적 삶의 심장부였다.[60]

성경(수 18:1; 삿 18:31; 삼상 1:3 등등)은 팔레스타인 정복 후에 지파들의 중심지는 실로(Shiloh)였다고 하고 있다. 실로는 에브라임 지파 영지의 중심부에 위치해 있었는데, 이전에는 분명히 보잘것없는 지방이었다.[61] 아마 실로는 이질적인 제의 전통들과 아무런 관계도 없었기 때문에 선택되었던 것 같다. 그러나 어느 시기에 선택되었는지는 확실치 않다. 길갈(Gilgal)과 관련된 전승들(수 4장, 5장 등등)과 후대에 거기에 세워진 성소의 엄청난 위세(삼상 11:14f.; 13:4-15; 암 5:5)로 보아 길갈은 한때, 아마 팔레스타인 정복 기간에 지파들의 중심지였던 것 같다.[62] 중앙

59) Cross, *ibid.* M. Haran(*JBL*, LXXXI[1962], pp. 14-24)는 이 설명이 결국 실로에 세운 성소, 즉 판자로 둘러싸고 휘장을 친 성소에 의거한 것이라고 주장한다. 아랏에서 발견된 주전 10세기의 신전과 성경에 묘사된 성막의 주목할 만한 유사점에 대해서는 Y. Aharoni, *BA*, XXXI(1968), pp. 2-32를 참조하라; cf. Aharoni, *BA*, XXXI(1968), pp. 2-32.

60) 지파 동맹에서 언약궤가 안치된 성소의 기능에 대해서는 Mendenhall, *Mag. Dei.*, pp. 144f. 를 참조하라.

61) 그곳의 발굴 조사에 대해서는 Marie-Louise Buhl and S, Holm-Nielsen, *Shiloh: The Danish Escavations at Tall Sailun, Palestine, in 1926, 1929, 1932, and 1963: The Pre-Hellenistic Remains*(Copenhagen: The National Museum of Denmark, 1969)를 참조하라.

성소는 처음에는 세겜에 있었고 그 다음에는 벧엘에 있었다고 널리 추론되고 있다.[63] 그러나 이것을 확인할 수는 없다. 지파 동맹을 결성한 의식(儀式)이 세겜에서 개최되었고(수 24장) 또 세겜이 오래되고 중요한 성소였다고 하더라도, 그곳이 모세 이전의 배경을 갖고 있었다는 사실을 고려하면 지파들의 항구적인 중심지로서 어울리지 않는 곳으로 보여졌을지도 모른다. 벧엘로 말하면, 그곳 역시 족장들과 관련이 있는 중요한 성소였고 또 한때는 거기에 언약궤가 있었다는 말도 들린다(삿 20:26-28). 그러나 언약궤는 자주 싸움터로 옮겨졌고, 또한 동일한 이야기에서 이스라엘 진영은 실로에 있는 것으로 되어 있다(삿 21:12). 지파들의 중심지가 여러 번 옮겨졌다는 것은 충분히 있을 수 있는 일이지만, 우리가 갖고 있는 사료들은 오로지 실로만을 중앙 성소라고 하고 있다. 그리고 지파 동맹이 무너졌을 때에도 여전히 중앙 성소는 그곳에 있었다.

b. 성직자들(clergy)과 제의

중앙 성소를 관장한 것은 한 명의 대제사장을 정점으로 한 성직자들이었는데, 그 직무는 세습적이었음에 틀림없다(삼상 1-3장).[64] 인근의 모든 나라들에는 조직화된 성직자들이 있었고("대제사장"이라는 호칭은 라스 샴라 문서에 나온다), 또 실제로 실무의 효율을 위해 성직자들이 필요하였을 것이기 때문에 우리는 이스라엘에서도 그러했을 것이라고 짐작할 수 있다. 물론 모든 제의 종사자들은 레위 지파의 사람들과 아론(Aaron) 가문의 모든 제사장이어야 한다는 후대의 이론이 초기 이스라엘에서 통용된 것은 아니었다. 지방 성소들에서는 혈통이 다른 여러 부류의 사람들이 제의에 종사했고, 심지어 언약궤 앞에서도 레위 지파에 속하지 않은 사람들이 제의를 거들었음이 확실하다. 사무엘은 에브라임 지파 사람이었지만(삼상 1:1) 실로(삼상 2:18f.)와 다른 곳(삼상 9:11-13; 13:5-15)에서 제사장의 직무를 수행하였던 것처럼. 그럼에도 불구하고 레위 지파의 혈통이 상당한 위세를 지니고 있었다는 증거가 있다. 실로의 제사장들은 분명히 단 지파의 제사장들이 그러했듯이(삿 18:30) 모세의 후손이라고 주장했고, 벧엘의 제사장들은 아마 아론의 가문에 속한다고

62) Cf. H. J. Kraus, *VT*, I(1951), pp. 181-199. Kraus는 길갈이 세겜을 이었다고 믿는다.

63) 예를 들면, Noth, *HI*, pp. 94f. Noth는 중앙 성소가 세겜에서 벧엘로 옮겨졌고, 그 다음에는 길갈로, 마지막으로 실로로 옮겨졌다고 믿고 있다.

64) 이 단원에 대해서는 Albright, *ARI*, pp. 104-107를 참조하라.

65) 초기 이스라엘서 서로 경쟁적인 제사장 가문들에 대해서는 F. M. Cross, *Canaanite Myth and Hebrew Epic*, pp. 195-215의 철저한 논의를 보라.

주장했던 것 같다.[65] 어떤 에브라임 지파 사람은 어느 떠돌이 레위인을 만나 그를 자신의 제사장으로 삼게 된 것을 기뻐하였다(삿 17:7-13). 레위 지파는 모세 자신이 그 씨족에 속한 것으로 생각되었기 때문에 명예를 획득하고 있었음에 틀림없다. 아마 이로 인하여 레위 지파의 제사장들은 특히 지파 동맹의 중앙 성소에서 선호되었던 것으로 보인다. 한편, "레위인"이라는 말은 "서원(誓願)한 사람"을 의미하는 기능상의 호칭이기도 했다: 어느 지파 사람이건 여호와께 바쳐진 사람들은 레위인이 될 수 있었다. 세월이 흐르면서 레위 지파의 혈통을 이어받지 않은 많은 제사장 가문이나 개인들이 그들이 행하는 기능으로 인하여 레위인으로 간주되었다. 사무엘 가문이 그러했듯이(대상 6:28).

초기 이스라엘의 희생제사에 관해서 우리는 잘 알지 못하고 있다. 왜냐하면 우리가 갖고 있는 주된 사료(레 1-7장)는 아마 후대 성전의 제의 관행과 일치하는 것이겠기 때문이다.[66] 그러나 이 세상에서 제의보다 더 보수적인 것은 거의 없고, 또 앞으로 살펴볼 것이지만 성전도 지파 동맹 시대의 성소를 계승한 것이기 때문에, 후대의 제의 관행은 확실히 첨가와 보완이 행해지긴 했겠지만 과거의 제의 관행들을 발전시킨 것이었으리라고 추측할 수 있다. 라스 샴라 문서를 비롯한 그 밖의 증거는 이스라엘의 희생제사 제도는 그렇게 정교하지는 않지만 봉헌된 동물들의 유형에 있어서 가나안인들의 제사 제도와 많은 유사점들을 지니고 있고 또 여러 종류의 희생제사의 용어와 외적 형식에 있어서도 어느 정도 유사점들을 지니고 있다.[67]

따라서 이 둘 사이에 어떤 관련성이 있을 것이라고 추론하지 않을 수 없다. 광야 시대에 이스라엘에 제의가 없었다고 주장할 수는 없지만(예를 들면, 암 5:21-27; 렘 7:21-23에 의거해서), 그 제의는 매우 단순했음이 확실하다. 이스라엘의 제의는 팔레스타인에 정착하여 거기에 정주하고 있던 족속들을 흡수하면서 그들의 성소들과

---

66) 그러나 M. Haran, *Scripta Hierosolymitana*, VIII(1961), pp. 272-302를 참조하라. Haran은 P자료의 제의는 솔로몬 이전시대의 관행을 반영하고 있다고 주장한다. 이스라엘에서의 희생제사에 대해서는, R. de Vaux, *Studies in Old Testament Sacrifice*(Cardiff: University of Wales Press, 1964); H.H. Rowley, "The Meaning of Sacrifice in the Old Testament" (1950; reprinted, *From Moses to Qumran*〔London: Lutterworth Press, 1963〕, pp. 67-107; J. Pedersen, *Israel: Its Life and Culture*, Vols, III-IV(Copenhagen: P. Branner, 1940), pp. 299-375를 참조하라.

67) Cf. Albright, *ARI*, pp.89-92; *FSAC*, pp.294f.; R. Dussaud, *Les origines canan e nnes du sacrifice isra lite*(Paris: Presses Universitaires de France, 2nd ed., 1941). 그러나 유사점들이 지나치게 과대 평가되어서는 안 된다: cf. J. Gray, *ZAW*, 62(1949/1950), pp. 207-220.

제의 전통들을 빌려 옴으로써 풍부해졌다. 물론 여기에는 이교의 의식(儀式)들과 희생제사에 대한 이교적 해석이 스며들어 올 위험이 따랐다. 그렇지만 이스라엘은 닥치는 대로 빌려 온 것이 아니라 여호와 신앙과 양립할 수 있는 것만을 넘겨받아서 거기에 새로운 해석을 부여하는 경향이 있었다. 따라서 사람을 희생제물로 바치는 관습과 풍산제의들은 표준적인 여호와 신앙 속으로 결코 끼어들 여지가 없었고 또 희생제물이 하나님의 음식이라는 사상도 막후로 사라졌다. 더욱이 이스라엘의 신앙은 희생제사를 일종의 '사효성'(事效性, *opus operatum*)으로 해석하는 이교적인 사상도 결코 허용하지 않았다.

하지만 초기 이스라엘의 제의는 희생제사 제도가 아니라 일년 주기의 몇몇 절기들을 중심으로 하였다.[68] 언약의 책에는 세 번의 절기가 나와 있는데(출 23:14-17; 34:18-24), 이 절기들에 예배자들은 여호와 앞에 나아가야 했다: 무교절(과 유월절), 맥추절, 수장절. 이 절기들은 모두 이스라엘보다 오랜 역사를 지녔고, 유월절을 제외하고는 농경생활에서 기원하였다. 이스라엘은 이 절기들을 외부로부터 빌려왔다. 이스라엘이 그렇게 한 것은 놀랄 일은 아니다. 주목할 만한 것은 이스라엘이 일찍부터 이 절기들에 역사적 내용을 부여함으로써 새로운 해석을 가했다는 것이다. 따라서 이 절기들은 단순한 자연 축제이기를 그쳤고, 이스라엘을 향한 여호와의 권능 있는 역사(役事)들을 경축하는 절기들이 되었다. 아마 이 절기들은 실제적인 이유들 때문에 실로와 마찬가지로 지방 성소들에서도 행해졌던 것으로 보인다. 그러나 경건한 이스라엘 사람들이 수축(修築)한 실로에서 매년 큰 절기 행사가 행해졌음을 보여 주는 증거가 있다(삿 21:19; 삼상 1:3, 21). 이에 대해 말하고 있는 것은 없지만, 아마 이 절기는 해가 바뀔 때 행한 수장절 행사였던 것 같다. 또한 이 일년 주기의 절기와 관련하여 정기적인 언약 갱신의 의식(儀式) — 매년 또는 7년에 한번 — 이 있었을 가능성이 아주 크다(신 31:9-13). 이때 각 지파의 사람들은 공물을 가지고 와서 왕이신 하나님께 바치고, 또 그분의 은혜로운 행사(行事)들을 낭송하고 그분의 계명들을 낭독하는 것을 들은 다음 축복과 저주의 약속 아래에서 그분에 대한 충성의 맹세를 새로이 했을 것이다. 희생제사가 아니라 바로 이것이 지파 동맹의 제의적 삶의 중심이었다. 그러므로 지파 동맹의 제의는 이교들과는 달리 역사성이 없이 물질적 복리를 유지해 주는 수단이 아니라 정확히 역사를 회상시키는 것이었다.

68) 이 절기들에 대해서는 de Vaux, *Ancient Israel*, Vol. II, pp. 484-506; Pedersen, *op. cit.*, Vols, III-IV, pp. 376-465; H. J. Kraus, *Worship in Israel*(Eng. tr., Oxford: Blackwell; Richmond: John Knox Press, 1966), pp. 26-70를 참조하라.

c. 언약의 율법과 그 발전

사회는 언약을 토대로 하고 있었으므로, 언약의 율법은 이스라엘의 삶에서 처음부터 중심적인 요소였다.[69] 실제로 언약 사회의 본질 자체가 어떤 법 개념을 요구하고 있다. 이미 살펴보았듯이 주군인 여호와가 자기 신민들에게 부과한 규정들은 언약 양식에 꼭 필요한 것이었다. 이 규정들은 하나의 율법전을 이루지는 않았지만, 그럼에도 구속력 있는 권세를 가지고 있었다. 왜냐하면 그 규정들은 공동체의 구성원들이 그들의 하나님에 대하여 또 그들 서로에 대하여 취할 행위들을 규율하는 행동 방침을 명확히 규정하였기 때문이다. 그 규정들을 일상생활에 적용하고자 하는 시도가 있게 되자 불가피하게 율법 전승이 발전하게 되었다. 그러므로 이스라엘에 있어서 율법은 후대의 현상이 아니라 그 기원이 극히 오래되었음이 확실하다. 사실 율법의 시작은 여호와와 맺은 언약의 시작과 보조를 같이 하는 것이기 때문에, 모세 자신의 사역 속에서 율법이 시작되었다고 믿어도 좋을 것이다.

잘 아는 바와 같이, 오경의 율법은 주전 2000년대의 메소포타미아의 법전들(함무라비 법전과 그외의 법전들)과 수많은 유사점들을 보여 준다. 이 둘 사이에 어떤 연관성이 있을 것이라고 추론하지 않을 수 없다. 오경에 나오는 율법들은 형식과 관련하여 두 가지 주요한 범주, 즉 자명한(apodictic) 것과 결의론적(決疑論的)인 것으로 나누어진다. 후자에 속하는 것들("만약 누가 …… 하면, 그때에는 …… " 등등)은 형식상으로나 내용상으로 고대의 다른 법전들에서 널리 그 유례를 찾아볼 수 있는 것으로 보아 결코 이스라엘 특유의 것이라고 할 수가 없다. 이와는 반대로 전자에 속하는 것들("너희는 …… 할지니라 …… 하지 말지니라")은 위에서 언급한 종주권 조약들과 아주 밀접한 유사점들을 갖고 있는 것으로 보아 언약 의식을 그 배경으로

---

69) Cf. A. Alt, "The Origins of Israelite Law"(Eng. tr., *Essays on Old Testament History and Religion*, pp. 79-132); M. Noth, *The Laws in Pentateuch and Other Studies*(Eng tr., Edinburgh and London: Oliver & Boyd, Ltd., 1966; Philadelphia: Fortress Press, 1967), pp. 1-107; 그리고 또한 위의 주20에 인용되어 있는 Mendenhall의 저작들을 참조하라.

70) E. Gerstenberger, *Wesen und Herkunft des "apodiktischen Rechts"*(WNANT), 20 〔1965〕; 또한 *JBL*, LXXXIV(1965), pp. 38-51는 지파 의식(즉, 가장들이 젊은이들에게 주는 교훈과 경고들) 속에서 필연적 금령들의 배경을 찾으려고 시도하고 있지만, 이는 성공적이라고 할 수 없다; cf. H. B. Huffmon, *Interpretation*, XXII(1968), pp. 201-204의 논평을 참조하라. 더욱이 Gerstenberger(*Wesen und Herkunft*, pp. 50-54)는 지혜의 금령(명령형과 함께 'al)과 필연적 명령들(언제나 미완료형과 함께 lo')과의 의미상의 차이를 경시하는 잘못을 범하고 있다; *JBL*, XCII(1973), pp. 185-204에 나오는 나의 논평을 참조하라.

하고 있는 것으로 추정되는데, 거기서 이것들은 하나님의 규정들을 표현하기 위하여 사용되었을 것이다.[70] 형식에 있어서 전적으로 자명한 명제이고 또 그 대부분이 부정문으로 표현되어 있는 십계명은 전자의 범주를 보여 주는 두드러진 예다. 십계명은 법전이 아니다. 왜냐하면 그것은 발생 가능한 모든 사례들을 포괄하지도 않고, 또 어떠한 상벌 규정 — 신의 진노를 함축하고 있는 것을 제외하고는 — 도 정해 놓고 있지 않기 때문이다. 오히려 십계명은 금지되어 있는(또는 요구되는) 행위의 범위를 정하고 다른 범위들에 대해서는 언급도 하지 않는 하나님의 규정들을 말하고 있다. 그러나 이 언약의 규정들은 특정한 사건들을 위해 입법화된 것이 아니었기 때문에, 우리는 특정한 사건들을 처리할 필요가 생겨남에 따라 즉시 일종의 판례법이 발전하기 시작했을 것으로 추론할 수 있다(광야에서조차! 참조. 출 18:13-27). 얼마나 많은 율법이 실제로 그 원래의 형태에 있어서 모세와 그의 세대로부터 유래하고 있는지는 말하기 불가능하다. 그러나 모세가 위대한 입법자였다는 것을 의심할 필요는 없다. 모세는 전승이 말하는 대로 오경의 율법들을 모두 저술하지는 않았다고 하더라도 언약의 뼈대가 되는 규정들을 기록하였다. 따라서 모든 특례법은 이것들에 부합하지 않으면 안 되었고 또 그 의도를 표현하고자 애쓰지 않으면 안 되었다.

팔레스타인에서 여호와 신앙은 새로운 상황에 직면하였다. 이스라엘은 율법을 통하여 여호와의 통치가 이 새로운 상황에서 무엇을 의미하는가를 표명하지 않으면 안 되었다. 추측컨대 이러한 필요성 때문에 법률 형식과 전승들을 많이 빌려 쓰는 일이 생기게 되었다. 하지만 메소포타미아에서 직접 빌려 온 것은 아니었고, 가나안에서 빌려 온 것은 더욱 아니었으며(이스라엘의 율법은 결코 가나안 봉건 사회의 계층화를 반영하고 있지 않다), 아마 이스라엘의 선조들과 같은 종족에 속하는 백성으로서 이스라엘의 구조 안에 흡수된 사람들로부터 빌려 온 듯하다. 그런데 이들의 법률 전승은 결국 메소포타미아에서 기원한 것이었다. 그리고 마구잡이로 빌려 온 것도 아니었다. 여호와 신앙의 정신과 양립될 수 있는 소송 절차들만이 활용될 수 있었다(예를 들면, 손발을 자르는 사지 절단의 형벌이 어떻게 막후로 사라졌는가를 주목하라). 더욱이 율법 전체는 율법을 굳게 붙드시는 여호와의 의로운 뜻 아래 포괄되어 있었다(예를 들면, 출 22:22-24). 공식적인 국가의 법전이 아니라 사사시대에 이스라엘의 표준적인 재판 절차를 묘사하고 있는 언약의 책(출 21-23장; 참조. 34장)은 이러한 과정을 보여 주는 가장 좋은 예이다. 거기에는 십계명의 대부분이 서술되어 있고 상벌 규정도 마련되어 있다. 대부분의 경우에는 사형이고(예를 들면, 출 21:15, 17; 22:20), 절도는 손해 배상만 하면 되고(출 22:1-4) 과실 치사는 살인과 구별되었다(출 21:12-14). 그러나 다른 규정들도 많다. 그 가운데는 다른 법전들에 나오는 것들이 허다한데, 이러한 규정들을 통하여 여호와의 언약의 정신이 실제의 현실적인 상황 속에서 표명되었다.

실제의 재판 절차로 말하자면 우리는 마을의 장로들이 전통에 따라 재판을 행했을 것으로 추론할 수 있다. 어려운 소송 사건들을 신탁(神託)이나 시죄법(試罪法)에 의해 해결하거나(참조. 민 5:11-31; 신 17:8-11) 좀더 탁월한 율법 지식으로 해결하고자 할 때는 제사장들을 불렀다. 초기에는 율법과 그 적용을 가르치는 것이 레위인들의 역할이었음에 틀림없다. 많은 학자들은 이른바 소(小)사사들(삿 10:1-5; 12:7-15)은 온 이스라엘을 위하여 율법을 운용하고 지파들간의 분쟁 사건들을 판결하는 역할을 했던 지파 동맹의 관리였다고 믿고 있다.[71] 만약 그렇다고 한다면, 이는 초기 이스라엘에서 율법의 중요성을 보여 주는 또 다른 예증이 될 것이다. 그러나 우리는 이를 확인할 수는 없다. 소(小)사사들은 단순히 군사적 업적에 관한 전승들이 보전되어 있지 않은 사사들과 똑같은 사사들이었을 수도 있다. 어쨌든 이스라엘의 지파 동맹은 포로기 이후의 율법 공동체와 혼동되어서는 안 되겠지만 처음부터 율법에 토대를 둔 사회였음이 분명하다.

D. 지파 동맹의 역사: 사사시대

1. 주전 1200-1050년경의 세계 정세

적어도 주전 12세기 중엽 이전에 이스라엘의 팔레스타인 점령이 마무리되고 지파 동맹이 형성되었다고 추정할 수 있겠다. 이미 살펴본 대로, 이집트는 이때 힘이 없었다. 마르넵타(Marniptah, 주전 1224-1211년경)의 치세 때에 해양 민족들을 격퇴하고나서, 이집트는 제19왕조의 붕괴에 따라 혼란기로 접어들었는데, 그러는 와중에 아시아에 있던 영토에 대한 실제적인 지배권을 상실하였다. 이것은 이스라엘에

71) Cf. M. Noth, "Das Amt des 'Richters Israels'" (1950; reprinted, *Gesammelte. Studien zum Alten Testament*, Vol. II〔Munich: Chr. Kaiser Verlag, 1969〕, pp. 71-85).

게 자기 땅에 굳건하게 자리를 잡을 수 있는 기회를 주었다. 이집트는 곧 자신의 권한을 재천명하고 나섰지만 영속적으로 그렇게 할 수는 없었고 또 제국은 급속히 끝장이 나게 되었다.

a. 제20왕조: 이집트 제국의 종말

셋 나크트(Set-nakht)와 그의 아들 라므세스 3세(주전 1183-1152년경) 아래에서 제20왕조가 정권을 장악하게 되자, 마침내 이집트에는 질서가 회복되었다.[72] 아시아에서 실추된 이집트의 위신을 만회하려고 활발하게 움직인 라므세스 3세와 더불어 이집트 제국의 새로운 시대가 동터오고 있는 것으로 보였는지도 모른다. 라므세스 3세의 군사 작전의 상세한 내용은 분명치 않지만(그는 멀리 북으로 수리아까지 원정했다고 자랑하고 있으나, 아무리 좋게 말해도 학자들은 이를 극히 의심하고 있다고 말해야 하겠다)[73], 라므세스 3세는 벧산(Beth-shan)의 요새가 재건된 곳인 북쪽 에스드렐론 평야까지 이집트의 지배권을 되찾는 데는 성공했음이 확실하다.

만약 이집트가 제국을 재건하는 데 성공했더라면, 이스라엘의 역사는 어떻게 되었을지는 단지 추측해 볼 수 있을 따름이다. 그러나 실제로는 그렇게 되지를 않았다. 재위 제5년과 제11년 사이에 라므세스 3세는 해양 민족들, 리비아인들, 서로 동맹을 맺은 여러 부족들에 의해 가해진 일련의 대규모의 침공들을 견디지 않으면 안 되었는데, 이 침공이 끝났을 때에 이집트는 쇠진되고 말았다. 기억하고 있겠지만, 이전에 마르넵타에 의해 격퇴당한 바 있었던 이 해양 민족의 분견대들은 수 년 동안 동부 지중해 연안을 습격하면서 남으로 팔레스타인까지 약탈을 자행하고 있었는데, 그 가운데 일부는 이미 바로를 섬기는 수비대로서 팔레스타인에 정착하고 있었을 것이다. 지금 이들은 육로와 해로를 통해 처자와 재산과 함께 남으로 이동하는 대대적인 이주를 감행하여 아시아에 있던 이집트 영토와 이집트 본토를 위협하고 있었다. (라므세스의 재위 제8년에 해양 민족의 해군의 공격이 바로 나일강 하구에서 격퇴된 바 있다.) 라므세스는 이 해양 민족들로 페라사타(Perasata, 또는 Pelasata), 즉 블레셋인을 비롯하여 다누나(Danuna, 또는 Danaeans), 와샤샤(Washasha), 샤

72) 이 시기의 연대 추정은 매우 불확실하다. 본서의 연대들은 W. Helck, *Geschichte des Alten gypten*(*HO*, I: 3〔1968〕, pp. 193-205를 따르고 있다. 그러나 라므세스 2세의 즉위가 주전 1290년이 아니라 주전 1304년이라고 한다면, 라므세스 3세의 재위 기간은 주전 1200년과 1195년 사이로 올라가지 않으면 안 된다.

73) 라므세스 3세의 Medinet Habu 목록들에 대해서는 M. C. Astour, *JAOS*, 88(1968), pp. 733-752를 참조하라.

카루샤(Shakarusha), 트지카르(Tjikar, 또는 Tsikal) — 아마 시실리(Sicily)섬이라는 이름의 유래가 된 호메로스 시대의 시켈(Sikel)족 — 를 들고 있다.[74] 여러 차례에 걸친 전투의 상세한 내용은 여기서 다 말할 수는 없다. 라므세스는 매번 승리했다고 자랑하고 있고 또 침입을 막아낼 수 있었던 것도 확실하지만, 이집트는 치명타를 입었다. 바로는 이 침입자들을 팔레스타인에서 몰아낼 힘이 없었으므로 불가피하게 그들 가운데 몇몇 족속(블레셋족, 트시칼〈Tsikal〉족을 비롯한 몇몇 족속)으로 하여금 자신의 봉신으로 팔레스타인에 정착하는 것을 허용하지 않을 수 없었다. 또한 그는 팔레스타인과 이집트에 있는 자신의 수비대의 병력을 보충하기 위해 그들을 용병으로 사용하였다.[75] 이렇게 하여 블레셋인들 — 아이러니칼하게도 여기서 팔레스타인이란 이름이 기원하였다 — 은 그 땅에 이스라엘이 도래한 후 불과 몇 년 안 되어서 강력한 세력으로 등장했던 것이다.

이집트 제국은 결코 세력을 회복할 수 없었다. 여러 번의 전쟁으로 쇠잔해진데다가 신전들에 지나치게 기부들을 하였고 신전들의 막대한 소유 재산은 면세 혜택을 받아 나라의 경제력이 고갈되었기 때문에, 이집트는 내부적으로도 결코 건강한 상태가 아니었다. 라므세스 3세를 암살하려는 음모가 있은 후에 그가 죽자, 이집트 제국은 곧 끝장이 나고 말았다. 그의 후계자들인 라므세스 4세부터 11세까지 바로들(주전 1152-1069년경)은 제국을 지탱해 나갈 수 없었다. 팔레스타인에 대한 이집트의 지배권과 관련된 권리 주장은 한동안 계속되었지만(라므세스 4세에게 헌정된 한 조상(彫像)의 기부(基部)가 므깃도에서 발견되었다),

이러한 주장은 점차 하나의 허구가 되었고 이내 완전히 그치고 말았다. "웬 아문의 이야기"(*Tale of Wen-Amun,* 주전 1060년경)는 이집트의 위신이 실추된 모습을 생생하게 예시해 준다.[76] 오래전부터 이집트 본토와도 같이 이집트화되어 있었던 비블로스에서조차도 이집트 바로의 사자(使者)를 조롱과 모욕적인 고자세로 맞이하였다. 이집트 본토에서는 법과 질서가 무너지고, 바로들의 무덤들이 도굴되기까지

---

74) 또는 아마 테우크리안족(Teucrians)일지도 모른다. 이 종족은 트로이 전쟁 후에 구브로 섬에 정착했다고 한다; cf. Albright, *CAH,* II:33(1966), p. 25.

75) 해양 민족의 팔레스타인 정착에 대해서는 Albgirht, *ibid.*, pp. 24-33; G. E. Wrigith, *BA,* XXII(1959), pp. 54-66; *ibid.*, XXIX(1966), pp. 70-86. 자세한 것은 제3장 pp. 114f. 와 거기에 나오는 전거들을 보라.

76) 본문에 대해서는 Pritchard, *ANET,* pp. 25-29를 참조하라; 이에 대한 논의는 Albright, "The Eastern Mediterranean About 1060 B.C." (*Studies, Presented to David Moore Robinson* 〔Washington University, Vol. I, 1951〕, pp. 223-231)를 참조하라.

하였다. 주전 1069년경 제20왕조가 무너지고 대신에 제21왕조(Tanite)가 들어섰다. 그러나 바로들만큼이나 세력이 막강했고 실질적으로 독립해 있었던 아문(Amun) 제사장들의 대항으로 인해 이 왕조도 힘이 없었다. 이렇게 내부적으로 약화되어 있었던 이집트 같은 나라는 국외에서 그 지위를 되찾기 위해 아무런 일도 할 수 없었다. 이집트의 제국시대는 끝난 것이다.

b. 주전 12-11세기의 서아시아

이집트의 아시아 영토들의 나머지를 물려받을 만한 경쟁 국가는 하나도 없었다. 헷 제국은 이미 사라지고 없었다. 주전 13세기에 전성시를 맞이하였던 앗시리아는 두굴디니눌타(Tukulti-ninurta) 1세의 암살(주전 1197년경)과 더불어 한 세기에 걸친 약화(弱化)의 시기로 접어들었고, 이 시기 동안에 한동안 바벨론의 그늘 아래 있기도 했지만 이 무렵 다시 한번(주전 1150년경) 토착 왕조의 통치 아래 있게 되었다. 물론 앗시리아는 디글랏빌레셀 1세(Tiglath-pileser I, 주전 1116-1078년경)의 통치 아래에서 잠시 소생의 기미를 보였다. 디글랏빌레셀 1세는 바벨론을 격파하고, 북으로는 아르메니아(Armenia)와 아나톨리아까지, 서쪽으로는 북부 뵈니게의 지중해 연안까지 원정하였다. 그러나 이러한 소생의 기미는 오래가지 못했고 그 힘이 다하자 앗시리아는 다시 움츠러들어 그후 200여 년 동안이나 침체에 빠져 있었다. 이렇게 된 이유는 주로 아람인들 때문이었는데, 당시에 아람족은 비옥한 초승달 지역의 도처에 점점 거세게 압력을 가하고 있었다. 수리아와 상부 메소포타미아는 인구면에서 아람인들이 우세를 차지하게 되었다. 거기서 아람인들은 곧 삼알(Sham 'al), 갈그미스(Carchemish), 벧에덴(Beth-eden), 다메섹 등과 같은 일련의 작은 국가들을 수립하였다. 앗시리아도 침입을 받았는데 그 국경선도 지키기가 힘겨웠으므로 멀리까지 원정을 한다는 것은 엄두도 낼 수 없었다. 유아기의 이스라엘이 어떠한 위기에 직면해야 했든, 이스라엘은 어떤 강대국의 위협도 받지 않은 상태에서 자유롭게 자기들의 발전을 추구할 수 있었을 것이다.

한편 가나안은 더 이상 이집트 제국의 보호를 받지 않고 있었기 때문에 무서운 타격을 받은 상태에 있었다. 이스라엘 사람들은 팔레스타인의 고원지대를 점령했고, 해양 민족들은 해안지대를 많이 차지하였으며, 수리아의 내륙 지방은 점차 아람인들에게 넘어가고 있었다. 가나안인들의 거류지(enclave)가 여기저기 남아 있었고 또 대부분의 지역에 가나안족 주민들이 소수 남아 있었지만, 가나안인들은 자신의 영토의 상당 부분을 상실한 상태였다. 물론 뵈니게의 도시들은 놀라울 정도로 회복되어서, 주전 11세기 중엽에는 비블로스를 비롯한 다른 성읍들은 다시 교역의 중심지로서 번영하였다. 그러나 뵈니게인들의 서쪽으로 향한 대대적인 식민지 팽창 사업은 어느 정도 후대에 시작된다.

팔레스타인 해안지대를 지배하고 또 에스드렐론 평야를 거쳐 요단 계곡에 이르는 전략적 요충지들을 점령한 블레셋인들은 가사(Gaza), 아스글론(Ashkelon), 아스돗(Ashdod), 에그론(Ekron), 가드(Gath)으로 이루어진 5대 도시권을 본거지로 삼고 있었는데, 이 도시들은 각각 한 명의 "전제군주"(seren)가 통치하였다. 본래 바로의 봉신 또는 용병으로 팔레스타인에 정착했던 블레셋인들은 이집트의 세력이 물러가자 사실상(de facto) 독립하게 되었던 것으로 보인다. 그들은 육로와 해로를 통해 활발한 교역을 유지하고 있었고 또 상당 기간 이전의 고향땅과도 교류를 하긴 했어도, 그들은 일찍부터 새로운 환경에 적응하여 점진적으로 가나안의 언어와 문화에 동화되었다. 그들이 이스라엘을 위기로 몰아넣곤 하였던 일은 나중에 살펴보게 될 것이다. 두 민족은 즉시 충돌하게 된 것은 아니었다 하더라도, 블레셋인들이 내륙 지방으로 세력을 확장하면서 이스라엘 지파들이 자기 땅이라고 주장하는 지역의 변경에 위치한 성읍들(게셀〈Gezer〉, 벧세메스〈Beth-shemesh〉 등)을 점령하거나 지배하게 되자 알력은 불가피하게 되었다. 블레셋인들은 이 지역의 제철업을 독점하고 있었는데, 그들은 제철의 비법을 이와 비슷한 독점권을 갖고 있었던 헷족으로부터 배웠던 것 같다. 이것은 그들에게 엄청난 이점을 주었고, 앞으로 살펴보는 바와 같이 그들은 이 이점을 어떻게 활용하는가도 알고 있었다.

2. 가나안에서 이스라엘: 처음 두 세기.

팔레스타인에서 정착생활을 시작한 초기 단계의 이스라엘의 동태에 관한 우리의 지식은 거의 다 사사기에서 나온다. 사사기는 일련의 자기 완결적인 일화들을 제공해 줄 뿐이고 또 그 대부분의 일화들은 성경 외적 사건들과 정확하게 연관시킬 수도 없기 때문에, 이 시대와 관련하여 맥이 이어지는 역사를 서술하는 것은 불가능하다. 그럼에도 불구하고 우리가 이 시대에 관해 얻는 인상 — 외적 내적 위기를 번갈아 겪으면서 단속적(斷續的)이긴 하지만 끊임없이 전쟁을 하고 그 사이사이에 평화로운 한때를 보내곤 했다는 인상 — 은 충분히 신빙성이 있다. 이것은 주전 12세기와 11세기가 팔레스타인의 역사에서 그 어느 세기보다도 어지러웠음을 보여 주는 고고학적 증거와도 완벽하게 일치한다. 이 시기 동안에 성읍들은 대부분 파괴당했고, 어떤 도시들(예를 들면, 벧엘)은 여러 번 파괴되기도 했다.[77]

a. 팔레스타인에서 이스라엘의 지위: 적응과 조정.

이스라엘의 점령지는 잘 균형잡힌 하나의 영토를 이루고 있지 못했다. 팔레스타인의 산악지대는 상당 부분 이스라엘의 수중에 있었지만, 이스라엘의 병력은 보병이었으므로 평지로 내려가 그곳에 있는 도시 국가의 귀족들로 이루어진 병거 부대와 대결할 엄두를 내지 못했다(예를 들면, 수 17:16; 삿 1:19). 해안지대와 에스드렐론 평야는 이스라엘의 지배권 밖에 있었다.[78] 거기에 정착해 있던 이스라엘 사람들은 가나안인들과 뒤섞이거나(삿 1:31f.) 그들에게 예속되었다(창 49:14f.). 그리고 산악지대에조차도 가나안인들만이 몰려 사는 거류지들이 남아 있었다(예를 들면, 예루살렘).

이러한 상황은 지리적 요인들과 합쳐져서 원심 작용을 하였다. 갈릴리의 지파들은 에스드렐론 평야에 있는 가나안인들의 영유지로 인해 동포들로부터 격리되었다. 동쪽의 지파들과 서쪽의 지파들 사이에는 깊은 요단 계곡이 가로놓여 있었다. 그리고 헤아릴 수 없이 많은 크고 작은 계곡들 때문에 교통이 막혀 있는 중앙의 고원지대에는 지세로 말미암아 각자 고유한 관습, 전통, 방언을 지닌 각기 고립된 작은 산촌들이 형성될 수밖에 없었다. 더욱이 그 다수가 족장 전승들을 보전하고 있었던 지방의 제의들은 지방을 중심으로 종교 생활을 영위하도록 하는 영향을 미쳤고, 따라서 언약궤가 안치되어 있는 중앙 성소를 별로 중요시하지 않는 경향이 있었으며, 이러한 현상은 특히 멀리 떨어져 있는 지방일수록 더욱 그러했다. 한 지방의 관심사가 이스라엘 전체에 관한 문제보다 우선한다는 것은 극히 당연하다. 그러므로 이스라엘이 직면했던 긴급 사태들이 대부분 지방적 성격을 띠고 있었고, 각 지파들의 결집은 보통 위험의 근접도에 정비례하였다는 것은 놀랄 일이 아니다. 이와 같은 여러 요인들은 이스라엘이 극도로 분열된 상태에 있었던 것 같은 인상을 사사기가 전해 주는 이유를 해명하는 데 도움이 된다. 실제로 독특한 제도들을 갖춘 언약 동맹의 정신적인 힘이 없었더라면, 이스라엘은 거의 단합할 수 없었을 것이다.

사사시대는 적응과 조정의 시대였다. 그러나 우리들 대부분이 그렇게 생각하고

---

77) 증거에 대해서는 Albright, *AP*, pp.110-122; Wright, *BAR*, Ch. VI을 참조하라.
78) 사사기 1:18이 올바르다면 블레셋 이전시대의 일시적 현상으로 간주되어야 한다. 그러나 칠십인역은 이 점에서 맛소라 본문과 모순된다.

있겠지만 이것을 정착생활로 나아가는 점진적인 이행으로 생각하지 않아야 한다. 즉, 땅을 경작하는 데 익숙하지 않았던 사막의 유목민들이 낯설은 농경 기술을 서서히 배워 나간 과정으로 생각해서는 안 된다는 것이다. 위에서 지적한 바대로 이스라엘의 지파 동맹에 들어온 수적으로 다수의 사람들은 오랫동안 팔레스타인에서 정착생활을 하여 왔었고 앞에서 말한 것과 같은 이행을 할 필요가 없었다. 사막으로부터 왔던 이스라엘 사람들조차도 순수한 유목민들은 아니었고, 그 대부분은 이집트에서 국가노예로 오랜 동안의 정착생활을 경험했던 히브리인들의 후예였다. 그들은 사막을 이상적으로 생각하거나 자기들의 본래의 자연스런 거주지로 생각하지도 않았다. 도리어 그들은 성스러운 전승들을 통해서 하나님이 그들을 거듭거듭 구원하지 않았다면 분명코 멸망했을 그런 무시무시한 곳으로 사막을 생각하였다.

그러나 우리는 이스라엘의 지파 동맹의 대다수의 구성원들은 사회의 최하층 출신으로 지독하게 착취당했던 계층으로부터 왔으며 절망적일 정도로 가난하였음을 기억해야 한다. 그들 가운데 봉건 귀족은 한사람도 없었고, 숙련된 장인(匠人)들도 거의 없었다. 이 백성들이 가난했고 또 숙련된 기술도 없었다는 것은 위에서 말한 대로 이스라엘의 초창기 성읍들이 매우 조잡하고 물질 문명이 발달한 증거를 찾아볼 수 없다는 사실에 의해서 예증된다. 그럼에도 불구하고 사사시대에는 이스라엘의 경제가 점진적이지만 두드러지게 발전했다. 여러 가지 기술을 습득함에 따라 물질 문명도 발달하였다. 사막의 수송 수단으로 낙타 대상(隊商)들을 도입한 것과 이스라엘의 몇몇 지파 사람들도 참여했던 것으로 보이는 해상 수송에 의한 교역의 확대(삿 5:17)는 의심할 여지없이 이스라엘 전체의 번영에 기여하였다. 이미 앞에서 말한 대로, 수조(水槽)를 설치하는 데 필요한 구운 석회 플라스터가 일반적으로 사용되게 됨으로써 산등성이에도 사람들이 조밀하게 정착해 살 수 있게 되었고, 전에는 아무도 살지 않았던 곳에 수많은 성읍들이 건설되었다. 이제까지 요단강 동쪽과 서쪽의 고원지대 가운데 많은 부분을 덮고 있었던 삼림들이 개간됨으로써 더욱더 많은 경작지가 확보되었다(수 17:14-18).

그러나 적응은 좀더 깊은 차원에서 진행되었다. 이미 말한 바와 같이, 소송 절차와 제사 형식의 분야에서 많은 것들을 빌려 와 사용하게 되었는데, 이것은 주로 이스라엘의 체제 안에 흡수된 같은 혈통의 종족들로부터 얻은 것이 틀림없다. 가나안 땅에서 오랫동안 전해져 온 선조들의 전승들이 개작되어서 여호와 신앙의 전달 수단이 되었다. 그러나 이보다 훨씬 더 심각했던 것은 가나안의 종교와의 긴장이 시작되었다는 것이다. 이것은 불가피했다. 이스라엘에 흡수된 종족들 가운데 일부는 가나안인들이었고, 또 다른 많은 사람들도 오랫동안 가나안인의 지배 아래 살아왔다. 이스라엘의 지파 동맹에 들어온 모든 사람들은 여호와에게 충성을 맹세하긴 했지만, 다른 "대규모의 회심"이 그러하듯이 그들 가운데는 여호와 신앙과 잘 조화될 수 없었을 것이다. 또한 어떤 이스라엘 사람들은 농경과 관련된 종교가 농경생활의 필수 불가결한 요소라고 추론하고 풍산(豊産)의 신들을 달래는 일을 계속하게 된 것도 불가피하였다. 또 어떤 사람들은 의심할 여지없이 여호와의 예배를 바알숭배에 맞추기도 하였고 이 둘을 혼동하기까지 했다. 사사기가 이 시대를 신학적인 면에서 변칙(變則)이 자행된 시대로 기록하고 있는 것은 의심할 여지 없이 옳다.

b. 카리스마의 통치

우리는 이 시대에 이스라엘을 그 대적들로부터 구출하기 위해 일어났던 사사들이라 불린 여러 지도자들에 관하여 성경이 말해 주는 내용에 거의 아무것도 더 보탤 수가 없다. 성경에서 사사들이 소개되고 있는 순서는 대체로 연대순인 듯하지만, 우리는 그 가운데 어느 사람과 관련해서도 그 정확한 생존 연대를 추정할 수 없다. 사사들은 결코 동일한 성격을 지니고 있지 않았다. 어떤 사사들(예를 들면, 기드온)은 신의 소명을 깊이 체험하고 그 명령을 따라 과업을 수행하기 위해 일어났고, 어떤 사사(입다)는 영악한 협상을 하는 법을 알고 있었던 강도나 다름없었고, 또 어떤 사사(삼손)는 거의 믿을 수 없을 정도로 엄청난 힘과 음탕한 장난이 전설이 된 매력적인 불한당이었다. 우리가 알고 있기로는, 그들 가운데 통일된 전체 이스라엘을 싸움터로 이끌고 나간 사람은 없었다. 하지만 그들 모두는 다음과 같은 공통점을 가지고 있었던 것으로 보인다: 그들은 위기가 닥쳤을 때 여호와의 영이 자신에게 임하였다는 것을 동포들에게 증거한 그들의 개인적 자질(카리스마) 덕분으로 지파들을 결집하여 앞장서서 대적과 싸운 인물들이었다.

최초의 사사 옷니엘(삿 3:7-11)은 아람 나하라임(Aram-naharaim)의 구산 리사다임(Cushan-rishathaim)이란 자의 침입을 물리쳤다고 한다. 이 침입자가 어떤 사람이었는지는 확실치 않다. 그의 이름조차도 임의로 만들어진 이름이다(이중으로 사악한 구산). 옷니엘은 남부 지방 출신이었으므로, 몇몇 학자들은 이 침입이 에돔으로부터 온 것이었을 것이라고 추측해 왔다(히브리어에서 아람과 에돔은 혼동되기 쉽고, 하박국 3:7에는 구산이 미디안과 나란히 나온다).[79] 그러나 라므세스 3세의

---

79) 주문 문서들 안에 나오는 쿠수(Kushu)도 참조하라: Albright, *ARI*, p.205와 주49.

명단에는 구사나 루마(Qusana-Ruma, K sh n-rom)라는 지방이 북부 수리아에 있었던 것으로 알려져 있는 것으로 보아, 이 침략이 아마 이집트 제19왕조의 멸망에 따른 혼란기인 주전 13세기 초에 이 지방으로부터 왔다고 보는 것이 좋을 것이다.[80] 그러나 확실하게 단정할 수는 없다.

모압에 대한 에훗의 승리(삿 3:12-30)도 주전 12세기에 일어났던 것으로 보인다. 아르논 강 북쪽의 모압 족속의 땅은 이스라엘이 도래하기 전에는 아모리족의 시혼(Sihon)에 의해 장악되어 있었는데(민 21:27-30), 이스라엘이 그에게서 이 지역을 빼앗았던 것이다. 그후 이 지역은 르우벤 지파의 차지가 되었다(수 13:15-23). 모압은 이 지역을 수복하였을 뿐만 아니라 요단강을 건너 베냐민 지파의 영토까지 침입했던 것으로 보인다. 모압인들은 격퇴되었지만, 우리는 그들이 르우벤 지파의 땅에서도 쫓겨났는지의 여부를 알지 못한다. 일찍부터 실질적으로 한 지파로서 구실을 못하게 되었던 르우벤 지파는 이러한 와중에서 영구적으로 무력해졌을 가능성이 있다.[81]

삼갈(삿 3:31)에 대해서 우리는 사실상 아무것도 모른다. 그는 사사로 불리지 않고 있으며, 분명히 이스라엘 사람이 아니었을 것이다.[82] 하지만 사사기 5:6에 그에 관한 언급이 있는 것을 보면 드보라 시대 이전 — 해양 민족들이 팔레스타인에 무력으로 침입해 들어왔던 주전 12세기 초 — 에 활약했던 역사상의 실존 인물이었다. 아마 그는 갈릴리의 벧아낫(Beth-anath)이란 도시의 왕이자 어떤 동맹체의 우두머리로서 블레셋인들을 격퇴함으로써 자기 자신을 구했고 아울러 이스라엘도 구했던 것 같다.

드보라와 바락의 승리(삿 4장, 5장)는 비록 그 연대 추정이 논란되고 있긴 하지

---

80) Cf. Albright, *ARI*, pp. 107, 204f., 주 49; M.F. Unger, *Israel and the Arameans of Damascus*(London: James Clarke, 1957), pp. 40f.; 또한 A. Malamat, *JNES*, XIII (154), pp. 231-242. Malamat는 구산 리사다임을 당시 이집트를 지배하고 있었던 셈족 출신의 한 찬탈자와 동일시하고 있다.

81) 그러나 르우벤 지파가 무력해진 것은 입다 시대의 소란기였을 가능성이 있다; cf. A.H. van Zyl, *The Moabites*(Leiden: E.J. Brill, 1960), p. 133.

82) 그의 이름으로 보아 후리족이었던 듯하다; 이에 대한 논의와 전거들에 대해서는 J.M. Myers, IB, II(1953), p. 711를 참조하라; 또한 Albirght, *YGC*, p. 43. 이 이름에 관한 다른 설명들과 이 수수께끼 같은 인물의 역사상의 역할에 대해서는 F.C. Fensham *JNES*, XX(1961), pp. 197f.; Eva Danelius, *JNES*, XXII(1963), pp. 191-193; A. van Selms, *VT*, XIV(1964), pp. 294-309; B. Mazar, *JNES*, XXIV(1965), pp. 301f.; Aharoni, *LOB*, pp. 208, 244; P.C. Craigie, *JBL*, XCI(1972), pp. 239f.를 참조하라.

만 고고학적 증거로 볼 때 주전 1125년경[83] 또는 그보다 약간 이전으로 추정하는 것이 가장 좋을 듯하다. 이미 지적한 대로, 이스라엘은 결코 에스드렐론 평야를 정복할 수 없었기 때문에, 그곳은 마치 쐐기처럼 이스라엘을 거의 두 동강으로 갈라놓았다. 주전 12세기에, 아마 에게해의 종족들(시스라도 그 가운데 한 사람이었을 것이다)과 연합해서 이 지역을 지배하고 있었던 가나안족의 동맹 세력이 인근의 이스라엘 씨족들을 몹시 억압하여 그들 가운데 일부를 노예로 삼기까지 하였다(참조. 창 49:14f.). 대집결 명령이 전달되었고, 베냐민 지파로부터 북쪽으로 갈릴리에 이르기까지 여러 지파가 호응하였다(삿 5:14-18). 별로 직접적인 영향을 받지 않은 다른 지파들은 눈에 띄게 열의가 없는 태도를 보여 주었다. 억수같이 내리는 폭풍우가 가나안족의 병거들을 강타함으로써 이스라엘의 보병들이 그 점령자들을 도륙할 수 있었기 때문에 이스라엘은 승리를 거둘 수 있었다.[84] 이 승리로 인해 이스라엘 사람들이 에스드렐론을 확실하게 지배하게 된 것은 아니었을지라도(예를 들면, 벧산은 여전히 이스라엘의 지배권 밖에 있었다), 이제 그들은 이 지역을 자유롭게 왕래하며 한동안 시달림을 받지 않고 정착해 살 수 있었다.

드보라 및 바락의 활약과 어떤 관계인지 불분명한 채로 남아 있지만, 기드온의 활약 시기도 마찬가지로 주전 12세기로 추정되어야 한다.[85] 성경에는 에스드렐론 평야와 그 인근의 고원지대가 낙타를 타고 다니는 사막의 유목민들, 즉 미디안족과 아말렉 족과 동방 사람(Ben Qedem)의 일련의 습격을 받아 복속당했다고 되어 있다

---

83) 이 전투는 다아낙(Taanach)에서 벌어졌다(삿 5:19). 성경의 말은 이 성읍이 당시 실제로 존재했다는 것을 함축하고 있다. 다아낙과 므깃도 두 도시는 주전 1125년경 또는 그보다 조금 전에 격심하게 파괴되어 페허가 되었고, 다아낙은 약 1세기 이상이나 페허로 방치되어 있었다. 그래서 이 두 도시의 파괴를 바락의 승리와 연관시키고 싶은 생각이 든다; cf. P.W. Lapp, *BA*, XXX(1967), pp.2-27(pp.8f.를 보라). 그러나 Y.Aharoni는 이 전투의 연대를 주전 13세기로 추정하고 있다; *BA*, XXXIX(1976), p.75.

84) 사사기 4장과 5장의 두 기사간의 관계에 대해서는 주석서들을 보라. 하솔 왕은 4장에 삽입된 것으로 보인다. 왜냐하면 하솔은 그보다 대략 1세기 전에 이미 이스라엘 사람들에 의해 파괴되었기 때문이다(cf. 수 11장). 또 다른 설명에 대해서는 Aharoni, *LOB*, pp.200-208; cf. Y.Yadin, *Hazor*, (London: Oxford University Press, 1972), pp.131f.를 참조하라.

85) 성경(삿 9:42-49)에는 기드온의 아들 아비멜렉이 세겜과 그곳의 엘브릿(El-berith) 신당을 파괴했다고 하고 있다. 발굴 조사 결과는 세겜과 그 신성한 구역이 주전 12세기 말 이전에 파괴되었음을 보여 준다 — 후자는 결코 재건되지 못했다. 이 파괴는 아비멜렉과 관련이 있음에 틀림없다; 그러므로 기드온의 등장은 그때보다 약간 이전으로 추정된다. Cf. G.E. Wright, *Shechem*(McGraw-HIll, 1965), pp. 78, 101f., 123-128 등등; 좀더 간략한 것으로는 *idem*, *AOTS*, pp.355-370.

(삿 6:1-6). 이것은 낙타를 사용한 것에 관한 기록들 가운데서 최초의 것이다. 낙타를 길들여서 유용하게 사용하는 일은 이보다 조금 앞서 아라비아 오지(奧地)에서 행해졌고, 이제 팔레스타인의 남부와 동부의 부족 집단들에게 보급되어 그들에게 전에 없었던 기동력을 마련해 주었던 것이다. 이스라엘 사람들은 이 무시무시한 동물을 보고 겁에 질려 공포에 떨며 도망을 쳤다. 유목민들의 이러한 습격은 매년 추수할 무렵에 있었던 것 같기 때문에, 곧 상황은 절망적이 되었다. 만약 어떤 조치를 취하지 않았더라면, 이스라엘 사람들은 영구적으로 무력하게 되었을 것이다. 므낫세 지파 사람인 기드온은 여호와에 대한 열심으로 가득 찬 사람(삿 6:25-32) — "여룹바알"(Jerubbaal)이란 이름을 갖고 있었음에도 — 으로서 이때 떨쳐 일어났다. 그는 자기 지파 및 인근 지파들을 불러 모아서(삿 6:34f.; 7:23) 미디안족을 습격하여 엉망진창으로 만들어 그 땅에서 몰아내었다. 기드온은 여러 차례의 승리로 인하여 비공식인 것이기는 하지만 권위를 획득하게 되었고, 그의 사람들은 자기들의 취약성을 깨닫고 있었으므로 그를 왕으로 세우려고 했다. 이러한 요청을 그는 단호히 거절했다고 성경은 기록하고 있다. 그 말투에는 초기 이스라엘의 정신이 철저하게 표현되어 있다(삿 8:22f.).[86] 물론 그뒤에 기드온과 세겜 출신의 첩 사이에서 난 아들인 아비멜렉(삿 8:31)이 자기 어머니의 성읍에서 스스로 왕을 자처하였다(삿 9장). 그러나 이것은 도시 국가 체제를 따른 지방적인 왕권이었지 결코 이스라엘에 전형적인 왕권은 아니었으며, 또 오래 지속되지도 못했다.

입다(삿 11장, 12장)와 삼손(13-16장)은 사사시대 말기에 활약하였다. 입다는 길르앗 출신의 약탈자, 즉 아피루('Apiru)로서 암몬족을 격퇴할 때 카리스마적 자질을 보여 주었다(삿 11:29). 이 암몬 사람들은 대상(隊商)의 교역이 발전함에 따라 크게 이익을 본 적이 있었기 때문에 요단 동편의 이스라엘 영토 안으로 자기들의 영유지를 확장하고자 했다. 입다의 이야기는 사람을 희생제물로 바치는 것이 여호와 신앙과 양립할 수 없음에도 이스라엘 에서 그러한 관습이 행해질 수 있었다는 것을

86) 기드온은 실제로 왕위를 수락했다고 자주 주장된다(예를 들면, G. Henton Davies, *VT*, XIII〔1963〕, pp. 151-157). 그러나 사사기 9:1f.의 말로 보아 그러한 결론을 내릴 필요는 없다; cf. J. L. McKenzie, *The World of the Judges*(Prentice-Hall, 1966), pp. 137-144.

87) O. Eissfeldt, *CAH*, II: 34(1965), pp. 22f.는 이 사건들을 사사시대 초기, 즉 단 지파가 북쪽으로 이주하기 전의 일로 추정하고 있다. 확실히 그렇다고는 할 수 없다. 그러나 단 지파 전체가 이주했다고 믿을 만한 이유는 하나도 없다; 단 지파의 씨족들은 틀림없이 이 시대에 내내 계속해서 블레셋인들과의 접경지대 촌락들에서 살고 있었을 것이다. 단 지파에 대해서는 F. A. Spina, *JSOT*, 4(1977), pp. 60-71를 참조하라.

우리에게 보여 주고, 또한 지파간의 질시가 얼마나 쉽게 내란으로 옮겨 붙을 수 있는가를 예시해 준다. 삼손과 관련해서는 그에 관한 이야기들이 전면전이 일어나기 전의 블레셋인들의 접경지대 상황을 신빙성 있게 반영하고 있다는 것 외에는 별로 할 말이 없다.[87] 이런 유의 국경 분쟁으로 말미암아 블레셋인들은 이스라엘에 대해 더욱 호전적인 행동을 취하게 되었을 가능성이 있다.

c. 지파 체제의 지속성

이스라엘의 지파 동맹이 그토록 오래 존속하였다는 것은 놀라운 일로 보일 수 있다. 왜냐하면 그 동맹은 느슨한 — 약했다는 말은 못하더라도 — 통치 형태였기 때문이다. 이 동맹이 치른 전쟁들은 모두 방어를 위한 것이었고, 아마 드보라의 승리를 제외하고는 이런 전쟁들을 통해 새로운 영토를 얻은 일도 없었다. 실제로 이스라엘은 아마 사사시대의 초기보다 말기에 가서 그 영유지가 줄어들었을 것이다. 르우벤 지파는 짐작컨대 모압족의 침략으로 사실상 소멸되었고, 단 지파도 아마 결국 블레셋인들의 압박으로 인해 중부 쉐펠라(Shephelah)에서 그 위치를 고수할 수 없어서(삿 1:34-36) 먼 북쪽으로 이주하여 거기서 새로운 영토를 장악하지 않으면 안 되었다(18장). 단 지파의 몇몇 씨족은 아마도 옛 영유지에 눌러앉아 살아간 것 같지만, 이들은 이웃의 유다 지파와 마찬가지로 블레셋인들에 의해 심하게 제약을 받았다. 그리고 사실상 모든 지파들의 영유지 가운데에는 그들이 정복할 수 없었던 가나안인들만의 거류지들이 계속 남아 있었다(1장).

또한 지파 조직은 지파들의 원심력을 제지할 수도 없었다. 지파 조직은 여호와 신앙의 순수성을 지키도록 강요할 수도 없었고, 또 한번도 온 이스라엘로 하여금 일치된 행동을 취하도록 설득하지도 못했으며, 또 내란으로 치닫지 않도록 지파들 사이의 경쟁을 막을 수도 없었다(삿 12:1-6). 더욱이 어떤 지파에 속한 사람들이 다른 지파 사람들에게 범죄한 경우에(삿 19장, 20장), 문제된 지파가 죄를 범한 무리들을 넘겨주지 않으려고 하면 다른 지파들을 소집하여 범죄한 지파를 응징하는 것 외에 아무런 시정 방법도 없었다. 이것은 여호와의 충실한 봉신들이 다른 반역적인 봉신에 대항하는 행동을 보여 주는 철저하게 특색 있는 처리 방법이긴 하지만 우리에게는 내분을 일삼는 지파 동맹의 모습으로 비쳐질 뿐이다. 확실히 재판을 운용하는 방법치고는 낭비적인 방법!

그렇지만 지파 동맹은 200여 년이나 존속하였다. 이것은 부분적으로 이스라엘이 직면했던 긴급 사태들이 대부분 국지적 성격을 띤 것이어서 몇몇 지파들의 비공식적인 집결만으로도 그러한 사태에 대처할 수 있었다는 데에 그 이유가 있다. 그러나 또한 지파 조직은 몇몇 분명하게 정의된 범위 안에서만 지파들의 행동을 규제하고 나머지 분야에서는 자유롭게 행동하도록 내버려둠으로써 지파 조직을 만들어내었던 여호와와 언약의 정신을 완벽하게 구현했기 때문이기도 하다. 지파 조직은 초기 이스라엘을 잘 나타낸 조직이었다. 사사시대의 전기간을 통해 이스라엘은 하나의 국가를 창건하려는 움직임을 전혀 보이지 않았고, 특히 가나안의 도시 국가 체제를 모방하려는 움직임(아비멜렉의 경우는 분명히 변칙적이었다)은 전혀 없었다. 실제로 기드온이 왕위를 거절한 이야기(삿 8:22f.)와 요담(Jotham)의 풍자적 우화(삿 9:7-21)가 보여 주는 바와 같이, 참된 이스라엘 사람들에게는 왕정이라는 개념 자체가 저주스러운 일이었다. 자기 백성의 주군인 여호와만이 자신의 카리스마적 대리자들을 통하여 자기 백성을 다스리고 구원해 준다.

그러므로 이스라엘로 하여금 지파들의 결집에 의해 대처할 수 없어서 근본적으로 변화되지 않으면 안 되게 만들었던 블레셋인들로 인한 긴급 사태가 닥치지 않았다면 이러한 상태는 무한정 지속되었을지도 모른다.

제 3 부

이스라엘의 왕정 시대:

민족 자결의 시대

제 5 장

지파 동맹에서 왕정으로

왕정의 등장과 발전

이스라엘의 지파동맹을 마감시켰던 위기는 주전 11세기 후반에 왔다. 이 시기에 일련의 사건들이 발생하여 한 세기가 채 못되어서 이스라엘을 완전히 바꿔 놓음으로써 이스라엘을 당시의 세계에서 강대국 가운데 하나로 만들어 놓았다. 이 시기는 기간은 짧지만 상당히 자세하게 살펴보고 주목할 필요가 있다. 왜냐하면 이 시기는 이스라엘의 역사 전체를 통해 가장 의미심장한 시대 가운데 하나이기 때문이다.[1]

다행하게도 우리는 이 시기와 관련하여 극히 풍부하고(사무엘상하 전체와 열왕기 상 1-11장) 또 가장 높은 역사적 가치를 지닌 사료들을 활용할 수 있고, 그 자료의 많은 부분은 거기에 묘사된 사건들과 같은 시기 또는 아주 가까운 시기에 쓴 것들이다. 다윗의 통치 말년과 관련해서 우리는 비할 바 없이 훌륭하게 서술된 "왕위계승사"(삼하 9-20장; 왕상 1-2장)를 통해 목격자의 필치로 쓴 한 자료를 만나게 되는데, 그 자료는 솔로몬이 왕위를 계승한 지 수 년 후에 쓴 것이 틀림없다. 이 자료

---

1) 이 장 전체에 대해서는 특히 A. Alt, "The Formation of the Israelite State in Palestine" (1930; *Essays on Old Testament History and Religon*〔Eng. tr., Oxford: Blackwell, 1966〕, pp.171-237)을 참조하라. 내가 이 책에 힘입은 바가 큰은 쉽사리 알아볼 수 있을 것이다. 그 밖의 최근의 연구서들로는 O.Eissfeldt, "The Hebrew Kingdom"(*CAH*, II. 34〔1965〕); J. A. Soggin, *Das K nigtum in Israel* (*BZAW*, 104〔1967〕; G. Buccellati, *Cities and Nations of Ancient Syria*(Rome: Istituto di Studi del Vicino Oriente, 1967) 등이 있다.

의 저자는 언약궤에 관한 이야기들(삼상 4:1b-7:2; 삼하 6〈7〉장), 사무엘상의 상당 부분(과 사무엘 하 1-4장)을 차지하고 있는 사울과 다윗에 관한 설화들의 적어도 큰 줄거리를 알고 있었고 또 그 소재들을 이용하고 있는 것으로 보아, 우리는 이 이야기들이 엄밀한 의미에서의 역사 기록은 아니라고 하더라도 매우 오래된 기원을 갖고 있고 또 주전 10세기 중반에는 확립된 형식을 갖추고 있었다고 추론할 수 있다. 다윗에 관한 그 밖의 정보와 솔로몬에 관한 상당량의 정보는 공식적인 연대기의 초록(抄綠) 또는 적요(摘要)의 형태로 전해지고 있는데, 이러한 것들은 비할 바 없이 가치 있는 자료이다. 요컨대, 우리는 이스라엘 역사에서 다른 어느 시대보다도 이 시대에 관해 좀더 자세한 정보를 갖고 있다는 말이다.

A. 왕정을 향한 제1단계: 사울

1. 블레셋인들로 인한 위기와 지파 동맹 체제의 파탄.

약 200여 년간 존속해 왔던 이스라엘의 지파동맹은 블레셋인들의 침략으로 붕괴되고 말았다. 앞 장에서 지적한 대로 블레셋인들은 이스라엘 사람들이 팔레스타인에 들어온 그 시기에 이 땅에 발을 들여놓았고, 사사시대의 대부분의 기간을 이스라엘과 단속적(斷續的)이면서도 점차 가열되는 알력 속에서 나란히 공존해 왔다. 하지만 마침내 그들은 이스라엘에 극심한 재난을 가져온 정복 사업에 착수하였다.

a. 블레셋인들이 가해 온 위협의 성격.

블레셋인들은 이스라엘의 느슨한 지파동맹 체제로는 대처할 수 없었던 그런 대적이었다. 분명히 그들은 특별히 수적으로 많은 민족이 아니었고, 오히려 수적으로 우세한 가나안 거민들을 지배했던 호전적인 귀족계급이었는데, 그들의 신의 이름 및 대부분의 인명들이 보여 주듯이 그들은 점차 가나안족들과 뒤섞이게 되었다. 하지만 그들은 강력한 군사적 전통을 갖고 있던 만만치 않은 전사(戰士)들이었던 것으로 보인다. 그들은 이스라엘을 그들의 안보 또는 해안으로부터 내륙으로 통하는 교역로의 안전을 위협하는 존재로 보았기 때문에 서부 팔레스타인 전지역을 장악하려고 했다. 따라서 블레셋인들은 이스라엘이 이전에 결코 맞부딪쳐 본 적이 없던 위협적인 존재였다. 과거의 대적들과는 달리, 블레셋인들은 인접한 몇몇 지파들에게만 관련되는 제한된 위협이나 각 지파들이 집결하여 일거에 물리칠 수 있는 위협을 가해 온 것이 아니었다. 정복을 목표로 삼았던 그들은 이스라엘 전체와 그 존립을 위협하였다. 더욱이 그들은 특히 제철에 대한 독점 덕분으로 우수한 병기들로 무장한 잘 훈련된 병사들이었다.[2] 그들은 지세가 허용하는 곳에서는 병거도 이용하였다.[3] 더욱이 단일한 중앙 정부는 없었지만 블레셋인들의 도시 전제군주들은 단합된 행동을 취할 수 있는 능력을 갖추고 있었다. 가나안족의 왕들은 그같은 단합된 행동을 좀처럼 취하지 못했고, 취하더라도 결코 오래가지 못했다. 훈련도 안 되어 있고 장비도 엉망이었던 이스라엘 병사들이 이와 같은 대적과 전면전을 벌여서 이길 승산은 거의 없었다.

블레셋인들의 침략이 어떻게 시작되었는지는 분명치 않다. 아마 그들은 일찍부터 해안 평야와 에스드렐론 평야에 잔존해 있던 가나안족의 도시 국가들과 그곳에 정착해 있던 다른 해양 민족들을 지배해 오기 시작했을 것이다. 인접해 살던 유다 지파와 단 지파의 이스라엘 사람들도 블레셋인들의 압력을 받았고, 이미 살펴본 대로 단 지파는 자신의 영유지의 대부분으로부터 밀려나지 않을 수 없었다. 삼손 이야기에 잘 나타나 있는 것같이 국경 분쟁이 끊임없이 계속되었음이 확실하며, 이러한 분쟁은 블레셋인들을 자극하여 더욱 호전적인 행동을 취하게 하였을 것이다.

b. 블레셋인들의 멍에 아래 놓이게 된 이스라엘.

해안 평야의 가장자리에 있는 아벡 부근에서 주전 1050년 직후에 결정적인 전투가 벌어졌다(삼상 4장). 이스라엘 사람들은 블레셋인들의 전진을 저지하려 하다가 초전에 패하자 여호와의 임재가 승리를 가져다 주리라는 소망을 갖고 실로에서 언약궤를 싸움터로 옮겨 왔다. 승리 대신에 결과는 참패였다. 이스라엘 군대는 뿔뿔이 흩어지고, 언약궤를 모시고 있던 제사장 홉니와 비느하스는 살해되었으며, 언약궤도 블레셋인들에게 빼앗겼다. 그런 뒤에 블레셋인들은 그 지방을 점령하기 시작했다.

---

2) 골리앗의 갑옷(삼상 17:5-7)은 아마 그 크기만은 보통이 아니었던 것 같다. 성경에 묘사된 그의 공격무기(창)는 끄트머리가 쇠로 되어 있었다. 그의 칼에 대해서는 "그같은 것이 또 없나니"(삼상 21:9)라고 했다. 블레셋인들의 무기에 대해서는 Y. Yadin, *The Art of Warfare in Biblical Lands* (McGraw-Hill, 1963), Vol. II, pp. 248-253, 336-345, 354f. 를 참조하라.

3) 블레셋인들은 팔레스타인에 발을 들여놓자 가나안 사람들로부터 병거를 채용하였다. 그러나 Y. Yadin에 의하면(*ibid.*, p. 250), 블레셋인들의 병거 사용은 헷 사람들의 관습을 따랐으므로(한 병거에 두 사람이 아니라 세 사람이 타고, 활이 아니고 창으로 무장하고 있었다), 그들은 아마 더 일찍부터 병거를 알고 있었을 가능성이 있다.

실로가 점령되고 지파동맹의 성소는 파괴되었다.[4] 블레셋인들의 수비대들이 전략 요충지마다 배치되었다(삼상 10:5; 13:3f., 23). 더욱이 블레셋인들은 이스라엘의 무기 제조를 막고 자신들의 제철 독점권을 지키기 위해 이스라엘이 갖고 있던 금속 공장은 모조리 다 빼앗고 철과 관계된 모든 용역을 블레셋인 대장장이들에게 의존하도록 만들었다(삼상 13:19-22). 실제로 다윗의 통치시대까지 이스라엘에는 철이 충분치 못하게 되었다.[5]

물론 블레셋인들은 이스라엘 사람들이 살던 땅을 완전히 점령하지는 못했다. 그들은 네게브 지방, 중부 산악지대의 상당 부분 그리고 물론 에스드렐론 평야를 장악하였지만, 그들의 지배권이 갈릴리 전지역에 미치지는 못했던 것 같다. 요단강 동쪽을 장악하지 못한 것은 확실하다. 중부 산악지대에서조차도 그들의 지배권에는 빈틈이 많았다. 이것은 그들의 노력에도 불구하고 이스라엘 사람들이 그후 그곳에서 무장하고 조직적으로 저항할 수 있었다는 사실에서 잘 나타난다. 그러나 한동안 그 이상의 저항은 불가능하였다.

이스라엘의 지파동맹은 손을 쓸 도리가 없었다. 군대는 분쇄되어 무장해제 당했고, 중앙 성소는 파괴되었으며, 제사장들은 살해되거나 추방되어 사방으로 흩어졌기 때문이다. 블레셋인들은 어떤 전염병의 만연으로 공포에 질린 나머지 이내 언약궤를 이스라엘의 땅으로 돌려보내기는 했지만(삼상 5-7장), 그들은 여전히 계속해서 언약궤를 감독했던 것 같다. 언약궤는 한 세대 동안 기럇여아림에 방치되었다.[6] 옛 질서는 파탄에 이르렀고, 결코 재건될 수 없었다.

c. 옛 질서의 마지막 대표자: 사무엘.

이 어두운 시대에 이스라엘을 이끌어 나간 정신적 지도자는 사무엘이었다. 태어나기 전부터 나실인 서원에 의해 여호와에게 바쳐졌던(삼상 1:11) 사무엘은 나이든

4) 실로의 파괴를 보여 주는 고고학적 증거는 하나도 없다고 주장되어 왔다(제4장 주 61에 인용된 M.-L. Buhl and S. Holm-Nielsen의 저작을 참조하라); 그러나 이제는 그 증거가 있는 것 같다; cf. *BARev.*, I(1975), p. 3. 예레미야 7:12ff. (cf. 26:6)와 시편 78:60ff.에 비추어 볼 때 실로가 추측컨대 이 시기에 파괴되었다는 것은 거의 의심할 수 없는 것 같다. 어쨌든 실로는 이스라엘의 역사에서 더 이상 아무런 역할도 하지 못했다.

5) 제작 연대의 추정이 가능한 것 가운데서 가장 초기의 철기는 사울시대의 기브아에서 나온 쟁기 끝이다; cf. G.E. Wright, *JBL*, LX(1941), pp. 36f.; 또한 L.A. Slinclair, *BA*, XXVII(1964), pp. 55-57.

6) Cf. 삼상 7:1f; 삼하 6장. 사울은 언약궤를 갖지 못했다; 주석자들이 한결같이 동의하는 바와 같이 사무엘상 14:18에서 칠십인역을 따라 "궤"를 "에봇"이라 읽어야 한다.

제사장 엘리의 보호를 받으면서 지파동맹의 중앙 성소에서 젊은 시절을 보냈다. 실로가 함락되자 그는 조상 때부터 대대로 살아온 고향인 라마로 돌아가 거기서 성자(聖者)이자 신탁의 전달자로서 명성을 떨쳤다(삼상 9장). 하지만 사무엘은 이후의 그의 역할이 보여 주는 바와 같이 한낱 촌락의 선견자(先見者)가 아니었다. 그러한 일들이 정말 지파들 사이에서 재판을 운용하는 기능을 가지고 있었다면, 실제로 그는 사사들, 특히 "소사사들"(삿 10:1-5; 12:7-15)의 역할을 계승한 입장에 있었던 것으로 보인다. 어쨌든 우리는 당시에는 더 이상 지파들을 위한 중앙 성소가 없었기 때문에 사무엘이 몇몇 중요한 성소들을 정기적으로 순회하며 율법과 관련된 사건들을 판결하고 다니는 모습을 보게 된다(삼상 7:15-17). 확신컨대 사무엘은 어느 누구보다도 고대의 전통을 생생하게 유지하기 위해 노력했다.

우리는 블레셋인들의 점령 동안에 무슨 일들이 일어났었는지에 대해서 거의 아무 것도 알지 못한다. 그 기간이 끝나기 이전에 사무엘은 노인이 되어 있었다고 기록되어 있다. 블레셋인들에 대한 이스라엘 백성의 저항 의지는 여전히 살아 있었고, 특히 이 무렵에 출현한 황홀경에 의한 선지자 집단 덕분으로 카리스마적 전통이 지속되고 있었다. 이 선지자들에 관해서는 나중에 더욱 자세하게 이야기하게 될 것이다. 그들은 무리를 지어 돌아다니면서 마치 이슬람교의 탁발수도자들과 같이 미친듯 열광하며 기악(器樂) 소리에 맞춰 "예언하곤" 했다(삼상 10:5-13; 19:18-24). 그들은 고대 세계에서 흔히 볼 수 있었던 현상이었고, 가나안 사람들이나 멀리는 아나톨리아와 메소포타미아에서도 이와 유사한 현상들이 있었다.[7)]

무엇이 이 시기에 이스라엘에서 황홀경에 의한 예언을 급증하게 하였는지에 대해서는 우리는 단지 추측해 볼 수 있을 따름이다. 의심할 여지없이 중앙 성소와 그 제의가 사라짐으로써 정신적 공백이 생겨났고, 이것이 백성들 사이에 자유로운 카리스마적 운동의 급속한 발전을 고무시켰던 것으로 보인다. 그러나 블레셋인들의 존재도 모종의 역할을 했다. 왜냐하면 이 선지자들은 틀림없이 자신들의 황홀경에 의한 격정(激情)을 통해 사람들에게 가증스러운 침략자에 대항해서 여호와의 성전(聖戰)을 수행하고자 하는 열정을 붙붙이려고 하였기 때문이다. 의심할 여지없이 사무엘은 블레셋인들을 몰아내고 또 신망을 잃었던 실로의 제사장들을 대신하여 여호와 신앙의 전통을 고수하려는 열망을 갖고서 이 운동에 방향성을 부여했던 것으로 보인다.[8)]

---

7) 마리 문서에서 이제까지 알려진 것 가운데 가장 유사한 예들을 찾아볼 수 있는데, 거기에는 황홀경의 수도자들이 나온다; p.113 주 44와 거기에 인용된 저작들을 참조하라. 또한 H.B.Huffmon, "The Origins of Prophecy"(*Mag. Dei*, Ch.8)을 보라.

이 시기 동안에 얼마나 자주 이스라엘 사람들의 애국의 열정이 타올라서 무력 항쟁으로 이어졌는지는 말할 수 없다. 여러 번 충돌이 있었으며, 또 블레셋인 분견대들이 가끔 습격을 받고 분쇄되곤 했던 것 같다. 이상화되어 있는 사무엘상 7:3-14의 기사에는 아마도 이러한 접전에 대한 회상이 담겨 있는 듯하다. 그러나 지파들은 더 이상 침략자를 그들의 땅에서 몰아내는 데 필요했던 결정적인 타격을 가할 만한 처지에 있지 못했다. 많은 이스라엘 사람들은 만약 좀더 강력한 지도력이 발견되지 않는다면 그들의 처지는 절망적이라는 사실을 깨달았음에 틀림없다.

2. 최초의 왕: 사울.

바로 이러한 상황에서 이스라엘은 기브아라는 성읍의 베냐민 지파 사람 사울(Saul)을 왕으로 옹립하였다. 당시의 어려운 형편에 비추어 보면 이스라엘이 그렇게 한 것은 놀랄 일이 아니다. 그렇지만 그러한 조치는 거의 잠정적인 것이었고 또 일부에서는 정말 마지못해서 이에 따랐다는 것도 마찬가지로 놀랄 일이 아니다. 왜냐하면, 왕정은 이스라엘의 전통과는 전적으로 이질적인 제도였기 때문이다.

a. 사울의 추대.

사울의 추대에 관한 기사는 서로 병렬적인 두 가지(아마 원래는 세 가지) 설화의 형태로 우리에게 전해졌는데, 하나는 왕정에 대하여 암암리에 호의적이고, 다른 하나는 몹시 적대적이다. 첫번째 설화(삼상 9:1-10:16)는 어떻게 사울이 라마에서 사무엘에 의해 사사롭게 기름부음을 받았는가에 관하여 말해 주고 있다. 이 이야기는 사무엘상 13:3b, 4b-15에서 다시 이어진다. 사울이 암몬과 싸워 이기고 이어 길갈에서 대중들에 의해 환호를 받았다는 원래 따로 있었던 이야기(11장)가 이 설화와 섞여 있다. 또 하나의 설화(삼상 8장; 10:17-27; 12장)는 사무엘이 대중들의 요구에 분노로써 항변을 하면서도 양보하여 미스바에서 사울을 왕으로 추대할 때 이를 주재했다고 기록하고 있다.

---

8) 사무엘이 이스라엘에서 예언운동의 창시자로 간주되는 것은 정당할 것이다; cf. W.F. Albright, *Samuel and the Beginnings of the Prophetic Movement in Israel*(The Goldenson Lecture for 1961; Hebrew Union College Press); *idem*, *YGC*, pp. 181-189. 선지자의 직무는 카리스마적 사사들의 직무와 연속선 상에 서 있는 것이었다.

이렇게 서로 다른 기사들을 놓고 볼 때, 우리는 사건들의 순서를 재구성하려는 시도를 해볼 수가 없다. 그러나 이제까지 해왔듯이 설화의 마지막 대목을 이후에 왕정으로 인한 쓰라린 체험을 반영한 것으로 치부하여 무시해 버리는 것은 건전하지 못한 것이다.[9] 이 대목의 기록 연대가 어떻든지간에, 전통과 단절하는 것을 내포하는 이와 같이 과감한 조치가 처음부터 반대를 불러일으켰다는 것은 거의 의심할 수 없다. 사무엘의 개인적 감정은 여전히 모호하다. 그러나 그가 어떤 행동을 취했든 그의 행동은 의심할 여지없이 각 지파의 장로들에 의해 대변된 대중들의 요구에 직면하여 좋든 싫든 취해졌다는 것은 확실하다(삼상 8:4f.). 그가 이 조치를 수행할 때 지도적 역할을 했다는 것은 설화의 모든 대목에서 증언되고 있는데, 그의 지위로 보아 사람들이 그러기를 기대했을 것이다. 그렇지만 사무엘의 최초의 감정이 무엇이었든지간에, 그는 곧 사울과 관계를 단절하고 그의 철천지 원수가 되었다는 것은 아주 확실하다. 모든 점에서, 위의 두 설화 가운데 두번째의 것이 강조하고 있듯이 사무엘은 대중들의 압력으로 인해 또 다른 방도를 찾을 수 없었기 때문에 그렇게 행동하긴 했지만 그 조치가 초래할 결과를 걱정하면서 내내 불안감을 가지고 지켜 보았던 것 같다.

사울은 선지자의 지명과 대중의 환호에 의해 왕으로 추대되었다(삼상 10:1f.; 11:14f.). 그가 베냐민 지파 사람 — 이 지파는 중앙에 위치해 있어서 직접적으로 외세의 위협을 받고 있었으면서도 작았기 때문에 다른 지파들의 질시가 극소화되었을 것이다 — 이었다는 사실이 이러한 선택에 영향을 미쳤는지도 모른다. 그러나 사울은 무엇보다도 암몬을 쳐 이기고(11장) 이전의 사사들과 마찬가지로 카리스마적 자질을 드러내 보였던 까닭에 인정을 받았다. 이것은 아마 그가 벌인 첫 교전이었을 것이다. 암몬 사람들은 이스라엘의 어려운 처지를 틈타 이전에 입다 시절과 마찬가지로 요단 동편의 이스라엘 영토에 침입해서 야베스길르앗을 포위하고 치욕적이고 냉혹한 항복조건을 제시하였다. 이 소식이 사울에게 이르자 그는 전형적인 카리스마적 인물로 행동하였다. 그는 "하나님의 신에게 크게 감동되매"(6절), 밭을 가는 데 사용하고 있었던 소를 잡아 잘게 썰어서 그 고기 조각들을 각 지파의 씨족들에게 보내어 집결토록 요청하였다. 씨족들, 다시 말해서 그러한 상황에서 호응할 수 있었던

9) 사무엘상 8장은 가나안족의 봉건적인 왕 제도에 관한 신빙성 있는 묘사를 제공해 주는 것으로서 확실히 후대의 것이라고 볼 필요는 없다; cf. I. Mendelsohn, *BASOR*, 143(1956), pp. 17-22. 이 전승들에 관한 균형 잡힌 평가에 대해서는 A Weiser, *Sammuel: seine geshichtliche Afgabe und religi se Bedeutung*(*FRLANT*, 81 〔1962〕)를 참조하라.

씨족들은 이에 응하였고, 그 결과 대승을 거두었다. 백성들은 사울의 행동을 통해 그가 여호와에 의해 지명된 인물임을 확신하고 그를 매우 오래된 길갈의 성소로 데리고 가서 거기서 환호로써 엄숙히 왕으로 옹립하였다.

b. 그후 사울이 거둔 승리들.

초기에 사울의 활약은 백성들이 그를 신뢰한 것이 옳았음을 입증할 정도로 성공적이었다. 이것은 특히 그가 블레셋인들에게 호된 일격을 가함으로써 이스라엘에게 얼마 동안 숨을 돌릴 수 있는 여유와 새로운 희망을 줄 수 있었기 때문이다. 성경 본문이 뒤얽혀 있기 때문에 그 상세한 경위는 분명치 않다(삼상 13-14장). 하지만 블레셋인들의 한 수비대를 압도한 전초전(13:3)[10]과 블레셋인들의 보복 공격이 있은 뒤에(13:17f.), 믹마스의 길목에서 싸움이 벌어졌는데, 이 싸움은 주로 사울의 아들 요나단의 대담한 돌격 덕분에 이스라엘의 완승으로 끝난 것으로 보인다. 블레셋인들은 참패를 당하여 쫓겨났다(14:23, 31). 그들과 함께 하였던 히브리인들은 탈주하였으며(14:21), 에브라임 산중에 있던 모든 이스라엘 사람들은 기운을 얻어 사울의 주위로 집결하였다. 이것은 대단한 승리였다. 블레셋 군대가 궤멸되지는 않았고 또 블레셋인들의 위협이 끝난 것은 결코 아니었지만(13:5의 기록에도 불구하고 실제로 싸움에 참가한 병력은 많지 않았을 것이다), 점령군은 산악지대에서 추방되었다. 이 때부터 사울은 팔레스타인의 남과 북을 자유롭게 옮겨다닐 수 있었고, 이후의 싸움은 평야의 변두리에서 벌어졌을 것이다. 희망이 이스라엘에게 되돌아왔다.

사울의 통치 기간은 모두 전쟁으로 얼룩져 있었다(삼상 14:47f., 52).[11] 블레셋인들과의 전투 외에도, 아말렉족을 쳐부순 이야기가 별도의 설화에 묘사되어 있는데(15장), 거기에는 사울이 사무엘과 관계를 끊은 이야기가 포함되어 있다. 아마 가데스 사막을 본거지로 하고 있었던 아말렉족은 암몬과 마찬가지로 이스라엘의 어려운 처지를 틈타 네게브 지방에 침입했던 것 같다. 사울이 멀리 남쪽 지방에서 그들을 격파할 수 있었다는 것은 그가 자유로이 이동하며 작전을 펼 수 있었음을 보여준다. 또한 그것은 그의 권위와 책임의 범위가 국가적이었음을 시사해 준다. 또한

---

10) 맛소라 본문(MT)은 이 장소를 기브아의 동북 그리고 믹마스의 바로 남쪽에 위치한 게바(Geba, 혹은 Jeba')라고 하고 있다. 그러나 칠십인역은 기브아에서 그 전초전이 있었던 것이라고 한다. 지명들이 너무 비슷하고 또 자주 혼동되어 사용되기 때문에 어느 쪽이 올바른지는 말할 수 없다.

11) 사무엘상 14:47에 언급되어 있는 에돔, 모압, 소바와 행한 전쟁에 관해서는 우리는 아무것도 모른다. 그러나 이 말이 근거 없는 것은 아니다; cf. M.F. Unger, *Israel and the Arameans of Damascus*(London: James Clarke, 1957), pp.43f.

사울은 자신의 통치 기간 중 어느 때인가 가나안 정복 이래로 이스라엘과 맺어 왔던 조약을 무시하고(수 9장) 기브온 동맹의 남은 자들에게 가혹한 조치를 취했다(삼하 21:1f.; 4:2f.). 분명히 그들 가운데 다수가 살해되었고 나머지 사람들은 도망하지 않을 수 없었을 것이다. 사울이 왜 이렇게 했는지는 알려져 있지 않다. 아마 기브온 사람들이 블레셋인들과 협력했거나 협력한 혐의를 받았기 때문이었을 것이다. 나중에 살펴보겠지만 사울의 이러한 처사를 사람들은 결코 잊지 않았다.

c. 사울 왕권의 성격.

한 사료(삼상 8:5, 20)는 왕정을 이교 국가들을 모방한 제도라고 공공연히 비난한다. 왕정이 이스라엘에게 이질적인 제도였다는 의미에서는 사실 그러했다. 왕정은 다른 곳에서는 보편적인 제도였고, 따라서 이스라엘은 주변의 다른 민족들로부터 이 제도를 생각해 냈다. 그럼에도 불구하고 이스라엘의 왕정은 독특했다. 이스라엘의 왕정은 확실히 가나안이나 블레셋의 봉건적인 도시 국가 체제를 모방한 것은 아니었다. 에돔, 모압, 암몬과 같은 민족으로 이루어진 왕국들로부터 여러 가지 특징을 빌려 왔을는지는 모르지만[12], 이스라엘의 왕정은 여전히 특색있는 이스라엘적인 현상이었고, 처음에는 가능한 한 옛 질서 그대로 유지했다.

사울은 이전의 사사들과 마찬가지로 옛 형식을 따라 카리스마적 영웅으로 등장했다. 실제로 사울이 그런 카리스마적 자질을 드러내 보이지 않았더라면 백성들은 그를 추종하지 않았을 것이다.[13] 그러나 사울의 경우에 사무엘이 그에게 기름을 붓고 백성들이 환호로써 그를 왕으로 추대하면서 새로운 특징이 더해졌다. 따라서 사울은 과거에 다른 상황 아래에서 기드온에게 제시되었다가 거절된 바 있는 지위(삿 8:22f.)와 비슷한 자리를 차지한 셈이었다. 그러나 그의 기름부음에 관해 말하고 있는 사료(삼상 9:1-10:16; 13:4b-15)에서 사울이 왕(melek)이 아니라 "지도자" 또

---

12) Cf. Alt, *op. cit.*, pp. 199-202; Noth, *HI*, p.171. 그러나 우리는 이 나라들에 관해 거의 모르고 있으므로 확실히 말할 수는 없다. 하지만 적어도 에돔은 여러 세대에 걸쳐 왕위 계승 원칙에 저항했던 것으로 보인다(참조. 창 36:31-39).

13) 사울의 왕권에 관한 우리의 이해는 전반적으로 Alt(*op. cit.*, pp.183-205)의 이해를 따랐다. 다른 학자들은 사울의 왕위가 성격상 좀더 제도화되어 있었던 것으로 본다; 예를 들면, W. Beyerlin, "Das Königscharisma bei Saul"(*ZAW*, 75 〔1963〕, pp. 54-65)를 참조하라. 그러나 제도적인 경향이 의심할 여지없이 사울의 치세에서 드러나기 시작했다고 하더라도, 그것은 처음에 과거와의 날카로운 단절을 나타내지는 않았다; cf. J.A.Soggin, "Charisma und Institution im Königtum Sauls"(*ZAW*, 75〔1963〕, pp.54-65).

는 "사령관"(nagîd)으로 지칭되고 있는 것은 흥미롭다.[14] 이것은 사무엘과 각 지파의 장로들이 사울을 관습적인 의미의 왕으로 추대할 의향은 전혀 없었고 단지 영속적인 기반을 갖는 지파들의 선택된 군사 지도자로서 일해 주기를 바랐다는 것을 의미할는지 모른다. 그러나 그들의 의향이 무엇이었든간에, 처음부터 백성들은 사울을 왕으로 생각했고 또 곧 그를 왕이라 부르기 시작했을 것이다. (왕이라는 호칭은 이스라엘의 이웃 민족들에서 흔히 쓰이고 있었던 것이었고, 또 사료의 다른 부분에서는 이 호칭이 사울에게 꼬박꼬박 적용되고 있다.) 어쨌든 사울의 권위는 영속적인 것으로, 또는 적어도 "전쟁 기간중에는" 영속적인 것으로 인정되었다. 그리고 그렇게 된 것이 사실이다. 그러나 이것은 하나의 혁신(innovation)임이 확실했지만 옛 전통과 칼로 베듯이 단절한 것은 아니었다.

사울은 옛 지파동맹의 중심지였던 길갈에서 이스라엘의 환호를 받았고(삼상 11:14f.), '사령관'(nagîd)으로서건 '왕'(melek)으로서건 백성들을 규합하여 여호와의 대적들과 맞서 싸우는 사사의 직무를 수행하는 것이 그의 과업이었을 것이다. 사무엘이 사울을 어떻게 생각했든, 지파동맹의 제사장들 가운데 남은 자들은 그의 주위로 모여들었고 또 그를 따라 싸움터로 나가기도 했다(삼상 14:3, 18).

사울은 우리가 알고 있는 이스라엘의 내적인 체제를 전혀 변화시키지 않았다. 아마 그는 그럴 기회가 없었던 것이 아니라 그런 변화를 바라지 않았을는지도 모른다. 지파 조직은 과거와 다름없이 남아 있었고, 행정 기구나 관료제도는 발달하지 않았다.[15] 사울은 큰 후궁(後宮)을 갖고 있지도 않았고, 자기 친척인 아브넬 — 각 지파에서 모인 군대를 지휘했다(삼상 14:50f.) — 외에는 지휘관도 없었으며,[16] 호화로운 왕궁도 없었다(참조. 삼상 20:25; 22:6). 기브아의 그의 거처는 궁전이라

---

14) 이 단어의 어원이 무엇이든, 이 단어는 실제로 그러한 의미로 사용되었던 것으로 보인다; cf. Albgirht, *Sammuel*(주8), pp. 15f.; *BP*, pp. 47f. 이 단어는 주전 8세기의 Sefire 조약들에서 이러한 뜻으로 등장한다; cf. J.A. Fitzmyer, *The Aramaic Inscriptions of Sefire* (Rome: Ponifical Biblical Institute, 1967), pp. 112f. 사울이 기름부음을 받은 것은 후대의 전승층에 속하는 것으로서 '나깃'(nagid)이라는 칭호는 솔로몬 시대에 와서야 비로소 사용되었다고 주장되어 왔다; cf. T.N.D. Mettinger, *King and Messiah*(Lund: C.W.K. Gleerup, 1976), Chs. IV and IX. 그러나 이것은 확실치 않은 듯하다; cf. G.M. Williamson, *VT*, XXVIII (1978), pp. 499-509.

15) Aharoni, *LOB*, pp. 255-257은 사무엘하 2:8f.에 언급된 지역들을 사울이 설정한 5개 행정 구역으로 보고 있다. 그러나 이것은 별로 확실치 않은 듯하다.

16) 아브넬이 사울의 조카였는지 삼촌이었는지는 극히 분명치 않지만, 삼촌으로 보는 것이 나을 듯하다; cf. A. Malamat, *JAOS*, 88(1968), p. 171.

기보다 요새였다.[17] 물론 우리는 젊은 군인들을 모아 자기 직속으로 장기 복무를 시킨 듯한 사울의 관행(삼상 14:52)에서 상비군 제도와 군사적 귀족정치의 시초를 엿볼 수 있다. 그러나 사울의 경우 이러한 조치는 단지 군사적 필요성에서 취해진 것일 뿐이었다. 그는 각 지파에서 모은 군대에만 의존해서는 살아 남을 수 없었던 것이다.

그러나 사울은 자기 가신들 — 이들 가운데 다수는 자기 지파 사람들이었다(삼상 22:7) — 에게 특혜를 베풀기는 했지만 어느 한 지방의 왕은 아니었다. 아마 그는 온 이스라엘을 전투에 동원하지는 못한 듯하지만(사사들도 그러했다!), 당시의 위기 상황이 전국가적인 것이었다는 이유로 인해서 과거의 어느 지도자보다도 거의 온 이스라엘을 동원할 수 있었던 같다. 더욱이 사울은 전국적으로 상당한 인기를 누렸다. 야베스길르앗을 구해 주었기 때문에 사울은 그 성읍의 변함없는 헌신을 받았다(삼상 31:11-13). 아마 아말렉족을 쳐부순 일도 있고 또 블레셋인들의 위협이 극심했던 까닭에 사울은 유다 지파에서도 존경을 받았던 것으로 보인다. 일부는 사울이 유다 지파에서 왕으로 인정을 받는 것에 의문을 제기하기도 했지만, 사울은 그런 대접을 받았던 것 같다(물론 사울은 이 지파를 별도의 기구를 통해 다스렸겠지만). 적어도 그 지파의 젊은 사람들은 사울을 섬겼고, 또 그 지파 사람인 다윗에 대항하는 싸움에서조차 사울의 편에 섰던 사람들이 많이 있었다(삼상 23:19ff.; 26:1ff.).[18] 요컨대 사울의 통치는 상서롭게 시작되었고, 이스라엘 백성에게 회생할 수 있는 휴식과 새로이 용솟음치는 용기를 가져다 주었다.

3. 사울의 실패와 다윗의 득세.

그러나 휴식은 일시적이었다. 사울의 통치 기간은 알려져 있지 않고 추정되고

---

17) 여기에 관한 간단한 설명은 Wright, *BAR*, pp.122f.를 참조하라. 이 요새의 역사에 대해서는 L. A. Sinclair, *AASOR*, XXXIV-XXXV(1960), pp.1-52; *idem*, *BA*, XXVII(1964), pp.52-64를 참조하라. 그리고 좀더 최근의 발굴조사의 결과에 따라 어느 정도 수정을 한 것으로는 P.W. Lapp, *BA*, XXVIII(1965), pp.2-10를 참조하라. 그러나 J.M.Miller, *VT*, XXV(1975), pp.145-166의 말들을 참조하라.

18) 이 전승은 우리에게 다윗이 자기 부모의 신변 안전을 두려워하였기 때문에 부모를 모압에 있는 피신처에 은신시켰다고 말하기까지 한다(삼상 22:3f.). 이 점에 대해서는 A.D.H.Mayes, *Israel in the Period of the Judges*(London: SCM Press, 1974), pp.2-4를 참조하라.

있을 따름이다(아마 주전 1000년 전의 10여 년간이었을 것이다). 그의 통치는 참담한 실패로 끝이 났고, 이스라엘은 어쩌면 이전보다 더 악화된 상태에 놓이게 되었다. 그렇게 된 이유는 확실히 여러 가지겠지만, 불운했던 사울 자신의 탓도 결코 적지 않았다.

a. 사무엘과 사울의 결별: 사울의 타락.

사울은 비극적인 인물이었다. 준수한 외모를 지니고 있었고(삼상 9:2; 10:23) 겸손했으며(9:21), 자신의 전성기에도 도량이 넓고 기꺼이 자기 잘못들을 고백하기도 했으며(11:12f.; 24:16-18), 언제나 대담하고 용감했던 사울이지만 그에게는 결국 자신을 파멸로 이끌었던 정서 불안이 있었다. 언제나 흥분하여 격노하기 일쑤인 변덕스러운 성미 때문에(10:9-13; 11:6f.) 압박감을 느끼면 점차 마음이 어지러워지고 암울한 기분에 빠졌다가 잠시 평정을 되찾는 상태를 왔다갔다 하면서 그 정신이 시계추처럼 흔들렸다. 암울한 기분에 젖어 있는 때에는 지성적인 행동을 하지 못하고 자기와 가장 가까운 사람들마저도 멀리하려는 듯한 행동에 빠지곤 했다. 말년에 가까이 가서는 사울은 이미 제정신이 아니었던 것 같다.

사울은 아주 균형잡힌 정신적 능력을 가진 사람들도 기진맥진케 했을 그런 위치에 있었다고 말하지 않을 수 없다. 사울은 자신의 지위로 인하여 카리스마적 자질을 한번이 아니라 계속해서 극적으로 보여 주어야 한다는 무서운 긴장 속에 살아야 했다. 블레셋인들의 위협은 계속되었다. 사울은 이따금씩 승리를 거두기는 했지만 그 위협을 끝장내는 데 필요한 결정적인 타격을 가할 수는 없었다. 더욱이 각 지파들의 독립심이 강렬했기 때문에 실제적인 권한도 행사할 수 없었다. 또 사울은 자신의 가신들을 제외하고는 신뢰할 만한 전투 부대를 편성하여 싸움터로 이끌고 나갈 수도 없었다. 그 가운데서도 가장 불리했던 것은 그가 사무엘과 싸운 일이었다.

이에 대한 두 가지의 기사는 그 싸움의 원인을 어느 정도 미스테리로 남겨놓고 있다. 아마 사무엘은 개인적인 질투를 극복하지 못했던 것 같고, 또 새로운 체제를 처음부터 불신했기 때문에 오로지 그것을 배격할 구실만을 찾았을지도 모른다. 그러나 두 가지의 기사가 일치하고 있듯이 좀더 깊은 이유가 개입되어 있었다. 사무엘상 13:4b-15에서 사울은 지파동맹의 제사장 직무를 남용하였다는 비난을 받고 있으며, 또 15장에서는 '헤렘' (herem)의 법 — 성전(聖戰)의 수행과 관련된 성스러운 율법의 한 특징 — 을 어겼다고 말하고 있다. 사무엘은 새로운 체제가 옛 체제의 유지에 도움이 되기를 바랐으나 사울이 과거의 전통적인 지도력을 지켜 나가지 않고 좀더 폭넓은 권한을 쥐려고 하는 것을 두려워했던 것으로 보인다. 그래서 그는 사울의 지명을 공공연하게 취소했다!

이러한 조치는 의심할 여지없이 사울의 몰락을 가속화시켰다. 사울의 지위는 온 이스라엘 앞에서 의심을 받게 되었다. 자기가 왕으로 지명된 근거였던 카리스마가 떠나버렸다는 느낌이 그를 괴롭히기 시작하였다. 카리스마적 열정 대신에 우울증으로 인한 발작이 그를 엄습하였는데("여호와의 악신": 삼상 16:14-23), 음악을 몇 곡 들어야 겨우 기분이 나아졌고, 발작하는 동안에는 주위 사람들에게 막무가내로 폭언을 퍼부었다.

b. 다윗의 등장: 사울의 질투.

그런데 마침내 사울로 하여금 이성적인 행동의 테두리를 넘어서도록 몰아친 것은 젊은 영웅 다윗의 인기였다. 성경의 사료로는 어떻게 다윗이 처음에 사울의 주목을 받게 되었는지를 알 수 없다.[19] 그러나 다윗은 베들레헴 출신의 젊은이로서 음악에 능했다고 하며(삼상 16:14-23) 사울이 자기 가까이에 두고 있었던 저 촉망받는 젊은이들 가운데에 들어 있었다(14:52). 그는 일찍부터 자신의 눈부신 여러 공적으로 인해, 특히 블레셋의 거인 골리앗을 죽인 일로 인해(17:1-18:5) 명성을 얻었다. 사무엘하 21:19에서는 이 공로를 엘하난에게 돌리고 있는 것이 사실이다(대상 20:5은 이 모순을 조화시켜 보려는 시도다). 이 때문에 많은 학자들은 별로 유명하지 않았던 어떤 전사(戰士)의 행위가 여기서 다윗이 한 일로 변경되었다고 추측해 왔다. 그러나 이 행위를 다윗의 공로로 돌리고 있는 전승은 오래되었을 뿐만 아니라(참조. 삼상 21:9) 다윗의 명성이 이런 유의 혁혁한 공로들 때문이었음은 확실하다. 사실

---

19) 사무엘상 17:1-18:5과 16:14-23을 대조해 보면 서로 조화될 수 없다(16:14-23에 의하면 다윗은 사울왕의 집안에 있었던 것으로 되어 있는 데 반해, 17:55-58에서는 사울과 그의 측근들이 다윗을 모르고 있었다고 한다). 그러나 LXXB의 짧은 본문(17:1-11, 32-40, 42-49, 51-54뿐이다)은 이런 일관성이 없는 것들의 대부분을 제거하고 있다(특히 S.R. Driver, *Notes on the Hebrew Text of the Books of Samuel* 〔Oxofd: Clarendon Press, 2nd ed., 1913〕, pp. 137-151를 참조하라); 16:14-23과 원래 형태의 17:1-18:5은 하나의 연속된 이야기를 이루고 '있었을' 것이다.

20) Cf. A.M. Honeyman, *JBL*, LXVII(1948), pp. 23f.; L.M. von Pákozdy, *ZAW*, 68(1957), pp. 257-259. 사무엘하 21:19에서 엘하난의 아버지는 베들레헴의 Yaare-oregim이라 했다; 그러나 'ōregim은 분명히 실수에 의한 중복 모사(dittography)이며, 한편 *ya'ar* 도 정확할 리가 없는 것으로서 *yishai*(Jsees)를 잘못 쓴 것일 것이다. "다윗"이란 이름에 관한 다른 설명들에 대해서는 J.J. Stamm, *VT*, Suppl. Vol. VII(1960), pp.165-183; D.R. Ap-Thomas, *VT*, XI(1961), pp. 241-245를 참조하라.

엘하난(Elhanan, 더 적절하게는 바알하난〈Baalhanan〔?〕〉: 참조. 창 36:38; 대상 1:49)과 다윗은 동일 인물이었고, 후자는 아마 일종의 호칭이거나 왕위의 명칭이었을 가능성도 없지 않다.[20]

어쨌든 다윗은 명성과 지위(삼상 18:13), 사울의 아들 요나단과의 변치 않는 우정, 사울의 딸 미갈과의 결혼 승낙을 얻었다(18:20, 27).[21] 그러나 다윗의 잇따른 공로로 그 인기가 높아져서 사울 자신의 인기를 무색하게 하자 사울은 더 이상 그것을 참을 수 없었다. 백성들이 다윗을 카리스마적 영웅으로 여기고 있다고 생각한 그는 백성들이 다윗을 왕으로 옹립하려고 할 것이라고 두려워하였다(18:7f.). 광기어린 질투에 휘몰려서 그는 다윗에게서 완전히 등을 돌리고 거듭거듭 그를 죽이려고 했으므로(예를 들면, 19:9-17), 다윗은 마침내 도망하는 수밖에는 다른 도리가 없었다. 그래도 사울왕의 의심은 풀리지 않았다. 그에게는 모두가 자기를 모반하여 음모를 꾸미고 있는 것 같아 보였다 — 자신의 아들 요나단과 자신의 가장 가까운 가신들까지도(20:30-34; 22:7f.). 실로의 제사장 가문 — 이때는 놉(예루살렘 부근)에 자리잡고 있었다 — 이 도피중인 다윗을 부지불식간에 도와주었다는 말을 듣고 사울은 그들을 학살케 하고 또 그들의 성소도 파괴하게 했다(21:1-9; 22:9-19). 또 미갈을 다윗으로부터 빼앗아서 다른 사람에게 주었다(25:44).

이것은 이성을 가진 사람이 할 짓이 아니었음이 분명하다. 다윗은 의심할 여지없이 야심이 있었지만, 사울을 배반하여 실제로 음모를 꾸미고 있었다는 것을 보여주는 증거는 없다. 사울은 심한 악몽에 시달리고 있었기 때문에 사리를 분별할 수 없었다. 이러한 행동은 그의 위신을 돌이킬 수 없을 정도로 손상시켰고, 많은 사람들로 하여금 그의 능력에 의문을 제기하게 만들었을 것이 틀림없다. 제사장들을 학살한 것은 특히 충격적이었다(사울 자신의 가신들도 그들에게 칼을 들기를 거절했다는 것에 유의하라: 삼상 22:17f.). 이러한 행위로 인해 사울은 지파동맹 체제와 모든 유대를 끊었고, 또한 제사장들 가운데 유일한 생존자가 다윗에게로 도망하였기 때문에 지파동맹의 제사장 집단을 자신의 경쟁자의 품안으로 쫓아버린 셈이 되었다(22:20-23). 더욱더 나빴던 것은 이젠 사울이 블레셋인들을 막던 그 정력을 돌려서 다윗을 추격하는 데에 쏟으려고 하였다는 것이다. 이스라엘이 감당할 수 없는 분열이 이미 빚어졌다.

---

21) LXXB는 다시 사무엘상 18장의 짧은 본문을 전하고 있는데(cf. Driver, *op. cit.*, pp. 151-155), 거기서는 사울이 큰 딸 메랍을 다윗에게 주겠다고 한 약속에 관한 이야기(17-19, 21b절)는 빼버렸으나 다윗이 미갈과 결혼한 이야기는 수록하고 있다.

c. 추방자 다윗.

다윗은 고향인 유다의 광야로 도망했는데(삼상 22:1f.), 거기서 그의 친척들은 물론이고 불평분자들, 도망자들, 온갖 난민들이 그의 주위에 모여들었다. 이 모든 부랑자, 불량배, 무법자들 가운데서 곧 사백 명으로 이루어진 강인한 전투 부대가 출현하였다. 한동안 다윗은 기회가 되는 대로 블레셋인들을 치는 한편(23:1-5) 사울의 손아귀를 벗어나서 날쌔게 계속 도망해 다니는(23:19-24:22; 26장) 아슬아슬한 곡예를 하면서 산적 두목(일종의 아피루〈 'Apiru〉)으로서 불안정한 삶을 영위해 나갔다. 이러는 동안에 부유한 성읍민로부터 "후원"을 강요하여 거두어 들인 것으로 생계를 유지해 나갔다(25:7f.,15f.) 이 기간에 다윗은 두 번 결혼을 했는데(25:42f.), 아마 두 경우 모두 영향력 있는 가문과 연합을 통해 자신의 지반을 강화시키려는 마음이었던 것 같다. 그러나 실제로 그의 처지는 지탱할 수 없었다. 블레셋인들과 사울 양쪽으로부터 몰리고 주민들 가운데 많은 사람들 — 다윗이 세금을 거둘어 들이는 것에 격분해서건 사울에게 충성하였기 때문이건 보복이 두려워서건 — 은 다윗을 성가신 존재나 그보다 더 나쁘게 보았으므로(23:12; 25:10; 26:1), 그는 이내 절망적인 곤경에 빠지게 되었다. 그래서 그는 어느덧 육백 명으로 늘어난 부하들을 이끌고 가드의 왕 아기스에게로 넘어가서 그를 섬겼다(27:1-4).[22]

이 블레셋 왕은 이러한 사태의 변화를 기뻐하며 다윗을 환대하여 그를 봉신으로 받아들이고 시글락이라는 성읍(위치는 분명치 않으나 유다의 네게브 지방에 있었다)을 영지로 주었다. 아기스는 당연히 다윗이 그곳을 근거지로 해서 가능한 한 많이 이스라엘을 괴롭혀 주기를 기대하였다. 그러나 다윗은 본마음으로는 배반자가 아니었고 또 자기 동포들이 자기를 그렇게 생각하는 것을 바라지 않았으므로 아슬아슬한 연극을 계속하였다. 다윗은 자기가 유다를 습격하고 있다는 거짓 보고를 통해 아기스를 안심시키고 실제로는 인근의 이스라엘 씨족들을 끊임없이 침입하여 괴롭히고 있었던 아말렉족과 남부 사막의 다른 부족들을 유린하였다(삼상 27:8-12). 이러한 조치를 통해 또 유다의 네게브 지방에 있는 전략적으로 중요한 씨족들과 성읍들에 전리품을 지혜롭게 나누어 주는 것을 통해(30:26-31), 다윗은 자기 백성들에게 자기

22) 가드의 위치는 분명치 않다. 최근의 논의들로는 Aharoni, LOB, pp. 250f.; Hanna E. Kassis, *JBL*, LXXXIV(1965), pp.259-271; G.E. Wright, *BA*, XXIX(1966), pp. 78-86 등이 있다. 아기스(Achis)는 블레셋족의 다섯 군주 가운데 한 사람이 아니고 일종의 속국의 왕이었다고 주장되어 왔다(Kassis, Wright). 사무엘상 29장의 말로 보아 이러한 결론을 내릴 수 있는지는 확신할 수 없지만 어쩌면 그 말이 맞을지도 모른다.

가 여전히 그들의 충실한 보호자이며 친구라는 것을 믿게 할 수 있었다. 이러한 모든 것들을 겪는 동안에 다윗의 군사력은 계속 증강되었을 것이 틀림없다.

d. 사울의 죽음.

사울의 종말은 그가 다윗을 내쫓은 지 불과 수 년 안에 닥쳐왔다.[23] 그동안 블레셋인들과의 싸움은 지연되었다. 사울은 다윗을 붙잡는 데 사로잡혀 그 싸움을 밀어부칠 처지에 있지 못했고, 한편 블레셋인들은 산악지대에 대한 새로운 침입을 위해 병력을 투입하는 위험을 무릎쓰고자 하지 않고 이스라엘에 결정타를 날릴 기회를 엿보고 있었다. 기회는 곧 왔다.

다윗의 망명 후 오래지 않아서 아마도 이로 인해 힘을 얻은 듯한 블레셋인들은 병력을 한 세대 전에 이스라엘을 격파했던 장소인 아벡에 집결시켰다. 그러나 그들은 구릉지대로 밀고 들어오거나 이스라엘의 공격을 기다리지 않고 해안을 따라 에스드렐론 평야로 북진하였다. 사울은 북으로 이동하여 블레셋군과 만나서 길보아 기슭에 진을 쳤다(삼상 28:4; 29:1). 블레셋군의 전술은 뻔했다. 에스드렐론으로 통하는 도로는 그들 수중에 있었으므로 그들은 이 도로를 따라 그들과 동맹을 맺은 해양 민족들과 가나안 도시 국가들의 지원을 받을 것으로 기대했을 것이다. 더욱이 에스드렐론 평야는 병거들을 운용할 수 있고(삼하 1:6) 아울러 사울을 북쪽 갈릴리 지파들로부터 차단시킬 수 있는 지형이었다. 왜 사울이 이러한 장소에서 싸움에 임하게 되었는지는 분명치 않다. 아마 그는 자포자기 상태에 이르러 최후의 도박을 하려고 했을지도 모른다.[24]

이 싸움은 맞붙기 전에 이미 진 것이었다. 비극적인 사울은 그것을 알고 있었음에 틀림없다. 전승에 의하면(삼상 28장), 엔돌에서 사울의 요청으로 한 신접한 여인에 의해 불러내진 오래 전에 죽은 사무엘의 영이 사울에게 그렇게 말하였다. 그러나 사태는 돌이킬 수 없었고 또 사울은 결코 용기가 없는 인물이 아니었다. 그 결과는

---

23) 아마 다윗은 3년 내지 4년 가량 외지를 떠돌아다녔을 것이다. 다윗이 블레셋에 머문 기간은 단지 1년 남짓하였다(삼상 27:7). 그리고 그가 국외자로 유랑한 기간은 2년 내지 3년(?)이었을 것이다.

24) Cf. C.E. Hauer, *CBQ*, XXXI(1969), pp.153-167. Hauer는 사울이 공격자였다고 믿는다; 사울은 자신의 전체적인 전략에 따라 자기 영토 안에 있는 갈릴리 지파들을 공고히 하려고 했고, 또 그렇게 함으로써 블레셋인들이 벧산을 비롯한 그 밖의 지역에 있는 그들의 수비대들에 접근하는 도로를 위협하거나 차단했고, 이것이 블레셋들을 자극하여 반발하게 했다는 것이다. 이 문제를 해결할 수 있는 자료가 우리에게는 없다. 그러나 사울이 자신에게 불리한 지형에서 압도적인 강적과의 전투에 스스로 끌려 들어갔다는 사실은 자포자기의 방책이었음을 시사해 준다.

참패였다(31장): 이스라엘 군대는 궤멸되고, 사울의 세 아들은 전사했으며, 사울 자신도 중상을 입고 자결하였다. 블레셋인들은 사울의 시신을 발견하자 그의 머리를 자르고 그것을 그의 아들들의 시신과 함께 벧산의 성벽에 매달았다. 나중에, 사울에 대하여 변치 않는 감사의 마음을 지니고 있었던 야베스길르앗 사람들이 생명의 위험을 무릅쓰고 그 시신들을 훔쳐다가 정중하게 장례를 치러 주었다. 다윗은 블레셋인 군주들이 그를 신임하지 않고 돌려보냈기 때문에 이 전투에 참여하는 것을 가까스로 피할 수 있었다(29장). 다윗에게는 다행스런 일이었다. 만약 동포에 대항해서 출정하라는 요구를 받았다면 그가 어떻게 했을지는 우리로서는 결코 알 수 없는 노릇이다.

B. 이스라엘 통일 왕정: 다윗왕 (주전 1000-961년경)[25]

1. 다윗의 집권

길보아에서 당한 궤멸로 이스라엘의 운명은 블레셋인들의 처분에 맡겨졌는데, 블레셋인들은 자신들의 유리한 입장을 틈타서 적어도 사울이 이 지역에 등장하기 전 그들이 차지하고 있었던 땅을 다시 차지하였던 것 같다. 그들은 과감히 요단 동편으로 건너가거나 갈릴리로 깊숙이 들어가지 않았지만, 중앙 산악지대에 수비대들이 다시 자리를 잡았다(삼상 23:14).[26] 이스라엘의 처지는 절망적인 듯했다. 그렇지만 이스라엘은 믿을 수 없는 속도로 재기하였고 수 년 내에 팔레스타인과 수리아에서 가

---

25) 다윗의 통치 기간은 대략적인 것이다. 사무엘하 5:4과 열왕기상 11:42에 의하면 다윗과 솔로몬의 통치 기간은 각각 40년씩이다. 이것은 물론 어림셈한 숫자이다. 그러나 두 사람의 통치기간은 길었고, 따라서 각각 40년씩으로 추정해도 크게 틀린 것은 아닐 것 같다. 솔로몬이 죽은 것을 주전 922년으로 추정하고(cf. 주61) 그 통치 기간을 문자 그대로 40년으로 잡는다면 솔로몬의 통치 기간은 대략 주전 961-922년, 다윗의 통치 기간은 주전 1000-961년으로 추정할 수 있다. Cf. Albgirht, *ARI*, p. 232; *idem*, in ***Mélanges Isidore Lévy***(Brussels, 1955〔*Annuaire de l'Institut de Philologie et d'Histoire Orientales et Slaves*, XIII, 1953〕), pp. 7f.

26) 이 사건은 다윗이 블레셋들과 마지막 전쟁을 치르던 기간에 있었던 것이 거의 확실하다; cf. pp. 198f.

장 앞선 나라가 되었다. 이것은 다윗의 업적이었다.

a. 다윗과 에스바알: 왕위를 놓고 서로 겨룬 두 인물.

사울의 아들들 가운데서 생존자였던 에스바알은 사울 가문의 왕위 계승권을 자기가 이어야 한다고 주장하고 나섰다.[27] 에스바알은 그의 친척 아브넬 — 길보아의 살륙 현장에서 어쩐 일인지 살아 남았던 — 에 의해 요단 동편에 있는 마하나임으로 이끌려 가서 그곳에서 왕으로 옹립되었다(삼상 2:8f.). 이 집단을 정부라고 할 수 있다면 블레셋인들이 미치지 못하는 곳에 위치해 있었다는 점에서 그것은 일종의 망명 정부였다. 이 망명 정부는 상당히 넓은 영토(길르앗은 물론이고 중앙 팔레스타인, 에스드렐론, 갈릴리)를 통치하고 있다고 주장하였지만 그건 단지 주장일 따름이지 그 이상으로 보기는 어렵다. 에스바알이 실제로 그 영토 전체를 통치했다거나 그 영토에 속한 각 지파의 사람들이 그의 진영으로 모여들었다는 것을 보여 주는 증거는 없다. 왕위 세습의 원칙이 구속력이 있는 것으로 인정되지 않았다. 다른 지도자를 볼 수 없었던 많은 이스라엘 사람들이 암암리에 에스바알을 왕으로 받아들였을 수도 있겠지만, 그가 사울의 아들이었다는 사실이 사람들로 하여금 자동적으로 그에게 충성을 바치게 한 것은 아니었다.

에스바알의 왕권에 대한 주장은 여러 씨족들의 뜻에 실제적인 토대를 두지 않았고 주로 아브넬과 또 개인적인 이유로 사울 가문에 충성을 바쳤던 그외의 사람들에 의해 지지되고 있었을 따름이다.[28]

그러는 동안에 다윗은 헤브론에서 유다의 왕이 되었다(삼상 2:1-4). 그가 이렇

---

27) 이 이름의 정확한 철자("바알은 존재한다": cf. Albright, *ARI*, p. 206, 주 62)는 역대상 8:33; 9:39에 보존되어 있다. 이스보셋(Ish-Bosheth: "치욕의 사나이")은 고의로 고쳐 쓴 이름이다; cf. 므비보셋(Mephibosheth: 삼하 4:4; 등등)과 므립바알(Merib-baal: 대상 8:34; 9:40).

28) 당시 사울의 왕권은 세습적인 것으로 이해되었다고 주장되어 왔다: 예를 들면, Buccellati, *op. cit.*, pp. 195-200; W. Beyerlin, *ZAW*, 73(1961), pp. 186-201; M. Ottoson, *Gilead: Tradition and History*(Lund: C. W. K. Gleerup, 1969), pp. 200f. 의심할 여지없이 사울과 그의 가문은 하나의 세습적인 왕조를 세우고자 했고, 에스바알은 유일하게 생존한 사울의 아들이었기 때문에 추대되었음이 확실하다. 그러나 우리는 세습의 권리 주장과 그 주장이 대중의 일반적인 찬성을 받는 것을 구별하지 않으면 안 된다. 에스바알이 결코 백성에 의해 환호를 받으며 왕으로 옹립되지 않았고(삼하 2:8f.), 또 각 지파에서 소집한 군대가 그에게로 다시 모이지도 않았다는 사실, 게다가 그의 생존 중에도 백성들이 다윗에게로 넘어가려고 했다는 사실(삼하 3:17-19)은 그의 주장이 별로 대중의 뜻에 기반을 둔 것이 아니었다는 것을 보여 준다. 에스바알은 자신의 후원자인 아브넬이 자기를 버리자 어찌할 수 없는 처지에 빠졌다.

게 했을 때에는 블레셋인들의 동의를 얻었음이 확실하다. 왜냐하면 그는 블레셋인들의 봉신(封臣)이었으므로 그들의 승인이 없이는 그러한 조치를 취하는 것은 거의 불가능했기 때문이다. 한편 블레셋인들의 정책은 "분할하여 통치한다"는 것이었기 때문에 다윗이 유다의 왕이 되는 것을 바랐다.

이와 동시에 유다의 백성들도 다윗을 환영했을 것임에 틀림없다. 무엇보다도 다윗은 같은 지파 사람으로서 그들을 방어해 줄 수 있었던 강력한 지도자이자 그들과 블레셋인 지배자들 사이에서 중재해 줄 수 있는 입장에 있는 인물이었기 때문이다. 그래서 그는 대중의 합의로써 환호를 받으며 왕으로 추대되었고 유서깊은 헤브론의 성소에서 기름부음을 받았다.

따라서 다윗도 사울과 마찬가지로 왕으로 옹립된 군사 영웅이었다. 그러나 그의 집권은 몇몇 새로운 특징들을 내포하고 있었다. 다윗은 자신의 사병(私兵) 덕분에 명성의 많은 부분을 얻은 역전(歷戰)의 무장(武將)으로서 이미 사유 영지를 가진 봉건 영주이자 이방 강대국의 봉신으로서 왕위를 차지한 사람이었다. 더욱이 유다는 다윗을 환호로써 억지로 왕으로 옹립하였을 때 다른 지파들을 상관치 않고 행동했다. 이것은 정말 과거의 관례를 벗어난 조치였다! 다윗은 유다의 왕이기는 했지만 하나의 지파의 통치자는 아니었다.

그의 권한은 유다 외에도 시므온 지파, 갈렙족, 옷니엘족, 여라므엘족, 겐족 등 여러 지파들을 포괄하는 지역에 미쳤다(삼상 27:10; 30:14; 삿 1:1-21). 이 지역은 이제 하나의 지속적인 정치 체제를 갖추게 되었다. 에스바알이 통치권을 주장하는 이스라엘 나라와 나란히 유다라는 나라가 별개의 실체로 출현하였다. 이로 인해 "이스라엘"과 "유다"는 둘다 새로운 의미를 띠게 되었다.

b. 에스바알의 말로.

에스바알의 재위 기간은 2년밖에 안 되었다(삼하 2:10). 그 동안에 서로 경쟁하던 두 왕의 관계는 비우호적이기는 했지만 공공연한 전쟁으로까지 치닫지는 않았다. 우리가 알고 있는 유일한 충돌(12-32절)은 국경에서 사소한 접전의 성격을 띠고 있었다. 이 접전은 다만 다윗의 친척이자 장군인 요압의 한 형제가 아브넬의 손에 전사한 것이 심각한 반향을 초래하였기 때문에 중요했다. 에스바알은 싸움을 수행할 수 없었음이 분명했고, 다윗은 이스라엘 내부의 불화의 골을 돌이킬 수 없을 정도로 넓히기를 꺼려하여 외교를 통해 자신의 뜻을 관철하는 방법을 택했다. 이러한 목적으로 그는 사울에게 충성을 다하고 있는 것을 자신도 잘 아는 야베스길르앗 사람들과 교섭을 했다(4b-7절). 또한 그는 갈릴리호의 동쪽에 있는 아람족 국가인 그술의 공주와 결혼을 했는데(3:3), 추측컨대 에스바알의 배후에 동맹국을 마련해 두기 위한 목적이었던 듯하다. 또한 그는 — 아마 이 무렵에 — 의심할 여지없이 같은 목적으로 암몬과도 우호적인 관계를 맺었다(10:2).

한편 에스바알은 아무짝에도 쓸모없는 약골이었다. 점점 더 백성들은 이런 사실을 깨닫고 다윗에게 희망을 걸기 시작했음에 틀림없다(참조. 삼하 3:17). 마침내 에스바알은 아브넬이 사울의 예전 첩과 관계를 맺었다고 비난하면서 그와 싸웠다(6-11절). 이런 혐의가 사실이었다면 아브넬이 왕위를 노리고 있었다는 것을 의미할 것이다. 이 사건은 실권이 어디에 있었는지를 보여 준다. 아브넬은 격분하여서 자신의 충성을 다윗에게로 옮길 조치를 취했고 또 이스라엘의 장로들에게도 자기와 같은 행동을 취하도록 강요하였다(12-21절). 다윗은 이러한 움직임을 환영하면서 사울의 딸 미갈을 자기에게 돌려줄 것만을 요구하였다. 아브넬이 요압에게 살해되었을 때에도(22-39절), 다윗에게로 기울어지기 시작한 대세는 멈춰지지 않았다. 백성들은 이 사건이 피의 보복임을 알고 있었고 또 다윗이 자신의 결백을 주장하자 그대로 믿었음이 분명하다. 어쨌든 다윗은 이 사건으로 이득을 볼 것이 하나도 없었기 때문이다. 지지자들이 모두 떠나 버리고 혼자 남은 에스바알은 얼마 안 가서 자신의 군관 두 사람에게 살해되었고(4장), 이 두 군관은 상을 기대하면서 에스바알의 머리를 들고 다윗에게로 왔다. 그러나 다윗은 (자신의) 형편을 좋게 만들어 준 이 사건에서 공모를 했다는 혐의를 벗고자 그 두 사람을 즉결 처단하였다. 그래서 다시 한번 대부분의 백성들은 그를 믿었음에 틀림없다.

c. 온 이스라엘을 다스린 다윗왕.

더 이상 사울 가문의 왕권을 주장하는 자가 아무도 남아 있지 않은 상태에서 백성들은 헤브론에 있는 다윗에게로 모여들어 거기서 엄숙한 언약을 통해 환호로써 다윗을 온 이스라엘의 왕으로 옹립하였다(삼하 5:1-3). 이 전체 사건은 카리스마 전통이 끈질기게 살아 남아 있음을 예증해 준다. 다윗에게 유리하게 결말이 나게 된 결정적인 요인은 백성들이 그를 여호와의 영이 임재해 있는 인물로 보았다는 사실이었다. 에스바알은 왕위 세습의 원칙이 인정되지 않은 데다가 카리스마적 자질의 증거를 전혀 보여 주지 못하였기 때문에 몰락하였다. 그러나 다윗은 사울이나 사사들과 같은 방식을 통해 지도자로 부상한 것은 아니었지만 그럼에도 불구하고 카리스마적 자질을 지닌 인물이었다. 즉, 그는 영감을 통한 지도력을 발휘할 수 있는 인물이었는데, 그의 계속적인 성공은 여호와가 그를 지명하였다는 증거가 되었다.[29] 따라서 다윗도 사울과 마찬가지로 하나님에 의해 지명되어 백성들과의 개인적인 언약(아마 사울도 그랬을 것이다)과 환호를 통해 왕(melek)으로 추대된 지도자(nagîd)였다. 사울과 마찬가지로 다윗은 유서깊은 성소에서 기름부음을 받았다.

그럼에도 불구하고 새 왕국은 옛 체제와는 크게 다른 면모를 보여 주었다. 다윗의 집권은 단지 과거의 고전적인 방식을 따라 된 것이 아니었다. 그의 권력 기반은 지파동맹 체제가 아니었다. 그런 체제는 눈에 띄지도 않았다. 이와는 반대로 이미 블레셋인들의 동의를 얻어 이미 유다에서 왕으로 군림하던 한 군사 지도자가 지금 백성들의 환호를 통해 북쪽 지파들까지 다스리는 왕으로 추대되었던 것이다. 달리 말하면, 남부에서 이미 다윗에 의해 통치되고 있었던 왕국과 북부에서 에스바알에 의해 통치권이 주장되던 지역이 다윗이라는 인물을 중심으로 통일되었다는 말이다. 따라서 새로운 국가를 창건한 이 통일은 다소 깨지기 쉬운 것이었다. 남부의 지파들은 명백히 사울 왕국의 일부였음에도 비교적 고립되어 있었고 또 의심할 여지없이 그들 나름대로의 별도의 정체성을 민감하게 인식하고 있었다.

사울 가문과 다윗의 경쟁은 두 지역을 더욱 소원하게 갈라놓았음이 분명하다. 다윗은 이것을 분명하게 인식하고 그 간격을 넓히지 않으려고 온갖 노력을 다 기울였다. 아마 이러한 이유 때문에 그는 에스바알에 대해서 적대적인 행위를 하지 않았고 또 자기가 사울, 아브넬, 에스바알의 죽음과 아무런 관련이 없음을 공공연하게 밝혔을 것이고 사실 그랬을 것이다. 그리고 그가 미갈을 자기에게로 돌려보내 줄 것을 요구한 이유도 분명히 그녀와의 사이에 사내아이를 얻으면 자신의 가문과 사울 가문의 권리 주장을 하나로 묶어 주게 되리라는 소망 때문이었음에 틀림없다. 결국 이 소망은 물거품이 되고 말긴 했지만. 그렇지만 다윗의 온갖 노력에도 불구하고 다른 불평들은 말할 것도 없고 사울 가문의 왕권 주장과 분파들의 질시는 지속적으로 살아 있었다. 이러한 것들은 왕정으로서는 결코 풀 수 없었던 문제들이었다.

29) 다윗의 선택에서 카리스마가 아무런 실제적인 역할도 하지 않았고, 또 그를 여호와의 지도자(nāgîd)라고 말하고 있는 사무엘 하 5:2은 다윗의 등극을 옛 절차에 따라 이루어진 것으로 보이게 하려고 일부러 조작한 허구라고 보는 A. Alt의 의견(*op. cit.*, pp. 208-216)에 우리는 동의할 수 없다. 비록 다윗이 기드온이나 사울과 같은 방식으로 카리스마적이지는 않았다고 하더라도(입다도 마찬가지였다!), 사람들은 틀림없이 다윗의 성공을 보고 여호와가 그를 지명했다는 것을 확신하였기 때문에 그에게로 돌아섰을 것이다.

2. 국가의 안보와 국력 증강.

새로운 국가는 즉시 생존을 위해 싸우지 않으면 안 되었다. 블레셋인들은 다윗의 등극이 재통일된 이스라엘의 독립 선언임을 잘 알고 있었다. 그리고 이것을 그들은 참을 수 없었다. 그들은 자기네들이 다윗을 격멸해야 한다는 것, 그것도 당장 격멸해야 한다는 것을 알고 있었다.

a. 블레셋인들과 최후 결전.

이 결전의 첫번째 국면은 예루살렘 부근에서 이루어졌다(삼하 5:17-25). 블레셋인들의 주력 부대는 산악지대로 이동하여 예루살렘 근처에 포진하였다. 당시 예루살렘은 여전히 가나안인들의 수중에 있었고 아마 블레셋족의 속령이었던 것으로 보인다.[30] 블레셋군의 목표는 분명히 다윗의 가장 큰 취약점을 찔러 그를 북부의 지파들로부터 차단함과 아울러 이제 아둘람 요새에 근거지를 둔 다윗에 의해 위협을 받게 된 유다의 블레셋 수비대들을 구조하는 것이었다(삼하 23:13-17; 참조. 5:17). 블레셋군의 전략이 정당했다는 것은 그들이 다윗의 강인한 소부대에 의해 한번 격파를 당한 뒤에도 다른 방도를 찾지 못하고 앞의 전략을 되풀이했다는 사실에 의해서 입증된다. 그러나 다시 한번 그들은 혼비백산할 정도로 격파당하여 산악지대에서 곤두박질 치다시피 쫓겨나서(삼하 5:25; 대상 14:16) 다시는 되돌아오지 못했음이 분명하다.

이 싸움의 그후의 경위는 분명치 않다. 우리는 다윗이 이스라엘에 대한 블레셋인들의 위협은 순전히 방어적인 작전만으로는 끝장낼 수 없음을 알고 자신의 유리한 처지를 그대로 밀고 나가 블레셋인들의 영토까지 들어가서 전투를 벌였을 것이라고 짐작해 볼 수 있을 것이다. 실제로 사무엘하 5:25과 21:15-22의 사건들 가운데 일

---

30) 몇몇 학자들은 예루살렘이 이때 이미 다윗의 수중에 있었다고 믿고 있다: 예를 들면, Aharoni, LOB, p. 260; Eissfeldt, *CAH*, II: 34(1965), pp.44-46. 하지만 반드시 확실하지는 않다. 그러나 사무엘하 5장의 사건들은 연대순으로 되어 있지 않다. 17절에 따르면 블레셋인들은 다윗이 온 이스라엘의 환호를 받고 왕으로 옹립되었다는 소식을 접하자마자 곧 공격해 왔다. 다윗은 이 공격을 기다리고 있는 상황에서 위험을 무릅쓰고 예루살렘에 대한 공격을 감행하였으며 또 그럴 만한 여유가 있었을까? 더구나 다윗은 헤브론에서 7년 반(삼하 5:5), 그러니까 온 이스라엘의 왕으로 옹립된 후에도 5년 이상을 거기서 다스렸다. 다윗이 온 이스라엘의 왕이 된 것은 에스바알이 죽은 직후였다(cf. 2,10절). 다윗이 예루살렘을 점령한 후에도 자신의 거주지를 거기로 옮기지 않고 그토록 오랫동안 기다리고 있었다고 믿기는 어렵다.

부는 이와 관련이 있는 이야기들로서 그러한 추측을 많은 부분 확인해 준다. 그러나 다윗이 블레셋인들의 군대를 무찌른 것은 분명하다고 할지라도 그의 정복의 정확한 범위는 불확실한 채로 남아 있다. 우리는 단지 사무엘하 8:1의 수수께끼 같은 서술만을 갖고 있는데, 이 구절은 해명이 불가능하다. 다윗이 욥바의 남쪽 지점까지 이르는 해안 평야를 점령한 것은 확실한 것으로 여겨질 수 있다.

왜냐하면 이 지역은 나중에 솔로몬의 행정 구역 가운데서 세 구역으로 분할되었기 때문이다(왕상 4:9-11). 또한 남부에서도 다윗은 블레셋인들을 이스라엘의 땅에서 깨끗이 몰아내고 국경을 그들의 영토 깊숙이 확장하였음이 분명하다. 나중에 르호보암에 의해 요새화되었다는 사실에서 볼 수 있듯이(대하 11:8) 가드도 이스라엘에 의해 점령되었다.[31] 단 지파가 영유권을 주장하던 에글론 땅(수 19:40-46)은 전부 점령하지는 않았다고 할지라도 아마 철저하게 견제되었던 것 같다. 한편, 다윗은 블레셋인들의 지배 아래 있었던 가나안족의 도시 게셀을 장악하지 않은 것으로 보이며(참조. 왕상 9:16)[32], 또 아스돗, 아스글론, 가자 등의 해안 도시들을 복속시켰다는 것을 보여 주는 증거도 없다. 다윗의 그후의 정복 사업에 비추어 볼 때, 다윗이 이 도시들을 취하기를 바랐는데도 그러지 못했을 것이라고 믿기는 어렵다. 아마도 블레셋인들이 조건부 항복을 하였기 때문에 더 이상 군사 작전을 수행할 필요가 없게 되었을 것이다. 몇몇 학자들이 믿고 있는 바와 같이, 아마도 다윗은 이집트가 여전히 이 지역에 대한 종주권을 주장하고 있음을 알고서 혹시 있을지도 모르는 바로와의 분쟁에 휘말려들기를 꺼렸기 때문에 이 지역으로 진입하는 것을 삼갔던 것 같다.[33] 하지만 이에 대해 우리는 그 사정을 알고 있지 않다. 어쨌든 블레셋인들의 위

31) 역대상 18:1은 다윗이 가드를 점령했다고 말하고 있다. 이 본문이 사무엘하 8:1의 본문좀더 선호되어야 할 이유는 없다고 할지라도, 실제적으로 그 본문은 정확하다. 그리고 열왕기상 2;39f.와도 모순되지 않는다. 왜냐하면 거기에 언급되어 있는 가드의 왕은 틀림없이 솔로몬의 봉신이었을 것이기 때문이다. 가드족(Gitite)의 군사들은 다윗의 용병들 가운데서도 하나의 특수한 분견대를 이루고 있었다(삼하 15:18). 몇몇 학자처럼 다윗이 점령한 가드가 저 유명한 블레셋족 도시 국가와 동일한 도시가 아니었다고 추론할 필요는 없다.

32) 하지만 이것은 확실치 않다; cf. Aharoni, *LOB*, p. 272. 게셀은 다른 가나안족 도시 국가들의 대부분과 마찬가지로 다윗에게 항복했는지도 모른다(아래의 pp. 201f.를 보라). 이때 파라오가 그 도성을 공격했다면 그것은 바로 이스라엘 영토에 대한 직접적인 침범을 의미했을 것이다.

33) 특히 A. Malamat, *JNES*, XXII(1963), pp. 1-17를 참조하라; 또한 G. E. Wright, *BA*, XXIX(1966), pp. 70-86; 비슷한 내용으로 O. Eissfeldt, Kleine Schriften, Vol. II(T bingen: J. C. B. Mohr, 1963), pp. 453-456. 그러나 다윗은 팔레스타인의 다른 지역에 대한 이집트의 있음직한 기득권 주장에는 거의 괘념치 않았다고 말해야 할 것이다.

협은 끝이 났고, 블레셋인들은 무력해져서 이스라엘의 우위를 인정하지 않을 수 없었다(참조. 삼하 8:12). 블레셋의 직업 군인들로 이루어진 분견대들이 이후로는 다윗을 위해 복무하는 용병으로 등장한다(삼하 8:18; 15:18 등).

b. 새로운 수도: 예루살렘.

외부의 위험으로부터 자유롭게 되자 다윗은 국내에서 자신의 세력을 강화하는 것에 주의를 돌릴 수 있었다. 바로 이것을 염두에 두고 다윗은 헤브론에서 수 년을 통치한 뒤 여부스족의 도시인 예루살렘을 장악하고 그곳으로 왕궁을 옮겼다. 이 조치를 통하여 다윗은 팔레스타인의 중앙에서 가나안족의 한 거류지(enclave)를 제거함과 아울러 한 민족 국가를 통치할 수 있는 수도를 얻었다. 헤브론은 멀리 남쪽의 유다 땅에 위치해 있었기 때문에 북부의 지파들에게는 수도로서 영속적으로 받아들여질 수 없었다. 그러나 수도가 북부에 위치하였더라면 유다 지파가 이를 받아들이기는 두 배나 어려웠을 것이다. 예루살렘은 남부와 북부 두 지역의 중앙에 위치하여 어느 지파의 영토에도 속해 있지 않았으므로 훌륭한 타협점을 제공하였다.

다윗이 이 도성을 어떻게 점령하였는지는 분명치 않다. 왜냐하면 성경 본문(삼하 5:6-10)이 몹시 손상되었기 때문이다.[34] 그러나 다윗은 각 지파에서 소집한 군대가 아닌 자신의 사병(私兵)으로 이 도성을 점령하였다(6절). 예루살렘은 다윗 자신의 영유지("다윗의 도성")가 되었다. 여부스족 주민들은 학살되거나 추방되지 않았다(참조. 삼하 24:18-25). 이것은 이 도성에 즉시 이스라엘 사람들이 대량으로 유입되지 않았음을 의미한다. 분명히 이스라엘 사람들은 세월이 흐름에 따라 이 수도로 몰려들어 점차로 수가 늘어났겠지만, 아마 처음에는 다윗 자신의 가문과 시종들(이

34) 우리는 EVV를 통해 다윗의 부하들은 지하수로를 통해 예루살렘 도성 안으로 들어갔다는 증거를 모을 수 있다. 이것은 가능한 일이다. 왜냐하면, 이 수로의 윗부분 끝은 여부스족 도성의 성벽 안에 있었다는 사실이 오늘날 알려져 있기 때문이다; cf. Kathleen M. Kenyon, *Jerusalem* (Londopn: Thames and Hudson; New York: McGraw-Hill, 1967), Ch. II. 그러나 수구(sinnor, 8절)라는 말은 모호하다; 역대상 11:4-9은 그것을 언급하지 않고 있다.

35) 족보들(대상 6:1-15 등등)은 사독을 레위(아론) 가문에 넣고 있다. 그러나 많은 학자들은 그가 여부스족의 예루살렘 성소의 제사장이었다고 믿고 있다; 예를 들면, H.H. Rowley, *JBL*, LVIII (1939), pp.113-141; 최근의 것으로는 G.E.Mendenhall, *Interpretation*, XXIX(1975), pp.163f. 하지만 F.M.Cross는 그가 아론으로부터 나온 자손임을 주장하는 헤브론 출신의 제사장 가문(그리고 모세의 자손임을 주장한 실로 출신의 제사장들과 경쟁하고 있었던)에 속하였다고 주장한다; cf. *Canaanite Myth and Hebrew Epic*(Harvard University Press, 1973), pp 207-215.

들만 해도 상당히 큰 무리였다) 외에는 수도로 옮겼온 사람이 거의 없었을 것이다. 새 수도는 다른 지파들의 질시를 넘어서서 중앙 정부의 권위를 높여놓는 데 이바지 했음에 틀림없다. 그러나 이스라엘이 비(非)이스라엘적인 배경을 지녔으며 다윗왕 자신의 영유지였던 수도에서 통치되었다는 것은 확실히 옛 질서로부터 또 한걸음 벗어났음을 의미하는 것이었다.

c. 언약궤를 예루살렘으로 옮김.

다윗이 어떠한 변화를 가져왔든간에, 그는 이스라엘의 옛 제도들의 정신적인 영향력을 잘 이해하고 있었다. 이것은 그가 예루살렘에 자리를 잡은 뒤 오래지 않아 기럇여아림에 한 세대 이상이나 방치되어 있었던 언약궤를 수도로 옮기기로 결정한 사실을 통해 예증된다.

이러한 목적으로 성막(聖幕)이 세워졌고, 성대한 예식과 환희 속에서 — 비록 불상사가 없었던 것은 아니지만 — 언약궤는 예루살렘으로 옮겨져 성막 안에 안치되었다(삼하 6장). 다윗은 실로의 제사장 가문의 아비아달(참조. 삼상 22:20; 14:3)과 사독 — 출신 배경이 알려져 있지 않은 — 을 새로운 성소의 제사장으로 임명하였다.[35] 이 조치의 의의는 아무리 높이 평가해도 지나치지 않다.

예루살렘을 왕국의 정치적 수도로만이 아니라 종교적 수도로도 만들려는 것이 다윗의 목적이었다. 이 언약궤를 통해 그는 새로이 창건된 국가를 이스라엘 옛 질서의 정통적인 계승자로서 연결시키고 또 이 국가가 과거의 성스러운 제도들의 후원자이자 보호자라는 것을 널리 알리고자 하였다. 다윗은 사울보다 훨씬 현명하다는 것을 보여 주었다. 사울이 언약궤를 무시하고 또 그 제사장들을 자기 곁에서 추방한 데 반해, 다윗은 공적인 국가 성소에 언약궤를 안치하고 제사장직도 확립했던 것이다. 이것은 대단한 수완이었다. 이러한 조치는 아마 우리가 상상할 수 있는 것보다 더 각 지파의 민심을 예루살렘으로 쏠리게 하는 데 큰 역할을 하였을 것이 틀림없다.

물론 우리는 이내 예루살렘에 자신의 왕궁을 세운(삼하 5:11; 7:1) 다윗이 무슨 이유로 언약궤를 안치하기에 합당한 성전을 세우지 않았을까 하고 의아해 할지

---

36) 이 주제에 대해서는 J.A. Soggin, *ZAW*, 78(1966), pp. 182-188; R. de Vaux, *Jerusalem and the Prophets*(The Goldenson Lecture of 1965〔Hebrew Union College Press〕; revised and expanded French text, *RB*, LXXIII〔1966〕, pp.481-509)를 참조하라; 약간 다른 관점에서 보고 있는 것으로는 A. Weiser, *ZAW*, 77(1965), pp.153-168를 참조하라.

도 모른다. 성경(삼하 7장)은 이에 대해 해명을 해주고 있다: 다윗은 한 예언자의 신탁을 듣고 성전 건축을 단념했다. 언약궤는 실로에서는 영구적인 건축물 안에 안치되어 있었던 것으로 보이지만(삼상 1:9; 3:3), 특히 선지자 집단에서 언약궤를 안치하는 성소는 원래 이동성이 있어야 한다는 끈질긴 전통과 또 왕실의 후원 아래 영구적인 성전을 세운다면 전통과 위험한 단절을 가져올 것이라는 정서가 지속되고 있었다. 나단과 또 그와 비슷한 생각을 가진 사람들은 새로운 성소는 오직 옛 지파동맹의 중심으로서 그 지위를 회복하고 계승하기를 희망했지 왕이 지배적인 역할을 했던 가나안인들의 풍습을 따라 이스라엘의 성소가 왕조의 성소에 의해 대체되는 것을 보고자 하지 않았다.[36] 다윗은 이러한 정서에 공감했을 것이나, 이보다 더 가능성이 있는 것은 그러한 정서에 양보하는 것이 현명하다고 생각했을 것이라는 것이다. 그래서 성전을 지으려던 계획은 단념하였다.

d. 지속적인 국력 강화.

성경은 예루살렘 점령에 대해서만 말하고 있지만, 다윗은 팔레스타인에 여전히 남아 있던 가나안족의 다른 도시 국가들도 장악하였다. 이 도시 국가들은 갈멜산 북쪽과 남쪽의 해안평야, 에스드렐론 평야, 갈릴리에 상당히 많이 잔존해 있었다(참조. 삿 1:27-35). 그 가운데 몇몇 도시 국가에는 의심할 여지없이 이미 부분적으로 이스라엘 주민들이 정착해 살고 있었지만, 어느 도시도 적어도 영속적으로는 이스라엘의 지배를 받지 않고 있었다. 어떻게 이 도시 국가들이 이스라엘에게로 넘어왔는지는 알 수 없다. 그러나 그 도시들이 다윗에 의해 점령된 것은 확실하며, 그것도 분명히 그의 통치 초기에 점령되었을 것이다. 왜냐하면 다윗은 정복되지 않은 영토가 국내에 남아 있는 동안에는 외국과 전쟁하는 것을 착수하지 않았을 것이기 때문이다. 아마 그 도시 국가 가운데 대다수는 블레셋족의 봉신 또는 동맹국이었는데 블레셋의 세력이 분쇄되자 거의 또는 전혀 저항을 하지 않고 충성을 다윗에게로 옮겼을 것이다.[37]

이것은 이스라엘 영토를 일대 평정했음을 의미하였다. 실제로 그것은 가나안 정복 사업의 완수였다. "이스라엘"이라는 이름은 원래 팔레스타인 지역의 일부만을 점령하고 있었던 족속들의 지파동맹을 가리키는 명칭이었으나 이제는 실질적으로 팔레

37) Cf. Alt, *op. cit.*, pp. 221-225. 사사기 1:27-35은 다윗과 솔로몬의 통치시대 때의 상황을 반영하고 있다.

스타인 전체를 포괄하는 지리학적 실체를 표시하게 되었다. 수많은 가나안족들이 이스라엘의 구조 안으로 들어왔다. 그러나 이들은 아마 몇몇 예외적인 경우를 제외하고는 지파 체제 안에 통합되지는 않았다.

도리어 그들의 도시 국가들은 한 묶음으로 이스라엘에 병합되어 도시 국가의 군주들과 주민들이 다윗 왕권의 신민이 되었다. 이것은 여러 지파들로 구성된 하나의 왕국이라는 옛 체제에서 한층 더 벗어났다는 것을 의미했음이 분명하다. 이렇게 됨으로써 가나안 문화 및 종교와의 적응과 알력의 문제가 새로운 차원으로 접어들게 되었다는 것도 마찬가지로 분명하다.

3. 제국의 건설.

국내의 질서를 잡고 나서 다윗은 자유로이 이웃 나라들에 대한 침공을 개시하였다. 그가 어떤 "명백한 섭리"가 손짓하는 대로 승승장구의 가도를 달렸는지, 아니면 한때 걸려 넘어진 일도 있었는지는 우리로서는 알 수가 없다. 우리가 갖고 있는 사료들(삼하 8장; 10-12장)은 연대순으로 되어 있지 않기 때문에, 우리는 사건들의 순서를 언제나 확실하게 알 수는 없다. 그러나 마침내 다윗은 상당히 규모의 한 제국의 지배자가 되었다.

a. 암몬과의 전쟁: 아람족의 개입.

다윗의 최초의 전쟁은 암몬과의 싸움이었다.[38] 그가 싸움을 원했든 원하지 않았든, 그의 사절들에 대한 용서할 수 없는 모욕이 그를 자극하였다(삼하 10:1-5). 격분한 다윗은 요압이 지휘하는 군대를 보내어 암몬의 수도 랍바(Rabbath-ammon)를 치게 하였다. 한편 암몬 사람들은 자기들의 소행이 엄청난 것이었음을 깨닫고 그들의 북쪽에 있는 아람족 국가들의 원조 약속을 받아 두었다(6-8절). 이 아람족 국가들은 아마 창건된 지 얼마 되지 않은 듯하고, 또 아직 완전히 정착하지 않은 족속들을 포함하고 있었던 것 같다. 그 족속들로는 마아가(헤르몬산의 남쪽), 돕(Tob)의 땅(분명히 갈릴리호 동쪽, 남부 수리아에 있었을 것이다), 베드르홉, 소바 등이 있

38) 소바가 개입한 암몬과 한 이 전쟁(삼하 10장)은 적어도 사무엘하 8:3-8에 소바가 분쇄된 것으로 전하고 있는 싸움좀더는 먼저 일어났다. O. Eissfeldt(*JBL*, LXXXIX〔1960〕, pp. 371f.)와 마찬가지로 나는 이 두 군데의 성경 구절들이 동일한 싸움을 가리키고 있다고 믿지 않는다.

었다.[39] 이 동맹의 맹주였던 소바라는 나라는 다메섹 북쪽과 안티 레바논 산맥의 동서에 걸쳐 있었고, 하우란(Hauran)으로부터 유프라테스강 유역에 이르는 동부 수리아 전지역에 지배권을 행사하고 있었다.

아람인들은 적절한 시기에 도착하여 랍바를 포위하고 있었던 이스라엘 군대의 후방을 쳤다(삼하 10:8-14).[40] 그러나 요압은 재빨리 군대를 재배치하여 그들을 싸움터에서 몰아냈다. 하지만 아람족의 개입은 끝나지 않았다. 왜냐하면 소바 왕 하닷에셀이 체면을 잃지 않으려고 새로운 군대를 일으켜서 암몬을 구조하려고 급파하였기 때문이다(15-19절). 그러나 다윗의 군대는 북부 요단 동편으로 이동해서 아람 군대와 접전하여 참패시킴으로써 싸움터에 그들의 사령관의 시체도 버려둔 채 도주케 하였다. 그리하여 하닷에셀은 더 이상 해볼 마음을 품지 않았고, 또한 그의 봉신 동맹국들(마아가, 돕)은 이스라엘에 항복하였기 때문에, 랍바에 대한 포위 공격은 재개되었다(11:1). 그것은 어려운 작전으로 밝혀졌다. 이 작전이 질질 끄는 동안에, 예루살렘에 남아 있던 다윗은 밧세바와 불륜의 관계에 빠졌는데(11:2-12:25), 이 사건은 다윗의 이름을 영원히 먹칠했고, 또 선지자 나단의 신랄한 비난을 머리에 뒤집어쓰게 하였다. 그러나 마침내 랍바는 점령되었고(12:26-31), 그 주민들은 노예가 되어 아마 전국에 걸친 왕실의 건설공사에 동원되어 강제노역을 하게 되었다. 암몬의 왕관은 다윗의 머리에 씌워졌다. 즉, 유다와 이스라엘의 왕인 다윗은 암몬의 왕으로도 통치하게 되었고, 그는 아마 암몬족 대리자를 통하여 통치권을 행사한 것으로 보인다(12:27).

b. 남부 요단 동편의 정복.

다윗은 모압과 에돔을 정복함으로써 영토를 동쪽으로 확장하였다. 이에 관한 자료(삼하 8:2, 13f.)가 적기 때문에, 우리는 다윗이 언제 이 정복을 행하였고, 또 구

39) 소바 왕의 이름 하닷에셀 벤 르홉(Hadadezer ben Rehob, 삼하 8:3)은 그가 벧 르홉 출신의 한 가문에 속하였음을 시사해 준다. 이러한 나라들과 또한 다윗이 그 나라들을 상대한 경위에 대해서는 Albright, *CAH*, II: 33(1966), pp. 46-53; A. Malamat, *JNES*, XXII(1963), pp. 1-6; B. Mazar, *BA*, XXV(1962), pp. 98-120(cf. pp. 102f.; *idem*, *JBL*, LXXX(1961), pp. 16-28; Unger, *op. cit.*, pp. 42-46.

40) 역대상 19:7에서는 이 전투가 메드바에서 있었던 것으로 한다. 그러나 아람인들이 다윗이 모압을 공격하였을 때에도 방해를 하였다고 추론하지 않는다면(아래 참조), 이곳은 남으로 너무 멀리 떨어져 있는 듯하다; cf. Aharoni, *LOB*, p. 263. 만약 맛소라 본문(MT)의 사무엘하 8:13이 정확하다면, 아람인들은 에돔족도 도우러 왔다고 해야 한다; 그러나 대부분의 학자들은 이 대목을 칠십인역에 따라 "아람"이 아니라 "에돔"으로 읽고 있다.

체적으로 어떠한 도발이 그를 자극하여 정복을 수행하게 하였는지에 대해서는 말할 수 없다. 십중팔구 그에게는 아무런 도발도 필요없었을 것이다. 또한 우리는 에돔과 결정적인 전투가 사해 남쪽의 아라바에서 벌어진 것 같다는 것 외에는 군사작전의 상세한 경위도 전혀 알 수가 없다. 모압과 에돔은 두 나라 다 잔인할 정도로 가혹하게 다루어졌다. 모압족의 전투부대는 무자비한 대량학살로 무력화되었고, 모압은 다윗에게 조공을 바치는 봉신의 국가로 전락하였다.[41] 에돔도 마찬가지로 무서운 조직적인 보복을 당했다(참조. 왕상 11:15-18). 그 왕가는 아이였던 하닷을 제외하고 몰살당했다. 하닷은 가신들에 의해 이집트로 피신하였다. 그런 다음 다윗은 에돔에 수비대와 행정관리들을 두고 하나의 점령 지구로 다스렸다.

c. 다윗의 수리아 정복.

방금 서술한 군사작전의 이전이든 이후이든, 다윗은 방향을 바꿔서 소바 왕 하닷에셀이 암몬과의 전쟁에 개입한 것에 대하여 보복을 하였다(삼하 8:3-8). 하닷에셀은 다윗의 손에 패배한 뒤 아마 수리아 초원지대의 반유목민 부족들을 굴복시키려고 애쓰고 있었던 것 같다. 다윗은 분명치 않은 어떤 방법으로, 아마 기습공격을 통하여 결정적인 승리를 거두고 아람인들의 병거들을 대부분 노획하였다. 놀랄지 모르지만, 다윗은 이 장비를 이용할 줄 몰랐다. 그는 병거 백 대를 끌 말만을 남겨두고 나머지 말들은 다리 힘줄을 끊었다. 과거 이스라엘 군대는 병거를 사용한 적이 없었고, 여전히 주로 도보로 전투를 수행하고 있었다.[42] 다윗은 하닷에셀을 돕기 위하여 진군해 온 다메섹의 아람인들을 격파하여 연전연승을 거두었다. 그런 다음 다윗은 다메섹에 수비대를 두고 이 지역을 자신의 제국의 한 속주로 다스렸다.[43]

이 군사작전은 다윗에게 상당한 전리품을 안겨주었다. 특히 광석이 채굴되고 있었던 북쪽 수리아 요지(凹地)(Coele-Syria)의 하닷에셀 영토에 있던 여러 성읍들로

---

41) 사무엘하 8:2의 말은 이것을 시사해 주고 있다. 만약 그렇다면, 모압의 왕은 다윗의 봉신으로서 그 왕위에 머물러 있었다고 해야 한다: cf. Noth, *HI*, p. 193; Alt, *KS*, II, p. 70.

42) 그러나 Yaidn(*op. cit.*〔주2〕, Vol. II, p. 285은, 다윗이 자신의 병거대가 이미 강력한 수준에 도달해 있었기 때문에 그렇게 행동하였다고 믿고 있다. 우리에게는 이 주제에 관한 자료가 하나도 없지만, 다윗은 단지 한정된 범위였을지라도 병거를 도입하였음에 틀림없다.

43) 우리는 다윗이 소바의 영토를 어떻게 통치하였는지는 알 수 없다. 만약 그가 하닷에셀을 봉신으로 책봉하여 왕위에 머물러 있지 못하게 했다면, 그는 다메섹으로부터 이 지역을 통치했거나 그곳에 다른 수비대와 행정장관들을 주둔시켰을 것이 틀림없다. 이 주제에 대해서는 A. Malamat, *JNES*, XXII(1963), pp. 1-6를 참조하라. 마아가와 돕은 아람인들은 요단 동편에서 패배한 뒤 봉신 국가가 되었던 것이 분명하다(cf. 삼하 10:18f.).

부터 구리를 공급받게 되었던 것이다.[44] 더욱이 다윗은 하맛 왕으로부터도 후한 선물을 받았다. 이 왕의 영토는 소바의 영토 북쪽 오론테스강을 따라 있었다(9절 이하). 이 왕은 의심할 여지없이 소바가 분쇄되는 것을 보고 좋아했고 또 다윗의 세력에 감명을 받고서 자신의 새 이웃 나라와 우호적인 관계를 수립하고자 했다.[45] 또한 다윗은 자신의 재위의 훨씬 후기에 가서이긴 하지만 자신의 정복사업의 간접적인 성과로서 두로 왕 히람과 협상하여 조약을 체결하였다(5:11f.).[46] 서로에게 이익을 가져다 주었던 이 협정은 솔로몬의 치세에서도 내내 지속되었고, 앞으로 살펴보는 바와 같이 헤아릴 수 없을 정도로 경제적 의의가 크다는 것이 밝혀졌다.

4. 다윗의 나라.[47]

다윗의 정복 사업은 극적일 정도로 급속하게 이스라엘을 팔레스타인 및 수리아의 제일 강대국으로 변모시켜 놓았다. 실제로 이스라엘은 잠시 동안 당시 세계에서 아마 어느 나라 못지않게 강성했다. 이러한 변모를 계기로 이스라엘은 돌이킬 수 없는 새로운 질서를 갖추게 되었다.

---

44) 성경(삼하 8:8; 대하 18:8)에 언급된 도시들 — 베로대, 디브핫, 군(마지막 두 곳은 이집트 제국시대의 문서들을 통해 알려졌다) — 은 훔스(Hums)의 남쪽 레바논 산맥 중간 계곡에 위치해 있었다: cf. Albright, *ARI*, pp. 127f.; Unger, *op. cit.*, p. 44.

45) 이것이 대등한 당사자들간에 체결된 조약이었는지 주군과 봉신 사이에서 맺어진 조약이었는지는 확인할 수 없으나, 후자가 더 개연성이 있는 듯하다; cf. A. Malamat, *JNES*, XXII(1963), pp. 6-8. 한편, 두로와의 조약은(아래 참조) 분명히 대등한 당사자간에 체결된 조약이었다; cf. F. C. Fensham, *VT*, Suppl, Vol. XVII(1969), pp. 71-87.

46) 히람(Hiram, 아히람-Ahiram) 1세의 통치 기간은 대략 주전 969년에서 936년까지로 추정된다; cf. Albright, *ARI*, p. 128; *idem* in *Mélanges Isidore Lévy*(주25를 보라), pp. 6-8; 또한 H. J. Katzenstein, *The History of Tyre*(Jerusalem: The Schocken Institute for Jewish Research, 1973), pp. 81f., 349. 그러나 F. M. Cross는 히람의 통치 기간을 대략 주전 980년에서 947년까지로 추정하고 있다(그리고 다윗과 솔로몬의 통치 연대도 이에 맞춰서 추정하고 있다); cf. *BASOR*, 208(1972), p. 17. 이렇게 되면 히람의 통치 기간은 다윗의 통치 기간과 단지 수 년 겹칠 따름이다. 다윗은 이미 히람의 부왕 아비바알(Abibaal)과 조약을 맺었을 수도 있지만, 거기에 관한 자료는 하나도 없다.

47) 이 단원 전체에 대해서는 앞에서 인용한 저작들을 외에도 A. Alt, "Das Grossreich Davids"(cf. *KS*, II, pp. 66-75)를 참조하라; 또한 K. Galling, "Die israelitische Staats verfassung in ihrer vorder-orientalischen Umwelt"(*Der Alte Orient*, 28: III/IV, 1929).

a. 국가의 규모와 구성.

다윗의 제국은 우리의 기준으로는 큰 것이 아니지만 고대를 기준으로 해서 볼 때는 상당히 큰 규모였다. 블레셋인들이 하고자 했던 일을 다윗은 해냈다 — 그것도 그 이상으로. 다윗의 영토는 이집트가 제국의 전성기에 아시아에서 영유하고 있었던 땅과 거의 맞먹었다. 그 영토는 팔레스타인의 전지역, 즉 동부와 서부, 사막에서 바다까지 포함하였고, 남부의 국경선은 시내 사막을 깊숙이 가로질러 아카바만으로부터 이집트강(Wadi el-ʿArsh) 하구의 지중해까지 미치고 있었다. 팔레스타인의 가나안 사람들은 다윗의 국가 체제 안에 통합되었고, 블레셋인들은 남부 해안평야의 좁고 길다란 지대에 국한되었으며, 모압과 에돔과 암몬은 이런저런 협정 아래에서 조공를 바쳤다. 남부 수리아와 중앙 수리아 전지역은 다윗의 제국에 병합되었고 아마 속주로서 통치된 것 같다. 다윗 제국의 국경선은 북쪽으로는 레바논 산맥의 등줄기를 따라 두로의 국경선과 접하면서 오론테스강 유역의 가데스 부근까지 뻗어 있었고, 거기서 동쪽으로 구부러져 하맛(이 나라는 스스로 다윗에게 조공을 바치고 있었을 것이다)의 국경선과 접하는 가운데 사막까지 다다랐다. 다윗은 하닷에셀과 마찬가지로 동북쪽으로 유프라테스강 유역에 있는 아람족들에 대해서는 느슨한 통치를 했던 것 같다. 그리고 소바를 처리함으로써 확실히 거기에는 다윗을 가로막을 만한 세력이 전혀 없었다.

바로 이와 같은 국가의 성격 자체가 옛 질서로부터 전면적인 변화의 조짐을 보여 주었다. 이스라엘은 더 이상 환호로써 왕으로 추대된 카리스마적 '지도자'(nagîd)에 의해 영도되는 지파동맹이 아니라 왕권의 지배 아래 조직된 복잡한 제국이었다. 지파동맹은 더 이상 "이스라엘"과 같은 의미도 아니었고 또 대다수의 지파들을 포괄하고 있지도 않았다. 지파동맹은 단지 제한된 의미로서만 이스라엘의 중심이라고 할 수 있었다. 이 새로운 이스라엘의 중심은 실제로는 다윗 자신이었다. 새로운 이스라엘을 개막케 했던 북쪽의 이스라엘과 유다의 통일은 다윗이라는 인물로 인하여 이루어진 통일이었다. 새로운 수도는 다윗 개인의 영유지였다. 이스라엘에 병합된 가나안족 주민들은 이스라엘 지파들의 신민(臣民)이 아니라 다윗 왕권의 신민이었다. 이방제국을 이기고 장악한 것도 이스라엘의 각 지파에서 소집한 군대의 덕택이 아니라 주로 다윗의 직업적인 군대 덕분이었다. 각 지파에서 소집한 군대가 이용되기는 했지만(적어도 암몬과 싸운 전쟁에서는), 만약 다윗이 그들에게만 의존했다면 그의 정복사업은 불가능했을 것이다. 이렇게 복속된 나라들은 모두 갖가지 협정 아래에서 다윗에게 충성을 바칠 의무를 졌고 그의 통치를 받아야 했다. 이스라엘은 새로운 체제로 접어들었다. 이와 동시에 권력이 왕권을 중심으로 집중된 것도 불가피했다.

b. 국가의 행정.

다윗의 내각 관료들에 관한 두 가지 명단(삼하 8:15-18; 20:23-26) 외에는 우리는 다윗의 행정 기구에 관해 거의 아무것도 알지 못한다.[48] 명단에는 재상(총리)의 직책이 없는 것으로 보아 우리는 다윗이 수반으로서 자신의 정부를 적극적으로 이끌어갔을 것이라고 추측하지 않을 수 없다. 명단에 나와 있는 관료들은 다음과 같다: 이스라엘 각 지파에서 소집한 군대의 지휘관(saba')과 야전군 최고 지휘관-그는 요압이었다; 외인 용병부대(그렛인들과 블렛인들)의 지휘관;[49] 왕실 공보관(mazkr); 왕실 비서실장 또는 국무장관(sôpher); 두 명의 대제사장, 사독과 아비아달(이에 덧붙여 삼하 8:18에서는 다윗의 아들들이 제사장들로 임명되었다고 하고 있다). 약간 후대의 것인 두번째 명단에서는 '강제노역' (corvée)을 감독하는 관료를 추가하고 있다. 이 관료는 아마 왕실의 건설공사에서 강제노동을 하던 이방인들을 감독하기 위해 임명되었던 것으로 보인다. 이스라엘에서는 전례가 없었기 때문에, 다윗은 자신의 관료제도를 적어도 부분적으로는 이집트의 양식을 모방하였다(다윗은 이스라엘에 흡수된 가나안의 도시 국가들, 무엇보다도 예루살렘을 통해 이를 배웠을 것이다).[50] 물론 이러한 고위 관료들 외에도 왕궁과 다른 지방들에는 하위의 관리들이 있

---

48) 이 주제 전체에 대해서는 특히 T.N.D.Mettinger, *Solomonic State Officials: A Study of the Civil Government Officials of the Israelite Monarchy*(Lund: C.W.K.Gleerup, 1971)를 참조하라. 좀더 짤막한 개관으로는 J.Bright, "The Organization and Administration of the Israelite Empire"(*Mag. Dei*, Ch.10)를 참조하라.

49) 보통 "그레데인들과 블레셋인들"(후자의 이름이 전자의 이름에 동화된 것으로)로 이해되었다; 그러나 Albright, *CAH*, II:33(1966), p. 29("경무장한 그레데인들")의 제안을 참조하라. 블레셋인들은 다윗의 직업군인들의 핵심을 이루고 있었던 것으로 보인다. 가드 사람들의 분견대도 등장한다(삼하 15:18).

50) Cf. R. de Vaux, "Titres et fonctionnaires égyptiens lá cour de David et de Salomon" (1939; reprinted, *Bible et Orient*[Paris:Les ditions du Cerf, 1967], pp. 189-201); J. Begrich, "Sofer und Mazkîr"(*ZAW*, 58[1940], pp. 1-29. 사우사(Shavsha) 또는 시사(Shisha)라는 이름(cf. 대상 18:16; 왕상 4:3)과 그의 아들 엘리호렙의 이름은 이집트에서 기원한 것일는지 모른다.; 그러나 전자에 관해서는 A. Cody, *RB*, LXXII(1965), pp. 381-393 를 참조하라. "왕의 친구"(삼하 15:37; 16:16; cf. 왕상 4:5)라는 말도 이집트의 유사한 예들과 마찬가지로 아마 공식적인 칭호였을는지 모른다(고문 등등); cf. H. Donner, *ZAW*, 73(1961), pp. 269-277.

었고, 또한 정복한 영토에는 지방 장관들과 그외의 관원들이 있었다. 그러나 그들의 인원, 기능, 조직에 관해서는 우리는 전혀 알지 못하고 있다.

또한, 우리는 다윗이 취했을 행정 시책들에 관해서도 잘 알고 있지 못하다. 체계적인 조세에 관한 언급이 전혀 없고, 또한 다윗은 의심할 여지없이 부분적으로 속국 백성들의 공물 및 왕실 자산을 통해 국가의 경비를 충당할 수 있었겠지만, 우리는 그의 호구조사(삼하 24장)가 전면적인 재정 구조의 재편과 아마 징병을 위한 기초 작업이었다고 추론하지 않으면 안 된다. 선지자 집단이 이 호구조사를 여호와를 거스르는 죄로 낙인찍었다는 사실은 철저한 개혁이 포함되어 있었음을 보여 준다. 사실 군대 조직은 다윗과 솔로몬에 의해 철저하게 개편되었던 것 같고, 한편 다윗이 행정상의 목적을 위해 유다를 몇 개의 구역으로 나누었을지도 모른다는 것을 보여 주는 몇몇 증거들이 있다.[51] 여호수아 20장의 도피성들의 목록이 다윗의 통치 시대에 해당되는 것이라면[52], 그것은 다른 모든 부족 사회들과 마찬가지로 초기 이스라엘에서도 흔히 벌어지기 쉬웠던 씨족간의 피의 복수(vendettas)를 억제하려는 노력을 보여 주는 것이라고 할 수 있다. 하지만 다윗은 재판 문제에는 거의 간섭하지 않고 과거와 같이 각 지방으로 하여금 처리하도록 위임하였던 것으로 보인다. 신하들은 왕에게 직소(直訴)할 권리가 부여되어 있었지만(삼하 14:1-24), 이와 관련하여 불만이 있었다는 사실(15:1-6)은 효율적인 사법 기구가 마련되어 있지 않았다는 것을 강력히 시사해 준다.

종교문제에 관한 다윗의 정책은 백성들의 눈에 이 국가가 이스라엘의 옛 질서의 진정한 계승자의 정통성을 부여받고 있다고 보이기를 원하는 생각에 따라 시행되었다. 그래서 그는 언약궤가 안치되어 있는 예루살렘의 새로운 성소를 국가의 공식적인 기구로 육성하였다. 종교 문제는 내각의 각료인 두 사람의 대제사장에 의해 처리되었다. 가볍게 무시해 버려서는 안 될 역대기 사가의 전승에 의하면, 다윗은 제의의 후한 후원자로서 제의를 여러 모로 풍부하게 하였고, 특히 음악과 관련하여 그러했다.[53] 레위인들의 성읍 목록(수 21장)이 다윗의 치세의 상황을 보여 주고 있다고

51) 여호수아 15:21-62에 나오는 성읍들의 목록은 왕정시대의 유다의 행정 조직을 반영하고 잇다. 이 목록은 짐작컨대 주전 9세기의 것으로 추정되지만(p. 345를 보라), 이 체제는 더 오래된 것으로서 다윗까지 거슬러 올라갈 것이다; cf. F. M. Cross and G. E. Wright, *JBL*, LXXV(1956), pp. 202-226.

52) Cf. Albright, *ARI*, pp. 120f.; 또한 M. Löhr, *Das Asylwesen im Alten Testament* (Halle: M. Niemeyer, 1930). 그러나 이 제도 자체는 좀더 일찍부터 있었음에 틀림없다. Cf. M. Greenberg, *JBL*, LXXVIII(1959), pp. 125-132.

한다면[54], 전국토에 걸쳐 레위인들의 재정착을 위한 어떤 계획이 있었음을 보여 주고 있는데, 이 계획의 목표는 국가적 연대를 강화하고 또 외곽 지역들에도 국가의 공식 제의(祭儀)를 보급함으로써 왕권에 대한 충성을 촉진시키는 데 있었을 것이다.

다윗의 왕궁은 솔로몬의 왕궁에 비하면 수수했지만 그래도 상당한 규모였다. 여러 명의 부인과 이들의 많은 자녀들이 있었다(삼하 3:2-5; 5:13-16). 이들이 합쳐져서 상당히 큰 후궁(後宮)을 이루었고, 짐작할 수 있듯이 질투와 음모가 끊이지 않았다. 이들 외에도 점점 늘어난 시종들과 은급(恩給) 수혜자들은 "왕의 식탁에서 먹었다"(예를 들면, 삼하 9장; 19:31-40). "삼십인"(23:24-39)이라 불린 친위대가 다윗을 호위하였는데, 이들은 왕 자신의 군대에서 선발된 정예 부대로서 일종의 최고군사평의회의 역할을 했을 것이다.[55] 다윗의 왕궁은 방탕스러운 사치의 모습을 보여 주는 것은 아니었지만, 사울의 촌스러운 왕궁과는 완전히 달랐다.

5. 다윗의 만년(晩年).

정복 전쟁들이 끝났을 때 다윗은 여전히 인생의 절정기에 있었다.[56] 그의 통치는 그가 노인이 될 때까지 계속되었다. 하지만 그의 만년은 평온한 것이 아니었고 끊임없는 음모와 폭력, 심지어 노골적인 무장 반란으로 점철되어 있었고, 이러한 것들은 국가의 장래를 의심스럽게 하였다. 이러한 분란의 원인은 여러 가지였다. 그러나 그 밑바닥에는 왕위 계승의 문제, 즉 신생 국가로서는 선례도 없었고 또 마련된

---

53) 이스라엘에서 성전 음악이 얼마나 오래된 것인가에 대해서는 Albright, *ARI*, pp. 121-125를 참조하라.

54) Cf. Albgirht, "The List of Levitic Cities"(*Louis Ginzberg Jubilee Volume*〔American Academy for Jewish Research, 1945〕, pp.49-73); *ARI*, pp. 117-120; 또한 Aharoni, *LOB*, pp. 269-273. 게셀에 관한 언급(21절)은 이러한 조치가 솔로몬의 통치시대에 취해진 것임을 보여 준다고 생각할 수 있을 것이다(cf. 왕상 9:16). 그러나 Aharoni, *ibid.*, p.272를 보라(앞의 주 32도 보라).

55) Yadin, *op. cit.*, Vol. II, p. 277. K. Elliger, "Die dreissig Helden Davids"(1935; reprinted, *Kleine Schriften zum Alten Testament*〔Munich:Chr. Kaiser Verlag, 1966〕, pp. 72-118)은 이 조직이 이집트의 본을 따른 것으로 믿고 있다; 그러나 B. Mazar, *VT*, XIII(1963), 310-320를 참조하라.

56) 다윗이 죽었을 때는 이미 다 자라 있었던 솔로몬은 전쟁중에 출생하였으므로(삼하 12:24f.), 그 정복 전쟁들은 다윗의 통치 기간에서 상당히 초기에 있었던 것이라고 할 수 있을 것이다.

해결책도 없었던 문제가 놓여 있었다.

a. 왕위 계승의 문제.

이스라엘은 이 무렵에 왕정이 확립되었다. 그 뿐만 아니라 이 새로운 이스라엘은 거의 다 다윗 자신의 업적이었고 따라서 다윗이라는 인물을 중심으로 하고 있었기 때문에, 많은 사람들은 오직 한 사람의 후계자만이 나라를 유지할 수 있으리라는 것, 즉 다윗의 여러 아들들 가운데 한 사람이 다윗을 계승해야 하리라는 것을 깨닫고 있었음에 틀림없다. 그러나 어느 아들이? 이 물음에는 아무런 답도 주어져 있지 않았다. 누구나 짐작할 수 있듯이 극심한 경쟁이 일어났고 왕궁은 음모로 동요했다. 다윗은 응석을 다 받아주는 관대한 어버이였기 때문에 자기 아들들을 철저하게 망쳐 놓은 데(왕상 1:6) 일단의 책임이 있었다. 자기 주장을 내세우기를 꺼린 다윗은 사태의 진상을 밝혀서 음모를 종식시킬 아무런 조치도 취하지 않았다. 또한, 카리스마적 지도력을 따르는 이스라엘의 관습은 아직 극복되지 않고 있었다.

다윗이 살아 있는 동안일지라도 어떤 "새로운 사람"이 나타난다면 많은 사람들이 기꺼이 그를 환호하며 왕으로 추대할 것이었다. 야망을 품은 아들들은 각자가 모두 자기가 그 "새로운 사람"임을 대중들에게 확신시키기 위해 온갖 노력을 다했다(삼하 15:1-6; 왕상 1:5).

그러나 대부분의 이스라엘 사람들은 아마 그들의 다음 왕이 다윗의 아들들 가운데 한 사람일 것이라는 것을 알고 있었겠지만, 일부의 사람들은 이에 순순히 따르려 하지 않았다. 한편 왕조의 왕위 계승의 원칙도 많은 사람들이 선뜻 받아들이기 어려운 새로운 것이었다. 또한 사울 가문의 왕권에 대한 주장이 결코 소멸된 것이 아니었다. 사울파 사람들에 대한 다윗의 태도는 겉보기에 어느 정도 모호한 데가 있었다. 다윗은 온갖 방법을 통해 사울의 추종자들을 설득시키려고 하였었고, 이미 살펴본 대로 사울의 딸 미갈을 통해 자기 가문과 사울 가문을 결합시켜 보려는 희망을 가지기도 했다. 그러나 이 희망은 자기와 미갈이 다투고 갈라져서(삼하 6:20-23) 둘 사이에 아이를 갖지 못하게 되자 좌절되고 말았다. 사울파 사람들은 다윗이 자기들의 몰락으로 인해 얼마나 시의적절하게 이득을 보았는지를 떠올리고서는 그가 자기들의 몰락에 무죄하다고 믿을 수 없었다. 또한 그들은 다윗이 사울의 살아 남은 남자 자손들을 기브온 사람들에게 넘겨주어 처형당하게 했으며(21:1-10), 요나단의 절름발이 아들 므비보셋만을 살려두어 왕중의 은급(恩給) 수혜자로 삼은 것도 잊을 수 없었다. 다윗의 동기가 무엇이었든[57], 사울파 사람들은 그가 자기들을 냉소하면서 멸절시키려고 애쓰고 있다고 믿었다(16:5-8). 그러므로 그들은 다윗 가문이 망해 가는 꼴을 지켜보며 즐거워했을 것이다.

이러한 긴장들 외에도, 잡다한 불평 불만들이 널리 퍼져 있었고, 영리한 사람들은 이를 어떻게 이용해야 하는지를 알고 있었다. 이러한 불평 불만들이 무엇이었는지는 상세하게 나와 있지 않지만, 지파의 독립성을 국가가 침해하는 것에 대한 분노, 자리가 잡혀가는 왕궁과 다윗의 가신들의 특권적인 지위에 대한 분노가 있었음에 틀림없다. 야망 있는 조신(朝臣)들 사이에서 갖가지 사소한 개인적인 질시들이 있었을 것이 분명한데 이에 대해서 우리가 아는 바는 없다. 법의 집행에 대한 불만도 있었다(삼하 15:1-6). 더욱이 제국을 유지하기 위해서는 이스라엘 각 지파에서 소집한 군대를 해마다 복무케 했으면서도 그들에게 돌아가는 이득은 적었고 점차 다윗의 군대의 단순한 보조 역할밖에 하지 못하였으니 아마 그들은 열의가 줄어들어 신통치 않은 반응을 보였을 것이고 결국 징병제를 통해 그들을 징집하지 않으면 안 되었을 것이다. 그리고 물론 언제나 이스라엘의 고질적인 폐단이었던 각 지방간의 질시는 계속해서 부글부글 끓고 있었다. 불꽃을 튀기기에 충분할 만큼의 연료는 준비되어 있었다. 왕위 계승 문제가 거기에 불을 질렀다.

b. 압살롬의 반란(삼하 13-19장).

처음이자 가장 심각한 위기는 다윗과 그술의 아람족 공주 사이에서 난 아들인 압살롬에 의해 촉발되었다(3:3). 분규는 압살롬의 누이가 그들의 이복 형제이자 다윗의 맏아들인 암논에 의해 강간당하고 그런 다음 모욕을 당함으로써 시작되었다(2절). 압살롬은 만 이 년 동안 때를 기다린 뒤에 그동안 다윗이 아무런 조치도 취하지 않았으므로 암논을 무자비하게 살해하였다(13:20-39). 압살롬이 왕위 계승의 우선권자를 제거하기 위한 구실을 찾은 것을 기뻐했을 것이라고 의심한다면 이는 공정하지 못한 처사이다 — 아마 그렇지 않았을 것이다! 압살롬은 자기 어머니의 나라에서 삼 년의 망명생활을 보내다가 요압의 호의적인 주선에 의해 겨우 귀국이 허용되었고 마침내 다윗에게 용서를 받았다 — 다시 이 년이 지난 후에(14장). 그후 얼마 안 되어 압살롬은 왕위를 차지할 음모를 꾸미기 시작하였다. 그는 암논을 처벌하지 않은 채 내버려두고 일반의 도덕관념으로 관대하게 보아줄 수도 있었을 자신의 행동

---

57) Cf. H. Cazelles, PEQ, 87(1955), pp. 165-175; A. Malamat, *VT*, V(1955), pp. 1-12; F.C. Fensham, *BA*, XXVII(1964), pp. 96-100; 또한 A.S. Kapelrud, *La Regalit Sacra The Sacral Kingship*(Leiden: E.J. Brill, 1959), pp. 294-301.

은 단죄한 데 대하여 다윗에게 앙심을 품었을 것이 틀림없다. 겉으로는 용서를 받았고 아마 살아 있는 아들들 가운데서는 맏아들이었을지라도, 그는 아버지가 확실히 자기를 거들떠보지도 않을 것을 확실히 알고 있었음에 틀림없다. 한편으로 백성들의 불평을 이용하여 그들의 비위를 맞춰 환심을 샀고 또 한편으로 전국에 걸쳐 자기와 함께 할 사람들과 접촉을 가지는 등 압살롬은 사 년 동안[58] 거사 준비에 몰두하였다(15:1-12). 그런 다음 압살롬은 거사 계획을 세운 후 헤브론으로 가서 그곳에서 스스로 왕으로 기름부음을 받고 반란의 기치를 높이 세우고 상당한 병력을 이끌고 예루살렘으로 진격하였다. 완전히 불의의 공격을 받은 다윗은 도성을 버리고 도망하지 않을 수 없었다(13-37절).

사울파 사람들은 복수의 때가 왔다고 생각하며 압살롬의 반란을 환영하였지만(16:1-8)[59], 이것은 다윗 가문을 강타하는 것도 아니었고 — 압살롬 자신이 다윗 가문이었다 — 지방적인 봉기도 아니었다. 오히려 그것은 뚜렷하지 않은 온갖 불평 불만이 쌓여서 터졌고 또 전국에 걸쳐 지지자들을 갖고 있었던 것으로 보이며, 특히 유다와 다윗 자신의 가문에도 지지자들이 있었다. 압살롬의 참모 아히도벨(15:12; 참조. 수 15:51)은 유다인으로서 그의 아들은 다윗의 친위대의 일원이었고(23:34), 압살롬의 장군 아마사는 요압과 다윗의 가까운 친척이었다(삼하 17:25; 대하 2:15-17). 더욱이 반란(헤브론에서 시작되었다!)이 끝났을 때 유다 사람들은 다윗에게 접근하는 것조차도 몹시 꺼리었다(삼하 19:11-15).

그렇지만 이스라엘 사람들의 대다수가 압살롬을 지지했던 것 같지는 않다. 더욱이 다윗의 조신(朝臣)들의 대부분과 고위 성직자, 무엇보다도 다윗 개인의 군대는 충성스러웠다(삼하 15:14-29). 다윗은 요단 동쪽으로 피신하였다.

이는 아마 거기에 몇몇 부대가 주둔해 있었고 또 그가 의지할 수 있는 봉신들과 친구들이 있었기 때문일 것이다(17:27-29). 그 가운데 한 사람인 과거에 다윗의 적이었던 하눈의 한 형제(참조. 10:1f.)는 아마 암몬에서 다윗의 대리자였던 것 같다. 압살롬이 어리석게도 예루살렘에서 빈둥거리다가(17:1-23) 겨우 추격에 나서자, 요압과 그의 군대는 압살롬의 오합지졸을 단숨에 격파해 버렸고, 압살롬 자신도 요압의 손에 굴욕적인 죽임을 당하였다(18장). 그러자 반란은 무너지고 말았다. 이스라엘 전지역에서 백성들이 서둘러 와서 다윗과 화해하고 그를 왕위에 복귀시켰다(19:

58) 사무엘하 15:7에는 그렇게 기록되어 있다; 주석서들을 보라.

59) 므비보셋의 태도는 분명치 않다. 그는 나중에 다윗에 대한 자신의 불충을 부인하였지만, 다윗은 분명히 그를 믿지 않았다(삼하 19:24-30).

9f.).

c. 세바의 반란(삼하 20장).

그러나 다윗이 미처 예루살렘으로 돌아오기도 전에 새로운 반란이 터졌는데, 이번은 지역적인 불평의 결과로서 일어난 것이었다. 다윗은 압살롬의 추종자들에게 관대하게 대하며 그들에 대한 보복을 삼가고 반란에 깊이 연루된 자들에게도 특사(特赦)를 베풀었다(삼하 19:11-30).[60] 유다의 장로들도 반란에 깊이 연루되었기 때문에 다윗에게 접근하기를 두려워하며 주춤하고 있었음이 분명한데, 다윗은 그들을 옆에 불러 다정한 말로 달래며 군사령관을 요압에서 반란군의 장군인 아마사로 교체하겠다고 약속하였다. 물론 다윗은 요압이 자신의 특명을 어기고 압살롬을 죽였고 또 그런 후에 자신의 유약한 태도를 신랄하게 비판한 행위를 용서할 수 없었다(5-7절). 그러나 북부의 지파들은 다윗의 처사를 속이 뻔히 들여다보이는 편애로 보고 분노하였다(41-43절). 비난의 소리가 비등한 끝에 다시 반란이 터졌다.

다윗의 주도 아래 이루어진 유다와의 통일 체제에서 북부 이스라엘을 빼내려는 시도였던 이 반란은 그 통일 체제의 취약성을 단적으로 보여 준 예증이자 궁극적으로 이루어질 분열의 전조이다. 이 반란의 지도자였던 베냐민 지파 출신 비그리의 아들 세바는 사울의 친척이었는지도 모른다(참조. 베고랏: 삼상 9:1). 신속한 조치가 요구되었다. 다윗은 서둘러 예루살렘으로 돌아가서 즉시 아마사를 보내어 유다의 장정들을 소집하도록 하였다. 그러나 아마사가 예상보다 더 오래 걸리자, 다윗은 자신의 사병(私兵)을 급파하였다. 아마사가 드디어 각 지파에서 소집한 군대를 이끌고 나타나자 요압은 자신의 칼로 그를 찔러 죽여 군대의 지휘권을 다시 장악하였다. 전투는 간단히 끝났다. 세바는 많은 지지를 얻지 못했음이 분명하다. 다윗의 군대가 접근하자 그는 북쪽 저 멀리로 퇴각하였기 때문이다. 거기서 갈팡질팡하다가 그의 거사에 열의를 보이지 않았던 성읍민들에 의해 암살당했다. 이렇게 반란이 끝남으로써 다윗의 왕권은 무사하게 되었다. 우리는 다시 한번 다윗의 직업적인 군대가 결정적인 역할을 했다는 인상을 받는다.

d. 솔로몬의 왕위 계승(왕상 1장).

---

60) 물론 다윗은 시므이를 '용서하지' 않았고(cf. 왕상 2:8f.), 므비보셋을 믿지도 않았다(cf. 29절). 그러나 그는 사울 가문의 이 두 사람에 대한 보복이 사태를 더욱 악화시킬 뿐이라는 것은 알아차릴 만큼 현명하였다.

그러나 왕위 계승의 문제는 이전과 다름없이 해결되지 않고 있었다. 다윗은 아마 밧세바에게 솔로몬이 자기의 뒤를 이을 것이라고 약속했던 것 같으나(13절, 17절) 그러한 것과 관련된 아무런 조치도 취하지 않고 있는 사이에 늙고 쇠약해졌다. 다윗의 이러한 애매모호한 태도는 그의 살아 있는 아들들 가운데 맏형인 아도니야(삼하 3:4)로 하여금 탐나는 경품(競品)을 낚아 채려는 마음을 먹도록 부추겼다. 솔로몬이 왕위를 이을 후보자로 물망에 오르고 있다는 것을 알고 있었고 또 왕위는 당연히 자기 것이라고 생각했던 아도니야는 대중들에게 좋은 인상을 심어 주려고 애를 쓰는 동시에 더 이상 다윗의 '오른팔'(persona grata)이 아니었던 요압과 제사장 아비아달과 협상을 진행하였다. 그런 다음 성스러운 엔로겔 물가에서 벌인 축제에 자기 형제들과 다른 고관들을 초청하여 그는 왕을 자처하였다.

솔로몬파 — 선지자 나단, 제사장 사독, 다윗의 용병대장 브나야가 여기에 포함되었다 — 는 신속히 대응하지 않으면 안 되었다. 그들은 급히 다윗에게 달려가 무슨 일이 벌어지고 있는지를 알리고는 그에게 어떤 결정을 발표해 주기를 간청하였다. 그래서 다윗은 솔로몬을 즉시 왕으로 옹립하도록 명령하였다. 다윗 자신의 군대에 의해 호위를 받는 가운데(33절, 38절) 솔로몬은 성스러운 기혼 물가로 인도되어 거기서 사독에 의해 기름부음을 받고 군중들의 환호 속에 왕으로 옹립되었다. 이런 소동에 관한 소식을 들은 아도니야는 승부가 끝났다는 것을 알고 성소의 제단으로 도망가서 솔로몬이 그를 죽이지 않겠다고 맹세하기까지 그곳을 나오기를 거부하였다.

이 사건 전체는 분명히 궁중 음모였다. 장군 요압은 아도니야편이었다. 또 틀림없이 장군이 되기를 바랐던 군관 브나야는 솔로몬편이었다 — 실제로 그렇게 되었다(왕상 2:35). 경쟁 상대였던 두 제사장도 갈라져 각자 다른 편에 가담하였다 — 한쪽은 이득을 보았고 다른쪽은 엄청난 손해를 보았다(26f., 35절). 다윗의 말은 이 문제를 해결하는 데 큰 비중을 차지했음에 틀림없다.

그러나 군대를 장악하고 있었던 쪽이 다시 승리한 것은 흥미로운 일이었고 또 확실히 우연의 일치가 아니었다. 백성들이 '기정사실'(fait accompli)에 갈채는 보냈지만, 대중의 환호는 허구였다. 그리고 솔로몬은 카리스마적 자질을 받은 것처럼 그럴듯하게 꾸밀 수조차도 없었다. 지도자 선택의 옛 원칙은 깨져 버렸다.

C. 이스라엘의 통일 왕정: 솔로몬(주전 961 — 922년경)[61]

1. 정치가로서 솔로몬: 국가 정책.

솔로몬보다 더 평가하기 어려운 인물도 별로 없다. 그것은 단지 그에 관한 기록들이 우리가 기대하는 것만큼 충분하지 않다거나 연대순으로 되어 있지 않기 때문만은 아니다. 그는 다윗에 의해 창건된 제국의 경제적 잠재력들을 가장 철저하게 실현시킬 수 있었던 대단히 영민한 인물이었음이 분명하다. 이와 동시에 그는 다른 분야들에서는 어리석다고까지는 말하지 못하더라도 무분별을 드러내어 제국의 분열을 재촉하였다. 솔로몬은 부분적으로는 자기가 처해 있었던 상황으로 인해서이기도 하겠지만 자기 아버지와는 여러 모로 달랐다. 그는 전사(戰士)가 아니었고 또 그럴 필요도 거의 없었다. 왜냐하면 그의 영토를 심각하게 위협할 만한 외부의 적이 전혀 없었기 때문이다. 정치적으로, 그의 과제는 국가를 방어하거나 영토를 확장하는 일이 아니라 현재의 체제를 그대로 유지하는 일이었다. 그리고 이 점에 있어서 그는 대체로 성공하였다.

a. 솔로몬 아래에서 국력의 강화.

솔로몬은 부왕(父王)과의 공동 통치자로 왕위에 오른 후 자신의 기반을 닦는 데에 별 어려움을 겪지 않았다. 아도니야와 그의 일당이 비굴하게 그에게 항복해 왔기 때문에 피를 흘릴 필요도 없었다. 그러나 나이든 다윗이 이내 죽자(왕상 2:10f.) 솔로몬은 재빠르게 움직여서 자신의 권위에 도전할 만한 자들을 무자비하게 제거해 버렸다(13-46절). 아도니야는 다윗의 첩이었던 아비삭과 결혼하기를 요구함으로써 아직 왕위 계승권을 포기하지 않았다는 것을 드러냄으로써(참조. 22절; 삼하 16:21f.) 즉시 처형되었다. 아비아달은 과거에 다윗에게 충성을 다했다는 이유로 목숨은 건졌지만 자신의 직위에서 쫓겨나 아나돗에 있는 자기 고향으로 추방되었다. 요압은 자기가 다음 차례가 되리라는 것을 알아차리고 성소의 제단으로 도망하였다. 그러나

61) 앞의 주 25를 보라. 연대 추정의 근거가 되는 솔로몬 통치의 끝의 연대는 Albright의 추정을 따른 것이다(*BASOR*, 100(1945), pp. 16-22); 또한 M.B. Bowton, *BASOR*, 119(1950), pp. 20-22도 참조하라. 다른 연대표들은 약간씩 차이가 있다; 전거들에 대해서는 제6장 주 1을 참조하라.

그의 경쟁자였던 우직한 브나야가 솔로몬의 명령으로 그를 뒤쫓아 들어가서 그 자리에서 칼로 베어 버리고 그의 지위를 물려받았다. 다윗이 압살롬을 피해 도망할 때 그를 저주했던 사울 가문의 시므이(삼하 16:5-8)는 도성에서 벗어나지 못한다는 명령을 받고 지내다가 그후 에 명령에 복종하지 않았다는 구실로 처형되었다.

성경(왕상 2:1-9)에는 요압과 시므이가 다윗이 임종하는 자리에서 유언으로 남긴 특명에 따라 제거되었다고 되어 있다. 우리의 관점에서 보면, 이것은 늙은 왕에게 명예가 될 수 없지만, 그것을 의심할 만한 이유는 전혀 없다. 고대인들의 생각에 저주는 실제적인 효험이 있었고, 또 요압이 거듭거듭 다윗에게 덮어 씌웠다는 살인죄도 단순히 말뿐인 것은 아니었다. 두 사람은 다윗 가문을 위협하여 몰락시키려고 했을 것이고, 그래서 다윗은 그들을 제거하려고 했던 것이다. 그러나 솔로몬은 기민하다고밖에 말할 수 없는 것을 가지고 순종했을 뿐이라고 말해야 할 것이다. 성경(46절)에는 "나라가 솔로몬의 손에 견고하여지니라"고 기록되어 있다. 확실히 그러했다!

b. 솔로몬의 외교정책.

솔로몬의 통치는 전적으로 평화스러웠지는 않았지만, 우리가 알고 있는 한 그는 중요한 군사작전을 수행한 적은 없었다. 그의 앞에 놓인 과제는 다윗의 아래에서 최대의 규모에 도달했던 영토를 더욱더 확장하는 것이 아니라 외부적으로 그리고 자신의 봉신들과 우호적인 관계를 유지함으로써 이스라엘이 평화 속에서 잠재력들을 발전시킬 수 있도록 하는 것이었다. 그는 슬기로운 동맹정책을 통해 이를 달성하려고 하였다. 이 동맹 관계들의 다수는 결혼을 통해 확인되었기 때문에, 수많은 이방의 귀부인들이 솔로몬의 후궁으로 들어왔다(왕상 11:1-3). 왕세자도 그러한 결합에서 난 아들이었다(14:21). 솔로몬의 부인들 가운데서 가장 빼어난 것은 이집트 바로의 딸이었다(아마 무력했던 제21왕조의 끝에서 두번째 바로였던 시아문(Siamun)일 것이다). 그녀는 자신의 신분에 어울리게 특권을 누리는 대우를 받았다(3:1; 7:8).

성경(9:16)에는 이 바로가 가나안족의 도시 게셀를 점령하여 파괴하고 그 도시를 자기 딸에게 혼인 지참금으로 넘겨줌으로써 솔로몬으로 하여금 자신의 영토를 약간 늘리게 하였다고 기록하고 있다. 아마 이 짧은 기록 속에는 눈에 보이는 것보다 더 많은 사연이 숨겨져 있으리라. 바로가 이스라엘 왕을 위해 한 도시를 점령하려고 그렇게도 오랜 세월의 고된 군사작전을 수행하였다고 생각하기는 힘들다. 바로는 다윗이 죽었으므로 차제에 팔레스타인에서의 이집트의 지배권을 다시 확립하기를 바랐고, 또 이러한 목적으로 블레셋인들의 도시들에 대하여 군사작전을 개시하였으며(그는 이 도시들에 대한 종주권을 주장했다), 이 작전을 하는 가운데 국경도시 게셀을 점령했던 것이다.[62] 그러나 그후 그는 자신이 예상했던 것보다 더 강력한 솔로몬의 병력과 맞부딪치게 되었음을 알고 영토를 양보하여 화평을 맺는 것이 좀더 현명하다고 생각했을 것으로 보인다(또는 양보하지 않으면 안 되었던 것인지도 모른다).[63] 하지만 이에 대한 정확한 내용은 알 수가 없다. 어쨌든 이 사건은 이스라엘이 상대적으로 우위에 있었던 반면 이집트의 지위는 낮아졌음을 예시해 준다. 이집트 제국의 바로들은 자기 딸을 바빌로니아나 미타니의 왕들에게조차도 준 적이 없었기 때문이다!

하지만 솔로몬이 맺은 동맹들 가운데 가장 중요했던 것은 두로와 맺은 것이었다(5:1-12) — 이미 다윗에 의해 효력을 발휘하였다가 이제 갱신된 동맹. 주전 12세기에 시돈의 뵈니게인들에 의해 재건된 두로는 이 무렵에 북쪽의 아코만(灣)으로부터 남부 뵈니게 해안지대 전지역을 지배하고 있었던 나라의 수도였다. 솔로몬과 동시대 사람인 히람(Hiram) 1세(주전 969 — 936년경) 아래에서 뵈니게인들이 서쪽으로 해상 진출을 한창 진행하고 있었다. 이 세기의 말에는 구브로(Cyprus)와 사르디니아(Sardinia) — 이곳에는 구리 광산이 채굴되었다 — 그리고 아마 서바나(Spain)와 북아프리카에도 식민지가 있었던 것 같다.

두로와 맺은 동맹은 서로에게 유익한 교역을 가져왔다: 팔레스타인에서 두로로는 밀과 올리브를 수출하고 레바논에서는 솔로몬의 건설공사에 필요한 목재를 수입하였다. 앞으로 살펴보는 바와 같이 또한 이것은 솔로몬에게 교역과 산업의 새로운 길들을 열어 주었다.

---

62) 게셀은 주전 10세기 중엽에 파괴되었다가 솔로몬에 의해 재건되었다. 이곳의 발굴 조사에 대해서는 H.D. Lance, *BA*, XXX(1967), pp. 34-47; W.G.Dever, *ibid.*, pp. 47-62를 참조하라; 또한 Dever *et al.*, *ibid.*, XXXIV(1971), pp.94-132. 다른 도성들도 대략 이 시기에 파괴되었는데(텔 모르〈Tell Mor〉, 아스돗의 항구, 그리고 아마 벧세메스도), 아마 동일한 군사 작전 중에 이런 일이 일어났을 것이다.

63) 특히 A. Malamat, *JNES*, XXII(1963), pp. 10-17를 참조하라; 또한 G.E. Wright, *BA*, XXIX(1966), pp. 70-86. 게셀에 대해서는 앞의 p.269와 그곳의 주 32를 보라.

64) 특히 Albright, "The Role of the Canaanites in the History of Civiliztion"(rev. ed., *BANE*, pp. 328-362); *idem*, *CAH*, II: 33(1966), pp. 33-43; H,J,Katzenstein, *The History of Tyre*, Ch.V; B.Peckham, "Israel and Phoenicia"(*Mag. Dei*, Ch.12)를 보라.

c. 국가 방어.

솔로몬은 전사(戰士)는 아니었지만 군사학을 모르지는 않았다. 그와는 반대로 그는 거의 누구도 도전할 엄두를 내지 못할 정도의 군사 시설을 건설함으로써 국가의 안전을 유지하며 침략을 예방하였다. 주요 도시들은 요새화되어 군사 기지로 만들어졌다(왕상 9:15-19). 이러한 것들에는 예루살렘 외에도 이스라엘의 심장부 지역의 주변에 있는 일련의 도시들이 포함되어 있었다: 아람의 영토와 대치해 있는 갈릴리의 하솔, 갈멜 산맥을 지나는 간선도로 가까이에 있는 므깃도, 평야로부터 접근하는 서쪽 도로를 지키는 게셀, 벧호론, 바알라[65], 에돔과 대치해 있는 사해 남쪽의 다말.[66] 이러한 요충지들에 배치되어 있었던 솔로몬의 군대는 침략을 방어하거나 내란을 진압하거나 반란을 일으킨 봉신들에 대해 작전을 하기 위하여 신속하게 집결할 수 있었다.

그밖에도 솔로몬은 일찍이 시도된 적이 없었던 규모로 병거 부대를 증강함으로써 자신의 군대를 강화하였다. 다윗의 치세까지도 이스라엘은 병거를 전혀 사용하지 않았는데, 이는 부분적으로 병거가 이스라엘의 험한 지세에서는 거의 소용이 없었기 때문이고, 또 부분적으로는 병거를 사용하려면 군벌 귀족이 있어야 하는데 이스라엘에는 그런 것이 없었기 때문이다. 그러나 가나안족의 도시 국가들은 언제나 병거를 사용해 왔는데, 이제 그 도시 국가들은 이스라엘에 흡수되었다. 분명히 솔로몬은 그들로부터 병거를 넘겨 받아 열심히 그것을 개발하였다. 성경(왕상 10:26; 대하 9:25)에는 솔로몬에게는 마굿간이 4,000 칸, 병거가 1,400 대, 병거부대의 병사가 12,000 명 있었다고 기록되어 있다. 솔로몬은 이 병력을 방금 언급한 군사 기지들에 배치하였다(왕상 9:19; 10:26). 므깃도에서 발견되어 오랫동안 솔로몬이 지은 것으로 생각되어 왔던 큰 규모의 복잡한 마굿간들은 이제 그다음 세기의 것임이 알려지게 되었지만, 거기에는 하솔, 게셀 등지와 마찬가지로 요새들과 지방장관의 관저를 비롯한 솔로몬 시대의 대규모의 시설들이 있었음이 실증되고 있다.[67] 물론 이것은

65) Cf. Alt, *op. cit.*, pp.231f. 단(Dan)에 바알랏이라는 지방이 있었고(수 19:44), 네게브에도 있었다(수 15:29). 기럇여아림도 바알랏이라고 불리기도 했다(수 15:9f.; 삼하 6:2). 앞의 두 곳의 위치는 불확실하지만 어느쪽이나 가능성은 있다.

66) 난외 방주(Qere)와 대하 8:4에서는 "다드몰"로 되어 있는데, 이곳은 바로 소바 동쪽 수리아 사막에 있는 대상(隊商) 중심지인 팔미라(Palmyra)이다. 수리아에서 있었던 솔로몬의 활동에 대해서는 다음을 보라. 그러나 이 문맥에서는 "다말"이 옳다. 왜냐하면 여기에 열거된 성읍들은 이스라엘의 본토를 에워싼 주변 방어선을 형성하고 있기 때문이다. 네게브에 구축된 솔로몬의 요새들에 대해서는 아래를 보라.

솔로몬이 상당한 규모의 상비군을 보유하고 있었음을 의미했다. 그는 각 지파에서 군사를 소집하지 않아도 되었을 것이다.

d. 솔로몬과 제국.

솔로몬은 제국을 완벽하게는 아니지만 대체적으로 유지해 나가는 데에는 성공하였다. 제국의 본질적인 체제는 손상되지 않고 유지되었지만, 솔로몬은 자기가 넘겨받았을 것보다 약간 줄여 놓았다. 첫째, 에돔에서 소요가 있었다(왕상 11:14-22, 25). 요압의 대학살의 와중에서 유일한 생존자로서 이집트에 피신하였던 에돔의 왕자 하닷은 다윗과 요압이 죽은 것을 알고 자기 고국으로 돌아와서 분명히 거기서 왕이 되었던 것 같다. 이 이야기는 갑자기 중단되고, 성경 본문(25절)은 확실치 않다. 하닷이 한동안 소란을 일으켰다는 것 외에 우리는 그가 어떠한 성공을 거두었는지 또는 솔로몬이 그에 대하여 어떠한 조치를 취했는지를 알지 못한다. 솔로몬은 에돔에 대한 지배력을 결코 상실하지 않았음이 확실하다. 그렇지 않았다면, 아라비아의 대상(隊商) 교역과 관련된 그의 활동은 말할 것도 없고(10:1-10, 15) 잠시 뒤에 이야기할 에시온게벨에서 그의 작전이 불가능했을 것이기 때문이다.

그럼에도 불구하고 하닷은 이스라엘을 괴롭히는 지속적인 원천이었고 또 그는 아마 다소 접근하기 어려운 에돔의 몇몇 지역들은 적어도 일시적으로는 이스라엘의 지배로부터 벗어나게 했던 것 같다는 뜻이 함축되어 있다.

수리아의 소요는 더욱 심각했다. 솔로몬은 요단 동편에서 북쪽의 소바에 이르는 아람의 영토에 대한 지배권을 물려받았고, 이와 아울러 북으로 하맛 왕국에 대해서 적어도 명목상으로는 지배권을 가지고 있었던 것으로 보인다. 솔로몬을 가로막을 입장에 있었던 강대국은 없었기 때문에, 그는 아마 유프라테스로 통하는 동북쪽의 대상로(隊商路)에 대하여 다소 효력있는 지배권을 행사할 수 있었을 것이다. 이것은

67) 므깃도에 관한 증거에 대해서는 Y. Yadin, *BA* XXXIII(1970), pp. 66-96을 참조하는 것이 편리하다; 하솔에 대해서는 *idem*, *AOTS*, pp. 244-263와 그곳에 나오는 전거들을 참조하라; 좀더 최근의 것으로는 *BA*, XXXII(1969), pp. 50-71. 게셀에 대해서는 앞의 주62에 열거된 논문들을 보라. 그러나 J. B. Pritchard는 므깃도의 건축물들이 실제로 마굿간이었는지에 대하여 의문을 제기하고 있다; cf. J. A. Sanders, ed., *Near Eastern Archaeology in the Twentieth Century*(New York: Doubleday, 1970), pp. 267-276; 마찬가지로 Y. Aharoni, *JNES*, XXXI(1972), pp. 302-311; *BA*, XXXV(1972), p. 123. 그러나 Yadin은 여전히 자신의 원래의 해석을 옹호하고 있다; cf. *Mag. Dei*, Ch. 13; 또한 J. S. Holladay, JBY, XCVI(1977), p. 284.

다드몰(Palmyra)에서 그의 활동에 대한 언급(대하 8:4)과 그의 통치가 유프라테스까지 미쳤다는 말(왕상 4:24)을 해명해 준다. 이 두 가지 다 명백히 꾸며낸 것으로 치부해 버려서는 안 된다. 하지만 그의 위치가 무엇이었든, 한때 하닷에셀의 가신이었던 르손이 일단의 부하들을 이끌고 다메섹을 점령하여 거기서 왕이 되었을 때 그의 위치는 상당히 손상을 입었다(왕상 11:23-25). 우리는 솔로몬이 어떠한 행동을 취했는지 또 어떠한 성과를 거두었는지[68], 그리고 이 사건이 그의 치세 가운데 어느 시기에 일어났는지를 알지 못한다. 그러나 성경의 말투는 르손을 항복시킬 수 없었다는 것을 함축하고 있다. 솔로몬이 수리아에서 어느 정도의 손실을 입었는지는 알려져 있지 않다. 다메섹을 제외하고는 아마 아람족의 영유지에 대한 적어도 명목상의 지배권은 유지한 것 같긴 하지만, 수리아 전지역에 대한 그의 영향력은 약화되었음이 확실하다.

하지만 이러한 예외들(그것이 어느 정도로 심각했는지는 확실히 알 수가 없다)에도 불구하고 솔로몬은 제국을 그런대로 유지했다.

2. 솔로몬의 통상 정책.

그러나 솔로몬의 진짜 재능은 산업과 교역의 분야에 있었다. 그는 이집트와 아라비아에서 북부 수리아로 뚫린 남북을 잇는 주요 교역로를 타고 앉은 자신의 위치의 경제적 중요성을 알고 있었고, 또한 두로와의 동맹으로 인한 여러 가능성들을 파악할 수 있었다. 통상과 관련된 그의 사업은 수없이 많았고, 또 외국과 교역은 대체로 왕실에서 독점하였기 때문에 그것은 국가에 막대한 부(富)를 가져다 주는 재원(財源)이었다.

a. 홍해 무역(왕상 9:26-28; 10:11f., 22).

뵈니게인들이 서부로 팽창하는 것에 자극을 받고 또 그들의 적극적인 협력을 통해 솔로몬은 홍해를 거쳐 남으로 진출할 비슷한 가능성들을 개척하고자 했다. 그는

---

68) 만약 "하맛-소바"에서의 작전에 대한 수수께끼 같은 언급(대하 8:3)이 여기에 관한 것이 아니라면 말이다; cf. Aharoni, *LOB*, p. 275. 그는 칠인역과 같이 이것을 "벧소바"로 해석하여, 솔로몬이 다메섹의 손실에 반발하여 수리아 요지(Coele-Syria)와 다드몰에서 자신의 지위를 강화했을지 모른다고 주장하고 있다.

틀림없이 뵈니게의 조선(造船) 기술자들의 도움을 받아 에시온게벨에 상선대(商船隊)를 창설하여 거기에 뵈니게 선원들을 태우고 오빌(Ophir)까지 이르는 정기 무역 항로에 취항시켰다. 아마 오빌은 대략 오늘날의 소말릴랜드(Somaliland)에 해당하는 지역인 듯하다.[69] 이 항해는 적어도 두 해에 걸쳐서 일 년이라는 시일이 걸렸으며, 아마 그 선박들은 홍해의 양쪽 연안에 있는 항구들에 기항하는 것이 허용되었던 것 같다. 이 배들은 솔로몬에게 부(富)와 남국의 이국적인 물산(物産)들, 곧 황금과 은, 희귀한 목재, 보석, 상아와 왕의 오락을 위해 원숭이들도 가져다 주었다!

b. 아라비아와의 대상(隊商) 무역.

또한 솔로몬은 남방과 육로를 통한 교역에도 관심을 가졌다. 결코 전설로 처리되어서는 안 되는 사건인 스바(Sheba) 여왕의 솔로몬 방문(왕상 10:1-10, 13)은 이러한 관점에서 이해되어야 한다. 원래 유목민이었던 스바 사람들은 이 무렵에는 정착하여 한 왕국을 세웠는데 그 중심지는 오늘날 동부 예멘에 있었다.[70] 하드라마웃(Hadhramaut)에서 북쪽의 팔레스타인과 메소포타미아로 통하는 대상로(隊商路)에 걸터앉은 그들의 전략적 요충지로 인하여 그들은 서남 아라비아의 유명한 특산물인 조미료와 향료의 교역을 지배할 수 있었다. 그들은 낙타를 수송 수단으로 이용하는 방법을 개척하여 통상을 확대하기 시작하였고 그 결과 다음 세기들에 가서 그들은 아라비아의 광범위한 지역에 대한 교역의 주도권을 장악하게 되었다. 이집트가 이디오피아와 소말리랜드에서 무역 독점에 실패한 틈을 타서 그들도 그곳에서 그들의 이권을 확대하였다. 그러므로 스바의 여왕이 솔로몬을 방문한 사건은 이해가 가능하

69) Albright, *ARI*, pp. 129-131; 오빌은 아라비아, 곧 광범위하게 황금이 매장되어 있어서 오늘날까지도 채굴되었던 곳인 메디나와 메카의 중간에 있었다고 주장되어 왔다; cf. *BA*, XXXIX (1976), p. 85. 그러나 그러한 황금은 상선대를 구성할 필요없이 육로 수송에 의해 좀더 쉽게 조달될 수 없지 않았겠는가? Cf. Katzenstein, *op. cit.*, p. 109. 욥바 부근의 텔 카실레(Tell Qasile)에서 발견된 조개 파편은 "오빌의 황금"에 관하여 언급하고 있지만 불행히도 그 연대가 불확실하다(아마 주전 9, 8세기); cf. A. Mazar, *BA*, XXXVI (1973), pp. 42-48.

70) 초기의 스바 사람들의 팽창에 대해서는 Albright, *ARI*, pp. 129-131; *idem*. *BASOR*, 128 (1952), p. 45; *idem*, *JBL*, LXXI (1952), pp. 248f.; G. Van Beek, *BA*, XV (1952), pp. 5f.를 참조하라. 향료와 조미료의 교역에 대해서는 *idem*, *JAOS*, 78 (1958), pp. 141-152를 참조하라; 또한 *BA*, XXIII (1960), pp. 70-95. 남부 아프리카에서의 발굴들에 관한 대중적인 설명으로는 W. Phillips, *Qataban and Sheba* (New York: Harcourt, Brace, 1955)를 참조하라. 또한 J. B. Pritchard et al., *Solomon and Sheba* (London: Phaedon Press; New York: Praeger, 1974)를 보라.

다. 솔로몬은 단지 대상로의 북쪽 종착지만을 관장한 것이 아니었다. 그의 해상 무역은 스바 사람들의 초기적인 대상(隊商) 무역과 직접적으로 경쟁하게 되었고, 이는 스바 여왕을 자극하여 스바의 이권을 위해 행동하게 하였다. 그래서 스바 여왕은 황금, 보석, 조미료 등 자기들의 상품 견본들을 가지고 솔로몬을 방문했다. 솔로몬이 그녀를 여왕에 걸맞게 맞아들인 것으로 보아, 아마 스바 여왕은 자기가 바랐던 동의를 얻어낸 듯하다. 어쨌든(왕상 10:15) 아라비아 무역으로 발생한 세금과 관세들은 솔로몬의 국고로 흘러 들어왔다.[71]

c. 구리산업

성경에는 솔로몬이 위에서 언급한 수입품들 대신에 어떤 생산물들을 수출했는지에 관해서는 나와 있지 않다. 의심할 여지없이 뵈니게를 거치거나 수리아로부터 대상로들을 따라 운반되어 배에 옮겨 실은 여러 가지 종류의 물품들이 이 목적으로 이용될 수 있었을 것이다. 그러나 솔로몬의 수출에서 구리가 상당량을 차지했던 것으로 오랫동안 믿어 왔다. 이것은 그의 배들(왕상 10:22)이 "다시스(tarsh sh)의 배", 즉 뵈니게인들의 광산이나 구브로와 사르디니아의 제련소에서 나오는 구리 주괴(鑄塊)들을 수송하기 위한 목적으로 그들에 의해 설계된 배들과 같은 원양 항해용의 대형 선박이었다고 하는 사실을 의해 암시되고 있다.[72] 솔로몬은 성전의 기구들을 제작하는 데 상당량의 구리를 필요로 했음이 분명하다. 그리고 성경에는 이 기구들이 요단 계곡에 있는 주물공장에서 제조되었다고 기록되어 있다(왕상 7:45f.). 그러나 솔로몬이 사용한 구리의 원산지가 어디였는지는 현재 미스테리로 남아 있다. 에시온게벨에서 발견된 대규모의 시설 유적은 구리 제련소였던 것으로 오랫동안 생각되어 오다가 지금은 그것이 요새 및 창고였던 것으로 알려지고 있다.[73] 그리고 앞 장에서 언

---

71) 벧엘에서 나온 주전 9세기경의 남부 아라비아식 점토 도장은 솔로몬시대 직후에 두 나라 사이에 교역 관계가 있었음을 보여 준다; cf. G. Van Beek and A. Jamme, *BASOR*, 151(1958), pp. 9-16. 이 도장은 T. Bent가 남부 아라비아에서 발견하여 1900년에 공개했다가 그후에 없어진 도장과 놀라울 정도로 비슷해서, 그것이 벧엘에 옮겨져 "묻혀" 있었던 것이 아닌가 의심받아 왔다; cf. Y. Yadin, *BASOR*, 196(1969), pp. 37-45. 그러나 Van Beek와 Jamme, J. L. Kelso (*ibid.*, 199[1970], pp. 59-65)의 말에 비추어 볼 때 이것은 불가능한 듯하다.

72) Albright에 따르면, '다시스'(tarshish)는 "제련소", "정제소"를 의미한다고 한다; cf. *BANE*, pp. 346f. 또 다른 설명("공해(公海)")에 대해서는 C. H. Gordon, *JNES*, XXXVII(1978), pp. 51f.를 참조하라.

73) 이것은 발굴자 자신에 의해 인정되었다; cf. N. Glueck, *BA*, XXVIII(1965), pp. 70-87; *BASOR*, 179(1965), pp. 16-18.

급한 바 있는 팀나(Timna)의 아라바에 있는 광산은 주전 12세기 이후에는 채광 작업이 이루어지지 않았던 것으로 보인다.[74]

솔로몬이 대규모의 채광과 제련에 참여하였다면, 우리는 현재로서는 그러한 것을 보여 주는 확신한 증거를 하나도 갖고 있지 못하다(물론 앞으로의 발굴에 따라 그러한 사실이 밝혀질 수도 있지만). 위에서 말한 대로 다윗은 수리아 요지(凹地)에 대한 원정에서 상당량의 구리를 노획하여 가져왔는데, 이러한 공급원이 솔로몬에게도 여전히 이용되었을 가능성이 있다. 그러나 우리는 솔로몬의 풍부한 광석 자원(그는 광석 자원을 풍부하게 가지고 있었던 것으로 보인다)의 공급원을 알지 못하고 있다고 고백하지 않을 수 없다.

d. 말과 병거의 무역.

우리는 이 무역에 관한 것을 열왕기상 10:28 이하에서 알 수 있는데, 성경 본문이 뒤죽박죽되어 있기 때문에 대부분의 영역 성경에서는 극히 잘못 이해되고 있다. 한두 군데를 약간 고치면 대략 다음과 같이 읽을 수 있다: "솔로몬의 말 수입은 큐에(Kue) (길리기아〈Cilicia〉)로부터였다. 왕의 상인들은 당시의 시세대로 큐에로부터 말을 가져오곤 했다. 그리고 병거는 이집트로부터 한 대에 은 육백 세겔, 또 말은 길리기아로부터 한 마리에 은 백오십 세겔에 가져다가 인도하였다. 이와같이 그러한 것들은 대리상(즉, 솔로몬의 상인들)을 통해 헷족과 아람의 모든 왕들에게 인도되었다."[76] 솔로몬은 의심할 여지없이 자기 자신의 군대를 발전시키는 과정에서 이 사업에 관여하게 되었다. 많은 수량의 병거와 말들이 필요하였는데, 이스라엘은 병거를 만들거나 말을 기르지 못했던 까닭에 둘 모두를 수입해야 했다. 이집트는 제국시대 이래로 가장 훌륭한 병거를 제작해 왔고, 한편 길리기아는 고대에 있어서 가장 좋은 말의 원산지로 유명하였다. 그래서 솔로몬은 자신의 필요를 채우기 위하여 자기의 대리상들을 이 두 나라에 보냈던 것이다. 그러나 그 뒤 솔로몬은 자기가 이집트와 수리아간의 모든 교역로를 장악하고 있다는 사실을 깨닫고 그 자신이 이들 품목의

---

74) Cf. B. Rothenberg, *Timna*(London: Thames and Hudson, 1972), pp. 63, 180.

75) 앞의 p. 276와 주 44를 참조하라. 역대상 18:8은 성전의 기구를 만들기 위하여 사용된 구리는 이곳으로부터 왔다는 것을 분명하게 말하고 있다.

76) RSV에 대략 이렇게 되어 있다. 이에 대한 논의는 Albright, *JBL*, LXXI(1952), p. 249; *ARI*, pp. 131f. 를 참조하라. 또한 H. Tadmor, "Que and Musri" (*IEJ*, 11〔961〕, pp. 143-150)도 참조하라.

수지맞는 교역에서 중간상이 되었다: 길리기아의 말과 이집트의 병거는 그의 대리상을 통해서만 구입될 수 있었다. 이 무역은 왕실의 독점 사업이었기 때문에, 틀림없이 솔로몬에게 상당한 수입을 가져다 주었을 것이다.

3. 이스라엘의 황금 시대.

성경은 정당하게도 솔로몬의 통치 시대를 유례없는 번영의 시대로 묘사하고 있다. 이스라엘은 이전에는 꿈도 꿀 수 없었고 또 다시는 맛볼 수 없었던 안녕(安寧)과 물질적 풍요를 누렸다. 그리고 이것은 평화로운 학예(學藝)의 만개를 가져왔다.

a. 이스라엘의 경제적 번영.

솔로몬은 이 나라에 "벼락경기"의 시대를 가져왔다. 솔로몬 자신이 그의 무역 및 산업의 독점과 왕실 재산에서 얻은 수입으로 인해 부유해져서 굉장한 부호가 되었다. 그러나 나라 전체의 생활 수준도 마찬가지로 급격히 향상되었다. 솔로몬의 사업들은 국가의 독점사업들이기는 했지만 수많은 사람들에게 취업의 기회를 주었고 또 많은 사람들을 자극하여 사기업을 경영케 했을 것이 틀림없고, 그래서 전체 국민의 구매력이 상승하고 전반적인 번영을 가져왔다. 많은 개인들이 솔로몬을 섬기는 가운데 또는 개인적인 노력을 통해 부유해졌다는 것은 거의 의심할 수 없을 것이다.

도시들이 발전했고(예를 들면, 예루살렘은 옛 성벽을 넘어 팽창했다), 또 새로운 도시들이 많이 건설되었다. 국가의 공공질서가 향상되었음은 성읍의 성벽 안에 구멍들을 파서 곡식을 저장하던 관습을 그만두게 되었다는 사실을 통해 예증된다. 끝머리에 쇠를 붙인 쟁기(물론 블레셋인들의 독점은 무너졌다)가 널리 사용됨으로써 땅의 생산성이 증진되어 조밀하게 늘어난 인구의 식량을 공급할 수 있게 되었다. 어떤 학자의 추산에 따르면, 이 무렵의 인구는 사울 시대 이래로 두 배로 불어났을 것이라고 한다.[77]

b. 솔로몬의 건설 활동: 성전.

솔로몬의 부는 수많은 건설 사업에 활용되었다. 우리는 이미 이스라엘의 심장부

---

77) Albright는(*BP*, p. 56) 당시의 인구를 본토의 이스라엘 사람들만을 계산하여 대략 80만명으로 추산한다.

지역을 에워싼 일련의 도시들을 언급한 바 있는데, 이 도시들은 군사 기지들로서 요새화되고 수비대들이 주둔하고 있었다. 이런 도시들 외에도 크고 작은 보루(堡壘)들로 이루어진 전체 방위망이 발굴되었는데, 이 보루들은 남쪽으로 네게브을 거쳐 에시온게벨에 이르는 대상로를 보호하였다 — 에시온게벨에는 제련소였을 것으로 한때 생각된 건물이 있는데, 이것은 항구 및 또한 선박들과 대상(隊商)들을 위한 보급품들이 저장된 창고를 지키는 요새 역할을 하였음이 분명하다. 그러나 솔로몬의 건설 사업 가운데서 가장 주목할 만한 것은 바로 예루살렘에 있었다. 군사시설이나 그 밖의 공사들 외에도[78], 이 건설 사업은 옛 여부스족 때의 성벽 북쪽에 세워진 일련의 사치스러운 건물들로 이루어져 있었는데 그 가운데서 가장 중요했던 것은 성전이었다.[79]

성전은 당시 팔레스타인과 수리아 지방에서 유행하던 양식을 본떠 어느 두로 출신 건축가가 지었다(왕상 7:13f.).[80] 장방형으로 된 성전은 동쪽을 향하고 있었으며 좌우에는 두 개의 기둥이 건물과 독립하여 서 있었고(21절), 아마 그 전면에는 왕조에 관한 신탁이 새겨져 있었던 것 같다. 건물 자체는 제일 앞쪽에 낭실(廊室), 그 다음에 성전의 본당인 "성소"(hekhal)가 있었는데, 이 성소는 지붕 밑의 작은 창문들을 통해 채광이 되게 되어 있는 큰 장방형의 방이었다. 그리고 제일 뒤쪽에는 언약궤가 안치된 창문 하나 없는 작은 입방체의 방인 "지성소"(debîr)가 있었다. 눈에 보이지 않는 여호와는 자신의 지상의 집인 성전의 이곳에서 거대한 두 그룹 천사(cherubim)의 호위를 받으며 좌정해 있다고 생각되었다. 성전은 솔로몬 재위 제4

---

78) 여기에는 베일에 싸여 있는 밀로("채움")도 포함되는데(왕상 9:15, 24), 이것은 도시의 가파른 동쪽 경사면에 돌을 쌓아서 만든 일련의 대지(臺地)로서 그 위에 집들이 세워졌다; cf. Kenyon, *op. cit.*, pp. 49-51. 다른 제안들에 관해서는 주석서들을 보라.

79) 다른 문헌들 가운데서 Albright, *ARI*, pp. 138-150; A. Parrot, *The Temple of Jerusalem* (Eng. tr., London: SCM Press, 1957); G. E. Wright, "Solomon's Temple Resurrected" (*BA*, IV〔1941〕, pp. 17-31); *idem*, *BA*, VII(1944), pp. 65-77; *BA*, XVIII (1955), pp. 41-44; P. L. Garber, *BA*, XIV(1951), pp. 2-24를 참조하라; 또한 Garber and Albright and Wright, *JBL*, LXXVII(1958), pp. 123-133.

80) 수리아의 텔 타이낫(Tell Tainat)에 있는 약간 후대의 신전은 오랫동안 솔로몬의 성전과 가장 유사한 것으로 알려져 왔으나 오늘날에는 다른 신전들도 발견되었고, 특히 하솔에서 발견된 후기 청동기 시대의 한 신전이 두드러진다; cf. Y. Yadin, *BA*, XXII(1959), pp. 3f. 무엇보다도 가장 흥미로운 것은 아랏(Arad)의 이스라엘 신전이다. 이 신전은 주전 10세기에 세워져서 적어도 주전 8세기 내내 사용되었다; cf. Y. Aharoni, *BA*, XXXI(1968), pp. 2-32; *idem*, "The Israelite Sanctuary ot Arad" (*New Directions in Biblical Archaeology*, D. N. Freedman and J. C. Greenfield, eds., 〔Doubleday, 1969〕, pp. 25-39).

년(주전 959년경)에 착공되어 칠 년 후에 완공되었고(6:37f.), 솔로몬 자신이 주재한 성대한 의식을 거쳐 봉헌되었다(8장).

성전은 두 가지의 목적을 충족시켜 주었다. 성전은 왕조의 성소, 즉 왕실 예배당이었으며, 대제사장은 왕이 임명한 사람으로서 내각의 각료가 되었다. 또한 성전은 언약궤의 존재가 보여 주듯이 이스라엘 백성의 민족적 성소의 역할도 하였다. 성전의 제사 의식은 모든 근본적인 점에서 제사장 법전을 통해 우리에게 보존되어 있는 그대로 이루어졌음에 틀림없다. 성전의 구조는 뵈니게의 양식을 따랐기 때문에, 그 상징들 가운데 다수가 이교적 배경을 반영하게 된 것은 어쩔 수 없었다. 예를 들면, 청동바다(왕상 7:23-26)는 아마 지하에 있는 생명과 풍산(豊産)의 원천인 신선한 물의 바다를 상징화한 것 같으며, 번제 제단(참조. 겔 43:13-7)은 원래 신들의 산을 암시했던 것으로 보인다.[81] 이것은 이교 사상이 이스라엘의 공식 종교 안에 스며들어 올 위험성을 내포하고 있었다는 것은 부인할 수 없다. 하지만 적어도 공적으로는 이러한 특징들은 여호와 신앙에 입각한 이론적 설명이 부여되었고 여호와의 우주적 지배를 상징하는 역할을 하게 되었다는 것은 확실한 듯하다. 성전의 제의는 이교에서 무엇을 빌려 왔든 그 성격에 있어서 본질적으로 이스라엘적인 것으로 남아 있었다.[82] 앞으로 살펴보겠지만, 성전과 그 제사장 제도는 일반적으로 유다의 주민 생활에 매우 보수적인 영향을 미쳤음이 밝혀졌다.

성전 부근에는 일련의 왕궁 건물들이 있었다(왕상 7:1-8). 이 건물 가운데는 솔로몬의 궁도 있었다. 그것은 건축하는 데 십삼 년이나 걸렸기 때문에 호화로웠음에 틀림없다; 수많은 백향목 기둥들이 떠받치고 있었기 때문에 "레바논 나무 궁"이라 불린 건물은 병기고(왕상 10:16f.; 사 22:8)와 보물창고(왕상 10:21)의 역할을 하였다; 재판정(裁判廷)에서는 국사(國事)들이 처결되었는데, 거기에는 왕의 커다란 상아 보좌가 있었다(18-20절); 그리고 바로의 딸을 위한 궁도 있었다. 이 모든 건물들은 그것들에 걸맞게 화려하게 장식되어 있었다.[83] 사울의 촌스러운 궁전에 비하면 격세지감을 느끼게 하였을 것임에 틀림없다!

---

81) 자세한 논의는 Albright, *ARI*, pp.144-150를 보라.

82) 몇몇 학자들은 이스라엘의 종교가 이교화된 현상을 더욱 강력하게 강조하기를 원한다; cf. G.E. Mendenhall, *Interpretation*, XXIX(1975), pp.155-170. 그러나 이것은 여호와 신앙으로부터의 공개적인 이탈이라기보다는 은밀하고 내부적인 이교화였다.

83) 이 구조들에 대해서는 D. Ussishkin, *BA*, XXXVI(1973), pp.78-105를 참조하라.

c. 문화의 개화.

솔로몬의 영화(榮華)는 물질적인 것에만 있지는 않았다. 왜냐하면 놀랄 만한 문화의 개화가 수반되었기 때문이다. 게셀의 달력[84]을 제외하고는 주전 10세기의 이스라엘에서 나온 당시의 명문(銘文)이 우리에게 없긴 하지만, 그럼에도 문자의 사용은 널리 행해졌다. 물론 그 가운데 다수는 문학적 성격을 띠지 않은 것이었다. 모든 고대 국가들은 외교 서신을 다루고 공식 기록문서들을 보관하고 통상적인 행정을 처리하는 서기관들을 두었다.

솔로몬도 많은 수의 서기관들을 필요로 했을 것임에 틀림없고, 그들의 기록 물량은 방대했음에 틀림없다. 솔로몬의 공식 기록문서들은 전혀 남아 있는 것이 없지만, 그의 치세에 관한 우리의 지식 가운데 대부분은 그 공식 기록문서들의 초록(抄錄) 덕분이다(왕상 11:41). 그러나 또한 다른 나라와 마찬가지로 이스라엘에서도 아마 성전을 중심으로 진정한 문학 활동이 있었다.

이스라엘은 바로 영웅시대가 끝날 무렵, 즉 사람들이 당연히 과거의 사건들을 회상하며 감회에 젖는 시기에 있었다. 그리고 이스라엘 사람들 — 확실히 그들의 신앙이 역사상의 사건들에 뿌리를 박고 있었기 때문에 — 은 역사에 대하여 특별한 정서를 지니고 있었다. 그래서 그들은 아주 투명한 산문으로 고대 세계에서 타의 추종을 불허하는 성격적으로 역사적인 문학을 산출해 내기 시작하였다. 이런 유 가운데서 두드러진 것은 이미 말한 바대로 솔로몬의 치세 기간에 쓴 것이 틀림없는 비길데 없이 훌륭한 다윗의 궁중사(삼하 9-20장; 왕상 1장, 2장)이다. 다윗, 사울, 사무엘에 관한 영웅담들도 수집되어 문학적 양식을 갖추게 되었다. 이스라엘의 시원(始原) — 족장들, 출애굽, 가나안 정복 — 에 관한 서사시 전승들은 이미 사사시대에 표준적 양식을 갖추었다. 하지만 J자료 기자(이름을 몰라서 이렇게 부른다)가 이 전승들로부터 선별하고 다른 이야기들을 첨가해서 자기 백성에게 하신 여호와의 일과 그분의 위대한 약속들, 그 위대한 성취에 관한 위대한 신학적 역사를 형성해 낸 것은 대략 솔로몬의 통치 때였다. 육경의 설화의 토대를 이루는 이 사료는 성경에 나

---

84) 이 달력의 본문에 대해서는 Pritchard, *ANET*, p. 320를 참조하라. 아랏(Arad)에서 나온 주목할 만한 일련의 토기 단편들(ostraca, 모두 200개 이상) 가운데 가장 초기의 것은 주전 10세기의 것이다. 그러나 이것은 단지 몇 글자밖에 씌어 있지 않은 단편이다; cf. Aharoni, "The Israelite Sanctuary at Arad," in Freedman and Greenfield, eds., *op. cit.* (주 80), p. 27. 이스라엘에서의 문자의 보급 정도에 대해서는 A. R. Millard, *BA*, XXXV(1972), pp. 98-111를 참조하라.

오는 걸작들 가운데 하나다.

음악과 시편 영창(永唱)도 성행하였는데, 특히 솔로몬이 새로운 성전에 국가의 재정을 아낌없이 써서 그 제의를 여러 모로 풍부하게 하게 되자 특히 성행하게 되었다(참조. 왕상 10:12). 당시에 유행하던 음악 기법들에 관하여 아는 것이 거의 없기 때문에 분명하게 말할 수는 없지만, 이스라엘의 음악은 뵈니게의 영향 아래에서 아마도 순식간에 당시 세계에서 어느 나라 못지않게 높은 뛰어난 수준에 도달했을 것이다. 가나안 사람들에게서 기원한 시편들은 이스라엘 사람들이 사용할 수 있도록 개작되었고(시 29; 45; 18 등은 그 예들이다), 또 새로운 시편들이 만들어졌음에 틀림없다. 시편에 수록된 시들 가운데 얼마만큼 당시에 존재했는지는 말할 수 없지만 상당수에 달했음에 틀림없으며, 또 당시에 존재했다가 그 이후에 잊혀진 시편들도 많았다.

지혜 문학도 성행하였다. 성경은 솔로몬을 매우 뛰어난 현인(賢人)이자(왕상 3:4-28; 10:7, 23f.) 잠언의 저자로서 국제적 명성을 떨친 인물로 묘사한다(4:29-34). 어떠한 잠언들을 솔로몬이 지었는지를 모르기 때문에 성경의 말을 평가하기는 어렵다. 그러나 잠언에서 그 정수(精髓)를 보게 되는 이스라엘의 지혜 전승은 이 무렵에 성행하기 시작했다고 보는 것이 합리적이다.[85] 비록 잠언은 포로기 이후의 책이긴 하지만, 히브리인의 지혜 전승이 포로기 이후에 발전한 것으로 여길 만한 이유는 전혀 없고, 또 지혜 전승이 나중에 에돔이나 북부 아라비아의 전거(典據)들로부터 빌려온 것이라고 생각할 근거는 더더욱 없다. 격언 문학은 주전 2000년대에도 있었고, 고대 세계의 모든 나라에 걸쳐 있었으며, 특히 이집트에서 성행했으나 가나안에도 있었다(예를 들면, 아마르나 서간, 라스 샤라 문서, 그 밖의 문서들에 나오는 잠언들과 성경의 잠언에 나오는 가나안 사상들이 보여 주고 있듯이). 잠언의 일부(참조. 22-24장)가 이집트의 "아메네모페(Amenemope) 격언집"(주전 2000년대 후반에 나왔다)을 토대로 하고 있다는 것은 잘 알려져 있는 사실이다. 지혜 문학이 이스라엘에서 주전 10세기에 아마 가나안족의 매개를 통해[86] 발전되었고, 또 솔로몬의 궁정에서 육성되었다는 것을 의심할 이유는 거의 없다.

---

85) 여러 가지 관점에서 이 주제를 뛰어나게 다룬 것으로는 *Wisdom in Israel and in the Ancient Near East*, M. Noth and D. Witon Thomas, eds. (*VT*, Suppl., Vol. III〔1955〕)에서 찾아볼 수 있다; 또한 W. Baumgartner, "The Wisdom Literature," OTMS, pp. 210-237; A. Alt, "Die Weisheit Salomos" (*KS*, II, pp. 90-99)도 참조하라.

86) 지혜자들인 에단(Ethan), 헤만(Heman), 갈골(Calcol), 다르다(Darda) (왕상 4:31)는 모두 가나안식 이름들이다; cf. Abright, *ARI*, pp. 122f.; *idem*, *YGC*, pp. 217-219.

4. 왕정의 부담.

우리는 이제까지 솔로몬의 통치를 다소 호의적인 관점에서 묘사하였다. 그러나 좀더 말해야 할 것이 있다. 성경은 훨씬 아름답지 못한 모습도 우리에게 보여 준다. 이는 황금시대라고 해서 모든 것이 좋은 것이 아님을 분명하게 해준다. 이 시대는 어떤 사람들에게는 부를 가져다 주었고, 어떤 사람들에게는 노예의 삶을 가져다 주었다. 왕정으로 인해 모든 사람들이 감수해야 했던 것은 국가 권력의 증대와 이스라엘에서 전례가 없었던 부담이었다.

a. 솔로몬의 재정 문제.

이스라엘 국가는 재정과 관련하여 만성적인 딜레마에 직면하였다. 솔로몬의 천재적인 모든 재능에도 불구하고, 그가 활용할 수 있는 자원이 너무 적었기 때문에 국가의 번영을 위한 탄탄한 토대를 마련할 수 없었다. 한마디로 비용이 수입을 초과하였다. 솔로몬의 건설 사업, 그의 군대, 제의에 대한 그의 아낌없는 지원, 갑자기 커진 그의 사적인 설비들을 생각하면 이러한 것을 이해할 수 있다. 게다가 국가의 행정과 국가의 수많은 사업들은 어느 때보다도 큰 규모의 관료제도를 필요로 했고, 이에 소요되는 비용은 확실히 상당했다. 솔로몬은 각료로는 기존 체제에 두 가지 직책만을 추가했던 것으로 보인다(왕상 4:1-6): "관리들을 관장하는"('al hannissab m) 각료로서 분명히 지방 및 지역 행정의 장관이었을 것이다; 재상, 곧 총리('al habbayit)로서 궁내대신을 겸직하였다(참조. 왕하 15:5; 사 22:21f.).[87]

그러나 하급관리들의 수는 많았을 것임에 틀림없다. 열왕기 상 9:23에서는 노동 감독관만도 550명이나 있었다고 말하고 있다. 솔로몬의 수입은 많기는 했지만 충분치는 못하였다. 우리가 알기로는 다윗은 자기 백성들에게 부당하게 무거운 부담을 지우지 않고 분명히 자기 개인의 수입과 이방의 신민들에게서 거두어들인 것으로 상당히 검소했던 자신의 궁중 경비를 충당했다. 그러나 솔로몬 시대에는 정복 사업이 끝난 상태였다. 지출은 늘어난 반면에 조공으로부터 생긴 수입은 이에 비례하여 늘어나지 않았다. 무역을 통해 엄청난 이득을 올릴 수 있었지만, 수입된 모든 품목 대

87) 이 관리의 기능이 무엇인지는 논란 중이다; cf. T.N.D.Mettinger, *Solomonic State Officials,* pp.87-89; R.J.Williams, *VT,* Suppl., Vol. XXVIII(1975), pp.236f.; R. de Vaux, *art. cit.*(주50). 그는 주전 10세기에는 다소 덜 중요했을 것이지만 주전 8세기에 들어와서는(왕상 18:18, 37) 최고의 각료였던 것으로 보인다.

신에 토산품들을 수출해야 했기 때문에 그 격차를 메우고 또 치솟는 국가 예산의 균형을 잡을 수 있을 정도의 충분한 이득은 아니었다. 그래서 솔로몬은 과감한 조치를 취하지 않으면 안 되었다.

b. 솔로몬의 행정 구역.

솔로몬은 세금을 부과하는 형식으로 자신의 신민(臣民)들에게 과중한 부담을 안겨주었다. 세금 징수를 더욱 효율적으로 하기 위하여, 그는 국토를 열두 개의 행정 구역으로 재편하고 각 지역에는 왕에 대하여 책임을 지는 지방장관을 두었다(왕상 4:7-19).[88] 이 행정 구역들은 몇몇 경우에는 옛 지파들의 영유지와 대략적으로 일치하기도 했지만, 더 많은 경우에 지파의 경계들은 무시되었다. 더욱이 이전의 가나안족 도시 국가들의 영토도 행정 구역의 분할에 포함되었다. 물론 이러한 조치의 목적은 주로 국가의 수입을 늘리는 것이었다. 각각의 행정 구역은 일 년에 한 달씩 궁중의 식량을 공급해야 했다(27절). 22절 이하로 미루어 판단컨대, 이 조치는 평균 주민수가 겨우 평균 10만명 가량씩이었던 각 지역에 대하여 무시무시한 긴장감을 안겨주었을 것임에 틀림없다.[89] 하지만 솔로몬은 국가의 수입을 늘리는 것 외에도 한 걸음 더 나아가 의심할 여지없이 지파에 대한 충성심을 약화시키고, 가나안족 주민들을 국가 조직 안에 더욱 철저하게 통합하여, 권력을 더욱 확고하게 휘어잡으려고 했다. 지방장관들은 솔로몬이 임명한 자들로서 그의 내각의 한 각료에게 책임을 져야 했다. 이 지방장관들 가운데 두 사람은 솔로몬의 사위들이었다.

이 행정 구역 재편성에서 유다가 차지한 지위에 관해서는 논란이 많다. 몇몇 학자들은 19절의 본문은 훼손된 것이기는 하지만 유다의 지방장관을 언급하고 있는 것이라고 믿고 있다(RSV에 이렇게 되어 있다.) 그보다 더 그럴듯한 견해는 유다도 열두 개 구역으로 분할되었고 또 이 구역들을 열거한 목록이 여호수아 15:2-62에 수록되어 있다는 것이다. 이 목록은 다음 세기의 것으로 추정되고 있지만[90], 그 편제가 적어도 솔로몬 시대까지 거슬러 올라간다는 것은 거의 확실하다.[91] 어쨌든 이것은 근

---

88) A. Alt, "Israels Gaue unter Salomo" (*KS*, II, pp. 76-89); W.F. Albright, "The Administrative Divisions of Israel and Judah" (*JPOS*, V〔1925〕, pp. 17-54); Aharoni, *LOB*, pp. 273-280를 보라; 그리고 특히 G.E. Wright, "The Provinces of Solomon" (*Eretz Israel*, VIII〔1967〕, pp. 58-68)을 보라. 거기에는 더 많은 문헌들이 인용되어 있다.

89) 인구 추산에 대해서는 Albright, *BP*, p. 56를 참조하라.

90) Cf. F.M. Cross and G.E. Wright, *JBL*, LXXV(1956), pp. 202-226. 자세한 것은 본서 p. 345를 보라.

본적이고도 결정적인 조치였는데, 그 이유는 이 조치로 인해 백성들이 전례없는 무거운 부담을 짊어졌기 때문만이 아니었다. 이 조치는 이미 점차로 유물로서의 의의만이 남아 있게 된 옛 지파 체제가 그 정치적 기능에 관한 한 실질적으로 폐지되었음을 의미하였다. 위기가 닥쳤을 때 열두 지파가 군사들을 보냈던 것을 대신하여 열두 개의 행정 구역이 솔로몬의 궁정을 재정적으로 밑받침하기 위하여 세금을 바쳤다!

c. 그 밖의 재정 및 행정상의 조치들.

만성적인 재정 궁핍과 자신의 수많은 건설사업을 위해 노동력을 공급해야 할 필요성 사이에서 어쩔 줄 몰랐던 솔로몬은 백성들의 원성을 산 '강제노역'(corvée)에 의지하였다. 국가 노예제도와 국가를 위한 강제노동은 고대 세계에서 흔히 볼 수 있는 일이었다. 다윗이 피정복 민족들에게 강제노동을 시켰을 때(삼하 12:31), 이스라엘 사람들은 아마 그것을 당연한 일로 받아들였을 것이다. 솔로몬은 이 정책을 답습했고, 팔레스타인의 가나안족 주민들에게 노예 인력을 요구함으로써 그 정책을 확대하였다(왕상 9:20-22; 참조. 삿 1:28, 30, 33). 하지만 그후에 이러한 노동력 자원으로도 충분하지 않게 되자, 솔로몬은 이스라엘 사람들을 '강제노역'에 동원하기 시작하는 지경까지 되었다: 노동대(勞動隊)들이 징집되어, 레바논에서 솔로몬의 건설사업에 필요한 목재들을 벌목하는 일에 교대로 일하지 않으면 안 되었다(왕상 5:13f.).[92] 이로 인하여 인력은 극심하게 고갈되었고[93], 이것은 자유의 몸으로 태어난 이스라엘 사람들에게는 삼키기 어려운 쓴 약이었다. 솔로몬이 자기 백성들을 실제로 국가 노예로 삼았다는 것을 보여 주는 증거는 없지만(성경은 그가 그렇게 하지 않았음을 분명하게 단언하고 있다, 9:22), 완전한 노예제도와 왕실 공사들을 위하여 일 년에 넉 달 정도를 일하도록 징용당하는 것(5:13f.) 사이의 구분은 그에 따른 수입

91) Cross와 Wright(*ibid.*)는 유다의 재편은 이미 다윗에 의해 단행되었다고 주장한다. 확실히 다윗의 인구조사는 재정상 또는 행정상의 어떤 조치를 취하기 위한 서곡이었으며, 그래서 많은 사람이 분개했다. 아마 다윗은 전국의 지방 행정제도를 조직하려고 계획했으나 너무 강경한 저항에 부닥쳐 북부 이스라엘에서는 실시할 수 없었다.

92) Noth(*HI*, pp. 209f.)처럼 이것에 의문을 제기할 이유는 하나도 없다. 솔로몬에 대한 이스라엘 사람들의 주요 불평은 틀림없이 '강제노동'(corvée)이었을 것이다. 노동 부대들의 총감독인 아도니람이 어떻게 린치를 당했는지에 주목하라(왕상 12:18; 4:6; 5:14).

93) Albright(*BP*, p. 55)는 당시의 이스라엘인 3만 명은 인구 비례로 볼 때 대략 1960년도의 미국인 6백만 명에 맞먹는다고 추산하고 있다.

의 손실과 아울러 많은 이스라엘 사람들에게 실제로 아주 분명한 것으로 보였을 것임에 틀림없다. 이것이 정말 노예제도보다 나았을까? 어쨌든 앞으로 살펴보는 바와 같이 강제노역(corvée)은 백성들의 원성을 많이 샀다.

솔로몬은 재정 궁핍으로 인하여 우리가 알고 있는 또 한 가지 절망적인 조치를 취할 수밖에 없었다. 이것은 솔로몬이 아코만(灣) 부근의 국경에 인접해 있는 몇몇 성읍들을 두로 왕에게 할양한 일이었다(왕상 9:10-14). 솔로몬은 히람 왕이 자기에게 건설 자재를 공급해 준 대가로 이러한 상환 조치를 취했을 것이라고 추측할 수도 있겠지만(11절), 그렇지 않았다는 것은 분명하다: 이 성읍들(14절)은 완전히 팔아 넘겼거나 현금 차관의 담보로서 내놓았고, 그후 결코 되찾지 못했던 것이다.[94] 이것은 당시 이스라엘에서 널리 알려진 거래였을지 우리는 의아해하게 된다. 어쨌든 한 나라가 그 영토를 팔아 넘기기 시작할 때는 그 재정 상황이 정말 위태로운 것임은 분명하다.

d. 이스라엘의 내적 변혁.

솔로몬에 의해 취해진 어떤 개별적인 조치들보다도 훨씬 의미심장했던 것은 점진적이면서도 가차없이 이스라엘을 엄습한 내적 변혁이었는데, 솔로몬 시대에 이 변혁은 실질적으로 마무리되었다. 옛 질서는 거의 남아 있지 않았다. 성스러운 제도들과 카리스마적인 지도력을 갖춘 지파동맹은 왕조 국가에 길을 내주었고, 이 왕조 국가 아래에서 국민 생활의 모든 측면들은 발전적으로 조직되었다. 이 과정에서 이스라엘 사회의 전체 구조는 깊게 영향을 받았다.

이러한 변혁이 일어난 단계들은 이미 위에서 서술하였다. 지파 조직의 실제적인 종말을 알렸던 솔로몬의 국토의 행정상의 재편은 그 변혁의 절정을 이루었다고 할 수 있을 것이다. 씨족의 유대는 지속되었고 또 열두 지파 체제도 성례(聖禮)의 전통으로 존속되었지만, 국가적 차원에서 지파들은 더 이상 지파의 구실을 하지 못했다. 지파들의 독립성은 끝이 난 것이다. 위기에 닥쳤을 때 집결한 경우를 제외하고는(이것도 단지 종교적 제재 규정에 의해 강제되었을 것이다) 중앙 정부의 권위와 정치적 의무를 전혀 몰랐던 지파 사람들은 이제 무거운 세금과 군복무를 위한 징병의 의무를 지고서 정부의 각 행정 구역으로 나뉘어 조직되었다. 징병은 솔로몬 아래에서 육

94) 그러나 F.C. Fensham, *VT*, Suppl., Vol. XVII(1969), pp. 78f.를 참조하라. Fensham은 이 성읍들의 할양이 두 왕 사이에서 맺은 조약의 약정 사항의 일부였다고 믿는다.

체 노동을 위한 징용으로 바뀌었다. 지파 체제는 무너졌다; 사회적 의무를 부과하는 실제적인 근거는 더 이상 여호와의 언약이 아니라 국가였다. 그리고 이것은 불가피하게 일상 생활에서 언약의 율법이 그 타당성을 많이 상실했다는 것을 의미하였다.

그보다 더한 것은 지파 사회의 틀을 벗어나게 되었다는 것이다. 전통적으로 농경과 목축 사회였던 이스라엘에 위세당당한 상업 및 공업이라는 상부 구조가 접붙여졌다. 이스라엘은 더 이상 한낱 소농(小農)들의 나라가 아니었다. 솔로몬의 사업들은 수많은 사람들을 시골의 촌락에서 끌어내어 여러 도시로 이주하게 했고, 이로써 그들을 지파의 유대와 조직에서 뽑아내었다. 도시들이 발전하고, 경제적인 "벼락경기"가 국민의 생활 수준을 향상시키고, 또 외국의 영향력이 두드러짐에 따라 이스라엘에서는 그때까지 알려지지 않았던 도시 문화가 발전하였다.

더욱이 가나안족 주민을 흡수함으로써 봉건적 배경을 가진 언약의 율법이라는 개념조차도 없는 수많은 사람들이 이스라엘 안에 들어왔는데, 그들에게는 계급 차별은 당연한 일이었다. 그 동안에 부유한 계급이 성장하여 빈부의 격차가 크게 벌어졌다. 요컨대, 지파 사회의 민주주의는 약화되었고, 이스라엘 사회에는 일종의 분열이 시작되었다 — 단지 시작에 불과했지만. 한편으로 무산계급, 고용노동자들, 노예들이 있었고, 또 한편으로 귀족으로 자부하는 사람들이 있었다. 솔로몬 시대에는 왕족이나 귀족의 집안에서 태어난 세대 전체가 궁정에서 교육을 받고 자라났는데, 거기에서는 백성들을 그 육체와 영혼을 소유할 수 있는 신민(臣民)으로 여긴 사람들이 적지 않았다(왕상 12:1-15).

종교도 왕권 아래 모든 생활이 집중되었던 현실에서 예외는 아니었다. 언약궤를 예루살렘으로 옮겨 오면서 다윗은 국가를 언약 동맹의 여러 전통들과 결합시키고 그럼으로써 국가를 신학적으로 뒷받침하기를 희망하였다. 솔로몬은 성전을 세우는 데에서도 이 정책을 밀고 나갔다. 언약궤는 왕조의 공식적인 성소에 안치되었던 것이다. 이를테면, 옛 체제의 초점이 새 체제에 의해 병합되어 조직되었다. 다윗과 솔로몬은 사울이 해내지 못했던 일을 해냈다: 그들은 왕권 아래 세속 공동체와 종교 공동체를 하나로 통합하였다. 사무엘은 사울과의 관계를 끊고 그를 꺾었지만, 이제 아비아달을 꺾은 것은 솔로몬이었다!

5. 왕정의 신학적 문제점.

적어도 오늘날의 관점에서 보면, 새로운 체제는 이스라엘에 좋은 것도 많이 가져다 주었지만 나쁜 것도 많이 가져다 주었기 때문에 단순하게 평가하는 것은 불가능하다. 그러므로 이스라엘 자신도 이 문제에 관하여 한마음을 갖고 있지 않았다는 것은 별로 놀랄 일이 아니다. 왕정은 문제 많은 제도로서 어떤 사람들은 하나님이 주신 체제라고 믿었고 또 어떤 사람들은 용인될 수 없는 체제로 보았다. 왕권과 국가에 관한 이스라엘의 사상에 관하여 말할 때 우리는 절대로 일반화해서는 안 된다는 것을 유의해야 한다.

a. 다윗과의 언약.

앞에서 말한 내용에 비추어 볼 때, 왜 많은 이스라엘 사람들이 왕정이 가져왔던 변화들을 미워하고 두려워했으며 또 다윗 가문에 대하여 지독한 반감을 품었는지를 이해하기 쉽다. 물론 다르게 생각한 이스라엘 사람들도 있었다. 새로운 체제로 말미암아 개인적으로 이득을 얻은 사람들은 당연히 그 새 체제의 지지자가 되었을 것이고, 이런 사람들은 적지 않았다. 더욱이 다윗과 솔로몬의 업적은 눈부셨고 나라를 위하여 아주 많은 기여를 했기 때문에, 그것이 많은 사람들에게는 하나님의 섭리로 이루어진 일, 또는 그들의 종교가 그들에게 믿도록 가르친 바 있는 모든 것을 입증하는 것으로 보였음에 틀림없다. 이스라엘은 그들의 선조들에게 약속되었던 땅을 마침내 완전히 소유하여 강대한 국가가 되었다(참조. 창 12:1-3; 15장). 많은 사람들은 J자료 기자가 느꼈던 것처럼 하나님이 아브라함과 맺은 계약이 다윗에 와서 성취되었다고 느꼈을 것임에 틀림없다.

어쨌든 다윗과 솔로몬은 그들의 백성들 가운데 많은 사람들에게 만족스러울 만큼 자신들의 통치를 신학적으로 합법화하는 데 성공하였다. 언약궤를 예루살렘으로 옮기고 또 그곳에 성전을 세운 것은 국민들의 감정을 이 새로운 수도에 쏠리게 하고, 다윗 가문이 이스라엘 옛 체제의 합법적 계승자라는 확신을 강화시키는 데에 기여하였다. 옛 설화들(예를 들면, 삼상 25:30; 삼하 5:2)과 시가들(예를 들면, 시 78:67-72)은 다윗이 하나님의 지명으로 권력을 장악하게 되었다는 사실을 강조하고 있고, 또한 솔로몬은 완전히 기발한 방법으로 왕위를 계승하여 의혹의 여지가 없는 것은 아니었지만 옛 설화와 시가들은 그가 합법적으로 그렇게 하였다는 것을 분명히 하려고 애를 쓰고 있다(삼하 9-20장; 왕상 1-2장). 이내 여호와가 시온을 자신의 영원한 거소로 택했고 또 다윗 가문이 영원히 통치할 것이라는 내용의 계약을 다윗과 맺었다는 교의가 생겨났다. 이 교의는 아마 다윗과 솔로몬 통치 때에 이미 확립되어 있었던 것으로서 다윗 가문에 대한 유다 지파의 충성을 해명하는 데에 도움이 된다. 카리스마와 하나님의 지명은 이론상으로 개인으로부터 왕조로 영속적으로 이전되었다.[95)]

다윗의 왕권에 관한 신학은 제왕 시편들에서 가장 잘 볼 수 있는데,[96)] 이 시편들의 저작 연대는 정확히 추정할 수 없지만 모두 포로기 시대 이전의 것으로서 그 대부분이 비교적 초기에 쓴 것들이다. 그러나 다윗의 왕권에 관한 신학을 고전적으로 표현하고 있는 것은 나단의 신탁(삼하 7:4-17)으로서 이 신탁의 핵심적인 내용은 고대에서 비롯되었다는 것은 의심할 여지가 없다.[97)] 또한 이 신학은 다윗 자신이 지은 것으로 전해지고 있는 사무엘하 23:1-7의 옛 시가에서도 찾아볼 수 있다.[98)] 이 신학의 골자는 여호와가 시온과 다윗 가문을 선택한 것은 영원하다는 것(시 89:3f.;132:11-14), 즉 왕들은 자신의 죄 때문에 징벌을 받더라도 왕조 자체는 결코 단절되지 않으리라는 것이다(삼하 7:14-16; 시 89:19-37). 왕은 여호와의 "아들"(시 2:7; 삼하 7:14), 그의 "맏아들"(시 89:27), 여호와의 "기름부음 받은 자"(시 2:2; 18:50; 20:6)로 통치하였다. 왕은 시온에서 여호와에 의해 임명되었기 때문에, 어떠한 원수도 그를 이기지 못할 것이고(시 2:1-6; 18:31-45; 21:7-12; 132:17f.; 144:10f.) 그와는 반대로 이방들은 그의 통치에 굴복할 것이다(시 2:7-12; 18:44f.; 72:8-11). 다윗과 맺은 언약은 미래에 대한 여호와의 약속에 토대를 두고 있고 또 성격상 무조건적이었다는 점에서 족장들과의 언약의 양식을 발전시킨 것이었다.[99)] 따라서 시내산 언약과 그 규정 사항들과의 모종의 긴장은 아마

95) Cf. Alt, *Essays*(주1), pp.256f.

96) 제왕 시편들로는 시편 2; 18(삼하 22장); 20; 21; 45; 72; 89; 101; 110; 132; 144:1-11 등이 있다.

97) 특히 F.M.Cross, *Canaanite Myth and Hebrew Epic*, pp.241-257를 참조하라.

98) 이 전승은 결코 믿을 수 없다: cf. O. Procksch, "Die letzten Worte Davids"(BWANT, 13〔1913〕, pp. 112-125); A. R. Johson, *Sacral Kingship in Ancient Israel*(Cardiff: University of Wales Press, 1955), p. 15. 거기에는 더 자세한 문헌 목록이 있다; 또한 Albright, *YGC*, p.24; D.N.Freedman, *Mag. Dei*, pp.73-77, 96도 참조하라.

99) G.E. Mendenhall, *op. cit.*(Ch.4, 주20, p.150)를 보라. 최근의 중요한 논의들로는 R. de Voux, "Le roi d'Israel, vassal de Yahve"(*Bible et Orient*〔주50〕, pp. 287-301); H. J. Kraus, *Worship in Israel*(Eng. tr., Oxford: Blackwell; Richmond: John Knox Press, 1966); R.E.Clements, *Abraham and David*(London: SCM Press, 1967); D.R. Hillers, Covenant: *The History of a Biblical Idea*(The Johns Hopkins Press, 1969), Ch. V; M. Weinfeld, "The Covenant of Grant in the Old Testament and in the Ancient Near East"(*JAOS*, 90〔1970〕, pp. 184-203) 등이 있다.

불가피했을 것이다.

b. 왕과 제의.

그럼에도 불구하고 이것은 원래 이스라엘에게 생소했고 많은 사람들에 의해 마지못해 받아들여졌던 왕 제도가 J자료 기자의 신학 안에서 나름대로 그 지위가 부여되었음을 의미하였다. 다른 나라들과 마찬가지로 이스라엘의 왕권은 일종의 성례적인(말하자면 세속적인 것이 아닌) 제도였다. 즉, 이 제도에는 신학적 제의적 토대가 부여되어 있었다. 왕권에 관한 공식적인 개념은 제의를 통해서 정기적으로 재천명되었고, 절기들 — 특히 가을의 신년 대축제 — 의 의식(儀式)에서 왕은 주도적인 역할을 했다. 하지만 이스라엘에서 제왕 제의의 성격과 왕권이라는 이념은 끊임없는 논란을 불러일으켰다. 우리는 여기서 다만 한 가지 의견만을 피력해 볼 수 있을 뿐이다. 성경이 이 주제에 관련된 직접적인 정보를 제공해 주지 않고, 서로 연관성이 없이 따로 떨어져 있는 구절들, 특히 시편들을 통해서 가능한 만큼 추론할 수밖에 없다는 사실이 우리를 곤란하게 만든다. 더구나 그 구절과 시편들에 관한 해석은 전혀 일치하지 않고 있는 상황에서 말이다.

몇몇 학자들은 왕 제도를 채택할 때 이스라엘은 왕권에 관한 이교적 이론과 이웃의 이방 민족들 모두에 공통적이었던 왕권을 표현하는 의식 절차를 채택하였다고 주장하고 있다.[100] 이 견해에 의하면, 왕은 신적인 또는 반(半)신적인 존재로서 신년 축제 때에 죽었다가 다시 살아난다는 풍산신(豐産神)의 역할을 통해 창조를 위한 투쟁과 혼돈의 세력에 대한 승리, 신성한 혼인, 풍산신의 왕위 회복을 제의적으로 재연하였다. 이러한 제의 절차를 통해 사람들은 해마다 자연계의 소생이 이루어지고 또 국토의 안녕과 왕의 보위(寶位)가 다가오는 해에 보장된다고 생각하였다. 이러한 견해는 단호하게 거부되어야 한다.[101] 고대 세계 전체에 걸쳐 왕권에 관한 이와 같은

100) 이 견해의 다양한 형태들에 대해서는 I. Engnell, *Studies in Divine Kingship in the Ancint Near East*(Uppsala: Almqvist and Wiksells, 1943); G. Widengren, *Sakrales K nigtum im Alten Testament and im Judentum*(Stuttgart: W. Kohlhammer, 1955)을 참조하라; 또한 S.H. Hooke에 의해 편집된 책들에 수록된 여러 논문들도 참조하라: *Myth and Ritual*(London: Oxford University Press, 1933); *The Labyrinth*(London: SPCK, 1935); *Myth, Ritual and Kingship*(London: Oxford University Press, 1958).

101) 특히 M. Noth, "God King and Nation in the Old Testament:(*The Laws in the Pentateuch*〔Eng. trs., Edinburgh and London: Oliver & Boyd 1966; Philadelphia: Fortress Press, 1967〕, pp.145-178)를 참조하라. 나는 여기에 근본적으로 동의한다.

단일한 제의 형태 및 이론이 존재했다는 것을 보여 주는 실제적인 증거는 하나도 없다. 오히려 그 반대의 견해를 보여 주는 증거는 많다.[102] 또한 본질적으로 이교적이고 표준적인 여호와 신앙과 양립할 수 없는 제도가 이스라엘에서 격렬한 반대도 없이 받아들여질 수 있었다는 것은 믿을 수 없는 일이다; 이럼에도 불구하고 선지자들의 설교를 아무리 찾아보아도 우리는 이에 관한 말 한마디 들어보지 못한다. 이스라엘의 왕은 여호와의 "아들"이라 불렀지만, 단지 양자(養子)라는 의미에서만 그렇게 불렀을 따름이다(참조. 시 2:7); 이스라엘의 왕은 신의 선택과 신의 용인 아래에서 통치하면서 잘못하면 벌을 받는다는 조건을 지고 정의를 증진시킬 의무를 지니고 있었다(시 72:1-4, 12-14; 89:30-32). 그는 여호와의 선지자들에게 책망을 받아야 했고, 실제로 이러한 책망을 거듭거듭 받았다.

물론, 이스라엘의 왕에 관한 이념의 특징들은 빌려 온 것인 듯하다. 말하자면 이스라엘의 왕정은 이스라엘에서는 전혀 전례가 없었던 하나의 혁신이었다. 수많은 가나안 사람들을 흡수했고, 관료제도도 이방의 제도를 모방했으며, 국가 성소를 가나안의 양식을 본떠 만든 나라였으니 그 제의의 특징들 — 그리고 왕 제도에 관한 이상 — 도 역시 빌려 왔음에 틀림없다. 그러나 무엇을 빌려 왔든 그것은 적어도 공공단체에서는 표준적인 여호와 신앙과 조화되도록 만들어졌다. 몇몇 학자들은 이스라엘이 신년에 바벨론의 것과 비교되는 여호와의 즉위 축제를 거행했는데, 서로 달랐던 것은 신화적인 혼돈의 세력과의 투쟁이 아니라 이스라엘 — 그리고 여호와 — 의 역사적 원수들과의 투쟁이 제의적으로 재연되었다고 믿는다.[103] 이러한 이론은 전적으로 불합리하지는 않지만, 그럼에도 불구하고 입증되기는 불가능하다. 이 이론은 단지 몇몇 시편들과 제의적 성격을 띤 그 밖의 성경 본문들에 대한 해석에 의거하고 있다.[104] 신년 축제에서 제의를 통해 재연된 것은 여호와의 즉위가 아니라 여호와가 시온에 오셔서 자신의 거소를 정하는 것과 영원한 통치에 관해 다윗에게 준 자신의 약속이었을 가능성이 훨씬 더 높다.[105]

---

102) 특히 H. Frankfort, *Kingship and the* Gods(The University of Chicago Press, 1948); *idem, The Problem of Similarity in Ancient Near Eastern Religions*(Oxford: Clarendon Press, 1951)을 참조하라.

103) Cf. S. Mowinckel, *Psalmenstudien* II(1922; reprinted, Amsterdam: Verlag P. Schippers, 1961); *idem, Zum israelitischen Neujahr and zur Deutung der Thronbesteigungspsalmen*(Oslo: J.Dybwad, 1952); *idem, He That Cometh*(Eng. tr., Oxford:Blackwell, and Abingdon Press, 1956); *idem, The Psalms in Israel's Worship*(Eng. tr., Oxford: Blackwell, 1962), Vol.I.

어쨌든 여호와가 시온과 다윗을 선택했다는 것이 제의에서 강조되었다. 그리고 이것으로부터 신학적으로 깊은 의미를 지니는 결론들이 나왔다. 한편으로는 이스라엘의 모든 소망을 거룩한 도성인 예루살렘에 걸게 하고 또 이스라엘의 신앙에 고유한 약속이라는 개념에 새로운 표준적 표현 양식을 부여하려는 움직임이 활동을 개시하게 되었다는 것이다. 많은 사람들에게 약속의 성취로 보였던 다윗과 솔로몬의 영광들은 곧 퇴색해 버렸다. 그러나 다윗에게 주어진 약속과 왕권에 관한 이상이 결코 현실로 되지 못한 채 해마다 제의 속에서 재천명됨에 따라, 장차 의롭고 승리하는 통치 아래에서 약속들을 현실시킬 이상적인 다윗의 후손에 대한 소망이 뿌리를 내렸다. 제의는 이스라엘의 메시야 대망을 싹트게 한 못자리였다. 이 대망이 그후 여러 세기에 걸쳐 이스라엘의 신앙과 역사를 형성해 나가는 데에 얼마나 중요한 역할을 했는지는 이루 다 헤아릴 수가 없다.

또 한편으로는 국가와 제의를 통합하고 국가에 신의 재가라는 띠를 둘러놓은 것은 극히 건전치 못한 결과를 가져왔다. 국가를 하나님의 이름으로 신성시하고 또 국가의 목적과 종교의 목적은 반드시 일치해야 한다고 생각하고자 하는 유혹은 불가피했다. 많은 사람들의 생각 속에서 제의는 국가의 안전을 보장하고 또 국가를 국내외적인 불운으로부터 보호해 줄 세속 질서와 신적 질서 사이의 조화로운 균형을 유지해야 한다는 전적으로 이교적인 기능이 제의에 부여되었다. 가을의 축제에서 다윗과의 언약은 필연적으로 시내산 언약 및 그 규정들을 밀어내는 경향을 가지고 있었고, 이로 말미암아 두 언약 사이에 긴장이 빚어졌다. 다윗에게 주어진 약속과 성전에서의 여호와의 임재가 국가의 지속성을 보장해 준다는 것이 보통 사람들의 생각이었다. 국가가 망할 수도 있다고 말하는 것은 하나님을 언약을 깨뜨린 것으로 비난하는 것과 똑같은 행위로 여겼을 것이다. 이를 체험하게 될 선지자가 어디 한 사람뿐이었겠는가!

---

104) 특히 즉위 시편들: 시 47; 93; 96; 97; 99 등등. 이 시편들에 자주 나오는 '*Yhwh malak*'이라는 표현은 여호와의 연례적인 즉위에 관한 학설을 밑받침하는 증거로 사용되고 있는데, 이것은 "여호와가 왕이 되셨다"라기보다는 "다스리시는 분은 여호와시다" 등등으로 번역되어야 할 것 같다; cf. L.Köhler, *VT*, III(1953), pp.188f.; D.Michel, *VT*, VI(1956), pp.40-68; Johnson, *op. cit.*, p.57, *et passim.*

105) Cf. H.J.Kraus, *Die K nigsherrschaft Gottes im Alten Testament*(Tübingen: J.C.B.Mohr, 1951); *idem*, *Worship in Israel*, Ch.V; cf. W.Eichrodt, *Theology of the Old Testament*(Eng. tr., *OTL*, 1961), Vol. I. pp.123-128.

c. 왕정과의 긴장.

좋든 나쁘든 이스라엘은 왕정에 내맡겨져 있었다. 어떤 사람들은 옛 체제를 이상으로 생각하면서 새로운 체제를 하나님에 대한 반역으로 보고 배격하기도 했지만(참조. 삼상 8장; 12장) 현실적으로 왕정 이전의 상태로 되돌아가는 것은 있을 수 없었고 또 이스라엘 안에서 이러한 일을 진지하게 숙고한 사람은 아마 거의 없었을 것이다. 그렇지만 왕정은 모든 이스라엘 사람들이 당연한 것으로 받아들일 준비가 되어 있었던 그 무엇이 아니었다. 왕정이 존재하지 않았던 때를 기억할 수 있는 사람들 또 왕정이 생겨난 경위를 목격했던 사람들이 아직 생존해 있었다. 그러므로 왕정은 이스라엘이 서로 엇갈린 평결을 내렸던 문제 많은 제도로 남아 있었다. 어떤 사람들은 아무런 의심없이 다윗의 나라를 신이 정한 제도로 받아들였고 왕권을 전적으로 이교적인 관점에서 볼 준비까지 되어 있었다. 또 어떤 사람들은 다윗 가문에 대해서 충성스러웠지만 그 가문이 이스라엘과 언약을 맺은 하나님의 용인을 통해 통치하는 것이며 따라서 옛 전통에 입각한 비판에 복종해야 한다는 것을 결코 잊지 않았다. 또 어떤 사람들, 특히 북부에 있는 사람들은 옛 체제로 돌아가야 한다는 일관된 생각을 갖고 있는 것은 아니었지만 왕위 세습의 원칙을 받아들이기를 거부하였고 또 다윗 가문이 영속적으로 통치해야 한다는 주장을 배격하였다. 그들 가운데 많은 사람들은 솔로몬의 전제정치에 격노했고, 솔로몬을 왕으로서 해서는 안 되는 모든 것의 화신으로 보았으며(신 17:14-20),[106] 국가를 신적 제도로 보기는커녕 도저히 참을 수 없는 것으로 여겼다.

그러므로 왕정은 결코 긴장을 피하지 못했다. 다윗이나 솔로몬은 그들의 눈부신 업적에도 불구하고 왕정의 근본적인 문제 — 특히 지파들의 독립성과 중앙정부의 요구와의 간격, 옛 전통과 새로운 체제의 요구 사이의 간격을 메우는 문제 — 를 해결하는 데는 성공하지 못했다. 그와는 반대로 솔로몬의 억압 정책은 그 간격을 치유할 수 없을 정도로 넓혀 놓았다. 솔로몬은 한번도 중대한 반란에 직면하지는 않았지만, 말년에 다윗을 괴롭혔던 문제들은 해결된 것이 아니라 억압되어 있는 상태였다. 과연 솔로몬의 통치 말기에(왕상 11:26-40),[107] 요셉의 자손들인 지파들의 '강제 노역'

---

106) 이 구절은 솔로몬에 대한 반감을 반영하고 있는 것으로 보인다: cf. G.E.Wright, *IB*, II(1953), p.441.

107) 여기에서 따르고 있는 연대표에 의하면 주전 935년 이후에 시삭(40절)은 오직 그 해에 이집트의 왕위에 올랐다(다음 p.318를 보라).

(corvée) 총책임자임이 분명한 여로보암이라는 사람(28절)[108]이 선지자 아히야의 선동으로 반란을 음모했을 때 하마터면 소동이 벌어질 뻔하였다. 음모는 진압되고 여로보암은 이집트로 망명하지 않을 수 없었다. 그러나 불만의 근본적인 원인들은 제거되지 않았고, 또 우리가 알고 있는 한 그 원인들을 제거하려는 노력도 시도되지 않았다. 솔로몬의 죽음 이전에 북부 지파들은 다윗 가문과 철저하게 사이가 벌어져 있었다.

108) Noth(*HI*, p. 205)가 지적하는 바와 같이 여기에 나오는 이 단어는 통상적으로 "강제 노역"(mas)이 아니라 'sebel'(운송?)을 가리키는 데 사용되는 것이다; 그러나(cf. 창 49:15) 어떤 형태로든 강제 노동이 있었던 것으로 보인다; cf. M. Held, *HAOS*, 88(1968), pp. 90-96.

제 6 장

독립 왕국 이스라엘과 유다

솔로몬의 죽음에서 주전 8세기 중엽까지

솔로몬이 죽자마자(주전 922년)[1] 다윗에 의해 세워진 국가 체제는 곤두박질치듯이 무너져 내리고 그 대신에 이류의 대단치 않은 두 경쟁 국가가 들어섰다. 두 나라는 나란히 공존하면서 때로는 서로 전쟁을 하기도 하고 때로는 우호적인 동맹을 맺기도 하면서 지내다가 마침내 북부 왕국은 꼭 200년 만에 앗시리아인들에 의해 멸망당했다(주전 7221년). 우리가 이제 살펴보고자 하는 이 시대는 다소 우울한 시대이고, 여러 가지 점에서 이스라엘의 역사에서 가장 흥미롭지 않은 시대다. 국가 초창기의 영웅시대는 끝난 상태였고, 국가의 존립을 위한 사투(死鬪)의 비극적인 시대는 아직 시작되지 않고 있는 상태였다. 다른 시대와 마찬가지로 많은 사건들이 있었지만 영속적인 의의를 가진 중요한 사건은 비교적 적었던 시대였다고 말할 수 있을 것이다.

---

1) 분열왕국시대에 관해서는 W.F. Albright의 연대표(*BASOR*, 100〔1945〕, pp. 16-22)를 따랐다. 그러나 어떤 경우에는 대략 추정한 연대들도 있다. 다른 연대표들은 이 시대의 시작에 대해 10년 또는 그 이상 차이가 나지만, 이 시대의 마감에 대해서는 1, 2년 이상의 차이도 거의 나지 않는다. cf. E.F. Thiele, *The Mysterious Numbers of the Hebrew Kings*(rev. ed., Wm.B. Eerdmans, 1965); A. Jepsen, "Zur Chronongie der Könige von Israel und Juda" in A. Jepsen and R. Hanhart, *Untersuchungen zur israelitischj dischen Chronologie*(*BZAW*, 88〔1964〕, pp.1-48; C. Schedl, *VT*, XII(1962), pp.88-119; S. Mowinckel, Acta Orientalia, X(1932), pp. 161-277; J.Begrich, *Die Chronologie der K nige von Israel und Juda*(Tübingen: J.C.B. Mohr, 1929); J. Lewy, 같은 표제(Giessen: A. Töpelmann, 1927).

그렇지만 비록 언제나 우리가 알고 싶은 만큼 상세한 내용은 아니라 할지라도 우리는 이 시대에 관해 필요한 만큼은 알고 있다. 우리의 주요 사료는 방대한 역사서의 일부인 열왕기인데, 이 역사서는 아마 예루살렘의 함락 직전에 처음으로 편찬된 것 같고 또한 내용상으로는 역사의 자세한 사실보다는 왕정에 관한 신학적 평가에 좀더 많은 관심을 두고 있지만 그 제재의 대부분을 두 왕국의 공식 연대기, 좀더 있음직하기로는 그 연대기들의 초록에서 끌어왔다(예를 들면, 왕상 14:19, 29).[2] 역대기 사가의 이야기는 대부분 열왕기에서 가져온 제재를 되풀이하고 있지만 몇몇 매우 귀중한 추가 자료도 보존하고 있다.[3] 그 밖에 가장 초기의 선지자 아모스와 호세아의 예언서들도 이 분열 왕국 시대 말엽의 이스라엘의 내부 사정을 밝혀 준다. 게다가 성경의 사료들에 더하여 우리는 처음으로 이스라엘의 역사와 직접적으로 관련이 있고 그 자세한 내용을 적잖게 밝혀 주는 꽤 많은 동시대의 명각(銘刻)들을 활용할 수 있다.

A. 분열 왕국: 처음 50년간 (주전 922-876년)

1. 분열과 그 결과.

앞 장에서 말한 대로 솔로몬의 억압 정책으로 말미암아 북부 이스라엘은 예루살렘의 중앙정부로부터 완전히 등을 돌린 상태에 있었다. 오직 솔로몬왕의 철권만이 심각한 반란을 방지할 수 있었다. 따라서 그 철권이 제거되자마자 억눌렸던 적개심

---

2) 열왕기의 구성과 신명기계 역사서에 있어서의 열왕기의 위치에 관해서는 특히 M. Noth, *Ueberlieferungsgeschichtliche Studien I*(Halle: M. Niemeyer, 1943)을 참조하라. 그는 이 역사서의 편찬이 주전 6세기에 이루어진 것으로 추정하고 있다.

3) 비판적으로 평가할 필요는 있지만, 역대기 사가의 역사서는 결코 되는 대로 처리해 버려서는 안 된다: cf. W.F. Albright, in *Alex. Marx Jubilee Volume*(Jewish Theological Seminary, 1950), pp.61-82. 또한 W. Rudolph, *Chronikb cher*(*HAT*, 1955)와 J.M. Myers(3 Vols., AB, 1965)의 주석서들도 보라. 역대기와 사무엘-열왕기(공관 부분들에서) 사이의 차이점들은 언제나 어떤 편향적인 의도로 개작한 것이라고 설명되어서는 안 된다; cf. W.E. Lemke, *HTR*, LVIII (1965), pp.349-363.

이 폭발하여 이스라엘을 두 동강으로 갈라놓은 것은 별로 놀랄 일이 아니다.

a. 북부 이스라엘의 분리(왕상 12:1-20).

우리는 만약 솔로몬의 아들 르호보암이 지혜와 임기응변의 재치를 가지고 있었더라면 그런 적개심의 폭발을 피할 수 있었을 것이라는 인상을 받는다. 그러나 르호보암은 그렇지 못했다. 도리어 그의 오만함과 우둔함으로 인하여 분열은 불가피해졌다. 르호보암은 분명히 아무 일 없이 예루살렘에서 즉위하였고 또 유다에서 왕으로 인정을 받았다. 요컨대 예루살렘은 왕실의 영지였고, 또한 다윗 가문의 왕권 주장이 유다에서는 지극히 당연한 것으로 받아들여졌기 때문에 거기서는 왕조 세습의 원칙이 결코 의문시되지 않았다. 그러나 이스라엘의 왕정은 왕이라는 인물 아래에서 이스라엘과 유다가 결합된 이원적인 군주정이었기 때문에, 르호보암은 북부 지파들의 대표자들에 의해서 이스라엘의 왕으로 옹립되기 위하여 세겜으로 여행하여야만 하였다.[4] 그는 전혀 유순치 않은 태도로 이 대표자들을 만났다. 그들은 르호보암을 왕으로 인정해 주는 대가로 솔로몬에 의해 부과되었던 무거운 부담들, 특히 '강제노역'(corvée)을 경감시켜 줄 것을 요구하였다. 만약 여기서 르호보암이 양보했더라면 아마 나라는 구제될 수 있었을 것이다.

그러나 그는 분명히 자신의 신민(臣民)들의 진정한 감정을 전혀 몰랐거나 아예 얕보았던 것 같다. 그는 지혜로운 원로들의 조언을 일축하고 자신과 같이 귀한 신분으로 태어난 젊은이들의 권고를 따라 그 요구들을 모욕적으로 거절해 버리고 말았다. 이에 분노한 북부 이스라엘의 대표자들은 통일 국가로부터 분리를 선언하였다. 여로보암이 반역자들을 매질하여 질서를 바로잡기 위해 파견한 것으로 추측되는 강제 노역 감독관은 린치를 당해 죽었고, 르호보암 자신도 수치스럽게 도망하였다. 그 후 북부 지파들은 그 동안에 이집트에서 돌아와 있었던 여로보암을 자기들의 왕으로 선출하였다(20절).[5]

---

4) 솔로몬도 이와 비슷한 절차로 왕으로 옹립되었을까? 우리로서는 알지 못한다. 그러나 르호보암은 어떤 동의를 얻지 않고서는 북부를 통치하기를 바랄 수 없었다는 것은 분명하다. 이 주제에 관해서는 G. Fohrer, "Der Vertrag zwischen Künig und Volk in Israel" (*ZAW*, 71〔1959〕, pp. 1-22를 참조하라. 대중 집회의 기능에 대해서는 C. U. Wolf, *JNES*, VI(1947), pp. 98-108를 참조하라.

5) 르호보암과 여로보암은 아마 왕으로 즉위한 후의 이름일 것이다. 두 이름은 모두 고풍스럽고 또 실질적으로 동일한 의미를 지니고 있다("바라건대 백성들이 퍼지기를/늘어나기를"): cf. Albright, *BP*, p. 59. 이스라엘에서 왕의 공적인 이름들에 대해서는 A. M. Honeyman, *JBL*, LXVII(1948), pp. 13-25를 참조하라.

이 분열은 다윗과 솔로몬이 억압했지만 결코 말살하지는 못했던 저 지파들의 독립정신이 불타올랐다는 것과 실패로 끝난 스바(sheba)의 반란과 마찬가지로(삼하 20장) 이스라엘이 다윗 가문의 지배 아래 유다와 연합하기를 거부했다는 것을 보여주는 것이었다. 일차적으로 솔로몬의 강압적인 조치들이 이 분열에 책임이 있다는 것을 분명하다. 그러나 몇몇 선지자들이 행한 역할에서 볼 수 있듯이, 이전의 지도력에 관한 전통을 되살리려는 일부 사람들의 열망도 개재되어 있었다. 그런 사람들 가운데 한 사람인 아히야가 여호와의 이름으로 여로보암을 이스라엘의 왕으로 지명함으로써 그가 반기를 들도록 격려하였던 일을 떠올려 볼 수 있을 것이다(왕상 11:29-39). 또 한 사람의 선지자 스마야는 르호보암이 반란을 진압하려고 자기 군대를 소집하였을 때(12:21-24) 이미 일어난 일은 하나님의 뜻이라고 선언하면서 그에게 단념할 것을 명령하였다.[6] 이 선지자들은 사무엘이 그러했던 것과 마찬가지로 확실히 옛 이스라엘 지파동맹의 전통을 따르고 있었다. 그들은 국가가 지파들의 특권들을 침해하는 데에 분개했고, 자기 신민들에 대한 솔로몬의 고압적인 조치들과 이방 제의들의 조장(11:1-8)을 여호와의 언약에 대한 엄청난 위반으로 여겼다. 그들은 카리스마적 지도력에 관한 전통을 고수하면서 다윗 왕조가 이스라엘을 영속적으로 다스릴 권리를 인정하지 않았다. 더욱이 그들은 국가가 이스라엘 지파동맹의 중앙 성소를 병합하고 그 관리권을 빼앗은 것을 미워하였음에 거의 틀림없다. 아히야가 실로 출신이었다는 것은 아마 대수롭지 않은 것이 아니리라! 이 선지자들은 필요하다면 혁명에 의해서라도 다윗과 솔로몬의 국가에서 벗어나 좀더 이전의 체제로 되돌아가고자 하는 이스라엘 백성 사이에 널리 퍼져 있던 열망을 대변하고 있었다. 여로보암의 집권이 적어도 형식상으로는 사울의 집권 절차를 따랐다는 것은 흥미롭다: 먼저 선지자의 지명이 있은 다음 백성의 환호로 왕을 옹립하였다.

b. 제국의 붕괴.

분열을 유발한 것이 무엇이었든 그 분열의 결과는 비참하였다. 제국은 하룻밤 사이에 거의 모든 것을 상실해 버리고 말았다. 이스라엘도 유다도 내정 문제에 몰두

6) 이 사건을 왜 역사적 사실이 아니라고 하는지(예를 들면, Oesterley and Robinson, *History of Israel* 〔Oxford: Clarendon Press, 1932〕, I, p. 274; Kittel, *GVI*, II, p 222; J.A. Montgomery, *The Books of Kings*〔ICC, 1951〕, p. 151) 이해하기 어렵다. 이 구절은 열왕기상 14:30과 모순되지 않는다. 앞으로 살펴보는 바와 같이, 열왕기상 14:30은 북부를 재정복하려고 하는 르호보암의 시도를 함축하고 있지 않기 때문이다.

하느라 제국을 지탱해 나갈 힘이나 뜻이 없었으며, 분명히 제국을 지탱해 나가려고 애쓰지도 않았을 것이다. 제국은 의무 태만에 의해 간단히 망한 셈이다. 동북쪽의 아람족 영토들은 다메섹의 이반(離叛)으로 이미 일부분 상실한 상태였는데 이제는 더 이상 영유할 수 없었다.

이와는 반대로 다메섹은 급속히 그 지위를 강화하여 한 세대 안에 이스라엘 자체에 대한 심각한 위협이 되었다.[7] 서남쪽으로 블레셋인들의 도시들 — 아직 유다가 차지하고 있었던 가드를 제외하고(대하 11:8) — 은 이스라엘의 지배에서 벗어났다. 블레셋인들은 더 이상 위협하지는 않았지만, 깁브돈[8] 부근 국경지대에서 있었던 전투(왕상 15:27; 16:15)는 이스라엘을 여러 해 동안 여념이 없게 하였다. 동쪽의 상황도 똑같이 나빴다. 지난날 다윗이 그 왕권을 차지한 바 있었던 암몬(삼하 12:30)은 이스라엘에 대해 충성을 다하지 않았지만, 더 이상 암몬에 직접 접근하지 못하게 되었던 유다는 암몬을 장악할 수 없었다.

암몬은 확실히 다음 세기에 독립 국가가 되어 있었던 것으로 보아 아마 이 무렵에 독립을 선언했을 것이 틀림없다. 마찬가지로 모압도 유다의 지배로부터 벗어났던 것으로 보인다. 왜냐하면 모압족의 석비가 이스라엘이 모압을 재정복한 것은 오므리(주전 876-869년) 시대라고 하고 있기 때문이다.[9] 아마 그 사이에 모압은 인접한 이스라엘 씨족들을 쳐서 북쪽으로 자기 영지를 넓혔을 것이다. 에돔의 상황은 분명치 않다. 유다 지파가 여전히 아카바만으로 통하는 길목을 장악하고 있었던 것으로 보인다는 사실은 유다 지파가 인접한 에돔족 지방들에 대하여 어떤 지배권을 계속 행사했다는 것을 의미할 것이다. 그러나 이런 지배권이 어느 정도의 범위였는지 또 얼마나 오랫동안 지속되었는지에 대해서 우리는 무슨 말을 할 방도가 없다.[10]

이스라엘과 유다는 이류 국가로 전락해 있었다. 유다는 예전의 자기 지파 영지

---

7) 이 나라의 역사에 대해서는 M.F. Unger, *Israel and the Arameans of Damascus*(London: James Clarke, 1957)를 보라. 또한 B. Mazar, "The Aramean Empire and Its Relations with Israel"(*BA*, XXV〔1962〕, pp.98-120); A. Malamat, *POTT*, pp. 134-155도 참조하라.

8) 아마 게셀의 서쪽으로 수 마일 떨어져 있는 Tell el-Melât일 것이다. 25년의 간격을 두고 두 차례 전쟁이 있었다는 것 외에는 자세한 내용은 전혀 알지 못한다.

9) p, 331를 보라. 어떤 학자들은 모압이 이 시기 내내 북부 왕국의 종속되어 있었다고 믿고 있다(예를 들면, Noth, HI, p.226). 그러나 R.E. Murphy, "Israel and Moab in the Ninth Century B.C."(*CBQ*, XV〔1953〕, pp.409-417); A.H. van Zyl, *The Moabites*(Leiden: E.J.Brill, 1960), pp.136-139를 참조하라.

10) 시삭의 침공(아래를 보라)은 유다의 지배권을 아주 종식시켰을 것이다. 유다가 50년 후에 에돔을 지배했다는 사실(왕상 22:47f.)은 유다가 내내 지배해 왔다는 증거는 아니다.

와 블레셋 평야의 변두리 지역(가드), 에시온게벨까지의 네게브 지방, 그리고 아마 에돔의 몇몇 지방을 차지하였다. 한편 이스라엘은 예전의 자기 지파 영지와 북부 해안 평야에 산재해 있던 과거의 가나안족 도시들과 에스드렐론 그리고 아마 갈릴리 호수의 동쪽에 있는 아람족 나라들의 몇몇 지방도 한동안 차지했을 것이다. 다윗과 솔로몬의 제국은 사라졌다. 이로 인한 경제적 손실은 심각했을 것으로 추측된다. 조공은 흘러들어오지 않게 되었다. 또한 해안선과 요단 동편을 관통하는 교역 통로들은 더 이상 이스라엘의 독점물이 아니었고, 게다가 내란으로 인하여 자유로운 통상이 어렵게 되었기 때문에 — 때로 불가능하지는 않았다고 하더라도 — 솔로몬에 의해 시작된 수지맞는 사업들은 대부분 무너지고 말았다. 이에 관한 직접적인 증거는 없지만, 이스라엘의 경제는 심각한 타격을 입었을 것이 틀림없다.

2. 두 경쟁 국가: 국지전(局地戰).

분열에 뒤이어 두 세대에 걸친 산발적인 국지전이 벌어졌으나 결말이 나지 않았고, 그러는 동안에 두 나라의 지위는 더욱더 악화되었다.

a. 첫 세대: 유다의 르호보암(주전 922-915년), 이스라엘의 여로보암(주전 922-901년).

르호보암은 북부 이스라엘을 왕국에 강제로 복귀시키려는 노력을 전혀 하지 않았던 것으로 보인다. 추측컨대 그는 유다가 이스라엘보다 더 작다는 것을 알고 또한 북부에서 자기에 대해 품고 있던 사무치는 적개심을 결국 깨닫고는 북부 이스라엘을 복귀시키는 것이 불가능함을 알았을 것이다.

솔로몬이 창설한 군대 조직은 분명히 그에게 도움이 될 수 없었을 것인데, 이는 추측컨대 그 군사들 가운데 다수는 더 이상 그에게 충성을 바치지 않았고 또한 상당한 병력이 자신의 지배권 밖에 있는 북부의 수비대들에 배치되어 있었기 때문이었다. 유다에서 이용할 수 있는 병력은 충분치 않았다. 더욱이 유다의 대중들은 아마 전쟁을 할 열의를 거의 가지고 있지 않았을 것이다.

스마야의 신탁(왕상 12:21-24)은 당시 일반 대중 가운데 널리 퍼져 있었던 감정을 반영하고 있는 것임에 틀림없다: 그들을 가게 내버려두라! 그 동안에 여로보암은 예루살렘으로부터 해방되기를 열망하는 북부 지파 사람들의 자발적인 후원에 기댈 수 있었고, 그리고 이들 및 그가 설득하여 자기 편으로 만들 수 있었을 그의 영지 내에 주둔해 있던 솔로몬의 군대들로 인하여 그는 자신의 독립을 지킬 수 있을 만큼의 군사력을 확보할 수 있었다.

그래서 대규모의 전쟁은 일어나지 않았다. 두 국가 사이에 일어난 전투라는 것들은 산발적인 것이었고 또 베냐민 지파 영지에서의 상호간의 국경선을 조정하는 문제에 관련된 것이었다. 베냐민 지파 사람들의 생각은 틀림없이 나뉘어 있었겠지만, 역사적으로 베냐민 지파는 북부 지파였고 사울의 고향이었다. 베냐민 지파는 그 밖의 북부 지파들과 함께 통일 왕국에서 탈퇴했을 것으로 예상할 수 있고, 아마 실제로 그렇게 했을 것이다(왕상 12:20).[11] 그러나 르호보암은 이를 허용할 수 없었다. 예루살렘은 바로 베냐민 지파와의 경계선에 위치해 있었기 때문에, 베냐민 지파를 상실하게 되면 이 도성을 지킬 수 없게 될 것이었다. 그러므로 로호보암은 베냐민 지파의 영토를 점령하려는 조치들을 취했고(14:30), 분명히 이 지파의 북쪽 경계선 부근에서 국경선을 확보하는 데 성공하였을 것이다.[12] 그 결과 도성을 지킬 수 있었고, 그 이후로 베냐민 지파의 운명은 유다의 운명과 연계되게 되었다.

b. 시삭의 침공(왕상 14:25-28).

르호보암이 궁극적으로 이스라엘을 재정복하려는 어떠한 희망을 가지고 있었든 간에 그 희망은 그의 재위 제5년(주전 918년경)에 있었던 이집트인들의 침공으로 인해 산산조각이 나고 말았다. 솔로몬의 생애 말년에(주전 935년경) 과거에 솔로몬과 동맹을 맺은 바 있었던 이집트의 허약한 제21왕조는 시삭(Shishak 〈Shoshenq〉)이라는 한 리비아인 귀족에 의해 전복되어 망했고, 시삭은 제22왕조(부바스티스 왕조)를 창건하였다.[13] 시삭은 아시아에서 이집트의 권위를 재천명하고자 했고 또 이런 이유로 그가 할 수 있는 모든 방법을 동원하여 이스라엘의 기반을 침식하려고 애

---

11) 열왕기상 11:31-36의 "한 지파"는 아마 베냐민 지파일 것인데, 이는 베냐민이 실제로 이스라엘로부터 분리된 사실을 반영하고 있을 것이지만, 이 절에서 "베냐민"이 "유다"로 대체되었다는 설(Noth, *HI*, p.233)에는 동의할 수 없다.

12) 그 정확한 위치는 알려져 있지 않다. 분명히 여리고는 이스라엘의 수중에 남아 있었을 것이다(왕상 16:34). 그러나 서쪽으로 아얄론은 유다가 장악하고 요새화하였다(대하 11:10).

13) 이 왕조의 연대는 Albright를 따랐다: *BASOR*, 130(1953), pp. 4-11; cf. *ibid.*, 141(1956), pp. 26f. 그러나 다른 학자들은 시삭과 그의 후계자들의 연대를 10년 정도씩 앞으로 추정한다; 예를 들면, K. A. Kitchen, *The Third Intermediate Period in Egypt*(Warminster: Aris & Phillips, 1973), p. 467.

썼다. 이것이 의심할 여지없이 그가 여로보암에게 솔로몬의 진노를 피해 망명할 도피처를 제공한 이유다. 시삭의 의도를 확실히 알게 된 르호보암은 국토의 방위에 주의를 기울이지 않으면 안 되었다. 하지만 그가 서부와 남부로부터 외적이 유다에 접근하는 것을 막아 줄 일련의 요충지들을 요새화한 것이 이때였는지 그후였는지는(대하 11:5-12) 분명치 않다.[14] 시삭은 가공할 병력을 이끌고 쳐들어 왔다. 성경은 르호보암이 시삭으로 하여금 철군토록 하기 위하여 막대한 공물을 그에게 내주었다는 것만을 말하고 있는데, 이 공격은 예루살렘만을 목표로 한 것 같은 인상을 남긴다. 그러나 카르낙(Karnak)에서 발견된 시삭 자신의 비문은 자기가 점령했다고 주장하는 150개 이상의 지명을 열거하고 있으며, 이 비문과 그 밖의 고고학적 증거는 그 공격의 실제 범위를 우리에게 보여 준다.[15] 이집트 군대는 팔레스타인를 한쪽 끝에서 다른 쪽 끝까지 황폐케 했던 것이다. 그들은 네게브를 석권하여 이 지역에 있던 솔로몬 요새들을 항복시켰고(아랏과 에시온게벨은 분명히 이때 파괴되었을 것이다) 에돔까지 침입하였다.[16] 남부의 구릉지대에 있던 여러 성읍들과 유다의 세펠라(Shephelah)가 공격을 받았고 몇 곳은 파괴되었다. 그런 다음 아얄론, 벧호론, 기브온을 거쳐 예루살렘으로 진격하여 그 도성으로 하여금 조건부로 항복하게 한 후 이집트인들은 북부 이스라엘로 밀고 들어가서 가는 곳마다 마구 파괴해 버렸다. 그들은 승승장구하여 동쪽으로는 요단 동편(브누엘, 마하나임)까지, 북쪽으로는 에스드렐론까지 이르렀다.

므깃도(비문의 명단에 언급되어 있는)에서는 시삭의 승전을 기념하는 석비의 한 단편이 발견되었다.[17] 시삭의 강타는 이스라엘과 유다를 다 무너뜨렸으므로 틀림없이 두 나라는 사적인 싸움을 연기하지 않을 수 없게 되었을 것이다.

그러나 두 나라에게는 다행히도 시삭은 계속해서 자신의 유리한 입장을 유지하

---

14) 이 명단에 대해서는 G. Beyer, "Das Festungssystem Rehabeams" (*ZDPV*, 54〔1931〕, pp. 113-134)를 참조하라. 이 요새들도 마찬가지로 시삭의 침공 후 재침을 막기 위해 건설되었을 것이다: 예를 들면, Rudolph, *op. cit.*, p. 229; Kittel, *GVI*, II, p. 223.

15) 이 비문은 여러 학자들에 의해 논의되어 왔다; 특히 B. Mazar, "The Campaign of Pharao Shishak to Palestine" (*VT*, Supple, Vol. IV〔1957〕, pp. 57-66를 참조하라; 또한 Aharoni, *LOB*, pp. 283-290; Kitchen, *op. cit.*, 293-300와 보록 E도 참조하라.

16) 그러나 Kitchen(*op. cit.*, p. 296)은 시삭의 군대가 에시온게벨에 이르렀다는 것을 의심한다.

17) 솔로몬이 건설한 므깃도(VA-IVB)를 파괴한 것은 분명히 시삭의 소행인 것 같다; cf. Y. Yadin, *BA*, XXXIII(1970), pp. 66-96(cf. p. 95). 다아낙(명단에 나오는)도 파괴되었다; cf. P. W. Lapp, *BASOR*, 173(1964), pp. 4-44(cf. p. 8). 세겜(명단에는 없는)도 이때 아마 시삭에 의해서 파괴되었을 것이다; cf. G. E. Wright, *AOTS*, p. 366.

면서 아시아에서 이집트 제국을 재건할 수 없었다. 이집트의 취약한 내부 사정이 그렇게 하지 못하게 했다. 이집트 군대는 자신들의 전과(戰果)를 포기하고 팔레스타인에서 철수하였는데, 예외적으로 그랄 부근의 남부 국경지대에 있는 교두보만은 포기하지 않은 듯하다. 이 무렵 르호보암은 극심하게 약화되어 있었기 때문에 그후로 남쪽으로 눈을 돌리지 않을 수 없었고 비록 그럴 마음이 있었다고 하더라도 이스라엘에 대하여 결정적인 조치들을 취할 처지에 있지 못했다. 두 나라의 강제적인 재결합은 불가능하게 되어 버렸다.

c. 그후의 국지전.

그러나 국경지대의 전투는 르호보암의 아들 아비야(주전 915-913년)의 짧은 통치 기간[18]과 그의 후계자 아사(주전 913-873년)의 통치 기간 내내 계속되었다. 역대기 사가(대하 13장)는 아비야가 에브라임 지파의 국경지대에서 여로보암을 쳐부수고 진격하여 벧엘과 그 부근 일대를 점령하였다는 것을 말해준다(19절). 이 사건은 역사상의 실제 사건임이 분명하다.[19] 아비야는 다메섹과 조약을 맺었고 또 이 강대국의 적대적인 시위가 여로보암의 병력을 철수케 함으로써 아비야의 진격을 용이케 했을 가능성이 있다(참조. 왕상 15:19). 그러나 이때 얻은 전과는 일시적이었다. 왜냐하면 다음 세대에 가서 아사는 자신의 수도를 방어해야 하는 궁지에 몰렸기 때문이다.

아사도 르호보암처럼 남으로부터 오는 침략에 직면하여야 했는데, 이번에는 세라(Zerah)라는 "구스 사람"의 침입이었다(대하 14:9-14). 이미 말했듯이 아마 시삭은 팔레스타인에서 철수하였을 때 그랄 부근의 국경지대에 수비대를 남겨둔 것 같은데, 십중팔구 세라는 거기에 주둔해 있던 용병부대의 지휘관이었을 것이다.[20] 그가 시삭의 후계자인 오소르콘 1세(Osorkon I, 주전 914-874년경)의 명령으로 움직였는지 자발적으로 행동했는지 아니면 그 동안에 북부 이스라엘에서 권력을 장악하고 다메섹과 우호적인 관계를 맺고 있었던(왕상 15:19) 바아사(주전 900-877년)와 협력해서 움직였는지는 알 수 없다. 사실 아사의 통치 기간 중 어느 때에 이 사건이

18) "아비얌"(Abijam)이라고도 불렸는데, 이것은 오기(誤記)가 아니라 아마 고풍스러운 애칭 Abiyami("나의 아버지는 참으로 〔여호와?〕이시다")인 듯하다: cf. Albright, *Alex, Marx Jubilee Volume*(주3), p.81, 주 72.

19) Cf. Rudolph, *op. cit.*, pp.235-239; Kittel, *GVI*, II, p. 224.

20) 과장된 숫자에도 불구하고(백만명!) 이 사건은 역사적 사실이다: cf. Rudolph, *op. cit.*, p. 243; J. M. Myers, *II Chronicles*(AB, 1965), p. 85. "구스인" 세라는 아마 바로에게 고용된 이디오피아인 또는 아라비아인(cf. 구산: 합 3:8) 모험가였을 것이다.

일어났는지를 모르기 때문에, 바아사가 이미 이스라엘의 왕이 되어 있었는지도 확실히 알 수는 없다. 하지만 아마 어린아이였을 때 즉위하였을 것으로 짐작되는 아사가 이 무렵에는 성인었던 것 같으므로 바아사는 왕이 되어 있었을 것이다. 어쨌든 아사는 마레사의 국경 요새(참조. 대하 11:8) 부근에서 침략자를 맞아 격파하고 그가 약탈하였던 그랄 지역까지 추격하였다. 이를 계기로 팔레스타인 문제에 대한 이집트인의 간섭 — 이런 표현이 옳다면 — 은 그치게 되었고, 이집트는 그 만성적인 취약성으로 인해 우리가 논의하고 있는 시대 동안에는 다시는 이스라엘이나 유다에 위협을 가하지 못했다.

그러는 동안에 바아사는 마지못해 국경을 확정된 것으로 여기지 않을 수 없었다. 아사의 통치 후기에 바아사의 군대는 남진하여 베냐민 지파의 땅으로 밀고 들어와 예루살렘의 북쪽으로 5마일밖에 떨어져 있지 않은 라마를 점령하고 요새화함으로써 수도 예루살렘을 심각한 위기로 몰아넣었다(왕상 15:16-22).[21] 자포자기에 빠진 아사는 다메섹의 벤하닷 1세에게 선물을 보내어 그가 바아사와 맺은 조약을 파기하고 자기를 도우러 와달라고 간청하였다. 표리부동한 성품을 지니고 있었던 벤하닷은 이에 동의하고 군대를 파견하여 북부 갈릴리를 약탈케 함으로써 바아사로 하여금 철수하지 않을 수 없게 했다.[22] 이스라엘은 그때까지 요단 동편의 야르묵 북쪽에 있었던 자신의 영지를 아마 이때 또는 그 직후에 잃었던 것 같다. 그런 다음 아사는 서둘러서 백성들을 징용하여 라마의 요새 시설들을 철거하고 그 자재들을 사용하여 게바와 미스바의 방비 시설을 견고케 함으로써[23] 국경선을 얼마간 북쪽으로 이동시켜 확보하고 수도를 위험에서 벗어나게 하였다. 또한 아사는 아비야가 잠시 동안 장악했던 에브라임 영토의 대상지대(帶狀地帶)를 다시 점령하였을 것이다(대하 15:8; 17:2).

---

21) 역대하 16:1은 이 사건을 아사 제36년의 일로 기록하고 있으나, 열왕기상 16:8은 바아사의 죽음을 아사 제26년이라고 하고 있다. 역대기 사가의 연대는 Albright에 의해 옹호되고 있다(*BASOR*, 87〔1942〕, pp. 27f.); 그렇지만 다른 학자들은 의견이 다르다(예를 들면, Rudolph, *VT*, II〔1952〕, pp. 367f.; B. Mazar, *BA*, XXV〔1962〕, p. 104).

22) 하솔(cf. Y. Yadin, *AOTS*, pp. 254, 260)과 단(cf. A. Biran, *IEJ*, 19〔1969〕, pp. 121f.)의 파괴의 증거는 아마 이 군사 작전과 관련이 있을 것이다.

23) "게바"를 "기브아"로 읽어야 한다는 주장(cf. Albright, *AASOR*, IV〔1924〕, pp. 39, 92)은 이제 불필요한 것 같다; cf. L. A. Sinclair, XXXIV-XXXV(1960), pp. 6-9. 보통 Tell en-Nasbeh, 즉 예루살렘의 북쪽 7마일 가량 되는 간선 도로상에 위치해 있었던 것으로 보이는 미스바(그러나 Sinclair, *ibid.*와 거기에 나오는 전거들을 보라)는 이때에 견고하게 요새화되었다; cf. Wright, *BAR*, pp. 151f.

두 나라의 싸움은 두 세대 동안이나 질질 끌었으므로, 어느 쪽도 승리할 수 없다는 것이 모든 사람들의 눈에 명백해졌을 것임에 틀림없다. 싸움은 간헐적으로 일어났고 또 아주 치열하지도 않았지만 두 나라의 인력과 경제에 부담을 주었음은 확실했다. 만약 두 나라가 이런 자멸적인 행위를 계속 고집하였다면, 두 나라 모두 일찍이 적대적인 이웃나라들의 침략에 희생되어 버렸을 것임은 누구나 상상할 수 있다. 그래서 분별있는 견해가 우세해짐에 따라, 전쟁은 강경하게 추진되지 않았고 이내 완전히 그치게 되었다.

3. 두 경쟁 국가: 내정(內政).

두 나라는 표면상으로는 비슷했지만 중요한 점들에서는 상당히 달랐다. 유다는 영토가 작고 가난했지만 좀더 동질적인 주민이 어울려 살았고 지리적으로 비교적 격리되어 있었다. 한편 이스라엘은 영토가 넓고 비옥했으며, 그리고 옛 지파동맹의 중심지에 더 가까이 위치해 있었지만 가나안족 주민을 많이 포함하고 있었고 지리적 여건으로 인하여 외세의 영향을 받기 쉬웠다. 더욱이 유다는 확고한 왕조 전통을 갖고 있었지만, 이스라엘에는 그런 전통이 없었다. 그래서 국가에 관해서 서로 다른 생각을 가지고 있었다.[24] 이런 사정들로 인하여 두 나라의 내부 역사는 두드러진 차이들을 드러내었다.

a. 여로보암의 시정 방침.

여로보암은 이제까지 존재하지 않았던 국가를 창건해야 하는 과제를 안게 되었다. 그에게는 처음에 수도도 없었고 행정 기구도 없었으며 군사 조직도 없었고 공식적인 제의 — 고대 세계에는 가장 중요했던 — 도 없었다. 모든 것을 새로이 갖추어야 했다. 여로보암이 어려운 상황 아래에서도 이런 일을 해낼 수 있었다는 것은 의심할 여지없이 그가 유능한 인물이었음을 입증해 주는 증거이다.

---

24) 특히 A. Alt, "The Monarchy in the Kingdoms of Israel and Judah"(1951; *Essays on Old Testament History and Religion*〔Eng. tr., Oxford: Blackwell, 1966〕, pp. 239-259)를 보라. 이 Alt의 견해는 비판을 받아 왔지만(예를 들면, T.C.G. Thornton, JTS, XIV〔1963〕, pp. 1-11; G. Buccellati, *Cities and Nations of Ancient Syria*〔Rome: Instituto di Studi del Vicino Oriente, 1967〕, pp. 200-212), 내게는 Alt의 주장이 근본적으로 옳은 것으로 여겨진다.

여로보암은 먼저 자신의 수도를 세겜으로 정하였다(왕상 12:25). 이렇게 한 이유는 다윗이 예루살렘을 선택한 이유와 아마 같았을 것이다. 세겜은 중앙에 위치해 있었고 예로부터 제의와 깊은 관련을 지니고 있었다. 또 세겜은 므낫세 지파의 영지 가운데 있었던 가나안계 히브리인의 거류지(enclave)여서 지파 체제와 별로 관련이 없었기 때문에, 이곳의 선택은 지파들의 질투를 최소화하는 동시에 비이스라엘계 주민들을 기쁘게 했을 것이다. 세겜의 발굴조사를 통해 여로보암이 이곳을 수축했던 흔적들이 아마 드러났던 것 같다.[25] 또한 성경은 여로보암이 요단 동편의 브누엘을 건설했다고 기록하고 있다. 이것이 수도를 옮긴 것인지, 만약 그랬다면 무슨 이유로 그랬는지는 완전히 불확실하다.[26] 나중에 수도는 디르사(세겜의 동북쪽으로 7마일 가량 떨어져 있는 Tell el Far'ah인 듯하다)로 옮겨졌는데, 이곳은 오므리의 통치 때까지 수도로 존속하였다. 천도한 이유는 알려져 있지 않다(세겜은 방어하기가 쉽지 않았다). 그러나 디르사도 원래 비이스라엘계 성읍으로서 지파 체제와 별로 얽혀 있지 않았으므로(수 12:24; 17:1-4) 정치적으로 세겜과 동일한 이점이 있었을 것이다.

성경은 여로보암의 시정(施政)에 관해서는 아무것도 말하지 않고 있다. 아마 그는 솔로몬이 발전시킨 행정 조직 가운데 쓸모있다고 생각된 것들을 그대로 넘겨 받았을 것이다. 사마리아에서 출토된 토기편(the Samaria Ostraca)은 어떤 지방 조직은 주전 8세기에 존재하였던 솔로몬의 지방 조직을 그대로 본뜬 것임을 엿보게 해준다. 이것은 아마 내내 그랬을 것이다.[27] 만약 그랬다면, 이것은 정규적인 세금을 징수했다는 것을 의미한다. 하지만 그 세금이 얼마나 무거운 부담이었는지는 알 도리가 없다. 또한 우리는 여로보암이 징집제도에 의거하여 병력을 충당했는지 그 여부에 대해서도 알지 못하고 있다. 하지만 군대와 관련된 요구는 틀림없이 무겁고 다소 끊임없는 것이었을 것이다.

아마 대규모는 아니었을 테지만 세겜, 브누엘, 디르사의 요새 건설과 그 밖의 국가적 역사(役事)에서 강제 노역(corvée)의 요구가 있었을 개연성이 아주 크다(참조. 왕상 15:22). 여로보암에 대해 대중들이 불만을 품었다는 이야기는 듣지 못하지만, 그는 이스라엘을 단순히 왕정 이전의 상태로 복귀시키지는 않았다. 그리고 그렇

25) Cf. Wright, *BAR*, p. 148.

26) 여로보암이 브누엘에 임시로 자신의 거처를 마련하였기 때문에, 시삭은 브누엘을 공격했는지도 모른다(위를 보라); cf. Aharoni, *LOB*, p. 287.

27) 사마리아의 수기용 토기편에 대해서는 p. 354를 보라.

게 할 수도 없었다. 이로 인해 아마 선지자들이 그에게 등을 돌렸을 가능성이 생각되는데, 입증되지는 않고 있다.

b. 여로보암의 종교정책.

그러나 여로보암의 가장 뜻깊은 조치는 예루살렘의 제의에 대항할 만한 공식적인 국가 제의를 제정한 것이었다(왕상 12:26-33). 그는 이렇게 하지 않으면 안 되었다. 고대의 모든 왕권이 필요로 했던 신학적 합법성의 문제가 그의 경우에는 특히 예민하게 부각되었다. 많은 이스라엘 사람들은 예루살렘 성전을 지파 동맹의 성소의 후신으로 여기고 있었기 때문에 여전히 그곳으로 가보고 싶은 충동을 느끼고 있었다. 그러한 것은 본질적으로 여로보암에 대한 그들의 충성심을 약화시키는 경향이 있을 뿐만 아니라 예루살렘의 성전 제의의 주요 특징은 여호와와 다윗의 영원한 언약을 기념하는 것이었다. 여로보암은 다윗 가문 이외의 모든 통치권을 불법적인 것으로 선언하는 그런 제의에 자기 백성을 참여시킬 수는 없었다! 그래서 그는 자기 스스로를 보호하고 또 자기 나라에 나름대로의 종교적 기반을 마련하기 위해 그 영토의 양쪽 끝인 벧엘과 단에 두 개의 공식적인 성소를 설치하였다.[28] 두 곳 모두 유서깊은 곳으로서 벧엘은 족장시대와 관련이 있었고 또 거기에는 레위족 — 아마 아론 가문 — 이라고 주장하는 제사장단이 있었고(예루살렘의 제사장들은 이를 부정하였다!〈31절〉), 단에도 모세의 자손임을 자랑하는 제사장단이 있었다(삿 18:30). 단에 관해서 우리는 이 이상 이야기를 들을 수 없다. 그러나 벧엘은 북부 왕국이 존속하는 동안 "왕의 성소요 왕의 궁"(암 7:13)으로 남아있었다. 거기에 여로보암은 예루살렘의 일곱째 달 절기에 대항할 목적으로 여덟째 달의 연례 절기를 제정하였다(왕상 8:2). 이 절기는 의심할 여지없이 예루살렘의 절기를 부분적으로 본뜬 것이었지만, 다른 곳에서는 이미 없어진 지 오래인 고풍의 전통들과 의식 절차들(아마 그 족보가 아론에게까지 거슬러 올라가는 제사장 가문들에 보존되어 있었을 것이다: 참조. 금송아지와 출 32장)을 부활시킨 것들도 확실히 있었다.[29] 이렇게 하여 여로보암은 혁신가라기보다 개혁자의 역할을 할 수 있었다.

예루살렘의 전통을 반영하고 있는 열왕기는 여로보암의 제의를 우상숭배이자 배교적인 처사로 낙인을 찍고 있다. 특히 여로보암이 벧엘과 단에 세운 금송아지는 우

---

28) 단은 행정 중심지이자 아람족들에 대한 방위 거점이기도 했던 것으로 보인다. 신당의 남쪽면을 비롯하여 여로보암 때의 것으로 보이는 구조물들이 발견되었다; cf. A. Biran. *IEJ*, 27(1977), pp. 242-246. 이전의 보고들에 대해서는 1966년 이후의 *IEJ*를 참고하라.

상이었다고 말하고 있다(왕상 12:28). 그러나 물론 지각 없는 백성들은 금송아지들을 숭배한 것 같기도 하지만, 그렇다고 그것들이 여호와의 상(像)으로 만들어진 것은 확실히 아니었고(고대 셈족들은 고등신들을 동물의 형상으로 나타내지 않았다), 눈에 보이지 않는 여호와가 서 있거나 좌정하고 있다고 생각되는 대좌(臺座)로 만들어졌던 것이다.[30] 따라서 금송아지들은 개념상으로는 예루살렘 성전의 그룹 천사(날개달린 스핑크스)와 같은 것이었다. 그러나 비록 이 송아지 상징이 의심할 여지없이 이스라엘에서 사용되어 온 역사가 길다고 할지라도, 그것은 가나안의 풍산 제의와 너무나 밀접하게 관련되어 있어서 해를 끼칠 우려가 있었기 때문에 규범적인 여호와 신앙에 의해 배척당하였다. 북부 이스라엘의 많은 시민들은 겨우 절반 정도만 회심한 가나안 사람들이었기 때문에 이러한 상징은 여호와와 바알을 혼동하는 길을 열어주고 여호와의 제의에 이교적 특색들을 끌어들일 길을 열어 줄 위험성이 대단히 컸다. 의심할 여지없이 열왕기의 기자는 어느 정도 공정치 못하였다. 그러나 북부 이스라엘이 종교적 순수성을 보전하지 못했다는 것은 확실하다! 북부 왕국의 선지자 집단조차 여로보암의 종교정책을 처음부터 용납될 수 없는 것으로 여겼다. 이전에 여로보암의 후원자였던 실로의 아히야도 이내 그와 관계를 끊고 과거에 사무엘이 사울을 배격하였듯이 그를 배격하였다.[31]

c. 이스라엘의 왕조의 변천:

주전 922-876년. 북부 왕국의 가장 두드러진 특징은 내정의 극단적인 불안정이었다. 유다는 그 전역사에 걸쳐 다윗 가문을 고수하였지만, 이스라엘의 왕위는 처음 50년 동안에 세 차례나 폭력에 의해 교체되었다. 왕조의 세습이 인정되지 않았던 생

29) 여로보암의 제의에 대해서는 F.M. Cross, *Canaanite Myth and Heebrew Epic*(Harvard Universityi Press, 1973), pp. 195-215를 참조하라. 그러나 또한 B. Halpern, *JBL*, XCV (1976), pp. 31-42에 나오는 약간 다른 견해도 참조하라; Halpern은 아론 자손들이 벧엘에서 종사했지만 여로보암이 그들을 모세 혈통의 제사장들로 대체하였다고 주장하고 있다.

30) Cf. Albright, *FSAC*, pp. 298-301; *idem*, *TGC*, pp.171f. 이런 유형의 성상(황소나 사자 위에 서 있는 신)을 예시해 주고 있는 것으로는 Pritchard, *ANEP*, pp. 163-170, 177-181를 참조하라.

31) 실로의 아히야는 바로 실로에 또는 그 전통에 따라 옛 지파동맹의 성소의 복구를 바랐는가? 또는 Noth가 "Jerusalem and the Israelite Tradition"(1950; *The Laws in the Pentateuch and Other Studies*〔Eng. tr., Ediburgh and London: Oliver & Boyd, 1966; Philadelphia: Fortress Press, 1967〕, pp. 132-144)에서 주장하듯이 예루살렘으로부터 제의상의 분리가 아니라 정치적 분리에 찬성했던 것일까?

생한 카리스마적 전통이 현존하고 있었다는 사실이 이를 설명해 준다.

이미 말한 대로 여로보암은 사울과 마찬가지로 선지자의 지명을 받고 뒤이어 백성의 환호를 받으며 아마 언약을 통해 권좌에 올랐다. 이스라엘의 왕권은 이론상으로 카리스마적이었다: 하나님의 지명과 백성의 동의에 의한 것이었다. 그러나 카리스마적 지도자의 지위로 되돌아가는 것은 불가능하였다.

신생 국가는 그러한 불안정을 감당해 낼 수 없었고, 카리스마적 이상은 이러한 현실과 상충하였다. 여로보암이 죽자 그의 아들 나답(주전 901-900년)이 그의 왕위를 계승하려고 하였다(왕상 15:25-31). 그러나 그가 군대를 거느리고 전쟁터에 나가 있었을 때, 아마 그의 군관 가운데 한 사람인 듯한 바아사에게 곧 암살되었고, 바아사는 여로보암의 일가를 몰살시키고 스스로 왕위에 올랐다. 바아사도 여로보암과 마찬가지로 선지자의 지명을 받고[32] 생존중 내내(주전 900-877년) 왕권을 장악하였다(16:1-7). 그러나 그의 아들 엘라(주전 877-876년)가 그를 계승하려고 했을 때, 이 엘라도 그의 군관 중의 한 사람인 시므리에게 암살되었고, 시므리는 바아사 가문을 몰살시키고 스스로 왕이 되었다. 시므리는 분명히 선지자의 지명도 대중의 지지도 받지 못했다.

일주일 이내에(15-23절) 군대의 총사령관인 오므리가 자신의 병력을 이끌고 디르사로 진격해 왔다. 시므리는 모든 것이 끝났음을 알고 자결하였다. 그후 북부 이스라엘은 경쟁적인 파벌들간의 내분에 휘말려 들어갔고, 이런 소란은 오므리가 스스로 왕위에 오를 때까지 수 년간 계속되었다. 선지자의 지명이 있었는지 그 여부에 대해서는 알 수 없다.

이것은 옛 지도력 전통과 왕조의 안정성에 대한 열망과의 상충을 예증해 준다. 선지자들이 보여 준 역할은 시사해 주는 바가 크다. 여로보암과 바아사는 모두 선지자의 지명을 받았다. 그러나 바로 그들 자신의 가문을 전복시킨 사건도 동일한 선지자들의 지지를 받았다(왕상 14:1-16; 15:29; 16:1-7, 12). 이 선지자들이 제의 문제에 대한 왕실의 월권으로 인해 어느 정도로 격분했는지 또 그 밖의 요인으로 인해서는 어느 정도 분노했는지에 대해서는 우리는 아는 바가 없다. 그러나 그들은 사무엘을 본받아 이스라엘의 옛 전통을 대변하였다. 어쨌든 왕조의 수립은 방해를 받았다. 그러나 이스라엘이 얼마나 오랫동안 이러한 혼돈 상태를 견디어낼 수 있을

32) 열왕기상 16:2에서 그는 이전에 사울에게 적용되었던 nagîd(지도자)라는 칭호로 불리고 있다; 위를 참조하라.

지는 의문이다.

d. 유다의 내정(內政): 주전 922-873년.

유다의 내부 역사는 비교적 단조롭고 지루하다. 왕조는 전혀 변하지 않았다. 혼합주의적 경향과 보수주의적 경향 사이에서 동요가 있기는 했지만, 유다에서는 왕조의 전통과 제의의 전통이 안정되어 있었고 또 주민도 비교적 동질적이었기 때문에 유다의 진자(振子)는 이스라엘에서 볼 수 있는 바와 같이 그 반발이 폭력으로 닥쳐올 만큼 중심에서 멀리 흔들린 적이 한번도 없었다. 물론 예루살렘의 귀족과 대부분의 시골 주민들의 사이에는 어떤 긴장이 있었다. 귀족들은 솔로몬 궁정의 사치스러운 환경 속에서 태어났고 또 그들 가운데는 비이스라엘적인 출신 배경을 가진 자들이 많아서 사고방식이 국제적이었고 여호와 신앙의 본질적 성격에 대해서 거의 별다른 감정을 느끼지 못하는 경향이 있었다. 한편 시골 주민들은 대부분 소농과 목자들로서 그 생활은 극히 검소했고 조상 대대로 내려오는 사회적 종교적 전통을 끈질기게 고수하고 있었다. 일반화시키는 것은 위험하지만, 긴장 관계가 존재하였다면 아마 근본적으로 이 두 계층 사이에 있었을 것이고, 예루살렘의 제사장들은 종교 문제에 관한 한 보통 보수주의 쪽에 가담하였다.

르호보암과 아비야의 통치 때에는 내내 국제주의와 관용을 주장하였던 파(派)가 득세하였으므로, 솔로몬에 의해 조장되거나 묵인되었던 이교화의 경향은 계속되었다. 르호보암은 암몬족의 공주 나아마(Naamah)와 솔로몬 사이에서 태어난 아들이었고(왕상 14:21, 31), 그의 총애했던 아내이자 아비야의 어머니는 부분적으로 암몬족의 혈통을 이어받은 압살롬 가문의 마아가였다(15:2). 이 두 여자의 이름은 이교적 출신 배경을 시사해 주는데, 특히 마아가는 아세라 숭배자였다고 기록되어 있다(12절 이하). 이 파가 정권을 잡고 있는 동안은 성창(聖娼)과 동성애를 포함한 이교의식들이 자유롭게 성행하였다.

이 모든 것들은 엄격한 여호와 신앙인들에게 분명히 혐오스러웠을 것이므로, 아사의 통치 기간(주전 913-873년)에 이에 대한 반동이 일어났다. 아비야의 아들이거나 형제였을 아사는 아비야가 요절하자 소년으로서 왕위를 계승하였다.[33] 미성년인 동안 마아가가 섭정을 하면서 계속해서 국정을 자기 방식대로 처리해 나갔다. 그러나 아사는 성년이 되자 오히려 보수파의 편을 들어 대비(大妃) 마아가를 폐출(廢出)하고 개혁을 단행하였다(11-15절). 이 개혁으로 그와 그의 아들 여호사밧의 통치 기간(주전 873-849년) 동안 유다는 적어도 공식적으로는 이교의 제의들로부터 벗어났다(22:43). 아사의 통치 후기에 가서 이스라엘과 전쟁도 마침내 종식되고 유다는 비교적 평화로운 시대로 접어들었고 또 여전히 아카바만으로 통하는 남방 교역 통로를 장악하고 있었기 때문에 번영을 누렸을 것이다.

B. 오므리의 즉위로부터 예후의 숙청까지 이스라엘과 유다 (주전 876-843/2년)

1. 오므리 왕가: 이스라엘의 회복.

이스라엘에 마침내 안정을 가져온 인물은 활동적인 오므리였는데, 그가 왕권을 장악한 것에 대해서는 이미 말한 바 있다. 비록 그의 통치 기간은 짧았지만(주전 876-869년), 그는 삼대에 걸쳐 집권한 왕조를 창건하고 또한 이스라엘에 어느 정도의 국력과 번영을 회복시킨 정책을 창출해 낼 수 있었다.

a. 오므리 즉위 때의 정치적 상황.

오므리는 너무 이르지 않게 제때에 전면에 등장하였다고 할 수 있다. 왜냐하면 50년에 걸친 내정의 불안정으로 이스라엘은 적대적인 이웃 나라들로부터 스스로를 방어할 수 없을 정로로 무력해져 있었기 때문이다. 이러한 적대적인 이웃나라들 가운데서도 특히 위험했던 나라는 다메섹의 아람족 왕국이었다. 이 나라는 이스라엘이 이전에 팔레스타인과 수리아 지방의 주도적인 강대국으로서 차지하고 있었던 지위를 점차 빼앗아 왔다. 우리는 어떻게 다메섹의 통치자 벤하닷 1세(주전 885-870년경)가 수 년 전에 바아사를 공격하여 북부 갈릴리를 약탈하고 아마 야르묵 강 이북의

---

33) 열왕기상 15:8; 역대하 14:1에서 아사는 아비야의 아들이고, 한편 열왕기상 15:2,10; 역대하 15:16에서는 아사, 아비야 두 사람이 모두 마아가의 아들들이다; 역대하 13:2은 문제를 더 복잡하게 만든다. 아비야가 통치한 것은 3년도 안 되기 때문에, 아마 아사는 작은 아들로서 그 생모는 일찍 죽었고 마아가가 대비 노릇을 계속했을 수 있다: cf. Albgirht, *ARI*, p.153. 그 밖의 가능성에 대해서는 Myers, *op. cit.*, pp.79f.를 참조하라.

요단 동편 지방을 장악했는지를 살펴보았다. 알레포(Aleppo)에서 발견된 그의 후계자 벤하닷 2세(주전 870-842년경)의 석비는 주전 850년경에는 다메섹의 세력권(실제적인 영토는 아니었겠지만)이 수리아 최북단 지역까지 미쳤다는 것을 보여 준다.[34]

이 석비가 두로의 바알 멜카르트(Ba'al Melqart)에게 헌정되었다는 사실은 당시 다메섹이 저 뵈니게인 국가와 조약 관계에 있었다는 것을 시사해 준다. 아람인들은 바아사의 통치 동안 또는 그에 이은 내란 동안 이스라엘의 약점을 이용하여 몇몇 국경 성읍들(아마 요단 동쪽)을 병합하고 또 이스라엘 성읍들에 아람족 상인들이 거류하는 것을 허가하도록 강요했던 것으로 보인다(왕상 20:34).[35] 오므리는 영토가 줄어들고 외세의 위협을 받고 있던 이스라엘을 물려받았던 것이다.

더욱이 이러한 직접적인 위험 외에도 국제 정세의 지평선 위에 이스라엘이 자신의 전역사를 통하여 한번도 본 적이 없었던 먹구름이 떠오르기 시작하고 있었다. 그 구름은 아마 처음에는 사람의 손바닥만한 것에 지나지 않았고 또 이를 보고 깜짝 놀라는 사람들도 거의 없었지만 말이다. 물론 이집트는 다시 한번 무력한 상태에 빠져들었고, 이제 논의할 시대 내내 더 이상 위협이 되지 않았다. 그러나 저 멀리 메소포타미아에서는 새로운 제국의 강대국이 발흥하고 있었으니, 바로 앗시리아였다. 주전 2천년대의 세계 정치 무대에서 주요한 역할을 했던 앗시리아는 차츰 강성해지는 아람족의 압력에 부딪쳐 점점 위축되어 오다가 마침내 자기 본국을 방어해야 하는 궁지에 몰렸다는 것을 상기해 보자. 앗시리아의 운명이 가장 침체했던 시기는 앗수르 라비 2세(Asshur-rabi II, 주전 1012-972년)와 그의 후계자들의 시대였는데, 이때는 다윗과 솔로몬이 이스라엘의 보좌에 앉아 있었던 시대였다. 그러나 다윗의 나라가 분열되자, 앗시리아는 앗수르 단 2세(Asshur-dan II, 주전 935-913년)와 그의 후계자들 아래에서 국력을 회복하기 시작했다. 이제 앗시리아의 통치자는 앗수르 나시르 팔 2세(Asshur-nasir-pal II, 주전 884-860년)였다. 이 인물은 무시무시한 공포로써 국가를 통치하였고, 그의 잔인성은 아마 앗시리아 역사에서 유례가 없는 것이었다. 앗수르 나시르 팔은 선임자들의 정복 사업을 이어받아 서쪽

34) 이전 판들에서는 Albright를 따라 벤하닷 1세의 치세를 주전 880년에서 842년경까지로 길게 추정하였다; cf. *BASOR*, 87(1942), pp. 23-29. 그러나 이제 이 시기는 벤하닷 1세와 2세의 치세로 나누어져야 할 것으로 보인다; cf. F.M. Cross, *BASOR*, 205(1972), pp. 36-42(거기서 석비와 관련된 그 밖의 문헌들).

35) 만약 이 허가가 오므리 자신으로부터 억지로 얻어낸 것이라면(B. Mazar, *BA*, XXV〔1962〕, p. 106), 그것은 오므리가 권력을 확고히 장악하기 이전의 일이었을 것이 틀림없다. 그러나 이 구절의 어투는 성격상 공식적이다: "아버지"는 단지 "선임자"를 의미할 수도 있다.

으로 유프라테스강의 대만곡(大灣曲) 지역에 이르기까지 상부 메소포타미아를 유린하고 아람족의 나라들을 하나하나 굴복시켰다. 그런 다음 그는 오므리의 짧은 통치 시대에 자신의 군대를 강 건너로 진격시켜 서부와 남부로 휩쓸고 다니면서 수리아를 가로질러 레바논까지 이르렀고 지중해 물에 "그의 무기들을 씻은" 다음 아르왓(Arvad), 비블로스, 시돈, 두로 등 과 같은 뵈니게인 도시들로부터 공물을 받아냈다.[36] 앗시리아인들은 철수하였기 때문에, 이것은 영속적인 정복은 아니었다. 그러나 이것은 앞으로 닥쳐올 더 불행한 일의 전조(前兆)였다. 수리아와 팔레스타인의 군소 국가들은 사멸할 위험에 처했다는 사실을 차례로 깨닫게 되었다.

b. 오므리 왕조의 외교정책.

성경은 오므리의 통치를 5, 6절로써 대충 설명하고 넘어가고 있지만(왕상 16:23-28), 그는 분명히 매우 유능한 인물이었다. 앗시리아인들은 오므리 왕조가 전복된 뒤에도 오랫동안 북부 이스라엘을 "오므리가(家)"로 지칭하였다! 이스라엘의 국력 회복을 위한 오므리의 정책은 주요한 특징들에서는 다윗과 솔로몬의 정책을 본받았다: 그것은 국내에서는 평화를 유지하고, 유다와는 우호적인 관계를 맺으며, 뵈니게인들과 긴밀한 유대를 가지며, 요단 동부, 특히 아람족에 대해서는 강경책을 쓸 것을 요구하였다. 이 정책은 오므리에 의해 실행되기 시작했지만 그의 아들 아합(주전 869-850년)에 의해서도 계속 추진되어 일련의 조치들이 취해졌는데, 우리의 사료의 성격으로 인하여 그 조치들을 연대순으로 정리할 수는 없다.

오므리 자신은 아합을 두로의 왕 이토바알(Ittoba'al)의 딸 이세벨과 혼인시킴으로써 이토바알과 동맹을 확증하였다(왕상 16:31).[37] 이 동맹은 서로에게 유리하였다. 두로는 자신의 식민지를 개척하는 데 있어서 최고조에 달해 있었다(카르타고는 이 세기의 후반에 건설되었다). 두로는 부분적으로 식료품의 수입에 의존하고 있었기 때문에 농산물의 판로와 다양한 교역 기회들을 이스라엘에 제공해 주었다. 한편 두로 쪽에서도 다메섹의 세력에 대한 견제, 이스라엘과의 교역 그리고 이스라엘을 경유하는 남방 여러 지역과의 교역의 재개를 바라고 있었다. 다음 단계의 조치는 유다와의 동맹이었다. 아합의 통치 이전이 아니면 적어도 그 통치 초기에, 아합은 자

---

36) 비문 내용에 관해서는 Prichard, *ANET*, pp. 275f. 를 참조하라.

37) 이것은 오므리가 공작했을 것이 거의 틀림없다. 이토바알(에트바알)의 통치 기간은 대략 주전 887-856년이다; cf. Albright, *M langes Isiore L vy* (Brussels, 1955〔*Annuaire de l'Institut de Philologie et d'Histoire Orientales et Slaves*, XIII, 1953〕, pp. 1-9).

기 누이(또는 딸) 아달랴를 유다 왕 여호사밧의 아들 여호람과 혼인시킴으로써 유다와의 동맹은 정식으로 체결되었다.[38] 많은 학자들이 생각해 왔던 것과는 달리 이 동맹이 동등한 당사국간의 우호조약이 아니었다고 추론할 이유는 전혀 없다.[39] 이 동맹은 군사적 및 상업적 목적을 지니고 있었다. 왜냐하면 성경에는 그후 이어서 에시온게벨을 거점으로 하는 해외 무역을 부활시키려고 시도했다는 기록이 있기 때문이다(왕상 22:48f.).[40] 이 시도는 실패했지만, 그런 시도가 있었다는 사실은 솔로몬의 부(富)의 원천을 되찾고자 하는 소망을 보여 준다.

동족간의 반목은 끝났고, 이스라엘과 유다는 이웃 나라들에게 자신들의 국력을 과시할 수 있었다. 요단 동편의 모든 나라 가운데서 오직 암몬만이 다시 정복되지 않았다. 모압의 석비에서 알 수 있듯이(왕하 3:4)[41], 오므리는 모압을 격파하여 봉신국가로 삼았고 그 국경선을 제한한 다음 이스라엘 사람들을 아르논강 이북의 영토에 이주시켰다. 에돔은 그 동안 어떤 상태에 있었는지는 모르지만 다시 한번 유다의 속주가 되어 지방장관에 의해 통치되었다(왕상 22:47). 여호사밧은 동쪽의 북부 아라비아로 통하는 교역 통로를 장악하는 한편 그 국경선을 서쪽으로 블레셋인 영토 안으로까지 밀어올렸다(대하 17:11; 참조. 왕하 8:22).

c. 다메섹과의 적대와 동맹.

또한 이스라엘은 가장 위험한 경쟁자인 다메섹의 벤하닷에 대하여 상황을 역전시켜놓는 데 성공하였다. 아람족들에 대해 오므리가 취한 행동에 대해서는 전혀 알

---

38) 열왕기하 8:18과 역대하 21:6에는 아달랴가 아합의 딸로 되어 있고, 열왕기하 8:26과 역대하 22:2에 오므리의 딸로 되어 있다(RSV에는 "손녀"로 읽고 있다). 아달랴의 아들이 주전 864년경에 태어났으므로(왕하 8:26), 그녀는 아합과 이세벨의 딸일 수 없을 것이다. 그들이 그 무렵에는 10년 넘게 결혼 생활을 해왔을 가능성이 별로 없기 때문이다. 하지만 조혼했다면 아합의 딸일 수도 있다. 아니면 아달랴는 오므리의 딸인데, 오므리가 죽은 후에 아합과 이세벨이 길렀을 가능성도 있다(cf. H.J. Katzenstein, *IEJ*, 5〔1955〕, pp. 194-197).

39) 여호사밧이 봉신이었다는 가정(예를 들면, Oesterley and Robinson, *op. cit.*, I, p.288; Kittel, *GVI*, II, p. 240)은 주로 열왕기상 22:20-36에 근거를 두고 있다. 그러나 이 사건을 그렇게 해석할 필요는 없으며, 44절과 48절 이하에서는 그 반대의 경우를 시사해 주고 있다. 또한 역대하 17:2의 증언을 역대기 사가의 공상으로 치부하고 무시해 버려서는 안 된다.

40) 열왕기는 여호사밧이 여기에서 아합의 아들 아하시야의 도움을 거절하였다고 하고 있다(왕상 22:50); 그러나 역대하 20:35-37은 그 반대로 말하고 있다. 한 번의 시도가 실패한 다음에 아하시야가 두번째로 제의를 해오자 이를 여호사밧이 거절한 것인가(Kettel, *GVI*, II, p. 263)?

41) 비문 내용에 대해서는 Pritchard, *ANET*, pp. 320f.를 참조하라. 또한 R.E. Murphy, *CBQ*, XV(1953), pp. 409-417도 보라.

지 못하고 있지만, 그가 감히 모압 정복에 착수했다는 사실은 아람족이 그의 국경지대를 침범하지 못하게 할 수 있었음을 강력히 시사해 준다. 그러나 아합은 한 번 이상 그들과 싸우지 않으면 안 되었다. 우리의 사료의 성격으로 인하여 사건들의 경위를 자신있게 재구성할 수는 없지만[42], 결국 상황은 이스라엘에게 유리하게 되었던 것이 분명하다. 우리는 아합의 통치 초기에 틀림없이 이스라엘의 위협적인 재기(再起)를 억제하려는 목적으로 아람족의 군대가 이스라엘 안으로 깊숙이 침략해 들어왔고 또 아합은 벤하닷을 실질적으로 자신의 주군으로 부르지 않을 수 없었다는 인상을 받게 된다(왕상 20장). 그러나 그후 대담한 일격으로 침략자들을 격퇴한 뒤 요단 동부에서의 제2차 접전에서 이스라엘은 압도적인 승리를 거두고 벤하닷을 사로잡았다. 성경에 따르면, 아합은 자신의 원수를 두드러질 정도로 관대하게 다루었다고 한다. 즉, 그는 다메섹이 이전에 이스라엘에게 강요하여 얻어낸 것들을 되돌릴 것만을 요구하고는 벤하닷과 조약을 맺고 그를 석방하였다. 이러한 처사는 몇몇 선지자들의 비위를 거슬렀다. 그들은 이것이 과거에 사무엘이 그랬던 것처럼 성전(聖戰)의 준칙들을 어긴 것으로 생각되었던 것이다(삼상 15장).

어쨌든 아합과 벤하닷은 동맹자가 되었다. 그 이유는 두 나라가 다 앗시리아의 위협 아래 놓이게 되었기 때문이다. 앗수르 나시르 팔 2세의 원정은 결코 잊혀지지 않았지만 그의 왕위는 살만에셀 3세(Shalmaneser III, 주전 859-825년)에 의해 계승되었다. 이 왕은 재위 첫해에 서쪽 유프라테스로 진격하여 강을 건너서 북부 수리아를 마구 유린하고 아마누스(Amanus) 산맥과 지중해까지 이르렀다. 서부의 여러 왕들은 자기들 가운데 그 누구도 그를 저지할 수 없다는 것을 잘 알고 있었기 때문에 급히 연합군을 형성했다. 이집트의 후원을 받았던 것으로 보이는[43] 길리기아로부터 남으로 암몬에 이르기까지 여러 회원국에서 모여든 이 연합군의 지도자들은 다

---

42) 오므리 왕가에 관한 우리의 지식은 대부분 열왕기에 삽입되어 있는 일련의 예언 이야기들로부터 온다. 특정한 임금들의 이름은 그것이 어느 구절에서 언급되고 있든 아마 이 이야기들의 원문에는 없었던 것 같기 때문에 열왕기상 20장, 22장 등은 실제로는 예후 왕조의 사건들에 관한 이야기라고 흔히 주장된다(예를 들면, C.F. Whitley, *VT*, II〔1952〕, pp. 137-152; J.M. Miller, *JBL*, LXXXV〔1966〕, pp.441-454). 나는 이것을 확신할 수 없다. 그러나 어떻게 재구성하든 그것은 어디까지나 가설로 남는다; J. Morgenstern의 재구성은 우리가 잘 이해할 수 있게 묘사하고 있다: cf. *Amos Studies I*(Hebrew Union College, 1941).

43) 이것은 논란중에 있긴 하지만, 살만에셀의 비문에 언급되어 있는 무스리(Musri)의 군사 1천 명은 이집트인들이었을 것이다; cf. H. Tadmor, "Que and Musri" (*IEJ*, II〔1961〕, pp. 143-150). 연합군의 회원국들에 대해서는 *idem. Scripta Hierosolymitana*, VIII(1961), pp.244-246도 참조하라.

메섹의 하닷에셀(벤하닷 2세)[44], 하맛의 이룰레니(Irhuleni), 그리고 이스라엘의 아합(성경에서는 이를 언급하지 않고 있지만)[45] — 아합은 2천대의 병거와 1만 명의 보병을 파견하였다 — 이었다. 이것은 시의적절하였다! 주전 853년에 살만에셀은 다시 강을 건너 남진하여 수리아를 휩쓸었다. 오론테스 강변에 있는 카르카르(Quarqar)에서 연합군은 그를 만났다. 살만에셀은 앗시리아인답게 굉장한 승리를 거두었다고 자랑하였지만 실제로는 일시적으로 저지당했던 것으로 보인다. 그가 다시 군사를 일으킬 때까지는 4, 5년이 걸렸다. 연합군은 당분간은 그 목적을 이룬 셈이었다.

2. 오므리 왕가: 국내 상황.

오므리 왕가의 박력 있는 정책은 북부 이스라엘을 재난에서 구했고 다시 한번 어느 정도 강력한 국가로 만들었다. 그러나 국내적으로 그러한 정책은 긴장을 불러일으켜 그 동안에 얻은 유익한 성과들을 수포로 돌아가게 하였고 위험하기 짝이 없는 상황을 조성하였다.

a. 사회 · 경제적 상황.

모든 증거는 오므리 왕가 통치하의 이스라엘은 상당한 물질적 번영을 누렸다는 것을 시사해 준다. 이를 보여 주는 가장 좋은 증거는 사마리아의 새 수도이다. 이 부지 — 높은 언덕으로서 방어하기에 이상적인 — 는 오므리가 구입한 곳으로서(왕상 16:24) 예루살렘과 마찬가지로 왕의 자산이었다. 고고학이 밝혀 준 바와 같이, 오므리에 의해 착수되고 아합에 의해 완공된 이 도성은 고대 팔레스타인에서는 그 탁월한 기술에 있어서 견줄 것이 없는 요새 시설들을 갖추고 있었다. 그 건축물들 가운데 하나에서 발견된 상아로 만들어진 상감(사마리아의 상아 제품들 중 가장 오래된 것은 이 시대의 것이다)은 아합이 건축했다고 전해지고 있는 "상아궁"을 예증

---

44) 하닷에셀(Adad-idri)은 왕의 개인적인 이름이고, 벤하닷은 왕의 공식적인 이름이었던 것 같다(Albright, *BASOR*, 87〔1942〕, p. 28).

45) 우리는 이를 살만에셀 자신의 비문들을 통해서만 알고 있다: cf. Pritchard, *ANET*, pp. 278f. 이 시기 이후의 앗시리아와 이스라엘의 접촉에 대해서는 W. W. Hallo, *BA*, XXIII(1960), pp. 34-61를 참조하라.

해 준다(22:39).[46] 또한 오므리 왕가는 다른 곳에서도 건설 사업을 벌였다. 오므리 왕가는 이스르엘에 있던 별관을 보수하였고(21장 등)[47] 또한 몇몇 중요한 도시들의 방비를 강화하였는데, 이것은 의심할 여지없이 당시에 도입되고 있었던 개량된 공성(攻城) 무기들을 방어하기 위함이었다. 므깃도와 하솔에는 솔로몬시대의 방벽 대신에 돌출부와 함몰부가 있는 요철식의 거대한 성벽을 쌓았고 또한 바위를 뚫어 이 도시들 지하에 있는 샘물에 이르는 정교한 터널을 파서 적의 포위 공격을 받을 때 물의 공급을 확보하려고 했는데, 이런 것들은 그 건설 공사의 여러 예들이다(므깃도의 유명한 지하 급수 터널은 오랫동안 이스라엘 이전 시대의 것으로 생각되어 왔는데, 이제는 오므리 왕가시대의 것으로 추정하게 되었고, 또 최근에 하솔에서 발견된 거대한 터널도 마찬가지다)[48]. 공격 무기도 발전하였는데, 이것은 아합이 카르카르의 싸움터에 출동시킬 수 있었던 병거의 수와 450 마리의 말을 수용할 마사(馬舍)를 갖춘 므깃도의 유명한 마굿간에서 분명히 알 수 있다. 이 마굿간도 오랫동안 솔로몬 시대의 것으로 생각되어 왔으나 이제 주전 9세기의 것으로 알려지게 된 것이다.

그러나 나라의 부강(富强)을 보여 주는 이러한 증거들에도 불구하고 우리는 열왕기의 몇몇 이야기들 — 당시의 상황들을 정확하게 반영하고 있음에 틀림없는 — 에서 소농들의 처지는 악화되어 있었다는 인상을 받는다. 국가의 정규적인 강제 징수가 얼마나 부담스러웠는지는 알아볼 도리가 없다. 그러나 이스라엘의 사회가 점차 붕괴되고 가난한 사람들을 부자들이 제멋대로 다루기 쉬운 가혹한 체제가 출현하는 것을 보여 주는 징후들은 있다. 가난한 사람들은 궁핍한 때에 자신의 몸이나 자녀들

---

46) Cf. J.W. Crowfoot, *et al.*, *Early Ivories from Samaria*(London: Palestine Expolration Fund, 1938); *The Buildings at Samaria*(1942); Objects from Samaria (1957). 뛰어난 개관으로는 A. Parrot, *Samaria, The Capital of the Kingdom of Israel* (Eng. tr., London: SCM Press, 1958); 더 간략한 것으로는 G. E. Wright, *BA*, XXII (1959), pp. 67-78; P.R. Ackroyd, *AOTS*, pp. 343-354.

47) A. Alt(*Der Stadtstaat Samaria*〔1954〕; cf. KS, III, pp. 258-302〕)는 두 곳의 "수도"는 오므리 왕가가 그 주민들 가운데 가나안인의 왕인 동시에 이스라엘인의 왕이라는 이중적 역할을 한 것을 반영하며, 이것은 이스라엘의 하나님 여호와와 사마리아의 신 바알 멜카르트(Ba al Melqart)에 대한 이원적 제의에 의해 균형을 이루었다고 주장한다. 이 논증은 뛰어나게 전개되어 있지만 상당 부분 추론에 의존하고 있다: cf. G.E. Wrigiht, *JNES*, XV〔1956〕, pp. 124f.

48) 하솔에 대해서는 Y. Yadin, *AOTS*, pp. 244-263 및 거기에 인용된 참고 문헌을 보는 것이 편리하다; 좀더 최근의 것으로는 *idem*, *BA*, XXXII(1969), pp. 50-71; *IEJ*, 19(1969), pp. 1-19를 보라. 므깃도에서 최근에 발견된 것들에 대해서는 Yadin, *BA*, XXXIII(1970), pp. 66-96를 참조하라.

49) 므깃도의 마굿간에 대해서는 p. 290 주 67을 참조하라.

의 몸이 아니면 자기 땅을 저당잡히고 부자들로부터 고리대금을 빌려 쓰지 않을 수 없었고, 기한 내에 갚지 못했을 때는 노예가 되거나 집에서 쫓겨나야 했다. 당시 이런 일들이 드물지 않았던 것 같다(왕하 4:1). 입증할 수는 없지만 아합 치세 때의 큰 가뭄으로 인하여 수많은 영세 농민들은 가지고 있던 모든 것을 잃었을 것이다(왕상 17장 이하). 아마 이 가뭄은 요세푸스(*Ant.* VIII, 13, 2)에 따르면 에베소의 메난데르(Menander)가 이야기하고 있는 그 가뭄일 것이다.[50] 얼마나 많은 대지주들이 고자세의 불의한 방법으로 자기 재산들을 늘렸는지는 말할 수 없지만, 아합과 나봇의 사례(왕상 21장)가 아마 전형적인 사례는 아니라 할지라도 특이한 예는 아니었을 것으로 본다. 한 세기 후에 아모스가 알게 된 악습들은 하룻밤 사이에 생겨난 것이 아니었다! 이스라엘은 이세벨처럼 언약의 율법을 아예 모르거나 아합처럼 거기에 별로 관심을 쓰지 않은 사람들로 꽉 차 있었던 것이다.

b. 종교적 위기: 이세벨.

그러나 훨씬 더 심각했던 것은 오므리 왕가의 종교정책으로 말미암아 고조된 위기였다. 이미 살펴보았듯이 두로와 맺은 동맹은 아합과 이세벨의 혼인으로 확증되었다. 두로의 신들인 바알 멜카르트와 아세라의 숭배자였던 이세벨은 그녀의 시종들과 교역 목적으로 그녀를 따라왔던 상인들과 함께 이스라엘 땅에서도 자기들의 토착 종교의 제의와 관습을 계속 지키는 것이 당연히 허용되었다. 이런 목적으로 사마리아에 바알 멜카르트 신전이 세워졌다(왕상 16:32f.).[51] 이것은 바로 솔로몬이 자신의 이방인 아내들을 위해 행하였던 것과 똑같은 것이었고(11:1-8) 고대인들은 이런 일을 당연한 것으로 받아들이는 경향이 있었다. 아마 "편협한 사람들"만이 반대했을 것이다. 그러나 이세벨은 의지가 굳센 여인으로서 자기가 숭배하는 신을 위해서는 거의 선교라도 할 정도의 열심로 충만해 있었고 자기가 귀화한 나라 이스라엘의 문화적 후진성과 엄격한 종교를 틀림없이 경멸하고 있었을 것이기 때문에 분명히 바알

50) Menander는 이 가뭄이 두로의 이토바알(Ittoba`al)이 통치하던 때에 있었다고 보고 가뭄은 만 1년 동안 계속되었다고 말한다. 열왕기상 18:1의 3년은 아마 한 해의 봄철 우기 때부터 이듬해의 가을 우기 때까지를 계산한 것일 것이다(즉, 1년과 다른 두 해의 몇 개월); cf. Noth, *HI*, p. 241.

51) 두로의 바알은 지방신이 아니라 지하세계의 왕이었다. 앞에서 말한 대로(p. 326), 바알 제의는 아람 땅에까지 전파되었다: cf. Albright, *ARI*, pp. 151f., 233; *BASOR*, 87(1942), pp. 28f. 다른 학자들은 이세벨의 신은 바알 사멤(Ba al-shamem)이었다고 주장한다: O. Eissfeldt, *ZAW*, 57(1939), pp. 1-31(*Kleine Schriften*, II〔Tübingen: J. C. B. Mohr, 1963〕, pp. 171-198). 또한 Albright, *YGC*, pp. 197-202도 참조하라.

제의를 궁정의 공식적인 종교로 만들려고 하였을 것이다.

여호와를 떠나는 대대적인 배교가 곧 일어날 것 같았다. 물론 어떤 의미에서 이런 위험은 새로운 것이 아니었다. 이미 여러 번 지적했듯이, 여호와와 나란히 풍산의 신들을 함께 숭배하려는 유혹 또 여호와 제의에 풍산 제의 특유의 관행들을 도입하려는 유혹은 상존해 있어 왔다. 이런 위험은 다윗과 솔로몬 시대에 가나안 사람들이 이스라엘로 대량 흡수됨으로써 고조되었는데, 그들의 대부분은 이스라엘의 민족 신앙에 대해 말로만 호의를 보였을 것이 틀림없다. 이런 가나안족의 대다수가 이제 북부왕국의 영토 안에 살고 있었기 때문에, 그 인구 가운데 상당수는 기껏해야 반쪽 여호와 신앙인에 지나지 않았다. 바알 신앙을 조장하는 국가 정책은 많은 사람들에 의해 충격없이 받아들여졌을 것이고 심지어 환영받기까지 했을 것이다. 아마 아합은 이러한 사정을 알고 자기가 오로지 여호와 신앙에만 의존할 수는 없다고 생각했기 때문에 그러한 정책을 허용했던 것 같다. 이교 신앙이 얼마나 깊이 침투해 있었는지를 말해 주는 통계 자료는 전혀 없지만, 우리는 국가의 체제가 철두철미하게 중독되어 있었다는 인상을 받는다. 아합 자신은 그의 아들들의 이름(아하시야, 여호람)이 보여 주듯이 명목상으로 여호와 신앙인로 남아 있었지만, 궁정과 지배 계층은 철저히 이교화되어 있었다. 바알과 아세라의 선지자들은 공인(公人)의 신분을 누렸다(왕상 18:19). 토착 이스라엘인들에 대하여 말한다면, 그들 가운데 어떤 사람들은 이교에 저항했고(19:18) 또 어떤 사람들은 노골적으로 이교도가 되었지만, 대다수 — 다수파란 늘 그렇듯이 — 는 "양다리를 걸치고 비틀거리며" 살아갔다(18:21).

충성스러운 여호와 신앙인들은 곧 박해를 받게 되었다. 이세벨은 여호와 신앙을 경멸하기는 했지만 처음부터 그것을 억압할 생각으로 출발한 것 같지는 않다. 그러나 그녀의 정책이 저항에 부딪치자 그녀는 분노하여 감히 자기에게 반대하는 자들을 처형하는 것을 비롯하여 좀더 가혹한 조치들에 의존하게 되었다(왕상 18:4). 여호와의 선지자들은 특별히 그녀의 격노의 표적이 되어 전례 없는 위기 사태에 직면하게 되었다. 이스라엘에서 과거에는 전혀 없었던 일이지만, 그들은 여호와의 말씀을 전한다고 하여 보복을 당하게 되었던 것이다.[52] 이것은 심각한 결과를 초래하였다. 어떤 선지자들은 그들도 인간이었기에 압력에 굴복하여 그후로는 왕이 듣기를 바라는 이야기만 하는 것으로 만족하였다(22:1-28). 다른 선지자들은 이믈라의 아들 미가야

52) 사무엘, 나단, 실로의 아히야 등은 모두 자기 왕을 공공연히 규탄하였지만 아무런 보복도 당하지 않은 사실에 유의하라. 예언자의 몸은 범할 수 없다는 의식이 이스라엘 역사의 끝까지 지속되었다(렘 26:16-19).

처럼 타협을 거부하고 여호와가 오므리 가문의 멸망을 이미 명하였다고 믿고 있었으므로 국가로부터만이 아니라 동료 선지자들로부터도 소외되었다. 선지자 집단 내부의 분열은 시작되었고 이후 결코 치유될 수 없었다.

c. 엘리야.

이 왕녀의 철권은 저항 운동을 지하로 몰아넣는 데는 성공했지만(왕상 18:4), 사무치는 증오가 많은 이스라엘 사람들의 마음속에 쌓여가고 있었다. 이세벨의 대적자들 가운데 단연 뛰어나고 또 그들의 저항의 결집하고 상징한 인물은 선지자 엘리야였다. 그는 무시무시하고 경외심을 불러일으키는 인물이었기 때문에 그의 행적은 이스라엘에서 전설이 되었다. 우리는 엘리야의 생애를 자세하게 재구성할 수는 없지만, 만약 그와 그의 후계자인 엘리사에 관해 들려주는 성경의 이야기들이 없었더라면, 우리는 아합과 이세벨의 소행에 관해 거의 아무것도 몰랐을 것이다.

사막 변두리 근방 출신인 길르앗 사람(17:1) 엘리야는 여호와 신앙의 가장 엄격한 전통을 체득하고 있었다. 그는 자신의 준엄한 소명대로 털옷을 걸친 굳세고 고고한 인물로 묘사되어 있는데(왕하 1:8), 아마 언제든지 싸움에 나설 만반의 준비를 갖춘 나실인(Nazirite)이었을 것이고, 그는 황량한 고장들을 돌아다니다가 여호와의 싸움을 싸워야 할 곳에는 어디든지 마치 마술과 같이 출현하였다: 갈멜산 위에서는(왕상 18장) 바알은 결코 신이 아니라고 폭로하면서 백성들에게 다시 여호와를 선택할 것을 촉구하고 바알의 선지자들을 칼로 죽이게 했다.[53] 부정한 수단으로 얻은 아합의 포도밭에서 그를 직접 만나서는 나봇을 죽인 그의 범죄를 저주했다(21장). 격노한 이세벨에게 쫓기어 그는 이스라엘의 발상지인 광야의 산 호렙으로 도망쳐 거기서 다시 기운을 얻고 언약의 하나님의 말씀을 새로 받았다(19장). 그리고 마지막에 그는 사막으로 사라졌다(왕상 2장). 아니, 불병거를 타고 하늘로 이끌려 올라갔다!

엘리야는 이스라엘 가운데 아직 생생하게 살아 있던 저 본래적인 모세 전통의 전형이었다. 그가 왕정에 관해 또는 예루살렘과 벧엘의 공식적인 제의에 관해 어떻

53) 갈멜산의 바알은 십중팔구 바알 멜카르트(Ba`al Melqart)였을 것이다; Albright, *ARI*, pp. 151f., 233와 거기에서 R. de Vaux(*Bulletin du Mus e de Beyrouth*, 5. pp. 7-20)에 대한 언급을 참조하라. O. Eissfeldt(*Der Gott Karmel* 〔Berlin: Akademie-Verlag, 1954〕)는 갈멜산의 바알은 바알 사멤(Ba al-shamem)이었다고 생각한다. Alt("Das Gottesurteil auf dem Karmel"〔KS, II, pp.135-149〕)는 이 기사는 여호와 신앙을 위해 한 지방의 바알 신당을 접수한 사건을 반영하고 있다고 주장한다; 또한 K. Galling, *Geschichte und Altes Testament* (Tübingen: J.C.B. Mohr, 1953), pp.105-125도 참조하라.

게 생각하였는지는 알 수 없다. 그러나 그는 아합과 이세벨을 돌이킬 수 없이 저주받은 자들로 보았다. 그의 하나님은 바로 시내산의 그 하나님이었는데, 이 하나님은 어떠한 경쟁자도 용납하지 않았고 또 아합이 범했던 것과 같은 언약의 율법을 어기는 범죄에 대해서는 피의 복수를 강제하는 분이었다. 그래서 엘리야는 이교 국가와 이교신들에게 성전(聖戰)을 선포했던 것이다. 엘리야 자신은 선지자단의 일원은 아니었지만 오래 전에 사무엘이 그랬던 것처럼 때때로 선지자의 무리들과 교제하며(왕하 2장) 틀림없이 그들을 규합하여 굳건히 버티게 하려고 하였던 것 같다. 국가가 그의 하나님 눈에 가증스러운 것이었기 때문에, 그는 국가를 전복시킬 계획을 세웠고(왕상 19:15-17)[54], 이 계획을 그의 추종자들에게 전하였다. 이세벨은 현명하게도 엘리야를 자신의 불구대천의 원수로 알고 있었다. 엘리야와 같은 부류의 사람들이 살아 있는 한 국가와 그 대다수 백성들 사이에 결코 화해란 있을 수 없었다.

3. 오므리 왕가의 몰락.

아합과 엘리야가 역사의 무대에서 사라질 때까지 반발은 미루어졌지만, 그 반발의 격렬성은 조금도 감소되지 않았다. 결국 누적된 분노는 엄청난 힘으로 폭발하여 오므리 왕가를 깡그리 쓸어버리고 하마터면 이스라엘을 송두리채 멸망시킬 뻔했다.

a. 아합의 후계자들: 아하시야(주전 850-849년)와 여호람(주전 849-843/2년).

성경에서는 아합이 아람족과 싸우다가 죽음을 맞이하였다고 말한다(왕상 22:1-40)55) 우리는 카르카르의 일시적인 승리로 인하여 아합은 연합군이 이미 그 목적을 달성했다고 생각하게 되었거나 벤하닷이 약속을 이행하는 데 우물쭈물하자(참조. 20:34; 22:3) 화가 나서 전쟁을 재개하게 되었을 것으로 추측해 볼 수 있다. 어쨌든

54) 어떤 학자들은 이것이 부차적으로만 엘리야와 결부되어 있다고 생각한다(예를 들면, Noth, *HI*, p. 229). 그러나 엘리야가 그런 계획을 세웠으리라는 것을 누구나 예상할 수 있다.

55) 몇몇 학자들처럼(예를 들면, Noth, *HI*, p. 242; 또한 주 42에 나오는 Whitley and Miller의 논문들), 이 기사가 다른 문맥에서 옮겨다 놓은 것이라고 추론하는 이유를 나는 전혀 알 수 없다. 40절에 나오는 말만으로는 아합이 천수를 누리고 죽었다는 것을 입증하기에 충분치 않다. 이스라엘과 다메섹이 다시 전쟁을 했다는 것은 충분히 있음직한 일이고 또 이것은 이스라엘은 반앗시리아 연합군의 일원으로 언급하고 있지 않은 앗시리아의 기록들에 의해서도 '무언증'(*e silentio*) 뒷받침되고 있다. 좀더 자세한 논의에 대해서는 Unger, *op. cit.*, pp. 69-74, 154f.를 참조하라.

그는 자기와 함께 출전한 유다의 여호사밧과 나란히 길르앗라못이라는 국경 성읍을 장악하기 위해 출정하였다. 그러나 아합은 이 군사 작전 도중에 목숨을 잃었다. 아합의 두 아들이 잇따라 왕위를 계승했으나 어느 쪽도 상황을 대처해 나갈 수 없었다. 첫째인 아하시야는 불과 몇 개월 동안 통치한 후 심한 낙상(落傷)을 입고 회복하지 못했다(왕하 1장). 그의 동생 여호람이 그의 뒤를 이었는데, 그는 자기 신하들 가운데서 왕가에 원한을 품고 있는 자들이 많다는 것을 알아챘던 것 같다. 왜냐하면, 그는 더욱 많은 반감을 불러 일으킬 수 있는 이교 제의의 숭배물들 가운데 몇몇을 제거함으로써 사태를 완화시켜 보려고 애썼음이 분명하기 때문이다(3:1-3). 그러나 여호람이 개혁을 원했다고 하더라도 대비(大妃)의 불길한 그늘이 전국토를 뒤덮고 있는 한 실제적인 개혁은 불가능하였다.

그 동안에 국외 정세는 더 악화되었다. 여호람은 그의 아버지와 할아버지의 봉신이었던 모압 왕 메사(Mesha')의 반란에 직면하였다(왕하 3:4-27). 여호람은 유다의 협력을 얻어 사해 남단 주변의 모압으로 진격하여 분명히 승리를 거두었지만, 반역자를 항복시킬 수는 없었다. 모압족의 석비가 말해 주듯이 그후 메사는 아르논 강의 북부 지역으로 밀고 들어가서 거기에 살던 이스라엘 주민들을 학살하고 그곳에 모압 사람들을 정착시켰다.[56] 다메섹과의 전쟁도 마찬가지로 질질 끌게 되었다. 아합이 길르앗라못을 점령하려고 헛되이 애를 쓰다가 전사한 후 8년이 지났는데도 이스라엘 군대는 여전히 그곳에서 교전하고 있었다. 열왕기하 9:14의 어투는 이 성읍이 이스라엘의 수중에 넘어왔다는 것을 시사하고 있지만, 전투의 자세한 경위는 재구성할 수 없다.[57]

유다도 심각한 사태에 직면하고 있었다. 아합이 목숨을 잃은 이듬해에 여호사밧도 죽고 그의 아들 여호람(주전 849-842년)이 왕위를 계승하였는데, 그가 유다를 통

---

56) 비문 내용에 대해서는 Pritchard, *ANET*, pp. 320f.를 참조하라. 메사는 자기가 오므리의 아들에 맞서 반란을 일으켰다고 말하고 있지만, 이 말은 열왕기하 3:4 이하에 비추어 볼 때 성경에서 흔히 그렇듯이 "손자"를 뜻하는 것으로 해석되어야 한다. 그러나 이 반란은 아합이 죽기 전에 일어났을 수도 있다(cf. Aharoni, *LOB*, pp.305-309; van Zyl, *op. cit.*, pp.139-144); 만약 그렇다면 여호람이 그 반란을 진압하는 데 실패하였을 때부터 모압족의 팽창이 시작되었다고 보아야 한다. 그러나 모압족 석비에 기술된 사건들 중 몇 가지는 아마 주전 842년에 오므리 왕가가 몰락한 뒤에 일어났을 것이다.

57) 열왕기하 6장과 7장의 이야기들이 이 문맥에 속하는 것이라면, 전세는 한 동안 이스라엘에 불리했다. 그러나(왕의 이름이 언급되어 있지 않은 점에 유의하라) 이 이야기들은 예후나 여호아하스의 통치 때 일어난 사건들을 반영하고 있는지도 '모른다'.

치한 같은 시기에 이스라엘에서도 같은 이름의 왕이 통치하였다. 이 여호람도 결코 위대한 무인이 아니었다. 그의 통치 기간중에 자기 부왕의 속주였고 아마 다윗 이래로 유다의 보호령이었을 에돔이 반란을 일으켜 독립을 획득하였다(왕하 8:20-22). 온갖 노력에도 불구하고 여호람은 그 독립을 막을 수 없었다. 이것은 에시온게벨의 항구와 요새, 남쪽으로 아라비아로 뚫린 육로들의 상실을 의미했다. 추측컨대 이것은 경제적으로 중대한 손실을 초래했을 것이다. 또한 같은 시기에 블레셋인들의 국경에 위치한 립나(Libnah)도 역시 독립하였다. 이 성읍의 상실은 그 자체로는 별로 중대한 일이 아니었지만, 이것은 해안 평야 변두리의 국경 성읍들에 대한 유다의 지배력(참조. 대하 17:11)이 그리 안전하지 않았다는 것을 예증해 준다.

b. 오므리 왕가에 대한 계속적인 저항: 엘리사와 선지자 집단.

북부 이스라엘에서는 그 동안 오므리 왕가에 대한 반감이 계속 고조되고 있었다. 이 저항 운동의 지도자는 엘리야의 후계자인 엘리사였는데, 그는 자기 스승의 목표들을 그대로 추진하였다. 오래전에 사무엘이 그러했듯이, 엘리사는 국가의 정책에 계속해서 저항하고 있었던 선지자 집단(bene hannebi' im)과 긴밀한 협력 가운데서 활동하였다. 이 선지자들은 우리로 하여금 당시 자라나고 있었던 반발의 성격을 통찰케 해준다.[58] 선지자들의 무리는 공동생활을 영위하며(왕하 2:3, 5; 4:38-44) 독실한 신자들의 기부로 생계를 유지했고(4:42) 흔히 한 "스승"을 우두머리로 추대하고 있었다(6:1-7). 그들은 그들의 직분을 나타내는 털옷(왕하 1:8; 참조. 슥 13:4)과 아마 특별한 표식을 통해 일반 사람들과 구별되었던 것으로 보인다(왕상 20:41). 그들은 흔히 가무를 통해 황홀경으로 고양되어 단체로(왕상 22:1-28) 또는 단독으로(왕하 3:15) 신탁을 전달하곤 했으며, 보통 이에 대한 사례를 바라곤 했다(왕하 5:20-27; 참조. 삼상 9:7f.). 그들의 거동은 많은 사람들로 하여금 그들을 미친 사람들로 생각하게 했다(왕하 9:11). 때때로 그들은 조롱의 대상이 되기도 하였다(2:23-25). 그러나 그들은 열렬한 애국자로서 이스라엘의 군대를 따라 싸움터에 나가기도 하고(3:11-19) 왕이 민족을 위한 전쟁을 하도록 격려하고(왕상 20:13f.)

---

58) 예언 운동에 관한 현재의 논의에 대한 개관으로는 H.H. Rowley, "The Nature of Old Testament Prophecy in the Light of Recent Study"(*The Servant of the Lord and Other Essays*[rev. ed., Oxford: Blackwell, 1965], pp.95-134)를 참조하라; 이전의 것으로는 O. Eissfeldt, *OTMS*, pp. 115-160(특히 pp.119-126). 일반적으로는 예언 운동에 대해서는 특히 J. Lindblom, *Prophecy in Ancient Israel*(Oxford: Blackwell, 1962)을 참조하라.

또한 이러한 전쟁들이 성전(聖戰)의 준칙대로 수행되기를 바랐다(35-43절). 엘리사 자신은 "이스라엘의 병거이자 기병"으로 불리었다(왕하 13:14): 이 사람은 여러 사단 병력과 맞먹는 인물이었다고 말할 수 있을 것이다!

이 선지자들은 이스라엘에서 이 무렵에는 거의 200년의 역사를 갖고 있었다. 그들은 여호와 신앙 안에서 황홀경의 신앙 경향을 대표했는데, 이런 경향은 기독교를 비롯하여 거의 모든 종교에서 찾아볼 수 있는 이와 비슷한 현상들과 심리학적으로 같은 종류의 것이다. 블레셋인들의 위협을 받았던 시절에 우리는 선지자의 무리들이 악기들의 반주에 맞춰 미친듯이 극도로 열광하면서 "예언하는" 것을 살펴보았다(삼상 10:5-13; 19:18-29). 그들은 열렬한 애국자로서 지파동맹의 카리스마적 전통의 대표자들이었다. 그들은 신적인 분노로 충만해서 블레셋인 지배자들에 맞서 성전(聖戰)을 수행하도록 사람들을 떨쳐 일어나게 했다. 왕정이 수립되자 선지자들은 애국자들이었기 때문에 대부분 왕정에 관대하였던 것으로 보인다. 그러나 여전히 옛 질서에 뿌리박고 있었던 그들은 여호와의 언약과 율법에 비추어 왕과 국가를 자유롭게 비판할 권리를 유보해 두고 있었다. 오직 이렇게 파악할 때에만 우리는 예를 들면 나단이 밧세바 사건에서 다윗을 책망한 일이나(삼하 12:1-15) 다윗의 인구조사를 여호와를 거스른 죄로 낙인찍은 예언적 신탁을 이해할 수 있게 된다(삼하 24장). 선지자들이 기꺼이 직접 정치 활동에 참여한 사례들(예전의 전통에 따라)도 우리는 이미 여러 번 고찰했다: 여호와의 이름으로 지도자들을 지명하고 또 왕조 세습의 원칙에 항거하여 그 왕조들을 전복할 또 다른 지도자들을 지명한 경우들. 그들은 애국자들이긴 했지만 언제나 이스라엘 본래의 체제의 전통과 제도들을 규범적인 것으로 여겨왔고 또 그것들에 의거하여 국가를 바로잡으려고 애써 왔다.

아람족과의 전쟁이 선지자 활동의 재개를 가져왔다는 것은 놀랄 일이 아니다. 이스라엘은 다시 한번 외세의 위협을 받게 되었으므로 여호와의 전쟁을 수행하여야 했다. 그래서 이미 살펴본 대로 선지자들은 온갖 방법을 다하여 그 전쟁을 선동하였던 것이다. 그렇지만 이와 동시에 그토록 완강하게 민족주의적이고 예로부터 내려오는 여호와 신앙 전승들에 그토록 열렬하게 헌신적이었던 하나의 전통과 오므리 왕가 사이에 진정한 평화란 있을 수 없었다. 이방과 뒤얽힌 관계, 퇴폐적인 이방 관습들, 언약의 율법에 대한 경시와 이방신들의 숭배 등 오므리 왕가의 정책이 수반하였던 모든 것은 선지자들이 대변하고 있었던 모든 것과 정면으로 배치(背馳)되었다. 선지자들 가운데 일부는 박해에 직면해서 굴복하기도 하였지만 나머지 사람들은 원한을 품은 채 오므리 왕가를 칠 순간을 기다리고 있었다.

c. 저항의 다른 요인들.

오므리 왕가를 미워한 것은 결코 선지자들만이 아니었다. 혁명이 일어났을 때 그것이 군대의 한 장군에 의해 지휘되었고(왕하 9장; 10장) 또 군대의 지지를 받았다는 사실은 군부의 불만을 보여 주는데, 이는 아마 아람족과의 전쟁을 아무런 성과도 없이 수행하고 있음으로 해서 여호람의 지도자로서 자질에 대한 불만이었을 것이다. 그리고 흔히 군부에서 그러하듯이 이런 불만에는 특권 계층의 사치와 퇴폐적인 이방 생활 방식의 유행으로 인하여 해이해진 "후방"의 사회상에 대한 혐오도 틀림없이 포함되어 있었을 것이다. 군대 속의 불만은 아마 일반 대중의 불만을 반영하고 있었을 것이다. 물론 이것은 다만 추측일 따름이다. 그러나 국내의 사회적 경제적 상황이 위에서 기술한 바와 같았다고 한다면, 불만이 있었다는 것은 거의 의심할 수 없다. 나봇 사건은 아마 주목을 끌지 않을 수 없었을 것이고 백성들의 분노를 불러일으켰을 것이다. 결국 그 사건은 자유인인 이스라엘 사람들이 이전에 결코 당해 보지 않았던 일이었기 때문이다! 군중의 폭동이 일어났다는 말을 들을 수 없지만, 예후와 그의 군사들은 민심(民心)의 소재를 익히 알았고 거기에 따라 거사했을 것이 거의 틀림없다.

다른 보수적인 사람들도 역시 반란을 일으킬 준비가 되어 있었다. 이들 가운데에 분명히 겐족의 한 씨족인 듯한 레갑인들이 끼어 있었는데(대상 2:55), 그들의 지도자 요나답은 바야흐로 불기 시작한 혁명에 몸소 참여한 것으로 되어 있다(왕하 10:15-17). 두 세기하고 반이 지난 후에도(렘 35장) 그들은 여전히 나실인의 서원을 하고 포도주도 마시지 않고 포도원도 소유하지 않고 땅도 경작하지 않고 집도 짓지 않고 자기 조상들이 그랬던 것처럼 장막에서 살겠다는 맹세를 하고 있었다. 따라서 그들은 정주생활(定住生活)로 이행하는 것에 원칙적으로 결코 동의하지 않은 집단으로 등장한다. 그들은 아득한 옛날의 단순하고 민주적인 전통에 향수를 느끼며 끝까지 그것을 고수하면서 이스라엘의 새로운 체제뿐만 아니라 농경생활과 거기에 수반되는 유약, 악덕, 옛 생활방식의 해체 등과 같은 것들을 송두리채 배격하였다. 그들에게는 이세벨과 그녀의 궁정은 모조리 파괴하여 희생제물로 삼아야(herem) 마땅했고, 그들은 그러한 것을 실행할 준비가 되어 있었다. 이들은 과격파들이었다. 그러나 보수적인 이스라엘 사람들의 감정도 일반적으로 그들 못지않았을 것이다.

d. 예후의 피의 숙청(왕하 9장; 10장).

혁명은 주전 843년 또는 842년에 일어났다. 표면상으로 혁명은 예후라는 장군에 의해 주도된 '쿠데타'의 형식을 취했다. 그러나 그 격렬한 폭력성이 보여 주듯이 실제로 이 혁명은 오므리 왕가와 그 모든 정책에 대해 대중의 누적된 분노, 그러니까 이스라엘에서 보수적이었던 모든 백성의 분노가 폭발한 것이었다. 성경의 이야기에 따르면, 혁명의 도화선에 불을 붙인 것은 엘리사였다. 이스르엘에서 상처를 치료하며 요양하고 있었던 여호람의 부재를 틈타 엘리사는 "선지자의 아들들" 가운데 한 사람을 길르앗라못에 있는 군사령부에 급파하여 예후에게 기름을 부어 왕으로 세우도록 명령하였다. 예후의 군관들은 무슨 일이 일어났는가를 알고 즉시 환호로써 그를 왕으로 옹립하였다. 우리는 다시 한번 선지자의 지명과 대중의 환호로써 왕권을 세우는 전통적 방식을 보게 된다. 다만 이 경우에는 현실적으로 군대에 의해서만 환호를 받았다. 그런 다음 예후는 병거에 올라타고 전속력으로 이스르엘로 달려갔다. 여호람은 그해에 유다의 왕위를 이어받고 길르앗라못의 전투에도 참여한 바 있었던 자신의 친척 아하시야(왕하 8:28)를 대동하고 예후를 만나러 급히 달려 나왔다. 예후는 담판도 하지 않고 화살을 메겨 여호람을 쏘아 죽였다. 아하시야는 도망쳤으나 역시 화살에 맞아 죽고 말았다.

그런 다음 예후는 이스르엘로 들어가서 이세벨을 창문에서 내던진 뒤 아합의 온 가족뿐만 아니라 또한 그의 왕실과 조금이라도 관련이 있는 자들은 모조리 죽이기 시작했다. 쿠데타는 순식간에 대학살로 변하였다. 사마리아로 진격해 가던 중에 예후는 예루살렘 궁정에서 파견한 대표단을 우연히 만나게 되었는데, 그는 아무런 뚜렷한 이유도 없는데도 터무니없이 잔인하게 그들을 모두 학살해 버렸다. 마침내 수도에 당도하자 그는 희생제사를 드린다는 구실로 바알 숭배자들을 꾀어 신전으로 모아들인 다음 자기 군사들을 풀어 그들을 마지막 한 사람까지 모조리 죽였다. 바알 신전과 그 모든 설비들은 완전히 파괴되었다. 그것은 말할 수 없이 무자비하고 도덕적인 관점에서는 어떠한 변명도 용납될 수 없는 숙청이었다. 앞으로 살펴보는 바와 같이 이 숙청은 비참한 결과들을 가져왔다. 그러나 바알 멜카르트의 제의는 멸절되었고, 여호와가 적어도 공식적으로는 이스라엘의 하나님으로 남게 될 것이었다.

4. 주전 873-837년경의 유다의 국내 사정.

위에서 말한 사건들과 유사한 사건들이 남부 왕국에서도 일어났다. 그러나 유다는 특성상 다소 안정되어 있었기 때문에, 이교화의 경향이 그다지 깊이 스며들지 않았고 따라서 그 반발도 예후의 피비린내나는 숙청과 같은 폭력이 없었다.

a. 여호사밧의 통치(주전 873-849년).

우리는 이미 어떻게 여호사밧이 침략 정책을 밀고 나가던 오므리 왕가의 전폭적인 동맹자가 되었으며 또한 어떻게 이같은 동맹이 유다에 국력과 번영을 새로이 가져오게 되었는가에 대해서 살펴보았다. 여호사밧은 선왕 아사처럼 자기 영토 안에서 이교의 풍조를 억누르려고 애썼던 성실한 여호와 신앙인이었다고 한다(왕상 22:43). 이런 이유로 이스라엘과의 긴밀한 유대에도 불구하고 그가 살아 있는 동안 바알 제의는 유다 안에서 성행할 수 없었다.

여호사밧은 공명정대하고 유능한 왕이었던 것으로 보인다. 성경에 따르면(대하 19:4-11) 그는 사법제도의 개혁에 착수하여 촌락의 장로들이 관습법을 집행해 오던 유서깊은 관례에 왕이 임명한 재판관들을 중요한 도시들에 배치하는 제도를 겹쳐 놓았다. 아마 처음에는 이 재판관들을 그 지방의 장로들 가운데서 선출했던 것 같다. 이와 아울러 예루살렘에는 일종의 항소 법원이라 부를 수 있는 기구를 설치해서 종교문제는 대제사장이 관장하고 민사 문제는 유다의 '지도자'(nagîd)[59]가 관장토록 하였다(북부 이스라엘에서는 이 둘은 흔히 중복되었다). 지방 장로들에 의한 법의 집행으로부터 처음에는 그 장로들 가운데서 선출된 치안판사 제도로 바뀌고 그 다음에는 왕이 임명한 재판관 제도로 바뀐 이러한 변천 과정은 바벨론 포수 훨씬 이전에 완료되었던 것이 확실하기 때문에, 이 조치의 사실성(史實性)을 의심할 이유는 전혀 없다.[60] 이 개혁의 목적은 분명하게 소송 절차를 정상화하고 부정을 뿌리뽑고 또한 논란이 심한 소송의 상소를 위한 적절한 기구를 마련하는 것 — 전에는 없었던 것이다 — 이었다.[61] 여호수아 15:21-62; 18:21-28의 도시 명단이 많은 학자들이 믿고 있듯이 이 시대의 상황을 반영하고 있다면, 여호사밧은 아마 이전부터 분할되어 있었던 대로 국토에 대한 행정 구역을 재편함으로써 재정 문제도 조정했던 것으로 보인다.[62]

---

59) 왕의 관리(RSV, "지방 장관")가 아니라 지명된 지파의 장로였을 것이다.

60) 특히 W.F. Albright, "The Judicial Reform of Jehoshaphat"(in *Alex. Marx Jubilee Volume*〔주3〕, pp. 61-82)을 보라; 또한 Rudolph, *op. cit.*, pp. 256-258.

61) 이스라엘 사람들은 언제든지 왕에게 상소할 수 있었지만, 다윗은 적어도 그러한 사건들을 다룰 기구를 설치하지 않았다(삼하 15:1-6). 다윗의 후계자들이 이 점에 관해 조치를 취했겠지만 그것이 어떠한 것이었는지는 알 수 없다.

b. 여호사밧의 후계자들: 아달랴의 찬탈.

여호와 신앙에 충성스러웠음에도 불구하고 여호사밧은 자기가 북부 이스라엘과 동맹을 맺은 일로 인해 쓰라린 결과를 맛보아야 했다. 이미 말한 대로 여호사밧의 왕위를 계승한 사람은 그의 아들 여호람(주전 849-843년)이었는데, 그의 왕비는 오므리 가문 출신의 아달랴였다(왕하 8:16-24). 의지가 강했던 아달랴는 조금도 유능치 못했던 배우자를 압도하였고 예루살렘에 바알 제의를 도입하였다. 역대기 사가에 따르면(대하 21:2-4) 여호람은 왕위에 오르자 추측컨대 경쟁자가 될 만한 인물들을 제거하기 위하여 그의 모든 형제들과 그들을 지지하는 자들을 죽여 버렸다. 이에 대한 증거는 없지만, 이 행위가 아달랴의 충동질로 인한 것이 아닐까 하는 의심이 간다(그녀는 확실히 그럴 수 있는 여자였다!). 왜냐하면 그녀는 자신의 지위가 불안하다는 것을 느끼고 있었기 때문이다. 여호람이 별 업적도 없이 짧은 기간 통치하다가 마침내 죽자(대하 21:18-20에 의하면, 설사병으로), 그의 아들 아하시야가 왕위를 계승하였는데(왕하 8:25-29), 그는 위에서 말한 대로 일 년도 못되어 예후의 숙청에 휩쓸려 죽고 말았다. 그후에 아달랴는 왕권을 장악하고 아마 그녀의 가신들의 도움을 받아 자기에게 대항할 만한 왕실의 모든 혈육을 죽여 버렸다(왕하 11:1-3). 그녀는 바알 멜카르트의 독실한 숭배자였기 때문에, 이 이교신의 제의가 예루살렘에서 여호와 제의와 나란히 조장되었다.

그후 유다에서는 이스라엘과 같은 유형의 사건들이 잇따라 일어났는데, 다만 훨씬 온건한 형식으로 진행되었다. 유다의 보수적인 주민들 가운데서는 두로의 바알을 추종한 사람들이 많았던 것 같지 않다. 그것은 궁정의 일시적인 유행상에 지나지 않았고 궁정에서조차도 많은 사람들이 이에 분노했을 것이 틀림없다. 더욱이 부분적으로 여호사밧의 개혁 덕분이기도 하겠지만, 이스라엘에서 볼 수 있었던 사회적 경제적 긴장이 유다에서는 그렇게 두드러지지 않았던 것 같고, 따라서 이렇다 할 대중의 소요는 없었던 것으로 보인다. 더군다나 아달랴에게는 진실한 추종자들이 전혀 없었

---

62) Cf. F.M. Cross and G.E. Wright, "The Boundary and Province Lists of the Kingdom of Judah" (*JBL*, LXXXV〔1956〕, pp. 202-226); 또한 Aharoni, *LOB*, pp. 297-304도 참조하라. 아마 이 제도 자체는 다윗시대로부터 비롯한 오래된 제도일 것이다; 앞의 p.278 이하를 참조하라. 이 명단을 웃시야 통치시대의 것으로(예를 들면, Aharoni, *VT*, LX〔1959〕, pp. 225-246) 또는 히스기야 통치시대의 것으로(cf. Z. Kallai-Kleinmann, *VT*, VIII〔1958〕, pp. 134-160) 또는 요시야 통치시대의 것으로(A. Alt, "Judas Gaue unter Josia"〔*KS*, II, pp. 276-288〕) 추정하는 논거들도 제시되어 왔다.

음이 거의 확실하다. 그녀는 국외자였고, 범죄적 폭력으로 왕권을 장악한 여인이었다 — 그리고 그녀는 다윗의 후손이 아니었다! 그녀의 통치는 사람들의 눈으로 보기에 합법성이라고는 조금치도 없었다. 따라서 그 통치가 오래 지속되지 못했다(주전 842-837년).

전에 아하시야의 아기였던 요아스(여호아스)는 그의 고모였던 대제사장 여호야다의 아내에 의해 아달랴로부터 구출되어서(대하 22:11) 성전 경내(境內)에 은신해 있게 되었다. 이 아이가 일곱 살이 되었을 때(왕하 11:4-21), 여호야다는 왕의 호위대 군관들과 신중한 거사 계획을 짜고 왕자를 성전에서 데리고 나와서 면류관을 씌우고 왕으로 옹립하였다. 아달랴는 백성들의 소란을 듣고 달려나와서 반역이라고 외쳤지만 밖으로 끌려나가 그 자리에서 처형되고 말았다. 그런 다음 바알 신전은 파괴되었고 그 제사장들도 처형되었다. 그러나 그 이상의 유혈 사건에 대해서는 들을 수 없는데, 아마 그후에는 피흘리는 일이 없었을 것이다. 백성들은 아달랴가 제거된 것을 기뻐하며 왕위에 오른 요아스를 환영하였다.

C. 주전 9세기 중엽에서 8세기 중엽까지 이스라엘과 유다

1. 약세(弱勢)의 반세기.

예후는 그의 나라에서 두로의 바알을 제거했고 또 그후 거의 한 세기 동안이나 북부 이스라엘을 다스린 한 왕조를 창건할 수 있었지만(이스라엘에서는 가장 수명이 긴 왕조였다), 그의 통치 기간(주전 8432-815년)은 행복한 시절은 아니었다. 이와는 반대로 재난이 잇따른 취약의 시대가 시작되었고, 이로 말미암아 북부 왕국은 독자적인 존립을 거의 상실하였다. 이것은 국내의 혼란과 또 이스라엘이 통제할 수 없었던 국경 너머의 국제 정세 때문이었다.

a. 예후의 숙청의 여파.

숙청은 쓰라리게 촉발되었고 또 아마 이교적 주위 환경과의 전면적인 혼합으로부터 이스라엘을 구하기는 했지만 국가를 안으로 마비시켜 버렸다. 오므리 왕가의 정책이 의거하고 있었던 동맹 체제 — 그 모든 해로운 결과에도 불구하고 이스라엘을 비교적 강력한 지위로 복귀시켰던 정책 — 는 일격에 파괴되었다. 필연적으로 그렇게 될 수밖에 없었다. 이세벨과 그녀의 두로인 시종들의 학살, 거기에 수반된 바알 멜카르트에 대한 모욕은 뵈니게와 맺은 관계를 급작스럽게 끝장냈고, 한편 유다와 맺은 동맹은 아하시야왕과 그의 가족 및 궁정 신하들의 많은 사람이 살해되었기 때문에 지속될 수 없었다. 두 국가와 맺은 이러한 동맹 체제의 와해로 이스라엘은 한편으로는 물질적 번영의 주요 원천을 상실했고 다른 한편으로는 이스라엘이 의지할 수 있는 유일한 군사 동맹을 상실했다.

이것은 그만두고라도 이스라엘은 국내적으로 불구가 되었다. 전체 조신들과 아마 관리들의 대부분을 몰살시킴으로써(왕하 10:11) 국가의 가장 우수한 지도층은 뿌리가 뽑혀 버렸다. 더욱이 무차별하게 자행된 유혈극은 불가피하게 그후 여러 해 동안 나라를 마비시킬 정도로 참담함을 불러일으켰을 것이 틀림없다. 한 세기 후에도(호 1:4) 예후는 쓸데없이 엄청난 일을 저질러 그 자신과 그의 가문에 살인죄를 짊어지게 했다는 감정이 백성들간에 여전히 생생하게 남아 있었다.

또한 예후 자신이 나라를 정상으로 회복시킬 만한 능력과 선견지명을 갖고 있었다는 증거도 없다. 그는 아마 사회적 경제적 악폐들을 바로잡기 위한 효과적인 조치를 전혀 취하지 않았던 것 같다. 왜냐하면 그러한 것들은 줄지 않고 그대로 지속되었기 때문이다(아모스서를 보라!). 그는 바알 멜카르트 제의를 끝장냈지만 열렬한 여호와 신앙인은 아니었다. 토착화된 갖가지 이교신앙이 아무런 억제도 받지 않고 방치되어 있었고(왕하 13:6) 또한 이교적 관습들은 계속해서 아무런 제재도 받지 않고 여호와 예배에서 행해지고 있었다 — 호세아서를 읽어 보면 이 모든 것들을 아주 생생하게 알 수 있듯이.

b. 다메섹의 득세.

예후는 스스로 이스라엘의 국경들을 방어할 수조차 없다는 것을 곧 알게 되었다. 불행하게도 이스라엘이 약세와 혼란에 처해 있었던 바로 그 시기에 다메섹의 공격 태세는 강화되어 있었다. 예후의 숙청이 있기 얼마 전에 아합의 원수이자 때로는 동맹자였던 벤하닷 1세는 자기 궁전에서 하사엘(Hazael)이라는 군관에게 암살되었고, 그런 다음 하사엘은 왕권을 장악하였다.[63] 하사엘(주전 842-806년)은 먼저 앗시리아인들을 맞아야 했다.

살만에셀 3세는 주전 853년 카르카르에서 겪었던 좌절을 최종적인 것으로 받아들이지 않았으므로 그후 여러 해에 걸쳐 여전히 다메섹과 하맛에 의해 영도되고 있던 수리아 연합군에 대하여 군사 작전을 거듭하였다. 그 가운데 가장 중대한 작전은 하사엘이 집권한 직후인 주전 841년에 있었다. 앗시리아 군대는 사나운 기세로 남진하여 아람족 군대를 격파하고 다메섹을 포위 공격하면서 전원과 숲들을 황폐하게 만들었다. 그러나 살만에셀은 하사엘을 항복시킬 수 없게 되자 다시 남진하여 하우란(Hauran)까지 이르렀고 서쪽으로는 뵈니게 해변의 바닷가까지 밀고 내려갔는데, 도중에 두로와 시돈, 그리고 이스라엘의 왕 예후로부터 공물을 받았다.[64)]

그러나 앗시리아인들은 눌러앉으려고 온 것은 아니었다. 이와는 반대로 그들의 군대는 철수해 버렸고, 그후 주전 837년의 하찮은 한 차례의 침공을 제외하고는 한 세대 동안 서부 지방을 괴롭히지 않았다. 살만에셀은 자신의 만년에 다른 곳의 원정에 몰두하였고 또 그 다음에는 그의 아들들 가운데 한 사람의 반란을 수습하는 데 몰두하였다. 이 반란은 그 국토를 6년 동안이나 혼란시켰다. 그의 아들이자 후계자인 삼시아닷 5세(Shamshi-adad V, 주전 824-812년)는 먼저 질서를 회복시켜야 했고, 그런 다음에는 주변의 이웃나라들, 특히 위험한 경쟁국이 되었던 아르메니아 산맥의 우라르투(Uratru) 왕국에 대항해서 자신의 지위를 공고히 해야 했다. 살만에셀 3세와 삼시아닷 5세의 연대기 안에서 뜻밖에도 메대인들과 페르시아인들에 관한 최초의 언급을 찾아볼 수 있는데, 이들은 서부 이란에 정착했던 인도-아리안계 종족들이었다. 삼시아닷이 죽은 뒤 합법적 상속자인 아닷 니라리 3세가 미성년이었기 때문에 대비(大妃) 세미라미스(Semiramis)가 4년 동안 섭정을 했다. 주전 9세기가 끝나기 직전에 가서야 앗시리아는 다시 아람족 국가들을 위협할 수 있었다.

이러한 상황이었기 때문에 하사엘은 마음놓고 이스라엘를 공략할 수 있었다. 예후는 그를 대항할 수 없었고, 이내 남쪽으로 아르논 강의 모압족 국경선에 이르기까지 요단 동편 전지역을 잃었다(왕하 10:32f. ; 참조. 암 1:3). 그의 아들 여호아하스

---

63) cf. 열왕기하 8:7-15. 살만에셀 3세의 어떤 문서에서는 하사엘을 "보잘것없는 아들"(즉, 평민)로 지칭하고 있다: cf. Pritchard, *ANET*, p. 280. 이 쿠데타는 예후의 쿠데타좀더 먼저 일어났지만(cf. 왕하 8:28) 별로 많이 앞선 것은 아니었다; 앗시리아의 비문들이 보여 주듯이 주전 845년에는 벤하닷이 여전히 통치하고 있었기 때문이다.

64) 살만에셀이 이에 관하여 말하고 있고(Pritchard, *ANET*, pp. 280f.) 또한 그의 검은 오벨리스크에서도 그것을 묘사하고 있다(Pritchard, *ANEP*, plate 355). 예후는 "오므리의 아들"로 불리고 있다. P. K. McCarter(*BASOR*, 216 〔1974〕, pp. 5-7)는 여기에 나오는 왕의 이름은 "예후"가 아니라 "여호람"(오므리 왕가의)으로 읽어야 한다고 주장해 왔다. 그러나 이 논점에 대해서는 E.R. Thiele, *BASOR*, 222(1976), pp. 19-23와 M. Weippert, *VT*, XXVIII(1978), pp. 113-118를 참조하라. 벧 오므리(Beth-Omri: "오므리의 집")는 분명히 이스라엘 수도의 공식 명칭이었던 것 같기 때문에, 이 호칭은 다름아닌 "이스라엘(또는 사마리아)의 예후"를 뜻한다.

(주전 815-802년)는 더욱더 악화된 상황에서 살았다. 그는 짓밟히고 정복당하였는데[65], 하사엘은 그로 하여금 단지 10대의 병거와 50명의 기병으로 구성된 경호대와 1만명의 경찰 병력만을 보유하도록 하였다(왕하 13:7). 아합은 카르카르(Qarqar)에 2천대의 병거를 집결시켰다! 또한 아람족 군대는 해안 평야를 진격해 내려와서 블레셋을 침입하여 가드를 포위 공격하여 점령하였고[66], 엄청난 공물을 받고서야 유다 침공을 중단하였다(12:17f.). 이스라엘로 말하면, 요단 동편, 에스드렐론, 해변의 모든 영토 ─ 그리고 아마 갈릴리의 영토까지도 ─ 가 아람족의 지배하에 들어감에 따라 다메섹의 보호령의 지위로 전락하고 말았다. 대부분의 이웃 종족들은 이스라엘의 약세를 틈타 가능한 모든 방법으로 습격과 약탈을 일삼았던 것으로 보인다(암 1장).

c. 유다의 국내 사정: 요아스(주전 837-800년).

이 시기에 유다는 이스라엘을 불구로 만들었던 그런 내분을 겪지 않았고 또 아람족의 침략으로 별로 중대한 영향을 받지도 않았지만 역시 허약했다. 유다의 왕은 이미 말한 대로 아달랴의 패망 때 어린아이로서 왕위를 계승한 요아스(여호아스)였다.[67] 그의 오랫동안의 치세에 관하여 우리가 들을 수 있는 이야기(왕하 12장)는 실질적으로 그가 하사엘에게 공물을 바친 사실 외에는 성전을 개수하고 정화했다는 것뿐이다. 이것은 아달랴가 가증스러운 일을 저지른 뒤여서 필연적으로 취해야 할 조치였음이 분명하다. 이 조치는 아마 요아스의 즉위 직후에 시작되었을 것이기 때문에, 짐작컨대 왕이 미성년인 동안 섭정을 했을 대제사장 여호야다의 제의로 행해졌을 것이 거의 틀림없다. 열왕기는 요아스를 경건한 왕으로 묘사하고 있지만 극구 칭찬하지는 않고 있고 좀더 무언가를 말하고 싶다는 인상을 우리에게 남겨 준다.

역대기 사가(대하 24장)는 좀더 노골적이다. 그는 이 왕의 경건성은 여호야다의 영향에서 생긴 것이며, 따라서 여호야다가 살아 있는 동안에만 그랬을 뿐이라고 선언하고 있다. 역대기 사가는 요아스는 자기 후견인이 죽은 뒤에 제사장들의 지나친 권세를 반대하고 이교에 대해 좀더 관대한 자들의 영향 아래에서 이교를 다시 한번

---

65) 어떤 학자들은 열왕기하 6:24-7:20(여기서는 이스라엘 왕의 이름이 나오지 않는다)은 여호아하스의 굴욕을 반영하고 있다고 믿고 있다: cf. Kittel, *GVI*, II, p. 270; 주 42를 참조하라.

66) 가드는 아마 여전히 유다에 속해 있었을 것이다(cf. 대하 11:8). 하사엘은 여기서 열왕기 하 13:22의 LXX의 루키아니(Lucianie)역본이 실질적으로 말하고 있듯이 블레셋인들의 동맹자로 행세했을 것이다(cf. Noth, *HI*, pp.237f.). 그러나 Montgomery, *op. cit.*, (주 6) p. 438를 참조하라.

67) 이 왕과 이스라엘의 같은 이름을 가진 왕(왕하 13:10-15)은 둘다 요아스로도 여호아스로도 불리고 있다 ─ 이것은 물론 동일한 이름의 이형(異形)들이다.

성행케 하였으며, 그의 후견인의 아들이 자기를 비난하자 그를 처형해 버렸다고 우리에게 말해 준다. 학자들은 이 사건을 의심하는 경향이 있지만, 그 사건은 본질적으로 있을 수 없는 일은 아니다. 어쨌든 자신의 종교적 해이나 군사적 실패 또는 다른 이유 때문인지는 모르지만 요아스는 자신이 통치를 행하기 이전에 그의 일부 신하들에게 몹시 미움을 받는 신세가 되었다. 결국 그는 암살되었고, 그의 아들 아마샤가 왕위를 계승하였다.

2. 주전 8세기의 이스라엘과 유다의 재기.

주전 8세기에 들어와서 이스라엘과 유다는 다윗과 솔로몬 이래 누려보지 못했던 막강한 세력과 번영의 절정기로 부상하게 된 운명의 극적인 역전이 있었다. 이것은 부분적으로 두 나라가 복되게도 유능한 통치자들을 만났다는 사실에 기인하였다. 그러나 그 주된 이유는 세계 정세가 호전되어 이스라엘이 그 덕을 보았다는 데에 있다.

a. 주전 8세기 전반기의 세계 정세.

아닷 니라리 3세(Adad-nirari III, 주전 811-784년)가 앗시리아에서 권력을 장악하자 다메섹의 득세는 갑자기 끝장이 났다. 아닷 니라리 3세는 살만에셀 3세의 침략 정책을 재개하여 아람족 국가들에 대해 여러 차례 군사 작전을 전개했고, 그 과정에서(주전 802년경) 다메섹은 분쇄되어 그 세력이 꺾이고 하사엘의 아들이자 후계자인 그 왕 벤하닷 2세는 파탄을 초래하게 될 정도로 엄청난 조공의 의무를 지게 되었다. 물론 이스라엘도 화를 피하지 못했다. 왜냐하면 아닷 니라리는 자기가 두로, 시돈, 에돔, 그 밖의 나라들과 아울러 이스라엘로부터도 조공을 받았다고 우리에게 말하고 있기 때문이다.[68] 그러나 이것은 영속적인 정복이라기보다 명목상의 굴복을 나타내는 표시였다. 다메섹을 멸망시킨 타격이 이스라엘에게는 호되게 가해지지 않았다.

다행히 아닷 니라리는 자기가 거둔 성공을 계속해서 이어나갈 수 없었다. 그는 만년에는 다른 곳에서 바쁜 나날을 보냈고 또 그의 후계자들 — 살만에셀 4세(주전 783-774년), 앗수르 단 3세(Asshur-dan III, 주전 773-756년), 앗수르 니라리 5세(Asshur-nirari V, 주전 755-746년) — 은 무력한 통치자들이었기 때문에 그들은 거듭된 원정에도 불구하고 유프라테스강 서쪽의 발판조차 거의 유지할 수 없었다. 앗시리아는 내부 분쟁으로 약화되었고 특히 강력한 우라르트 왕궁의 위협을 받았는데, 이 왕국은 동서 양편으로 영토를 확장하여 그 크기가 앗시리아를 능가하지는 못했다고 할지라도 이제 앗시리아와 비등할 정도가 되어 있었다. 우라르투는 북부 시리아로 관심을 돌려 그곳의 군소 국가들 가운데서 동맹국들을 획득하였다. 실제로 주전 8세기 중엽에 와서 앗시리아는 붕괴의 위기에 직면했던 것 같다. 그 동안 수리아에서는 다메섹이 비록 앗시리아에게 얻어맞은 상처에서 약간 회복되긴 하였지만 이 시기의 대부분을 하맛과 처절한 — 그리고 분명히 성공적이지 못했던 — 대결로 어수선하게 보냈고,[69] 이스라엘을 계속 지배해 나갈 처지에 있지 못했다.

b. 재기: 이스라엘의 여호아스(주전 802-786년); 유다의 아마샤(주전 800-783년).

이스라엘의 재기는 예후의 손자로서 앗시리아인들이 다메섹을 불구로 만든 직후에 왕위에 올랐던 여호아스(요아스) 때 시작되었다. 성경에는 구체적인 설명이 전혀 없지만, 그는 부왕이 잃었던 모든 성읍들을 수복하였다고 있다(왕하 13:25). 아마 이것은 아람인들이 요단강 서쪽의 이스라엘 영토에서는 물론이고 아마 동쪽에서도 쫓겨났다는 것을 의미할 것이다.[70] 또한 여호아스는 유다를 무력한 처지로 전락시켜 버렸다(왕하 14:1-14; 대하 25:5-24). 열왕기의 이야기는 두 나라 사이의 싸움만을 말할 뿐 그 동기에 대해서는 언급하지 않고 있다. 그러나 역대기 사가는 그 동기를

---

68) Cf. Pritchard, *ANET*, pp. 281f. 새로이 알려지게 된 한 석비(cf. Stephanie Page, *Iraq*, XXX〔1968〕, pp.139-153; *VT*, XIX〔1969〕, pp.483f.)는 아닷 니라리가 사마리아의 요아스(여호아스)로부터 조공을 받았다는 것을 말해 준다. 이것은 앗시리아의 문헌에서 사마리아에 관한 최초의 언급(벧 오므리라 부르지 않고 사마리아로 부른 것으로는)이다. 이 석비에 비추어 볼 때, 여러 학자들이 지적하여 왔듯이 여호아스의 치세는 주전 802년에 시작되었음에 틀림없다(이전에 본서에서 취했던 주전 801년이 아니라); 그리고 C.F. Burney, *Notes on the Hebrew Text of the Book of Kings*(reprinted, New York: Ktav Publishing House, 1970), pp.34-36에 나오는 W.F. Albright의 서문을 참조하라.

69) 이것은 동시대의 하맛 왕 사길(Zakir)의 석비를 통해 알려지게 되었다; cf. Pritchard, *ANE, Suppl*, pp. 655f. 여기서 F. Rosenthal은 주전 8세기 초로 추정할 것을 제의하고 있다(거기에 있는 참고 문헌과 특히 Noth, *ZDPV*, LII〔1929〕, pp. 124-141을 참조하라).

70) M. Haran(*VT*, XVII〔1967〕, pp. 266-297)은 열왕기하 13:25를 근거로 그 지역은 여호아하스가 아니라 예후에 의해 상실되었기 때문에(왕하 10:32f.) 여호아스가 이 지역을 수복하지 않았다고 주장한다. 아마 이 주장이 옳을 것이다. 그러나 우리는 이 싸움의 자세한 경위에 관해 아는 것이 거의 없다. 나는 아모스 1:1-2:6이 여로보암 2세가 왕위에 올랐을 때에 요단 동편이 이스라엘의 지배하에 있지 않았다는 것을 보여 준다는 것을 납득할 수 없다.

제시하고 있고, 그기사는 확실히 믿을 만한 전승에 의거하고 있다. 역대기 사가는 유다의 아마샤는 에돔을 재정복할 계획을 세우고 자신의 병력을 보강하기 위해 이스라엘인 용병들을 고용하였으나 그후 그들을 쓰지 않기로 결정하고 해고하여 고향으로 돌려보냈다는 것을 우리에게 말해 준다. 그래서 화가 난 용병들은 귀향 대열에서 도로 연변의 몇몇 성읍들을 약탈하여 분풀이하였다. 그러는 동안 에돔인들을 결정적으로 격파하고 그들의 주요한 도시를 점령했던[71] 아마샤는 돌아와서야 비로소 사건의 전말을 알게 되었다. 그러자 아마샤는 여호아스가 설득하려 애썼는데도 성미 급하게 그에게 선전 포고를 했다. 벧세메스에서 벌어진 전투에서 유다는 여지없이 패했고 아마샤 자신도 포로가 되었다. 그런 다음 여호아스는 무방비 상태의 예루살렘으로 진격하여 도성을 점령하고 약탈했고 성벽의 여러 부분들을 무너뜨린 뒤 볼모들을 데리고 철수하였다. 그는 의심할 여지없이 유다를 자기의 영토에 병합할 수도 있었으나 아마 그렇게 함으로써 남북의 싸움을 더 악화시키기를 원하지 않았던 것 같다.

아마샤는 왕위에 머물러 있도록 허용되었다. 그 체면이 얼마나 손상되었을 것인가는 능히 짐작할 수 있다. 오래지 않아 그들 제거하려는 음모가 있었다(왕하 14:17-21). 그는 풍문으로 음모를 알아차리고 라기스로 도망쳤지만 거기서 붙잡혀 암살되었고, 그의 아들 웃시야(아사랴)가 그 대신 왕으로 옹립되었다.

c. 재기: 여로보암 2세(주전 786-746년)와 웃시야(주전 783-742년).

두 자매국의 재기는 다음 세대에 이스라엘에서는 유능하고 장수한 여로보암 2세 아래에서 그리고 유다에서는 같은 시기에 좀 젊었지만 장수하고 유능했던 웃시야 아래에서 그 절정에 도달하였다. 여로보암은 이스라엘의 역사에서 뛰어난 무인 가운데 한 사람이었다. 그의 전투들에 관해서 우리는 알지 못하지만(요단 동편에서의 두 번 승리가 아모스서 6:13에 암시되어 있다), 그는 북부의 국경선을 솔로몬시대에 설정되어 있었던 대로 하맛 어귀까지 확장할 수 있었다(왕하 14:25; 참조. 왕상 8:65). 이 국경선은 가데스에서 남쪽으로 얼마 안 되는 지역인 북부 수리아 요지(Coele-Syria)에 위치해 있었으므로 다메섹과 하맛의 영토가 제한되었다는 것을 알

---

71) 열왕기하 14:7의 셀라(Sela="바위")는 보통으로 페트라(Petra)와 동일시되고 있다. 이러한 동일시는 오래된 전승에 의거하고 있지만(cf. LXX), 몇몇 학자들은 이에 의문을 제기한다(cf. M. Haran, *IEJ*, 18〔1968〕, pp. 207-212와 거기에 나오는 전거들). 아마샤가 에돔을 정복한 범위는 알려져 있지 않다.

72) Cf. Aharoni, *LOB*, p. 313.

려 준다. 실제로 열왕기하 14:28은 여로보암이 이 두 나라에 자신의 권위를 행사하였다는 것을 시사해 주는데, 이것은 확실히 있을 수 있는 일이다.

그러나 이 절(節)의 본문은 종잡을 수 없게 모호하기 때문에 여로보암의 정확한 정복 범위는 분명치 않다. 그러나 다메섹을 완전히 격파하고 적어도 야르묵 강 북쪽의 요단 동편에 있던 아람족 땅들을 병합했을 것으로 추측할 수는 있을 것이다. 남부 요단 동편에서는 이스라엘의 국경선은 사해("아라바 해") 연변의 어느 지점에 설정되었다. 이 지점(아모스 6:14에서는 "아라바 시내"라 불리는)은 불확실하기 때문에, 우리는 이것으로부터 여로보암이 모압족의 영토를 어느 정도로 축소시켰는지 아니면 실제로 그들을 모두 정복했는지를 알 수 없다. 만약 아라바 시내가 이사야 15:7에 나오는 "버드나무 시내"(ʿarabim)와 동일한 것이고 또한 이것이 그럴듯하게 추정되듯이 사해 남단의 와디 엘 헤사(Wadi el-Hesa, 세렛)라고 한다면[72], 모압족을 완전히 정복했다는 뜻이 된다. 어쨌든 우리는 적어도 모압족과 암몬족이 이스라엘 영토에서 쫓겨나서 철저하게 제압당하였다고 추론할 수 있다.

웃시야는 열 여섯 살의 젊은 나이로 유다의 왕위에 올랐고(왕하 15:2), 아마 처음에는 연상인 동시대의 이스라엘 왕 여로보암의 그늘에 가리워져 있었지만[73] 이내 그 침략 정책의 대등한 동반자로 등장하였다. 그는 예루살렘의 방비를 개수하였고 군대를 재편하는 동시에 장비를 개선하였으며 또한 포위 공격을 당했을 때에 사용할 기발한 장치를 도입했다고 한다(대하 26:9, 11-15).[74] 또한 그는 공격 작전들을 감행하기도 하였다(대하 26:6-8). 그는 분명히 에돔족의 땅들에 지배력을 행사했고, 더 나아가 서북 아라비아 부족들에 대해 군사 작전을 전개함으로써 교역통로에 대한 자신의 위치를 공고히하였다.[75] 에시온게벨의 요새화된 항구(엘랏)는 그에 의해 재건되어(왕하 14:22) 남방과의 교역의 중계지로 다시 개항되었는데, 웃시야의 아들이자 공동 통치자였던 요담의 것으로 보이는 한 인장이 이곳에서 발견되었다.[76] 네게브 지방과 남부 사막지대도 마찬가지로 웃시야가 단단히 장악하고 있었는데, 이는 대상(隊商) 통로들을 보호하기 위해 그곳에 세워진 요새 조직을 통해 예증된다.[77] 또한

73) 어떤 학자들은 열왕기하 14:28의 모호한 본문은 유다를 희생시키며 이스라엘이 팽창했음을 암시한다고 추측하고 있다(예를 들면, Albright, *BP*, p.70). 그러나 확실히 알 수는 없다.

74) 발사식 장치가 아니라 성벽의 망대와 흉벽에 세워진 목조차 폐물로서 방패를 끼워서 성벽을 방어하는 투석기 사용자들과 활잡이들을 훨씬 안전하게 보호할 수 있도록 했다; cf. Y. Yadin, *The Art of Worfare in Biblical Lands*(McGraw-Hill, 1963), Vol. II, pp. 326f.

75) LXX은 더욱 분명하게 "암몬 사람들" 대신에 Minaioi(Meʿunim)라 읽고 있다(암몬 사람들은 이 문맥에서 거의 옳지 않다). Cf. Rudolph, *op. cit.*, (주 3) pp. 282, 285.

웃시야는 그의 국경선을 해안 평야 깊숙이 확장하여 가드, 야브네, 아스돗을 점령하고 블레셋인 영토 안에 여러 성읍들을 세웠다. 웃시야는 재위 말년에 문둥병에 걸려서(왕하 15:5) 공적인 권력 행사를 요담에게 물려주지 않을 수 없었지만 살아 있는 동안은 계속 실질적인 통치자의 역할을 했던 것 같다.

주전 8세기 중엽에 와서 이스라엘과 유다의 영토를 합하면 솔로몬 제국시대의 면적에 비해 거의 손색이 없었다. 각기 자기 나라가 처해 있던 유리한 입장을 충분히 이용했기 때문에 솔로몬 이후로는 누려 보지 못했던 번영이 찾아왔다. 두 나라는 서로 평화로운 관계에 있었고 또한 주요한 교역 통로들 — 요단 동편을 오르내리며 북부 아라비아로 들어가는 길들, 뵈니게 항구들로부터 해안 평야를 따라 오지(奧地)로 통하는 길들 — 은 반드시 이스라엘 사람들이 장악하고 있던 영토를 통과해야 했기 때문에 대상(隊商)들로부터 거두는 통행세와 자유로운 물물교환은 두 나라에 부가 쏟아져 들어오게 했다. 성경은 이에 대해 아무것도 말하고 있지 않지만, 홍해를 거쳐 남방의 여러 지역들과 이루어진 이전의 수지 맞는 교역도 부활되었을 가능성이 크다. 두로 — 아직 교역의 확대의 절정기가 끝나지 않았던 — 를 다시 한번 솔로몬과 오므리 왕조 시대에서처럼 조약을 통해 이러한 계획 속으로 끌어들였을 것이 거의 확실하다.

이 모든 것들은 당시 이스라엘 사람들 가운데 그 누구도 기억할 수 없었던 그러한 번영을 가져왔다. 사마리아에서 출토된 웅장한 건물들의 유적과 뵈니게인 또는 다메섹인들로부터 기원한 값비싼 상아 상감들은 아모스가 당시의 이스라엘 상류 계층이 누린 사치를 과장하지 않았음을 보여 준다.[78] 유다도 똑같이 번영하였다. 두 나라의 인구는 주전 8세기에 아마 가장 조밀한 밀도에 도달해서 많은 성읍들은 주민들로 넘쳐 나서 성벽 밖으로 확장되었다. 웃시야가 자기 나라, 특히 네게브 지방에서 경제 및 농업 자원들을 개발하려고 노력하였다는 역대기 사가의 기술(대하 26:10)은

---

76) Cf. N. Glueck, *BASOR*, 79(1940), pp. 13-15; *ibid.*, 72(1938), pp. 2-13.

77) Cf. Y. Aharoni, *IEJ*, 17(1967), pp.1-17; *idem*, *LOB*, p.314. 유다의 남쪽 경계선은 이 시기 내내 가데스 바네아까지 유지되었던 것 같다; cf. Carol Meyers, *BA*, XXXIX(1976), pp. 148-151과 거기에 나오는 전거들.

78) 주46에 나오는 전거들을 참조하라. 상감 세공의 대부분은 주전 8세기의 것으로 추정되고 있다. 므깃도에서 발견된 "여로보암의 종, 세마(Shema)"의 훌륭한 벽옥 인장도 이 시대의 것으로 추정되고 있다; 이에 관한 기술은 Wright, *BAR*, pp. 160f.를 참조하라. (그러나 S. Yeivin, *JNES*, XIX〔1960〕, pp. 205-212를 참조하라. Yeivin은 이 도장이 여로보암 1세의 치세 때의 것이라고 믿는다.)

네게브 지방은 이스라엘의 역사가 시작된 이래로 다른 어느 시대보다도 이 무렵에 인구 밀도가 높았다는 사실을 통해 확증된다.[79] 또한 고고학의 증거들은 여러 종류의 산업들(예를 들면, 드빌의 직물공업과 염색공업)[80]이 두드러지게 번창하였음을 밝혀 준다. 요컨대 이스라엘과 유다는 각기 독립한 지 두번째 세기의 중반에 이르러 과거 어느 때보다도 잘 살 수 있게 되었던 것이다. 적어도 표면상으로는 태평스러운 시대이자 미래에 대한 하나님의 약속을 굳게 신뢰한 시대였다.

3. 이스라엘의 내적 부패: 정통적인 선지자들의 선구자.

그러나 위에서 말한 다소 밝은 면모는 그보다 훨씬 아름답지 못한 또 다른 면모로써 견제되지 않으면 안 된다. 우리는 이것을 아모스서와 호세아서에서 얻는다. 이 두 예언서는 동시대의 이스라엘 사회의 내부를 들여다볼 수 있게 해주며, 적어도 북부 왕국은 겉모습은 건전해 보였음에도 불구하고 사회적으로나 도덕적으로 그리고 종교적으로 부패가 상당히 진척된 상태에 있었음을 분명히 해준다. 사실 주전 8세기의 번영은 그 망국병의 소모열이었다.

a. 북부 이스라엘의 사회적 분해.

불행하게도 우리는 여로보암의 국정 운영에 관해서 거의 아무것도 알지 못하고

---

79) 네게브 지방의 발굴에 관해서는 *BASOR*에 수록된 N. Glueck의 여러 논문들을 보라; 가장 최근의 것으로는 179(1965), pp. 6-29(이전의 보고들에 대한 참고 문헌들은 주1에 나와 있다). 대중적인 설명을 보려면 *idem*, *Rivers in the Desert*(2nd ed., New York: W.W. Norton, 1968), esp. Ch.VI을 보라.

80) Cf. Albright, *AASOR*, XXI-XXII(1943) - 색인을 보라.

81) 사마리아의 수기용 토기편은 대체로 솔로몬의 행정 구역들 가운데 하나와 일치하는 지역에서 나왔고, 아마 왕실 자산으로부터 수입이 아니라 세금을 나타내는 것 같다. 토기편들 가운데 다수가 이름을 알 수 없는 어떤 왕의 치세 제15년(그리고 하나는 제17년?)이라는 연대가 기록되어 있다는 사실에 의거해서, 학자들은 오랫동안 그 연대를 여로보암의 통치시대로 추정해 왔다. 좀더 최근에 와서 Y. Yadin(*Scripta Hierosolymitana*, VII〔1961〕, pp. 1-17)은 므나헴 통치시대로 추정하는 강력한 논거들을 제기했고, 그의 견해는 상당히 많은 동조자들을 얻었다. 그러나 다시 한번 여로보암의 통치시대로 추정하는 견해가 우세한 것 같다; cf. F.M. Cross, *Andrews University Seminary Studies*, XIII(1975), pp.8-10. Aharoni는 토기편들을 여로보암 치세 때의 것과 그의 부왕 여호아스 치세 때의 것으로 나누었다; cf. *LOB*, pp. 315-327(거기에는 자세한 문헌들이 열거되어 있다).

있다. 사마리아의 수기용 토기편(Samaris Ostraca, 아마 세금조로 궁정에서 받아들인 기름과 술의 선적을 기록하고 있는 63개의 토기편들)[81]은 솔로몬시대의 체제를 본뜬 행정 체제를 보여 주는 듯하다. 그러나 우리는 국가가 백성들에게 재정상 또는 다른 방식으로 어떠한 부담을 부과했는지 알 수 없다. 하지만 천한 백성의 신세는 터무니없이 고달팠고 또한 국가는 그러한 것을 완화시키기 위한 조치들을 하나도 또는 별로 하지 않았다는 것은 확실하다. 아모스가 알려주듯이, 이스라엘 사회의 두드러진 병폐는 극심한 부정 부패와 충격적일 정도로 현격한 빈부 격차였다. 영세농민의 경제적 사정은 겨우 입에 풀칠이나 할 정도였는데 그들의 운명은 흔히 고리대금업자의 처분에 달려 있었으며, 조금이라도 재난 — 예를 들면, 가뭄이나 흉년(참조. 암 4:6-9) — 을 당하는 경우에는 종노릇을 하지 않으면 유질처분(流質處分)을 당하거나 축출당하기 일쑤였다. 체제 자체도 가혹했지만 부자들의 탐욕으로 더욱 가혹해졌다. 부자들은 재산을 불리기 위해 가난한 자들의 곤경을 무자비하게 이용했는데, 흔히 가장 교활한 사기 수단을 쓰거나 가짜 도량형기을 만들거나 여러 가지 법적인 속임수를 써서 자기들의 목적을 달성하였다(암 2:6f.; 5:11; 8:4-6).[82] 부정직한 관행들이 도처에서 기승을 부렸지만, 재판관들은 돈으로 매수되었기 때문에(암 5:10-12) 가난한 자들은 구제를 받을 길이 없었다. 재산을 강탈당하고 토지를 빼앗긴 사람들의 수는 날로 늘어갔다.

이 무렵에 이스라엘의 사회 구조가 근본적인 성격 변화를 겪었다는 것은 사실이다. 이스라엘은 원래 여호와와 맺은 언약을 통해 이루어진 하나의 지파 동맹체였다. 비록 초기에는 무법과 폭력이 많았던 것으로 알려져 있지만, 이스라엘의 사회 구조는 계급 차별이 없는 단일한 체제였고, 모든 사회적 의무의 근거는 여호와의 언약이었으며, 모든 분쟁은 언약의 율법에 따라 판정되었다. 이제 이 모든 것이 변하였다. 왕정의 등장하고 이에 따라 백성들의 생활이 왕권의 지배 아래 조직됨으로써 사회적 의무의 실질적인 근거는 국가로 옮겨갔고 또한 이와 더불어 상업 활동이 활발해짐에 따라 특권 계급이 생겨나 지파의 유대는 약화되었고 지파 사회의 특징인 연대(連帶)는 파괴되었다. 더욱이 수많은 가나안 사람들은 흡수되기는 했으나 지파 조직 안에 통합되지는 않았고 그 출신 배경이 봉건적이었기 때문에 이스라엘 안에 언약이나 언약의 율법을 거의 이해하지 못하는 주민이 많이 있게 되었다. 이러한 풍조들은 다윗

82) 어떤 유의 법적 의제(擬制)가 "신 한 켤레를 받고 가난한 자들을"(암 2:6) 팔아 넘기는 일의 근저에 있다는 것은 확실한 것 같다: cf. E.A. Speiser, *BASOR*, 77(1940), pp. 15-20.

과 솔로몬 때부터 시작되었지만 항의와 혁명에도 불구하고 억제되지 않고 그대로 지속되었다. 주전 8세기에 와서 비록 여호와 신앙이 국가 종교로 남아 있어서 입으로는 여호와의 언약을 믿는다고 했지만 언약의 율법은 실제적으로 거의 무의미하게 되었다. 이스라엘 사회는 조상 대대로의 생활 양식을 상실하였지만 어떤 새로운 생활 양식에 순응하지도 않은 상태에 있었다.

b. 북부 이스라엘의 종교적 부패.

위에서 느낄 수 있는 바와 같이, 사회적 분해는 종교적 부패와 보조를 같이 하였다. 이스라엘의 큰 성소들은 예배자들로 붐볐고 바빴으며 또 아낌없는 후원도 받았지만(암 4:4f. ; 5:21-24), 순수한 형태의 여호와 신앙은 더이상 유지되지 않고 있었음이 분명하다. 지방의 성소들 가운데 다수는 의심할 여지없이 공공연하게 이교적이었고, 풍산 제의와 그 타락한 의식들이 도처에서 행해졌다(호 1-3장; 4:11-14). 사마리아의 수기용 토기편들에 적혀 있는 이름들을 보면 "여호와"란 말이 들어가는 이름과 "바알"이란 말이 들어가는 이름의 수가 거의 같다는 것은 의미심장하다.[83] 이런 경우들에 있어서 바알("주")이란 말은 단지 여호와의 칭호이었을 수도 있었겠지만(참조. 호 2:16), 많은 이스라엘 사람들은 바알의 숭배자였다는 결론을 피할 수 없다(동시대의 유다에서는 그때까지 그런 이름들이 '전혀' 없었다).[84] 우리는 예후의 숙청이 직접 두로의 바알을 겨냥했지만 토착화된 이교 신앙을 뿌리뽑지는 못했고 또 그렇게 하려고 진지하게 애를 쓰지도 않았다는 것을 상기하여야 한다. 그 정도를 측정할 방도는 없지만, 공식적인 국가 종교에서조차도 이교에서 기원한 의식들을 흡수하고 있었던 것으로 보이며(암 2:7f, ; 5:261; 호세아서의 여러 곳), 더욱 나빴던 것은 '기존 질서' (*status quo*)의 평화를 확보할 목적으로 의식과 제물로써 신을 달랜다는 전적으로 이교적인 기능을 제의에 부여하였다는 것이다.

이렇게 희미해진 여호와 신앙이 언약의 율법에 대해 예민한 감각을 지닌다거나 그 위반을 효과적으로 책망한다는 것은 거의 기대할 수 없었다. 지방 성소들의 제사장들은 이교도가 되었거나 반이교도나 다름없었으므로 그런 역할을 할 수 없었음은

83) 그 비율은 대략 여호와라는 말이 들어가는 이름이 11이라면 바알이 들어가는 이름은 7이다; cf. Albright, *ARI*, p.155.

84) 아랏(Arad) 수기용 토기편(왕정시대의 것으로 100개 이상이나 되지만 단편들인 경우가 많다)을 첨가해서 살펴보아도 역시 이 말은 사실이다; cf. Y. Aharoni, *BA*, XXXI(1968), pp.2-32(cf. p. 11).

확실하다. 국가 제의의 성직자들로 말하자면, 그들은 이러한 풍조를 비난하거나 장려하는 말을 전혀 할 수 없었던 관리이거나 지체 높은 사람들이었다(암 7:10-13). 더욱 놀라운 것은 과거에는 여호와의 이름으로 국가에 저항하는 것도 서슴지 않았던 선지자 집단에서도 효과적인 책망의 소리가 전혀 나오지 않았던 것으로 보인다는 사실이다. 그들의 대부분은 기존 질서에 완전히 항복해 버렸던 것 같다. 우리는 단지 그들이 죽음을 무릅쓰고 이세벨에게 저항하다가 예후의 숙청으로 자신들의 직접적인 목적이 달성된 것을 보고는 너무 쉽게 만족해 버린 채 이교 신앙이 여전히 남아 있다는 사실을 보지 못하고 이스라엘의 재기를 기뻐한 나머지 애국의 열정을 국가에 봉사하는 것에 바치고 또한 국가에 여호와의 축복을 보냈던 것으로 추측해 볼 수 있을 따름이다. 그들의 민족주의적 신탁들은 국가를 비판할 수 없었기 때문에 전반적인 자기 만족 풍조를 조성하는 데 이바지했을 뿐이다. 실제로 그들은 한 집단으로서 전반적인 부패에 빠져 시류에 영합하는 기회주의자, 곧 주로 보수(報酬)에만 관심을 갖는 직업인이 되었기 때문에 세상 사람들로부터 널리 멸시를 받게 되었던 것으로 보인다(암 7:12; 미 3:5, 11).

그럼에도 불구하고 우리는 이스라엘은 비록 썩기는 했지만 그 분위기는 낙관적인 것이었음을 감지한다. 이러한 분위기는 부분적으로는 국력에 대한 긍지와 일시적으로 국제 정세의 지평선에서 구름이 걷히게 된 것 때문이기도 했지만 부분적으로는 여호와의 약속에 대한 깊은 신뢰 때문이기도 했다. 하지만 이스라엘의 신앙이 내적으로 왜곡되어 있었던 것은 사실이다. 이스라엘을 향한 여호와의 은혜로운 행사(行事)들은 의심할 여지없이 제의에서 부지런히 재연되었고 또한 이스라엘이 그분과 맺은 언약도 정기적으로 재천명되었다. 그러나 이러한 제의는 장래에 언제나 여호와가 국가를 보호해 줄 것이라는 보증으로 여긴 것 같고, 여호와의 호의(참조. 암 2:9-12)에 의해 부과된 의무들과 언약의 규정들에 의해 부과된 의무들은 대체로 잊혀진 상태였다(암 3:1f.; 9:7). 실제로 하나님과 백성의 유대는 본질적으로 그대로 존재하면서 국가에 무조건으로 하나님의 호의를 보장해 주는 그 무엇이라는 개념이 확립되어 있었던 것 같다. 언약의 의무들은 그 의미를 아주 상실하지 않은 한 순전히 제의적인 것으로 인식되었기 때문에 그 요구들은 정교한 의식과 국가의 성소들에 대한 아낌없는 지원으로 충족될 수 있는 것으로 생각되었다. 이스라엘 사람들이 보기에는 충족되고 있었다. 미래에 대해서도 이스라엘 사람들은 여호와의 날의 도래를 믿었다. 이러한 개념은 아모스 5:18-20에서 처음으로 언급되고 있고 이미 주전 8세기에는 확고하게 뿌리를 내린 대중적인 소망이 되었는데, 그 기원은 모호하여 논의되고 있다.[85] 사람들이 과거에 — 출애굽, 가나안 정복, 사사들의 성전(聖戰)에서 — 여호와가 개입했던 위대한 시절의 전승들을 상기함에 따라 여호와가 다시 이스라엘을 위해 결정적으로 개입하여 그 원수들을 쳐부수고 조상들에게 약속했던 가나안 땅의 소유를 보장할 그날에 대한 기대가 자라났을 가능성이 있다. 이스라엘은 여전히 그 규범적 신앙의 본질적인 특징들 — 선택, 언약, 약속 — 을 고수하고 있었지만, 그 신앙은 내적으로 깊이 왜곡되어 있었다. 여호와 신앙은 이교가 될 위험에 처해 있었다.

c. 선지자들의 항의: 아모스와 호세아.

이러한 갈림길에 그 설교들이 성경에 수록되어 있는 일련의 선지자들 가운데 최초의 두 사람이 이스라엘의 역사 무대에 등장하였는데, 그들이 아모스와 호세아다. 이 두 사람은 결코 같은 성향의 인물이 아니었고 또한 그 설교도 몇 가지 점에서 두드러지게 달랐지만, 둘다 당시의 악폐들을 공격하였는데, 이것은 그후 고전적인 모범이 되었다.

대략 주전 8세기 중반에 말씀을 전하기 시작한 아모스의 이력에 관해서 우리가 아는 것은 다음과 같은 사실뿐이다: 그는 유다 광야의 변두리에 있던 드고아라는 고장 출신이었다. 그는 선지자 집단의 일원이 아니라 양을 치던 목자로서 그가 선지자라는 유일한 증명은 여호와의 말씀을 전하도록 부르심을 받았다는 엄청나게 강렬한 소명 의식이 있었다는 것이다(7:14f. ; 3:3-8). 그의 사역은 적어도 대부분 북부 왕국의 테두리 내에서 수행되었다. 그는 어느 때에 벧엘의 왕의 성소에서 자신의 속마음을 털어놓았다가(7:10-17) 거기서는 더 이상 말을 하는 것이 금지되었다. 아모스의 설교는 당시의 사회악들, 특히 부자들이 가난한 자들을 억눌렀던 그 냉혹성과 부정직성(2:6f. ; 5:10-12; 8:4-6), 또한 민족의 품성을 무너뜨린 부도덕과 무분별한 사치 추구의 풍조에 대한 무서운 공격이었다(2:7f, ; 4:1-3; 6:1-6). 그는 이 모든 것을 여호와가 확실히 벌할 죄악으로 보았다. 아모스는 "언약"이라는 말을 결코 쓰지 않았지만, 그가 이러한 민족의 죄를 언약의 율법을 배경으로 평가하였으며, 출

85) G. von Rad는 이 개념의 기원을 성전(聖戰)의 전승들에서 찾고 있는데 거의 정확할 것이다; cf. "The Origin of the Concept of the Day of Yahweh" (*JSS*, IV〔1959〕, pp.97-108); *idem*, *Old Testament Theolgoy*, Vol. II(Eng. tr., Edinburgh and London: Oliver & Boyd; New York: Harper & Rew, 1965), pp. 119-125. F.M. Cross(*Canaanite Myth and Hebrew Epic*, pp.105-111)는 여호와의 날은 성전(聖戰)에서의 여호와의 승리라는 주제와 제의 속에서 정복을 재연하는 의식이라는 주제가 결합된 것이라고 본다.

애굽과 가나안 땅의 수여를 통하여 여호와가 이스라엘에게 베푼 은혜에 비추어 그 죄악을 배나 가증스러운 것이라고 생각하였음이 분명하다(2:9-12).[86] 그는 여호와의 이스라엘 선택이 이스라엘의 보호를 보증해 준다는 생각(1-2장; 3:1f.; 9:7), 언약의 의무들은 제의적 활동만으로도 이행될 수 있다는 생각(5:21-24)을 비난하였고, 실제로 이스라엘의 제의는 죄악의 온상이 되었으며 거기에는 이미 여호와가 임재하지 않는다고 선언하였다(4:4f.; 5:4-6). 아모스는 북부 왕국에 대해 어떠한 소망도 가지지 않았다.

아니, 공의를 실행하는 경우에만 소망이 있다고 그는 제언하였는데(5:14f.), 그런 징조를 전혀 볼 수 없었다고 해야 옳겠다. 그래서 그는 이스라엘은 철저한 파멸 이외에는 어떠한 미래도 없다고 선언하고(5:2; 7:7-9; 9:1-4,8a), 이스라엘이 바라는 여호와의 날은 하나님의 심판이 내리는 깜깜한 날이 될 것이라고 했다(5:18-20). 하지만 아모스가 이런 온갖 비난을 퍼부으면서도 자신의 선구자들과는 달리 국가에 대한 혁명을 선동하지는 않았다는 점을 유의해야 한다. 그는 이러한 혐의로 고발당하기는 했지만(7:10-13), 그가 화를 내며 이를 부인했다는 것은 사실들에 의해 입증된다(14절 이하). 아모스는 이스라엘이 이미 혁명과 같은 수단으로는 치유될 수 없다고 믿었기 때문에 그런 혁명을 설교하지 않았다: 여호와가 그리고 여호와만이 복수를 할 것이다.

호세아로 말하자면, 비록 그의 신탁의 대부분은 다음 장에서 기술할 혼돈의 시대와 관련되지만, 그의 활동은 마찬가지로 여로보암의 치세 때에 시작되었으므로(호 1:4) 아모스보다 뒤에 등장했다고 하지만 그 시간적 간격은 얼마 되지 않는다. 북부 왕국의 주민이었던 호세아는 자신의 비극적인 가정 파탄의 경험을 통해 부르심을 받았던 것 같다(1-3장). 확실하게 말할 수는 없지만[87], 그가 극진히 사랑했던 아내가 자기를 배반하고, 비록 성창(聖娼)은 아니었더라도 부도덕한 삶에 휩쓸렸던 것 같

86) 아모스의 평가기준의 직접적인 원천은 자신의 출신배경인 시골의 "씨족 기풍"(clan ethos)이었는지 모른다(H.W. Wolff, *Amos' geistige Heimat*, WMANT, 18〔1964〕). 그러나 이 씨족 기풍을 언약의 율법에 관한 지식이 전해 내려온 중요한 통로들 가운데 하나로 이해할 때에만 그런 추측이 가능할 수 있다. 아모스는 언약의 책에서 찾아볼 수 있는 것과 같은 법률 자료를 알고 있었음이 분명하다; cf. J.L. Mays, *Amos*(OTL, 1969), pp.47-49.

87) 논란이 심한 이 문제를 여기서 논의할 수는 없다; 주석서들, 가장 최근의 것으로는 J.L. Mays, *Hosea*, (OTL, 1969), pp.21-60를 보라. 이 문제를 가장 훌륭하게 요약한 논술로는 H.H. Rowley, "The Marriage of Hosea"(1956: reprinted, *Men of God* 〔Edinburgh and New York: Nelson, 1963〕, pp.66-97)을 보라.

다. 자기에게 돌아오도록 간청했으나 말을 듣지 않아서 그는 아내와 이혼하지 않을 수 없었다. 이러한 경험이 호세아의 설교에 그 특징적인 형태를 부여하는 데 틀림없이 도움이 되었을 것이다. 그는 언약의 유대를 결혼생활로 묘사하면서 이스라엘의 "남편"인 여호와는 한 남편이 자기 아내에게 기대하는 그런 성실성을 이스라엘에게 바라고 있는데 이스라엘은 다른 신들을 숭배함으로써 "간음"을 저질렀고 따라서 "이혼", 즉 국가적 파멸을 당하게 될 것이라고 말하였다(2:2-13). 호세아는 바알 제의, 이교화된 여호와 제의, 그리고 이교에 수반된 모든 도덕상의 부패를 심하게 비난하였고(4:1-14; 6:8-10; 8:5f.), 이스라엘은 여호와의 은혜로운 행위들을 잊어버렸으므로(11:1-4; 13:4-8) 더 이상 여호와의 백성이 아니라고 힐난하였다(1:9). 진정한 참회의 징후를 볼 수 없었기 때문에(5:15-6:6; 7:14-16), 그도 아모스처럼 이 나라가 언약에 규정된 저주를 받고 멸망할 운명에 처해 있다고 믿었다(7:13; 9:11-17). 물론 그가 (분명히) 자기 아내를 용서하고 다시 결합하였듯이(3장) 여호와도 그 한량없는 사랑으로 징벌을 받은 이스라엘을 언젠가 용서하고 그 고향 땅에 돌아오게 하여 다시 한번 자기와 "약혼하게" 하리라는(2:14-23; 11: 8-11; 14: 1-7) 확신이 그의 마음속에서 자라났을 것이다. 그러나 이것은 바야흐로 이 나라에 덮쳐 오려고 하는 그 불가피한 재난를 겪고 난 다음의 일이었다.

d. 이스라엘 종교사에서 선지자들의 위치.

아모스와 호세아가 최초의 대표자가 된 이 운동은 그후 약 3세기 동안 계속되면서 이스라엘 역사의 전과정에 가장 심각한 영향을 미쳤기 때문에, 이 시점에서 이 운동의 성격에 관해 몇 마디 해둘 필요가 있다. 사실 이 전형적인 선지자들은 이스라엘에서 하나의 새로운 현상을 보여 주는 것이다. 하지만 그들은 분명 정신적 선구자들은 아니었고 더군다나 윤리적 유일신교의 발견자들도 아니었다. 이제까지 그들을 흔히 그렇게 말해 왔으나 이는 사실과 다르다. 그들의 공헌의 독창성은 의문시될 수는 없지만, 아무튼 그들은 혁신가들이 아니라 이스라엘 전통의 주류에 서서 그 전통을 새로운 시대 상황에 적응시킨 사람들이었다.

정통적인 선지자들은 직업적 선지자들이 돈에 매수되는 것을 혐오하여 그들의 낙관주의적인 신탁은 여호와의 말씀을 대변한 것이 아니라고 믿고 선지자 집단과 단호히 관계를 끊었고 그들을 거부하고 신랄히 규탄하였음이 사실이다(암 7:14; 미 3: 5,11; 렘 23:9 — 32). 더욱이 그들은 몇 가지 본질적인 측면에서 과거의 황홀경 선지자들과 달랐다. 이 정통적인 선지자들도 과거의 선지자들같이 흔히 흉내나 몸짓으로 예언하기도 했고(예를 들면, 사 20장; 렘 27장; 28장; 겔 4장; 5장; 참조. 왕상 22:1-28) 또 깊은 심령의 체험을 하기도 하였지만(암 7:1-9; 사 6장; 렘 1장; 겔 1장 등) 황홀경의 광적인 상태에서 예언한 것이 아니라 여러 재능들을 충분히 갖추고서 자신들의 설교를 세련된 시적인 신탁의 형태로 전달했는데, 이 신탁들은 보통 가장 격조높은 문학적 자질을 지니고 있었다. 그들은 이러한 신탁들을 공공연하게 발설하였다. 물론 그 신탁들은 백성들의 기억 속에 남아서 전해져 내려왔고 구전 전승과 문서 전승의 복잡한 과정을 거쳐 한데 수집되어 마침내 오늘날 우리가 알고 있는 예언서들이 등장하였다.

더욱이 어떤 선지자들은 제자들의 무리를 끌어 모았다는 것을 우리는 알고 있지만(예를 들면, 사 8:16), 그들은 무리를 지어 예언한 것이 아니라 혼자서 예언했다. 더군다나 비록 그들이 흔히 성소들에서 자신의 메시지들을 전했고 또 자주 제의 용어들을 사용했으며 그들 가운데 몇몇은 성직자 출신이었지만, 그들은 제의 종사자가 아니었다.[88] 그들은 갖가지 생업에 종사하던 사람들로서 여호와의 말씀의 강권을 느끼고 흔히 — 아마 언제나 — 어떤 소명 체험을 통하여 선지자의 사명을 맡게 되었다. 끝으로 그들은 이전의 선지자들처럼 자유롭게 국가에 이의를 제기하며 끊임없이 그 정책에 영향을 미치려고 애를 쓰긴 했지만 우리가 알고 있는 한 결코 혁명적인 활동에 몰두하지는 않았다.

이와 동시에 이 정통적인 선지자들은 이전의 선지자들의 전통을 그대로 이어나갔음이 분명하다. 그들은 동일한 호칭(nabi)으로 불렸고 여호와의 말씀을 선포하는 동일한 임무를 수행하였으며 그들의 신탁을 동일한 호칭법(formulas of address)으로 말하였다. 실제로 유사점들이 너무도 많았기 때문에 어떤 외적인 시험으로는 "참" 선지자들을 직업적인 선지자들로부터 구별해 내기는 어려웠다(렘 27장; 28장; 신 18:20-22). 아모스는 실제로 직업적 선지자로 오인되었다. 더군다나 정통적 선지자들은 이전의 선지자들의 견해들 가운데 다수를 공유하였다. 예를 들면, 외세의 개입을 싫어했고 과거의 전통으로 돌아가서 그 안에서 기존의 질서를 판단할 수 있는 기준이 될 규준들을 발견하였다(암 2:9-12; 호 11:1; 12:9f.;

88) 선지자들이 제의의 직무를 가진 자로서 설교를 했다는 견해가 자주 피력되어 왔다. 그러나 그들 가운데 몇 사람(예를 들면, 나훔?)은 그랬다고 볼 수 없는 것은 아니지만, 내 의견으로는 정통적인 선지자들 전체를 그런 관점에서 이해할 수는 없다고 본다. 이 문제에 관한 논의와 참고 문헌에 대해서는 H.H. Rowley, *Worship in Ancient Israel*(London: S.P.C.K., 1967), Ch.5을 참조하라.

13:4f. ; 렘 2:2f.). 훨씬 더 중요한 것은 정통적 선지자들의 비판의 주요한 사항들 — 이방신들의 숭배와 언약의 율법의 위반 — 은 이전의 선지자들이 공격했던 바로 그것들이었다는 사실이다.

정통적 선지자들이 여호와가 올바른 행실을 요구한다는 것을 발견한 최초의 인물들이 아니었으며 또 여호와만을 예배해야 한다고 주장한 최초의 인물들이 아니라는 것을 알기 위해서는 나단이 다윗을 책망한 일, 나봇에게 저지른 아합의 범죄를 엘리야가 규탄한 일, 두로의 바알에 대항한 엘리야의 성전(聖戰)을 상기하기만 하면 된다. 이 두 가지에서 정통적 선지자들은 끊이지 않는 계보 — 이믈라의 아들 미가야, 엘리야, 실로의 아히야, 나단 — 를 통해 사무엘과 초창기 이스라엘의 언약 체제까지 거슬러 올라가는 전통의 후예들인 것이다.

정통파 선지자들은 왕정 시초나 그 직전부터 이스라엘에 존재해 왔던 한 직임을 새로운 시대 상황에서 대표한 자들이었다. 그것은 여호와가 자기 백성을 직접 다스리기 위해 사용한 사사들의 카리스마적 지도력의 연속선상에 서 있는 직임이었다.[89] 이것은 참된 의미에서 정치적 직임이었다. 왜냐하면 선지자들은 여호와의 천상 궁정의 사자로서, 즉 이 세상에서 여호와의 절대적 통치권의 대리자로 지명받아 설교했고 또한 이스라엘의 실제적인 통치자는 여호와라는 것을 왕들과 국가 관리들에게 상기시키고 이미 선포된 여호와의 뜻에 비추어 국가를 비판하고 바로잡는 것이 그들의 의무였기 때문이다.

이미 살펴본 대로 선지자들은 이러한 비판을 거듭 수행했다. 그러나 이제 주전 8세기 중반에 와서는 나라 전체가 그 부정한 행실로 인하여 여호와의 통치에 완전히 반역하고 있음이 명백해졌고 또 선지자 집단 자체도 전반적으로 효과적인 비판을 가할 힘이나 뜻을 잃게 되자 더욱 준엄한 말씀이 필요하였음이 분명하다. 위대한 정통적 선지자들이 바로 그 말씀을 가져왔다. 온갖 사회악에 대한 그들의 철저한 공격은 이스라엘에 대한 여호와의 최고 주권과 여호와의 언약의 규정들을 무조건적으로 순종해야 할 이스라엘의 의무에 대한 압도적인 의식에 뿌리박고 있었다. 그들은 여호

---

89) 본서에서 개진된 선지자 직임에 관한 이해를 위해서는 W.F. Albright, *Samuel and the Beginnings of the Prophetic Movement in Israel*(The Goldenson Lecture for 1961; Hebrew Union College Press); G.E. Wright, "The Nations in Hebrew Prophecy" (Encounter, XXVI〔1965〕, pp. 225-2370; E.F. Campbell, "Sovereign God" (*McCormick Quarterly*, XX〔1967〕, pp. 3-16)을 참조하라. 또한 H.B.Huffmon의 탁월한 논문인 "The Origions of Prophecy" (*Mag. Dei*, Ch. 8)를 보라; 또한 H.W. Wolff, *Interpretation*, XXXII(1978), pp. 17-30.

와의 백성이라는 이스라엘의 지위가 이교에서처럼 혈연, 지연, 제의에 근거를 두고 있다는 생각, 여호와는 언약에 따라 이스라엘의 미래를 무조건적으로 책임져야 한다는 생각, 언약의 의무는 번잡한 종교 행위를 통해 이행될 수 있다는 생각을 배격하였다. 그 대신 그들은 규범적 전승들로 되돌아가서 이스라엘의 존립의 토대는 여호와의 선행적인 호의와 이스라엘은 여호와의 종주권을 받아들일 것을 엄숙히 동의하고 결코 다른 신과는 아무런 관계도 맺지 않으며 공적으로나 사적으로나 모든 일에서 여호와의 공의로운 법에 엄격히 순종할 것을 서약하는 데에 있다고 보았다.

그들의 설교 전체는 여호와의 언약과 그 요구들에 대한 깊은 이해에서 나온 것이었다. 그러나 그들에게는 이스라엘이 그 언약의 조건들을 터무니없이 어겼기 때문에 — 실제로 언약의 주군에게 공공연히 반란을 일으킨 상태에 있었기 때문에 — 그들이 천상궁정에서 들을 수 있는 메시지는 바로 심판의 메시지뿐이었다; 고발자인 동시에 재판관인 여호와는 자신의 반역하는 봉신들을 재판에 붙이고 그들에게 선고를 내릴 것이다. 그분은 진노하여 백성을 외면하고 그들에게 언약에 규정된 저주를 내려 멸망시킬 것이다. 그러나 역설적이지만 이 선지자들이 하나님의 선고를 알리면서 이스라엘 신앙에 내재해 있던 약속이라는 요소, 그들이 포기할 수도 없었고 통속적인 형태로 받아들일 수도 없었던 약속이라는 요소는 기존의 국가로부터 끊어지기 시작해서 미래로 옮겨져 새로운 차원을 갖추게 되었다.

주전 8세기 중엽에 이스라엘은 끔찍한 불화의 양상을 드러냈다. 이스라엘 국가는 외적으로 강력하고 번영했으며 또 미래를 확신하고 있었으나 내면적으로는 썩을 대로 썩어 이미 치유의 가망이 없었다. 아모스와 호세아뿐만 아니라 틀림없이 다른 사람들도 함께 외치는 소리가 있게 되자 이스라엘은 이제 끝장이 났고 또 이스라엘의 신앙은 더 이상 이스라엘과 융화될 수 없으며 적어도 북부 왕국에 관한 한 여호와가 자기 백성들로부터 완전히 멀어졌다는 불안감이 널리 퍼지게 되었다. 앞으로 살펴보겠지만, 늦가을의 봄날 같은 화창한 날씨(the Indian summer)는 오래 지속될 수 없는 법이다. 사실 이스라엘은 이미 죽어가고 있었다. 북부 왕국이 멸망하고 또 그보다는 완만하게 남부 왕국도 그 뒤를 따르고 있었을 때에 이스라엘의 신앙이 새로이 생명을 띠게 된 것은 주로 이 선지자들 덕분이었다.

제 4 부

이스라엘의 왕정 (계속)

위기와 몰락

제 7 장

앗시리아의 정복 시대

주전 8세기 중엽부터 히스기야의 죽음까지

주전 8세기 후반의 상반기에 이스라엘은 자신의 지위를 결정적이고도 영속적으로 바꾸어 놓은 상황들에 부딪치게 되었다. 우리는 지금까지 남왕국과 북왕국이라는 두 개의 독립적인 왕국의 역사를 추적해 왔다. 두 나라는 이웃 나라들과 끊임없이 싸워 왔고 때로는 굴욕을 당하기도 했지만 정치적 자결권을 상실한 적은 결코 없었다. 또한 좀더 큰 세계적 사건들의 흐름에 의해 영향을 받지 않은 것은 아니었지만 간접적인 것을 제외한다면 멀리 떨어져 있는 제국들의 입김에 좌지우지된 적도 없었다. 하나의 민족으로서 생존해 온 오백 년에 걸친 이스라엘의 전(全)역사는 강대국이 없는 공백기 속에서 면면히 이어져 온 것이 사실이다; 이스라엘을 심각하고도 끊임없이 괴롭힐 수 있는 위치에 있는 제국이 전혀 존재하지 않았다는 얘기다. 그 결과 이스라엘은 자신의 힘으로 어떤 식으로든 극복하지 못하여 생존의 위협을 받는 긴급 사태를 전혀 모르고 지내왔다. 주전 8세기 중엽 이후에 사정은 전혀 달라졌다. 앗시리아가 본격적인 제국 건설의 길로 접어듦으로써 지평선에 길고 낮게 드리워져 있던 구름은 약소 민족들을 추풍 낙엽처럼 휩쓸어 버린 일진광풍(一陣狂風)으로 변했다. 북부 왕국은 그 강풍 앞에서 툭 부러져 무너지고 말았다. 유다는 그래도 그후 1세기 반 동안 이럭저럭 명맥을 유지하면서 앗시리아보다도 오래 존속하긴 했지만 그 중간의 한때를 제외하고는 다시는 정치적 독립을 되찾을 수 없었다. 이 비극적인 시대의 이야기가 지금 우리의 관심사다.

우리의 주된 사료는 역시 열왕기이고, 보충 자료는 역대기 사가에 의해 제공된다. 지금 논의중인 시대에 관한 자료들이 이례적으로 풍부하게 들어 있는 앗시리아 왕들의 기록 문서들은 성경의 이야기를 여러 모로 밝혀 주기 때문에 때때로 원용될 것이다. 물론, 이밖에도 이사야서와 미가서 그리고 호세아서 — 이 시대의 초기에 관해서 — 로부터 아주 귀중한 참고 자료를 얻는다.

A. 앗시리아의 진출: 이스라엘의 멸망과 유다의 복속

1. 이스라엘 몰락의 시작.

여로보암의 죽음(주전 746년)을 기점으로 북부 왕국의 역사는 누그러질 줄 모르는 재난의 이야기로 바뀐다. 안으로 곪은 병이 밖으로 터져 나오면서 이스라엘은 다시 일어선 앗시리아의 침략으로 그 전(全)역사상 가장 중대한 위협에 직면했던 바로 그때에 무정부 상태로 곤욕을 치르고 있었다. 그로부터 25년 안에 이스라엘은 지도에서 지워지고 말았다.

a. 앗시리아의 재기: 디글랏빌레셀 3세.

앗시리아가 유프라테스강 너머의 땅을 탐낸 것은 한편으로는 그 땅의 귀한 목재와 광물자원 때문이었고, 또 한편으로는 그 땅이 이집트, 소아시아의 서남부, 지중해와 교역으로 통하는 길목이었기 때문이었다. 앗시리아 군대가 한 세기 이상 서부로 군사 작전을 정기적으로 수행한 것도 이 때문이었다. 하지만 지금까지는 앗시리아의 세력 기반은 너무 흔들렸고 또한 경쟁 국가들의 위협이 너무 심각했기 때문에 앗시리아는 정복한 지역들을 고정적으로 확보할 수 없었고, 그 결과 앗시리아의 역사는 일진일퇴의 연속이었다. 이스라엘이 마지막으로 잠시 동안 숨을 돌릴 수 있었던 것은 바로 앗시리아가 후퇴 시기였기 때문이었다. 이제 은혜의 시기는 끝났다. 앗시리아는 바야흐로 이스라엘을 정복하고 점령하고 지배하려 하고 있었다.

앗시리아 역사에서 이 시대의 막을 열고 진정으로 제국을 창건한 인물은 매우 활기차고 유능한 통치자였던 디글랏빌레셀 3세(Tiglaht-Pileser III, 주전 745-727년)였다. 왕권을 장악하자 그는 남쪽 바벨론의 아람계(갈대아인) 여러 민족들과 북쪽 우라르투(Urartu) 왕국에 대항하여 앗시리아의 세력을 재천명하고 또한 서부에서 앗시리아의 잠재력을 실현하는 과업에 직면하였다. 여기서 그 경위를 자세하게 기술할 수는 없지만, 일련의 조처들을 통하여 그러한 목표들은 모두 달성되었다. 바벨론이 평정되었다; 통치 말기(주전 729년)에 이 지방에서 소요가 있은 후 디글랏빌레셀은 스스로 바벨론의 왕위를 차지하고 "풀루"(Pulu)라는 이름으로 통치하였다. 우라르투 왕국의 사르둑(Sarduk) 2세는 자신의 동맹국들과 더불어 유프라테스강 서쪽에서 대패하고 이어서 그 수도에서 포위 공격을 당했다; 영토가 축소된 우라르투 왕국은 더 이상 앗시리아의 위험한 경쟁국이 되지 못했다. 그밖에도 앗시리아는 북부 이란(Iran)의 메대인들에 대해서도 군사 작전을 감행하여 멀리 카스피해 남쪽의 데마벤드(Demavend 〈Bikni〉) 산악 지방까지 진격하였다.

이러한 과업들이 완수되기 오래 전에, 디글랏빌레셀은 서부 지역의 정복 사업에 눈을 돌려서 주전 743년과 그후 수 년 동안 여러 번의 군사 작전을 통해 수리아를 공략하였다. 처음에 그는 "야우디(Yaudi)의 아즈리아우(Azriau)"라는 이름을 가진 인물을 맹주로 하는 연합군의 저항을 받았다. 이름이 서로 일치한다는 이유로 많은 학자들은 이 인물이 다름아닌 유다의 아사랴(웃시야)라고 주장하여 왔다.[1] 그리고 이 전투가 분명히 북부 수리아에서 벌어졌다는 사실에도 불구하고, 이러한 주장은 그 자체로 결코 허무맹랑하지는 않다. 왜냐하면 웃시야는 비록 늙었고 아마 육체적으로도 힘을 쓰지 못하게 되었긴 하지만 서부 지역에서 얼마 남아 있지 않은 안정된 국가들 가운데 하나의 통치자(여로보암의 사후에)로서 분명히 위기를 알아차렸을 것임에 틀림없고 따라서 앞장서서 그 위기에 대처하려고 하였을 것이 뻔하기 때문이다. 그러나 이와 관련된 성경 본문의 독법(讀法)과 연대는 모두 의문시되어 왔다는 것을 말하지 않을 수 없으며, 따라서 우리는 확실히 말할 수는 없다.[2] 어쨌든 앗시리아의 진출은 저지될 수 없었다. 늦어도 주전 738년에는 디글랏빌레셀은 하맛(Hamath), 두로, 비블로스, 다메섹을 비롯한 수리아와 팔레스타인의 대부분의 나라들로부터 조공을 받았고, 그 가운데 이스라엘도 포함되어 있었다.

---

1) Cf. H. Tadmor, "Azriyau of Yaudi" (*Scripta Hierosolymitana*, VIII 〔1961〕, PP. 232-271); 또한 E.R. Thiele, *The Mysterious Numbers of the Hebrew Kings*(rev. de., Wm. B. Eerdmans, 1965), ch.V; Albright, *BASOR*, 100(1945), p. 18; M.F. Unger, *Israel and the Arameans of Damascus*(London: James Clarke, 1957), pp. 95-98; 본서의 이전 판들.

2) Cf. N. Na'aman, *BASOR*, 214(1974), pp.25-39. 본문을 "Azriyau of Yaudi"로 읽는 것에 대해서는 Pritchard, *ANET*, pp.282f.를 참조하라.

디글랏빌레셀의 군사 작전은 공물(貢物)을 긁어 모으기 위한 원정이 아니라 영속적인 정복사업이었다는 점에서 선왕(先王)들과는 달랐다. 자신의 전과(戰果)를 굳건히 하기 위하여, 디글랏빌레셀은 완전히 새로운 것은 아니었지만 이전에는 그토록 일관성있게 적용된 적이 없었던 정책을 채택하였다. 토착 군주들로부터 공물을 받는 것으로 만족하거나 반란을 무자비한 복수로 응징하는 대신에, 디글랏빌레셀은 반란이 일어났을 경우 범죄자들을 추방하고 그들의 영토를 병합하여 제국의 속주로 삼아버리는 것을 관례로 하였는데, 이렇게 함으로써 저항심을 키울 수 있는 모든 애국적인 감정을 억누르려고 했다. 디글랏빌레셀에 의해 일관하여 추진되었고 또 그의 모든 후계자들에 의해 답습된 이 정책의 의미를 이스라엘도 알게 될 차례가 올 것이었다.

b. 이스라엘의 무정부 상태(왕하 15:8-28).

가장 지혜로운 지도자를 가진 축복받은 강대국이라 할지라도 겹겹이 쌓인 난국을 극복하고 살아 남기란 불가능하다. 그런데 이스라엘은 그런 지혜로운 지도자도 갖지 못했다. 고삐풀린 무정부 상태라는 단말마적인 고통으로 몸부림치고 있었던 이스라엘은 실질적으로 하나의 국가의 기능을 하지 못하고 있었다. 여로보암이 죽은 후 10년 안에 왕이 다섯 번이나 바뀌었으며, 그 가운데 세 사람은 폭력으로 왕위를 차지하였고, 그 누구도 왕권 찬탈을 정당화할 만한 합법성이라고는 조금치도 없었다. 여로보암의 아들 스가랴는 단지 육개월의 통치(주전 746-745년) 후에 야베스의 아들 살룸이라는 사람에게 암살당했고, 이 살룸도 한달 뒤에 이전의 수도 디르사 사람들의 지지를 받고 있었음에 틀림없는 가디의 아들 므나헴에 의해 살해되었다. 이러한 잇따른 정변(政變)이 일어나게 된 동기가 무엇이었는지 — 개인의 야망이나 정치적 시책 또는 지역간의 경쟁 의식 때문이었는지 — 는 알 수가 없다. 그러나 이러한 정변은 나라 전체를 말로 다할 수 없이 참혹한 내란으로 몰아넣었다(16절).[3]

디글랏빌레셀이 서부 지역으로 진출하였을 때 그에게 공물을 바친 것은 므나헴(주전 745-737년)이었다.[4] 이 공물은 과중한 것이었기 때문에 이스라엘의 모든 지

3) 맛소라 텍스트(MT)에는 이 잔혹한 사건이 딥사에서 있었던 것으로 되어 있다. M. Haran(*VT*, XVII〔1967〕, pp. 284-290)은 딥사를 유프라테스 강변의 답사구스(Thapsacus)라고 믿는다(cf. 왕상 4:24 — 이렇게 보는 경우에 이것은 이스라엘 사람들을 대상으로 저질러진 것이 아니게 된다. 그러나 므나헴이 어떻게 본국에서 그토록 멀리 떨어진 지방까지 원정할 수 있었는지 이해하기 곤란하다. 대부분의 학자들은 LXX의 루키아니스 역본을 따라 "답부아"(Tappuah)라고 읽고 있다(cf. RSV, NEB).

주에게 부과된 인두세라는 수단을 통하여 조달되었다. 아마 므나헴은 이 문제에 있어서 다른 도리가 없었겠지만, 그는 앗시리아의 원조가 자신의 흔들리는 보위(寶位)를 지탱해 주리라는 희망을 갖고 자진해서 자기 나라의 독립을 포기했던 것으로 보인다(19절). 이것은 분명히 애국적인 이스라엘 사람들의 반감을 샀을 것이다. 그래서 곧 므나헴의 뒤를 이어 그의 아들 브가히야(주전 737-736년)가 왕위에 오르자, 그의 군관들 가운데 한 사람인 르말랴의 아들 베가에 의해 암살되었고, 그후 베가가 왕권을 장악하였다.[5] 다른 어떤 동기들이 작용하였든, 이것은 국가 정책에 변화를 가져온 충격적인 사건이었다. 다메섹의 왕 르신과 몇몇 블레셋인 군주들이 앗시리아에 대한 저항 세력을 조직하려고 하다가 므나헴이 그들에게 합류하지 않으려는 것을 알고 이스라엘을 공격하여 그들의 계획에 호응할 것으로 생각된 베가를 밀어 주었을 가능성이 있다(참조. 사 9:8-12).[6] 그후에서와 마찬가지로(왕하 17:4), 당시의 동맹국들이 이집트의 도움을 기대했는지 그 여부는 알 수가 없다.

그러나 그랬을 가능성이 크다(참조. 호 7:11; 12:1). 어쨌든 베가는 왕위에 오르자마자 반(反)앗시리아 연합 세력의 한 지도자가 되었다. 이로 인하여 곧 유다와 전쟁을 하게 되었고, 이스라엘의 몰락은 가속화되었다.

c. 이스라엘의 내부 붕괴.

위에서 말한 혼란은 단지 내부 붕괴의 조짐인 것만은 아니었지만 적어도 그러한 조짐이었다. 이스라엘은 실제로 '임종' (in extremis) 상태에 있었다. 이스라엘 국가라는 배는 널판지를 이어붙인 틈새마다 물이 스며들어 오는데 나침반이나 유능한 조타수도 없고 게다가 선원들의 사기는 떨어져서 침몰해 가고 있었다. 앞 장에서 말한 바 있는 호세아의 설교는 이스라엘의 곤경의 심각성을 드러내 보여 준다. 거기에는 정치적 통일체인 국가를 갈갈이 찢어 놓은 갖가지 음모들과 역(逆)음모들(예를 들

4) Cf. 열왕기하 15:19와 디글랏빌레셀의 비문(Pritchard, *ANET*, P. 283). 성경에서는 그를 "풀"(Pul)이라 부르고 있는데, 이것은 그가 후에 바벨론에서 통치하였을 때의 이름이었다. 므나헴이 조공을 바친 연대에 대해서는 L.D. Levine, *BASOR*, 206(1972), pp. 40-42를 참조하라.

5) 왕과 암살자의 이름이 같다. 베가는 선임자의 왕위와 왕의 공식 명칭 두 가지를 다 찬탈하였다고 추측되어왔다(A. M. Honeyman, *JBL*, LXVII〔1948〕, p. 24). 이사야서(7:4f., 9; 8:5)에서는 일관되게 그를 단지 "르말랴의 아들"이라고만 부르고 있다.

6) 후에 베가와 르신이 같은 이유로 아하스를 폐위하려고 한 것과 마찬가지로(사 7:5f.). Cf. R.B.Y. Scott, IB, V(1956), PP. 234f. 이사야 9:8-21은 분명 이 시대를 가리키고 있다. 아람 사람들은 이 무렵에 북부 길르앗에서 주전 9세기의 국경선을 되찾았을지도 모른다; cf. H. Tadmor, *IEJ*, 12(1962), pp. 114-122.

면, 호 7:1-7; 8:4; 10:3f.), 그리고 정권을 장악한 파벌이 달라질 때마다 국가의 정책을 미친 듯이 이리저리 꿰어 맞추는 모습이 그림처럼 생생하게 묘사되어 있고(예를 들면, 5:13; 7:11; 12:1), 또한 거기에서 법과 질서가 완전히 무너져 생명도 재산도 안전하지 못했던 모습을 우리는 엿볼 수 있다(예를 들면, 4:1-3; 7:1). 아모스가 공공연하게 비난했던 당시의 사회적 범죄들로 인하여 사회는 분열되어 형제 사이에서, 계층 사이에서, 파벌 사이에서 다툼이 생겨났고, 마침내 이스라엘은 더 이상 한 국가로서 뭉칠 수 없게 되었다. 이것은 여로보암의 강력했던 철권이 사라지고 앗시리아의 위협이 증대됨에 따라 이미 전부터 진행되어 왔던 사회적 붕괴가 광범위하게 드러난 데 지나지 않았다. 이와 동시에, 호세아의 공격 대상이었고 실제로 그가 끊임없이 비난했던 이교 신앙은 술주정, 방탕, 그리고 종교의 비호 아래 자행되는 음행이라는 쓴 열매를 맺었고, 이 모든 것들은 민족성을 썩게 만들어 왔다(예를 들면, 호 4:11-14,17f.; 참조. 사 28:1-4). 여호와 신앙의 엄격한 도덕성은 거의 남아 있지 않았으므로, 성실성도 없었고, 원칙도 없었으며, 사심 없이 나라를 위하는 행동을 가져다 줄 토대가 되는 공통의 신앙도 없었다.

이러한 내부적인 부패는 정치적 위기를 만나 표면화되고 악화되었다. 이스라엘을 응집시키는 힘과 제재 규정을 갖춘 여호와와 맺은 언약은 잊혀졌고, 시기와 악의, 제멋대로 하는 이기주의가 횡행했다. 이스라엘 사람들은 숱한 식인족들처럼 같은 이스라엘 사람들한테 달려들어(참조. 사 9:19f.), 이교도들조차도 충격을 받을 야만성을 드러냈다(왕하 15:16; 참조. 암 1:13). 기반이 흔들려 왔던 국가는 이제 완전히 통제력을 잃어버렸다. 북부 이스라엘은 비록 안정된 왕조의 전통이 없어서 언제나 혁명에 휘말리기 쉽긴 했지만, 그럼에도 불구하고 적어도 지도자는 하나님의 지명과 백성의 환호에 의해 선택되어야 한다는 의제(擬制)만은 완강하게 고수해 왔다. 그러나 보잘것없는 자들이 명분으로 내걸 만한 합법성을 조금도 갖추지 않은 채 잇따라 왕권을 장악하게 되자 이제는 그러한 원칙마저도 포기되었다. 호세아는 이것을 여호와에 대한 범죄이자 이스라엘의 왕정 자체에 대한 여호와의 진노의 표징으로 여겼다(예를 들면, 호 8:4; 10:3f.).[7] 내부의 단결력도 신학적 기조(基調)도 없었

7) 호세아는 왕권 그 자체를(*per se*) 죄악된 제도로 간주했을 것이다(예를 들면, 9:15; 13:10f.). 만약 그렇다면 이러한 관점은 예전의 민족 정서와 맥을 같이 하는 것이 될 것이다(예를 들면, 삿 8:22f.; 9:7-15; 삼상 8장; 12장). Cf. T.H. Robinson, *Die Zw lf Kleinen Propheten*(HAT, 2nd ed., 1954), pp. 38f., 51; H.W. Wolff, *Dodekapropheton 1, Hosea*(BKAT, 1961), pp. 216f., 295f.

기 때문에 국가는 이미 명석하거나 단합된 행동을 할 수 없는 상태에 있었다. 조타수가 바뀌어 키를 이리저리로 돌릴 때마다 국가라는 배는 암초로 더욱더 가까이 접근해 갔다. 호세아 — 이루 형언할 수 없을 정도로 격노하여(예를 들면, 9:11-17; 13:9-16) — 가 이스라엘의 파멸을 선언한 것은 놀라운 일이 아니다. 이스라엘은 이미 멸망할 운명이었다. 호세아가 이 파멸을 너머 새롭고 과분한 하나님의 은혜의 행위를 예감하고 기대할 수 있었다는 것은 경탄할 일이다. 하나님의 은혜의 행위는 이스라엘을 파국의 사막으로부터 다시 불러내어(2:14f.; 12:9) 그 불신앙을 고쳐 주고 다시 한번 하나님과 백성 사이의 언약에 근거한 유대 관계를 회복시켜 주리라고 했던 것이다(2:16-23; 14:1-7). 여기에서 후대의 선지자들의 사상과 신약에서 그토록 두드러지게 나타나는 새 언약이라는 개념의 씨앗을 엿볼 수 있다.

2. 이스라엘 왕국의 말기(주전 737-721년).

이스라엘을 이 절망적 궁지에서 구해 낼 길이 있긴 있다면, 그건 아마 오직 비범한 지혜만이 그럴 수 있을 것이다. 그러나 이스라엘의 지도자들은 지혜를 보여 주기는커녕 상황의 현실도 파악할 수 없는 완벽한 무능력을 드러내었다. 베가의 통치 아래에서(주전 737-732년)[8] 이스라엘은 치명적인 실수를 했고 앗시리아의 격노를 자초하였다.

a. 아람-이스라엘의 연합과 그 결과.

앞에서 지적한 바와 같이, 베가는 앗시리아에 저항하기를 열망한 이스라엘의 주전론자(主戰論者)를 대표하였다. 그는 곧 다메섹의 왕 르신과 나란히 앗시리아에 대항하기 위해 형성된 연합 세력의 지도자가 되었다. 이 동맹국들은 당연히 당시 웃시야의 아들 요담(주전 742-735년)이 통치하던 유다[9]가 자기들에게 가담하기를 바랐

---

8) 베가가 20년간 통치했다는 것(왕하 15:27)은 그가 왕권을 장악하기 오래전부터 통치권을 주장했으리라고 가정해야 부분적으로 설명이 될 수 있다. 아마 그는 여로보암이 죽은 이래로 길르앗에서 실제로 반자치적인 권한을 행사했던 것 같다(cf. 25절); cf. H.J. Cook, *VT*, XIV(1964), pp. 121-135; E.R. Thiele, *VT*, XVI(1966), pp. 83-102. 그러나 이 점에 대해서는 Albright, *BASOR*, 100(1945), p. 22, 주 26을 참조하라.

9) 요담의 통치 기간으로 되어 있는 16년에는(왕하 15:33) 물론 그가 병든 부왕의 공동 통치자로서 통치한 기간도 포함되어 있다; cf. Albright, *ibid.*, p. 21, 주 23.

다. 그러나 유다는 독자적인 정책을 추구하기로 하고 이를 거절하였다. 그래서 베가와 르신은 자기들 배후에 중립적이지만 잠재적으로 적대적인 세력을 놓아 두고 싶지 않았기 때문에 유다를 응징하여 자기들과 보조를 같이 하게 하려는 조치를 취했다(왕하 15:37). 그러나 바로 이때 요담이 죽고 그의 아들 아하스가 왕위를 계승하였으므로 그가 강타를 얻어 맞게 되었다. 연합군은 북쪽으로부터 유다로 침입하여[10] 아하스를 폐위하고 그 자리에 다브엘의 한 아들(사 7:6)을 앉히려는 의도를 가지고 예루살렘을 봉쇄하였다(왕하 16:5).[11]

한편, 주전 8세기 거의 내내 유다에게 복속되어 있었던 에돔족은 독립을 되찾고 아하스의 군대를 엘랏(에시온게벨)으로부터 쫓아냈다. 고고학이 보여 주듯이 이곳은 이때 파괴되었다. 이 해방이 맛소라 본문(MT)의 열왕기하 16:6에 기록되어 있는 대로 아람족의 도움으로 이루어졌는지 또는 많은 학자들이 생각하듯이(참조. RSV) 에돔족 스스로에 의해 이루어졌는지는 알 수 없다(히브리어에서 "아람"과 "에돔"은 글자가 거의 같다). 어쨌든 에돔족은 이때 동맹군에 가담하여 유다를 공격했던 것으로 보인다(대하 28:17). 한편 블레셋 사람들도 아마 동맹군과 행동을 같이 하여 네게브 지방과 세펠라(Shephelah) 지방을 급습하여 국경지대의 몇몇 성읍을 취하고 점령하였다(17절 이하). 이러한 재구성이 올바르다면, 유다는 세 방면에서 침공을 당한 셈이었다.

왕좌가 위태로워지고 스스로를 방어할 수 없게 된 아하스는 디글랏빌레셀에게 원조를 청하는 수밖에 다른 방도가 없음을 알았다. 이 위기에 관해 말하고 있는 이사야 7:1-8:18을 읽어 보면, 당시 예루살렘이 온통 경악으로 치를 떨었다는 것을 어느 정도 감지할 수 있다. 우리는 성경에서 이사야가 아하스 왕을 만나 그의 취하려는 방책의 비참한 결과들에 대해서 경고하면서 그에게 그러한 조치를 취하지 말고 다윗을 향한 여호와의 약속들을 믿으라고 간청하였다는 이야기를 듣게 된다. 그러나 아하스는 이 선지자가 자기에게 요구한 믿음을 가질 수 없었기 때문에 그 충고를 거절하고 디글랏빌레셀에게 엄청난 선물을 보내며 도움을 애걸하였다(왕하 16:7f.).

---

10) 역대하 28:5-8에 나오는 아하스의 패전에 관한 기사는 과장된 숫자에도 불구하고 믿을 만한 전승에 의거하고 있다; cf. W. Rudolph, *Chronikb cher*(HAT, 1955), p. 289f.

11) Tab'el(정확하게는, Bet Tab'el)은 거의 같은 시대의 앗시리아 문서에서는 아마 북부 요단 동편에 있었을 아람족의 지방을 가리키고 있다. 다브엘의 아들은 웃시야 또는 요담과 혼인한 아람족 공주에게서 태어난 아들이었을지도 모른다; cf. Albright, *BASOR*, 140(1955), pp. 34f. B. Mazar(*IEJ*, 7〔1957〕, PP. 137-145, 229-238)는 Tab' el(Tob' el) 가문을 포로기 이후 시대에 요단 동편 지역을 통치한 도비야(Tobiah) 가문과 동일시한다(p. 525를 참조하라).

디글랏빌레셀은 신속하게 행동하였다. 그러나 이사야가 아마 옳았을 것이다. 아하스의 간청이 없었더라도 그는 그렇게 행동하였을 것이기 때문이다. 사건의 경위가 온전히 확실한 것은 아니지만, 성경과 디글랏빌레셀 자신의 명문(銘文)들이 보여 주는 바와 같이 그는 연합군에게 들이닥쳐 철저하게 격파하였다.[12] 그는 먼저 이스라엘의 영토를 지나 해안을 따라 내려와서(주전 734년) 항거하는 블레셋인들의 도시들 — 특히 본거지였던 가사(Gaza) — 을 복속시키고 난 후 멀리 이집트강(Wadi el-'Arish)까지 밀고 내려와, 거기에 기지(基地)를 세움으로써 연합세력을 혹 있을지도 모를 이집트의 지원으로부터 효과적으로 차단할 수 있었다.[13] 이어서(아마 주전 733년) 디글랏빌레셀은 이번에는 병력을 다 동원하여 이스라엘을 다시 한번 쳤다. 갈릴리와 요단 동편 지역의 모든 이스라엘 영토가 유린되었고, 그 주민들 가운데 상당 부분이 사로잡혀 끌려갔으며(왕하 15:29), 수많은 도시들이 파괴되었다(예를 들면, 므깃도, 하솔).[14] 그후 이 점령 지구는 길르앗, 므깃도(갈릴리를 포함한), 돌(Dor, 해안 평야에 있는) 등 세 개의 속주로 분할되었다.[15] 만약 엘라의 아들 호세아라는 사람이 베가를 죽이고 곧장 항복하여 공물을 바치지 않았더라면(왕하 15:30), 디글랏빌레셀은 틀림없이 이스라엘을 완전히 멸망시켰을 것이다.[16] 이때 다메섹만이 화를 면하였다. 주전 732년(참조. 16:9)에 디글랏빌레셀은 이 도시를 점령하여 약탈하고 르신을 처형하고는 주민 가운데 상당수를 사로잡아가고 그 영토를 앗시리아의 네 개의 속주로 조직하였다.

b. 사마리아의 함락(왕하 17:1-6).

---

12) 내게는 아하스의 호소는 주전 734년의 군사 작전에 앞서 있었던 것 같다; cf. Unger, *op. cit.*, pp. 99-101; Aharoni, *LOB*, pp. 327-333. 약간 다른 해석으로는 Noth, *HI*, pp. 258-261를 참조하라; 또한 H. Tadmor, *BA*, XXIX(1966), pp. 87-90(1966).

13) 이 군사 작전에 대해서는 A. Alt, "Tiglathpilesers III erstrer Feldzug nach Palastina" (*KS*, II, pp. 150-162)를 참조하라; 영어로 된 것으로는 J. Gray, *ET*, LXIII(1952), pp. 263-265.

14) 므깃도 제3지층이 파괴되었고 속주의 수도로 재건설되었다. 앗시리아인 총독의 관저 요새의 유적이 발견된 바 있다; cf. Wright, *BAR*, pp. 164f. 이때 파괴되어 그후 도성으로 결코 재건된 적이 없는 하솔에 대해서는 Y. Yadin, *AOTS*, pp. 244-263(cf. pp. 256f.)과 거기에 인용된 문헌들을 보는 것이 편리하다. "베가의 것"이라는 단어들이 새겨진 술단지가 여기서 발견되었다.

15) 이 속주들에 대해서는 A. Alt, "Das System der assyrischen Provinzen auf dem Boden des Reiches Israel" (*KS*, II, pp. 188-205)을 참조하라.

16) 디글랏빌레셀의 비문도 참조하라: Pritchard, *ANET*, p. 284.

베가의 정책으로 인하여 이스라엘은 값비싼 대가를 치러야 했다. 이스라엘의 전체 영토 가운데 대략 이전의 에브라임 지파와 서부 므낫세 지파의 영유지 넓이에 상당하는 지역만이 앗시리아의 봉신으로서 통치하게 된 이스라엘의 마지막 왕 호세아(주전 732-724년)에게 남겨졌다. 그런데도 파멸로 치닫는 광분은 멈추어지지 않았다. 호세아는 다만 자기 나라의 남겨진 땅이라도 구하기 위해 앗시리아에 굴복하였을 뿐 괜찮으리라는 생각이 들면 즉시 등을 돌릴 심산이었음이 분명하다. 디글랏빌레셀의 뒤를 이어 그의 아들 살만에셀 5세가 왕위에 오른 지 얼마 안 되어 호세아는 기회가 왔다고 생각하고서 이집트와 교섭을 하고 앗시리아에 바치던 공물을 보내지 않았다.

이것은 이스라엘의 자살 행위였다. 이때 이집트는 대단치 않은 군소 국가들로 나뉘어 각축하고 있었기 때문에 누구를 도울 처지가 못되었다. 호세아가 교섭한 "이집트 왕 소"(왕하 17:4)는 아마 무력한 제24왕조의 테프나크테(Tefnakhte)였을 것인데, 그의 왕궁은 서부 삼각주 지대의 사이스(Sais)에 있었다.[17] 그에게서 실제적인 원조를 기대할 수는 없었고, 실제로 아무런 원조도 오지 않았다. 주전 724년에 살만에셀은 공격을 해왔다. 화친을 희망하면서 그의 상전 앞에 나타난 호세아는 붙잡혀 감금되었다. 그런 다음 앗시리아 군은 사마리아 도성을 제외하고 나머지 이스라엘 땅을 점령했는데, 사마리아는 2년 이상 버티었다. 살만에셀의 후계자, 즉 주전 722년 말에 살만에셀이 죽자 앗시리아의 왕권을 장악한 사르곤(Sargon) 2세는 자기가 사마리아를 점령했다고 거듭 자랑하고 있지만 살만에셀이 사마리아를 함락시켰다고 말하고 있는 성경의 서술이 아마 올바를 것이다.[18] 사마리아 도성은 주전 722년이나 721년의 늦여름 또는 가을에 함락된 것이 분명하다. 이어서 수천 명의 시민들 — 사르곤의 말에 의하면 27,290명 — 이 상부 메소포타미아와 메디아로 끌려갔고, 거기

---

17) 더 이상 사르곤의 연대기에 언급되고 있는 "이집트의 turtan(최고사령관), Sib'e"와 동일인물로 볼 수 없게 되었다(cf. Pritchard, *ANET*, p. 285). 왜냐하면, R. Borger(*JNES*, XIS〔1960〕, pp. 59-53)가 그 이름은 Re'e로 옮겨써야 한다는 것을 보여 주었기 때문이다. H. Goedicke (*BASOR*, 171 〔1963〕, pp. 64-66)는 "소"(So)는 사이스(Sais)라는 이집트말을 히브리어로 번역한 것에 지나지 않는다고 설득력있게 주장하였다. 열왕기하 17:4은 원래 호세아가 "소(So)에게(즉, 사이스에게), 이집트 왕에게" 보냈다고 말하고 있음에 틀림없다; cf. Albright, *ibid.*, p. 66. 그러나 K.A.Kitchen은 그 바로가 오소르콘(Osorkon)이었다고 주장한다; cf. *The Third Intermediate Period in Egypt*(Warminster: Aris & Phillips, 1973), pp. 372-375.

18) 이 문제와 사르곤의 군사 작전 전반에 대해서는 H. Tadmor, *JCS*, XII(1958), pp. 22-40, 77-100를 참조하라; 비슷한 논술로는 W.W. Hallo, *BA*, XXIII(1960), pp. 51-56. 사르곤의 비문들에 대해서는 Pritchard, *ANET*, pp. 284f.를 참조하라.

서 결국 역사의 무대로부터 사라지고 말았다.[19)]

이스라엘의 정치적 역사는 끝이 났다. 이스라엘 영토의 마지막 남은 지역은 앗시리아인 총독이 다스리는 사마리아 속주로 편제되었다. 사마리아 함락 직후에 살만에셀이 죽었기 때문에, 사태를 수습하는 일은 사르곤(주전 721-705년)에게로 떨어졌다. 이 통치자가 즉위하자 앗시리아 왕국의 여러 지방에서 소요 사태가 일어났다. 그의 명문(銘文)들은 서부 지역에서는 하맛(Hamath), 블레셋인 도시 가사, 그리고 다메섹과 사마리아를 비롯한 여러 속주들에서 반란이 일어났다는 것을 우리에게 말해 준다. 주전 720년에 사르곤은 이 폭동들을 진압하였다. 그는 하맛을 분쇄한 다음 팔레스타인의 남부 국경지대로 진격하여 그곳의 라비아(Raphia)에서 가사를 도우러 왔던 이집트 군대를 패주시켰다. 사르곤이 자랑하고 있듯이 그가 사마리아 주민을 대량으로 이주시키고 또한 이 속주를 영속적인 기지(基地)로 조직한 것은 아마 이때였을 것이다. 그후 여러 해에 걸쳐(왕하 17:24) 바벨론과 하맛, 그 밖의 지방에서 끌려온 사람들을 그곳에 다시 정착시켰다(왕하 17:24).[20)] 이 이방인들은 각기 제 고향의 관습과 종교들을 가지고 들어왔고(29-31절), 그후에 이곳으로 끌려온 다른 종족들과 함께 이스라엘의 잔존 주민들과 섞여 살게 되었다. 나중에 우리는 이들의 후손을 사마리아인이라는 이름으로 만나게 될 것이다.

3. 앗시리아의 위성국 유다: 아하스(주전 735-715년).[21)]

아하스가 반(反)앗시리아 연합 세력에 가담하기를 거절한 덕분에 유다는 이스라엘을 덮쳤던 재난을 피할 수 있었다. 그러나 자유로운 독립 국가로서 이 위기를 모

---

19) 메소포타미아로 끌려간 북부 이스라엘 사람들에 관한 증거에 대해서는 Albright, *BASOR*, 149 (1958), pp. 33-36: *idem*, *BP*, pp. 73f.를 참조하라.

20) 주전 724/3년경에 앗시리아인들에게 파괴된 세겜에 메소포타미아 사람들이 정착한 증거에 대해서는 G.E. Wright, *Sheckhem*(McGraw-Hill, 1965), pp. 162ff.를 참조하라.

21) 이 연대들은 Albright(*BASOR*, 100〔1945〕, p. 22), Thiele(*VT*, XVI〔1966〕, pp. 83-107)등의 학자들이 추정하고 있는 연대들이다. 이 점에서 성경의 사료는 종잡을 수 없을 정도로 뒤섞여 있다. 그러나 주전 701년에 있었던 산헤립의 침공이 히스기야의 재위 제14년의 일로 기술되어 있기 때문에(왕하 18:13), 아하스의 통치(왕하 18:1f., 9f.의 서술에도 불구하고)는 주전 715년경에 끝났음이 틀림없다. 18:9 이하에 대해서는, Albright, *BASOR*, 174(1964), pp. 66f.에 발표된 W. R. Brown의 제언을 참조하라.

면했던 것은 아니었다! 아하스는 디글랏빌레셀에게 원조를 간청하였을 때 이미 자신의 자유를 그에게 처분하였고(왕하 16:7f.) 유다를 앗시리아 제국의 봉신으로 만들어 버렸던 것이다. 인간적으로 말한다면, 이사야의 신랄한 비난에도 불구하고 유다가 어떻게 이 운명을 끝끝내 피하고 살아 남을 수 있었는지는 알기가 어렵다. 서부 아시아에서 약소 국가가 독립을 유지하던 시대는 지나갔다. 그러나 이사야가 예고한 대로 아하스가 취한 조치의 결과는 비참하였다.

a. 아하스 아래의 유다: 혼합주의적 경향.

아하스의 정책이 종교계에 가져온 결과들은 심각하지 않은 것이 아니었다. 앗시리아 왕들이 그들의 봉신들로 하여금 앗시리아의 신들을 섬기도록 강요했다는 말은 없지만, 많은 봉신들은 그렇게 하는 것이 현명함을 알았으리라는 것은 이해할 만하다.[22] 이것은 분명히 아하스가 예루살렘 성전에 대하여 행한 혁신들을 해명해 준다(왕상 16:10-18). 성경에 의하면, 아하스는 새로운 속주의 수도인 다메섹에서 디글랏빌레셀 앞에 나와서 그에게 충성을 다짐하고, 아마도 거기에 세워진 청동 제단에서 앗시리아의 신들에게 경배를 할 수밖에 없었던 것으로 보인다. 그후에 이 제단과 똑같은 것을 만들어서 성전에 왕의 전용(專用)으로 세워 놓았고, 이미 거기에 있었던 놋쇠 제단은 옆으로 치워 놓았다. 물론 성전의 큰 제단은 왕도 감히 치워 버릴 엄두를 낼 수 없었고 또 그렇게 하도록 요구도 받지도 않았기 때문에 이전처럼 제의에서 계속 사용되었다(15절).[23] 18절의 모호한 본문은 아하스가 성전으로 통하는 자신의 전용 입구를 폐쇄함으로써 그가 더 이상 성전에서 권한을 갖고 있지 않다는 것을 상징적으로 인정하도록 앗시리아 왕에 의해 강요당했다는 것을 의미할 것이다.[24] 비록 아하스의 손이 묶여 있었다고 할지라도 이러한 조치들은 굴욕적인 것인 동시에

22) 이와 관련된 앗시리아의 정책에 대해서는 M. Cogan, *Imperialism and Religion: Assyria, Judah and Israeel in the Eighth and Seventh Centuries B.C.E.* (Missoula, Mont.: Scholars Press, 1974); J. McKay, *Religion in Judah under the Assyrians*(London: SCM Press, 1973)를 참조하라. 그러나 앗시리아인들은 그들의 신들에 대한 예배를 요구하지 않았을지 모르지만, 봉신의 충성 맹세에는 그 신들에 대한 복종 및 그 신들의 종주권에 대한 인정이 포함되어 있었다. 더욱이 국가의 굴욕적인 처지는 여호와의 권세에 대한 신뢰의 전반적인 상실을 가져왔을 것임에 틀림없고, 이는 토착적이든 이방적이든 이교 제의들의 만연을 부추겼을 것이다.

23) Cf. Albright, *ARI*, p. 156. 이 본문은 그다지 명확하지는 않지만 이러한 해석이 새 제단은 일반용이고 그전부터 있었던 것은 왕의 전용이었다고 추측하는 것보다 더 그럴듯한 설명일 것 같다(J. A. Montgomery, *The Books of Kings*[ICC, 1951], pp. 460f.는 후자로 설명한다)

24) 이 해석이 그럴 듯하다. Noth, *HI*, p. 266.

민족의 하나님에 대한 모욕으로 널리 여겨졌을 것이 분명하다. 여호와는 더 이상 자기 집도 마음대로 할 수 없게 되었다!

하지만 이것이 전부가 아니었다. 모든 증거가 보여 주는 바와 같이, 아하스는 민족 종교에 대한 실질적인 신념이나 열정이 없었기 때문에, 다른 방식으로 이교를 막으려는 투쟁을 그대로 묵인하려고도 하지 않았다. 열왕기하 16:3 이하에서 단언하고 있고 또한 동시대의 선지자들의 설교들이 보여 주듯이(예를 들면, 사 2:6-8,20; 8:19f.; 미 5:12-14), 토착화된 이교 관습들이 이방의 온갖 풍속이나 제의, 미신과 더불어 성행하였다. 아하스는 어느 경우에 그랬는지는 몰라도 당시의 이교 관습을 따라 어떤 맹세 또는 서약을 이행하려고 자기 아들을 희생제물로 바쳤다는 비난까지 받고 있다.[25] 아하스의 치세 기간은 후대 사람들에 의해 유다 역사 가운데서 가장 악명 높은 배교의 시대의 하나로 기억되었다.

b. 유다의 경제적 및 사회적 상황.

또한 다른 점들에서도 유다의 상황은 바람직하지 않았다. 나라는 경제적으로 몹시 피폐해 있었다. 에돔과 에시온게벨의 항구를 비롯하여 웃시야에 의해 획득된 이방의 영토는 아람과 이스라엘의 전쟁 중에 모두 잃어버리게 되었고, 그 대부분은 다시 되찾을 수가 없었다. 이로 인해 국가의 수입은 상당한 손실을 입었을 것이 분명하다. 이와 동시에 앗시리아가 요구하는 공물은 파탄을 가져올 정도로 엄청난 것이었기 때문에 아하스는 공물을 조달하기 위하여 자신의 금고를 털고 성전의 재물을 빼내지 않을 수 없었으며(왕하 16:8,17) 의심할 여지없이 자신의 신민들에게서도 최대한 짜내지 않을 수 없었다. 엎친 데 덮친 격으로 이스라엘을 멸망시킨 사회적.도덕적 부패가 유다에서도 생겨나 있었음을 보여 주는 징후들이 있다.

물론 우리는 너무 비관적으로 묘사해서는 안 된다. 왜냐하면 종교적 부패나 사회적 퇴폐가 유다에서는 이스라엘과는 달리 극도로 심각하지는 않았기 때문이다. 우리는 유다에서 호세아가 북부 왕국에서 우리에게 알려준 바와 같은 광범위한 배교 현상을 찾아볼 수 없다. 더구나 고고학적 증거에 의거하여 판단해 보면, 웃시야에 의해 탄탄하게 기반이 다져진 국가 경제는 앗시리아의 가혹한 징수에도 불구하고 계속적으로 건전한 상태였다. 주전 8세기 후반의 유다 성읍들은 두드러지게 주민의 동

---

25) "자기 아들을 불 가운데로 지나가게 하며"(왕하 16:3)라는 말은 어떤 유의 시련이 아니라 사람을 희생제물로 바치는 것을 가리킨다(cf. 왕하 17:31; 렘 7:31 등등). 이에 대한 논의와 참고 문헌에 대해서는 Albright, *ARI*, pp. 156-158; *YGC*, pp. 203-212를 참조하라.

질성을 지니고 있었으며, 따라서 현격한 빈부의 격차를 보여 주는 징표들은 거의 없다. 장인(匠人)들의 집중 현상이 생겼던 것으로 보이며, 그런 경우 성읍 전체가 앞에서 언급한 드빌의 직물과 염색 산업과 같이 한 가지 산업을 육성하는 데에 거의 전적으로 몰두하였던 것 같다. 공공의 복지에 관한 몇몇 증거도 찾아볼 수 있다. 전통적 사회 구조의 분열과 소수의 사람의 손에 부가 집중되는 현상은 유다에서는 북부 이스라엘의 경우와는 달리 아직 극단적이지는 않았음이 확실하다. 긴장이 있었다면, 그것은 지역 사회 자체의 구조 안에서보다도 아마 소지주들과 촌락민들을 한편으로 하고 예루살렘의 귀족 계급을 다른 한편으로 하여 이 두 집단 사이에 긴장이 있었을 것이다.[26]

그럼에도 불구하고 이사야와 미가가 알려주는 바와 같이 유다 사회도 이스라엘을 멸망시켰던 그 병폐로부터 자유롭지는 않았다. 이러한 상황은 아하스 아래에서 이교의 반동으로 더욱 악화되었음에 틀림없다. 이교는 필연적으로 여호와의 언약을 깨뜨리는 것이기 때문에 불가피하게 언약의 율법을 무시하게 되고, 그럼으로써 이스라엘 사회를 그 토대로부터 위협하지 않을 수 없었다. 유다의 부유층은 분명히 이스라엘의 부유층보다 낫지 않았다. 아모스(암 6:1)와 미가(미 1:5)는 이 둘을 같은 부류로 몰아 세웠다. 대지주들은 흔히 부정직한 수단들을 통해 무자비하게 가난한 사람들을 수탈했고(예를 들면, 사 3:13-15; 5:1-7,8; 미 2:1f.,9)[27], 게다가 재판관들마저 타락하였으니 가난한 사람들은 의지할 데가 없었다(예를 들면, 사 1:21-23; 5:23; 10:1-4; 미 3:1-4, 9-11). 한편 부자들은 불우한 동포들의 곤경에 대한 관심도 성실성도 없이 사치스런 생활을 했다(예를 들면, 사 3:16-4:1; 5:11f., 20-23). 나아가 이스라엘과 마찬가지로 유다에서도 공식적인 종교는 효과적인 책망을 가하지 않았던 것으로 보인다. 국가의 지원을 받고 국가의 이익에 헌신적이었던 이 공식 종교는 국가의 정책이나 또는 국가를 지배하고 있던 귀족들의 행위를 비판할 처지에 있지 못했다. 도리어 많은 재정 지원을 받아 정교하게 거행된 제의는 여호와의 요구는 의식(儀式)과 희생제물만으로도 충족될 수 있다는 사상을 조장하였다(사 1:10-17). 성직자 계층 역시 적어도 미가가 묘사하는 바에 따르면 부패해 있었다: 제사장들은 시류에 영합하는 자들로서 주로 자신의 생계에만 관심을

---

26) Cf. A. Alt, "Micha 2, 1-5 *GĒS ANADASMOS* in Juda" (cf. *KS*, III, pp. 373-381).

27) 여기에 인용된 이사야서와 미가서의 구절들은 정확한 연대를 추정할 수 없다. 그러나 모든 점으로 미루어 볼 때 히스기야의 개혁 이전, 그러니까 대략 아하스의 통치시대로 추정하는 것이 가장 적합하다.

가졌고, 선지자들은 보수의 많고 적음에 따라 신탁을 바꾸는 것을 서슴지 않았다(미 3:5-8, 9-11). 여기에서조차도 타락이 스며들어 있었다(미 2:11; 참조. 사 28:7f.) 요컨대, 사정이 이스라엘의 경우처럼 그렇게 나쁘지는 않았다고 하더라도 그 차이는 정도의 차이에 지나지 않았다.

B. 독립을 위한 투쟁: 히스기야(주전 715-687년)

1. 히스기야의 정책과 그 의의.

아하스의 치세 기간 내내 유다는 앗시리아에 복속되어 있었다. 그러나 비록 그럴듯한 다른 대안이 없어서 그와 같이 했는지는 몰라도, 애국적인 사람들은 이러한 굴종에 몹시 분개하였을 것이 거의 틀림없다. 아하스의 아들이자 후계자인 히스기야는 이러한 감정을 함께 하였던 것으로 보인다. 왜냐하면 그는 부왕의 정책을 모든 면에서 바꾸어 놓았기 때문이다. 그는 처음에는 신중히, 다음에는 대담하게, 앗시리아로부터 벗어나려고 애를 썼다. 이러한 노력은 결국 허사가 되고 말았지만 — 사실 그렇게 될 수밖에 없었다 — 그러한 노력을 하지 않을 수 없었던 것은 거의 불가피했다.

a. 히스기야의 정책의 배경: 국내적 요인들.

순전한 애국심, 즉 긍지를 가진 한 민족의 독립을 향한 자연스런 열망이 히스기야의 정책 수립에서 주요한 역할을 했음이 분명하다. 그렇지만 이것만으로는 히스기야의 정책을 설명하는 데 충분치 않을 것이다. 이스라엘에서 언제나 그러했듯이, 종교적 요인들이 개입되어 있었다. 아하스의 정책은 많은 점에서 독실한 여호와 신앙인에게는 참을 수 없는 상황을 조성하였었다. 당국이 묵인하고 있었던 사회악들에 대하여 분노한 사람들은 이사야와 미가만이 아니었던 것 같다. 한편 이교화의 경향은 많은 사람들에 의해 묵과되기도 하였겠지만 이와 비슷한 관습들이 북부 이스라엘에서 그랬던 것보다도 더 끈질긴 반발을 불러일으켰으리라는 것은 의심할 여지가 없다. 유다는 그 보수적 주민과 안정된 제의 전통 덕분에 이방에서 수입해 온 것들을 받아들이지 않는 특징을 갖고 있었을 뿐만 아니라, 나아가서 당시 독실한 여호와 신앙인들은 한때 유다에서조차도 그럴 가능성이 있었던 대중들의 종교적 관습들에 대한 너그러운 관용을 도저히 용납할 수 없었다. 아마 유다에서는 공공연히 이교로 배교하는 것이 일반적인 현상이 아니라 예외적인 일이었을 것이다. 앗시리아의 공식적인 제의로 말하자면, 그것은 종교적 범죄이자 민족의 굴욕을 상기시키는 짜증스러운 것으로서 얼마 되지 않는 아첨배들만이 이를 좋아했을 것이다. 아하스 자신도 그 제의를 정말로 좋아했는지는 의문이다.

요컨대, 유다에는 개혁의 필요성을 절감한 일단의 계층이 있었다. 그들은 선지자들이 이스라엘을 덮친 재난을 배교하고 언약을 어긴 백성에게 내린 여호와의 심판이라고 설파한 논조를 통해 힘을 얻었을 것이 틀림없다. 그런 다음 선지자들이 유다의 그와 비슷한 죄악들을 지적하고 그 때문에 하나님의 진노가 내릴 것이라고 위협함에 따라, 유다가 북부의 자매국이 겪은 운명을 피하기를 바란다면 개혁을 해야 한다는 국민 감정이 자라났을 것이 틀림없다. 그렇지만 유다가 앗시리아에 예속되어 있는 한 만족스러운 개혁은 불가능했다. 앗시리아 신들을 숭배하는 것은 이교로 빠져들어갔음을 확인해 주는 쐐기였지만 그러한 것을 옆으로 제쳐놓을 수는 없었다. 왜냐하면 그렇게 하는 것은 바로 반란 행위로 간주되었기 때문이다. 또한 대중의 사회 경제적 궁핍을 절망적으로 악화시켰던 앗시리아의 징세도 그만둘 수가 없었다. 그러므로 개혁의 열정은 애국심과 손을 잡고 불만을 크게 증폭시켰다.

이미 살펴본 바와 같이 다윗과의 여호와의 영원한 언약이라는 교의에 역점을 두고 있었던 공식적인 국가 신학의 성격 자체가 이러한 추세에 이바지하였다. 여호와가 시온을 자신의 지상 통치의 거소로 선택하였고 또한 영원히 통치하며 모든 원수들에게 승리를 거둘 왕조를 다윗에게 약속했다는 것이 제의에서 정기적으로 재천명되었다(예를 들면, 시 2:4-11; 72:8-11; 89:19-37; 132:11-18). 물론 왕이 죄를 범하면 자기와 백성이 징벌을 받을 것이라는 인식은 있었지만(삼하 7:14-16; 시 89:30-37,38-51), 왕조가 끝장이 나거나 약속들이 지켜지지 않는 것은 있을 수 없는 일로 생각되었다. 이러한 신학으로는 현재의 굴욕은 지금의 왕을 하나님이 못마땅하게 여기고 있다는 징표로밖에 볼 수 없었다. 또 거기에서 이 시기의 예언들에 나오는 메시야 신탁이라는 중대한 현상에 의해 예증되듯이(예를 들면, 사 9:2-7; 11:1-9; 미 5:2-6)[28], 더욱 훌륭한 임금, 곧 하나님의 카리스마를 부여받아 승리하는 가운데 정의와 평화의 통치를 펴고 왕조의 약속들을 실현시킬 이상적인 다윗 자손의 강림에 대한 강렬한 갈망이 동시에 자라났다. 이러한 신탁을 발한 선지자들과 그들의 말을 받아들인 사람들에게 아하스의 정책은 신앙의 결여로 인한 비겁한 행위로만 보였을 수 있다. 적지 않은 사람들이 기회만 포착되면 그러한 정책을 뒤엎고자 했을 것이다.

b. 히스기야의 정책의 배경: 국제 정세.

앗시리아 제국의 국내외에서 일어난 사건들에 의해 이러한 희망은 고무되었을 것이 확실하다. 사르곤 2세는 왕위에 오르자마자(주전 721년) 갈대아인 군주 마르둑 아팔리디나(Marduk-apaliddina)가 이끄는 바벨론의 반란을 맞았다. 성경(왕하 20:12; 사 39:1)에서는 므로닥 발라단으로 불린 그는 엘람 왕의 도움을 받고 있었다. 반란군에 참패를 당한 사르곤은 바벨론에 대한 지배권을 상실했고, 그후 12여 년 동안 지배권을 되찾지 못했다. 그 동안에 사르곤은 다른 군사 작전에 관심을 쏟았다. 소아시아에서 브루기아의 무스키(the Phrygian Mushki) 왕 미타(Mita, Midas)가 성가시게 구는 대적이었다. 그에 의해 선동되어 수리아의 봉신국인 갈그미스(Carchemish)도 가담한 반란이 일어나자(주전 717년) 사르곤은 고대 헷 문화의 중심지를 파괴하고 그 주민들을 이주시켰으며, 이어서 소아시아에서 여러 차례 군사 작전을 전개하였다.

또한 사르곤은 우라르투 왕국으로 눈을 돌렸는데, 이 왕국은 이미 디글랏빌레셀 3세에 의해 약화되어 있었고 이 무렵에는 코카서스(Caucasus)로부터 이동해 내려오던 키메르족(Cimmerians)이라 불린 인도-아리안계 야만족의 침입으로 심각한 위협을 받고 있었다. 이 기회를 틈타 사르곤은 우라르투의 세력을 완전히 꺾어서 오래된 숙적 — 그리고 이와 동시에 야만족의 침입을 막는 앗시리아의 가장 강력한 방파제 — 을 제거하였다. 서북 이란에서 행한 잇따른 군사 작전을 통해 그곳의 메대인 군주들을 앗시리아의 권세 아래 두었다. 사르곤은 눈코 뜰 새 없이 바빴기 때문에 이집트 강까지 밀고 내려가 군사적 위시를 한 일을 제외하고는(주전 716-715년)[29], 주전 720년 이후로 팔레스타인에서 주요한 군사 작전은 수행하지 않았다. 이것은 들떠 있었던 봉신들로 하여금 사르곤을 건드려 보아도 괜찮은 인물로 생각하게 만들었

28) 이 신탁들의 비평 문제들에 관한 논의는 주석서들을 보라. 이런 유형의 구절들은 좀더 후대로 추정되어야 한다는 말에 나는 동의할 수 없다. 첫번째 구절에 대해서는 특히 A. Alt, "Jesaja 8, 23-9, 6. Befreiungsnacht und Krõnungstag"(cf. *KS*, II, pp. 206-225)를 참조하라; 미 2:2-6에 대해서는 *idem*, *KS*, III, pp. 373-381(주 26)를 참조하라.

29) Cf. A. Alt, *KS*, II, pp. 226-234; H. Tadmor, *JCS*, XII(1958), pp. 77f.

을 것이다.

그동안 이집트는 비교적 강력한 지위를 회복했던 전환기를 맞이했다. 이집트에서 중앙 정부는 주전 8세기 중엽 이전에 무너졌다. 오랫동안 약화되어 있었던 제22왕조는 마찬가지로 무력했던 제23왕조(주전 759-715년경)와 수 년 동안을 다투다가[30] 주전 730/25년경에 완전히 끝장이 났고, 여러 약소 경쟁국가들 — 이른바 제24왕조(주전 725-710/9년)를 비롯하여 — 이 패권을 겨루었다.

사마리아가 함락되고 이집트의 원조도 허사가 되어버린 무렵의 상황은 이러했다. 그러나 주전 716/15년경[31] 이디오피아 왕 피안키(Piankhi)는 상부 이집트의 지배자가 되어 전영토를 석권했다. 그는 제23왕조를 멸망시키고 제24왕조의 마지막 왕인 보코리스(Bocchoris)를 자신의 봉신으로 삼아 통치하도록 하였다.[32] 피안키는 제25(이디오피아)왕조를 창건하였고, 주전 710/9년에는 이집트 전체가 이 왕조의 지배 아래 통일되었다. 이러한 재기(再起)의 징후들을 보게 되자, 팔레스타인의 앗시리아 봉신들은 다시 한번 이집트의 도움을 기대했을 것이다.

c. 반란의 소요: 히스기야와 사르곤.

제25왕조가 권력을 탄탄히 하자마자 이집트는 역사상 자주 있어 왔던 아시아 지역에 대한 간섭 정책을 재개했다. 이집트의 국경 바로 앞까지 앗시리아가 진출한 것은 이집트에 대한 치명적 위협이었다. 언제든지 본토를 침략할 가능성이 항존하였기 때문이다. 그러므로 팔레스타인에서 앗시리아의 권위를 침식하는 것이 이집트의 일차적 방위 전략이 되었다. 그리고 결국 분별없는 짓임이 드러나긴 했지만, 팔레스

30) 이집트에서 이 시대의 연대기는 불확실하다. 여기에서 채택한 연대들은 Albright, *BASOR*, 130 (1953), pp. 8-11; *ibid.*, 141(1956), pp. 23-26를 따랐다. 다른 연대표들은 몇 년 정도 다르다; cf. K. Baer, *JNES*, XXXII(1973), pp. 4-25; Kitcheen, *op. cit.*(주17), pp. 467f.

31) 이 연대는 현재 Albright에 의해 채택되고 있다(*ibid.*, p. 25). 그러나 좀더 일반적으로는 주전 720년경(또는 더 이전)으로 추정되고 있다; Albright도 이전에는 E. Drioton and J. Vandier, *L' gypte* (*Les Peuples de l' Orient m diterran en*, Vol. II 〔Paris: Presses Universitaires de France, 2nd ed., 1946〕), pp. 512-521, 542f.를 따라 그렇게 추정했다.

32) Cf. Albright, *ibid.* 사르곤이 이집트강까지 진격해 왔던 주전 716년에 그에게 말들을 선물한 실레니(Shilheni)는 아마 제23왕조의 마지막 왕이었던 오소르콘 4세였을 것이다. 주전 715년에 사르곤이 언급한 "바로"는 제24왕조의 보코리스(Bocchoris)였을 것이다; 비문 내용들에 대해서는 Pritchard, *ANET*, p. 286를 참조하라.

33) 3년 동안 지속된 이 반란(사 20:3)은 주전 712년(또는 711년; 그러나 H. Tadmor, *JCS*, XII 〔1958〕, PP. 79-84를 참조하라)에 분쇄되었기 때문에, 그것은 주전 714/13년에 시작되었음이 틀림없다.

타인에도 반란을 일으킬 때가 왔다고 생각한 국가들이 있었다. 주전 714년경에[33] 아스돗(Ashdod)이 반란을 일으켰다. 이 도시 국가의 왕은 앗시리아에 공물을 바치기를 거절했다가 제거되고 그의 형제로 대체되었다. 그러나 반항적인 대중들은 곧 이 왕을 몰아내고 어떤 찬탈자를 왕으로 옹립하였다. 다른 블레셋인 성읍들도 반란에 휘말렸고, 또한 사르곤이 우리에게 말해 주는 대로 유다, 에돔, 모압도 이 반란에 가담하도록 권유를 받았다. 이집트의 원조 약속을 받았다는 것은 앗시리아의 문헌과 성경(사 20장)을 보면 분명하다. 이사야 18장(이장이 당시의 일을 말하고 있음은 거의 확실하다)이 보여 주는 바와 같이 실제로 이디오피아인 왕의 사절들이 히스기야를 방문하여 그의 협력을 얻고자 했다.[34]

유다의 국론은 이에 가담해야 한다는 의견과 가담해서는 안 된다는 의견으로 갈라졌다. 우리가 이사야서에서 알 수 있는 바와 같이, 이사야는 이디오피아인 사절들에게 거절하는 회답을 하도록 왕에게 요구하기도 했고 또한 스스로 허리만 가린 채 맨발로 예루살렘 거리를 돌아다님으로써 이집트를 신뢰하는 것이 어리석은 일임을 상징적으로 보여 주기도 하면서 반란에 가담하는 것을 격렬하게 반대하였다(사 20장). 정확히 유다가 어떻게 행동하였는지 우리는 알지 못한다. 그러나 분명히 이사야의 말 및 그와 의견을 같이 했던 사람들의 말이 주목을 받았다. 적어도 반란이 분쇄되었을 때 유다가 피해를 모면한 것으로 보아 이것은 아마 유다가 반란에 가담하지 않았거나 돌이킬 수 없을 정도로 깊이 개입하지 않았다는 것을 의미할 것이다.[35] 그것은 잘한 일이었다! 이 무렵 바벨론을 다시 정복할 준비를 하고 있었던 사르곤의 세력은 절정기에 있었기 때문이다. 주전 712년에 사르곤의 휘하 장군이 반란군들에 대하여 가혹한 보복을 했고, 특히 아스돗을 항복시켜서 그 영토를 앗시리아의 한 속주로 재편하였다.[36] 이집트의 원조는 전혀 실현되지 않았을 뿐만 아니라 반란 지도자

34) 이사야서의 이 장을 해석하는 데는 몇몇 난점들이 있음에도 불구하고(주석서들을 보라), 나는 이사야 14:28-32을 바로 같은 시기에 온 블레셋인 사절들에 대한 이 선지자의 답변으로 보는 학자들의 견해에 동의한다.

35) Tadmor(*ibid.*)는 연대 미상의 어떤 문서를 근거로 사르곤이 아세카(Azekah)를 공격함으로써 유다를 놀라게 하여 굴복시켰다고 주장한다; 또한 H.L. Ginsberg, *JAOS*, 88(1968), pp. 47-49도 마찬가지다. Ginsberg는 이사야 22:1-14를 이 사건과 관련시킨다. 그러나 Na'aman, *op. cit.* (주 2)를 참조하라.

36) 그러나 주전 701년에 아스돗은 다시 원주민 출신의 왕을 세웠다. 이 문제에 대해서는 A. Alt, *KS*, II, pp. 234-241를 참조하라. 이곳의 발굴을 통해 아스돗이 격심하게 파괴되었다는 사실이 밝혀졌는데, 아마 주전 712년에 사르곤에 의해 그렇게 되었을 것이다. 여기서 사르곤의 전승 석비 단편들이 발견되었다; cf. D.N. Freedman, *BA*, XXVI(1963), p. 138.

가 이집트로 망명해 오자 바로[37]는 비겁하게도 그를 앗시리아인들에게 넘겨주었다! 유다의 운명이 판가름나는 것은 일시적으로 연기되었다.

d. 히스기야의 개혁.

앞에서 지적한 바와 같이, 히스기야의 정책은 민족주의와 여호와 신앙인으로서의 열정이 상당 부분 뒤섞인 정책이었기 때문에 그가 전면적인 제의 개혁을 단행하였다는 것은 놀랄 일이 아니다(왕하 18:3-6; 참조. 대하 29-31장). 기록으로 남아 있는 여러 조치들을 히스기야가 정확히 언제 취했는지는 말할 수 없다. 그러나 그 조치들은 일시에 단행되지는 않았을 것 같다. 앗시리아 신들의 숭배를 거부한 것은 실질적으로 반란을 선언한 것과 같은 것이었기 때문에, 이 조치는 최종적 파탄(주전 705년 이후)을 겪기 오래 전에 단행되지는 않았을 것이다. 그러나 다른 개혁 조치들은 그보다 훨씬 전에 단행되었음이 거의 확실하다. 아마 히스기야의 정책은 처음에는 앗시리아의 반응을 주시하면서 시험적으로 추진되었을 것이고 그 다음에는 독립 운동이 힘을 얻으면서 과감해지고 확대되었을 것이다.

그 조치들이 무엇이었든, 히스기야의 개혁은 극히 철저한 개혁이자 거의 1세기 후에 이루어진 요시야의 개혁의 선구였다. 히스기야는 아하스가 새로이 도입했던 이방 관습들을 배제하는 것으로 만족하지 않고 나아가 오랫동안 통속적으로 여호와 신앙에 유착되어 왔던 여러 예배 대상들을 제거하였다. 이런 것들 가운데 중요했던 것은 구리뱀이었다(왕하 18:4). 모세에 의해 직접 만들어졌다고 생각되었던 이 구리뱀은 아득한 옛날부터 성전에 안치되어 왔다. 아마 이교화된 관습들이 특히 여호와의 지방 신당들에서 횡행하였기 때문에, 히스기야는 요시야에 앞서 그 지방 신당들을 폐쇄하려고 시도하였다. 하지만 이 조치가 얼마나 효과적으로 수행되었는지는 알 수 없다. 대중들은 아직 이러한 조치에 적응할 준비가 되어 있지 않아서 틀림없이 분개했을 것이기 때문에, 그 시도는 영속적으로 성공을 거두지는 못했다. 그러나 히스기야가 그와 같은 개혁을 시도했다는 것을 의심할 만한 근거는 없다. 성경에서는(왕하 18:22) 앗시리아인들이 나중에 백성들을 히스기야로부터 이간질시키기 위하여 지방 신당들의 폐쇄를 들먹였다고 하고 있다. 이것은 터무니없는 이야기는 아니다.[38] 신명기의 율법의 원조가 이 이 시기에 예루살렘에서 알려져 있었든 아니든, 중앙의 민

37) 아마 피안키(Piankhi)(다른 연대기들에 따르면 사바코(Shabako)). 그러나 사르곤의 문서는 이때의 바로가 이디오피아인 왕들 가운데 한 사람이었음을 분명히 해준다.

족 성소에 관한 이상은 요시아에게서 나온 것이 아니라 궁극적으로는 언약궤를 안치했던 지파동맹 시대의 성소의 전통까지 거슬러 올라간다.

히스기야는 유다의 개혁에만 힘을 쏟은 것이 아니었다. 그를 이은 요시야와 마찬가지로 히스기야는 이미 없어진 북부 왕국의 백성들을 설득하여 개혁 사업에 참여케 하고 예루살렘의 여호와 예배에 거족적으로 참여시키려고 하였다(대하 30:1-12). 역대기 사가의 특유한 자료 처리에도 불구하고(히스기야는 북부 이스라엘 사람들에 대하여 마치 그들이 후대의 사마리아인들인 것처럼 말을 하고 있다!), 이런 노력의 사실성(史實性)에 의문을 제기할 근거는 전혀 없다.[39] 히스기야의 정책은 단지 유다의 독립만을 목표로 했던 것이 아니라 다윗 왕조의 통치권을 재천명함과 아울러 다윗의 보좌 아래의 남북 이스라엘의 재통일이라는 꿈도 포함하고 있었다(참조. 사 9:1-7). 여기에는 종교적 통일과 온 이스라엘의 민족 성소로서 예루살렘의 활성화가 정치적 통일과 독립의 전주곡으로 이바지하게 될 것이라는 희망이 있었다.

아마 사마리아 주민들을 순복시키는 데 큰 어려움을 겪었던 앗시리아인들의 경험이 이러한 꿈에 실질적인 내용을 빌려 주었을 것이다. 유다의 왕들이 북부 이스라엘과 유대를 유지하기 위하여 부심했다는 것은 히스기야의 아들 므낫세의 아내가 갈릴리의 한 가문의 딸이었다는 사실에 의해서 예증된다(왕하 21:19). 나중 요시야의 아내들 가운데 한 사람도 그러했다(23:36).[40] 그럼에도 불구하고 이러한 노력은 성공하지 못했다. 성경에서는 히스기야의 제의(提議)는 먼 북쪽 지방에서는 어느 정도의 반응을 불러일으켰지만 에브라임에서는 퇴짜를 맞았다. 이는 일부는 지방간에 서로 질시를 했기 때문이고 일부는 사태의 추이를 차츰 신경을 곤두세우면서 주시하고 있었던 앗시리아인들이 남부의 그러한 선전을 상쇄하기 위하여 벧엘 성소를 재조직했기 때문이었다(17:27f.). 이스라엘 재통일의 꿈은 당분간 포기되어야 했다.

---

38) Y. Aharoni(*BA*, XXXI 〔1968〕, pp. 26f.)는 이 시대(제7지층)의 아랏(Arad) 신전에는 번제를 위한 제단이 없었고 또한 그 다음 시대(제6지층)에 가서는 신전이 폐쇄되었다고 말한다. 그는 이런 조치들의 첫번째(희생제사의 금지)를 히스기야에게 돌리고 있고, 두번째(신전 폐쇄)를 요시야에게 돌리고 있다. 또한 그는 브엘세바에서 발견된 뱀의 형상이 새겨진 큰 뿔이 달린 제단은 히스기야에 의해 해체되었다고 믿는다; cf. *BA*, XXXVII(1974), pp. 2-6. 그러나 Y. Yadin은 이 마지막의 것은 요시야에 의해 파괴된 산당이었다고 믿는다; cf. *BASOR*, 222(1976), pp. 5-17.

39) 많은 주석자들이 의문시하고 있다: 예를 들면, Rudolph, *op. cit.*, pp. 299-301. 히스기야의 유월절이 북부 이스라엘의 어떤 달력을 따랐을 가능성에 대해서는 H.J. Kraus, *EvTh*, 18(1958), pp. 47-67; S. Talmon, *VT*, VIII(1958), pp.48-74를 참조하라.

40) Cf. Albright, *JBL*, LVIII(1939), pp. 184f.

직접적인 자료는 없지만, 히스기야의 개혁은 틀림없이 사회적 측면도 지니고 있었을 것이다. 엄격한 여호와 신앙으로 되돌아가기 위해서는 필연적으로 당시 누적되어 있었던 경제적 폐습들을 제거하려고 시도했을 것이다. 이 경제적 폐습에 대해서는 이사야와 미가도 통렬하게 비난한 바 있다. 우리는 무엇보다도 바로 그와 같은 폐습들을 공격한 미가의 설교가 히스기야의 개혁 노력에 영향을 미쳤다는 것을 알게 된다(렘 26:16-19; 참조. 미 3:12). 마찬가지로 단호했던 이사야가 히스기야 가까이에 있었다는 사실은 적어도 이 왕이 턱없는 불의를 눈감아 주는 죄를 범하지 않았다는 것을 강력히 시사해 준다.

히스기야가 어떠한 조치를 취했는지 우리는 모른다. 지명(Hebron, Ziph, Socoh, *mmšt*)과 아울러 왕의 도장(lmlk)이 찍힌 그릇들 가운데 가장 초기의 것이 이 시기에 속하는 것이라고 한다면, 이것은 모종의 재정상 또는 행정상의 개혁, 아마도 국가가 표준화된 도량형을 도입하여 매매와 조세 징수에서 부정을 바로잡으려는 노력을 보여 주는 듯하다. 그러나 이 그릇들의 연대와 기능에 대해서는 열띤 논란이 있어 왔다.[41] 또한 이 동일한 시기에 장인(匠人)들이 착취당하지 않도록 보호할 목적으로 뵈니게인들의 제도를 모방한 동업조합(guild) 조직도 도입되었던 것 같다.[42] 그렇지만 국가가 이 조직에서 어떤 역할을 했는지는 알 수 없다. 어쨌든 착취가 멋대로 자행되도록 허용되지는 않았다. 유다의 사회 구조는 여전히 건재해 있었고, 비교적 전반적으로 번영이 유지되고 있었다. 예루살렘의 인구는 주전 8세기 말

---

41) 많은 것들이 이 그릇들 가운데 어떤 것들이 발견된 바 있는 라기스 제3지층의 파괴 연대에 좌우된다. 이 파괴는 주전 701년 산헤립에 의해서 이루어졌는가(이 경우에는 도장이 찍힌 그릇들은 주전 8세기에 사용되었다) 아니면 주전 598/7에 느부갓네살에 의해 이루어졌는가(이 경우에는 그 그릇들은 나중에야 출현하였던 것으로 된다)? 이 문제는 여기서 거론할 수 없다. 이스라엘 학자들은 첫번째 안(案)을 선호하는 경향이 있어 왔다; 예를 들면, Y. Yadin, *BASOR*, 163(1961), pp. 6-12; Y. Aharoni, *LOB*, pp. 340-346; D. Ussishkin, *BASOR*, 223(1976), pp. 1-13; *idem*, *Tel Aviv*, 4(1977), pp. 28-60 등. 그러나 다른 학자들(대부분이 미국인들)은 두번째 안을 선호한다; 예를 들면, P. W. Lapp, *BASOR*, 158(1960), pp. 11-22; F.M. Cross, *Eretz Israel*, 9(1969), pp. 20-27; H.D. Lance, *HTR*, LXIV(1971), pp. 315-332; J.S. Holladay, *Mag. Dei*, Ch.14, pp. 266f. 등. 이 문제에 대한 포괄적인 개관으로는 P. Welten, ***Die Königs-Stempel***(Wiesbaden: O. Harrassowitz, 1969)을 참조하라.

42) Cf. Albright, *BP*, pp. 75f.; I. Mendelsohn, *BASOR*, 80(1940, pp. 17-21. 이와같은 동업조합들은 후대로 내려와서는 풍부하게 입증이 되지만 그기원은 좀더 오래되었을 것이 확실하다. 몇몇 성읍들(예를 들면, 드빌의 모직 및 염색 산업) 또는 성읍들의 일부 구역들(cf. 렘 37:21)이 한가지 산업에만 종사했다는 사실은 동업조합 또는 이와 비슷한 조직들이 존재했다는 것을 강력히 시사해 준다.

경에 이르러 두 배 내지 세 배로 불어났을 것이다.[43)]

2. 히스기야와 산헤립.

사르곤이 통치하고 있는 동안 앗시리아와 노골적인 단교는 행해지지 않았다. 그러나 이 왕에 이어 그의 아들 산헤립(Sennacherib, 주전 704-681년)이 왕위를 계승하자, 히스기야는 분명히 기회가 왔다고 생각하고서 정식으로 앗시리아에 대한 조공을 거절하고(왕하 18:7) 자기 나라의 독립을 지킬 조치를 취하였다.

a. 반란의 발발.

당시의 상황은 성공할 것이라는 희망을 주었던 것으로 보인다. 사르곤은 아주 먼 곳으로 원정하는 도중에 앗시리아에게는 아마 심각한 패배였던 것으로 보이는 전투에서 죽어서 고국에서 멀리 떨어진 곳에 묻히고 말았다. 산헤립이 왕위에 오르자마자 자기 영토의 양쪽 끝에서 반란이 일어났다. 바벨론에서는 갈대아인 군주 마르둑 아팔리디나(므로닥발라단)가 사르곤의 통치 기간중 상당 동안 그에게 맞서 독립을 유지해 왔는데 다시 왕으로 자처하고 나서서 엘람족의 도움을 얻어, 자기를 축출하려는 앗시리아의 노력에 항거하였다(이 항거는 앗시리아인들이 그를 축출하기 전인 주전 702년 초에 있었다). 이와 때를 같이 해서 서부에서도 반란의 불길이 타올랐다. 이것은 사전에 모의된 계획의 일부였다. 왜냐하면 우리는 므로닥발라단이 다른 나라 왕들에게도 그렇게 했던 것처럼 히스기야에게 사절단을 보내어(왕하 20:12-19; 사 39장) 그의 가담을 종용하였다는 것을 알고 있기 때문이다.[44)] 이집트도 지원 요청을 받았다. 이때 패기에 넘치는 샤바코(Shabako, 주전 710/9-696/5년경)에 의

43) 물론 이것은 상당 부분 사마리아의 몰락 이후 북부로부터 피난민들의 유입(또는 외곽 지역들의 불안정)으로 인해서 그랬을 것이다. 이 도성의 성벽은 이 무렵에 서부 고원지대까지 이르렀음에 틀림없다. 발굴 결과들에 대해서는 M. Broshi, *IEEJ*, 24(1974), pp. 21-26; N. Avigad in Y, Yadin, ed., *Jerusalem Revealed*(Jerusalem: Israel Exploration Society, 1975; New Haven: Yale University Press, 1976), pp. 41-51를 참조하라.

44) 이 사건은 여기서 기가 막히게 들어맞는다(예를 들면, Noth, *HI*, p. 267; Oesterley and Robinson, *History of Israel* 〔Oxford: Clarendon Press, 1932〕, Vol. I, p. 388). 그러나 이 사건을 아스돗이 반란을 일으키고 이집트와 다른 나라들이 히스기야에게 반란에 가담하도록 종용하고 있었던 주전 714-712년의 일로 추정해도 똑같이 그럴듯할 것이다.

해 통치되고 있었던[45] 이집트는 그러한 지원을 효과적으로 할 수 있을 정도로 그전보다는 좋은 처지에 있었던 것으로 보인다.

반란이 팔레스타인과 수리아 온 지역으로 확산되자 상당한 규모의 연합 세력이 형성되었다. 두로의 왕은 주모자의 한 사람이었고, 다른 뵈니게 도시들도 가담하였다. 블레셋에서는 아스돗과 가사는 냉담하였고, 아스글론과 에그론은 깊이 개입하였다.[46] 모압, 에돔, 암몬은 비록 산헤립이 공격해 왔을 때는 아무런 저항도 하지 않았지만 처음에는 연루되어 있었을 것이다. 히스기야는 스스로 열렬한 민족주의자이기도 했지만 동맹국들 및 자신의 몇몇 애국심 강한 귀족들로부터 무서운 압력을 받고 있었다. 모든 모의가 어리석은 짓이자 여호와에 대한 반역이라고 낙인찍은 이사야의 진지한 경고에도 불구하고, 히스기야는 연합 세력에 가담하였고 사절단을 이집트에 보내 조약을 맺었다(참조. 사 30:1-7; 31:1-3). 사실상 그는 반란 주모자의 한 사람이 되었다. 산헤립이 우리에게 말해 주듯이, 앗시리아에 변함없이 충성스러웠던 에그론의 왕 파디(Padi)는 신하들에 의해 히스기야에게 넘겨져서 예루살렘에서 포로로 감금되었다. 만약 열왕기하 18:8이 이 당시의 이야기라고 한다면, 히스기야는 연합 세력에 가담하기를 꺼리고 있었던 블레셋인 도시들을 강제로 끌어들이려고 무력을 사용하기도 했다고 보아야 한다.[47] 히스기야는 물론 산헤립이 이 모든 것을 그냥 지나치지 않으리라는 것을 잘 알고 있었다. 그래서 그는 얼마 안 남은 짧은 기간에 방어 태세를 강화하고(대하 32:3-5) 포위 공격에 대비하여 급수로를 마련하는 일로 바빴다. 그가 저 유명한 실로암 지하 수로를 판 것은 바로 이때였다(왕하 20:20;

45) 다시 Albright, *BASOR*, 130(1953), pp. 8-11의 연대를 따랐다.

46) 에그론의 왕은 앗시리아에 충성을 바쳤으나, 그의 신하들이 그를 폐위시켰다. 산헤립의 비문을 보라: Pritchard, ANEF, pp. 287f.

47) 그러나 이 절은 히스기야가 주전 701년 잃었던 영토를 수복하려던 만년의 노력을 가리키고 있을 수도 있다; Kittel, *GVI*, II, p. 391은 그렇게 본다(p. 393를 참조하라). 이에 관한 논의는 H. L. Ginsberg, in *Alex. Marx Jubilee Volume*(Jewish Theological Seminary, 1950), pp. 348f.를 보라.

48) 이 터널은 양쪽 끝에서 파들어갔고, 양편의 일꾼들이 만난 자리의 바위에 명각(銘刻)이 새겨져 있다. 이에 관한 묘사에 대해서는 Wright, *BAR*, pp. 172-174를 참조하라. 이사야 22:11은 저수지가 도성의 성벽 안에 있었다는 것을 시사해 준다. 그러나 Miss Kenyon은 그 지역에 성벽이 있었던 흔적을 발견하지 못했기 때문에 그것은 지하에 바위를 깎아 만든 저수지로서 갱도나 지하도를 통해 왕래할 수 있도록 되어 있었을 것이라고 믿는다; cf. Kathleen M. Kenyon, *Jerusalem* (London: Thames and Hudson; New York: McGraw-Hill, 1967), pp. 69-77. 그러나 좀 더 최근의 발굴들(cf. 주 43)은 저수지가 실제로 성벽 안에 있었다는 것을 시사해 준다.

대하 32:30). 이것은 기혼샘의 물을 예루살렘의 언덕 밑을 뚫어 도성의 낮은 쪽 끝에 있는 저수지로 끌어들이는 수로였다.[48] 주사위는 이미 던져졌다!

b. 주전 701년의 산헤립의 침공.

바벨론이 잠시 평정되었기 때문에 산헤립은 주전 701년에 자유로이 팔레스타인을 칠 수 있었다. 우리는 열왕기하 18:13-16의 기사(記事)와 그 기사를 보강해 주지만 지나치게 과장되어 있는 산헤립 자신의 비문을 통해서 이 침공에 관하여 알게 된다. 산헤립은 해안을 따라 남으로 이동하여 먼저 두로 왕국의 저항을 분쇄한 다음 구브로로 도망간 그 왕을 폐위하고 자기가 선택한 통치자를 세웠다. 말하자면, 앗시리아의 침공은 이스라엘과 마찬가지로 두로에게도 재난이었던 것이다. 두로의 전성기는 끝이 났고, 헬라인들 및 카르타고 같은 두로의 몇몇 식민지들이 통상에서 중요한 위치를 차지하게 되었다. 두로의 항복으로 반란은 와해되고, 원근에 있던 여러 나라들의 왕들 — 비블로스, 아르왓(Arvad), 아스돗, 모압, 에돔, 암몬 — 은 공물을 가지고 산헤립에게로 급히 달려갔다.

그러나 아스글론과 에그론 같은 나라들은 유다와 더불어 그대로 버티고 있었다. 산헤립은 이 나라들을 치려고 진격하여 먼저 욥바 부근의 아스글론의 속령들을 복속시킨 다음 에그론을 처리하기 위하여 남으로 이동하였다. 앞에서 말했듯이 에그론의 왕은 협력을 거절했다는 이유로 예루살렘에서 포로로 갇혀 있었다. 에그론을 구하려고 진격해 온 일단의 이집트 군대는 엘테케(Eltekeh, 에그론 부근)에서 앗시리아 군대와 접전하여 패배하였다. 그런 다음 산헤립은 틈을 내어 에그론과 그 밖의 반란에 가담한 블레셋인 도시들을 점령하고 반란 주동자들을 처형하거나 귀양을 보냈다. 이 동안에 그는 유다도 공격하였다. 산헤립이 말하는 바에 따르면, 그는 마흔 여섯 곳의 요새화된 유다 성읍들을 항복시키고 그 주민들을 유형시켰는데[49], 그 동안에 히스기야와 그의 남은 군대는 "새장 안의 새와 같이" 예루살렘 안에 갇혀 있었다고 한다.

학살은 무시무시했을 것임에 틀림없다(참조. 사 1:4-9). 산헤립이 습격한 라기스(Lachish)에 대한 발굴 조사에서 파괴되었음을 보여 주는 여러 증거들과 아울러 커다란 구덩이가 발견되었는데, 거기에는 1500구 가량의 유해(遺骸)들이 버려져 돼

49) A. Ungnad, *ZAW*, 59(1943), pp. 199-202는 포로로 잡혀간 사람들의 수를 2,150명으로 추산한다(산헤립은 200,150명이라고 했다!).

지 뼈다귀들과 다른 잡동사니 쓰레기들로 덮여 있었다. 아마 앗시리아 군대가 버린 쓰레기일 것이다.[50]

히스기야의 처지는 절망적이었다. 그의 군대의 일부에 의해 버림을 받고[51] 또 분명히 다름아닌 바로 이사야에게서 저항을 포기하도록 충고를 받았던(사 1:5) 그는 여전히 라기스를 포위하고 있었던 산헤립에게 사람을 보내어(왕하 18:14) 항복 조건을 청했다. 그 조건들은 가혹했다. 에그론 왕은 인도되어 왕위를 되찾았다. 그 범위는 분명치 않지만[52] 유다 영토의 상당 부분이 이 에그론 왕과 충성스러웠던 아스돗과 가사의 왕들 사이에서 분배되었다. 게다가 산헤립은 엄청나게 많은 공물을 요구했기 때문에, 히스기야는 그 공물을 조달하기 위하여 성전과 왕실 금고를 털어야 했다. 산헤립의 첩이 될 히스기야의 몇몇 딸들을 포함하여 다른 선물들과 함께 이 공물은 곧이어 니느웨로 수송되었다.

c. 히스기야의 만년.

주전 701년 이후의 사건들은 확실치 않다. 그러나 보록(補錄) I에서 살펴보려는 바와 같이, 열왕기하 18:17-19:37과 이사야 36장 이하의 이야기는 주전 701년의 상황과 별로 합치하지 않지만, 그렇다고 전설로 처리해 버릴 수도 없기 때문에, 디르하가(Tirhakah)가 이집트에서 권력을 잡은 후에(왕하 19:9) 또다시 반란이 일어나 앗시리아의 제2차 침공이 있었던 것으로(주전 690/89년경) 생각해 볼 수도 있을 것이다. 상황이 호전되었을 것이다. 주전 701년의 침공 이후에 산헤립은 바벨론에서 지속적이고도 고조된 긴급 사태를 맞았다. 므로닥발라단을 추방한 후 대신 세워 놓았던 통치자(Bel-ibni) 자신이 반란을 일으키자(주전 700년경), 산헤립은 그를 폐위하고 자기 아들 아슈르 나딘 슘(Asshur-nadin-shum)을 왕으로 세웠다. 그러나 주전 694/3년경 엘람 왕의 선동으로 다시 폭동이 일어나서 어느 찬탈자

50) 이에 관한 묘사는 Wright, *BAR*, pp. 167-171를 참조하라. 층위학적(層位學的) 문제에 대해서는 주41을 참조하라. 또한 산헤립의 그림들도 보라: Pritchard, *ANEP*, Plates 371-374. 이때 드빌도 부분적으로 파괴되었다는 것이 드러났다.

51) 산헤립은 그렇게 말하고 있다. 이사야 22:2 이하는 이것을 암시하고 있는 것인가?

52) 산헤립의 표현은 분명치 않다. 몇몇 학자들(예를 들면, Alt, *KS*, II, pp. 242-249)은 그것이 유다 전체(예루살렘을 제외하고)였다고 생각한다; 또 다른 학자들(예를 들면, H.L. Ginsberg, *op. cit.*(주47), pp. 349-351)은 대략 모레셋 가드(Moresheth-gath)로부터 동쪽으로 뻗은 선 이남의 유다땅 전부라고 생각하고 있다. 그러나 아마 세펠라(Shephelah)의 대상지대(帶狀地帶)도 똑같이 분할되었을 것이다(Albright, *BP*, p. 78).

(Nergalushezib)가 왕위에 올랐다. 산헤립의 아들은 포로가 되었다가 뒤이어 살해되었다. 이 찬탈자는 신속히 처리되었지만, 또 다른 찬탈자(Mushezib-Marduk)가 신속하게 그의 뒤를 이었다. 바벨론은 온통 반란에 휘말려들었다. 그러나 산헤립이 반란을 진압하기 위하여 출전했으나(주전 691년) 바벨론인, 엘람인, 그 밖의 종족들의 연합군과 접전하여 대패당하였다. 이것은 앗시리아가 지배권을 상실한 듯이 보이게 하였을 것이다. 바로 이때(주전 690/89년) 정력적인 젊은 디르하가가 이집트에서 왕위에 올랐다. 앗시리아 패전의 소식과 이에 더하여 이집트의 지원 약속이 히스기야로 하여금 다시 한번 반란을 일으키게 했으리라고 추론하는 것은 전적으로 타당하다. 다른 나라들이 가담했는지 안했는지는 물론 알 수 없다. 만약 열왕기하 18:8이 당시의 일을 말하는 것이라면[53], 히스기야는 기회를 틈타 이전에 산헤립에게 빼앗겼던 영토를 수복했을 가능성이 있다.

산헤립은 당장에 손을 쓸 도리는 없었다. 그러나 주전 689년에 바벨론의 반란은 진압되었다. 바벨론은 점령되어 유린되었고, 그 주민들은 극도로 잔인하게 다루어졌으며, 그 신전들은 더럽혀지고 파괴되었으며, 마르둑 신상은 앗시리아로 가져가 버렸다. 이제 산헤립은 자유롭게 서부로 눈을 돌릴 수 있게 되었고, 주전 688년경 침공을 감행했던 것으로 보인다. 열왕기하 18:17-19:37과 이사야 36장 이하에 나오는 사건들은 이때의 상황에 가장 잘 들어맞는다. 우리는 자세한 내용을 알 수는 없지만, 산헤립은 다시 해안 평야에 나타나서 이전처럼 유다의 국경 요새들(라기스, 립나)을 항복시키고, 이와 동시에 히스기야를 다시 한번 예루살렘에 봉쇄해 놓은 듯하다(왕하 18:17; 19:8). 그러는 동안에 이집트의 디르하가(19:9)가 히스기야를 도우러 진격해 왔다. 산헤립은 바로와 대결하기 전에 유다 문제를 일단락 짓기를 원했지만 포위 공격을 통해서는 예루살렘을 항복시킬 시간적 여유가 없다는 것을 알고 총사령관을 히스기야에게 보내어 항복을 권유하였다.[54] 그러나 히스기야는 항복이 유다의 종말과 주민의 유형을 의미한다는 것을 잘 알고 있었기 때문에(18:31f.) 결사항전을 선택하였다. 이러한 그의 선택을 나이든 이사야도 지지했다. 이때 이사야는 앗시리아가 하나님의 인내를 지나치게 시험했다는 확신을 갖고 예루살렘은 결코 점령되지 않을 것이라고 히스기야에게 확언을 했다(왕하 19:29-34; 사 14:24-27;

---

53) Kittel, *GVI*, II, p. 391은 그렇게 보고 있다. 그러나 본서 p.390와 주 47을 참조하라.

54) 산헤립이 히스기야에게 항복을 요구한 것이 한 번이냐 두 번이냐 하는 문제는 열왕기하 18:17-19:8 (9a), 36f.와 19:9(9b)-5을 병행적인 이야기로 보느냐 연속적인 이야기로 보느냐에 달려 있다. 이 문제는 대세에 영향을 미치지 않는다.

17:12-14; 31:4-9 등등).

산헤립과 디르하가의 접전의 결과는 알려져 있지 않다. 아마 앗시리아의 승리였을 것이다. 앗시리아 군대가 이집트의 국경지대까지 밀어닥쳤다고 하고 있는 헤로도투스(Herodotus)의 전승(II, 141)이 맞는다면, 분명히 그렇다고 할 수 있다. 그러나 예루살렘은 점령되지 않았다. 두 가지 이유가 제시되어 있다: 하나는 산헤립의 군대가 돌림병으로 인해 마비되어 있었기 때문이고(왕하 19:35), 또 하나는 그가 본국으로 돌아가지 않으면 안 될 소식이 날아들었기 때문이다(7절). 이 두 가지 이유는 서로 배타적이지 않기 때문에 둘다 사실인 듯하다. 첫번째 이유는 앗시리아 군대 가운데 쥐(시궁쥐?)로 인한 돌림병이 퍼졌다는 헤로도투스의 전승이 조금 모호하기는 하지만 그런 대로 뒷받침을 해준다고 할 수 있다. 아마 그 돌림병은 선(腺)페스트였을 것이다.

어쨌든 구원을 예언한 이사야의 신탁들이 보존되었을 뿐 아니라 또한 이때 일어났던 일이 시온의 신성 불가침성에 대한 믿음을 강화시키는 데 기여함으로써 그 믿음이 나중에 확고한 민족적 교의가 되었다는 것으로 미루어 볼 때, 뭔가 주목할 만한 구원 사건이 있었음에 틀림없다.

그러나 비록 앗시리아인들은 예루살렘을 해치지 못한 채 물러갔지만, 유다는 자유를 얻지 못했다. 산헤립이 보복을 하러 돌아오지 않은 것은 이듬해(주전 687/6년)에 히스기야가 죽었다는 사실로 아주 잘 설명된다. 그의 아들 므낫세는 반란을 포기하고 앗시리아와 화친하였다. 유다의 용맹스러운 독립 투쟁은 값비싼 대가만 치르고 결국 실패하고 말았다.

C. 주전 8세기 말엽의 유다 선지자들

1. 국가의 위기 사태와 선지자들의 메시지.

주전 8세기 말엽에 자신의 임무를 수행하며 나라가 위기 사태를 끊임없이 외친 선지자들에 관하여 어느 정도 언급함이 없이 이 시대의 유다 역사를 매듭짓고 다른 것으로 넘어갈 수는 없다. 만약 선지자들에 관하여 언급하지 않는다면 역사를 불완전하게 살피고 넘어가는 것이 되어 버릴 것이다. 왜냐하면 이 선지자들은 확실히 유다의 어느 왕 — 또는 유다에 개입한 앗시리아의 어느 왕 — 보다도 역사적으로 훨씬 중요한 의미를 지니고 있기 때문이다. 물론 다른 선지자들도 있었겠지만, 우리가 알고 있는 선지자는 이사야와 미가 두 사람이다. 두 사람 다 앗시리아의 그림자가 유다 땅을 뒤덮고 또 북부 왕국은 비틀거리다가 결국 멸망하였을 때 설교하기 시작하였다. 그리고 두 사람 다 그후의 비극적인 시대를 살았다. 이사야는 이 장에서 살펴보았던 시대 전체를 겪었다.

a. 유다의 정신적 위기.

이 선지자들을 제대로 평가하려면 유다가 직면했던 위기를 이해하지 않으면 안된다. 이 위기는 단지 이미 기술한 앗시리아의 침략이라는 외부적인 물리적 위협만이 아니라 그와 때를 같이 하여 또 거기에 수반되어 생겨난 정신적 위기 사태였다. 이 정신적 위기 사태는 민족의 특성과 민족의 종교를 그 토대로부터 위협하였다. 이러한 위기 사태는 부분적으로는 북부 이스라엘을 멸망시켰던 것과 동일한 내부적인 병폐로 인하여 생겨난 것인데, 이 병폐는 비록 덜 심각하긴 했지만 유다에도 있었다. 이에 대해서는 앞에서 이미 살펴보았다. 국가의 공식적인 종교는 이러한 사회경제적 병폐들에 대하여 효과적인 책망을 전혀 하지 못했고, 앗시리아의 가혹한 세금으로 악화되기만 했을 뿐 아니라 또한 언제나 풍토병과도 같은 혼합주의 풍조가 만연했는데, 이러한 풍조는 아하스가 앗시리아의 신들을 인정한 뒤로 해이된 시기에 횡행하였다. 이러한 풍조들이 아직은 국가를 파멸시킬 정도로 심각하게 되지는 않았지만, 그러한 것들은 국가의 근본적인 구조가 어느 정도 약화되어 있었음을 보여 주는 것으로서 확실히 민족의 생존 투쟁에 도움을 준 것은 아니었다. 요컨대 조상 대대로의 사회질서가 점차로 해체되면서, 이스라엘 사회의 본래적 토대였던 시내산 언약 및 그 엄격한 종교적.도덕적.사회적 의무들은 많은 유다 백성들에 의해 대부분 잊혀져 있는 상태였다. 그들에게 여호와는 자기들의 정교한 제의 수행에 대한 보답으로 나라를 보호해 주고 축복해 주는 역할을 하는 민족 수호신쯤으로 여겨졌다(사 1:10 - 20).

하지만 이것이 그 전부는 아니었다. 앞에서 말한 대로, 유다의 왕정은 옛 모세의 언약이 아니라 다윗과 맺은 여호와의 영원한 언약에 의해 그 합법성이 부여되어 있었다. 이 다소 색다른 언약 관념[55]은 백성들의 마음속에 들어 있던 옛 언약 관념을 희미하게 만들었을 것임에 틀림없다. 여호와가 시온을 자기 거처로 선택하고 다윗에게 영원한 왕조를 약속했다는 것, 각각의 왕들은 여호와의 기름부음 받은 "아들"(시 2:7 등등)로서 그 원수들로부터 보호를 받으리라는 것, 이 왕조는 마침내 다윗 왕국보다 더 큰 왕국을 차지하고 지상의 왕들이 그 발 아래에서 아첨하게 되리라는 것(시 2:7-11; 72:8-11 등등)이 믿어졌고 또 제의를 통해서 천명되었다. 요컨대, 국가의 존립은 광야에서 여호와와 맺은 언약의 조건이 아니라 다윗에게 준 여호와의 무조건적인 약속들을 토대로 하고 있었다. 이 두 언약 개념은 둘 사이에 조정이 이루어졌다는 사실에 의해 예증되듯이 전적으로 양립할 수 없는 것은 아니었다고 할지라도, 어느 정도의 긴장은 있었다.[56] 공식적인 신학에서는 여호와 신앙 특유의 도덕적 의무들을 왕에게도 부과하여(예를 들면, 시 72편) 정의를 유지할 책임을 지우고 이를 어기면 심각한 징벌을 받는다는 조건을 붙이긴 했지만, 그 약속들은 확실하고 무조건적이었다(시 89:1-4,19-37; 삼하 7:14-16). 공식적인 제의는 국가 신학의 시녀였다. 공식 제의가 하는 일이라는 것은 희생제물과 봉헌 그리고 다윗에게 한 약속들을 제의를 통하여 재천명함으로써 국가의 복리를 확실히 하는 것이었다. 표준적인 여호와 신앙이 외면적으로 유지되는 동안은 내면적으로 어느 정도의 이교화는 불가피하였다: 국가 제의는 이방 종교들이 일반적으로 그러하듯이 기존 질서를 정신적인 면에서 밑받침하고 옹호하는 것이 되었다. 그 성직자들은 왕 개인을 비판할 수는 있다고 생각되었지만, 근본적으로 국가 자체를 비판할 수는 없었고, 국가가 망할 수도 있다는 것은 상상조차 할 수 없었다. 이사야와 미가가 보여 주듯이 성직자들이 비판을 행한다는 것은 거의 생각할 수조차 없게 되었다는 것은 불가피하였다.

주전 8세기 말엽의 사건들은 유다의 공식적인 신학에 엄청난 눈사태와도 같은 힘으로 떨어졌다. 국가와 왕조의 존립 자체가 위태로워지자, 국가 이데올로기는 근본적으로 의문이 제기되었다. 다윗에게 주어진 약속들은 정말 신뢰할 수 있는가? 만약 앗시리아가 이 나라를 모욕적으로 다룰 수 있고, 또 앗시리아의 신들이 여호와의 집으로 들어올 수 있다면, 자신의 약속들을 성취하는 여호와의 권능에 관해 도대체 무엇이라고 말할 수 있는가? 유다 백성들의 반응은 상반되는 두 가지로 갈라졌다.

---

55) Cf. G.E. Mendehall, *BA*, XVII(1954), pp. 26-46, 49-76; reprinted, *The Biblical Archaeologist Reader*, 3(E.F.Campbell and D.N. Freedman, eds. 〔New York: Doubleday, 1970〕, pp. 3-53; 또한 D.R. Hillers, *Covenant: the History of a Biblical Idea*(Baltimore: The Johns Hopkins Press, 1969).

56) 필자의 저작인 *Covenant and Promise: The Prophetic Understanding of the Future in Pre-exilic Israel*(Philadelphia: Westminster Press, 1976)을 참조하는 것이 편리하다.

하나는 맹목적이고 광신적인 신뢰였고, 다른 하나는 비겁한 불신앙이었다. 이 둘은 모두 파괴적이었다. 유다가 어떤 어리석은 일을 저지른다고 하더라도 여호와는 유다를 향한 자신의 약속들을 이행하리라는 것을 확신하고서, 결과를 생각하지도 않고 국가를 저돌적이고 거의 자멸적인 반란으로 몰아간 사람들이 있었다. 그리고 아하스처럼 아마 국가 신학에 의지한다는 것이 비현실적이라고 생각하고서는(참조. 사 7:1-17) 자진해서 앗시리아의 앞잡이가 되는 것 외에 유다를 구할 길이 없다고 생각한 사람들이 있었다. 앗시리아에 굴복한 후 비참해졌을 뿐이고 또 반란이 완전히 헛수고였음이 입증된 뒤에도, 국가 신학과 그 약속들에 대한 완전한 환멸이라는 사태가 벌어지지 않았고, 또한 국가 신학과 더불어 모든 것을 포기한 것이 아니라 표면적이긴 하지만 여호와 신앙을 지니고 있었다는 것은 기이한 일이다. 아래에서 살펴보게 될 므낫세 통치 기간의 사건들이 보여 주듯이, 모든 것을 포기할 뻔한 위험이 첨예화되어 있었다. 그런 일이 실제로 일어나지 않은 것은 인간적으로 말해서 상당 부분 선지자들 — 특히 이사야 — 과 그들의 말에 기꺼이 귀를 기울인 사람들 덕분임에 틀림없다.

b. 선지자 이사야: 그의 생애와 메시지.

이스라엘이 자신의 전(全)역사를 통해서 배출한 인물들 가운데 이사야보다 더 위대한 인물은 별로 없었다. 웃시야가 죽은 해에(주전 742년) 선지자 직분으로 부르심을 받은 후(사 6:1), 40년 동안이나 그는 당시의 상황에서 우뚝 솟아 있었고, 비록 그가 생존해 있을 당시에는 깨달은 사람이 거의 없었겠지만 비극과 위기의 시기에 다른 어느 사람보다도 민족을 지도해 나갔다. 쉽게 왕에게 나아갔던 사실로 미루어 볼 때, 그는 조신(朝臣)의 한 사람은 아니었지만 좋은 가문 출신이었다. 하지만 조정의 정책에 반대하고 또 그것을 매우 신랄하게 비난하면서 생애의 대부분을 보내야 했던 것이 바로 그의 운명이었다.

이사야는 소명을 받을 당시의 최초의 체험(6장)을 통하여 여호와의 두려운 거룩하심과 깊은 민족의 죄를 통감하고 아모스의 전통을 그대로 답습하여 무엇보다도 먼저 규탄의 메시지를 전하였다. 격렬한 분노로써 그는 권세를 잡고 무도한 짓을 일삼던 귀족들과 돈에 눈이 어두워 서로 결탁해서 힘없는 자들의 권리를 빼앗곤 했던 재판관들을 공격하였다(예를 들면, 1:21-23; 3:13-15; 5:8,23; 10:1-4). 방자하여 물질적 소유와 향락에만 관심을 가지고(예를 들면, 3:16-4:1; 5:11f., 22), 또 외국의 유행을 좋아하며 도덕적 규범이나 하나님에 대한 믿음은 없었던 퇴폐한 상류 계층(5:18-21)은 이사야에게 하나님의 진노를 받아 마땅한 듯이 보였다. 이사야는 처음부터(6:9f.) 자기가 잘못을 받아들일 수 없는 백성을 향하여 말하고 있다는 것을 잘 알고 있었다.

자기 나라를 잘 일구어 놓은 포도밭, 즉 마땅히 좋은 포도송이를 맺어야 하는데 그렇지 못한 포도밭에 비유하면서(5:1-7), 그는 유다가 여호와의 은혜에 대하여 의로운 행위로 응답하지 않았기 때문에 쓸모없는 포도밭처럼 뒤엎어져서 가시덤불과 엉겅퀴만 자라게 될 것이라고 선언하였다. 그는 정의에 어긋나는 유다의 죄악들로 인하여 여호와의 요구를 충족시키고자 거행된 사치스러운 제의는 여호와에게 열납될 수 없고 역겨운 것이라고 선언하였다(1:10-20). 아모스와 마찬가지로 이사야도 여호와의 날이 심판의 날로서 다가오기를 기대하면서(2:6-21) 앗시리아인들을 그 심판의 도구로 보았다(5:26-29). 그는 나라가 내부로부터 무너져(3:1-12) 파멸의 구렁텅이로 던져지고(6:11f.) 소수의 사람들만이 남게 되는 광경을 내다보았다(10:22f.). 그리고 그 소수의 남은 자들조차도 다시 파국의 불길 속에 던져질 것이라고 선언하였다(6:13).[57]

이사야가 처음으로 국가의 정책과 충돌하게 된 것은 아람족과 북부 이스라엘의 연합군이 반앗시리아 투쟁에 유다를 강제로 끌어들이려고 예루살렘으로 진격해 온 주전 735-733년의 위기 때였다. 이 무렵 이사야는 아들을 갖게 되었는데, 그 아들에게 스알야숩("남은 자만이 돌아오리라")이라는 불길한 이름을 지어 주었다.[58] 이사야는 아하스가 앗시리아에 도움을 청하리라는 것을 알고 자기 아들을 대동하여 왕을 직접 만나서(7:1-9) 동맹군은 결코 그들의 목적을 달성하지 못할 것이라고 단언하고, 왕에게 그렇게 하지 말고 여호와의 약속을 믿으라고 강권하였다. 아하스가 망설였을 때, 이사야는 궁궐에 나타나서(7:10-17) 자기가 말한 것이 참되다는 것을 보여 줄 징조를 여호와에게 청하도록 권고하였다. 왕이 경건한 체 꾸미는 위선적인 말로 이 제안을 거절하자, 격노한 이사야는 유명한 임마누엘(Immanuel)에 관한 징조를 보여 주었다. 아마 왕실에 태어날 이 아이의 탄생은 다윗에게 한 여호와의 약속이

57) 이 아주 난해한 본문에 대해서는 Albright, *VT*, suppl., Vol.IV(1957), pp. 254f.; S. Iwry, *JBL*, LXXVI(1957), pp. 225-232를 참조하라.

58) 이 이름은 어떤 소망을 내포하고 있는 것일 수도 있는데("남은 자는 돌아오리라"), 이런 소망이 이사야 10:20-21에 피력되어 있다. 그러나 이 이름이 여기서는 아하스에 대한 경고를 구체적으로 표현한 것이기 때문에(cf. 10:22f.), 아마 원래는 불길한 뜻을 내포하고 있었을 것이다. 많은 학자들과는 달리 나는 20-23절을 꼭 이사야 이후의 것으로 볼 필요는 없다고 생각한다.

확실하다는 것을 나타내 보여 주는 것이었겠지만, 아하스가 믿지 않았기 때문에 아이의 탄생은 아하스의 비겁함으로 말미암아 나라에 닥쳐올 무서운 재난의 징조도 될 것이었다. 왕의 정책을 거듭거듭 비난하고 그 정책이 가져올 무서운 결과들을 묘파하면서(예를 들면, 7:18-25; 8:5-8a) 이사야는 자기 말을 듣는 모든 사람들에게 왕의 정책을 반대하도록 권하였다(8:11-15). 이 무렵에 태어난 둘째 아들은 "마헬살랄하스바스"("전리품을 빨리 차지하라. 약탈이 속히 오리라")로 불렸는데(8:1-4), 이는 아하스왕이 믿기만 한다면 아람족과 이스라엘의 동맹군이 곧 격파될 것이라는 그의 예언을 생각나게 하는 것이었다. 그러나 아하스는 믿지 않았다. 그 대신 그는 디글랏빌레셀에게 공물을 보내고 나라의 독립을 포기하였다. 이사야는 자기의 권고가 외면당하자 장래를 위한 증거로서 자기가 말했던 것을 기록한 문서를 제자들에게 건네 주고(8:16-18) 물러갔다.

이 모든 것에도 불구하고 이사야는 소망을 포기하지 않았다. 하나님에 관한 그의 신조는 너무도 엄청났기 때문에 그는 민족의 태만이 하나님의 목적을 좌절시키거나 그분의 약속을 무효화할 수 없다고 생각하였다. 아하스가 자신의 직임을 배반하였다는 확신에도 불구하고, 어쩌면 아마 그랬기 때문에, 이사야는 왕조의 이상(理想)을 제의에서 끊임없이 확인되어 온 그대로(예를 들면, 시 72편) 소중히 여기고, 다윗 가문의 자손 가운데서 그 이상을 실현할 통치자가 나올 것이라는 기대를 스스로 고전적으로 표현하면서(사 9:2-7; 11:1-9), 그 통치자는 아마도 왕조에 깃들 카리스마적 은사들을 나타내 보이고(11:2) 특히 아하스가 그토록 노골적으로 행하려 하지 않았던 정의를 확립하고 민족의 굴욕을 영원히 종식시킬 것이라고 했다. 이사야는 여호와가 사건들을 관장하고 있으며 열방에 대한 자신의 왕적인 평화로운 통치를 확립하고자 하는 여호와의 목적은 확실하다고 굳게 믿고 있었다(2:2-4; 11:6-9).[59] 그래서 그는 현재의 비극을 그 목적의 일부로 보았다. 하나의 연단, 즉 여호와가 민족의 성품에서 불순물을 없앤 다음 징벌을 받고 깨끗해진 백성을 남겨 두려는 정화 작업으로 보았다(1:24-26; 참조. 4:2-6).[60] 그의 아들 스알야숩이라는 이름 속에 깃들어 있던 불길한 징후는 점차 희망적인 것으로 바뀌어 가기 시작하였다(10:

59) 이사야 2:2-4(=미가 4:1-5)이 이사야의 말인지 미가의 말이지 아니면 이름을 알 수 없는 어떤 다른 선지자의 말인지에 대해서는 결코 객관적인 증거를 통해 확실하게 해명할 수는 없을 것이다. 그러나 그 말을 주전 8세기 중엽의 선지자들의 소망을 표현한 것으로서 이사야와 미가 두 선지자의 제자들에 의하여 소중히 간직되었던 것으로 보지 못할 이유가 없다고 나는 생각한다. 특히 H. Wildberger, *VT*, VII(1957), pp. 62-81를 참조하라.

20f.). 아마 남은 자만이, 언제나 그렇듯이 남은 자만이 돌아올 것이다(즉, 회개할 것이다). 이사야는 거듭거듭 실망하기는 했지만 하나님이 이 비극 가운데서 자기 백성들 중 징벌을 받고 깨끗게 된 남은 자를 출현케 할 것이라는 소망을 결코 포기하지 않았다(28:5f.; 37:30-32).

c. 이사야: 그후의 활약과 메시지.

주전 735-733년에 거절당한 후로 이사야는 분명히 아하스가 통치하는 동안은 국가의 정책에 영향력을 행사하려는 시도를 하지 않았던 것 같다. 우리는 히스기야가 즉위한 후 아스돗에 의해 영도되고 이집트의 후원을 받았던 반앗시리아 투쟁에 유다도 가담하라는 요청이 있었을 때(주전 714-712년) 이사야를 다시 만나게 된다. 이미 살펴본 바와 같이 이집트 제25왕조의 사절들(18장)과 또한 아마 블레셋인들의 사절들(14:28-32)도 히스기야의 협력을 구하려고 그를 방문했던 것 같다. 이사야(앗시리아에 굴복하는 것을 반대했던 장본인!)는 이 모의를 단호히 반대하였다. 그의 입장은 여호와가 시온의 토대를 놓았기 때문에 그분 자신이 시온의 충분한 방패라는 것이었으며(14:32), 또한 그분은 자신이 정한 좋은 시기에 앗시리아 전복의 신호를 주리라는(18:3-6) 것이었다. 그때까지 백성들은 기다리라는 것이다! 한창 음모가 진행중일 때, 이사야는 마치 전쟁 포로처럼 허리만 가린 채 맨발로 예루살렘 거리를 돌아다니며(20장) 이집트에 의존할 경우에 겪게 될 비참한 결과를 상징을 통해 항의하였다. 아마 그는 사람들의 주의를 끌었던 것 같다. 왜냐하면 반란이 분쇄되었을 때 유다가 피해를 모면한 것으로 보아 유다는 분명히 반란에 가담하지 않은 듯하기 때문이다.

그러나 이것이 이사야의 승리였다고 하더라도 그것은 잠시뿐이었다. 사르곤이 죽고(주전 705년) 전면적인 반란이 터지자 유다는 이미 살펴보았듯이 거기에 깊숙이 개입하여 이집트의 도움을 청하려고 교섭하였다. 이사야는 이 일을 가차없이 신랄하게 규탄하면서 재난만을 초래하게 될 것임을 예언하였다(예를 들면, 28:14-22; 30:1-7,12-17; 31:1-3). 그는 이집트의 도움이 소용없다는 것을 알았을 뿐만

60) 많은 학자들은 이사야 4:2-6 의 전부 또는 일부를 이사야의 말이 아니라고 보고 있다. 그러나 비록 이 구절이 전승 과정에서 상당히 윤색된 것으로 보이긴 하지만, 그것이 기본적으로 후대의 것이라고 보는 데는 동의할 수 없다. Cf. V. Herntrich, *Der Prophet Jesaja*, Kap. 1-12(*ATD*, 1950), pp. 61-73; J. Lindblom, *Prophecy in Ancient Isreal*(Oxford: Blackwell, 1962), pp. 249f.

아니라 이집트 신들의 이름으로 조인된 동맹협정(28:15)을 여호와에 대한 믿음 없음이라는 죄악의 증거로 여겼다(예를 들면, 28:12, 16f.; 30:15). 그러나 경건치 않고 부도덕한 무리였던 국가 지도자들(28:7f.; 29:15)은 그를 조롱하고(28:9-13, 14) 썩 꺼지고 같은 소리를 더 이상 되까리지 말라고 퉁명스럽게 말하였다(30:9-11). 이렇게 형편없이 짓밟힌 이사야는 다시 한번 장래의 증거로 남기려고 자기가 말한 내용을 글로 기록하였다(30:8). 그러나 그는 결코 성토를 그치지 않았다. 주전 701년에 반란으로 인해 국가가 멸망의 위기로 몰리자 그는 반란을 규탄하고 그것을 포기할 것을 강권하였다(5절). 반란이 끝난 뒤, 무책임하게 도망쳐 목숨을 부지했던 사람들의 행동이 그에게 이 백성이 고쳐질 가망성이 거의 없다는 증거로 보였다(22:1-14).[61]

히스기야가 다시 한번 반란을 일으키고 산헤립이 유다를 두번째 침공하였을 때(주전 688년경), 우리는 마지막으로 이사야에 관한 이야기를 듣게 된다.[62] 이 무렵에 이사야는 여호와의 심판을 위한 도구 역할을 해왔던 앗시리아의 불경한 오만(hubris)이 여호와도 더 이상 참을 수 없는 지경에 이르렀으므로(10:5-19) 여호와는 팔레스타인 땅에서 앗시리아를 분쇄하고(14:24-27; 31:4-9) 예전에 이집트에서 그랬던 것처럼 자기 백성을 구함으로써(10:24-27) 자신의 주권을 드러내 보이고자 한다는 확신에 이르렀다.[63] 그래서 그는 표면적으로는 완전히 역설적으로 행동을 했다. 일관되게 앗시리아에 대한 반란을 반대해 온 그가 유다의 최악의 위기에서 거의 혼자 히스기야 왕의 편을 들어 그로 하여금 굳건히 버티도록 격려하면서, 앗시리아인들은 그 교만이 지나쳐서 여호와를 모독하였으므로(37:21-29) 결코 예루살렘을 점령하도록 놔두지는 않을 것이라고 선언하였다!(29:5-8; 37:33-35) 히스기야는 굳건히 버티어 도성은 함락되지 않았고 이사야의 말은 사실로 입증되었다. 이것으로 연로한 선지자는 시야에서 사라진다. 그가 불경건한 므낫세 지파에 의해 순교당했다는 전승은 후대의 것으로서 근거 없는 이야기이다.

d. 미가의 메시지.

---

61) 그것은 논란되고 있긴 하지만, 나는 이사야 1:4-9과 22:1-14을 모두 주전 701년과 연관시키고자 한다. 이에 관한 논의는 주석서들을 보라.

62) p. 388-394와 보록 I, p. 409-424를 참조하라.

63) 원래의 운문 형태로 보존되지는 않았지만, 나는 10:24-27을 근본적으로 이사야의 설교로 본다; cf. R. B. Y. Scott, *IB*, V(1956), p. 245; Lindblom, *op. cit.*, p. 224.

이사야 설교의 의의를 분석하기 전에 그와 동시대인이었던 미가에 관해 한마디 해두지 않으면 안 된다. 미가가 유다 서남부의 모레셋 가드라는 촌락 출신이고(미 1:1) 또 그의 사역이 이사야와 거의 같은 시기에 시작되어 히스기야의 통치시대로까지 이어졌다는 것(렘 26:16-19) 외에는 그에 관해 우리는 거의 알고 있지 않다. 미가의 공격은 전형적인 선지자들의 방식을 좇아 사회경제적 폐습, 특히 예루살렘의 부유한 귀족들에 의한 소지주들의 억압에 역점을 두었다 — 아마 자신의 비천한 출신 때문이기도 했으리라. 미가에게는 예루살렘은 모든 점에서 사마리아처럼 악했고, 똑같이 심판 아래 있는 것으로 보였다(1:2-9). 거기서 그는 가난한 사람들의 재물을 빼앗는 탐욕스러운 자들(2:1f.,8f), 정의를 베풀지는 않고 그 자신이 악랄한 억압을 자행하는 타락한 지배자들(3:1-3,9-11), 오직 자신이 사는 것에만 눈이 어두워서 한마디 책망도 하지 못하는 성직자들을 보았다(3:5,11). 미가는 이 모든 것들을 맹렬히 비난하였다 — 그리고 그런 자신의 수고에 대한 감사의 말은 없었다(2:6)! 그럼에도 불구하고 그는 이 백성들이 공식적인 신학의 무조건적인 약속을 근거로 안심하고 여호와가 그들 가운데에 거한다고 확신한 채 위험에 대한 두려움을 느끼지 못하는 것을 보고 놀랐다(3:11).

이에 대한 미가의 답은 타협의 여지가 없는 파멸의 메시지였다. 근원적인 여호와 신앙의 전통에 깊이 경도되어 있었던 그는 이와 같은 불의를 언약의 규정들을 어긴 것으로 보고 여호와가 반드시 보수하실 것이라고 했다. 전형적인 한 구절(6:1-8)[64]에서 그는 여호와가 자기 백성을 상대로 소송을 벌이는 장면을 그려놓았다: 이 백성은 과거에 그들을 향한 여호와의 은혜로운 행사(行事)들을 잊어버렸으며, 또한 여호와의 요구들 — 올바르고 자비로운 품행과 겸손한 순종 — 은 제의 행사를 거창하게 벌이는 것으로 충족될 수 없다는 것이었다. 미가는 유다가 송두리째 망할 것이라고 선포하였다. 그는 이사야보다 훨씬 과격하게 예루살렘과 성전은 숲속의 폐허더미로 변할 것이라고까지 선언하였다(3:12)! 여호와가 시온을 자신의 거소로 영원히 정하였다는 공식적인 신학에 의해 밑받침된 확신(참조. 시 132편)은 공공연히 거부되었다.

그렇지만 여기서도 (그리고 아마 미가 자신과 또 확실히 미가의 설교를 보존한 그 제자들도) 다윗 언약에 내재해 있던 소망은 여전히 견지되고 있다(5:2-6 〈히브리

64) 나는 몇몇 학자들이 그렇게 하고 있듯이 미가 6:1-8을 좀더 후대의 것으로 추정하는 이유를 모르겠다. 미가의 메시지의 배경에 대해서는 W. Beyerlin, *Die Kulttraditionen Israels in der Verkundigung des Propheten Micha*(*FRLANT*, N.F. 72, 1959)를 참조하라.

성경 1-5절〉[65] — 물론 다르게 표현되어 있긴 하다; 즉, 예루살렘은 멸망할 것이지만 유다는 기적적으로 구원을 받고 평화의 시대를 가져올 베들레헴 출신의 다윗 가문의 군주에 의해 통치를 받을 것으로 기대되고 있다. 이로 볼 때 다윗 왕조와 결부되어 있는 약속들을 고수하였지만 그것을 예루살렘 및 성전과 동일시하기를 거부한 사람들이 있었던 것으로 보인다.

2. 선지자들의 설교의 효과.

선지자들의 설교의 효과는 대부분 막연하여 평가하기가 어렵지만 그 영향은 깊숙이 미쳤다. 특히 이 설교는 앗시리아에 의한 민족의 굴욕을 설명해 줌으로써 국가 신학으로 하여금 위기에 대처할 수 있게 해주었다. 또한 유다 안의 개혁에 추진력을 부여함으로써 몇 세대 후에 풍성한 열매를 맺게 하였다. 그리고 장래에 대한 이스라엘의 소망에 고전적이고 영속적인 형태를 부여함으로써 그후 모든 시대에 이스라엘 역사와 세계사에 영향을 미쳤다.

a. 선지자들과 국가 신학.

엄격한 도덕적 의무들과 제재 규정들을 지닌 시내산 언약이 일반 백성들의 사고 속에서 무조건적인 약속을 지닌 다윗 언약에 의해 어떻게 밀려나게 되었는가는 이미 살펴보았다. 후자에 도덕적 요구들이 없었던 것은 아니었지만(시 72:1-4, 12-14), 이 언약의 강조점은 그러한 도덕적 요구가 아니라 국가의 안전과 영속성과 영광스러운 미래를 보장해 줄 것으로 생각된 약속들에 놓여 있었다. 앗시리아의 침공으로 인한 위기는 이러한 낙관적인 신학과는 완전히 모순되었으므로 자기 백성을 굴욕으로부터 보호하지도 못하고 적의 침입으로부터 자신의 집을 지키지도 못하는 여호와의 약속이 과연 실효성이 있느냐 하는 의문을 제기하게 만들었다. 국가 신학으로 하여금 자체의 전제에 비추어 이 재난을 해명할 수 있게 할 만한 어떤 재해석이 없다면, 그 신학은 더 이상 존속할 수 없게 될 가능성이 있었다. 바로 이 재해석을

65) 이 구절을 보통 그렇게 하고 있듯이 좀더 후대의 것으로 돌리는 데는 극히 신중을 기해야 한다. 그것이 미가의 말이라는 것을 입증할 수는 없지만, 그것은 주전 8세기의 이와 비슷한 이사야의 신탁의 맥락에 잘 들어맞는다 — 그리고 미가 자신의 신학에도 잘 부합한다. 특히 Beyerlin, *op. cit.*, pp. 77-81을 보라; 또한 Alt, *KS*, III, pp. 373-381(주26).

선지자들 — 특히 이사야 — 이 해냈던 것이다.

우리는 이사야와 미가 두 선지자의 메시지에서 얼른 보기에 일관성이 없이 비타협적인 파멸과 굳건한 확신이 나란히 나오고 있는 것을 주목하였다. 그러나 이 모순을 억지로 조화시키려고 해서도 안 되고, 그 난점을 비평의 칼날로 제거하려고 해서도 안 된다. 왜냐하면 사실 이 모순이야말로 문제를 푸는 열쇠이기 때문이다. 이사야의 설교는 다윗 신학과 그 약속들을 강력하게 재천명함과 동시에 일반 백성들이 생각하던 그 통속적 신학을 배격하면서 다윗 신학에 본원적인 여호와 신앙의 전통들로부터 이끌어낸 조건부 요소를 주입해 넣었던 것이다. 이사야는 다윗에게 주어진 여호와의 약속을 굳게 믿었고 백성들에게 그 약속을 신뢰하도록 촉구하는 일로 일생을 보냈다. 그의 메시지는 이렇게밖에는 이해할 수 없다.[66] 그가 주전 735-733년에 아하스에게 저항한 것은 단지 왕의 정책이 어리석다고 생각했기 때문만이 아니라 그 정책은 왕이 공식적인 제의에서 천명했던 그 신학에 대한 불신앙이라는 죄악을 드러내주는 것이었기 때문이었다(사 7:9)! 그가 주전 714-712년과 주전 705-701년에 이집트를 믿고 반란을 일으키는 것을 반대한 것도 단순히 이집트가 "상한 갈대"(36:6)라는 것을 알고 있었기 때문만이 아니라 여호와를 신뢰함이 없이 인간의 영리한 꾀로 짜낸 정책을 잠자코 따를 수가 없었기 때문이었다(28:14-22; 29:15; 30:1-7; 31:1-3). 그리고 그는 히스기야가 절망적인 상황에서 다른 도움이란 전혀 기대할 수 없는데도 끝까지 여호와를 신뢰했기 때문에 충실히 이 왕의 곁에 서서 시온을 향한 여호와의 약속을 거듭 확언하였던 것이다! 생애 전체에 걸쳐 이사야의 좌우명은 약속들에 대한 '신뢰'였다(7:9; 14:32; 28:12,16f.): "너희가 돌이켜 안연히 처하여야 구원을 얻을 것이요 잠잠하고 신뢰하여야 힘을 얻을 것이어늘"(30:15). 그는 나라가 곤경에 빠진 것은 다윗에게 한 여호와의 약속이 참되지 않아서가 아니라 백성들이 그 약속을 믿지 않았기 때문이라고 선포하였다!(7:17) 백성들이 믿지 않았기 때문에, 여호와는 이전에 다윗이 그러했듯이 예루살렘을 친히 공격하고 있다는 것이다(29:1-4).[67]

66) Cf. W. Vischer, *Die Immanuel-Botschaft im Rahmen des K niglichen Zionsfestes*(Zollikon-Z rich: Evangelischer Verlag, 1955).

67) 1절은 "아, 예루살렘아, 예루살렘아, 다윗이 진을 치고 공격하던 도성아"라고 읽고, 3절은 "그리고 나는 다윗처럼 너를 맞서 진을 치리라(싸우리라)"고 읽고 있다(LXX). 또한 이사야 28:21에 나오는 다윗의 승전들에 대한 언급(삼하 5:17-25; cf. 대상 14:8-17)에 유의하라 — 오직 여기에서만 여호와는 이스라엘에 '대항하여' 싸운다! Cf. R.B.Y. Scott, *IB*, V(1956), pp. 319f., 323.

그러나 이사야(그리고 미가도!)는 통속적인 국가 신학을 확실하게 배격하였다. 본원적인 여호와 신앙의 정신을 따라 이사야는 무조건적인 약속이라는 것은 알지도 못했다. 이사야서에는 출애굽 전승에 대한 분명한 언급이 거의 없지만(그리고 "언약"이라는 말도 사용되지 않고 있다)[68], 이사야는 옛 시내산 언약과 그 무서운 의무 규정들을 상기하고 거기에 의거해서 민족의 죄를 공격하였다. 다윗 언약과 시내산 언약 — 전자는 여호와가 자기 백성에게 약속을 주었고 또 그들과 함께 거한다는 것을 강조하고 있고, 후자는 여호와의 과거의 은혜로운 행위와 도덕적 요구를 강조하고 있다 — 은 이사야의 신학에서 긴장 관계를 이루고 있다고 말할 수 있다. 아니 좀더 정확하게 말한다면, 다윗 언약에 내재되어 있었던 징벌의 가능성을 강조함으로써 — 공식적인 신학은 제의 활동을 통하여 이를 피할 수 있다고 생각하였었다 — 시내산 언약은 다윗 언약과 조화를 이루고 있다고 할 수 있겠다(삼하 7:14; 시 89:30-32). 이사야는 민족의 굴욕을 그 죄로 인한 하나님의 징벌로 보았다. 그러나 그것은 정확히 징벌이었기 때문에, 하나님의 약속은 취소되지 않았다.

이사야는 이러한 특징과 시온에 (문자 그대로의 "거소"는 아니다!) 보좌를 둔 여호와에 관한 그의 비할 데 없이 숭고한 개념을 바탕으로 유다의 현재의 재난과 당시 세계에서의 사건들을 전례없이 대담하게 국가 신학의 견지에서 해석할 수 있었다. 그는 유다의 굴욕은 여호와가 행한 일로서 유다의 죄에 대한 그분의 공의로운 심판이며, 또한 그분의 약속이 실현될 수 있게 하려는 깨끗게 하는 연단이라고 선포하였다(사 1:24-26). 이사야는 막강한 앗시리아를 여호와의 도구 곧 그분의 징벌하는 회초리로 보았는데(5:26-29; 10:5-19), 앗시리아가 그 역할을 한 후에는 자신의 불경한 교만으로 인하여 꺾일 것이었다. 모든 사건은 여호와의 계획의 일부이며(14:24-17), 그 계획의 목적은 여전히 징벌을 받고 깨끗게 된 유다에 대하여 다윗에게 주어졌던 그 확실한 약속을 성취하는 데 있었다(9:2-7; 11:1-9). 이사야의 말을 받아들인 사람들은 민족의 굴욕을 여호와의 실패로 보지 않고 오히려 그분의 주권적이고 공의로운 권능을 드러낸 것으로 볼 수 있었다. 따라서 민족의 비극은 소망

---

68) 실제로 이사야 10:24-27과 4:2-6의 두 군데뿐인데, 둘 다 논란되고 있다(그러나 주 60과 63을 참조하라). 이사야 설교의 근저에 있는 전승들에 대해서는 H. Wildberger, "jesajas Verst ndnis der Geschichte"(*VT*, suppl., Vol. IX〔1963〕, pp. 83-117); W. Eichrodt, "Prophet and Covenant: Observations on the Exegesis of Isaiah"(Proclamation and Presence, J.I. Durham and J.R. Porter, eds.〔London: SCM Press; Richmond: John Knox Press, 1970〕, pp. 167-188)를 참조하라.

을 소멸시킬 수 없었다. 왜냐하면 이사야는 바로 그 자체도 여호와의 계획의 일부였던 비극적인 심판 너머에 소망을 두었기 때문이다.

b. 선지자들과 개혁운동.

선지자들의 설교는 또한 히스기야를 고무시켜 개혁에 모든 노력을 쏟게 하였다. 성경에서는 특히 미가의 준엄한 말이 왕의 양심을 찔러 회개케 하였다고 하는데(렘 26:16-19; 참조. 미 3:12), 아마 이사야도 그렇게 하였을 것으로 추측해 볼 수 있을 것이다. 이방 제의의 제거는 민족주의의 부활을 알리는 한 단면이었지만 어쨌든 그런 일은 일어났을 것이 틀림없다. 그러나 사회 경제적 폐습에 대한 선지자들의 공격과 심판의 경고는 개혁에 박차를 가하게 하였고 윤리적 차원을 부여하였음에 틀림없다. 그렇지 않았다면 개혁은 윤리적 차원을 지니지 않았을 것이다. 선지자들의 설교에 기인하여 취해진 가시적인 개혁 조치에 관해서는 알 수 없지만 그 설교는 열매를 맺었음이 틀림없다. 선지자들에게는 자신의 말을 기억하여 소중히 마음속에 간직해 두고서 그 이상을 살려 나간 제자들이 있었다(사 8:16). 더 이상은 알 수 없지만 이 경건한 사람들은 선지자들이 직접 써 놓은 신탁들을 소중히 간직하고(사 8:16; 30:8), 또한 다른 설교들도 생각해 내어 글로 기록하거나 구전으로 전하였다. 이런 식으로 우리가 알고 있는 예언서들을 낳은 수집과 전승의 장구한 과정이 시작되었다. 또한 이전의 선지자들, 곧 아모스와 호세아의 설교도 원래는 북부 이스라엘을 향한 것이긴 했지만 마찬가지로 예루살렘에서 소중히 간직되고 전승되었다. 그리고 유다에 적용되었다.[69]

그 결과 비록 히스기야의 개혁은 수명이 짧았지만 선지자들의 설교는 계속해서 영향을 미쳤다. 여호와의 언약의 조건적인 성격과 또 이 언약이 백성들에게 부과한 엄한 의무는 결코 다시는 잊혀질 수 없게 되었다. 개혁파의 핵심 세력이 유다에 형성되었는데, 이들은 오랫동안 무력하게 지내오긴 했지만 나라 안에서 이교(異教)가 성행하고 언약의 율법이 유린되는 동안에 결코 마음을 편히 가질 수가 없었다. 주전 721년 이후의 어느 시기에 옛 지파동맹의 관습법에 그 뿌리를 둔 옛 율법 전승을 나타내고 있었던 신명기 율법의 핵심적인 내용이 북부 이스라엘로부터 예루살렘으로 옮겨져서 거기서 선지자들의 이상에 공감한 집단들에 의해 보존되었을 가능성이 크다. 히스기야 또는 므낫세 통치 시기에 재편집된 신명기 율법은 다음 장에서 이야기

69) 아모스서와 호세아서의 여러 구절들은 선지자들의 설교가 유다에도 적용되었음을 시사해 준다: 예를 들면, 암 2:4f.; 9:11f; 호 1:7; 4:15a; 6:11a.

하게 될 요시야의 대개혁의 토대가 되었다.

c. 선지자들과 민족의 소망.

하지만 가장 원대한 의의를 지녔던 것은 선지자들이 민족의 소망을 변화시키고 거기에 고전적이고도 명확한 형태를 부여하였다는 것이었다. 이사야에 의해 재해석된 공식적인 신학의 정당성은 여러 사건들을 통하여 극적으로 입증되었다. 이사야는 위기를 유다의 죄에 대한 하나님의 징벌이라고 선포했으며, 앗시리아를 하나님에 의해 지명된 징벌의 도구라고 하였다. 그러나 다윗 언약의 약속들을 고수했던 그는 최후의 위기 상황에서 예루살렘은 서고 백성들 가운데 남은 자는 살아 남을 것이라고 선언하였다. 그리고 그렇게 되었다! 이로 인하여 이사야는 커다란 명성을 얻었을 것이고 국가 신학과 그 약속들은 백성들의 마음속에 확고히 자리를 잡게 되었을 것임에 틀림없다. 그러나 모든 것이 이로움만은 아니었다. 시온의 신성 불가침성은 확립된 교의(dogma)가 되었는데, 이것은 스스로 모순에 빠질 위험성이 있었다(예를 들면, 렘 26장). 이 교의는 유다가 자신의 죄로 인하여 벌을 받을 수도 있다는 것은 인정하였지만, 유다 나라는 영원히 존속할 것이고 또 여호와의 영광스러운 약속은 언젠가 유다에 대하여 이루어질 것이라고 믿고 있었다.

이사야는 이러한 교의를 반박하였을 것임에 틀림없다. 이사야와 미가는 둘다 왕조의 이상과 그 약속들을 견지하고 있었지만, 그들의 설교는 약속을 현재의 국가 너머로 밀어부치고 그 약속에 현재의 국가가 사실상 충족시킬 수 없는 도덕적 조건들을 부가하였다. 이 선지자들이 품은 소망은 제의를 통하여 표명되었던 통속적인 소망이 아니었다. '이' 국가를 위한 소망도, 조건 없는 소망도 아니었다! 그와는 반대로 이 선지자들은 현재의 국가를 단죄하였고, 또한 아모스와 마찬가지로 여호와의 개입의 날을 그분의 심판의 날로 보았다. 따라서 그들이 견지하고 있었던 다윗에게 주어진 약속들은 여호와의 날 너머로 밀렸는데, 이 날은 징벌과 연단과 정화(淨化)의 날로서 그 자체가 약속 실현의 서곡이 될 것이었다. 더욱이 그들이 묘사한 이상적인 다윗 자손은 문자 그대로 왕조 이상(理想)의 화신으로서 이제까지 다윗 자손 가운데 그 누구의 능력도 훨씬 뛰어넘는 곳에 있었다. 이렇게 해서 민족의 소망은 견지되었다. 그러나 먼 장래로 밀쳐져 있었다. 약속도 '바로 지금의' 약속이 아니었고, 실제로 이제까지 존재하지 않았던 새롭고 순종하는 이스라엘을 향한 약속이었다.

이와같이 변화되고 현재의 국가 너머로 밀쳐진 민족의 소망은 이런 것이었기 때문에 나라가 멸망한 후에도 존속할 수 있었고 또한 이 소망을 창출해 내었던 왕조 신학이 그 의의를 상실해 버린 후에도 계속해서 존재할 수 있었다. 이사야의 설교에는 언젠가는 비극의 불길로부터 일어나서 약속을 받게 될 순수한 남은 자, 곧 새로운 이스라엘을 찾는 끊임없는 추구, 역사의 종말에 이스라엘을 구원하고 이 땅에 하나님의 통치를 확립하러 올 분에 대한 갈망이 이미 깃들어 있었다. 이 갈망은 자주 조롱을 받기도 했지만 길고 지루한 세월이 흐른 뒤에 "때가 차매" "다윗의 가문과 혈통에 속한" 인물이 나왔을 때 비로소 성취되었다 — 기독교인들은 이렇게 말한다 — 바로 이분을 신앙은 "살아 계신 하나님의 아들 그리스도〔메시야〕"라고 환호하며 맞는다.

보록 I

산헤립의 팔레스타인 원정에 관한 문제

산헤립이 히스기야를 공격한 사건에 관한 열왕기하 18:13-19:37(이사야 36장 이하)의 기사[1]는 풀기 어려운 문제점을 제기한다. 이 기사에는 한 번의 군사 작전에 관한 기록이 담겨져 있느냐 아니면 두 번의 군사 작전에 관한 기록이 담겨져 있느냐? 이 문제는 한 세기 이상이나 학자들 사이에서 논란되어 온 주제이지만 어떠한 의견 일치에도 이르지 못하고 있다. 성경 이외의 새로운 증거 — 말하자면 산헤립의 재위 마지막 10년 가량의 통치에 관한 공식적인 연대기(그러한 것이 있었다고 한다면) — 가 발견되지 않는다면, 아마 앞으로도 의견의 일치를 보지 못할 것이다. 그러므로 우리는 최대한으로 신중한 입장을 취할 수밖에 없다.[2] 그러나 과거에 대다수의 학자들의 의견이 오직 한번의 군사 작전이 있었을 뿐이라는 견해로 기울어지기는

1) 여기서는 열왕기하의 성구들만을 인용하기로 한다.

2) 증거와 이제까지 제안된 여러 해결책들을 철저히 검토하고 각 해결책의 결점들을 지적한 것으로는 L. L. Honor의 학위 논문, *Sennacherib's Invasion of Palestine*(1926; reprinted, AMS Press, Inc., 1966)을 참조하라. 좀더 최근에는 B.S. Childs(*Isaiah and the Assyrian Crisis* 〔London: SCM Press, 1967〕)도 역시 증거들을 검토한 후에 어떤 역사적 사실에 입각한 결론을 내리려 하지 않았다. 그러니까 알다시피 어떠한 결론도 어디까지나 시험적인 가설임에 틀림없다. 그러나 역사가는 아무런 결론을 내리지 않는 것으로 만족할 수는 없고, 모든 점으로 미루어 가장 개연성이 많다고 여겨지는 점을 지적할 의무가 있는 것이다.

3) 한번의 작전만 있었다는 견해를 옹호하고, 저술 당시까지 문헌을 모두 소개한 H.H. Rowley, "Hezekiah's Refrom and Rebellion"(1962; reprinted, *Men of God* 〔Edinburgh and New York: Nelson, 1963〕, pp. 98-132)을 참조하라; 또한 G. Fohrer, *Das Buch Jesaja*, Vol. II(*Z rcher Bibelkommentare* [Zürich: Zwingli Verlag, 1962]), pp. 151-181; W. Eichrodt, *Der Herr der Geschichte, Jesaja 13-23, 28-29*(Stuttgart: Calwer Verlag, 1967), pp. 225-260. 또한 B. Oded, *IJH*, pp. 446-451의 균형잡힌 논평도 참조하라.

했지만[3], 본서에서 취한 입장은 두번의 원정(주전 701년에 한번, 그후에 한번)이 있었다고 가정해야 증거가 가장 잘 충족된다는 확신에 토대를 두고 있다.[4] 그러므로 이에 관한 설명을 순서에 따라 해보고자 한다.

1. 열왕기하 18:14-16이 이사야서에는 빠져 있다는 것을 제외하고 성경의 두 가지 기사는 사용하는 말만 약간 차이가 날 뿐이다. 이 성경 본문들은 히스기야가 앗시리아인들에 의해 그의 영토가 약탈당하자 그들에게 항복하면서 강화 조건을 청했고 요구된 공물을 갖다 바쳤다고 말한다. 그 다음에는 산헤립이 무조건 항복을 요구했으나 히스기야가 이사야의 격려를 받고 거절했으며 도성은 기적적으로 구원받았다는 기사가 나온다. 열왕기하 18:17-19:37은 두 가지 서로 독립된 기사를 결합해 놓은 것일 가능성이 큰데 — 일부 학자들은 이에 대하여 이의를 제기하곤 한다 — 그 가운데 첫번째는 18:17-19:9a, 36이하(기사 A)이고, 두번째는 19:9b-35(기사 B)이다. 그러나 우리는 이 두 기사가 서로 다른 두 번의 원정과 관련이 있다고 주장하려는 것이 아니기 때문에(두 기사는 병행 기사인 듯하다), 이 논점은 현재 논의중 문제에 중요하지 않고 따라서 한쪽으로 제쳐놓을 수 있을 것이다. 중요한 것은 열왕기하 18:14-16(이사야서에는 없다)의 내용만이 유독 주전 701년의 원정에 관한 산헤립 자신의 기록을 통해 두드러지게 확증되고 또 보완되고 있다는 것이다.[5] 우리는 앞에서 이 기록을 고찰한 바 있다. 그러므로 여기서는 그 기록이 어떻게 앗시리아인들이 아스글론과 에그론을 처리하고 엘테케(Eltekeh, 에그론 근방)에서 이집트 군대를 격파한 후에[6], 유다로 향하여 닥치는 대로 약탈했으며, 히스기야를 예루살렘 안에 봉쇄하고 항복을 강요했는지를 이야기하고 있다는 것을 말하는 것으로 충분하

---

4) W.F. Albright는 한결같이 이 입장을 취해 왔다: *JQR*, XXIV(1934), pp. 370f,; *BASOR*, 130(1953), pp. 8-11; *BP*, pp. 78f. 최근에 좀더 많은 학자들이 이 입장을 지지한다고 선언해 왔다; 예를 들면, J. Gray, *I & II Kings*(*OTL*, 1964), pp. 599-632(그러나 Gray는 제2판〔1970〕에서 입장을 바꿨다); E. Nicholson, *VT*, XIII(1963), pp. 380-389; C. van Leeuwen, "Sanchérib devant Jérusalem :(*Oudtestamentische Studien*, XIV 〔1965〕, pp. 245-272); R. de Vaux, *Jerusalem and the Prophets*(The Goldenson Lecture for 1965, Hebrew Union College Press), pp. 16f.; *RB*, LXXIII(1966), pp. 498-500; S. H. Horn, "Did Sennacherib Campaign Once or Twice Against Hezekiah?"(*Andrews University Seminary Studies*, IV 〔1966〕, pp. 1-28).

5) Cf. Pritchard, *ANET*, pp. 287f.

6) 이 두 곳의 정확한 위치에 관해서는 논란중이다. 그러나 틀림없이 에그론은 블레셋의 주요 도시들의 가장 북쪽에 있었고 그 부근에 엘테케가 위치해 있었을 것이다. 산헤립의 문서와 여호수아 19:43 이하를 참조하라.

리라. 이 기록은 어떻게 유다의 여러 지역이 앗시리아에 충성스러웠던 블레셋인 군주들에게 넘겨졌으며 또 어떻게 히스기야는 엄청나게 늘어난 공물을 해마다 바칠 의무를 져야 했고 그리고 어떻게 그가 나중에 이 공물을 니느웨의 산헤립에게 보냈는가를 말하면서 끝을 맺고 있다. 이 기록은 18:13-16과 완벽하게 병행이 되고 있으며, 이 둘 사이에 지적할 만한 부조화는 전혀 존재하지 않는다. 산헤립이 이 기록을 쓴 연대는 주전 701년이다.

예루살렘이 구원을 받은 이야기(앗시리아의 기록에는 나오지 않는다)는 이 산헤립의 기록과 어떻게 관련될 수 있는가? 19:9에 나오는 디르하가(Tirhakah)에 관한 언급에 주목하지 않으면 안 된다. 물론 디르하가가 주전 690/89년경까지는 아직 통치자가 되지 않았다는 점에는 학자들간에 이견이 없다.[7] 그러나 이것은 보통 디르하가가 이후에 차지한 왕위를 무심코 그의 이름으로 돌린 악의없는 착오라고 설명되어 왔다. 그러나 몇 년 전에 공개된 문헌들은 이 문제의 다른 면을 보여 준다.[8] 이 문헌들은 디르하가가 처음 누비아(Nubia)로부터 하부 이집트로 와서 섭정이 되었을 때 그는 겨우 스무 살이었다고 말하고 있다. 물론 우리는 디르하가가 부왕인 피안키(Piankhi, 정확한 연대를 알 수 없다)의 죽기 전 또는 사후 수 개월 내였을 것임에 틀림없다는 것 외에는 그의 정확한 출생 연대를 모른다. 또한 우리는 셉테코(Shebteko)의 통치 기간중 정확히 언제 이 젊은 군주와 그의 형제들이 누비아로부터 호출받았는지를 알고 있지 않다. 그러나 여러 부류의 학자들이 그렇게 하고 있듯이 셉테코의 재위가 시작된 연대를 주전 699년과 695년 사이의 어느 시기로 추정한다면, 디르하가는 주전 701년에 팔레스타인에서 군대를 지휘할 수는 없었을 것이다.

---

7) 디르하가가 통치하기 시작한 연대는 한 세기 전부터 알려져 온 이른바 "제1 세라피스(Serapis) 신전 석비"를 통해 확인될 수 있다. 이 석비는 디르하가의 재위 제 26년에 태어난 신성한 아피스(Apis)의 소가 프사메티쿠스 1세 제 20년에 스물 한 살로 죽었다고 우리에게 말해 주기 때문이다. 프사메티쿠스가 통치하기 시작한 해는 주전 664년으로 확정되어 있기 때문에, 이것은 디르하가가 주전 690년경에(왕으로든 공동 통치자로든) 통치를 시작했다는 것을 의미한다. 6년 동안 형제가 공동 통치를 했다는 Macadam(주 8을 보라)의 논증 반박되어 왔다; cf. K.A. Kitchen, *Ancient Orient and Old Testament*(Inter-Varsity Press, 1966), pp. 82-84; 또한 *op. cit.*(위의 주 17), pp. 148-173, 378-391. 그러나 Horn, *op. cit.*, pp. 3-11의 논평도 참조하라.

8) Cf. M. F. Laming Macadam, *The Temples of Kawa*(vol. I, London: Oxford University Press, 1949). 중요한 논의들로는 J. Leclant and J. Yoyotte, *Bulletin de l' Institut fran ais d'Archelolgie Orientale*, 51(1952), pp. 17-27; J.M.A. Janssen, *Biblica*, 34(1953), pp. 23-43; J.A. Wilson, *JNES*, XII(1953), pp. 63-65; 또한 Albight, *BASOR*, 130(1953), pp. 8-11 등이 있다.

왜냐하면 그때 그는 아직 누비아로부터 오지 않았을 것이기 때문이다. 그리고 게다가 그때에 그는 십대의 새파란 소년(열네 살에서 열여덟 살 사이)에 지나지 않았을 것이기 때문이다. 물론 다른 학자들이 주장하듯이 셉테코가 왕위에 오른 연대를 주전 701년 또는 702년으로 올려서 추정한다면,[9] 디르하가가 주전 701년에 팔레스타인에서 활약을 하는 것이 가능해질 것이다. 그러나 이것은 그가 자기 형제가 왕위에 오른 즉시 자기 형제의 궁정으로 크게 되었다는 가정(이것이 사실인지는 알지 못한다)을 토대로 하고 있고, 또한 누비아에 있는 자기 어머니의 집을 이전에 한번도 떠나본 적이 없었던, 겨우 성년이 된 이 미숙한 젊은이가 궁정에 이른 지 수 개월이 채 안 되어서(가정대로라면) 팔레스타인의 원정 부대를 지휘하게 되었다는 것은 있을 수 없는 일로 보인다. 이 문제는 최종적으로 확정될 수 있는 것은 아니다. 그러나 디르하가가 주전 701년의 산헤립과 싸운 전투에서 군대를 지휘했다는 것은 모든 것을 고려해 볼 때 가능성이 없는 듯이 보인다. 그리고 불가능해 보이기까지 한다.

열왕기하 18:17-19:37의 두 기사를 저 유명한 주전 701년의 사건들과 연관시켜야 한다면, 우리는 이 기사들을 후대의 전설적인 이야기로서 역사적 가치가 극히 적은 것으로 보거나 적어도 디르하가에 관한 언급을 오기(誤記)로 여겨야 한다. 전자의 경우로 보는 것은 정당화될 수 없는 처사일 것이다. 두 기사가 어떤 의미로든 결코 연대기적 보고가 아니고(18:13-16도 마찬가지다) 의심할 여지없이 이사야의 제자 집단에서 엮은 자유로운 편찬물들로서 흔히 양식(樣式)상의 이유로 "예언적 전설"로 지칭되는 유형에 속하기는 하지만, 그 기사들은 상상의 특징들이 두드러지게 없다. 이와는 반대로 그 기사들에는 역사적 사실들을 상당히 정확하게 기억하고 있음을 보여 주는 증거가 있다. 이것은 기사 A의 경우에 특히 해당된다. 이 기사는 히스기야의 조신(朝臣)들의 이름(궁내대신 엘리아김; 국고관 셉나)을 — 정확하게 —

9) 제25왕조의 초기 통치자들의 재위연대들은 불확실해서 논란중이다. 여러 설들을 한꺼번에 모아놓고 그 전거들을 제시하고 있는 것으로는 Horn, *op. cit.*, p. 7를 보는 것이 편리하다. 셉테코의 치세가 주전 690년대에 시작되었다고 보는 학자들로는 Macadam, Albright, van der Meer, Gardiner가 있으며, 더욱 최근에는 K. Baer, *JNES*, XXXII(1973), pp. 4-25가 있다. 주전 702년과 701년으로 추정하는 학자들은 Leclant, Yoyotte, Drioton, Vandier 등이며, 더욱 최근에는 Kitchen(*ibid.*)이 있다.

10) Cf. 이사야 22:15-25. 여기서 이사야는 이때 국고관으로 있었던 셉나가 불명예스럽게 관직으로부터 물러나고 엘리아김으로 대체되리라고 선언하고 있다. 이사야가 이 말을 한 때(불행히도 언제였는지 우리는 모른다)와 열왕기하 18:37-19:37에 기록된 사건들이 일어났을 때의 그 사이에 아마 내각에 큰 변동이 있었던 것 같다. 하지만 이사야가 예고한 바와 같이 셉나는 불명예스럽게 쫓겨난 것이 아니라 단지 강등되었을 뿐이다(그후에 셉나가 파면되었는지는 알 수 없다.)

기억하고 있을 뿐만 아니라[10], 또한 앗시리아의 기록들에서도 확인될 수 있는 주전 9세기와 8세기의 여러 사건들을 여러 모로 암시하는 말들도 포함하고 있다(기사 B도 그렇다).[11] 더욱이 화자(話者)는 랍사게의 연설에 관한 보도 — 속기사가 받아 적었다고는 아무도 상상하지 않겠지만 — 에서 당시의 앗시리아 군대와 외교 관행에 관한 매우 정확한 지식을 보여 주고 있다. 이러한 특징들은 물론 이 기사의 모든 세부적인 내용까지 정확하다는 것을 입증해 주는 것은 아니지만 그 기사가 후대에 상상으로 꾸며낸 이야기라고 믿기는 어렵게 만든다.

그와는 반대로 앗시리아인들의 침략에 관한 기억이 백성들의 뇌리에 아직 생생하게 남아 있었을 때(우리가 알고 있는 한 산헤립의 통치가 끝난 후 유다는 그러한 침략을 다시는 받지 않았다) 이 기사가 엮어졌음에 틀림없다. 기사 B로 말하더라도, 그 기사는 히스기야를 그 독실한 믿음 때문에 보답을 받은 경건한 왕의 귀감으로 묘사하는 데 관심을 갖고 있긴 하지만(일부 학자는 이를 "전설의" 특징으로 여긴다) 우리로 하여금 그 기사를 허구적인 것으로 보지 않을 수 없게 할 만큼 환상적이거나 믿을 수 없는 내용은 하나도 포함하고 있지 않다.[12] 물론 주의 천사에 의해 도륙된 앗시리아인들의 수가 185,000명이라고 한 것은 터무니없이 과장된 숫자인 것으로 보인다.[13] 그러나 전염병으로 말미암아 앗시리아 군대가 마비된 사건은 결코 개연성이 없는 것이 아니고, 더구나 산헤립의 군대가 이집트의 국경 부근에서 쥐떼(새앙쥐?)에 의해 유린당했다는 헤로도투스의 전승(II, 141)에 의해 '아마' 예증되고 있다고도 할 수 있을지 모르겠다.[14] 어쨌든 그후 확고한 교의로 굳어진 시온의 신성 불가

11) Cf. Albright, *BASOR*, 130(1953), pp. 8-11; 141(1956), pp. 25f. Albright는 무려 열 가지를 지적한다. 이 지적에서 "놀라울 정도의 불합리한 추론(*non sequitur*)"(*pace* Childs, *op. cit.*, p. 18)은 전혀 없다. 물론 아무도 이것이 "그 기사 전체의 사실성(史實性)을 입증하고 있다"고는 생각하지 않는다. 그러나 적어도 "이러한 점들에 있어서" 화자(話者)가 역사상의 사건들을 꽤 정확히 기억하고 있다는 것을 드러내고 있다는 사실은 그 기사가 사건들이 일어난 시기로부터 그리 멀리 않은 시대에 살고 있었다는 것(아니면 그 사건들에 관한 좋은 전승을 마음대로 이용할 수 있었다는 것)을 시사해준다. 따라서 그의 기사를 역사상의 근거가 없는 이야기로 아무렇게나 처리해 버려서는 안 된다는 우리의 확신을 굳혀 준다(이 역사상의 근거가 바로 논란중인 논점이다).

12) 사실성(史實性)의 문제를 다루기를 단호히 거부하고 있는 Childs(*op. cit.*, pp. 94-103)는 시편 46편과 48편 등에 나오는 정체가 확인되지 않은 원수들을 산헤립으로 간주하고 이 기사는 후대에(신명기계 역사서가 편찬된 후에) 시온 전승을 역사화한 것이라고 결론을 내리고 있는데, 나로서는 도무지 납득이 가지 않는다. 물론 이 기사에 시온 전승이 영향을 미쳤음은 분명하지만, 산헤립의 좌절이 그 사실에 관한 백성들의 정확한 기억 때문에 하나님이 틀림없이 시온을 지켜 준다는 예증으로 간주된 것도 당연하다.

13) Cf. Horn, *op. cit.*, pp. 27f. Horn은 그 수가 원래 5,180이었다고 믿는다.

침성에 대한 백성들의 믿음을 설명하기 위해서만이 아니라 또한 그러한 구원을 예언한 이사야의 신탁들이 소중히 여겨지고 보존되었다는 사실을 설명하기 위해서도 예루살렘이 극적으로 구원된 사건이 일어났다고 추론하지 않으면 안 된다. 열왕기하 18:17-19:37의 기사들은 역사상의 사건들을 반영하고 있다고 추론할 수 있다.

그러나 이 설화들이 역사적 사실에 토대를 두고 있다는 것을 인정한다면, 디르하가에 관한 언급은 오기(誤記)이고 또한 산헤립은 자신의 비문에서 자신의 원정이 실제와는 다르게 완벽하게 성공적이었던 것으로 꾸며 우리에게 솔직하지 못하였다는 가정 아래에서만 이 설화들은 주전 701년의 사건들과 연관지을 수 있다. 선험적으로 라면 우리는 후자의 가정을 하는 데 어려움이 없을 것이다. 앗시리아의 왕들은 자신의 패배는 공표하지 않는 것이 관례였고 거짓말을 하여 패전을 승전으로 묘사하는 일이 흔했다. 따라서 우리는 그들의 자랑을 결코 무비판적으로 믿어서는 안 된다. 만약 산헤립이 예루살렘을 위협하여 항복시키려다 실패했고 또 그의 군대가 전염병으로 인해 많은 희생자를 냈고 또 이러저러한 사정들로 인해 목적을 달성하지 못한 채 군대를 철수하지 않을 수 없었다고 한다면, 그는 그러한 것들을 우리에게 이야기하지 않았을 것이다. 따라서 주전 701년의 원정에서는 그가 후손들에게 숨기고 싶었던 일들이 일어났을 가능성이 많다. 그럼에도 불구하고 우리에게는 단지 산헤립의 비문과 열왕기하 18:13-16의 기사(이 두 기사는 '확실히' 주전 701년에 속한다)만이 있다고 한다면, 이 원정은 산헤립이 말하고 있는 대로 많은 전과를 올렸다는 것을 아무도 의심하지 않았으리라고 말하지 않을 수 없다. 디르하가가 오기(誤記)라는 것은 확실히 가능성이 있는 이야기다. 인간의 기억력은 확실한 것이 아니어서 우리 모두를 속이기도 한다. 그러니까 그 기억이 이 옛 화자(話者)를 속였는지도 모르는 일이다. 그러나 꼭 그렇다고 너무 성급하게 — 더구나 독단적으로 — 추론해서는 안 된다. 이미 살펴본 바대로, 이 화자(A)는 여러 가지 점(인명, 지명, 앗시리아인들의 관습들의 자세한 내용들)에서 역사적 사실에 대하여 두드러지게 좋은 기억력을 보여주고 있다. 그렇다면 이 점에서도 똑같이 그의 기억력은 좋았을 가능성(개연성?)이

---

14) 헤로도투스의 기사는 왜곡된 것이기 때문에 많은 학자들은 그것을 아예 믿지 않으려고 한다; 예를 들면, W. Baumgartner, "Herodots babylinische und assyrische Nachrichten"(*Zum Alten Testament und seiner Umwelt* 〔Leiden: E. J. Brill, 1959〕, pp. 282-331; cf. 305-309). 확실히 어떤 것을 입증하는 데 헤로도투스의 기사를 이용할 수는 없다. 그렇지만 그의 기사는 다른 학자들이 믿고 있는 바와 같이 이집트의 사바코(shabako)가 통치한 그다음 시대에 산헤립의 군대가 겪은 어떤 재난에 관해 전해져 내려온 희미한 기억을 표현했을 것이다(헤로도투스는 이 사건을 사코의 후계자가 다스리던 시대의 일로 전하고 있으나 그 이름을 잘못 알고 있다).

있지 않는가? 히스기야의 조신들(분명히 역사적으로는 비교적 중요하지 않은 인물들)의 이름까지 정확하게 기억하고 있는 전승이 사건들에서 지도적 역할을 했던 이 집트의 바로 이름을 잘못 적었을 것 같은가?[15] 물론 있을 수 있는 일이기는 하지만 사실이라고 추론할 수는 없는 노릇이다.

불행하게도 어느 쪽도 입증할 수는 없다. 그러나 만약 사건들이 일어난 후 한 세대 쯤 지난 시대에 살고 있었던 화자(話者)가 시대를 착각하여 그 무렵에 가장 유명했던 바로인 디르하가의 이름을 고집했을 가능성이 있다면, 사건들이 일어난 때로부터 아주 멀리 떨어진 시대에 살면서 이 설화를 성경의 현재의 위치에 갖다 놓은 신명기 사가라는 편집자도 시대를 착각하여 두 번의 원정과 관련된 기사들을 한데 겹쳐놓았을 가능성도 분명히 있을 것이다.[16] 이 두번째의 가능성을 좀더 있음직한 일로 여기는 것이 합리적일 것이다.

그러나 일단 디르하가의 이름이 오기(誤記)임을 인정한다면, 사건들을 재구성할 수 있는 두 가지 방향이 열려 있게 된다. 학자들은 세부적인 내용에서는 천차만별이었지만 이 두 가지 가운데 어느 한쪽을 따르거나 두 가지를 하나로 묶은 학설을 주장해 왔다. 18:17-19:37의 사건들이 성경의 순서대로 18:14-16에 서술되어 있는 항복 직후에 일어났던 것으로 추측할 수도 있고,[17] 13-16절을 원정 전체에 대한 요약으로서 18:17-19:37의 사건들이 적절히 맞추어 넣을 수 있는 틀로 여길 수도 있으며[18], 이 두 안(案)을 한데 묶어 절충안을 채택할 수도 있다.[19] 다 알다시피 어느 견해에 대해서도 그럴듯하다고 말할 수 있으며 또 그 어느 쪽도 부정확하다고 증명할 수도 없다(디르하가의 이름이 오기(誤記)임을 다시 한번 인정한다면). 그러나 여기서 어느 쪽도 완전히 만족스럽지는 않으며 또 이 두 견해에 대해서는 여러 가지 적

---

15) 제1차세계대전 후 한 세대 가량 지난 무렵 어떤 영국인은 대전 당시의 독일의 외교정책과 군사전략에 관해 정확한 지식을 가지고 있었고 또 그때 영국 내각에서 복무했던 각료들의 이름도 알고 있었지만, 루즈벨트 대통령과 윌슨 대통령을 혼동하고 아이젠하워 장군과 퍼싱(Pershing) 장군을 혼동하였다; 물론 이런 유비로는 아무것도 증명할 수 없지만, 그럴듯한 유비인 것은 사실이다.

16) Cf. Gray, *op. cit.*, pp. 604f.

17) 예를 들면, Kittel, *GVI*, II, pp. 430-439. 좀더 최근의 것으로는 Rowley, *op. cit.*; Eichrodt, *op. cit.* (둘다 주 3을 보라).

18) 예를 들면, A. Parrot, *Nineveh and the Old Testament* (Eng. tr,. London: SCM Press, 1955), pp. 51-63; Fohrer, *op. cit.* (주3), pp. 152-157.

19) 예를 들면, Oesterley and Robinson, *History of Israel* (Oxford: Clarendon Press, 1932), pp. 303-339, 409f. 대표적인 재구성들에 관한 편리한 개관은 Horn, *op. cit.* 에서 찾아볼 수 있다.

극적인 반론들이 제기될 수도 있음을 인정하지 않을 수 없다.

2. 이 재구성들 가운데 첫번째는 예루살렘의 구원은 히스기야가 항복을 하고 산헤립의 강화 조건들을 수락한 후에 일어났다는 가정을 토대로 하고 있다(18:13-16과 산헤립의 비문에 기록되어 있는 대로). 그러니까 산헤립이 블레셋 평야에 불쑥 나타나서 엘테케(Eltekeh)에서 이집트 군대를 격파하고 자기에게 반기를 들었던 이 지역의 봉신들을 처리한 뒤 유다를 공략하여 닥치는 대로 파괴하고 히스기야를 예루살렘 안에 봉쇄해 놓았다고 추측하지 않으면 안 된다. 그래서 히스기야는 라기스를 포위 공격하고 있었던 산헤립에게 사절단을 보내 산헤립의 요구 조건대로 항복하겠다고 제의하였다 — 이미 살펴본 대로 이 조건은 가혹했지만, 예루살렘의 항복은 포함되어 있지 않았다. 그후 산헤립은 아마 "디르하가"가 이끄는 새로운 이집트 군대가 진격해 오자(19:9) 히스기야가 자신의 후방에서 교란 작전을 펼 것을 두려워하여 히스기야에게 관대했던 자신의 행위를 후회하고 다시 사람을 보내어 예루살렘을 앗시리아 군대에게 개방하도록 요구했다고 추측해야 한다. 이 요구는 히스기야가 수락했던 조건들보다 훨씬 가혹한 것이었고, 분명히 유다 왕국의 종말을 의미하는 요구였을 것이다. 히스기야는 앗시리아 왕의 변덕에 실망하였지만 그 요구를 수락하기보다는 차라리 죽기를 선택하였다. 그러나 산헤립이 자기의 요구를 끝까지 고집할 수 없게 되었다. 그의 군대가 역병으로 많은 희생자를 내었고 그런 약화된 상태로는 새로 진격해 오는 이집트군과 맞서는 것이 두려웠거나 아니면 본국에 일이 생겨서 그가 없어서는 안 된다는 어떤 전갈을 받았거나 또는 이 두 가지 일이 겹쳤거나, 그는 예루살렘을 건드리지도 못하고 황급히 철수하지 않을 수 없었다.

이 재구성이 설득력 있는 논거를 내세울 수 있다는 것은 인정하지 않을 수 없다. 만약 디르하가에 관한 언급만 없었더라면, 이것은 어느 재구성에 못지않게 훌륭히 증거와 부합하는 것으로 생각될 수 있을 것이다. 그럼에도 불구하고, 종합적으로 판단했을 때 상당히 유력한 여러 반론들이 제기되고 있다.

(1) 히스기야는 스스로 어찌할 수 없었기 때문에 우선 조건부로 항복을 했다. 그의 동맹국들은 모두 분쇄되었고, 이집트 군대도 엘테케에서 참패를 당했으며, 예루살렘만을 제외하고 온 나라가 앗시리아인들의 손안에 들어가자(참조. 사 1:4-9), 그는 더 이상의 저항이 쓸데없음을 알았다. 그래서 그는 항복을 했고 산헤립의 자비를 청했다("왕이 내게 지우시는 것을 내가 당하리이다" — 왕하 18:14). 우리는 산헤립이 자기가 적당하다고 생각한 모든 요구 조건들 — 히스기야 자신의 몸도 포로로 내맡겨야 한다는 것을 포함해서 — 을 히스기야에게 부과하였을 것이고 또 히스

기야는 이를 수락할 수밖에 없었을 것이라고 생각할 수 있다. 그렇지만 18:14 - 16이나 산헤립의 비문은 과중한 공물, 유다의 영토의 축소 또한 — 산헤립 연대기의 다른 판본에 따르면 — 막대한 양의 전쟁물자(병거, 방패, 장창, 활과 화살, 단창 등)의 양도에 관한 말만을 하고 있을 뿐이다.[20] 우리는 자연스럽게 히스기야가 당장 마련할 수 있는 최대한의 공물과 함께 이런 장비들을 지체없이 넘기라는 요구를 받았을 것이라고 추측할 수 있다. 그렇다면 이 견해가 추론하는 대로 비록 산헤립이 그후에 예루살렘의 양도를 포함한 요구들을 내걸었다고 하더라도 히스기야는 아마 실질적으로 무장 해제를 당했을 것인데 어떻게 주전 701년에 다시 항거할 생각을 할 수 있었는지를 이해하기가 어렵다.

(2) 이 재구성은 엘테케에서 이집트군의 패배가 히스기야의 최초의 항복 이전에 일어났다고 전제하고 있다. 이것은 히스기야가 이집트의 원조에 걸었던 기대를 깨뜨려 버렸을 것이라고 생각할 수 있다. 실제로 이집트군의 패배는 의심할 여지없이 히스기야로 하여금 강화 조건을 청할 수밖에 없다는 것을 깨닫게 하는 데 중요한 역할을 했을 것이다. 그렇지만 성경(18:19-25)에는 랍사게가 그후(이 견해에 의하면) 히스기야가 이집트에 의지하여 계속 (다시) 저항하는 것을 꾸짖은 것으로 묘사되어 있다. 이것은 이상한 이야기다. 물론 랍사게의 연설을 그대로 받아 쓴 보도로 생각하는 사람은 아무도 없고 또 그 표현들로부터 광범위한 추론들을 끌어낼 수도 없다. 그러나 이 견해의 지지자들은 보통 그때 실제로 이집트가 도와줄 가망은 여전히 있었으며 또 그것이 히스기야의 항거 의지를 굳게 해주었다고 추론하고 있기 때문에, 이 논점은 별 상관없는 것이 아니다. 엘테케에서 패한 이집트군은 소규모였으며 — 아마 선발대에 지나지 않은[21] — 이집트의 주력 부대("디르하가"에 의해 지휘된)는 그 뒤에서 진격해 오고 있었다는 주장이 흔히 나온다. 그러나 이것은 여러 가지 이유로 그렇지 않은 듯하다. 엘테케에서 패한 이집트군이 소규모였다거나 더군다나 단지 선발대에 지나지 않았다고 믿을 만한 이유는 실제로 없다 — 그것이 이 재구성에 들어맞는다는 것을 제외하고는. 만약 이것이 사실이라면, 이 바로는 앗시리아 군대 앞에 자기 군대를 조금 떼어서 갖다 바친 꼴이 되었으니 한심할 정도로 군사학을 모른 과오를 범한 셈이 된다.

만약 소규모의 부대가 아니었다고 한다면, 이집트인들은 그들의 악명 높은 군대

20) Cf. D.D. Luckenbill, *The Annals of Sennacherib*(The University of Chacago Press, 1924), p. 60; Rowley, *op. cit.*, 119f.

21) 예를 들면, Rowley , *op. cit.*, pp. 122f.

불신에 비추어 불과 한달여 만에 재차 군대를 편성하여 공격 태세를 갖추었으리라고는 믿기란 어렵다. 그리고 이 바로가 최초의 패배 후에 더구나 그의 정보기관이 틀림없이 그에게 알려주었을 사정, 즉 그가 앞서 지원하려고 하였던 반앗시리아 반란이 이미 붕괴하고 만 시점에서(히스기야의 최초의 항복으로 그 반란은 끝났던 것으로 보인다) 직접 군대를 이끌고 팔레스타인로 출정했으리라는 것은 더욱 있을 수 없는 일이다. 그러므로 주전 701년의 제2차 이집트 구원 부대의 출동설은 거의 있을 수 없는 가정이라고 할 수 있다.

(3) 더구나 우리의 사료에 나오는 히스기야에게 부과된 요구 조건들은 표면적으로 서로 양립할 수 없다는 것을 유의하지 않으면 안 된다. 18:14-16에서는 히스기야는 과중한 공물을 부과받고 그것을 바쳤다고 되어 있다. 산헤립은 늘어난 공물을 해마다 바칠 것을 요구했고 히스기야의 사절들이 후에 그 공물을 나느웨로 가져왔다고 말한다(이로 보아 산헤립은 이 공물 중 적어도 일부를 현지에서 받았을 가능성을 배제할 수 없다). 또한 산헤립은 자기가 히스기야의 영토를 축소시켰다고 말한다. 이 조치는 그가 팔레스타인를 떠나기 전에 취했을 것임에 틀림없다. 이 모든 것들은 히스기야를 그대로 왕위에 있게 하고 유다 왕국을 존속시킬 의향이 있었음을 시사해준다. 그렇지만 랍사게는 자신의 연설(18:31f.)에서 예루살렘의 명도를 요구하고 유다 백성들에게 그들이 유형당하겠지만 즉시 항복하면 그들의 운명이 좀 가벼워지리라는 것, 즉 유다 왕국이 끝장날 것이라는 것(유다 백성들은 이를 이미 알고 있었던 것으로 보인다)을 이야기한다. (성경에 기록되어 있는 랍사게의 연설 문구들에 어느 정도의 무게를 부여하느냐는 상관없이, 이런 일은 앗시리아의 통상적인 관례에 의하면 그와 같은 상황 아래에서는 일어날 수 있는 일이었다.)

이런 양립할 수 없는 내용들은 어떻게 설명될 수 있는가? 산헤립은 늘어난 연공(年貢)을 요구한 다음에 다시 유다 왕국을 멸하고 주민들을 유형 보내기로 결심했는데, 히스기야가 예루살렘의 명도를 도전적으로 거절하자(그는 이미 항복한 상태였다) 처음의 요구들로 낙착을 보았다 — 받아들였다 — 는 말인가? 지금 논의중인 재구성은 산헤립이 그렇게 했다고 추측한다. 즉, 산헤립은 히스기야가 항복 조건을 청하고 또 그 조건들을 수락한 뒤 야비하게도 요구 조건을 추가하여 예루살렘을 차지하려고 했지만 (그에게는) 불행한 여러 상황들에 의해 자신의 의도한 바를 실행하지 못하게 되자 부득이 자기가 얻을 수 있는 것으로 만족하지 않을 수 없었다는 것이다. 물론 사건들에 대한 이러한 재구성이 부정확하다는 것을 입증할 수는 없다. 그러나 산헤립의 비문과 열왕기하 18:14-16('확실하게' 주전 701년과 관련된 사료는 이 둘뿐이다)에 언급된 조건들이 요구 사항의 전부이고 예루살렘의 명도는 결코 요구되지 않았다고 믿는 편이 더 쉽다. 산헤립이 히스기야에 대해 비교적 관대했던 것은 이집트군이 격파되고 다른 곳의 반란도 진압된 뒤 산헤립은 히스기야가 항복 조건을 청해 오자 예루살렘을 포위 공격하여 함락시키는 데 소요될 시간과 인력의 손실을 피할 수 있는 것을 다행으로 여겨 그 청을 들어주는 것으로 만족했다고 가정하면 쉽게 설명될 수 있다. (후에 느부갓네살은 예루살렘을 공략하는 데 1년 반이 걸렸다.)

(4) 끝으로 열왕기하 19:7, 36 이하에서는 산헤립이 예루살렘을 점령하려고 시도한 뒤 오래지 않아 살해되었다는 것을 암시하고 있다(이 기사는 그 사건 후에 엮어졌다). 그러나 이 사건은 실제로 주전 701년 이후 20년이 지나서야 일어난 일이었다. 따라서 이 사건에 너무 많이 의미를 부여해서는 안 될 것이다. 실제로 몇몇 학자들은 표면적으로 사건들이 겹쳐져 있고 또 디르하가에 관한 언급도 있는 것은 이 기사가 사건들에 관한 기억이 희미해진 상당히 후대에 가서 엮어졌다는 추가적인 증거일 뿐이라는 결론을 내린다. 아마 그럴 수도 있으리라. 그러나 바로 그 반대의 결론도 이끌어낼 수 있다는 것을 지적하지 않으면 안 된다. 열왕기하 18:17-19:37의 사건들이 실제로 디르하가가 이집트의 통치자로 있는 동안에 일어났다면, 이야기가 많이 겹쳐 있었던 것은 아니며(단지 6년 또는 7년의 간격인데, 이것은 기나긴 역사에 비추어 보면 전혀 시대적 간격이 없는 것으로 여겨질 수도 있다), 오히려 이것은 역사상의 사건들에 대한 화자(話者)의 기억(또는 그가 인용한 전승)의 정확성을 입증하는 또 하나의 증거로 볼 수도 있을 것이다. 그리고 산헤립이 예루살렘을 위협한 것과 그의 죽음이 전혀 겹쳐진 것이 아니라면, 일반적으로 신명기 사가가 두번의 별개의 원정을 한데 묶었다고 추측되고 있는 18장 16절과 17절은 서로 다른 이야기가 겹쳐진 것임에 틀림없다. 이러한 이유들 때문에 — 특히 추가적인 증거가 없는 한 오기(誤記)로 처리해 버려서는 안 되는 디르하가에 관한 언급 때문에 — 18:17-19:37의 사건들을 18:13-16에 나오는 히스기야의 조건부 항복에 뒤이어 주전 701년에 일어난 것으로 보기는 어렵다.

3. 위에서 언급한 사건들에 관한 두번째 재구성에서는 18:17-19:37의 설화를 18:13-16의 뒤를 이어 일어난 것으로 읽을 것이 아니라 18:13-16의 틀 안에서 읽어야 한다고 주장한다. 이 재구성은 첫번째 재구성에 수반되는 몇몇 난점들을 피할 수는 있으나 더욱더 심각하다고 볼 수 있는 다른 난점들을 그 자체로부터 제기하고 있다. 이 재구성은 다음과 같은 것을 전제하고 있다: 산헤립이 라기스를 포위 공격하

고 있을 때 히스기야는 그에게 사람을 보내어 항복 조건을 청하였다(18:14). 산헤립은 시간이 없었기 때문에 상당한 병력을 딸려서 랍사게를 보내어 무조건 항복을 요구하였다(18:17-19:7). 히스기야는 이사야의 격려를 받고 이 요구를 거절하였다. 랍사게는 돌아가서 라기스를 함락시킨 다음 립나에 있었던 산헤립을 만났다(19:8). 이 무렵 이집트군이 진격해 왔고("디르하가"가 지휘한 군대와 산헤립의 비문에 언급된 군대는 동일하였다), 산헤립은 이집트군과 교전하여 엘테케에서 참패시켰다. 한편 그 동안에 그는 히스기야에게 두번째 통첩을 보냈고(19:9-13)[22], 히스기야는(성경의 설화가 전하고 있는 인상과는 달리) 모든 것을 포기하고 열왕기하 18:14-16과 산헤립의 비문에 나와 있는 대로 요구받은 공물을 바쳤다. 그러나 그다음에 — 산헤립이 싸움 없이 예루살렘의 항복을 받아내어 누그러졌기 때문인지 그의 군대에 전염병이 돌았기 때문인지 아니면 다른 이유들이 있었기 때문인지 — 앗시리아군은 도성을 점령하거나 다른 보복을 하지 않고 철수하였다.

이 재구성은 이집트 군대가 주전 701년에 두 차례 팔레스타인으로 출정했다거나 히스기야가 조건부 항복을 한 뒤 다시 저항을 시도했다고 가정하지 않아도 되는 장점을 지니고 있기는 하지만, 이 재구성에 대해서도 많은 반론들이 제기되고 있다: (1) 첫번째 재구성과 마찬가지로 이 재구성은 디르하가에 관한 언급을 오기(誤記)로 여길 것을 요구한다(이 가정은 유보되어야 한다는 의견을 앞에서 강력하게 표명하였다). 또한 이 재구성은 표면적으로 산헤립의 죽음(주전 681년)을 주전 701년의 사건들과 겹쳐 놓고 있다.

(2) 더욱이 이 재구성은 실제로 예루살렘의 구원에 관한 성경의 전승을 진지하게 받아들이지 않고 있다는 반론을 제기하지 않으면 안 된다. 이 재구성은 이러한 전승이 어떻게 생겨날 수 있었는지에 대해 설득력 있는 설명을 제시하지 못하고 있다. 이 재구성은 주전 701년의 원정이 히스기야의 비참한 항복과 공물을 갖다 바치는 것으로 끝이 났는데도 백성들의 뇌리에 영원히 새겨진 예루살렘의 기적적인 구원에 관한 전승(이중의)이 생겨났다는 것을 믿으라고 강요하고 있다. 이것은 도무지 있을 수 없는 일인 듯하다. 물론 히스기야의 조치는 의심할 여지없이 도성을 침략과 파멸로부터 구했고 또한 그 거민들이 유형 또는 더 나쁜 일을 당하는 것을 막아 주었다. 그러나 18:14-16과 산헤립의 비문에 서술되어 있는 그 굴욕이 어떻게 시온을

22) 어떤 학자들은 그렇게 생각하고 있다. 예를 들면, Parrot, *op. cit.*. 그러나 다른 학자들은 히스기야에게 보낸 통첩은 한번뿐이고, 그것은 틀림없이 산헤립의 군대가 유다의 변방 성읍들을 약탈하고 있었을 때 전달되었을 것이라고 생각하고 있다.

원수들로부터 지켜 주신다는 여호와의 능력을 보여 준 예로 해석될 수 있었는지는 참으로 이해하기 어렵다.

(3) 히스기야에게 한 이사야의 말(왕하 19:32-34)은 앗시리아군이 예루살렘을 점령하지 않으리라는 것뿐만 아니라 도성에 가까이 오거나 포위하지도 않고 다른 길로 본국으로 돌아가리라는 것도 약속하고 있다("저가 이 성'에' 이르지 못하며"). 이것은 주전 701년 직전에 예루살렘이 장차 포위되어 공격을 '받을 것이라'고 선포하였을 때 이사야가 했던 그 유명한 말과는 모순되는 듯이 보인다(참조. 사 29:1-4). 앗시리아의 주력 부대가 주전 701년에 예루살렘 앞까지 왔는지는 분명치 않고 또한 도성이 적군의 강습에 의해 점령되지도 않았지만, 산헤립은 자기가 흙무덤을 쌓아 도성을 봉쇄하고 히스기야로 하여금 항복하지 않을 수 없게 하였다고 말하고 있다. 열왕기하 19:32-34에 나오는 이사야의 말은 과연 주전 701년에 말한 것이었을까? 만약 그렇다면, 이사야는 틀린 것이 된다. 그리고 그가 틀렸다면(즉, 도성이 봉쇄되어 항복했다면), 도성의 함락되지 않을 것이고 주장한 그의 말이 왜 소중히 간직되었단 말인가?

(4) 더구나 이 재구성은 적어도 그 제안의 몇몇 형태들에서 히스기야가 여전히 이집트의 도움에 희망을 걸고 있었을 때 산헤립이 그러한 터무니없는 요구들(무조건 항복과 유형의 위협)을 해왔기 때문에 그가 거절하지 않을 수 없었다는 것, 그러나 그뒤에 이집트군이 격파되고 히스기야가 홀로 남게 되자 그의 항복은 훨씬 가벼운 조건으로 받아들여졌다는 것을 전제하고 있다. 이것은 이상한 가정인 것이다.

(5) 끝으로 "디르하가"의 군대와 엘테케에서 패한 이집트군이 동일하다고 가정하는 데는 지형학상의 난점들이 있다. 즉, 19:8 이하의 표현에 어느 정도의 무게를 부여한다면 그렇다는 말이다. 이 구절에 따르면, "디르하가"는 산헤립이 라기스를 함락시키고 립나로 이동한 뒤에 진격해 왔다. 그러나 산헤립은 엘테케에서 패한 이집트 군대가 에그론을 구하려고 왔는데, 에그론, 엘테케, 딤나가 점령되기 이전에 이 군대는 처리되었다고 말하고 있다. 라기스는 앞에서 말한 성읍들보다 상당히 남쪽에 (립나는 그 중간쯤에) 있기 때문에, 이 산헤립의 말을 따른다면, 그는 욥바 지역으로부터 에그론의 영토를 거쳐 이 지방의 주요 성읍들을 정복하지 않은 채 남겨두고 남으로 이동하여 라기스를 함락시키고 립나로 향했는데, 그 사이에 즉 엘테케에서 이집트군과 교전하고 에그론을 처리하기 위하여 북쪽으로 돌아가기 '전에' 유다를 닥치는 대로 파괴했다고 해야 한다. 이것은 불가능한 일은 아니지만 있음직한 일 같지도 않고 또 산헤립의 비문이 전하고 있는 모든 내용과도 합치하지 않는다.

4. 여기서 비평상의 문제와 주석상의 문제를 폭넓게 거론할 지면은 없지만 위에서 고찰한 내용들에 덧붙여서 말하고 싶은 것은 내가 보기에는 앗시리아로 인한 위기와 관련된 이사야의 말들은 산헤립의 침공이 두 차례 있었다고 가정한다면 훨씬 잘 이해된다는 것이다. 열왕기하 18:17-19:37(이사야 36장 이하)에서 이사야가 말한 것으로 되어 있는 말들은 모두 하나님의 권능으로 인해 예루살렘은 구원받을 것이고 앗시리아군은 좌절할 것이라는 침착한 확신을 보여 준다. 민족을 이러한 궁지로 몰아넣은 히스기야의 경솔한 정책을 지적하며 히스기야를 책망하는 흔적은 하나도 엿보이지 않는다. 의심할 여지없이 이사야의 것인 그 밖의 다른 여러 신탁들(예를 들면, 사 14:24-27; 17:12-14; 30:27-33; 31:4-9)도 어조가 비슷하며, 이사야가 적어도 선지자로 활동하던 어느 시기에 실제로 그러한 감정들을 피력했다는 것은 거의 의심의 여지를 남기지 않는다. 그렇지만 주전 701년과 그 직전의 몇해 동안의 그의 말들(예를 들면, 사 28:7-13,14-22; 30:1-7,8-17; 31-1-3)은 그가 일관되게 반앗시리아 반란 및 이를 밑받침한 이집트와 맺은 동맹을 어리석은 짓이자 죄악이라고 비난하였고 그로 인하여 극심한 재앙을 겪을 것이라고 예고하였음을 보여 준다. 산헤립이 유다의 전국토를 닥치는 대로 파괴하고 예루살렘을 봉쇄했던 주전 701년에(1:4-9), 그의 말에 어떤 의미가 있다면("어찌하여 매를 더 맞으려고 더욱 더욱 패역〈rebellion〉하느냐", 5절) 그는 항복을 권고했다고 볼 수밖에 없다. 아마 앗시리아군이 봉쇄를 풀고 철수하였을 때 말한 것으로 보이는 22:1-14은 이러한 사건들이 벌어지는 동안에 그로 하여금 국가의 성격과 정책에 대한 자신의 평가를 바꾸게 할 만한 것이 아무것도 일어나지 않았었다는 시사해 준다. 바로 같은 해에 그가 앗시리아에 대한 완강한 반항을 권고하고 구원을 약속했다고는 믿기란 쉽지 않다.

물론 앗시리아와 관련된 이사야의 사고 속에 있는 양극성은 선지자로 활동하는 동안에 그의 견해가 발전했다든가 일단의 상황이 달라짐에 따라 그의 신학적 입장에 변화가 있었다는 식으로 설명될 수 없다는 것은 분명하다.[23] 이사야는 앗시리아를 하나님의 손에 붙들린 도구 이상으로는 결코 보지 않았고 또한 앗시리아가 역사에서 결정적인 역할을 하게 되리라고 믿지도 않았으며 오히려 자신의 역할을 다한 다음에는 그 불경스러운 오만으로 인하여 결국 몰락하고 말 것이라고 믿었다(예를 들면,

23) Childs, *op. cit.*, p. 120는 꼭 이렇게 말하고 있다. 그러나 나 자신도 그의 추측과는 달리 그와 다르게 생각해 오지 않았다

10:5-19). 그러므로 그는 선지자로 활동하는 동안 줄곧 궁극적으로 앗시리아가 멸망하리라는 것을 공언했을지도 모른다. 그러나 반란(주전 701년에 절정에 달했던)이 계속되고 있는 동안에 그가 위에서 말한 '두 가지' 신념을 동시에 피력했으리라고는 거의 생각할 수 없다. 즉, 유다에 극심한 재앙이 닥치리라고 공언하는 동시에(예를 들면, 30:8-17) 하나님이 유다를 보호하시고 앗시리아를 꺾으시리라는 것을 약속하는 것(예를 들면, 14:24-27; 31:4-9)과 또한 예루살렘이 포위 공격을 당하리라는 것을 예언하는 동시에(29:1-4) 결코 포위 공격은 없으리라고 공언하는 것(37:33-35), 그리고 항복을 권고하는 동시에(1:5) 완강한 저항을 권고하는 것. 앗시리아와 관련된 이사야의 사고에는 언제나 양극성이 있었고, 이 두 부류의 말은 어느 것이나 그의 신학에서 정당하게 나온 것이다. 그러나 그가 똑같은 상황에서 그렇게 뚜렷이 반대되는 — 겉보기에는 모순되는 — 예언들을 했을 리는 없기 때문에 서로 다른 별개의 상황을 추론하지 않으면 안 된다.

물론 위에서 개괄적으로 설명한 첫번째 재구성을 지지하는 사람들이 흔히 그렇듯이 주전 701년에 이사야는 돌연히 태도의 변화를 보였다고 주장할 수도 있다. 그는 실제로 반앗시리아 반란을 비난하였고, 결국 재앙으로 끝날 것이라고 예언하면서, 반란을 포기하도록 촉구하였다. 그러나 그후 산헤립이 히스기야의 항복을 받아들였을 때의 약정 사항을 야비하게 어기고 예루살렘을 자기에게 내놓으라고 요구해오자 이사야는 앗시리아가 그 배신과 콧대 높은 오만으로 하나님의 인내를 지나치게 시험했으며, 따라서 하나님은 다윗에게 한 약속에 따라 친히 개입하여 자신의 도성을 지키고 구해 주시리라고 확신하게 되었다. 그러나 그후 앗시리아군이 철수하자 이사야는 백성들이 겪었던 체험에도 불구하고 회개와 하나님에 대한 감사와 신뢰를 전혀 배우지 못했음을 발견하고 몹시 환멸을 느꼈다(22:1-14).

다 알다시피 이러한 추론은 많은 학자들이 인정하고 있듯이 주전 701년의 사건들에 관한 이사야의 메시지에 엿보이는 표면적인 모순점들을 설명해 준다. 그러나 이 추론은 아주 짧은 기간에 이사야의 태도가 돌연히 두번이나 변했다는 것을 전제해야 한다는 사실은 그만두고라도 우리가 다른 근거들에 의거해서 이미 의문을 제기하는 이유를 제시한 바 있는 위에서 말한 첫번째 재구성에 전적으로 의존하고 있다. 이러한 사실과 또 주전 701년과 그 직전의 몇 해 동안의 이사야가 취했던 태도에 비추어 볼 때, 하나님이 틀림없이 시온을 지켜 주시고 앗시리아를 멸망시킬 의도를 가지고 있다고 공언하고 있는 그의 신탁들 가운데 적어도 일부는 나중에 또 한 차례의 앗시리아의 침공을 겪는 동안에 나왔을 가능성을 인정해야 할 것이다. 두번째 침공

을 상정하면 그 신탁들은 기가 막히게 잘 들어맞는다는 것을 인정하여야 한다.[24]

이제까지 말해 온 내용이 결국 증명이 되었다는 것이 아님을 거듭 말해 두어야 하겠다. 이 문제는 미해결로 남겨두지 않으면 안 된다. 그러나 앞에서 말한 증거들에 비추어 열왕기하는 주전 701년에 한번(18:13-16), 그리고 나중에 또 한번(18:17-19:37) 있었던 두 번의 원정에 관한 이야기들을 한데 겹쳐 놓았을 가능성을 진지하게 고려하여야 한다. 본서에서 개진한 이 견해는 산헤립이 주전 691년에 바벨론인들과 엘람인들에게 패한 뒤 바벨론을 정복하는 데 몰두하는 동안 서부에서 디르하가의 후원을 받은 반란의 불꽃이 다시 일어났고 여기에 히스기야도 끌려 들어갔다고 주장한다. 산헤립은 주전 689년에 바벨론을 평정하였기 때문에, 아마 주전 688년에는 이 반란을 진압하기 위하여 군사를 움직였을 것이고, 예루살렘의 기적적인 구원이 일어난 것은 바로 이때였다. 그러나 히스기야는 그로부터 대략 1년 후(주전 687/6년)에 죽었기 때문에 의심할 여지없이 그 이상의 보복은 피할 수 있었다. 앗시리아의 비문들이 이같은 후기의 원정에 관해서 아무런 언급도 하지 않고 있는 것은 사실이다. 그러나 이것은 어차피 증거로 이용될 수는 없을 것 같다. 왜냐하면 산헤립의 치세 말기(주전 689년 이후)에 관한 역사 기록은 아무것도 남아 있지 않기 때문이다.[25] 새로운 증거가 발견되면 이런 묘사가 바뀔 수도 있겠고 또 독단적인 주장은 피해야 한다는 것도 분명하지만, 현재로서는 두 번의 원정설이 증거와 가장 잘 부합하는 것으로 보인다.

---

24) 이사야 10:20f., 24-27 같은 말들은 주전 701년의 참극이 과거의 일이라는 것을 명백히 전제로 하고 있는 것 같고 또한 가까운 장래에 하나님의 개입으로 사태가 역전될 것을 기대하고 있다. 많은 학자들의 의견과는 달리 나는 이 말씀들이 이사야에게서 비롯된 것이 아니라는 것을 결코 믿을 수 없다. 어쨌든 이 말씀들은 주전 701년 이후에 백성들이 앗시리아의 폭군으로부터 어서 빨리 해방되기를 고대하고 있었다는 것을 보여 준다. 산헤립의 통치 기간중 나중에 반란이 또 한번 일어났다는 것은 역사적으로 불가능한 일은 분명히 아니다.

25) 연대 미상의 한 설화 석고판 단편에 아라비아인들을 공격한 군사 작전을 언급한 말이 나오는데 아마 이것이 유일한 예외일 것이다. 이 단편은 서부 지역에서 앗시리아가 또다시 군사 작전을 벌였을 가능성을 보여 주는 것이라고 주장할 수도 있겠지만 그 이상은 아니다.

제 8 장

유다 왕국

마지막 세기

히스기야의 죽음으로부터 바벨론인들에 의한 예루살렘의 최종적인 멸망까지는 정확히 한 세기였다(주전 687-587년). 이렇게 비교적 짧은 기간에 그토록 여러 차례 극적인 운명의 반전(反轉)을 겪은 나라도 드물다. 이 시기의 전반기 내내 앗시리아의 봉신국이었던 유다는 일련의 독립과 예속을 신속하게 교대하는 시기를 보냈는데, 처음에는 이집트에 예속되었다가 다음에는 바벨론에 예속되었고, 마침내는 바벨론에 쓸데없이 반기를 들었다가 자멸하고 말았다. 이러한 국면들은 너무도 신속하게 뒤바뀌며 이어졌기 때문에 예레미야가 실제로 그랬듯이 한 사람이 이 모든 것들을 증언할 수 있었다.

성경의 주요한 사료 — 다시 열왕기(왕하 21-25장)와 이를 보충해 주는 역대기(대하 33-36장) — 는 다소 빈약하고 빠진 부분들이 많다. 그러나 이 시기에 활동했던 선지자들의 책이 상당히 많은 추가적인 자료를 제공해 준다. 특히 예레미야가 그렇고 에스겔, 스바냐, 나훔, 하박국도 참고가 된다. 더욱이 설형문자 자료들, 특히 바벨론의 연대기가 이 시기의 후반기를 소상하게 밝혀 주는데, 이 자료들로 인해서 우리는 성경의 자료만으로는 불가능했을 묘사를 채워 넣을 수 있게 되었다.

A. 앗시리아 지배의 종언: 유다가 다시 독립을 얻다

1. 주전 7세기 중엽의 유다.

이미 말한 바와 같이 히스기야의 독립을 향한 노력은 실패하고 말았다. 아마 그는 죽은 뒤에야 겨우 산헤립의 가혹한 보복으로부터 벗어났을 것이다. 어린 소년으로서 왕위에 올랐던 그의 아들 므낫세(왕하 21:1)는 저항을 포기하고 앗시리아의 충성스런 봉신이 되겠다는 의사를 스스로 밝혔다.

a. 앗시리아 팽창의 절정.

인간적으로 말하자면 므낫세는 선택의 여지가 없었다. 주전 7세기의 전반의 후기에 앗시리아 제국은 최대로 팽창하였으므로, 앗시리아에 저항한다는 것은 헛될 뿐만 아니라 자살행위였을 것이다. 산헤립은 자신의 몇몇 아들에게 살해되었고(왕하 19:37),[1] 나이어린 아들인 에살핫돈(Esarhaddon, 주전 680-669년)이 왕위를 이었는데, 나중에 이 왕은 매우 박력 있는 통치자로 밝혀졌다. 재빨리 권력 기반을 다진 에살핫돈은 먼저 바벨론의 상황을 안정시키는 데 착수하여 이러한 목적을 위해 부왕이 파괴해 버렸던 바벨론 도성과 마르둑(Marduk) 신전을 복원하였다. 이 사업과 또 그밖에 여기서 자세히 말할 수 없는 여러 군사 작전으로 인하여 그는 통치 초기에는 다른 여유가 없었으나 이런 일들을 끝낸 뒤에는 이집트의 정복에 눈독을 들였다. 이집트는 앗시리아 제국의 서부 지역을 교란해 온 모든 반란을 실질적으로 선동해 왔기 때문에, 그의 이러한 시도는 그와같은 화근을 단번에 뿌리뽑겠다는 목적을 갖고 있음에 틀림없었다. 최초의 시도(주전 674/3년)는 국경 지대에서 저지되었음이 분명하지만, 에살핫돈은 승리를 거두었다. 주전 671년에 그의 군대가 디르하가를 참패시키고 멤피스를 점령하였다. 여기서 앗시리아 군대는 이집트 궁궐의 보화들을 약탈하고 왕족들을 사로잡았다. 그런 후에 이집트의 군주들은 공물을 바쳤고, 앗시리아인 총독들의 감시 아래 자기 영지를 다스리도록 하였다.

물론 이것으로 이집트인들의 저항이 끝난 것은 아니었다. 앗시리아 군대가 떠나자마자 이전에 남부로 도피했던 디르하가가 반란을 일으켜 또 한번의 원정을 취하지 않으면 안 되게 만들었다. 병들어 있었던 에살핫돈은 행군 도중 죽었다. 그러나 그의 아들이자 왕위 계승자인 앗수르바나팔(Asshurbanapal, 주전 668-627년)은 곧 원정을 밀고 나가 반란을 분쇄하였다(주전 667년경). 디르하가는 다시 남부로 도망

---

1) 앗시리아 문서에 대해서는 Pritchard, *ANET*, p. 289를 참조하라.

했고 거기서 몇 년 지나지 않아(주전 664년경) 죽었다. 반란에 가담했던 군주들은 니느웨로 끌려가 처형당했는데, 사이스(Sais)의 군주 느고(Neco)만은 아들 프사메티쿠스(Psammetichus)와 함께 목숨을 건지고 복위되었다.[2] 그후에 디르하가의 후계자인 타누타문(Tanutamun)이 계속 소요를 일으키자 앗시리아 군대(주전 633년)는 남쪽으로 행군하여 나일강을 거슬러 올라가 테베에 이르러 이 유서깊은 도성을 점령하고 파괴하였다(참조. 나 3:8). 그러자 이 바로는 급히 누비아로 후퇴하였고 제25왕조는 끝장이 났다. 앗시리아에 대한 저항을 후원할 수 있었던 한 강대국이 이렇게 멸망해 버린 마당에 므낫세가 유순해진 것은 별로 이상한 일이 아니다!

b. 므낫세의 통치(주전 687/6-642년): 국내 상황.

열왕기와 앗시리아의 기록들을 통해서 우리가 알고 있는 한에 있어서, 므낫세는 자신의 긴 통치 기간 내내 앗시리아의 충성스런 봉신으로 지냈다. 에살핫돈은 자신의 건설 계획을 위한 물자를 제공하도록 요구한 스물두 명의 왕들의 명단 가운데서 그의 이름을 들고 있다. 한편 앗수르바나팔은 자신의 이집트 원정을 도운 많은 봉신들 가운데 한 사람으로 그의 이름을 들고 있다.[3] 역대하 33:11-13에 따르면, 그는 한번 아마 불충(不忠)의 혐의를 받았는지 사슬에 묶여 앗시리아 왕 앞에 끌려간 적이 있었으나, 그후 융숭한 대우를 받고 왕위로 복귀하였다. 열왕기나 앗시리아의 기록은 이 사건을 언급하지 않고 있지만, 그 사건은 역사적 사실에 토대를 두고 있다고 추측하는 것이 극히 타당하다. 아마 잠시 후에 이야기하게 될 사마스 숨 우킨(Shamash-shum-ukin, 주전 652-648년)의 폭동과 관련이 있었을 것이다.[4] 므낫세가 결백하다는 것이 밝혀졌는지 또는 이집트의 군주 느고가 그러했듯이 용서를 받았는지는 확실히 알 수 없다. 그러나 그는 앗시리아에 대해 부득이한 정도로만 충성하였을 뿐이고, 할 수만 있었다면 기꺼이 자기 나라의 독립을 천명하였을 것이라고 보는 것도 가능성이 무척 크다고 하겠다.

그럼에도 불구하고 므낫세의 정책은 히스기야의 정책과는 완전히 단절하고 아하

2) 자세한 내용은 Pritchard. *ANET*. pp. 294f.를 참조하라.

3) Pritchard, *ANET*, pp. 291, 294.

4) Cf. W. Rudolph, *Chronikb cher*(HAT, 1955), pp. 315-317; Kittel, *GVi*, II, p. 399. 그러나 다른 학자들은 이 사건을 앗수르바나팔의 왕위 승계를 확고히 할 목적으로 소집된 주전 672년의 대집회와 관련시키고 있고, 므낫세는 이 행사에 나와서 봉신으로서의 맹세를 하도록 강요당했다고 추측한다; 예를 들면, D. J. Wiseman, *Iraq*, XX(1958), p. 4; 또한 P. Frankena, *Oudtestamentische Studi n*, XIV(1965), pp. 150-152도 참조하라.

스의 정책으로 되돌아간 것이었다. 이로 인한 결과들은 특히 종교 문제와 관련해서 심각하였다(왕하 21:3-7). 므낫세는 자신의 조부(祖父)와 마찬가지로 분명히 주군의 신들에게 경의를 표하지 않을 수 없었을 것이다: 아마 메소포타미아로부터 기원했을 별의 신들을 위한 제단들이 성전 안에 세워졌다.[5] 그러나 므낫세의 행위들은 이를 훨씬 넘어서서 개혁파와 그들의 사업을 전적으로 거부하는 것이었다. 히스기야가 억제하려고 했던 지방의 여호와 성소들이 복구되었다. 토착적이거나 외래적인 이방 제의와 관습들이 성행하는 데도 그대로 방임되었고, 풍산(豊産) 종교의 기구와 제의적인 매음 의식이 성전 안에서조차 묵인되고 있었다(21:7; 참조. 23:4-7; 습 1:4f.). 당시 앗시리아에서 엄청나게 유행하였던 점술과 마술[6]이 갖가지 이방 풍습들과 아울러(습 1:8) 예루살렘에서 유행하였다(왕하 21:6). 사람을 희생제물로 드리는 야만적인 의식도 다시 출현하였다.

물론 이러한 것들은 민족 종교의 의식적인 포기를 나타내는 것은 아니었을 것이다. 본원적인 여호와 신앙의 본질은 아주 광범위하게 잊혀져 있었고 또 이와 양립할 수 없는 의식들이 너무도 오랫동안 행해졌기 때문에 많은 사람들의 생각 속에서 여호와와 이방 신들과의 근본적인 구별이 모호해지고 말았다. 이런 사람들은 그와 같은 의식들을 행함으로써 자기들이 민족 신앙으로 멀어지고 있다는 것을 깨닫지 못한 채 여호와의 제의와 나란히 그러한 의식들을 행하였을 것이다. 이러한 상황은 이스라엘의 숭고한 종교를 해치는 엄청난 위험 상황 그리고 어떤 의미에서는 새로운 위험 상황이었다. 여호와 신앙은 모르는 사이에 명백한 다신교로 빠져들어 갈 위험에 처해 있었다. 여호와는 언제나 천상의 군대에 둘러싸여 있는 것으로 생각되었고 또한 대중들은 천체(天體)들이 천상 군대에 속한 것으로 여겼기 때문에, 별의 신들의 제의가 도입되자 백성들은 더욱더 이 이방신들을 여호와 궁정의 조신(朝臣)들로 생각하고 또 그런 존재로 숭배하게 되었다. 이러한 풍조가 억제되지 않았더라면, 여호와는 이내 만신전의 주신(主神)으로 전락하였을 것이고 이스라엘의 신앙은 완전히 더럽혀지고 말았을 것이다. 이에 더하여 민족 종교의 부패는 여호와의 율법에 대한

5) 이 신들을 꼭 집어서 앗시리아의 신들이라고 말하고 있지는 않지만 거의 십중팔구 그랬을 것이다. 위에서 말한 대로(주 22와 거기에 인용된 저작들을 참조하라) 앗시리아인들이 실제로 봉신국의 왕들로 하여금 그들의 신들을 섬기도록 강요했다는 분명한 증거는 없지만 봉신국의 왕들 가운데 다수는 그렇게 하지 않으면 안 될 것 같다는 강박감을 느꼈을 것은 이해될 수 있는 일이다.

6) 앗시리아 궁정에서 비술(秘術)이 한 역할에 대한 생각을 알아보려면 F.M.T. de L. Böhl, "das Zeitalter der Sargoniden" (*Opera Minora* 〔Groningen: J.B. Wolters, 1953〕, pp. 384-422)을 참조하라.

경시와 폭력과 부정이 판치는 새로운 사태를 가져왔고(습 1:9; 3:1-7), 이와 아울러 사건들을 통하여 역사하는 여호와의 능력과 관련된 회의론이 생겨났다(1:12). 히스기야의 개혁은 완전히 수포로 돌아갔고, 예언의 소리는 침묵하였다. 항의하는 자들 — 분명히 이런 사람들이 있었다 — 은 가혹하게 처리되었다(왕하 21:16). 열왕기 기자(記者)는 므낫세에 관해서 좋은 말은 한마디도 하지 않고 오히려 다윗의 보좌에 앉았던 자들 가운데서 가장 악한 왕으로 낙인을 찍었고, 그의 죄는 너무 무거워서 절대로 용서받을 수 없을 것이라고 했다(21:9-15; 24:3f.; 참조. 렘 15:1-4).[7]

2. 앗시리아 제국의 말기.

앗시리아가 전성기에 이르렀을 때, 임박한 재난의 그림자가 이 나라에 드리워지기 시작했다. 사실 앗시리아는 지나치게 팽창해 있었다. 그 거대한 제국은 포악한 힘에 의해 결합된 날림으로 지은 집과 같았다. 속국들의 복종을 강요하기 위하여 끊임없이 목을 조였기 때문에 앗시리아를 증오하지 않는 나라가 거의 없었고, 결국 그 결과를 드러내기 시작하였다. 바로 이때 국경 너머로 새로운 세력들이 등장하고 있었는데, 앗시리아는 이미 거기에 대처할 힘을 지니고 있지 않았다. 주전 7세기 중엽에 성인이 된 사람들은 살아 생전에 앗시리아 제국이 부숴지고 꺾여서 지구상에서 사라지는 것을 목격했을 것이다.

a. 앗시리아 제국의 국내외의 위협들.

앗시리아와 겨룰 강대국은 하나도 없었지만, 나라 안팎에 적들은 많았다. 앗수르바나팔의 형 사마스 숨 우킨(Shamash-shum-ukin)이 대리왕(代理王)으로 통치하고 있었던 바벨론에서는 그 주민들 가운데 늘 그래왔듯이 동부의 엘람의 후원에 의지할 수 있었던 갈대아인들(아람인들) 사이에서[8] 소요가 계속되었다. 제국 영토의 그 반대편 끝에서는 이집트는 효율적으로 통제될 수 없었다. 앗시리아인들이 자비를 베풀었던 느고의 아들 프사메티쿠스 1세(Psammetichus I, 주전 664-610년)는

---

7) 역대하 33:15-17은 므낫세가 회개하고 개혁 조치를 취한 경위를 말해 준다; 또한 위경 므낫세의 기도도 참조하라. 그러나 열왕기하 2장으로 미루어 보건대 그에게 책임이 있었던 갖가지 악폐는 요시야가 제거하기까지 계속되었음이 분명하다.

명목상으로는 앗시리아의 봉신이었지만 점차 그 세력을 확대하여 마침내 이집트의 대부분을 수중에 넣었다. 자기 힘이 강하다고 느끼자마자(주전 655년경 또는 그 직후) 그는 앗시리아에 보내던 조공을 중단하고 정식으로 독립했던 것 같다.[9] 이를 기점으로 제26왕조(사이스 왕조)가 시작되었다. 프사메티쿠스는 앗시리아의 또 다른 적인 리디아 왕 기게스(Gyges)의 지원을 받았는데, 기게스는 가능한 어떤 수단을 써서라도 앗시리아에 대한 소요를 선동하려고 하였다. 다른 곳에 정신이 팔려 있었던 앗수르바나팔은 효과적인 대응 조치들을 취할 처지에 있지 못했다.

앗시리아에 대한 좀더 심각한 위협은 북부 국경지대에 밀어닥치고 있었던 인도-아리안계 종족에 있었다. 물론 이 종족들 가운데에는 주전 9세기 이래 서부 이란에 정착해 왔던 메대인들(Medes)도 끼어 있었는데, 앗시리아 왕들은 거듭거듭 출정하여 그들을 치고 부분적으로 복속시키기도 했다. 위에서 말한 대로, 주전 8세기 말엽에는 야만족인 키메르족(Cimmerians)이 코카서스 너머로부터 쏟아져 들어왔고, 그들의 뒤를 이어 스구디아족(Scythians)도 들어왔다. 키메르족은 사르곤 2세의 통치 때 우라르투를 닥치는 대로 파괴하였고 그런 다음 소아시아로 밀어닥쳐 브루기아(Phrygia)의 미다스(Midas) 왕국을 멸망시켰다. 주전 7세기에는 다른 키메르인 및 스구디아인들이 서북 이란에 정착하였다. 에살핫돈은 키메르족 및 메대인과 적대적인 스구디아족과 동맹을 맺어 그런 민족들로부터 자기 나라를 보호하려고 하였다. 앗수르바나팔은 소아시아에서 키메르족과 싸웠다. 이것은 이 종족들과 전투에서 결국 전사하고 말았던 리디아 왕 기게스가 그랬던 것처럼. 비록 앗수르바나팔은 매번 승리를 거두고 자기 나라 국경선을 지키는 데 성공하였지만, 예리한 관찰자가 있었다면, 그 방벽이 무너지는 날에는 무슨 일이 벌어질 것이라고 생각했을 것이다.

주전 652년에 앗수르바나팔은 제국을 갈갈이 찢어 놓을 것 같은 폭동에 직면하였다. 바벨론에서 앗수르바나팔의 형제인 사마스 숨 우킨에 의해 주도되고 이 지역의 갈대아인 주민들 그리고 엘람인들과 이란의 고원지대에 있었던 종족들의 지원을 받는 전면적인 반란이 발생하였다. 제국에 대한 불만은 팔레스타인과 수리아에도 파

---

8) 앗시리아의 주민 자체도 상당수 아람인화되었으며, 이와 아울러 아람어는 앗시리아어를 대신하여 외교 및 통상의 공용어로 쓰이기 시작했다; 열왕기하 18:26은 한 세대 이전의 이러한 동화 과정을 예증해 준다. Cf. R.A. Bowman, "Arameans, Aramaic and the Bible"(*JNES*, VII 〔1948〕, pp. 65-90; 또한 A. Jeffery, "Aramaic"(*IDB*, I, pp. 185-190), 여기에는 자세한 문헌이 나와 있다.

9) 이에 관한 논의로는 F.K. Kienitz, *Die politische Geschichte gyptens vom 7. bis zum 4. Jahrhundert vor der Zeitwende*(Berlin: Akadmie-Verlag. 1953). pp. 12-17를 참조하라.

급되었고, 이것은 당시 앗시리아의 지배에서 벗어나 독립한 프사메티쿠스가 선동했음에 거의 틀림없다. 위에서 말했듯이 유다도 이 반란에 개입되었거나 중대한 혐의를 받을 만큼 밀접하게 연루되었을 가능성이 크다(대하 33:11). 이와 동시에 수리아 사막의 아랍 부족들도 기회를 틈타 동부 팔레스타인과 수리아, 곧 에돔과 모압으로부터 북쪽의 소바 지역에 이르기까지 앗시리아의 봉신 국가들을 짓밟고 가는 곳마다 닥치는 대로 파괴하였다. 이것은 최초의 엄청난 위기 사태였다.

앗수르바나팔은 이 상황을 평정하기는 했지만, 제국을 그 토대까지 뒤흔들어 놓은 격렬한 투쟁을 겪은 뒤에야 겨우 수습할 수 있었다. 주전 648년에 바벨론은 2년간의 포위 공격 끝에 점령되었고, 사마스 숨 우킨은 자결하였다. 이어서 앗수르바나팔은 엘람을 향하여 수사(Susa)를 점령하고 이 엘람족 국가를 멸망시켰다(주전 640년경). 또한 그는 아랍 부족들에게도 보복을 하고[10], 팔레스타인에서의 자신의 권세를 재천명하고 엘람과 바벨론으로부터 유형당한 사람들을 사마리아와 그 밖의 서부 지역에 재정착시켰다(스 4:9f.).[11] 하지만 이때에 이집트에 대한 재정복은 말도 되지 않는 일이었다. 앗수르바나팔은 므낫세에게 관용을 보여 그의 요새들을 강화하는 것을 허용했을 가능성이 큰데(대하 33:14), 이것은 이집트의 국경 가까이에 앗시리아의 봉신을 확보해 두고 이 방면으로부터 있을지도 모르는 침략으로부터 제국의 영토를 지킬 수 있는 태세를 갖추기 위함이었을 것이다.[12]

b. 앗시리아의 붕괴.

앗수르바나팔의 만년은 거의 알려져 있지 않다. 분명히 그는 모든 대적들을 평정한 다음 시간을 내어 평화로운 시대의 사업을 한 것 같다. 그 사업들 가운데 괄목할 만한 것은 큰 도서관을 만드는 것이었는데, 거기에는 바벨론의 창조설화와 홍수설화를 비롯하여 고대 바벨론의 신화와 서사시의 사본들이 소장되어 있었다. 꼭 한 세기 전에 이것이 발견되었을 때 유례없는 센세이션을 불러일으킨 바 있다. 그러나 그가 죽자 — 현재 주전 627년으로 확인되어 있다[13] — 앗시리아의 종말은 다가왔다. 앗시리아의 거대한 국가 조직은 토대부터 뒤흔들리며 와해되었다. 그후 20년도

10) 본문 내용에 대해서는 Pritchard, *ANET.* pp. 297-301를 참조하라.

11) 오스나파르(Osnappar)는 앗수르바나팔이다. 에살핫돈도 다른 지역에서 끌어온 사람들을 사마리아에 정착시켰다고 한다(스 4:2).

12) 이것이 아마 역대하 33:14에 관한 가장 좋은 설명일 것이다; cf. Rudolph, *Chronikb cher* (*HAT,* 1955), p. 317.

못 가서 앗시리아는 더 이상 존재하지 않게 되었다.

이 사건들의 정확한 경위는 분명치 않다. 앗수르바나팔의 아들 신 사르 이스쿤(Sin-shar-ishkun)은 주전 629년경부터 왕위에 올라 부왕과 함께 공동으로 통치를 해왔으나 늙은 왕이 죽자 어떤 장군이 반란을 일으켜 다른 왕자인 앗수르 에틸 일라니(Asshur-etil-ilani)를 왕으로 옹립하였던 것으로 보인다. 이 두 경쟁자 사이의 투쟁은 수 년 동안(주전 627-624년경) 계속되다가 마침내 신 사르 이스쿤이 승리를 거두었다.[14] 자세한 경위는 완전히 베일에 싸여 있지만, 이런 내분으로 인하여 거대한 제국 영토에 대한 앗시리아의 지배권은 비참할 정도로 약화되었으리라고 추측할 수 있다. 헤로도투스(I, 102)가 언급하고 있는 불발로 그친 메대인들의 니느웨 습격은 아마 이 기간중에 있었던 것 같다. 메대인들의 습격은 스구디아족의 도움으로 격퇴되었고 그 과정에서 메대 왕 프라오르테스(Phraortes)가 목숨을 잃었다.[15] 만약 이 습격이 이 기간중에 있었다면, 헤로도투스(I, 103-106)도 말하고 있는 스구디아족의 서부 아시아 침입 — 이런 일이 있었다고 한다면(그리고 그 기록이 사실적〈史實的〉 토대가 있다면) — 은 앗시리아가 최종적으로 붕괴한 주전 625년이 후의 소란스러웠던 시기에 있었던 것으로 보인다.[16] 그러나 현재 상태의 우리의 지식으로써는 그 이상을 이야기할 수는 없다. 어쨌든 프라오르테스의 아들인 키약사레스(Cyaxares, 주전 625-585년경) 통치 아래에서 메대인들은 곧 앗시리아에 대한 공

---

13) 나보니두스(Nabonidus)의 하란 비문에서 확인되었다. 이 비문은 앗수르바나팔이 42년째 되는 해까지 통치하였다는 것을 보여 준다; 비문 내용에 대해서는 Pritchard, *ANE Suppl.*, pp. 560-562를 참조하라. 이에 관한 논의로는 특히 C.J. Gadd, *Anatolian Studies*, 8(1958), pp. 35-92를 참조하라; 또한 R. Borger, *Wiener Zeitschrift für die Kunde des Morgenlandes*, 55(1959), pp. 62-76를 참조하라.

14) 이 재구성은 Albright를 따랐다: cf. *BP*, p. 108, 주 155. 그러나 Borger(*ibid.*)는 신 사르 이스쿤과 앗수르 에틸 알라니는 동일 인물로서 뒤의 이름은 왕의 공식 이름이라고 믿는다.

15) Cf. R. Labat, "Kastariti, Phraorte et les debuts de l'histoire mede"(*Journal Asiatique*, 249 〔1961〕, pp. 1-12). Labat는 헤로도투스가 자신이 말하고 있는 스구디아족의 점령 연대를 프라오르테스의 후계자인 키약사레스의 통치 기간에 포함시키려고 했고, 프라오르테스는 주전 625년경에 살해되었다고 설득력있게 주장하고 있다.

16) 이 골치아픈 문제에 관한 논의로는 특히(*inter alia*) Labat, *ibid.*; A. Malamat, *IEJ*, 1 (1950/1951), pp, 154-159; B. Otzen, ***Stüdien** uber Deuterosacharja*(Copenhagen: Munksgard, 1964), pp. 78-95; A. Cazelles, "sophonie, Jeremie, et les Scythes en Palestine"(*RB*, LXXIV 〔1967〕, PP. 24-44); R.P. Vaggione, *JBL*, XCII(1973), pp. 523-530를 참조하라. 스구디아족의 기원, 문화, 역사 등 전반에 관해서는 Tamara Talbot Rice, *The Scythians*(London: Thames and Hudson; New York: Frederick A. Praeger, 1957)를 보는 것이 편리하다.

격을 재개할 태세를 갖추었다. 한편 바벨론인들은 갈대아인 군주 나보폴라살(Nabopolassar, 주전 626-605년) — 신바벨론 제국의 창건자가 되었다 — 의 영도 아래 다시 독립투쟁을 벌였다. 주전 626년 10월에 나보폴라살은 앗시리아군을 바벨론 교외에서 격파하고 다음 달에 거기서 왕위를 차지하였다.[17] 거듭된 노력들에도 불구하고 앗시리아인들은 그를 제거할 수 없었다.

불과 몇 년도 안 되어 앗시리아는 자신의 존립을 위하여 바벨론인들 및 메대인들에 맞서 싸우고 있었다. 이 절망적인 상황에서 놀랍게도 앗시리아는 이집트와 동맹을 맺었다. 분명히 이집트의 프사메티쿠스는 앗시리아가 이미 자기를 위협할 수 없으리라는 것을 깨달음과 동시에 한편으로는 메대인들과 바벨론인들 사이에 구축된 동맹이 더욱 위험하게 되는 것을 두려워하여 약화된 앗시리아가 완충 장치로서 계속 존속하기를 바랐던 것 같다. 또한 그는 앗시리아를 도와주는 대가로 예부터 이집트의 세력권인 팔레스타인과 수리아에서 자유로이 행동할 수 있는 기회를 보았을 것이다. 이집트 군대는 주전 616년[18] 때를 맞추어 메소포타미아에 도착하여 나보폴라살을 저지하는 것을 도왔다. 앞서 나보폴라살은 멀리 유프라테스강 상류로 진격하여 앗시리아군을 대패시켰다. 그러나 이제 메대인들이 결정적인 역할을 하기 시작하였다. 여러 번의 기동 작전을 하고 나서 주전 614년에 키약사레스는 앗시리아의 옛 도읍인 앗수르(Asshur)를 전격적으로 습격하여 점령하였다. 나보폴라살은 현지에 너무 늦게 도착했기 때문에 이 작전에 참여하지 못했지만 키약사레스와 정식으로 조약을 체결했다. 2년 뒤에(주전 612년) 동맹군은 니느웨를 공략하여 3개월의 포위공격 끝에 점령하고 철저히 파괴하였다. 신 사르 이스쿤은 도망하다가 죽었다. 앗수르우발릿 2세(Asshur-uballit II) 휘하의 앗시리아군의 잔여 부대는 서쪽의 하란으로 물러났고, 거기서 이집트인들의 후원을 받아 항전을 계속하려고 하였다. 그러나 주전 610년에 바벨론군과 그 동맹군이 하란을 점령했고, 앗수르우발릿은 그의 패잔병들과 함께 유프라테스강을 건너 이집트 진영으로 후퇴하였다. 하란을 탈환하려던 시도(주전 609년에)는 비참하게 실패하였다. 앗시리아는 끝장이 났다.

3. 요시야의 통치(주전 640-609년).

17) 바벨론 연대기에는 이렇게 기록되어 있다. 아래 주 37의 전거들을 참조하라.
18) 아마 그 이전으로 소급될 수도 있다; 바벨론 연대기에는 주전 622년부터 617년까지가 빠져 있다.

앗시리아가 제국의 영토에 대한 지배권을 상실하자, 유다는 공백 상태로 말미암아 다시 한번 자유 국가가 되었다. 독립을 이룸과 때를 같이 하여 그리고 부분적으로는 그 독립의 한 측면으로서 젊은 요시야왕은 유다의 역사에서 가장 광범위한 개혁에 착수하였다.

a. 유다가 다시 독립을 얻다.

므낫세는 그의 긴 치세 동안 끝까지 니느웨의 유순한 봉신으로 지냈고, 뒤이어 왕위를 계승한 그의 아들 아몬(Amon, 주전 642-640년)은 분명히 부왕의 정책을 이었던 것으로 보인다(왕하 21:19-26). 그러나 이 불운한 왕은 곧 고관(高官)들로 짐작되는 몇몇 왕족들에게 암살되었다. 이 음모는 이런 비상 수단을 써서 국가 정책을 바꾸려고 했던 반앗시리아파 사람들에 의해 조종된 것이 아닌가 생각된다.[19] 그러나 그럴 기회가 아직은 무르익지 않았다고 생각한 사람들이 있었던 것으로 보인다. 왜냐하면 성경에는 분명히 대지주들의 모임인 듯한 "지방민들"[20]이 암살자들을 즉시 처형하고 여덟 살 난 왕자 요시야를 왕으로 옹립하였다고 되어 있기 때문이다.

요시야 치세 때 유다의 독립은 엄연한 사실로 되었다. 이 독립이 이루어지기까지의 경위는 어느 정도 추측의 문제로 남아 있다. 그리고 이 문제는 아래에서 살펴보게 될 요시야의 개혁과 연계되어 있다. 요시야가 아직 소년이었을 때의 몇 해에 관해서는 우리는 아무것도 모른다. 짐작컨대 나라의 일들은 앗시리아에 대하여 신중한 정책을 써 오던 고문들에게 맡겨져 있었을 것이다. 역대하 34:3a에 나오는 짤막한 말은 일이 잘될 것 같아 보이자 요시야의 재위 제8년(주전 633/2년)에 벌써 국가 정책을 바꾸는 결정이 내려졌다는 것을 보여 주는 것 같다. 요시야의 재위 제12년(주전 629/8년)에 그 기회가 왔던 것으로 보인다. 이 무렵 앗수르바나팔은 나이가 들어서 그의 아들 신 사르 이스쿤이 공동 통치자로서 왕위에 올라 있었다. 서부 지역에 대한 실제적인 지배력이 이미 느슨해지기 시작했던 앗시리아는 더 이상 유다에 간섭할 처지에 있지 못했다. 바로 이때(참조. 대하 34:3b-7) 요시야는 전면적인 개혁에 착수하였고 나아가 북부 이스라엘의 상당 부분을 소유하려고 했을 것이라고 보

19) 이 문제에 대해서는 A. Malamat, "The Historical Background of the Asassination of Amon King of Judah" (*IEJ*, 3 〔1953〕, pp. 26-29)를 참조하라.

20) 이 용어에 대해서는 J. A. Montgomery, *The Books of Kings*(*ICC*, 1951), p. 423과 거기에 나오는 전거들, 특히 E. Würthwein, Der 'Amm ha' arez im Alten Testament(*BWANT*, IV: 17 〔1936〕)를 참조하라.

는 것이 합리적이다. 하지만 요시야가 어느 정도의 영토를 병합하였는지는 확실치 않다. 그가 예전의 사마리아 속주였던 곳을 장악했다는 것은 분명한 것으로 보인다. 왜냐하면, 나중에 보겠지만 그는 그 지역에서 자신의 개혁을 수행하였기 때문이다. 또한 욥바 남쪽의 해안에 구축했던 그의 한 요새가 보여 주는 것과 같이 요시야는 적어도 한동안 지중해 연안까지 장악했다.[21] 몇몇 학자들은 그가 므깃도(갈릴리)와 길르앗 지방도 장악하였다고 믿고 있다.[22] 그러나 이는 확실치 않다. 요시야가 나중에 므깃도 전투에서 전사했다는 사실은 그가 갈릴리를 자신의 정당한 영향권의 일부로 여겼으며 그가 거기서 자유롭게 활동하였다는 것을 보여 준다. 그러나 그가 그 지역을 자신의 영토로 병합하였다는 것이 반드시 입증되어 있는 것은 아니다.[23] 요시야가 언제 그리고 어떤 단계를 거쳐 자신의 영지를 확장하였는지는 알려져 있지 않다. 그러나 앗시리아는 더 이상 그를 저지할 처지에 있지 못했고 또 대부분의 북부 이스라엘 사람들은 아마도 이러한 변화를 환영하였을 것이기 때문에, 요시야가 큰 저항에 부닥쳤을 것으로 보이지는 않는다. 요시야는 여전히 명목상으로는 앗시리아의 봉신으로 있으면서 이런 조치들을 취하였지만, 앗시리아는 이를 막을 수 없었을 뿐만 아니라 오히려 요시야를 계속해서 앗시리아에 충성을 바치도록 붙잡아 두려고 하였고 그가 여전히 적대적인 강대국이던 이집트와 손잡지 못하게 설득하려고 하였을 것이다. 이런 사정이야 어찌되었든 요시야의 개혁이 절정에 이르렀을 무렵(주전 622년) 앗시리아는 멸망 직전(*in extremis*)에 있었고 유다는 명실상부하게 자유

---

21) 야브네 얌(Yabneh-yam, Mesad Hashavyahu)에서 발굴에 대해서는 J. Naveb, *IEJ*, 12 (1962). pp. 89-113를 참조하라. 거기에서 발견된 한 개의 히브리어 수기용 토기편(다른 종류의 단편들도 아울러)으로 미루어 보건대 요시야가 이 지역을 지배했다는 것은 결코 의심할 수 없다; cf. Naveh, *IEJ*, 10(1960), pp. 129-139; F.M. Cross, *BASOR*, 165(1962), pp. 34-46; S. Talmon, *BASOR*, 176(1964), pp. 29-38. 게셀에서 발견된 왕의 도장이 찍힌 항아리 손잡이들은 유다인들이 이 성읍도 지배했음을 보여 준다; cf. H. K. Lance, *BA*, XXX(1967), pp. 45f.

22) Cf. Noyh, *HI*, pp. 273f. 그러나 여호수아서에 나오는 성읍 명단들로부터 요시야의 "제국"의 판도를 연역해낼 수는 없다. 왜냐하면 이 명단들은 십중팔구 이전의 상황들을 반영하고 있을 것이기 때문이다; p. 345와 거기에 있는 주 62를 참조하라. 이와 동시에 유다에서 풍부하게 발견된 항아리 손잡이에 찍혀 있는 왕의 인장들은 아직까지 유다의 국경선 밖에서는 발견되지 않고 있다는 사실로 인해 요시야의 지배권이 북부까지 미치지 않았다고 결론을 내려서는 안 된다(그것이 무엇을 의미하는지는 모르지만); cf. H.D. Lancee, *HTR*, LXIV(1971), 특히 PP. 231f.

23) 므깃도는 그 무렵 이집트의 기지였을 것이다; cf. A. Malamat, "Josiah's Bid for Armageddon"(*Journal of Ancient Near Eastern Studies of Columbia University, 5* 〔1973〕, pp. 267-278).

국가가 되었다.

b. 요시야의 개혁: 그 주요한 특징들.

유다의 역사에서 가장 철저했던 요시야의 개혁은 열왕기하 22:3-23:25과 역대하 34:1-35:19에 자세하게 묘사되어 있다. 성경 기자들의 생각으로는 이 개혁은 요시야의 다른 모든 훌륭한 업적들을 가리울 정도였기 때문에 성경 기자들은 요시야에 관한 다른 것들에 대해서는 아무것도 우리에게 말해 주지 않고 있다. 개혁의 여러 조치들이 어떤 순서로 수행되었는지에 대해서는 확연하게 알 수는 없다. 열왕기(왕하 22:3)에 의하면, 개혁은 성전을 수리하는 가운데 "율법책"의 사본이 발견된 요시야 재위 제18년(주전 622년)에 단행되었다. 율법책을 왕에게 가져다 보여 주자 왕은 몹시 경악하였다. 신탁의 말씀을 살펴본 요시야는 백성의 장로들을 성전으로 소집하여 율법을 그들에게 읽어 주고 그들과 함께 여호와 앞에서 그 율법에 순종하겠다는 엄숙한 언약을 맺었다. 성경은 이 율법이 그의 여러 조치들의 토대가 되었고 모든 조치들은 같은 해에 단행되었다는 인상을 전해 준다(참조. 왕하 23:23).

그러나 피상적으로만 보아도 그랬을 것 같지는 않다. 율법책이 발견되었을 당시 성전이 수리중이었다는 사실 자체가 개혁이 이미 진행중이었음을 보여 준다. 왜냐하면 성전을 수리하고 깨끗게 하는 것 자체가 바로 하나의 개혁 조치였기 때문이다. 한편 역대기 사가는 개혁이 몇 단계에 걸쳐 완수되었고 또 율법책이 발견되기 전에 수 년 동안 개혁이 진행되어 왔다고 이야기하고 있다. 물론 역대기 사가도 자신의 내용자료를 도식화하여 실질적으로 개혁사업 전체를 요시야의 재위 제12년에 일어난 것으로 하고 제18년에는 성대한 유월절을 거행한 것을 제외하고는 거의 한 일이 없는 것으로 기술하고 있다 — 이것도 사실 같지는 않다. 두 가지 기사가 다 상당한 기간에 걸쳐 취한 조치들을 한데 묶어 놓은 것으로 보인다.

그럼에도 불구하고 확실하다고는 할 수 없더라도 앗시리아의 공식적인 제의(祭儀)를 거부하기로 한 결정이 요시야의 재위 제8년(주전 633/2년)에 내려졌고, 그다음 제12년(주전 629/8년)에는 신 사르 이스쿤이 앗시리아의 왕위에 오름과 때를 같이하여 온갖 우상숭배 관습을 발본 색원하는 작업이 시작되었고 이 작업은 요시야가 북부 이스라엘 지역으로 진주함에 따라 그곳으로 확대되었다고 보는 것이 그럴듯하다(참조. 대하 34:3-8). 그후 앗시리아의 지배가 완전히 끝장이 났던 요시야의 재위 제18년(주전 622년)에 율법책이 발견됨으로써 개혁은 방향성을 부여받고 박차를 가해 신속하게 종결되었다.[24] 물론 요시야의 재위 제12년에는 어떤 조처들을 취했으며 또 그후에는 어떤 조치들을 취했는지에 대해서는 정확히 알 수 없다. 제12년에 취한 것으로 기록된 조치들 가운데 몇몇은 율법책으로부터 자극을 받은 것으로 생각될 수도 있겠지만, 이때는 율법책이 아직 발견되지 않았던 상태였다. 그러나 개혁을 여러 단계로 나누어 묘사한 역대기 사가의 서술이 타당하다. 개혁은 독립과 병행해서 그와 보조를 맞춰 추진되었다.

이 개혁의 주요한 특징들은 분명하다. 무엇보다도 이방 제의와 관습에 대한 일관된 숙청 작업을 들 수 있다. 물론 앗시리아인의 숭배 대상들은 모든 애국적인 백성들의 눈에 저주스러운 것이었기 때문에 가장 먼저 처리되었을 것이 틀림없다. 주전 622년 이전부터 진행되어 온 성전 수리는 아마 이 숭배 대상들을 공식적으로 제거한 뒤에 이루어진 정화 작업의 일환이었을 것이다. 틀림없이 그 대부분이 메소포타미아에서 기원하였을 갖가지 태양제의와 성신(星辰)제의(왕하 23:4f., 11f.)도 마찬가지로 사라졌고, 아울러 토착화되어 있었던 이방 제의들도 자취를 감추었는데, 그 가운데 몇몇은 므낫세가 끌어들인 것이었고(6절, 10절), 또 몇몇은 오랜 세월 유다 땅에 뿌리를 내렸던 것들이었다(13절 이하). 거세된 제사장, 남창, 창녀를 비롯한 이방 제의의 종사자들은 처형되었다.[25] 나아가 점술과 마술의 관습도 억제되었다(24절).

북부 이스라엘의 제의 성소들도 예루살렘 사람들의 관점에서 보면 한결같이 우상숭배의 온상들이었으므로 요시야와 같은 열성적인 개혁자의 손길을 피할 수 없었다. 요시야는 북부를 장악하게 되자 거기에서도 개혁을 추진하여 사마리아의 신당들과 특히 예루살렘 성전과 겨루었던 벧엘 성전을 파괴하고 속화(俗化)했으며 그곳의 제사장들을 처형하였다(15-20절). 사실성을 의심할 이유가 전혀 없는 역대하 34:6에 따르면, 개혁은 멀리 북부 갈릴리까지 미쳤다. 하지만 요시야의 개혁의 절정은

---

24) 많은 학자들은 이제까지 역대기 사가의 기사에 회의적이었지만(예를 들면, Rudolph, *Chronikbcher* 〔*HAT*, 1955〕, pp. 319-321), 개혁에 관한 역대기 사가의 단계별 묘사는 역사적으로 더 그럴듯한 것으로 보아야 한다: 예를 들면, W. A. L. Elmslie, *IB*, III(1954), pp. 537-539; J. M. Myers, *II Chronicles*(*AB*, 1965), pp. 205-208; F. Michaeli, *Les Livres des Chroniques, d'Esdras et de Nehemie*(Neuchatel: Delachaux & Niestle, 1967), pp. 243f.; A. Jepsen, "Die Reform des Josia"(*Festschrift Fr. Baung rtel* 〔Erlanger Forschungen, Reihe A, Band 10, 1959〕, pp 97-108).

25) "폐했다"("deposed"- RSV)로 번역된 이 말(왕하 23:5)은 문자 그대로 옮기면 "끝장나게 했다"("caused to cease")이다; 처형의 뜻이 함축되어 있다(cf. 대하 34:5; 왕하 23:20). "우상을 섬기게 한 제사장들"(kemarim)이란 거세되어 남자의 기능을 잃은 제사장들이다; cf. Albright, *FSAC*, pp. 234f.

일찍이 히스기야가 시도했으나 영속적인 성공을 거두지 못했던 일을 해낸 것이었다. 즉, 유다 전지역에 산재해 있었던 여호와의 신당들을 폐쇄하고 모든 공적인 예배를 예루살렘으로 집중시킨 일이었다.[26] 지방의 제사장들은 예루살렘으로 오게 하여 성전의 성직 계급 속에서 지위를 부여하였다(왕하 23:8). 목표에 있어서 이토록 광범위하고 또한 집행에서 이토록 일관성 있었던 개혁은 일찍이 없었다!

c. 요시야의 개혁: 그 내력과 의의.

요시야에게 그토록 심대한 영향을 주었던 성전에서 발견된 율법책은 오늘날 일반적으로 의견의 일치를 보고 있듯이 현존하는 것과는 조금 다른 형태의 신명기였다.[27] 요시야가 그의 업적으로 기록된 조치들 가운데 상당수를 이 율법책의 명령에 따라 취했다는 것은 부인할 수 없다. 이것은 요시야가 제의를 예루살렘으로 집중시키고 지방의 성직자들을 예루살렘 성전의 성직자들과 통합하려고 시도한 사실에서 확실해진다. 왜냐하면 이런 것들은 특별히 신명기만이 요구하고 있는 조치들이기 때문이다(예를 들면, 신 12:13f., 17f.; 18:6-8). 더욱이 유례없이 격하게 우상 숭배를 사형에 처할 범죄로 선언하고 있는 신명기 13장은 이방 제의의 종사자들만이 아니라 북부 이스라엘의 여호와 신앙의 제사장들 — 그가 보기에는 우상숭배자였던 — 도 가혹하게 다룬 이유를 설명해 줄 수 있을 것이다.

그럼에도 불구하고 이제까지 말한 것에 비추어 볼 때 단지 율법책만으로는 이 개혁을 설명할 수 없다는 것은 분명하다. 다른 요인들이 개재되어 있었다. 초기 단계에서 개혁은 되살아난 민족주의의 한 면모였다는 것은 극히 분명하다. 국가 정책의 변화에 맞춰 종교적 혼합주의와 개혁 사이를 오락가락했던 것은 독자가 눈치를 챘을 것이 틀림없는데, 그와 같은 현상은 확실히 우연한 일이 아니다. 히스기야가 아하스의 정책을 뒤집었던 것과 마찬가지로 요시야는 므낫세의 정책을 뒤집었다. 앗시리아에서 기원한 제의들은 민족적 굴욕의 상징이었기 때문에, 독립 운동이라고 하

26) 아랏(Arad)의 신전은 아마 이것의 한 실례일 것이다. 이 신전은 주전 10세기 이래로 있어 왔으나 마지막 성채(제6지층)가 구축되었을 때 버려져 파괴되었다(성곽의 벽이 그 신전을 갈라놓았다); cf. Y. Aharoni, *BA*, XXXI(1968), pp. 18-27; *AOTS*, pp. 395-397. 브엘세바에 있던 산당도 이 무렵에 파괴되었을 것이다; cf. Y. Yadin, *BASOR*, 222(1976), pp. 5-17.

27) 몇몇 교부들(예를 들면, 제롬)에 의해 주장되었던 이 견해는 현대에 와서는 통설이 되었다. 이에 관한 논의의 요약과 참고 문헌 목록은 H. H. Rowley, "The Prophet Jeremiah and the Book of Deuteronomy"(1950; reprinted, *From Moses to Qumran* 〔London: Lutterworth Press, 1963〕, pp. 187-208)를 참조하라.

는 것이면 다 당연히 그것을 제거하려고 했을 것이고, 또 그렇게 하고 난 다음에는 역시 당연히 비(非)이스라엘적이라고 생각된 모든 종교적 특징들을 계속해서 제거해 나갔을 것이다. 더욱이 요시야가 북부 이스라엘의 상당 부분을 병합한 것은 다윗의 홀(笏) 아래 다시 한번 통일된 자유 국가라는 이상(理想)을 정치적으로 표명한 것으로서 거기에는 필연적으로 종교적 측면들도 내포되어 있었다. 본질적으로 유다의 공식적인 신학을 천명한 행위였던 이 병합은 여호와가 시온을 자신의 통치의 거처이자 민족의 유일한 합법적 종교 중심지로 선택했다는 것에 대한 한층 더한 강조가 수반되었음에 틀림없다. 그러므로 정치적 통일은 불가피하게 어느 정도의 제의상의 통일 작업을 내포하고 있었으므로, 이러한 통일을 가로막고 경합하던 신당들은 여호와 신앙을 위한 것이든 이방 제의를 위한 것이든 거칠게 처리되지 않을 수 없었다. 이러한 관점에서 보면, 요시야의 개혁은 민족주의의 한 측면이었고, 또한 실제로 히스기야의 정책을 더욱 강력하게 재천명한 것일 따름이라고 할 수 있다.

그러나 민족주의만으로는 충분한 설명이 되지 않는다. 당시의 세계 전지역에는 어딘지 모르게 불안한 분위기가 감돌고 있었다. 수천 년의 세월을 달려왔던 고대 오리엔트 문명은 바야흐로 종말에 다가가고 있었다: 제방은 금이 가고 있었고, 밖에서는 시커먼 홍수의 물결이 철썩철썩 밀려오고 있었다. 당시의 문헌들이 보여 주는 바와 같이, 사람들은 파멸의 예감과 가슴 조이는 불안에 시달리는 한편 오래 전의 태평 세월을 그리워하며 향수에 젖어 있었다. 그래서 예를 들면, 제26왕조의 바로들은 일부러 피라밋 시대의 문화를 다시 찾기 시작했다. 앗수르바나팔은 과거의 옛 문서들을 복사하여 자신의 도서관에 수집하였고, 한편 그의 형제 사마스 숨 우킨은 자신의 공식적인 명문(銘文)들을 오래 전에 사어가 된 수메르어로 기록하게 하기까지 하였다. 이와 비슷한 풍조는 다른 지역에서도 볼 수 있다.[28] 이때는 위기의 시대로서 사람들은 각기 자기가 믿는 신의 도움을 필요로 했던 시대였다. 유다도 예외가 아니었다. 새로이 되찾은 독립에 대한 감격과 공식적인 왕조 신학에 함축되어 있었던 낙관적 분위기와 나란히 심각한 불안과 심판에 대한 예감이 횡행하였고, 이와 아울러 대부분 어렴풋이 의식하고 있었겠지만 민족의 안녕은 옛 전통으로 되돌아가는 데 있다는 감정이 퍼져 있었다.

더욱이 바로 이 무렵에 예언 운동이 새로운 활약기(floruit)로 접어들었다. 선

28) 이에 관한 논의와 더 많은 실례를 알아보려면 Albright, *FSAC*, pp. 314-319를 참조하라. 느부갓네살은 후에 자기 비문에 고풍스러운 바벨론어를 사용하였다; 앞으로 살펴보겠지만 나보니두스(Nabonidus)는 골동품 수집에 어느 누구보다도 열성이었다.

지자들은 이 나라가 회개하지 않는다면 심판을 받고 여호와의 진노를 당하게 될 것임을 천명함으로써 개혁을 위한 기반을 마련하는 데 도움을 주었다. 우리는 이때에 그러한 임무를 수행한 두 선지자를 알고 있는데, 그들은 스바냐와 젊은 예레미야였다.[29] 아마 왕족 출신이었을지도 모르는 스바냐(스 1:1)는 진정한 의미에서 이사야의 전통을 그대로 답습하였다.[30] 그는 므낫세의 정책적인 묵인 아래 횡행하였던 제의상 또는 윤리상의 죄악들을 여호와를 거스르고 그분의 진노를 자초한 교만한 반역이라고 공공연히 비난하였다(예를 들면, 1:4-6, 8f., 12; 3:1-4, 11). 여호와의 두려운 날이 임박했다고 선언하면서(예를 들면, 1:2f., 7, 14-18), 그는 여호와가 마지막 회개의 기회를 주었으니(3:6f.) 회개 외에는 이 나라에 아무런 희망도 없다고 선포하였다(2:1-3). 이사야와 마찬가지로 스바냐도 여호와는 징벌을 받고 깨끗게 된 남은 자들을 심판에서 구해 주고자 한다는 것을 믿었다(3:11-13). 주전 627년에 선지자로 활동하기 시작한 예레미야(렘 1:2)는 호세아를 거쳐 모세의 언약까지 거슬러 올라가는 한층 오래된 전통 안에 서 있었다. 유다 땅에 만연해 있었던 우상숭배를 가혹하게 공격한 그는 그러한 행위는 이스라엘을 이집트에서 이끌어내어 자기 백성을 삼은 여호와의 은혜를 배반한 용서받을 수 없는 죄악이라고 선포하였다(2:5-13). 호세아의 비유적 표현을 빌려, 그는 유다를 회개하지 않으면 확실하게 이혼을 당할 간음한 아내에 비유하였다(3:1-5, 19-25; 4:1f.). 그는 유다 백성에게 호소하는 한편 이스라엘이 여호와의 권속으로 돌아오기를 소망하였다(3:12-14; 31:2-6, 15-22).[31] 이와 같은 설교는 요시야의 정치적 종교적 정책에 대한 백성들의 공감을 불러일으켰을 것임에 틀림없다. 정책 수행에서 적극적인 역할을 한 것 같지는 않지만, 예레미야는 처음부터 그 목적을 지지했음이 거의 확실하다. 만약 요시야왕의 주요한 조치를 잘못이라고 생각했더라면, 그는 요시야를 별로 칭찬하지 않았을 것인데, 실제로 칭찬을 했던 것이다(22:15f.).

---

29) 스바냐는 요시야의 개혁 이전에 활동했음에 틀림없다. 왜냐하면 그가 규탄한 각종 악폐들은 바로 개혁 때 제거한 것들이기 때문이다. 몇몇 학자들은 예레미야의 활동이 요시야 치세 후기에 시작되었다고 생각하고 있으나 그들의 논거들은 설득력이 없다. 이에 관한 논의의 개관과 참고 문헌 목록에 대해서는 H.H. Rowley, "The Early Prophecies of Jeremiah in their Setting"(reprinted in *Men of God* [London and New York: Nelson, 1963], pp.133-168)을 참조하라.

30) 예를 들면, 스바냐의 죄에 관한 이해, 여호와의 날과 깨끗케 된 남은 자들에 관한 개념에서 그러하다. Cf. F. Horst, *Die Zwölf Kleinen Propheten*(*HAT*, 2nd ed., 1954), pp. 188. 198f.; K. Elliger, *Das buch der Zwölf Kleinen Propheten*, II(*ATD*, 3rd ed., 1956), pp. 79f.

31) 2:16; 3:16-18 같은 구절들을 제외하고 2장과 3장의 대부분은 요시야의 개혁 이전(그리고 그 진행 중에)에 예레미야가 설교한 것이다; 31:2-6, 15-22도 여기에 속한다.

되살아난 민족주의의 이러한 열기와 한편으로 불안이 감돌던 분위기 속에서 신명기의 율법은 사람들의 양심에 청천벽력이었다. 틀림없이 요시야의 개혁 이전의 세대에서 재편집되었던 것으로 보이는 이 율법책은 결코 새로운 율법이 아니었으며 이제까지 가끔 일컬어 왔듯이 "선의의 거짓"은 더더욱 아니었고 오히려 궁극적으로 초창기 이스라엘의 법률 전승에서 유래한 설교 형식의 고대 법률집이었다. 북부 이스라엘에서 전해져 왔음이 분명한 이 율법책은 사마리아의 함락 후에 예루살렘으로 가져왔고, 거기서 히스기야와 요시야 사이의 어느 시기에 다시 정형화되어 개혁의 강령이 되었을 것이 틀림없다.[32] 그러므로 그 율법들은 대부분 별로 새로운 것이 아니었을 것이다. 그러나 여러 세기에 걸쳐 백성들의 생각 속에서 또 다른 언약 개념 곧 다윗의 언약에 가리워져 있었던 원래의 모세 언약과 그 요구 사항들에 관한 묘사는 실제로 새로웠다.

이 시대의 특색이었던 초창기에의 향수로 가득 차 있는 신명기는 민족의 생명은 원래 민족의 생존 근거였던 언약 관계로 되돌아가는 데에 달려 있다고 처절하게 역설하였다. 율법책의 발견은 모세의 전통을 재발견한 것이나 다름없었다. 율법책의 발견이 불러일으킨 경악은 참담한 심정으로 자기 옷을 찢은 요시야의 행동에 잘 나타나 있다(왕하 22:11). 만약 이것이 참으로 여호와의 율법이라면 이스라엘 민족은 여호와가 다윗에게 준 약속에 따라 어쩔 수 없이 이스라엘을 지켜 줄 것이라고 추측하는 가운데 바보의 천국에서 살아왔던 것으로 이 경건한 젊은 왕에게 느껴졌을 것임에 틀림없다. 개혁은 백성들에게 다윗의 언약에 관한 공식적인 신학의 배후에 있는 보다 오래된 언약 개념을 상기시켰고, 국가와 백성으로 하여금 옛 언약의 요구 사항들에 순종하는 의무를 부과하였다. 그렇지만 언약은 왕이 신명기에서 모세(그리고 여호수아 24장에 나오는 여호수아)와 비슷한 역할을 하는 가운데 "여호와 앞에서"(즉, 여호와는 언약의 당사자라기보다는 증인이었다) 맺어졌다는 것에 유의하여야 한다(23:3). 왕과 백성이 다 같이 참여했던 이 엄숙한 언약을 통하여 신명기 율법은 사실상 국가의 모든 정책을 규제하는 국가의 기본법으로 인정되었다.

---

32) 신명기의 기원에 대해서는 특히 G. von Rad. *Studies in Deuteronomy*(Eng. tr., London: SCM Press, 1953); G.E. Wright, *IB*, II(1953), pp. 3111-329; A. Alt, "Die Heimat des Deuteronomiums"(*KS*, II, pp. 250-275) ; 이에 관한 논의를 탁월하게 개관하고 있는 것으로는 E. W. Nicholson, *Deuteronomy and Tradition*(Oxford: Blackwell, 1967)을 참조하라.

d. 요시야의 만년: 개혁의 여파.

우리는 개혁의 완수와 그의 죽음 사이에 있는 동안의 요시야의 치세에 관해서는 실질적으로 아무것도 모른다. 최후로 허세를 부리던 앗시리아의 종주권도 끝이 났기 때문에, 당분간은 요시야의 독립이나 그가 합병할 수 있었던 영토들에 대한 그의 지배권에 의문을 제기하는 사람은 아무도 없었다. 그의 영토의 정확한 범위를 확실하게 알 수는 없지만, 그는 자기가 할 수 있는 만큼 북부 이스라엘의 영토를 많이 장악하였을 것이다. 이전의 사마리아 속주는 그의 수중에 들어와 있었고, 그리고 아마 길르앗의 상당 부분도 장악했던 것으로 보인다 — 물론 이것은 확실한 것은 아니다(요단 동편에 대해서는 아는 바가 없다). 또한 이미 살펴본 대로 그는 지중해 연안도 차지하였다. 요시야의 그 밖의 훌륭한 업적에 관해서는 아는 바가 없지만, 나라의 독립을 새로이 찾고 국경선이 방대하게 확장되었다는 사실에 비추어 군대의 재조직이 긴급하였을 것이 틀림없다.[33] 마찬가지로 행정 기구에 대한 철저한 점검도 필요했을 것임에 틀림없다.[34] 더구나 개혁은 주로 종교적 폐습들을 겨냥했지만 그 개혁의 유익한 결과들은 제의적인 분야를 훨씬 뛰어넘어 광범위하게 영향을 미쳤으리라는 것은 의심의 여지가 없다. 이방 제의와 극악무도한 의식들을 폐지한 것은 도덕적으로나 정신적으로나 이 나라에 축복이었을 것이다. 그리고 국가는 언약의 율법을 준수할 의무가 부과되었고 또 요시야 자신도 의로운 인물이었기 때문에(렘 22:15f.), 우리는 공공도덕과 정의의 시행이 적어도 한동안은 현저하게 개선되었다고 확신할 수 있다.

그럼에도 불구하고 개혁이 얼마나 철저하게 성공을 거두었는지는 의문이다. 한편으로는 개혁은 많은 사람들의 정서 속에 예루살렘을 유일하게 합법적 성소로서 확고히 자리잡게 하였는데, 이는 예루살렘이 파괴된 후에도 사람들(북부 이스라엘에서!)이 이곳으로 계속해서 순례를 했다는 사실에 의해서 예증된다(렘 41:5). 또 한편으로는 예상한 대로 이러한 제의의 집중 조치는 일부 사람들의 격렬한 반발에 부

---

33) 아랏(Arad)의 제7지층에서 출토된 수기용 토기편(ostraca)에 깃딤(Kittim)이란 지명과(명백히) 헬라인의 이름으로 보이는 몇몇 인명이 적혀 있는 것은 요시야에게 고용된 헬라인 및 구브로인 용병들이 있었다는 것을 가리킨다; cf. Y. Aharoni, *BA*, XXXI(1968), pp. 9-18; *AOTS*, pp. 387-400. 주전 7세기의 헬라 토기가 두 군데의 유다인 요새, 즉 아랏의 남쪽에 있는 Tell el-Milh와 해안의 Mesad Hashavyahu(Yabneh-yam)에서 발견되었다.

34) 왕의 인장이 찍히고("왕의 것"이란 문구와 지명) 또 날개 달린 일륜상(日輪像)이 박힌 항아리 손잡이들은 요시야의 개혁 때 행정 문제에도 손을 댔다는 것을 시사해 준다. 이 인장의 연대에 대해서는 주 41과 거기에 인용된 저작들을 참조하라.

닻쳤다. 폐지된 여호와 신당들의 성직자들은 당연히 예로부터 누려온 자신의 특권들을 포기하고 예루살렘의 제사장단과 합치는 것을 달가워하지 않았고, 그들 가운데 많은 사람들은 그렇게 하기를 거부하였다(왕하 23:9). 예루살렘의 성직자들도 그들을 자기들보다 하급의 지위로 받아들이는 조건이 아니라면 그들은 받아들이려고 하지 않았다.

이 지방 성직자들의 지위는 오랫동안 애매하게 되어 오다가 훨씬 후대에 와서야 비로소 그들의 사실상의(*de facto*) 지위가 법률상의(*de jure*) 지위로 확정이 되면서 일종의 하위 성직자로 규정되었다(참조. 겔 44:9-14). 그래서 개혁은 예루살렘의 제사장들의 독점적 지위를 확립해 놓게 되었는데, 이것은 그다지 건전한 것이 아니었을 것이다. 왜냐하면 정신적인 독점이 건전하기란 거의 있을 수 없기 때문이다. 더욱이 지방의 신당들을 폐지와 그로 인한 백성들의 참여할 제의 의식의 감소는 불가피하게 궁벽한 곳에 사는 주민들의 삶의 세속화, 즉 전에는 전혀 몰랐던 제의생활과 일상생활의 괴리를 초래하였을 것이 틀림없다. 이렇게 생겨난 공백은 때가 되면 반드시 좋든 나쁜든 그 무엇으로 채워질 것이었다.

더욱 심각했던 것은 개혁이 외적 조치들로 만족하려는 경향을 띠었다는 사실이었다. 이 외적 조치들은 민족의 정신적 삶에 깊은 영향을 미치지도 못하면서 이제 그 무엇에 의해서도 침범될 수 없는 평화가 실현되었다는 그릇된 의식을 생겨나게 하였다. 예레미야는 이 그릇된 의식으로 인해 사람들은 실제로 옛날의 길들로 돌아감이 없이 단지 제의 활동만을 활발하게 하는 데 그치고 있으며(렘 6:16-21)[35] 또 사회의 죄악들은 성직자들로부터 아무런 항의도 받지 않은 채 계속되고 있다고 개탄하였다(5:20-31). 그것은 예레미야에게 이 민족이 더 이상 선지자의 말을 들을 수 없을 정도로 여호와의 율법을 소유하고 있다는 것만을 자랑으로 여기게 되었기 때문에(8:8f.)[36] 싸움터로 돌진하는 말처럼 파멸의 구렁텅이로 뛰어들고 있는 것으로 보였다(4-7절).

사실상 성문 율법의 공포는 이후 율법의 지위가 점차로 높아지다가 마침내 바벨론 포로기 이후에 이스라엘 종교의 조직 원칙이 되게 된 과정의 제 일보임과 동시에 선지자들의 말이 점차로 불필요하게 되면서 예언 운동이 마침내 사라지게 되는 부수

35) 예레미야는 개혁 이후 몇 년 동안 침묵을 지켰다고 과거에 흔히 표명되어 온 견해가 내게는 매우 의심스럽게 여겨진다; *Jeremiah*(*AB*, 1965), pp. xcii-xcvi의 나의 논평을 참조하라.

36) Cf. W. Rudolph, *Jeremia*(*HAT*, 1947), pp. 52f.

적인 과정의 제 일보이기도 했다. 국가 신학에 도덕적 종교적 책임이라는 특징을 부여하였던 개혁 강령으로서 율법은 그릇된 안보 의식을 굳게 심어 주었고, 예레미야는 이에 맞서 싸웠으나 허사였다. 율법은 국가의 안전을 보장하는 대가로 개혁을 요구하였기 때문에, 일반 백성들에게는 개혁을 수행함을 통해서 여호와의 요구가 충족된 것으로 생각되었던 것이다(6:13f. ; 8:10f.). 이렇게 그 요구 사항들이 충족되었다고 생각된 모세의 언약은 성전과 왕조와 국가의 영속성을 보장하고 있는 다윗 언약의 시녀로 전락하였다. 실제로 율법 신학은 자연히 일종의 회화(戱畵)가 되고 말았다. 즉, 외적인 순종으로 자동적인 보호를 사려고 했던 것이다. 그럼으로써 곧 첨예한 비극이 될 신학상의 심각한 문제점이 설정되게 되었다.

B. 신바벨론 제국과 유다의 말기

1. 요시야의 죽음에서 제1차 바벨론 포수까지(주전 609-597년).

요시야의 말년에 사람들은 앗시리아의 최종적인 멸망을 목격하였지만, 이 다행스러운 사건도 유다와 그 밖의 팔레스타인 및 수리아의 여러 민족들에게 평화를 가져다 주지는 않았다. 나훔이 압제자의 멸망을 기뻐하고 있을 때, 열강들은 그 시신을 나누어 먹기 위해 독수리처럼 몰려들고 있었다. 어느 편이 이기든, 유다는 모든 것을 잃을 것이 뻔했다. 왜냐하면 서아시아에서 작은 독립국가의 시대는 이미 끝난지 오래였기 때문이다. 유다는 모든 것을 잃었다. 먼저 독립을 잃었고, 다음에는 생

37) Cf. D. J. Wiseman, *Chronicles of Chaldean Kings(626-556 B.C) in the British Museum*(London: The British Musenum, 1956). 이 책은 이 시대의 연대기 가운데 이제까지 공개되지 않았던 부분과 1923년에 C.J. Gadd가 공개한 부분을 제공해 준다. 이 문서들을 유다의 역사와 관련시켜 설명한 논문들이 많이 발표되었는데, 그 논술들은 모두 이하 본문의 기술에 있어서 주요한 기초 자료가 되었다; cf. W. F. Albright, *BASOR*, 143(1956), pp. 28-33; E. R. Thiele, *ibid.*, pp. 22-27; D.N. Freedman, *BA*, XIX(1956), pp. 50-60; H. Tadmor, *JNES*, XV(1956), pp. 226-230; J. P. Hyat, *JBL*, LXXV(1956), pp. 277-284; A. Malamat, *IEJ*, 6(1956), pp. 246-256; *idem*, *IEJ*, 18(1968), pp. 137-156; *idem*, *VT*, Suppl., Vol.XXVIII(1975), pp. 123-145; E. Vogt, *VT*, Supple., Vol IV(1956), pp. 67-96.

명을 잃었던 것이다. 이 비극적인 시대에 관한 이야기는 최근에 공개된 문헌들에 의해 매우 소상하게 밝혀졌으므로[37], 우리는 상당히 자세하게 살펴보아야 할 것이다.

a. 요시야의 죽음과 독립의 종언.

우리는 이미 바벨론인들과 메대인들이 주전 612년에 니느웨를 점령하여 파괴하고 주전 610년에는 앗시리아의 망명 정권을 하란에서 몰아냄으로써 앗시리아를 어떻게 멸망시켰는가를 서술하였다. 메대인들은 산맥의 동쪽과 북쪽에 있는 자신의 영유지를 확고하게 다지는 데에 한동안 만족하였기 때문에, 이미 소멸한 앗시리아 제국의 서부 지역에 대한 지배권을 놓고 다툰 것은 바벨론과 이집트인들이었다. 이집트인들은 이전에 무엇보다도 팔레스타인와 수리아에서 자유로이 활동할 수 있는 토대를 얻으려는 속셈으로 앗시리아와 동맹을 맺었다. 이 두 강대국 사이에서 유다는 재난을 당하게 되었다.

주전 609년에 그 재난은 들이닥쳤다(왕하 23:29f. ; 대하 35:20-24).[38] 바로 그 해에 부왕 프사메티쿠스의 뒤를 이어 왕위를 계승한 이집트의 느고 2세(Neco II, 주전 610-594년)는 바벨론인들로부터 하란을 탈환하기 위하여 최후로 안간힘을 쓰고 있었던 앗수르우발릿(Asshur-uballit)을 지원하기 위하여 대군을 이끌고 유프라테스 강변의 갈그미스(Carchemish)로 진격하였다. 갈멜 산맥을 통하여 해변길이 나있었을 것으로 보이는 므깃도 근방에서 요시야는 그를 저지하려고 하였다. 히스기야가 과거에 그랬던 것처럼 요시야가 공식적으로 바벨론인들의 동맹국이 되었는지 아니면 독자적으로 행동하였는지는 알 수 없다. 그러나 이집트-앗시리아의 연합군이 승리를 하게 되면 이집트의 야심에 시달려야 했을 것이기 때문에 그는 그 연합군의 승리를 바라지 않았을 것이다. 어쨌든 결과는 비참하였다. 요시야는 싸움터에서 전

---

38) 몇몇 학자가 주장하고 있듯이 주전 608년은 아니다: 예를 들면, M. B. Rowton, *JNES*, X (1951), pp. 128-130; Kienitz, *op. cit.*, pp. 21f. 기록들은 주전 609년에 이집트군의 대이동이 있었다는 말은 하고 있지만 주전 608년에 그런 일이 있었다는 말은 한마디도 없다; 주전 608/7년에 바벨론인들은 다른 곳에서 작전을 벌이느라 바빴다. Cf. Albright, *BASOR*, 143(1956), pp. 29, 31: Tadmor, *JNES*, XV(1956), p. 228 등등.

39) Cf. 역대하 35:20-24. 열왕기에는 전투에 관한 말이 전혀 없기 때문에, 일부 학자들(예를 들면, Noth, *HI*, p. 278)은 그런 전투는 없었고 요시야가 사로잡혀 처형되었다고 생각한다. 그러나 역대기 사가의 기사가 진정성이 있다는 심증을 준다; 이에 대해서는 B. Couroyer, *RB*, LV(1948), pp. 388-396; Rudolph, *Chronikb cher*(*HAT*, 1955), pp. 331-333를 참조하라. 므깃도 제2지층은 이 무렵에 파괴되었는데(cf. Wright, *BAR*, p. 177), 이것은 여기서 전투가 있었음을 시사해 준다.

사하였고[39], 병거에 실린 그의 시신은 백성들의 깊은 애도 속에 예루살렘으로 옮겨졌다. 그의 아들 여호아하스가 뒤를 이어 왕이 되었다.[40]

한편 느고는 유프라테스로 계속 진격하여 하란을 공격하는 데에 참여하였다. 이 공격은 참패로 끝났다. 요시야의 저지 작전이 바로의 진격을 지연시킨 것이 그런 결과에 영향을 미쳤는지는 확실치 않다. 메소포타미아가 확고하게 바벨론인들의 수중에 들어가자, 느고는 유프라테스강 서쪽에서 자신의 지위를 굳게 하기 시작하였다. 그러한 조치의 하나로 그는 불과 3개월간 유다의 왕으로 통치했던 여호아하스를 중앙 수리아의 리블라(Riblah)에 자리잡은 자신의 사령부로 소환하여 왕위를 박탈하고 이집트로 유형을 보냈다(왕하 23:31-35; 참조. 렘 22:10-12). 여호아하스의 형제인 엘리아김이 이름을 여호야김으로 바꾸고[41] 이집트의 봉신으로서 유다의 왕위에 올랐으며, 나라는 과중한 공물을 부담하게 되었는데, 이 공물은 모든 자유민들에게 부과된 인두세를 통하여 조달되었다. 유다의 독립은 20년도 채 지속되지 못하고 끝이 났던 것이다.

b. 이집트 지배하의 유다(주전 609-605년).

느고는 앗시리아를 구하는 데는 실패했지만, 앞에서 말했듯이 주전 609년의 원정을 통해 팔레스타인과 수리아를 자신의 지배 아래 놓았다. 느고는 자신의 전과(戰果)를 수 년 동안 유지할 수 있었다. 주전 608/7년에서 607/6년에 걸쳐 나보폴라살(Nabopolassar)와 그의 아들 느부갓네살(Nebguchadnezzar)이 지휘하는 바벨론군은 짐작컨대 유프라테스강 서쪽에 진주한 이집트 군대와 대치하고 있는 상황에서 오른쪽 측면의 방위를 튼튼히 하기 위하여 아르메니아 산맥에서 군사 작전을 펼쳤다. 그러는 동안에는 교전(交戰)은 양측이 강을 건너 기습을 감행하는 정도였는데, 바벨론인들은 갈그미스에 기지를 둔 이집트 군대를 공격하기 위하여 이 도시 북쪽에 교두보를 확보하려고 했고 이집트인들은 이를 막으려고 했다.[42] 이런 속에서 양측은 백중지세였고, 결정적인 충돌은 벌어지지 않았다.

---

40) 열왕기하 23:31, 36에 의하면 여호아하스는 작은 아들이었던 것 같다. 만약 그렇다면, 그는 요시야의 정책을 계속 추진해 나갈 것으로 기대되어 여호야김을 제치고 먼저 왕위에 올랐을 것이 틀림없다. 그러나 여호야김은 그의 부왕이 겨우 열네 살 때 태어났던 것일까(cf. 22:1)?

41) 유다 왕들의 등극 후 이름에 대해서는 A. M. Honeyman *JBL.* LXVII(1948), pp. 13-25를 참조하라.

42) 자세한 내용에 관해서는 특히 Albright, *BASOR*, 143(1956), pp. 29f.를 참조하라.

한편 여호야김은 여전히 바로의 봉신으로 있었다. 유다의 국내 정세는 별로 좋지 않았다. 확실하지는 않지만 유다의 영토는 다시 한번 요시야 이전의 범위로 한정되었을 가능성이 크다. 역시 직접적인 증거는 없지만 이집트인들의 세금은 이때 (아마) 영토가 줄어들었을 유다의 경제를 무겁게 압박했을 것이 거의 틀림없다. 더욱이 여호야김은 부왕의 후계자감이 못되었고 나라를 통치하기에 부적합한 작은 폭군이었다. 그가 백성들을 얼마나 무책임하게 방기(放棄)했는지는 그의 재위 초기에 부왕의 궁궐에 만족할 수 없었던지 더욱 호화로운 새 궁궐을 짓는 데 국고를 낭비했고 한술 더 떠서 그 공사를 하기 위해 강제노동을 시킨 것을 통해 실증이 된다(렘 22:13-19).[43] 이런 처사는 원래부터 여호야김을 가차없이 경멸하였던 예레미야를 자극하여 극히 통렬한 비판을 퍼붓게 하였다.

여호야김의 통치 아래에서 개혁은 수포로 돌아갔다. 이 왕은 개혁에 대한 열의가 전혀 없었음이 분명했고, 한편 개혁에 대한 백성들의 반발도 수그러들지 않고 있었다. 더욱이 요시야의 비극적인 죽음과 거기에 뒤이은 민족의 굴욕은 실질적으로 개혁에 바로 뒤이어 생긴 사건들이었기 때문에 많은 사람들에게 신명기 신학을 부정하는 징조로 보였을 것임에 틀림없다. 왜냐하면 신명기의 요구들에 대한 순종이 약속된 대로 재난을 막아 주지 않았기 때문이다. 몇년 뒤에는 개혁을 오류로 보고 심지어 민족의 재앙을 그 개혁의 탓으로 돌린 사람들조차 있었던 것으로 보인다(렘 44:17f.). 어쨌든 이방의 관습들이 슬금슬금 되살아났고(7:16-18; 11:9-13; 참조. 겔 8장), 공공도덕은 타락하였다(예를 들면, 렘 5:26-29; 7:1-15). 상류 계층 — 예레미야를 지지한 귀족들과 같은(26장, 36장) — 에서조차도 이러한 풍조를 개탄한 사람들이 있었지만 속수무책이었다. 그런 풍조를 책망한 선지자들은 곤욕과 박해를 당했고 어떤 경우에는 죽음을 당하기도 했다(26:20-23). 여기서 우리는 불변의 약속들을 강조하는 공식적인 신학이 가장 왜곡된 형태로 개가를 올렸고 또한 백성들은 다윗과 맺은 여호와의 언약에 따라 성전과 도성과 나라는 영원히 안전하다 — 왜냐하면 선지자와 제사장들이 그들에게 그렇게 확신시켰기 때문이다 — 는 자신감에 빠져 있었다는 것을 감지하게 된다(5:12; 7:4; 14:13 등등).

c. 바벨론인들의 진출: 유다의 제1차 바벨론 포수.

---

43) 몇몇 학자들은 예루살렘의 남쪽 라맛 라헬(Ramat Rahel)에서 발견된 궁궐은 여호야김이 지은 것으로 믿고 있다; cf. Y. Aharoni, *AOTS*, pp. 178-183.

주전 605년에 세계의 미묘한 세력 균형이 돌연 뒤집히면서 유다는 새로운 위기를 맞게 되었다. 이 해에 느부갓네살은 갈그미스에서 이집트 군대를 갑자기 습격하여 철저히 쳐부수고 뿔뿔이 도주하게 만들었다(참조. 렘 46:2ff.). 그는 남쪽으로 달아나는 패잔병들을 추격하여 하맛 부근에서 두번째의 더욱 철저한 타격을 가했다.[44] 이렇게 하여 남쪽의 수리아와 팔레스타인으로 진출할 수 있는 길이 열리게 되었다. 그러나 주전 605년 8월에 나보폴라살이 죽었다는 소식이 전해지자 바벨론군의 진격은 지연되었고, 느부갓네살은 왕권을 차지하기 위하여 서둘러 귀국하지 않을 수 없었다. 같은 해 9월에 그는 왕권을 장악했지만, 그의 공식적인 재위 제1년은 이듬해 신년(주전 604년 4월)으로부터 시작되었다.[45] 그러나 바벨론군의 진격은 곧 재개되었다. 성경 본문이 시사하고 있는 것보다 더 완강한 저항에 부딪쳤는지는 모르지만, 주전 604년 말에 바벨론 군대는 블레셋 평야에 나타났고, 거기서 그들은 아스글론을 점령하여 파괴하고(참조. 렘 47:5-7), 그 주민들 가운데 지도 계층의 사람들을 바벨론으로 끌어갔다.[46] 이집트에서 발견된 한 아람어 서간에는 아스글론의 왕이 이집트의 바로에게 도움을 헛되이 호소했던 내용이 적혀 있는 것 같다.[47] 동시대의 선지자들의 설교와 주전 604년 12월에 예루살렘에서 실시된 대규모의 금식(렘 36:9)이 보여 주는 바와 같이 유다는 사태의 역전에 경악하여 어쩔 줄을 몰랐다. 아마 바벨론 군대가 블레셋을 석권하였을 때, 그러니까 이듬해(주전 603년)에는, 여호야김은 태도를 바꾸어 자신의 충성을 느부갓네살에게 바치기로 하고 그의 봉신이 되었다(왕하

44) 자세한 경위에 대해서는 주 37에 나오는 전거들을 보라.

45) 이것은 아마 열왕기와 예레미야서에 기록된 연대가 1년씩 차이가 나는 까닭을 설명해 주는 것 같다(cf. 왕하 24:12; 25:8과 렘 52:28f.). 주 37에 인용된 Albright와 Freedman의 논문들을 보라. 열왕기는 느부갓네살이 실제로 권력을 장악한 주전 605년부터 계산한 듯하고, 예레미야서는 그의 공식적인 재위 제1년부터 계산한 것이 분명하다.

46) 약 10년 후에 이 지방에서 포로로 끌려간 자들의 명단 가운데에 아스글론의 왕족, 선원들, 장인(匠人)들이 들어 있다; cf. E. F. Weidner, *M langes syriens offerts M. Ren Dussanud*, Vol II (Paris: Paul Geuthner, 1939), pp. 923-935.

47) Cf. A. Dupont-Sommer(*Semitica*, I 〔1948〕, pp. 43-68), H.L. Ginsberg(*BASOR*, III 〔1948〕, pp. 24-27), 그리고 필자의 논고(*BA*, XII 〔1949〕, pp. 46-52); 또한 J.A. Fitzmyer, Biblica, 46(1965), pp. 41-55, 여기에는 자세한 문헌들이 나와 있다. 그러나 어떤 학자들은 이 서간이 실제로 아스글론에서 온 것인지 의심하고 있다; 예를 들면, E. Vogt, *op. cit.*, pp. 85-89; 또한 A. Malamat, *IEJ*, 18(1968), pp. 142f. Malamat는 이 서간을 주전 601년의 사건들과 연관시키고 있다. 또한 W.H. Shea, *BASOR*, 223(1976), pp. 61-64도 참조하라.

24:1). 느부갓네살이 실제로 유다를 침공했는지 그 여부는 확실치 않다. 아마 병력의 시위만으로도 충분했을 것이다. 유다의 운명은 한바퀴 돌아 제자리로 돌아왔다: 유다는 다시 한번 메소포타미아의 한 제국의 신민(臣民)이 되었던 것이다.

그러나 여호야김은 기꺼이 봉신이 되지는 않았다. 유다의 소망은 과거에 앗시리아의 침공 시절에 그랬던 것과 마찬가지로 다시 한번 이집트에 걸어야 할 것처럼 보였고 또한 그 소망은 전연 헛되어 보이지 않았다. 주전 601년 말에 느부갓네살은 이집트를 치려고 이동하여 국경지대 부근에서 느고의 군대와 정면으로 대결하였는데, 이 전투에서 양측이 다 막대한 손실을 입었다. 그러나 느부갓네살은 본국으로 돌아와서 이듬해 한 해를 군대를 재조직하는 데 보냈던 것으로 보아 바벨론의승리가 아니었던 것은 확실하였다. 이에 고무된 여호야김은 바벨론에 반기를 들었다(왕하 24:1). 이것은 치명적인 과오였다.

느부갓네살은 주전 600/599년에는 원정을 하지 않았고 또 주전 599/8년에는 다른 지역을 돌보느라 여념이 없었지만 유다를 그냥 내버려둘 생각은 결코 없었다. 결정적인 행동을 취할 수 있을 때를 기다리면서, 그는 팔레스타인 지역에서 이용할 수 있는 바벨론군의 분견대들을 아람족, 모압족, 암몬족의 게릴라 부대와 함께 유다를 치러 보내서 유다땅을 약탈하고 치안을 교란케 하였다(왕하 24:2; 렘 35:11). 주전 598년 12월에 바벨론 군대는 진격해 왔다. 바로 그 달에 여호야김은 죽었다.[48] 십중팔구 그는 국가를 궁지로 몰아넣은 책임이 있었고 또 바벨론인들에게 비우호적인 인물(*persona non grata*)이었기 때문에 그를 처치함으로써 온건한 대우를 받을 수 있지 않을까 하는 바람에서 암살되었을 것이다(참조. 렘 22:18f.; 36:30). 그의 열여덟 살 된 아들 여호야긴이 왕위에 올랐고(왕하 24:8), 그후 석 달도 채 안되어(주전 597년 3월 16일에) 도성은 항복하였다. 기대하였던 이집트의 원조(7절)는 오지 않았다. 왕과 모후, 고관들, 지도층 인사들은 엄청난 노획물과 함께 바벨론으로 끌려갔다(10-17절). 왕의 삼촌 맛다니야(시드기야)가 통치자로 임명되었다.

2. 유다 왕국의 종언

48) 이 점에 대해서는 Freedman, *BA*, XIX(1956), pp. 54f.와 주22; Hyatt, *JBL*, LXXV(1956), pp. 278f.를 참조하라. 이것은 열왕기하 24:6,8,10ff.와 바벨론 연대기를 비교해 보면 분명해진다.

주전 598-597년의 체험이 유다로 하여금 적어도 당분간은 누그러져 온순하게 지내도록 만들었을 것이라고 추측하는 사람들도 있을 것이다. 그러나 전혀 그렇지 않았다! 시드기야의 통치 기간(주전 597-587년)은 끊임없는 선동과 소요 외에는 아무것도 없었고 그러다가 결국 마치 자멸하기로 결심이라도 한 것처럼 마침내 치명적인 재앙을 자초하였다. 그후 10년도 채 못되어 영원한 종말이 왔던 것이다.

a. 주전 597년 이후의 유다: 주전 594년의 소동.

여호야김의 어리석은 행동으로 말미암아 유다는 값비싼 대가를 치렀다. 주요 성읍들 가운데 라기스, 드빌 같은 몇몇 성읍은 적의 맹공으로 점령되어 극심하게 파괴당하였다.[49] 유다의 영토는 아마 네게브 지방에 대한 지배권을 상실함으로써 그 범위가 축소되었을 것이고[50], 경제는 마비되었고 인구는 형편없이 줄어들었을 것이다.[51] 실제로 바벨론으로 끌려간 자들의 수는 많지 않았지만[52], 전체 인구에 비하면 상당한 수였고, 더구나 그들은 나라의 지도층들이었다. 남아서 시드기야를 보좌한 귀족들은 모두 시국을 전혀 알지 못하는 무모하기 짝이 없는 광신적 애국주의자(Chauvinist)들이었던 것으로 보인다.

또한 시드기야는 그토록 중대한 시기에서 국가의 운명을 이끌어 나갈 만한 인물이 아니었다. 그의 의도는 건전했던 것으로 보이지만(참조. 렘 37:17-21; 38:7-28), 그는 자기 측근의 귀족들에게 단호히 맞서지도 못하고(38:5) 백성의 여론도 두려워한(19절) 약골이었다. 더구나 백성들 가운데 많은 사람과 또 아마 바벨론 사람들까지도 그의 조카 여호야긴을 여전히 합법적인 왕으로 여기고 있었기 때문에,

---

49) Cf. Wright, *BAR*, pp. 178f. 드빌에 대해서는 Albright, *AASOR*, XXI-XXII(1943), PP. 66-68를 참조하라. 라기스에 대해서는 견해 차이가 있다; 이에 관한 논의로는 p.388 주 41과 거기에 열거된 저작들을 참조하라.

50) 즉, "시므온의 네겝": cf. H. L. Ginsberg, *Alex. Marx Jubilee Volume*(Jewish Theological Semianry, 1950), pp. 363f.와 증거들에 대해서는 주 47a에 인용된 Albright의 논평. 아랏(Arad)의 마지막 요새는 이 무렵에 파괴되었던 것으로 보인다; cf. Y. Aharoni, *BA*, XXXI(1968), p. 9. 그러나 드빌은 주전 588/7년에 다시 파괴되어 황폐해졌기 때문에, 유다의 남부 고원지대는 여전히 국토로 남아 있었던 것 같다.

51) Albright(*BP*, pp. 84, 105f.)는 유다의 인구가 주전 8세기에는 약 25만 명까지 도달했다가 주전 597년부터 589년 사이에 그 수가 절반으로 떨어졌을 것이라고 추산하고 있다.

52) 열왕기하 24:14, 16에는 각각 10,000명과 8,000명으로 되어 있는데, 이것은 어림잡은 숫자일 것이다. 3,023명이라는 정확한 숫자(렘 52:28)는 아마도 성인 남자들만 계산한 것으로 짐작된다. 또 다른 설명에 대해서는 A. Malamat, *IEJ*, 18(1968), p. 154를 참조하라.

그의 지위는 애매하였다. 여호야긴이 느부갓네살 궁정의 은급(恩給) 수혜자였음을 보여 주는 바벨론에서 발견된 문서들은 그를 "유다의 왕"이라 부르고 있고[53], 한편 바벨론에 있던 유대인들은 "여호야긴 왕의 포수(捕囚)"를 연대의 기산점으로 삼고 있기까지 했다(겔 1:2 등등).[54] 유다 땅에 남아 있던 많은 사람들도 이와 비슷한 감정을 가지고 그의 신속한 귀국을 열망하였다(렘 27장 이하). 시드기야의 애매한 지위는 그가 어떠한 권위를 가지고 있었더라도 그 권위를 격하시켰을 것이 틀림없다. 이와 아울러 전임자들의 포수로 덕을 보았던 시드기야 측근의 귀족들 가운데에는 스스로를 유다의 진정한 남은 자들로 자처하면서 유다 땅은 당연히 자기들의 것이라고 생각했던 사람들도 아마 있었을 것이다(참조. 겔 11:14f.; 33:24). 이들은 분명히 다윗 왕조의 소망들을 시드기야에게 걸기 시작했을 것이다(참조. 렘 23:5f.).[55] 소망을 여호야긴에게 걸었든 시드기야에게 걸었든 그와 같은 사고가 널리 퍼져 있는 한, 계속적인 소요는 불가피했다.

불꽃은 주전 595/4년에 바벨론에서 아마 일부 군인들도 관련된 것으로 보이는 폭동으로 인하여 점화되었다. 바벨론으로 끌려온 유대인들 중 일부가 그들이 속히 해방된다고 약속을 하는 선지자들에게 자극을 받고 치안을 교란하도록 선동되어 이 폭동에 개입되었던 것으로 보인다(렘 29장; 참조. 7-9절). 소요 사태가 유대인들 사이에 어느 정도까지 파급되었는지는 알 수 없지만, 선지자들 가운데 몇 사람은 틀림없이 선동적인 발언을 했다는 이유로 느부갓네살에 의해 처형되었다(21-23절). 폭동은 다소 신속하게 진압되었지만 팔레스타인 땅에 소망을 불러일으켰다. 바로 그 해에(주전 594/3년) 에돔, 모압, 암몬, 두로, 시돈의 사절들(27:3)이 예루살렘에 모여서 반란을 모의하였다.[56] 예루살렘에서도 선지자들은 여호와가 바벨론 왕의 멍에를

---

53) Cf. Weidner, *op. cit.*; Pritchard, *ANET*, p. 308; 또한 Albright, "king Joiachin in Exile"(*BA*, V〔1942〕, pp. 49-55).

54) "여호야김의 종 엘리야김"이라는 문구가 새겨진 팔레스타인에서 발견된 인(印)이 실제로 포로로 끌려간 점은 왕과 관련이 있다고 한다면, 이것은 왕실 재산이 여전히 그의 것이었음을 강력히 시사해 주는 것이 될 것이다; Albright, *JBL*, LI(1932), PP. 77-106; H. G. May, AJSL, LVI(1939), pp. 146-148 등은 그렇게 보고 있다. 그러나 많은 학자들은 이것들은 개인의 인(印)들로서 좀더 이전의 것이라고 믿고 있다; 예를 들면, A. Malamat, *VT*, Suppl., Vol., XXVIII(1975), p. 138, 주 34; N. Avigad, *Mag. Dei*, pp. 294-300; D. Ussishkin, *BASOR*, 223(1976), p. 11.

55) 예레미야 23:5 이하는 분명히 시드기야의 이름을 비꼬며 사실상 그는 다윗의 "가지"가 아니라고 선언하고 있다. 만약 그 반대의 견해가 널리 퍼져 있었더라면 아마 이런 말을 하지 않았을 것이다. Cf. W. Rudolph, *Jeremia*(*HAT*, 1947), pp. 125-127.

부수었으며 또 2년 내로 여호야긴과 그 밖의 포로들이 개가를 올리며 예루살렘으로 돌아올 것이라고 선포하면서 백성들을 선동하였다(28:2f.).

예레미야는 여호와의 이름으로 말해지는 이런 말들을 거짓말이라고 강력히 비난했고(27장 이하) 또한 바벨론의 포로들에게 편지를 보내(렘 29장) 망상(妄想)을 잊어버리고 그곳에서 자리를 잡고 오래 살도록 당부하였다. 이집트인들이 지지하지 않으려 했던 때문인지 좀더 온건한 조언이 득세했던 때문인지 공모자들 사이에서 합의가 이루어지지 못했던 때문인지 반란 모의는 사실상 수포로 돌아갔다. 시드기야는 바벨론에 사절을 보내어(렘 29:3) — 아마 직접 갔을 것이다(렘 51:59) — 느부갓네살과 강화 조약을 맺고 그에게 충성을 바치기로 다짐하였다.

b. 최후의 반란: 예루살렘의 파괴.

그러나 파멸의 단계는 단지 잠정적으로만 연기되어졌을 뿐이었다. 5년도 안 되어(주전 589년) 무모한 자신감에 넘치어 전혀 누그러질 줄 모른 맹렬한 애국심은 유다를 돌이킬 수 없는 공공연한 반란 사태로 몰아갔다. 어떠한 단계를 거쳐 유다가 이러한 지경에 이르렀는지는 알 수 없다. 이집트와는 모종의 양해가 있었을 것은 확실하다. 이때 이집트의 바로는 프사메티쿠스 2세(주전 594-589년)의 후계자인 호프라(Apries: 주전 589-570년)였는데, 그는 다시 아시아에 간섭하려는 정책을 쓰고 있었다. 한편 반란은 팔레스타인과 수리아에 널리 파급되지는 않았던 것으로 보인다. 우리가 알고 있는 한, 예루살렘이 함락된 후 느부갓네살이 포위 공격한 바 있는 두로와 그리고 암몬만이 반란에 가담했던 것 같다.[57] 다른 나라들은 분명히 그런 계획에 미온적이었거나 반대했으며, 에돔은 결국 바벨론인들의 편에 서기까지 하였다(참조. 옵 10-14; 애 4:21f.; 시 137:7). 시드기야 자신도 예레미야와 여러 차례 의논하여 형세를 판단해 보았지만 결코 마음에 확신이 서지 않았으나(렘 21:1-7; 37:3-10,17; 38:14-23) 측근 귀족들의 성화를 견디어낼 수가 없었다.

바벨론의 대응은 신속했다. 적어도 주전 588년 1월에는(왕하 25:1; 렘 52:4) 그들의 군대가 유다 땅에 당도하여 예루살렘을 봉쇄하고(참조. 렘 21:3-7) 외곽의 거점들을 공략하여 차례로 잠령해 나가기 시작해서 결국 그해 말에는 라기스와 아세

56) 이때는 시드기야의 재위 제4년이다(렘 28:1b); 예레미야 27:1은 오기(誤記)이다(LXX에는 빠져 있다). 한편 28:1a는 두 자료를 조화시킨 것이다(LXX에서는 정확히 되어 있다).

57) 암몬의 가담은 에스겔 21:18-32과 예레미야 40:13- 41:15에 의거해서 논증될 수 있다(아래를 보라). Cf. Ginsberg, *op. cit.*, pp. 365-367.

가만이 남게 되었다(렘 34:6f.). 아세가가 함락되었다는 것은 아마 라기스 서간들 가운데 하나에 의해 예증되는 듯하다. 이 서간에서 감시 초소의 책임자였던 한 군관은 아세가의 봉화 신호를 더 이상 볼 수 없다는 것을 라기스의 수비대장에게 써 보내고 있다.[58] 유다의 사기는 땅에 떨어졌고, 지도급 인사들 가운데조차도 유다의 처지가 절망적이라고 느낀 사람들이 많았다.[59] 아마 주전 588년 여름에 일단의 이집트 군대가 진격해 온다는 소식으로 인해 바벨론군은 예루살렘의 포위망을 일시적으로 풀지 않을 수 없었던 것 같다(렘 37:5). 아마 이집트군은 시드기야의 직접적인 호소를 받고 진격해 왔을 것인데, 그러한 사정이 라기스 서간들 가운데 또 하나(III)에 반영되어 있는 듯하다. 이 서간은 유다군의 사령관이 바로 이 무렵에 이집트로 건너갔다는 것을 말해 준다. 예루살렘 주민들이 모두 안도의 숨을 내쉬고 있을 때 예레미야만은 계속해서 최악의 사태를 예고하였다(렘 37:6-10; 34:21f.). 그리고 틀림없이 아무도 그의 말을 달가워하지 않았겠지만 그의 판단은 옳았다. 이집트 군대는 신속하게 격퇴되었고 예루살렘에 대한 포위 공격은 재개되었다.

예루살렘은 이듬해 여름까지 영웅적인 완강함으로 굳게 버티었지만, 그 운명은 결정되어 있었다. 시드기야는 항복하고 싶었지만(렘 38:14-23) 그렇게 할 엄두를 내지 못했다. 주전 587년 7월에(왕하 25:2f.; 렘 52:5f.)[60] 도성의 식량이 바닥이 나자마자 바벨론군은 성벽을 뚫고 쏟아져 들어왔다. 시드기야는 틀림없이 암몬에서 일시적인 피신처를 찾으려는 속셈으로 군사 몇명과 함께 밤중에 요단 쪽으로 도망하였지만(왕하 25:3f.; 렘 52:7f.) 여리고 부근에서 붙잡혀 중앙 수리아의 리블라(Riblah)에 있는 사령부에서 느부갓네살 앞으로 끌려갔다. 시드기야에게는 어떠한 자비도 베풀어지지 않았다. 그는 자기 아들들이 처형되는 것을 목격해야 했고 자신의 눈알도 뽑히어 앞을 못 본 채 사슬에 묶여서 바벨론으로 끌려가 그곳에서 죽었다(왕하 25:

58) 라기스 제4서간. 이 라기스 서간들은 1935년과 1938년에 발견된 21개의 수기용 토기편들이다. 그 대부분은 주전 589/8년의 것이다(그 가운데 하나에는 정확히 〔시드기야〕 "제9년"이라는 연대가 적혀 있다). 이에 관한 설명은 Wright, *BAR*, pp. 181f.를 참조하는 것이 편리하다; 이 서간들의 번역문과 자세한 문헌에 대해서는 Albright in Pritchard, *ANET*, pp. 321f.를 참조하라.

59) 라기스 제6서간에는 귀족들 가운데 일부가 백성들의 "손을 약하게 한다"고 한탄하는 말이 적혀 있다 — 예레미야도 바로 이것으로 고발당했다(렘 38:4)!

60) 몇몇 학자들은 도성이 주전 586년 7월까지는 함락되지 않았다고 믿는다; 최근의 것으로는 A. Malamat. *IEJ*, 18(1968), pp. 137-156; K. S. Freedy and D. B. Redford, *JAOS*, 90 (1970), pp. 462-485. 그러나 주전 587년이 맞을 것 같다; cf. E. Kutsch, *Biblica*, 55 (1974), pp. 520-545.

6f.; 렘 52:9-11). 한달 후에(왕하 25:8-21; 렘 52:24-27) 느부갓네살의 근위대장인 느부사라단이 예루살렘에 당도하였고 명령에 따라 도성에 불을 지르고 성벽을 무너뜨렸다. 고위 성직자, 군관, 행정 관료들, 지도층 인사들 가운데 상당수가 리블라에 있는 느부갓네살 앞으로 끌려가서 처형당하였고(왕하 25:18-21; 렘 52:24-27), 한편 주민들 가운데 일단의 무리가 또 바벨론으로 포로로 잡혀갔다.[61] 유다 나라는 영원히 끝이 났던 것이다.

c. 에필로그: 그달리야.

아직 이 이야기의 짤막한 후기(後記)가 남아 있다(렘 40-44장; 참조. 왕하 25:22-26). 예루살렘을 파괴한 후 바벨론인들은 유다를 제국의 속주 체제로 편입시켰다. 국토는 완전히 결딴이 났다. 성읍들은 파괴되었고, 경제는 파탄 상태였으며, 지도급 인사들은 죽임을 당하거나 포로로 잡혀갔고, 남은 주민들은 주로 소란을 일으킬 힘이 없다고 생각된 가난한 농부들이었다(왕하 25:12; 렘 52:16). 바벨론인들은 귀족 출신의 그달리야는 인물을 총독으로 임명하였는데, 그의 아버지 아히감은 전에 예레미야의 목숨을 구해 준 적이 있었고(렘 26:24), 조부 사반은 요시야의 국무대신으로서(왕하 22:3) 대개혁의 주도적 역할을 했다. 그달리야의 이름이 새겨진 라기스에서 발견된 한 인장이 보여 주는 바와 같이, 그달리야는 시드기야의 내각에서 총리("집을 다스리는")를 지냈다. 아마 예루살렘에서는 사람이 살 수 없었기 때문에[62], 그는 미스바(아마 Tell en-Nasbeh)에 총독 관저를 두었다.

그러나 이러한 실험은 곧 실패로 끝났다. 그달리야는 백성들을 달래려고 했고(렘 40:7-12) 또 국토를 정상 상태로 회복시켜고 애를 썼지만(10절), 완강한 저항자들은 그를 부역자로 여겼다. 예레미야 41:1이나 열왕기하 25:25이 그의 재임 기간이 끝난 해를 말하고 있지 않기 때문에, 그가 얼마 동안 총독의 직위에 있었는지는 알 수 없다. 그의 재임 기간이 1년이나 2년 — 어쩌면 좀더 길었을지도 모른다 — 이었을 수도 있지만, 우리는 그의 직위가 불과 2,3개월 동안 지속되었다는 인상을 받는다. 어쨌든 왕족의 한 사람인 이스마엘이란 사람이 그달리야를 죽일 음모를 꾸

61) 832명이라는 정확한 숫자(렘 52:29)는 아마 성인 남자들만, 그것도 예루살렘 도성 주민들 가운데서 끌려간 사람들만 센 숫자일 것이다.

62) 도성의 동쪽 경사면이 얼마나 심한 참화를 입었는지는 이곳의 발굴 조사를 통해 생생하게 밝혀진 바 있다; cf. Kathleen M. Kenyon, *Jerusalem*(London: Thames and Hudson; New York: Mcgraw-Hill, 1967), pp. 78-104, 107f..

몄고 암몬 왕이 이를 후원하였는데, 이스마엘은 전에 암몬 땅으로 피신 했었고 또 거기서는 여전히 저항이 계속되고 있었다. 친구들로부터 음모에 대한 경고를 들었지만, 그달리야는 고결하였던지 그 경고의 말을 믿지 않았다. 신뢰의 대가로 그는 배신을 당하여 이스마엘과 그 공모자들에게 맞아 죽었는데, 이때 소수의 바벨론 수비대와 죄없는 몇몇 구경꾼들도 그와 함께 맞아 죽었다. 그달리야의 부하들의 맹렬한 추격에도 불구하고 이스마엘은 암몬으로 도망하는 데 성공하였다. 그달리야의 친구들은 아무 죄도 없었지만 느부갓네살의 복수를 스스로 두려워한 나머지 예레미야의 진지한 간청을 뿌리치고 이집트로 도망하기로 결심하였다. 그들은 예레미야를 데리고 이집트로 피신했다. 예레미야 52:30에 언급된 주전 582년의 제3차 포수는 이 사건에 대한 뒤늦은(?) 보복이었는지도 모른다. 이때 유다 속주는 폐지되었던 것으로 보이며, 적어도 그 영토의 상당 부분은 이웃의 사마리아 속주에 병합되었다. 그러나 자세한 경위는 알 수 없다.

C. 유다 말기의 선지자들

1. 점증하는 신학적 위기.

우리는 다음 장에서 예루살렘의 멸망으로 인하여 이스라엘 민족의 마지막 남은 자들이 외적으로나 정신적으로 봉착하게 된 위기의 성격과 그들이 이를 극복하고 살아남은 경위에 대해 다시 고찰하게 될 것이다. 하지만 여기서 그들이 살아 남을 수 있었던 것은 주로 가장 쓰라린 고뇌의 시기에 백성들에게 설교한 선지자들이 비극을 당하기에 앞서 이미 그 비극에 내포되어 있는 신학적 문제들을 통찰하고 조상 대대로의 이스라엘 신앙에 의거해서 그 문제들에 대한 답을 내려주었기 때문이라는 사실에 유의하지 않으면 안 된다. 따라서 유다의 말기의 역사는 이 선지자들의 활약과 그 의의에 관해 몇 마디 언급하지 않고서는 마무리될 수 없을 것이다.

a. 위기에 처한 국가 신학.

일반 백성들 사이에서 이해되고 있었던 대로 유다의 국가 신학의 성격을 이미 파악한 사람이라면 그는 이 국가 신학이 임박해 오는 위기 사태에 대처할 준비가 전혀 되어 있지 않았다는 것을 알 수 있을 것이다. 앞에서 말했던 대로 이 신학의 핵심은 여호와가 시온을 자신의 거처로 선택했다는 것과 다윗 왕조가 영원히 통치하고 그 원수들에게 승리하리라고 여호와가 한 약속은 불변하다는 것을 단언하는 데 있었다. 이 신학이 어떻게 앗시리아의 침공으로 말미암아 위기에 처하게 되었던가 하는 것과 어떻게 이사야가 이 신학에 심오한 도덕적 특질을 불어넣고 또 그것에 내재해 있었던 하나님의 징벌의 가능성을 강조함으로써 그 신학을 재해석하여 살아 남을 수 있게 하였던가 하는 것은 우리가 이미 살펴보았다. 그러나 이사야가 예루살렘이 점령되지 않으리라고 히스기야에게 확언한 것이 일련의 사건들과 뒤이어 이사야의 말을 성취라도 하는 듯이 일어난 앗시리아의 붕괴로 말미암아 옳았다는 것이 입증되자, 이는 성전과 도성과 국가의 신성 불가침성이 백성들의 마음속에 논란의 여지가 없는 교의로 자리잡게 하는 데 한몫 하였다.

요시야의 개혁은 백성들에게 이런 교의의 배후에는 더욱 오래된 신학이 있다는 것을 상기시켰지만, 앞에서 살펴본 대로 이것은 일시적이었고 또 요시야의 비극적인 죽음과 뒤이은 불행한 사건들에 대한 사람들의 환멸로 말미암아 그 대부분이 수포로 돌아가고 말았다. 시국이 암담할수록 백성들은 다윗에게 한 영원한 약속에 더욱더 필사적으로 매달렸고, 여호와의 보좌가 있는 성전(렘 7:4; 14:21)과 여호와의 진노를 진정시키고 그분의 은혜를 얻을 수 있다고 생각된 제의에서 마음의 안정을 찾으려 하였다(6:14; 8:11; 14:7-9, 19-22). 신학적 낙관론으로 마음이 들뜬 백성들은 산헤립을 쳐부순 하나님이 느부갓네살도 마찬가지로 쳐부수리라고 굳게 믿고서 비극을 향해 치달았다(5:12; 14:13). 예레미야의 가장 혹독한 반대자들(26:7-11)은 자기 스승의 고매함에 절반도 미치지 못했던 이사야의 옹졸한 제자들이었음에 거의 틀림없었다!

주전 597년의 재난은 앗시리아군의 침공으로 인해 제기되었던 문제들을 재연시켰는데, 이번에는 훨씬 강도(強度)가 고조되어 있었다. 이전에 유다는 결코 그와 같은 굴욕을 당한 적이 없었다. 여호와 성전의 보화들은 약탈당했고, 다윗의 합법적인 후예가 불명예스럽게도 왕좌에서 쫓겨나 포로가 되어 먼 나라로 끌려갔다! 추측컨대 왕조의 약속들에 비추어 보아 이같은 현실을 받아들일 수 없었기 때문에 여호야긴의 조속한 귀환을 바라는 소망이 타오르게 되었고(렘 27장 이하) 또 시드기야 — 역시 다윗의 후예였던 — 에게 새로이 소망을 걸기도 했고(23:5f.) 그러다가 마침내 나라 전체가 자멸적인 반역으로 곧장 휩쓸려 들어갔을 것이다. 주전 597년의 사건들은 이사야의 말대로 징벌을 통한 커다란 정화 작업으로 보였고 이 징벌 너머에서 하나님 약속은 현실화되리라고 생각되었던 것으로 보인다. 나라가 망하리라는 생각은 꿈에도 하지 않았고, 사람들은 끝까지 히스기야 때처럼 여호와의 개입을 기다렸다(21:2). 그러나 정작 종말이 왔을 때 공식적인 신학은 그 종말을 도저히 해명할 수 없었다.

b. 하나님의 주권과 공의의 문제.

유다의 신학적 위기는 최후의 종말이 왔을 때 비로소 첨예화하였지만, 문제점들은 그 이전부터 나타나기 시작했다. 유다 말기의 사건들은 모든 국면에서 사실 공식적인 신학의 단언들과 모순되었고, 그 결과 불가피하게 역사상의 사건들을 주재한다는 여호와의 능력과 자기 약속에 대한 신실성은 의문시되지 않을 수 없었다. 물론 우리는 이런 의문이 표면화된 경위를 만족스러울 만큼 사실에 의거해서 말할 수는 없다.

그러나 굳이 말해 보자면 성경의 구절들 속에서 틀림없이 여호와의 만능의 권능에 대한 신뢰의 부족으로 말미암아 다른 신들의 비위를 맞추는 것이 현명하다고 생각한 사람들이 있었음을 엿볼 수 있고(렘 7:17-19; 참조. 44:15-18; 겔 8장), 또 다른 구절들에서는 여호와가 공의롭지 않다고 속삭이는 소리도 들을 수 있다(겔 18:2,25; 렘 31:29). 비극적인 사건들은 공식적으로 인정된 종교가 제공해 줄 수 없었던 해명을 여호와의 주권 '과' 그분의 공의의 견지에서 할 것을 요구하였다.

그러므로 이 시대의 문학이 이 문제에 집중적으로 몰두했음을 보여 주고 있는 것은 우연이 아니다. 물론 예레미야서와 에스겔서가 그렇지만 당시의 다른 문학들도 마찬가지다. 이것은 아마 바벨론군이 침공해 온 여호야김 통치시대에 말씀을 전한 듯한 하박국의 주요한 주제다. 하박국은 이사야의 전통을 따라 바벨론인들을 여호와의 징계 도구로 보았고(합 1:2-11), 그들은 예정된 역할을 수행한 후에 심판을 받을 것이라고 했다(12-17절). 시온에서 다스리는 여호와는 유일한 하나님이시고(2:18-20) 공의로우며 능히 자기 백성을 구원할 수 있다고 굳게 믿은(1:2f.) 하박국은 여호와의 권능있는 개입(3장)과 바벨론에 대한 심판(2:6-17)을 신뢰하면서 기다렸다(2:4). 또한 이와 관련하여 신명기 계열의 사서(史書)들(신명기부터 열왕기까지)을 언급하지 않으면 안 된다. 이 사서들은 아마 이 무렵에 처음으로 편찬되었을 것이

63) M. Nothe의 근간을 이루는 논술인 *Uberlieferungsgeschichtliche Studien I*(Halle: M. Niemeyer, 1943)을 참조하라. 그러나 나는 이 저작의 원래의 편찬이 주전 622년과 587년 사이에 이루어진 것으로 추정하고 그후 포로기에 다시 편찬되었다고 보는 학자들의 견해에 동의한다.

다.[63] 이 저작의 저자는 공식적인 신학 이면에서 신명기에 표명된 시내산 언약의 신학으로 거슬러 올라가서 자기 민족의 역사 전승들을 자신의 논증의 틀 속에서 정리함을 통하여 이 신학의 정당성이 여러 사건들을 통해 입증되었다는 것과 민족의 장래뿐만 아니라 민족의 역사의 흥망 성쇠는 여호와의 언약의 요구 조건들에 대한 백성들의 성실 또는 불성실에 직접적으로 달려 있다는 것을 보여 주려고 했다.

2. 선지자들과 이스라엘 신앙의 존속.

이미 말한 대로 이스라엘의 신앙이 민족의 비극을 넘어 존속하게 된 것은 주로 현실적으로 제기된 신학적 문제점들에 대해 몇몇 선지자들이 앞서서 이미 답을 주었기 때문이었다. 다른 선지자들도 이 답에 이바지하긴 했지만, 그 누구보다도 예레미야와 에스겔이 지대한 공헌을 하였다.

a. 여호와의 심판을 선포한 선지자: 예레미야.

이스라엘 역사의 무대에 등장했던 사람들 가운데서 선지자 예레미야만큼 용감하고 그러면서도 비극적인 인물은 없었다. 그의 목소리는 모세의 여호와 신앙에서 나온 진정한 목소리였는데, 그것은 죽어가는 민족을 향해 이를테면 한물 지나서 외쳐졌다. 유다는 파멸이 예정되어 있다는 것과 그 파멸은 유다가 언약을 어긴 데 대한 여호와의 공의로운 심판이라는 것을 설파하고 또 설파하는 일이 그의 긴 생애에 걸친 운명이었다.

예레미야서에 전기적인 자료가 풍부하게 수록되어 있는 덕분에 예레미야의 생애에 관한 이야기는 다른 어느 선지자보다도 잘 알려져 있다.[64] 므낫세의 통치 말기에 예루살렘의 정북쪽에 있는 아나돗이라는 마을에서 태어난 예레미야는 율법책이 성전에서 발견되기 5년 전에 선지자로서 활동을 시작하였을 때 아직 젊은이였다(렘 1:1f., 6).[65] 그는 제사장 가문에서 태어났고, 아마 그의 가계(家系)는 언약궤가 안치

---

64) 자세한 내용에 대해서는 주석서들 외에 다음 연구서들을 보라: J. Skinner, *Prophecy and Religion*(Cambridge University Press, 1922); G. A. Smith, *Jeremiah*(London: Hodder & Stoughton; New York: Harper & Brothers, 4th ed.,1929); A. C. Welch, Jeremiah: *His Time and His Work*(London: oxford University Press, 1928); 또한 J. Bright, Jeremiah(*AB*, 1965); W. L. Holladay, *Jeremiah: Spokesman out of Time*(Philadelphia: United Church Press, 1974).

되어 있었던 옛 실로의 성소의 제사장으로부터 비롯되었던 것 같다.[66] — 이것은 예레미야가 이스라엘의 과거와 본원적인 언약의 성격에 심취했던 이유를 설명하는 데 도움이 될 수 있을 것이다. 우리는 이미 어떻게 예레미야와 스바냐 두 사람이 므낫세가 육성한 이교를 공격함으로써 더욱 철저한 개혁을 위한 분위기를 마련하는 데 이바지하였는가를 살펴보았다. 예레미야가 그 개혁 자체에 적극적으로 참여한 것 같지는 않지만, 그는 확실히 이방 관습들을 뿌리뽑고 모세의 언약의 신학을 부활시키려는 시도에 찬성하였을 것임에 틀림없다.

그는 요시야를 매우 찬양하였고(22:15f.) 이 왕이 이스라엘 재통일의 계획을 추진하자 회복된 북부 이스라엘이 유다와 함께 시온에서 여호와를 예배할 날이 오기를 소망하였다(3:12-14; 31:26,15-22). 그러나 역시 이미 살펴본 대로 그는 곧 불안을 느꼈다. 그는 분주한 제의는 보았지만 옛 길들로 되돌아갈 기미는 보지 못했다(6:16-21); 사람들은 여호와의 율법에 대해서는 알고 있었지만 여호와의 말씀에 귀를 기울이려고 하지는 않았다(8:8f.); 그리고 성직자들이 언약의 규정들을 거슬러 범죄하는 사람들에게 하나님의 평화를 제공하였다는 것도 악명이 높았다(6:13-15; 8:10-12; 7:5-11). 그는 언약의 요구들이 겉치레의 제의 배후로 사라져 버렸고(7:21-23) 또한 개혁은 어떠한 회개도 가져오지 못한 피상적인 것이었다는 것을 깨달았다(4:3f.; 8:4-7).

예레미야는 결국 거의 전생애에 걸쳐 무거운 부담이 되었던 파멸에 대한 불길한 예감으로 인해 일찍부터 괴로워하다가 여호야김의 치세 때 완전히 환멸을 느끼고 말았다. 이 왕의 묵인 아래 개혁이 수포로 돌아가게 되자 예레미야는 이 백성이 자신의 왕 같은 신에게 반역하였으므로(11:9-17) 여호와의 언약에서 그 규정들을 어기는 자들을 벌하려고 정한 처벌을 받게 될 것이라고 선포하면서 민족에 대한 조사(弔辭)를 설교하기 시작하였다. 주전 609년의 민족적 굴욕은 신명기 신학을 부정하는 사건이 아니라 바로 그 정당성을 실증하는 사건이라고 그는 단언하였다. 그것은 이 민족이 여호와를 버림으로써 자초한 것이었다(2:16). 그러나 그는 이 처벌은 시작에 지

65) 이것을 부정하는 근거들을 몇몇 학자들이 제기하고 있는데, 나는 그것들이 설득력이 있다고 보지 않는다. 주 29를 보라.

66) 이것은 확실하지는 않지만 있음직한 일이다. 아비아달의 고향이 아나돗에 있었고(왕상 2:26f.), 그는 엘리 가문의 출신이었다(삼상 14:3; 22:20). 아나돗에 서로 아무런 관계가 없는 몇몇 제사장 가문들이 살고 있었던 것 같지는 않다. 실로에 관한 기억은 예레미야에게는 확실히 생생하다(렘 7:12, 14: 26:6).

나지 않는다고 경고하였다. 왜냐하면 여호와는 "북방으로부터" 자신의 심판의 대행자를 보낼 것인데, 이제 그 대행자는 바벨론인들이라는 것이 분명해졌고(예를 들면, 4:5-8,11-17; 5:15-17; 6:22-26), 그들은 이 회개치 않는 민족을 엄습하여 아무도 남기지 않고 모조리 멸할 것이기 때문이라고 했다(예를 들면, 4:23-26; 8:13-17).[67]

이와같이 예레미야는 모세의 언약의 신학에 서서 다윗에게 주어진 약속들에 대한 민족적 신뢰를 거부하였다. 물론 그는 그 약속들이 이론적으로 타당하다는 것을 부인하지도 않았고(참조. 23:5f.) 또한 왕정제도 자체를 거부하지도 않았다. 그러나 그는 기존의 국가가 그 의무들을 다하지 못하였기 때문에 국가도 왕도 그 약속들의 얻지 못할 것이고(21:12-22:30), 이 나라에 대한 여호와의 약속은 완전한 파멸임을 확신하였다! 그는 여호와가 시온을 영원한 자기의 거처로 선택하였다는 대중들의 신뢰는 기만이자 거짓이라고 낙인 찍고, 여호와는 언약궤가 안치되어 있었던 실로의 성소에 대해서 그렇게 하였듯이 자기 집을 버리고 그곳을 파괴당하게 할 것이라고 선언하였다(7:1-15; 26:1-6).

이러한 말로 인하여 예레미야가 당했던 박해와 그런 설교로 인하여 치러야 했던 고뇌는 종교사에서 가장 감동적인 장(章)들 가운데 하나를 이루고 있다. 예레미야는 미움을 받고 조롱당하고 추방되기도 했으며(예를 들면, 15:10f.,17; 18:18; 20:10) 끊임없이 시달리며 살해될 뻔한 적도 한두 번이 아니었다(예를 들면, 11:18-12:6; 26장; 36장). 공식적인 신학의 관점에서 보았을 때, 예레미야는 이와같이 국가와 성전의 파멸을 선포함으로써 반역과 신성모독의 죄를 범하였던 것이다: 그는 다윗과 맺은 언약에 여호와가 불성실하였다고 비난한 셈이었다(참조. 26:7-11)! 이런 상황 아래에서 예레미야는 거의 기가 꺾일 지경이었다. 그는 발작적으로 화를 내며 불평을 털어놓기도 하였고 그러다가 의기소침해지고 심지어 죽고 싶은 절망에 빠지기도 하였다(예를 들면, 15:15-18; 18:19-23; 20:7-12,14-18). 그는 자신의 직분을 미워하고 그 직분을 그만두기를 갈망하였지만(예를 들면, 9:2-6; 17:14-18), 여호와의 말씀이 그로 하여금 침묵을 지키지 못하게 하였고(20:9), 그는 언제나 다시 여호와의 심판을 계속해서 선포할 새로운 힘을 얻곤 하였다(15:19-

---

67) 이 설교들 가운데 얼마만큼이 원래부터 바벨론인들을 염두에 두고 말한 것인지는 알 수 없다. 아마 처음에 예레미야는 어떤 특정한 대적을 염두에 두고 있지는 않았을 것이다(또는 스구디아를 염두에 두었던 것일까?〔p.432를 참조하라〕). 그러나 그는 하나님의 심판이 바벨론인들을 통해 실현된다는 것을 확실하게 알게 되었다.

21). 그렇지만 정작 그 심판이 닥쳤을 때 그는 가장 심각한 고민에 빠졌다(예를 들면, 4:19-21; 8:18-9:1; 10:19f.).

주전 597년이 지나서 심판이 다 실행이 되었던 것으로 보였고 유다의 신속한 복구를 바라는 터무니없는 소망이 널리 퍼져 있던 때, 예레미야는 한결같이 파멸을 설파하였다. 백성들이 이 비극을 통해 어떤 교훈을 배웠거나 회개하였다는 징표를 전혀 볼 수 없게 되자, 그는 이 백성이 정련될 수도 없는 폐철(廢鐵)이라고 선언했다(렘 6:27-30) — 이사야의 설교 주제에서 얼마나 선회한 것인가(사 1:24-26)! 실제로 그에게는(24장) 이 나라의 가장 좋은 열매와 그 소망은 꺾여버렸고 단지 쓸데없는 쭉정이들만 남아 있는 것으로 보였다. 그렇지만 여호야긴이 곧 귀국하리라는 소망이 불타 올랐을 때(주전 594년), 예레미야는 이를 공공연히 비난하면서 황소의 멍에를 자기 목에 메고는(27장 이하) 하나님이 친히 바벨론의 멍에를 열방들의 목에 얹어 놓았으니 열방들은 이를 감수하거나 멸망하거나 하여야 한다고 선언하였다.

바벨론에 대한 최후의 반란이 일어났을 때에도 예레미야는 동요함이 없이 최악의 사태를 예고하면서 여호와가 친히 개입하는 기적은 전혀 없을 것이고 오히려 여호와는 자기 백성을 대항하여 싸우고 있다고 선포하였다(21:1-7). 이집트군이 진격해 온다는 소식에 다시 소망이 부풀어 올랐을 때에도(37:3-10), 그는 가차없이 그 소망을 꺾어 버렸다. 심지어 그는 한술 더 떠서 백성들에게 도망하라고 권하기까지 했다(21:8-10). 실제로 많은 사람들이 도망하였다(38:19; 39:9). 이로 인하여 그는 토굴 감옥에 갇혀 거의 죽을 뻔하였다(38장). 바벨론인들은 마침내 그를 풀어 주었고 예레미야를 자기 편이라고 생각했기 때문에(39:11-14) 그에게 바벨론으로 가든 유다 땅에 남든 마음대로 선택하라고 했다. 그는 유다 땅에 남기로 했다(40:1-6). 그러나 그달리야가 암살된 후 이집트로 도망한 유대인들이 예레미야는 원하지 않았는데도 그를 데리고 갔고, 그리고 그는 거기서 죽었다. 그의 입에서 나온 마지막 설교(44장)는 여전히 자기 백성의 죄에 대한 심판에 관한 것이었다. 예레미야의 소망 — 앞으로 보겠지만 예레미야에게 소망이 없었던 것이 아니었다 — 은 여호와의 언약을 어긴 죄로 여호와에 의해 멸망해 버린 유다 왕국 훨씬 너머에 있었다.

b. 심판의 메시지: 에스겔.

예레미야의 목소리에 동시대에 활약한 젊은 에스겔의 목소리가 머나먼 바벨론에서 가세하였다.[68] 에스겔도 역시 유다의 파멸을 여호와의 공의로운 심판이라고 선언하였다. 에스겔의 생애에 관해서는 우리가 아는 것이 거의 없다. 그는 제사장이었는데(겔 1:3), 주전 597년의 포로 때 바벨론으로 끌려간 성전 제사장들 가운데 들어 있었음에 거의 틀림없다. 그는 젊었을 때 예루살렘 거리에서 예레미야의 사자후를 듣고 감동했을 가능성이 크다.[69] 주전 593년에(1:2) 기괴하고도 경외심을 불러일으키는 여호와의 영광에 관한 이상(異像)을 통하여 선지자로 부르심을 받은 후(1장), 에스겔은 포로들 가운데서 예루살렘이 최후로 멸망 한 다음 대략 15년 후까지 적어도 20여 년 동안 줄곧 설교하였다. 그러나 그 사건 이전에는 단 한마디 말밖에 하지 않았다: 무자비하고 냉혹한 파멸(참조. 2:9f.).

이스라엘의 모든 훌륭한 선지자들 가운데서 에스겔만큼 기이한 인물은 찾아볼 수 없다. 사람들이 반감을 가질 만큼 그의 인품은 엄격했고 그다지 사람을 끌 만한 매력이 없었다. 거친 행동 뒤에는 정열적이고 아마도 몹시 억제된 감정이 숨겨져 있었다. 그의 가르침은 때로는 제사장의 율법처럼 무미건조했고 때로는 세련되지는 않았지만 웅변이 되기도 하였다. 분명히 엄격한 자제력으로 인하여 예레미야처럼 감정의 격발은 없었지만, 그가 선포하지 않을 수 없다고 느낀 여호와의 심판에 관한 소식은 그에게 격심한 내적 긴장을 불러일으켰고 때로는 육체의 기능이 마비되기도 하였다(24:27; 33:22). 황홀경 상태나 거기에 가까운 상태에 빠져 당시 사람들에게조차도 극히 기이하게 보였을 것이 틀림없는 상징적인 행위들을 통하여 자신의 메시지를 전하기도 하였다.

그는 진흙 벽돌 위에 예루살렘의 모형 지도를 그려놓고 마치 도성이 포위당했을 경우를 흉내내듯이 일정하게 배당된 음식을 먹기도 하였다(4:1-15). 그는 머리털과 수염을 깎은 뒤 일부는 불에 태우고 일부는 칼로 짓이기고 일부는 바람에 날리고 단지 몇 웅큼만을 자기의 겉옷자락에 묶어 둠으로써(5:1-4) 자기 동포의 비운을 상징하기도 하였다. 한번은(12:3-7) 자기 집의 담에 구멍을 내고 밤중에 그리로 빠져 나가 등에 짐을 지고 포로로 잡혀가는 자의 흉내를 내기도 하였다. 예루살렘이 함락되

---

68) 에스겔서의 몇몇 문제점들은 여기서 거론할 수는 없다. 매우 건실한 논의와 결론들을 살펴보려면 H. H. Rowley, "The Book of Ezekiel in Modern Study "(1953; reprinted, *Men of God* 〔주29〕, pp. 169-210)를 참조하라. 이 예언서에는 그의 제자들에 의해 전해진(그리고 주석된) 에스겔의 설교들이 수록되어 있다; 주석서들을 참조하라. 최근의 주석서로는 W. Zimmerli, *Ezechiel*(2 vols., *BKAT*, 1969); W. Eichrodt, *Ezekiel*(Eng. tr., OTL, 1970)이 있다. 특히 이 두 주석서에 비추어 볼 때 나는 에스겔이 바벨론의 포로생활을 배경으로 해서만 내내 사역을 했다는 것에 의문을 제기하는 이유를 모르겠다.

69) 이 두 선지자의 관계에 대해서는 J.W. Miller, *Das Verh tnis Jeremias und Hesekiels sprachlich und theologisch untersucht*(Assen: van Gorcum & Co., 1953)를 참조하라.

기 직전에 그의 아내가 죽었을 때, 그는 슬픈 내색을 하지 않음으로써 너무 슬퍼서 눈물이 나오지 않는 재난이 다가온다는 것을 보여 주었다(24:15-24). 에스겔은 거의 정상적인 인간이라고 할 수 없었다.[70] 그렇지만 그는 이스라엘의 표준적인 신앙에 입각한 정통파의 목소리로 여호와의 공의로운 심판을 선언함으로써 자기 백성의 파수꾼과 같이 우뚝 서 있었다(3:17-21).

에스겔이 선포한 심판의 취지가 표현하는 것은 다르지만 근본적으로 예레미야의 것과 같은 것이었다. 자기 동포들의 고질적인 우상숭배(8장), 패역함, 완악한 고집을 타매하면서, 그는 바로 이런 것들이 하나님의 진노를 불러들였다고 선언하였다. 이스라엘이 신앙에 충실하고 순수했던 때인 광야시절을 이상화했던 예레미야(렘 2:2f.)나 호세아(호 2:15 등등)와는 달리 에스겔은 자기 동포가 처음부터 부패했다고 선언하였다(겔 20:1-31; 23장). 간음한 아내에 관한 호세아의 비유를 여러 모로 바꾸어 표현하면서 그는 예루살렘을 죄악의 씨인 사생아라고 부르고(16장) 그 사악함이 사마리아 — 심지어 소돔 — 의 경우보다 훨씬 심하다고 했다. 전설상의 가장 유명한 의인들 — 노아, 다니엘, 욥 — 이 예루살렘 가운데에 살고 있다 할지라도, 그들의 의로움으로 예루살렘의 죄를 상쇄하고 그 도성을 구하기에 충분치 않을 것이라고 했다(14:12-20). 예레미야와 마찬가지로 그는 이스라엘을 여호와의 진노의 도가니 속에 송두리째 던져진 쇠찌꺼기로 여겼다(22:17-22). 그는 이를 인정하지 않으려고 몸부림쳤지만 이스라엘의 이 마지막 남은 자들조차도 멸해질 것임을 알고 있었다(9:8; 11:13).

그래서 에스겔은 예레미야가 그랬던 것처럼 민족의 소망을 배격하였다. 여호와의 파괴의 칙령이 이미 도성에 내려져 있다는 것을 알고 있었던(9-11장) 그는 소망어린 신탁들을 전하는 선지자들을 위태롭게 쌓아 올린 담에 회칠하여 그것을 건져보려고 하는 어리석은 자들에 비유하였다(13:1-16). 앞으로 살펴보겠지만 에스겔은 다윗에게 주어진 약속들에 근거를 둔 소망을 포기한 것이 아니라 기존의 국가에서 그 소망을 뿌리째 뽑아서 미래에 투영시켰던 것이다. 그는 자기가 보았던 여호와의 임재에 관한 이상(異像), 말하자면 자기 보좌에서 일어나 성전을 나와서 그 위를 떠다니다가 결국 떠나 버린 여호와를 박진감 있는 어조로 묘사하고 있다(참조. 9:3;

70) 에스겔의 심리를 분석해 보려는 시도는 시대의 간격이 너무 멀기 때문에 무익하다. 이 점에 대해서는 C. G. Howie, *The Date and Composition of Ezekiel*(*JBL*, Monograph Series, IV 〔1050〕, Ch.IV을 참조하라. 에스겔의 성격에 관한 건전한 논의로는 Kittlel, *GVI*, III, pp. 144-180를 참조하라.

10:15-19; 11:22f.). 여호와는 시온의 선택을 무효화하였으므로 더 이상 자기 집에 계시지 않았다! 에스겔은 민족적 재난을 민족의 죄에 대한 여호와의 공의로운 심판이라고 일관되게 설명하였다. 즉, 그 재난은 여호와가 몸소 행하신 것일 뿐만 아니라 적극적으로 스스로가 주권자 하나님임을 친히 입증한 것이라고 설파했던 것이다(14:21-33 등등).

c. 선지자들과 이스라엘의 미래.

이 선지자들이 생존한 동안에는 그들을 주목한 사람들이 별로 없었지만, 그들은 이스라엘을 소멸의 위기에서 구해 내는 데에 아마 어느 누구보다도 많은 기여를 했을 것이다. 그릇된 소망을 가차없이 꺾어 버리고 민족의 재난을 여호와의 주권적이고 공의로운 심판이라고 선언함으로써, 선지자들은 신앙에 입각하여 그 비극을 앞서 설명했고 또 그렇게 함으로써 비극으로 말미암아 신앙이 파괴되는 것을 막았다. 확실히 그 비극으로 인하여 많은 사람들이 종교적 지주(支柱)로부터 떨어져 나갔고 또 어떤 사람들은 암담한 절망에 빠지기도 했지만, 신실한 이스라엘 사람들은 충격을 받고 자신의 마음을 성찰하며 회개하게 되었다.

이보다 더 중요한 것은 선지자들의 메시지는 원래 국가를 향하여 말했지만 또한 이에 귀를 기울인 모든 사람들로 하여금 국가의 정책과 제도를 공박하는 여호와의 말씀을 지지하도록 호출하는 소리이기도 했다. 그래서 이 메시지는 개인의 결단을 토대로 한 새로운 공동체의 형성을 촉진하였는데, 이 공동체는 이전의 낡은 공동체가 와해된 뒤에도 존속할 수 있었다. 물론 흔히 개론서들에 씌어 있듯이 예레미야와 에스겔을 개인주의 신앙의 발견자들이라고 말하는 것은 사실을 오도하는 것이다. 극히 강력한 공동체적 성격으로 인하여 이스라엘의 신앙은 결코 여호와의 언약의 율법 아래에서 개인의 권리와 책임을 안 적이 없었다.

예레미야나 에스겔이나 개인적 신앙을 공동체적 신앙에 반대되는 것으로 선포하지 않았다. 왜냐하면 두 사람 다 바로 새로운 '공동체'의 형성을 기대하고 있었기 때문이다. 그렇지만 모든 백성들이 자동적으로 소속되어 있었던 낡은 국가적. 제의적 공동체는 바야흐로 끝나가고 있었다. 만약 이스라엘이 하나의 민족으로서 살아남으려면, 개개인의 결단을 바탕으로 이루어진 새로운 공동체가 낡은 공동체를 대신하여야 했다. 선지자들의 설교는 바로 이 새로운 공동체를 준비했던 것이다.

예레미야의 신앙이 강렬하게 개인적 색채를 띠었던 것은 주로 국가 제의가 그에게는 도저히 참여할 수 없는 역겨운 것이었기 때문이었다. 그가 국가 제의를 신랄하게 비난했을 뿐만 아니라 그 제의의 희생제사 의식이 여호와의 요구들에 비추어 주변적이라는 것(렘 6:16-21; 7:21-23)과 내면의 정화의 필요성을 끊임없이 강조했다는 사실(렘 4:3f.,14 등등)은 외면적인 제의 없이도 신앙생활을 계속해 나가야 할 날에 대비하였음에 틀림없다. 이러한 것은 예전의 사람들의 생각으로는 있을 수 없는 일이었다.

에스겔도 하나님의 공의에 관한 문제를 개인의 행실과 관련시켜 해결한 유명한 설교를 통해(겔 18장) 비록 이 설교가 겉보기에는 기계적이고 또 불합리성이 쉽게 노출되기도 하지만 어쨌든 집단적 죄의 속박(19절)과 과거의 죄 때문에 영원히 저주를 받았다는 숙명론적인 감정(겔 33:10; 37:11)으로부터 사람들을 해방시키는 데 기여하였다. 즉, 각 세대, 각 개인이 하나님의 공의의 심판대 앞에서 공정한 기회를 얻게 된다는 것이다. 이렇게 두 선지자는 넋을 잃고 절망에 빠져 있던 개개 유대인들로 하여금 여전히 바로 이 순간에도 주권자인 주님이신 여호와의 부르심에 충실히 따르라고 격려하였다. 그리고 두 사람 다 그들이 전심으로 여호와를 찾는다면, 성전이나 제의도 없는 포로의 땅일망정 여호와가 그들을 만나실 것임을 확신시켰다(렘 29:11-14; 겔 11:16; 참조. 신 4:27-31). 이런 설교를 받아들인 사람들은 자포자기하지 않았던 것이다.

더욱이 예레미야와 에스겔은 그릇된 소망을 꺾었던 것만이 아니고 직접 적극적인 소망을 제시하기도 했다. 왜냐하면 두 사람 다 바벨론 포로생활은 과도기이고(렘 29:10-14; 겔 11:16-21) 이 기간이 지나면 하나님의 미래가 열려 있다고 보았기 때문이다. 몇몇 학자들이 예레미야는 아무런 소망도 제시하지 않았다고 생각해 왔을 정도로 그에게서 소망을 기대하기 어렵다. 그러나 예레미야도 소망을 가지고 있었다! 예루살렘이 멸망해 가고 있었을 때에도 그는 부동산을 매입함으로써 — 팔레스타인 땅에서! — 자기 동포의 미래에 대한 자신의 믿음을 보여 주면서(렘 32:6-15) "사람이 이땅에서 집과 밭과 포도원을 다시 사게 되리라"고 선언하였다(렘 32:6-15). 확실히 이것은 소망이 아니라 예레미야 자신의 절망을 뛰어넘는 여호와의 목적에 대한 철석같은 믿음의 승리였다(렘 32:16-17a,24f.).

그리고 이 믿음은 국가의 재기에 대한 어떤 기대나 그 밖의 인간적인 노력이 아니라 여호와의 새로운 구속행위에 토대를 두고 있었다(렘 31:31-34). 여호와는 예전에 이집트에서처럼 다시 자기 백성을 불러내어 그들의 죄를 용서하고 그들과 새로운 언약을 맺어 그들의 마음에 새 언약의 율법을 새겨 줄 것이라는 것이었다. 국가가 심판받는 데 근거가 되었던 여호와의 언약의 요구들과 신앙이 포기할 수 없었던 여호와의 확실한 약속들과의 엄청난 간격은 하나님의 은혜라는 측면에서 메워졌다. 국가를 단죄하였던 출애굽 신학은 민족의 소망의 토대가 되었다.

주전 587년 이후에 에스겔도 역시 포로생활을 하는 동포들에게 위로와 소망의 말씀을 전하였다. 새로운 출애굽과 같은 구원, 여호와가 자기 백성을 본향으로 인도하기 전에 그들을 깨끗게 하려는 새로운 광야의 연단에 관하여 그는 이야기하였다(겔 20:33-38). 그는 다윗 가문의 통치 아래 통일 이스라엘의 회복을 기대하였지만(34:23f.; 37:15-28) 자기 양떼의 선한 목자이신(34장) 여호와가 이 일을 이루어 주실 것을 바랐다: 여호와는 죽은 백성들의 뼈들에 자기 영을 불어넣어 다시 "극히 큰 군대"로 일어나게 하고(37:1-14) 자기 백성에게 여호와 자신을 섬길 새로운 마음과 새로운 영을 부여해 준 다음(14절; 참조. 11:19; 36:25-27 등등) 그들을 고국으로 인도하여 그들과 영원한 평화의 언약을 맺고(34:25; 37:26-28) 그들 가운데 자기의 성소를 영원히 둘 것이라고 했다.[71] 이렇게 하여 오랜 민족의 소망은 견지되긴 하였지만, 그것은 미래로 옮겨져, 새롭고 변화된 백성들에게 전적으로 하나님의 새로운 구원 행위에 의거하여 줄 것이었다. 바로 이런 유의 소망을 중심으로 새로운 이스라엘 공동체의 핵심인자들은 집결할 수 있었고 또 암흑기 내내 꿋꿋이 하나님의 미래를 기다릴 수 있는 용기를 얻었던 것이다.

71) cf. 에스겔 40-48장. 이 장들의 기초 제재들이 에스겔에게서 비롯된 것으로 보아서 안 될 이유는 없다. 여기에 기술된 성전과 솔로몬 성전에 대해서는 특히 Howie, *op. cit.*, pp. 43-46; *idem*, *BASOR*, 117(1950), pp. 13-19; W. Zimmerli, "Ezechieltempel und Salomostadt", *Hebr ische Wortforschung*(*Festschrift W. Baumgartner*; Leiden: E. J. Brill, 1967), pp. 398-414를 참조하라. 에스겔 사상에서 성전에 대한 것은 W. Eichrodt, "Der neue Tempel in der Heilshoffnug Hesekiels," *Das ferne und nahe Wort*(*Festschrift L. Rost*; *BZAW*, 105, 1967), pp. 37-48를 참조하라.

제 5 부

비극과 그 극복

포로기와 그 이후의 시대

제 9 장

포로생활과 귀환

예루살렘의 파괴와 그에 뒤이은 포로생활(exile)은 이스라엘 역사의 커다란 분수령을 이룬다. 바벨론 제국의 일격(一擊)에 이스라엘의 국가로서 존립은 끝이 났고 이와 더불어 이스라엘의 공동체적 삶을 표현하고 있었던 모든 제도도 끝장이 났다; 그것들은 결코 다시는 과거와 똑같은 형태로 재조직되지는 않을 것이었다. 국가가 파괴되었고 국가 제의도 필연적으로 중단되었으며 오랜 국가적-제의적 공동체는 결딴이 났다. 이스라엘은 당분간 삶의 터전을 잃고 기진맥진한 개개인들이 몰려 사는 집단이 되어 버렸고 외관상으로는 어느 모로 보나 이미 하나의 민족이라고 할 수 없었다. 그런데 놀랍게도 이스라엘의 역사는 완전히 끝난 것이 아니었다. 그럼에도 불구하고 이스라엘은 재난을 이기고 살아 남았고 또한 옛 공동체의 잔해(殘骸)로부터 새로운 공동체를 형성하여 하나의 민족으로서 삶을 재개하였다. 연단되고 강화된 이스라엘의 신앙도 마찬가지로 살아 남아서 앞으로의 모든 세기에 걸쳐 추구하게 될 방향을 점차로 발견해 나갔다. 포로생활 속에서 또한 그것을 극복하면서 유대교(Judaism)가 탄생하였던 것이다.

이 시대의 이스라엘 역사를 기술하는 것은 대단히 어렵다. 우리의 성경 자료들은 아무래도 부적합하다. 포로생활 자체에 관해서 성경은 당시의 예언서들과 그 밖의 저술들을 통하여 간접적으로 알 수 있는 것 외에는 사실상 아무것도 우리에게 말해주지 않는다. 포로기 이후 주전 5세기 말엽까지 시기에 대해서도 우리가 갖고 있는 유일한 사료는 에스라-느헤미야에서 찾아볼 수 있는 역대기 사가의 저작의 결론 부분이고, 역대기 사가의 에스라에 관한 기사를 수록한 칠십인역을 보완해 주는 외경(外經) 에스드라 1서가 그 자료를 보충해 준다. 그러나 이러한 책들의 본문은 그 순서들이 심하게 뒤바뀌어 있음을 보여 준다. 그래서 우리는 많은 공백들(gaps)을 성경에 수록된 포로기 이후의 다른 책들과 성경 외의 자료들로부터 주워 모은 지식으로 가능한 한도 내에서 메울 수밖에 없으며 또한 가장 중요한 문제를 해명하지 못한 채 그대로 둘 수밖에 없게 되어 있다. 모든 노력을 다하여도 낭패스러운 공백들과 종잡을 수 없는 문제들이 여전히 남는다는 말이다.

A. 포로기(주전 587 - 539년)

1. 주전 587년 이후의 유대인들의 곤경.

주전 587년의 재난은 어떤 이유로든 경시되어서는 안 된다.[1] 국토가 텅 빌 정도로 전인구가 몽땅 포로로 잡혀갔다고 생각하는 통속적인 생각은 그릇된 것으로서 버려야 하지만, 그럼에도 불구하고 이 재난은 몸서리쳐지는 일이었고 팔레스타인에서의 유대인의 삶의 붕괴를 몰고 온 참변이었다.[2]

a. 유다에서 삶의 와해.

느부갓네살의 군대는 유다를 도살장으로 만들었다. 고고학적 증거가 웅변으로 증거하고 있듯이, 유다의 심장부 지역에 있는 모든 또는 실질적으로 모든 요새화된 성읍들은 철저히 파괴되었고, 그 대부분은 이후 오랜 세월 동안 재건될 수 없었다(참조. 애 2:2, 5).[3] 주전 597년에 유다로부터 분리된 듯한 네게브 지방과 바벨론의 사마리아 속주에 편입되었을 북부의 옛 국경지대 부근의 성읍들만이 파괴를 피하였다. 유다 땅의 인구는 서서히 물이 빠지듯 줄어들었다. 바벨론으로 포로로 잡혀간

---

1) C.C. Torrey는 반세기에 걸친 일련의 저작들에서 그렇게 하였다; 가장 최근의 것으로는 *The Chronicler's History of Israel*(Yale University Press, 1954)이 있다.

2) 이 장 전체에 관해서는 E. Jansen, *Juda in der Exilszeit*(FRLANT, N. F. 51 〔1956〕); P. R. Ackroyd, *Exile and Restoration*(OTL, 1968)을 참조하라.

3) 발굴조사 결과 파괴되었던 것으로 알려진 성읍들 가운데는 Tell Beit Mirsim(드빌?), 라기스, 벧세메스 등이 있다. 예루살렘은 물론 완전히 파괴되었다; cf. Kathleen M. Kenyon, *Jerusalem* (London: Thames and Hudson; New York: McGraw-Hill, 1967), pp. 78-104, 107f.

사람들은 그만두고라도 수천 명의 사람들이 전쟁, 굶주림, 질병으로 죽었을 것임에 틀림없고(참조 . 애 2:11f, 19-21; 4:9f.) 또한 어떤 사람들 — 우리가 알고 있는 것보다 확실히 더 많은(왕하 25:18-27) — 은 처형되었고, 어떤 사람들은 도망하여 목숨을 건졌다(참조 . 렘 42장 이하). 더구나 바벨론인들은 과거에 앗시리아인들이 사마리아에서 그러했듯이 포로로 잡혀간 유대인들 대신에 다른 나라들에서 데려온 종족들을 유다 땅에 정착시켰다. 주전 8세기에는 아마 25만을 넘었고 주전 597년의 포수(捕囚) 후에도 그 절반은 되었을 유다의 인구는 최초의 포로들이 돌아온 후에도 거의 2만을 넘지 못했던 것으로 보아[4], 그 중간에는 인구 밀도가 정말 희박했을 것임에 틀림없다. 이미 말했듯이 그달리야가 암살된 후 유다는 주체성을 잃었고 벧술의 북쪽 영토는 사마리아 속주에 배당되었으며[5] 남쪽 고원지대(후의 이두매)는 아랍의 압박으로 고향 땅에서 밀려나고 있었던 에돔족의 손에 점차로 넘어갔다(에스드라 1서 4:50)[6]

다음 50년 동안 유다에서 일어난 일들에 관해서는 실질적으로 아는 것이 아무것도 없다. 추측컨대 시국이 안정되어감에 따라 난민(難民)들이 돌아와서(참조. 렘 40:11- 12) 유다 땅에 남아 있던 주민들과 다시 합류하여 근근히 생존해 나갔을 것이다. 그러나 그들의 처지는 비참하고 불안정하였다(애 5:1-18). 성전은 비록 완전히 불타버리기는 했지만 순례자들 — 북부 이스라엘에서도(렘 41:5) — 이 끊임없이 찾아와서 검게 그을린 폐허 가운데서 희생제물을 봉헌하는 성지(聖地)의 역할을 계속하였다. 포로기 동안에 이곳에서 간헐적이긴 했겠지만 아마 모종의 제의가 거행되었을 것이다. 그러나 의심할 여지없이 유다에도 먼 타향에 있는 동포들과 마찬가지로 시온을 애도하며 그 재건을 갈망했던 경건한 사람들이 있었다고 하더라도[7], 지도자가 없었던 그들로서는 어쩔 수 없는 일이어서 한낱 꿈으로 그치고 말았다. 재건을

---

4) 증거에 대해서는 Albright, *BP*, pp. 87, 105f., 110f.를 참조하라.

5) Cf. A. Alt, "Die Rolle Samarias bei der Entstehung des Judentums"(reprinted, *KS*, II, pp. 316-337), 특히 pp. 327-329. 이 문제에 대한 다른 견해에 대해서는 M. Smith, *Palestinian Parties and Politics that Shaped the Old Testament*(New York: Columbia University Press, 1971), pp. 192-201를 참조하라; 또한 G. Widengren, *IJH*, pp. 509-511.

6) Cf. Albright, *BASOR*, 82(1941), pp. 11-15. 에돔족의 남부 유다 점유는 포로기에 시작되었고 주전 6세기 말에 완료되었다.

7) 시편 74편; 79편; 이사야 63:7-64:12 같은 부분들과 예레미야 애가(주역서들을 보라)도 이 맥락에 속하는 것 같다. 정기적으로 단식과 애통의 날이 있었다(슥 7:3ff.).

향한 충동이 일어났을 때 그것은 그들로부터 나온 것이 아니었다. 실제로 이 가난한 사람들 가운데 많은 이가 갖고 있었던 종교적 충성심은 심각하게 손상되어 있어서 그들의 신앙은 결코 순수한 형태의 여호와 신앙이 아니었을 것이다. 적어도 당시의 선지자들은 그렇게 생각하였다(예를 들면, 겔 33:24-29; 사 57:3-13; 65:1-5, 11f.).[8]

주전 587년의 유다의 와해에도 불구하고 이전의 북부 왕국의 영토는 해를 입지 않은 채 그대로 남아 있었다는 것은 사실이다. 사마리아, 갈릴리, 요단 동편에서는 이스라엘 주민들이 이전과 같이 계속해서 자력으로 살아가고 있었다. 하지만 비록 부분적으로는 요시야의 개혁으로 말미암아 예루살렘 제의의 충성스런 지지자가 된 북부 이스라엘 사람들이 있었다고 하더라도(렘 41:5), 그들 대부분은 극심한 혼합주의적 성격을 띤 여호와 신앙을 행하고 있었다. 북부 이스라엘의 종교는 호세아가 알려주는 바와 같이 주전 721년 이전부터 이교적 특징들로 가득 차 있었고 나아가 앗시리아 왕들에 의해 그곳으로 이주하게 된 이방 종족들이 가져온 혼합물들로 인해 더욱 흐려져 있었다(왕하 17:29-34). 요시야의 단기간의 노력은 결코 근본적인 변화를 가져오지 못했다. 더구나 이 주민들은 요시야의 짧은 통치 기간을 제외하고 1세기 반 동안이나 이방의 지배 아래 살아 왔기 때문에 민족주의적 열심의 불꽃은 그들 가운데 완전히 소멸되지는 않았다고 하더라도 꺼져 가고 있었다는 것은 확실하다. 팔레스타인에 남아 있던 이스라엘인들이 여전히 수적으로는 다수를 차지하고 있었지만, 이스라엘의 장래가 그들에게 달려 있다고 말할 수는 거의 없었다. 이스라엘의 진정한 구심력은 일시적으로 본토를 떠나 있었던 것이다.

b. 바벨론의 포로들.

바벨론에서 살고 있던 유대인들은 유다의 정치적, 종교적, 지성적 지도층들이었다. 이것이 그들이 선별되어 유배되어 온 이유이다. 물론 그들의 수는 그리 많지 않았다. 예레미야 52:28-30에는 세 차례(주전 597년, 587년, 582년)에 걸쳐 포로로 잡혀간 자들의 정확한 총수가 나오는데, 모두 합해 4,600명에 지나지 않는다. 이것은 타당성 있는 숫자다. 이것이 아마 남자 성인들만을 계산한 것이라고 하더라도, 전체 포로의 총수는 그 수자의 3, 4배를 넘지 않았을 것이다.[9] 그러나 이 포로들은

8) 앞으로 살펴보겠지만 이사야 56-66장은 그 대부분이 포로기 직후의 것인데, 상황이 그 당시에도 별로 새롭지 않았음을 보여 준다.

비록 수적으로는 소수였지만 이스라엘의 신앙에 새로운 방향성을 부여하고 팔레스타인에서 유대인 공동체를 궁극적으로 재건하기 위한 추진력을 제공하면서 이스라엘의 장래를 설계하게 될 사람들이었다.

이 포로들이 겪은 고초와 굴욕을 대수롭게 여겨서는 안 되겠지만, 그들의 처지는 지나치게 가혹했던 것 같지는 않다. 바벨론으로부터 멀지 않은 남부 메소포타미아로 옮겨진 그들은 그 지방의 주민들 가운데에 흩어져 살지 않고 일종의 수용소 같은 곳에 그들 자신의 거주지를 정하게 되었음이 분명하다(참조. 겔 3:15; 스 2:59; 8:17).[10] 물론 그들은 자유롭지 못했으나 죄수들(prisoners)은 아니었다. 그들은 집을 짓고 농업에 종사하는 것이 허용되었고(렘 29:5f.), 자기들이 할 수 있는 방식으로 생계를 영위해 나갈 수 있었음이 분명하다. 그들은 모임을 갖고 모종의 공동체 생활을 계속해 나갈 수 있었다(참조. 겔 8:1; 14:1; 33:30f.). 위에서 말한 대로 주전 597년에 제1차 포로들과 함께 끌려온 그들의 왕 여호야긴은 바벨론 궁전의 은급 수혜자로 다루어졌지만 여전히 유다의 왕으로 여겼다.

포로들의 그 밖의 사정들에 관해서 우리가 아는 것은 거의 없다. 이미 말한 대로 그들 가운데 일부는 주전 595년 또는 594년의 소요 사건에 연루되었고 이 때문에 그들의 몇몇 지도자들은 보복을 당하였다(렘 29장). 얼마 후에(주전 592년 이후) 여호야긴은 어떤 반역 사건에 공모한 때문인지 그런 혐의를 받아서인지 감옥에 갇히게 되었다(왕하 25:27-30). 그리고 그는 느부갓네살의 나머지 재임 기간중 내내 감옥에 갇혀 있었다. 그러나 이것이 주전 587년의 사건들과 관련이 있었는지 또 유대인 공동체의 다수가 연루되었는지는 알 수 없다. 이 모든 것으로 미루어 보아 포로들이 그들의 운명에 내재되어 있었던 것 이상으로 유별난 고초를 겪었다는 증거는 하나도 없다. 이와는 반대로 바벨론의 생활은 그들 가운데 많은 이에게 팔레스타인에서는 결코 얻을 수 없었을 좋은 기회들을 열어 주었을 것이 틀림없다. 앞으로 살펴보겠지만 시간이 지나자 많은 유대인들은 장사를 시작했고, 부자가 된 사람들도

---

9) 이에 관한 논의와 그 밖의 전거들에 대해서는 Janssen, *op. cit.*, pp. 25-39; Ackroyd, *op. cit.*, pp. 20-23를 참조하라. 열왕기하 24:14, 16에는 제1차 포수 때의 인원을 10,000명(또는 8,000명)으로 기록되어 있는데, 이것은 아마 부녀자와 아이들을 포함한 총인원의 어림숫자일 것이다. 또한 K. Galling, *Studien zur Geschichte Israels im perrsischen Zeitalter*(Tübingen: J. C. B. Mohr, 1964), pp. 51f.도 참조하라. 그는 전체 포로의 총수가 20,000 명을 넘지 않았을 것으로 믿는다.

10) 그러므로 이것은 앗시리아식의 포수(捕囚)는 아니었다; cf. Alt, *KS*, II, p. 326. 그는 이 포수의 잠정적인 성격을 강조한다.

좀 있었다.

c. 이집트와 그 밖의 지역의 유대인들.

강제로 바벨론으로 끌려간 유대인들은 그만두고라도 다른 곳에서 안전한 생활터전을 찾기 위해 자발적으로 고향을 떠난 사람들도 있었다. 확실히 적지 않은 수였을 것이다. 상당수의 사람들이 이집트로 들어갔다. 그달리야가 암살된 후 예레미야를 데리고 이집트로 도망한 무리를 우리는 알고 있는데(렘 42장 이하), 아마 이들이 처음은 아니었을 것이다. 사실상 많은 유대인들은 유다의 험악했던 마지막 나날들에 이집트로 피난했거나 용병 또는 다른 식으로 이집트에 정착했던 것 같다. 그리고 나라가 망하자 피난민의 이동은 늘어났을 것으로 추측된다. 예레미야를 데리고 간 무리는 바로 국경지대에 있는 타바네스(Daphnae)에 정착하였고(렘 43:7), 한편 다른 무리들은 하부 이집트의 다른 도시들에 자리를 잡았다(렘 44:1). 짐작컨대 그들의 후손들은 페르시아 시대에 계속 그곳에 머물러 살다가(참조 . 사 19:18f.), 나중에 톨레미 시대에 이집트를 세계에 흩어진 유대인 민족의 중심지로 만든 저 대량의 이주자들과 합류하였을 것이다. 그러나 그 중간기에 그들의 처지에 대해서는 우리가 아는 것이 아무것도 없다.

특히 흥미로운 것은 주전 5세기 내내 나일강 제1 폭포의 엘레판틴(Elephantine)에 존재했던 유대인 군사 식민지이다. 거기서 나온 증거 자료에 의하면 페르시아인들이 주전 525년에 이집트를 정복하였을 때 이 식민지는 이미 그곳에 있었던 것으로 보아[11] 제26왕조의 바로들 가운데 한 사람, 아마도 아프리에스(Apries, 주전 589-570)에 의해 건설되었음에 틀림없다.[12] 이 사람들이 언제 이집트로 왔는지 또는 주전 587년 이전인지 이후인지는 전혀 알려져 있지 않다.[13] 그들이 "유대인"으로 자처했다는 사실은 그들이 사마리아 출신이 아니라는 것을 강력히 시사해 준다. 나중에 말하겠지만 그들의 혼합주의적 제의의 성격으로 미루어 볼 때 요

11) 이와 관련된 문서들에 대해서는 Pritchard, *ANET*, p. 492를 참조하라. 이사야 49:12("시님땅")은 시네 아스완(Syene-Aswan, cf. 겔 29:10; 30:6)을 가리키는가? 만약 그렇다면, 유대인들은 이미 주전 540년경에 그곳에 있었던 셈이다.

12) Cf. Albright, *ARI*, p. 162와 거기에 인용된 W. Struve의 글. 나는 이것을 이해할 수 없다. E. G. Kraeling(*BA*, XV 〔1952〕, p. 65)dms 아마시스(Amasis)의 통치시대(주전 570-526년)를 선호한다.

13) 유대인 분견대는 아마 프사메티쿠스 2세(주전 594-589년)의 누비아 원정을 도왔을 것이다; cf. M. Greenberg, *JBL*, LXXVI(1957), pp. 304-309.

시야에 의해 뿌리뽑힌 후 다시 복구되어 주전 6세기 후반기까지 번창했던 벧엘 근방에서 왔을 것이라는 설이 그럴듯하다.[14)]

상세한 것은 알 수 없지만, 유대인들은 또한 이집트 외의 다른 나라들로도 피난을 했을 것으로 추측할 수 있다. 성경에서는 그들 가운데 상당수가 바벨론인들을 피해 모압, 에돔, 암몬으로 도망했다고 기록하고 있다(렘 40:11). 그들 가운데 일부는 전란(戰亂)이 지나간 뒤 다시 돌아왔겠지만, 많은 사람들이 그대로 눌러 살았을 것이 틀림없다. 짐작컨대 사마리아, 갈릴리, 요단 동편의 이스라엘 땅들도 마찬가지로 밀려드는 피난민들을 받아들였을 것이다. 그 이상으로 말할 자료가 우리에게는 없다.[15)] 아직 온 세계에 흩어져 사는 유대인 디아스포라(Diaspora)는 없었지만, 영원히 뒤집을 수 없을 하나의 조류가 이미 시작되었다. 이스라엘은 열방들 가운데 흩어져 살기 시작했던 것이다(참조 신 28:64). 그리고 이스라엘은 다시는 어떤 정치적 조직체나 지리적 영토를 갖출 수 없을 것이었다. 이스라엘에게 미래가 어떻게 전개되든 과거의 체제로 완전히 되돌아가는 것은 불가능했다.

2. 포로생활과 이스라엘의 신앙.[16)]

이스라엘을 덮친 재난의 엄청남을 생각하게 되면, 우리는 이스라엘이 서아시아의 다른 군소 국가들과 함께 역사의 소용돌이 속에 휩쓸려 들어가 한 민족으로서 주체성을 영원히 상실하지 않았다는 것을 기이하게 느끼게 된다. 그리고 누가 왜 이스라엘이 그렇게 되지 않았느냐고 묻는다면, 그 대답은 이스라엘의 신앙에 있음이 분명하다: 처음에 이스라엘을 탄생시켰던 그 신앙은 이번에도 그러한 역할을 충분히 하였던 것이다. 그러나 이런 대답은 간단히 몇 마디로 해치워 버려서는 안 될 것이다. 왜냐하면 포로생활은 이스라엘의 신앙을 극한까지 시험하였기 때문이다. 이스라엘의 신앙이 이를 극복한 것은 자동적으로 일어난 일이 아니라 오로지 많은 자기 성찰과 피나는 재적응을 통해서 된 일이었다.

---

14) Cf. Albright, *ARI*, pp. 162-168. A. Vincent도 비슷한 견해를 제기했다.
15) 포로기에 아라비아에 있음직한 유대인 식민지에 대해서는 p.483를 참조하라.
16) 이 문제에 대해서는 D.N. Freedman, "Son of Man, Can These Bones Live?" (*Interpretation*, XXIX 〔1975〕, pp. 171-186)를 참조하라.

a. 위기의 본질.

예루살렘의 멸망을 계기로 앞 장(章)에서 기술한 신학적 위기는 절정에 도달하였다. 국가와 제의의 토대가 되었던 교의는 이미 치명적인 타격을 받았다. 거듭 말한 대로 이 교의는 여호와가 시온을 지상의 자기 거처로 영원히 선택하였다는 확신과 다윗에게 결코 종말이 없는 영원한 왕조를 주겠다고 한 여호와의 무조건적인 약속이었다. 이러한 교의로 보호를 받고 있었던 이 민족의 백성들은 태평스럽게 마음을 놓고 지냈고 또한 이와 반대되는 것을 경고한 선지자들의 설교를 상상할 수도 없는 이단이라고 배격하면서 자신만만하게 여호와의 권능 있는 개입과 여호와의 의롭고 자비로운 통치를 굳건히 확립하고 모든 왕조의 약속들을 실현하게 될 다윗 가문의 이상적인 자손 — 아마도 다음 번의 — 이 나타날 미래를 기다렸다. 이것이 사람들이 확신을 가지고 전망한 민족사의 진로였는데, 그들은 그 너머를 볼 필요성도 느끼지 못했다. 물론 느부갓네살의 공성퇴(攻城槌)는 이러한 신학을 여지없이 분쇄해 버렸다. 그것은 그릇된 신학이었고, 그 신학을 선포해 왔던 선지자들은 거짓말을 한 것이었다(애 2:14). 그 신학은 결코 다시는 옛날과 똑같은 형태로 주장될 수는 없었다.

이를 계기로 이스라엘의 하나님의 지위 자체가 의문시되었다는 것을 솔직히 시인하자. 이스라엘의 신앙은 온갖 과오에도 불구하고 언제나 성격상 유일신교였다. 유일신교를 추상적으로 정형화하지는 않았지만, 이스라엘의 신앙은 처음부터 오직 한분 하나님만을 섬겨 왔고, 이방신들은 실제로 존재하지 않는 허깨비들로서 "신들이 아니다"라고 선언해 왔다. 그러나 국가와 민족 신학이 한 이방 강대국의 강타로 붕괴되었으니 도대체 이것은 어찌된 영문인가? 그래도 바벨론의 신들은 정말 허깨비들인가? 오히려 그 신들은 매우 권능 있는 신들이 아니던가? 아주 많은 유대인들은 속으로 이렇게 따져보았을 것임에 틀림없다. 그 결과 조상 대대로의 신앙으로부터 이탈하려는 유혹이 심각해졌다(참조 . 렘 44:15-19; 겔 20:32). 한편 재난으로 인하여 무디어지긴 했으나 이 재난은 암만해도 여호와가 친히 행하신 것이라고 느낀 사람들은 큰소리로 울부짖으면서 하나님의 공의에 의문을 제기했다(겔 18:2,5; 애

---

17) 욥기는 이러한 문제와 씨름한 대표적 작품이다. 그 저작 연대는 불확실하지만, 대략 이 시기에 썼을 것이다; 이에 관한 논의는 주석서들을 참조하라. M. H. Pope(*Job* 〔*AB*, 3rd ed. 1973〕, pp. xxxii-xl)와 W. F. Albright(cf. *YGC*, p. 224)는 욥기의 시적인 대화 부분을 주전 7세기(또는 6세기 초)의 것으로 추정하려고 한다. 욥기를 특정한 역사적 정황과 연관시키는 것이 어렵다는 것에 대해서는 J.J. M. Roberts, *ZAW*, 89(1977), pp. 107-114를 참조하라.

5:7).[17] 백성들 가운데 가장 경건한 사람들, 즉 선지자들의 말을 받아들였던 사람들 마저 이 민족이 죽을 죄를 이미 저질렀고 따라서 여호와가 자신의 진노로써 이스라엘을 끊어버리고 자기 백성으로서의 운명을 무효화시켜 버린 것은 아닐까 두려워하여 절망에 빠졌다(예를 들면, 사 63:19; 겔 33;10; 37:11). 그들은 눈물로써 울부짖으며 여호와의 자비를 간구했으나, ·그들의 고난의 끝은 보이지 않았다(예를 들면, 시 74:9f,; 애 2:9).

바야흐로 신앙을 온통 상실할 위기가 고조되었다. 유대인들이 고향 땅에서 강제로 떨어져서 세계 문화의 대중심지들을 거의 대부분 처음으로 직접 접촉하게 되자 이런 위기는 더욱 가중되었다. 그들의 편협한 생각 속에서 여호와의 우주의 중심지였던 예루살렘은 그 대도시들에 비하면 정말 보잘것없고 낙후된 곳으로 보였을 것이 틀림없다. 꿈도 꿀 수 없었던 부(富)와 권력의 증거들을 자기 주변에서 목격하고 또한 도처에 세워진 이방신들의 웅장한 신전들을 보게 되자 많은 사람들은 자기들을 보호해 줄 수 없을 정도로 무력해 보이는 일개 약소 국가의 수호신인 여호와가 그래도 정말 최고의 유일신이라 할 수 있는지 의혹을 갖게 되었을 것이 틀림없다. 유대인들로 하여금 배교케 하려는 유혹이 격심했다는 것은 이사야 40-48장의 대변증(大辨證)을 통해 증언되고 있다. 상황이 그렇지 않았더라면 이런 변증이 필요없었을 것이다. 이스라엘의 신앙은 사생결단의 시련에 처해 있었다. 이스라엘의 신앙은 마치 아무 일도 일어나지 않았던 양 '이전의 상태'(*status quo ante)*를 고수하며 하나의 국가 제의로서 존속할 수 없음이 명백해졌다. 이스라엘의 신앙은 강대국들과 그 신들에 대하여 또 민족의 비극과 그 의미에 대하여 자기 위치를 분명히 하지 않으면 안 되었다. 그렇지 않으면 소멸하고 말 것이었다.

b. 불굴의 이스라엘 신앙.

시련이 가혹했음에도 이스라엘의 신앙은 그 시련에 의연히 맞서서 놀라운 불굴의 힘과 활력을 보여 주었다. 이스라엘의 신앙 앞에 놓여진 문제, 즉 본질적으로 민족의 재난에 대한 적합한 신학적 해명을 제시하고 미래를 위한 소망의 불꽃을 살려 나가는 문제에 대한 해결책은 그 비극 속에서 이스라엘을 이끌어 나갔던 선지자들, 특히 예레미야와 에스겔에 의해 사실상 이미 전부터 준비되어 왔다. 우리는 이에 대해서 앞 장에서 기술하였다. 이 선지자들은 이 비극을 민족의 죄에 대한 여호와의 의로운 심판이라고 끊임없이 선언함으로써 그 비극을 조리있게 설명하고 또한 그 비극을 이스라엘의 역사적 신앙에 배치되는 사건이 아니라 그 진실성을 입증하는 사건으로 볼 수 있게 하였다. 더욱이 그들은 그릇된 소망을 꺾어 버리는 한편 여호와의 구속 목적의 궁극적인 승리를 확언함으로써 사람들이 매달릴 수 있는 하나의 소망을 백성들에게 제공하였다. 이리하여 백성들은 바벨론 포수는 당연한 징벌이자 새로운 미래를 위해 이스라엘을 준비시키는 정화 과정으로 볼 수 있게 되었다. 선지자들은 이러한 설교를 통하여 또 여호와는 그들이 포로생활을 하는 땅에서조차도 그들로부터 멀리 떨어져 계시지 않는다는 확신을 백성들에게 줌으로써 새로운 공동체의 형성을 위한 길을 예비하였던 것이다.

자세한 경위는 거의 전적으로 모호하지만 하나의 새로운 공동체가 실제로 출현하기 시작하였다. 그것은 더 이상 국가적-제의적 공동체가 아니라 전통과 율법에 대한 고수를 특색으로 하는 공동체였다. 율법에 대한 강조가 포로들 가운데서 점차로 높아졌다는 것은 이해할 수 있는 현상이다. 왜냐하면 국가와 제의가 끝장이 난 지금 그들이 유대인임을 나타낼 수 있는 표식이 그것밖에는 거의 없었기 때문이다. 더욱이 선지자들은 그 재난을 언약의 율법을 어긴 데 대한 징벌로 설명했었기 때문에, 신실한 사람들이 자기들 종교의 이러한 특징에 보다 진지하게 주의를 기울여야 한다고 느낀 것은 그렇게 놀라운 일이 아니다. 특히 안식일과 할례는 둘다 오래된 제도였지만 전에 없이 강조되기 시작하였다. 점차로 안식일의 엄격한 준수가 충실한 유대인의 증표가 되었다.

포로기와 그 직후의 것인 여러 성구(聖句)들을 보면, 안식일은 언약에 대한 순종 여부를 판가름하는 결정적인 시금석(예를 들면, 렘 17:19-27; 사 56:1- 8; 58;13f.), 창조 때에 제정되어(창 2:2f.) 이스라엘을 이스라엘답게 한(출 31:12-17; 겔 20:12f.) 영속적인 "표지"(sign)로 묘사되어 있다. 이스라엘의 옛 이웃 나라들(블레셋인들을 제외하고)에서 행해져 왔지만 분명히 바벨론인들에 의해서는 행해지지 않았던 할례도 마찬가지로 언약의 표지(창 17:9-14)이자 유대인의 증표가 되었다.[18] 에스겔의 제자들조차도 의식상의 정결(淨潔) 문제에 큰 관심을 기울였음을 감지할 수 있는 것도 유대인들이 "부정한" 땅에서 살고 있었다는 사정에 비추어 충분히 이해될 수 있다(예를 들면, 겔 4:12-15; 22:26; 44장 이하).[19] 이러한 것들이 우리에게는 주변적인 것으로 보일지 모르지만, 포로로 잡혀 온 유대인들에게는 이미

---

18) 이러한 점들을 지나치게 강조해서는 안 된다고 경고한 Ackroyd(*op. cit.*, pp. 35f)의 신중론은 아마 타당한 듯하다. 그러나 할례와 안식일이 포로기 이전의 저작들에서는 비교적 거의 강조되지 않다가 포로기 이후에 더욱 중심적인 중요성을 띠게 된 것이 사실이다.

신앙의 가시적인 상징들이 사라진 상태에서 그것들은 신앙을 고백하는 수단들이었던 것이다.

포로생활 동안 어떻게 어디에서인지는 정확하게 말할 수 없지만 과거의 기록들과 전승들은 시기날 정도로 잘 보존되었다. 자기 백성들을 향한 여호와의 과거의 행사(行事)들을 상기시켜 일깨우고 미래에 대한 소망의 전조(前兆)를 지니고 있었던 이러한 기록들과 전승들 속에서 이스라엘 공동체는 '살았다'. 아마 국가의 멸망 직전에 편찬되었을 신명기 사가의 사서(史書)들(여호수아로부터 열왕기하까지)은 재편집되고 증보되었으며(참조. 왕하 25:27-30), 포로들의 처지에 맞게 수정되었다.[20] 여러 사건들을 통해 이제 그 정당성이 입증된 선지자들의 설교들도 마찬가지로 구전 또는 문서로 보존되었고, 많은 경우 이를테면 첨가와 증보를 통해 당시 실정에 맞게 "각주를 달았다."[21]

상세한 경위는 전혀 알려져 있지 않지만, 궁극적으로는 오늘날 우리가 알고 있는 형태의 예언서들을 산출하게 된 집성(集成)과정이 이미 진행되고 있었다. 이른바 제사장 법전(Priestly Code)의 상당 부분을 포함하고 또한 예루살렘 성전의 의식 절차들을 반영하고 있는 제의법들도 마찬가지로 수집되어 이 무렵에는 확정적인 형태로 편찬되었다. 관례와 전례에 따라 행해졌던 제의와 그 의식 절차가 중단된 지금 꼭 필요한 작업이었다. 오경의 제사장계 사료들(P)의 설화도 아마 주전 6세기 포로기간 중에 편찬되었을 것이다. 거기에서 우리는 천지 창조로 시작되어 시내산에서 주어진 계명들에서 절정에 이르는 신학적 세계사를 보게 된다. 시내산의 계명들은 과거뿐만이 아니라 장래의 모든 시대를 위한 영원히 타당한 규범으로 기술된다. 이렇게 유대인 공동체는 과거를 고수하면서 미래를 대비하였다.

---

19) 이것도 새로운 것은 아니다; 참조. 레위기의 성결 법전(레 17-26장). 이것은 아마 유다 왕국 말기 가까이에(훨씬 오래된 자료들로) 편찬되었을 것이다. 그러나 이러한 문제들이 포로생활이라는 상황에서 특히 제사장 집단들 사이에서 심각한 관심사가 되었다는 것은 이해할 만하다.

20) 앞의 p.458를 참조하라. 포로기의 판(版)이 바벨론에서 나왔는지 팔레스타인에서 나왔는지는 분명치 않다. 기자가 이용할 수 있는 사료들(예를 들면, 역사 기록 등)이 풍부했다는 사실은 그 원 저작이 주전 587년 이전에 예루살렘에서 편찬되었다는 것을 강력히 시사해 준다. 그후라면 그런 기록들이 남아 있었을 것 같지 않기 때문이다.

21) 예를 들면 더 오래된 제재들이 이사야 13:1-14:23에서 바벨론의 파멸을 예고하는 신탁으로 바뀌어졌다는 것에 유의하라. 또한 예레미야 30-31장도 유의하라. 여기서는 예레미야에게서 비롯한 제재들이 제2이사야와 같은 문체로 확장되었다. 그러나 이러한 특징은 포로기 이전의 대부분의 예언서들에서도 찾아볼 수 있지만 과장되어서는 안 된다.

c. 귀환의 소망.

포로들이 소망을 둔 미래는 결국 고국으로 귀환하게 될 미래였다. 이러한 소망은 결코 사라지지 않았다. 일부의 사람들은 이내 체념하고 바벨론의 생활에 적응하였음에 틀림없지만, 포로 공동체의 견실한 핵심 분자들은 그 상황을 최종적인 것으로 받아들이기를 거부하였다. 이것은 부분적으로 의심할 여지없이 포로들이 자기들의 처지가 잠정적이라는 것, 즉 본격적인 재정착이라기보다 잠시 억류되어 있을 뿐이라고 의식한 데에 있었다. 또 한편으로는 선지자들이 국가의 파멸을 백방으로 예언하면서도 여호와의 목적은 자기 백성의 궁극적인 귀환이라는 것 — 더구나 바로 약속의 땅으로 — 을 포로들에게 계속해서 확신시킨 데도 그 이유가 있었다(예를 들면, 렘 32:6-15; 겔 37장).

그래서 그들은 포로생활을 과도기로만 볼 수 있었다. 위에서 언급한 주전 595/4년의 소동 이후로 우리는 포로들이 공공연한 소요를 일으켰다는 이야기를 전혀 듣지 못한다. 여호야긴의 투옥이 바로 그런 소요에 의해 야기된 것이 아니라면 말이다. 그러나 이것은 체념을 뜻하는 것이 아니었다. 그와는 반대로 이 백성은 자기들을 낯선 땅에서의 체류자로 생각하였다. 그들은 자기들을 이곳으로 끌어온 사람들에 대한 사무치는 증오로 가득 차서 머나먼 시온을 향한 향수에 젖어 있었다(예를 들면, 시 137편). 그들은 교만한 바벨론에 대한 여호와의 심판과 그들의 종국적인 해방을 열렬히 기다렸다(예를 들면, 사 13:1-14:23). 거룩한 도성의 폐허는 그들의 마음을 짓눌렀고, 그들은 자기들의 죄를 고백하면서(왕상 8:46-53) 거룩한 도성의 재건(참조 . 사 63:7-64:12)을 위해 또한 출애굽 때처럼 여호와가 개입하기를 간구하였다.

일반 포로들이 이러한 귀환을 정확히 어떠한 견지에서 생각하였는지는 우리로서는 말할 수 없다. 아마도 대다수는 단지 옛 체제에 의거한 국가의 재건을 바랐을 것이다. 다윗 신학은 결코 사멸되지 않고 있었다(참조 . 겔 34:23f. ; 37:24-28). 그리고 느부갓네살의 아들이 여호야긴을 감옥에서 석방한 사건(왕하 25:27-30)은 그가 본국으로 돌아가 왕위에 복귀하리라는 소망을 고무시켰을 것이다. 그러나 그렇다고 하더라도 아무런 변화도 생기지 않았다. 한편 어떤 사람들은 에스겔 40-48장에 묘사된 '하나님 나라'(Civitas Dei)가 보여 주는 대로 이미 소멸한 다윗 왕국의 연장선상에서가 아니라 옛 지파동맹의 체제를 이상적으로 수정한 형태의 국가를 재건한다는 웅장한 설계를 하고 있었다.[22] 이들이 꿈꾼 것은 사독 가문 출신의 한 제사장에 의해 주재되고 세속의 군주(45장 이하)는 주로 제의를 유지하는 자로서 전적으로 보조적인 역할만을 담당하게 되는 신정 국가였다. 의식상으로 부정하거나 이방적인 것들은 무엇이든지 제의로부터 엄격하게 배제될 것이었다(44:4-31). 그 중심에는 재건된 성전이 있었고, 바로 이 성전에 여호와의 임재는 다시 돌아와서 그 보좌에 영원히 앉으실 것이라는 것이었다(43:1-7). 그것은 하나의 유토피아적인 구상(지파들을 서부 팔레스타인에만 인위적으로 배치한 점에 유의하라⟨47:13-48:29⟩)으로서 현실에 거의 맞지 않는 것이었다. 그럼에도 불구하고 이 구상은 미래를 강력하게 형상화했다. 포로로 잡혀온 수많은 유대인들의 눈은 이제까지 신앙 속에서만 존재하고 있었던 이 새로운 예루살렘으로 쏠리게 되었다.

3. 바벨론 제국의 말기.

바벨론 제국의 상황이 극도로 불안정했기 때문에 유대인들의 소망은 고조되었음에 틀림없다. 이 나라는 실제로 단명한 제국이었다. 느부갓네살과 그의 부왕에 의해 창건된 이 제국은 예루살렘이 멸망한 후 25년이 지나 느부갓네살이 죽자 제국의 종말의 징후를 드러내기 시작하였다.

a. 느부갓네살(주전 562년에 죽음)의 통치 말기.

느부갓네살 자신은 제국을 그대로 유지하였을 뿐만 아니라 확장하기까지 할 수 있었다. 그의 가장 위험한 외부 경쟁자는 기억하다시피 앗시리아를 멸망시켰을 때 바벨론의 동맹자였던 메대 왕 키약사레스(Cyaxares)였다. 바벨론인들이 메소포타미아, 수리아, 팔레스타인에서 이전의 앗시리아 영토를 병합하고 있었을 때, 키약사레스는 대규모의 국가를 건설하였는데, 그 수도는 에크바타나(Ecbatana)였다. 이란의 다른 인도-아리안족들을 복속시킨 그는 아르메니아를 가로질러 서쪽으로 동부 소아시아로 진출하였고, 거기서 리디아 왕 알리야테스(Alyattes)와 충돌하였다. 주전 585년에 세력 균형이 뒤집히는 것을 바라지 않은 느부갓네살은 거기에 개입하여 할

---

22) Cf. M. Noth, *The Laws in the Pentateuch and other Studies*(Eng. tr., Edinburgh and London: Oliver & Boyd, 1966; Philadelphia: Fortress Press, 1967, pp. 67-70. 나는 에스겔 40-48장은 확장된 것들이긴 하지만 근본적으로는 에스겔의 설교로 보고 싶다; 주석서들을 참조하라. 가장 최근의 것으로는 p.462의 주 68에 열거한 Zimmerli와 Eichrodt의 주석서들을 참조하라.

리스(halys)강을 메대와 리디아의 국경선으로 확정하는 데 조정자 역할을 했다. 그러면서 한편으로 그는 자신의 국경선들을 지켰을 뿐더러 얼마 뒤에는 길리기아(Cilicia)까지 자신의 정복 사업을 확장시켰다.[23]

느부갓네살은 예루살렘을 파괴한 후에 소요가 계속되었던 서부 지역에서 또 다른 군사 작전을 수행하였는데, 이 소요는 틀림없이 이집트의 바로 아프리에스(Hophra, 주전 589-57년) 편의 간섭을 통해 선동된 것이었을 것이다. 그 자세한 경위는 거의 알려져 있지 않다. 주전 585년에 두로에 대한 포위 공격이 있었다. 그러나 에스겔은 두로의 파멸을 노래했고(겔 26-28장) 또한 느부갓네살은 13개월 동안이나 이 도시를 봉쇄하였지만, 두로는 그 섬 요새에 안전하게 피신하여 그에게 항전하였다(겔 29:17-20). 그래서인지 두로는 비록 바벨론의 종주권을 인정하지 않을 수는 없었다고 할지라도 반독립 국가로 존속하였다.[24] 주전 582년에(렘 52:30) 바벨론 군대는 다시 유다로 왔고, 제3차 포수(捕囚)가 일어났다. 요세푸스(*Ant.* X, 9, 7)는 같은 해에 요지(凹地) 수리아, 모압, 암몬에서 군사 작전이 있었다고 하고 있는데, 이것은 연대 미상의 느부갓네살의 한 명각(銘刻)에서 언급된 레바논 지역에서의 작전일 가능성이 있다.[25] 그러나 확실치는 않다.

예레미야(43:8-13; 46:13-26)와 에스겔(29-32장)은 모두 느부갓네살이 계속해서 이집트까지 침공하기를 기대했지만, 그는 이집트에 대한 침공이 너무 모험적이라고 생각했던지 한동안 이 시도를 미루었다. 그러나 그렇게 할 생각이 그에게 있었다. 주전 570년에 이집트의 아프리에스는 구레네(Cyrene)의 헬라인들에게 패배한 뒤 아마시스(Amasis)라는 사람이 이끄는 자기 군대의 폭동에 직면하였다. 뒤이어 벌어진 전투에서 아마시스는 스스로 왕이 되었고, 한편 아프리에스는 목숨을 잃었다. 주전 568년에 느부갓네살은 이 혼란기를 틈타 이집트를 침공하였다. 이를 말해 주고 있는 명각(銘刻)은 단지 단편뿐이기 때문에, 그 자세한 경위는 전혀 알 수

---

23) 길리기아는 주전 585년에는 여전히 독립한 상태였으나 아마 주전 570년 이전에 느부갓네살에 의해 점령된 것 같다. Cf. Albright, *BASOR*, 120(1950), pp. 22-25; D. J. Wiseman, *Chronicles of Chaldean Kings(625-556 B.C.) in the British Museum*(London: The British Museum, 1956), pp. 39f..

24) Cf. H. J. Katzenstein, *The Histoty of Tyre*(Jerusalem: The Schocken Institute for Jewish Research, 1973), pp. 322-334.

25) Cf. Pritchard, *ANET*, p. 307. 요세푸스는 느부갓네살이 이 원정에서 이집트를 침공하고 바로를 죽인 다음 그곳의 유대인들을 바벨론으로 옮겼다고(완전히 틀린 기록이다) 하고 있기 때문에, 그의 기사를 믿기가 망설여진다.

가 없다.[26] 느부갓네살의 목적은 분명히 정복이 아니라 아시아에 더 이상 간섭하지 못하도록 이집트에게 경고하는 응징의 시위였던 것 같다. 그렇다고 한다면, 그는 성공한 셈이었다. 그후 이집트와 바벨론은 후자가 존속하는 동안 우호적인 관계를 유지했지 때문이다.

b. 느부갓네살의 후계자들.

느부갓네살이 죽자 바벨론의 세력은 급속도로 기울었다. 국내 정세가 불안정했기 때문이다. 7년 동안에 왕이 세 번이나 바뀌었다. 느부갓네살의 아들 아멜 마르둑(Amel-marduk, 주전 562-560)[27], 곧 여호야긴을 감옥에서 풀어 준 에윌므로닥(Evil-merodach, 왕하 25:27-30)은 재위 2년 만에 그의 매부인 네르갈 사르 우술(Nergal-shar-usur, Neriglissar)에게 아마 무력으로 왕위를 탈취당하였다. 아마 후자는 예레미야 39:3, 13에 바벨론의 군관으로 나오는 네르갈사레셀(Nergal-sharezer)인 듯하다. 네리글리살(주전 560-556년)은 정력적으로 활동했지만 — 주전 557/6년에 서부 길리기아의 동부 지역에 있는 바벨론 보호령(Hume)에 대한 공격을 응징하기 위하여 멀리 서부 길리기아(Pirindu)까지 원정했다[28] — 4년 만에 죽고, 미성년자 아들인 라바시 마르둑(Labashi-marduk)이 왕위를 계승하였다. 라바시 마르둑은 하란 출신의 아람계 귀족 가문의 자손인 나부나이드(Nabu-na'id, Nabonidus)에 의해 곧 제거되었고, 후자가 스스로 왕권을 장악하였다.

나보니두스(주전 556-539년)는 분명히 바벨론에 있던 반대파들, 아마 주로 마르둑 제사장들의 권력이 경제적으로나 종교적으로나 지나치게 비대해진 것을 분개하고 있었던 사람들의 후원을 받았던 것 같다. 그러나 그의 통치는 바벨론에 커다란 알력을 가져왔다.[29] 이전에 자기 어머니가 그랬던 것처럼 달의 신 신(Sin)의 광신자였던 나보니두스는 자기 신의 제의를 후원하고 하란에 그 신의 신전(주전 610년에 파괴된)을 재건하였으며, 바벨론 만신전에서 신(Sin) 신을 최고의 지위로 높이려고 애를 썼던 것 같다. 또한 그는 바벨론의 여러 신전들을 세운 자들의 이름과 그 연대

---

26) Pritchard, *ANET*, p. 308. Cf. F. K. Kienitz, ***Die politische Geschichte Egyptens vom 7. bis zum 4. Jahrhundert vor der Zeitwende***(Berlin: Akademie-Verlag, 1953), pp. 29-31.

27) 이 시대와 뒤이은 시대들의 연대기에 대해서는 A. Parker and W. H. Dubberstein, *Babylonian Chronology, 625 B.C.-A.D. 75*(Brown University Press, 1956)를 참조하라.

28) Cf. Wiseman, *op. cit.*, pp. 37-42, 75-77; 또한 Albright, *BASOR*, 143(1956), pp. 32f.

29) 나보니두스와 관련된 문서들에 대해서는 Pritchard, *ANET*, pp. 305f., 309-315; *ANE Suppl.*, pp. 560-563를 참조하라.

을 알아보기 위하여 그 신전들의 유적지들을 발굴하였고, 학자들로 하여금 옛 명각(銘刻)들을 해독케 하여, 오래 전에 폐지되었던 수많은 의식들을 부활시켰다. 그의 이러한 혁신적인 조치들은 많은 사람들, 특히 마르둑 제사장들의 미움을 샀고, 이 제사장들은 그를 불경스러운 자로 여겼다. 나보니두스는 통치 초기에 짐작컨대 몇몇 반란들을 진압하기 위해 길리기아[30]와 수리아에 출정한 후 그의 거처를 바벨론에서 에돔의 동남쪽 아라비아 사막에 있는 테이마(Teima)라는 오아시스로 옮겨 그곳에 10년간 머물렀다.

바벨론의 정사(政事)는 황태자 벨 사르 우술(Bel-shar-usur, Bel-shazzar)의 손에 맡겨지게 되었다. 그러나 나보니두스 왕이 축제 때에도 바벨론으로 오지 않았기 때문에, 바벨론 제의력(祭儀歷)의 절정인 신년 축제는 생략되었다. 많은 시민들은 이를 신성모독으로 여겼다. 이제 나보니두스가 바벨론을 떠난 직접적인 이유는 그의 종교정책으로 인하여 바벨론과 그 밖의 여러 도시 시민들에 의해 야기된 폭동 때문이었음을 알게 된다.[31] 그러나 나보니두스는 망명자에 지나지 않았던 것은 아니다. 왜냐하면 그는 이 기회를 이용하여 남쪽으로는 메디나(Yathrib)에 이르는 대상 통로를 따라 있는 일련의 오아시스들에 대한 바벨론의 지배권을 확대하였기 때문이다. 그는 이 오아시스들에 군사 식민지를 건설하였다. 유대인 병사들이 나보니두스의 군대 가운데에 끼어 있었고 또한 기독교의 초기 수 세기와 모하메드 시대까지 있었던 아라비아의 유대인 정착지들이 이 무렵에 기원했다는 것은 얼마든지 있을 수 있는 일이다.[32] 나보니두스는 결국 바벨론으로 돌아갔고 백성들의 환영을 받았다고 하지만, 그의 정책을 둘러싼 알력은 계속되었던 것으로 보인다. 바벨론은 사분오열되어 일개 지방 국가로 전락하였고 국가의 위기사태에 대처할 준비가 되어 있지 않았다.

c. 고레스(Cyrus)의 등장.

바로 이 무렵에 동요하는 바벨론으로서는 대처해 나갈 수 없었던 새로운 외부의

---

30) Pritchard, *ANET*, p. 305; Albright, *BASOR*, 120(1950), pp. 22-25.

31) Pritchard, *ANE Suppl.*, pp. 562f.와 거기에 인용된 문헌들, 특히 C.J. Gadd, *Anatolian Studies*, 8(1958), pp. 35-92를 참조하라. 이 시대와 그다음 시대의 정치적 상황에 대해서는 K. Galling, "Politische Wandlungen in der Zeit zwischen Nabonid und Darius"(*op. cit.* 〔주 9〕, pp. 1-60)를 참조하라.

32) Cf. R. de Vaux, *Bible et Orient*(Paris: Les Editions du Cerf, 1967). pp. 277-285; H. W.f. Saggs, *AOTS*, pp. 46f.; 또한 앞의 주에 인용된 저작들도 참조하라.

위협이 증대하였다. 이미 말한 대로 이 시대 전체에 걸쳐 바벨론의 가장 위험한 경쟁 국가는 메대였는데, 당시 이 나라의 왕은 키약사레스의 아들 아스티야게스(Astyages, 주전 585-550년)였다. 메대인들은 나보니두스의 영토를 공공연히 위협하였기 때문에, 우리는 그들의 제국 내에서 반란이 일어났을 때 나보니두스가 기뻐했으리라는 것을 상상할 수 있다. 이 반란의 지도자는 페르시아인 고레스였는데, 이 사람은 남부 이란에 있는 안샨(Anshan)의 봉신 군주(vassal King)로서 메대 왕들과 혈연 관계가 있는 가문(Achaemenians) 출신이었다. 만약 나보니두스가 처음에 고레스를 지지했다는 것이 사실이라면, 그는 곧 후회하였을 것이다. 주전 550년 무렵에 고레스는 벌써 에크바타나(Ecbatana)를 점령하고 아스티야게스를 폐위시킨 다음 거대한 메대 제국을 장악해 버린 상태였기 때문이다. 고레스는 이 일을 마치기도 전에 원근의 여러 민족들의 간담을 서늘케 한 일련의 혁혁한 원정에 착수하였다. 나보니두스는 이제는 이전에 메대인들을 두려워했을 때보다 더 고레스를 겁내어 이집트의 바로 아마시스(Amasis, 주전 570-526년), 리디아 왕 크레수스(Croesus, 주전 560-547/6년경)와 함께 고레스에게 대항하는 방위 동맹을 맺었다. 그러나 소용없는 짓이었다! 주전 547/6년에 고레스는 리디아로 진격해 들어갔다. 분명히 그는 그 과정에서 상부 메소포타미아를 휩쓸었고 이 지역과 아마 북부 수리아와 길리기아를 바벨론인들의 지배로부터 해방시켰을 것이다.[33] 그런 다음 그는 한겨울에 할리스(Halys) 강을 건너 리디아의 수도 사르디스(Sardis)를 기습 공격하여 점령하고 리디아를 자신의 영토로 합병하였다. 에게해에 이르기까지 소아시아의 대부분이 고레스의 지배하에 들어가자 이집트와의 방위 동맹은 깨졌고 바벨론은 홀로 남게 되었다.

물론 바벨론에게는 몇 년의 유예 기간이 허용되었다. 그 다음 수 년 동안의 고레스의 활동 상황은 별로 분명치 않다. 그러나 그는 이 기간을 이용하여 히르카니아(Hyrcania)와 바대(Parthia)를 가로질러 오늘날의 아프가니스탄까지, 또한 오쿠스(Oxus) 너머의 초원지대를 횡단하여 약사르테스(Jaxartes)에 이르기까지 원정하여 자신의 영토를 동쪽으로 확장했던 것으로 보인다.[34] 몇 차례의 신속한 군사 작전을 통해 고레스는 이전의 어느 나라보다도 훨씬 거대한 제국을 창건하였다. 한편 바벨

---

33) Pritchard, *ANET*, p. 306; cf. Wiseman, *op. cit.*, p. 42.

34) Cf. A.T. Olmstead, *History of the Persian Empire*(The University of Chicago Press, 1948), pp. 45-49; R. Ghirshman, *Iran*(Eng. tr., Penguin Books, 1954), p. 131.

론인들 자신을 비롯하여 모든 사람들에게 바벨론은 아무런 가망도 없다는 것이 분명해졌음에 틀림없다. 고레스는 자기가 원하는 때에 바벨론을 점령할 수 있었다. 남은 문제는 언제냐 하는 것이었다. 앞으로 살펴보겠지만, 그 시기는 오래 기다리지 않아도 되었다.

4. 해방 전야: 이스라엘의 신앙에 대한 선지자들의 재해석.

이러한 사건들은 유대인들의 가슴속에 극심한 흥분을 불러일으켰고 잠재해 있던 해방에 대한 소망을 용솟음치게 하였다. 그렇지만 이와 아울러 그 사건들은 이스라엘의 신앙을 좀더 깊이 재해석할 필요성을 한층 절감케 하였다. 세계적인 사건들이 과거 어느 때보다도 훨씬 광활한 무대를 배경으로 숨가쁘게 전개되고 있었다. 군소국가들 — 그리고 군소의 신들 — 의 시대는 이미 지나갔다. 많은 유대인들은 비록 무의식적이라 할지라도 뿌리뽑힌 한 민족의 수호신인 여호와가 이같은 제국들의 격돌 속에서 어떤 역할을 해주기를 기대할 수 있을까 하는 의구심을 품지 않을 수 없었을 것이다. 여호와는 선지자들이 주장하는 바와 같이 참으로 사건들을 주관하여 승리의 결말로 이끌어갔는가? 이스라엘의 역사와 현재의 고난은 그분의 주권적인 목적에 비추어 해명될 수 있는가? 그분은 참으로 자기 백성의 정당함을 입증할 권능를 가지고 있었는가? 이러한 물음들은 철학적으로 표현되지는 않았겠지만 당시의 상황에 은연중 내포되어 있었고 무시될 수는 없었다. 이와같이 시야가 넓어짐에 따라 이스라엘의 신앙이 그 적절성을 입증하자면 좀더 대담하고 보편적인 재해석을 필요로 하게 되었다.

하나님의 섭리에 의하여 바벨론에 폭풍이 몰아치기 직전에 또 한 사람의 위대한 선지자, 곧 많은 점에서 모든 선지자들 가운데 가장 위대한 선지자의 목소리가 포로들 가운데서 울려 나왔다. 그의 이름은 알려져 있지 않고 또한 그의 예언들은 이사야서의 뒷부분의 장(章)들에서 찾아볼 수 있기 때문에, 그는 관례상 제2이사야라 불

35) 이사야 40-55장은 바벨론의 붕괴(주전 539년) 직전과 그 진행중의 것으로서 확고하게 제2이사야의 것으로 간주될 수 있다. 56-66장도 마찬가지로 그의 저작으로 볼 수 있지만, 이 장들은 대부분 팔레스타인 귀환 후의 이야기들이므로 뒤에 고찰할 것이다. 34장과 35장도 역시 제2이사야나 그의 가까운 제자의 것이다. 좀더 자세한 논의에 대해서는 주석서들을 보라. 가장 최근의 것으로는 J.L. McKenzie, *Second Isaiah*(*AB*, 1968); C. Westermann, *Isaiah* 40-66(Eng. tr., OTL, 1969) 등이 있다.

린다.[35] 이스라엘의 신앙에 요구되었던 적응력을 부여한 사람이 바로 그였다.

a. 한 분 하나님이며 역사의 주재자인 여호와.

제2이사야의 메시지는 가장 직접적으로는 기진맥진해 있던 자기 동포들에게 주는 위로의 메시지였다. 그는 이스라엘의 참회가 받아들여졌고 또한 여호와가 곧 권능과 한량없는 자비로써 자기 양떼를 모아 고향으로 인도할 것이라는 여호와의 결심을 알리는 천상(天上)의 포고를 들었다(사 40:1-11). 그의 모든 예언은 자기 백성을 구속하러 오시는 하나님에 관한 사상으로 점철되어 있다. 그러나 이러한 확신은 직접적으로는 고레스의 혜성과 같은 등장과 임박한 바벨론의 붕괴를 통해 얻어진 것이었다고는 하지만 단순히 사건들의 호전이 아니라 이스라엘의 하나님에 관한 선지자 자신의 개념에 의거한 것이었다.

실제로 이스라엘의 신앙에 언제나 함축되어 있었던 유일신 사상을 가장 명확하고 일관되게 표현한 사람은 바로 그였다. 그는 여호와를 비할 바 없는 권능을 가진 신으로 묘사하였다. 즉, 아무런 도움이나 매개물 없이 만물을 지으신 창조주, 천군(天軍)과 자연력의 주님으로 묘사하였다. 그러므로 지상의 그 어떤 세력도 그분에게 대항할 수 없고, 이 세상의 그 무엇에도 그분을 비길 수 없다는 것이다(40:12-26). 그는 이방신들을 지독한 풍자로써 조소(嘲笑)하면서(44:9-20), 이방신들은 아무것도 '아니기' 때문에(41:21-24) 역사 속에서 아무것도 할 수 없는 나무토막들과 쇠붙이라고 불렀다(40:19f.; 46:5-7). 여호와는 처음이자 마지막이며, 오직 한 분이신 신으로서 그분 외에는 다른 어떤 신도 없다(44:6; 45:18; 46:9).

이와 같은 신학을 선포함으로써 이 선지자는 여호와가 역사를 절대적으로 주재하고 있다는 것을 자기 동포들에게도 확신시킬 수 있었다. 극적이고도 힘있게 그는 천상의 법정을 상상으로 묘사한다. 열방의 신들은 이 법정에 출두하여 역사의 목표에 관한 증거와 역사상의 사건들을 이끌어갈 능력에 관한 증거를 제시함으로써 자기들이 신이라는 주장을 실증하도록 호출을 받는다(41:1-4; 43:9). 그들은 그렇게 하지 못하고, 고레스 앞에 서서 벌벌 떤다. 그들은 고레스의 등장을 예고하거나 막지 못했던 것이다(41:5-7; 46:1). 그들의 소요 없음은 그들이 결코 신들이 아님을 보여 준다(41:21-24, 2 8f). 이와 반대로 여호와는 역사의 무대인 우주의 창조주이자 그곳에서 생겨나는 만물의 주권적인 주님이다(45:11-13,18; 48:12-16). 그분은 예로부터 하나의 목적이 있었고, 그 목적에 이바지하도록 아브라함과 야곱을 불렀다(41:8-10; 51:1-3). 그의 백성은 그분이 하나님임을 알리려는 이 목적의 증인들이다(43:8- 13; 44:6-8). 다른 선지자들과 마찬가지로 제2이사야는 바벨론 포수를 이스라엘의 죄악에 대한 여호와의 공의로운 심판으로 이해하였다(42:24f.; 48:17-19). 그러나 바벨론 포수는 그분의 목적의 포기(이것은 그분의 이름에 대한 상상조차 할 수 없는 치욕일 것이다)를 내포하는 것은 아니었다. 왜냐하면 이스라엘을 깨끗게 한 다음 구속하는 것이 그분의 의도이기 때문이다(48:9-11). 제2이사야는 고레스를 여호와의 목적을 이룰 은밀한 도구라고 환영하면서 여호와는 그를 불러 시온의 재건을 위하여 사용하실 것이라고까지 담대하게 설파하였다(44:24-45:7; f.; 46:8-11). 이런 식으로 이 선지자는 이스라엘의 역사적 신앙의 견지에서 제국의 전모(全貌)를 요약하여 제시함으로써 세계사의 도전에 답을 주었다. 모든 것은 홀로 하나님이신 여호와의 목적 안에서 그 권능에 의해 일어난다. 그러므로 전능하신 구원의 하나님을 의뢰하라고 그는 이스라엘에 호소하였다(40:27-31; 51:1-16).

b. 여호와의 미래: 그분의 통치의 보편적 승리.

제2이사야는 고레스가 유대인의 귀환을 실현할 것으로 기대하였지만, 그는 이러한 소망을 단순한 팔레스타인으로 외적인 귀환과 다윗 왕조의 부활이라는 대중들의 생각을 훨씬 뛰어넘는 차원으로 높였다. 오히려 그는 출애굽과 같은 사건들, 이스라엘의 재구성, 세계에서 여호와의 왕적인 통치의 확립을 고대하였다. 거듭거듭 그는 "새 일"이 바야흐로 일어날 것이라고 선언하였다(예를 들면, 42:9; 43:19; 48:3, 6-8). 바로 이 새 일을 낳기 위하여 여호와는 이를테면 참아 왔다는 것이다(42:14f). 이 결정적인 사건은 꽃이 만발하고 물이 넘쳐 흐르는 사막을 통과하는 대로(大路)라는 견지에서 거듭 묘사되고 있다(예를 들면, 40:3-5; 41:18f.; 42:16; 49:9-11; 55:12; 35장). 이 비유는 출애굽 전승에서 끌어온 것이다. 이전의 다른 선지자들과 마찬가지로(예를 들면, 호 2:14-20; 사 10:24-27; 렘 31:2-6; 겔 20:33-38) 제2이사야도 자기 동포의 환난을 새롭게 겪는 이집트의 종살이와 광야의 유랑생활로 생각하였다. 그러므로 그는 다가오는 구원을 새로운 출애굽(43:16-21; 48:20f.; 52:11f), 그러니까 이스라엘 역사의 뼈대를 이루는 사건들을 더욱 웅대한 규모로 재현하는 사건으로 묘사하였다. 그는 실제로 이 구원을 단지 출애굽뿐만 아니라 천지창조까지 거슬러 올라가는 여호와의 창조적 구속적 활동의 절정으로 볼 수 있었다(51:9-11). 그가 기대하였던 것은 분명히 옛 질서의 단순한 회복이 아니라 그 너머에 여호와의 통치의 최종적인 승리가 놓여 있는 역사의 대전환점이었다.

그러므로 여호와가 이스라엘과의 자신의 언약을 다시 맺을 것이라는 것과 거기에 따르는 약속들에 주안점이 두어졌다. 물론 이 선지자는 이스라엘이 그런 대우를 받을 만하다는 것을 시사하지 않았다. 오히려 여호와는 예전에 보잘것없는 백성을 이집트로부터 불러냈던 것처럼, 이번에는 소경이자 귀머거리이며 철저히 완악한 백성(42:18-21; 48:1-11)을 이 새로운 종살이로부터 불어내어 그들에게 자신의 영원한 평화의 언약을 수여할 것이다(54:9f). 제2이사야는 예레미야와 마찬가지로 이것을 새 언약이라 부르지는 않는다. 왜냐하면 그는 이스라엘과 여호와의 유대는 결코 깨진 적이 없다고 역설하였기 때문이다(50:1). 바벨론 포수는 "이혼"이 아니라 단지 일시적인 반목일 뿐으로서 여호와는 이제 영원한 자비로써 잘못을 저지른 자기 백성을 다시 불러서(54:1-10) 믿기 어려울 정도로 수많은 자손을 주겠다고 아브라함에게 했던 약속을 그들에게도 줄 것이었다(49:20f.; 54:1-3)

이렇게 하여 이스라엘의 신앙에 고유한 약속이라는 요소가 명확하게 재천명되었다. 그러나 이 재천명은 왕조와 국가에 얽혀 있었던 오래된 통속적인 소망을 단지 되풀이하는 데 있지는 않았다. 비록 그 "새 일"이 다윗 가문에 얽힌 모든 기대들을 포괄하고 또 충족시킬 것이었다고 하더라도(55:3-5), 다윗 가문의 왕은 아무런 역할도 하지 못한다. 이스라엘의 본원적인 신학에서처럼 여호와가 왕이다. 그분의 지상의 대리자는 이방의 고레스이지만, 고레스 자신은 이를 알지 못하는 도구에 불과하다. 여호와가 친히 자기 양떼를 사막을 거쳐 시온으로 인도하여(40:1-11) 거기서 자신의 영을 받고 자랑스럽게 자기를 인정하는(44:1-5) 새로운 "카리스마적" 이스라엘을 다스리는 자신의 왕적인 통치를 확립할 것이었다(51:17-52:12).

이에서 더 나아가 이 선지자는 여호와의 통치는 온 세상을 포괄하여 유대인들뿐만 아니라 이방 민족들에게도 미칠 것이라고 선언하였다. 물론 그는 이스라엘이 선택받은 백성임을 투철하게 의식하고 있었기 때문에 이스라엘이 하나님의 경륜에서 특별하고도 두드러진 지위를 차지하고 있음을 의문시할 수 없었고 또 의문시하지도 않았다. 그러나 그는 열방들이 여호와를 하나님으로 인정하게 될 때를 내다보았다(49:6). 그는 열방들이 현재의 형세의 역전을 통하여 여호와의 권능이 힘있게 드러나는 것을 알아보리라고 기대하였다. 그러면 열방들은 이교 신앙이라는 잡동사니에서 벗어나 우상숭배의 잘못을 살펴보고 인간을 구원할 수 있는 유일한 하나님에게 돌아올 것이다(45:14-25). 심지어 이 선지자는 고레스가 자신의 승리 속에서 여호와의 손길을 알아차리고 그분을 참 하나님으로 인정하게 될 것을 기대하였다(45:1-7).

오래 전부터 선지자들의 목소리를 통해 암시되어 왔고(예를 들면, 창 12:1-3; 18:18; 암 9:7) 신명기 역사서에서 좀더 명료하게 윤곽이 드러났던(예를 들면, 왕상 8:41-43) 유일신교에 함축된 보편적 주장들이 제2이사야와 더불어 뚜렷하게 명시되었다: 여호와는 온 세상을 다스리고자 하며 이방인들도 그 통치를 받아들이도록 촉구되고 있다는 것이다. 그리하여 폭넓고 신선한 흐름이 이스라엘 신앙의 본류 속으로 쏟아져 들어왔다. 그 흐름이 약간 뒤섞였을 뿐이라고 말할 수도 있지만 그 흐름을 결코 막을 수는 없었다. 앞으로 살펴보겠지만 순종적인 이방인들을 신앙의 울타리 안으로 기꺼이 맞아들이며 또한 자신들의 종교를 편협하고 배타적인 민족주의적 견지에서 해석하기를 거부하는 이스라엘 사람들이 언제나 있었을 것이다. 이스라엘의 신앙, 그 하나님 개념과 역사의 방향성에 대한 개념에는 그 신앙에 고유한 보편적인 차원이 부여되어 왔던 것이다.

c. 이스라엘의 사명과 숙명적 과업: 여호와의 종.

하지만 가장 심오한 것은 아직 이야기되지 않았다. 제2이사야가 이스라엘 신앙에 내재해 있던 약속이라는 요소에 범세계적인 관점을 부여했다면, 이스라엘이 행해야 할 의무라는 요소도 마찬가지였다. 이스라엘은 바로 자신의 존재 자체를 통하여 역사에 있어서의 여호와의 목적을 증거하고 그럼으로써 그분이 한분 참 하나님이라는 사실도 증거하는 증인이라고 제2이사야는 선언하였다(43:8-13). 그러므로 이스라엘의 역할은 결코 수동적인 것이 아니였고 막중한 책임을 내포하고 있었다. 이스라엘은 여호와 이외의 어떤 신에게도 예배해서는 안 되고 충성스럽게 그분의 언약의 율법을 지켜야 할 뿐만 아니라 또한 하나님의 계획에 있어서 적극적인 숙명적인 과업과 의무도 지니고 있었다. 여호와가 역사상의 사건들에서 위대한 주역이고 고레스가 그분의 정치적 대리자라면, 여호와의 목적의 참된 도구는 그분의 종 이스라엘이다. 여호와의 종이라는 인물을 통해 제2이사야는 이스라엘의 숙명적인 과업과 현재의 고난에 가장 심오한 해석을 부여하였다.

구약 성경 전체에서 여호와의 종이라는 개념보다 더 특이하고 이해하기 어렵고

36) 관련된 문헌만 열거하려 해도 상당한 지면을 차지할 것이다. C.R. North의 표준적인 저작인 *The Suffering Servant in Deutero-isaiah*(2nd ed., Oxford: Clarendon Press, 1956)를 보라. 이 책에서는 실질적으로 이 주제에 관한 모든 것들이 개관되어 있다. 또한 H.H. Rowley의 간략하지만 뛰어난 논술인 *The Servant of the Lord and Other Essays*(rev. ed., Oxford: Blackwell, 1965), pp. 1-60도 보라.

그러면서도 깊은 감동을 주는 개념은 없다. 이 개념에 대한 해석은 의견이 분분하다. 여기서 이에 관해 충분히 논의할 수는 없다.[36] 여호와의 종은 제2이사야의 예언 전체에 걸쳐 거듭거듭 등장하는데, 이른바 "종의 노래들"(Servant poems)[37] 이외의 부분에서는 언제나 이스라엘과 동일시되고 있다. 그러나 종의 노래들에서는 해석이 어려워진다. 여기서 우리는 그 종(42:1-9)을 여호와에게 선택받아 그의 영을 수여받고 겸손하게 그러나 끊임없이 수고하면서 열방들에게 여호와의 법을 제시할 사명을 지닌 자로 본다. 그는 여호와의 목적을 이루기 위한 도구(49:1-6)로서 비록 현재는 좌절하고 낙심하더라도 이스라엘을 하나님에게로 돌아오게 하고 또 흑암 가운데 있는 열방들에게 빛이 되어야 하는 숙명적 과업을 지니고 있다. 그는 이러한 숙명에 순종하면서 고통과 핍박에도 불구하고 자신의 정당함을 여호와가 신원해 줄 것이라고 확신하고 있다(50:4-9). 이 종에게는 승리가 약속되어 있다. 죄도 없으면서 불평 한마디 없이 받는 그의 고난은 대속적인 성격을 띠고 있다(52:13-53:12).[38] 그가 자신의 목숨을 많은 이를 위한 속죄의 제물로 내놓을 때, 그는 수많은 자손을 얻게 되고 또한 자신의 수고로 말미암아 하나님의 목적이 승리하는 것을 보게 된다.

이 심오한 개념의 기원은 복잡하여서 입증한다기보다 이것저것 닥치는 대로 추론해 보는 것이 더 수월하다. 집단의 죄를 어떤 짐승이나 개인에게 돌려서 그 희생제물을 추방하거나 제단에 바침으로써 그 집단의 죄를 벗는다는 원시적인 개념이 어떤 역할을 하고 있다는 것은 의심의 여지가 없다. 또한 아마 사회를 하나의 집단적 인격체로 생각했던 고대의 개념은 개인의 죄가 집단에 저주를 가져오듯이(예를 들면, 수 7장), 개인의 의로움이 집단을 의롭게 할 수 있을 것이라는 사상을 불러일으켰을 것이다. 또한 죄도 없이 하나님을 위해 섬기는 선지자들과 그 밖의 인물들의 고난과 너무 고통스러웠기 때문에 단순히 죄에 대한 징벌이라고 설명할 수는 없었던 민족의 수난에 대해서 많은 성찰이 있었을 것이 틀림없다. 그외에도 주변에서 익숙하게 된 개념들도 어떤 역할을 한 것으로 생각되어 왔다. 예를 들면, 죽었다가 다시

---

37) 이 종의 노래들(42:1-4 〔5-9〕; 49:1-6 〔7〕; 50:4-9 〔10f.〕; 52:12-53:12)을 최초로 뽑아낸 학자는 B. Duhm, *Das Buch Jesaja*(HKAT, 4th ed., 1922)이다. 이 노래들의 범위와 제2이사야의 다른 예언들과의 관계는 논란중이다. 여기서는 그 이유들을 논의할 수 없지만, 나는 이 노래들을 제2이사야의 사상에서 필요불가결한 주요 부분으로 간주한다. 다른 구절들(예를 들면, 61:1-3)도 역시 이 여호와의 종을 묘사하는 것일 수 있다.

38) 실질적으로 의견의 일치를 보고 있지만, H. M. Orlinsky, *The So-Called "Servant of the Lord" and "Suffering Sevant" in Second Isaiah*(*VT*, Suppl., Vol. XIV 〔1967〕, pp. 1-133)는 단호하게 이의를 제기하고 있다.

살아나는 신에 관한 신화나 제의에서 자기 백성을 대표하여 이따금 의식상(儀式上)으로 백성들의 죄를 떠맡곤 했던 오리엔트 세계의 왕의 역할 등이 그런 것들이다. 이것들은 추측의 범위를 벗어날 수 없다. 그러나 이 종에 관한 개념이 어디서부터 기원했든지, 그러니까 선지자 자신의 영감에 의해 형성되었든 부분적으로 이미 수중에 있었던 자료 속에서 찾아내었든, 그 개념이 그의 입으로 표현되었을 때는 고대 세계에서 유례를 찾아볼 수 없는 특이한 개념이 되어 있었다.

이 선지자가 종이라는 인물을 통하여 말하고자 한 바가 정확히 무엇인지는 아마 언제까지나 논란거리가 될 것이다. 그러나 그가 그 인물을 통하여 이스라엘에게 무언가를 환기시키려고 했다는 것은 분명하다. 종의 노래들 이외의 부분에서 종은 언제나 이스라엘을 가리키고 있고, 종의 노래들 안에서도 이론상 "이스라엘"이란 말이 삭제되어서는 안 되는 대목(49:3)에서 한 번 그 종은 명시적으로 이스라엘과 동일시되고 있다. 물론 이 종은 현실의 이스라엘이나 혹은 이스라엘의 어떤 가시적인 분파를 묘사한 것은 아니다. 다른 한편으로 이 종은 언제나 한 개인으로 묘사되고 있지만 이 선지자의 시대나 그 이전 시대의 어떤 역사적 인물과도 동일시될 수 없다.[39) 오히려 이 종은 개인과 집단, 미래의 이상과 현재의 부르심 사이에서 왔다갔다 하고 있는 인물이다. 이것은 하나님의 부르심을 받은 이스라엘을 묘사한 것으로서 또한 모든 겸손한 이스라엘 사람들에게 그 부르심에 주의를 기울이고 거기에 순종할 것을 촉구하는 것이기도 하다(50:10). 그것은 여호와의 이상적 종 — 제사장적이고 왕적이며 특히 선지자적인 인물 — 의 전형으로서 그를 통하여 여호와는 이스라엘과 세계를 향한 자신의 구속 목적을 성취하실 것이다. 이스라엘인들이 지도자들이거나 일반 백성이거나 다 같이 기꺼이 여호와의 종를 본받아 불평하지 않고 자신들의 고난을 견디고 하나님의 목적을 위해 자신을 산 제물로 바칠 때 약속된 승리는 도래하게 될 것이다.

이와같이 이스라엘의 신앙을 세계사의 광대한 지평에 맞춰 해석한 이 위대한 선지자는 또한 이스라엘의 고난에 대해서도 가장 심오한 해석을 부여하였던 것이다. 그의 설교는 사람들이 자신들의 고난으로 말미암아 절망에 빠지는 것을 막았다. 왜냐하면 그는 하나님의 부르심에 순종하며 받는 고난은 바로 소망으로 나아가는 통로라고 단언하였기 때문이다. 제2이사야는 아마 현대적 의미의 선교에 관한 권고를 한

---

39) 이런 인물로는 예레미야, 여호야긴, 스룹바벨, 고레스, 모세, 제2이사야 등이 제시되어 왔다. 그러나 그 누구도 맞지 않는다. 자세한 것은 주 36에 나오는 저작들을 참조하라.

것은 아니었으며, 또한 실제로 그의 설교는 이스라엘로 하여금 어떤 일관된 선교적 노력을 경주하도록 강권하지도 않았다. 그러나 그의 설교는 종교에 관한 모든 편협한 민족주의적 해석들과 영구적으로 긴장 관계에 있게 되었고 또한 시간이 지나면서 많은 개종자들을 이스라엘에 끌어들이게 될 것이었다. 더구나 이스라엘이 하나의 민족으로서 그 종의 모습 속에서 하나님의 구속의 전형을 알아보지 못했다고 하더라도, 이 전형은 앞으로 살펴볼 것과 같이 온유하고 겸손한 인물을 경건한 사람으로 여기는 포로기 이후 시대의 이상을 형성시키는 데 강력한 힘을 발휘하였던 것이다. 그리고 이것은 이스라엘이 존속하는 데 이바지하였다. 아마 기독교인은 "때가 차서" 십자가에 못박히어 죽었다가 다시 살아난 그분 안에서 하나님의 종의 전형은 성취되었다고 말할 것이다.

B. 팔레스타인에서 유대인 공동체의 재건

1. 새날의 개막.

제2이사야가 말씀을 전하고 있었을 때에 벌써 소망은 실현되고 있는 듯이 보였다. 바벨론은 곧 고레스 앞에서 멸망했고, 그후 불과 수개월 안에 유대인 공동체의 재건은 적어도 잠재적으로 하나의 사실이 되었다. 이스라엘에게 영광스러운 새날이 밝아오는 듯했고 미래는 약속으로 빛나는 것같이 보였다.

a. 바벨론의 붕괴.

바벨론의 멸망은 신속히 그리고 놀라울 정도로 쉽게 도래하였다. 실제로 제2이사야가 바벨론의 멸망을 예고한 것은 별로 대담한 일이 아니었다고 말할 수 있었다. 왜냐하면 바벨론이 절망적이라는 것은 누구에게나 분명했을 것이 틀림없기 때문이다. 이미 상부 메소포타미아는 상실된 상태였고, 엘람(Gutium) 지방도 그러했다. 그곳의 총독인 바벨론인 장군 고브리아스(Gobryas, Gubara)는 고레스에게 투항한 뒤 고국에 침입해서 먼저 약탈을 자행하기 시작하였다. 바벨론 내부에서도 공포(사 41:1-7; 46:1f.)와 극단적인 불만의 징후들이 있었다. 나보니두스는 자신의 종교개혁으로 말미암아 백성의 신뢰를 상실하였고, 백성들 가운데 다수는 그를 제거하려고 기를 썼다. 나보니두스는 신년 축제를 부활시켜 사태를 수습하려고 하였으나 이미 때는 늦었다.[40]

바야흐로 이때 결정타가 바벨론에 가해지고 있었다. 페르시아 군대는 이미 국경지대에 집결해 있었고, 여름이 오자 공격을 개시하였다. 상황은 절망적이었다. 나보니두스는 분명히 바벨론의 방위를 위해 자신의 모든 군사적 정치적 역량을 집중시키려고 지방 도시들의 신상들을 수도로 옮겨왔다. 이 조치는 신상들을 빼앗겨 버린 시민들의 사기를 저하시키는 결과만을 가져왔다. 결정적인 교전은 티그리스 강변 오피스(Opis)에서 벌어졌는데, 바벨론 군대의 참패로 끝났다. 저항은 와해되었다. 주전 539년 10월 고브리아스는 한번도 싸우지 않고 바벨론을 점령하였다. 도망했던 나보니두스는 곧이어 사로잡혀서 포로가 되었다. 수 주 후에 고레스는 개가를 부르며 바벨론에 입성하였다.

자신의 명각(銘刻)에 의하면, 고레스는 바벨론인들로부터 해방자로 환영을 받았고, 그는 그들에게 최대한의 아량을 베풀었다고 한다. 만약 나보니두스의 연대기와 이른바 "나보니두스의 운문 기사"가 동일한 이야기를 많이 말하고 있다는 사실이 없었더라면[41] 우리는 이 명각의 내용을 자기 선전으로 보아 넘겨 버렸을지도 모른다. 바벨론인들은 변화에 적응할 준비가 충분히 되어 있었고, 한편 관용은 고레스의 특성이었다. 바벨론도 지방 도시들도 모두 전혀 피해를 입지 않았다. 페르시아의 군사들은 주민들의 종교적 감정을 존중하고 그들에게 공포감을 주지 않도록 하라는 명령을 받았다. 억압적인 상황은 호전되었다. 나보니두스가 수도로 옮겨 왔던 신상들은 본고장 신당으로 되갖다 놓았고, 이 왕의 말썽 많던 개혁 조치들은 폐지되었다. 마르둑 숭배는 계속되었고, 고레스 자신도 공공연하게 그 예배에 참여하였다. 실제로 고레스는 마르둑 신을 받들며 자신은 신의 지명으로 바벨론의 합법적인 왕으로서 통치한다고 주장하였다. 그리고 그는 이곳에 자기 아들 캄비세스(Cambyses)를 자신의 대리자로 임명하였다.

고레스의 승리로 바벨론 제국 전체는 그의 지배 아래 놓이게 되었다. 그가 팔레스타인과 남부 수리아를 차지한 것이 바벨론 정복 이전인지 이후인지 그리고 어떤

40) 나보니두스의 연대기(Pritchard, *ANET*, p. 306: cf. *ANE Suppl.*, pp. 562f.)는 이 조치가 주전 539년 봄에 취해졌음을 시사하고 있다. 그러나 이문서들에는 빠진 부분들이 있기 때문에, 나보니두스가 귀환한 해에 대해서는 논란중에 있다; cf. Galling, *op. cit.*, pp.11-17.

41) 관련된 문서들의 본문은 Pritchard, *ANET*, pp. 306, 312-316를 참조하라.

방법으로 이 일이 이루어졌는지는 확실치 않다.[42] 그러나 주전 538년에는 이집트 국경선에 이르기까지의 서아시아 전 지역이 그의 수중에 있었다.

b. 고레스의 정책: 재건의 칙령.

고레스는 바벨론에서 그의 재위 제1년(주전 538년)에 팔레스타인에서의 유대인 공동체 및 제의의 재건을 명하는 포고령을 공포하였다. 성경은 이에 관한 두 가지 보도를 제공해 준다: 에스라 1:2-4과 6:3-5. 후자는 아마 성전에 보존되어 오다가 역대기 사가에 의해 그의 저작에 합체된 아람어 문서 모음의 일부인 듯한데, 따라서 이 본문의 진정성을 의심할 필요는 없다.[43] 이 포고령은 '조서'(dikrona, 스 6:2)의 형식, 즉 왕실 기록 보관소에 정리되어 보관된 왕의 구두 결정에 관한 비망록의 형식으로 되어 있다. 이 포고령은 성전을 재건할 것과 그 경비는 왕실 금고에서 지출할 것을 규정하고 건축을 위한 개략적인 명세도 정해 놓고 있으며(국가가 그 비용을 부담하는 것이기 때문에 극히 당연하다) 또한 느부갓네살이 빼앗아간 성전의 기물들도 제자리에 가져다 놓도록 지시하고 있다.

또 다른 보도(스 1:2-4)는 히브리어로 되어 있고 역대기 사가의 어투로 씌어 있다. 이 본문의 진정성은 널리 의문시되고 있는데, 아람어 본문을 인정하는 많은 학자들조차 이를 의심하고 있다.[44] 하지만 이 본문은 그것의 본질적인 사실성(史實性)에 의심을 품게 할 정도로 근본적으로 개연성이 없는 내용을 포함하고 있지는 않다. 이 본문은 전령관(傳令官)이 신민들에게 알리는 왕의 포고의 형태를 취하고 있다.[45] 그것은 고레스가 성전의 재건을 명령하였을뿐 아니라 고향으로 돌아가기를 원하는

---

42) 고레스의 원통인장(Pritchard, *ANET*, p. 316)에서는 바벨론으로 그에게 공물을 가져온 왕들의 이름이 적혀 있다. 그러나 고레스는 그 이전에 이 지역을 점령하였을 것이다. 벧엘은 대략 이 무렵에 파괴되었다. 주전 553년에 수리아의 원정 과정에서 나보니두스에 의해 파괴되지 않았다면 아마 고레스에 의해 파괴되었을 것이다; cf. Albright, *ARI*, pp. 166f..

43) 특히 Torrey는 이 칙령의 신빙성을 의문시해 왔다(*op. cit.*〔주1〕); 또한 R.H. Pfeiffer, *Introduction to the Old Testament*(Harper & Brothers, 1941), pp. 823f. 그러나 그 신빙성을 유능하게 변호하고 있는 다음 학자들의 저작들을보라: E. Meyer, *Die Entstehung des Judentums*(Halle: M. Niemeyer, 1896), pp. 8-71: 또한 H.H. Schaeder, *Esra der Schreiber*(Tübingen: J. C. B. Mohr, 1930); R. de Vaux, "Les decrets de Cyrus et de Darius sur la reconstruction du temple," *RB*, XLVI(1937), pp., 29-57; W.F. Albright, Alex. *Marx Jubilee Volume*(Jewish Theological Seminary, 1950), pp. 61-82.

44) 예를 들면, Meyer, *op. cit.*, p. 9: Schaeder, *op. cit.*, pp. 28f.: de Vaux, *op. cit.*, p. 57.

유대인들에게는 귀환을 허용하였다고 말하고 있다. 그리고 바벨론에 남아 있는 유대인들에게는 기부금을 통해 이 사업을 돕도록 촉구하였다. 또한 역대기 사가는 느부갓네살이 빼앗아간 성전의 기물들이 돌아온 것도 보도하면서(스 1:7-11), 이 업무가 "유다의 군주" — 즉, 왕족의 한 사람 — 인 세스바살(Shesh-bazzar)에게 맡겨졌다고 말하고 있다. 십중팔구 이 세스바살은 역대상 3:18에 여호야긴의 한 아들로 기록되어 있는 세낫살(Shenazzar)과 동일인물이었을 것인데, 이 두 이름은 모두 신 압우술(shin-ab-usur)과 같은 바벨론식 이름이 와전된 것들이다.[46]

고레스 같은 그토록 위대한 정복자가 유대인과 같은 정치적으로 중요치 않은 민족의 일에 그렇게 관심을 보이고 있는 것이 놀랍게 보일는지 모른다. 그러나 우리는 그의 포고령이 놀라울 정도로 관대한 그의 전반적인 정책을 보여 주는 한 예에 지나지 않는다는 것을 알고 있다. 이러한 정책을 그 후계자들도 대부분 따랐다.[47] 고레스는 고대에서 진정으로 개화된 통치자들 가운데 한 사람이었다. 과거에 앗시리아인들처럼 탄압과 포수(捕囚)를 통해 민족 정서를 짓밟아 버리는 대신에, 속국의 백성들이 제국의 틀 안에서 가급적 문화적 자율성을 누리도록 허용하는 것이 고레스의 목표였다. 그와 그의 후계자들이 복잡한 관료제도(고관들의 대부분은 페르시아인 또는 메대인이었다)와 군대, 효율적인 통신망을 통해 확고한 지배권을 유지해 나갔지만, 그들의 통치 자체는 가혹하지 않았다. 오히려 그들은 속국의 신민들의 관습을 존중하고 그들의 기존의 제의를 보호.육성하고 가능한 지역에서는 토착민 군주들에게 책임을 맡기는 것을 좋아하였다. 바벨론에 대한 고레스의 행위는 바로 이러한 전형을 따른 것이었다.

따라서 고레스가 유대인들로 하여금 팔레스타인으로의 귀환을 허용하고, 거기에

---

45) 특히 E.J. Bickerman, "The Edict of Cyrus in Ezra 1"(*JBL*, LXV〔1946〕), PP. 244-275를 보라. 몇몇 학자들(예를 들면, R. de Vaux, *RB*, LXVII 〔1960〕, p. 623와 거기에 있는 전거들)은 귀환에 관한 칙령이 필요했다는 것을 의심한다. 즉, 다른 이유들보다도 팔레스타인은 페르시아 제국 영토였기 때문에 그곳에 가는 데 특별한 허가가 필요치 않았을 것이라고 한다. 아마 통상적인 여행자들의 무리는 그런 허가를 받을 필요가 없었을 것이다. 그러나 주민의 재정착에는 특별한 허가가 필요했으리라고 짐작 수 있다(그리고 cf. 스 7:13)-그러나 제1차로 귀환한 무리는 아마 적은 수였으리라는 점에 대해서는 의견이 일치할 것이다.

46) 이것은 실제로 있을 법한 제안이다; cf. 예를 들면, Albright, *JBL*, XL(1921), pp. 108-110; 또한 *BP*, p. 86과 주 177; *BASOR*, 82(1941), pp. 16f. 이 이름이 외경 에스드라 1서와 요세푸스의 저서에는 "사나바살(Snabassar)로 나온다.

47) 이러한 정책을 보여 주는 더욱 많은 예들을 보려면 Noth, *HI*, pp. 303-305; H. Cazelles, *VT*, IV(1954), pp. 123-125를 참조하라.

서 그들의 조상 대대로의 제의를 복구하는 일을 돕고, 이 업무를 그들의 왕족 출신의 인물에게 맡긴 것은 철저히 이러한 정책에 부합한 조치였다. 물론 우리는 유대인들의 문제가 어떻게 그토록 빨리 고레스의 주목을 받게 되었는지에 대해서는 알지 못한다. 짐작컨대 영향력 있는 유대인들이 궁궐에서 상주(上奏)할 기회를 얻었던 것으로 보인다.[48] 팔레스타인은 이집트의 국경지대 가까이에 위치해 있었기 때문에, 그곳에 충성스런 속국 신민의 핵심적인 무리를 가지고 있는 것이 고레스에게 유리했을 것이고, 이런 것이 그의 결정에 영향을 미쳤을 것으로 보인다. 어쨌든 고레스가 약삭빠른 이기적 동기에서 행동하였고 또한 그가 확실히 제2이사야가 기대했던 것과는 달리 여호와를 인정하지 않았다고 하더라도, 유대인들은 그에게 마땅히 감사해야 했다.

c. 제1차 귀환.

이미 말했듯이 팔레스타인 재건사업은 유다의 군주인 세스바살에게 맡겨졌다. 짐작컨대 그는 사정이 허락하자마자 정신적 지도자들에 의해 새 시대에 한몫을 하려는 열망으로 불타 있었던 유대인들(스 1:5)을 대동하고 곧 예루살렘으로 출발한 듯하다. 이 무리가 어느 정도 큰 규모였는지는 말할 수 없다. 에스라 2장의 귀환자 명단은 느헤미야 7장에 다시 나오는데 앞으로 살펴보는 바와 같이 후대의 것이다. 그러나 포로들의 본대(本隊)는 이때에 귀환한 것 같지 않다. 아무래도 팔레스타인은 나이많은 노인들이나 기억하고 있을 정도로 멀리 떨어진 곳이었고 또한 그곳으로 가는 여행은 어렵고 위험하였다. 게다가 이 재건 사업의 장래도 불투명하였다. 더구나 많은 유대인들은 이때쯤 해서 바벨론에서 어느 정도 기반을 잡고 살고 있었다. 니푸르(Nippur)에서 나온 당시의 상업 문서들(주전 437년과 그 이후) 속에 유대인 이름들이 자주 나타나는 것으로 보아, 이러한 사정은 다음 세기에 가서도 마찬가지였음이 분명하다.[49] 엘레판틴(Elephantine) 문서들(주전 495년과 그 이후)이 이집트에서의 상황이 그러했음을 보여 주듯이 아마 바벨론에서도 이미 그 이전부터 상황이 그러했을 것이다. 바벨론에서 잘 살게 된 이런 유대인들 가운데 다수는 이 재건 사

48) 요세푸스(*Ant.* XI, I, 1f.)는 고레스가 자신에 관한 이사야(제2이사야)의 예언을 읽고 감동했던 것으로 우리로 하여금 믿게 하려 한다. — 이것은 거의 있을 수 없는 일이다.

49) M. D. Coogan, "Life in the Diaspora"(*BA*, XXXVII 〔1974〕, pp. 6-12)를 보는 것이 편리하다; 또한 M. W. Stolper, *BASOR*, 222(1976), pp. 25-28(여기에 자세한 문헌 목록이 있다)도 보라.

업을 재정적으로는 기꺼이 도와주려고 했으나(스 1:4, 6) 직접 재건 사업에 참여하려고는 하지 않았다. 요세푸스(Ant. XI, 1, 3)가 말하고 있듯이, 그들은 "자기들의 재산을 버리고 떠나려고는 하지 않았던 것이다." 아마도 아주 대담하고 헌신적인 정신을 가진 소수의 사람들만이 기꺼이 세스바살과 동행하고자 하였을 것이다.

이 제1진의 귀환자들이 어떻게 되었는지에 대해서는 우리가 아는 것이 거의 없다. 역대기 사가 자신도 이를 잘 몰라서 세스바살의 행적과 그의 조카이자 후임자인 스룹바벨의 행적을 겹쳐서 기록해 놓은 것으로 보인다. 그는 세스바살에 관해 그 이상 아무것도 우리에게 말해 주지 않는다. 또한 이 새로운 재건 사업의 정치적 위상(位相)도 불분명하다. 아람어 사료(스 5:14)는 고레스가 세스바살을 "총독"으로 임명하였다고 말하고 있다. 그러나 이 칭호(pehah)는 다소 애매한 감이 있기 때문에[50], 세스바살의 관직이 무엇이었는지는 분명치 않다. 즉, 재건되어 분리된 별도의 유다 속주의 총독이었는지 사마리아 총독의 관할 아래 있었던 유다 지구의 총독 직무 대리였는지 단순히 특별 사업의 책임을 맡은 왕의 판무관(辦務官)이었는지 분명치 않은 것이다.[51] 그러나 세스바살의 후임자인 스룹바벨이 그와 동시대 사람인 학개에 의해 "유다 총독"이라 불리고 있고(1:1, 14 등등)[52] 또한 실제로 정치적 권한을 지니고 있었던 것으로 보이기 때문에, 이로 보아 세스바살에게도 적어도 유다의 제반 업무를 반독자적으로 처리할 수 있는 권한이 부여된 듯하다. 그러나 확실치는 않다. 어쨌든 새로운 공동체의 정치적 위상은 여러 해 동안 애매한 상태로 남아 있었다.

예상할 수 있듯이 세스바살은 즉시 성전 재건 작업에 착수하여 실제로 주춧돌들을 놓기 시작했던 것으로 보인다. 역대기 사가는 이 공을 스룹바벨에게 돌리고 있는 것이 사실이지만(스 3:6-11; 참조. 슥 4:9), 아람어 사료(스 5:16)는 특별히 세스바살에게 이 영예를 돌리고 있다. 역대기 사가는 이 두 사람의 행적을 겹쳐서 묘사를 한 것 같다. 우리는 스룹바벨이 정확히 언제 팔레스타인에 도착하였는지를 모르기 때문에, 이 두 사람이 그 일을 함께 한 관계로 성전의 주춧돌을 놓는 공사의 공적을 어느 쪽에 돌려도 되었을 가능성이 있다. 그러나 이와 마찬가지로 세스바살이

---

50) Cf. Alt, *KS*, II, pp. 333f.

51) 예를 들면, Alt, *ibid.*: K. Galling, *JBL*, LXX(1951), pp. 157f.; W. Rudolph, *Esra und Nehemia*(*HAT*, 1949), p. 62.

52) 에스라 6:7의 "유다[유대인의] 총독"도 참조하라. 이것은 아마 일종의 난외주라 할지라도 정확한 주(註)일 것이다. 따라서 학개서에 나오는 스룹바벨의 호칭을 의심할 이유는 전혀 없다(예를 들면, Rudolph, *Esra und Nehemia*, pp. 63f.에서는 이를 의심하고 있다).

그 일을 시작하긴 했지만 실제로 해놓은 일은 거의 없었기 때문에 후에 공사가 재개되었을 때 그 공사 전체의 공적이 그의 후임자에게 돌아갔을 가능성도 있다. 어쨌든 일은 시작되었다.

역대기 사가는 세스바살과 연관시켜 말하고 있지는 않지만, 모종의 정규적인 제의가 즉시 재개되었다는 것은 거의 확실하다. 위에서 언급한 대로 실제로 성전이 폐허로 있었던 동안에도 모종의 제의가 계속되었던 것 같다(참조 . 렘 41:5). 그러나 이것은 의심할 여지없이 산발적으로 행해졌을 것이고, 또 새로 돌아온 자들이 보기에는 비정규적인 제의였을 것이다. 그러므로 새로 시작하지 않으면 안 되었다. 에스라 3:1-6은 이를 언급하면서 또 다시 스룹바벨이라는 인물을 가지고 세스바살이라는 인물을 덮어 버렸을 가능성이 있다.[53] 어쨌든 누구나 그러한 조치가 즉시 취해지기를 기대했을 것이고, 또 실제로 그랬을 것으로 우리는 추측할 수 있다. 제의의 재개는 재건의 진정한 시작을 의미하였다. 보잘것없는 시작이긴 했지만 시작은 시작이었다. 충성스런 유대인들은 용기를 가질 수 있었다; 이스라엘의 역사는 끝난 것이 아니라 계속될 것이다.

2. 재건 공동체의 초기.

첫 단계가 아무리 고무적이었다고 하더라도, 재건 사업의 초기는 참담할 정도로 실망을 금치 못하게 했고 좌절과 낙심만을 가져왔을 뿐이었다. 최소한으로 온건하게 기대했던 일들조차도 실현되지 않았기 때문에, 현실은 제2이사야의 휘황 찬란한 약속들과는 너무나 거리가 멀었다! 낙담의 해가 거듭됨에 따라 공동체의 사기는 위태로울 정도로 저하되었다.

a. 세계 정세: 주전 538-522년.

정치적 무대는 저 위대한 전환점, 곧 제2이사야에 의해 약속된 여호와의 통치의 돌연하고도 전세계적인 승리를 알리는 그 어떠한 징후도 보여 주지 않았음이 확실하

---

53) 예를 들면, R. A. Bowman, *IB*, III(1954), pp. 588f. ; Rudolph, *Esra und Nehemia*, 29. 그러나 역대기 사가가 세스바살에 스룹바벨을 겹치어 묘사했다기보다 단지 세스바살을 무시했을 뿐이며 따라서 이 사건은 스룹바벨의 지도 아래 제의의 재편을 지칭하고 있다는 견해도 배제할 수 없다.

다. 유대인들은 시온으로 무리지어 몰려들지도 않았고, 고레스와 열방들이 회심하여 여호와를 예배하는 일도 벌어지지 않았다. 이와는 반대로 페르시아의 세력은 더욱 더 무시무시한 규모로 강대해져서 천하 무적으로 보였을 것이 틀림없다.

서아시아의 전지역이 고레스의 지배 아래 있었기 때문에 그와 겨룰 수 있는 세력은 하나도 없었다. 그가 살아 있는 동안에는 그가 창건한 제국의 확고한 평화를 어지럽히는 소요는 전혀 없었다. 고레스가 약사르테스(Jaxartes) 강 건너편의 유목민들을 원정하는 도중에 결국 목숨을 잃게 되자, 그의 후계자는 이미 바벨론에서 수년 동안 그의 대리자로 통치하고 있었던 맏아들 캄비세스(Cambyses, 주전 530-522)였다. 캄비세스는 자기 지위를 위협한다고 생각된 자기 아우 바르디야(Bardiya)를 제거하고 왕권을 확고히 다졌다. 캄비세스의 가장 큰 업적은 이집트를 페르시아 제국에 병합한 것이었다. 그는 주전 525년에 이 일을 이루었다. 이집트의 바로 아마시스(Amasis)는 사모스(Samos)의 전제 군주와 동맹을 맺고 또 헬라인 용병들을 좋은 조건으로 고용하여 활용함으로써 위기를 모면하려고 애썼으나 허사였고, 용병대장이 페르시아인들에게 투항하여 이집트의 방위 계획을 누설하자 어찌할 도리가 없었다. 그러는 동안에 아마시스는 죽었고, 그의 아들 프사메티쿠스 3세(Psammetichus III)는 침략자들을 저지할 힘이 없었다. 이윽고 전이집트는 점령되어 페르시아 제국의 속령(satrapy)으로 편제되었다. 캄비세스의 그 밖의 정복사업(이디오피아, 암몬의 오아시스에 대한)은 성공하지 못하였고 또한 카르타고에 대한 원정 계획도 불가능한 것으로 밝혀졌지만, 리비아, 구레네, 바르카(Barca) 등지의 희랍인들도 그에게 복속되었다.

이집트에서 캄비세스의 거취에 대해서는 많은 논란이 있어 왔다. 고대의 역사가들은 캄비세스가 자신의 새로운 신민들의 종교적 감정을 무시하고 신성모독과 음탕한 짓을 저질렀다고 그를 비난하고 있는데, 현대의 몇몇 역사가들도 이 견해를 따르고 있다. 그러나 이것은 지나친 것인 듯하다.[54] 캄비세스가 간질 환자로서 정신이 온전하지는 않았고 또한 그보다 1세기 후의 엘레판틴 문서의 하나에 그가 이집트의 신전들을 파괴하였다는 기록이 있긴 하지만[55], 그가 종교 문제에 있어서 부왕의 정책을 뒤엎었을 것 같지는 않다. 어쨌든 이집트에 살던 유대인들은 그를 불평할 이유가

54) 증거에 관한 논의는 Olmstead, *op. cit.* (주 34), pp. 89-92를 참조하라. 더 최근 것으로는 K. M. T. Atkinson, *JAOS*, 76(1956), pp. 167-177.

55) 본문에 대해서는 Pritchard, *ANET*, p. 492를 참조하라.

전혀 없었다. 왜냐하면 그가 엘레판틴의 유대인 성전에는 손을 대지 않았기 때문이다. 팔레스타인의 유대인들과 관련해서는 캄비세스가 그들의 일에 전혀 간섭을 하지 않았는지 어떠했는지 알 수 없다.[56] 그렇지만 독립을 향한 유다의 온갖 노력을 역사적으로 지지해 온 이집트가 정복됨으로써 유대인들은 의기소침과 허탈감을 느꼈을 것임에 틀림없다. 구약시대 사람들의 시야로는 유다는 실질적으로 전세계를 포괄하는 거대한 제국의 작은 속주 또는 하위 속주(subprovince)에 지나지 않아 보였다고 한다면, 여호와의 "새 일", 즉 임박한 것으로 생각되었던 열방들의 전복과 여호와의 승리적 통치는 도대체 어디에 있단 말인가?

b. 유대인 공동체: 역경과 좌절의 세월.

팔레스타인로 돌아온 초기의 자세한 상황은 거의 알 수 없지만, 상황은 극히 낙심케 하는 것었음이 분명하다. 참으로 "작은 일의 날"이었다(참조 . 스 4:10). 이미 말한 대로 고레스의 칙령에 대한 바벨론의 유대인들의 반응은 결코 한결같지가 않았다. 귀환 후의 팔레스타인의 유대인 공동체는 처음엔 극히 작은 규모였다. 다른 무리의 포로들이 제1진에 연이어 돌아왔지만, 주전 522년 무렵에 유다의 총인구는 이미 이곳에서 살아왔던 사람들을 포함하여 2만을 넘지 못했을 것이다.[57] 예루살렘도 그로부터 75년이 지난 후까지 여전히 인구 밀도가 희박했고(느 7:4) 대부분이 폐허로 남아 있었다. 유대인들이 마음대로 차지할 수 있는 땅은 작았지만(남북으로 약 25마일), 주민은 많지 않았다.

새로 돌아온 자들은 여러해에 걸쳐 역경과 궁핍과 불안정에 시달렸다. 그들은 낯선 땅에서 새롭게 출발해야 했다. 그것 자체가 현기증나도록 힘겨운 과제였다. 그들은 연이은 불순한 기후와 곡식의 부분적인 흉작으로 고생했고(학 1:9-11; 2:15-17), 이로 인하여 그들 가운데 많은 사람이 필요한 양식과 의복도 없이 빈곤으

---

56) 요세푸스(*Ant.* XI, 2, 1f)는 에스라 4:7-23의 사건을 캄비세스 때의 일로 보고 있다. 그러나 이것은 외경 에스드라 1서 2:16-30이 이 사건을 성전의 재건과 혼동하고 있기 때문일 것이다. 요세푸스는 성전의 재건 공사가 캄비세스의 후임자인 다리우스 1세 때 완공된 것으로 알고 있었다.

57) 이러한 추정은 Albright의 것이다; 그 논거들에 대해서는 *BP*, pp. 87, 110f.를 보라. 다른 학자들, 예를 들면, K. Galling, "The Gola List According to Ezra 2// Nehemiah 7" (*JBL*, LXX 〔1951〕, pp. 149-158; rev. German ed., *op. cit.*〔주9〕, pp. 89-108) 등은 이 명단을 스룹바벨과 연관시키고 있다. 그러나 주전 5세기 후반기의 것으로 추정하는 것이 더 낫다. 당시의 총인구는 5만이 못되었다. 그러나 주전 520년경에는 유대인들이 많았다 할지라도 아마 주전 587년 이전의 유다 인구의 절반도 안 되었을 것이다.

로 허덕였다(학 1:6). 그들의 이웃 나라들, 특히 사마리아의 귀족들은 유다를 자기네 영토의 일부로 여겨왔기 때문에 유다에 대한 자기들의 특권이 제한받게 되자 분개하여 공공연하게 적대적으로 나왔다. 이러한 적대감이 언제 어떻게 처음으로 표출되었는지는 말할 수 없으나 귀환 초부터 있었던 것이 확실하다.[58] 또한 전부터 유다 땅에서 살아 왔던 유대인들도 이주자들의 유입을 결코 열렬히 환영한 것 같지 않다. 그들은 유다 땅을 자기들의 소유지로 생각했고(겔 33:24), 아마 계속해서 그랬을 것이다. 그들은 새로 이주해 온 사람들에게 자리를 내어 주거나 조상의 소유지를 되찾겠다는 그들의 주장을 순순히 받아들이려고 하지 않았을 것이다. 포로생활에서 돌아온 사람들이 스스로를 참된 이스라엘이라 자처하고 사마리아인들과 정통이라고 할 수 없는 동포들을 부정(不淨)한 자들로 취급하여 멀리하려고 함으로써(참조 . 학 2:10-14) 분명히 긴장이 고조되었을 것이다. 반감이 폭력으로 이어지자 치안이 위태로워졌다(스 8:10).

그러므로 가까스로 시작된 성전 재건 공사가 중단된 것은 그리 놀랄 일이 아니다. 생존을 위하여 고군분투하느라 여념이 없었던 유대인 백성들은 그 사업을 계속할 만한 재원도 정력도 남아 있지 않았다. 페르시아 궁정이 약속한 원조는 실질적인 도움이 될 만큼 현실화되지 않았던 것 같다. 사마리아 당국의 간섭 때문인지 관료정치의 타성 때문인지 마침내 원조는 완전히 끊어지고 말았던 것으로 보인다. 수 년 뒤에는 페르시아 궁정의 그 누구도 고레스의 칙령을 기억조차 하지 않고 있었다(스 5:1-6:5). 많은 유대인들은 자기들이 건축하려는 성전의 빈약한 규모에 실망했고(학 2:3; 스 3:12f.) 또 그들의 능력으로 합당한 성전을 세우기에는 벅차다고 생각하고서는 이 사업을 아예 포기하려고 했다.

그러는 동안에 세스바살은 역사의 무대에서 사라졌다. 그는 이 무렵 나이가 60대였으니 아마 죽었을 것이다.[59] 여호야긴의 맏아들 스알디엘의 아들이자 세스바살

---

58) 역대기 사가는 여러 사건들을 겹치어 묘사하고 있기 때문에 에스라 4:1-5의 사건을 연대상으로 어느 때의 일이라고 추정하기는 어렵다. 아마 다리우스 1세의 통치 때일 '가능성이 있다'. 그러나 긴장들 — 정치적, 경제적, 사회적 — 이 이때 시작된 것은 아닐 것이다. Cf. Bowman, *IB*, III (1954), p. 595.

59) 만약 그가 여호야긴의 넷째 아들이었다면(대상 3:17f. : cf. 앞의 주 46), 그는 설형문자 증거가 보여 주듯이(cf. 제8장 주 53) 주전 592년 이전에 — 아마 몇 년 전에 — 출생했을 것이다. 그가 바벨론으로 돌아갔다고 추측할 아무런 이유도 없으며(Rudolph, *Esra und Nehemia*, p. 62), 더군다나 그가 영리하게도 그 지위에서 해임되었다고 추측할 이유는 전혀 없다(Galling, *JBL*, LXX 〔1951〕. pp. 157f.).

의 조카인 스룹바벨이 총독의 직위를 계승하였다.[60] 그는 분명히 그 사이에 귀환한 포로들의 또 다른 무리를 이끌고 이미 유다 땅에 당도해 있었을 것이다. 정신적인 문제에 관한 지시는 여호사닥의 아들인 여호수아 대제사장이 맡았는데(학 1:1; 스 3:3 등등), 그는 포로생활 가운데 사독 가문에 태어난 인물(대상 6:15)로서 분명히 같은 시기에 유다로 돌아왔을 것이다. 스룹바벨의 활약을 재구성하는 것이 어려운 까닭은 역대기 사가가 스룹바벨의 행적을 그의 삼촌인 세스바살의 행적과 겹쳐서 묘사를 하고 있는데다가 그가 유다 땅에 당도한 시기가 알려져 있지 않기 때문이다. 그는 다리우스 1세 제2년(주전 520년)에는 유다 땅에 있었던 것이 확실하다고 할지라도(참조 . 학 1:1 등등), 이 왕이 그를 총독으로 임명한 것 같지는 않다.[61] 다리우스는 재위 초기의 혼란스러운 시기에 유대인 문제를 생각할 만한 시간적 여유가 있었을 것 같지 않을 뿐만 아니라 또한 에스라 5:1-6:5로 미루어 판단해 볼 때 그 자신이나 그의 관리들은 스룹바벨의 임무나 유다에 대한 과거의 페르시아 정책에 관하여 아무것도 모르고 있었다는 것을 알 수 있기 때문이다.

우리가 여기서 말할 수 있는 것은 스룹바벨이 주전 538년과 522년 사이에, 역대기 사가가 기록하고 있는 대로 아마 이 기간의 초기, 즉 고레스의 재위 기간중에 유다에 당도했으리라는 것뿐이다.[62] 세스바살이 시작한 성전의 기초공사가 아직 진행중이었을 때 그가 유다에 당도하여 이 기초공사를 일단락지을 수 있었으나 사마리아 귀족들의 방해에 부딪쳐 공사를 중단할 수밖에 없었을 가능성도 배제할 수 없다(스 3:1-4:5). 적어도 학개 1:3-11; 2:15-17에 의하면 포로들의 본대(本隊)(아마 스룹바벨에 의해 인도되었을)가 귀환한 것은 주전 520년보다 불과 수 년 전이었던

60) 에스라-느헤미야와 학개서에서는 일관되게 그렇게 보고 있다. 역대상 3:19에는 스알디엘의 동생, 브다야의 아들로 되어 있다. 그렇다면 스룹바벨은 형사취수(兄死取嫂)에 의해 스알디엘의 미망인이 남편의 동생인 브다야와 결혼하여 얻은 아들이었는가? W. Rudolph, *Chronikb cher*(*HAT*, 1955) p, 29는 그렇게 보고 있다. 스룹바벨은 대략 주전 570년 이전에 출생하였음에 틀림없다. 그의 이름은 세스바살과 마찬가지로 바벨론식 이름이며, "바벨론의 자손"이라는 뜻이다.

61) 몇몇 학자들은 그렇게 주장한다: 예를 들면, Galling, *op. cit.*(주10), pp. 56-59. 그는 스룹바벨의 유다 당도를 주전 521/20년으로 추정하고 있다; Olmstead, *op. cit.*, p. 136; D. Winton Thomas, *IB*, VI(1956), p. 1039도 마찬가지다. 사실 에스드라 1서에서는 다리우스가 스룹바벨을 임명했다고 한다(3장 이하; 5:1-6). 그러나 에스드라 1서 안에서도 일관성이 없다; 5:65-73에서는 에스라 4:1-5과 마찬가지로 고레스 통치 때 그가 유다에 있었던 것으로 기록하고 있다.

62) Rodolph, *Esra und Nehemia*(주51), pp. 63f.가 그렇게 주장한다. Galling은 이전에(*JBL*, LXX 〔1951〕, pp. 157f) 캄비세스 치세 때의 일로 보았다; Alt, *KS*, II, p. 355도 그렇다. 이에 관한 논의와 자세한 문헌들에 대해서는 Ackroyd, *op. cit.*(주 2), pp. 142-148를 참조하라.

것으로 보인다. 어쨌든 성전의 재건 공사가 시작된 지 18년 후에도 기초 공사 이상으로 진척되지 않았다. 사실상 완전히 중단된 상태에 있었다. 유대인 공동체는 너무 가난했고 너무 시달렸고 너무 기가 죽어 있었기 때문에 공사를 계속할 수 없었다.

c. 공동체의 정신적 위기.

유대인 공동체의 사기가 위태로울 정도로 저하되었다는 것은 학개, 스가랴, 이사야 56-66장에 뚜렷이 나타나 있다.[63] 실제로 재건 사업은 명목만 남고 완전히 실패로 돌아갈 위험성이 존재했다. 여러 소망들이 지나치게 부풀어 있었던 것이다. 의기양양한 새로운 출애굽과 시온에서 온 세상을 다스릴 여호와 통치의 확립에 관한 휘황 찬란한 청사진은 현실과는 너무도 거리가 멀었다. 물론 제2이사야와 그의 제자들은 계속해서 설교를 통해 재건되어 변화된 시온으로 유대인과 이방인이 모두 여호와의 백성이 되어 무리지어 모여들 것이라고 약속함과 아울러(사 56:1-8; 60장) 구속의 기쁜 소식을 선포하면서(61장) 사람들에게 시온을 위해 끊임없이 애쓰며 기도할 것을 촉구하였고(62장), 또한 바야흐로 나타날 하나님의 새 창조에 관해 말하면서(65:17-25) 현재의 시련은 이를 낳기 위한 진통에 지나지 않는다고 설파하였다(66:7-14). 그러나 그들의 이러한 소망들은 백성 대다수의 감정이 아니었다는 것은 분명했다. 백성들의 대다수는 왜 소망의 실현이 지연되었는지를 알고 싶어했다. 경건한 자들은 하나님이 개입해 주기를 울며 부르짖었지만(슥 1:12; 시 44편; 85편), 어떤 사람들은 그렇게 행하실 능력이 하나님에게 있는가를 의심하기 시작하였다(사 59:1, 9-11; 66:5).

실제로 새로운 공동체는 선지자들의 이상대로 비극 속에서 되살아나 정화된 이스라엘이 결코 아니었다. 경제적 사정이 절박해졌는데, 이는 아마도 그처럼 많은 사람이 귀국함으로써 불가피해진 토지 쟁탈에도 원인이 있었을 것이고 또한 불순한 기후로 인한 흉작이 재수없는 사람들을 파탄으로 몰아넣음에 따라 사태는 더욱 악화되었을 것이다. 어떤 사람들은 다른 사람들의 불행을 이용하여 자기 이득을 취하는 방

63) 이른바 제3이사야이다. 그 제재의 상당 부분은 주전 538년 직후부터 2, 30년간의 것으로 추정하는 것이 가장 타당하고, 다만 약간은 주전 515년경 이후의 것일 가능성이 크다. 최근의 것으로는 J. Muilenburg, *IB*, V(1956), p. 414 and *passim*; Westermann, *op. cit.*(주35), pp. 295f.; Ackroyd, *op. cit.*, pp. 228-230를 참조하라. 나는 이 장들이 제2이사야가 팔레스타인으로 돌아온 후에 설교한 내용에 그의 제자들의 말을 보충하여 수록하고 있다고 생각한다. 이 위대한 선지자는 분명히 귀환했을 것이다 — 기어서라도 갈 수 있었다면 그렇게 했을 것이다!

법을 알고 있었다. 이러한 자들은 경건이라는 겉치레 밑에 자신들의 비정함을 은폐시키고 있었다(사 59:1-12; 59:1-8). 혼합주의적 종교의식들이 횡행한 것은 유다의 많은 사람들이 결코 헌신적인 여호와 신앙인들이 아니었음을 보여 준다(57:3-10; 65:1-7, 11; 66:3f.,17). 실제로 유대인 공동체는 화해하기 어려운 두 무리로 나뉘어 있었던 것이 분명하다. 즉, 선지자들의 숭고한 이상에 감동되어 선조들의 신앙과 전통을 고수하고자 한 무리 — 그 대부분은 귀환한 포로들 — 와 주변의 이교적 환경에서 많은 것들을 흡수하였기 때문에 그 신앙이 이미 순수한 형태의 여호와 신앙이라고 할 수 없었던 무리 — 아마 토착 주민의 상당수였을 것이다.[64]

소망이 실망으로 변함에 따라 의심할 여지없이 혼합주의는 더욱 기승을 부렸다. 그러자 유대인 공동체 자체 안에서 어떤 격리조치가 필요하다는 생각이 종교지도자들 사이에서 자라갔다(사 65:8-16; 66:15-17). 이러한 풍토에서는 여호와의 종의 사명에 관한 이상(理想)이 별로 강조되지 않았다는 것은 그리 놀랄 일이 아니다. 율법의 요구들을 기꺼이 짊어지고자 하는 이방인들을 완전히 동등한 권리를 가진 동포로 받아들이기를 촉구하고(사 56:1-8) 그런 이방인들 가운데 많은 이가 받아들여지게 될 때를 내다 본(사 66:18-21; 슥 2:11; 8:22f.) 선지자들이 있었지만, 지금 당장의 위기는 유대인 공동체가 이방의 관습들에 동화됨으로써 그 본연의 모습을 상실할 위험이었다. 그러므로 토착주민과의 접촉을 부정(不淨)을 타는 행위로 보고 그런 접촉을 일체 중지할 것을 촉구한 지도자들도 있었다(학 2:10-14).

이 모든 것들에 비추어 볼 때, 성전의 재건 공사가 진척되지 않은 것은 결코 사소한 일이 아니었다. 유대인 공동체는 그 신앙이 결집될 수 있는 구심점을 절실히 필요로 하였다. 선지자들은 너무도 크시기 때문에 성전 같은 곳에 갇혀 있을 수 없는 하나님, 외적인 형식보다도 정의와 겸손을 요구하시는 하나님에 관해 설교했을 것이다(사 57:15f.; 58:1-12; 66;1f.). 그러나 유대인 공동체가 하나의 공동체로서 존속하려 한다면 외적인 형식, 특히 성전에 대해 무관심할 수는 없었다. 솔직히 말한다면, 유대인 공동체가 현재에 가시적이고 현실적인 활동 — 요컨대, 성전 건축 — 을 할 준비가 되어 있지 않다면, 그 공동체에게 "새 시대"는 없을 것이었다. 그런데 그러한 활동을 하기 위한 전망들이 좋지 않았다. 가난과 낙심과 무기력에 빠

64) 그러나 P.D. Hanson, *The Dawn of Apocalyptic*(Philadelphia: Fortress Preess, 1975), Chs. II-III이 이 긴장을 극도로 투철하게 분석한 것을 참조하라. 핸슨이 올바르다면(그리고 아마 그럴 것이다), 이 긴장은 본질적으로 제2이사야의 전통에 서 있었던 선지자 집단과 복구된 성전의 제의를 장악하기를 원했던 — 그리고 장악했던 — 사독 가문의 제사장 집단 사이에 있었을 것이다.

져 노력해 보고자 하는 열의를 거의 찾아볼 수 없었다. 대부분의 백성들은 무슨 일을 하려고 해도 때가 좋지 않다고 생각했던 것 같다(학 1:20)

3. 성전의 완공.

그러나 유대인 지도자들은 성전을 완공하는 것이 중요하다는 것을 잘 알고 있었기 때문에 이 일이 완수될 때까지는 쉬려고 하지 않았다. 바벨론에서 포로들이 최초로 돌아온 후 18년이 지났을 때, 세계적 사건들의 변화에 도움을 받아 그들은 정력과 신앙으로 백성들을 분발시켜 성전 재건 공사를 재개하는 데 성공하였다. 이로부터 대략 4년 후에 성전은 완공되었다. 그러나 역설적으로 이러한 목적이 성취되자 참담한 실망이 뒤따랐다.

a. 다리우스 1세의 등극과 이에 따른 소요들.

주전 522년으로 접어들자 페르시아 제국은 나라를 갈갈이 찢어놓을 것 같은 일련의 소요들로 고통을 당했다. 그해에 캄비세스는 이집트로부터 팔레스타인를 거쳐 본국으로 돌아오는 도중에 가우마타(Gaumata)라는 자가 왕위를 찬탈하고 제국 동부의 대부분의 속주들에서 왕으로 받아들여졌다는 소식을 접하게 되었다. 이 가우마타라는 인물은 캄비세스가 수 년 전에 비밀리에 암살한 바 있던 캄비세스의 동생 바르디야(Bardiya)라고 스스로를 밝혔다.[65] 그후 어떤 사정인지는 분명치 않지만 캄비세스는 자결하였다. 캄비세스의 측근 군관이자 태수 히스타스페스(Hystaspes)의 아들이며 왕가의 방계 가문 출신인 다리우스(Darius)가 즉시 왕위 계승권을 주장하고 나섰다. 그는 군대의 지지를 받고 동쪽의 메대로 진격하여 가우마타를 무릎꿇리고 그를 처형하였다.

그러나 다리우스의 승리는 그의 지위를 확고히 해주기는커녕 제국 전역에 걸쳐 문자 그대로 반란의 소용돌이를 불러일으켰다. 다리우스는 베히스툰(Behistun)의 절벽에 세워진 커다란 비문에 세 나라 언어로 쓴 비문에서 자신을 반대하는 소요의 정도가 대단치 않은 것으로 기록하려고 했지만, 소요는 제국의 한쪽 끝에서 반대편

65) 이 왕을 참칭한 자는 가우마타(Gaumata), 거짓 바르디야(pseudo-Bardiya), 거짓 스메르디스(pseudo-Smerdis) 등 여러 이름으로 불리고 있다. Olmstead(*op. cit.*, pp. 107-116)는 그가 실제로 바르디야였으며, 캄비세스는 이 바르디야를 암살하지 않았었다고 주장한다.

끝까지 들불처럼 번져 나갔음이 분명하다. 반란은 메대, 엘람, 파르사(Parsa), 아르메니아와 이란 전지역에 걸쳐 일어나 가장 먼 동부 국경지대까지 미쳤으며, 서부로는 이집트와 소아시아에도 파급되었다. 바벨론에서는 나보니두스의 아들이라고 주장한 — 아마도 사실이었을 것이다 — 니딘투 벨(Nidintu-bel)이라는 자가 느부갓네살 3세라는 이름으로 스스로 왕을 자처하고 수 개월 동안 버티다가 다리우스에게 붙잡혀 처형당하였다. 이듬해에 바벨론에서 또 한 번의 반란이 있었는데, 그 반란의 지도자도 스스로를 느부갓네살이라 부르며 나보니두스의 아들이라고 주장하였다. 그도 몇 달 동안 소란을 피우다가 페르시아인들에게 붙잡혀 그의 주요 지지자들과 함께 말뚝에 찔러 죽이는 처형을 당했다.[66] 다리우스는 왕위에 오른 뒤 처음 2년 동안 완전한 승리를 거두기 위하여 이 전선에서 저 전선으로 쉴 새 없이 싸우지 않으면 안 되었다. 아마 주전 520년 말에 이르러서야 그의 지위는 실제로 안정되었다.

그 동안 페르시아 제국은 문자 그대로 산산조각이 나버릴 것처럼 보였을 것이 틀림없다. 도처에서 민족주의적 감정이 폭발함에 따라 긴장된 흥분 상태가 조성되었고, 유다의 작은 공동체도 결코 이로부터 예외일 수는 없었다. 동면하고 있었던 소망이 깨어났다. 아마 기다리렸던 바로 그 시간, 즉 열방들이 붕괴되고 개가 속에서 여호와의 통치가 확립될 시간이 마침내 왔다고 생각했을 것이다!

b. 메시야 소망의 약동: 학개와 스가랴

때가 가까이 왔다고 확신한 몇몇 선지자들은 이 소망들을 바탕으로 백성들을 독려하여 성전 재건 공사을 재개케 하였다. 이들 가운데 한 사람은 학개로서 글로 기록된 그의 신탁들은 주전 520년의 8월과 12월 사이의 것으로 추정되며, 또 한 사람인 스가랴는 같은 해 가을 — 그러니까 다리우스가 그의 대적들을 정복하는 데 성공하기 전이어서 페르시아 제국의 장래가 여전히 불투명하였을 무렵 — 에 설교를 시작하였다. 당시의 반란들 가운데 어떤 사건이 제일 먼저 그들로 하여금 설교하게 하

66) 바벨론에서 일어난 이 반란들의 정확한 연대 그리고 학개 및 스가랴의 신탁들(아래를 보라)들과 이 반란들과의 관계는 분명치 않아 논란중이다. Cf. A.T. Olmstead, *AJSL*, LV(1938), pp. 392-416. 여기서는 첫번째 반란이 끝난 시기를 주전 520년 12월로, 그리고 두번째 반란이 끝난 시기를 주전 519년 11월로 보고 있다. Olmstead는 후에 자신의 입장을 바꾸어(*op. cit.*〔주 34〕, pp 110-116, 135-140) 그 연대들을 각각 주전 522년 12월과 521년 11월로 변경하였다(cf. Parker and Dubberstein, *op. cit.*〔주27〕, pp. 15f). 그밖의 논의들로는 G.G Cameron, *AJSL*, LVIII(1941), pp. 316-319; L. Waterman, *JNES*, XIII(1954), pp. 73-78; P.R. Ackroyd, *JNES*, XVII(1958), pp. 13-27 등이 있다.

였을 것이라고 추측할 필요는 없다고 하더라도[67], 그들이 당시의 소요를 여호와의 결정적인 개입의 전주곡으로 보았다는 것은 분명하다. 그들은 포로기 이전의 유다의 공식적인 신학과 다윗에게 주어진 약속들로 거슬러 올라가서 그 약속들의 성취가 임박했다고 천명하였다. 그들의 설교에 의해 생겨난 흥분으로 인해 유대인 공동체는 성전 건축을 본격적으로 착수하게 되었다(스 5:1f. ; 6:14).

특히 학개는 여호와의 집은 폐허로 방치해 둔 채 자기들의 집에 안주하고 있는 백성들의 나태함과 무관심함을 공격하였다. 그는 유대인 공동체가 그 동안 겪어 온 역경의 세월은 바로 그러한 무관심에 대한 하나님의 징벌이라고 설명하였다(학 1:1-11; 2:15-19). 여호와가 다시 시온을 자기 통치의 거처로 선택하였다고 확신한 그는 성전의 완공을 가장 긴급한 일, 즉 자기 백성 가운데 거하며 그들을 축복하기 위한 여호와의 내림(來臨)에 없어서는 안 되는 전제 조건으로 보았다. 엄격한 격리주의자(separatist)였던 학개는 유다 땅의 종교 혼합주의자들과의 모든 접촉을 끊을 것을 촉구하면서 그들과의 접촉은 시신을 만지는 것과 같이 부정(不淨)을 타는 짓이라고 선언하였다(2:10-14). 자기들이 짓고 있는 성전의 규모가 극히 보잘것없었기 때문에 백성들이 실망하고 있음을 알아차린 그는 여호와가 곧 열방들을 무너뜨리고 성전을 그들의 보화로 가득 채워 솔로몬 성전보다 훨씬 더 화려하게 꾸밀 것이라는 약속으로 그들에게 용기를 불어넣었다(2:1-9). 심지어 그는 스룹바벨을 메시야의 견지에서 말하면서(2:20-23) 그를 오래지 않아 제국의 세력이 붕괴하여 멸망한 뒤에 통치하게 될 선택받은 다윗 가문의 왕이라고 환영하였다.

스가랴의 예언들은 대부분 다리우스가 승리를 거두고 유대인들의 소망이 그렇게 쉽사리 실현되지는 않으리라는 것이 분명해진 뒤에 나온 것으로서 스가랴도 역시 자기 동포들을 분발하도록 격려하였다.[68] 스가랴의 설교는 상당 부분 신비적인 이상

67) 연대 문제에 대해서는 앞의 주에 나오는 저작들을 보라. Olmstead의 원래의 견해에 의하면느부갓네살 3세의 반란은 이 무렵 한창 진행되고 있었을 것이고, 다른 학자들의 견해에 의하면(예를 들면, Meyer, *op. cit.* (주43), pp. 82-85; Waterman, *loc. cit.*) 느부갓네살 4세의 반란이 진행중이었을 것이다. 몇몇 학자들이 믿고 있듯이 성경은 다리우스의 즉위년도를 그의 재위 제1년으로 계산하고 있다는 것이 올바르다면, 이것은 "제2년"(학 1:1 등등)이 실제로는 다리우스의 재위 제1년(주전 521/20)이라는 것을 의미하고, 학개의 예언들과 느부갓네살 4세의 반란을 같은 시기로 볼 수 있을 것이다(주전 521년 8월-11월 말; cf. Parker and Dubberstein, *loc. cit.*) 그러나 확실히 그렇다고는 할 수 없다.

68) 스가랴의 예언들은 스가랴 1-8장에서 찾아볼 수 있고, 이 책의 나머지 부분은 별도로 수집된 것들이다. 그 마지막 날짜(슥 7:1)는 주전 518년 11월이다.

(異像)의 형태, 곧 후대에 널리 유행하게 된 묵시문학의 선구자로 볼 수 있는 양식으로 표현되어 있다. 학개와 마찬가지로 스가랴도 당시의 소요 속에서 여호와의 임박한 개입을 알리는 징표를 보았다. 그는 여호와가 머지않아 개가를 올리며 시온에서 자신의 통치를 확립할 것이라고 말하면서 아직 바벨론에 거주하고 있던 유대인들에게 다가오는 여호와의 진노를 피하여 시온으로 귀향하도록 촉구하였다(슥 2:6-13).

다리우스가 사태를 평정했음이 분명해졌을 때에도, 그는 계속하여 백성들에게 열방들의 붕괴는 단지 늦추어졌을 뿐 곧 닥쳐올 것임을 확신시켰다. 즉, 예루살렘을 위해서는 질투가 강한 여호와가 다시 그곳을 자기 거처로 선택했으며 곧 승리를 거두고 자기 집으로 개선할 것이라고 했다(슥 1:7-17; 8:1ff.; 참조. 겔 43:1-7). 성전은 여호와의 왕적인 통치의 자리가 되어야 했기 때문에, 성전의 완공은 스가랴에게 가장 긴급한 일이었다. 그래서 그는 계속해서 백성들을 독려하며(1:16; 6:15) 성전 재건 공사를 시작한 스룹바벨은 하나님의 영을 힘입어 성전이 완공되는 것을 보게 될 것이라고 선언하였다(4:6b-10a). 그는 그때에 예루살렘은 하나님의 백성 — 그리고 이방인들(2:11; 8:22f.) — 이 온 세계에서 그곳으로 무리지어 몰려옴에 따라(8:1-8) 발 디딜 틈이 없어서 성벽 밖으로 넘쳐 나올 만큼 큰 도성이 될 것이라고(1:17; 2:1-5) 약속하였다. 그 새 예루살렘에서 대제사장 여호수아와 다윗 가문의 군주 스룹바벨은 하나님의 은혜를 전하는 두 통로 역할을 하게 될 것이다(4:1-6a, 10b-14). 또한 스가랴도 메시야를 뜻하는 어투로 스룹바벨을 찬양하였다. 그는 "순(筍)", 곧 다윗 가문의 기다리던 후손(참조. 렘 23:5f.)이 바야흐로 나타나서(슥 3:8) 왕위에 오를 것이라고 선언하였다. 그리고 그는 다름아닌 스룹바벨이라고 하였다(6:9-15).[69]

학개와 스가랴는 포로기 이전의 국가의 공식적인 신학에 내재해 있던 소망들, 즉 여호와가 시온과 다윗 왕조를 선택하였다는 것에 바탕을 둔 소망들이 성취될 것을 천명하였음이 분명하다. 그들은 유대인의 작은 공동체를 이사야의 말한 바 이스라엘의 참된 남은 자들로 보았고(학 1:12,14; 슥 8:6, 12) 또한 스룹바벨을 그들을 다스릴 대망의 다윗 자손으로 보았다. 그들의 설교는 대담하고 선동적이며 극히 위

69) 이 절들은 스룹바벨을 가리킨다. 그의 이름은 원래 이 본문에 있었을 것이다; 예를 들면, D. Winton Thomas, *IB*, VI(1956), pp. 1079-1081; F. Horst, *Die zw lf Kleinen Propheten*(*HAT*, 2nd ed., 1954), pp. 236-239. 그러나 W. Eichrodt, *ThZ*, 13(1957), pp. 509-522를 참조하라.

험스러웠다. 그러나 그 설교들은 그들의 당장의 목적에 이바지하였다. 성전 재건 공사는 급속도로 진행되었다.

c. 성취와 실망.

스룹바벨이 어느 정도로 그러한 말에 영향을 받았는지 — 만약 그런 일이 있었다면 — 우리는 확인할 방도가 없다. 분명히 그가 어떤 불충한 행위를 했다는 증거는 전혀 없다. 그러나 그러한 말은 선동적인 반향을 불러일으켰고, 스룹바벨은 그것을 거의 통제할 수 없었다. 페르시아 당국에 그런 소문이 들려왔다면 그들이 이에 대해 어떻게 생각했을 것인가는 쉽사리 추측할 수 있다. 그리고 분명히 그렇게 되도록 설친 사람들이 있었을 것이다. 상상컨대 그들은 바로 사마리아의 귀족들이었을 것이다. 왜냐하면 사마리아의 귀족들은 진심에서건 다른 저의에서건 성전 건축을 돕겠다고 제의했다가 스룹바벨에게 매몰차게 일축당했던 일이 있었기 때문이다(스 4:1-5). 어쨌든 아람어 사료가 말해 주는 바와 같이(스 5:1-6:12), 모종의 소문이 아바르 나하라(Abar-nahara, 팔레스타인과 수리아 전체를 포함한 유프라테스강 서부의 속령)의 태수 닷드내(Tattenai)의 귀에 들어갔다. 왜냐하면 그가 개입하여 어떻게 된 일이냐고 물어왔기 때문이다.

그러나 분명히 그는 스룹바벨에게 경고를 할 만한 아무런 빌미도 발견하지 못했다. 그는 무슨 권한으로 성전을 짓고 있느냐고 묻고 이에 대한 답변을 들은 다음 그 진술의 사실 여부를 확인하려고 페르시아 궁정에 장계(狀啓)를 올렸지만 그동안 공사를 중단하라는 요구조차 하지 않았다(5:5). 다리우스로 말하자면, 그는 유다에서의 메시야 소동에 관해 아무것도 들은 바 없었거나 그것을 이해하지 못하였을 것이다. 왜냐하면 그는 에크바타나(Ecbatana)의 왕실 기록보관소에서 발견된 고레스의 칙령 내용을 확인해 주었기 때문이다. 닷드내는 그 칙령에 명시되어 있었던 성전 건축과 제의 유지를 위한 경비를 보조금으로 대주고 결코 간섭을 해서는 안 된다는 명령을 받았다. 이렇게 하여 공공연한 반란은 전혀 일어나지 않았음이 분명한데, 그렇지 않았다면 성전 재건 공사는 전면적으로 중단되었을 것이다.[70]

---

70) 몇몇 학자들은 스가랴 2:1-5과 에스라 5:3, 9(여기에서 "ushsharna"라는 단어는 KJV, ASV에서 "벽"으로 번역되어 있다)에 의거해서 스룹바벨이 실제로 이 도시를 요새화하고 있었다고 추론하여 왔다. 그러나 스가랴 2:1-5에서는 그런 제의만을 시사하고 있을 뿐이다. 만약 그렇다면, "ushsharna"라는 단어(RSV에서는 "구조물")는 아마 "건축 자재" "들보" 등을 의미할 것이다; cf. C.C. Torrey, *JNES*, XIII(1954), pp. 149-153; Bowman, *IB*, III(1954), p. 608; 최근의 것으로는 C.G. Tuland, *JNES*, XVII(1958), pp. 269-275.

성전 건축은 순조롭게 진척되어 마침내 주전 515년 3월에 성전은 완공되었고 벅찬 기쁨 속에서 봉헌되었다(스 6:13-18). 새 성전은 과거에 솔로몬 성전이 그랬던 것과 같은 의미에서 이스라엘 백성의 국가적 성소는 아니었다. 이스라엘은 이미 하나의 국가가 아니었으며 따라서 국가의 여러 제도도 없었을 뿐만 아니라 성전은 페르시아 왕실의 후원으로 건축되었기 때문에 그 제의에서는 페르시아 왕을 위한 희생 제물과 기도도 드려졌다(스 6:10). 더욱이 다윗 왕조 시대에도 내내 그랬던 것처럼 사마리아와 그 밖의 지역에서 살고 있던 이스라엘 후손들 가운데 다수는 성전에 대하여 아무런 충성심도 보이지 않았다. 그렇지만 성전은 백성들의 집회 장소로서 신앙을 일깨워 주었고 이 "이스라엘의 남은 자들"에게 예루살렘 성전의 제의 공동체라는 정체성을 심어 주었다. 재건의 실험은 일단 성공하였다. 재건 사업은 그 첫번째 위기를 극복하였고 계속될 전망이었다.

그러나 말할 필요도 없이 학개와 스가랴에 의해 설파된 소망들은 실현되지는 않았다. 다윗 왕권은 재건되지 않았고 약속의 시대는 동터오지 않았다. 스룹바벨에게 무슨 일이 일어났는지는 베일에 싸여 있다. 페르시아인들이 유다의 동향을 눈치채고 그를 제거하였을 가능성이 극히 높다. 그러나 이에 대해 우리는 모른다. 그가 처형되었으리라는 주장을 뒷받침할 만한 증거도 전혀없다.[71] 그러나 스룹바벨에 관한 이야기를 더 이상 들을 수 없고 또한 그의 가문 중에서 그 누구도 그를 계승하지 않았던 것으로 보아, 짐작컨대 페르시아인들이 다윗 가문의 정치적 특권을 박탈했던 것 같다. 그리하여 유다는 느헤미야 때까지 대제사장 여호수아와 그의 후계자들의 권세 아래에서 일종의 신정(神政) 공동체로서 존속했던 것으로 보인다(느 12:26). 그리고 행정상으로는 원래 그랬던 것처럼[72] 사마리아 속주의 한 지역으로서 아마 우리에게는 알려지지 않은 지방 관리들에 의해 다스려졌을 가능성이 크다(참조 . 느 5:14f.). 의심할 여지없이 유대인 공동체는 그 소망이 고양되었다가 이내 꺾여 버리자 무참하게 실의에 빠졌을 것이다. 다윗 가문에 얽힌 기대들이 예전의 형태로 다시 유지되는 것은 비록 불가능하지는 않다 할지라도 어려울 것이었다.

71) 예를 들면, Olmstead, *op. cit.* (주34), p . 142.
72) 그러나 앞의 p. 471와 주 5를 참조하라.

제 10 장

주전 5세기의 유대인 공동체

느헤미야와 에스라의 개혁

성전이 완공된 이후 70년 동안의 유대인 공동체의 운명에 관해서 우리가 아는 바는 정말 거의 없다. 연대상으로 잘못 배치된 에스라 4:6-23의 사건들을 제외한다면, 역대기 사가는 우리에게 아무것도 말해 주지 않는다. 이외에는 약간 후대의 느헤미야 회고록, 오바댜(아마 주전 5세기 초)[1]와 말라기(주전 450년경) 같은 동시대의 예언서들로부터 추론해 낼 수 있는 것과 여기에 일반 역사와 고고학의 자료들이 보충해 주는 것만을 알 수 있을 따름이다. 그러나 분명한 것은 비록 성전의 완공이 유대인 공동체의 존속을 확신케 해주었긴 하지만 공동체의 장래는 여전히 불투명하였다는 사실이다. 스룹바벨에게 걸었던 기대가 무너진 뒤로 유대인 국가가 옛날과 같은 체제로, 아니 달라진 형태로라도 결코 재건될 수 없으리라는 것이 명백해졌다 . 또는 그렇게 생각되었을 것이다. 공동체의 미래는 어떤 다른 방향에서 찾아야 할 것이었다. 그러나 그 방향이 무엇인지는 분명치 않았고, 또한 몇 세대 뒤에 느헤미야와 에스라의 지도 아래 공동체가 재건될 때까지는 이 방향이 뚜렷해지지 않았다. 그 동안에 유대인 공동체에 대하여 말할 수 있는 것은 그 공동체가 '존재하였다' 는 것뿐이다.

1) 이 점에 관해서는 의견 일치를 보지 못하고 있지만(주석서들을 보라), 본문에서 채택한 연대가 가장 바람직한 것 같다. 그러나 이 예언서는 좀더 오래된 제재도 포함하고 있다. Cf. J.A. Thompson, *IB*, VI(1956),pp. 858f.(그는 오바댜를 주전 450년경으로 추정하고 있다); Albright, *BP*, p. 111, 주 182(그는 주전 6세기에서 5세기로 넘어가는 전환기로 추정하고 있다).

A. 성전의 완공에서부터 주전 5세기 중엽까지

1. 주전 450년경까지의 페르시아 제국.

이 시기 전체에 걸쳐 유대인들의 정치사는 페르시아 제국의 정치사와 불가분의 관계에 있다. 실질적으로 유대인들은 모두 페르시아 제국의 판도 내에서 살고 있었고 또한 페르시아 제국은 주전 6세기에서 5세기로 넘어가면서 외적으로 최대한 팽창해 있었기 때문이다. 페르시아의 역사는 여기서 우리가 다룰 과제가 아니기 때문에, 전반적인 배경을 살피는 것을 목적으로 하는 간략한 소묘만으로도 충분할 것이다.[2]

a. 다리우스 1세 히스타스페스(Hystaspes, 주전 522-486년).

히브리 선지자들이 페르시아 제국의 멸망을 내다보고 있었지만, 다리우스는 자신의 등극과 때를 맞춰 일어난 반란들을 어떻게 진압하였는가는 이미 서술한 바 있다. 다리우스는 모든 점에서 유능한 통치자이며 고레스 대왕의 훌륭한 후계자임이 판명되었다. 그는 광범위한 원정을 수행하여, 동쪽으로는 인도까지, 서쪽으로는 아프리카 해안을 따라 벤가지(Bengazi)에 이르기까지, 또한 보스포루스(Bosphorus)를 지나 북쪽으로는 남러시아의 스구디아족(Scythians)의 땅까지 군대를 보냈다. 주전 6세기가 끝나기 전에 그의 제국의 판도는 인더스 강 유역에서부터 에게해까지, 약사르테스(Jaxartes)로부터 리비아까지 이르렀고, 유럽에서는 트라키아(Thrace) 지방과 흑해 연안 발칸 반도의 대상지대(帶狀地帶)를 병합하여 북으로 다뉴브 강까지 미쳤다. 더욱이 다리우스는 이 광대한 영토를 확고한 체제로 편제하였는데, 영토 전체를 20개의 속령(satrapy)으로 나누어서 보통 페르시아나 메대의 귀족 출신을 왕이 직접 태수로 임명하였다. 지방의 총독들은 태수에게 책임을 져야 했으므로 태수는 준(準)자치적인 통치자였지만 왕의 직속인 군사령관들, 복잡한 관료제도 그리고 왕에게 직접 보고하였던 순회 감찰관들의 조직에 의해 엄밀하게 감시를 받고 있었다. 이것은 중앙 정부와 어느 정도 허용된 지방 자치의 균형을 잡고자 한 제도였다. 그리고 이 제도는 페르시아 제국이 존속하는 동안 지속되었다.

---

2) 자세한 것에 대해서는 A.T. Olmstead, *History of the Persian Empire*(The University of Chicago Press, 1948) ; R. Ghirshman, *Iran*(Eng. tr., Penguin Books, 1954)를 참조하라; 또한 H. Bengtson, *Griechische Geschichte*(Munich: C.H. Beck'sche Verlagsbuchhandlung, 1950).

다리우스의 업적은 다양하고 혁혁하였다: 페르세폴리스(Persepolis) 등지에 세워진 건축물들, 나일강과 홍해를 연결시키기 위하여 그가 팠던 운하, 제국 영토의 한 끝에서 다른 끝까지 교통을 용이하게 만든 도로망, 광범위한 법률의 개혁, 금융업, 상업, 공업을 크게 진흥시킨 표준 화폐제도의 개발(화폐의 주조는 주전 7세기에 리디아에서 처음 시작되었었다) 등등. 다리우스 치세 때 페르시아는 전성기에 이르렀다고 말하는 것으로 충분할 것이다. 다만 한 가지 사업, 그것도 자신의 가장 야심적인 사업에서는 다리우스는 실패하였다고 말할 수 있다. 그것은 바로 헬라를 정복하려는 그의 시도였다. 그는 이 계획을 위해 수 년 동안 준비해 왔다. 폭풍우를 만나 아토스(Athos)산 앞바다에서 페르시아 함대가 크게 파손되고 최초의 침공이 실패한 뒤, 주전 490년에 페르시아 군대는 유보에아(Euboea) 섬에 상륙하였다. 그러나 그들은 어리석게도 에레트리아(Eretria) 시를 가혹하게 다루자 헬라인들이 봉기하였다. 페르시아 군대는 헬라 본토로 건너가서 마라톤(Marathon)에서 밀티아데스(Miltiades)가 이끄는 아테네인들과 접전하여 쓰라린 패배를 맛보았다. 헬라 정복 계획을 연기하지 않을 수 없었던 다리우스는 죽기 전에 이 정복 계획을 재개할 수 없었다.

b. 다리우스의 후계자들.

다리우스의 왕위를 계승한 그의 아들 크세르크세스(Xerxes, 주전 486-465년)는 아주 무능한 인물이었다. 크세르크세스는 먼저 부왕이 죽기 전에 이집트에서 일어났던 반란과 또한 얼마 뒤에(주전 482년) 바벨론에서 일어난 반란을 처리하지 않으면 안 되었다. 바벨론은 가혹하게 다루어졌고, 그 성벽은 무너뜨려졌으며, 에사길라(Esagila) 신전은 파괴되었고, 마르둑 신상은 녹여서 없애 버렸다. 그런 후에 크세르크세스는 자신의 전임자들이 그랬던 것처럼 별 어려움을 겪지 않고 바벨론의 합법적인 왕으로 행세하였지만, 바벨론은 피정복 지구로 다루어졌다. 이러한 소란들을 뒤로 하고 크세르크세스는 헬라 침공에 눈을 돌렸다. 그는 헬레스폰트(Hellespont)에 다리를 놓은 다음(주전 480년) 대군을 거느리고 마게도냐로 진격하여 테르모필레(Thermopylae)에서 영웅적인 스파르타군을 제압하고 아테네를 점령한 뒤 아크로폴리스에 불을 질렀다. 그러나 그후 살라미스(Salamis) 해전에서 대패하여 페르시아 함대의 3분의 1이 파괴되었다. 그래서 크세르크세스는 마르도니우스(Mardonius) 장군과 군대 일부를 헬라에 남겨 놓은 채 아시아로 되돌아왔다. 그러나 이듬해(주전 479년) 헬라에 잔류해 있던 군대는 플라테아(Plataea)에서 분쇄되었고, 한편 나머지 페르시아 함대들은 사모스(Samos) 부근에서 격파되었다. 유리메돈(Eurymedon) 기슭의 결정적인 패전을 절정으로 하는(주전 466년) 그 이후의 패전들로 말미암아 크세르크세스는 마침내 유럽에서 손을 떼고 그의 함대도 에게해 수역(水域)에서 완전히 물러나지 않을 수 없었다.

크세르크세스는 결국 암살되었고 그의 작은 아들 아닥사스다 1세 롱기마누스(Artaxerxes I Longimanus)가 왕위를 계승하였다. 그는 합법적인 상속자를 제거하고 왕권을 장악하였다. 아닥사스다의 통치(주전 465/4-424년)는 처음부터 상서롭지 않았다. 이미 구브로에 대한 헬라인들의 공격에 시달려 왔던 그는 주전 460년에는 리비아의 군주로서 아테네인들의 지지를 받고 있었던 이나로스(Inaros)라는 자가 이끄는 이집트에서의 반란에 직면하였다. 이내 포위 공격을 당하고 있던 멤피스(Memphis)를 제외하고 하부 이집트 전지역은 페르시아 군대로부터 해방되었다. 아바르 나하라(Abar-nahara)의 태수 메가비주스(Megabyzus)가 지휘하는 페르시아 군대가 주전 456년경 이집트로 다시 진입해 왔지만, 항전은 이나로스가 잡혀서 포로가 된 주전 454년까지 계속되었다. 그후에 이나로스가 메가비주스의 맹세와는 달리 처형되자 이번에는 메가비주스 자신이 반란을 일으켰다(주전 449/8년). 그러나 이 분규는 곧 수습되었고, 메가비주스는 자신의 직위를 보장받았다. 국내의 어려운 일들과 헬라인들의 연이은 전승들로 말미암아 마침내 아닥사스다는 칼리아스(Callias) 평화조약에 동의하지 않을 수 없었다(주전 449년). 아테네와 동맹을 맺은 소아시아의 헬라 도시들은 자유가 허용되었고, 그 대신 아테네는 그 밖의 다른 도시들을 해방시킨다는 종래의 주장을 포기하기로 했으며, 한편 페르시아의 정규군은 할리스(Halys) 강 동쪽에 머물러 있어야 하고, 페르시아 함대도 에게해에 들어오지 않기로 했던 것이다. 우리는 페르시아가 굴욕을 당했다는 인상을 받는다. 페르시아 제국의 종말은 아직 요원했다고 하더라도 약화의 기미는 제국의 방대한 체제에 뚜렷이 나타나기 시작하고 있었다.

2. 주전 515년에서 450년경까지 유대인들의 운명.

우리는 이 시기의 유대인들의 운명에 대해서는 거의 아무것도 아는 것이 없지만, 유다에 있는 공동체의 장래가 불투명하고 의기소침한 가운데 있었다는 것만은 분명하다. 다윗 국가의 부활이 현실화될 수 없게 되자 페르시아 제국 도처에 흩어져 살던 유대인들은 아마 재건 사업 전반에 대하여 관심을 잃게 되었고, 그들의 대부분은 각자의 처소에서 그대로 눌러 사는 데 만족하였다. 유다의 인구는 계속해서 늘어갔지만, 제2이사야, 스가랴, 그 밖의 선지자들이 그렸던 유대인들의 대규모의 귀국은 결코 없었음이 확실하다.

a. 주전 5세기 페르시아 제국 내의 유대인 공동체들.

별로 아는 바는 없지만 이 무렵에 유대인들은 페르시아 제국의 여러 지역에서 정착하여 잘 살고 있었다. 바벨론은 이후의 여러 세기에 걸쳐 유대인들의 생활 중심지의 하나였기 때문에, 그곳에서 유대인 공동체가 흥왕하였을 것으로 추측할 수 있다. 실제로 위에서 말한 대로 바벨론에서 살던 유대인들의 일부는 매우 부유해졌고, 한편 느헤미야와 같은 일부 사람들은 페르시아 궁정에서 높은 벼슬에 오르기도 하였다. 또한 리디아의 한 명각(銘刻)과 주전 455년경의 아람어 문서 그리고 오바댜서에서의 암시(20절)가 보여 주는 대로 소아시아의 사르디스(Sardis, Sefarad) 같은 먼 지방에도 유대인 공동체가 있었음을 보여 주는 몇몇 증거들이 있다.[3] 하부 이집트에도 이 시기 내내 유대인들이 살고 있었음이 확실하다(참조 . 사 19:16-25). 그들 가운데 여러 집단들은 예루살렘의 함락 후 이곳으로 도망해 왔던 사람들이었다. 그렇지만 우리는 그들의 운명에 관해서는 전혀 아는 바가 없다.

반면에 앞 장에서 말한 나일강 제1폭포 부근에 위치한 엘레판틴의 유대인 식민지는 그곳에서 나온 풍부한 아람어 문서들 덕분에 주전 5세기 내내 존재하였다는 것이 잘 알려져 있다. 이 문서들 가운데 일부는 금세기 초부터 알려져 왔지만, 그 밖의 문서들은 더욱 최근에 와서야 미국과 유럽에서 공개되었다.[4] 우리는 여기서 이 식민지의 법적 경제적 상황에 관해 논할 여유가 없고, 이 식민지의 정치적 운명에 관해서는 다음 장에서 좀더 자세히 이야기할 것이다. 여기서는 이 식민지가 새로운

3) Cf. C.C. Torrey, *AJSL*, XXXIV(1917/1918), pp. 185-198. 또한 Thompson, *op. cit.*, p. 867; Albright, *BP*, pp. 88f.와 주182.

4) 최초로 발견된 문서들에 대해서는 A. Cowley, *Aramaic Papyri of the Fifth Century B.C.* (Oxford: Clarendon Press, 1923)을 보라; 발췌한 것들은 Pritchard, *ANET*, pp. 491f.를 참조하라. 미국에서 공개된 문서들에 관해서는 E.G. Kraeling, *The Brooklyn Museum Aramaic Papyri*(Yale University Press, 1953)을 참조하고, 대중적으로 설명된 것으로는 *idem*, *BA*, XV (1952), pp. 50-67를 참조하라. 또 다른 문서들이 G.R. Driver, *Aramaic Documents of the Fifth Century B.C.* (Oxford: Clarendon Press, 1954; 초록.개정판, 1957)에 의해 공간되었다.

본향에 사회적 경제적 뿌리를 내리고 번영을 누리며 안정되게 살았던 유대인 공동체였다는 것만 말해도 충분할 것이다. 그러나 그 종교는 극히 혼합주의적인 성격을 띠고 있었다.[5] 이곳의 유대인들은 신명기의 율법과는 전적으로 배치되게 여호와에게 헌물(獻物)과 희생제물을 불살라 바치는 제단을 갖춘 여호와의 성전을 가지고 있었다.[6]

그러나 에셈 벧엘(Eshem-bethel), 헤렘 벧엘(Herem-bethel), 아낫 벧엘('Anathe-bethel, 'Anath-yahu)같은 다른 신들도 예배하였다. 이 신들은 아마 여호와의 여러 속성들을 인격화하여 신적인 지위를 부여했던 것 같다("하나님 집의 이름", "하나님 집의 신성함", "하나님 집의 증표[?]").[7] 이로 보건대 엘레판틴의 유대인들은 공공연한 다신론자들은 아니었지만 극히 비정통적인 여호와 신앙을 아람족에서 기원한 혼합주의적 제의에서 빌려 온 특징들과 결합시켰던 것으로 보인다. 그들은 유대인으로 자처하고 또 다음에 살펴보는 바와 같이 팔레스타인의 동포들과 혈연적 유대를 느꼈지만 결코 이스라엘의 역사와 신앙의 주류에 서 있지는 못했다. 그들은 자기들이 사는 곳에 참호를 팠던 것으로 보아 유다 땅으로 돌아가서 그곳의 공동체의 일원이 되어야 하겠다는 생각은 하지 않았음이 확실하다.

b. 유다의 공동체: 그 외적인 운명.

그러나 유대인들은 재건 사업을 포기한 것은 아니었다. 이와는 반대로 유대인들의 여러 집단들이 계속해서 고향 땅으로 돌아왔고(참조 . 스 4:12), 그 결과 주전 5세기 중엽에는 유다의 인구는 배로 늘어났을 것이다. 대략 느헤미야 시대의 인구 조사를 수정하여 제시한 것으로 보이는 에스라 2장과 느헤미야 7장의 명단은 귀환한 포로들과 그 후손들, 그리고 이미 유다 땅에 자리잡고 살아 왔던 유대인들을 함께 계상하고 있는데, 당시의 총인구가 5만 명을 밑돌고 있는 것으로 잡고 있다.[8] 아마

---

5) Cf. A. Vincent, *La religion des Jud o-Arameens d'El phantine*(Paris: P. Geuthner, 1937); 또한 Albright, *ARI*, pp. 162-168과 거기에 나오는 전거들; cf. *idem*, *BASOR*, 90(1943), p. 40.

6) 적어도 주전 5세기 말에는 그랬는데 아마 처음부터 실행된 듯하다. 그러나 M. Black(JSS, I [1956], p. 69)은 '짐승' 희생제사는 이집트인들을 분노케 한 혁신적인 것이었고 따라서 포기하지 않으면 안 되었다고 주장한다.

7) Cf. Albright, *ibid.*; *FSAC*, pp. 373f.

8) Cf. Albright, *BP*, pp. 92f.와 주180; 그러나 이 명단의 다른 이해에 대해서는 K. Galling, *JBL*, LXX(1951), pp. 149-158를 참조하라.

이들 가운데 상당수가 성전 건축 후에 유다에 당도했을 것이다. 이 명단과 느헤미야 3장의 명단은 이전에 실질적으로 주민이 완전히 소거(消去)되었던 성읍들(예를 들면, 드고아, 벧술, 그일라)을 비롯하여 유다의 수많은 성읍들에 이제 다시 사람들이 거주하게 되었음을 보여 준다. 유대인 공동체의 소속된 사람들은 또한 여리고, 벧엘 주변의 에브라임 영지(7:32), 더 멀리는 룻다(Lydda) 부근의 해안 평야에서도 살았다(37절). 예루살렘 자체의 주민도 아주 소수였다(4절).

유대인 공동체의 지위는 이 시기 내내 극도로 불안정하였다. 스룹바벨 이후에 유다에는 토착민 출신의 총독이 없었을 것이고, 분명히 이 지역은 행정상으로는 사마리아 당국에 의해 관리되었으며,[9] 유대인의 내정 문제들은 대제사장들이 맡아 보았다: 여호수아, 그 다음은 요야김, 그 다음은 엘리아십(느 12:10, 26). 사마리아 속주의 관리들과의 알력은 끊이지 않았던 것으로 보인다. 이들은 가혹한 세금을 부과하였고, 그들의 대리인들이 권력을 휘두르며 횡포를 부리는 것을 묵인하였다(느 5:4, 14f). 유다에서 그들의 특권을 박탈하려는 유대인들의 시도에 분개하여 그들은 기회있는 대로 유대인들과 페르시아 정부 사이에 말썽이 생기도록 책동하였다. 크세르크세스(Xerxes)의 통치 초기에 — 아마 크세르크세스가 이집트에서의 반란을 진압하고 있었던 주전 486/5년에 — 그들은 유대인들이 폭동을 일으켰다고 고발한 것으로 성경은 기록하고 있다(스 4:6). 이러한 고발의 원인이나 그 결과에 관해서는 우리는 아무것도 모른다. 그러나 이 시기 내내 유대인들은 군사적 보호나 자위 수단이 없었기 때문에 거듭되는 습격, 보복에 시달리며 골탕을 먹으면서 자신들의 절망적인 처지를 뼈저리게 느꼈을 것으로 추측된다.

이러한 불안정에 더하여 사마리아의 관리 계층들뿐만 아니라 인근의 다른 종족들과의 관계도 팽팽한 긴장 속에 있었던 것 같다. 특히 에돔족과 적대 관계에 있었는데, 이미 말한 대로 에돔족은 아랍족의 압박으로 고향 땅에서 쫓겨나 헤브론의 북쪽 지점까지 남부 팔레스타인의 대부분을 차지하고 있었다. 주전 5세기 무렵에는 아

9) Cf. A. Alt, "Diee Rolle Samarias bei der Entstehung des Judentums"(*KS*, II, pp. 316-337). 그러나 이것은 몇몇 학자들에 의해 반론이 제기되고 있다; cf. M. Smith, *Palestinian Parties and Politics that Shaped the Old Testament*(New York: Columbia University Press, 1971), pp. 192-201; G. Widengren, *IJH*, Ch.IX, pp. 509-511. P. D. Hanson은 다윗 가문은 이 시기의 상당 기간 계속해서 유다의 총독으로 행세하였다고까지 주장한다(*The Dawn of Apocalyptic*, 〔Philadelphia: Fortress Press, 1975〕, pp. 348-354). 내가 보기에 Alt의 견해는 본질적으로 있음직하지만, 확실히 말할 수 없다는 것을 인정하여야 할 것이다.

랍의 부족들이 에돔땅을 완전히 차지하고(참조 . 말 1:2-5) 에시온게벨도 점령했으며 남부 팔레스타인에서 에돔인들과 뒤섞이기 시작했다. 에돔 땅은 페르시아 시대 내내 사람이 살지 않았다.[10] 유대인들은 에돔족에 대하여 호의를 갖고 있지 않았다. 왜냐하면 유대인들은 에돔족의 과거의 배신을 잊을 수 없었고 또한 에돔족이 유다의 조상 대대로의 땅을 차지하고 있는 것에 분개했기 때문이다(옵 1:1-14). 유대인 선지자들은 이스라엘이 자기네 땅을 도로 찾고 이스라엘의 원수들, 특히 에돔을 멸망시킬 여호와의 날(옵 1:15-21)을 고대하였다. 에돔인들과 아랍인들은 틀림없이 이에 대하여 똑같은 증오로 대응하였고 자기들이 할 수 있는 온갖 방법으로 이스라엘을 괴롭혔다.

적절하게 방어할 수 없었던 유대인들은 자신의 처지를 참을 수가 없었다. 바로 이런 이유 때문에 아닥사스다 1세의 치세 때(스 4:7-23) 유대인들은 자구책을 강구하여 예루살렘의 요새들을 개건하기 시작하였다. 이 공사가 주전 445년 이전에 이루어졌다는 것 외에는 정확히 언제 이 공사가 수행되었는지는 알 수 없다(참조 . 스 4:23; 느 1:3). 이 일을 메가비주스(Megabyzus)의 폭동(주전 449/8년)과 연관시키고 싶은 유혹이 드는데, 이 폭동은 유대인들에게 독립의 소망을 불러일으켰거나 적어도 그런 계획이 가능한 것으로 보이게 만들었을 것이다. 그러나 사마리아의 귀족들은 정당한 것이었는지 아닌지 모르지만 유대인들이 폭동을 일으키려 한다고 다시 페르시아 당국에 고발하여 공사를 중지하라는 왕명을 얻어냈고, 이 명령을 무력으로 집행하였다. 그들의 의도는 유다를 언제까지나 방어력이 없는 상태로 묶어 두는 데 있었다.

c. 유대인 공동체: 그 정신적 상황.

성전의 완공은 유대인들에게 집회 장소를 마련해 주었고 하나의 예배 공동체로서 그 지위를 부여해 주었다. 비록 종교적인 해이 상태가 존재하기는 했지만, 유다에서 다른 제의 장소가 번창했음을 보여 주는 증거는 하나도 없다. 포로기 이전의 성전 의식(儀式)이 재개되었고(왕과 관련된 절차들이 생략되거나 재해석된 상태로), 공동체의 내부 문제는 전승에 의해 전해 내려온 율법에 따라 처리되었을 것으로 추

---

10) Cf. N. Glueck, *AASOR*, XV(1935), pp. 138-140; *idem*, *The Other Side of Jordan* (American Schools of Oriental Research, rev. ed., 1970); 또한 J. Starcky, "The Nabateans"(*BA*, XVIII 〔1955〕, pp. 84-106); W. F. Albright, *BASOR*, 82(1941), pp. 11-15.

측할 수 있다. 유대인 지도자들은 그 공동체를 그리고 오직 그것만을 이스라엘의 참된 남은 자들로 여기고 긍지를 가지고 있었다.

그렇지만 공동체의 도덕적 기풍은 그리 좋은 편이 아니었다는 것을 보여 주는 증거는 아주 많다. 실망은 환멸을 낳았고, 다시 환멸은 종교적 및 도덕적 해이를 낳았다. 선지자 말라기의 설교와 이보다 조금 뒤의 느헤미야의 회고록은 이러한 모습을 명확하게 예증해 주고 있다. 자기 직무에 싫증이 난 제사장들은 여호와에게 병들고 흠있는 짐승들을 바치는 것을 잘못이라고 전혀 생각하지 않았고(말 1:6-14), 한편 율법을 집행할 때 그들의 편파적인 처사는 성직의 품위를 실추시켜 백성들의 빈축을 샀다(말 2:1-9). 안식일은 무시되고 사람들은 버젓이 장사를 했다(느 13:15-22). 사람들이 십일조를 내지 않았기 때문에(말 3:7-10) 레위인들은 생계를 마련하기 위하여 자신의 직무를 버리지 않을 수 없었다(느 13:10f.). 더구나 신앙에 충실해 봤자 아무런 유익도 없다는 풍조가 뿌리를 내린 상태에 있었다(말 2:17;3:13-15).

이러한 태도들은 당연히 공공 도덕과 개인 도덕의 광범위한 문란을 가져왔고 공동체가 내부로부터 붕괴할 위험마저 몰고 왔다. 이혼의 성행은 사회 문제가 되었다(말 2:13-16). 사람들은 도의(道義)를 아랑곳하지 않고 고용인들의 임금을 속여 착취하고 약한 동포들을 이용하여 자기 이익을 챙겼다(말 3:5). 가난한 사람들은 가뭄 때나 세금을 내기 위해 자기 밭을 저당잡혔다가 결국 강매당하여 자녀들과 함께 노예로 전락하였다(느 5:1-5). 긴 안목으로 볼 때 더욱 심각했던 것은 유대인들을 이방적 환경으로부터 격리시켜 오던 노선이 무너지기 시작하였다는 것이다. 이방인과 통혼(通婚)이 통례가 되었던 것이 분명하고(말 2:11f.), 이러한 결합에서 태어난 자손의 수가 늘어남에 따라 유대인 공동체 본래의 순수한 모습을 보전하는 데 점차 중대한 위협이 되었다(느 13:23-27).

요컨대 공동체가 스스로를 단속하여 풍기를 바로잡고 방향성을 찾지 않는다면, 공동체는 비록 완전히 붕괴되지는 않는다고 할지라도 조만간 그 독특한 성격을 상실할 위험이 실제로 있었다. 철저한 대책이 요구되었다. 왜냐하면 공동체는 현재의 애매 모호한 상태로는 존속할 수도 없었고 과거의 체제를 되살릴 수도 없었기 때문이다. 이스라엘이 하나의 창조적 실체로서 살아 남으려면 어떤 새로운 길을 찾아야 할 것이었다.

B. 느헤미야와 에스라 지도하의 유대인 공동체의 재편

1. 느헤미야와 그의 업적.

그러나 주전 5세기 후반기의 처음 25년 동안에 유대인 공동체는 철저히 재편되었다. 공동체는 자신의 지위를 명확히 하여 붕괴를 모면하였고, 유대인 공동체가 나머지 성경시대 내내 걸어갔고 또 약간의 수정을 거쳐 오늘날까지 이르게 된 길로 접어들었다. 이러한 재편은 주로 느헤미야와 에스라 두 사람의 수고를 통해 이루어졌다. 두 사람의 활동 범위는 중복되었긴 하지만, 공동체에 정치적 지위를 부여하고 행정상의 개혁을 단행한 것은 느헤미야였고, 공동체의 정신생활을 재편하고 개혁한 것은 에스라였다.

a. 에스라와 느헤미야 두 사람의 활약의 상호 관계.

이스라엘의 역사에서 이것보다 더 복잡하고 해결하기 어려운 문제는 거의 없다. 그러나 여기서 이와 관련된 문제들을 길게 논의하기 위해 우리의 논술을 중단하는 것은 잘못일 것이다. 이 문제에 관심을 가진 독자는 보록(補錄) II를 참조하기 바란다. 여기서는 이 문제는 문자 그대로 진짜 문제여서 어떻게 재구성하더라도 어느 정도 가설로 남을 수밖에 없다는 것을 경고하는 것으로 충분할 것이다.

이 문제는 에스라의 예루살렘 당도 연대를 둘러싸고 전개된다. 느헤미야가 활약한 연대는 확실하고, 엘레판틴 문서의 증거에 의해서도 독자적으로 확증된다. 그의 활동 연대는 아닥사스다 1세의 재위 제20년(주전 445년)으로부터(느 2:1) 이 왕의 재위 제32년(주전 433년) 이후의 얼마 동안이다(느 13:6). 그러나 에스라의 활동과 관련해서는 확실한 것이 하나도 없다.

학자들은 대략 세 진영으로 갈라져 있다: 표면상으로 정경(正經)의 에스라서와 느헤미야서에 의해 뒷받침되는 견해, 즉 에스라가 아닥사스다 1세의 재위 제7년(주전 458년) — 그러니까 느헤미야보다 약 13년 전에 — 유다에 당도했고(스 7:7), 느헤미야가 당도한 직후에(몇몇 학자들은 직전이라고 생각하고 있다) 자신의 개혁 사업을 완수했다는(느 8-10장) 견해를 받아들이고 있는 학자들; “제7년”을 아닥사스다 2세의 재위 제7년(주전 398년)으로 보고 에스라의 유다 당도를 느헤미야가 역사의 무대에서 사라진 한참 후의 일로 추정하는 학자들; “제7년”을 아닥사스다 1세의 치세의 어떤 다른 해(아마 제37년)를 서기관이 잘못 필사한 것이라고 믿고 에스라의 당도를 느헤미야의 당도 이후(주전 428년경)와 그의 활동이 끝나기 전의 어느 시기로 추정하고 있는 학자들.

이 견해들 가운데 어느 것도 모든 문제점들을 해결해 준다고 말할 수는 없지만, 마지막 세번째 견해가 보록 II에 제시된 이유들에 비추어 가장 만족스러운 것으로 보인다. 이하의 각 항(項)에서는 이 견해를 따르고 있다. 이것은 에스라가 먼저 유다에 당도했다고 말하고 있는 성경의 명백한 서술에 모순되는 것같이 보일 수도 있지만, 에스라-느헤미야를 에스드라 1서의 헬라어판(그리고 이를 따르고 있는 요세푸스)과 비교해 보면 역대기 사가의 저작은 아마도 그의 손을 떠난 후에 그 내용의 순서가 심하게 뒤바뀌었다는 것을 감지하게 된다. 현재의 성경에 나오는 사건들의 순서는 아마 이와같이 나중에 위치가 뒤바뀐 후의 것인 듯하다. 어쨌든 아래에 제시된 재구성은 성경의 증거에 충실하고 또한 당시의 사건들을 납득할 수 있게 서술하고 있는 것으로 생각한다.

b. 느헤미야의 사명.

유대인 공동체의 재건 사업은 아닥사스다 1세 롱기마누스(주전 465-424년)의 재위 후반기에 와서 붕괴되고 말았다. 그러니까 이 기기는 대략 아테네의 황금시대와 일치한다. 즉, 이 무렵에 아테네의 거리에는 페리클레스, 소크라테스, 소포클레스, 에스킬루스, 피디아스와 같은 사람들을 비롯한 그 밖의 많은 인물들이 활보하고 있었다. 아닥사스다는 자신의 재위 초기에 있었던 이집트와 수리아의 폭동을 겪은데다가 헬라인들에게 패전한 상태였기 때문에 자신의 지위를 다시 다져야 할 과제를 안고 있었다. 그는 이를 해내는 데 성공하였다. 그는 헬라인들에게 대처할 때 뇌물이라고는 할 수 없겠지만 외교적 술책, 즉 헬라인들이 장기간에 걸쳐 협력해 나갈 수 없었던 만성적인 취약점을 이용하는 계략을 택하였던 것이다. 그는 이내 소아시아에서 잃었던 것들을 되찾기 시작했고, 그후 처참한 펠로폰네소스 전쟁이 일어났을 때(주전 431년) 그와 그의 후계자들은 팔짱을 끼고 앉아서 헬라인들이 자멸하는 모습을 구경하였다. 이 전쟁이 끝났을 때(주전 404년) 페르시아의 지위는 이전보다 탄탄해졌다.

아바르 나하라(Abar-nahara, 팔레스타인과 수리아)에 대해서는 이집트의 폭동과 메가비주스의 반란 이후에 아닥사스다 왕은 이 지방의 안정에 관심을 갖고 신경을 쓰고 있었다. 이는 이 지방이 본래부터 중요하기도 했거니와 또한 소요가 만성적으로 일어났던 이집트로 통하는 병참선을 가로지르고 있었기 때문이다. 만약 소요 사태가 팔레스타인으로 파급된다면, 팔레스타인을 남북으로 종단하고 있는 군용 도로 연변의 보급 기지들이 위태로워질 것이었다. 그리고 우리는 사마리아 관리들에 의해 자행된 강압적인 처사들에 지친 유대인들이 자신들의 속수무책의 처지와 자신들의 입장을 이해해 주지 못한 이전의 왕의 처사에 분통을 터뜨리며(스 4:7-23) 바로 이 무렵에는 페르시아에 대해 조금도 헌신적이지 않았을 것으로 추측할 수 있다. 어쨌든 왕은 팔레스타인의 사태를 안정시키기를 바랐기 때문에, 일단 유대인들을 주시하게 되자 유대인 문제에 관심을 갖게 되었다.[11]

하나님의 섭리였던지 이때 아닥사스다의 궁정에는 느헤미야라는 유대인이 있었다. 그는 높은 지위에 올라 있었고 왕에게 술을 따르는 자로서 왕에게 가까이 갈 수 있었다. 보통 그런 직위를 맡고 있는 사람이 그렇듯이 느헤미야는 환관이었음이 거의 틀림없겠지만[12] 활동적이고 유능한 사람이었으며, 시시비비를 꽤 따지는 성품을 지니고 있었음에도 자기 동포들의 일에 헌신적이었다. 주전 445년 12월(느 1:1-3) 느헤미야의 형제인 하나니의 안내를 받아 예루살렘에서 온 한 대표자는 예루살렘의 비참한 상황과 공식적인 통로들을 통하여 진정을 해도 소용없었다는 사정을 느헤미야에게 알려주었을 것이다(느 1:1-3). 느헤미야는 몹시 번민한 끝에 왕에게 나아가 자기가 예루살렘의 요새들을 재건할 권한을 갖고 그리고 갈 수 있도록 재가해 줄 것을 요청하기로 결심하였다. 여기에는 왕의 이전의 칙령을 뒤집으라는 요구가 들어 있었기 때문에(스 4:17-22) 이것은 대담한 시도였다(참조 . 느 1:11). 그러나 넉 달 뒤에 기회를 얻었고, 그의 간청은 기대 이상으로 성공을 거두었다(느 2:1-8). 예루살렘 성벽의 건축을 공식적으로 허가하고 또 그에 필요한 자재들은 왕실 삼림에서 조달할 것을 지시하는 칙령이 내려졌던 것이다. 그뿐만 아니라 즉시 또는 나중에 느헤미야는 유다 총독으로 임명되었고(느 5:14; 10:1), 유다는 사마리아로부터 독립하여 별개의 속주가 되었다.[13]

성경은 느헤미야가 호위대를 이끌고 즉시 출발한 했다는 인상을 전해 준다(느 2:9). 그러나 칠십인역 본문을 따르고 있는 요세푸스(*Ant.* XI, 5, 7)는 느헤미야가

---

11) Cf. H. H. Rowley, "Nehemiah's Mission and Its Background"(1955; reprinted in *Men of God* [London and New York: Nelson, 1963], pp. 211-245).

12) 그러나 U. Kellermann, *Nehemia: Quellen, Uberlieeferung und Geschichte*(*BZAW*, 102 [1967], pp. 154-159)를 참조하라. 그는 이것에 의문을 제기하고 느헤미야는 다윗 가문의 방계 자손이었다고 주장한다.

13) Alt, *op. cit.*를 보라. 그러나 이 점은 논란중이다; 앞의 주 9를 보라.

주전 440년에야 유다에 당도하였다고 하고 있다. 이 칠십인역 본문의 첫 부분은 에스드라1서에도 수록되어 있다. 확증하는 것은 불가능하지만, 이 요세푸스의 기록이 정확할 것이다.[14] 만약 느헤미야가 먼저 바벨론으로 가서 자기와 함께 유다로 돌아갈 유대인들을 모았고(요세푸스가 기록한 대로) 그런 다음 아바르 나하라의 태수에게 신임장을 제출한 뒤 예루살렘으로 향하기 전에 건설 자재들을 조달하는 일에 종사했다면(그의 유다 당도 직후에 곧 공사가 시작된 것으로 보아 아마 그랬을 것이다), 이 연대는 불합리하지 않다. 어쨌든 아무리 늦어도 주전 440년 무렵에는 느헤미야는 예루살렘에 있었고 제반 업무를 맡아 처리하고 있었다.

c. 예루살렘 성벽의 재건.

신임 총독 앞에 놓여진 가장 절실한 문제는 유대인 공동체의 현실적인 안전을 보장하는 일이었다. 그래서 그는 그의 계획이 시도되기도 전에 훼방을 받지 않도록 하기 위해 신속하고 대담하게 행동하여 즉시 성벽의 재건에 착수하였다. 그는 예루살렘에 당도한 3일 후 밤중에 은밀하게 성벽을 답사하여 자기가 해야 할 일의 범위를 헤아려 보았다. 그런 다음에야 그는 자기 계획을 유대인 지도자들에게 발설하였다(느 2:11-18). 그리고 노역 부대(勞役部隊)가 모아지자마자 공사는 시작되었다.[15] 노역자들은 유다 전지역에서 징집으로 충원되었고(느 3장), 성벽은 여러 구간으로 나뉘어 각각 특정 집단에 할당되었다. 공사는 신속하게 진척되어 52일 만에(느 6:15) 성벽이라고 할 만한 것이 세워졌다. 물론 제대로 된 성벽이 대부분 공사에 미숙한 노역자들에 의해 그토록 빨리 준공되었으리라고는 믿을 수 없다. 요세푸스(*Ant.* XI, 5, 8)는 실제로 성벽을 완성하는 데 — 성벽을 보수하고 흉벽(胸壁), 성문, 옹벽(擁壁)을 끝내는 것 — 2년 4개월이 걸렸다(그의 연대 계산에 의하면 주전 437년 12월에)고 기록하고 있는데 아마 거의 확실할 것이다.[16]

---

14) Albright, *BP*, p.91와 주 185를 보라. 에스드라1서(제3서)의 본문에 대해서는 S. Mowinckel, *Studien zu dem Buche Ezra-Nehemia*, Vol.I (Oslo: Universitetsforlaget, 1964), pp. 7-28를 참조하라.

15) 느헤미야 6:15은 공사가 요세푸스의 연대 기록에 따르면, 주전 439년의 엘룰(Elul)달 52일 전, 즉 압(Ab, 8월) 달에 시작된 것으로 말한다. Cf. Albright, *ibid.*

16) 이 도성의 동쪽 면에에 있던 느헤미야 당시의 성벽의 유적이 발견되었다. 이 성벽은 포로기 이전의 성벽의 선을 따른 것이 아니라 언덕의 능선을 따라 지어졌다; cf. Katheleen M. Kenyon, *Jerusalem*(London : Thames and Hudson; New York : McGraw-Hill, 1967), pp. 107-111.

이 모든 것들은 믿을 수 없을 정도로 어려운 여건 아래에서 완수되었다. 도대체 이런 공사가 완수되었다는 것 자체가 느헤미야의 정력과 용기, 백성 대다수의 결의에 대해 찬사를 보내지 않을 수 없게 한다(느 4:6). 비록 느헤미야는 왕으로부터 막강한 권한을 부여받고 있었지만, 그의 등장에 분개하여 틈만 있으면 그의 일을 방해한 강력한 대적들이 있었다. 이런 대적들 가운데서 주동자는 엘레판틴 파피루스에서 알 수 있듯이(참조 . 느 4:1f.) 사마리아 속주의 총독 산발랏(Sanballat)이었다. 산발랏은 바벨론식 이름(Sinuballit)를 갖고 있었지만 들라야(Delaiah), 셀레먀(Shelemiah)라는 그의 아들들의 이름이 보여 주듯이 여호와 신앙인이었다.[17] 그후 그의 가문은 통혼에 의해 예루살렘의 대제사장들과 연분을 맺었다(느 13:28). 요단 동편의 암몬 속주의 총독 도비야도 산발랏에게 동조하고 있었다.[18] 도비야도 그 자신의 이름과 아들 여호하난(Jehohanan)의 이름이 보여 주듯이(느 6:18) 여호와 신앙인으로서 예루살렘에 연고(緣故)가 있었다. 그의 가문은 주후 2세기까지도 여전히 명문가(名門家)였다.[19]

유다를 당연히 자기 영토의 일부로 여겼던 산발랏은 유다가 자기 관할에서 떨어져 나가는 것에 분개하였을 것이 틀림없다. 그와 도비야 두 사람은 스스로를 이스라엘 사람이라고 생각했고 또 예루살렘의 지도층 가문들 사이에서 그렇게 받아들여지고 있었기 때문에 느헤미야 같은 더욱 정통적인 유대인들이 자기들의 종교(확실히 어느 정도 혼합주의적이었던)를 용납하지 않고 자기들을 이교도나 다름없이 여겼다는 사실에 화가 났던 것이다. 비문들을 통하여 서북 아라비아에 위치한 케달(Qedar, Dedan)의 유력한 추장이었던 게셈(Geshem, Gashmu)이라는 "아랍인"이 이 두 사람과 결탁하였다(느 2:19; 6:1,6). 명목상으로는 페르시아의 지배하에

17) 엘레판틴 문서에 언급되어 있다; cf. Pritchard, *ANET*, p. 492.

18) 느헤미야(느 2:10, 19 등)는 경멸조로 그를 "암몬 사람" 또는 "종"이라 부르고 있다. 그러나 종이라는 말은 그의 공식적인 호칭(왕의 종)이었다.

19) 도비야 가문에 대해서는 C.C. McCown, *BA*, XX(1957),pp. 63- 76; B.Mazar, *IEJ*, 7(1957), pp. 137-145, 229-238를 참조하라. 또한 자세한 문헌에 대해서는 R.A. Bowman, *IB*, III(1954), pp. 676f.를 참조하라.

20) Cf. W.F. Albright, "Dedan"(*Geschichte und Altes Testament*, G. Ebeling, ed. 〔T bingen: J.C.B. Mohr, 1953〕, pp. 1- 12); I. Rabinowitz, *JNES*, XV(1956), pp. 1-9. 게셈은 라기스에 저택을 갖고 있었을 것이다; cf. Wright, *BAR*, pp. 206f. 증거들을 탁월하게 요약하고 있는 것으로는 W.J. Dumbrell, "The Tell el-Maskhuta Bowls and the 'Kingdom' of Qedar in the Persian Period"(*BASOR*, 203 〔1971〕, pp. 33-44)를 참조하라.

있었지만 그의 통치권은 서쪽으로 시내 반도를 거쳐 이집트까지 미쳤고 또 에돔, 네게브 지방 그리고 남부 유다를 포괄하였다.[20] 느헤미야는 사면 초가에 처해 있었다.

이 대적들은 느헤미야의 목표를 좌절시키기 위해 온갖 흉계를 꾸몄다. 처음에 그들은 사기를 꺾으려고 조롱을 보냈다(느 2:19f.;4:1-3). 이것이 아무 효과가 없자, 그들은 아랍족, 암몬족, 블레셋족의 산적들을 선동하여(느 4:7-12)[21] 유다를 습격하게 하였다. 물론 비공식적으로 그랬고 이 모든 것에 대해 아무것도 모른 채 하였다. 예루살렘은 끊임없는 습격으로 시달렸고, 외딴 성읍들은 공포에 떨었다. 요세푸스(*Ant.* XI, 5, 8)에 따르면 적지 않은 유대인들이 목숨을 잃었다고 한다. 느헤미야는 자신의 노역 부대를 두 개 조로 나누어 서로 교대해 가며 한 조가 일을 하는 동안 다른 조는 무장을 하고 경비하게 하는 방법으로 이에 대응하였다(느 4:13-23). 또한 그는 주변의 시골에 있는 유대인들을 예루살렘으로 철수시켰는데(22절), 이는 그들도 보호하고 도성의 방어도 강화하려는 조치였다. 느헤미야의 대적들은 아무 소득이 없게 되자 겉으로는 협상을 구실로 내세우고 실제로는 느헤미야를 암살할 속셈으로 그를 예루살렘 밖으로 꾀어 내고자 하였다(느 6:1-4). 느헤미야는 그렇게 어리석지 않았다. 그러자 대적들은 그를 폭동을 선동했다는 혐의로 페르시아 당국에 고발하겠다고 위협하였다(5-9절). 느헤미야는 마음대로 해보라는 듯이 대담하게 행동하였다.

불행하게도 느헤미야의 대적들은 예루살렘 성벽 밖에만 있었던 것이 아니었다. 성벽 안에도 한 무리들이 있었다. 도비야와 그의 아들은 예루살렘의 지도층 가문들과 통혼하고 있었기 때문에(17-19절), 그들은 느헤미야의 일거수 일투족을 자기들에게 알려주고 또 느헤미야의 사기를 떨어뜨릴 목적으로 발송한 서신들을 느헤미야에게 전달해 주는 친지들을 예루살렘에 가지고 있었다. 최후 수단으로(10-14절) 그들은 한 선지자를 고용하여 그를 죽이려는 음모가 있다는 말을 느헤미야에게 고하게 하여 느헤미야를 놀라게 해서 성전의 제단으로 피신케 함으로써 백성들 앞에서 스스로 신용을 잃게 하려고 하였다. 그러나 느헤미야는 자기 개인의 안전을 도모하는 일을 코웃음치면서 조금도 당황하지 않았다.

느헤미야가 그의 대적들보다 고매하다는 것이 입증되었다. 그의 용기와 풍부한 지략은 온갖 장애와 자기 추종자들의 실의를 극복하고(느 4:10) 그 공사를 마치게

21) 느헤미야 4:7의 "아스돗 사람들"은 아스돗 지방(즉, 블레셋)의 사람들을 가리킨다; cf. A. Alt, "Judas Nachbarn zur Zeit Nehemias"(*KS*, II, pp. 338-345).

했다. 그런 다음 도성의 주민이 아직 소수라는 것과 성벽을 지킬 사람들이 없으면 그 성벽으로 도성을 방어할 수 없음을 알았기 때문에, 느헤미야는 제비뽑기를 통해 백성의 일부를 예루살렘으로 이주시킬 계획을 세웠다(느 7:4; 11:1f). 그러나 많은 사람들이 기꺼이 자진해서 이주해 왔다. 그후 성벽은 엄숙한 의식을 통해 봉헌되었다(느 12:27-43).[22] 첫번째 싸움은 승리를 거두었고, 대외적인 안전은 확보되었다.

d. 느헤미야의 시정(施政): 제1차 재임 기간.

우리는 느헤미야가 속주의 행정을 어떻게 운용하였는지에 관해서는 거의 알고 있지 않다. 유다는 주민이 겨우 5만 명 정도였고, 남으로는 벧술로부터 북으로는 벧엘 근방까지의 산악 능선을 중심으로 하는 조그마한 지방이었다.[23] 느헤미야가 유다에 당도했을 때는 유다는 행정 목적상 이미 여러 지구로 나뉘어 있었고, 이 행정 조직을 성벽 건설을 위한 징용의 기반으로 활용한 것으로 보아 아마 그는 이 행정 조직을 그대로 유지하였던 것으로 보인다(느 3장).[24] 무거운 세금과 불순한 기후로 말미암아(5:1-5, 15) 유다 지방은 경제적으로 비참한 궁핍 상태에 있었다. 탐욕스런 사람들은 이런 기회를 이용하여 가난한 사람들에게 빚을 지게 해서 그들의 재산을 빼앗곤 하였다.

느헤미야는 이같은 악폐에 격분하여 자기 특유의 과단성으로 행동하였다(6-13절). 그는 범법자들을 자기 앞에 불러다 놓고 그들의 양심과 유대인이라는 그들의 신분을 일깨워 주는 호소를 한 다음 고리대(高利貸)를 그만두고 빼앗은 것을 돌려주겠다는 약속을 하도록 만들었다. 그는 이를 더욱 확실히 해두기 위하여 그들로 하여금 하나님과 회중 앞에서 엄숙한 맹세를 하도록 했다. 느헤미야 자신은 관례가 되어 있었던 총독의 부수입을 일체 금하고 개인 재산을 전혀 축적하지 않았으며 다만 총독 관저를 유지하는 데 필요한 세금만을 징수함으로써 모범을 보였다(14-19절).

모든 증거로 미루어 볼 때 느헤미야는 청렴하고 유능한 총독이었다. 페르시아

22) 만약 에스라에 관한 언급(느 12:26)이 원문이라면, 이것은 수년 후에 거행되었다는 것이 된다; 그러나 그렇지 않을 것이다. Cf. 보록 II.

23) 해안 평야의 성읍들 — 룻다, 하딧(Hadid), 오노(Ono) (스 2:33//느 7:37) — 은 아마 느헤미야가 속주로 편입시킨 듯하다(Albright, *BP*, pp. 92f.). Alt(*KS*, II, p. 343, 주 4)는 이 지역을 아스돗 영토와 사마리아 영토 사이의 중립지대로 생각한다(느 6:2).

24) Cf. Aharoni, *LOB*, pp. 362-365. "지구"(pelek)라는 단어는 아카드어이기 때문에, 이 조직은 신바벨론 시대까지 거슬러 올라갈 것이다; cf. Noth, *HI*, p. 324.

왕에 대한 그의 충성심은 의심할 여지가 없었다. 산발랏이 고발한 대로(느 6:6f.) 만약 예루살렘에 반란을 선동하는 자들이 있었다면, 느헤미야는 그런 소문을 규명하여 관련자를 지체없이 처치했을 것이 틀림없다. 그러나 여러 미덕들에도 불구하고 그의 확고한 — 실제로 비타협적인 — 신념, 무뚝뚝한 성품, 요령 부족, 열화 같은 기질로 말미암아 틀림없이 많은 적을 만들었다. 포로생활 가운데서 발전된 엄격한 전통 속에서 자라난 유대인이었던 그는 종교적 의무를 게을리하고 때로는 이웃 종족들과 통혼을 했던 사람들과 특히 심하게 다투었는데, 그들 가운데는 지도층 가문들이 많았다. 이런 사람들 가운데는 이미 살펴본 대로 결코 느헤미야의 편이 될 수 없음을 스스로 밝힌 자들도 있었다. 느헤미야 13장에 나오는 사건들의 연대를 모두 정확하게 추정할 수는 없기 때문에, 정확히 언제 느헤미야가 가시적인 조치를 취하기 시작했는지는 말할 수 없다. 그러나 그는 분명히 이러한 상황을 잘 알고 있었고, 철저한 종교개혁이 요구된다는 것을 일찍부터 깨닫고 있었음에 틀림없는데, 이것은 평신도인 그로서는 해낼 수 없는 것이었다. 특히 종교적 기강 해이가 대제사장 가문까지 파급되어 있었기 때문이다.

e. 느헤미야의 제2차 재임 기간: 그의 개혁 조치들.

느헤미야의 재직 기간은 12년이었다(주전 433년까지; 느 5:14). 그후 그는 페르시아 궁정으로 돌아갔다(느 13:6). 아마도 원래의 체류 기간을 이미 넘긴 상태였기 때문에(참조. 느 2:6) 그는 더 이상 체류 기간을 연장할 수 없었을 것이다. 그러나 그는 곧 왕을 설득하여 자기를 다시 유다 총독으로 임명케 하였다. 왜냐하면 그는 오래지 않아(아마 기껏해야 1, 2년을 넘기지 않았을 것이다.) 다시 예루살렘에 나타났기 때문이다. 이것은 있음직한 이론에 불과하긴 하지만, 아마도 그는 예루살렘을 떠나 있는 동안 바벨론에 있는 유대인 지도자들과 협의하고 또한 페르시아 궁정 안에서 유다의 종교 문제를 정상화하는 방안을 세운 것은 아니었을까 추측하게 된다.

느헤미야가 다시 돌아왔을 때는 가뜩이나 어려웠던 상황은 더욱 악화되어 있었다. 그가 없는 동안 이교에 다소 관대했던 무리들이 제멋대로 일을 처리해 놓았다. 특히 엘리아십 — 다른 사람도 아닌 대제사장의 신분으로서(느 3:1; 13:28) — 은 느헤미야의 대적인 도비야에게 원래 제의용으로만 사용하기로 되어 있는 성전의 방 하나를 내주기까지 했었다. 이 사실을 알게 된 느헤미야는 격노하여 도비야의 물건들을 거리로 내던지고 더럽혀진 그 방을 깨끗게 한 다음 다시 본래의 목적으로 사용하도록 명령하였다(느 13:4-9). 느헤미야는 이 사건이 있기 전에 이미 어떤 조치를 취하기 시작하지는 않았다고 할지라도 어쨌든 이 사건을 계기로 당시 만연되어 있었던 종교적 해이 상태에 대하여 단호한 행동을 취하였다. 레위 사람들이 자신의 분깃을 받지 못하고 생계를 위해 일하려고 성전을 떠나고 있다는 사실을 알게 되자(13:10-14) 느헤미야는 십일조를 거두고 정직한 재무관들을 임명하여 이를 관리하도록 조치하였다. 또한 그는 제단에서 사용할 나무가 계속 공급될 수 있도록 조치하기도 하였다(31절).

안식일에 평일처럼 장사하는 것을 막기 위해 안식일에는 성문을 온종일 닫아 두도록 명령하였다. 그런데도 상인들이 도성 밖에 시장을 차리기 시작하자 그들을 체포하겠다고 위협하여 쫓아 버렸다(15-22절). 그는 이방 종족과 혼인한 부모에게서 태어난 자녀들이 히브리말조차 할 수 없다는 것을 알고는 극도로 분노하여 자기 가까이 있었던 그런 범법자들을 저주하고 구타하며 턱수염을 쥐어 뜯은 다음 그들로 하여금 앞으로는 이방인들과 통혼을 하지 않을 것을 맹세케 하였다(23-27절). 그는 대제사장 엘리아십의 한 손자가 다름아닌 산발랏의 딸과 혼인했다는 사실을 알고는(28절 이하) 그를 국외로 추방해 버렸다! 아마 이러한 조치들이 취해지고 있었을 때, 에스라가 예루살렘에 도착했을 것이다.

느헤미야의 조치들은 체계적인 것이 아니라 오히려 그때그때 야기된 상황들을 해결하기 위하여 취해진 '상황 대응적인'(*ad hoc*) 조치들이긴 했지만, 그러한 조치들은 그가 가장 엄격한 종교적 순수성의 옹호자라는 것을 보여 주었다. 그러므로 그는 에스라를 데려오는 데 실제로 어떤 역할을 한 것은 아니라 하더라도 후에 에스라가 와서 했던 일에 대해서 전폭적으로 공감했을 것이다. 앞으로 살펴보는 바와 같이 그는 에스라의 개혁을 지지하였고 그 개혁을 공식적으로 승인해 주었다(느 8:9; 10:1). 이 일 후로 그의 재직 기간이 얼마나 지속되었는지에 대해서 우리는 모른다. 아마도 그로부터 수 년 내에, 그러니까 아마 그의 후원자였던 아닥사스다 1세가 죽을 무렵에(주전 424년) 그의 임기는 끝났을 것이다. 어쨌든 앞으로 살펴보겠지만 주전 411년에는 바고아스(Bagoas)라는 페르시아인[25]이 그의 자리를 차지하고 있었다.

2. "율법학사" 에스라.

25) 또는 그런 페르시아식 이름을 가진 유대인이었는지도 모른다; 자세한 것은 p. 554를 보라.

느헤미야는 현실적으로 유대인 공동체를 구해 내어 그 공동체에게 정치적 지위, 안전, 공정한 행정을 깨우쳤다. 그러나 그의 이러한 노력에도 불구하고 공동체의 내적인 삶을 철저하게 쇄신시키지는 못했다. 유대인 공동체가 그 방향성을 찾으려고 한다면, 이러한 내적인 쇄신이 절실히 요구되었다. 사실 그러한 것이 없다면 느헤미야의 조치들은 단지 일시적인 의의밖에 지니지 못하게 될 것이었다. 그러나 하나님의 도우심인지 느헤미야의 재임 말기에(본서에서 채택하고 있는 재구성에 따르면 주전 428년경) "율법학사" 에스라의 등장으로 그 필요한 개혁이 마련되었다.

a. 에스라의 사명의 성격.

그 진정성을 의심할 필요가 없는 아람어 문서(스 7:12-26)에서 우리가 알게 되는 에스라의 임무는 느헤미야의 사명과는 전혀 달랐다. 그의 임무는 종교 문제에만 국한되어 있었다. 에스라는 율법의 사본과 아울러 그 율법을 시행할 수 있는 광범위한 권한을 그에게 허용한 페르시아 왕의 칙령을 지니고 왔다. 특히(25절 이하) 그는 아바르 나하라(Abar-nahara) 속령에 살고 있는 유대인들에게 율법을 가르치고 그 율법이 준수되는 여부를 감독할 행정 체제를 조직할 수 있는 권한도 부여받았다. 그러므로 에스라의 권한은 느헤미야의 권한보다 폭넓은 것인 동시에 제한적인 것이기도 하였다. 그는 행정장관이 아니라 유대인들의 종교생활을 정상화하는 특수 사명을 띠고 온 인물이었다. 그는 성스러운 율법이 세속적인 일과 상충하는 한도 내에서만 세속적인 문제에 관여하였다(실제적으로 이것은 불가피했을 것이다!).

한편 그의 권한은 유다에 국한되어 있는 것이 아니라 아바르 나하라(사실상 팔레스타인의 대부분)에 살고 있는 모든 유대인에게 미쳤다. 이것은 에스라가 이스라엘의 모든 후손들에게 그의 율법을 준수할 것을 강요할 수 있었다는 것을 뜻하지는 않는다. 그런 식으로 일률적으로 강요했다면 그것은 페르시아의 관행과 완전히 모순되는 것이었을 것이다. 오히려 그것은 예루살렘의 제의 공동체에 충성을 다짐한 모든 사람들(즉, 스스로 유대인으로 자처하고 있었던 모든 사람들)은 에스라가 가지고 온 율법에 따라서 그들의 일들을 처리해야 했다는 것을 의미했다. 이것은 왕의 칙령에 의해 뒷받침되었다: 유대인이 이 율법에 불순종하는 것은 "왕의 명령(법)"에 불순종하는 것이기도 하였다(26절). 에스라는 성전의 제의를 지원하기 위해 바벨론의 유대인들로부터 기부금을 받고(15-19절) 또 더 많은 비용이 소요될 경우에는 왕실과 속주의 재정을 일정한 한도 내에서 이용할 수 있는 권한을 부여받았다(20-22절). 한편 제의 종사자들은 완전한 면세를 보장받았다(24절).

에스라의 신분은 “하늘의 하나님의 율법의 학사”(스 7:12)라는 칭호 속에 감추어져 있다. 이 칭호는 후대에서 사용된 의미로서 율법의 박사를 가리키는 것이 아니라 — 전승이 에스라를 그렇게 간주게 된 것은 어느 정도 공정하지만(참조 . 6절) — 정부의 판무관으로서 에스라의 공식 직함이었다. 그는 “하늘의 하나님(즉, 이스라엘의 하나님)의 율법 담당 왕실 비서관” 또는 대략 현대적으로 표현해 보자면 아바르 나하라 속령에서 특수한 권한을 지닌 “유대인 종교 문제 담당 장관”이었다.[26] 어떻게 에스라가 자신의 임무를 위임받게 되었는지에 대해서는 우리는 모른다. 그는 제사장이었고(12절) 또한 유다에서의 종교적 해이 풍조에 관한 보고에 접하여 당황하고 사태를 시정하기를 열망했던 바벨론 유대인들의 입장을 대표하는 인물이었음이 분명하다. 그러한 칙령이 내렸다는 사실 자체가 페르시아 궁정에서 유대인들의 영향력을 시사해 준다. 페르시아 궁정에서 높은 벼슬에 오른 유대인은 느헤미야만이 아니었던 것이다(참조 . 느 11:24). 실제로 느헤미야 자신이 주전 433년에 바벨론의 왕궁을 방문하였을 때 그러한 조치를 취할 정지 작업을 하였는지도 모른다. 어쨌든 이 칙령은 그 용어 사용에서 알 수 있듯이 유대인들에 의해 기초되었다. 왕은 단지 그것을 인준하고 서명하였을 뿐이다.[27] 이렇게 할 때 아닥사스다는 단지 선왕들의 정책을 계승하고 확대하였을 따름이다. 이미 살펴보았듯이 페르시아인들은 민족들의 고유한 제의에 대하여 완전히 관대하였고, 다만 내분을 막고 또 종교가 반란을 위장하는 가면이 되지 못하도록 하기 위하여 이러한 제의들이 책임 있는 당국의 규제를 받아야 한다는 것만을 요구했다. 이제 그러한 정책이 전략적으로 중요한 위치 때문에 내정의 평온이 특별히 요구되었던 유다에서 실시되었던 것이다.

에스라는 아마 주전 428년 또는 그 무렵에 예루살렘에 온 것 같다. 그의 개인적인 회고록에 의하면(스 7:27-8:36)[28], 그는 혼자 온 것이 아니라 왕의 허가를 받고(참조. 7:13) 이 목적을 위하여 바벨론에 모인 상당수의 무리를 이끌고 왔다. 이 여행은 위험한 것이었지만, 에스라는 하나님에 대한 신뢰의 부족을 드러내는 것이 되지 않도록 하기 위하여 군대의 호위를 요청하는 것을 부끄럽게 여겼다. 이 여행단은 단식과 기도를 한 다음 4월에 출발했고, 4개월 후에 무사히 예루살렘에 도착하였다

26) 특히 *H.H. Schaeder, Esra des Schreiber*(Tübingen: J.C.B. Mohr, 1930), pp. 39-59를 참조하라.

27) Cf. E. Meyer, *Die Entstehung des Judentums*(Halle: M. Niemeyer, 1896), p. 65; Schaeder, *op. cit.*, p. 55.

28) cf. 보록 II , p. 543

(참조 . 7:8f. ; 8:31).

b. 에스라의 개혁의 착수.

역대기 사가의 기사는 아마 연대상의 순서를 따르지 않은 것 같기 때문에(보록 II를 보라), 우리는 에스라가 취했다고 기록되어 있는 여러 개혁 조치들이 정확히 언제 취해졌는지를 확인할 수 없다. 그러나 그의 임무는 율법으로 유다 백성들을 가르치고 이에 따라 종교생활을 정상화하는 것이었기 때문에(스 7:25f.), 우리는 그가 가능한 한 빨리 율법을 공포하였을 것으로 예상할 수 있다. 아마 그는 그렇게 했을 것이다. 있음직한 얘기지만 느헤미야 8장의 기사가 연대상으로 에스라의 예루살렘 당도에 관한 이야기 다음에 오는 것이라면, 율법의 공포는 두 달 후에 장막절을 계기로 실행되었을 것이다. 어느 공공의 광장에 이 공포식을 위해 세워진 나무 연단에 올라서 에스라는 새벽부터 밤까지 율법을 골라 봉독해 내려갔다. 백성들이 확실히 이해할 수 있도록(느 8:7-8) 그와 그의 조역자들은 히브리어 원문을 한절 한절 아람어로 번역해 주었고 아마 설명도 해주었을 것이다.[29] 백성들은 너무 감동하여 땅에 엎드려 울었다. 에스라는 장막절의 기쁨을 청중들에게 상기시켜 줌으로써 가까스로 그들의 울음을 억제시킬 수 있었다. 다음날 백성의 지도자들에게 율법이 요구 사항들을 사적으로 가르쳐 준 후에, 장막절을 지내는 동안 매일 율법을 더욱 자세하게 봉독해 주었다.

그러나 최초의 열광에도 불구하고 에스라의 개혁 사업은 쉽게 성공을 거두지는 못했다. 느헤미야에게 그토록 충격을 주었던 악폐들, 특히 이방 종족과 통혼은 계속되었고, 여기에는 많은 지도층 시민들과 성직자, 평신도들이 똑같이 — 대제사장 가문의 사람들도 포함하여(스 10:18; 느 13:28)[30] — 깊이 관여되어 있었다. 이로부터 두 달 가량 지난 뒤인 12월에(참조 . 스 10:9; 느 8:2) 에스라는 단호한 행동을 취하지 않을 수 없었다(스 9장; 10장). 그가 그러한 상황을 그렇게 오랫동안 모르고 있었을 것 같지는 않다. 실제로 그는 아마 예루살렘에 오기 전에도 그러한 상황을

29) Cf. W. Rudolph, *Esra und Nehemia*(*HAT*, 1949), pp. 146-149; R. A. Bowman, *IB*, III(1954), pp. 736f. ; Schaeder, *op. cit.*, pp. 52f. 그러나 G. von Rad, *Studies in Deuteronomy*(Eng. tr., London: SCM Press, 1953), pp. 13f를 참조하라.

30) 당시 누가 대제사장이었는지는 분명치 않다. 왜냐하면 엘리야십은 아마 느헤미야가 다시 부임하기 전에 죽었을 것이기 때문이다(cf. 느 13:4-9). 아마 그의 아들 요야다(느 12:10, 22; 13:28) 또는 그의 손자 요하난이 대제사장이었을 것이다. 주전 410년 이후에 대제사장직에 있었던 요하난은 이 무렵 성인이었다(스 10:6).

전반적으로 알고 있었을 것이고, 예루살렘에 도착한 후 곧 이내 그러한 상황을 알게 되었으리라는 것은 확실하다. 아마 그는 그 가운데 일부가 이 동안에 취했을 느헤미야의 조치들과 율법의 봉독으로 충분한 효과를 거둘 것으로 기대했을 것이다. 아마 에스라 자신이 취한 예비 조치들은 사람들에게 알려지지 않았던 것 같다. 그랬을지라도 에스라는 몹시 격분하긴 했지만 그래도 여전히 도의(道義)에 호소하는 설득의 방법을 택했다. 그가 격한 감정을 드러내어 울면서 여호와 앞에 회중의 죄를 고백하자 마침내 백성들은 양심의 가책을 느껴 율법을 어긴 자신들의 죄를 인정하고(스 10:1-5) 자발적으로 이방인 아내들과 이혼할 뜻을 내비치면서 에스라가 어떤 조치를 취하더라도 그것들을 지지하겠다고 맹세하였다.

그런 후에 에스라가 계속하여 단식하고 기도하는 동안 방백들과 장로들은 모든 백성들에게 사흘 안에 예루살렘에 모일 것을 명령하고 만약 불응할 때에는 국외로 추방하고 재산을 몰수하겠다고 하였다(스 10:6-8). 에스라는 이러한 권한을 갖고 있었다(스 7:25f.). 그러나 그는 이제 자기를 지지하게 된 백성의 지도자들을 통해서 그 권한을 행사하였던 것이다. 이것은 효과가 있었다. 많은 군중이 모여들었고 비가 쏟아지는데도 야외에 얌전히 선 채 에스라의 책망을 받아들였다. 소수의 사람들만이 반대하였을 뿐 그 밖의 사람들은 에스라가 말한 대로 할 것을 동의하면서 다만 날씨가 나쁘고 또 진상을 조사하는 일이 중요하므로 당장에 문제를 해결할 수 없기 때문에 시간을 달라고 간청하였다(스 10:9-15). 에스라에 의해 임명된 위원회가 맡게 된 진상 조사는 즉시 시작되었다. 3개월 후에(주전 427년 3월?) 그들의 일은 끝났다(16절 이하). 이방 종족과 한 모든 통혼은 파기되었다(44절).

c. 에스라 개혁의 완수: 율법을 토대로 한 공동체의 재건.

본서에서 채택한 재구성에 따르면(보록 II를 보라), 이로부터 불과 수 주 후, 즉 느헤미야 9장과 10장에 기록된 사건들을 통해 에스라의 활약은 절정에 도달했다(참조. 느 9:1). 이방 종족과의 통혼 문제가 처리되자 백성들은 모여 엄숙히 죄를 고백했고 그런 후에 율법에 따라 살기로 언약하였다(느 9:38; 10:29). 특히 그들은 앞으로 다시는 이방인들과 혼인을 하지 않고, 안식일에는 일을 하지 않으며, 7년마다 땅을 묵히고 채무 환수를 포기하겠다고 서약하였다(느 10:30-39). 또한 그들은 성소의 유지를 위해 매년 스스로 세금을 부담하고, 제단에 쓰일 나무, 맏물, 십일조를 율법의 규정대로 정기적으로 바치겠다고 다짐했다.

여기서 백성들이 동의한 사항들은 대부분 바로 느헤미야가 애썼던 사항들이고

(참조. 느 13장) 또한 느헤미야의 이름이 서약서에 서명한 자들의 명단 첫머리에 있었던 것으로 보아(10:1), 느헤미야 10장은 역대기 사가에 의해 받는 인상에도 불구하고 실제로 에스라의 개혁노력이라기보다는 오히려 느헤미야의 개혁 노력의 절정을 서술한 것이라고 흔히 생각되고 있다.[31] 물론 이러한 추론이 불가능한 것은 아니다. 그러나 이와 마찬가지로 바로 여기에 두 사람의 활약이 한데 모아져 있고 서로가 서로를 뒷받침하고 있다고 추론하는 것도 똑같이 합리적이다. 느헤미야가 공격하고 있었던 악폐들은 바로 에스라도 시정되기를 바랐던 악폐들이었다.

본서에서 채택한 재구성이 올바르다면(즉, 에스라의 예루살렘 당도가 느헤미야가 두번째로 총독으로 재임하던 기간에 있었다고 한다면), 느헤미야의 개혁이 에스라의 개혁보다 선행했느냐 아니면 그 반대였는가를 묻는 것은 어리석은 짓이다. 왜냐하면 그들은 상당 기간 개혁 사업을 동시에 추진하였고 같은 시기에 그 절정에 도달했기 때문이다. 느헤미야 10장에 서술되어 있는 서약은 두 사람의 개혁 노력의 결실을 보여 주고 있는 것이다. 13장에는 몇몇 악폐들의 시정에 관하여 느헤미야 자신이 개괄적으로 이야기하는 내용이 나온다. 이것은 그의 공로라고 충분히 믿을 수 있다. 9장과 10장(그리고 에스라 9장과 10장)에서 역대기 사가는 그와 동일한 악폐들이 어떻게 처리되었는가를 말해준다. 여기서 그는 이 일에서 느헤미야가 미미한 역할을 한 것으로 서술하고(느 10:1) 개혁 사업의 주된 공로를 자신의 주인공인 에스라에게 돌리고 있다. 실제로 두 사람 모두 없어서는 안 되는 역할을 했다. 느헤미야는 이미 종교적 해이 풍조에 대하여 단호한 행동을 취했지만 그의 조치들이 영속적으로 효과를 거두기 위해서는 왕의 칙령에 의해 밑받침되어 있었던 에스라의 율법의 권위를 필요로 하였다. 그러나 그가 그러한 행동을 취하였고 더구나 백성들로 하여금 율법 준수를 서약케할 때 주도적인 역할을 했기 때문에(느 10:1) 그는 그 개혁을 자신의 업적으로 주장할 수 있었다 — 그의 회고록이 보여 주듯이 아주 겸손한 사람은 아니었지만.

한편 에스라는 율법을 강제할 충분한 권한을 페르시아 정부로부터 부여받긴 했지만 실제로 그의 개혁을 효과적으로 수행하기 위해서는 행정 장관의 후원을 필요로 하였다. 그러나 에스라가 가져온 율법이 개혁의 토대를 마련해 주었고 또한 대중이

---

31) 예를 들면, Bowman, *IB*, III, p. 757; Rudolph, *Esra und Nehemia*, pp. 167, 173. Rudolph의 재구성은 많은 점에서 본서에서 채택한 것과 비슷한데, 그는 역대기 사가가 에스라의 개혁 시도들이 대실패로 끝난 사실을 숨기려고 시도했다고 생각한다. 나 자신은 에스라가 실패했다고 믿을 만한 이유를 전혀 찾아볼 수 없다.

그것을 기꺼이 받아들이도록 한 것은 그의 윤리적 권위였기 때문에, 역대기 사가가 그 주된 공로를 에스라에게 돌리고 있는 것은 틀린 것이 아니다. 느헤미야가 에스라의 역할에 관해 전혀 언급하지 않고 있고, 역대기 사가는 느헤미야의 역할에 관해 거의 언급하지 않고 있다는 사실은 두 사람이 다 과단성 있는 인물이어서 서로를 별로 좋아하지 않았다는 그럴듯한 추론으로 해명될 수도 있을 것이다.[32] 더구나 느헤미야는 순전히 개인적인 변명을 위하여 자신의 회고록을 썼는 데 반하여 역대기 사가는 주로 종교 문제에 대한 관심을 가졌기 때문에 행정 장관의 역할을 부차적인 것으로 여겼을 것이 틀림없다.

d. 에스라의 과업의 의의.

에스라의 개혁은 그가 예루살렘에 당도한 그 해 안에 완결되었던 것으로 보인다. 그후로 우리는 그에 관한 말을 더 이상 들을 수 없다. 아마 그는 이미 나이가 많이 들었고 자신의 임무를 마친 뒤 얼마 지나지 않아 죽었을 가능성이 크다. 요세푸스(*Ant.* XI, 5, 5)는 그렇게 말하면서 그가 예루살렘에 묻혔다는 말을 덧붙인다. 그러나 그가 바벨론에서 죽었다는 전승도 있다. 남부 이라크의 우자이르(Uzair)에 에스라의 것으로 추측되는 무덤이 있는데 이 무덤은 오늘날까지 성지(聖地)로 남아 있다. 그러나 실제로 그의 무덤인지는 알 수 없다. 어쨌든 에스라는 극히 중요한 인물이었다. 전설에서 그를 다름아닌 제2의 모세로 치켜 세운 과장[33]은 터무니없는 것이라고 하더라도, 이러한 과장이 완전히 허무맹랑한 것은 아니다. 모세가 이스라엘의 창건자였다면, 이스라엘을 재조직하고 그후 여러 세기에 걸쳐 이스라엘이 생존 양식으로 삼아 존속할 수 있었던 신앙 형태의 기틀을 잡아 준 사람은 바로 에스라였기 때문이다.

에스라의 과업은 율법을 중심으로 한 유대인 공동체를 재조직하는 것이었다. 이러한 재조직이 절실하게 요구되었다는 것은 이미 지적한 바 있다. 성전의 재건이 유대인들에게 포로생활의 과도기 이후의 집회 장소와 제의 공동체로서 그 지위를 마련해 주긴 하였지만, 스룹바벨의 경우에서 분명히 볼 수 있듯이 이전의 국가 제도들을 결코 부활시킬 수는 없었다. 이스라엘은 더 이상 국가가 아니었고 또한 그렇게 될

32) Albright, *Alex. Marx Jubilee Volume*(Jewish Theological Seminary, 1950), p. 73.
33) 외경 에스드라 2서(제4서)에 의하면(cf. 14장), 에스라는 신령한 영감을 받고 성경 전체를 다시 썼다고 하는데, 그것은 나중에 파기되었을 것이다. Cf. Sanh. 21b: "만약 모세가 에스라에 앞서 나타나지 않았더라면, 에스라는 이스라엘을 위해 토라를 받을 만한 자격이 있었을 것이다".

희망도 거의 없었다. 하물며 지파동맹 시대의 전통들이 끈질기게 지속되고는 있었지만 시간을 되돌려서 이스라엘을 지파들의 동맹체로 재조직할 수는 더더욱 없었다. 어떤 새로운 외적 형태가 발견되지 않았더라면, 이스라엘은 더 이상 살아 남지 못하고 허황한 민족주의로 말미암아(그러나 이미 그런 의욕도 없었다) 자멸했거나 해체되어 이방 세계 속으로 흡수되어 버렸을 것이다. 그렇게 될 위험성이 있었고 또 엘레판틴 공동체는 실제로 그렇게 되었다. 이스라엘의 상황이 안팎으로 얼마나 위태로운 지경이었는지에 대해서는 이미 살펴보았다.

느헤미야가 구축한 정치적 안정의 틀 안에서 절실히 요구되었던 재조직을 율법을 토대로 수행했던 인물이 바로 에스라였다. 에스라가 어떤 율법을 가지고 왔는가 하는 것은 확실한 대답을 할 수 없는 문제이다. 그것이 백성들이 전혀 모르고 있었던 완전히 새로운 율법이었다고 추론할 근거는 전혀 없다. 그것은 이미 바벨론의 유대인들에 의해 모세의 율법으로 받아들여지고 있었던 것으로 보아, 적어도 그 율법의 많은 내용은 팔레스타인에 살고 있는 유대인들에게도 오래 전부터 알려져 있었을 것이다. 몇몇 학자들은 그것이 포로기 이전의 성전의 공식적인 전승들을 보존하고 있는 제사장 법전이었을 것이라고 추측해 왔다. 이 전승들은 추측컨대 포로생활 가운데서도 계속 전해지고 수집되다가 일정한 형태를 갖추게 되었을 것이라는 주장이다.

또 어떤 학자들은 그것이 완성된 오경이었을 것이라고 생각하면서 그 개개 사료들이 오래 전부터 존재해 오다가 에스라 시대 이전에 대체로 현재 형태로 편찬되었음이 거의 확실하지만 당시에는 아직 표준판은 한 권도 없었을 것이라고 한다. 또 다른 학자들은 그것이 오늘날에는 이미 그 정확한 범위를 추출해 낼 수 없는 P자료의 설화에 이차적으로 덧붙여진 제의 및 기타에 관련된 여러 규정들을 포함하고 있는 하나의 율법집(律法集)이었을 것이라고 생각하고 있다.[34]

물론 우리는 에스라가 실제로 어떤 율법들을 큰소리로 봉독하였는지 알 수 없다. 그러나 완성된 오경이 이미 에스라의 손에 있었고 또한 그는 바로 그것을 신앙과 생활실천의 규범적인 준칙으로서 유대인 공동체에 부과하였다고 생각하는 것이

---

34) 이에 대한 여러 견해들과 더 자세한 전거들에 대해서는 예를 들면, Bowman, *IB*, III, pp. 733f.; Noth, *HI*, pp. 333-335; H.H. Rowley, BJRL, 38(1955), pp. 193-198를 보라.

35) J. Wellhausen, *Geschichte Israels* I(Berlin: G. Reimer, 1878), p. 421에 의해 제기되었던 이 설은 오늘날 여러 학자들에 의해 받아들여지고 있다; 예를 들면, Schaeder, *op. cit.*, pp. 63f.; Albright, *BP*, pp. 94f.; H. Cazelles, "La mission d'Esdras" (*VT*, IV 〔1954〕, pp. 113-140, 특히 p. 131); 에스라의 과업에 대한 다른 해석에 대해서는 K. Koch, *JSS*, XIX (1974), pp. 173-197를 참조하라.

가장 개연성이 있을 것이다.[35] 토라(오경)는 에스라 시대 직후에 이와 같은 지위를 얻었음이 분명하기 때문에, 이것이 바로 그가 가져온 율법이었다고 추론하는 것이 그럴듯할 것이다.

어쨌든 율법은 백성들이 여호와 앞에서의 엄숙한 언약을 통해 받아들여졌고 이렇게 하여 유대인 공동체의 헌법이 되었다. 또한 율법은 페르시아 정부의 재가를 얻어 백성들에게 부과된 것이었기 때문에 유대인들은 비록 국가적 정체성은 결여되어 있었지만 명확히 정의할 수 있는 하나의 실체로서 존재할 수 있는 지위가 부여되었다. 그들은 정치적으로는 페르시아에 예속되어 있었지만 그들의 하나님의 법에 따라 스스로 내정 문제들을 규율하는 것이 허용된 공인된 공동체를 형성하였다. 국가에서 율법 공동체로 향하는 이스라엘의 이행이 완료되었다. 이때부터 이스라엘은 율법 공동체로서 존속하게 되었고, 국가 체제 없이 전세계에 흩어져 살더라도 이러한 공동체로서 존속할 수 있었다. 유대인을 구별하는 증표는 정치적인 국적도 아니고 근본적으로는 인종상의 출신도 아니고 성전 제의에 정기적인 참여(디아스포라 유대인들에게는 불가능한)도 아니고 오직 모세의 율법을 고수하는 데에 있을 것이었다. 이스라엘은 그 역사의 대분수령을 넘었고, 앞으로 올 모든 시대에서 이스라엘의 미래는 확보되었다.

보록 Ⅱ

에스라의 예루살렘 활동 연대*

페르시아 시대의 역사와 관련하여 가장 당혹스러운 문제는 에스라와 느헤미야의 활동을 둘러싼 연대상의 순서에 관한 문제이다. 이제까지 학자들 사이에서 이 문제에 대한 해결책에 관해서 아무런 합의점도 찾지 못하고 있다. 여기서 이 문제를 빠짐없이 논의할 수는 없지만, 본서에서 채택한 입장의 정당성을 어느 정도 해명하는 것이 바람직할 것이다.

이 문제의 관건은 에스라가 예루살렘에 온 연대이다. 느헤미야가 활약한 연대는 아주 확실한 것 같다. 엘레판틴 문서들은 느헤미야의 숙적인 산발랏(Sanballat)의 아들들이 주전 5세기의 마지막 10년 동안 활약했다는 것을 보여 주는데, 이 무렵 산발랏은 분명히 나이들어 있었을 것이다. 또한 그 문서들은 당시의 대제사장이 느헤미야와 동시대의 사람인 엘리아십의 손자 요하난이었다는 것도 보여 준다(참조 . 느 3:1; 12:10f., 22).[1] 그러므로 느헤미야의 후원자였던 아닥사스다는 아닥사스다 1세(주전 465-424년)일 수밖에 없다. 따라서 느헤미야가 활동 연대는 이 왕의 재위 제20년(주전 445년)에서 제32년(주전 433년) 얼마 후까지의 어느 시기로 추정된다(느 2:1; 13;6). 아닥사스다 2세의 통치 기간(주전 404-358년)중의 어느 시기로 추정하는 것은 배제된다.[2]

---

* 보록 말미에 있는 보주(補註)를 보라.

1) 이와 관련된 문서에 대해서는 Pritchard, *ANET*, p. 492를 참조하라. 느헤미야 12:11의 "요나단"(Jonathan)은 아마 "요하난"(Johanan)의 오기(誤記)일 것이다. 그러나 몇몇 학자들(예를 들면, F. Ahlemann, *ZAW*, 59 〔1942/1943〕, p.98)은 이를 반박한다.

그러나 에스라는 느헤미야보다 먼저 왔는가 뒤에 왔는가? 두 사람이 같은 시기에 예루살렘에 있었는가? 이에 대한 답들은 비록 세부 내용에 있어서는 천차만별이지만 대체로 세 부류로 구분된다. 어떤 학자들은 에스라 7:7의 연대를 아닥사스다 1세의 제7년(주전 458년)으로 받아들이고 에스라의 예루살렘 당도가 느헤미야의 당도보다 약 13년 전이었다고 추정한다.[3] 또 어떤 학자들은 이 연대를 아닥사스다 2세의 제7년(주전 398년)으로 잡고 느헤미야의 과업이 완료된 오랜 후에 에스라가 등장한 것으로 본다.[4] 또 다른 학자들은 에스라 7:7의 "7년"을 "제37년"(주전 428년) 또는 이와 비슷한 수자의 오기(誤記)로 보고 에스라의 당도를 느헤미야의 당도 이후와 그의 총독 재임 기간의 만료 이전의 어느 시기로 추정한다.[5] 이 입장들은 각각 나름대로의 장점들을 갖고 있다. 그러나 그것들 가운데 어느 입장도 모든 문제점을 해결해 준다고 말할 수는 없기 때문에, 독단적인 주장은 피해야 한다. 그럼에도 불구하고 증거를 검토해 보면 필자는 마지막 세번째 입장이 반론이나 이론(異論)이 가장 적고 따라서 이 견해를 취하는 것이 낫겠다는 결론을 내리지 않을 수 없었다(이런 결론을 내린 것이 내가 처음은 아니다!).

---

2) 이제는 산발랏 2세라는 사람(그리고 아마 산발랏 3세도)이 주전 4세기에 사마리아를 통치했던 것으로 알려져 있다; cf. F.M. Cross, "Papyri of the Fourth Century B.C. from Daliyeh" (*New Directions in Biblical Archaeology*, D.N. Freedman and J.C. Greenfield, eds. 〔Doubleday, 1969〕, pp. 41-62) ; 또한 *HTR*, LIX(1966), pp. 201-211; *BA*, XXVI (1963), pp.110-121. 그러나 성경과 성경 외의 증거에 비추어 보건대 느헤미야를 산발랏 1세 이외의 다른 사람들과 연관시키기는 어렵다 — 불가능하지는 않다고 하더라도.

3) 여기서는 상세한 문헌을 제시하지 않겠다; 더 자세한 문헌들을 보려면 주 4에 나오는 Rowley의 논문을 참조하라. 이 견해를 명백하게 옹호하고 있는 것으로는 J.S. Wright, *The Date of Ezra's Coming to Jerusalem*(London: Tyndale Press, 2nd ed., 1958); 좀더 최근의 것으로는 J. Morgenstern, *JSS*, VII(1962), pp. 1-11(그는 예루살렘이 주전 485년에 약탈당했다는 의심스러운 설에 근거를 두고 있다); U. Kellermann, *ZAW*, 80(1968), pp.55-87(그는 에스라의 예루살렘 당도를 주전 448년경으로 추정한다).

4) Cf. H.H. Rowley, "The Chronological Order of Ezra and Nehemiah" (*The Servant of the Lord and Other Essays* 〔rev. ed., Oxford: Blackwell, 1965〕, pp. 135-168). 여기에는 간행 당시까지의 문헌들이 포괄적으로 열거되어 있다; 좀더 최근의 것으로는 S. Mowinckel, *Studien zu dem Buche Ezra-Nehemia*, Vol. III(Oslo: Universitetsforlaget, 1965), pp. 99-112; J.A. Emerton, "Did Ezra Go to Jerusalem in 428 B.C.?" (*JTS*, XVII〔1966〕, pp. 1-19); N.H. Snaith, *VT*, Suppl., Vol.XIV(1967), pp. 244-262.

5) 최근의 것으로는 Albright, *BP*, pp.93f.와 주 193; Noth, *HI*, pp. 315-335; W. Rudolph, *Esra und Nehemia*(*HAT*, 1949), pp. xxvif., 65-71; V. Pavlovsky, "Die Chronologie der Tätigkeit Esdras" (*Biblica*, 38 〔1957〕, pp.275-305, 428-456).

1. 에스라가 느헤미야에 앞서 주전 458년에 당도했다는 견해.

이것은 전통적인 견해이다. 이 견해는 정경의 에스라서 및 느헤미야서에 의해서 뒷받침되고 있고 주장할 수 있으며 또한 표면적으로는 해결할 수 없는 난점들을 하나도 포함하고 있지 않은 듯하게 그럴듯한 설명을 제시하고 있다. 나 자신도 과거에는 어느 정도 이 견해로 기울었다.

a. 이 견해의 장점.

성경이 말하고 있는 이야기는 에스라가 먼저 예루살렘에 왔다는 인상을 주는 것이 틀림없다. 에스라의 활동(스 7-10장)은 아닥사스다 제7년에 시작되었고(스 7:7f.), 이것은 느헤미야가 아닥사스다 제20년에 역사의 무대에 등장하기(느 1:1; 2:1) 전의 일이라고 한다. 이것은 의심할 여지없이 우리로 하여금 에스라가 느헤미야보다 13년 앞서서 활동했음을 믿게 하려는 의도인 것 같다. 이것은 본질적으로 불가능한 얘기도 아니고 또한 그렇지 않음을 입증하기도 쉽지 않은데, 이는 그런 반대 증거로 인용되는 성경 구절들 가운데 다수는 확정할 수 없는 것들이기 때문이다. 예를 들면, 에스라 9:9에서 "울"을 언급하고 있다는 것이 느헤미야의 과업이 에스라가 당도하기 전에 완료되었다는 것을 반드시 입증해 주는 것은 아니다. 이 단어는 통상적으로 도성의 성벽을 가리키는 말이 아니고 또한 비유적인 의미로 사용되었을 '가능성도 있기' 때문이다. 또한 느헤미야가 왔을 때에는 예루살렘에 인구가 얼마 되지 않았지만(느 7:4), 에스라가 당도했을 때는 큰 무리의 사람들이 그를 출영했다는 사실도 느헤미야가 지방 사람들을 예루살렘으로 이주시킨 식민 사업(느 11:1f.)이 에스라가 당도하기 전에 완료되었다는 것을 입증하기에 충분치 않다. 이것을 여러 가지로 달리 설명하는 것도 확실히 가능하기 때문이다.

또한 에스라 10:6도 느헤미야와 동시대 사람인 엘리아십의 손자 요하난이 에스라 때에 대제사장이었다는 것을 입증해 주지 않는다. 요하난은 이 구절에서 "대제사장"으로 불리고 있지 않다. 이 이름은 흔한 이름이었기 때문에, 이 구절의 요하난 — 비록 내게는 그렇게 보이지 않지만 — 은 같은 이름을 가진 아저씨뻘 되는 사람이었을 '수도 있기' 때문이다.[6] 또한 느헤미야가 성전의 재무관 네 명을 임명하였는

6) 또는 이 방은 이 기자의 시대에 "요하난의 방"으로 알려져 있었고 그래서 요하난과 동일시되었을 수도 있다; E. Meyer, *Die Entstehung des Judentums*(Halle: M. Niemeyer, 1896), p.91; 또한 Ahlemann, *ZAW*, 59, pp. 97f.

데(느 13:13), 에스라는 예루살렘에 도착했을 때 이런 재무관들이 직무를 집행하고 있음을 보았다는(스 8:33) 사실도 느헤미야가 먼저 왔다는 것을 입증해 주지 않는다. 느헤미야가 새로운 직위를 제정했던 것이 아니라 단지 기존의 직위를 정직한 사람들로 충원하였을 수도 있기 때문이다. 그리고 그밖에 이와 비슷하게 인용되는 다른 구절들도 똑같이 확정적이지 않은 것들로 판단되어야 한다.[7]

b. 이 견해에 대한 반론들.

그럼에도 불구하고 이 견해에 대한 반론들이 있는데, 그 반론들은 거의 논박할 수 없는 것들인 것 같다. 호위를 받지 않은 에스라의 여행(스 8:22)이 주전 458년에는 있을 수 '없었을 것이라고' 확실하게 단언할 수는 없다고 하더라도 아닥사스다 1세 통치 초기의 어지러웠던 시기에 호위 없는 여행을 했을 것 같지는 않다.[8] 이보다 더 중대한 것은 율법을 백성들에게 가르치고 준수의 의무를 부과할 임무를 띠고 열심으로 가득 차서 왔던 에스라가 예루살렘 당도 후 13년이 지나도록 백성들에게 율법을 봉독해 주지조차 않았다는 것은 믿기 어렵다는 것이다(느 8:1-8). 에스라의 예루살렘 당도를 주전 458년으로 추정하는 몇몇 학자들은 이러한 난점을 의식하고, 에스라와 느헤미야의 활동을 분리시켜 율법 봉독이 에스라가 당도한 그 해에 있었던 것으로 본다.[9]

그러나 더욱 더 중대한 것은 에스라의 개혁(스 9장, 10장)을 느헤미야의 개혁 이전으로 보는 설은 불가피하게 에스라의 개혁은 이런저런 식으로 실패했다는 결론을 포함하지 않으면 안 된다. 에스라의 개혁은 너무 효과가 없어서 느헤미야가 그 개혁을 다시 하지 않으면 안 되었다거나(느 13장) 에스라가 반대의 여론을 야기시켰기 때문에 느헤미야가 구하러 오기까지 개혁을 중단할 수밖에 없었다거나 에스라가 월권(말하자면 에스라 4:7-23에 기록된 일)을 하여 페르시아인들의 비위를 거슬렀거나 그들에게 징계를 받았을 것이라고 추론하지 않으면 안 된다. 그러나 이를 보여주는 증거는 전혀 없다.[10] 에스라가 실패자였다는 것은 나로서는 믿을 수 없다. 성경은 그를 그렇게 묘사하지 않을 뿐만 아니라 오히려 유대교의 장래 진로의 기틀을 잡

7) 그리고 이런 구절들의 대부분은 반대 방향을 논증하는 데에 사용되곤 했다! 이에 관한 논의는 Rowley, *The Servant of the Lord*, pp. 135-168를 참조하라.

8) 특히 Pavlovsky, "Die Chronologie", pp. 283-289를 참조하라.

9) 예를 들면, Kittel, *GVI*, III, pp. 584-599; H.H. Schaeder, *Esra der Schreiber*(Tübingen: J.C.B. Mohr, 1930), pp. 12-14.

은 인물이 바로 에스라였다. 만약 에스라가 개혁에 실패했다면, 과연 그렇게 묘사했을 것이며 또한 전승이 그를 다름아닌 제2의 모세로 치켜 세웠겠는가? 그러나 만약 에스라의 개혁이 느헤미야의 개혁보다 선행하였다고 한다면 에스라는 실패자였던 셈이 된다.

더욱이 그 가운데 어느 것도 본질적으로 결정적이지는 않다 하더라도 여러 지표들은 느헤미야가 에스라 이전에 왔다는 가정에 좀더 잘 맞는다. 에스라 9:9이 느헤미야가 구축한 성벽을 가리키든 아니든, 느헤미야가 왔을 때는 도성의 대부분이 폐허로 있었음이 확실하지만(느 7:4), 반면에 에스라가 당도했을 때는 많은 사람들이 살고 있었고 비교적 안정되어 있었던 것으로 보인다. 더구나 느헤미야는 에스라에 관한 이야기에서는 전혀 암시가 없는 경제적 폐습들을 일찍이 시정한 바 있다(느 5:1-13). 에스라가 왔을 때 그러한 폐습들이 있었다면(만약 그가 느헤미야보다 먼저 왔다면 있었을 것이다), 느헤미야와 마찬가지로 경건한 에스라도 그와 같은 것들에 충격을 받지 않았겠는가?

그밖에 느헤미야의 개혁(느 13장)은 비록 에스라의 개혁보다 온건한 것은 아니었다고 하더라도 일련의 '상황 대응적인' *(ad hoc)* 조치들이라는 꼬리표를 달고 있었으니 에스라만큼 철저하지 못했음이 확실하다. 느헤미야는 에스라에 의해 봉독된 것과 같은 어떤 율법에 호소한 것도 아니고(느 8장), 율법을 지키기로 한 약속을 어겼을 경우 책임을 묻지도 않았다. 실제로 그는 특별히 어떤 법전 같은 것에 호소한 것이 아니라 이를테면 그때그때 본능적으로 행동한 것으로 묘사되어 있다. 느헤미야 10장의 언약(역대기 사가의 에스라 이야기의 결론 부분이다)이 이미 이전에 맺은 것이었다면, 그런 사실을 보여 주는 것들이 하나도 없는 것은 이상하다. 어쨌든 에스라의 단호한 개혁이 실패했다고 가정한다면, 느헤미야의 철저하지 못했던 개혁이 어떻게 성공을 거둘 수 있었는지 우리는 의아스럽게 생각하지 않을 수 없다.

끝으로 비록 성경의 이야기에서는 에스라가 먼저 온 것으로 되어 있지만, 그 반대의 경우가 사실이라는 것을 시사해 주는 구절들도 몇몇 있다. 예를 들면, 느헤미야 12:26은 성전 건축으로부터 느헤미야 저자의 시대까지 유대인 공동체의 지도자

10) K.A. Kitchen(*Theological Students' Fellowship Bulletin*의 부록 〔Summer, 1964〕, pp. vif.)은 에스라가 주전 458년에 도착하여 몇몇 개혁을 시행한 다음 바벨론(또는 수사)의 자기 직위로 돌아갔다가 다시 느헤미야와 함께 예루살렘으로 와서 율법을 봉독하고(즉, 재천명하고) 언약을 맺었다고 주장한다. 이것이 불가능하다고는 말할 수는 없지만, 성경에는 에스라가 예루살렘에 두번 왔다는 암시가 전혀 없다.

들의 이름을 열거하고 있는데, 그 순서는 이렇다: 여호수아, 요야김(느헤미야와 동시대 사람 엘리아십의 아버지), 느헤미야, 에스라. 바로 이 순서를 잘 보라. 더욱이 느헤미야 12:47에서는 스룹바벨에서 느헤미야대로 옮겨가고 있는데, 그 중간에 에스라는 들어 있지 않다. 이러한 이유들 및 아래에 제시된 연대상의 논거들로 볼 때, 적어도 느헤미야의 개혁 사업의 상당 부분이 완결된 후에 에스라가 예루살렘에 왔다고 추정하는 것이 가장 타당할 듯하다.

2. 역대기 사가의 역사서, 느헤미야 회고록, 역대기 사가의 저작 연대.

역대상하와 에스라서, 느헤미야서는 그 저자의 이름이 빠져 있기 때문에 역대기 사가로 알려져 있는 단일한 역사서를 형성하고 있다. 이 저작의 편찬에 대해서는 현재 논의중인 문제와 관련되는 한에서만 살펴보기로 한다.[11] 위에서 내린 결론을 취한다면 우리는 역대기 사가를 몰라서 그랬든 고의로 그랬든 사실들을 형편없이 왜곡한 도무지 신뢰할 수 없는 역사가로 보아야 되지 않는가? 그러나 본서에서 취한 입장은 그렇지 않다는 것이다.

a. 느헤미야 회고록 및 이 회고록과 역대기 사가의 역사서의 관계.

칠십인역 본문을 보존하고 있는 외경 에스드라 1(3)서[12]는 비록 몇몇 첨가한 것들이 있고 또 에스라 1-6장의 순서를 바꿔 놓은 것들도 있긴 하지만 오늘날의 성경에서 볼 수 있는 에스라서의 기사를 끝까지 실질적으로 그대로 되풀이한 다음 느헤미야에 관한 이야기(느 1-7장)를 건너뛰어서 곧장 느헤미야 7:73; 8:1-12(에스라의 율법 봉독)의 이야기로 넘어가서 그것으로 끝나고 있다는 사실을 살펴볼 수 있는 것은 흥미롭다. 이 외경은 느헤미야 8:9에서 단지 "총독"이라고만 말하고 있기 때문에, 그것은 느헤미야를 언급하고 있는 것이 전혀 아니다. 알렉산드리아 본문을 따르고 있는 요세푸스도 역시 이 이야기를 그와 같은 순서로 말하고는(*Ant.* XI, 5, 4-

11) 특히 W. Rudolph, *Esra und Nehemia*(*HAT*, 1949); *idem*, *Chronikb cher*(*HAT*, 1955)를 보라; 또한 M. Noth, *Uberlieferungsgeschichtliche Studien I*(Halle: M. Niemeyer, 1943), pp. 110-180를 보라.

12) Cf. Mowinckel, *op. cit.*, Vol. I(1964), pp. 7-28.

6) 에스라 10장으로부터 곧장 느헤미야 8장으로 넘어간다. 그리고 에스드라 1서가 끝나는 대목에서 에스라의 이야기가 완결되고 나서야(에스라의 죽음에 관한 기사를 포함하여) 비로소 느헤미야가 등장한다. 이것은 우리로 하여금 역대기 사가의 저작이 원래 느헤미야 회고록을 포함하고 있었던 것인가 아니면 느헤미야 회고록은 역대기 사가의 저작이 완성된 뒤에 거기에 추가된 것은 아닌가 하고 묻게 한다.[13]

느헤미야 회고록은 틀림없이 느헤미야 자신에 의해 일인칭으로 표현된 이야기를 우리에게 제공해 준다. 이 회고록은 느헤미야 1:1에서 7:4까지 전체(3장의 명단을 포함하여)를 포괄하는데, 여기에 7:6-73A(// 스 2장)의 명단이 5절의 연결어를 통해 부가되어 있다. 8-10장의 삽입으로 회고록이 중단되었다가 11:1 이하(이 구절들은 7:4의 이야기를 다시 계속하고 있다)에서 다시 이어진 다음[14], 12:27-43(이 부분은 전승 과정에서 약간 확대되었다)에서 계속되다가[15], 13장에서 끝나고 있다. 이 문서는 원래 독립적으로 유포되었음이 확실하다. 이 문서는 역대기 사가의 저작이라는 것을 입증 만한 아무런 증거도 보여 주지 않고 있으며, 편집자의 손질한 흔적들은 내 의견으로는 명단 등을 첨가함으로써 느헤미야의 저작을 확대하여 궁극적으로 역대기 사가의 역사서에 그것을 합친 과정에서 나온 것이라고 쉽게 설명될 수 있을 것이다.

원래 형태의 역대기 사가의 저작은 아마 이 회고록을 포함하지 않았을 것이다. 이 회고록이 뒤에 추가되었을 때, 그것은 요세푸스가 따르고 있는 본문의 바로 말미에 추가되었다. 맛소라 본문(MT)의 원전에서는 느헤미야 8:9과 10:1에서 느헤미야가 언급되어 있기 때문에, 즉 적어도 편집자는 느헤미야 8-10장에 나오는 사건들이 일어났을 때는 느헤미야가 예루살렘에 있었다고 믿었기 때문에, 느헤미야의 예루살렘 당도와 그의 성벽 축조(즉시 착수되었던)에 관한 기사를 8장 앞에 삽입하지 않으면 안 되었던 것이다. 이런 식으로 느헤미야 8장은 에스라 9장 및 10장(외경 에스드라 1서에서는 그렇지 않다)과 분리되었고, 한편 느헤미야 회고록의 앞부분(느 1-7장)은 그 결론 부분(느 11:1f.; 12:27-43*; 13장)과 갈라지게 되었다. 그러나

13) Cf. Mowinckel, *ibid.*, pp. 29-61. 내 의견으로는 Mowinckel은 이것이 사실임을 설득력있게 논증하고 있다; 또한 K-F. Pohlmann, *Studien zum dritten Esra*(*FRLANT*, 104 〔1970〕).

14) 요세푸스(*Ant.* XI, 5, 8)가 느헤미야 7:4과 11:1f.를 한 문장으로 요약하고 있다는 것에 유의하라.

15) Rudolph(*Esra und Nehemia*, p. 198)는 27aa, 30*, 31f., 37-40, 43*절(*표는 그 절의 일부를 가리킨다)을 느헤미야의 것으로 본다; Schaeder, *op. cit.*, p. 7도 비슷하다.

느헤미야 회고록만을 따로 떼어서 별도로 읽어 보면, 그것은 에스라에 관해 아무런 언급도 하지 않고 있다(후대에 첨가된 것으로 보이는 12:36을 제외하고). 그러므로 이 회고록은 느헤미야가 에스라보다 먼저 왔으냐 나중에 왔느냐 하는 문제를 단정적으로 밝혀 주지 않는다.

b. 역대기 사가의 에스라 이야기: 그 범위와 연대상의 순서.

앞에서 한 말이 옳다면, 원래의 역대기 사가의 저작은 에스라와 느헤미야 7:73-8:12을 포함하고 있었다(에스드라 1서에서처럼). 그러나 느헤미야 8장의 나머지 부분과 9장 및 10장도 역대기 사가의 이야기를 계속 이어가고 있고 또 완전히 역대기 사가의 문체로 되어 있는 것으로 보아, 우리는 그의 저작이 상당히 늘어났고 그 결론 부분이 에스드라 1서에서는 사라지고 말았다고 추론할 수 있을 것이다. 정경 느헤미야서에서는 어디에서 역대기 사가의 저작이 끝났는가는 말하기 어렵다. 11:3-12:26에 나오는 명단들이 모두 그의 저작에 속해 있었는지 또는 어떤 것들이 그 저작에 다른 식으로 끼어들어왔는지에 대해서 확실하게 말할 수는 없다. 하지만 내게는 역대기 사가의 역사서의 끝부분은 12:44 이하에서 찾아볼 수 있는 것으로 보인다. 이 구절들은 10:28-39의 기사를 재개해서 결론을 내린 것으로 볼 수 있을 것이다.[16]

여기서 유의해야 할 중요한 점은 역대기 사가가 느헤미야에 대해서 거의 언급하지 않고 있다는 사실이다. 그의 이름은 느헤미야 8:9(어떤 학자들은 난외주로 생각한다. 에스드라 1서에는 빠져 있다), 10:1(그러나 어떤 학자들은 10:1-27을 후대에 역대기 사가의 저작에 삽입된 것으로 생각한다)[17], 12:26(어떤 학자들은 다시 그 이름을 삭제한다), 12:47(아마 역대기 사가의 저작이 아닐 것이다)에 나온다. 이러한 것을 통해서 우리는 역대기 사가의 원래의 이야기에서는 느헤미야를 전혀 언급하지 않았다는 것을 쉽게 논증할 수 있을 것이다! 이러한 것은 내게는 보증 없는 것으로 보이지만, 역대기 사가의 역사서만을 따로 떼어서 읽어 보면, 느헤미야 회고록과 마찬가지로 에스라와 느헤미야의 예루살렘 당도에 관련된 연대상의 순서를 해결해 주지 않는다.

---

16) 44절의 "그날"은 성벽이 봉헌된 날이라기보다는(12:27-43) 10장에 나오는 언약의 날일 것이다. 46절 이하는 후대의 첨가일 가능성이 크다; cf. Rudolph, *Esra und Nehemia*, p. 201.

17) Cf. Rudolph, *Esra und Nehemia*, pp. 173f. A. Jepsen, *ZAW*, 66(1954), pp. 87-106은 느헤미야의 이름을 삭제한다.

가능성 있는 이유들을 여기서 논의하는 것은 우리의 관심이 될 수는 없겠지만, 에스라의 활동에 관한 역대기 사가의 기사(스 7-10장; 느 8-10장)는 완전히 연대상의 순서대로 서술되지 않은 것으로 보인다. 느헤미야 8장은 시간상으로 에스라 9장 및 10장보다 앞서고 또 연대상의 정확한 순서는 에스라 7장, 8장, 느헤미야 8장, 에스라 9장, 10장, 느헤미야 9장, 10장임에 틀림없다고 믿을 만한 강력한 이유들이 있다.[18] 에스라의 임무(스 7:25f.)는 율법에 따라 유대인들의 생활을 규율하고 백성들에게 율법을 가르치는 것이었다. 아마 우리는 열심으로 가득 차 있었던 그(참조. 스 7:10)가 즉시 이 일을 추진하였을 것으로 예상할 수 있을 것이다.

그러나 현재의 이야기의 순서에 따르면 에스라는 "7년" 5월에 예루살렘에 당도하여(스 7:7f.) 9월까지 아무것도 하지 않고 있다가(스 10:9) 이방 종족과의 통혼 문제가 그의 주의를 끌었기 때문에 비로소 행동을 취한 것으로 되어 있다. 그리고 그가 율법을 봉독하게 된 것은 훨씬 뒤의 일이었다(현재의 성경의 배열에 따르면 13년 또는 그보다 더 후에, 역대기 사가의 연대만을 따르더라도 이듬해 7월 이전은 아니다〈느 8:2〉). 이것은 그렇지 않았던 것으로 보인다. 더욱이 이방 종족과 한 통혼 문제에 부딪치자 백성들이 유순한 태도를 보였고(스 10:1-4) 율법에 따를 용의를 보인 것(3절)은 이미 공적인 율법 봉독이 있었음을 시사해 주고 있고 또한 어떤 언약 의식이 있었다는 암시가 느헤미야 10장에 나와 있다(참조. 30절).[19]

그러나 느헤미야 8장을 연대상으로 에스라 9장과 10장 앞에 놓는다면(느헤미야 1-7장이 역대기 사가의 역사서에 속하지 않는다는 것을 상기하면서) 모든 것은 조리정연하게 된다. 에스라는 5월에 도착했고, 7월(느 8:2) 장막절에 공적으로 율법을 봉독하였다. 그런 다음(스 9장, 10장) 이방 종족과 맺은 통혼 문제를 해결하기 위한 조치가 취해졌다. 이 조치는 9월에 시작되었고(스 10:9) 3개월이 조금 더 걸려(스 10:16f.) 이듬해 초에 끝이 났다. 끝으로(느 9:1), 24일(추측컨대 1월)에 느헤미야 9장 및 10장에 기록되어 있는 죄의 고백과 엄숙한 언약 의식이 거행되었다. 따라서 에스라의 개혁은 그가 예루살렘에 당도한 바로 그해 안에 완결되었던 것이다. 이 사건들을 달리 이해할 수 있다고 하더라도, 이렇게 해석하는 것이 가장 타당하다고 하

---

18) 여러 학자들은 이 입장 또는 이와 비슷한 입장을 취하고 있다: 예를 들면, Torrey, *The Chronicler's History of Esrael*(Yale University Press, 1954), p. xxviii; Rudolph, *Esra und Nehemia*, pp. xxiv, 143f. 등; Bowman, *IB*, III(1954), pp. 644, 732 등.

19) 또한 축제의 기쁨(느 8장)에서 비통한 참회의 고백(느 9장)으로 옮겨간 것이 너무도 갑작스럽다; cf. Rudolph, *Esra und Nehemia*, pp. 153f.; Bowman, *ibid.*, p.743.

겠다.

c. 역대기 사가의 저작 연대.

역대기 사가 자신이 에스라와 느헤미야의 순서를 혼동하지 않았다는 것은 그가 주전 400년 직전이나 직후에 — 그러니까 이 두 사람에 대한 기억이 아직 생생하게 남아 있을 때 — 자신의 저작을 엮은 것으로 보인다는 사실에 의해서도 논증된다. 물론 그의 저작 연대를 훨씬 후대로 추정하는 것이 흔히 선호되어 왔다(주전 250년 또는 그후로까지). 그러나 이러한 추정은 에스라서의 아람어 사료(스 4:8-6:18; 7:12-26)가 후대의 것이라는 가정 또는 역대상 3:10-24에 나오는 다윗 자손의 명단(그리고 느헤미야 12:10f.,22에 나오는 대제사장들의 명단)이 대략 알렉산더 대왕 시대까지 내려간다는 가정 또는 역대기 사가의 이야기 속에서의 혼동은 그가 그 사건들의 실제 경위가 잊혀진 훨씬 후대에 살았기 때문이라는 가정 아래에서만 설명될 수 있다는 느낌에 의거하고 있는 것으로 보인다. 하지만 이러한 가정들 가운데 그 어느 것도 설득력이 없다.

에스라서의 아람아 사료는 엘레판틴 문서들에 비추어 볼 때 페르시아 시대 후반기와 잘 부합되는 것으로 보인다. 헬라어 단어가 전혀 눈에 띄지 않기 때문이다.[20] 명단들에 관해 말하자면, 그 명단들에 의거해서 역대기 사가의 저작 연대를 논증하는 것은 위험하다. 왜냐하면 그 명단들은 후대의 첨가일 수도 있기 때문이다. 그 명단들이 후대의 첨가라 하더라도 그 연대는 주전 5세기 말보다 후대는 아니다. 다윗 자손의 명단(대상 3:10-24)은 그 본문을 순서대로 정리해 보면[21] 여호야긴 이후 7대까지만 열거되어 있는데, 여호야긴은 주전 616년에 태어나(왕하 24:8) 주전 597년에 포로로 바벨론으로 끌려갔고, 또 설형문자의 증거가 보여 주듯이[22], 그의 아들들 가운데 위로 다섯은 주전 592년 이전에 태어났다. 여기서 각 세대를 줄잡아 27년 반으로 잡거나[23] 또는 그 족보가 반드시 맏아들로 이어져 내려온 것이 아니라는 사실을

20) Cf. W.F. Albright, "The Date and Personality of the Chronicler" (*JBL*, XL [1921], pp. 104-1950); 또한 *Alex. Marx Jubilee Volume*(Jewish Theological Seminary, 1950), pp. 61-74; F. Rosenthal, *Die aram istische Forschung*(Leideen: E. J. Brill, 1939), 특히 pp. 63-71. 이에 관한 충분한 논의와 신중한 결론들을 보려면 H.H. rowley, *The Aramaic of the Old Testament*(London: Oxford University Press, 1929)를 참조하라.

21) Cf. Rudolph, *Chronikb cher*(주 11을 보라), pp. 28-31.

22) 이 문서에 대해서는 Pritchard, *ANET*, p. 308를 참조하라.

23) Cf. Albright, *BP*, p. 95와 주 198.

고려하여 좀더 줄여서 대략 25년으로 잡아본다면, 그 족보의 마지막 세대의 출생은 대략 주전 430/25년과 420/15년 사이가 될 것이다. 역대기 사가는 그 이후의 다윗 자손에 대해서는 알고 있지 않다.[24] 대제사장의 명단에 관해서도 마찬가지로 말할 수 있다(느 12:10f.,22). 엘리아십은 느헤미야의 제1차 총독 재임 기간중에(즉, 주전 445-433년경) 활약하였다(느 3:1; 13:4-9). 그의 손자 요하난은 엘레판틴 서간들이 말해 주는 대로 주전 5세기의 마지막 10년 동안 대제사장으로 있었고, 요하난의 아들 얏두아는 주전 400년 무렵에는 성인이 되어 있었던 것이 확실하고, 이 무렵 또는 얼마 후에 대제사장에 취임하였음에 틀림없다.

역대기 사가의 저작의 이야기 부분들도 역시 느헤미야나 에스라 이후의 인물이나 사건에 관해서는 전혀 모르고 있다. 만약 역대기 사가가 자신의 편찬 목적에 맞게 의도적으로 역사를 재배열하였기 때문에 그 이야기들이 연대상으로 뒤죽박죽이 된 모습을 드러내는 것이라면, 그의 활동 연대를 후대로 잡는 것이 바람직하다. 왜냐하면 사람들이 사건들을 생생하게 기억하고 있는 때에는 그토록 사실을 많이 왜곡한다면 결국 탄로가 날 것이기 때문이다. 만약 역대기 사가가 몰라서 또는 그의 사료들의 무지로 인해 연대상의 혼동이 일어나게 된 것이라고 추론한다면, 사건들에 관한 기억이 희미해진 후대에 저작이 이루어진 것으로 추정해야 한다. 그렇지만 역대기 사가가 주전 400년경보다 한 세기 또는 그후에 저작 활동을 했다고 한다면, 그 이야기나 족보들이 그후에 일어난 것들을 전하고 있지 않다는 것은 정말 이상하다. 역대기 사가의 저작 연대를 아마 주전 5세기의 마지막 2, 30년으로 추정하는 것이 좋겠고, 좀더 확실하게는 주전 400년을 지난 후 오래지 않은 시기로 추정하는 것이 가장 바람직하다고 하겠다.[25] 현재 형태의 에스라서와 느헤미야서의 배열상의 혼란은 십중팔구 느헤미야 회고록과 그 밖의 자료들을 역대기 사가의 저작에 이차적으로 첨가함으로써 생겨났을 것이다.

역대기 사가가 누구였는지에 대해서는 우리가 아는 것이 없다. 그의 문체와 에스라 회고록의 문체(에스라 7:27에서 시작되고 있는 일인칭 이야기)는 동일하지는 않다고 하더라도 아주 비슷하다. 하지만 어떤 학자들은 이러한 주장을 과장된 것으

---

24) 만약 주전 407년의 엘레판틴 서간에 나오는 아나니(Anani)(cf. Pritchard, *ANET*, p. 492)가 24절의 아나니임이 확실하다면, 같은 시대라는 것이 확증될 것이다. 그러나 그것은 확실치 않다.

25) 주전 400년 전후로 추정하는 입장을 많은 학자들이 택하고 있다; cf. 주 20에 나오는 Albright의 논문들; *idem*, *JBL*, LXI(1942), p. 125; Rudolph, *Esra und Nehemia*, pp. xxxivf.; J. M. Myers, *Ezra-Nehemiah*(*AB*, 1965), pp. lxviii-1xx.

로 본다.[26] 이렇게 문체가 비슷하다고 해서 우리는 에스라 회고록을 역대기 사가의 자유로운 창작으로 보거나[27] 그 회고록이 역대기 사가의 제자 집단에 의해 산출된 것이라고 추론할 필요는 없다.[28] 비록 이렇게 주장하는 것이 모험일지는 모르지만, 유대인들의 전승과 마찬가지로 역대기 사가가 에스라 자신이었다는 것도 확실히 불가능한 얘기는 아니다.[29] 다른 한편 역대기 사가는 에스라 회고록의 초록(草綠)을 갖고 있었고 — 또는 그것을 구전 형태로 알고 있었을 것이다 — 그 회고록을 윤색하여 자신의 어투로 다시 재현해 낸 에스라의 가까운 제자였을지도 모른다. 역대기 사가가 누구였든, 그를 에스라 자신의 세대보다 훨씬 후대의 사람으로 추정할 설득력 있는 이유는 하나도 없다.

3. 에스라가 아닥사스다 2세 제7년(주전 398년)에 당도했다는 견해.

이제 다시 에스라가 예루살렘에 온 연대를 고찰해 보기로 하자. 우리는 이미 에스라의 예루살렘 당도 연대를 아닥사스다 1세 제7년(주전 458년)으로 추정하는 견해에 대한 반론들을 살펴보았고 또한 역대기 사가의 원래 저작과 느헤미야 회고록은 둘다 두 사람 가운데 어느쪽이 예루살렘에 먼저 왔으냐 하는 문제를 해결해 주지 못한다는 것을 고찰하였다. 만약 에스라의 예루살렘 당도를 느헤미야의 활동이 끝난 후인 아닥사스다 2세 제7년으로 추정한다면 이 문제가 해결될 것인가?

a. 이 견해의 장점들.

이 견해는 찬성할 만한 점들이 없지 않다. 특히 이 견해는 에스라의 개혁 사업을 최종적이고 결정적인 것으로 보고 있는데, 후대의 전승도 에스라의 개혁을 그렇게 치켜 세웠고 또 실제로도 그러했던 것 같다. 에스라의 활동을 아닥사스다 2세의

---

26) Cf. Rudolph, *ibid.*, pp. 163-165; Mowinckel, *op. cit.*, Vol. III, pp. 11-17.

27) 특히 C.C. Torey: 예를 들면, *Ezra Studies*(The University of Chicago Press, 1910); 좀더 최근의 것으로는 *The Chronicler's History*; 또한 R. H. Pfeiffer, *Introduction to the Old Testament*(Harper & Brothers, 1941), pp. 824-829.

28) A.S. Kapelrud, *The Question of Authorship in the Ezra Narrative*(Oslo: J. Dybwad, 1944). 인구가 5만명 가량인 상황에서 특색있는 양식을 가진 여러 "분파들"을 상정하는 데는 신중을 기해야 한다.

29) Albright, *op. cit.* (주 20); Myers, *op. cit.*, p. lviii.

치세 때로 추정하는 것은 본질적으로 불합리하지 않으며(성경은 확실히 그 왕이 어느 아닥사스다인지를 말하지 않고 있다), 단지 이야기의 현재의 순서는 위에서 개략적으로 살펴보았듯이 후대에 이차적으로 편집하면서 뒤섞어 놓은 결과이고 또한 에스라와 느헤미야를 동시대의 인물로 묘사하고 있는 성경 구절들은 이차적인 것들이라고 가정만 하면 된다. 이미 살펴보았듯이 이러한 구절들은 소수이고 이야기의 서술에 있어서 부수적이다. 실제로 느헤미야 8:9에서의 느헤미야에 관한 언급(외경 에스드라 1서에서는 빠져 있다)과 느헤미야 12:36의 느헤미야에 관한 언급(이것은 첨가일 것이다)뿐이다.

느헤미야 12:26은 비록 두 이름이 원문이라 할지라도 두 사람을 '반드시' 동시대로 놓고 있다고는 할 수 없다. 그리고 만약 느헤미야 10장이 에스라의 개혁이 아니라 느헤미야의 개혁과 관련된 것이라면(또는 느헤미야 10:1-27을 후대의 삽입으로 본다면), 1절에서의 느헤미야에 관한 언급은 그를 에스라의 개혁과 연결시킨 것으로 생각할 수 없을 것이다. 사실 아주 사소한 이 증거를 이런 식으로 처리한다면, 에스라와 느헤미야가 동시대의 인물이었다는 모든 명시적인 주장은 소멸하고 만다.

b. 이 견해에 대한 반론들.

그럼에도 불구하고 에스라의 활동을 주전 398년으로 늦게 추정하면 심각한 난점들이 제기된다. 다리우스 2세의 재위 제5년(주전 419년)의 것인 엘레판틴의 이른바 "유월절 파피루스"를 통하여 우리가 알고 있는 대로[30], 당시 이집트에서 유대인들의 제의 문제는 왕의 명령에 의거해서 태수 아르사메스(Arsames)에 의해 유대인 문제를 담당했던 자신의 대리자 하나냐(하나니)를 통해 규율되고 있었다. 만약 이 하나냐(또는 하나니)가 느헤미야의 형제(느 7:2)라면[31], 그 규율은 예루살렘을 거쳐 시달되었을 것이다. 문제의 파피루스 본문은 유월절(무교절)을 출애굽기 12:14-20; 레위기 23:5 이하; 민수기 28:16 이하와 같은 성경 구절들을 통해 우리가 잘 알고 있는 준칙에 따라 준행하도록 지시하고 있다.

따라서 유대인들의 종교 관행은 주전 419년 무렵에는 관(官)의 공식 경로를 통해 페르시아 정부에 의해 오경의 율법에 따라 규율되고 있었다. 그러나 에스라가 예루살렘에 파견되어 수행하게 된 것은 바로 이러한 종교 관행의 규율이었다(스 7:12-26) — '그리고 이것은 분명히 최초였다'. 이러한 조치가 예루살렘 자체에서 취해지

---

30) 이 문서에 대해서는 Pritchard, *ANET*, p. 491를 참조하라.
31) 특히 C.G. Tuland, *JBL*, LXXVII(1958), pp. 157-161를 보라.

기도 전에 이집트 같은 먼 지방에서 — 그리고 아마 예루살렘을 거쳐서 — 유대인들의 종교 관행이 규율되고 있었다는 얘기가 있을 법한가? 하지만 에스라가 주전 398년에야 예루살렘에 당도했다고 한다면, 그러한 것은 사실일 것이다. 그리고 만약 우연히 에스라 이전에 종교 문제들이 '관(官)에 의해', 이를테면 느헤미야에 의해 규율되고 있었다면(여기에 대한 증거는 하나도 없다), 도대체 에스라는 무엇을 하기 위해 예루살렘에 파견되었을까?[32)]

다른 점들을 고려하더라도 에스라가 예루살렘에 온 연대를 그렇게 후대로 추정하기는 어렵다. 이방 종족과 통혼이라는 불미스러운 행위가 문제되었을 때, 에스라는 엘리아십의 아들 여호하난의 방으로 물러갔다고 한다(스 10:6). 그러므로 우리는 이 두 사람이 친한 사이였다고 추측할 수 있을 것이다. 이 여호하난이 주전 407년에 대제사장이었던 요하난은 아니었을지 모르는 일이기도 하지만(느 12:22f.) 있음직한 일이기도 한다. 이 견해를 지지하는 학자들은 보통 그렇게 추측하고 있다. 한편 요세푸스(*Ant.* XI, 7, 1)는 요하난이 대제사장으로 있을 때 성전에서 자신의 형제를 살해한 일, 즉 페르시아 총독의 가혹한 보복을 당했던 충격적인 사건을 우리에게 말해 준다. 만약 에스라가 주전 398년에 예루살렘에 당도했다면, 이 사건은 이미 일어난 뒤였을 것이 거의 확실하다. 그렇다면 엄격한 개혁자가 성스러운 직무를 욕되게 했던 살인자와 그토록 친하게 지냈다는 말인가? 에스라가 요하난과 사이가 좋지 않았다면, 왜 성경의 이야기에 그런 것에 대한 시사가 아무것도 없는 것일까?[33)]

에스라와 함께 예루살렘으로 귀환한 사람들 가운데 다윗 가문의 핫두스가 끼어 있었다는 것(스 8:2)도 하나의 논거를 제공해 준다. 핫두스는 "족장"의 명단에 열거되어 있는 것으로 보아(1절) 아마도 당시에 중년의 어른이었을 것이다. 이 핫두스라는 사람은 느헤미야의 성벽 축조 공사에서 일했던 하삽느야의 아들 핫두스는 아닌

---

32) "유월절 파피루스"의 본문이 훼손되었고 따라서 그 내용을 다르게 해석할 수도 있다는 것은 분명히 사실이다; cf. Emerton, *JTS*, XVII(1966), pp. 7-11과 거기에 나오는 전거들. 그러나 본서에서 채택한 해석이 내가 보기에는 가장 그럴듯하다. 이 파피루스의 이것 및 다른 것들에 관한 최근의 연구들에 대해서는 B. Porter, *BA*, XLII(1979), pp. 74-104를 참조하라.

33) 물론 요하난이 자기 방어로 행동하였을 수 있으며, 그래서 에스라는 그의 행위가 변명의 여지가 있다고 보았을 수 있다; cf. Emerton, *ibid.*, pp. 11f. 그러나 요세푸스는 확실히 이 행위가 충격적이었다고 생각하였고, 에스라도 그랬을 것이다. 한편 Cross(*JBL*, XCIV〔1975〕, pp. 4-18)는 요세푸스가 여러 세대의 이야기들을 겹치어 서술하였으며 그가 말하고 있는 바고아스는 주전 5세기 말에 유다의 총독이 아니라 아닥사스다 3세의 악명 높은 장군이었다고 주장하면서 한편 요하난은 엘리아십의 손자가 아니라 동일한 이름을 갖고 있었던 후대의 한 제사장이었다고 한다. 이것이 옳다면(그럴 가능성도 있다), 이 사건은 에스라의 활동과 아무런 관계가 없게 된다.

것 같고(느 3:10) 역대상 3:22에 여호야긴의 5대손으로 나오는 핫두스임이 거의 확실하다.[34] 이미 말했듯이 여호야긴의 아들들 가운데 위로 다섯은 주전 592년 이전에 태어났다. 위에서 한 대로 세대수를 어림잡아 계산해 보면, 핫두스는 주전 490년과 480년 사이(이를테면, 주전 485년경)에 태어났음에 틀림없다.[35] 만약 그렇다면, 그는 주전 458년에 아마 20대 후반이었을 것이다 — 한 가문의 족장이 되기에는 너무 젊은 나이다.

그러나 귀환 연대를 주전 398년으로 추정하는 경우 이때 그는 80대 후반이었을 것이다 — 험한 여행임을 고려하면 믿을 수 없는 나이다. 그러나 주전 428년이라면 그는 50대 후반의 나이였을 것이다. 만약 느헤미야의 성벽 축조 공사의 건축자의 한 사람인 스가냐의 아들 스마야(느 3:29)가 역대상 3:22에 핫두스의 형제로 열거되어 있는(재구성된 본문에 따르면) 스가냐의 아들 스마야와 동일 인물이라면, 이것은 확증된다. 스마야는 주전 445년에 40대 초반이었을 것이니 앞뒤가 잘 들어맞으며, 핫두스는 그보다 몇 살 적었을 것이다. 더욱이 '만약' 역대상 3:24의 아나니가 주전 407년의 엘레판틴 서간에 나오는 아나니와 동일 인물이라면, 위와 동일한 방식으로 거슬러 올라가 추산해 보면 핫두스의 출생은 주전 490년과 480년 사이로 추정될 것이다. 그러므로 에스라의 예루살렘 당도를 주전 398년으로 추정하는 것은 너무 후대로 추정하는 것으로 보인다.

4. 에스라가 주전 428년경에 당도했다는 견해.

독단적으로 주장할 수는 없지만, 에스라는 느헤미야의 예루살렘 당도 이후와 느헤미야가 무대에서 사라지기 이전에 예루살렘에 왔다고 추정하는 것이 제반 증거에 가장 만족스럽게 들어맞는 것으로 보인다. 역대기 사가의 저작이 원래 느헤미야 회고록을 포함하고 있지 않았다는 것을 염두에 둔다면, "7년"(스 7:7f.)은 어떤 다른 숫자의 오기, 가장 그럴듯하기로는 "제37년"의 오기일 것이라고 가정할 수밖에 없다. "둘러대기"는 좋지 않다. 그러나 이러한 수정은 개연성이 없는 것도 아니다. 왜

---

34) 21절 이하의 본문은 대부분의 학자들이 동의하듯이 개작된 것이다. 21절은 한 세대를 가리킨다; 22절은 이렇게 읽어야 한다: "그리고 스가냐의 아들들 곧 스마야와 핫두스와 …… "(모두 "여섯"인 점에 유의하라).

35) Cf. Albright, *BP*, pp. 112f., 주 193.

냐하면 '신' (shin)으로 시작되는 낱말들이 세 개가 연달아 있어서 중복문자 탈락의 실수(haplography)에 의해 그 가운데 한 낱말을 빠뜨렸다고 추론하기만 하면 되기 때문이다.[36] 내 소견으로는 이 가설은 에스라의 예루살렘 당도 연대를 주전 458년 또는 398년으로 추정하는 견해를 반박하는 논증들을 뒷받침해 주고 또한 사건들의 전개 순서를 이해할 수 있도록 설명하게 해준다. 우리는 이미 본서에서 이 견해를 적용하여 서술해 왔다.

비록 그와같이 특별히 단언하고 있는 성경 구절은 별로 없다고 할지라도, 에스라와 느헤미야가 동시대의 인물들이었다는 전승을 가볍게 무시해 버려서는 안 된다. 느헤미야 회고록이 아마 에스라를 전혀 언급하지 않고 있는 것 같고 또 역대기 사가도 느헤미야를 전혀 언급하지 않고 있다는 사실은 쉽게 설명이 된다. 역대기 사가의 관심은 일차적으로 종교 문제에 있었고, 느헤미야는 이런 문제들에 있어서 주변적이었다. 한편 느헤미야 회고록은 개인적인 변명서로서 오로지 자기 자신이 직접 했던 것만을 다루고 있다. 또한 에스라와 느헤미야는 둘다 강력한 인물들이었기 때문에, 그들의 개성이 결국 정면 충돌을 하게 되었을 가능성도 있다.

만약 에스라의 권한이 이러한 사정 때문에 느헤미야가 총독으로 재임하고 있었을 동안에는 행사될 수 없었으리라는 설에 반론을 제기한다면, 이러한 반론은 에스라가 주전 398/7년에 왔다고 추정하는 견해에도 똑같이 해당된다고 할 수 있을 것이다. 왜냐하면 분명히 이때에도 총독이 있었을 것이기 때문이다. 엘레판틴 문서들이 보여 주는 대로 주전 5세기의 마지막 10년 동안 총독이었던 바고아스(Bagoas)가 틀림없이 있었을 것이다. 이 경우에도 에스라의 권한은 그의 권한과 역시 상충했으리라고 생각할 수 있다.

실제로는 얼마나 상충되었을지는 모르지만 성경 본문이 보여 주는 바와 같이 '이론상으로는' 에스라의 권한은 행정 장관의 권한과 상충하지 않았던 것으로 보인다. 여기서 덧붙여 말해 둘 가치가 있는 것은 외경 에스드라 1서(9:49)는 율법 봉독과 관련하여(느 8:9) 느헤미야의 이름을 빠뜨리고 있지만 두 본문 모두 그 때에 총독은 있었던 것으로 말하고 있다는 것이다. 총독에 관한 언급을 아주 삭제해 버리지

36) 특히 8절의 "왕 7년에"라는 문구가 지금의 7절의 어법에 의거한 난외주로 간주된다면, 나는 Emerton(*JTS*, XVII 〔1966〕, pp. 18f.)의 반론을 억지라고 생각하지 않는다. 그러나 역대기 사가의 '원본' (Vorlage)에서는 숫자가 수를 나타내는 기호로 씌었고(cf. Rudolph, *Esra und Nehemia* 〔주5〕, p. 71) 이때 점 하나가 없어지는 일이 일어났을 가능성도 있다. 신관서체(神官書體)의 숫자들이 포로기 이전에도 이스라엘에서 사용되었다; cf. Aharoni, *LOB*, pp. 315-317.

않는 한 — 이것은 내게 그럴 필요가 없다고 생각되지만 — 그 총독에게 부가된 역할은 바고아스나 다른 페르시아인 관리가 아니라 오직 유대인 느헤미야만이 할 수 '있었을' 역할이라고 말하지 않을 수 없다.[37]

그러므로 우리는 느헤미야가 주전 445년부터 433년까지 총독으로 있다가 일정한 기간 페르시아 궁정으로 돌아갔다는 견해를 취한다(느 13:6). 그리고 주전 428년경에 에스라는 예루살렘에 당도하였는데, 이 무렵에 느헤미야는 거의 틀림없이 다시 예루살렘으로 돌아와서 아마 이전과 마찬가지로 배교자들 및 부패한 자들과 충돌하고 있었다.

따라서 에스라의 개혁 사업은 느헤미야의 두번째 총독 재임 기간 동안에 수행되었다. 본서에서 취하고 있는 이상과 같은 견해에 의거할 때, 우리는 에스라의 개혁과 느헤미야의 개혁과의 상호 관계와 관련하여 오랫동안 끌어 왔던 문제점을 내가 믿기로는 가장 그럴듯하고 동시에 제반 증거에도 충실하게 부합하는 방식으로 해결할 수 있다. 두 사람의 개혁 사업은 부분적으로 동시에 진행되었고 또한 동일한 시

---

37) 물론 이 마지막 말을 너무 강조해서는 안 된다. 왜냐하면 바고아스는 페르시아식 이름을 가진 유대인이었을 수도 있기 때문이다. 그러나 요세푸스(*Ant.* XI, 7, 1)는 분명히 그를 페르시아인이라고 믿었다 — 그는 또 다른 바고아스, 즉 후대의 바고아스를 염두에 두었을 수도 있다; 앞의 주 33을 참조하라.

* 보주(補註). 이 보록을 읽는 독자들은 여기서 도달한 결론들과는 완전히 다른 결론들을 내리고 있는 F. M. Cross, "A Reconstruction of the Judean Restoration" (*JBL*, XCIV 〔1975〕, pp. 4-18); *Interpretation*, XXIX(1975), pp. 187-203의 통찰력 있는 논문들을 세심하게 주목하지 않으면 안 된다. 크로스가 옳다면, 에스라가 느헤미야보다 앞선다는 것에 대한 주요한 반론들 가운데 하나는 사라질 것이다. 크로스는 느헤미야 12:10f., 22에 나오는 주전 6세기와 5세기의 대제사장의 계보를 검토한다. 그 계보는 다음과 같다: 예수아(주전 520-515년 성전이 재건되었을 때의 대제사장), 요야김, 엘리아십, 요야다, 요하난(주전 410년 이후 대제사장이었던 것으로 알려져 있다) 그리고 마지막으로 얏두아. 각 세대(아버지의 출생 때로부터 아들의 출생 때까지)를 평균 25년으로 계산해서 크로스는 이 명단은 이 시기를 포괄하기에는 너무 적은 세대라고 말한다. 그래서 그는 중복문자 탈락의 오류로 인해 두 이름이 이 명단에서 누락되었다고 주장한다 — 할아버지의 이름을 따라 자기 아들의 이름을 짓던 관습이 행해졌다면 이런 일은 쉽게 일어났을 것이다. 그는 다음과 같이 명단을 재생한다: 예수아, 요야김, 엘리아십 I, 요하난 I, 엘리아십 II, 요야다, 요하난 II, 얏두아. 그렇다면 에스라는 요하난 I과 동시대의 인물이었을 것이고(cf. 스 10:6), 따라서 엘리아십 II와 동시대의 인물이었던 느헤미야보다 앞서 활약하였을 가능성이 있게 된다.

사실 크로스의 논증은 설득력이 있으며, 나도 처음에는 그 논증이 설득력있게 느껴졌다. 그러나 의문점들이 계속 남았는데, 이것들은 일부 G. Widengren(*IJH*, pp. 503-509)에 의해 제기된 것들과 유사하다. 우선 크로스의 주장은 주로 가설에 의존하고 있다. 할아버지 이름을 따라 자기 아들의 이름을 짓는 관습이 페르시아 시대에 귀족 가문들에서 널리 행해졌다는 것을 알고 있긴 하지만,

점에서 한데 모아졌다. 느헤미야는 개혁 사업에서 자기가 관여한 일에 관해 말하면서 자신의 공로를 내세우고 있고, 역대기 사가는 누구나 예상할 수 있듯이 그 공로를 에스라에게 돌리고 있다.

그런 관습이 주전 5세기에(후대에는 그랬을지도 모르지만) 대제사장 가문에서 행해졌다는 것을 알지 못하며, 또한 우리는 두 이름이 중복문자 탈락의 오류를 통해 계보로부터 누락되었다는 문서상 또는 다른 방식의 증거를 갖고 있지 않다. 그리고 그 누락된 이름이 엘리아십(I)과 요하난(I)이라는 증거는 더더욱 없다. 더욱이 Widengren과 마찬가지로 나는 느헤미야 12:10f.에 엘리아십의 요야김의 아들로 분명히 나와 있는데도 크로스가 그를 요야김의 형제라고 한 것에 당혹스러움을 느낀다. 그러나 우리가 그를 아들로 본다면, 크로스가 계산하고 있는 세대 수에 또 한 세대를 추가하여야 할 것이다. 그렇게 되면 세대 수가 너무 많아지게 된다. 이리하여 크로스가 아주 합리적으로 추론하고 있듯이 성전이 재건되었을 때 예수아가 약 50살이었다면, 그는 주전 570년경에 출생하였을 것이다. 그렇다면 주전 570년에서 출발하여 크로스가 한 대로 세대들을 그가 재구성한 대제사장의 명단을 따라 추산하게 되면(그러나 성경대로 엘리아십 I을 요야김의 아들로 보고), 우리는 요하난(II)의 출생이 주전 420년경이라는 결론에 도달한다. 그러나 요하난은 주전 410년 이후에 대제사장이었던 것으로 알려져 있기 때문에, 우리는 그가 겨우 10살 정도의 나이에 대제사장직을 수행하였다고 믿지 않으면 안 된다!(그리고 얏두아도 주전 400년경 또는 그 직후에 대제사장직을 맡고 있었던 것으로 되는데, 그는 그때에 태어나지도 않았을 것이다.) 한편 나는 느헤미야 12:10f.에 나오는 명단이 극복될 수 없는 문제점들을 보여 준다고 믿지 않는다. 예수아의 출생을 주전 570년경으로 추정하고 앞에서처럼 세대들을 추산하지만 느헤미야 12:10f.에 나오는 이름들을 따라서 계산한다면, 요하난은 주전 470년경에 출생하여 60살 전후에(주전 410년경) 제사장직을 맡은 것으로 된다 — 이것은 극히 가능성이 있는 이야기다. 그리고 각 세대의 기간이 단지 어림잡은 숫자임을 감안할 때, 그는 그보다 몇 년 젊었을 수도 있다.

더구나 크로스의 재구성을 따르면 에스라가 느헤미야보다 먼저 활동하였다는 것이 '가능해지지만' 반드시 그래야 하는 것은 아니라는 점을 지적해 두지 않으면 안 된다. 왜냐하면 에스라의 동시대인인 요하난은 크로스가 상정한 요하난 II일 수도 있기 때문이다. 내 소견으로는 이보다 더 중요한 것은 크로스의 가설은 에스라가 먼저 활동하였다는 설에 대한 주요한 반론 가운데 하나를 제거해 주는 반면에 에스라의 대규모의 개혁 조치들이 느헤미야의 개혁 조치들보다 선행하였다고 이해하려는 데 내포되어 있는, 보록에서 언급된 다른 모든 난점들은 여전히 그대로 남는다는 사실이다.

이런 이유들 때문에 나는 보록의 실질적인 내용을 그대로 두기로 결정하였다 — 상당한 동요와 주저를 한 이후이긴 하지만. 나는 본서에서 채택한 입장이 증거에 충실하며 또 다른 어느 입장들보다도 느헤미야와 에스라의 활약들을 좀더 만족스럽게 이해할 수 있도록 해준다고 믿는다. 그러나 다시 한번 이 문제는 결코 이 지면을 통하여 해결된 것이 아니며 또 아마 결코 해결될 수 없을 것임을 말해 두지 않으면 안 되겠다.

제 6 부

유대교의 형성기

제 11 장

구약 시대의 말기

에스라의 개혁에서 마카베오 투쟁의 발발까지

이 장에서 살피게 될 세기들을 거치면 우리는 구약시대의 끝에 이르게 된다. 이 세기들을 거치는 동안에 에스라와 느헤미야의 업적은 그 열매를 맺게 되어서, 유대교는 이후에 언제나 자신의 특징이 될 형태를 점차 갖추었다. 그러나 이 시대의 유대인의 역사를 기술하려고 시도하는 것은 참으로 우리를 좌절시키는 과제이다. 놀라운 일일지 모르겠지만, 모세 이래 이스라엘 역사에서 이 시대만큼 글로 기록된 자료가 빈약한 시대는 없었다. 주전 5세기 말로 다가가면서 성경의 역사상의 이야기는 뚝 그치고 만다. 마카베오 상·하 같은 저작들이 나온 주전 2세기(주전 175년 이후)에 가서야 비로소 유대인들의 사료들은 다시 재개된다고 말할 수 있다.

고대 오리엔트 지방의 일반 역사는 매우 자세하게 알려져 있지만, 이 시대의 상당 기간(특히 주전 4세기) 동안 유대인들에 관한 우리의 지식은 거의 전무(全無)하다시피 한다. 구약성경 가운데서 가장 늦게 쓴 부분들과 정경에 속하지 않는 유대인 저작들 가운데 가장 초기의 것들을 포함한 상당한 양의 문헌들이 이 시대에 나온 것은 사실이다. 그러나 이 저작들은 종교적 발전에 대해서는 꽤 알려 주지만 직접적인 역사적 정보는 비참할 정도로 거의 아무것도 알려 주지 않는다. 그러므로 우리의 이야기는 독자들을 당황케 할 정도로 간략하게 서술될 수 있다 — 그리고 부득이 그렇게 할 수밖에 없다.

A. 주전 4세기와 3세기의 유대인들

1. 페르시아 통치의 마지막 세기.

역대기 사가는 대략 주전 5세기 말경까지의 대제사장들의 이름들(느 12:10-11, 22)과 같은 무렵까지의 다윗의 자손들(대상 3:17-24)을 기록하고 있지만, 그의 이야기는 에스라에 관한 기사로(즉, 주전 427년경) 끝이 난다. 주전 5세기의 마지막 4반세기는 엘레판틴 문서들에 의해 어느 정도 조명이 되고 있지만, 주전 4세기에서 우리는 방금 말한 대로 거의 모든 것이 모호한 시대로 접어들게 된다.

a. 주전 5세기 말.

에스라와 느헤미야의 개혁이 완료된 직후 아닥사스다 1세는 죽었다(주전 424년). 합법적인 후계자인 크세르크세스 2세(Xerxes II)가 암살된 후, 그의 아들 다리우스 2세 노투스(Darius II Nothus, 주전 423-404년)가 왕위를 계승하였는데 그의 치세에 관한 자세한 내용은 우리의 관심사가 아니다. 그의 치세 동안에 펠로폰네소스 전쟁이 중단되었다가(니키아스〈Nicias〉의 평화: 주전 421-414년) 그후 재개되어 주전 404년에 아테네의 조건부 항복으로 종결되었다는 것만 말해 두면 충분할 것이다. 페르시아는 외교와 매수를 통해 그리고 헬라인들의 부패 덕분으로 모든 여건을 유리하게 변화시켜 자신의 승리로 이끌고 소아시아에서 이전보다 더 확고한 기반을 구축할 수 있었다.

그 동안의 유다의 사정은 분명치 않다. 느헤미야의 제2차 총독 재임 기간은 아마 주전 428-7년 후 몇 해 가지 않아서 끝난 것 같다. 때때로 그의 대리자로서 일한 적이 있었던(느 7:2) 그의 형제 하나냐가 그의 직위를 잠시 계승하였을지도 모른다. '만약' 주전 419년의 엘레판틴의 "유월절 파피루스"에 언급되어 있는 하나냐가 실제로 느헤미야의 동생이었고 예루살렘의 유대인 문제 담당자였다면(이것은 상당히 가능성이 있다)[1], 그랬을 가능성은 충분히 있다. 그러나 확실히 알 수는 없다. 하지만 엘레판틴 문서가 말해 주듯이 주전 410년 이후에는 바고아스(페르시아인 또는 페르시아식 이름을 가진 유대인)라는 사람이 유다의 총독이었고 대제사장은 느헤미야와

---

1) 파피루스의 본문에 대해서는 C.G. Tuland, *JBL*, LXXVII(1958), pp. 157-161; Pritchard, *ANET*, pp. 491f.를 참조하라.

동시대인인 엘리아십의 손자 요하난이었다. 요세푸스(*Ant.* XI, 7, 1)에 의하면 이 요하난은 자기 직위를 얻기 위하여 음모를 꾸며 자기 형제 요수아(Joshua)와 싸우고 그를 다름아닌 성전 안에서 살해하였다. 이 충격적인 행위 — 요세푸스의 표현이다 — 는 바고아스를 격노케 하여 여러 해에 걸쳐 유대인들에게 가혹한 벌을 가하게 하였고, 이 사건으로 인하여 백성들의 눈에 요하난의 인상은 회복될 수 없을 정도로 손상되었음에 틀림없다.[2] 아마 그는 그후에 곧 자기 아들 얏두아에게 자리를 넘겨준 것 같은데, 얏두아는 역대기 사가가 열거하고 있는 마지막 대제사장이다.

유다의 사정이 모호한 것과는 대조적으로 이 4반세기 동안 상부 이집트의 유대인 식민지의 운명은 엘레판틴 문서를 통해 상세하게 밝혀져 있다.[3] 이 유대인들과 그들의 혼합주의적인 제의에 대해서는 이미 위에서 말한 바 있다. 주전 419년에 무교절을 유대 율법에 따라 지키라는 명령이 담긴 왕의 칙령(이른바 "유월절 파피루스")이 태수 아르사메스(Arsames)와 하나냐(느헤미야의 형제로서 예루살렘의 유대인 문제 담당자였을 것이다)를 통해 엘레판틴 공동체의 제사장인 예도냐(Yedoniah)에게 전달되었다. 이것은 다리우스 2세가 부왕의 정책을 그대로 이어받아 확대했으며 또 페르시아 제국의 서부 지역에 살면서 유대인으로 자처하던 모든 사람(엘레판틴 식민지가 그러했듯이)의 종교적 관습을 에스라가 공포한 율법에 따라(참조. 스 7:25f.) 규제하려고 했다는 것을 보여 준다.

이 엘레판틴 문서를 통해 우리는 태수 아르사메스가 이 나라를 떠나 부재중이었던 주전 410년에 엘레판틴에서 페르시아 군대 사령관의 묵인 아래 크눔(Khnum) 제사장들이 주도한 폭동이 일어났고, 이 와중에서 그곳의 유대인 성전이 파괴되었다는 것을 알게 된다. 이집트인들은 유대인들의 특권적인 지위와 이집트인들의 눈에 거슬렸던 동물을 희생제물로 드리는 의식 때문에 유대인들을 곱지 않은 눈으로 보았음이 틀림없다. 폭동은 진압되었고 그 책임자들은 처벌되었지만, 유대인들은 자기들의 성전을 재건하는 데 고생을 했다. 이 문서에는 그들은 즉시 대제사장 요하난에게 편지를 써 보내어 그의 좋은 지위를 이용하여 자기들을 위해 뭔가 해줄 것을 간청했으나 그는 회신조차 해주려 하지 않았다고 불평하는 내용도 들어 있다. 무엇보다도 예루살렘 성직자들의 의견으로는 이집트에 성전이 있어서는 안 될 말이었을 것이다!

3년 후(주전 407년) 엘레판틴의 유대인들은 유다의 총독 바고아스(Bagoas)와

---

2) 그러나 F.M. Cross(cf. 앞의 p.551 주 33)는 요세푸스가 여러 세대들을 겹쳐 묘사했을 것이며 또 이 사건은 실제로 두 세대 후, 즉 페르시아 시대 말기에 일어났을 것이라고 주장한다.

3) 이에 관한 참고 문헌들은 제10장 주 4를 보라.

사마리아의 총독 산발랏의 아들들인 들라야와 셀레먀에게 편지를 써서 그들의 개입을 간청하였다. 바고아스와 들라야는 호의적인 회신을 해주면서 그들이 이 문제를 태수 아르사메스(Arsames)에게 청원할 권한을 부여하였다. 그리고 그들은 태수에게 청원을 했음이 분명하다.[4] 청원서 — 청원을 허가한 각서에서 분명히 시사되어 있듯이 — 에서 그들은 틀림없이 예루살렘의 유대인들, 이집트인들, 페르시아 당국자들(동물을 희생제물로 드리지 않았다)의 비위를 가능한 한 거스르지 않을 생각으로 다시는 동물을 희생제물로 드리지 않고 향, 음식, 물만을 바치겠다고 약속한 것은 흥미롭다. 수 년 전에 공개된 문서들은 그 청원이 성공했다는 것을 보여 준다. 성전은 재건되어 적어도 주전 402년까지는 존속했다.[5] 이 사건은 이 유대인들이 그들의 온갖 이단적인 모습에도 불구하고 팔레스타인의 동포들에 대해 얼마나 긴밀한 유대감을 느끼고 있었는지 또한 예루살렘의 새로이 공인된 정신적 위상이 그들의 눈에 얼마나 중요하게 비쳤는지를 예증해 준다. 그러나 청원을 예루살렘과 사마리아 두 군데에 한 것으로 보아 이것은 유대인들과 사마리아인들간의 불화가 이미 오래되었고 이제는 점차 어쩔 수 없는 것으로 되었는데도 이것이 팔레스타인 밖에서 살고 있는 유대인들에게는 대수롭지 않은 일로 여겨졌다는 것을 보여 준다.

b. 페르시아의 마지막 왕들.

다리우스 2세의 뒤를 이은 아닥사스다 2세 므네몬(Artaxerxes II Mnemon)의 치세 때(주전 404-358년) 페르시아 제국은 중대한 시련을 맞아 전면적으로 붕괴될 위기에 처한 듯했다. 언제나 다루기 힘들었고 반란을 일삼았던 이집트가 그의 등극 직후에 독립했고(주전 401년) 그런 상태가 60여 년 동안 계속되었다.[6] 왕은 어떤 조치를 취하기도 전에 자기 형제 고레스(小)의 반란에 직면하였다. 소아시아의 태수였던 이 왕세자는 아닥사스다가 등극하던 날 그를 암살하는 데 거의 성공할 뻔했다. 그는 용서를 받고 소아시아로 돌아가서는 1만 3천 명의 헬라인 용병들

---

4) 적어도 그들의 청원 내용은 알 수 있다(Cowley, No. 33): *ANET*, p. 492; 수신인은 언급되어 있지 않지만 아마 아르사메스였을 것이다.

5) Cf. E. G. Kraeling, *The Brooklyn Museum Aramaic Papyri*(Yale University Press, 1953), p. 63(Pap. No. 12); 또한 *idem*, *BA*, XV(1952), pp. 66f.

6) 이른바 제28왕조, 제29왕조, 제30왕조 때이다. 이전에는 이집트가 자유를 획득한 것은 다리우스 2세가 죽었을 때부터라고 생각되어 왔으나 오늘날에는 엘레판틴 식민지가 적어도 주전 402년에는 내내 아닥사스다 2세에게 충성을 다했다는 것을 알고 있다. Cf. Kraeling, *BA*, XV(1952), pp. 62f.; S. H. Horn and L. H. Wood, *JNES*, XIII(1954), pp. 1-20.

을 포함한 군대를 일으켜서 동쪽의 바벨론으로 진격해 들어갔다(주전 401년). 그러나 그는 그곳 쿠낙사(Cunaxa)에서 격파되어 살해되었다. 살아 남은 1만명의 헬라인 용병들이 겨울에 흑해로 철수하는 광경은 크세노폰(Xenophon)의 「원정기」(*Anabasis*)에 생생하게 묘사되어 대대로 전해져 온다. 그다음 아닥사스다는 소아시아에서 자신의 지위를 회복하여 헬라인들에게 대항하여야 했다. 그는 이것을 성공적으로 해냈다. 즉, 페르시아의 황금을 이용하여 헬라인들끼리 서로 싸우도록 선동한 다음 마침내 헬라 전체가 힘을 다 소모해 버리자 이전보다 더(예를 들면, 주전 386년의 "왕의 평화"라는 포고를 통해서) 유럽의 헬라인들에게까지도 여러 가지 조건을 강요할 수 있었다.

그러나 아닥사스다가 일찍이 다리우스 1세와 크세르크세스가 무력으로 성공하지 못했던 것을 외교를 통하여 바야흐로 달성하는 듯이 보였을 즈음에, 페르시아 제국의 서부 지역은 "태수들의 반란"으로 동요하고 있었다. 서부 지역의 태수들은 다수가 명목상으로만 페르시아 왕의 지배를 받았을 뿐 실질적으로는 세습적인 왕들이었는데, 그들은 과중한 세금에 대한 백성들의 불만과 페르시아 왕이 다시 정복하지 못하자 독립을 선언한 이집트의 예에 고무되었던 것이다. 이내 유프라테스강 서부의 거의 전지역이 반란 상태였다. 반란 국가들은 연합체를 형성하였고 단일 화폐를 발행하였다. 이집트의 바로 타코스(Tachos)가 반란 국가들을 지원하기 위해 수리아로 이동해 오자(주전 360년경) 반란군은 메소포타미아로 진격해 들어갔다. 그러나 이때 페르시아는 이집트 국내에서 폭동이 일어나 타코스가 자신의 동맹국들을 포기하고 항복하지 않을 수 없었기 때문에 위기를 모면하였다. 그러자 반란은 갑작스럽게 시작되었던 것과 마찬가지로 갑작스럽게 붕괴하고 말았다. 반도(叛徒)들은 차례차례 투항했고 그 가운데 몇몇은 용서를 받았고 몇몇은 처형되었다. 아닥사스다 2세는 여전히 독립하고 있었던 이집트를 제외하고는 제국의 판도를 그대로 유지한 채 죽었지만, 제국 내부의 약세는 뚜렷해져 있었다.

아닥사스다 3세 오쿠스(Ochus, 주전 358-338년)의 치세 때 페르시아는 잠시 국력을 회복한 듯했다. 패기에 차 있었지만 잔인할 정도로 무자비한 인물이었던 아닥사스다 3세는 자신의 경쟁자가 될 만한 형제 자매들을 모조리 죽이고 그 시체들을 딛고 왕위에 올랐다. 그리고는 도처에서의 반란을 철권으로 압살한 다음 이집트 재정복에 나섰다. 첫 시도는 실패했지만 그 과정에서 시돈을 그 수천 명의 주민과 함께 불태워 버렸다. 주전 343년경에는 마침내 목적이 달성되어 이집트의 독립은 끝장이 났다. 그러나 페르시아 제국은 비록 겉보기로는 이전처럼 강해 보였지만 사실 안으로는 기진맥진해 있었다. 아닥사스다 3세는 독살되고 그의 왕위를 아르세스(Arses)라는 아들이 계승하였으나(주전 338-336년) 이 왕도 독살되고 그의 모든 자녀들도 학살되었다.

그 다음 왕인 다리우스 3세 코도마누스(Codomannus, 주전 336-331년)가 아닥사스다 2세의 한 형제의 손자였다는 사실은 아케메니(Achaemenian) 왕가가 참극을 빚은 음모 사건들을 통해 실질적으로 멸절되었다는 것을 분명하게 보여 준다. 어쨌든 이 다리우스 왕은 심판에 직면해야 했다. 아닥사스다 3세가 페르시아에서 통치하고 있었을 때, 마게도냐의 필립 2세(Philip II, 주전 359-336년)는 기진맥진한 헬라 도시 국가들을 제압하고 점차 자신의 세력을 공고히 하고 있었다. 페르시아 사람들은 이것을 걱정하지 않았지만, 헬라인들 가운데에는 이를 염려한 사람들이 있었다 — 아테네의 웅변가인 데모스테네스(Demosthenes)의 필립왕 공격 연설(Philippics)이 예증해 주듯이. 아닥사스다가 독살된 해인 주전 338년에 필립 왕은 카이로네이아(Chaironeia)에서 승리를 거둠으로써 헬라 전체를 장악하였다. 다리우스 3세가 즉위한 주전 336년에 필립은 살해되고 그의 아들 알렉산더가 왕위를 계승하였다. 페르시아에서는 아무도 모르고 있었지만, 멸망을 알리는 불길한 손가락 글씨가 이미 벽에 씌었던 것이다.

c. 페르시아 시대 말기의 유대인들.

그러니까 주전 4세기의 6, 70년 동안의 국제 정세는 위와 같았다. 그러나 우리는 이 시기의 유대인들에 관해 무엇을 알고 있는가? 거의 아무것도 모르고 있다! 사실 우리는 단 한 가지 사건이라도 손으로 지적하고는 그 일이 실제로 있었다고 자신있게 주장할 수가 없는 형편이다. 바벨론의 유대인들을 비롯하여 페르시아 제국의 다른 지방과 하부 이집트에 살던 유대인들에 관해서 우리는 아무런 정보도 갖고 있지 않다. 엘레판틴의 식민지로 말하더라도 엘레판틴 문서들은 주전 4세기가 시작되는 곳에서 끊어지기 때문에 그곳이 어떻게 되었는지를 알 수가 없다. 아마 이 식민지는 오랫동안 페르시아에 충성했던 전력(前歷)으로 인해 부활한 이집트의 민족주의의 희생물이 되었을 것이다.[7] 그 구성원들 가운데 살아 남은 자들은 뿔뿔이 흩어져

7) 우리에게 알려져 있는 가장 후대의 엘레판틴 문서는 주전 399년에 기록된 것이다. 분명히 이때는 이 식민지가 이집트의 아미르테우스(Amyrtaeus, 주전 399년 사망)에게 해를 입지 않은 듯하지만 제29왕조의 창건자인 네페리테스 1세(Nerpherites I)에 의해 끝장이 났다; cf. Kraeling, *BA*, XV (1952), p. 64.

유대교를 완전히 상실하고 말았을 것이다.

유다에 있던 공동체에 관해서도 우리는 그런 공동체가 '그곳에' 있었다는 말 외에는 별로 할 말이 없다. 우리는 그곳의 총독들의 이름도 모르며 심지어는 추론에 의하지 않는 한 그곳의 대제사장들의 이름도 모른다.[8] 유다 본토 이외의 팔레스타인에서는 이스라엘 혈통의 사람들은 적어도 명목상으로는 이전과 같이 여호와 신앙인들로 자처하여 계속해서 살고 있었다. 그들 가운데 몇몇, 특히 갈릴리와 요단 동편에 살던 사람들은 의심할 여지없이 에스라의 개혁의 간접적인 결과로서 스스로를 유대인 공동체에 속해 있다고 생각하게 되었다. 적어도 이것은 주전 2세기 무렵에는 사실이었으므로(참조. 마카베오 1서 5장) 아마 훨씬 이전부터 그러했을 것이다.

한편 유대인들과 사마리아인들과의 관계는 계속 악화되었다. 이 둘의 불화가 정확히 언제부터 결정적인 것으로 되었는지는 미묘한 문제다. 아마 이 불화는 점차로 넓어져 갔기 때문에 그 결정적인 시기를 설정할 수는 없을 것 같다. 아마 고문체로 쓴 사마리아 성경(오경)이 확정된 무렵으로 보는 것이 정확할 것이다. 이 확정은 둘의 불화가 극에 달했던 주전 2세기 말에 이루어진 듯 하다. 왜냐하면 사마리아 사람들이 유대인들과 완전히 결별하고 별개의 종교적 종파로서 부상하게 된 것은 바로 이 무렵이었기 때문이다[9] 둘의 불화가 이 무렵에 와서는 돌이킬 수 없게 되었다는 것은 확실하다. 그러나 상호간의 적대와 알력의 기나긴 역사는 멀리 스룹바벨 시대까지 거슬러 올라가기 때문에 몇 세기 전부터 이미 분열의 길이 준비되어 오다가 필연적으로 분열하게 되었다고 보아야 한다. 특히 느헤미야 때 유다가 사마리아로부터 정치적으로 분리되고 뒤이어 단행된 에스라의 개혁은 둘이 다시는 뒤집어질 수 없는 종교적 분리를 향하여 한걸음 더 내딛게 하였다.

---

8) 주전 4세기와 3세기의 압인(押印)들에 나오는 인명들 가운데 몇몇은 총독이었을 것이다(아래를 보라). 그러나 그렇다고 하더라도 우리는 그들의 재임 순서를 밝힐 수도 없고 그 가운데 어느 한 사람도 생존 연대를 추정할 수가 없다. 요세푸스(*Ant.* XI, 7f.)에 의하면 알렉산더가 팔레스타인에 진주했을 때(주전 332년) 얏두아라는 사람이 대제사장이었다고 한다. 이것은 있을 법한 일이다. 그러나 이 사람은 앞에서 언급한 요하난(Johanan)의 아들 얏두아가 아니고(요세푸스도 그렇게 생각했을 것이다) 아마 그의 손자였을 것이다. 요세푸스는 몇 세대를 겹쳐서 기술하였다.

9) 특히 J.D. Purvis, *The Samaritan Pentateuch and the Origin of the Samaritan Sect* (Harvard University Press, 1968)를 참조하라; 또한 R.J. Coggins, *Samaritans and Jews* (Oxford: Blackwell, 1975). 사마리아인들의 역사와 신앙 전반에 관해서는 J.A. Montgomery, *The Samaritans*(1907; reprinted, Ktav Publishing House, Inc., 1968)를 참조하라; 또한 J.Macdonald, *The Theology of the Samaritans*(London: SCM Press; Philadelphia: The Westminster Press, 1964).

이스라엘의 기나긴 역사 속에서 언제나 그러했듯이(여로보암 1세 때도 그랬고, 바로 이 시대에도 그랬다), 정치적 분리와 제의적 분리는 보조를 같이 하였다. 사마리아인들은 오경을 모세의 율법으로 받아들이고 있었지만, 느헤미야 유의 엄격한 유대인들은 그들을 이방인이나 대적으로 여겼고(그들은 흔히 그렇게 해왔다) 그들을 성전 공동체에 맞아들이지 않았다. 그리고 사마리아인들도 북부 이스라엘인임을 긍지로 여기고 있었기 때문에 참된 이스라엘은 재건된 '유다'의 남은 자들이라고 하는 역대기 사가에 의해 고전적으로 표현된 개념을 묵묵히 받아들일 수는 없었고 또한 그들의 하나님을 합법적으로 예배할 수 있는 유일한 장소는 지방의 경계선들을 넘어 예루살렘에 있다는 것을 인정하지 않은 지가 이미 오래되었다. 이와 같은 상황은 조만간 불가피하게 제의적 분리로 이어지지 않을 수 없었다. 그리고 사실로 그렇게 되었다.

사마리아인들이 그리심 산에 그들의 성전을 세울 조치를 취한 것은 분명히 페르시아 시대 말기였을 것이다. 이에 관하여 말하고 있는 요세푸스(XI, 7f.)는 산발랏이 자기 사위가 예루살렘에서 추방된 후 이런 조치를 취했다고 말한다(참조. 느 13:28). 그러나 요세푸스는 이 사건을 알렉산더 대왕 시대, 그러니까 느헤미야 — 산발랏 — 의 시대보다 대략 한 세기 후에 있었던 일로 추정함으로써 문제를 복잡하게 만들고 있다. 그러나 이제는 산발랏 2세라는 사람이 주전 4세기 초에 사마리아를 통치했다는 사실이 알려져 있고 또한 산발랏 3세라는 사람이 다리우스 3세의 치세 때 총독이었다는 것도 합리적으로 추론이 가능하다. 왜냐하면 할아버지의 이름을 따라 손자의 이름을 짓는 관습(papponymy)이 당시의 귀족 가문들 사이에서 유행이었기 때문이다.

요세푸스는 몇 세대를 한데 겹쳐서 서술을 했고 그래서 분명히 동일한 이름을 지닌 두 사람을 혼동하였던 것이다. 아마 성전 건축을 허가한 것은 다리우스 3세(라 또는 그의 선임자)였을 것이기 때문에 알렉산더가 도착했을 때는 공사가 착착 진행되고 있었을 것이다. 십중팔구 알렉산더는 이 성전 건축의 허가를 확증했고, 이 공사는 완성되었을 것이다. 앞으로 살펴보겠지만 그 직후에 폭동이 일어나서 헬라인들이 사마리아를 파괴하고 그들 자신이 정착하여 살게 되자 거기서 쫓겨난 사마리아인들은 오랫동안 폐허로 방치되어 왔던 도시 세겜을 재건하고 이곳을 그들의 종교적. 문화적 중심지로 만들었다.[10] 사마리아 인들이 별개의 종파로 부상한 것은 아직 미래의 일이지만, 유대인들과 사마리아인들의 불화는 치유될 수 없을 정도로 넓어진 상태였다.

이미 말했듯이 그 동안의 유다의 사정에 관해서는 거의 아무것도 알려져 있지 않다. 유다는 자체의 화폐를 찍어 내고 내국세를 징수하는 정도의 권한이 허용된 반자치 국가의 지위를 지니고 있었던 것 같다. 주전 4세기 무렵에는 아테네의 드라크마(페르시아 제국 서부 지역 전체에서는 아테네의 화폐 단위가 통용되고 있었다)를 본뜨고 '예훗'(Yehud, Judah)이라는 명각(銘刻)이 새겨진 은화가 등장한다.[11] 또한 '예훗' 또는 '예루살렘'이라는 인(印)이 찍힌 항아리 손잡이들(또는 본체들)도 있다. 아마 이 그릇들은 현물세를 모으는 데 사용되었던 것 같다. 이 인(印)들 가운데 몇몇에는 적지 않은 경우에 "총독"이라 지칭된 듯한 어떤 개인의 이름이 등장하기도 한다. 그러나 이 개인이 왕에 의해 임명된 행정관이었는지 또는 성직자의 일원이었는지는 확실치 않다. 그 이름들 가운데 한둘은 포로기 이후의 제사장 가문들에서 흔히 있었던 이름인 것으로 보아 그 개인은 다름아닌 대제사장이거나 아마 성전의 재무관이을 가능성도 있다.[12] 만약 그렇다면 우리는 여기서 행정과 종교 두 분야의 권한이 대제사장 한 사람의 손에 집중되었던 후대의 상황의 전조(前兆)를 보게 된다. 이 시기에 유다가 개입된 소요들이 일어났었는지 모르지만 우리는 그것들에 관해 명확한 말을 할 수가 없다.[13] 대체로 유대인들은 자신들의 문제에 몰두하여 역사의 진행을 지나쳐 가게 하는 데 만족했던 것 같다.

이것은 유다가 주변 세계로부터 고립되어 있었고 말하는 것은 아니다. 우선 한

---

10) 이러한 재구성을 뒷받침하는 증거에 대해서는 G.E. Wright, *Shechem* (McGraw-Hill, 1965), pp. 175-181; *idem*, *HTR*, LV (1962), pp. 357-366; F.M. Cross, "Papyri of the Fourth Century B.C. from Daliyeh" (*New Directions in Biblical Archaeology,* D.N. Freedman and J.C. Greenfield, eds. 〔Doubleday, 1969〕, pp. 41-62); *idem*, *HTR*, LIX (1966), pp. 201-211; *BA*, XXVI (1963), pp. 110-121를 참조하라. 또한 다음의 주 21을 보라. 이전의 논의들에 대한 개관으로는 H.H. Rowley, "Sanballat and the Samaritan Temple" (1955; reprinted, *Men of God* 〔London and New York: Nelson, 1963〕, pp. 246-276)을 참조하라.

11) 이런 주화들에 대해서는 B. Kanael, *BA*, XXVI (1963), pp. 38-62(특히 pp. 40-42)를 참조하는 것이 편리하다; 또한 Cross, *New Directions*(주 10을 보라), pp. 48-52.

12) 이 인(印)들에 관한 문헌은 많고 여러 학술지에 산재해 있다. Y. Aharoni, *AOTS*, pp.173-176; *LOB*, p.360를 보는 것이 편리하다. 거기에는 자세한 문헌들이 나와 있다.

13) 고대의 저술가들(유세비우스, 압데라〔Abdera〕의 헤카테우스〔Hecateus〕의 말을 인용하고 있는 요세푸스)은 아닥사스다 3세가 유대인들을 히르카니아(Hycania)로 추방했다고 말한다. 그러나 우리는 거기에 관해서 더 이상 아무것도 모른다. 그러나 D. Barag, *BASOR*, 183 (1966), pp. 6-12를 참조하라. 그는 주전 4세기에 팔레스타인의 몇몇 성읍들이 파괴된 것을 앞에서 언급한 시돈에서 일어난 폭동과 연관시키고 있다.

예를 든다면 느헤미야가 걱정했던 일(느 13:23f.)이 일어나기 시작했다. 즉, 아람어가 결국 히브리어를 대신하여 아마 유대인 대다수의 일상어로 되게 된 기나긴 과정이 진행되고 있었다. 이것은 아마 불가피했을 것이다. 아람어는 유대인들의 바로 이웃 나라들의 언어였을 뿐만 아니라 페르시아 제국의 서부 지역에서 쓰이던 국제어이자 공용어였기 때문에[14], 유대인들이 처음에는 또 하나의 통용어로, 그러나 결국은 그들 자신의 언어를 제쳐놓고 아람어를 사용하는 것을 배울 필요가 있었다. 이런 일은 갑작스러운 변화로 일어난 것이 아니라 매우 점진적인 과정을 거쳤고 또한 이 과정은 구약시대에 결코 완결되지도 않았다는 점을 강조해 두지 않으면 안 된다. 히브리어는 종교적 강론과 저술의 언어로 존속하였을 뿐만 아니라 적어도 유대(Judea)에서는 계속해서 살아 있는 구어(口語)로서 기독교의 초기 세기들까지 이어졌다. 이것은 쿰란 두루마리와 그 밖의 필사본 등 출토품들이 극명하게 보여 준다(바르 코크바〔Bar-Cochba〕는 주후 132-135년에 히브리어로 편지들을 썼다).[15] 그렇지만 주화(鑄貨), 인(印), 그 밖의 출토품들이 보여 주듯이 주전 4세기에는 아람어를 채택하는 범위가 점차로 넓어지고 있었다.

포로기 이전 시대의 히브리어의 서체는 오늘날 우리에게 친숙한 "사각형의" 문자로 점차로 대체되었는데, 이 문자들은 아람어 문자를 변형한 것이었다.[16] 헬라 문

---

14) Cf. R.A. Bowman, "Arameans, Aramaic and the Bible"(*JNES*, VII〔1948〕, pp. 65-90); F. Rosenthal, *Die aram istische Forschung* (Leiden: E.J. Brill, 1939), 특히 pp. 24-71; 편리하기로는 A. Jeffery, "Aramaic" (*IDB*, I, pp. 185-190).

15) 히브리어가 기독교 시대로 넘어와서 사어(死語)가 되었다는 생각이 잘못이라고 경고한 것으로는 J. Barr, *Comparative Philology and the Text of the Old Testament* (Oxford: Clarendon Press, 1968), pp. 38-43; C.S. Mann in J. Munck, *The Acts of the Apostles* (AB, 1967), pp. 313-317; J.M. Grintz, *JBL*, LXXIX (1960), pp. 32-47 등을 참조하라. 실제로 히브리어는 아람어와 헬라어와 마찬가지로 널리 알려져 있었다. 증거를 탁월하게 검토하고 균형있게 평가한 것으로는 J.A. Fitzmyer, "The Languages of Palestine in the First Century A.D." (*CBQ*, XXXII〔1970〕, pp. 501-531)를 참조하라.

16) 이것도 갑작스러운 변화는 아니었다. 왜냐하면 옛 히브리 문자는 기독교 시대로 넘어와서도 적어도 한정된 범위에서는 계속 사용되었기 때문이다; cf. R.S. Hanson, *BASOR*, 175 (1964), pp. 26-42; 또한 J. Naveh, *BASOR*, 203 (1971), pp. 27-32. 유대인들의 문자 발전 전반에 대해서는 F.M. Cross, *BANE*, pp.133-202를 참조하라.

17) Cf. Albright, *FSAC*, pp. 334-339; 또한 M. Smith, *Palestinian Parties and Politics that Shaped the Old Testament* (New York: Columbia University Press, 1971), Ch. III. 주전 7세기에는 이집트에도 헬라인 거류지들이 있었다; 바벨론인들만이 아니라 이집트 제26왕조의 바로들도 헬라인 용병들을 자유롭게 이용하였다. 주전 7세기에 팔레스타인에 헬라인이나 구브로인들의 용병 또는 상인이 존재하였음을 보여 주는 증거에 대해서는 p.441 주 33을 참조하라.

화의 영향(몇몇 학자들이 추측하여 왔듯이 알렉산더 대왕 때부터 시작된 것이 아니었다)도 마찬가지로 표면화되었다.[17] 이스라엘의 역사에서 어느 시대나 있었던 일이지만 에게해의 섬들과 접촉은 주전 7세기 이래로 빈번해져 왔고, 우호적이든 적대적이든 페르시아와 헬라가 지속적으로 관계를 맺고 있었던 주전 5세기와 4세기에는 더욱 빈번해졌다. 서아시아는 헬라인 모험가, 용병, 학자, 상인들로 넘쳐났다. 위에서 지적한 대로 유다에서는 아테네의 화폐 제도를 모방하였고, 헬라의 공예품들과 도기류가 뵈니게의 항구들을 거쳐 유다로 쏟아져 들어왔으며 또한 교역로를 따라 아라비아 지방으로 넘어가기도 했다.[18] 이것은 비록 간접적이긴 하지만 유대인들이 불가피하게 헬라 정신과 접촉하게 되었음을 의미하였다. 이 헬라 정신은 이스라엘의 신앙을 근본적으로 바꾸어 놓지는 않았다고 할지라도 앞으로 살펴보는 바와 같이 심각한 영향을 미쳤다. 대체로 페르시아 시대 말기의 유대인들의 운명은 어둠 속에 가려져 있지만, 그것은 중요한 일들이 진행되고 있었던 어둠이었다.

2. 헬레니즘 시대의 개막.

이미 말했듯이 다리우스 3세의 즉위(주전 336년)는 마게도냐의 알렉산더의 즉위와 동시에 일어났다. 페르시아에서는 그 누구도 꿈조차 꾸지 못했을 것이지만, 이로부터 불과 5년 내에 페르시아 제국은 더 이상 존재하지 않게 될 것이었다. 그 다음에는 오리엔트의 모든 민족들에게는 불길한 징조가 되고 유대인들에게도 적지 않은 영향을 미친 오리엔트의 급속한 헬레니즘화가 시작될 것이었다.

a. 알렉산더 대왕(주전 336-323년).

사람들의 입에 자주 오르내리고 세상에 잘 알려져 있는 알렉산더의 정복사업에 관한 이야기를 여기서 자세히 되풀이하는 것은 우리의 과제가 아니다.[19] 소년 시절 한때 위대한 아리스토텔레스로부터 지도를 받았던 알렉산더는 헬라적인 것은 무엇이

18) 증거를 알기 쉽게 요약한 것으로는 D. Auscher, "Les relations entre la Gréce et la Palestine avant la conquête d'Alexandre" (*VT*, XVII 〔1967〕, pp. 8-30)를 참조하라.

19) 이 시대와 그후의 시대들에 대해서는 예를 들면 F.M. Abel, ***Histoire de la Palestineédepuis la conquéte d'Alexandre jusqu'á l'invasion arabe***, Vol. I (Paris: J.Gabalda et Cie., 1952); H. Bengtson, *Griechische Geschichte* (Munich: C.H. Beck'sche Verlagsbuchhandlung, 1950)를 참조하라.

든지 진정으로 사랑하였다. 부분적으로는 범헬라적인(pan-Hellenic) 이상을 구현하려는 열의에서, 부분적으로는 훨씬 더 세속적인 동기에서 그는 일찍부터 아시아의 헬라인들을 페르시아의 멍에로부터 해방하기 위한 십자군을 출정시켰다. (헬라인들 가운데 일부는 이런 것을 별로 달가워하지 않았다!) 주전 334년에 그는 헬레스폰트(Hellespont) 해협을 건너서 이 마게도냐 군대의 원정을 별로 심각하게 여기지 않고 있었던 그 지방의 페르시아군을 그라니쿠스(Granicus)에서 격파하였다. 순식간에 소아시아 전지역은 그의 것이었다. 이듬해(주전 333년)에 알렉산드레타(Alexandretta)만(灣) 옆의 이수스(Issus)에서 그는 페르시아군의 주력 부대와 격돌하였다. 기동력이 없고 잘못 운용되었던 페르시아군은 알렉산더의 방진(方陣)에 박살이 나서 아수라장 속에서 패주하였다. 다리우스 자신도 싸움터를 버리고 도망했고, 그의 아내와 가족, 짐들과 노획물들은 알렉산더의 손에 들어갔다. 페르시아 제국을 완전히 정복하기로 목표를 넓힌 알렉산더는 동쪽으로 진격하기에 앞서 우선 측면을 튼튼히 하여야 했다. 그래서 그는 지중해 해안을 따라 남으로 방향을 돌렸다. 뵈니게의 모든 도시들은 조건부로 항복하였고, 두로만은 7개월간의 포위 공격 끝에 함락되었다. 그런 다음 알렉산더는 팔레스타인를 거쳐 남진하여 가사(Gaza) 앞에서 2개월 동안 머물러 있다가 아무런 저항도 받지 않고 이집트로 진입하였다(주전 332년). 페르시아의 통치로 철저히 피폐해 있었던 이집트인들은 그를 해방자로 환영하며 합법적인 바로로 옹립하였다.

이 과정에서 유다와 사마리아를 포함한 팔레스타인의 내륙 지방은 알렉산더의 지배 아래 들어갔다. 어떻게 그렇게 되었는지 정확히 알 수가 없다. 요세푸스의 기사(*Ant.* XI, 8)는 너무 전설적인 내용이 많기 때문에 신빙성이 없고, 성경은 있을 법한 일을 한두 가지 시사하고는 있지만 그나마 확실성과는 거리가 멀고 그외에는 이에 관해 아무런 언급도 하지 않고 있다.[20] 아마 유대인들은 옛 지배자와 새 지배자 사이에서 선택하지 않고 평온하게 대세를 따랐을 가능성이 많다. 분명히 사마리아도 마찬가지였을 것이다. 그러나 그후에 이유는 알 수 없지만 사마리아에서 폭동이 일어나 그 와중에서 알렉산더의 수리아 지사(知事) 안드로마쿠스(Andromachus)가

20) 여러 학자들은 스가랴 9-14장(특히 9:1-8)의 몇몇 부분의 시대적 배경을 이 무렵으로 보고 있다; 주석서들을 보라. 그러나 어떤 학자들은 스가랴 9:1ff.를 주전 8세기의 사건들과 관련시킨다; 예를 들면, A. Malamat, *IEJ*, 1 (1950/1951), pp. 149-154; 그러나 이 제재를 어떤 특정한 역사상의 사건들과 관련시키는 것의 난점(불가능성?)에 대해서는 P.D. Hanson, *The Dawn of Apocalyptic* (Philadelphia: Fortress Press, 1975), Ch.IV (cf. p. 319)을 참조하라.

불에 타 죽었다. 알렉산더는 혹독한 복수를 했다. 사마리아는 파괴되고, 그 직후에 마게도냐 식민지가 거기에 세워졌다. 이 도성의 많은 지도층 인사들은 분명히 알렉산더의 군대가 당도하기 전에 도망했던 것 같지만 와디 달리예(Wadi Daliyeh)의 어떤 동굴에서 사로잡혀 학살되었다. 이미 말했듯이 추방된 사마리아인들이 세겜을 재건하고 자신들의 중심지를 이곳으로 옮긴 것은 아마 이 사건으로 인한 것이었을 것이다.[21]

알렉산더의 그 밖의 원정들을 여기서 다룰 수는 없다. 주전 331년에 그는 메소포타미아를 횡단하여 동쪽으로 진격했다. 다리우스는 아르벨라(Arbela) 부근의 가우가멜라(Gaugamela)에서 이란 산맥을 등지고 최후의 저항을 했으나 그의 군대는 분쇄되어 뿔뿔이 흩어지고 말았다. 이에 알렉산더는 개가를 부르며 바벨론으로 입성했고; 그 다음에는 수사(Susa), 그 다음에는 페르세폴리스(Persepolis)로 입성하였다. 다리우스는 도망하던 중 그의 태수들 가운데 한 사람에게 사로잡혀 암살되었다. 적극적인 저항이 종식되자 알렉산더는 페르시아 제국의 가장 먼 동쪽 변경까지 진격하였고 거기서 그는 인더스강을 건너서 군사 작전을 전개하기도 했다(주전 327/6년). 전설에 의하면 그는 거기서 정복할 세계가 더 이상 없어서 울었다고 한다(실제로는 그의 군사들이 더 이상 진격하기를 거절했다). 알렉산더는 서른 세 살이 채 못되어 병에 걸려 바벨론에서 죽었다(주전 323년). 그러나 그의 짧은 생애는 고대 오리엔트의 삶에 혁명과 그 역사에 새로운 시대의 개막을 알리는 신호탄이었다.

b. 프톨레마이오스 왕조 지배하의 유대인들.

알렉산더가 죽자마자 그의 막료 장군들은 각기 자기가 차지할 만한 이권을 낚아채려고 그들 사이에 다툼이 시작되면서 알레산더의 제국은 분열되었다. 우리는 그 장군들 가운데 두 사람에게만 관심을 가지면 된다: 프톨레마이오스(Lagi)와 셀류코스(Seleucus, 1세). 전자는 이집트의 지배권을 장악하고 알렉산드리아(Alexandria)라는 새로운 도시를 건설하여 수도로 삼았는데, 이 도시는 곧 세계의 대도시 가운데 하나가 되었다. 후자는 스스로 바벨론의 지배자가 된 후(주전 312/11

---

21) 앞의 주 10에 나오는 Wright와 Cross의 저작들을 참조하라; 또한 P.W. and Nancy Lapp, *Discoveries in the W di ed-D liyeh* (*AASOR*, XLI 〔1974〕);대중적인 설명으로는 P.W. Lapp, *BARev*. IV (1978), pp. 16-24; F.M. Cross, *ibid.*, pp. 25-27를 참조하라. 남녀 성인과 어린이 약 200명 가량의 두개골이 이 동굴에서 발견되었다; 여기서 발견된 파피루스는 그들이 사마리아의 지도층 가문의 사람들이었음을 보여 준다.

년경되어서) 자신의 세력을 서쪽으로 수리아까지, 동쪽으로는 이란 너머까지 확대하였다. 그의 수도는 티그리스 강변의 셀류키아(Seleucia)와 수리아의 안디옥(Antioch)에 있었다. 안디옥도 이내 대도시가 되었다. 이 두 경쟁자는 팔레스타인과 뵈니게를 탐내었다. 그러나 프톨레마이오스가 갖가지 책략을 쓴 끝에 이 두 지역을 차지하는 데 성공하였다. 자세한 경위는 우리의 관심사가 아니다. 즉, 입소스(Ipsos) 전투(주전 301년) 후에 정세가 안정되자 이 지역은 확고하게 그에 의해 장악되었던 것이다.

팔레스타인은 이후 거의 한 세기 동안 프톨레마이오스 왕조에 의해 통치되었다. 그러나 이 기간의 유대인들의 운명에 관해서는 참담할 정도로 아는 바가 거의 없다. 아마 프톨레마이오스 왕조는 페르시아인들로부터 물려받은 행정 조직을 가능한 한 바꾸지 않고 그대로 이용했을 것이다. 이것은 적어도 제노(Zeno) 파피루스(파윰에서 발견된 이 파피루스는 프톨레마이오스 2세 필라델푸스〈Philadelphus, 주전 285-246년〉의 재무대신의 권한 대행인 제노라는 사람의 서간들)에 의해 시사되고 있다. 여기에는 느헤미야의 대적의 후손인 암몬의 도비야로부터 온 서간 두 통이 포함되어 있는데, 이것은 도비야 가문이 페르시아 왕들의 치세 때에 차지했던 지위를 계속 누리고 있었음을 보여 준다. 즉, 그들은 질서 유지와 틀림없이 세수(稅收)의 송금도 책임지고 있었던 요단 동편 지역의 총독들이었다. 우리는 유대인들도 페르시아인들의 지배하에서 그들이 지녔던 지위를 계속 누렸을 것으로 추론할 수 있다. 어쨌든 위에서 기술한 주화들과 항아리 인(印)들도 그러한 사실을 증거해 준다.[22]

분명히 왕에게 공물을 바칠 개인적 책임을 지고 있었을 대제사장은 유대인 공동체의 정신적 수장(首長)이자 점차 세속 군주로 되어 갔을 것이다. 다음 세기에 관한 기록들은 제사장 귀족 계급의 발전을 뚜렷이 실증해 준다. 유대인들이 어느 정도 무거운 세금 부담을 짊어졌는지는 말할 수 없다. 그러나 유대인들이 세금을 내고 질서가 유지되고 있는 한, 분명히 프톨레마이오스 왕조는 유다의 내정에 전혀 간섭하지 않았을 것이다. 그리고 우리가 아는 한 유대인들은 계속해서 온순한 신민(臣民)으로서 비교적 평화로운 시대를 보냈다.

그 동안에 이집트의 유대인 거류민은 기하 급수적으로 늘어났다. 물론 유대인들은 수 세기에 걸쳐 이집트에 정착하여 살아 왔지만, 새로운 이민들이 밀려옴으로써

22) '예훗'(Yehud)이라는 글자가 새겨져 있는 이 시대의 주화들은 계속해서 발굴되고 있다. "총독"으로 불리는 사람의 이름이 새겨진 주화도 있다; cf. A. Kindler, *IEJ*, 24 (1974), pp. 73-76.

그 수가 부쩍 늘어났다. 아리스테아스의 편지(the Letter of Aristeas, 참조. 4, 12절)는 프톨레마이오스 1세가 이 유대인들 가운데 다수를 팔레스타인 원정 중의 어느 작전 때(아마 주전 312년) 포로로 데려왔다고 말하고 있는데, 이것은 거의 정확한 기록일 것이다.[23] 또 다른 유대인들은 의심할 여지없이 새로운 생활 터전을 찾아서 용병이나 자발적인 이민으로서 뒤따라 왔을 것이다. 이 무렵 이집트의 유대인 인구는 알려져 있지 않지만 많았을 것이 확실하다(주후 1세기에는 1백만이었다고 한다). 알렉산드리아는 세계 전역에 흩어져 살던 유대인들의 중심지가 되었고, 한편 제노 파피루스와 그밖에 이 시대의 것인 다른 파피루스와 수기용 토기편들은 한결같이 유대인들이 이집트의 도처에 거류하고 있었음을 증언해 준다.[24]

이 무렵에 와서는 팔레스타인의 테두리 밖에서 사는 유대인들은 본토에서 살고 있는 유대인들보다 훨씬 많았음이 틀림없다. 이집트의 유대인들은 이내 헬라어를 그들의 모국어로 채택했다. 물론 나슈 파피루스(Nash Papyrus, 히브리어로 쓴 십계명과 쉐마가 담겨 있다)가 보여 주듯이 히브리어도 적어도 일부 유대인들에 의해서 주전 2세기 말까지 계속 이해되었다. 이런 유대인들의 상당수와 이방인 개종자들은 더 이상 그들의 성경을 읽을 수 없었기 때문에, 주전 3세기에 성경을 헬라어로 번역하는 작업이 시작되어 먼저 토라(Torah)가 번역되고 뒤에 다른 책들도 번역되었다. 오랜 세월에 걸쳐 이루어진 이 번역본이 칠십인역(Septuagint)이다.[25] 성경이 헬라어로 존재하게 된 일은 더할 나위없이 의미 심장한 발전으로서 유대인들과 이방인들의 의사 소통을 위한 새로운 길을 열어 놓고 또한 유대인들의 정신에 헬라 사상이 더욱 강력한 영향을 미칠 길도 마련한 것이었다. 물론 후대에 이것은 기독교의 전파를 촉진시켰다.

---

23) 위경 아리스테아스의 편지는 주전 2세기의 30년대에서 60년대 사이에 쓴 것으로 추정되지만 그 이전의 제재들을 사용하고 있다: cf. E. Bickermann, *ZNW*, 29 (1930), pp. 280-298. 숫자(10만명)는 과장된 것이지만, 그 서술 자체는 실제 역사적 사실을 토대로 하고 있는 것 같다; cf. Abel, *op. cit.*, pp. 30f.; M. Hadas, *Aristeas to Philocrates* (Harper & Brothers, 1951), pp. 98f.

24) 이 문제 전반에 대해서는 V. A. Tcherikover and A. Fuks, *Corpus Papyrorum Judaicarum*, Vol. I (Harvard University Press, 1957), 특히 pp. 1-47를 참조하라.

25) 칠십인역의 원전이 있었던 것인가 아니면 단지 서로 경쟁하여 독자적으로 번역한 역본들이 여러 가지 있었느냐 하는 문제에 대해서는 F.M. Cross의 훌륭한 논술인 *The Ancient Library of Qumran* (rev. ed., Doubleday, 1961), Ch. IV을 참조하라. 쿰란 자료와 칠십인역 연구에 대해서는 P.W. Skehan, *BA*, XXVIII(1965), pp. 87-100를 보는 것이 편리하다.

c. 셀류코스 왕조의 팔레스타인 정복.

셀류코스 왕조의 왕들은 프톨레마이오스 왕조가 팔레스타인과 뵈니게를 "훔친 것"으로 여겼기 때문에 이를 결코 묵과하지는 않았지만 이에 대해 효과적인 조치를 취할 만한 처지에 있지 않았다. 몇 차례 시도가 있었지만 성공하지 못했다. 사실 주전 3세기 중엽에 셀류코스 왕조는 동부의 여러 속주에서 반란이 일어나고 뒤이어 소아시아에서 지배력을 상실함에 따라 그 판도가 점차 줄어들어 마침내 그 실질적 지배권은 타우루스(Taurus) 산맥과 메대 사이의 지역으로 국한되었다. 그러나 안티오쿠스 3세(대왕)(Antiochus III〈the Great〉, 주전 223-187년)가 왕위에 오르자 이 모든 것은 일변하였다. 이 패기에 찬 통치자는 연전 연승의 원정을 통해 소아시아로부터 인도의 국경선에 이르기까지 셀류코스 왕조의 지배권을 재천명하였다. 또한 그는 프톨레마이오스 4세 필로파토르(Ptolemy IV Philopator, 주전 221-203년)가 통치하고 있었던 이집트와 결판을 내려고 군사를 움직여 성공을 눈앞에 두고 팔레스타인 남단의 라피아(Raphia)에서 참패하고 말았다(주전 217년). 그러나 그의 아들 프톨레마이오스 5세 에피파네스(Epiphanes, 주전 203-181년)가 이집트의 왕위에 오른 후 전투는 재연되었다. 몇 차례 엎치락뒤치락한 끝에 요단강의 상류 부근의 파니움(Panium, Baniyas)에서 안티오쿠스가 이집트 군대를 격파하고 아시아로부터 몰아냈을 때(주전 198년) 최종적으로 결판이 났다. 그후 셀류코스 제국은 팔레스타인를 병합하였다.

요세푸스(*Ant.* VIII, 3, 3f.)에 의하면 유대인들은 이러한 변화를 기뻐하며 무장 궐기해서 예루살렘에 있었던 프톨레마이오스의 수비대를 공격했고 안티오쿠스를 쌍수를 들어 환영하였다고 하는데, 이 기사를 의심할 필요는 없다.[26] 요세푸스가 우리에게 보여 주듯이 의심할 여지없이 유대인들은 자기들에게 상당한 고통을 가져왔던 전쟁이 끝나기를 열망했을 것이고 또한 속국 백성들이 그렇듯이 그들 역시 어떠한 변화든 좀더 나은 쪽으로 이루어지기를 희망했을 것이다. 과연 안티오쿠스는 유대인들에게 최대의 배려를 했다. 그는 유대인 난민들의 본국 귀환과 포로로 사로잡혀 온 자들의 석방을 명령했다. 예루살렘 도성이 경제적으로 회복될 수 있도록 세금을 3년간 면제해 주고 게다가 일반 부과금도 3분의 1로 줄여 준다는 포고령이 나왔

---

26) 요세푸스의 기사의 전반적인 신빙성을 옹호한 것으로는 E. Meyer, *Ursprung und Anf nge des Christentums,* Vol. II (Stuttgart and Berlin: J. G. Cotta'sche Buchhandlung, 1921), pp. 125-128; A. Alt, *ZAW,* 57(1939), pp. 283-285를 참조하라; 또한 Noth, *HI,* pp. 348f.

다. 더구나 유대인들은 그들이 페르시아 시대에 누렸고 아마 프톨레마이오스 왕조의 치하에서도 누린 것과 동일한 특권을 보장받았다. 즉, 그들은 그들의 율법에 따라 아무런 방해도 받지 않고 살아갈 수 있는 권리를 보장받았고, 제의를 지원하기 위한 일정한 금액의 국가 보조도 약속받았으며, 제의 종사자들은 모두 세금이 면제되었다. 그뿐 아니라 면세는 장로들의 평의회(gerousia)와 서기관들에게까지 확대되었고, 한편 이전에는 유대인 공동체에 의해 마련되었던 제단용 땔감(느 10:34; 13:31)도 면세가 선언되었다. 끝으로 시급했던 성전 수리공사(분명히 성전은 많이 손상된 상태였을 것이다)도 국가의 도움으로 완료될 수 있었다.[27] 이것은 분명히 상서로운 시작이었고 또 당연히 유대인들로 하여금 이 변화를 자축케 하였을 것이다.

d. 헬레니즘의 전파와 영향.

앞으로 살펴보는 바와 같이 정치적 사건들과 뗄 수 없을 정도로 얽혀 있긴 하지만 크고 작은 어떤 정치적 사건보다도 훨씬 중대한 것은 서아시아의 모든 민족들에게 미친 헬레니즘 문화의 영향이었다. 이 영향으로부터 유대인들도 결코 면제받지는 못했다. 이 과정은 페르시아 시대 내내 진행되어 왔었지만, 오랜 정치적.문화적 경계들을 뿌리째 뽑아 버린 알렉산더의 정복은 그 영향을 현기증 날 정도의 속도로 가속화시켰다.[28]

헬라 문화의 비호 아래 동서양의 통일을 이룩하는 것이 알렉산더의 목표였다. 이 목표를 달성하기 위하여 그는 이란 사람들과 그 밖의 오리엔트 민족들을 자기와 전면적으로 제휴케 하였고, 자기 군대와 토착 주민들과의 대규모의 통혼(通婚)을 계획하였으며, 그의 방대한 영토 전역에 있는 식민지들에 자신의 병사들과 그 밖의 헬라인들을 정착시키는 정책을 추진하였다. 그가 이룩했던 정치적 통일은 오래 지속되지 못했지만, 그 뒤를 이은 모든 국가들은 다소간의 정도 차이는 있지만 이 문화적 이상을 공유한 사람들에 의해 통치되었다. 도처에 헬라인 식민지들이 생겼고, 이 식민지들 하나하나가 헬레니즘의 섬으로서 헬레니즘을 전파시키는 구심점이 되었다. 인구가 지나치게 많았던 헬라 본토는 그 과잉 인구를 실질적인 대량 이민의 형태로 동방에 쏟아냈다. 헬라인 또는 헬라화한 아나톨리아인 모험가들, 상인들, 학자들을 어디서나 볼 수 있었다. 헬라어는 급속히 문명세계의 통용어(lingua franca)가 되

27) 십중팔구 이 성전 수리 공사는 집회서 50:1-3에 언급되어 있는 대제사장 시몬에 의해 이루어졌을 것이다.

28) 이 문제 전반에 대해서는 Albgirht, *FSAC*, pp. 334-357를 참조하라.

었다. 안디옥 알렉산드리아 같은 대도시들은 헬라식 도시였고, 특히 알렉산드리아는 사실상 헬레니즘 세계의 문화 중심지가 되었다. 주전 3세기에는 제노(Zeno), 에피쿠루스(Epicurus), 에라토스테네스(Eratosthenes), 아르키메데스(Archimedes) 등과 같은 위대한 인물들이 활약하였는데, 이들의 대다수는 알렉산드리아에서 연구했거나 적어도 이곳을 방문한 적이 있었다. 비(非)헬라적인 오리엔트 사람들도 헬라 정신을 포착하여 자연과학, 철학, 역사 등의 저작을 헬라식으로 산출해 냈다.

디아스포라 유대인들이 이 새로운 문화 — 그리고 언어 — 를 흡수하게 된 것은 불가피했다. 팔레스타인의 유대인들도 이로부터 면제될 수 없었다. 알렉산더의 정복 이래로 건설된 헬라인 식민지들이 팔레스타인 곳곳에 있었다 — 세바스테(Sebaste, 사마리아), 필라델피아(Philadelphia, 암만), 프톨레마이스(Ptolemais, 아코), 필로테리아(Philoteriah, 갈릴리 호수 남쪽), 스키토폴리스(Scythopolis, 벧산) 등이 그 예다. 이 도시들은 모두 헬레니즘의 중심지였다. 뵈니게인의 도시들도 마찬가지로 헬레니즘 전파의 중심지였다. 그 좋은 예는 유대 쉐펠라(Shephelah) 지방의 마리사(Marisa, Mareshah)에 있던 시돈인 식민지다. 주전 3세기 중엽에 건설된 이 식민지는 무덤들의 비문들과 그 밖의 명각(銘刻)들이 보여 주듯이 주전 2세기에 이미 헬라어를 상용하고 있었다.[29] 유대인들은 헬라화한 이웃 종족들과 접촉을 피할 수 없었고 더구나 재외 동포들과의 접촉은 더더욱 피할 수 없었기 때문에, 헬라문화와 헬라적인 사고방식의 흡수는 피할 수 없는 일이었다.

주전 3세기에 와서는 히브리적 정신에 헬라사상이 영향을 미쳤다는 것을 보여주는 증거가를 찾아볼 수 있다. 예를 들면, 소코(Socho)의 안티고누스(Antigonus, 헬라식 이름에 유의하라!)의 가르침에는 바로 스토아 철학과 비슷한 특색이 두드려져 보인다. 주전 3세기 후반기에 활약한 이 안티고누스는 벤 시라(Ben Sira, 주전 180년경)처럼 인간은 보상을 바라지 말고 자기 의무를 다하며 하나님을 섬겨야 한다고 주장하면서 당시로서는 신기했던 내세론을 반대했던 사두개파의 원조들(proto-Sadducean group)에 속한 사람이었다.[30] 이런 영향은 거의 직접적이지는 않았다고 말해야 할 것이다. 단지 헬라 사상이 널리 유행하면서 그들의 시대가 제기한 새로운 문제들을 해결하려고 고심하던 유대인 사상가들의 사고에 불가피하게 영향을 미쳤을 뿐이다. 단지 헬레니즘 시대에 숨쉬고 살았기 때문에 헬라 문화를 흡

29) Cf. Albright, *FSAC*, pp. 338f.
30) Cf. Pirke Aboth 1:3. 이 저작은 주후 3세기의 것이지만 매우 신빙성있는 전승을 수록하고 있다; 이 문제에 대해서는 Albright, *FSAC*, pp. 350-352를 참조하라.

수하지 않을 수 없었던 것이다! 경건한 유대인들은 이러한 것에 휩쓸려 종교적 원칙을 타협하지 않았지만, 거기에 휩쓸려 도덕적으로 몹시 타락한 유대인들도 있었는데, 그들 가운데는 실제로 헬라 문화를 부러워하고 거기에 몰두하였기 때문에 자기들의 고유한 율법과 관습을 거북하게 여긴 사람들이 많았다. 유대인 공동체 내부에서 화해될 수 없는 분열의 폭이 넓어지기 시작하였다. 이것은 시대 상황과 결합되어 유대인들을 구약시대가 끝날 무렵에 주전 587년의 재난 이래 그들의 역사 속에서 가장 심각한 위기 상황에 직면하게 하였다.

B. 셀류코스 왕조 치하의 유대인들: 종교적 위기와 항쟁

1. 안티오쿠스 에피파네스의 박해.[31]

위에서 암시한 그 위기는 셀류코스 왕조의 안티오쿠스 4세 에피파네스(주전 175-163년)라는 왕의 정책으로 인해 빨리 닥쳐왔다. 이 정책은 셀류코스 왕조가 불가피하게 잇따라 직면해야 했던 위기 사태로 말미암아 어쩔 수 없이 취해진 것이었다.

a. 셀류코스 왕조의 왕들과 그들의 정책.

안티오쿠스 3세는 셀류코스 왕조의 국력을 절정으로 끌어올리자마자 무리하게도 감히 로마와 자웅을 겨루었다. 바로 이 무렵 로마는 자마(Zama)에서 카르타고(Carhage)군을 결정적으로 분쇄했고(주전 202년), 카르타고의 장군 한니발(Hannibal)은 셀류코스 왕조의 궁정으로 도망해서 그곳에서 최선을 다해 항쟁을 계속하기를 희망하였다. 안티오쿠스는 한니발의 부추김도 있었고 또 자신의 야심도 발동하여(그는 아시아와 유럽에서 헬라인 문제의 중재자로 자처하였다) 헬라로 진격하

31) 이 항과 이후의 항들의 내용에 대해서는 E. Bickermann, *Der Gott der Makkabäer* (Berlin: Schocken Verlag, 1937); *idem*, *From Ezra to the Last of the Maccabees* (New York: Schocken Books, paperback edition, 1962), Part II를 참조하라; 다른 관점에 대해서는 V. Tcherikover, *Hellenistic Civilization and the Jews* (Eng. tr., The Jewish Publication Society of America, 1959)를 참조하라.

였다. 그러자 로마는 선전포고를 한 다음(주전 192년) 안티오쿠스를 신속하게 유럽에서 몰아내고, 그를 추격하여 아시아로 건너와 사데(Sardis)와 서머나(Smyrna) 사이에 있는 마그네시아(Magnesia)에서(참조. 단 11:18) 그를 참패시켰다(주전 190년). 그래서 안티오쿠스는 굴욕적인 아파메아(Apamea) 평화 조약을 감수하지 않으면 안 되었다. 그 강화 조건들은 길리기아(Cilicia)를 제외한 소아시아 전지역을 포기하고, 그의 전투용 코끼리들과 해군 함선들을 내어주고, 자기 아들(후에 안티오쿠스 4세로서 통치함)을 포함한 20명의 인질과 함께 한니발과 그 밖의 피난민들을 로마군에게 넘겨주고, 막대한 배상금을 내는 것이었다. 한니발은 도망하여 목숨을 건졌지만, 다른 강화 조건들은 엄격하게 강제 집행되었다. 안티오쿠스 3세는 이런 치욕을 겪은 뒤 오래 살지 못했다. 주전 186년에 그는 로마인들에게 내놓을 돈을 조달하기 위해 엘람(Elam)의 한 신전을 약탈하다가 살해되었다(참조. 단 11:19).

이를 계기로 셀류코스 제국은 오랜 사양(斜陽)의 시대로 접어들었다. 언제나 로마의 위협을 받고 또한 돈을 내놓으라는 압력을 끊임없이 받았기 때문에 백성들에게 더욱 무거운 부담 — 흔히 제멋대로 — 을 그 신민(臣民)들에게 짊어 지우기 시작했다. 안티오쿠스 3세의 뒤를 이어 왕위에 오른 것은 셀류코스 4세(주전 187-175년)였다. 셀류코스는 부왕이 유대인들에게 허용했던 특권을 승인했던 것이 분명하지만(마카베오 2서 3:3), 그가 자기 대신 헬리오도루스(Heliodorus)를 시켜 대제사장 오니아스 3세(Onias III)와 분쟁을 벌이고 있었던 일부 유대인들의 묵인하에 성전에 예치된 사유기금(私有基金)을 차지하려고 했다는 말도 있다(마카베오 2서 3:4-40). 이 사건에 관한 이야기에는 전설적인 내용이 많기는 하지만, 그것이 사실에 의거하고 있음을 의심할 만한 이유는 전혀 없다(참조. 단 11:20).[32] 오니아스는 중상모략을 당하게 되자 자신의 문제를 밝히기 위해 셀류코스 4세의 궁정으로 여행을 하지 않으면 안 되었다. 불길한 양상이 표면화되었고 이것은 앞으로 닥쳐올 더 곤란한 사태를 담고 있는 전조(前兆)였다.

셀류코스 4세는 암살되었고 그의 형제인 안티오쿠스 4세 에피파네스(주전 175-163)가 왕위를 계승하였는데, 그의 치세 때 문제는 표면화되었다. 안티오쿠스는 아파메아 평화 조약 후에 그의 부왕이 로마에 넘겨준 인질들 가운데 한 사람으로서 고국으로 돌아오던 도중에 자기 형제가 죽었다는 소식을 접했다. 왕위에 오르자 그는 유대인들로 하여금 전면적인 반란을 일으키게 한 정책을 채택하였다. 위에서 지적했

32) Cf. Abel, *op. cit.*, pp. 105-108; Tcherikover, *op. cit.*, pp. 381-290.

듯이 이 정책은 그의 왕국이 처해 있었던 위태로운 상황 때문에 어쩔 수 없이 취해진 것이었다. 잡다한 종족들로 구성된 주민들간에 실제적 통일이 이루어지지 않아서 내정이 불안정했던 이 나라는 사방에서 위협을 받고 있었다. 동부의 여러 속주에서는 바대인들(Parthians)의 위협이 점증되고 있었고, 한편 남쪽으로는 비우호적인 이집트에 대항하지 않으면 안 되었는데, 이때의 이집트 왕 프톨레마이오스 6세 필로메토르(Philometor, 주전 181-146년)는 팔레스타인과 뵈니게에 대한 지배권을 다시 주장하고 나설 태세로 있었다.

그러나 이보다 훨씬 더 중대한 문제는 로마의 끊임없는 위협이었다. 이 무렵 로마는 동쪽 지중해의 여러 나라들에 대해 점차 적극적인 관심을 가지고 이 지역의 여러 문제들에 고압적인 자세로 간섭할 태세를 하고 있었다. 안티오쿠스 4세는 자신의 개인적인 경험에서 로마를 올바르게 평가하고 있었기 때문에 국토를 방위하기 위해서는 자기 백성들을 통일하는 것이 급선무임을 절감했고, 한편 재정난으로 인하여 새로운 재원이 될 만한 것은 무엇이든 탐내게 되었다. 선왕들과 마찬가지로 그는 자기 영토 안에 있는 각종 신전들의 재물에 눈독을 들였는데, 실제로 그는 재위중에 몇몇 신전을 약탈한 것으로 알려지고 있다.[33] 예루살렘 성전도 그의 시선을 피하지 못했을 것이다.

더욱이 그는 정치적 통일에 관심을 두고 있었기 때문에 여러 도시들에 대해 헬라의 도시국가(polis)와 같은 특권을 허용하고 헬라적인 모든 요소를 장려하였다. 이 정책에는 제우스(Zeus)신과 그 밖의 헬라의 여러 신들에 대한 숭배(헬라 신들은 토착신들과 동일시되었다), 자기 자신을 제우스 신의 가시적인 화신으로 신격화하여 숭배토록 한 것 등이 포함되어 있었다(그의 초상이 제우스신과 비슷한 모습으로 주화에 새겨졌으며, 에피파네스라는 이름은 "신이 나타나다"를 뜻한다). 물론 안티오쿠스는 자신의 영토 내의 어떤 토착 종교도 탄압할 의향이 없었고 또한 그는 신적 대권(大權)을 주장한 최초의 헬레니즘 시대의 통치자였다(알렉산더와 과거의 셀류코스 왕조의 몇몇 왕들도 그렇게 하였다).[34] 그러나 그의 정책은 비록 매우 신중하게 추진되기는 했지만 조상의 신앙을 충실했던 유대인들 사이에서 격렬한 반발을 불러 일으킬 것이 분명한 그런 정책이었다.

---

33) 히에라폴리스의 "디아나"(Diana) 신전(Granus Licinianus에 의하면) 과 엘람의 "아르테미스"(Artemis) 신전(Polybius에 의하면); cf. Noth, *HI*, p. 362.

34) 이 문제에 대해서는 L. Cerfaux and J. Tondriau, *Le culte des souverains dans la civilisation gr co-romaine* (Tournai: Desclée & Cie., 1957)을 참조하라.

b. 유다 국내의 긴장 : 안티오쿠스의 간섭.

유대인들에게 닥쳐온 재난에 대해서는 그들 자신의 책임도 없지 않았다고 해야 한다. 이미 지적한 대로 헬라문화가 바람직한 것이며 또 그것을 어느 정도까지 받아들일 것이며 그러면서도 여전히 유대인으로 남아 있을 수 있는지와 관련하여 심각한 긴장이 존재하였다. 더군다나 예루살렘은 개인적 암투로 들끓고 있었고, 심지어 대제사장직을 에워싸고도 암투가 벌어졌으니, 이것은 유대인 역사에 추악한 한 페이지를 기록하는 것이었다. 모든 파당들은 셀류코스 왕실의 비위를 맞추려고 애썼고, 안티오쿠스는 당연히 자기가 바라는 대로 협력할 것을 약속하고 또 가장 많은 돈을 제공하는 파의 말에 귀를 기울였다. 그리고 이런 상황으로 인하여 그는 이전의 어떤 왕도 취한 적이 없는 방식으로 유대인의 종교 문제에 간섭하게 되었다.

안티오쿠스가 왕위에 올랐을 때 합법적인 대제사장은 비교적 보수적인 파당에 속해 있었던 사람으로서 셀류코스 4세가 암살된 바로 그 시기에 민심 수습을 위하여 그 왕에게 고하려고 안디옥에 머물러 있었던 오니아스 3세였다(마카베오 2서 4:1-6). 그의 부재중에 그의 형제 요수아(Joshua, 야손〈Jason〉이라는 헬라식 이름으로 통했다)는 대제사장직을 준다는 교환 조건으로 새로운 왕에게 거액의 돈을 바쳤고, 또 이 뇌물과 아울러 왕의 정책에 전폭적으로 협력하겠다는 약속도 덧붙였다(마카베오 2서 4:7-9).

안티오쿠스는 특권을 부여하는 대가로 자기에게 돈을 바치는 한편 자기가 시키는 대로 고분고분 따르겠다는 자를 발견하자 기뻐하며 그의 제의에 동의했다. 이렇게 하여 야손은 대제사장직을 차지하고서 적극적인 헬레니즘화 정책을 추진해 나갔다(마카베오 1서 1:11-15; 마카베오 2서 4:10-15). 예루살렘에 헬라식 운동경기장(gymnasium)이 건립되었고, 젊은이들은 거기에 등록하였다. 헬라식의 갖가지 운동 경기가 장려되었고, 헬라식 의상이 유행하였다. 젊은 제사장들은 자기 본분을 망각하고 경기에 열중하였다. 운동 경기에는 나체로 참가했기 때문에(참조. 위경 요벨서 3:31) 많은 유대인들은 그들의 할례 자국을 거북하게 여기고 그것을 숨기기 위해 수술을 받기도 했다.

보수적인 유대인들은 심각한 충격을 받고 이 모든 것을 명백한 배교로 간주하였다. 그들의 견해는 틀린 것도 아니었다. 운동 경기장은 단순한 운동 클럽이 아니었다. 그리고 이를 반대한 자들도 단지 그들이 음란하고 품위없는 행태라고 생각했던 것을 반대했던 것은 아니었다. 유대인의 종교의 지위가 문제였다. 실제로 운동 경기장은 일정한 법률상의 권리와 시민권을 지닌 헬라화한 유대인들이 예루살렘 도성 내

에 발족시킨 독립적 자치 단체였던 것으로 보인다.[35]

헬라의 운동 경기는 헤라클레스(Heracles) 제의(마카베오 2서 4:18-20) 또는 헤르메스(Hermes) 제의 또는 왕가에 대한 숭배와 불가분의 관계에 있었기 때문에, 운동경기장에 입회한 회원은 불가피하게 그 수호신들을 어느 정도 인정하지 않을 수 없었다. 이러한 단체가 예루살렘에 존재했다는 것은 유대인들이 독자적으로 그들 자신의 율법에 따라 생활할 수 있는 권리를 허용했던 안티오쿠스 3세의 칙령이 실질적으로는 이미 철폐되었다는 것을 의미했다 — 그것도 유대인들의 묵인 아래.

그러나 문제는 여기에서 끝나지 않았다. 야손은 부정하게 얻은 대제사장직을 불과 3년밖에 누리지 못하고, 더 많은 돈을 내고 그 자리를 산 메넬라우스(Menelaus)라는 자에게 쫓겨나 요단 동편으로 도망가지 않으면 안 되었다(마카베오 2서 4:23-26). 이 메넬라우스라는 자가 어떤 인물이었는지는 분명치 않다. 몇몇 학자들은 그가 제사장 가계에 속하였는지조차도 의심하고 있다.[36]

그러나 그의 이름은 그도 역시 헬레니즘화한 파당에 속해 있었다는 것을 보여준다. 메넬라우스는 왕에게 약속했던 뇌물을 조달할 수 없게 되자 성전의 기물들을 훔쳐 내어 팔기 시작함으로써(마카베오 2서 4:27-32) 이내 전임자보다 더 염치없는 작자라는 것을 보여 주었다. 이때 여전히 안디옥에 머물러 있었던 합법적인 대제사장 오니아스 3세가 대담하게 항의하자 메넬라우스는 그의 암살을 준비했다고 한다(마카베오 2세 4:33-38).

안티오쿠스로 말하자면 그는 주전 169년에 이집트 침공에서 승리를 거두고 돌아오는 길에 메넬라우스의 묵인하에 성전을 약탈하여 그 성물과 기물들을 쓸어가고 심지어 성전 전면(前面)의 금박까지 벗겨감으로써 그가 유대인들의 권리와 종교적 민감성에 대해 얼마나 무관심했는지를 보여 주었다(마카베오 1서 1:17-24; 마카베

35) Cf. Bickermann, *Der Gott der Makkab er*(주31), pp. 59-65. 운동경기장 회원들은 "안디옥인들"(Antiochenes)이라 불리었다(마카베오 2서 4:9). 이것은 아마 예루살렘의 유대인들이 "안디옥의 시민"으로 등록되었다는 의미가 아니고(RSV에서는 그렇게 해석되고 있다) 운동경기장이 후원자인 안티오쿠스 왕의 명의 아래 조직되었다는 의미일 것이다. 그러나 Tcherikover, *op. cit.*, pp. 161ff., 404-409를 참조하라. 그는 예루살렘이 이 무렵 하나의 도시 국가(polis)가 되었다고 믿고 있다.

36) 마카베오 2서 3:4; 4:23에 의하면, 메넬라우스는 오니아스 3세의 반대자였던 베냐민 사람 시몬이라는 사람의 형제였다. 그러나 옛 라틴어 필사본(Old Latin MSS.)에는 시몬이 제사장 가문이었던(느 12:5,18) 빌가(Bilgah) 가문 출신이라고 되어 있다. 후자가 십중팔구 정확한 듯하다; cf. Tcherikover, *ibid.*, pp. 403f.

오 2서 5:15-21).[37] 안티오쿠스가 이런 짓을 저지른 것은 그의 만성적인 재원 부족 외에 다른 구실이 없었지만, 유대인들이 또 다른 구실을 마련해 주었는지도 모른다. 아마 이것과 관련이 있는 듯한 마카베오 2서 5:5-10에 의하면 안티오쿠스가 이집트에서 목숨을 잃었다는 풍문이 팔레스타인에 들려왔다.[38]

이에 힘을 얻은 야손은 천 명을 이끌고 예루살렘으로 진격하여 도성을 점령했고, 메넬라우스는 요새 안으로 피신해야 했다. 대부분의 사람들은 적어도 야손은 배교자인 메넬라우스보다는 조금 나은 편이라고 생각해 온 것 같지만, 그는 몰상식하게 사람들을 학살했기 때문에 곧 모든 사람들에게 외면당하고 다시 도성에서 쫓겨났다. 그는 도망자가 되어 이곳저곳으로 피해다니다가 결국 스파르타(Sparta)에서 죽었다고 한다. 안티오쿠스는 이 모든 것을 자신의 통치에 대한 반역으로 해석했을 것이 아주 당연했다. 그의 앞잡이인 메넬라우스를 다시 대제사장직에 앉힌 그는 성전 약탈을 바로 보복 조치로 생각했다. 그러나 이유야 어찌되었든 충성스러운 유대인들은 안티오쿠스가 그들의 종교의 원수이며 어떠한 만행도 서슴지 않을 것이라는 결론을 내리지 않을 수 없었다.

c. 안티오쿠스의 그후의 조치들: 유대교 금령.

이내 최후의 조치가 닥쳐왔다. 주전 168년에 안티오쿠스는 다시 이집트를 침공하여 수월하게 성공을 거두고 유서깊은 옛 수도 멤피스(Memphis)에 입성하였다. 그러나 그런 다음 알렉산드리아로 진격해 갔을 때, 그는 지방 총독인 포필리우스 레나스(Popilius Laenas)에 의해 전달된 로마 원로원의 최후 통첩, 즉 그에게 이집트에서 떠나라고 단호히 말하고 있는 통첩을 받았다(참조. 단 11:29f.). 안티오쿠스는 로마의 국력을 잘 알고 있었기 때문에 감히 불응하지 못했다. 그러나 그는 굴욕을 당하여 기분이 상했을 것이고 아시아로 철수하였을 때 심기가 불편했으리라는 것을 우리는 상상할 수 있다. 이때 분명히 그는 예루살렘을 거치지 않고 철수한 것 같지만, 곧 예루살렘에서 그에게 전해 온 보고도 그의 기분을 거의 나아지게 하지는 않았다. 안티오쿠스는 이전에 예루살렘을 들른 뒤에 헬레니즘화 정책을 추진할 때

37) 마카베오 2서는 이 사건을 안티오쿠스가 제2차 이집트 원정에서 돌아온 후의 일이라고 하고 있지만, 이것은 거의 옳지 않다; 마카베오 1서 1:20에는 주전 169년의 일로 되어 있다.

38) 우리는 이 사건을 주전 169년의 이집트 원정과 관련시키는 학자들의 견해를 따랐다: 예를 들면, Abel, *op. cit.*, pp. 118-120. 그러나 확신할 수는 없다; 다른 학자들은 주전 168년의 일로 추정하고 있다: 예를 들면, Bickermann, *op. cit.*, pp. 68-71; R.H. Pfeiffer, *History of New Testamnet Times*(Harper & Brothers, 1949), p. 12.

대제사장을 도와줄(사마리아의 경우처럼) 왕의 판무관(辨務官)을 그곳에 두었던 것으로 보인다(마카베오 2서 5:22f.). 아마 이러한 정책이 반발에 부딪쳤기 때문에 현지 주둔군으로는 질서를 유지할 수 없었을 것이다.

그래서 안티오쿠스는 주전 167년 초에 미시아(Mysian) 용병대장 아폴로니우스(Apollonius)에게 큰 병력을 주어 예루살렘으로 급파하였다(마카베오 1서 1:29-35; 마카베오 2서 5:23-26). 아폴로니우스는 예루살렘을 적의 도성처럼 다루었다. 그는 평화를 위해 온 듯이 가장하여 접근해서는 군사들로 하여금 아무런 의심도 하지 않고 있는 주민들을 급습하여 많은 사람들을 학살하게 하였고 또 그 밖의 사람들을 노예로 사로잡았다. 도성은 약탈되고 부분적으로 파괴되었으며 성벽도 헐리었다. 그런 다음 아마 성전의 남쪽 옛 다윗 왕궁이 있었던 자리나 그 맞은편인 서쪽 언덕에 아크라(Acra)라고 불린 성채가 세워졌다. 셀류코스 군대의 한 수비대가 거기에 주둔하였고, 이 수비대 — 이방의 지배를 나타내는 가증스러운 상징 — 는 25년 가량 존속하였다.

아크라는 단지 군대 수비대가 주둔하고 있는 일개 성채가 아니라 그보다 훨씬 불쾌한 곳이었다. 그곳은 헬레니즘화한 이교도들(마카베오 1서 3:45; 14:36)과 배교한 유대인들(마카베오 1서 6:21-24; 11:21)이 사는 하나의 식민지 — 이제 무방비 상태의 도시인 예루살렘 안에서 성벽에 둘러싸여 독자적인 체제를 갖추고 있었던 헬라인 도시 국가(Polis) — 였다.[39] 예루살렘은 아마 이 도시 국가의 영토로 간주되었을 것이다. 이것은 성전도 이미 유대 백성 자신의 소유가 아니고 그 도시 국가의 성소가 되었다는 것을 의미했으며 또한 이것은 유대인 종교의 철저한 헬레니즘화를 가로막는 모든 장애들이 제거되었다는 것을 의미하였다 — 배교자 메넬라우스와 고위직에 있었던 동료들이 거기에 가세하였기 때문에. 분명히 유대교를 수리아 - 헬라식 제의로 재편하는 것, 즉 여호와를 제우스와 동일시하여 예배하고 왕을 제우스의 현현(顯現)으로 숭배하는 제왕 숭배 의식이 곁들어진 제의로 재편하는 것이 배교한 제사장들의 목표였을 것이다.

독실한 유대인들이 충격과 공포의 눈길로 이와 같은 추이를 지켜 보았다는 것은 마카베오 1, 2서와 다니엘서에서 뚜렷이 볼 수 있다. 아마 바로 그들의 저항이 안티오쿠스로 하여금 최후의 가혹한 조치를 취하게 했을 것이다. 그는 마침내 유대인들의 비타협적인 태도가 종교에 근거하고 있음을 알고 그의 부왕이 허용한 특혜들을

39) 여기서 우리는 Bickermann, *op. cit.*, pp. 66-80의 해석을 따르기로 한다.

폐지하고 사실상 유대교 관습을 금하는 칙령을 공포했다(마카베오 1서 1:41-64; 마카베오 2서 6:1-11). 정기적인 희생제사는 물론이고 안식일과 전통적인 절기를 지키는 것도 금지되었다. 율법의 사본들은 파기하라는 명령이 내려졌고, 어린이들의 할례도 금지되었다. 이런 것들 가운데 어느 하나라도 순종하지 않으면 사형에 처해졌다. 이교 제단들이 그 땅 도처에 세워졌고 그 제단들에서 부정(不淨)한 짐승들이 제물로 바쳐졌다. 유대인들은 돼지고기를 먹도록 강요당했고, 먹지 않으면 사형에 처한다고 했다(참조. 마카베오 2서 6:18-31).

팔레스타인의 이교도 주민들은 유대인들에게 우상숭배 의식에 참여하도록 강요함으로써 시책에 협력하도록 강제되었다. 결국 이러한 시책의 절정으로서 주전 167년 12월에[40] 올림푸스 제우스신의 제의가 예루살렘 성전에 도입되었다(마카베오 2서 6:2). 제우스신을 위한 제단(아마 그 신상도)이[41] 세워졌고 그 제단 위에서 돼지고기가 제물로 바쳐졌다. 이것이 바로 다니엘서에서 말하고 있는 "멸망케 하는 미운 물건"이다.[42] 유대인들은 디오니소스(Dionysus, Bacchus) 축제와 왕의 생일을 경축하는 월례 제례에 참여하도록 강요되었다(마카베오 2서 6:3-7).

2. 마카베오 투쟁의 발발.

만약 안티오쿠스가 위의 조치들을 통하여 유대인들을 굴복시킬 수 있을 것이라고 생각했다면, 그는 잘못 생각한 것이었다. 왜냐하면 그런 조치들은 단지 저항을 첨예화시키는 데 기여했을 뿐이기 때문이다. 그리고 이 저항에 대해 안티오쿠스는 잔인한 탄압 이외의 다른 대응책을 몰랐다. 곧 온 유다는 무장 봉기로 들끓게 되었다.

---

40) 또는 주전 168년. 셀류코스 왕조시대의 모든 연대는 1년의 차이가 있을 수 있는데, 이는 연대의 기산점인 "셀류코스 왕조의 원년"이 분명치 않기 때문이다(주전 312/11년). 본서에 인용된 연대들은 Abel과 그밖의 학자들이 택한 것이다; RSV의 마카베오 1서도 참조하라.

41) 제단과 아울러 신상도 있었는지 아니면 제단뿐이었는지에 대해서는 논란중이다. 그러나 신상도 있었을 가능성이 많다. 제우스 제의나 제왕숭배 의식은 신상 없이 거행되지 않았다. 메넬라우스 같은 배교한 제사장들은 이런 신상들을 보고도 별로 당황하지 않았을 것이다.

42) 다니엘 9:27; 11:31; 12:11; 또한 마카베오 1서 1:54. "멸망케 하는 미운 물건"(*shiqq s shomem* 등)이란 말은 고대 셈족의 폭풍신 하닷(Hadad)의 호칭인 *ba'al hashsh mayim* (하늘의 바알〔주〕)과 관련된 언어 유희이다. 올림푸스의 제우스신은 이 하닷신과 동일시되었다. 예를 들면, J. A. Montgomery, *Daniel* (ICC, 1927), p. 388를 참조하라.

a. 박해와 치열해지는 저항.

안티오쿠스는 아마 자기가 취한 조치들이 왜 유대인들 사이에 철천지 원수 같은 적의를 불러일으켰는지 결코 이해할 수 없었을 것이다. 요컨대 그가 유대인들에게 요구한 것은 고대 이교도들의 생각에 유별나거나 반대할 성질의 조치가 아니었던 것이다. 그는 여호와 예배를 억압하고 그 대신 다른 신의 제의로 대체하려고 한 것이 아니라 다만 유대인의 하나님 곧 "하늘의 하나님"을 헬라 만신전의 최고신과 동일시하고 유대인의 종교를 국가 정책의 수단으로 만들려고 했을 뿐이었다. 그의 신민(臣民)들의 대부분은 반대 없이 이런 것에 동조했을 것이고 또한 자유주의적인 유대인 지도자들 가운데에는 기꺼이 그대로 실행하려는 사람들이 있었다.

사마리아의 성전도 마찬가지로 제우스 크세니우스(Zeus Xenius)에게 봉헌되었다(마카베오 2서 6:2). 그러나 사마리아인들이 이에 반대했는지 그 여부는 우리로서는 알 길이 없다. 사실 요세푸스(*Ant.* XII, 5, 5)는 그들이 그 조치의 변경을 요구하였다고 말한다. 안티오쿠스가 왜 유대인들이 그토록 완강해야 하는지를 의아하게 여겼을 것은 당연하다. 그는 신상을 만들지 않는 이스라엘의 유일신교적인 전통이나 경건한 유대인들이 율법의 요구들을 진지하게 준행하는 삶을 아마 이해할 수 없었을 것이다. 이런 전통과 신앙생활을 견지하고 있었던 유대인들의 눈에 새로운 제의란 어떠한 희생을 치르더라도 저항해야 하는 가증스러운 우상숭배에 지나지 않는 것으로 보였다는 사실을 안티오쿠스가 이해할 턱이 없었다.

물론 유대인들의 반응은 획일적이지는 않았다. 헬레니즘화한 유대인들은 왕의 칙령을 환영하여 이에 기쁘게 호응하였고, 한편 그 밖의 사람들은 자진해서거나 무서워서 그들의 뒤를 따르며 조상의 신앙을 버렸다(마카베오 1서 1:43, 52). 그러나 적지 않은 사람들은 추종을 거부하고 수동적인 저항을 강화하면서 율법의 사소한 조항 하나라도 범하는 것보다는 차라리 죽기를 선택하였다. 이들에 대해 안티오쿠스는 잔혹한 박해로 대처하였다. 어린이들에게 할례를 받게 한 여자들은 그 가족들과 함께 사형에 처해졌다(마카베오 1서 1:60f.; 마카베오 2서 6:10). 안식일을 은밀하게 지키려 했던 사람들은 왕의 요구에 따르거나 그 거룩한 날에 자신을 방어하려 하지도 않았기 때문에 모두 군사들의 칼에 맞아 죽었다(마카베오 1서 2:29-38; 마카베오 2서 6:11). 많은 사람들이 부정(不淨)한 음식에 손대기를 거절하였다고 하여 사형을 당했다(마카베오 1:62f) — 그들을 둘러싸고 생겨난 전설들에 의하면(마카베오 6:18-7:42; 마카베오 4서) 잔인무도한 고문을 받고 죽었다. 왕의 정책에 대한 저항 운동의 핵(核)은 하시딤(Hasidim, "경건한 자들", "율법에 충실한 자들")으로 알려진 집단이었는데, 아마 이들로부터 후에 바리새파와 엣세네파가 나온 것 같다. 박해를 통해 유대인들이 얼마나 많이 죽었는지는 알 수 없으나 아마 적지 않은 수였을 것이다. 그것은 인간이 수동적으로 받을 수 있으리라고 생각할 수 없는 가공할 박해였다. 유대인들이 무장 봉기로 치닫게 된 것은 불가피했다.

b. 다니엘서.

구약성경 가운데서 가장 늦게 편찬된 다니엘서는 바로 이와 같은 무서운 위급사태에 대응하여 말을 전하고 있다. 다니엘서는 묵시문학이라는 유형에 속하는데, 이에 관해서는 나중에 말하게 될 것이다. 이전의 몇몇 저작들에서도 이와 비슷한 특징을 지닌 글들을 찾아볼 수 있기는 하지만, 구약성경 가운데 이 유형에 속하는 책으로는 다니엘서가 유일하다. 다니엘서의 편찬에 관한 문제들을 여기서 자세히 살펴볼 수는 없다. 그 제재들 가운데 다수는 우리가 관심을 갖고 있는 시대보다 약간 이른 시대에 관한 것들이지만[43], 현재 형태의 다니엘서는 성전이 모독된 후 오래지 않아 아마 주전 166-5년경 안티오쿠스의 박해가 진행중일 때 편찬되었을 것이라는 데 일반적으로 의견의 일치를 보고 있다. 다니엘서의 저자는 바로 앞에서 말한 하시딤 가운데 한 사람이었음이 거의 확실하다. 저자는 자기 힘이 닿는 대로 모든 수단을 다해서 왕의 정책에 저항하지 않으면 안 된다는 것을 느끼고 유대인들로 하여금 하나님이 그들을 구원하기 위해 개입하리라는 확신 속에서 그들의 율법과 유대인됨, 그들의 신앙을 고수하면서 저항하도록 용기를 북돋우어 주려고 했다.

흠 없는 다니엘에 관한 이야기들은 율법에 대한 충성의 모범, 자기를 신뢰하는 자들에 대한 하나님의 신실하심의 모범을 보여 준다. 유대인이라면 누구나 느부갓네살의 모습 배후에서 안티오쿠스의 모습을 어렵지 않게 알아보았을 것이다. 준수한 젊은이들이 왕의 진수 성찬으로 스스로를 더럽히지 않으려고 한 용기를 가졌다면(단 1장), 유대인들도 하나님에 대한 동일한 신뢰로써 돼지고기와 그 밖의 모든 부정한 음식을 거절해야 하지 않겠는가? 다니엘이 왕에게 기도하기보다는 차라리 사자굴에 끌려 들어간 것처럼(6장), 유대인들도 그들을 구원해 줄 하나님을 신뢰하고 오직 그 분만을 섬겨야 하지 않겠는가?

왕의 우상을 숭배하기보다는 불길이 극렬한 풀무 속에 던져지기를 선택했던 세

43) 이것은 아마 대다수의 학자들의 견해인 듯하다. 그러나 다른 학자들은 다니엘서 전체가 이 시대의 어떤 저술가의 저작이라고 주장한다; 이에 관한 논의에 대해서는 주석서들을 보라.

젊은이의 대담한 말들(3장)은 당시 제우스신을 숭배하든지 죽임을 당하든지 택하도록 강요당하고 있었던 유대인들에게 직접적으로 말해진 것으로서 우리가 상상하기 힘들 정도의 현실감을 지니고 있었을 것이 틀림없다: "느부갓네살이여 우리가 이 일에 대하여 왕에게 대답할 필요가 없나이다 만일 그럴 것이면 왕이여 우리가 섬기는 우리 하나님이 우리를 극렬히 타는 풀무 가운데서 능히 건져 내시겠고 왕의 손에서도 건져내시리이다 그리 아니하실지라도 왕이여 우리가 왕의 신들을 섬기지도 아니하고 왕의 세우신 금 신상에게 절하지도 아니할 줄을 아옵소서"(단 3:16-18). 소처럼 꼴을 먹는 교만한 느부갓네살에 관한 이야기(4장), 하나님의 심판을 알리는 벽의 손가락 글씨를 본 벨사살에 관한 이야기(5장)는 하나님의 권능은 불경건한 지상의 열강들보다 더 위대하다는 것을 유대인들에게 상기시켜 주었다. 실제로 이 선견자(seer)는 자기 시대에 이르기까지 열강들의 전체 변천 과정을 기괴한 신상(神像)을 통해 묘사하였는데, 그 신상의 머리는 황금이요, 가슴은 은이요, 배는 놋쇠요, 다리는 철이요, 발은 철과 진흙이 섞여 있었다 — 그런데 이 신상을 아무도 손을 대지 않았는데 산에서 굴러 떨어지는 돌과도 같은 하나님의 나라가 산산이 부수어 버릴 것이라고 했다(2장).

이 선견자는 모든 것이 하나님의 손에 달려 있고 다 예정된 대로 진행되며 어김이 없다는 것, 그리고 현재의 고통은 하나님의 목적이 개가를 올릴 날이 가까웠음을 알려주는 것일 뿐임을 자기 백성들에게 확신시키고자 했다. 그는 불경건한 세계 열강에 할당된 기간이 안티오쿠스로써 그 마지막에 이르렀다고 확신하고 있었다. 7장에 묘사된 무서운 네 짐승들은 여러 세기에 걸쳐 세상을 괴롭혀 온 열강들을 표상하고 있다. 이것들 가운데 마지막의 가장 무서운 짐승은 열 개의 뿔(셀류코스 왕조의 왕들)을 가졌는데, 그 가운데에 신을 모독하며 교만한 작은 뿔(안티오쿠스)이 두드러지게 돋아 나왔다. 8장에서는 두 뿔을 가진 수양(메대 - 페르시아)이 하나의 거대한 뿔을 가진 수염소(알렉산더)에게 죽임을 당한다. 그런 다음 이 수염소의 뿔은 부러져 네 개(알렉산더 제국의 후계자들의 왕국들)가 되고, 그 가운데 하나에서 스스로 신보다 위대하다고 뽐내는 작은 뿔(안티오쿠스)이 돋아 나온다. 이런 이야기들이 안티오쿠스를 염두에 두고 꾸며졌다는 것은 거의 의심할 여지가 없다. 왜냐하면 그는 지극히 높으신 분을 모독하고, 성도들을 박해하고, 성전을 더럽히고, 희생제사를 중단시키고, 율법을 폐지하기 때문이다(7:21,25; 8:9-13; 9:27). 11장에서는 안티오쿠스의 성전 모독으로 절정에 달하게 되는 프톨레마이오스 왕조 및 셀류코스 왕조의 역사를 어렴풋하게 묘사하고 있다(11:31-39).

이 선견자는 이 모든 것을 확실하게 그 목적을 향해 움직여 나가는 하나님의 계획의 일부로 본다. 안티오쿠스에게는 약간의 유예가 허용되어 있으나(7:25; 11:36; 12:11), 그의 패망은 확실하고 멀지 않았다(8:23-25; 11:40-45). 포로기의 "70년"(렘 25:12; 29:10)이 여기서는 70이레(490년)로 재해석되어 이제 그 기간이 거의 차고(단 9:24-27) 하나님이 개입하실 때가 다가왔다고 했다. 이상(異像)을 통해(7:9-14) 이 선견자는 "옛적부터 항상 계신 이"가 보좌에 좌정하셔서 그분의 명령으로 그 "짐승"이 살해되고 영원한 나라가 "인자 같은 이"에게 주어지는 것을 묘사하고 있다. 이 "인자"는 나중에(에녹1서와 신약성경에서) 선재(先在)하는 천상의 구원자라고 생각되지만 다니엘서에서는 신원된 충성스러운 "지극히 높으신 자의 성도"를 뜻한다(7:22, 27).

하나님의 개입에 대한 이러한 확신 속에서 선견자는 자기 동포들로 하여금 굳게 서도록 격려하였다. 어떤 사람들은 자기 충절을 지키기 위해 목숨도 바치리라는 것을 그는 의심치 않았다. 이런 사람들과 그들의 사랑하는 자들은 하나님이 자기들을 일으켜서 영원한 생명을 누리게 하시리라는 확신으로 스스로를 위로할 수 있었을 것이다(12:1-4). 실제로 우리는 영웅적인 순교자들의 운명에 대한 성찰이 유대교 사상 안에 내세에 관한 믿음을 확고하게 정립하는 데 큰 역할을 하였다는 것을 거의 의심할 수 없다.

c. 유다 마카베오: 성전의 정화(淨化).

다니엘서가 기록되고 있었을 즈음에도 극도로 격앙한 유대인들은 그들을 괴롭히는 박해자에 항거하여 무장 봉기를 하고 있었다. 그들이 이를 성공적으로 할 수 있었던 것은 그들 자신의 결사적인 용기와 훌륭한 지도력 덕분이기도 했고 또 한편으로는 안티오쿠스가 다른 지역의 문제들로 너무 바빠서 유다를 효율적으로 평정하는 데 필요한 병력을 충분히 빼돌릴 수 없었기 때문이기도 했다. 반란은 안티오쿠스가 룻다(Lydda)의 동쪽 산기슭의 작은 언덕에 있는 모데인(Modein)이라는 마을에 그의 악명 높은 포고령을 내린 지 얼마 되지 않아 폭발하였다(마카베오 1서 2:1-28). 이 마을에는 제사장 가계에 속하는 맛다디아(Mattathias)라는 사람이 살고 있었는

44) 요세푸스(*Ant.* XII, 6, 1)는 맛다디아의 증조부가 아사모나이오스(Asamonaios, 하스몬〔Hashmon〕)였다고 말한다. 그래서 그의 후손들인 독립시대의 유다 왕들은 하스모네아 왕가(Hasmonaeans)로 알려져 있다. 맛다디아는 요야립(Joiarib)이라는 제사장 가문의 출신이었다(마카베오 1서 2:1; cf. 느 12:6, 19).

데[44], 그에게는 건장한 다섯 아들이 있었다: 요한, 시몬, 유다, 엘르아살, 요나단. 왕의 관리가 포고령을 강제로 집행하기 위해 모데인에 당도해서 이교신에게 희생제물을 바치는 데 맛다디아가 앞장설 것을 요구하였다. 맛다디아는 일언지하에 거절했다. 유대인 한 사람이 왕명에 따르겠다고 하자, 맛다디아는 그를 제단 옆에서 칼로 베어 죽여 버리고 왕의 관리도 죽였다.

그런 다음 율법과 언약에 대해 열심이 있는 모든 사람들에게 자기를 따르라고 촉구하고서는 자기 아들들과 함께 구릉지대로 피신하였다. 거기서 그는 박해를 피해 온 다른 유대인들과 합류하였는데, 그 가운데에는 하시딤 사람들도 꽤 있었다(마카베오 1서 2:42f.). 하시딤 사람들은 인간의 노력을 믿지 않고 오직 하나님만을 신뢰하고 있었음에도 불구하고(단 11:34) 싸워야 할 때가 왔다고 느꼈던 것이다. 그후 맛다디아와 그의 일행은 셀류코스 왕의 신하들, 그들과 결탁했거나 순응했던 유대인들에 대항하여 게릴라전을 벌이기 시작하여(마카베오 1서 2:44-48), 그들을 무찌르고, 죽이고, 이교 제단들을 헐어 버리고, 할례를 받지 않은 어린이들을 찾아내어 강제로 할례를 받게 했다. 율법에 대한 열심은 대단했지만, 그들의 태도는 매우 현실적이었다. 안식일에 싸우지 않기로 한다면 그들이 전멸할 것이 분명했기 때문에, 그들은 자기 방어의 경우에 한해서 "전쟁이 끝날 때까지" 안식일 법의 준수를 중단하기로 결심했다(마카베오 1서 2:29-41).

노인이었던 맛다디아는 수 개월 만에(주전 166년) 죽었다(마카베오 2:69f.). 그러자 투쟁의 지도권은 마카베오(즉, "쇠망치")라고 불린 셋째 아들 유다(Judas)에게 넘어갔다(마카베오 1서 3:1). 무모할 정도로 용감하고 극히 유능한 인물이었던 유다는 유대인들의 항거를 전면적인 독립 투쟁으로 전환시켰다 — 이 투쟁은 성공적이었기 때문에 전체 반란은 일반적으로 그의 별명을 따라 "마카베오 전쟁"으로 알려져 있다.

아마 팔레스타인에 주둔한 군대가 유대인들의 폭동을 처리할 수 있을 것이라고 분명히 기대했을 안티오쿠스는 곧 자기가 잘못 판단했다는 것을 알았다. 처음에 아폴로니우스(Apollonius)라는 자 — 1년이나 2년 전에 예루살렘 약탈을 주관하였던 아폴로니우스일 것이다 — 가 사마리아에서 유다로 진격해 들어갔으나 지명이 알려지지 않은 어떤 곳에서 유다의 습격을 받아 패배하고 살해되었다(마카베오 1서 3:10-12). 얼마 후에 세론(Seron)이라는 장군의 지휘하에 두번째로 출동한 군대도 벧호론의 길목에서 접전을 벌이다 참패하고 곤두박질치다시피 평지로 쫓겨가고 말았다(3:13-26). 이 승리들은 의심할 여지없이 유대인들의 사기를 진작시켜 항전의 의지를 굳게 하였고 수백 명의 용사들을 유다의 휘하로 모여들게 했을 것이다.

유대인들에게는 다행스럽게도 당시(주전 165년) 안티오쿠스는 바대인들을 치기 위해 출정해 있었기 때문에 그의 주력 부대를 팔레스타인으로 보낼 수 없었다(마카베오 1서 3:27-37). 그러나 그는 자신의 직무 대행인 리시아스(Lysias)에게 필요한 조치를 취하도록 지시하였다. 그래서 리시아스는 프톨레마이오스, 니카노르(Nicanor), 고르기아스(Gorias) 등 세 장군의 지휘하에 상당한 병력을 파견하였다(38-41절) — 이들은 산악지대로 통하는 서쪽 길목에 위치한 엠마오에 진을 쳤다. 그러나 유다는 절망적일 정도로 수적으로 열세였지만 적군의 일부가 그를 찾아 출동한 사이에 적의 진영을 급습하여 대승을 거두었다(마카베오 1서 3:42-4:25). 이듬해(주전 164년)에는 리시아스가 스스로 더 큰 규모의 병력을 이끌고(마카베오 1서 4:26-34) 남쪽으로부터 유다 땅을 공격하기 위해 이두매로 우회하여 진격해 왔다. 그러나 유다는 바로 접경지대인 벧술에서 리시아스의 군대와 접전하여 대패시켰다.

수리아인들은 유다(Judas)에 대해 즉시 또 다른 조치를 취할 처지에 있지 않았기 때문에, 유다는 한동안 자유롭게 활동하였다. 그래서 그는 예루살렘으로 개선하여 셀류코스 수비대를 성채 안에 봉쇄하고 모독된 성전의 정화 작업에 착수하였다(마카베오 1서 4:36-59). 올림푸스의 제우스신 제의에 쓰이던 기구들은 모두 철거되었다. 더럽혀진 제단도 부수어 버렸고, 그 돌들은 "선지자가 나타나 그것들을 어떻게 처리해야 하는지를 말할 때까지"(46절) 한쪽 구석에 쌓아 두었다. 그리고 그 자리에 새로운 제단이 세워졌다. 율법에 변함없이 충실했던 제사장들이 직무를 맡게 되었고 또한 거룩한 기물들이 새로이 마련되었다. 성전이 모독된 달로부터 꼭 3년이 되는 주전 164년 12월에[45] 축제의 큰 기쁨 속에 성전은 다시 봉헌되었다. 유대인들은 이 경사(慶事)를 기념하기 위해 그 이후로 해마다 수전절(Hanukkah)을 지내고 있다. 그런 다음 유다(Judas)는 예루살렘과 남쪽의 국경 성읍인 벧술을 요새화하여

45) 또는 주전 165년. 앞에서 말한 대로(주 40을 보라), 셀류코스 왕조 시대의 모든 연대는 1년의 차이가 있을 수 있다.

46) 신약시대에 이르기까지 이야기를 살펴보고자 하는 사람들은 매우 유익한 몇몇 책자를 이용할 수 있다: 예를 들면, B. Reicke, *The New Testament Era* (Eng. tr., London: A. & C. Black, 1969); W. Foerster, *From the Exile to Christ* (Eng. tr., Edinburgh and London: Oliver and Boyd; Philadelphia: Fortress Press, 1964); W.S. McCullough, *The History and Literature of the Palestinian Jews from Cyrus to Herod, 550 B.C. to 4 B.C.* (University of Toronto Press, 1976); D.E. Gowan, *Bridge Between The Testaments: A Reappraisal of Judaism from the Exile to the Birth of Christianity* (Pittsburg: Pickwick Press, 1976). 또한 E. Schürer의 표준적인 저작인 *A History of the*

수비를 튼튼히 하였다(마카베오 1서 4:60f.).

이렇게 구약시대 말기에 종교적 독립을 위한 유대인들의 투쟁은 성공적인 출발을 보인 셈이었다. 그것은 영광의 순간들만이 아니라 숱한 좌절과 실망으로 점철된 기나긴 투쟁이었지만, 결국에는 유대인들에게 종교적 자유와 정치적 자치권을 가져다 주었다. 그러나 이에 관해 더 이상 살펴보는 것은 우리의 목적이 아니기 때문에 여기서 이야기를 끝맺기로 한다.[46]

Jewish People in the Age of Jesus Christ(175 B.C.-A.D. 135), Eng. tr., revised and edited by G. Vermes and F. Millar (Edinburgh: T. & T. Clark, Vol.I, 1973; Vol.II, 1979; Vol.III, 근간)도 읽어볼 만하다.

제 12 장
구약 시대 말기의 유대교

유대인 공동체가 마침내 유대교라는 이름으로 알려진 종교를 낳게 된 길을 따라 나름대로 영속적인 방향성을 발견한 것은 주로 에스라의 공로였다. 주전 4세기와 3세기의 모호한 시대를 거치는 동안에 이미 기틀이 잡힌 노선에 따라 지속적인 발전을 해오다가 마침내 마카베오 투쟁 시대에 와서는 유대교는 여전히 성숙 과정에 있기는 했지만 그 모든 본질적인 요소에서는 이후의 세기들에서 그 특색이 되었던 모습을 갖추었다. 유대인들의 역사를 더 이상 더듬어 살펴보는 것은 본서의 목적이 아니지만, 우리가 이제까지 관심을 가져왔던 시대에서의 종교적 발전에 대해 비록 필연적으로 요약해서 기술할 수밖에 없다고 하더라도 개략적이나마 서술하지 않고서는 우리는 본서를 끝맺을 수 없다.[1)]

A. 초기 유대교의 특성과 발전

1) 더욱 자세하게 다룬 논술들을 읽으려면 표준적인 저작들을 보라: 예를 들면, G.F. Moore, *Judaism* (3 vols., Harvard University Press, 1927-1930); M.J. Lagrange, ***Le Judaïsme avant Jésus-Christ*** (Paris: J. Gabalda et Cie., 1931); J. Bonsirven, ***Le Judaïsme palestinien*** (1935; abr. ed., Paris: Beauchesne, 1950); W. Bousset, *Die Religion des Judentums* (3rd ed. [H. Gressmann], Tübingen: J.C.B. Mohr, 1926); E. Meyer, ***Ursprung und Anfänge des Christentums***, Vol. II (Stuttgart and Berlin: J.G. Cotta'sche Buchhandlung, 1921); 또한 E.E. Urbach, *The Sages, Their Concepts and Beliefs* (Eng. tr., Jerusalem: Magnes Press, 1975).

1. 포로기 이후의 유대인 공동체: 개요

포로기 이후의 유대인들의 종교적 발전을 올바르게 평가하기 위해서는 재건 공동체의 성격과 이 공동체가 직면했던 문제들, 그리고 느헤미야와 에스라의 개혁을 통해 그 문제들을 해결한 방법을 염두에 두어야 한다. 그러므로 이미 앞에서 말했거나 시사한 것들을 간략하게 요약해 보는 것이 이 시점에서 도움이 될 것이다.[2]

a. 재건 공동체의 문제.

포로기 이후에 유대인 공동체의 재건은 포로기 이전의 이스라엘인들의 민족 국가와 그 국가 제도 및 제의의 부활의 전조가 아니었던 것은 분명했다. 그러한 질서는 이미 파괴되어 버렸고 재창출될 수 없었다. 그래서 재건 공동체는 단지 물리적인 생존에 관한 문제보다 훨씬 중대한 문제에 직면하게 되었는데, 그것은 생존하기 위한 어떤 외적 양식, 민족으로서 정체성을 지켜 나갈 수 있게 해줄 어떤 자기 정의를 발견해야 한다는 문제였다. 이 시대에 이르기까지 그와 같은 문제가 제기된 적은 결코 없었다. 왜냐하면 "이스라엘"은 언제나 인종적으로나 국가적으로나 제의적으로 잘 정의된 하나의 단일체를 의미했기 때문이다.

원래 이스라엘은 씨족들의 제의 동맹으로서 그 독특한 제도와 제의와 전승들, 그리고 신앙을 지니고 있었다. 이 언약 동맹의 일원이 된 모든 사람들, 즉 그 제의에 참여하고 그 성스러운 율법에 충성을 바친 사람은 모두 이스라엘 사람이었다. 나중에 이스라엘은 하나의 국가가 되었다 — 결국 두 나라로 갈라져 각기 자체의 국가적 제의와 제도들을 지니게 되었다. 그리고 이스라엘 사람이라고 하면 이 두 왕국 중 한쪽의 국민이었다. 북부 왕국이 멸망하고 대다수의 이스라엘 사람들이 국가적 정체성 없이(여전히 일정한 지리적 영역 안에서 거주하고는 있었지만) 지내게 되자, 그 국가적 전통 — 그리고 명목 — 은 유다에 의해 수행되었다. 그리고 그 제의는 주전 7세기의 개혁을 통하여 마침내 예루살렘에 독점적으로 집중되었다. 그리하여 왕정시대 말기까지 이스라엘은 지리상의 경계와 국가적 제도들을 갖춘 정의될 수 있는 실체로 존속하였다. 즉, "이스라엘"은 그 국가의 신에게 충성을 다하고 그분의 제의에 참여하고 그분의 약속들에 소망을 둔 국민들의 가시적인 공동체였다.

---

2) 이 항(項)의 전반에 대해서는 M. Noth, *The Laws in the Pentateuch and Other Studies* (Eng. tr., Edinburgh and London: Oliver & Boyd, 1966; Philadelphia: Fortress Press, 1967) pp. 1-107를 참조하라.

국가와 그 제도들을 휩쓸어 버린 예루살렘의 멸망은 이 모든 것을 끝장내었다. 여호와 제의는 팔레스타인의 여러 곳에서 지속되고 있었지만, 거기에 몰려들 국민은 이제 없었고, 수많은 이스라엘 사람들은 거리가 멀어서 그 제의에 참여할 수도 없었다. 이스라엘이란 말은 더 이상 어떤 지리적 또는 민족적 명칭과 같은 의미는 아니었고 분명한 정체성이 없는 말이 되어 버렸다. 실제로 포로로 끌려간 유대인들은 그들의 고유한 관습을 제외하고는 그들을 이스라엘 사람으로 특징지을 만한 것이 아무것도 없었고 또한 옛 전승들과 그들의 기억과 그리고 언젠가는 고국으로 돌아가서 다시 한 민족으로서 생활을 영위하게 되리라는 소망 외에는 부여잡고 있을 만한 것이 아무것도 없었다. 물론 이 소망은 귀환에 의해 충족되었다. 그러나 좌절되었다고도 할 수 있다. 팔레스타인으로 돌아온 사람들은 자기들을 이스라엘 가운데서 정화된 남은 자들, 즉 여호와가 속박으로부터 속량하여 그분의 약속이 성취되는 때 그 상속자로 삼은 것으로 생각하였다. 그러나 그 약속된 미래는 임박한 것으로 기대되었는데도 오지는 않았다. 또한 과거를 되살릴 수도 없었다.

재건 공동체는 예전의 국가 제도를 부활시킬 수도 없었고 예전의 민족적 소망을 가지고 살 수도 없었다. 그런 소망을 스룹바벨에게 걸었다가 그들은 참혹할 정도로 실망하였다. 하물며 이 공동체는 지파 조직과 혈통의 허구에 아무리 집착하더라도 훨씬 더 과거의 제의 동맹의 제도들을 재창출해 낼 수는 더더욱 없었다. 이 제도들 가운데 몇몇은 국가가 멸망할 때까지 지속되어 왔지만 — 시대 상황에 맞게 변형되기는 했지만 — 지파 체제가 사라진 지는 이미 아득한 옛날 일이었다. 결코 시계를 되돌릴 수는 없었다.

물론 성전의 재건과 더불어 이스라엘 — 아니, 좀더 정확히 말하면 이스라엘의 참된 남은 자들로 자처한 유대인 공동체 — 은 다시 하나의 제의 공동체가 되었다. 이미 살펴본 대로 이것이 이스라엘을 구원하였다. 이제 참된 이스라엘 사람이란 바로 이 공동체에 속한 사람이라고 규정할 수 있게 되었다. 그러나 이것만으로는 이스라엘의 지속적인 생존을 위한 적절한 기반이 되지 않았다. 만약 이 공동체가 단순히 예전의 국가 종교에서 물려받은 제의적 전통들을 다시 활성화시킴으로써 단결하였더라면, 그 전통들 가운데 다수의 신학적 기반은 이미 상실되었거나 변질되어 있었기 때문에 그 결과는 기껏해야 궁극적으로 화석같이 되었을 것이고 최악의 경우에는 이교적 특색들이 스며드는 꼴을 당했을 것이다. 더구나 예루살렘에서 멀리 떨어져 살던 유대인들은 그 공동체의 제의에 적극적으로 참여할 수도 없었다. 따라서 그런 제의 참여가 유대인임을 나타내는 유일한 표지(標識)가 되었더라면, 팔레스타인을 떠나 살던 사람들은 조만간 방향을 잃고 표류하거나 그렇지 않으면 — 이집트에서 그러했듯이 — 어디서부터 온 것인지도 모를 지방적 제의를 마련하게 되었을 것이다. 어느쪽이든 그들은 이스라엘에서 탈락하는 꼴이 되었을 것이다. 이스라엘은 스스로 존속하려면 자신의 유산 가운데서 그들을 결속시킬 수 있는 어떤 요소를 찾아내야 했다. 그리고 이스라엘은 이것을 율법에서 찾았다.

b. 율법을 중심으로 한 공동체의 재편.

포로기 이후의 유대인 종교의 두드러진 특징은 율법의 준수에 대한 엄청난 관심이었다. 실제로 이것은 유대교의 독특한 특색으로서 다른 무엇보다도 이것으로 인해 유대교는 포로기 이전의 이스라엘 종교와 구별된다. 그러나 이것은 유대교가 새로운 종교라든가 이스라엘의 신앙에 뭔가 생소한 새로운 요소를 도입하였다는 것을 의미하지는 않는다. 오히려 유대교는 어느 시대에나 가장 중요했던 신앙의 한 측면을 한층더 강조한 데서 생겨났는데, 이러한 강조는 아마 너무 한쪽으로만 치우쳤다고 볼 수도 있겠지만 불가피한 일이었다. 지파 동맹 시대 이래 이스라엘의 공동체적 삶은 언약의 율법에 의해 규제되어 왔고, 이 율법에 대한 순종은 의무로 생각되었다. 왕정도 이것을 변화시키지 않았다. 왜냐하면 이스라엘의 법이란 국가 고유의 법이 아니라 이론상으로 국가보다 우위에 있는 종교적 율법이었기 때문이다. 요시야조차도 신명기의 율법을 국가의 헌법으로 채택하였을 때 결코 국법을 공포한 것이 아니라 국가로 하여금 그 언약의 율법을 준수하도록 했을 뿐이었다. 더욱이 선지자들이 국가를 규탄한 것은 국가가 조장하거나 용인한 비도덕적인 행위와 이교를 언약의 규정들을 어긴 것으로 보았기 때문이었다.

포로기를 맞아 이스라엘 종교의 이 측면에 한층 더 관심을 갖게 된 것은 극히 당연하였다. 선지자들은 이 재난을 여호와의 율법을 어긴 죄에 대한 형벌이라고 설명하였기 때문에, 경건한 유대인들이 이스라엘의 장래가 율법의 요구를 엄격히 준수하는 여부에 달려 있다고 느낀 것은 별로 놀랄 일이 아니다. 게다가 국가와 제의는 이미 사라진 상태였기 때문에 그들은 자신들을 유대인으로 특징지을 만한 것이 거의 없었다. 이것은 의심할 여지없이 포로기와 그 직후에 안식일, 할례, 정결 의식을 점차 강조하게 된 이유를 설명하는 데 도움을 준다. 실제로 에스겔로부터 저 재건의 선지자들을 거쳐 느헤미야에 이르기까지 이스라엘의 모든 지도자들은 안식일, 십일조, 성전과 그 제의, 의식에 의한 정결 등에 커다란 관심을 보여 주고 있다. 그들에게 그런 일들은 외적인 사소한 일이 아니라 정화된 이스라엘의 특성을 나타내는 표지였고, 이 표지들을 만들어 내기 위하여 그들은 애를 썼던 것이다.

그런데도 제사장들을 포함한 재건 공동체의 일반 유대인들은 두드러지게 제의 및 의식상의 규례를 지키려는 커다란 열의를 보여 주지는 않았다. 이와는 반대로 그들을 향한 선지자들(예를 들면, 말라기)의 책망이 보여 주듯이 그들 대부분은 그러한 문제에 있어서 극도로 해이해진 상태에 있었다. 그리고 이런 상태는 느헤미야가 재건 공동체에 확고한 정치적 지위를 부여해 준 후까지도 계속되었다. 새로운 이스라엘은 자신을 결속시키고 스스로에게 독특한 정체성을 부여해 줄 그 무엇을 필사적으로 원했다. 그리고 이것은 에스라가 바벨론에서 가져와서 페르시아 왕실의 권위를 빌려 엄숙한 언약의 의식을 통해서 유대인 공동체에 부과된 율법서로 말미암아 마련되었다. 이것은 획기적인 전환점을 이루었다. 명확히 정의된 새로운 공동체가 에스라에 의해 공포된 율법에 헌신한 사람들로 구성되어 모습을 갖추게 되었다. 이것은 "이스라엘"이라는 말을 근본적으로 재정의하게 되었음을 의미했다. 이스라엘은 이제 어떤 국가적 실체도 아니었고 이스라엘 지파들의 후손들이나 옛 국가의 영토에 사는 주민과 동일하지도 않았고 또한 어떤 식으로든 여호와를 하나님으로 인정하고 그분을 예배하는 사람들의 공동체도 아니었다. 이제부터 이스라엘은 율법을 중심으로 결속한 유다의 남은 자들을 가리킬 것이었다(역대기 사가의 신학에서처럼). 저 율법의 짐을 짊어진 사람이 바로 이스라엘에 속한 사람(즉, 한 유대인)이 될 것이었다.

그러나 이스라엘에 대한 이러한 재정의는 필연적으로 율법 중심의 종교의 출현을 의미하였다. 거듭 말하건대 이것은 이스라엘의 옛 신앙과의 결별을 보여 주는 조짐은 아니었다. 옛 신앙의 주요한 특징들은 계속 유효했고 단지 그 신앙은 율법을 중심으로 철저하게 재편되었을 뿐이었다. 율법은 이제 단순히 이미 구성된 공동체의 일들을 규제하는 것이 아니었다. 율법은 그 공동체를 창출했던 것이다! 율법은 공동체의 조직 원칙 및 경계선으로서 과거 어느 때보다도 더 큰 중요성을 지니게 되었다. 원래 율법은 언약을 근거로 해서 행위를 규제했지만 이제는 율법 자체가 행위의 근거가 되었으므로 실질적으로 언약의 동의어이자 종교의 총계 및 실질(實質)이 되었다. 제의는 율법에 의해 규제되고 밑받침되었다. 도덕적이고 경건하다는 것은 율법을 지킨다는 것이었다. 장래의 소망의 근거들은 율법을 순종하는 것에 있었다. 유대교에 그 독특한 성격을 부여한 것은 바로 이와 같은 율법에 대한 일관된 강조였다.

c. 유대교의 초기 발전: 사료들.

에스라의 공로로 방향성이 설정된 위에서 기술한 발전 추세는 주전 4세기와 3

세기에 내내 지속되다가 마침내 주전 2세기 초에 이르러 유대교는 여전히 유동적이기는 했지만 그 본질적 형태를 갖추어 가고 있었다. 그러나 이 발전 과정을 더듬어 보는 것은 어렵다. 이 시대의 대부분에 관한 사료들은 빈약한데다 그 연대도 정확하게 추정할 수 있는 것은 별로 없기 때문에, 실제로 발전이 점진적으로 이루어졌다고 하더라도 그 정확한 연대상의 추이를 추적해 볼 수는 없다. 하지만 주전 5세기의 유대인 공동체를 마카베오 시대의 문헌에서 살펴볼 수 있는 모습과 비교해 보면 누구든지 유대인들의 신념이 상당히 공고히 되었음을 감지하게 된다. 즉, 유대교라는 이름으로 알려진 종교 현상이 출현했던 것이다. 이제 이용할 수 있는 사료들의 도움을 빌어 거기에 신중한 해석을 해가며 그 발전의 개요를 감히 재구성해 보고자 한다.

우리는 구약성경 가운데 가장 후대의 것들과 정경에 속하지 않는 유대교 문헌들 가운데 가장 초기의 것들을 이용할 수 있다. 재건시대에 관한 성경의 사료들은 이미 언급한 바 있다. 여기에는 이사야 56-66장, 학개서, 스가랴 1-8장, 말라기서, 오바댜서(아마 주전 6세기 말이나 5세기 초) 등이 포함된다. 이 사료들에 역대기 사가의 저작(주전 400년경)과 요엘서, 요나서(저작 연대는 불확실하지만 두 책 다 아마 주전 4세기경으로 추정된다)를 추가할 수 있을 것이다. 이밖에도 이사야서 가운데 비교적 후대에 쓴 부분들 몇몇(특히 24-27장의 이른바 "묵시록")이 있는데, 이 부분들의 저작 연대를 정확하게 추정할 수는 없지만 아마 페르시아 시대의 초기의 것으로 보인다.[3] 또한 스가랴 9-14장은 후대에 수집된 부분이지만 좀더 오래된 제재를 포함하고 있다.[4] 전도서[5]와 에스더[6], 그리고 가장 후대의 시편들과 잠언, 끝으로 물론 다니엘서(주전 166/5년경)가 있다.

정경에 속하지 않은 유대인 저작들에 관해 말하자면, 그것들 가운데 가장 초기의 것들은 마카베오 투쟁이 발발하기 이전에 출현하였고, 그 투쟁의 초기 단계에 와

---

3) Cf. J. Lindblom (*Die Jesaja-Apokalypse [Lunds Universitets rsskrift*, N. F. Avd. 1, 34:3, 1938])을 참조하라. 그는 이사야 24-27장이 크세르크세스(Xerxes) 치세 때의 것으로 추정한다. 그러나 확인할 수는 없다.

4) cf. 제11장 주 20과 거기에 열거된 저작들; 또한 P. Lamarche, *Zacharie* IX-XIV (Paris: J. Gabalda et Cie., 1961); B. Otzen, *Studien ber Deuterosacharja* (Copenhagen: Munksgaard, 1964).

5) 보통 주전 3세기의 것으로 추정되고 있다; 그러나 Albright, *YGC*, pp. 224-228를 참조하라. 그는 현재 주전 5세기로 추정하는 입장을 택하고 있다.

6) 많은 학자들은 에스더서를 마카베오 시대의 것으로 추정하고 있다. 그러나 그 이야기는 아마 페르시아 시대 말기 동부 지역에서 살던 디아스포라 가운데서 기원했던 것 같고, 유다 지방에는 주전 2세기에 알려지게 되었을 것이다; 이에 관한 논의는 주석서들을 보라.

서는 그 수효가 매우 많아진다.[7] 그런 저작들 가운데 몇몇은 저작 연대가 불확실하고 따라서 오직 신중하게 처리할 때에만 증거로 인용할 수 있지만, 거기에는 이 시대의 신념들을 통찰할 수 있는 제재들이 상당히 수록되어 있다. 정경에 속하지 않는 비교적 초기의 저작들로서는 다음과 같은 것들이 있다: 토빗서(Tobit)는 주전 4세기에 썼을 가능성이 있지만(쿰란에서 발견된 이 저작의 단편들은 "페르시아 제국의 공용어였던 아람어"로 되어 있다) 더욱 이전의 사료들("아히카르〈Ahiqar〉의 지혜")을 이용하고 있다. 집회서(*Ecclesiasticus*, "벤 시라의 지혜서")는 그 머리말에서 말하고 있듯이 주전 180년경에 썼다. 그리고 유딧서(Judith)는 흔히 주전 2세기 중엽의 것으로 추정되고 있지만 몇몇 학자들은 주전 4세기의 것으로 생각하고 있다.[8] 이밖에 아직 논란중에 있긴 하지만 위경 요벨서(*the book of Jubilees*)는 아마 마카베오 시대 직전에(주전 175년경) 쓴 것 같고 [9], 열두족장의 유언(*the Testaments of the Twelve Partiarchs*)[10]과 제1에녹서(I Enoch) 가운데서 비교적 초기의 부분들도 같은 시기에 썼을 것이다.[11] 예레미야의 편지(*the Epistle of*

---

7) 이 저작들의 개요를 알려면 O. Eissfeldt와 A. Weiser의 표준적인 입문서들을 보라; 또한 L. Rost, *Judaism outside the Hebrew Canon: An Introduction to the Documents* (Eng. tr., Nashville: Abingdon Press, 1976).

8) Alt(*KS*, II, p. 359)가 지적하고 있는 바와 같이 이 이야기의 역사적 배경은 페르시아 시대 말기로 추정할 수도 있다. J. M. Grintz (*Sefer Yehudith* 〔Jerusalem: Bialik Inst., 1957〕-이 책을 나는 구할 수가 없었다)는 유딧기의 저작 연대를 주전 360년경으로 추정하고 있다. 또한 A. M. Dubarle, *VT*, UIII (1958), PP. 344-373; *idem*, *RB*, LXVI (1959), PP. 514-549도 참조하라.

9) 특히 L. Finkelstein, *HTR*, XXXVI (1943), pp. 19-24; *idem*, *The Pharisees* (The Jewish Publication Society of America, 2nd ed., 1940), Vol. I. pp.116, 268를 참조하라; Albright, FSAC, p. 20. 보다 상세한 참고 문헌들에 대해서는 P. Wernberg-Møller, *The Manual of Discipline* (Leiden: E. J. Brill, 1957), p. 18, 주2를 참조하라.

10) 특히 E. J. Bickermann, "The Date of the Testament of the Twelve Patriarchs" (*JBL*, LXIX 〔1950〕, pp. 245-260)를 참조하라; Albright, *ibid.* 요벨서, 제1에녹서, 열두 족장의 유언 가운데 레위의 유언, 납달리의 유언 등의 단편들이 쿰란에서 발견된 것으로 보아 이 문헌들이 원(原)엣세네파에서 기원했을 가능성이 있다. 그러나 오늘날 전해 받은 제1에녹서와 열두 족장의 유언의 판본은 십중팔구 유대계 기독교인들의 손에서 나온 것이기 때문에, 우리가 살펴보고 있는 시대에 대한 증거로서 이 저작들을 인용하는 것은 극히 삼가기로 한다. cf. F.M. Cross, *The Ancient Library of Qumran* (rev. ed.,Doubleday, 1961),pp. 198-202.

11) R.H. Charles (*The Apocrypha and Pseudepigrapha of the Old Testament* 〔Oxford: Clarendon Press, 1913〕, Vol. II, pp. 163f., 170f.)는 이른바 노아의 책인 6-36장 전체와 그리고 아마 주간 묵시록(93:1-10; 91:12-17)도 마카베오 시대 이전의 것으로 간주했고, 꿈속의 이상(83-90장)은 마카베오 시대 초기의 것으로 간주했다. 그러나 앞의 주를 보라.

Jeremy, 바룩서〈*the book of Baruch*〉 안에 수록된)도 주전 2세기 초에 썼을 것이고, 헬라어본의 다니엘서에 추가된 부분들 가운데 어떤 것(아사랴의 기도〈*the Prayer of Azariah*〉)은 마카베오 시대(주전 170년경)와 꼭 부합하는 것 같다.[12] 끝으로 마카베오 1서(I Maccabees)는 아마 주전 2세기 말에 쓴 듯하지만 독립투쟁이 시작된 당시의 유대인들의 역사와 신앙을 알려 주는 훌륭한 사료다(마카베오 2서는 1서에 비해 미흡하지만 역시 중요한 사료다). 이런 저작들을 전체적으로 살펴보게 되면 구약시대 말기에의 유대교의 실상이 상당히 자세하게 드러나게 된다.

2. 율법의 종교

유대교에서 율법의 중요성은 아무리 과장하여 말하더라도 지나치지 않는다. 율법은 핵심적이고 중추적인 요소로서 유대인 종교의 다른 모든 특징적 요소들은 이를 중심으로 편제되었다. 율법의 위상이 높아짐으로써 예전의 제도들 가운데 어떤 것은 재해석되었고 또 어떤 것은 아예 사라졌으며 한편으로는 새로운 제도들이 출현하였다.

a. 성경 정경의 결집.

가장 중요한 것은 유대인 공동체가 하나의 성문법을 토대로 구성되었다는 사실이다. 물론 성문화한 율법은 이스라엘에서 결코 새로운 것도 아니었고 또한 하나의 법전이 공식적으로 규범적인 지위를 차지한 것도 이번이 처음은 아니었다. 요시야 치세 때 신명기는 유다 왕국에서 바로 그런 지위를 차지했다. 그런데도 에스라의 개혁은 요시야의 개혁을 따른 것이기는 했지만 한 가지 중요한 점에서 후자와 달랐다. 즉, 에스라의 율법은 이미 그 성격이 분명하게 규정된 기존의 국가 공동체에 부과된 것이 아니라 새로운 공동체의 성격을 규정한 구성적(構成的) 요소의 역할을 했던 것이다. 이 공동체의 전체 생활은 그 율법에 토대를 두었고 또 그 규제를 받았기 때문에, 율법은 유일무이한 최고의 지위가 부여되었다.

에스라가 백성들에게 정확히 어떤 율법을 봉독해 주었는지는 확실하게 알 수 없지만, 이미 말했듯이 그 주요한 구성 요소들이 오래 전부터 존재해 왔던 완전한 오

12) Cf. Bennett, in Charles, *op. cit.*, Vol. I, p. 629; E. J. Goodspeed, *The Apocrypha* (The University of Chicago Press, 1938), p. 355.

경(Pentateuch)이 에스라의 수중에 있었고 또 그에 의해 유대인 공동체에 소개되었을 것이다. 어쨌든 에스라의 개혁 후 얼마 되지 않아서 완전한 모세 오경이 예루살렘 사회에 알려져 있었다. 오경 전체는 그것을 구성하고 있는 개별 책들이 누려 본 것 이상으로 존중되었고, 일찍부터 그 법률적인 부분들과 설화적인 부분들은 똑같이 '최고의' (*par exellence*) 율법(Torah)으로 간주되었으며, 실질적으로 정경의 지위가 부여되어 있었다. 정확히 언제 어떻게 이런 것이 결정되었는지에 대해서는 우리는 알지 못한다. 아마 공식적인 한번의 조치로 이루어진 것이 아니라 오경과 율법이 유대인 공동체에서 동일시되고 최종적인 권위로 받아들여졌던 것 같다.[13] 이런 일은 확실히 페르시아 시대, 그러니까 사마리아인들과의 분열이 최종적이 되기 전에 이루어졌다. 왜냐하면 사마리아인들은 오경을 정경으로 인정했지만 구약성경의 나머지 책들에 대해서는 정경의 지위를 부여하기를 거부하였기 때문이다.

오경의 정경화(正經化)에 뒤이어 구약성경의 나머지 책들도 실제적으로 정경화되었다. 여호수아서로부터 열왕기까지 역사서들(유대인 정경의 "전기 예언자들")은 신명기와 함께 모세로부터 예루살렘 멸망까지 이스라엘의 역사를 기술하고 해석하는 단일한 저작집을 이루었는데, 일찍부터 성경의 테두리 안으로 들어왔던 것이 틀림없다 — 의심할 여지없이 이 저작집에서 분리되어 오경과 합쳐진 신명기의 뒤를 따라 그렇게 되었을 것이다. 이 책들에 예언서들이 첨가되어 유대인 성경의 두번째 큰 범주(선지자들)를 이루었다. 포로기 이전의 선지자들의 설교는 오래 전부터 특별한 권위를 지닌 것으로 간주되어 왔다(예를 들면, 겔 38:17; 슥 1:2-6; 7:12). 그들의 말들과 그들보다 후대의 선지자들의 말들도 수집되어 오늘날 우리가 알고 있는 예언서들 안에 수록되자 이 책들에도 정경의 지위가 부여되었다. 이런 과정은 아마 페르시아 시대 말기까지는 대부분 완결되었을 것이다. 왜냐하면 그보다 후대의 선지자들의 말들은 거의 수록되어 있지 않기 때문이다. 예언서 정경은 주전 2세기 이전에 확정되었을 것이 분명하다. 이것은 다니엘서가 히브리 성경에서 예언서들이 아니라 성문서(聖文書)에 포함된 이유이다.[14]

---

13) 아마 유대인 전승(예를 들면, Pirke Aboth 1:1f.)에서 "대회당"으로 알려져 있는 것 — 즉, 에스라 시대와 의인 시몬의 시대(주전 3세기) 사이에 중요한 역할을 했다고 추측되는 율법학자들 — 작업을 통해 정경화 작업이 이루어졌을 것이다. 이들은 다른 무엇보다도 정경을 수집했던 것으로 추측된다. 이 유대인 전승의 진위를 평가하기는 어렵지만, 그것이 어떤 역사적 사실과 부합한다는 것은 틀림없다. 이에 관한 논의와 참고문헌들에 대해서는 Moore, *op. cit.*, Vol. I, pp. 29-36; Finkelstein, *op. cit.*, Vol. II, pp. 576-580를 참조하라. 좀더 최근의 것으로는 H. Mantel, "The Nature of the Great Synagogue" (*HTR*, LX 〔1967〕, pp. 69-91)를 참조하라.

또한 주전 2세기 이전에 오늘날의 구약성경에 수록된 그 밖의 모든 책들(다니엘서와 아마 에스더서를 제외하고)도 마찬가지로 이미 존재해 있었다. 시편은 오랫동안 수집되어서 아마 페르시아 시대가 마감되기 이전에 마무리되었을 것이고(시편에 마카베오 시대의 시는 한 편도 없다), 잠언도 역시 그러했을 것이다. 유대인 정경의 세번째 범주의 범위는 아직 유동적이었고[15] 또한 단일하고 확정된 형태의 정경은 아직 존재하지 않았지만 — 히브리 성경을 칠십인역과 비교해 보면 알 수 있듯이 — 구약시대 말기에는 뚜렷이 구분된 일단의 성경이 출현하였다는 것은 분명하다.[16] 그러나 비록 이 모든 저작들이 최고로 존중되었다고 할지라도, 오경이 율법의 책으로서 계속해서 유일하게 최고의 권위 있는 지위를 차지하고 있었다.

율법의 정경화는 옛 이스라엘이 알고 있었던 그 어떤 것보다도 훨씬 절대적이고 유형적인 규범을 유대교에 부여하였다. 하나님의 계명들이 단번에 영원한 유효성을 지닌 채 율법 안에 천명되었기 때문에, 모든 상황에서 나타난 하나님의 뜻은 율법을 통해서 결정되어야 했다. 하나님의 뜻을 알아보기 위한 다른 수단들은 뒷전으로 밀려나거나 억압되었다. 이것은 의심할 여지없이 왜 예언이 점차 사라지게 되었는지를 설명해 준다. 왜냐하면 율법은 사실상 예언의 기능을 빼앗고 예언을 불필요한 것으로 만들었기 때문이다. 옛날의 선지자들은 존경을 받았고 그들의 말들에는 권위가 부여되었지만, 율법은 실제로 예언을 통해 하나님의 뜻을 자유롭게 천명할 여지를 남겨놓지 않았다. 그래도 예언이라는 것이 있었다면 위경(pseudepigrapha)이라는 형태(즉, 아득한 과거의 위인들의 이름을 빌려 발해진 예언들)를 취했을 것이다. 유대인들은 선지자들이 다시 한번 나타날 때를 소망하고 있었을지 모르지만(마카베오1서 4:46; 14:41) 예언의 시대가 이미 끝났다는 것을 너무도 잘 알고 있었다(9:27): 하나님의 뜻을 알려면 율법책을 펴보아야 한다(3:48).

b. 성전, 제의, 율법.

---

14) 집회서 49:10에서 "열두 선지자"(즉, 소선지자들)에 대해 언급하고 있는 것은 가장 후대의 예언서들도 주전 180년 무렵에는 이미 공인된 지위를 지니고 있었음을 보여 준다.

15) 벤 시라의 손자(집회서 머리말에서)가 "율법과 선지자들"에 대해서는 거듭 언급하고 있지만 다른 책들에 대해서는 막연하게 "그것들 뒤를 이어 나온 저작들", "우리 조상들의 다른 책들", "그외의 다른 책들"이라고 언급하고 있는 점에 유의하라.

16) 에스더서를 제외하고 구약성경의 모든 책들이 쿰란에서 확인되었고 더구나 모두가(다니엘서를 제외하고?) 훌륭한 "글씨"로 씌어 있었던 것으로 보아 성경을 필사하는 관행이 오래 되었음을 보여 준다는 점에 유의하라.

율법을 높인 것은 제의에 대한 관심의 상실을 보여 주는 전조가 되었던 것이 아니라 오히려 더욱 부지런히 제의를 거행하게 한 결과를 가져왔다 — 따지고 보면 율법이 그것을 요구했다! 그런데도 상황이 바뀌었기 때문에 제의를 어느 정도 조정하고 또 그 주안점을 바꾸는 것은 불가피했다. 성전은 더 이상 왕이 자신이 임명한 제사장들을 통하여 관습과 전통에 따라 희생제사와 그 밖의 제의 의식들을 거행하던 다윗 가문의 왕실 성소가 아니었다. 페르시아 왕정으로부터 특전을 받고 그 왕의 복을 빌어 주어야 했다는 사실을 제외하고는(스 6:10), 성전은 어떤 의미로든 국가 제의가 결코 아니었다. 또한 성전은 허구 속에서 생각하는 경우를 제외하고는 옛날과 같은 방식으로의 이스라엘 민족 전체의 성소도 아니었다. 성전은 재건 공동체의 것이었고 그 제의는 그 공동체 전체의 책임이었다. 아마 포로기 이전의 성전에서 지켰던 제의 전통은 그대로 행해졌는데, 다만 새로운 상황에 맞춰 변용과 변경이 필요했을 뿐이었다. 특히 중요했던 것은 해마다 지내는 '대속죄일'이었는데, 이 날은 장막절 5일 전이었는데(레 23:27-32) 사실상 제의력(祭儀曆)이 시작되는 날이 되었다. 예전의 여러 의식들이 거행된 이 날의 의식 절차(레 16장)는 포로기 이후의 유대인들이 느끼고 있었던 예민한 죄의식을 옛 이스라엘로서는 불가능했을 방식으로 표현하였다. 포수(捕囚)라는 엄청난 심판과 이스라엘의 현재 처지는 하나님의 명령을 어긴 죄의 엄청남을 부단히 상기시키는 것이었고, 율법에 대한 관심이 높아질수록 율법을 어기는 것에 대한 두려움도 커졌기 때문에 끊임없이 속죄해야 할 필요성을 절감하게 하였다.

제의를 주재한 것은 대제사장이었다. 대제사장은 유대인 공동체의 정신적 수장(首長)이었는데 점차로 그 공동체의 세속적 군주로 되었다. 대제사장 직분은 세습적인 것으로서 포로기 이전의 성전의 제사장 가계인 사독 가문에서 대대로 차지해 왔다. 이 가문은 아론의 직계 후손으로서 엘르아살과 비느하스의 자손이라고 주장했다(대상 6:1-15). 다른 제사장들도 마찬가지로 아론의 자손이라고 주장했지만 그 족보들은 확실히 대체로 허구인 경우가 많았다. 아론의 자손이라는 조건은 대단히 중요했다. 왜냐하면 율법이 그것을 요구했기 때문이다. 심지어 주전 5세기에서도 자기 혈통을 증명할 수 없었던 제사장들(바벨론 포수로 뿌리가 뽑힌 후에 다수의 제사장들이 자기 혈통을 증명할 수 없었을 것이다)은 성직에서 추방될 위험에 처했다(스 2:61-63; 느 7:63-65).

한편 그 이후의 세기들에 가서는 하나님의 영원한 언약에 의해 아론 가문에 제사장직을 맡기었다는 교의(敎儀)를 접하게 된다(집회서 45:6-24; 참조. 마카베오 1

서 2:54).[17] 제사장들과 아울러 하급 성직자들이 있었다. 그들은 모두 레위 자손이라고 주장했다 — 하지만 그들의 혈통도 틀림없이 가지각색이었을 것이다.[18] 의심할 여지없이 그들 가운데에는 요시야에 의해 불법화된 지방 성소의 제사장 자손들도 있었을 것이다(왕하 23:8f.). 이들은 이론상으로는 성전의 성직자단에서 동등한 지위를 누릴 수 있는 자격이 부여되어 있었지만(신 18:6-8) 결국 성소에서 보좌역으로서 하위 지위를 받아들이지 않을 수 없었다(참조. 겔 44:9-16). 또한 성가대, 문지기들(대상 25장 이하), 일꾼들(스 8:20; 느 3:31 등)이 하급 성직자단에 속했다. 모두 합하면 상당한 규모의 성직자단이었다. 출신 배경이야 어떻든 그들은 모두 레위인으로 간주되었다. 제의와 성직자단은 십일조, 헌금, 그리고 해마다 바치는 성전세에 의해 유지되었다(참조. 느 10:32-39) — 적어도 정기적으로 국가의 보조를 통해 보충되었다. 이와 같은 것들은 느헤미야가 오기 전에는 엉망이었지만 아마 느헤미야와 에스라의 노력으로 정상화되어 그 후로는 율법에 따라 합당한 유지비가 마련되었다.

이미 말했듯이 제의는 극도로 진지하게 행해졌다. 경건한 유대인들이 얼마나 헌신적으로 제의에 임했는지 또는 율법에 따라 제의를 거행하려고 얼마나 깊은 관심을 쏟았는지는 아무리 과정하여 말해도 지나치지 않을 정도였다(예를 들면, 토빗서 1:3-8; 집회서 7:29-31; 35:1-11). 안티오쿠스가 제의를 모독했을 때 유대인들의 완강한 저항은 이와 같은 것을 충분히 입증해 준다. 그럼에도 불구하고 제의는 유대교의 추동력은 아니었다. 제의는 전통과 관습 — 이전처럼 — 이 아니라 율법의 규정들에 의해서 뒷받침되고 또 율법에 의해 규제되었다. 그러므로 제의는 율법 아래에서 종속적인 지위를 차지하고 있었다. 율법은 예전과는 달리 이미 존재하는 의식 절차를 기술한 것이 아니라 바로 그 의식 절차를 규정하였다. 사람들은 제의에 기쁨으로 참여했지만, 그것은 민족적 삶의 자발적인 표현이라기보다는 오히려 율법이 요구들을 실행하는 것이었다. 더욱이 율법의 중요성이 부각되자 제사장은 비록 그 직무로 인해 명예를 지니고 있었다고는 해도 그 최고의 지위를 어느 정도 상실하게 되었다. 토라를 전하던(즉, 언약의 율법에 의거해서 가르치던) 예전의 레위인의 직무는 이제 율법 자체를 가르치는 좀더 중요한 직무로 대체되었다.[19] 그러나 이런 직무

17) 레위 지파의 영속적인 특권에 대한 이와 비슷한 관심에 대해서는 말 2:4f., 8; 요벨서 32장; 열두 족장의 유언 중 레위의 유언 5:2; 8장 등을 참조하라.

18) 위에서 지적한 대로(cf. 제4장, p. 170) "레위인"은 원래 한 지파인 동시에 한 계층이었다. 바로 그런 이유 때문에 여러 세기에 걸쳐 제사장 직무를 수행해 온 많은 사람들이 레위인으로 간주되었던 것이다.

는 율법에 통달한 사람이면 누구나 담당할 수 있었기 때문에, 그것이 이제는 제사장의 독점적인 직무는 아니었다. 제사장은 문자 그대로 제사장으로서 점차 성소의 기능인이 되어 갔고, 그의 중요성은 비록 크긴 했지만 율법학자들의 중요성에 가리워졌다.

c. 회당, 서기관, 지혜 교사.

율법을 높임으로써 예전의 어떤 제도들과 기능들은 제약을 받았다고 한다면, 어떤 제도들은 더 부각되었으며 새로운 제도들이 만들어지기도 했다. 이런 새로운 제도 가운데 하나가 성전 및 그 제의와 나란히 공공예배 장소였던 회당(synagogue)이었는데, 회당은 성전보다 더 오래 존속하게 되었다. 회당의 존재는 우리가 기술하고 있는 시대가 끝날 무렵에 처음으로 분명히 입증되지만, 그 기원은 더 오래되었음이 확실하다. 그러나 회당의 기원은 극히 불명료하기 때문에 그 기원을 추적해 볼 수는 없다.[20] 하지만 수많은 유대인들이 거리가 멀어서 성전 제의에 참여할 수 없었고, 그런데도 지방 제의를 만드는 것을 율법이 금지하고 있었다는 사실로 인해 그와 같은 제도의 발전은 불가피했다. 심지어 포로기 이전 시대에도 사람들은 레위인들의 가르침을 듣기 위해 모였고 또 선지자들은 제자단을 모으기도 했다.

포로생활을 하는 동안 유대인들은 분명히 함께 모여서 기도하고 또 그들의 교사들과 선지자들의 말을 들었던 것 같다(겔 8:1; 14:1; 33:30f.) 우리는 그런 모임이 지속되었다고 추측할 수 있다. 왜냐하면 디아스포라 유대인들이 어떤 형식으로든 공공예배 없이 유대인답게 살아갈 수 있었으리라고는 생각할 수 없기 때문이다.[21] 심지어 팔레스타인에서도 유대인 공동체에 속한 사람들 가운데는 예루살렘에서 너무 멀리 떨어져 살고 있었기 때문에 정기적으로 그 제의에 참여할 수 없었던 사람들이 있었기 때문에 그들의 처지도 이와 비슷했을 것이다. 우리는 율법이 정경으로서 지위를 얻게 됨에 따라 각 지방에서 사람들이 그 해설을 듣기 위해 모이기 시작했다고 추측할 수 있다. 그리고 율법의 봉독과 강해가 그 중심이었던 안식일의 정규 예배를

---

19) Cf. Noth, *op. cit.*(주 2), pp. 89-91. 느헤미야 8:5-8은 이러한 방향으로 한 발자국 나아간 것이다.

20) 이에 관한 논의와 참고 문헌에 대해서는 H.H. Rowley, *Worship in Ancient Israel* (London: SPCK, 1967), Ch.7을 참조하라. 회당은 주전 3세기 후반에 이집트에도 존재하였다. 벧 하 미드라쉬(Bet Ha-Midrash)라는 말이 주전 180년경의 문헌에 나타나지만(집회서 51:23) 팔레스타인에서 나온 회당에 관한 직접적인 증거는 모두 이집트보다 후대의 것이다.

21) Cf. Rowley, *ibid.*, pp. 224-227. 여기에는 이 견해에 동조하는 다른 학자들이 열거되어 있다.

드리게 되면서 점차 조직적인 회당이 생겨났다. 기독교 시대가 시작되기 전 마지막 세기에 와서는 모든 성읍들에 회당들이 있었다.

율법이 한층 중요성을 획득하게 되자 그 올바른 해석과 적용의 중요성도 점차 부각되었다. 처음에는 오경의 표준판이 존재하지 않았다. 그래서 율법이 무엇인지 확실하게 말할 수 없는 경우도 있었다.[22] 게다가 율법과 율법이 서로 언제나 일치하는 것이 아니었고 또한 구체적인 사례들에 율법을 어떻게 적용해야 하는지도 분명치 않았다. 이 모든 사정으로 인해 율법을 실제로 생활 전체에 적용하기 위하여 율법에 대한 더욱 자세한 정의와 해석을 위한 해석학적 원칙이 발전되지 않으면 안되었다. 이 요구를 충족시키기 위해 율법 연구에 몰두하고 자신의 학식을 제자들에게 전한 서기관이라는 계층이 등장하였다. 이 계층의 기원도 불명료하지만[23], 아마 성경의 정경화와 더불어 부상하여 자리를 굳혀 나갔을 것이다.

우리가 기술하고 있는 시대가 끝날 무렵에 가서는 서기관에 관한 말이 꽤 많이 나온다. 벤 시라(Ben Sira)는 제자 집단을 거느린 서기관이었다(집회서 38:24-34; 51:23). 바리새파 사람들의 방대한 구전 율법은 후대에 생겼지만, 부주의하여 율법을 어기는 일이 없도록 율법 둘레에 "울타리"를 둘러치는 일(Pirke Aboth 1:1)은 이미 시작되었었다. 성경은 성경에 비추어 설명되었고(예를 들면, 요벨서 4:30; 33:15f.), 성경의 명령들은 자세하게 정의되었으며(예를 들면, 요벨서 50:6-13의 안식일 법에 관한 정의) 특별한 상황에 맞춰 조정되기도 했다(예를 들면, 마카베오 2:29-41에서는 자기 방어를 해야 하는 경우 안식일 법의 효력을 잠정적으로 중지시키고 있다).

율법에 대한 열심과 아울러 선한 삶과 행실에 대한 실제적인 관심도 깊어졌는데, 그것은 지혜 문학에 가장 잘 나타나 있다. 물론 우리는 지혜문학이 포로기 이후에 발전했다든가 포로기 이후 이스라엘 사람들의 삶이 지혜교사라는 계층에 의해 좌우되었던 때가 있었다든가 하는 생각으로부터 벗어나야 한다. 이스라엘에서 지혜문학의 전통은 아주 오래되어서 적어도 주전 10세기까지 거슬러 올라간다.[24] 그러나

---

22) 쿰란에서 발견된 것들은 구약성경의 히브리어 본문의 여러 수정판들이 기독교 시대의 초기에 이르기까지 존재했다는 것을 아주 분명하게 보여 주었다; cf. Cross, *op. cit.*(주10), Ch. IV.

23) 틀림없이 서기관들의 기원은 유대인 전승이 에스라 시대와 주전 3세기 사이에 있었던 것으로 전하고 있는 "대회당"이라는 제도와 역사적으로 관련이 있을 것이다.

24) p. 299를 참조하라. 또한 예레미야(18:18)가 지혜로운 자들을 선지자 및 제사장들과 함께 백성들의 정신적 지도자로 다루고 있는 점에도 유의하라.

포로기 이후에 들어와서야 지혜문학은 한층 대중적이 되었고, 유대교의 출현 시기에는 선한 삶의 특성을 제시하는 상당한 양의 문헌들이 쏟아져 나왔다. 성경에서도 잠언(이 시기에 편찬되었지만 그 제재의 상당 부분은 훨씬 오래된 것들이다)[25], 의문을 제기하면서 온건하게 회의적인 전도서, 그리고 후대에 쓴 시편들 가운데 다수(예를 들면, 시 1편; 49편; 112편; 119편 등)가 지혜문학에 속한다. 그뿐 아니라 토빗서, 집회서(벤 시라의 지혜서), 그리고 이 시대가 지난 후의 것으로 솔로몬의 지혜서 같은 책들이 있다.

이 지혜 전승은 그것이 언제나 그러했듯이 국제적이었다. 그 훌륭한 예가 토빗서인데, 이 책은 주전 6세기에 엮은 아람어 지혜서인 아히카르(Ahiquar)의 이야기(주전 5세기에 엘레판틴에도 알려져 있었다)와 그보다 오래된 선구인 아카드의 격언문학을 토대로 한 것이었다. 유대인들의 지혜 문학 가운데 명백한 종교적 동기부여 없이 단지 성공과 행복의 성취에 관한 재치 있는 충고를 늘어놓는 거의 세속적으로 보이는 것들이 많은 것은 지혜문학의 국제적인 기원에 비추어 볼 때 별로 놀랄 일이 아니다. 그러나 그런 인상은 착각이다. 왜냐하면 분명히 유대인 교사들은 지혜 전승을 개작하여 '율법 아래에서의' 선한 삶을 묘사할 수 있는 수단으로 삼았기 때문이다. 그들에게 지혜의 총합은 하나님을 경외하고 그분의 법을 지키는 것이었다. 실제로 지혜는 궁극적으로 율법의 동의어였다.

이와같이 지혜와 율법을 동일시하는 것은 에스라에게 내려진 칙령에도 명시되어 있지만(스 7:25) 너무 자주 그리고 일관되게 표명되어 있기 때문에 그런 구절을 일일이 열거하기가 지루할 정도이다. 그러한 것은 시편(예를 들면, 시 1편; 37:30f.; 111:10; 112:1; 119:97-104; 그 밖의 여러 곳), 잠언(예를 들면, 잠 1:7; 30:2f. 등), 그리고 성경의 다른 곳(예를 들면, 욥 28:28; 전 12:13f.)에도 나오고, 벤 시라의 지혜서(예를 들면, 집회서 1:14, 18, 20, 26 그 밖의 여러 곳), 다른 유대인 저작들에도 나온다. 실제로 서기관과 지혜교사는 아마 같은 계층의 사람들이었을 것이다. 벤 시라는 확실히 이 둘을 겸하고 있었다(집회서 38:24,

25) 고대 오리엔트와 이스라엘의 지혜문학과 지혜 운동에서의 잠언의 위치를 훌륭하게 개관하고 있는 것으로 R.B.Y. Scott, *Proverbs-Ecclesiastes* (AB, 1965), pp. xv-liii, 3-30(여기에는 더욱 자세한 문헌들이 인용되어 있다)를 참조하라. 최근의 것으로는 R.N. Whybray, *Wisdom in Proverbs* (London: SCM Press, 1965); G.von Rad, *Wisdom in Israel* (Eng. tr., London: SCM Press; Nashville: Abingdon Press, 1972); W.McKane, *Proverbs*(OTL, 1970)를 참조하라.

33f.; 39:1-11).[26] 슬기로운 서기관은 긍지를 느낄 수 있는 영예로운 직업에 종사하는 셈이었다(집회서 38:24-34). 그의 직업은 최고의 특권이요 미덕이었다: 율법을 연구하고, 명상하고, 또 그것을 삶에 적용하는 것(참조. 시 1편; 19:7-14; 119편).

d. 경건, 의, 율법.

유대인들에게는 모든 의(義)의 총합은 율법을 지키는 것이었다. 이것은 종교가 단순히 율법주의로 전락했음을 뜻하지는 않는다. 왜냐하면 어디서나 깊은 헌신적 경건과 강한 윤리 의식과 하나님에 대한 감동적인 신뢰와 경이감을 찾아볼 수 있기 때문이다. 율법은 하나님의 거룩한 백성으로서 이스라엘의 이상적인 자화상을 표현한 것임을 기억하지 않으면 안 된다. 그 이상을 실현하고 하나님의 부르심을 성취하기 위해서 이스라엘은 율법을 세세한 점에 이르기까지 지켜야 한다. 이와같이 세세한 점까지 강조하였기 때문에 전체적인 시야를 잃어버리고 사소한 것과 중요한 것이 똑같이 존중됨으로써 종교는 단순히 규칙을 준수하는 것으로 변질되어 버리고 종교적 강론은 지루한 결의론(決疑論)으로 변할 위험성이 생겨났다는 것을 부정할 수 없다. 물론 유대교는 이러한 위험을 완전히 피할 수는 없었다. 그렇지만 기계적인 규칙 준수가 탁월한 율법 교사들의 목표는 결코 아니었다. 그들은 세세한 점까지 율법을 순종할 것을 강조했을 때 하찮은 것들과 "좀더 중한 것들"을 똑같은 가치를 지닌 것으로 만들려고 했던 것이 아니라 아무리 사소한 것이라 할지라도 율법을 어기는 행위는 '그 어느 것이나' 중대하다는 것을 강조하려고 했던 것이다(참조. 마카베오 4서 5:19-21). 모든 것들에서 — 도덕, 상거래, 심지어 예의범절까지도 — 하나님과 그분의 언약, 즉 율법을 기억하여야 한다는 것이었다(집회서 41:17-23).

율법은 이스라엘의 신앙에서 그 시초부터 중심적이었던 도덕적 특색을 포착하여 그대로 보존해 나간 것으로서 윤리적 색채가 매우 짙었다. 이를 실증할 수 있는 예를 들자면 한이 없을 것이다. 유대인 교사들은 의로운 행위(예를 들면, 시 34:11-16; 37:28; 잠 16:11; 20:10; 토빗서 4:14), 부모 공경(예를 들면, 토빗서 4:3; 집회서 3:1-16), 절제와 순결과 중용(예를 들면, 토빗서 4:12, 14f.; 집회서 31:25-31), 자비와 자선(예를 들면, 잠 19:17; 22:22f.; 토빗서 4:10f., 16;

---

26) 벤 시라는 서기관으로 자처하면서도(집회서 38:24; 51:23) 대단히 방대한 지혜문학을 우리에게 남겨 주었다. 벤 시라만큼 지혜와 율법을 일관되게 동일시한 사람은 없었다(예를 들면, 집회서 6:37; 15:1; 19:20; 21:11; 39:1-11).

12:8-10; 집회서 4:1-10; 29:1, 8f.)을 끊임없이 높였다. 그들은 사람들에게 하나님과 이웃을 사랑하고, 자신에게 죄를 범한 사람들을 용서해 주라고 촉구하였다(열두 족장의 유언 가운데 갓의 유언 6장; 베냐민의 유언 3:3f.); 요컨대, "네가 싫어하는 것을 아무에게도 행하지 말라"(토빗서 4:15). 그들은 종교의 형식주의를 조장하기는커녕 오히려 악한 자의 제물은 하나님에게 역겨운 것이라고 선언하고(시 50:7-23; 잠 15:8;21:3, 27; 집회서 7:8f.; 34:18-26) 하나님은 무엇보다도 순종하며 통회하는 심령을 요구한다고 천명하였다(시 40:6-8; 51:16f. 등). 경건한 유대인들은 율법을 지키는 것을 짐으로 여기지 않았다는 것을 덧붙여 두어야 하겠다. 이와는 반대로 율법 속에서 큰 기쁨을 느끼고 율법을 사랑하고 있었다는 느낌을 감지하게 된다(예를 들면, 시 1:2; 19:7-14; 119:14-16, 47f., 그 밖의 여러 곳; 집회서 1:11f.). 율법은 삶을 위한 등이자 길잡이다(시 119:105 등). 율법의 멍에를 메는 사람은 보호와 평안과 기쁨을 누린다(집회서 6:23-31). 실제로 유대인들은 율법을 자신의 정체성을 나타내는 고유한 표지로서 굉장한 자부심을 가지고 있었다(예를 들면, 시 147:19f.). 이런 자부심이 언제나 사랑스러웠다고는 말 못하더라도 경건한 유대인들로 하여금 배교하기보다는 차라리 죽기를 원하게 할 정도로 강렬한 충성심을 불러일으킨 것은 사실이다. 이 자부심은 그들로 하여금 안티오쿠스의 채찍 아래에서 꿋꿋이 버티어 나갈 수 있도록 용기를 북돋우어 주었다.

초기 유대교의 헌신적인 경건을 깊이 생각하면 그 누구도 율법의 종교가 기껏해야 형식주의에 지나지 않았을 것이라고 상상할 수 없게 된다. 예를 들면, 후대의 시편들(시 19:7-14; 25편 ;51편 ; 106편)은 겸손한 죄의 고백, 하나님의 자비와 용서를 비는 갈망, 하나님 앞에서 마음의 깨끗게 됨을 바라는 열망으로 가득 차 있고, 아울러 고난 속의 인내, 하나님의 구원에 대한 흔들림 없는 신뢰, 하나님의 자비에 대한 감사를 거듭 표명하고 있다(예를 들면, 시 25편; 37편; 40편; 123편; 124편). 이 시기의 다른 문헌들도 동일한 특색을 보여 주고 있다: 무거운 죄의식(예를 들면, 스 9:6-15; 느 9:6-37; 토빗서 3:1-6), 죄로부터 구원받으려는 열망(예를 들면, 집회서 22:27-23:6), 개인적인 경건과 기도의 능력에 대한 신뢰(토빗서 8장; 집회서 38:1-15; 아사랴의 기도), 그리고 하나님의 창조와 섭리에 대한 찬양(집회서 39:12-35).

포로기 이후 경건의 특색은 온유와 겸손을 이상으로 삼은 점이다. 경건한 사람이란 하나님이 자기에게 부과하는 시험을 온순하게 전폭적인 신뢰 속에서 받아들이는 자다. 아마 고난받는 종(Suffering Servant)에 관한 개념은 이와 같은 이상

(理想)의 형성에 많은 영향을 미쳤을 것이다.[27] 특히 후대의 시편들에는 그런 이상이 강하게 표현되어 있다. 그 시편들에서 경건한 예배자는 "가난하고" "곤궁하고" "겸손하고" "온유하다"(시 9:18; 10:17; 25:9; 34:2, 6; 37:11; 40:17; 69:32f. 등). 정경에 속하지 않는 이 시기의 문헌들에서도 그렇다(예를 들면, 집회서 1:22-30; 2:1-11; 3:17-20). 그러나 이 모든 것에도 불구하고 유대인들의 경건이란 궁극적으로는 내적인 마음의 태도, 자선 행위, 근면한 종교적 의무의 이행에 있었던 것이 아니라 율법을 지키는 데 있었다. 경건, 선행, 종교적 의무는 율법에 의거하고 있었다. 종교의 본령(本領)은 율법을 사랑하고 율법에 순종하는 것이었다(예를 들면, 시 1편; 19:7-14; 119편; 집회서 2:16; 39:1-11). 그렇게 하는 사람만이 "경건한" 사람이라고 불릴 수 있었다.[28]

e. 율법의 절대화.

이미 앞에서도 분명히 해두려고 했던 바와 같이 방금 위에서 기술한 율법의 지위 상승은 이스라엘의 예전의 종교와의 결별을 의미한 것이 아니라 그 주요한 특색 가운데 하나를 중심으로 한 그 종교의 재편을 의미했다. 이 특색에 무게를 두고 강조하였기 때문에 다른 특색들은 덜 강조되게 되었고, 그 결과 전반적인 구조에 다소 변화가 생겨났다. 특히 우리는 율법을 원래 속해 있었던 언약이라는 맥락으로부터 끄집어 내어 영원부터 존재해 온 불변의 그 무엇으로 보려는 경향을 엿볼 수 있다. 이것은 옛 이스라엘의 아주 중요한 특징이었던 저 활기 넘친 역사 의식이 어느 정도 약화되었음을 의미하였다.[29]

후대의 문헌들 속에서 우리는 언약 개념의 두드러진 희석화와 언약을 출애굽 및 시내산 사건과의 특유한 관계로부터 분리시키려는 경향을 감지할 수 있다. 이미 오경의 제사장계 사료에서 "언약"이라는 용어는 더 이상 율법 수여의 토대가 된 사건, 즉 이스라엘의 역사를 개시케 한 저 구성적(構成的) 사건에 국한해서 사용된 것이 아니라 사람들과 하나님의 여러 교섭을 가리키는 데 사용되고 있으며, 실질적으로는 하나님의 변치 않는 영원한 약속들을 가리키는 동의어가 되어 있다. 따라서 우리는

27) Cf. Albright, *FSAC*, pp.332f. 겸손을 이상으로 삼은 것은 이스라엘에만 고유한 것도 아니고 후대에 기원한 것도 아니다. 그러나 이 이상이 이스라엘에 깊은 영향을 미친 것은 포로기 이후인 듯하다.

28) 예를 들면, 유딧(cf. 11:17)은 "경건한" 사람이다 — 분명히 그 이유는 이 여인이 율법이 요구한 대로 절기와 금식일, 안식일과 음식에 관한 규례를 지켰기 때문이다.

29) Cf. Noth, *op. cit.* (주 2), pp. 85-107; 또한 G.E. Mendenhall, *IDB*, I, pp. 721f.

노아와의 언약(창 9:1-17), 아브라함과의 언약(창 17장), 비느하스와의 언약(민 26:11-13) 등과 같은 영원한 언약을 성경에서 읽게 된다. 시내산 사건에 관한 제사장계 사료의 기사에서는 언약이 아니라 율법의 수여에 강조점이 두어지고 있다.[30] 마찬가지로 후대의 문헌들도 레위와의 언약(말 2:4f., 8), 아론과의 언약(집회서 45:6f.), 비느히스와의 언약(마카베오 1서 2:54) 그리고 물론 아브라함과 노아와의 언약(집회서 44:17-21)을 알고 있다. 이렇게 언약 개념이 희박해지고 있는 현상이 뚜렷하게 드러나고 있다.

율법 자체는 모세를 통해 준 것으로 믿었지만 영원부터 존재해 온 절대적인 것으로 여겼다. 우리는 후대의 성경문학(예를 들면, 시 119:89, 160)과 벤 시라의 지혜서(집회서 16:26-17:24)에서 이것을 암시하는 구절들을 볼 수 있다. 그러나 그런 사고의 절정은 확실히 요벨서에 나오는데, 이 책에서는 율법이 명령한 많은 제도들이 태고 시대로 거슬러 올라간다고 하고 있다. 그래서 안식일은 천사들에 의해서도 지켜졌고, 이스라엘의 선택은 천지창조 때 선언되었다(요벨서 2:15-33); 레위기의 정결법은 하와의 경우에도 적용되었고(3:8-14), 오순절은 노아에 의해 지켜졌고(6:17f.), 장막절은 아브라함에 의해 지켜졌으며(16:20-31) 아브라함은 이삭에게 희생제사 의식을 가르쳤다(21:1-20). 이밖에도 많다. 이렇게 율법은 권위에 있어서 절대적이고, 시내산 사건이나 이스라엘에 앞서 존재한 영원한 것으로 등장한다. 이 모든 것은 천상의 서판(書板)에 써 있다는 것이다(3:10; 4:5; 5:13 등).

앞에서 시사했듯이 이 모든 것은 종교를 역사의 맥락으로부터 떼어놓는 경향을 보여 주는 것이다. 물론 이스라엘 사람들이 자기들을 존재케 하였던 역사적 사건들을 잊었다는 것은 아니다! 이와는 반대로 그들은 오늘날에 이르기까지 그렇게 해오고 있듯이 그 역사적 사건들을 기억하며 의식을 통해 재천명하였다. 그러나 율법은 원래의 역사적 맥락으로부터 분리되어 초역사적이고 절대적으로 유효하게 된 뒤 역사적 언약에 의거해서 유대인 공동체의 의무를 정하는 것이 아니라 율법 자체가 의무를 부과하는 근거가 되고 또 그 의무의 내용을 규정하는 것이 되었다. 율법은 실질적으로 신앙의 근거로서 역사적 언약의 지위를 빼앗았다. 아니, 좀더 정확히 말하면 언약과 거의 같은 동의어가 되었다(예를 들면, 대하 6:11; 집회서 28:7; 마카베오 1서 2:27, 50). 율법을 어기는 것은 곧 언약을 어기는 것이었고(예를 들면, 마카

30) 제사장계 자료(P)에서는 아브라함과의 언약이 강조되고, 시내산 사건은 그 언약의 갱신 및 연장으로 묘사된다; 예를 들면, W. Eichrodt, *Theology of the Old Testament*, Vol. I (OTL, 1961), pp. 56-58를 보라.

베오 1서 1:14f.; 요벨서 15:26), 언약을 지키는 것은 곧 율법을 지키는 것이었다. 심지어 율법이 언약 이전부터 있었다고 하는 구절들도 발견된다: 예를 들면, 집회서 44:19-21에서는 아브라함은 율법을 지키며 믿음이 있었기 때문에 언약과 거기에 따르는 약속들을 받았다고 말한다(참조. 마카베오 1서 2:51-60). 이제 율법은 하나님의 은혜로운 행위들에 대한 필수적인 응답을 정해 놓은 것이기를 그치고 사람들이 하나님의 은혜를 얻고 또 약속들을 받을 만한 자격을 갖추게 해주는 수단이 되었다.

확실히 이로 인하여 매우 진지한 도덕 의식과 강한 개인적 책임감이 생겨났는데, 이것은 율법에 충실한 유대인들이 안티오쿠스의 박해 앞에서 꿋꿋이 버티어 나간 영웅적 행위를 통해 풍부하게 예증된다. 각각의 유대인들은 개인적으로 율법에 충실함으로써 언약을 지킬 의무가 있다고 생각하였다. 그러나 또한 인간의 의무를 더욱 강조하였기 때문에 하나님의 은혜에 대한 강조는 등한시되는 것은 불가피했다. 하나님의 은혜는 결코 잊혀진 것은 아니었고 사람들은 끊임없이 하나님의 자비를 간구하기는 했지만, 종교는 실제적으로 율법의 요구들을 실행하는 일이 되었다. 이것은 유대교가 특히 율법주의, 즉 하나님 앞에서 인간의 지위는 전적으로 그 행위에 따라 결정된다는 종교로 전락할 위험에 빠지기 쉬웠다는 것을 의미했다.

사려깊은 유대인들은 그 누구도 자기가 완벽하게 율법을 지켰다고 자랑했을 것 같지는 않지만(참조. 집회서 8:5), 율법을 통한 의(義)는 도달하려고 애써야 할 목표이자 도달할 수 있는 목표로 믿었다. 더욱이 하나님은 이 점에 있어서 신실한 사람들에게 호의를 가지고 상을 주실 것으로 생각되었다(앞으로 살펴보는 바와 같이 이것은 여러 문제점을 불러일으킬 수밖에 없었던 믿음이었다). 심지어 선행은 하나님 앞에 신용을 얻게 하고 또 귀중한 공로로 쌓인다는 사상도 출현하였다. 이를 암시해 주는 구절들은 후대의 성경 문학에서 찾아볼 수 있지만(예를 들면, 느 13:14, 22, 31) 특히 정경에 속하지 않은 문헌들에서 자주 나타난다(예를 들면, 토빗서 4:9; 집회서 3:3f.,14; 29:11-13; 열두 족장의 유언 가운데 레위의 유언 13:5f.). 이것은 인간의 능력에 대한 지나치게 낙관적인 평가를 보여 주는 것인지 아니면 죄의 본질과 율법 자체의 요구에 대한 불충분한 이해를 보여 주고 있는 것인지는 우리가 다룰 문제가 아니다. 어쨌든 그것은 유대교가 그 위대한 스승들의 영성에도 불구하고 결코 효과적으로 막지 못했던 의(義)의 형식화 경향을 보여 주는 것임에는 확실하다. 한마디 덧붙인다면 바울이 조상들의 신앙과 근본적으로 결별하게 된 것은 바로 이 때문이었다.

B. 초기 유대교 신학의 특징들

1. 유대인 공동체와 세계.

유대인들이 처해 있었던 상황은 이전에는 심각하게 느낀 적이 없었던 문제들을 불가피하게 제기하지 않을 수 없게 하였다. 그 가운데에서 유대인 공동체와 이방인 세계와의 관계는 결코 작은 문제가 아니었다. 한편으로 유대교는 세계를 외면하고 안으로만 눈을 돌려 이따금 편협하고 옹졸한 태도를 드러내 보이기도 했다. 또 한편으로는 열방들의 구원에 관한 따뜻하고 생생한 관심이 있었음을 보여 주는 증거들도 눈에 띄는데, 이것은 진정 선교적 열의에 가까운 것이었다. 이런 열의는 포로기 이전의 이스라엘에서는 찾아볼 수 없었으며, 기껏해야 잠재적으로 그런 생각이 있었을 따름이었다. 이 둘 사이에 존재했던 긴장은 결코 만족할 정도로 해결되지 않았다.

a. 긴장의 원인.

이러한 긴장은 이스라엘의 신앙 구조에 뿌리를 박고 있었던 것으로서 본질적으로 새로운 것이 아니었다. 그 긴장은 사실 유일신교적 신앙과 이스라엘의 선민사상 사이에 놓여 있었다. 이스라엘은 언제나 자신이 여호와에 의해 선택된 특별한 민족이라고 믿어 왔다. 이와 동시에 이스라엘은 자신의 하나님이 지배하는 영토는 초국가적, 곧 실제로 전세계적이라고 생각해 왔다. 이것은 체계적으로 이론화되지는 않았다. 더구나 이스라엘은 그분의 목적은 궁극적으로 승리를 거두고 이 땅에 자신의 통치를 확고하게 세우는 데 있다고 믿었다. 일찍부터 이 승리는 열방들의 복속을 포함하는 것으로 생각되어 왔다는 사실(예를 들면, 시 2:10f.; 72:8-19)은 하나님의 경륜 속에서 이스라엘과 세계의 관계라는 문제가 제기되어 왔다는 것을 의미했다 — 물론 실제로 유일신교 신앙이 그러한 문제 제기를 불가피하게 한 것은 아니었지만 말이다.

그러나 비록 이스라엘의 부르심이 세상의 모든 민족들에게 영향을 미쳤다는 사상이 아주 오래 되었고(창 12:1-3 등) 또한 어떤 사람들은 여호와가 이스라엘과 나란히 다른 민족들의 일들도 인도한다는 것을 이해하기도 했고(예를 들면, 암 9:7), 심지어 어떤 사람들은 이방인들이 개종하여 이스라엘 백성의 예배에 참여할 것을 기대했던 사람들도 있었지만(왕상 8:41-43)[31], 포로기 이전 시대에는 이 문제와 진지하게 씨름을 한 적이 거의 없었다. 이스라엘은 국가적 제의를 가진 한 민족이었다. 이스라엘 땅에서 사는 이방인들은 거기에 흡수될 수 있었고 또 실제로 흡수되기도 했지만, 개종자들을 얻으려는 적극적인 충동은 없었다.

이미 말했듯이 바벨론 포수로 인하여 유대인들은 이스라엘의 신앙을 재해석하고 세계의 다른 민족들과 그 신들에 대한 이스라엘의 입장을 명백히 하지 않을 수 없게 되었다. 우리는 이미 어떻게 제2이사야가 하나님 통치의 임박한 승리를 환호로 맞이하며 열방들에게 이 승리를 받아들이도록 권유하고 이스라엘에게는 여호와가 바로 하나님이라는 것을 세상에 알리는 증인이 될 것을 촉구하였는가에 대해서는 이미 서술하였다. 그는 이스라엘이 선택된 민족의 지위를 상실한다는 것은 꿈에도 상상하지 않았지만, 그의 메시지는 여호와의 백성들 가운데에 이방인들을 맞아들일 자리를 마련했으므로 결정적으로 선교적 성격을 띠었다. 이 고원한 이상은 결코 보편적으로 받아들여지지는 않았지만 그렇다고 사장(死藏)된 것도 아니어서 앞으로 살펴보는 바와 같이 이 위대한 선지자의 제자들에 의해 계승되었다.

그러나 포로생활에서 돌아온 재건 활동은 그런 이상이 꽃필 수 있는 풍토를 마련해 주지 못했다. 상황은 너무도 실망스럽고 너무도 위태로웠기 때문에 넓은 아량을 가질 여유가 없었던 것이다. 유대인 공동체는 신앙의 순수성이 의심스러웠던 사마리아인들과 그 밖의 팔레스타인 주민들에 대항하여 "이스라엘"로서 자신의 정체성을 지키기 위해 싸우지 않으면 안 되었다. 이교도 주민 또는 반이교적인 주민들이 사방으로 유대인 공동체를 에워싸고 있었다. 이 작은 공동체가 이미 그 고유한 언어를 상실할 위험에 처해 있었듯이 그 고유한 민족성을 잃고 분해되어 주위 환경에 동화되지 않으려면 뚜렷한 경계선이 그어져야 했다. 바로 이런 위험 때문에 이미 살펴본 대로 느헤미야와 에스라는 단호히 격리주의적 조치들을 취하지 않을 수 없었던 것이다.

피상적으로 보면, 에스라의 유대인 공동체 재편은 확정적으로 배타주의의 성격을 띠게 하였고 유대교로 하여금 돌이킬 수 없게 자기 자신 속으로 움츠러들게 하였을지 모른다. 사실 그러했다. 그러나 한편으로는 그렇지도 않았다. 에스라의 개혁은 세계에 대한 이스라엘의 지위를 과거 어느 때보다도 뚜렷이 확정하는 데에 기여하기

31) 이 성구들은 포로기에 엮어진 신명기 사가의 저작에 속하는 것 같지만, 확실하지는 않다. 또한 사 2:-4 // 미 4:1-4도 참조하라. 내 의견으로는 이 구절들을 포로기 이후의 것으로 볼 필요는 없는 것 같다.

도 했지만 한편으로는 그 지위를 과거 어느 때보다도 유동적으로 만들어 놓았다. 새로운 이스라엘은 옛 이스라엘보다 좁기도 했고 넓기도 했다. 과거보다 좁아졌다는 것은 옛 이스라엘의 후손이라고 해서 다 새로운 공동체의 일원이라고 주장할 수 없었고 오직 에스라가 공포한 율법에 복종하는 사람들만이 그렇게 주장할 수 있었기 때문이다. 또한 과거보다 넓어졌다는 것은 이스라엘 사람이 아니라도 율법의 멍에를 기꺼이 메려는 자가 새로운 공동체에 들어오는 것을 가로막는 것은 근본적으로 아무것도 없었기 때문이다 — 율법도 그것을 금한 것이 아니라 오히려 그런 길을 마련해 놓았다. 그러므로 보편주의(universalism)와 특수주의(particularism)의 긴장은 지속되었다. 즉, 이방인들의 궁극적인 개종에 대한 뜨거운 열망과 이방인들과는 아예 상종도 하지 않으려고 하는 바람이 나란히 행진하고 있었다. 이 긴장은 결코 사라지지 않았다. 그러나 아마 이해할 수 있는 일이겠지만 후자의 태도가 우세해지는 경향을 보였다.

b. 특수주의적 경향: 거룩한 백성이라는 이상.

유대인 공동체의 성격 자체가 엄격한 격리주의를 불가피하게 하였다. 유대인 공동체는 율법에 의거해서 조직되었고 또한 율법의 고수를 통하여 스스로 참된 이스라엘임을 드러내 보인다는 이상을 표방하였기 때문에 관용에는 한계가 있었다. 유대인들이 이방인들과 섞이기 시작하거나 너무 관대한 생각을 가지고 그들과 동화하려는 태도를 갖게 되면, 그와 같은 이상은 결코 실현될 수 없을 것이었다. 유대인 공동체 앞에 놓여 있는 문제는 현실적으로 그 신앙에 함축되어 있는 전세계적인 의미를 보완하기 위한 전략을 수립하는 문제가 아니라 자신의 정체성을 보호하기 위하여 세계를 멀리하는 문제였다. 왜냐하면 이방인들에 대한 태도에서 편협한 유대인들이 있었는가 하면 한편에는 잘못된 방식으로 도량이 넓은 유대인들도 있었기 때문이다.

이런 사람들 가운데 다수는 점차 헬라 문화의 유혹에 넘어가서 자기 신앙의 계류지(繫留地)에서 떨어져 나갔다. 실제로 마카베오 시대의 위기를 절정으로 하는 유대인 공동체의 전역사는 모든 것들로부터 격리되어 고유의 유대인이 되든가 고유한 실체인 유대교의 소멸에 동의하든가 택일을 하지 않을 수 없었음을 분명하게 보여준다. 또한 유대인들이 겪어 왔던 수난에 비추어 볼 때 이방인들을 증오하고 그들을 하나님과 종교의 원수로 본 유대인들이 있었다는 것은 별로 놀랄 일이 아니다.

격리주의의 색채는 유대교 문학에서 농후하게 나타난다. 유대인들은 가능한 한 이방인들과의 접촉을 멀리해야 하고 어떠한 이유로도 그들과 같이 되어서는 안 된다고 보았다(예를 들면, 에레미야의 편지 5절); 무엇보다도 유대인 자녀들은 이방인의 자녀와 결혼을 해서는 안 되었다(토빗서 4:12f.). 왜냐하면, 이방인의 자녀와 결혼한다는 것은 간음과 다음 없었기 때문이다(요벨서 30:7-10). 유대인들은 자기들이 원수들의 음모를 이겨내려면 유대인들끼리 단결해야 한다는 강렬한 의식이 있었던 것은 이해할 수 있는 일이다(참조. 에스더).

유대인들은 이방인에 대한 혐오에 못지않게 율법에서 일탈한 이스라엘 동포도 경멸하였다. 이런 사람들은 "악인", "불경건한 자들", "조소하는 자들"로서 그들과는 아예 상종해서는 안 되었다(예를 들면, 시편 1편); 그들은 이방인들의 생활 풍습과 타협한 "무법한" 자들이기 때문이다(예를 들면, 마카베오 1서 1:11). 경건한 유대인들은 격렬한 분노과 슬픔이 뒤섞인 눈으로 그들을 바라보며(예를 들면, 시 119:53, 113,136,158) 저주받은 자들로 간주하였다(예를 들면, 집회서 41:8-10). 심지어 어떤 사람들은 그들에게는 동정을 베풀어서는 안 된다고 선언하였다(토빗서 4:17). 그러나 유대인들이 가장 혹독한 경멸의 감정을 품었던 대상은 사마리아인들이었다. 벤시라(집회서 50:25f.)는 그들을 에돔 사람이나 블레셋 사람보다도 못한 자들로서 하나님이 특별히 혐오하는 민족이라고 멸시하면서 이 말은 아마 유대인들의 일반적인 감정이 어떠했는가를 전형적으로 보여 준다.

국외자들을 멀리 하는 것과 상응해서 유대인 공동체는 스스로 대단한 자부심을 지니고 있었음을 감지할 수 있다. 유대인들은 자기들의 독특한 지위를 깊이 자각하고 그것을 영광으로 여기고 있었다. 의심할 여지없이 역대기 사가와 마찬가지로(그의 이야기 속에는 북부 이스라엘의 역사는 아예 무시되어 있다), 유대인들은 이스라엘의 유산인 신정(神政)의 이상이 자기들 속에서 실현되었다고 생각하였다. 그들은 율법을 가진 것을 자랑했고(예를 들면, 시 145:19f.; 토빗서 4:19) 또한 하나님의 백성으로서 특권적인 지위를 자랑했으며(예를 들면, 집회서 17:17), 천지창조 때 하나님이 쓰신 언어를 자기들이 말하고 있다는 것(요벨서 12:25f.), 자기들의 거룩한 도성이 온 땅의 중심이라는 것을 자랑하였다(요벨서 18:19; 제1에녹서 26장).

이러한 자부심이 비록 상서롭지 않은 것으로 보이기는 하지만 거룩한 백성이라는 이상에 대한 열정적인 관심과 이스라엘은 열방들과 뒤섞이게 되면 그 부르심에 합당한 역할을 결코 할 수 없다는 신념에서 비롯되었다는 것을 인정하지 않는다면 공평하지 못하게 될 것이다(예를 들면, 요벨서 22:16; 참조. 아리스테아스의 편지 128ff.). 누가 이에 관해 무엇이라고 말하든, 그것은 책임감을 키워 준 그런 유의 자부심이었다. 이 자부심은 이스라엘의 신앙을 활기차게 존속시키는 데 기여하였는데,

그러한 것은 이방인들에 대해 더욱 관용적인 태도를 취하려는 마음을 가지고서는 할 수 없는 일이었다. 그렇지만 이런 자부심은 이교도들과 죄인들의 복리에 대해 관심을 갖는 것을 달가워하지 않는 풍토를 낳는 데 일조를 하였다. 이러한 자들은 마땅히 자업자득의 운명에 맡겨져야 한다는 태도가 널리 만연되어 있었던 것으로 보인다. 이런 태도는 요나서에 의해 책망을 받았지만 아마 두드러진 성과는 없었던 것 같다.

c. 열방들의 구원: 유대교 내의 보편주의적 사조(思潮).

그러나 위에서 말한 것은 사실의 절반에 불과하다. 세계 선교에 대한 의식이 이스라엘 안에서 완전히 사라진 것은 아니었다. 특히 제2이사야가 유일신교 신앙에 함축된 의미를 정교하게 밝힌 후로 그런 의식은 없을 수 없었고 또한 하나님의 경륜 속에서 열방들의 위치에 관한 문제도 언제까지나 억제될 수는 없었다. 제2이사야의 추종자들이 있었다. 재건시대의 선지자들은 유대인 공동체의 종교적 순수성에 관심을 기울이면서도 이방인들이 시온으로 무리지어 모여들 때를 기다렸다(예를 들면, 사 56:1-8; 66:18-21; 슥 8:22f.; 말 1:11).[32] 더욱이 율법은 이런 사조를 가로막을 장벽을 쌓기는커녕 개종자들을 받아들일 길을 마련해 놓고 그들에게 유대인과 동등한 대우를 받을 수 있는 권리를 부여하고 있었다(레 24:22; 참조. 겔 47:22).

이런 이유로 에스라의 개혁 이후 공동체 내에서 득세했던 격리주의 풍토조차도 열방들을 모아들이려는 관심을 잠재울 수는 없었다. 이 시기의 문학 속에는 세계의 열방들 — 또는 적어도 그들 가운데 살아 남은 자들 — 이 결국은 이스라엘의 하나님에게로 돌아오는 한편 제2성전의 제의에서 여호와의 온 세계에 대한 왕권이 선포되고 모든 민족들에 대한 그분의 종말론적인 승리가 천명될 것이라는 신념이 거듭거듭 표현되어 있다(예를 들면, 시 9:7f.; 47편; 93편; 96-99편).[33] 이방인들로 하여

---

32) 말라기 1:11의 해석에 대해서는 주석서들을 보라. 이 구절이 후대의 삽입이든 아니든 여기서는 상관이 없다(예를 들면, F. Horst, *Die zwölf Kleinen Propheten* 〔HAT, 2nd ed., 1954〕, p. 267; K. Elliger, *Das Buch Die zwölf Kleinen Propheten* 〔ATD, 3rd ed., 1956〕, pp. 198f.에서는 삽입으로 보고 있다); 이 구절은 포로기 이후의 유대교에서 나온 목소리이다. 이사야 66:18-21에 대해서도 마찬가지로 말할 수 있다 (cf. J. Muilenburg, *IB*, V 〔1956〕, pp. 769-772).

33) 나는 이른바 즉위(卽位) 시편들을 포로기 이후의 것으로 보지 않는다 (H. J. Kraus, *Die Königsherrschaft Gottes im Alten Testament* 〔Tübingen: J. C. B. Mohr, 1951〕도 그렇다). 그러나 이 시편들은 당시 제의에서 이용된 것으로 유대교적 신앙을 잘 표현해 주고 있다는 것은 확실하다 (Kraus는 이제 자신의 입장을 약간 수정한 것 같다; cf. *Psalmen* 〔BKAT, 2 vols., 1961〕, *ad loc.*)

금 신앙을 갖게 할 적극적인 의무를 절감한 사람들, 동포들이 편협하여 세계에 대한 선교를 진지하게 생각하지 않은 것을 안타까워한 사람들도 없지 않았다. 요나서의 저자가 바로 그런 사람이었지만, 그밖에도 이 저자에 못지않게 따뜻한 마음씨를 가진 사람들이 있었다(예를 들면, 사 19:16-25; 시 87편). 그리고 스스로 자기 죄를 깨닫고 용서받아야 할 필요성을 느낀 유대인들도 있었는데, 이런 사람들은 죄인들을 가르치고 회심케 하여 유대인의 하나님을 섬기게 하려고 애썼다(시 51:13).

이런 정신은 심지어 유대교가 이방 문화의 영향을 받고 점차 자기 자신에게로 움츠러들 때에도 그대로 지속되었다. 열방들은 언젠가 하나님께로 돌아와 그분을 예배할 것이라는 신념이 계속 간직되어 있었다(예를 들면, 토빗서 13:11; 14:6f.; 제1에녹서 10:21f.); 하나님은 다정한 자비로써 그들을 찾아가셔서(열두 족장의 유언 가운데 레위의 유언 4:4) 이스라엘과 나란히 의로운 이방인들을 구원하실 것이었다(납달리의 유언 8:3).

열방들 앞에서 자신의 신앙을 증거해야 할 의무를 느낀 사람들도 있었고(예를 들면, 토빗 13:3f.) 비열한 행동은 이방인들이 보는 앞에서 하나님의 이름을 욕되게 하는 것이라고 생각한 사람들도 있었다(예를 들면, 납달리의 유언 8:6). 또한 자기들이 유대인됨을 아무리 자랑하더라도 인종상으로는 본질적으로 우월한 것이 아무것도 없으며(예를 들면, 집회서 10:19-22) 심지어 선한 이방인들에게는 유대인들을 심판대에 세울 좋은 자질들이 있다고 생각했던 사람들도 있었다(베냐민의 유언 10:10). 그리고 유대교가 이방인 개종자들을 얻기 위한 적극적인 행동 계획을 지닌 선교적 종교가 되지는 못했다고 하더라도, 개종자들을 받아들이는 것을 기뻐한 유대인들이 있었다(참조. 유딧서 14:10). 이것은 개종자들이 '있었다'는 사실에 의해 입증된다. 신약시대 이전에 개종자들은 도처에서 찾아볼 수 있었다.

2. 초기 유대교의 신학적 성찰

초기 유대교의 문학에서 우리는 신학적 성찰로의 경향과 어느 정도 궤변적인 사고로 기울어진 경향을 대하게 되는데, 이것은 초기의 이스라엘에서는 없었던 현상이었다. 이와 같은 경향은 후대에 가서 더욱 뚜렷해지지만, 지금 우리가 살펴보고 있는 시대에서도 관찰할 수 있다. 많은 개개인들의 경험은 말할 것도 없고 유대인 공동체의 상황은 사려깊은 사람이라면 언제까지 외면할 수 없었던 여러 문제들을 제기하지 않을 수 없게 하였다. 더우기 헬레니즘의 전파는 새로운 사상들과 새로운 사고 방식의 효소를 풀어놓았기 때문에 이러한 것들은 불가피하게 유대인들의 사고에도 영향을 미쳤다. 그리하여 유대인들은 그때까지 손대 본 적이 없었던 영역들을 탐구하게 되었다. 과거에도 그러했듯이 이런 목적으로 헬라 또는 이란에서 기원한 개념들 — 또는 종말론에 경도된 집단들의 경우에는 궁극적으로 뵈니게 또는 아람의 문학에서 유래한 개념들 — 을 빌려 쓰게 되면서 이전에는 이스라엘 사람들에게 알려지지 않았던 몇몇 신념들이 유대교 신학에 자리를 잡게 되었음이 확실하다.[34)]

a. 하나님의 통치와 섭리.

유대교에서는 유일신론이 완전히 승리했다. 우상들에 대한 선지자들의 반론이 이런 열매를 맺었고, 율법이 그것을 인쳤던 것이다. 율법의 종교가 어떤 결점들을 지녔든, 이 종교는 유일신론을 완강하게 고수하였다. 우상숭배에 대해서는 한치도 양보하지 않았고 이교의 신들을 철저히 경멸하였다(예를 들면, 시 135:15-21; 예레미야의 편지; 요벨서 21:3-5). 제2성전 시대의 문학을 통해 판단컨대 유대인 공동체 내에서 우상숭배는 일찍부터 자취를 감추어 문제가 되지 않았다. 유대인들은 도덕적 또는 사회적인 갖가지 죄악들로 인하여 책망을 받고 있고 또한 율법을 지키는 데 해이해졌다는 규탄이 되풀이되고 있지만, 우상숭배를 했다는 힐난은 거의 찾아볼 수 없다.[35)]

이교 제의들은 재건된 유다에서는 허용되지 않았다. 이교 제의들에 참여하는 이스라엘 사람은 유대인으로 인정되지 않았다. 유대인들은 장난삼아 점성술을 조금 해보거나 마술의 힘에 의지해 보기는 했을지라도 결코 우상은 숭배하지 않았다! 실제로 셀로우코스 왕조의 박해로 우상숭배가 다시 한번 문제되었을 때에도 우리는 이 싸움은 이미 내부적으로 유대인들이 이겨 놓고 있었다고 말할 수 있다. 유대인 개개인은 배교했을지 모르지만, 유대교 자체는 옛 이스라엘의 공식 종교가 가끔 그러했던 것과는 달리 우상들과 결코 타협할 수 없었다. 유대교가 안티오쿠스의 박해에 완

---

34) 유대인들에게 영향을 미친 이러한 여러 사조들에 대해서는 특히 Albright, *FSAC*, pp. 334-380를 참조하라.

35) 주전 538년 이후의 수십 년 동안의 것으로 추정되는 이사야 56-66장에서 마지막으로 우상 숭배를 규탄하는 소리를 들을 수 있다. 이보다 후대의 선지자들에게서는 그렇게 명백한 비난의 소리를 찾아볼 수 없다(예를 들면, 말라기). 스가랴 13:2에는 우상숭배가 언급되어 있지만 거의 부수적으로 덧붙여진 것이다; cf. Horst, *op. cit.*, p.257; Elliger, *op. cit.*, p.172.

강히 저항한 사실이 이를 입증해 주는 증거이다. 유대교의 유일신론은 비타협적이었다. 이원론적 사조들이 침투했을 때조차도 그러한 것들은 일관되게 통용될 수는 없었다. 왜냐하면 유대교에서는 만물을 다스리는 오직 한 분의 최고신(Supreme Power)만을 용납하였기 때문이다.

유대교는 일관되게 만물은 전능하시고 공의로우시며 그 길을 알아낼 수 없는(예를 들면, 집회서 18:1-14; 39:12-21; 43:1-33) 하나님의 통치와 섭리 아래에서 생겨난다고 천명하였다. 그분은 자신의 율법에 따라 모든 것을 통치하시는데, 이 율법은 영원히 유효하며 변함이 없으며 확실하다(예를 들면, 요벨서의 여러 곳). 바로 그 율법에 의거해서 그분은 각 사람의 공과(功過)에 따라 상벌을 내리신다(예를 들면, 집회서 35:12-20; 39:22-27). 모든 사건들은 그분의 미리 아심 속에서 일어나고(예를 들면, 집회서 42:18-21) 그분의 영원한 목적에 따라 그 완성으로 인도된다. 실제로 유대교는 매우 엄격한 예정설을 개개인은 이와 동시에 자기가 선택한 행위에 대해 전적으로 책임이 있다는 신념과 가까스로 결합시켰다(예를 들면, 집회서 15:11-20).

특히 이 시기 말에 가서 하나님의 신비에 관한 사색이 점차 눈에 띄게 된다. 합리적인 기질을 가진 유대인들은 하나님의 길은 찾아질 수 없다고 선언하였지만(예를 들면, 전 3:11; 5:2; 8:16f.; 집회서 3:21-24), 이를테면 종말론에 깊이 경도된 사람들 가운데에는(특히 요벨서와 제1에녹서 가운데 좀더 오래된 부분들을 생각할 수 있다) 그 신비에 매료된 이들이 있었다. 그래서 요벨서에서는 안식년의 정연한 주기에 맞춰 역사를 구분했고 또한 주간 묵시록(제1에녹서 93:1-14; 91:12-17)에서는 천지 창조로부터 심판에 이르기까지 세계 역사의 사건들의 경과를 10주로 구분하고 있다(또한 다니엘서에 나오는 세계 역사의 시대 구분도 유의하라). 요벨서와 제1에녹서는 둘다 어떻게 하늘의 비밀이 에녹에게 계시되었는가를 말하고 있다. 에녹이 땅끝과 음부(Sheol)와 낙원(paradise)으로 여행하면서 그 과정에서 우주의 신비들을 배운 경위를 정교하게 묘사하고 있는 부분들(제1에녹서 12-36장)은 원래 이스라엘의 주변 민족들의 신화에 있었던 개념들을 주로 원용(援用)하고 있다. 그러나 이런 사색들은 비록 환상적이기는 하지만 하나님의 섭리라는 근본적인 문제들에 깊은 관심을 가지고 심도있게 의문을 제기한 정신을 보여 주는 증거이다.

b. 천사들과 중간적 존재들.

점차 하나님을 높이게 되자 몇몇 흥미있는 신학적 결론들이 나오게 되었다. 무엇보다도 유대인들은 친밀감을 가지고서 자기 하나님에게 접근한 것이 아니었다. 의인법을 써서 하나님에 관해 말하는 것에 대한 반동으로 하나님은 인간사(人間事)에 직접 관여하시지는 않는다고 하면서 차츰 천사들과 중간적 존재들의 역할을 강조하게 되었다. 심지어 하나님의 이름을 입으로 말하는 것조차도 꺼리게 되었다. 언제부터 여호와라는 이름을 발음하지 않게 되었는지는 분명치 않지만, 주전 3세기에 와서는 그 이름을 입에 담아서는 안 된다는 편견이 이미 일반화되어 있었던 것 같다. 그 대신 많은 대용어가 생겨났는데, 사실 그 수가 너무 많기 때문에 일일이 다 열거하기가 지루할 정도이다.

여호와의 신격(神格)은 하나님(God)이나 주님(the Lord), 하늘의 하나님(the God of Heaven)이나 하늘의 왕(the King of Heaven)(예를 들면, 토빗서 10:11; 13:7), 단순히 하늘(Heaven)(예를 들면, 마카베오 1서 3:18f.; 4:40), 영들의 주님(the Lord of Spirits)(제1에녹서 60:6 등), 옛적부터 항상 계신 이(the Head of Days)(에녹1서 60:2; 참조. 단 7:9, 13), 위대한 영광(the Great Glory)(제1에녹서 14:20) 등등의 말로 지칭되었다. 그러나 가장 널리 사용된 호칭은 지극히 높으신 하나님(the Most High God)이라는 말이었던 것 같다.[36] 또한 여호와 신격(神格)의 어떤 측면이나 속성을 그 이름 대신에 쓰는 경향도 발전되었다: 예를 들면, 하나님의 지혜(the Divine Wisdom), 하나님의 임재(the Divine Presence), 하나님의 말씀(the Divine Word).

이 후자의 경향은 때때로 여호와의 해당되는 속성을 의인화하는 결과를 가져왔다. 이따금 그 속성에 실제로 인격을 부여하기도 했다. 이 시기에 지혜는 자주 의인화되고 있는데, 특히 잠언과 벤 시라의 지혜서에서 그렇게 하고 있다. 이것은 흔히 시적인 표현에 지나지 않았지만, 이런 표현이 정말 문자 그대로의 의미로 이해해야 되는 대목들도 있다(참조. 특히 잠 8장; 9장〈참조. 8:22-31〉; 집회서 1:1-10; 24:1-34; 또한 약간 후대의 것으로는 솔로몬의 지혜서 7:25-27; 9:9-12; 제1에녹서 42:1f. 등). 의인화된 지혜는 본질적으로 헬레니즘적 개념과는 상관이 없고 궁극적으로는 가나안 - 아람족의 이교에서 유래한 것으로서 이는 아히카르의 잠언집(주전 6세기경)을 통해 입증된다. 잠언 8장과 9장의 본문은 주전 7세기경의 가나안 족의 어떤 원전에까지 거슬러올라가는 것이 틀림없는데, 이 원전은 좀더 이전의 가나안족

---

36) 이 말은 요벨서에서는 25회, 다니엘서에서는 13회, 집회서에서는 48회 나오고 다른 문헌에도 자주 나온다; cf. Charles, *op. cit.*, Vol. II, p. 67.

전승에 뿌리를 두고 있다.

의인화된 지혜는 원래 지혜의 여신이 누리던 자리를 차지하고 있다.[37] 이것은 정통적인 유대인들에게 걸림돌이 되지 않았다. 왜냐하면 그들은 이 개념을 완전히 상징적으로 해석하였고 결코 지혜를 어떤 하위의 신으로 여기지 않았기 때문이다. 사실 몇몇 구절에서는(예를 들면, 집회서 24장과 잠언의 여러 곳) 지혜는 분명히 영원한 율법의 동의어이다. 이 모든 것에도 불구하고 여기에도 위험성은 있었다. 얼마큼 후대에 와서 지혜를 물질과 대립되는 존재인 신격(神格)의 방출로 이야기하게 되었는데(예를 들면, 솔로몬의 지혜서 7:25-27), 여기서 우리는 유대교적 영지주의(Jewish Gnosticism)의 발단을 볼 수 있다. 이와 유사한 개념인 하나님의 말씀(the Divine Word)은 유대교 사상에서는 그다지 중요한 역할을 하지 않았지만 이 시대를 조금 지난 후에 분명히 그 존재가 입증되고 있는데(솔로몬의 지혜서 18:15f.), 아마 우리는 여기서 기독교의 로고스(Logos) 개념의 등장 배경의 일부를 엿볼 수 있을 것이다.

하나님은 자신의 피조물과 직접적으로 접촉하지 않는 초월적인 분으로 높여짐에 따라, 그분의 대리자인 천사들에게 더욱 큰 역할이 맡겨졌다. 정교한 천사론이 발전되었다. 물론 여호와는 언제나 천상의 시종들에게 둘러싸여 있는 것으로 생각되어 왔었다. 그러나 유대교는 이 특색 있는 요소를 전례없이 발전시켰다. 천사들은 각기 이름을 가진 독특한 인격체로 등장한다. 네 명의 천사장(미가엘, 가브리엘, 라파엘, 우리엘)은 거듭거듭 나온다(토빗서 3:17; 5:4; 단 8:16; 10:13; 제1에녹서 9:1 등). 후대로 내려와서는(그러나 토빗서 12:15에서는 이미 그렇게 하고 있다) 천사장의 수는 일곱이 된 것이 분명하다. 제1에녹서 20장에서는 각기 일정한 역할을 맡은 일곱 명의 천사장을 들고 있는데, 그들을 "순찰하는 천사들"이라고 부르고 있다(참조. 단 4:13, 17, 23; 그러나 요벨서, 제1에녹서 등에서는 순찰자들은 타락한 천사들이다).

원래 네 명의 천사장들의 이름이 주전 10세기 또는 그 이전의 명명법에 고유한 유형에 속하기 때문에 일곱 명의 천사장들에 관한 관념은 아마 이란에서 기원한 것일 수 있지만, 이 천사들의 개성들은 우리가 그 역사를 추적해 볼 수 없는 아주 오래된 민간 신앙에서 유래했을 것이다.[38] 천사장들 밑에 갖가지 계급의 천사들이 있었

37) Cf. Albright, *FSAC*, pp. 367-372; 또한 H. Ringgren, *Word and Wisdom* (Lund: Hakan Ohlssons Boktryckeri, 1947). 이에 관한 견해와 또 다른 해석에 대해서는 Whybray, *op. cit.*(주25), pp. 72-104를 참조하라.

는데 — "억만만"(예를 들면, 제1에녹서 60:1) — 하나님은 그들을 통해 인간들의 일에 관여하며 일을 처리해 나가신다(참조. 요벨서의 여러 곳). 이렇게 발전된 천사론은 결코 이스라엘 신앙의 왜곡을 보여 주는 것이 아니라 오히려 그 본래의 특색들 가운데 하나를 지나치게 과장한 것이었지만, 이러한 신앙들이 언제나 그렇듯이 그것은 통속적인 신앙에서는 인간과 하나님 사이에 별로 중요치 않은 존재들이 끼어들 위험성을 제기하였다.

c. 악의 문제와 하나님의 공의: 사탄과 귀신들.

악에 관한 문제 그리고 악과 하나님의 공의와의 관계는 포로기 이후에 특히 첨예하게 되었다는 것은 충분히 이해할 수 있는 일이다. 민족적 굴욕과 숱한 유대인 개개인들의 수난에 대해서 해명이 필요하였다. 초기 이스라엘에서는 악은 죄에 대한 징벌이라고 생각되었다. 이미 살펴본 대로 바로 그런 관점에서 선지자들은 국가의 멸망을 설명하였다. 물론 제2이사야는 한걸음 더 나아가 이스라엘 사람들로 하여금 그들의 고난을 여호와의 구속 계획의 일부로 받아들일 것을 촉구하였다. 그러나 이런 해명은 너무 정교하였기 때문에 대중의 호응을 얻을 수 없었다고 추측할 수 있다. 물론 위에서 지적한 대로 겸손하고 순종하는 경건의 이상이 정착되었기는 했다. 전체로서 이스라엘은 정통적인 방정식을 가장 엄격한 형태로 고수하고 있었다: 현세에서 죄를 범하면 육신상의 징벌을 받게 되고 의로운 행실은 물질적 행복을 가져온다. 그러나 이와 같은 정연한 정통론은 비록 그 진리성이 없는 것은 아니었지만 욥기가 그러했듯이 고대세계의 이 어려운 문제에 관한 가장 심각했던 논의가 웅변으로 분명히 해주고 있는 바와 같이 모든 일을 충분히 설명할 수는 없었다. 그러나 비교적 단순한 사람들도 이 점을 알았고 불평을 하기도 했다(말 2:17; 3:14).

그럼에도 불구하고 유대교는 대체로 정통적인 설명에 스스로 만족하려고 하였다. 죄와 징벌의 엄격한 인과관계를 의식하고 있었던 역대기 사가(주전 400년경)의 시대로부터 우리가 논의하고 있는 이 시대의 말에 이르기까지 우리는 귀에 못이 박히도록 그래도 하나님은 의인들에게는 좋은 것으로 갚아 주시고 악인들에게는 벌을 내리실 것이라는 확신을 토로하는 소리를 듣게 된다 — 자주 쓰라린 경험을 했음에도 불구하고. 그러나 그 문제점을 깨닫고 비록 정통적인 해결책의 한계를 넘지는 않았지만 그 극단까지 밀고 나가 씨름한 사람들이 있었다(시 49편; 73편). 또 어떤 사

38) Cf. W.F. Albright, *VT*, Suppl., Vol. IV (1957), pp. 257f.; *FSAC*, pp. 362f.

람들은 자기들의 고난을 연단이나 시험으로 이해하고 그것들로 인하여 하나님에게 감사하기도 했다(시 119:65-72; 잠 3:11f.: 유딧서 8:24-27). 물론 유대인들은 무죄한 사람들도 종종 고통을 겪는다는 것을 알고 있었다. 그들이 이것을 잊고 있었다고 한다면, 안티오쿠스가 그들에게 상기시켜 주었을 것이다! 현실의 여러 경험들은 정통적인 신정론(神正論)을 끊임없이 시험하고 있었다. 전도서(Koheleth)는 그 타당성을 모조리 의심하기까지 했다(전 2:15f.; 8:14f.; 9:2-6).[39] 물론 이것은 당시의 전형은 아니었다. 그러나 비록 벤 시라 같은 사람은 자기 동료들에게 스스로 알 수 없는 문제로 머리를 괴롭히지 말라고 권고하고 있지만(집회서 3:21-24), 이 문제는 억압될 수만은 없었다.

유대인들이 이런 문제와 씨름함에 따라 사탄과 그 졸개들의 역할에 커다란 강조점이 두어지기 시작하였다. 전통적으로 이스라엘 사람들은 깊이 숙고해 보지도 않은 채 인간의 행운과 불행 — 그리고 때로는 죄악된 것으로 간주된 인간의 행위(예를 들면, 삼상 18:10f.; 삼하 24장) — 을 하나님의 손길로 돌려왔다. 그러나 포로기 이후 시대에는 악을 사탄의 소행으로 돌리는 경향이 생겨났다. 사탄이라는 개념은 하늘의 법정에서 말하자면 "검찰관" 역할을 했던 고소자(告訴者) 천사라는 옛 개념에서 발전하였다(참조. 왕상 22:19-23). 가장 초기의 구절들에서(욥 1장; 2장; 슥 3장) 사탄은 고유명사가 아니라 "대적자"라는 보통명사로 쓰이고 있다. 그러나 그후에 사탄은 사람을 유혹하여 악을 행하게 하는 천사적 존재로 등장하고(대상 21:1; 그리고 사무엘하 24:1을 참조하라!), 더 후대로 내려와서는 하나님에게 거역하는 눈에 보이지 않는 권세들의 우두머리로 등장하는데(요벨서에서도 그렇지만 특히 열두 족장의 유언에서 그렇다), 사탄, 마스테마(Mastema, "적의"), 벨리알(Beliar, Belial, "무익") 등 여러 가지로 부르고 있다.

타락한 천사들(요벨서, 제1에녹서, 열두 족장의 유언에서는 "순찰자들"이라 부르고 있다)의 많은 무리가 사탄과 동맹을 맺고 있는데, 그 천사들 가운데 일부는 민간신앙에서 각기 이름을 가진 뚜렷한 인격체로 되었다: 예를 들면, 아스모데오(Asmodeus, 토빗서 3:8, 17), 제1에녹서 6장에서 이 무리의 수령인 세미야자

39) 코헬렛의 사상이 헬라 사상의 영향을 직접적으로 받았다고는 주장할 수 없을 것 같다; cf. Albright, *YGC*, pp. 227f. 그러나 탐구와 의문 제기가 특징이었던 당시의 시대정신으로 말마암아 간접적인 영향은 받았을 것이다. 코헬렛이 뵈니게인의 영향을 받았다는 것을 보여 주는 증거에 대해서는 M. Dahood, *Biblica*, 47 (1966), pp. 264-282와 이전의 일련의 논문들(*ibid.*, 주 2에 열거되어 있다)을 참조하라.

(Semyaza)와 나란히 열거되어 있는 천사들. 이 타락한 천사들의 역할은 사람들을 유혹하여 죄에 빠뜨리고 하나님의 계획을 반대하는 것이었다(참조. 요벨서의 여러 곳). 열두 족장의 유언에서는 명확한 이원론적 경향이 출현하였다. 하나님과 벨리알, 빛과 어둠, 오류의 영과 진리의 영, 증오의 영과 사랑의 영을 각기 대립시키고 있다(예를 들면, 레위의 유언 19장; 유다의 유언 20장; 갓의 유언 4장). 모든 사람 앞에는 두 가지 길이 놓여 있다: 선한 성향을 따라 걸으며 하나님의 통치를 받는 길과 악한 성향을 따라 걸으며 벨리알의 지배를 받는 길(예를 들면, 아셀의 유언 1장). 이러한 이원론적 경향은 간접적으로 이란의 영향을 받았던 것으로 보이지만 확실치 않다. 좀더 정통적인 교사들은 분명히 이러한 경향을 호의적으로 받아들이지 않았을 것이고, 그 결과 후기 유대교에서 그 중요성은 줄어들었다. 그러나 쿰란 문서가 보여 주는 바와 같이 몇몇 종파에서는 대단한 인기를 끌었고, 후에 기독교 신학에도 영향을 미쳤는데, 그 흔적은 특히 요한 문학에서 두드러지며 바울 서신들에서도 엿볼 수 있다.

d. 하나님의 공의: 사후의 심판과 상급(賞給).

초기 유대교는 죽은 자들의 부활에 대한 신앙이 출현한 분명한 흔적을 보여 준다. 이것은 포로기 이전의 이스라엘 문학에서는 입증되지 않는 것이다. 하나님의 공의와 유대인들의 잔혹한 경험들을 조화시키기 위해서는 의심할 여지없이 이러한 신앙이 필요했다. 사려 깊은 사람들은 악행이 현세에서 흔히 아무런 벌도 받지 않고 의로운 행실이 아무런 보상도 받지 못하는 사실을 간과할 수 없었기 때문에 — 정통적인 가르침이 무엇이었든 — 이 문제의 해결을 내세에서 찾는 데 더욱더 열중하게 되었다. 사후의 상벌에 대한 개념은 그러한 신앙들이 유행하였던 이란의 종교에서 부분적으로 유래했을 것이다. 그러나 죽은 자들을 위한 제의와 관련된 옛 민간신앙의 영향이 아마 이제까지 추측되어 왔던 것보다 더 컸던 것 같다.[40]

초기 이스라엘도 죽은 자들에 대한 공경, 점 등과 관련이 있는 수많은 신앙들과 의식들을 알고 있었음이 확실하다. 그런 것들은 규범적인 여호와 신앙과 양립할 수 없는 특색들을 표현하고 있었기 때문에 선지자들의 반발을 사서 철저히 억압되기는 했지만, 분명히 지하에서 그 명맥을 이어오다가 후대에 다른 형태와 완전히 새로운 이론적 근거를 가지고 다시 등장하여 내세에 관한 민간신앙을 자라게 한 온상이 되

40) Cf. W.F. Albright, "The High Place in Ancient Palestine" (*VT*, Suppl., Vol. IV 〔1957〕, pp. 242-258).

었을 것이다. 어쨌든 부활 사상은 후대의 성경문학에 이따금 시험적으로 나타나기 시작하다가 주전 2세기에 와서는 확고부동한 신앙이 되었다.[41]

그러나 구약성경에서 이와 같은 신앙을 암시하는 대목은 거의 없으며, 그것도 대부분 모호하다. 일부 학자들은 몇몇 시편(시 49:14f.; 73:23-25 등)에서 그런 신앙을 엿볼 수 있다고 주장한다. 이것은 확실한 것이 아니고 또 학자들의 의견도 나뉘는 것이기는 하지만, 위에서 말한 바에 비추어 볼 때, 그렇게 해석할 수 있는 가능성을 너무 성급하게 부정해서는 안 될 것이다.[42] "이사야 묵시록"에서는 아마 죽은 의인들의 부활이 가르쳐지고 있는 것 같긴 한데(사 26:19), 이 대목도 의문이 제기되어 왔다.[43] 오직 다니엘서에서만(12:1f.) 의인들과 악인들이 영원한 삶과 영원한 수치로 부활할 것이라는 신앙이 분명하게 증언되고 있다. 그러나 여기에서도 부활은 보편적이 아니라 선별적이다. 주전 2세기까지 다른 성경 저자들은 그런 신앙을 전혀 몰랐거나 명백히 거부하였다. 회의주의적인 코헬렛(전 2:15f.; 3:19-22; 9:2-6), 정통적인 소코(Socho)의 안티고누스(Antigonus)(Pirke Aboth 1:3에 의하면), 벤 시라(집회서 10:11; 14:11-19; 38:16-23) 등은 그런 부류에 속했다. 벤 시라는 더 나아가 인간은 그 자손들을 통해 죽지 않고 영원히 살아 있는 것이라고 선언하였다(집회서 30:4-6).

따라서 우리는 구약시대 말에 와서도 내세 신앙은 결코 모든 사람에게 받아들여진 것은 아니었음을 알게 된다. 안티고누스와 벤시라 같은 보수적인 사두개파 원조들은 내세 신앙을 반대했다. 틀림없이 전통에 비추어 전례 없는 혁신적인 사조로 보았기 때문일 것이다. 그러나 한편으로는 이 점에서 후대 바리새파의 선구라고 할 수 있는 어떤 사람들은 내세 신앙을 포용하지 않을 수 없었는데, 이는 그렇게 해야만 그들이 문제를 제기하기를 거부하였던 하나님의 공의와 현실의 경험을 조화시킬 수 있었기 때문이었다. 안티오쿠스의 박해는 이러한 결단을 내리는 데 결정적인 영향을 미쳤다. 의인들이 잔혹하게 죽임을 당하거나 신앙을 위해 싸우다가 목숨을 잃는 일

---

41) 성경의 증거에 관한 논의와 참고 문헌에 대해서는 H.H. Rowley, *The Faith of Israel* (London: SCM Press, 1956), Ch. VI을 보라; 또한 R. Martine-Achard, *De la mort la r surrection d'apr s l'Ancien Testament* (Paris and Neuchâtel: Delachaux et Niestlé, 1956).

42) 이 문제에 대해서는 M. Dahood, *Psalms III* (AB, 1970), pp. xli-lii를 참조하라. 욥기 19:25-27도 그 증거로 인용되어 왔다. 그러나 욥기 저자가 당시의 정통론이 내릴 수 있었던 답보다 더 심원한 답을 얻으려고 애쓰고 있다는 것은 느끼지만, 본문이 너무 모호하여 확실한 결론을 내릴 수 없다.

43) 예를 들면, Rowley, *The Faith of Israel*, pp. 166f.와 거기에 나오는 전거들을 참조하라.

이 있게 되자 하나님이 내세에서 자신의 공의가 진실임을 입증하실 것이라는 믿음이 대다수의 유대인들에게 절대적으로 필요하게 되었던 것이다. 주전 2세기와 그 이후에는 제1에녹서, 열두 족장의 유언 및 그 밖의 저작들에서 볼 수 있는 바와 같이 보편적인 부활과 최후의 심판에 대한 신앙이 우세해졌다. 그것은 새로운 교의(教儀)였지만 이스라엘의 신앙을 존속시키려면 이스라엘의 신앙 체계를 완벽하게 이루어 놓는 데는 필요한 교의였다. 사두개파 사람들은 이 교의를 결코 받아들이지 않았지만(참조. 막 12:18-27; 행 23:6-10), 그 밖의 유대인들 사이에서는 널리 받아들여지는 믿음이 되었고 기독교 복음에서 개가를 올려 확고하게 재천명되었다.

3. 초기 유대교의 미래의 소망.

율법에 대한 지나친 강조와 아울러 유대교의 특징이 되었던 것은 하나님의 목적이 성취되는 완성의 날이 임박했다는 것에 매우 열중했다는 것이었다. 물론 이것은 애초부터 이스라엘 신앙에 내재해 있던 약속이라는 요소가 계속된 것이긴 하지만, 다른 경우에도 그러했던 것과 마찬가지로 여기서도 중요한 발전을 찾아볼 수 있다. 포로기 이전의 이스라엘의 민족적 소망은 예전 체제로부터 떼어내서 미래로 미루어져 오다가 마침내 일관된 체계를 갖추지는 않았지만 완전히 격식을 갖춘 종말론으로 귀결을 보게 되었다.

a. 바벨론 포수와 이스라엘의 소망에 관한 재해석.

포로기 이전의 이스라엘의 소망을 일종의 종말론이라고 부를 것이냐 말 것이냐의 문제는 정의를 어떻게 하느냐에 달려 있는 문제이다.[44] 그러나 이스라엘의 신앙은 여호와의 목적과 통치의 승리를 기대했다는 점에서 언제나 종말론적인 지향성을 지녀왔다. 하지만 포로기 이전의 이스라엘에 있어서 소망은 현존하는 국가와 관련된 것으로서 국가의 역사가 지속되어 완성의 정점에 이르는 것을 소망으로 삼고 있었다. 사람들은 여호와가 이스라엘을 확고히 하여 그 원수들에 대하여 승리케 하고 그

---

44) 예를 들면, S. Mowinckel은 종말론이라 부르기를 거부한다; cf. *He That Cometh* (Oxford: Blackwell; Nashville: Abingdon Press, 1956), pp. 125-133. 그러나 내 생각으로는 그의 정의는 너무 협소해서 충분히 유용한 것 같지는 않다; cf. J. Lindblom, *Prophecy in Ancient Israel* (Oxford: Blackwell, 1962), pp. 360ff.

분의 자비로운 통치 아래 끝없는 행복을 누리게 할 것으로 믿었다. 여호와의 날에 대한 기대와 다윗의 나라에 관한 공식 신학과 관련된 대중들의 소망은 그런 것이었고, 이 공식 신학은 메시야 사상의 뿌리가 되었다. 비록 선지자들이 국가의 죄를 규탄하고 그 번영은 순종에 달려 있다고 하면서 기존 질서와 임박한 심판 너머에 소망을 두라고 했지만 국가가 존속하는 동안은 대중들의 소망은 지속되었던 것이다.

그러나 바벨론 포수는 이 모든 것을 끝장내었다. 국가의 지속적인 존속이나 국가의 운명을 회복할 이상적인 다윗 자손 — 아마 다음 대의 다윗 가문의 왕 — 의 출현을 소망하는 것은 더 이상 불가능했다. 국가의 멸망은 국가 제의와 왕조 신학에 뿌리를 두었던 소망을 갈갈이 찢어 버렸다. 그러나 이스라엘의 소망은 왕정과 더불어 기원했던 것이 아니었기 때문에 왕정과 더불어 끝나지도 않았다. 포로생활의 선지자들은 여호와가 속박으로부터 자기 백성을 구속하시고 그분의 통치 아래 그들을 견고케 하실 새롭고 결정적인 개입, 즉 새로운 출애굽 사건을 가리키면서 그러한 소망을 키워 나갔다. 거기에는 옛 왕조시대의 소망의 잔향(殘響)이 없지는 않았지만(예를 들면, 겔 34:23f.; 37:24-28), 그런 것들은 이미 중심적이지 않았다. 실제로 제2이사야서에는 그와 같은 것들이 거의 없다. 포로생활을 하던 유대인들은 바벨론이 무너지고 이스라엘이 해방될 위대한 날을 고대하고 있었다(예를 들면, 사 13:1-14:23; 34장; 35장; 63장; 64장). 따라서 여호와의 날은 한때는 국가가 신원되는 날로 생각되었다가 그 다음에는 선지자들에 의해 민족적 심판의 날로 되기도 했지만 여호와가 역사 속에서 압제자의 권세를 심판하고 자기 백성을 그들의 땅에 다시 견고케 할 날로서 새로운 중요성을 띠게 되었다.

그러나 팔레스타인 귀환을 통해 이러한 소망이 실현되기는 했지만 그와 동시에 좌절감도 가져다 주었다. 위에서 말했듯이 현실은 선지자들의 휘황찬란한 약속과 거의 들어맞지 않았다. 팔레스타인으로 돌아와서 성전을 재건했음에도 불구하고 소망의 성취는 여전히 미래에 놓여 있었다. 스룹바벨의 일에서 잔인할 정도로 분명해졌듯이 옛 왕조 신학의 부활을 통해 그 소망이 표현될 수는 없었다. 소망은 예전의 형태로 되돌아갈 수도 없었고 현재에 만족하거나 현재에서 기대되는 약간의 발전에 만족할 수도 없었다. 소망은 새로운 형태를 찾아야 했는데, 그렇지 않으면 아예 포기될 수밖에 없었다. 그러나 비록 일부 사람들은 포로기 이후의 신정(神政)을 역사 속에서 하나님의 목적의 충분한 실현으로 보고 미래에 대해 거의 걱정하지 않으려고 했을지 모르지만[45], 유대교 전체가 이와 같은 노선을 택할 수는 없었다. 이것은 이스라엘의 조상 대대로의 신앙이 지닌 중심적인 특색의 하나를 버리고 이 신앙으로부터 모든 역사 의식을 박탈함으로써 그 본질적 성격을 왜곡시키는 것을 의미했을 것이기 때문이다. 율법을 절대화함으로써 유대교는 어떤 정적인 속성을 지니게 되었지만, 유대교는 결코 그러한 것의 극단으로 치닫지는 않았다. 유대교는 더 이상 현재 상황으로부터 발전을 기대한 것이 아니라 오히려 근본적인 전환과 새롭고 다른 미래의 현재 속으로 침투를 기대하면서 그 미래의 소망을 견지하고 강화시켜 나갔다.

b. 구약시대 후기의 종말론 발전.

이전에 소망을 표현하여 왔던 형태들 가운데 다수는 포로기 이후 시대에는 거의 아무런 역할도 하지 못했다. 구약성경에서 학개와 스가랴 이후에는 메시야(다윗 가문의 왕)는 거의 언급되지 않는다. 물론 유대인들의 종말론은 한결같이 민족주의적이었기 때문에 다윗의 이상(理想)으로 거슬러 올라가는 것은 극히 당연하였다. 그래서 예를 들면 오바댜는 여호와의 날에 대략 다윗 왕 때의 영토를 수복하게 될 것으로 내다보았고(15-21절), 거의 종말론자라고 할 수 없는 역대기 사가조차도 "다윗의 규례대로"(스 3:10; 느 12:45 등) 국가적-제의적 제도들이 복구되기를 열망하였다. 그러나 스가랴 9:9f.; 12:1-13:6 같은 구절들을 제외하고는 특별히 소망을 어떤 왕 같은 인물이나 다위 가문과 연관시킨 곳은 없다.[46] 이것은 메시야 대망이 포기되었음을 의미하지 않는다. 열두 족장의 유언에는 유다 지파에서 한 왕이 나타날 것으로 기대하고 있다 — 물론 이 왕은 레위 지파에서 나올 대제사장에 가려서 그 위엄이 희미해지고 있기는 하지만.[47] (쿰란 종파도 마찬가지로 아론 가문의 메시야와 "이스라엘"의 메시야를 기대했는데, 여기서도 전자가 우월한 지위에 있었다). 그리고 물론 정치적 메시야에 대한 소망 신약시대에 들어와서도 강렬하게 지속되었다. 그러나 메시야 자체는 유대교의 종말론에서 중심적인 역할이나 본질적인 역할을 하지 않고 있다. 그리고 심지어 특별히 메시야 소망들이 나와 있는 경우에도 옛 이스라엘과 마

---

45) 몇몇 학자들은 역대기 사가가 그런 경향으로 기울어졌다고 생각한다: cf. W. Rudolph, *VT*, IV (1954), pp. 408f. 너무 과장되어서는 안 되겠지만 여기에는 분명히 일말의 진리가 있다; cf. W. F. Stinespring, *JBL*, LXXX(1961), pp. 209-219.

46) 그리고 스가랴 9:9f.에는 아마 포로기 이전의 제재가 포함되어 있는 것 같다(cf. Horst, *op. cit.*, pp. 213, 247f.) — 물론 이 재재를 전하고 있는 문맥은 포로기 이후의 것이다.

47) 예를 들면, 열두족장의 유언 중 시므온의 유언 7장과 그 밖의 여러 곳. 레위 지파의 "메시야"를 문자 그대로 이해해야 하는 것인지는 의심스럽다; cf. E. Bickermannn, *JBL*, LXIX (1950), pp. 250-253. 이 레위 지파의 지도자는 기름부음 받은 대제사장으로서 기름부음 받은 왕과 나란히 등장하지만 그보다 우위에 있다.

찬가지로 그 소망들은 기존 질서와 연관되지 않고 하나님이 새로운 질서를 가져오기 위하여 일으켜 세울 어떤 인물과 연관되어 있다. 실제로 묵시문학에서는 메시야라는 인물은 마지막 날에 강림할 어떤 하늘의 구원자의 모습과 혼합되는 경향을 보여 주었다.

그 밖의 옛 양식들도 마찬가지로 별 역할을 하지 못하고 있다. 아마 대부분의 유대인들은 율법 공동체야말로 저 약속된 새로운 언약이 주어진 이스라엘의 정화된 남은 자라고(was) 생각했을 것이다: 신실한 유대인들이 이 공동체를 구성하고 있었고 그 공동체의 마음판에는 율법이 새겨져 있다고 생각했을 것이다(시 37:31; 40:8; 참조. 렘 31:31-34). 물론 어떤 사람들은 이에 만족하고 그대로 있을 수 없었다 — 예를 들면, 쿰란 종파의 사람들은 '자기들'이야말로 새 언약의 백성이라고 생각하였고 또한 기독교인들은 새 언약이 예수 그리스도에 의해 주어졌다고 단언하였다. 그러나 비록 유대인들이 현재의 악한 세대 너머로 좀더 완벽하게 율법에 순종하게 될 미래를 바라다보았지만(예를 들면, 요벨서 23:23-31), 전반적으로 새 언약에 관한 소망은 그들의 사상에서는 거의 역할을 하지 못했다. 우리는 여호와의 종에 관해서도 거의 들어볼 수 없다. 실제로 이 시기의 문학에서는 어떤 온유하고 겸손한 구속자(救贖者)에 관한 말을 거의 찾아볼 수 없다.[48] 이스라엘은 고난 중에도 자기가 하나님의 종임을 드러내 보여야 한다는 것을 분명히 이해하고 있었고 또한 겸손과 순복(順服)을 경건의 이상으로 삼기도 했지만 결코 여호와의 종에서 미래의 구속 양식(救贖樣式)을 보았던 것 같지는 않다.[49]

포로기 이후 시대 내내 주도적인 소망의 형태는 위에서 이미 말한 바 있는 여호와의 날이라는 형태였다. 후기의 모든 예언문학에서 전면에 부각되어 있는 이 사건에 대한 체계적인 서술은 불가능하다. 왜냐하면 여호와의 날은 단일한 형태로 제시되어 있지 않기 때문이다. 때로 그날은 국가의 회복을 포함하는 것으로 생각되기도 했고(오바댜서), 때로는 하나님이 자기 백성을 심판하여 깨끗게 하는 것을 포함하는

48) 스가랴 9:9f.에서는 메시야의 특색과 고난받는 종(Suffering Servant)의 특색이 뒤섞여있다 (cf. Elliger, *op. cit.*, p. 150; 그러나 주 47을 참조하라). 스가랴 12:10은 수수께끼 같아서 확실한 결론을 내릴 수 없다. C. C. Torrey (*JBL*, LXVI [1947] pp. 253-278)는 이 구절과 또 다른 구절에서 이사야 53장의 영향을 받은 흔적이 있다고 보았고 또한 고난받을 에브라임 지파의 메시야에 관한 개념도 엿보인다고 했다; 그러나 이 견해는 극히 의문스럽다.

49) 유대인들이 어떤 고난받는 구속자를 기대했다는 증거는 거의 없다; cf. H. H. Rowley, "The Suffering Servant and the Davidic Messiah"(*The Servant of the Lord and Other Essays* [rev. ed., Oxford: Blackwell, 1965], pp. 61-93). 쿰란 공동체도 예외는 아니었다!

것으로 생각되기도 했으며(예를 들면, 말 3장; 4장), 심판 뒤에 창조가 새로워지는 것으로 생각되기도 했고(예를 들면, 사 65장 이하), 두려운 징조들과 더불어 카리스마적 은사들이 부어지는 날로 생각되기도 했다(예를 들면, 욜 2:28-32). 특히 두드러진 것은 하나님과 그 원수들이 싸우는 종말론적인 투쟁에 관한 묘사로서 성경의 여러 구절들에 나온다(예를 들면, 겔 38장; 39장; 욜 3장; 슥 14장).

이 모든 것들에 공통적이었던 것은 예루살렘에 대한 열방들의 최후의 맹공격, 자연의 대이변(大異變)과 기사(奇事)를 수반한 하나님의 개입, 원수를 대경실색할 정도로 쳐부수고 자기 백성을 견고케 하여 영원히 평화를 누리게 할 것이라는 사상이었다. 이사야 24-27장의 이른바 묵시록도 이와 비슷하다. 여기에서는 여호와의 날은 가공할 파괴력을 가진 새로운 대홍수를 수반하여(24:18) 악인들을 멸망시킨다. 하늘과 땅의 여호와의 원수들은 사슬에 결박당한 후(24:21f.) 여호와는 왕위에 오르고 대관식의 연회가 벌어진다(24:23; 25:6-8). 죽음이 없어지고, 죽은 의인들이 다시 살아나고(26:19), 원수인 괴물 리워야단(Leviathan)은 칼에 베임을 당한다(27:1).

따라서 우리는 유대교가 대망의 '종말'(eschaton)을 여전히 역사의 맥락 안에서 보고 있기는 하지만 옛 이스라엘에서 그러했듯이 그때를 기존 질서의 연속 또는 획기적 개선이 이루어지는 때로 생각한 것이 아니라 하나님의 파국적인 개입을 통해 새롭고 다른 질서를 가져오는 때로 생각하였음을 알게 된다. 이 새로운 질서는 현실적이든 상상에 의한 것이든 지난날의 모든 영광을 되찾는 것으로 생각되었지만 결코 단순히 과거를 그대로 재현하는 것이 아니라 심판을 넘어 역사에서 하나님의 목적이 완성되는 새로운 시대로 생각되었다. 바로 이와 같은 위대한 절정을 유대인들은 고대하였다. 종말론에 경도된 유대인들뿐만 아니라 모든 유대인이 그러했다. 벤 시라와 같은 근엄한 인물조차도 모든 이스라엘 사람들이 모여들고, 시온이 영화롭게 되며, 모든 예언이 성취되고, 하나님이 모든 열방들에 의해 하나님으로 인정될 날을 어서 오게 해달라고 하나님에게 웅변적으로 호소하였다(집회서 36:1-17).

c. 묵시문학의 출현.

구약시대의 종국가 끝나가고 있을 때, 유대교의 종말론은 '묵시(默示)'라는 새로운 형태로 표현되기 시작했고, 이를 계기로 새로운 국면으로 접어들었다. 묵시론은 주전 2세기부터 기독교 제1세기 사이에 적어도 몇몇 집단들에서는 굉장한 인기를 누렸다. 성경은 단지 두 개의 묵시문학 — 구약의 다니엘서와 신약의 요한계시록 —

을 포함하고 있지만, 정경으로 받아들여지지 않은 이와 비슷한 저작들이 많이 양산되었다. 그것들 가운데 상당수는 우리가 살펴보고 있는 시대를 지나서 나온 것들이지만, 초기 유대교의 종말론에 관한 우리의 서술을 완결하려면 그것들에 대하여 몇 마디 해두지 않으면 안 된다.[50)]

묵시(Apocalypse)라는 말은 "계시"(revelation)를 의미한다. 묵시는 비의적(秘儀的) 언어를 통해 비밀들을 풀어놓고 절박하게 닥쳐온 것으로 생각되었던 마지막 날의 사건들의 진행 계획을 설명하는 것을 뜻한다. 묵시문학에 대한 체계적인 서술은 불가능하다. 왜냐하면 묵시문학에서는 모든 것들이 체계화되어 있지 않기 때문이다 — 위경(僞經)들을 정독한 사람은 절망적일 정도로 이것을 잘 알 수 있다. 이런 저작들의 저자들은 시대가 종말에 가까워지고 있으며 또 자기 시대의 사건들은 하나님과 악의 세력 사이에서 벌어지고 있는 우주적 투쟁이 마침내 대단원으로 접근하고 있는 징조를 보여 주는 것으로서 지상의 역사는 그 투쟁의 반영이라고 확신하고 있었다. 그들은 임박한 종국(終局), 최후의 심판, 택함받은 자들의 신원(伸寃), 바야흐로 동터오는 새 시대의 행복을 묘사하는 데 관심을 가졌다.

묵시문학의 특징은 저자들이 본명을 숨기고 위명(僞名)을 만들어 쓰고 있다는 점이다. 예언의 시대는 이미 끝이 났기 때문에, 묵시론자들은 자기들의 작품이 예고적인 성격을 띠고 있었으므로 자기들의 말을 오래 전에 죽은 선지자들과 위인들의 입을 빌려 얘기해야 했다. 그들은 열방들과 역사상의 인물들이 신비로운 짐승들로 등장하는 기괴한 이상(異像)들을 묘사하는 것을 좋아하였다. 또한 그들은 숫자들을 조작하여 종말의 정확한 때 — 이 날은 곧 올 것이었다 — 를 계산하려고 하였다. 그들은 이전의 선지자들의 말을 재해석함으로써 그 예언들이 실현되고 있거나 실현되려 하고 있음을 보여 주었다.[51)] 묵시문학에서는 이원론적 경향이 두드러졌음을 보게 된다.

역사상의 투쟁은 하나님과 사탄, 빛과 어둠 사이에 벌어지고 있는 우주적 투쟁

---

50) 더욱 자세한 논의에 대해서는 주 1의 참고 문헌들을 보라; 또한 P. Volz, *Die Eschatologie der jüdischen Gemeinde im neutestamentlichen Zeitalter* (Tübingen: J. C. B. Mohr, 2nd ed., 1934); H.H. Rowley, *The Relevance of Apocalyptic* (London: Lutterworth Press, 1944)을 참조하라; 또한 Mowinckel, *op. cit.*, pp. 261-450; D. S. Russell, *The Method and Message of Jewish Apocalyptic* (OTL, 1964); P.D. Hanson, *The Dawn of Apocalyptic* (Philadelphia: Fortress Press, 1975)을 보라; 편리하게는 *idem*, *IDB Suppl.*, pp. 28-34.

의 반영으로 보았다. 타락한 천사들에 의해 어그러진 길로 가게 되었고 죄악으로 더럽혀진 이 세상은 심판 아래 있었다. 그것은 악한 세상, 하나님에게 반역하는 세상, 속된 세상, 거의 악마적인 세상이기 때문이었다. 그러나 하나님이 만물을 주관하고 계시며 곧 세상을 심판하러 오셔서 사탄과 그의 천사들과 사탄에게 복종한 자들을 영원한 벌에 붙이시고 자신의 소유된 백성들을 구원해 주실 것을 의심하지 않았다. 여기서 종말론은 새로운 차원으로 등장하고 있다. 사람들이 고대한 것은 역사에서 어떤 전환점 — 아무리 극적이라 할지라도 — 이 아니라 역사 너머의 새로운 세상(시대)였다.

묵시문학의 선구들은 다양하고 복잡하다. 신학적으로 말하자면, 묵시문학의 주된 뿌리는 이스라엘의 미래 소망, 특히 구약시대 후기에 선지자들의 설교를 통해 발전되었던 미래에 대한 소망에 있었다. 그러나 구약의 예언에는 방금 말한 묵시문학의 독특한 특징들이 없는 것으로 보아 상당히 많은 개념들을 다른 곳에서 빌려 왔음이 분명하다. 특히 이원론적인 경향, 최후의 심판과 불에 의한 세상의 종말에 관한 개념, 세계 역사의 도식적 시대 구분, 그리고 예를 들면 제1에녹서에서 찾아볼 수 있는 것과 같은 우주의 비밀에 관한 서술에 나오는 수많은 개별적인 특징들이 그러하다. 이런 것들 가운데 몇몇(예를 들면, 이원론적 경향)은 이란 사람들의 개념을 보여 주는 것으로서 그런 것들이 유대인들의 민간 신앙에 흡수되어 발전되었을 것이다. 또 어떤 것들은 고대 신화의 소재들까지 거슬러 올라가는 것으로 보이는데, 이런 것들은 포로기 이전의 왕의 제의를 통해 지속되었던 것으로 보인다. 그 밖에 기원이 불분명한 개념들도 있다.[52]

소망이 거듭 좌절되고 또 쓰라린 경험으로 인해 현세는 구제할 길 없을 정도로 악한 것으로 보이게 되자 결코 포기될 수 없는 하나님의 구원에 대한 신뢰는 점차 현재의 시대와 역사 너머로 투사되게 되었던 것으로 추측할 수 있다. 바로 이와 같

51) 예는 얼마든지 들 수 있다: 예를 들면, 다니엘 9:24-27에서는 포로기의 70년(렘 29:10 등) 1년을 1주간으로 잡아 70주간으로 환산하고 있다; 예레미야의 편지 3절에서는 70년은 70세대이다. 유대인들이 예언을 얼마나 극성스럽게 재적용했는지는 약간 후대의 것으로 쿰란에서 나온 하박국서 주석서와 그 밖의 비슷한 저작들에 의해 잘 예증된다.

52) Cf. Albright, *FSAC*, pp. 361-363. 고대 신화의 소제들이 왕조 이데올로기에서는 희미한 형태로 명맥을 이어오다가 묵시문학에 와서 새로이 터져 나오게 된 경위에 대해서는 F. M. Cross, "The Divine Warrior" (*Biblical Motifs*, A. Altmann, ed. 〔Harvard University Press, 1966〕, pp. 11-30 〔cf. pp. 14, 18 등〕)를 참조하라. 이란의 영향을 받았다는 설에 대한 강력한 반론에 대해서는 이제 P. D. Hanson, *op. cit.* (주 50)를 보라.

은 소망을 표현하기 위해 새로운 형태들이 다른 곳에서 빌려 오는 과정에서 묵시문학이 탄생하였다.

묵시문학에서 우리는 최초로 인자(the Son of Man)라는 인물을 접하게 된다. 다니엘 7:9-14에는 어떻게 "인자 같은 이"가 옛적부터 항상 계신 이(the Ancient of Days, 하나님)로부터 영원한 나라를 받았는가를 이야기하고 있다. 대부분의 학자들은 여기에 나오는 인자를 "지극히 높으신 이의 성도들"을 나타내는 집단적 표상으로 해석한다(네 짐승이 이 세상의 악한 열강들을 나타내는 것과 같이). 물론 일부 학자들은 한 사람의 구속자를 의미한다고 생각한다. 그러나 그후에 와서 제1에녹서의 후반부에서는(37-71장) 인자는 분명히 선재(先在)하는 한 분의 하늘의 구원자로 등장한다.[53] 구체적으로 인자를 다윗 가문의 메시야와 동일시할 수 있으냐 하는 것은 논란중이지만, 적어도 그의 직분은 메시야적인 것으로 해석되었다. 왜냐하면 그는 "기름부음을 받은 자"로 불리며(제1에녹서 48:9f) 성도들의 나라를 다스리는 것으로 묘사되고 있기 때문이다(예를 들면, 51장; 69:26-29). 이 우주적 구속자는 보통 이란에서 기원한 것으로 생각되고 있지만 오리엔트의 신화에 나오는 아주 오래된 인물들에까지 거슬러 올라간다고 보는 것이 옳다. 그 신화적 인물들이 대중들의 사고 속에서 다윗 가문의 종말론적 구속자라는 인물과 융합되었을 것이다.[54] 인자 개념이 신약의 사상에서 — 그리고 우리가 믿기로는 우리 주님의 자기 이해에 있어서 — 얼마나 중요한 것인지 잘 알려져 있다.

묵시론은 이스라엘 사람들이 다른 민족의 사상을 빌려 와서 자기들에게 맞게 변용하여 그 빌려 온 것을 완전히 자기 것으로 만드는 능력이 뛰어났음을 잘 보여 준다. 묵시론은 역사를 주관하는 주(主)이신 하나님에 대한 유대인들의 신앙을 합당하게 — 기괴하기는 하지만 — 표현한 것이었다. 묵시론이 엉뚱하고 무익한 사변을 많이 낳았고 또 불가능하고 헛된 온갖 소망을 불러일으켰다는 것은 부인할 수 없다. 그러나 묵시론은 시대 상황이 모든 면에서 절망적인 것으로 보였을 때 하나님이 통치하시며 역사가 끝나는 심판의 날에 통치하실 것임을 천명함으로써 이스라엘의 소망을 지탱해 나갔다. 모든 위기의 시대에 묵시론이 새롭게 인기를 끄는 것은 별로 놀랄 일이 아니다 — 원자력 시대도 예외는 아니다. 유대인들은 그들의 종말론에 의

53) 에녹(그리고 인자)에 비유한 것들은 지금까지 쿰란 문서들에서 발견되지 않고 있는데(Cross, *op. cit.*, pp. 150f.), 이것은 아마 후대에(또는 병행해서) 발전했음을 의미할 것이다.

54) 이 문제에 대해서는 특히 Albright, *FSAC*, pp. 378-380를 참조하라. 어떤 신화적 특징들을 이용했든 그러한 것들을 당시에 빌려 왔다고 볼 수는 없을 것이다; cf. Cross, *ibid.*

해 지탱되며 완성의 날(consummation)을 고대하였다. 그리고 그 동안에 그들은 율법을 지켰다. 율법은 지금 여기에서 하나님이 당신 백성을 다스리는 수단이었다. 오직 율법에 순종함을 통해서만 유대인들은 자기들이 하나님의 백성임을 드러내고 또 현세와 내세에서 하나님의 호의를 확신할 수 있었다.

결어:
때가 차기까지

우리는 주전 2천년대 초기에 이스라엘의 선조들이 팔레스타인으로 이주해 온 때로부터 구약시대 말기에 이르기까지 이스라엘 역사를 더듬어 왔다. 우리는 이스라엘의 종교가 옛 지파 동맹시대의 신앙으로부터 민족 국가 시대를 거쳐 바벨론 포수 이후에 유대교로 알려진 종교의 형태로 귀결되기까지 되풀이하여 변용(變容)의 과정을 겪으면서도 그 본질적 체제를 고수하며 발전해 온 경위도 살펴보았다. 그것은 기나긴 역정(歷程)이었고, 우리는 더 이상 앞으로 나아갈 수 없다. 그러나 구약시대가 끝나는 시점에서 우리의 이야기도 끝내기는 했지만 명백하게 종착점으로 보이지도 않는 지점에서 갑자기 이야기를 중단했기 때문에 한가지 의문이 제기된다. 이 의문을 사려깊은 독자는 틀림없이 예상했을 것이다. 따라서 우리는 결론적으로 몇 마디를 덧붙여야 할 필요가 생겼다. 그것은 실제적인 문제이자 신학적으로 근본적인 중요성을 지닌 문제이다. 이스라엘 역사의 목표는 무엇인가? 이스라엘은 어디로 가고 있는가? 이스라엘은 어디서 끝나는가?

1. 이스라엘 역사의 종착점: 역사적 및 신학적 문제점.

이 질문은 가장 직접적으로는 이스라엘 역사를 끝맺을 수 있는 합당한 지점이 어디냐 하는 실제적인 문제와 관련이 있다. 이에 대한 일치된 답은 없다. 어느 시점을 택하든 불가피하게 다소 자의적일 수밖에 없다. 왜냐하면 이스라엘의 역사는 유대 민족을 통해 지속되었으므로 실제로는 끝난 것이 아니라 오늘날까지도 계속되고 있기 때문이다. 그럼에도 불구하고 구약시대의 말기가 다른 어느 시점보다도 가장 타당한 종착점을 제공해 준다고 믿는다. 물론 마카베오 투쟁의 발발은 분명히 이스라엘 역사의 종국이 아니라 그 새로운 국면의 시작으로서 또 다른 국면으로 잇달아 이어져 나간다. 그런 것들로 유다 마카베오(Judas Maccabeus)와 그의 형제 요나단과 시몬의 영도 아래의 성공적인 독립 투쟁, 하스모네아가(家)의 대제사장을 겸한 왕들(요한 히르카누스〈John Hyrcanus, 주전 135-104년〉와 그의 후계자들)의 통치, 로마인들의 팔레스타인 정복(주전 63년)과 로마제국의 지배, 끝으로 주후 66-70년과 132-135년의 항쟁을 들 수 있다. 이 마지막 사건으로 인하여 실질적으로 팔레스타인에서 유대인 공동체의 삶은 끝장이 났기 때문에, 그 사건이 이스라엘 역사의 논리적 종착점을 제공한다고 볼 수도 있다. 그리고 여러 역사가들은 이 문제를 그렇게 바라보아 왔다.[1]

그런데도 본서에서 거기까지 이야기를 끌고 가는 데에는 난감한 장애들이 있다 — 우선 지면의 제약이 있다. 그리고 그렇게 하려면 쿰란에서 출토된 증거들과 유대교의 여러 종파에 관한 전반적인 문제만이 아니라(더구나 이것은 필자의 현재 능력을 넘어서는 일로 생각된다) 우리 주님의 생애와 기독교 초창기의 이야기도 논의하지 않으면 안 된다. 이 마지막의 것(분명히 로마인 총독들의 이름보다 훨씬 중요한)을 생략한다는 것은 역사적으로는 물론이고 기독교인의 관점에서는 신학적으로도 용납될 수 없을 것이다. 절대로 생략해서는 안 될 것을 생략하기보다는 차라리 일찌감치 끝마치는 편이 낫다. 더욱이 유대인들의 마지막 항쟁은 그후의 큰 고초를 예고하긴 했지만 적어도 종교적인 관점에서 말하자면 탄나임 시대(the Tannaitic period) 중엽에 일어났기 때문에 종착점이라고는 할 수 없다.

그러므로 구약이 끝나는 시점에서 우리의 이야기를 끝맺는 것이 현명한 듯이 보였던 것이다. 이 시점에 이르기까지 포로기 이래, 특히 느헤미야와 에스라 이래로 오랜 변천 과정이 있었고, 그 과정에서 아직 완전히 체계화되지는 않고 여전히 유동적이었지만 유대교가 출현하였다. 바로 이 시점에서 '이스라엘'로서 이스라엘의 역사는 끝이 났고, 이후로는 유대교의 역사로 변전하여 진행되어 나갔다고 말할 수 있다. 실제로 유대교를 제쳐놓으면 이스라엘에는 의미있는 역사가 더 이상 없었다. 물론 북부 이스라엘의 제의 공동체의 유물(사마리아인들)이 명확한 실체로서 계속 존

1) 예를 들면, 영어판으로는 Noth, *HI*; Oesterley and Robinson, *History of Israel* (Oxford: Clarendon Press, Vol. II, 1932); P. Heinisch, *History of the Old Testament* (Eng. tr., Collegeville, Minn.: The Liturgical Press, 1952).

재해 왔고 오늘날에도 존재하고는 있지만 역사적인 중요성을 별로 지니고 있지 않은 별난 화석에 지나지 않는다. 이스라엘의 역사의 목적지는 유대교였기 때문에, 유대교의 출현으로써 우리의 과제가 마무리된 것으로 보아도 정당하다. 그 이후의 일들은 유대 민족의 역사 또는 다른 관점에서 말하면 신약시대의 역사로 다루어질 수 있을 것이다. 그러나 유대교를 통해서 이스라엘의 역사는 오늘날까지 지속되어 오고 있고 또한 이 세계가 존속하고 그리고 이스라엘의 하나님의 부르심을 고백하는 사람들이 남아 있는 한 지속되어 나가리라는 것을 잊어서는 안 된다.

그러나 위에서 제기된 질문은 신학적인 질문이기도 했다. 그렇다면 이스라엘 역사의 '신학적' 목적지는 무엇인가? 그 기나긴 신앙의 여정의 종착지는 어디인가? 이스라엘의 깊은 선민 의식, 하나님의 약속들에 대한 이스라엘의 생생한 소망은 어디에서 열매를 맺을 것인가? 아니면 아무런 열매도 맺지 못하고 소망은 망상(妄想)이 되고 말 것인가? 이런 질문들은 역사가가 사료를 검토하여 답할 수는 없고 개개인이 자기가 지닌 신앙에 따라 답해야 한다. 그러나 그것들은 가장 중요한 문제들이다. 더욱이 이 질문들은 구약성경 자체에 의해, 다시 말해서 구약 이야기가 중도에(*in medias res*) 결론도 없이 뭔가를 기다리는 자세로 끝나고 있다는 바로 그 사실에 의해 제기되고 있다. 구약성경은 우리에게 이스라엘의 역사를 알려 준다. 그것은 우리에게 이스라엘 신앙의 성격을 보여 주고 또 그 신앙의 내적인 내용과 외적인 제도들이 역사의 진전에 따라 어떻게 발전해 왔는가를 보여 준다.

또한 이스라엘이 그 신앙의 요구들에 어떻게 응답했는지, 곧 때로는 충성스러운 순종으로 때로는 엄청난 오해와 불순종으로 응답해 왔지만 순종할 때든 불순종할 때든 언제나 자기들이 그 신앙의 백성이라는 주장을 결코 그친 적이 없었다는 사실을 보여 준다. 또한 구약성경은 이 역사를 — 이스라엘 자신이 굳게 믿어 온 그대로 — 하나님의 목적의 실현 과정으로 묘사하면서 하나님이 열방의 모든 종족들 가운데서 이스라엘을 선택하여 자신의 특별한 백성으로 삼아 그분을 섬기며 순종하고 그분의 약속들을 받게 하였다고 선언하였다.

나아가 구약성경은 그 약속은 장래의 성취, 즉 온 세상에서 하나님의 통치가 궁극적으로 승리한다는 것을 가리키고 있다고 선언하였다. 즉, 구약성경은 이스라엘의 역사를 구속과 약속의 역사, "구속사"(Heilsgeschichte)로 제시하고 있다. 그러나 또 한편으로는 그와 동시에 반역과 실패와 좌절과 가장 쓰라린 실망의 역사로도 제시하고 있는데, 거기에서 소망은 흔히 무참하게 꺾이고 미루어지고 기껏해야 일부 실현된다. 요컨대, 그것은 구약성경의 어느 페이지에서도 결코 '구원'(Heil)에 도달한 적이 없는 "구속사"(Heilsgeschichte)다; 즉, 아직 구속사가 아닌 "구속사", 신학적 종착지에 도달하지 못한 이야기다.

이스라엘이 장래의 행복을 누릴 소망을 걸었던 것들 가운데 구약시대에서 조금이라도 비슷하게 실현된 것은 하나도 없었다는 것은 확실하다. 다윗 가문에서 국가의 운명을 회복해 줄 군주는 나타나지 않았다. 열방들이 여호와의 권능 있는 역사(役事)를 인정하고 그분의 승리의 통치에 복종하기 위하여 모여드는 일도 일어나지 않았다. 징조들과 기사(奇事)들을 수반하며 새로운 시대를 동터 오게 할 종말론적 개입도 없었다. 그러나 수많은 좌절에도 불구하고 소망은 포기되지 않았고 오히려 강화되었다. 구약의 이야기가 끝날 즈음에서 우리는 이스라엘이 박해의 채찍 아래에서 율법을 고수하며 때가 마침내 다가왔다고 확신하고서는 잔뜩 긴장된 눈으로 하나님의 미래를 바라다보는 모습을 보게 된다.

그러나 또다시 아니었다! 마카베오 투쟁은 사람들이 감히 기대했던 것보다도 더 성공적이었지만 '종말'(eschaton)를 가져오지 않았고 단지 하스모네아가(家)의 나라를 출현시켰을 따름이었다. 그것은 약속의 성취와는 거리가 멀었고 골수 유대인들 가운데 많은 사람들에게 달갑지 않은 체제였고, 일부 사람들은 적극적으로 혐오하기까지 했던 체제였다. 더구나 그 나라는 오래 지속하지도 못했다. 오래지 않아 로마의 군단(軍團)들이 진주해 왔고 유대인의 독립은 끝장이 났다. 그리고도 역사는 이어져 나갔다 — 그러나 유대인들이 소망했던 '목표'(telos)를 향해 나아간 것은 아니었다.

2. 이스라엘은 어디로? 유대교의 종파들과 파당들.

마카베오 투쟁이 일종의 촉매제가 됨으로써 주전 2세기의 유대교는 결정체(結晶體)가 되기 시작하여 그후 신약시대에도 지속될 형태를 갖추기 시작했다. 그러나 이러한 상황은 유대교의 미래는 무엇이어야 하는가 하는 문제가 새롭고 강력하게 제기되게 하였다. 이 문제는 이론적으로 제기되어 토론된 것은 아니었지만 십인 십색의 불꽃 튀는 논쟁거리였다. 유대교가 다른 헬레니즘적인 제의로 변질되는 것은 있을 수 없는 일이었다 — 이것은 명백하였다. 유대인들은 격리된 민족으로 남아서 하나님이 그들을 신원해 주실 것을 확신하는 가운데 율법 아래에서 살아갈 것이었다. 그러나 하나님의 신원이 어떻게 실현되며 또 그때까지 유대교는 어떠한 길을 추구해야 하느냐에 대해서는 의견이 여러 갈래로 갈리었다. 기독교 시대 이전의 수 세기 동안에 유대인 공동체 안에 자리를 잡았던 여러 종파와 파당들은 이와 같은 의견의 불일치를 보여 주는 증후였다.

물론 사두개파(the Sadducees)도 그 가운데 하나였다. 이들과 손을 잡은 제사장 귀족계급들과 세속의 귀족계급이 사두개파의 세력 배경이었다 — 이들은 바로 셀류코스 왕조 시대에 헬레니즘에 상당히 물든 계층이었다. 어떤 의미에서 그들은 보수주의자로 자처할 수 있었다. 왜냐하면 그들은 토라의 권위만을 인정하였고 서기관들에 의해 발전된 일단의 구전 율법에는 아무런 권위도 부여하지 않았기 때문이다. 또한 그들은 부활 신앙, 사후의 상벌, 마귀론과 천사론, 묵시 문학적 사변과 같은 새로운 개념들을 전반적으로 거부하였다. 그들의 가장 큰 관심은 합법적으로 설치된 제사장단의 감독하에 성전 제의를 거행하고 율법 가운데서도 특히 의식과 제물 봉헌에 관한 규정들을 충실히 이행하는 데에 있었을 것이다.

그들이 이스라엘을 위한 하나님의 궁극적인 목적을 무엇이라고 생각하였든, 현실에서 그들의 목표는 이러한 '현상' (*status quo*)이 유지되도록 힘쓰는 데에 있었다. 그들은 처세에 능한 실리적인 사람들이었기 때문에 현상 유지를 위해서는 상당히 융통성있게 타협적인 입장을 기꺼이 취하려고 했다. 그래서 세속의 통치자들에게 쉽게 협력하였는데, 세속적인 이득을 좇는 하스모네아가의 대제사장을 겸한 왕들이든(이들도 한 통속이었다) 로마인 총독들이든 상관하지 않았으며, 그들이 무엇보다도 두려워한 것은 현실의 균형을 뒤엎는 소란이었다 — 이것은 그들이 예수를 위험하다고 생각한 이유이다. 요컨대 그들에게 있어서 유대교의 활로는 오경의 율법 아래에서 성직자들이 다스리는 제의 공동체를 지속적으로 이어나가는 것이었다.

가장 두드러지게 이들과 반대되는 입장을 취한 집단이 바리새파(the Pharisees)였다.[2] 이들은 율법에 대하여 열심을 내고 헬레니즘과의 어떠한 타협도 용납하지 않았던 집단인 마카베오 시대의 하시딤파(the Hasidim)의 전통을 이어받았다. 하시딤파는 결코 호전적인 민족주의자들은 아니었지만 셀류코스 왕조의 박해를 견디다 못해 종교의 자유를 획득하기 위한 투쟁에 참여하지 않을 수 없었다. 그러나 종교적 자유가 획득되었을 때 그 투쟁이 정치적 독립을 위한 투쟁으로 변하자 그들은 점차 흥미를 잃었다. 주전 2세기가 경과하는 동안에 한 종파로서 출현한

---

2) 특히 L. Finkelstein, *The Pharisees* (The Jewish Publication Society of America, 2 vols., 2nd ed., 1940)를 참조하라; 또한 제12장 주 1에 열거된 저작들도 참조하라.

바리새파는 하시딤파와 마찬가지로 율법 준수에서 지나칠 정도로 엄격하였다. 그들은 속된 하스모네아가 왕들의 정책에 거의 찬성할 수 없었기 때문에 그 왕들과의 관계는 대체로 긴장되어 있었다.

바리새파는 귀족계급도 아니고 제사장 파벌도 아니었지만 도덕적으로 진지하였기 때문에 백성들 사이에서 널리 존경을 받았다. 실제로 그들은 유대교의 진정한 정신적 지도자들이 되어 유대교의 기조를 잡아 나갔다. 그들은 종교 문제에서는 사두개파보다 더 엄격했지만 어떤 의미에서는 보수적이지 않았다. 그들은 성경의 다른 부분들도 토라와 나란히 권위 있는 것으로 받아들였고 또한 성문 율법을 해석하기 위하여 발전된 구전 율법도 똑같이 구속력이 있는 것으로 간주하였다. 바로 그들을 통해 구전 율법은 전승되며 확대되어 나가다가 마침내 미쉬나(Mishnah)로 편찬되었고(주후 200년경) 그 다음에는 탈무드(Talmud)로 집대성되었다. 바리새파는 아주 기꺼이 부활을 받아들였고 그 밖의 이와 비슷한 새로운 교의들도 받아들였다. 그들은 유대교의 활로는 성문화되었든 구전되었든 율법을 아주 세세하게 지킴으로써 하나님의 거룩한 백성이 되는 것이라고 믿었다. 그렇게 할 때만이 유대인들은 하나님이 정하신 때가 되면 이루어질 약속들의 성취를 기대할 수 있다고 믿었다. 바리새파는 로마인들의 통치 아래에서 짜증을 내긴 했지만 대체로 혁명적인 과격한 행동을 취하는 데에는 신중했고 또한 묵시론자들의 터무니없는 환상에 대해서도 신중한 입장을 취했다.

물론 유대교의 활로는 호전적인 민족주의 노선을 따르는 데에 있다고 생각한 사람들도 있었다. 이런 견해를 가진 사람들이 마카베오 투쟁의 중추였고 또한 그 투쟁을 단순히 종교의 자유를 위한 투쟁에서 더 나아가 민족의 독립을 위한 전면전으로 전환시켰던 사람들이었다. 요한 히르카누스와 그 후계자들의 영도 아래 하스모네아가의 국가가 수립되고 세력 기반이 강화됨에 따라 틀림없이 그들의 열망은 성취되었을 것이고 따라서 호전적인 민족주의도 한동안 잠잠했다. 그러나 유대인 애국자들에게 치욕과 분노였던 로마인의 점령 시대가 닥치자 다시 한번 민족주의 감정은 불이 붙어 올랐다. 그리하여 신약시대에는 열심당(Zealots)이라는 당파가 출현했다. 이들은 광적으로 용감하고 무모한 사람들로서 하나님이 그들을 도우러 오실 것을 확신하고 민족의 독립을 위해서는 어떠한 강적도 공격할 준비가 되어 있었던 당파였다.[3]

3) 마카베오 정신의 계승자로서의 열심당에 대해서는 W. R. Farmer, *Maccabees, Zealots and Josephus* (Columbia University Press, 1956)를 참조하라.

이러한 사람들이 주후 66-70년과 132-135년의 항쟁에 참여하였고, 이 항쟁으로 말미암아 유대인 민족 공동체는 끝장이 나고 말았다. 열심당은 율법 대한 태도에 있어서 바리새파와 별반 다를 것이 없었던 것 같지만, 민족의 활로가 단지 율법을 지키면서 기다리는 데 있다고 보는 것을 달가워하지 않았다.

끝으로 임박한 종말을 기다리며 종말론적 긴장 속에서 살았던 엣세네파 같은 종파들이 있었다. 사해 두루마리들이 출토된 바 있는 쿰란(Qumran) 종파는 엣세네파였음이 거의 확실하다. 여기서 이 문제에 관해 논의할 형편은 못된다.[4] 바리새파와 마찬가지로 엣세네파도 아마 하시딤파의 전통을 이어받았던 것 같다. 그러나 엣세네파는 하스모네아가의 대제사장을 겸한 왕들에 대해서는 화해의 여지가 없는 반대입장을 취했다. 이 종파의 세력 배경은 사독 가문의 제사장들이었던 것으로 보이며, 하스모네아가의 제사장직을 불법적이며 배교적인 것으로 간주했던 묵시문학에 경도된 사람들이 그들과 제휴했다.

아마 주전 2세기의 마지막 30년의 어느 무렵에 그들은 예루살렘과 성전 제의에의 참여를 거부하고 유대 광야로 물러나 은둔처를 마련했던 것 같다. 그들은 거기서 임박한 종말에 대비하여 수도원과 비슷한 생활을 영위하였다. 분명히 이 엣세네파 사람들 사이에서 유대교의 묵시문학 전통이 간직되었고 또 그 계통의 작품들도 많이 나왔을 것이다. 그들은 새 언약의 백성으로 자처했고, 율법을 나름대로 독특하게 해석하였으며, 고유한 종교력(宗教曆)을 사용했고, 엄중하게 시행된 엄격한 규율을 지킬 것을 서약했다. 그들은 역사의 드라마의 임박한 대단원, 곧 빛과 어둠, 하나님과 악의 권세 사이의 최후 결전이 벌어질 날을 기다렸다 — 그리고 이와 함께 지상에서도 성전(聖戰)이 벌어질 것으로 생각했기 때문에 그들은 여기에 참여하기를 기대하고 있었다. 그들은 모든 예언이 자기 시대에 실현되고 있다고 확신하였기 때문에 이

4) 관련된 문헌은 극히 많다: 출간 당시까지의 참고문헌들을 열거해 놓고 있는 C. Burchard, *Bibliographie zu den Handschriften vom Toten Meer*(vol. I, 1957; vol, II, 1965 〔*BZAW*, 76, 89〕)를 참조하라. J. A. Fitzmyyer, *The Dead Sea Scrolls: Major Publications and Tools for Study* (Missoula, Mont.: Scholars Press, 1975)는 특히 유용하다. 쿰란에 관한 고고학적 발굴 결과에 대해서는 R. de Vaux, *Archaeology and the Dead Sea Scrolls* (Eng. tr., London: Oxford University Press, 1973)를 참조하라. 일반 독자를 위한 가장 좋은 개관으로는 F. M. Cross, *The Ancient Library of Qumran*(rev. ed., Doubleday, 1961)이 있다. 엣세네파에 관한 짤막한 역사로는 J. Murphy-O'Connor, "The Esseenes in Palestine"(*BA*, XL〔1977〕, pp. 100-124)을 참조하라. 수많은 책자들 가운데서 G. Vermes, *The Dead Sea Scrolls: Qumr n in Perspective* (London: Collins, 1977)는 매우 추천할 만하다.

를 보여 주기 위해 성경의 여러 책을 주석하였다. 신약성경의 사상적 배경을 이해할 때 엣세네파 신앙의 중요성은 따로 다루어야 할 주제이다.[5)]

물론 유대교가 묵시론자, 민족주의자, 율법주의자와 같은 상호 배타적인 집단들로 분열되는 과정에 있었다고 상상해서는 안 된다. 이런 집단들은 공통적으로 간직하고 있었던 신앙의 틀 안에 있는 분파들이었고, 그 집단들간의 노선들은 언제나 확고부동한 것은 아니었다. 무관심한 자들과 배교자들을 제외하고는 모든 유대인들은 율법에 충실하였다. 그리고 속된 마음을 가진 사두개파 사람들을 제외하고는 모두 종말론적인 대망과 민족주의적인 열정을 품고 있었다. 각 분파의 차이는 율법의 해석, 종말론에 대한 강조의 정도, 민족의 장래 소망이 이루어질 방식에 있었다.

예를 들면, 엣세네파는 율법을 색다르게 이해하고는 있었지만 율법 준수에서는 바리새파와 똑같이 엄격하였다. 그리고 그들은 열심당과 마찬가지로 때만 오면 이스라엘의 하나님을 위해 싸울 각오가 되어 있었다 — 분명히 그들은 주후 66-70년의 항쟁에 참여하여 싸웠을 것이다. 그리고 바리새파는 대체로 묵시문학적 환상과 메시야 대망의 열광에 신중한 입장을 취했지만, 그들 역시 국가의 회복을 소망했다. 그들 가운데 일부는 국가의 회복을 위하여 싸울 준비가 되어 있었다. 이를테면 위대한 랍비 아키바(Akiba)는 바르 코크바(Bar-Cochba)를 메시야로 찬양하면서 싸웠다(주후 132-135년). 그러나 위의 분파들은 모두 명확히 규정된 종교 공동체의 구조 안에 존재했기 때문에 너무 과장되어서는 안 되겠지만 유대인들이 이스라엘이 무엇이어야 하며 또 이스라엘의 활로는 무엇이어야 하는가 하는 문제에서 의견의 일치를 보지 못했다는 사실을 보여 주는 지표이다.

3. 이스라엘 역사의 목적지: 유대교의 답변과 기독교인의 단언.

그렇다면 이스라엘의 역사는 어디로 나아가는가? 결국 유대교가 이에 대해 말할 수 있는 대답은 오직 하나뿐이었다. 다른 대답들은 유지될 수 없는 것으로 판명되었기 때문이다. 사두개파의 대답은 사실상 대답도 아니었다. 왜냐하면 유대교가 지향

---

5) 특히 Cross, *op. cit.*, Ch. V; K. Stendahl, ed., *The Scrolls and the New Testament* (New York: Harper & Brothers, 1957; London: SCM Press, 1958); M. Black, *The Scrolls and Christian Origins* (London and New York: Nelson, 1961); *idem*, ed., *The Scrolls and Christianity* (London: SPCK, 1969)를 참조하라.

할 미래를 전혀 지적하지 않았기 때문이다. 그것은 다만 "현상"을 유지하려는 시도였을 뿐이다. 그 "현상"이 끝장이 나자 사두개파는 존재하지 않게 되었고, 그들의 대답은 아무런 의미도 없게 되었다. 호전적인 민족주의도 대답을 제시하지 못했다. 그와는 반대로 그것은 민족의 파멸을 초래하였고, 그후로는 모든 것을 단념하지 않을 수 없었기 때문에 한낱 꿈으로만 남게 되었다. 또한 묵시론도 미래의 진로를 열어 주지 못했다. 묵시문학적 소망은 하나도 실현되지 않았다. 그토록 기괴한 연극이 세계사의 무대에서 상연될 리가 없었을 것이다.

유대교는 종말론적 공동체로서 자신의 미래를 발견하지 못했다. 유대교가 실제로 취할 수 있었던 길은 오직 하나의 남은 길뿐이었다. 그것은 바리새파가 가리킨 길로서 규범적 유대교, 곧 미쉬나(Mishnah)와 탈무드(talmud)로 이어지는 길이었다. 이스라엘의 역사는 유대 민족, 곧 이스라엘의 하나님으로부터 자신의 율법 아래에서 인류의 마지막 세대에 이르기까지 살아가도록 요구받은 유대 민족의 역사를 통해 이어져 나갈 것이었다. 그러므로 유대인들에게 있어서 구약신학은 탈무드로 결실을 맺은 것이 된다. 그들에게 구약의 소망은 아직 성취되지 않은 채 무기한 연기된 것이었다. 그래서 어떤 사람들은 열심히 그 성취를 기다렸고 또 어떤 사람들은 아예 포기했으며(아마 유대인들은 종말론에서 기독교인들과 마찬가지로 한 마음이 아니었을 것이기 때문이다) 또 다른 사람들은 그 소망을 세속화하거나 희석화하였다. "이스라엘의 역사는 어디로?" 라는 질문에 대한 유대교의 대답은 이러했다. 그것은 타당한 답이고, 역사적 관점에서 보면 정확한 답이기도 하다. 왜냐하면 이스라엘의 역사는 유대교 속에서 이어지고 있기 때문이다.

그러나 또 하나의 대답이 있다. 그것은 기독교인의 답이며 또 기독교인이라면 반드시 해야 하는 답이다. 이 답도 역시 역사적 관점에서 보면 정당하다. 왜냐하면 기독교는 실제로 유대교의 허리에서 나왔기 때문이다. 이 대답은 구약의 역사와 신학의 목적지는 그리스도와 그분의 복음이라는 것이다. 기독교인의 대답은 그리스도는 고대하던 하나님의 구원 능력이 인류 역사에 결정적으로 침투한 사건이자 모든 시대의 전환점으로서 그리스도 안에서 율법을 완성하는 의(義)가 이루어졌고 또한 온갖 형태로 표방되어 온 이스라엘의 소망이 명실 상부하게 성취되었다고 선언한다. 요컨대 기독교인의 대답은 그분이 바로 이스라엘 역사의 신학적 종착점이라고 단언한다. 따라서 "이스라엘의 역사는 어디로?" 라는 질문에 대해 이와같이 상반되는 두 가지 대답이 있다.

기독교인과 그의 유대인 친구가 서로 의견을 달리하는 것은 근본적으로 바로 이 문제에 관한 것이다. 비록 견해를 달리하더라도 양자가 사랑과 상호 관심 속에서 자신의 입장을 지켜 나가도록 기도하자. 왜냐하면 둘다 우리 모두의 아버지인 동일한 하나님을 섬기는 신앙의 유산의 상속자들이기 때문이다. 어쨌든 대답은 두 가지다. 이스라엘의 소망은 망상(妄想)으로서 아무런 것도 가져다 주지 못하는 인간의 소원이 만들어 낸 허구라고 말할지도 모른다. 사실 그렇게 말하는 사람들이 있어 왔다. 그러나 역사는 진정 제3의 대답을 허용치 않고 있다. 이스라엘의 역사는 곧바로 탈무드로 이어지거나 복음으로 이어지고 있기 때문이다. 역사는 사실 그 밖의 다른 방향으로 나아가지 않았다.

그렇기 때문에 구약의 역사는 궁극적으로 우리에게 다음과 같은 결정적인 물음을 던진다. 그것은 "당신은 나를 누구라고 말합니까?"라는 물음이다. 이것은 신앙의 단언을 통해서만 대답될 수 있는 물음이다. 그러나 이스라엘의 역사를 읽는 사람은 누구나 스스로 의식하든 의식하지 못하든 이 물음에 부닥치게 되며 그리고 어떤 식으로든 대답을 하게 된다 — 대답을 거부하는 것도 하나의 대답이 된다. 기독교인은 물론 이렇게 대답하지 않으면 안 된다. "당신은 살아 계신 하나님의 아들 그리스도〔메시야〕이십니다". 이렇게 말하고 나면 — 자기가 한 말을 이해하고 있다면 — 그 사람에게 구약의 역사는 그리스도에 이르러 그 막을 내린 구원의 드라마의 일부라는 새로운 의미를 지니게 된다. 그리스도 안에서 또 그리스도로 말미암아 기독교인은 "구속사"(Heilsgeschichte)이지만 실망과 실패의 역사이기도 한 구약의 역사가 마침내 실제로 "구속사"가 되었음을 알게 된다.

연대표

The Prologue
I. Before 2000 B.C.

Chapters 1 and 2
II. The Age of the Patriarchs

Chapter 3
III. The Late Bronze Age

Chapters 4 and 5
IV. Ca. 1200–900 B.C.

Chapter 6
V. Schism to Mid-Eighth Century

Chapters 7 and 8
VI. Ca. Mid-Eighth to Mid-Sixth Centuries

Chapters 9 and 10
VII. Sixth and Fifth Centuries

Chapter 11
VIII. Ca. 400–150 B.C.

	EGYPT	PALESTINE	MESOPOTAMIA
7000		Jericho (prepottery Neolithic) Other Neolithic village culture in Palestine, Syria, Cilicia, Anatolia, etc.	Jarmo (prepottery Neolithic)
6000			Other Neolithic settlements
5000			Hassuna
4500		Jericho (pottery Neolithic)	Halaf
	Fayum A		
4000	Badarian	Chalcolithic cultures	Obeid
3500	Amratian	Ghassulian	Warka OR Early Protoliterate
	Gerzean	Early Bronze Age OR Proto-Urban Age EB I	Late Protoliterate Jemdet Nasr
3000	The Old Kingdom 29–23 cen.	EB II Early Bronze Age	*Early Dynastic Period ca. 2850–2360* (Sumerian City States)
		EB III	
2500	III–IV Dynasties 26–25 cen. (The Pyramid Age)	EB IV (III B) Intermediate EB–MB	*Empire of Akkad ca. 2360–2180*
	I Intermediate Period 22–21 cen.	(Seminomadic incursions)	Guti invasion
2000	*The Middle Kingdom 21–18 cen.*	Middle Bronze I	Ur III : ca. 2060–1950

I. Before ca. 2000 B.C.

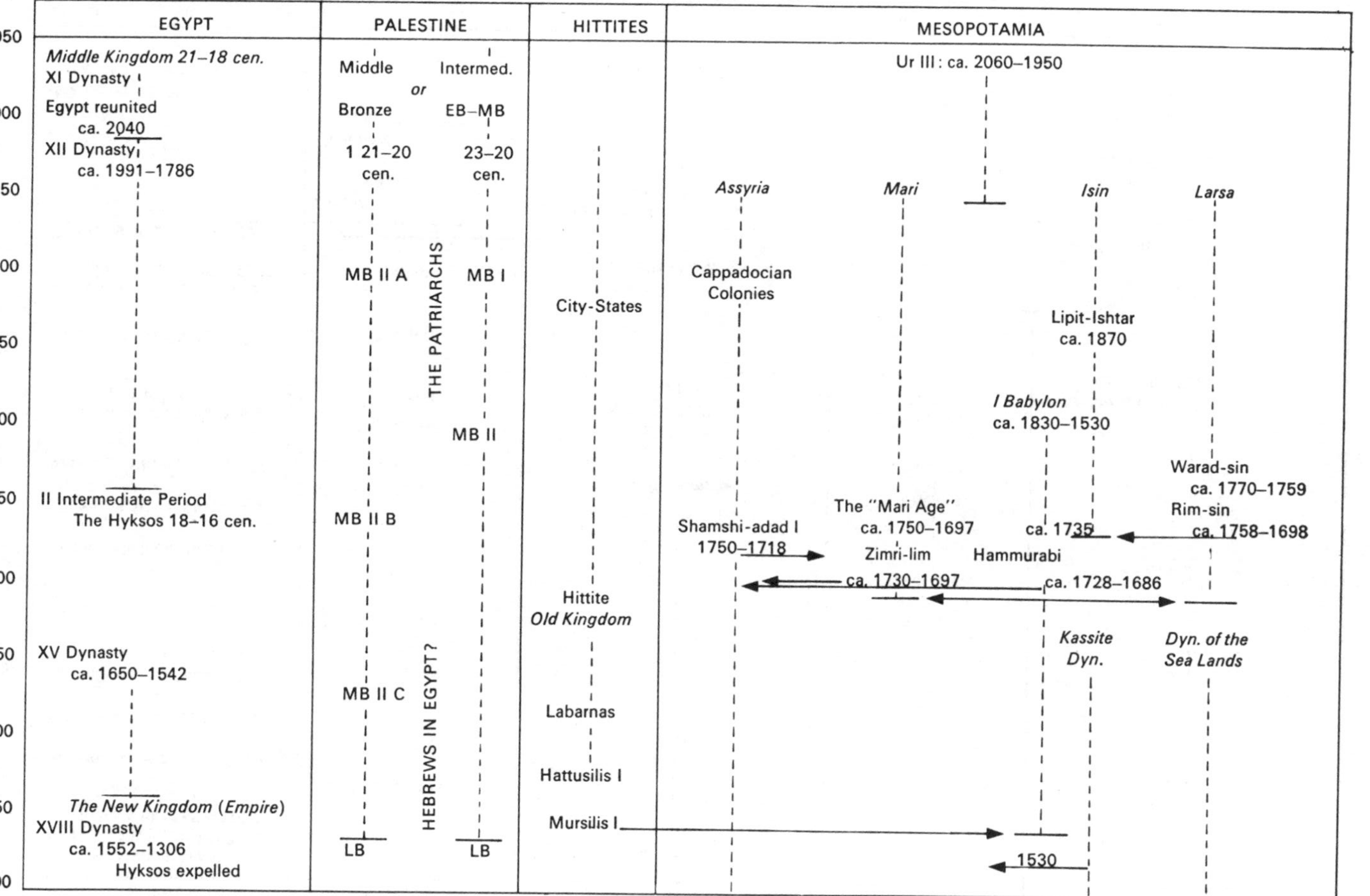

II. The Age of the Patriarchs

	EGYPT	PALESTINE	HITTITES	MITANNI	ASSYRIA
1600	*New Kingdom* (*Empire*) XVIII Dynasty ca. 1552–1306 Amosis ca. 1552–1527		*Old Kingdom*		
1550	Hyksos expelled Amenophis I ca. 1527–1507	Late Bronze Age	Mursilis I		
	Thutmosis I ca. 1507–1494				
1500	Thutmosis II ca. 1494–1490 Thutmosis III ca. 1490–1436	Hebrews in Egypt		Shuttarna I	
				Saushsatar	
1450	Amenophis II ca. 1438–1412				
	Thutmosis IV ca. 1412–1403			Artatama	
1400	Amenophis III ca. 1403–1364		*Hittite Empire*	Shuttarna II	
	Amenophis IV (Akhenaten) ca. 1364–1347	The Amarna Period	Shuppiluliuma ca. 1375–1335	Tushratta	Asshur-uballit I ca. 1356–1321
1350	Haremhab ca. 1333–1306	Hebrews in Egypt			
	XIX Dynasty ca. 1306–1200 Sethos I ca., 1305–1290		Muwattalis ca. 1306–1282		
1300	Ramesses II ca. 1290–1224	*Exodus* ca. 1280 ?	Hattusilis III ca. 1275–1250		Adad-nirari I ca. 1297–1266
1250		*Conquest* ca. 1250–1200			Shalmaneser I ca. 1265–1235 Tukulti-ninurta I ca. 1234–1197
1200	Marniptah ca. 1224–1211 (weakness and anarchy)		Hittite Empire ends		

III. The Late Bronze Age

	EGYPT	PALESTINE	ASSYRIA
1250	Marniptah ca. 1224–1211 (Sea Peoples defeated)	Israelite Conquest of Palestine ca. 1250–1200 Beginning of Iron Age ca. 1200–1000	Tukulti-ninurta I ca. 1234–1197
1200	weakness and anarchy XX Dynasty ca. 1185–1069 Ramesses III ca. 1183–1152 (Sea Peoples defeated)	The Period of the Judges ca. 1200–1020 Philistines settle in Palestine	Assyrian weakness
1150	Ramesses IV–XI ca. 1152–1069	Deborah Gideon	
1100	End of the Egyptian Empire XXI (Tanite) Dynasty ca. 1069–935		Tiglath-pileser I ca. 1116–1078 (brief Assyrian revival)
1050		Fall of Shiloh (after 1050) Samuel Saul ca. 1020–1000? Aramean pressure	Assyrian weakness
1000		David ca. 1000–961	
950	XXII Dynasty ca. 935–725	Solomon ca. 961–922 Schism 922 Damascus Rezon	Asshur-dan II 935–913
900	Shishak ca. 935–914	Kingdom of Judah 922–587 Kingdom of Israel 922–722/1	(Assyria's recovery begins)

IV. Ca. 1200—900 B.C.

	EGYPT	ISRAEL		DAMASCUS	ASSYRIA
950	XXII Dynasty ca. 935–725	Solomon ca. 961–922		Rezon	
	Shishak ca. 935–914				Asshur-dan II 935–913
925		Judah —— 922	—— Israel		
		Rehoboam 922–915	Jeroboam I 922–901		
	Osorkon I ca. 914–874				
		Abijah 915–913			Adad-nirari II 912–892
900		Asa 913–873	Nadab 901–900		
			Baasha 900–877		
				Ben-hadad I ca. 885–870	Asshur-nasir-pal II 884–860
875			Elah 877–876		
			Zimri 876		
		Jehoshaphat 873–849	Omri 876–869	Ben-hadad II ca. 870–842	
			Ahab 869–850		
			(*Elijah*) (Battle	of Qarqar 853)	Shalmaneser III 859–825
850			Ahaziah 850–849		
		Jehoram 849–843	Jehoram (*Elisha*) 849–843/2		
		Ahaziah 843/2			
		Athaliah 842–837	Jehu 843/2–815	Hazael ca. 842–806	
		Joash 837–800			
825					Shamshi-adad V 824–812
			Jehoahaz 815–802		Adad-nirari III 811–784
				Ben-hadad III	
800		Amaziah 800–783	Jehoash 802–786		
		Uzziah (Azariah) 783–742	Jeroboam II 786–746		
775					Assyrian weakness
	XXIII Dynasty ca. 759–715				
750			(*Amos*)		

V. Schism to Mid-Eighth Century

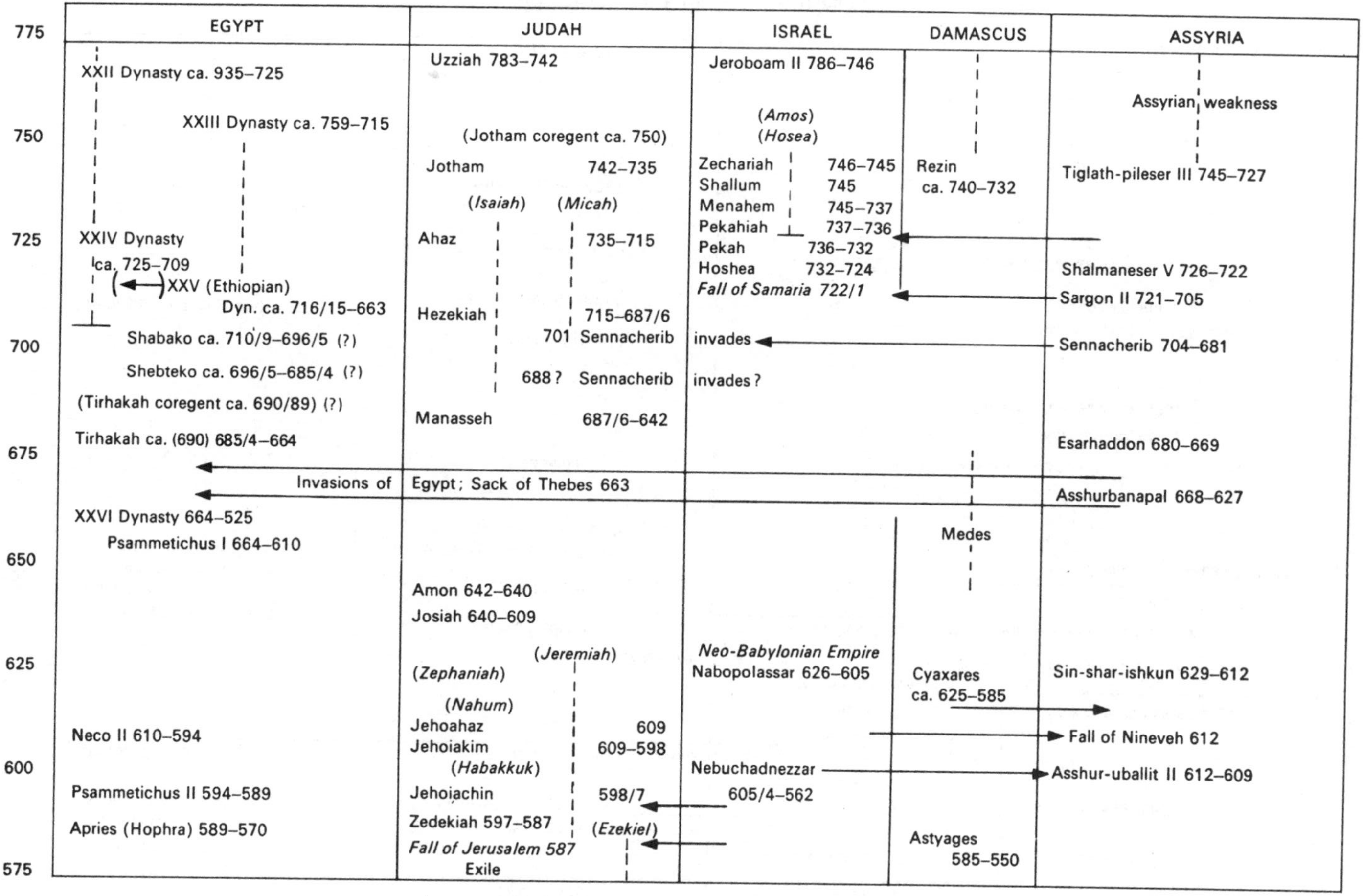

	EGYPT	JUDAH	ISRAEL	DAMASCUS	ASSYRIA
775	XXII Dynasty ca. 935–725	Uzziah 783–742	Jeroboam II 786–746		
			(*Amos*)		Assyrian weakness
750	XXIII Dynasty ca. 759–715	(Jotham coregent ca. 750)	(*Hosea*)		
		Jotham 742–735	Zechariah 746–745	Rezin	Tiglath-pileser III 745–727
			Shallum 745	ca. 740–732	
		(*Isaiah*) (*Micah*)	Menahem 745–737		
			Pekahiah 737–736		
725	XXIV Dynasty	Ahaz 735–715	Pekah 736–732		
	ca. 725–709		Hoshea 732–724		Shalmaneser V 726–722
	XXV (Ethiopian)		*Fall of Samaria 722/1*		Sargon II 721–705
	Dyn. ca. 716/15–663	Hezekiah 715–687/6			
700	Shabako ca. 710/9–696/5 (?)	701 Sennacherib	invades		Sennacherib 704–681
	Shebteko ca. 696/5–685/4 (?)	688 ? Sennacherib	invades ?		
	(Tirhakah coregent ca. 690/89) (?)				
	Tirhakah ca. (690) 685/4–664	Manasseh 687/6–642			
675					Esarhaddon 680–669
	Invasions of	Egypt; Sack of Thebes 663			Asshurbanapal 668–627
	XXVI Dynasty 664–525			Medes	
650	Psammetichus I 664–610				
		Amon 642–640			
		Josiah 640–609			
625		(*Jeremiah*)	*Neo-Babylonian Empire*		
		(*Zephaniah*)	Nabopolassar 626–605	Cyaxares ca. 625–585	Sin-shar-ishkun 629–612
		(*Nahum*)			
	Neco II 610–594	Jehoahaz 609			Fall of Nineveh 612
		Jehoiakim 609–598			
600		(*Habakkuk*)	Nebuchadnezzar 605/4–562		Asshur-uballit II 612–609
	Psammetichus II 594–589	Jehoiachin 598/7			
	Apries (Hophra) 589–570	Zedekiah 597–587 (*Ezekiel*)		Astyages 585–550	
575		*Fall of Jerusalem 587* Exile			

VI. Ca. Mid-Eighth to Mid-Sixth Centuries

	EGYPT	THE JEWS	BABYLON	MEDIA
600	Neco II 610–594 Psammetichus II 594–589 Apries (Hophra) 589–570	1st deportation 597 *Fall of Jerusalem* 2d dep. 587 3d deportation 582	Nebuchadnezzar 605/4–562	Cyaxares 625–585 Astyages 585–550
575	Amasis 570–526	Nebuchadnezzar invades Exile	Egypt 568 Amel-marduk 562–560 Neriglissar 560–556 Nabonidus 556–539	Cyrus overthrows Astyages 550
550	Psammetichus III 526/5 Cambyses conquers Egypt 525 Egypt under Persian rule	(*II Isaiah*) Cyrus' edict 538 Zerubbabel	Cyrus takes Babylon 539	*Persian* (*Achaemenian*) *Empire* Cyrus 550–530 Cambyses 530–522 Darius I Hystaspes 522–486
525		The Temple rebuilt 520–515 (*Haggai, Zechariah*)		
500		(*Obadiah*?)		(Marathon 490) Xerxes 486–465 (Thermopylae, Salamis, 480)
475	Rebellion of Inaros 460–454	(*Malachi*) Ezra's mission 458??		Artaxerxes I Longimanus 465–424
450		Nehemiah governor 445– Ezra's mission 428?		(Peace of Callias 449)
425	Egypt regains freedom 401	Bagoas governor Ezra's mission 398??		Xerxes II 423 Darius II Nothus 423–404 Artaxerxes II Mnemon 404–358
400				

VII. Sixth and Fifth Centuries

	EGYPT	THE JEWS	PERSIA
400	XXVIII, XXIX, XXX Dynasties		
375			
350			Artaxerxes III Ochus 358–338
	Egypt reconquered by Persia 343		Arses 338–336 Darius III Codomannus 336–331
325	Egypt occupied by Alexander 332	Alexander the Great 336–323 Issus 333	Gaugamela 331
	The Ptolemies		The Seleucids
300	Ptolemy I Lagi 323–285	The Jews under the Ptolemies	Seleucus I 312/11–280
275	Ptolemy II Philadelphus 285–246		Antiochus I 280–261
250	Ptolemy III Euergetes 246–221		Antiochus II 261–246 Seleucus II 246–226
225	Ptolemy IV Philopator 221–203		Seleucus III 226–223 Antiochus III (the Great) 223–187
200	Ptolemy V Epiphanes 203–181	Seleucid Conquest of Palestine 200–198 The Jews under the Seleucids	
175	Ptolemy VI Philometor 181–146		Seleucus IV 187–175 Antiochus IV (Epiphanes) 175–163
150		Profanation of the Temple Dec. 167 (168) Judas Maccabeus 166–160 Rededication of the Temple Dec. 164 (165) Jonathan 160–143	Antiochus V 163–162 Demetrius I 162–150

VIII. Ca. 400–150 B.C.

역사 지도 색인

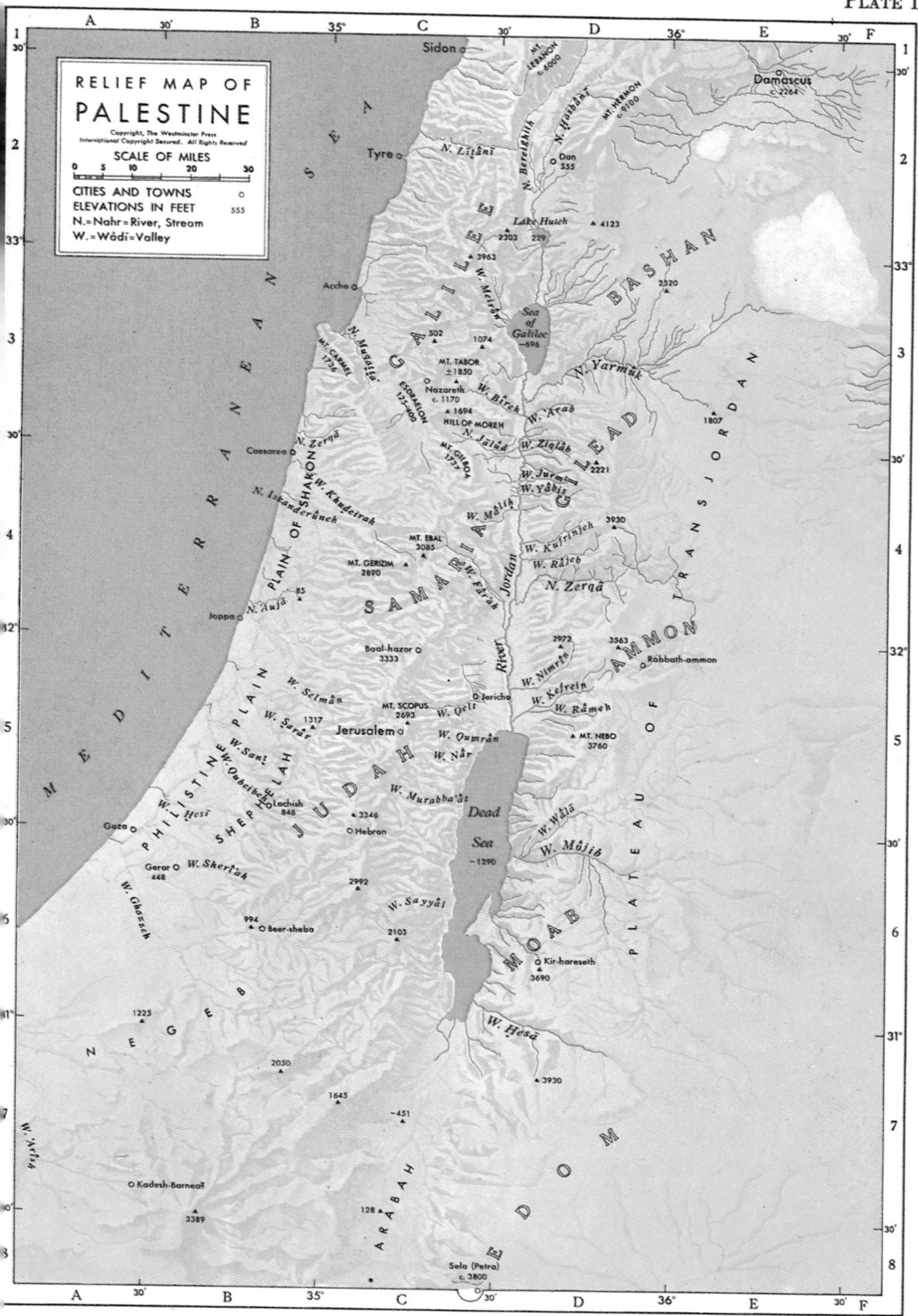

Cartography By G. A. Barrois and Hal & Jean Arbo

Edited By G. Ernest Wright and Floyd V. Filson

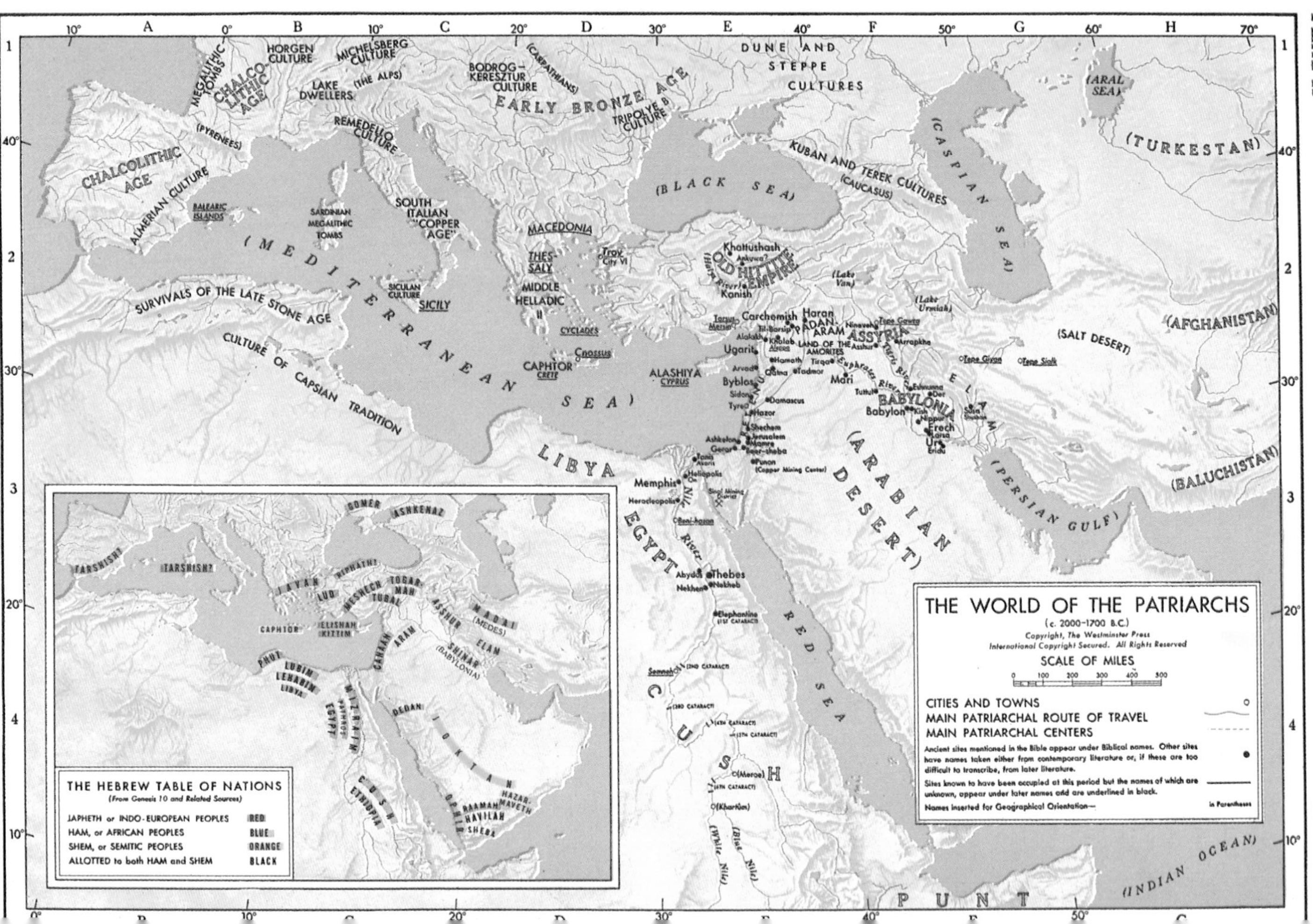
THE WORLD OF THE PATRIARCHS
(c. 2000–1700 B.C.)
Copyright, The Westminster Press
International Copyright Secured. All Rights Reserved
SCALE OF MILES
0 100 200 300 400 500
CITIES AND TOWNS
MAIN PATRIARCHAL ROUTE OF TRAVEL
MAIN PATRIARCHAL CENTERS
Ancient sites mentioned in the Bible appear under Biblical names. Other sites have names taken either from contemporary literature or, if these are too difficult to transcribe, from later literature.
Sites known to have been occupied at this period but the names of which are unknown, appear under later names and are underlined in black.
Names inserted for Geographical Orientation— in Parentheses
THE HEBREW TABLE OF NATIONS
(From Genesis 10 and Related Sources)
JAPHETH or INDO-EUROPEAN PEOPLES RED
HAM, or AFRICAN PEOPLES BLUE
SHEM, or SEMITIC PEOPLES ORANGE
ALLOTTED to both HAM and SHEM BLACK
GOMER
ASHKENAZ
TARSHISH?
RIPHATH?
JAVAN
LUD
MESHECH
TOGARMAH
TUBAL
ASSHUR
MADAI (MEDES)
CAPHTOR
ELISHAH KITTIM
ARAM
ELAM
SHINAR (BABYLONIA)
CANAAN
PHUT
LUBIM
LEHABIM
LIBYA
MIZRAIM
PATHROS
EGYPT
DEDAN
JOKTAN
HAZARMAVETH
RAAMAH
OPHIR
HAVILAH
SHEBA
CUSH
ETHIOPIA
MEGALITHIC TOMBS
CHALCOLITHIC AGE
HORGEN CULTURE
MICHELSBERG CULTURE
LAKE DWELLERS
(THE ALPS)
BODROG-KERESZTUR CULTURE
(CARPATHIANS)
EARLY BRONZE AGE
TRIPOLYE B CULTURE
DUNE AND STEPPE CULTURES
(ARAL SEA)
(TURKESTAN)
(PYRENEES)
REMEDELLO CULTURE
CHALCOLITHIC AGE
ALMERIAN CULTURE
BALEARIC ISLANDS
SARDINIAN MEGALITHIC TOMBS
SOUTH ITALIAN "COPPER AGE"
MACEDONIA
(BLACK SEA)
KUBAN AND TEREK CULTURES
(CAUCASUS)
(CASPIAN SEA)
(MEDITERRANEAN SEA)
SURVIVALS OF THE LATE STONE AGE
CULTURE OF CAPSIAN TRADITION
SICULAN CULTURE
SICILY
THESSALY
MIDDLE HELLADIC II
Troy City VI
CYCLADES
Cnossus
CAPHTOR
CRETE
ALASHIYA
CYPRUS
Khattushash
OLD HITTITE EMPIRE
(Halys River)
Kanish
(Lake Van)
(Lake Urmiah)
Carchemish
Haran
PADAN-ARAM
ASSYRIA
Nineveh
Tepe Gawra
Asshur
Arrapkha
LAND OF THE AMORITES
Ugarit
Alalakh
Tirqa
Mari
Hamath
Qatna
Tadmor
Arvad
Byblos
Sidon
Tyre
Damascus
Hazor
Shechem
Jerusalem
Mamre
Beer-sheba
Ashkelon
Gerar
Punon (Copper Mining Center)
Tigris River
Euphrates River
Eshnunna
Der
BABYLONIA
Babylon
Kish
Nippur
Erech
Larsa
Ur
Eridu
ELAM
Susa
Tepe Giyan
Tepe Sialk
(SALT DESERT)
(AFGHANISTAN)
(BALUCHISTAN)
(PERSIAN GULF)
(ARABIAN DESERT)
LIBYA
Memphis
Heracleopolis
Heliopolis
Tanis
Avaris
Sinai Mining Center
Beni-hasan
Nile River
EGYPT
Abydos
Thebes
Nekhen
Nekheb
Elephantine
(1st CATARACT)
(2nd CATARACT)
Semneh
(3rd CATARACT)
(4th CATARACT)
(5th CATARACT)
(6th CATARACT)
(Meroe)
(Khartum)
CUSH
(Blue Nile)
(White Nile)
RED SEA
PUNT
(INDIAN OCEAN)

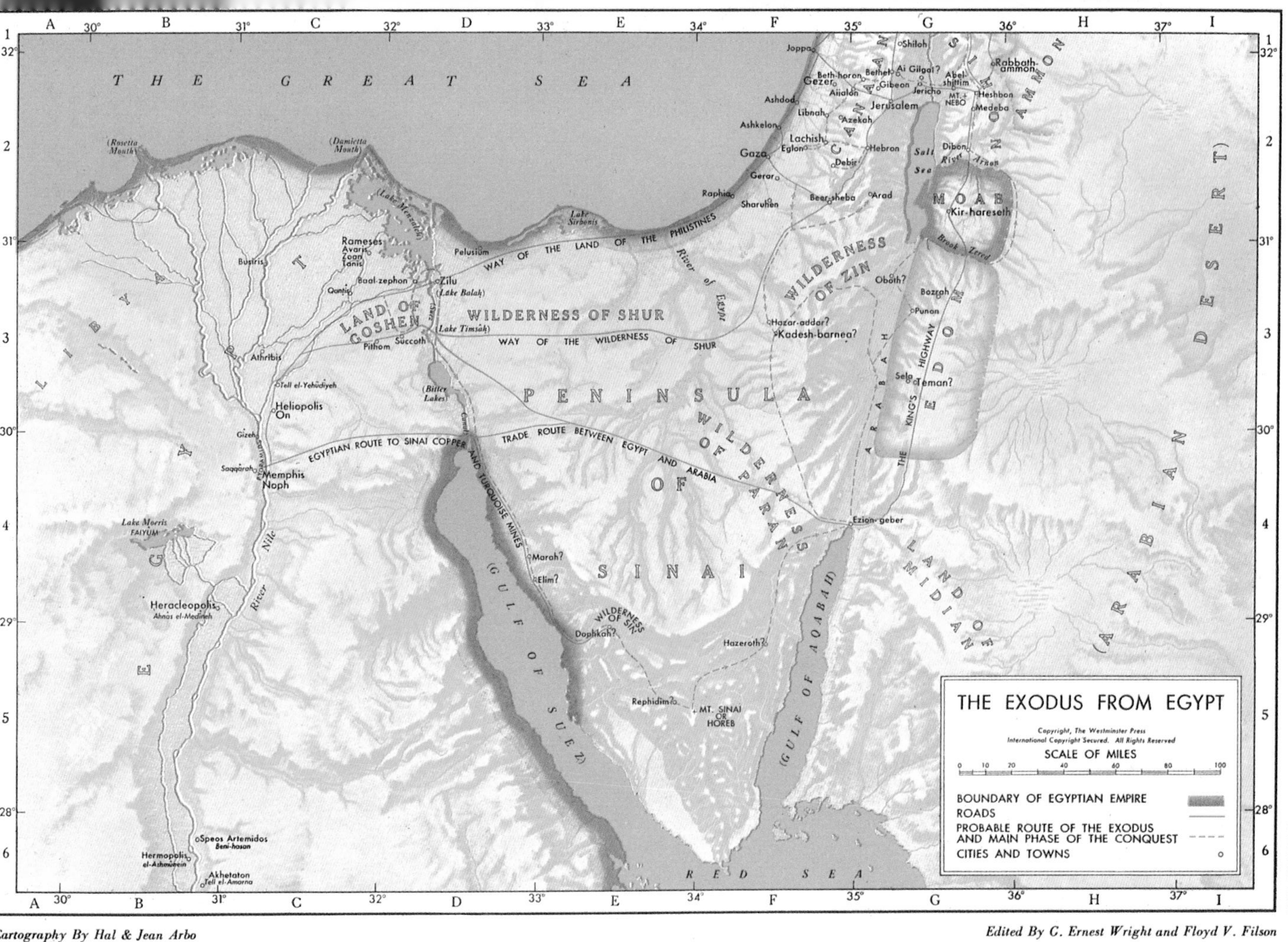

Cartography By Hal & Jean Arbo

Edited By G. Ernest Wright and Floyd V. Filson

Plate IV

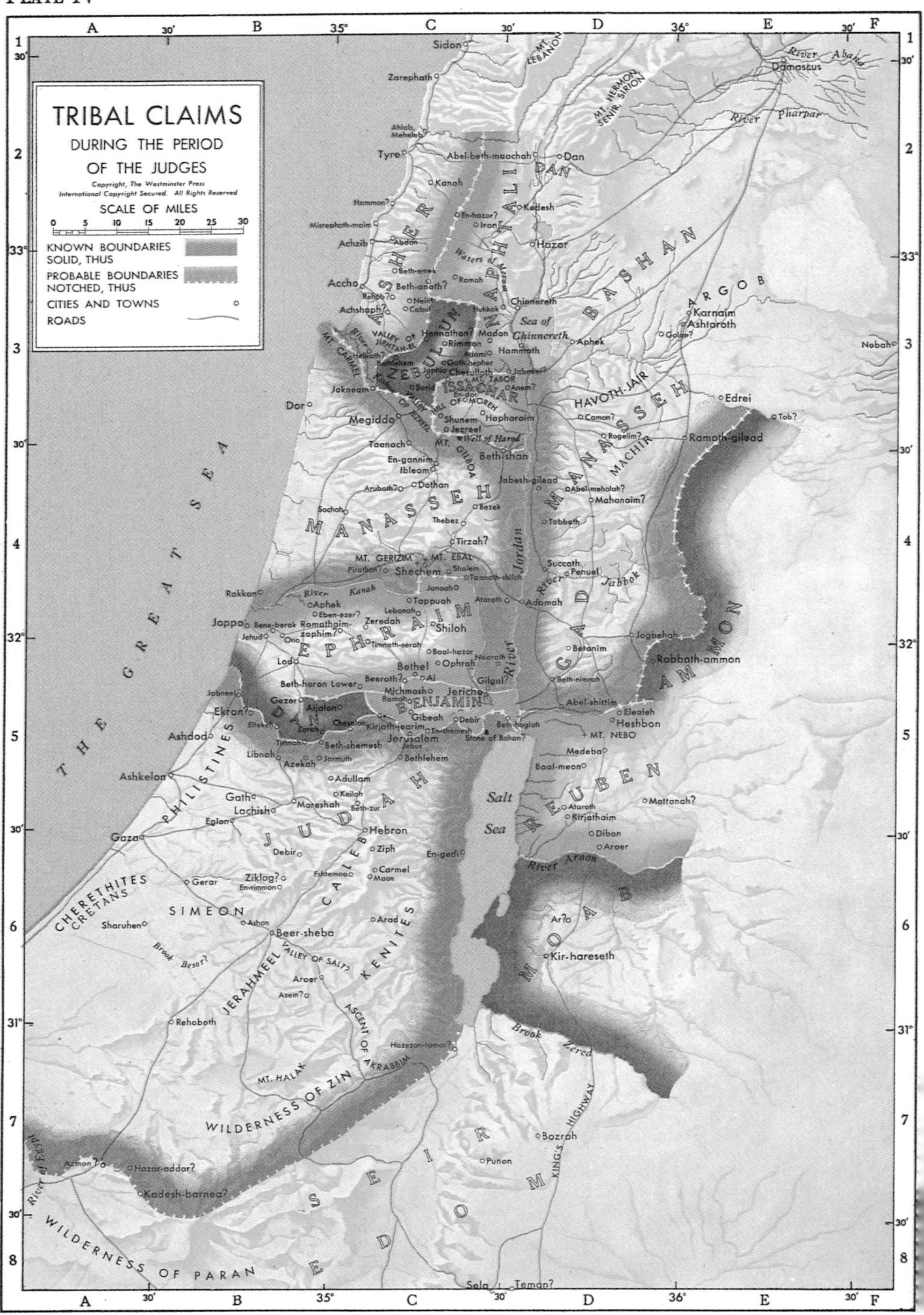

Cartography By G. A. Barrois and Hal & Jean Arbo

Edited By G. Ernest Wright and Floyd V. Filson

Cartography By Hal & Jean Arbo

Edited By G. Ernest Wright and Floyd V. Filson

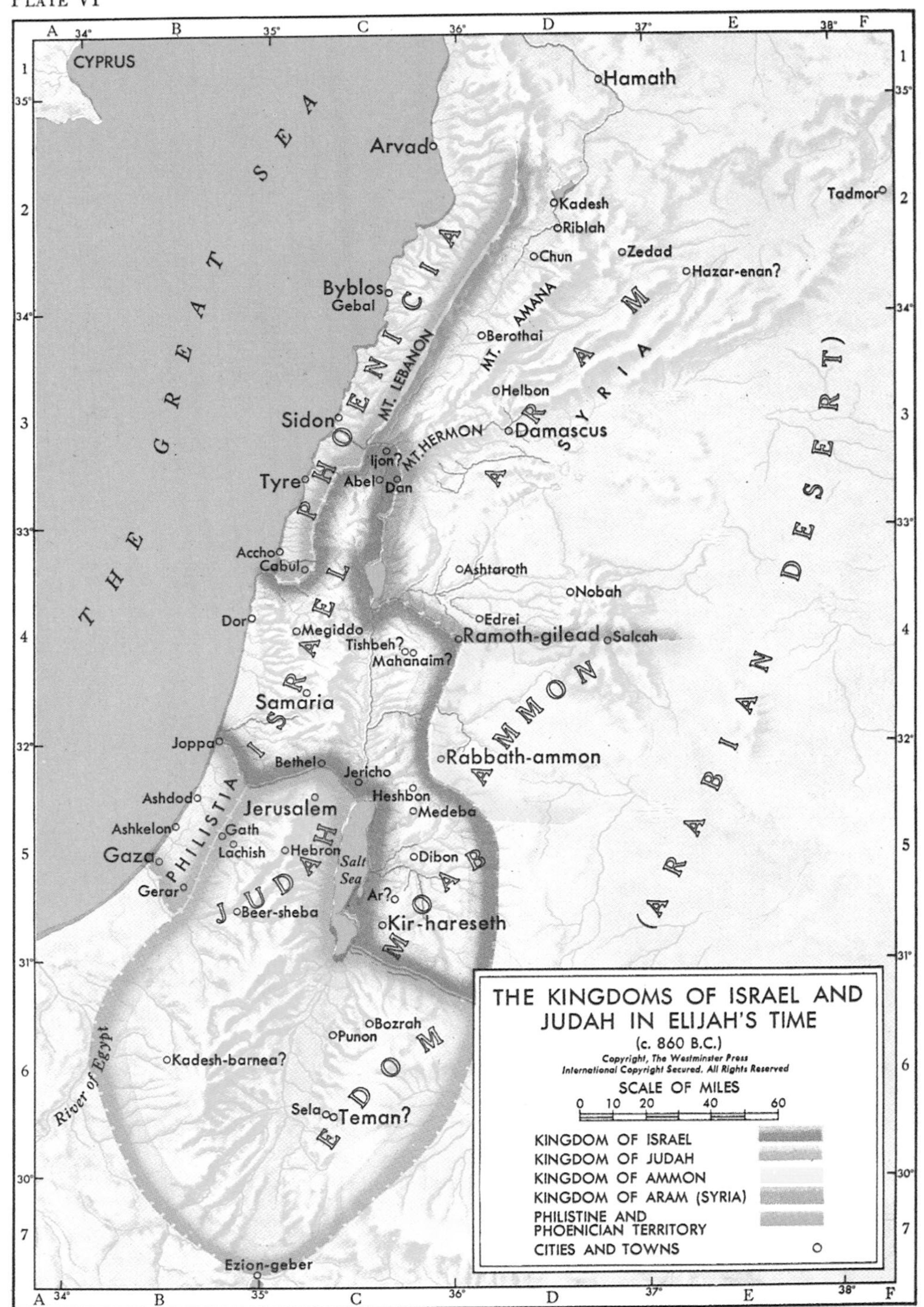

Cartography By Hal & Jean Arbo

Edited By G. Ernest Wright and Floyd V. Filson

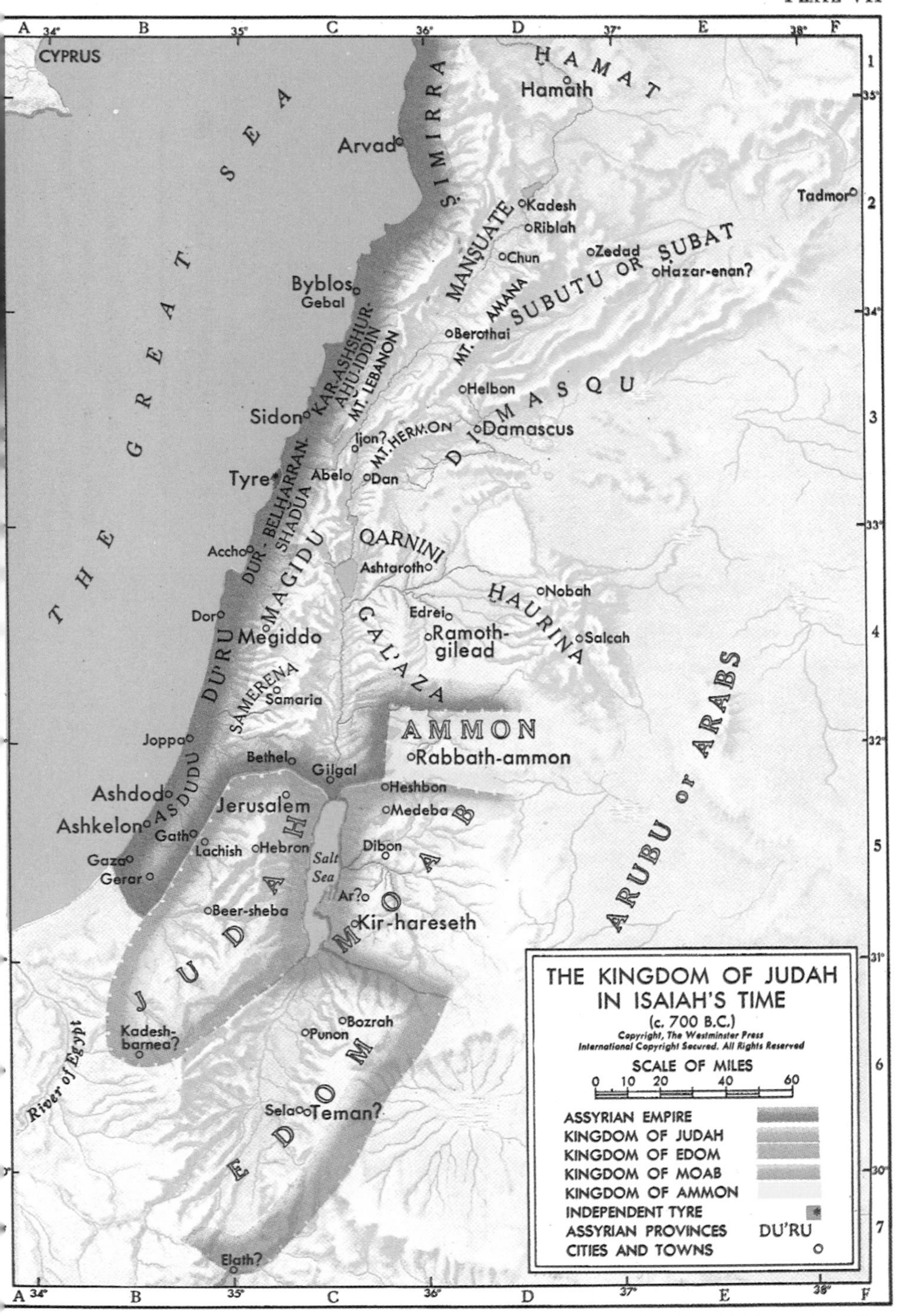
THE KINGDOM OF JUDAH
IN ISAIAH'S TIME
(c. 700 B.C.)
Copyright, The Westminster Press
International Copyright Secured. All Rights Reserved
SCALE OF MILES
0 10 20 40 60
ASSYRIAN EMPIRE
KINGDOM OF JUDAH
KINGDOM OF EDOM
KINGDOM OF MOAB
KINGDOM OF AMMON
INDEPENDENT TYRE
ASSYRIAN PROVINCES DU'RU
CITIES AND TOWNS
THE GREAT SEA
CYPRUS
HAMAT
Hamath
SIMIRRA
Arvad
Kadesh
Riblah
MANSUATE
Chun
Zedad
SUBUTU OR SUBAT
Hazar-enan?
Tadmor
Byblos
Gebal
MT. AMANA
Berothai
KAR-ASHSHUR-AHU-IDDIN
MT. LEBANON
Helbon
DIMASQU
Sidon
MT. HERMON
Damascus
Ijon?
Tyre
Abel
Dan
DUR-BELHARRAN-SHADUA
QARNINI
Accho
Ashtaroth
MAGIDU
HAURINA
Nobah
Dor
Edrei
Megiddo
Ramoth-gilead
Salcah
GAL'AZA
DU'RU
SAMERENA
Samaria
ARUBU or ARABS
AMMON
Rabbath-ammon
Joppa
Bethel
Gilgal
ASDUDU
Ashdod
Jerusalem
Heshbon
Medeba
Ashkelon
Gath
Lachish
Hebron
Salt Sea
Dibon
Gaza
Gerar
MOAB
Ar?
Beer-sheba
Kir-hareseth
JUDAH
Kadesh-barnea?
Bozrah
Punon
River of Egypt
Sela
Teman?
EDOM
Elath?
A B C D E F
34° 35° 36° 37° 38°
35° 34° 33° 32° 31° 30°
1 2 3 4 5 6 7
rtography By Hal & Jean Arbo
Edited By G. Ernest Wright and Floyd V. Filson

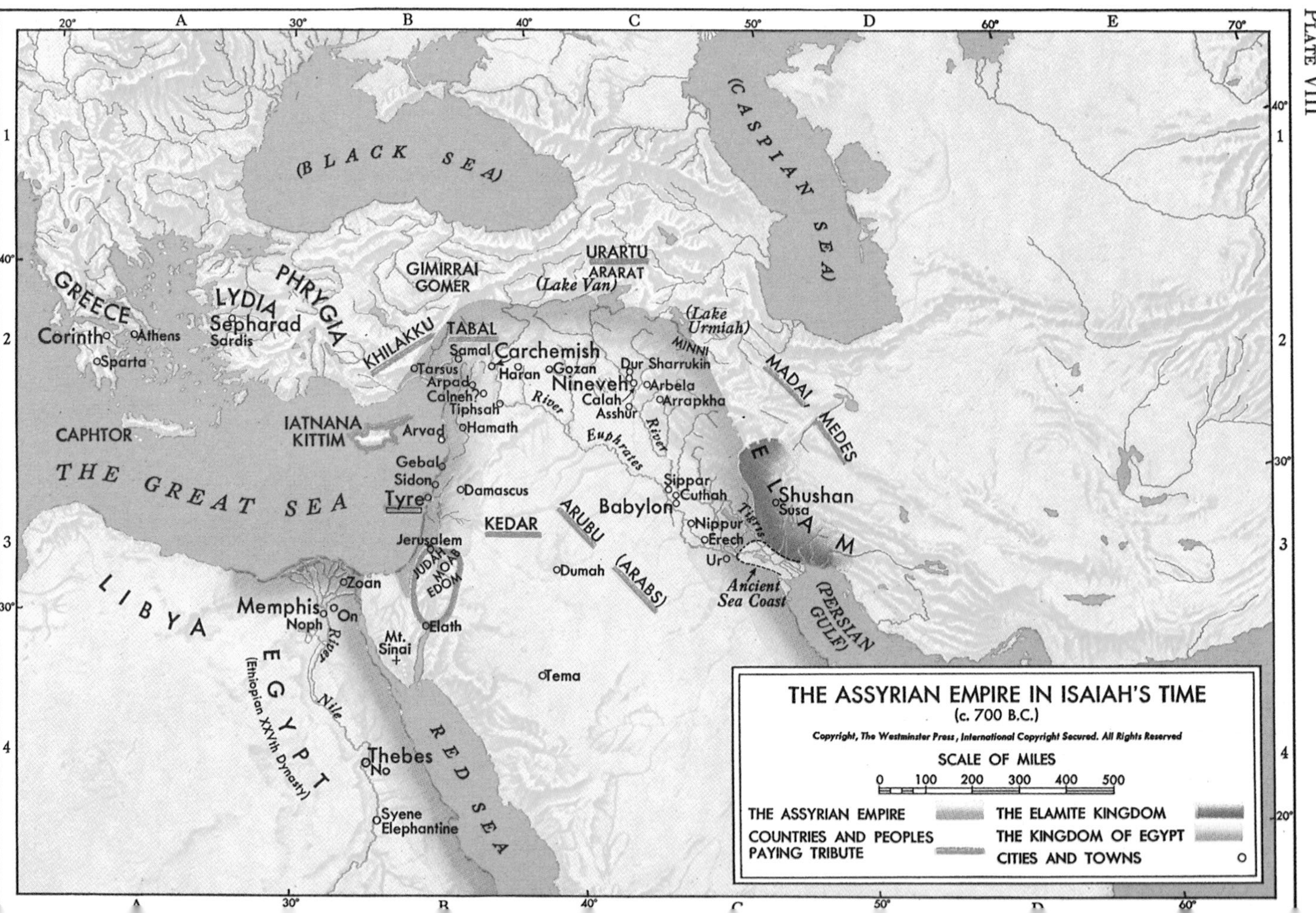
THE ASSYRIAN EMPIRE IN ISAIAH'S TIME
(c. 700 B.C.)
Copyright, The Westminster Press, International Copyright Secured. All Rights Reserved
SCALE OF MILES
0 100 200 300 400 500
THE ASSYRIAN EMPIRE
THE ELAMITE KINGDOM
COUNTRIES AND PEOPLES PAYING TRIBUTE
THE KINGDOM OF EGYPT
CITIES AND TOWNS
(BLACK SEA)
(CASPIAN SEA)
THE GREAT SEA
RED SEA
(PERSIAN GULF)
Ancient Sea Coast
GREECE
Corinth
Athens
Sparta
LYDIA
Sepharad
Sardis
PHRYGIA
GIMIRRAI
GOMER
URARTU
ARARAT
(Lake Van)
(Lake Urmiah)
MINNI
MADAI, MEDES
KHILAKKU
TABAL
Samal
Carchemish
Tarsus
Haran
Gozan
Arpad
Calneh?
Tiphsah
Hamath
Dur Sharrukin
Nineveh
Arbela
Calah
Asshur
Arrapkha
River
Euphrates
River
CAPHTOR
IATNANA
KITTIM
Arvad
Gebal
Sidon
Tyre
Damascus
KEDAR
ARUBU
Babylon
Sippar
Cuthah
Nippur
Erech
Ur
Tigris
E L A M
Shushan
Susa
Jerusalem
JUDAH
MOAB
EDOM
Dumah
(ARABS)
LIBYA
Zoan
Memphis
Noph
On
Elath
Mt. Sinai
River
Nile
EGYPT
(Ethiopian XXVth Dynasty)
Tema
Thebes
No
Syene
Elephantine
A
B
C
D
E
1
2
3
4
20°
30°
40°
50°
60°
70°

Cartography By Hal & Jean Arbo

Edited By G. Ernest Wright and Floyd V. Filson

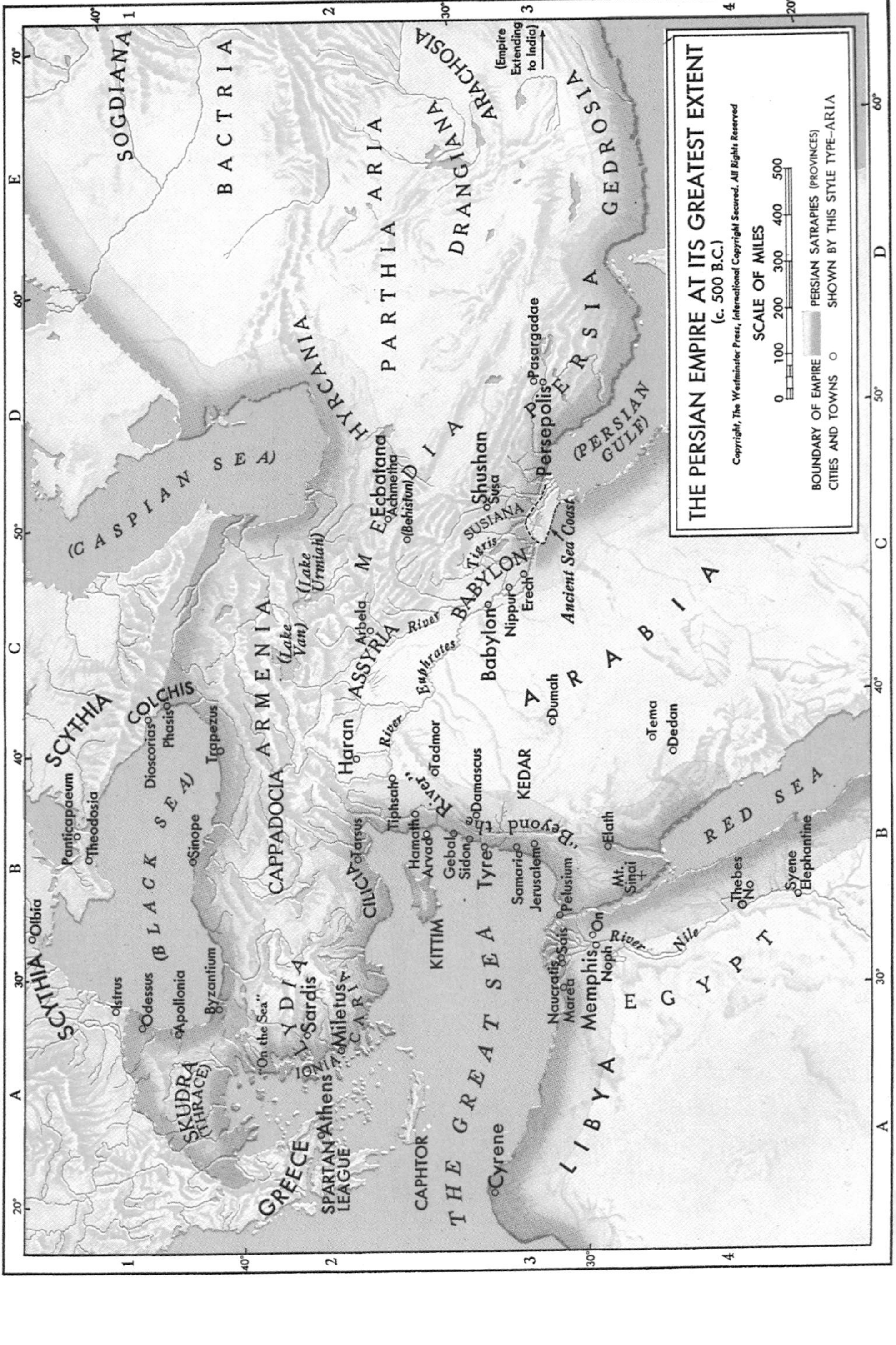

THE PERSIAN EMPIRE AT ITS GREATEST EXTENT
(c. 500 B.C.)
Copyright, The Westminster Press, International Copyright Secured. All Rights Reserved
SCALE OF MILES
0 100 200 300 400 500
BOUNDARY OF EMPIRE
PERSIAN SATRAPIES (PROVINCES) SHOWN BY THIS STYLE TYPE–ARIA
CITIES AND TOWNS
SOGDIANA
BACTRIA
ARIA
ARACHOSIA
(Empire Extending to India)
DRANGIANA
GEDROSIA
PARTHIA
HYRCANIA
(CASPIAN SEA)
MEDIA
Ecbatana
Achmetha
(Behistun)
PERSIA
Pasargadae
Persepolis
(PERSIAN GULF)
Shushan
Susa
SUSIANA
Tigris
BABYLON
Babylon
Nippur
Erech
Ancient Sea Coast
ARABIA
Dumah
Tema
Dedan
(Lake Urmiah)
(Lake Van)
ARMENIA
Arbela
ASSYRIA
Euphrates River
Haran
River
Tadmor
KEDAR
Tiphsah
Hamath
Arvad
"Beyond the River"
Damascus
Gebal
Sidon
Tyre
Samaria
Jerusalem
Pelusium
Elath
Mt. Sinai
RED SEA
Thebes
No
Syene
Elephantine
On
Nile River
EGYPT
Sais
Naucratis
Marea
Memphis
Noph
LIBYA
Cyrene
CAPHTOR
THE GREAT SEA
KITTIM
CILICIA
Tarsus
CAPPADOCIA
COLCHIS
Phasis
Dioscurias
Trapezus
SCYTHIA
Panticapaeum
Theodosia
(BLACK SEA)
Sinope
Olbia
Istrus
Odessus
Apollonia
Byzantium
SKUDRA (THRACE)
"On the Sea"
LYDIA
Sardis
IONIA
Miletus
CARIA
Athens
GREECE
SPARTAN LEAGUE

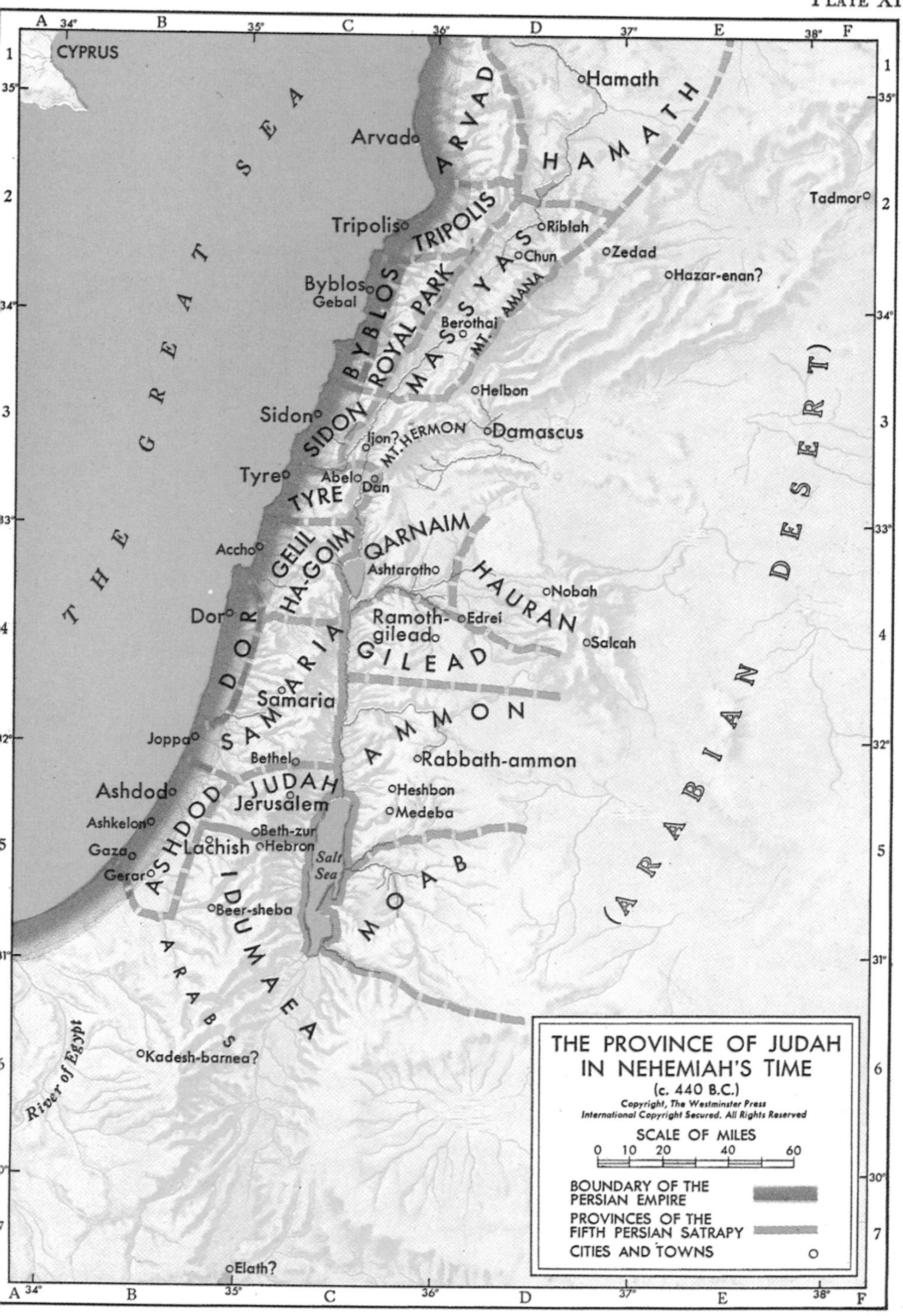

Cartography By Hal & Jean Arbo

Edited By G. Ernest Wright and Floyd V. Filson

PLATE XII

Cartography By G. A. Barrois and Hal & Jean Arbo

Edited By G. Ernest Wright and Floyd V. Filson

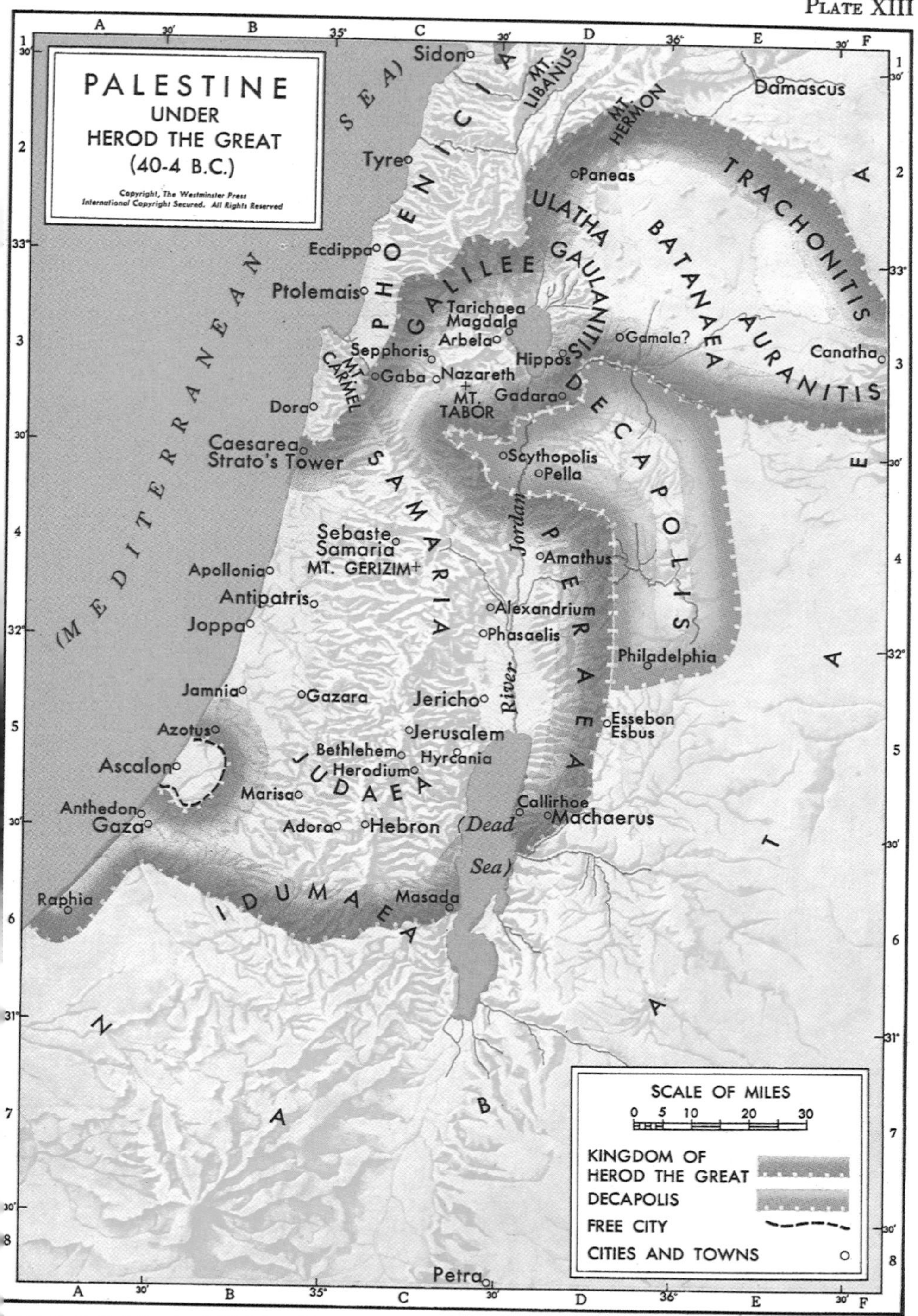

Cartography By G. A. Barrois and Hal & Jean Arbo

Edited By G. Ernest Wright and Floyd V. Filson

PLATE XIV

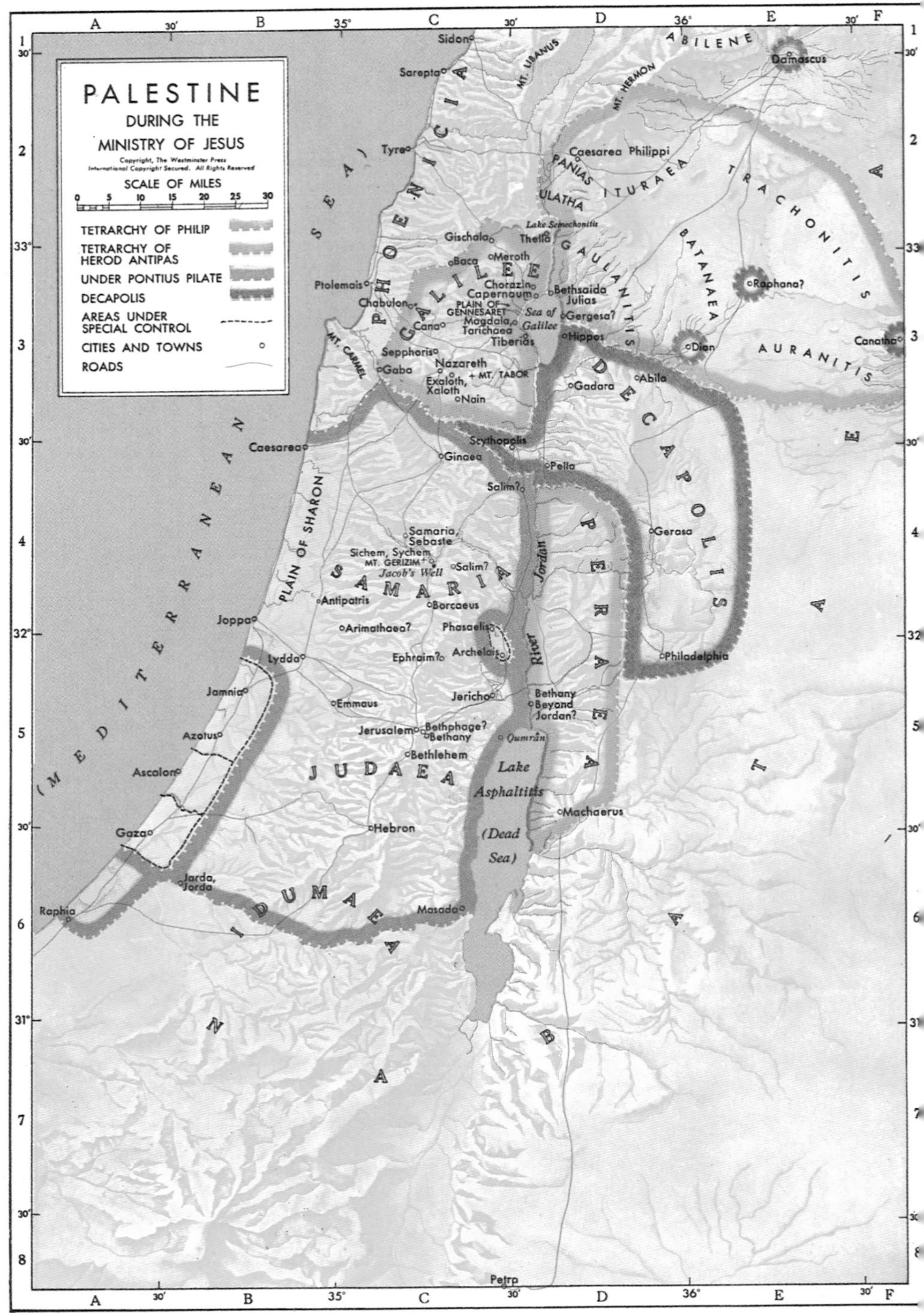

Cartography By G. A. Barrois and Hal & Jean Arbo

Edited By G. Ernest Wright and Floyd V. Fils

THE JOURNEYS OF PAUL

SCALE OF MILES

0 50 100 200 300

ROMAN PROVINCES — Bounded in Color
CLIENT STATES
PAUL'S JOURNEYS:
EARLY TRAVELS
FIRST MISSIONARY JOURNEY
SECOND MISSIONARY JOURNEY
THIRD MISSIONARY JOURNEY
JOURNEY TO ROME
CITIES AND TOWNS

Cartography By Hal & Jean Arbo

Edited By G. Ernest Wright and Floyd V. Filson

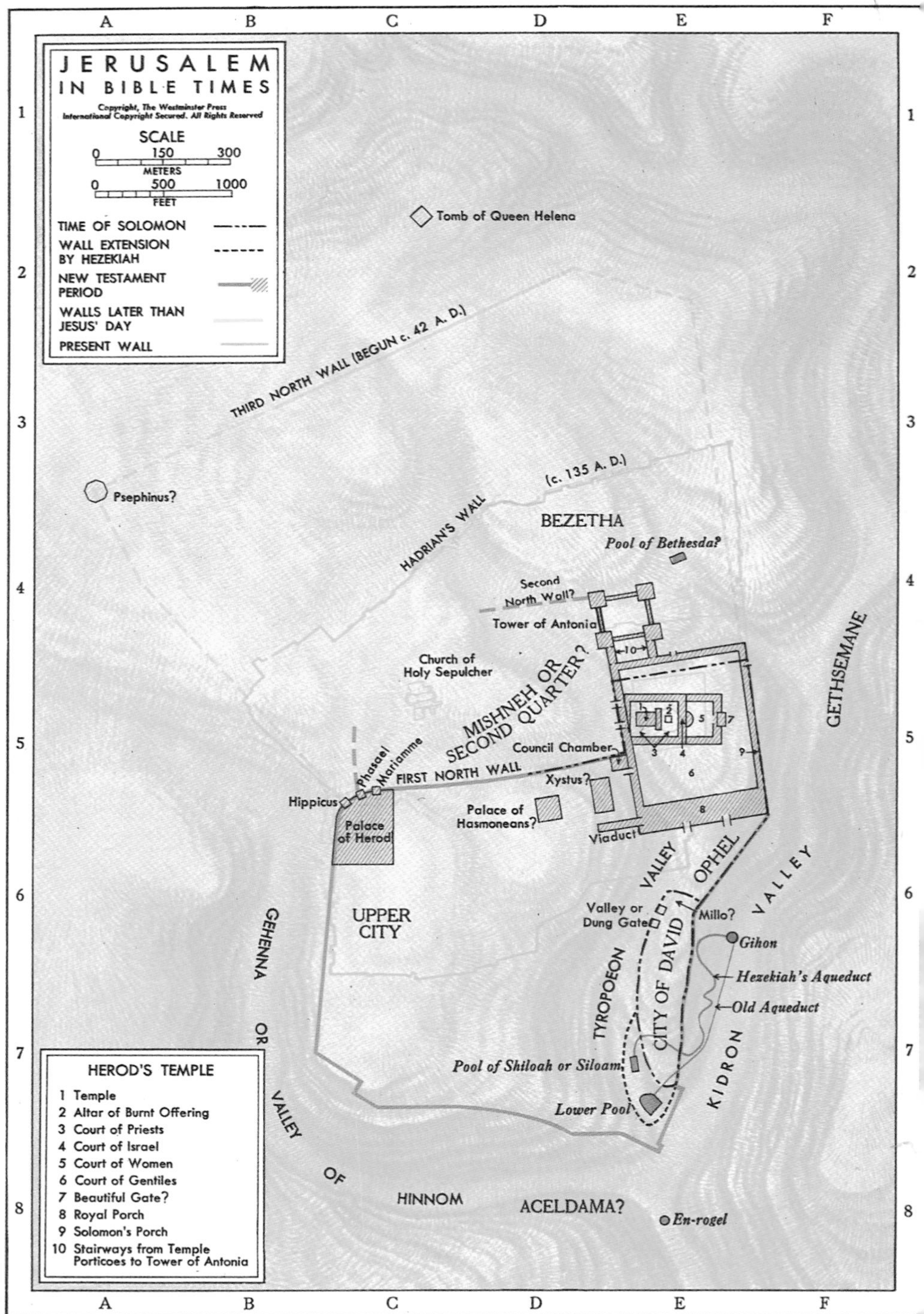

Cartography By Hal & Jean Arbo

Edited By G. Ernest Wright and Floyd V. Filson